MESOECONOMIA

M578	Mesoeconomia : lições de contabilidade social : a mensuração do esforço produtivo da sociedade / Duilio de Avila Bêrni ... [et al.]. – Porto Alegre : Bookman, 2011. 661 p. : il. ; 25 cm + 1 CD-ROM
	ISBN 978-85-7780-840-3
	1. Economia. 2. Mesoeconomia. 3. Desenvolvimento econômico. I. Bêrni, Duilio de Avila.
	CDU 330

Catalogação na publicação: Ana Paula M. Magnus – CRB 10/2052

Duilio de Avila Bêrni
Vladimir Lautert
e colaboradores

MESOECONOMIA
LIÇÕES DE CONTABILIDADE SOCIAL
A Mensuração do Esforço Produtivo da Sociedade

2011

Copyright © 2011, Artmed Editora SA

Capa: *Rosana Pozzobon*

Leitura final: *Monica Stefani*

Editora Sênior: *Arysinha Jacques Affonso*

Editora responsável por esta obra: *Júlia Angst Coelho*

Editoração eletrônica: *Techbooks*

Reservados todos os direitos de publicação, em língua portuguesa, à
ARTMED® EDITORA S.A.
(BOOKMAN® COMPANHIA EDITORA é uma divisão da ARTMED® EDITORA S. A.)
Av. Jerônimo de Ornelas, 670 – Santana
90040-340 – Porto Alegre – RS
Fone: (51) 3027-7000   Fax: (51) 3027-7070

É proibida a duplicação ou reprodução deste volume, no todo ou em parte, sob quaisquer formas ou por quaisquer meios (eletrônico, mecânico, gravação, fotocópia, distribuição na Web e outros), sem permissão expressa da Editora.

Unidade São Paulo
Av. Embaixador Macedo Soares, 10.735 – Pavilhão 5 – Cond. Espace Center
Vila Anastácio – 05095-035 – São Paulo – SP
Fone: (11) 3665-1100   Fax: (11) 3667-1333

SAC 0800 703-3444

IMPRESSO NO BRASIL
PRINTED IN BRAZIL

Autores

ORGANIZADORES

Duilio de Avila Bêrni – Professor titular do Departamento de Economia da Universidade Federal de Santa Catarina (UFSC) e da Pontifícia Universidade Católica do Rio Grande do Sul (PUCRS); Doutor em Economia pela Oxford University. (Aposentado).

Vladimir Lautert – Mestre em Economia do Desenvolvimento pela Pontifícia Universidade Católica do Rio Grande do Sul (PUCRS). Pesquisador da Fundação Instituto Brasileiro de Geografia e Estatística (IBGE).

AUTORES

Adalberto Alves Maia Neto – Economista pela Universidade Federal do Rio Grande do Sul (UFRGS). Pesquisador da Fundação de Economia e Estatística (FEE).

Adalmir Marquetti – Doutor em Economia pela New School University. Professor da Pontifícia Universidade Católica do Rio Grande do Sul (PUCRS). Pesquisador do CNPq.

Adelar Fochezatto – Doutor em Economia pela Universidade Federal do Rio Grande do Sul (UFRGS). Professor da Pontifícia Universidade Católica do Rio Grande do Sul (PUCRS). Pesquisador do CNPq.

Ademir Barbosa Koucher – Mestre em Sociologia pela Universidade Federal do Rio Grande do Sul (UFRGS). Pesquisador da Fundação Instituto Brasileiro de Geografia e Estatística (IBGE).

Adriana Nunes Ferreira – Doutora em Economia pela Universidade Estadual de Campinas (Unicamp). Professora da Universidade Estadual de Campinas (Unicamp).

Alexandre Alves Porsse – Doutor em Economia pela Universidade Federal do Rio Grande do Sul (UFRGS). Pesquisador da Fundação de Economia e Estatística (FEE).

André Moreira Cunha – Doutor em Economia pela Universidade Estadual de Campinas (Unicamp). Professor da Universidade Federal do Rio Grande do Sul (UFRGS).

Ani Reni Ew – Mestre em Economia Rural pela Universidade Federal do Rio Grande do Sul (UFRGS).

Cássio Calvete – Doutor em Economia pela Universidade Estadual de Campinas (Unicamp). Professor da Pontifícia Universidade Católica do Rio Grande do Sul (PUCRS).

Daniela Magalhães Prates – Professora doutora do Instituto de Economia da Universidade Estadual de Campinas (Unicamp). Pesquisadora do Centro de Estudos de Conjuntura e Política Econômica deste Instituto. Pesquisadora do CNPq.

Eduardo Finamore – Doutor em Economia Aplicada pela Universidade Federal de Viçosa (UFV). Professor de Economia da Universidade de Passo Fundo (UPF).

Eduardo Grijó – Mestre em Economia pela Pontifícia Universidade Católica do Rio Grande do Sul (PUCRS). Professor de Macroeconomia da Faculdade Decision de Negócios.

Fernando Salgueiro Perobelli – Doutor em Economia pela Universidade de São Paulo (USP). Professor do Departamento de Economia da Universidade Federal de Juiz de Fora (UFJF). Pesquisador do CNPq.

Flávio Tosi Feijó – Doutor em Economia pela Universidade Federal do Rio Grande do Sul (UFRGS). Professor da Universidade Federal do Rio Grande do Sul (UFRGS).

Gláucia Michel de Oliva – Doutora em Engenharia da Produção pela Universidade Federal do Rio Grande do Sul (UFRGS). Professora da Universidade Federal do Rio Grande do Sul (UFRGS); (Aposentada).

Henrique Morrone – Mestre em Economia do Desenvolvimento pela Pontifícia Universidade Católica do Rio Grande do Sul (PUCRS).

João Rogério Sanson – Doutor em Economia pela Vanderbilt University. Professor Titular da Universidade Federal de Santa Catarina (UFSC).

Liderau dos Santos Marques Jr. – Doutor em Economia pela Universidade Federal do Rio Grande do Sul (UFRGS). Pesquisador da Fundação de Economia e Estatística (FEE).

Luciano Moraes Braga – Mestre em Economia pela Pontifícia Universidade Católica do Rio Grande do Sul (PUCRS). Pesquisador da Fundação Instituto Brasileiro de Geografia e Estatística (IBGE).

Paulo de Andrade Jacinto – Doutor em Economia pela Universidade Federal do Rio Grande do Sul (UFRGS). Professor da Pontifícia Universidade Católica do Rio Grande do Sul (PUCRS).

Riovaldo Mesquita – Mestre em Economia pela Pontifícia Universidade Católica do Rio Grande do Sul (PUCRS). Pesquisador da Fundação Instituto Brasileiro de Geografia e Estatística (IBGE).

Ubaldino de Almeida Conceição – Mestre em Economia pela Pontifícia Universidade Católica do Rio Grande do Sul (PUCRS).

Vania Alberton – Mestre em Economia pela Pontifícia Universidade Católica do Rio Grande do Sul (PUCRS).

Prefácio

MOTIVAÇÃO

Os gregos antigos pensaram que o homem é a medida de todas as coisas, o que faz-nos cogitar, irreverentes, que o preço e o lucro são medidos em homens, o mesmo ocorrendo com os acres de terra e as mãos humanas usadas para cultivar a plantação. Mais circunspectos, talvez não devêssemos levar tão ao pé da letra esta proposição, mas apenas retirar dela a oposição entre homem e coisas. Isto permite-nos progredir, assinalando que a intermediação feita entre estes dois termos, digamos, contrários, é central para o efeito da frase: medida. Para que medir? Para entender! Na verdade, antes de chegar a medir, o homem exercitou sua capacidade de contagem, preocupado com a sobrevivência física e a acumulação de riqueza: uma, duas, três e mais ovelhas, um ou dois cães e lobos. Como teria Monteiro Lobato reclamado do estilo pernóstico vigente em seu tempo: o pegureiro, o armento e o aprisco. Três substantivos. Desse mundo de ovelhas e uvas, podemos dizer que a contagem é a forma de medida mais elementar, seguida de processos de ordenação, por exemplo, aprisco, armento e pegureiro seguem a estrita ordem alfabética, abrindo a possibilidade de fazermos comparações entre as unidades contadas: quem vem antes, na ordem alfabética, o armento ou o aprisco? Também podemos fazer comparações mais sofisticadas e, talvez, mais úteis: há mais lobos ou mais cães?

Medir significa isomorfizar. Ainda que este verbo não seja encontrado no dicionário, seu significado é sensível: fazer comparações entre os elementos de dois conjuntos. De um lado, vemos os conjuntos de coisas a serem medidas pelo homem e, de outro, as ferramentas que este vai utilizar para proceder à mensuração desejada. Além da listagem dos figurantes do rebanho, ovelha número 1, ovelha número 2, etc., podemos pensar que a ovelha número 27 é a primeira grandeza a ir para a faca, com o que estaremos procedendo a uma odiosa ordenação. Mas também podemos pensar que houve um acréscimo de 27 unidades no rebanho, que teria passado de oito a 35 cabeças. O cálculo que permite ligarmos os números 8 e 35 obedece à famosa equação de Leibnitz que diz, candidamente, que tudo o que encontramos no final é igual a tudo o que veio do começo mais tudo o que entrou (ou saiu!) no meio do caminho (para os cordeiros C, temos $C_f = C_i + \Delta C$). Por fim, podemos dizer que a relação ideal entre cães e ovelhas, de sorte a manter a integridade do rebanho frente à presença de lobos é 1:20, por exemplo.

Assim, tudo o que vai sendo individualizado já vai, simultaneamente, sendo medido: ovelhas, apriscos, estrelas, grãos de areia, número de anjos postados à cabeça de alfinetes, número de sílabas do verso "Alma minha gentil que te partiste", e assim por diante. Mas também podemos dizer que o fato de um indivíduo humano esfaquear duas ou três ovelhas e compartilhá-las, prandialmente, com os amigos provoca-lhe mais satisfação do que ser esfaqueado, por assim dizer, pelo lobo. Em outras palavras, estamos medindo o grau de satisfação que duas situações comuns no mundo mundano provocam, alternativamente, no pegureiro, seu patrão, seu colega ou seu auxiliar. Mas, neste ponto, defrontamo-nos com dois problemas que serão estudados detalhadamente neste manual. O primeiro consiste na definição de uma unidade de medida para "satisfação", "bem-estar" ou "utilidade"; o segundo envolve, ainda que possamos definir e medir, como agregar as medidas de utilidade provocadas nesses quatro agentes e seus familiares convocados para a churrascada. A escolha da unidade de medida veio a inspirar a primeira frase do primeiro capítulo do livro, ao passo que o problema da agregação da felicidade alcançada pelos comensais vai tomar-nos muitas outras frases, um box no Capítulo 10 (Distribuição) e todo o capítulo final do livro.

Mesmo dizendo que nosso livro é um manual, não cremos ser o caso de substituir a leitura da tradução do *Handbook of National Accounts* por ele, alentado volume sobre metodologia da contabilidade social produzido, em diversas edições, sob os auspícios das também diversas ligas de nações. Consideramos que nosso trabalho é um substituto para boa parte dele, mas não todo, ao mesmo tempo em que o complementa em diversas passagens que requerem a busca de conceitos fundamentais da ciência econômica e suas parceiras, a demografia econômica e a economia ambiental. Além disso, ao leitor mais experiente, cujo aprendizado se deu com base em diferentes versões (1947, 1953, 1968 e 1993 e as complementações articuladas em 2009), pedimos uma dose de paciência. Temos a ambição de, ao romper aqui e ali com o cânone, estar ajudando a transição a novos cânones mais refinados, e ao mesmo tempo semeando importantes inovações conceituais que facilitarão a visão do funcionamento do sistema econômico. Em boa medida, nosso livro trabalha com a manipulação de estatísticas secundárias, ou seja, estatísticas coletadas por diferentes instituições em fontes que não as produziram como objetivo final de suas atividades. Queremos, com isto, contrastar, por exemplo, certos experimentos clínicos em que os pacientes, ratos alcoólatras e homens altruístas, têm suas reações avaliadas precisamente para montar uma base de dados. No caso do leitor interessado em gerar seus próprios agregados econômicos, nosso manual oferece boas indicações em diversas áreas a serem estudadas, sendo que, em casos específicos, o *Handbook* ou sua tradução oferecem "receitas de bolo" mais específicas.

Nosso livro tem como ideia central, como princípio unificador, a concepção de que toda a contabilidade da sociedade pode ser referenciada ao aparato da matriz de contabilidade social. Mesmo agora, faltam-nos algumas definições, como é o caso de contabilidade social, de sorte que a Primeira Parte do livro deve parecer com um curso convencional (ainda que, obviamente, incompleto aqui e mais profundo ali) de introdução à economia. Rememorando ou construindo conceitos fundamentais, esta parte e esta matriz consideram uma das dualidades básicas da vida econômica societária: a identidade entre compras e vendas. Esta dualidade é capturada, primeiramente, pelo sistema de lançamentos contábeis das partidas dobradas e, criativamente, pela matriz que levou o chamado sistema de contas em T (ou razonetes) a ser expresso em forma de matriz, reservando as linhas para os lançamentos "a crédito" e as colunas para os lançamentos "a débito". Além disto, ao emergir diretamente do modelo completo do fluxo circular da renda, ela mostra que estas compras e vendas devidamente conceituadas de sorte a encapsularem todas as transações de cunho econômico levadas a efeito na sociedade ocorrem em três mercados: o de serviços dos fatores da produção, o de bens e serviços e o mercado de arranjos institucionais (inclusive monetários).

Na verdade, tratar a todos esses modos de articulação entre indivíduos humanos como ocorrendo na esfera do mercado é uma simplificação, pois sabemos que há produção, por exemplo, de bens públicos que não atende aos ditames do mercado, devendo-se mais à aliança entre o governo e a comunidade. Há serviços dos fatores, como o trabalho doméstico, que tampouco defrontam-se com as forças da oferta e procura. Da mesma forma, há meios de consumo, como as amenidades ambientais (o ar puro para todos) ou serviços (muito) pessoais (como a escovação de dentes) que, ordinariamente, não são adquiridos no mercado de bens e serviços.

Estes três mercados, descontadas suas limitações intrínsecas para a solução de todos os problemas da vida social, precisam ter seu desempenho avaliado. Vale dizer, precisamos avaliar o grau de eficiência com que os recursos produtivos da sociedade foram utilizados em determinado espaço e determinado tempo. Esta avaliação deve ser feita em diversas áreas, como é o caso da estabilidade, do dinamismo, do igualitarismo, da flexibilidade, da coordenação, da motivação, da conectividade, e outras, desdobrando-se pelas dimensões econômica, sociodemográfica e ambiental, e alcançando os níveis micro, meso e macro da ação dos agentes.

Incorporando o termo criado por Paulani & Braga (2000, 2006), diremos que esta concepção associa-se à *nova contabilidade social*. Falar em colegas autores exige-nos a menção a mais dois grandes mestres: Ferdinando de Figueiredo (1983) e André Franco Montoro Filho (1992), com as obras referenciadas no final. Se a contabilidade social clássica era filha da macroeconomia, como veremos principalmente no Capítulo 2 (Contextualizando), esta nova contabilidade social serve como inspiração à construção de modelos multissetoriais. Voltando-se à explicação e previsão de fenômenos vistos tanto no curto quanto no longo prazos, esses modelos originam-se da observação do comportamento dos agentes individuais, o que nos leva a pensar em tratar multissetorialmente, por exemplo, a vida econômica da empresa, que também precisa ter seu desempenho avaliado.

Com efeito, ao postarmos o valor adicionado pela sociedade a um conjunto previamente existente de recursos (digamos, a lavoura irrigada de milho) em determinado período num extremo e, no outro, a descrição dos processos que mimetizam a produção da riqueza material dentro da empresa, estamos configurando a tríade macro-meso-microeconomia. Quanto ao termo intermediário, nomeadamente, a mesoeconomia, os críticos mais candentes não lhe veem qualquer espaço, dados os contornos e limites da micro e da macroeconomia. Nossa objeção a este tipo de crítica é muito simples: a novidade reside apenas em a designarmos por mesoeconomia, pois a prática da análise de nível intermediário entre a unidade decisora individual e o conjunto de todos os agentes econômicos é tão antiga quanto a própria ciência econômica.

Neste contexto, a contabilidade social estuda os tradicionais agregados macroeconômicos, como o produto, o desemprego e o nível geral de preços, ao mesmo tempo em que expande seu escopo para a análise mesoeconômica. Esta oferece o instrumental básico para a compreensão do desempenho de setores econômicos, setores institucionais, diferentes esferas da administração pública, famílias de diferentes grupos de rendimentos. Além disso, permite-nos organizar os dados monetários e financeiros, ampliando-lhes ainda mais o escopo com o estudo da capacidade ociosa e do esforço destinado à expansão das fronteiras tecnológicas. Para não fazermos injustiças, desde considerar praticantes da "velha" ciência até omitir nomes relevantes, vamos (apenas) ilustrar as diferentes gerações de heroicos pesquisadores. Cingindo-nos à pesquisa realizada no Brasil, estes nomes iniciam com Giorgio Mortara, Genival de Almeida Santos, Antonio Dias Leite, Alde Sampaio, Isaac Kerstenetsky, Julian Magalhães Chacel, Lia Haguenauer, Ralph Miguel Zerkowski e o atual pessoal do IBGE. Em outras palavras, acabamos de omitir dezenas de outros heróis brasileiros, bem como todos os lendários pesquisadores da CEPAL e as autoridades mundiais que se dedicam ao tema desde, pelo menos, o século XVII.

PEDAGOGIA

Insistimos: existe uma diferença fundamental entre nosso livro e o *Handbook*. Há um interessante descompasso a respeito do avanço de nosso trabalho quanto à construção de procedimentos de avaliação do nível de bem-estar desfrutado (com o consumo, talvez, de frutas e não de ovelhas...) por indivíduos e populações que os agregam. Tal será feito, a partir do Capítulo 1 (Divisão), com a articulação do que viremos a chamar de modelo completo do fluxo circular da renda. Na verdade, nossas preocupações didáticas são um diferencial absoluto com relação ao *Handbook*. Seu texto é voltado essencialmente para os profissionais da área, ao passo que nosso público é formado tanto por estes quanto por estudantes de cursos de graduação avançados. Para atendermos a estes dois públicos, optamos por mesclar aos conhecimentos avançados sobre as técnicas da área um tratamento matemático que inicia com as quatro operações fundamentais (por exemplo, 600 + 1.000 = 1.600). E segue altaneiro pela álgebra das matrizes (por exemplo, o vetor [600 1.000], ao ser transposto, gera o vetor $[600\ 1.000]^T$) e pelo cálculo integral e diferencial (por exemplo, $\frac{\partial y}{\partial x} = 2$ – que se pronuncia "de-rondo-Y, de-rondo-X" – quer dizer que, mantidas constantes todas as demais condições, quando x varia em uma unidade, então, e apenas então, y vai variar de duas unidades). Para o leitor de pouco treinamento na área, concebemos alguns exemplos muito simples destinados a cultivarem a intuição sobre temas complicados.

Para o leitor já treinado no uso dos métodos quantitativos, estes mesmos exemplos devem ser vistos como um desafio à sua criatividade para expressá-los de forma ainda mais simples. Na verdade, este recorte é mais sofisticado do que estamos levando a crer. Com nossos exemplos de diferentes graus de dificuldade, alguns verdadeiramente elementares e até redundantes, esperamos mostrar ao leitor interessado "o caminho que conduz à verdade". Seja lá o que isto queira significar sobre o uso do método em ciência, e – não menos importante – sobre formas seguras de conduzir a investigação econômica, iniciamos nosso trabalho com o levantamento de conceitos baseados em identidades contábeis. Da trivialidade que diz que o preço pago é identicamente igual ao preço recebido, ou $p_P \equiv p_R$, saltamos para proposições como $p_R = f(q)$, para a procura, e $p_R = g(q)$, para a oferta, chegando à equação reduzida de um modelo que expresse a condição original. Tal condição – a estas alturas – já transitou do reino das identidades para o das igualdades. Ou seja, acabamos de partir de uma identidade contábil, usando-a para exprimir uma teoria facilmente refraseável em linguagem matemática. Deste modo, transformamos o conceito dado pela identidade na definição da condição de equilíbrio entre o preço de compra e o preço de venda de uma mercadoria. Abrigamos, assim, duas equações comportamentais neste ambiente, definimos constantes, parâmetros e variáveis, articulando-os por meio de exemplos numéricos simples e passamos, olímpica e conclusivamente, a testar a sensibilidade dos resultados quando imprimimos pequenas mudanças às constantes e mesmo aos parâmetros.

Em outras palavras, temos "dois livros em um", atribuindo um conteúdo inovador a esta expressão. De fato, primeiramente, convivem no livro abordagens elementares, introdutórias e avançadas, sofisticadas. Mas a grande inovação, rebaixadora de preços e custos, amiga das árvores e permissiva de aprofundamentos inconcebíveis na concepção tradicional de um livro didático de contabilidade social, consiste na inclusão de um CD. Nele, contemplamos versões mais alongadas com material introdutório e, ao mesmo tempo, mais material de nível avançado. Assim, nosso Capítulo 4 (MaCS e MIP) do livro impresso, central para a concepção mesoeconômica que preside todo o trabalho, constitui um resumo de dois capítulos (4A MaCS e 4B MIP) do CD. De modo análogo, o Capítulo 10 (Distribuição) tem uma versão estendida (10A Distribuição/CD) disponibilizada no CD. O Capítulo 11 (Comparações) desdobra-se em 11A (Índices/CD), 11B (Intertemporais/CD) e 11C (Internacionais/CD) no CD. Por fim, a maior inovação (em número de páginas, pois toda a obra está repleta de novidades formais e conteudísticas) do trabalho, encontra-se no Capítulo 13 (MIPE), a matriz de insumo-produto da empresa. Esta matriz utiliza, de modo criativo, as incontáveis drágeas da sabedoria econômica lançadas ao longo do caminho percorrido – matrizes retangulares de produção e absorção, matrizes de insumo-processo, e por aí vai – e constrói diferentes aplicações da análise multissetorial (mesoeconômica) ao âmbito da empresa.

Nossa experiência no ensino de contabilidade social e introdução à economia na graduação e equilíbrio geral aplicado na pós-graduação e conversas com colegas de introdução à economia e das disciplinas subsequentes permitiram-nos pensar a contabilidade social em qualquer altura do curso de graduação em que se deseje postá-la. Ela poderia assumir o papel de média harmoniosa e ponderada entre os conhecimentos introdutórios da ciência econômica e as disciplinas associadas ao ensino das técnicas de pesquisa e redação. Assim, nosso livro tem como público-alvo os estudantes de cursos de graduação avançado, professores da área, de macroeconomia, e mesmo de economia de empresas, além de profissionais que trabalham com contabilidade social que desejem reciclar conhecimentos ou possuir um *vade mecum*. Ou seja, podemos pensar na disciplina de graduação como o local onde o neófito entraria em contato com todas as estatísticas relevantes para o estudo da conjuntura econômica. Na condição de produtores de um *vade mecum*, optamos pelo caminho da redundância ao da omissão com relação às variáveis integrantes de cada fórmula. Pensamos que repetir símbolos ao pé de cada fórmula facilita a vida do consulente eventual. A alternativa seria termos a variável definida na primeira vez em que é usada e depois desta o leitor é quem deveria voltar a buscar-lhe o significado em páginas ou capítulos anteriores.

Pensamos que os conteúdos expressos – em papel ou em CD – podem ser articulados com um curso de graduação de 15 a 18 semanas, inclusive exames em sala de aula, com alguns pontos recebendo mais ênfase do que outros, a critério do professor. Entendemos nosso papel como o de oferecer o material introdutório e o avançado de excelente qualidade e deixar que "o mundo" decida como usá-los. Nosso ponto alto, cremos, é assinalar a concepção de que – na linha da teoria da informação, que veremos brevemente exposta no Capítulo 10A (Distribuição/CD) – temos um objeto a ser decomposto (a matriz de contabilidade social), e o fazemos de diversas maneiras. Tal é o caso da matriz **A** de Leontief, a matriz **M** de Stone, matrizes de decomposições de impactos ambientais, a análise estrutural-diferencial, o uso de quocientes locacionais, e outros. Assim, a matriz de contabilidade social vai reger a própria escolha da decomposição a ser feita sobre seus componentes: institucional, espacial, setorial.

O material encapsulado no livro e no CD é longo, o que afirma nossa preocupação com as árvores e toda a questão ambiental, como o atestam os Capítulos 9 (Ambiental) e 10 (Distribuição). Mas, ao mesmo tempo, não podemos deixar de citar Eugênio Cánepa, que parafraseou E. J. Mishan: consideramos que o tempo do leitor é mais escasso do que algumas folhas de papel preenchidas com transições, passagens lógico-matemáticas que seriam "facilmente" deduzidas. Ou seja, sabemos que nosso livro não pode ser completamente abordado numa disciplina tradicional brasileira de 60 horas num semestre. Mas não estamos reivindicando que a disciplina passe para 600 ou 6 mil horas: o que desejamos é mostrar ao estudante enquanto futuro profissional, e ao profissional, enquanto presente estudioso, que o tema é interessante e vasto. Deixamos ao professor a tarefa de selecionar o que lhe convém para ser destacado. Para nós, o *minimum minimorum* é uma passada (mesmo que *à vol d'oiaseau*), pela Primeira e Segunda Partes e movimentar-se livremente pelos demais capítulos da Terceira e Quarta Partes. Dá-nos, devemos confessar, uma dor no coração pensarmos que alguém poderia imaginar que não amamos os demais capítulos, pois os agregados monetários e fiscais, o balanço de pagamentos, a distribuição da renda, a encrenca sobre índices de dispersão (desigualdade e crescimento), a MIP da firma também precisam ser prestigiados. Da mesma forma, as versões integrais – no CD – dos Capítulos 4 (MaCS e MIP), 10 (Distribuição) e 11 (Comparações) e todo o 13 (MIPE) representam – a nossa admitidamente enviesada *manière de voir* – um caso de vida ou morte para a transição entre a curiosidade e o conhecimento. Recomendamos um plano de estudos de 6 mil horas, o que permitiria também que o estudioso escrevesse outro livro deste tipo...

Ainda que não tão radicais, seguimos a linha do romance "O Jogo da Amarelinha (*Rayuela*)", de Júlio Cortázar, sugerindo as seguintes possibilidades de abordagem:

a) o livro, como diria o genial escritor, deixa-se ler *from cover to cover*, para prosseguir com os estrangeirismos, ao passo que há três possibilidades de *rayuelas*;
b) a primeira alternativa ao plano original é ler os capítulos da abordagem dos modelos multisssetoriais: (1, 2), 3, 4 (4A/CD e 4B/CD), 5, 7 (7A/CD), 9, 12 e 13;
c) em segundo lugar, os capítulos da análise financeira macroeconômica deixam-se ler como: (1, 2, 3), 4 (4A/CD e 4B/CD), 5, 6, 7 (7A/CD a 7C/CD) e 11C/CD;
d) por fim, os capítulos dos índices de dispersão (desigualdade e crescimento, bilaterais e binários) podem ser abordados na seguine ordem: (1), 2, (3), 8 e 10 (10A/CD) e 11 (11A/CD, 11B/CD e 11C/CD).

Há muitas referências cruzadas, remetendo de um capítulo a outro ou a outras partes de si mesmo. Por exemplo, os números relativos do Capítulo 2 (Contextualizando) e as taxas de crescimento do Capítulo 8 (Demográficos) entram em *loop*: qual deve ser lido em primeiro lugar? A resposta parece ter vindo há muitos anos do Prof. Enéas de Souza, ou ele a aprendeu com outro grande filósofo: devemos começar em qualquer lugar, que as dúvidas certamente acorrerão e, para saná-las, estudaremos outras perspectivas da mesma questão. Naturalmente, a fim de mantermos o tratamento rigoroso dos temas de todos os capítulos, teremos que fazer frequentes remissões, apoiando-nos em conhecimentos ainda não apresentados formalmente. Por exemplo, ao falarmos em valores reais no Capítulo 7 (Bases), supomos que o conceito de deflator, a ser desenvolvido amplamente apenas nos Capítulos 11 (Comparações) e suas sequelas do CD, a saber, os Capítulos 11A (Índices/CD), 11B (Intertemporais/CD) e 11C (Internacionais/CD), é familiar. As funções de produção do Capítulo 3 (Dimensões) só vão ser exploradas no Capítulos 11 (Comparações) e 11A (Índices/CD), etc. Ainda que tenhamos, por princípio, procurado fazer um livro autocontido em termos de todos os conceitos utilizados, entendemos que uma das boas razões para criarmos princípios – além de economizarmos no processo decisório – é quebrá-los quando os achamos excessivamente ditatoriais. Assim, descontando as omissões de conceitos involuntárias, volta e meia, decidimos deixar coisas no ar, esperando que o professor decifre ou o estudante indague. Em resumo, as interligações que já aparecem no Capítulo 1 (Divisão) levam-nos a falar em instituições, conceito que será examinado com mais vagar apenas no entorno da Tabela 3.5 do Capítulo 3 (Dimensões). Caso pulássemos para estudá-lo em profundidade antes de terminarmos a leitura do parágrafo correspondente do Capítulo 1, iríamos deparar-nos com uma nova referência cruzada, desta vez remetendo-nos a estudar as primeiras aproximações do conceito de valor adicionado nos Capítulos 1 (Divisão) e 2 (Contextualizando). Este procedimento tornaria nosso manual ilegível.

Por isto, recomendamos que, sempre que uma passagem se mostrar árida, o leitor pule-a de forma inclemente, leia mais um pouco e veja se de fato precisa dela. Se perceber que a argumentação segue fazendo sentido, deixe a passagem difícil em paz. Se achar que falta algo, critique os autores. Mas, em seguida, retome-a. Repita o processo algumas vezes. Peça ajuda a colegas, aos professores, à Internet. Em caso de desespero, a biblioteca e os livros de matemática para economistas serão úteis.

O mesmo ocorre com as fórmulas: sugerimos que o leitor inexperiente no uso da notação adotada, ao se deparar, por exemplo, com a_{ij}, pense assim: "Ah, eles estão falando nos elementos de algo do tipo $A = \begin{bmatrix} a_{11} & a_{12} \\ a_{21} & a_{22} \\ a_{31} & a_{32} \end{bmatrix}$, ou seja, um elemento da matriz **A**." Ou, quando se deparar com $\sum_{i=1}^{n} x_i$, $i = 1, 2, 3, ..., n$ pense: "OK, se x_i são os próprios números naturais, então eles querem que eu pense na soma de $x_1 + x_2 + x_3 + x_4$. Logo, posso pensar em $1 + 2 + 3 + 4 = 10$, algo assim. Então, se eles inventarem algo do tipo $\prod_{i=2}^{4} x_i$, $i = 2, 3, 4$, eles estarão querendo que eu pense, naturalmente, em $2 \times 3 \times 4 = 24$. É mais fácil do que rimar somatório com produtório".

Isto significa que, em nossa opinião, não há pré-requisitos realmente discriminatórios em nosso livro e seu CD anexo. Ou seja, em boa medida, os conceitos estão autorreferenciados, ou construídos de tal forma que, mesmo quem não recebeu treinamento específico na área, poderá levar da leitura uma boa noção intuitiva do problema abordado e das soluções tentativas para ele aventadas. Ainda assim, além dos tradicionais dicionários e agora um computador ligado com a Internet, um bom acompanhante pode ser um livro de introdução à economia, para mostrar a importância da teoria econômica. Nesta linha, completam os livros de consulta os manuais da dupla micro-macro e outros livros dos dois métodos quantitativos: matemática e econometria. Este aviso é importante, pois haverá casos em que usaremos um tanto extensivamente conhecimentos de álgebra de matrizes e de cálculo integral e diferencial.

Desejamos que nosso leitor entenda a matriz de contabilidade social como o centro gravitacional em torno do qual circulam os demais capítulos. Já na capa do livro ela foi vista de modo estilizado, sendo ornada com dobrões de ouro. Tão importante ela é para nossa concepção que desejamos que o leitor a retenha para sempre, associando-a a determinado empate no familiar Jogo da Velha do Painel (a), que gera a versão "minimalista" do Painel (b) e ao quadro mais circunspecto do Painel (c) (p. 27).

O Painel (b) mostra uma interessante característica do sistema que tudo tem a ver com nossa definição *ad hoc* de desenvolvimento econômico. Sua escala de operações (digamos, 1.600), particularmente, o nível do produto e o do emprego, é arbitrada em resposta ao tamanho de suas relações **interindustriais** (600) e à magnitude das relações **interinstitucionais** (200). As cinco cifras no corpo do Painel (b) são eminentemente macroeconômicas, cujas modernas preocupações têm buscado complementar o foco na despesa em bens e serviços com as questões dos arranjos institucionais que disciplinam as relações entre os agentes econômicos. O trabalho da mesoeconomia, concebido como a "abertura" dessas cinco cifras em matrizes ou vetores das mais variadas dimensões, consiste em dissecar cada componente e outras variáveis econômicas que lhes são associadas. Como vemos, a matriz de contabilidade social é o principal, ainda que não o único, instrumento de levantamento de dados de ambas, meso e macro.

CONVENÇÕES

Considerando que pedagogia rima com rebeldia, precisamos justificar nosso bom-comportamento com exemplos de desvios do cânone. Além das diversas questões de exposição e mesmo da concepção geral da contabilidade social do início do século XXI, temos nossas rebeldias formais específicas. Iniciamos referindo nossa infringência às regras pertinentes da ABNT e mesmo do *Handbook*. Temos, naturalmente, o maior respeito por elas, exceto em alguns casos que esperamos também sejam ligados às preferências dos leitores. Nosso melhor exemplo é o dos critérios de arredondamento: o número cinco seguido de par ou ímpar arredondado para menos ou para mais é insano. Ou o alfabeto, que usaremos as letras *k*, *w* e *y* proscritas da língua vernácula pelos gramáticos luso-brasileiros cujas ações prévias à II Guerra Mundial levaram à incineração dos livros sublinhadinhos de nossas prateleiras domésticas e dos congêneres das bibliotecas públicas, e recentemente "anistiadas". Ou

x	0	x
x	0	0
0	x	x

(a)

Contas	Produtores	Fatores	Instituições	TOTAL
Produtores	600		1.000	1.600
Fatores	1.000			1.000
Instituições		1.000	200	1.200
TOTAL	1.600	1.000	1.200	

(b)

Contas	Produtores	Fatores	Instituições	TOTAL
Produtores	Relações Interssetoriais		Despesa em bens e serviços	Demanda total
Fatores	Produto			Receita dos fatores
Instituições		Renda	Relações interinstitucionais	Receita das instituições
TOTAL	Oferta total	Aluguéis dos serviços dos fatores	Despesa das instituições	

(c)

ainda, o enquadramento das tabelas, sem margem externa aqui, com margem dupla acolá. Insanidade. Trata-se de outro exemplo de que é mais fácil mudar as regras do que mudar o mundo, como é o caso do convite a que os dicionaristas incorporem o substantivo infringência e lhe mantenham a ortografia durante alguns séculos.

O jargão está repleto de traduções esdrúxulas, como BOP para balanço de pagamentos e ROW para resto do mundo, país doméstico, para não falar em alocação, macro-economia com hífen, e moeda para *money*. Procuramos manter a notação mais usual, o que significa algumas repetições de símbolos para diferentes variáveis. Por exemplo, no Capítulo 4 (MaCS e MIP) e outros, M representa importações, no Capítulo 7 (Bases) M é a oferta de moeda, no 11 (Comparações), é média, e por aí vai. Mas aqui e ali tivemos que romper mesmo com a mais cândida notação usual.

Fizemos alguns esforços para evitar o uso de termos equívocos, mas o sucesso foi limitado: produto e mercadoria, produto e multiplicação, índice e indicador, demanda e quantidade procurada. Ao mesmo tempo, tentamos deixar bem demarcadas as diferenças entre os termos técnicos e os termos correntes na língua portuguesa, mesmo que praticada num padrão superior ao do falante médio, pois nosso público é de estudantes e egressos universitários. Às vezes, palavras esdrúxulas são usadas e apenas o leitor diligente poderá – com a ajuda do melhor amigo do homem, o dicionário – certificar-se de que "indivíduo" não é um termo a ser aplicado à ciência econômica com o mesmo sentido com que às vezes comparece na página policial dos jornais. Para não falar em "escopo" ou "neófito", veremos substantivos com "homoteticidade" e "isomorfismo" e verbos como "isomorfizar" e "retropolar". Lizarb, naturalmente, é o Brasil, cujo z da primeira Constituição da República também foi reformado pelos gramáticos do oficialismo e seus quase incontáveis sucessores. Escrevemos com z, a fim de evocar a ortografia dos descobridores e o início da vida republicana. Grafar "Lizarb" ou "Brazil" não impedirá que o leitor arguto venha a observar um impressionante número de analogias conceituais e estruturais entre esses dois gigantes.

Nossas leituras recomendadas dentro da obra são reduzidas ao *minimum minimorum*. Em vez de fazermos recorrentes referências aos trabalhos (artigos, livros, relatórios) originais e de comentadores sobre os conteúdos, preferimos oferecer um texto mais apurado, reservando ao CD uma listagem em que um conjunto de referências muito mais expressivo do que caberia no livro é sugerido. Ou seja, há uma parcimoniosa seleção de referências. Assim, nosso CD representa um papel de extrema relevância para todo o projeto. Além da bibliografia e de um manual de operação de matrizes numa planilha eletrônica, há referência a diversos *links* de interesse.

ORGANIZAÇÃO DO LIVRO

As seis partes em que dividimos o livro oferecem nossa visão dos conteúdos básicos e avançados da contabilidade social destinada aos cursos de graduação em economia do país, ao mesmo tempo em que buscamos dirigir-nos a públicos mais qualificados, como a comunidade que lida com modelos multissetoriais, macroeconomia, problemas ambientais e economia de empresas, bem como estatísticos, sociólogos, assistentes sociais, etc. Ou seja, nossas seis partes têm completa articulação com os conteúdos da contabilidade social convencional. Mas a passagem nem sempre é suave. Talvez o maior exemplo de suavidade seja encontrado na transição entre a Primeira e a Segunda Partes. Na primeira, definimos sociedade humana, ciência, ciência econômica, contabilidade social, valor adicionado, suas três óticas de cálculo, o modelo completo do fluxo circular da renda e a matriz de contabilidade social.

Com ela, na Segunda Parte, ingressamos no mundo dos modelos multissetoriais e fazemos a passagem às contas econômicas integradas, o suco da macroeconomia, associando-lhes a matriz de fontes e usos de fundos. Assim, esta parte oferece aquilo que Lawrence Klein (2003) considerava o cerne da base de dados voltada à elaboração do planejamento governamental e privado: a matriz de insumo-produto (que hoje ele referiria como a matriz de contabilidade social, por contê-la), o sistema de contas nacionais e estes quadros de fontes e usos de fundos. Antes mesmo de falarmos na transição – aritmética e lógica – entre a Segunda e a Terceira Partes, vamos destacar a seguir algumas delas, rompedoras da sequência aritmética, mas portadoras de invejáveis atributos lógicos.

Em primeiro lugar, cabe-nos assinalar a transição entre a Segunda Parte e o início da Quarta Parte. Também aqui há certa suavidade, pois nossa "nova contabilidade social" inicia com o estudo de agregados monetários e fiscais. Seguem-lhe alguns capítulos convencionais cuja sequência prescinde de uma lógica mais firme, o que tem suas vantagens, em termos de permitir ao professor e demais leitores optarem pela sequência de sua preferência. Mas – e retornamos ao sequenciamento aritmético – a matriz de contabilidade social da Segunda Parte também oferece suavidade à passagem para as variáveis socioeconômicas e ambientais expostas na Terceira Parte, que usam este instrumento, substituindo os valores monetários por "valores humanos".

Entre a Segunda e a Quarta Partes, há uma ponte relacionada com a análise financeira da macroeconomia, pois tratamos das contas nacionais, dos quadros de fontes e usos de fundos (papel dos bancos), dos agregados monetários e fiscais e do balanço de pagamentos (relações internacionais). Com elas, estamos colocando em destaque as citadas relações internacionais (balanço de pagamentos), a intermediação financeira doméstica e o papel dos bancos (matrizes de fontes e usos de fundos), agregados monetários e agregados fiscais, e ainda as relações institucionais, com o papel do governo na oferta monetária, nos gastos e na tributação. Trata-se agora de um cardápio cuja coluna de valores (isto é, os dados numéricos) constitui um banco de dados de dar água na boca em um macroeconomista contemporâneo.

A passagem entre a Segunda e a Quarta Partes ao CD apresenta tanto uma invejável continuidade quanto o corte mais abrupto do livro. Pensando na relação entre o tratamento dado aos índices de desigualdade (Capítulo 10 – Distribuição) e aos índices de crescimento (Capítulo 10), buscamos o maior número possível de paralelismos entre o conceito de média – e sua fórmula geral – e as medidas que tratam de quantificar a dispersão dos dados que a originaram em torno dela própria. Com isto, buscamos aproximar-nos do que poderíamos chamar de formulação geral dos índices de dispersão, abrangendo, assim, tanto os índices de desigualdade quanto os números índices binários de preços e quantidades. Deste modo, o final da Quarta Parte e o CD apresentam a visão convencional sobre os problemas dos números índices. Mas também há inovações, ao associar ao proverbial problema dos números índices outros instrumentos de comparações intertemporais e internacionais entre agregados econômicos, inclusive a construção de indicadores de comportamento do setor externo.

Seja como for, aqui existe um reparo importante a ser feito. As comparações intertemporais e interregionais vêm sendo realizadas desde o Capítulo 3 (Dimensões), embora o que tenha sido postergado para esta parte diga respeito aos problemas a serem contornados a fim de tornarmos as comparações legítimas; por exemplo, coeficientes técnicos de produção, inflação ou paridade do poder de compra permitem comparações *ab ovo*. Ou seja, nos capítulos anteriores, quando fazemos estas comparações, todos os problemas já foram contornados, e a forma de contorná-los é expressa nos capítulos finais. Mas as inovações não param por aí, levando-nos, na Quinta Parte, de volta ao mundo da modelagem multissetorial, pois estudamos a extensão do sistema para avaliação das economias regionais e o planejamento empresarial.

A Sexta Parte e seu capítulo único, em boa medida, são uma consequência crítica de tudo o que foi discutido anteriormente. Desde o Capítulo 1 (Divisão), começamos a medir, e também a errar, como diz o provérbio latino. Mesmo que, em momentos, tenhamos lançado avisos sobre erros de aplicações de conceitos ou de impossibilidade de levantamento de dados, o Capítulo 14 (*Mensurare*) desvia-nos um tanto dessas críticas, mas trazemos novas abordagens para o problema do erro de medida. Com ele, na verdade, nossa intenção é – contrariamente à perspectiva de desvalorização do que foi feito – deixar claro que o avanço dos aparatos nacionais produtores de estatísticas, os bancos de dados mundiais e os ajustes conceituais e a própria superação de variáveis tidas como incomensuráveis dão novo alento àqueles desejosos de fazer pesquisa de nível avançado na área.

AGRADECIMENTOS

Chegamos agora à parte mais importante desta Introdução: trata-se da questão de registrar que nossos conteúdos emergiram, é claro, daqueles tradicionalmente atribuídos às disciplinas de contabilidade social ministradas nos cursos de graduação de economia brasileiros. Os livros didáticos e a literatura mais especializada levaram a fazermos nosso próprio recorte, e a falar em nova contabilidade social e principalmente em mesoeconomia. Tanto material disponível e consultado poderá conter aqui e ali os chamados plágios inconscientes. Prevendo essa possibilidade, queremos registrar que reconhecemos um imenso débito para com toda a bibliografia citada (a fonte de nosso aprendizado), além da profícua interação com nossos alunos. Cientes de que há injustiças e omissões características dos mais hediondos vieses de seleção amostral, precisamos referenciar em nossos agradecimentos os nomes de Aline Cavalcanti da Rosa, André Luiz Contri, Augusto Mussi Alvim, Bolivar Tarragó Moura Neto, Carlos Henrique Horn, Carlos Nelson dos Reis, Carlos Schönerwald, Cesar Henrique Shogi Abe, Christian Velloso Kuhn, Cláudio Accurso, Eugênio Cánepa, Felipe Brito Vasconcellos, Flávio Paim Falcetta, Flávio Vasconcellos Comim, Izete Pengo Bagolin, Jaqueline Primo Nogueira de Sá, Joaquim Guilhoto, Jorge Araújo, Maria Cristina Penido de Souza, Moema Kray, Otávio Augusto Camargo Conceição, Pablo Ortiz, Paulo Eduardo Dresh Kronbauer, Pedro Silveira Bandeira, Rafael Bernardini Santos, Renato Ramos Campos, Roberto Camps de Moraes, Ronaldo Herrlein Jr., Rosa Ângela Chieza, Rúbia Barbosa, Sérgio Fischer, Sílvio Luiz dos Santos, Thaís Persson, Valter Stülp e Walter Hahn. Inserções tópicas e mesmo parágrafos inteiros hão de lembrá-los de quanto nos ajudaram e da potência à qual devemos elevar seus nomes.

MENÇÃO ESPECIAL

Mais do que agradecimentos, fazemos menção a dois nomes que foram tão especiais que recebem de nós o título de organizadores associados.

Trata-se dos professores Arlei Luiz Fachinello e David Pedroso Corrêa, cujo destemido esforço permitiu aperfeiçoar os originais deste livro.

DdAB e V.L.

Sumário Resumido

PRIMEIRA PARTE   CIÊNCIA ECONÔMICA E CONTABILIDADE SOCIAL   31

   Capítulo 1 (Divisão)   A Divisão do Trabalho na Sociedade   33

   Capítulo 2 (Contextualizando)   Contextualizando a Contabilidade Social   62

   Capítulo 3 (Dimensões)   As Três Dimensões do Trabalho Social e as Três Óticas de Cálculo do Valor Adicionado   88

SEGUNDA PARTE   DESDOBRAMENTOS SETORIAIS E INSTITUCIONAIS DOS AGREGADOS ECONÔMICOS   121

   Capítulo 4 (MaCS e MIP)   A Matriz de Contabilidade Social e a Matriz de Insumo-Produto   123

   Capítulo 5 (TRUs)   O Sistema de Contas Nacionais: Tabela de Recursos e Usos   178

   Capítulo 6 (CEIs)   O Sistema de Contas Nacionais: Contas Econômicas Integradas   231

TERCEIRA PARTE   OUTRAS CONTAS DA SOCIEDADE, DEMOGRAFIA E MEIO AMBIENTE   265

   Capítulo 7 (Bases)   Bases de Dados para a Macroeconomia   267

   Capítulo 8 (Demográficos)   Indicadores Sociodemográficos   314

   Capítulo 9 (Ambiental)   Contabilidade Social Ambiental   350

QUARTA PARTE DISTRIBUIÇÃO, CRESCIMENTO E PREÇOS:
ÍNDICES DE DISPERSÃO E OUTROS INDICADORES DE BEM-ESTAR 383

    Capítulo 10 (Distribuição)   Distribuição da Renda Pessoal e
Avaliação do Bem-Estar Social 385

    Capítulo 11 (Comparações)   Números Índices e as Comparações
Intertemporais e Internacionais entre Agregados Econômicos 454

QUINTA PARTE   CONTAS REGIONAIS E PRODUÇÃO LOCAL 541

    Capítulo 12 (Regional)   Contabilidade Social Regional 543

    Capítulo 13 (MIPE)   Matrizes Empresariais de
Insumo-Produto e de Insumo-Processo 563

SEXTA PARTE   EPÍLOGO 627

    Capítulo 14 (*Mensurare*)   *Quid Mensurare Incipit...* 629

    Leituras Recomendadas 637

    Índice 651

Sumário

PRIMEIRA PARTE
CIÊNCIA ECONÔMICA E CONTABILIDADE SOCIAL — 31

Capítulo 1 (Divisão)
A Divisão do Trabalho na Sociedade — 33
Duilio de Avila Bêrni, Vladimir Lautert e Adelar Fochezatto

1.1 A atividade econômica da sociedade humana — 33
1.2 Organizações e mercados — 39
1.3 Das ações e processos às estruturas e ao sistema econômico — 45
1.4 A lei da oferta e da procura — 49
1.5 Ramificações do sistema de preços — 53
RESUMO — 58

Capítulo 2 (Contextualizando)
Contextualizando a Contabilidade Social — 62
Adalberto Alves Maia Neto, Cássio da Silva Calvete e Duilio de Avila Bêrni

2.1 A regularidade das ações humanas e o mundo das teorias — 62
2.2 A micro, a meso e a macroeconomia — 67
2.3 Avaliação da eficiência no uso dos recursos — 72
2.4 Equidade e eficiência — 77
2.5 As técnicas de formalização das regularidades econômicas — 79
RESUMO — 86

Capítulo 3 (Dimensões)
As Três Dimensões do Trabalho Social e as Três Óticas de Cálculo do Valor Adicionado 88
Duilio de Avila Bêrni, Vladimir Lautert e Ani Reni Ew

    3.1 Valor de uso, valor de troca e valor 88
    3.2 A forma do valor e o valor de troca 91
    3.3 O conceito geral de valor adicionado 93
    3.4 O valor adicionado e suas três óticas de cálculo 96
    3.5 As quatro formas de apresentação dos agregados econômicos 109
    RESUMO 117

SEGUNDA PARTE
DESDOBRAMENTOS SETORIAIS E INSTITUCIONAIS DOS AGREGADOS ECONÔMICOS 121

Capítulo 4 (MaCS e MIP)
A Matriz de Contabilidade Social e a Matriz de Insumo-Produto 123
Eduardo Grijó, Duilio de Avila Bêrni, Vania Alberton e Ubaldino de Almeida Conceição

    4.1 Considerações iniciais 123
    4.2 A matriz de contabilidade social enquanto moldura de dados 126
    4.3 Da matriz de contabilidade social à matriz de insumo-produto 136
    4.4 As três dimensões do trabalho social e seus três sistemas de mensuração: o sistema das quantidades 144
    4.5 As três dimensões do trabalho social e seus três sistemas de mensuração: o sistema dos preços 148
    4.6 As três dimensões do trabalho social e seus três sistemas de mensuração: o sistema do emprego 155
    4.7 Variáveis resolvidas e subeconomias 158
    4.8 O problema da classificação 165
    RESUMO 175

Capítulo 4A (MaCS/CD)
Mesoeconomia: A Matriz de Contabilidade Social e a Matriz de Insumo-Produto 1
Eduardo Grijó, Duilio de Avila Bêrni e Vania Alberton

    4.1 Considerações iniciais 1
    4.2 A matriz de contabilidade social enquanto moldura de dados 4
    4.3 Da matriz de contabilidade social à matriz de insumo-produto 14
    4.4 Uma teoria da produção e seus desdobramentos 22
    4.5 Variáveis resolvidas e subeconomias 27
    4.6 Efeitos de encadeamento 36
    4.7 Duas decomposições da matriz inversa de Leontief 43
    4.8 A decomposição da matriz inversa generalizada 48
    RESUMO 55

Capítulo 4B (MIP/CD)
A Matriz de Insumo-Produto e a Análise Mesoeconômica   1
Eduardo Grijó, Duilio de Avila Bêrni e Ubaldino de Almeida Conceição

    4.1 Considerações iniciais   1
    4.2 As três dimensões do trabalho social e seus três sistemas de mensuração: o sistema das quantidades   3
    4.3 As três dimensões do trabalho social e seus três sistemas de mensuração: o sistema dos preços   7
    4.4 As três dimensões do trabalho social e seus três sistemas de mensuração: o sistema do emprego   14
    4.5 As condições de Hawkins-Simon   16
    4.6 O problema da classificação   18
    4.7 O problema da agregação   29
    4.8 Atualização dos coeficientes técnicos: o método RAS   33
    4.9 Globalização, importações competitivas e a tributação indireta   38
    4.10 Dinamização do modelo de insumo-produto   44
    RESUMO   47

Capítulo 5 (TRUs)
O Sistema de Contas Nacionais: Tabela de Recursos e Usos   178
Vladimir Lautert e Duilio de Avila Bêrni

    5.1 Considerações iniciais   178
    5.2 Setores de atividade e produtos   180
    5.3 Partidas dobradas: recursos e usos   184
    5.4 Tabelas de recursos e usos: visão geral   188
    5.5 Quadrante A: tabela de fontes dos recursos   198
    5.6 Quadrante B: tabela de usos dos recursos   206
    5.7 Olhar para frente: combinando as tabelas de recursos e usos com as contas econômicas integradas   219
    5.8 Olhar para trás: relacionando as TRUs e a MIP   223
    RESUMO   229

Capítulo 6 (CEIs)
O Sistema de Contas Nacionais: Contas Econômicas Integradas   231
Vladimir Lautert e Luciano Moraes Braga

    6.1 Considerações iniciais   231
    6.2 Refinando alguns conceitos fundamentais   233
    6.3 Conta preparatória: a conta de bens e serviços (conta 0)   243
    6.4 Contas correntes (conta I)   248
    6.5 Contas de acumulação (conta II)   254
    6.6 Contas de patrimônio (conta III) e sua desintegração   258
    6.7 Conta de operações correntes com o resto do mundo (conta IV) e suas desintegrações   260
    RESUMO   263

TERCEIRA PARTE
OUTRAS CONTAS DA SOCIEDADE, DEMOGRAFIA E MEIO AMBIENTE 265

Capítulo 7 (Bases)
Bases de Dados para a Macroeconomia 267
Vladimir Lautert, Duilio de Avila Bêrni, Paulo de Andrade Jacinto, Liderau dos Santos Marques Jr., Eduardo Finamore, Daniela Magalhães Prates, André Moreira Cunha, Adriana Nunes Ferreira, Adalmir Marquetti, Riovaldo Mesquita e Luciano Moraes Braga

- 7.1 Considerações iniciais 267
- 7.2 Matrizes de fontes e usos de fundos 268
  - 7.2.1 Contextualização 268
  - 7.2.2 Duas matrizes de origens e aplicações de fundos financeiros 270
- 7.3 Indicadores monetários 272
  - 7.3.1 Contextualização 272
  - 7.3.2 Agregados monetários: conceitos e indicadores 275
- 7.4 Os agregados fiscais e a contabilidade social 279
  - 7.4.1 Contextualização 279
  - 7.4.2 Os registros da ação do governo na contabilidade social 280
  - 7.4.3 O processo orçamentário do governo 283
  - 7.4.4 O tamanho do governo e a boa governança 287
- 7.5 O balanço de pagamentos 291
  - 7.5.1 Contextualização 291
  - 7.5.2 Contas de recursos e usos e o balanço de pagamentos 292
- 7.6 Formação do capital nacional e a mensuração do grau de utilização da capacidade 295
  - 7.6.1 Contextualização 295
  - 7.6.2 Exemplos fictícios com números aleatórios 296
  - 7.6.3 Mensuração do produto potencial 299
- 7.7 Mensuração da atividade tecnológica 302
  - 7.7.1 Contextualização 302
  - 7.7.2 A economia do conhecimento 303
  - 7.7.3 A inovação tecnológica na micro, na meso e na macroeconomia 305
- RESUMO 310

Capítulo 7A (MFF/CD)
A Matriz de Fontes e Usos de Fundos 1
Vladimir Lautert e Duilio de Avila Bêrni

- 7.1 Considerações iniciais 1
- 7.2 Receitas e gastos dos agentes econômicos e sua expansão para o conjunto da economia 3
- 7.3 Modelo simplificado de matriz de fontes e usos de fundos 7
- 7.4 Correspondência da matriz de fontes e usos de fundos com as contas econômicas integradas 11

7.5 A conta de capital da matriz de fontes e usos de fundos	14
7.6 A conta financeira da matriz de fontes e usos de fundos	19
7.7 Setores institucionais e instrumentos financeiros	22
7.8 Insumo-produto e fontes e usos de fundos	27
RESUMO	33

Capítulo 7B (Monetários/CD)
Indicadores Monetários na Nova Contabilidade Social — 1
Paulo de Andrade Jacinto, Duilio de Avila Bêrni e Vladimir Lautert

7.1 Considerações iniciais	1
7.2 Moeda: importância e funções	3
7.3 Agregados monetários: definição operacional e medição	9
7.4 Mercado monetário e mercado de títulos	13
7.5 Instituições financeiras: financiamento indireto e os bancos comerciais	18
7.6 Instituições financeiras: o Banco Central	23
7.7 Funções do Banco Central, base monetária e os meios de pagamento	27
7.8 Criação e destruição de moeda e o modelo do multiplicador bancário	29
7.9 Indicadores do Funcionamento do Mercado Monetário	34
RESUMO	42

Capítulo 7C (Fiscais/CD)
Os Agregados Fiscais e a Contabilidade Social — 1
Liderau dos Santos Marques Jr., Eduardo Finamore e Vladimir Lautert

7.1 Considerações iniciais	1
7.2 O setor público: nação, Estado, governo, administração pública	3
7.3 Os registros da ação do governo na contabilidade social	10
7.3.1 A atividade governamental na matriz de contabilidade social	10
7.3.2 O governo nas contas econômicas integradas	13
7.3.3 Contas de produção e de renda	16
7.4 O processo orçamentário e os agregados fiscais	23
7.4.1 O orçamento público e seus princípios	23
7.4.2 Princípios do gasto público e tributação: a despesa orçamentária	25
7.4.3 Princípios do gasto público e tributação: a receita orçamentária	28
7.5 Indicadores da ação econômica do governo	33
7.5.1 Indicadores fiscais	33
7.5.2 Indicadores de tamanho do governo e a Lei de Wagner	41
7.6 Indicadores de boa governança	45
7.6.1 Índice de participação dos cidadãos	46
7.6.2 Índice de gestão fiscal	47
7.6.3 Índice de desenvolvimento social	48
7.6.4 Índice de desempenho econômico	48
RESUMO	50

Capítulo 7D (BOP/CD)
O Balanço de Pagamentos — 1
Daniela Magalhães Prates; André Moreira Cunha e Adriana Nunes Ferreira

7.1	Considerações iniciais	1
7.2	O setor externo e o sistema de contas nacionais	3
7.3	A formação da taxa de câmbio: o mercado de câmbio (divisas)	6
7.4	Regimes cambiais	15
7.5	A contabilidade do balanço de pagamentos	22
7.6	Políticas de ajuste do balanço de pagamentos	33
RESUMO		34

Capítulo 7E (Capital/CD)
Formação do Capital Nacional e Mensuração do Produto Potencial — 1
Adalmir Marquetti e Riovaldo Mesquita

7.1	Considerações iniciais	1
7.2	Conceitos básicos sobre estimativas do estoque de capital	2
7.3	Procedimento metodológico e práticas de mensuração	6
7.4	Procedimentos no emprego do método dos estoques perpétuos	8
	7.4.1 O MEP tradicional	8
	7.4.2 O MEP do Bureau of Economic Analysis	16
7.5	Exemplos fictícios com números aleatórios	17
7.6	Estimativas existentes para o Brasil	18
7.7	Mensuração do produto potencial	22
RESUMO		28

Capítulo 7F (Tecnologia/CD)
Mensuração da Atividade Tecnológica — 1
Luciano Moraes Braga e Vladimir Lautert

7.1	Considerações iniciais	1
7.2	A economia do conhecimento	2
7.3	A Microeconomia e os efeitos das inovações tecnológicas nas empresas	10
7.4	Mesoeconomia: inovação tecnológica e mudança estrutural	13
7.5	O impacto das inovações tecnológicas na macroeconomia	20
RESUMO		28

Capítulo 8 (Demográficos)
Indicadores Sociodemográficos — 314
Vladimir Lautert, Duilio de Avila Bêrni e Ademir Barbosa Koucher

8.1	Considerações iniciais	314
8.2	Indicadores demográficos	316
8.3	Indicadores de educação, saúde e infraestrutura urbana	333
8.4	Indicadores do mercado de trabalho: ocupação, desocupação e subocupação	336
8.5	A população na matriz de contabilidade social	346
RESUMO		349

Capítulo 9 (Ambiental)
Contabilidade Social Ambiental 350
Flavio Tosi Feijó, Vladimir Lautert e Duilio de Avila Bêrni

9.1 Considerações iniciais 350
9.2 O uso dos recursos ambientais na produção de bens e serviços 353
9.3 O meio ambiente e as três óticas de cálculo do valor adicionado 361
9.4 A criação de coeficientes técnicos ambientais 364
9.5 A matriz de contabilidade social ambiental 368
9.6 Mensuração do impacto da atividade econômica sobre o meio ambiente 373
RESUMO 381

QUARTA PARTE
DISTRIBUIÇÃO, CRESCIMENTO E PREÇOS: ÍNDICES DE DISPERSÃO E OUTROS INDICADORES DE BEM-ESTAR 383

Capítulo 10 (Distribuição)
Distribuição da Renda Pessoal e Avaliação do Bem-Estar Social 385
Vladimir Lautert e Duilio de Avila Bêrni

10.1 Considerações iniciais 385
10.2 Desenvolvimento econômico e a métrica da desigualdade 387
10.3 Medidas convencionais da desigualdade 394
10.4 Curvas de desigualdade e os índices de Theil-*T*, Theil-*L*, Dalton e Atkinson 410
    10.4.1 A curva de Lorenz e a parada dos muitos anões 410
    10.4.2 O índice de Gini 417
    10.4.3 O índice de Theil 420
    10.4.4 Os índices de Dalton e de Atkinson 434
10.5 Índices multidimensionais, sintéticos ou compostos 438
RESUMO 452

Capítulo 10A (Distribuição/CD)
Distribuição da Renda Pessoal e Avaliação do Bem-estar Social 1
Vladimir Lautert e Duilio de Avila Bêrni

10.1 Considerações iniciais 1
10.2 Desenvolvimento econômico e a métrica da desigualdade 4
    10.2.1 Distribuição, bem-estar e desigualdade 11
    10.2.2 Distribuição: abordagens da pobreza, das capacitações e da teoria da informação 22
10.3 Medidas convencionais da desigualdade 29
10.4 Desigualdade: abordagem gráfica 45
10.5 Índices de desigualdade: Gini, Theil, Dalton e Atkinson 56
    10.5.1 O Índice de Gini 56
    10.5.2 O índice de Theil 63

	10.5.3 O índice de Dalton	98
	10.5.4 O índice de Atkinson	100
10.6	Índices multidimensionais, sintéticos ou compostos	103
RESUMO		117

Capítulo 11 (Comparações)
Números Índices e as Comparações Intertemporais e Internacionais entre Agregados Econômicos — 454

Vladimir Lautert, Duilio de Avila Bêrni, Henrique Morrone, João Rogério Sanson, Daniela Magalhães Prates, Gláucia Michel de Oliva e Riovaldo Mesquita

11.1	Considerações iniciais	454
11.2	Viagens no tempo: níveis e crescimento	455
11.3	Índices agregativos elementares (não ponderados ou simples)	460
11.4	O índice binário "verdadeiro", teórico ou econômico	471
	11.4.1 A natureza do índice verdadeiro	471
11.5	Os primeiros índices bilaterais: Laspeyres e Paasche	479
	11.5.1 O índice agregativo ponderado de Laspeyres	479
	11.5.2 O índice agregativo ponderado de Paasche	484
11.6	Os índices de Fisher e Törnqvist	487
	11.6.1 Índice de Fisher	487
	11.6.2 Índice de Törnqvist	491
11.7	Mudança de base, encadeamento e interpolação de índices	494
11.8	O problema do deflacionamento	502
	11.8.1 Deflacionamento (e inflacionamento) e extrapolação (e retropolação)	502
	11.8.2 Duplo deflacionamento	508
11.9	Indicadores de atividade e o sistema de contas nacionais trimestrais	511
	11.9.1 Indicadores de conjuntura	511
	11.9.2 O sistema de contas nacionais trimestrais	515
11.10	Indicadores fundamentais do desempenho do setor externo	519
11.11	Indicadores de vulnerabilidade externa: avaliação em moeda local	525
	11.11.1 Indicadores de solvência externa	525
	11.11.2 Indicadores de liquidez externa	527
11.12	O problema da paridade do poder de compra	530
11.13	Paridade do poder de compra: evidência empírica	535
RESUMO		539

Capítulo 11A (Índices/CD)
O Conceito de Média, a Matemática das Funções Econômicas de Agregação e os Números Índices — 1

Duilio de Avila Bêrni, João Rogério Sanson e Gláucia Michel de Oliva

11.1	Considerações iniciais	1
11.2	A fórmula geral das médias e suas aplicações univariadas	3

11.3	Principais funções econômicas geradoras de números índices	16
11.4	Índices agregativos elementares (não ponderados ou simples)	47
11.5	As quatro abordagens para a construção de índices bilaterais	60
	11.5.1 Contextualização	60
	11.5.2 Abordagem da cesta fixa	62
	11.5.3 Abordagem estocástica	64
	11.5.4 Abordagem axiomática	65
	11.5.5 Abordagem da teoria econômica	70
11.6	Índices agregativos ponderados: os números índices bilaterais	76
RESUMO		109

Capítulo 11B (Intertemporais/CD)
Comparações Intertemporais entre os Agregados Econômicos 1
Vladimir Lautert, Duilio de Avila Bêrni e Riovaldo Mesquita

11.1	Considerações iniciais	1
11.2	Viagens no tempo: níveis e crescimento	4
11.3	Mudança de base, encadeamento e interpolação de índices	9
11.4	Deflacionamento (e inflacionamento) e extrapolação (e retropolação)	17
11.5	Duplo deflacionamento	22
11.6	Séries temporais: visão geral	30
11.7	A sazonalidade das séries temporais	33
11.8	A tendência das séries temporais	39
11.9	A componente cíclica das séries temporais	44
11.10	Indicadores de atividade e o sistema de contas nacionais trimestrais	47
	11.10.1 Indicadores de conjuntura	47
	11.10.2 O sistema de contas nacionais trimestrais	51
RESUMO		54

Capítulo 11C (Internacionais/CD)
Comparações Internacionais entre Agregados Econômicos 1
Henrique Morrone, Daniela Magalhães Prates e Duilio de Avila Bêrni

11.1	Considerações iniciais	1
11.2	Indicadores fundamentais do desempenho do setor externo: avaliação em moeda local	3
11.3	Indicadores de vulnerabilidade externa: avaliação em moeda local	9
	11.3.1 Indicadores de solvência externa	9
	11.3.2 Indicadores de liquidez externa	12
11.4	O problema da paridade do poder de compra entre dois países	14
11.5	Paridade do poder de compra: evidência empírica	21
11.6	O programa de comparações internacionais da ONU/BIRD (PCI)	26
RESUMO		30

QUINTA PARTE
CONTAS REGIONAIS E PRODUÇÃO LOCAL 541

Capítulo 12 (Regional)
Contabilidade Social Regional 543
Alexandre Alves Porsse e Fernando Salgueiro Perobelli

12.1 Considerações iniciais 543
12.2 Estrutura de um sistema de contabilidade social regional 545
12.3 Análise de interdependência regional 554
12.4 Mulplicadores de uma matriz de contabilidade social 558
RESUMO 561

Capítulo 13 (MIPE)
Matrizes Empresariais de Insumo-Produto e de Insumo-Processo 563
Vladimir Lautert e Duilio de Avila Bêrni

13.1 Considerações iniciais 563
13.2 O processo decisório da empresa e o modelo de Leontief 567
13.3 Primeiras extensões do modelo de insumo-produto para a empresa 577
    13.3.1 A tabela de recursos e usos e a planilha do resultado operacional 577
    13.3.2 O modelo fechado de insumo-produto da empresa 584
13.4 O modelo fechado de insumo-processo da empresa 588
13.5 Insumo-processo de produto único 602
13.6 Insumo-processo com quantidades físicas 613
RESUMO 624

SEXTA PARTE
EPÍLOGO 627

Capítulo 14 (*Mensurare*)
Quid Mensurare Incipit... 629
Duilio de Avila Bêrni e Vladimir Lautert

Leituras Recomendadas 637

Índice 651

CONTEÚDO DO CD
- Leituras de Contabilidade Social
- Referências Livro
- Referências CD
- Sites Recomendados
- Planilha Eletrônica: O Valor Adicionado, a Matriz da Contabilidade Social e a Matriz de Insumo-Produto

PRIMEIRA PARTE

CIÊNCIA ECONÔMICA E CONTABILIDADE SOCIAL

1

A Divisão do Trabalho na Sociedade

Duilio de Avila Bêrni, Vladimir Lautert e Adelar Fochezatto

1.1 A ATIVIDADE ECONÔMICA DA SOCIEDADE HUMANA

A unidade fundamental que caracteriza os indivíduos humanos reside em seu privilegiado grau de consciência relativamente à existência dos outros animais e coisas. Desta forma, nossa consciência da existência simultânea de "um mundo lá fora" (Cirne-Lima, 2002) e de um mundo interior constituem a dualidade básica da psiquê humana. A consciência de estarmos-no-mundo aponta para o contraste entre nossa própria individualidade e a existência de outros entes: "penso, logo existo" é o marco inicial da filosofia racionalista. Ademais, ao fazer-se consciente de si, o homem toma ciência de que o "mundo lá fora", chamado pelo instigante filósofo de "realidade realmente real", determina e é influenciado pela consciência que temos de nossa própria existência. Nosso grau de compreensão do mundo lá fora avança com a construção da própria história humana, a cultura e o movimento civilizatório, emulado com a qualidade com que construímos o mundo da realidade imaginada. Podemos estilizar estes dois mundos com o auxílio da Figura 1.1.

Comparado com a organização material de outras sociedades animais, o mais distintivo traço das sociedades humanas manifesta-se em nosso avanço social que é indutor e induzido pela atividade econômica. Nenhuma delas, com a dimensão com que o faz a sociedade humana, transformou tão profundamente a natureza ao produzir nacos de carne, navalhas de barba e naves do espaço. Menos ainda seguiu o singular atributo humano de, ao transformar a natureza, transformar sua própria natureza. Mesmo as sociedades humanas, doravante chamadas simplesmente de **sociedade**, cujo desenvolvimento institucional era insuficiente para prevenir a rapina e o sequestro, tinham consciência de suas **neces-**

Figura 1.1 A realidade realmente real, nosso R^3, a tudo envolve, inclusive a percepção que dela fazemos, de dentro de nosso mundo da realidade imaginada, o R^i.

sidades, debelando-as por meio da articulação entre a mão e o cérebro. A evolução cultural e institucional do bando levou à criação de diferentes tipos de família, buscando dar conta das contradições entre os indivíduos. Assim, as sociedades constituídas pelos indivíduos isolados associam-se em torno de diferentes organizações, como as famílias, os clãs, as tribos, os grupos. Todos estes criam regras, normas, rotinas, processos ou padrões de comportamento que geram diferentes tipos de comunidades. As convenções e o Estado seguiram-se, a fim de resolver querelas emergentes entre as **famílias**.

Buscando alcançar determinados objetivos, como o da provisão da maior segurança possível a seus membros, da nutrição ou da expressão artística, a sociedade aproveita-se de um conjunto de organizações pré-existentes a sua contemporaneidade. Criam-se, assim, novas oportunidades ao uso de seus recursos e, com isto, permite-se o alargamento da própria estrutura organizacional por meio da qual os desejos sociais se expressam. Assim, estamos encaminhando-nos para divisar, na linguagem moderna, um trio, cujo funcionamento mais ou menos harmônico oferece as bases para a vida societária: o mercado, o Estado e a comunidade. Todavia, mesmo no âmago da horda primitiva e das famílias de então às famílias contemporâneas, houve e há diversos tipos de troca de objetos materiais, como a pedra de lascar, um naco de carne ou um telefone móvel. Mas a troca não se cinge a estes, cabendo registrar trocas de entes imateriais, como o amor, a conveniência e a frustração.

Deixando a poesia e a psicologia de lado, vamos fixar-nos em estudar bens e serviços que, quando levados ao mercado, transformam-se em mercadorias. Neste contexto, definiremos bem como qualquer objeto material que tem a capacidade de atender às necessidades humanas (Box 1.1), trazendo algum benefício a quem o absorve, como a posse de um livro. Por serviço, entendemos a ação encetada para alcançar determinado fim, durante um tempo determinado, ou seja, o serviço

---

Box 1.1 — As necessidades humanas são debeladas pela via societária

As atividades que o homem desenvolve nos momentos da vida que passa em conjunto com a sociedade que o abriga são condicionadas, desde sua origem, pela consciência de suas necessidades. Da mesma forma que os animais irracionais, os seres humanos têm as necessidades da sobrevivência e da reprodução. Além destas, também necessitamos de segurança e estabilidade, alegria de pertencermos a um grupo, e nutrimos anseios de crescimento pessoal em torno da busca pelo significado da vida.

É por meio da atividade econômica que o homem, utilizando faculdades absolutamente diversas daquelas empregadas pelas formigas ou pelos castores, volta-se à transformação da natureza, dedicando-se à produção de bens e serviços destinados a atender a suas próprias necessidades e, *ipso facto*, às necessidades societárias. Assim, as necessidades humanas podem ser atendidas por meio do consumo (ou acumulação) de bens e serviços originários diretamente da ação das famílias sobre a natureza (produção familiar) ou da ação das empresas produtoras de bens e serviços destinados à troca. Considerando que as trocas são realizadas no mercado, os elementos do conjunto dos bens e serviços que nele são transacionados recebem o nome de mercadorias.

Em 1943, Abraham Maslow classificou as necessidades humanas que se costuma resumir em:

a) necessidades fisiológicas (metabólicas),
b) necessidades materiais superiores (segurança e estabilidade),
c) necessidades sociais (reconhecimento e afeição derivados de se pertencer a um grupo), e
d) necessidades superiores (evolução pessoal ligada à busca da verdade e significado da vida).

Alinhadas na sequência articulada por Maslow, tudo indica que não nos dispomos a trocar um prato de comida pela audição de um poema: apenas de barriga cheia é que teremos aguçada nossa sensibilidade artística.

apresenta a peculiaridade de extinguir-se no preciso momento em que é produzido, como assistir a uma sessão de cinema. No caso do serviço, algumas de suas consequências sobre o bem-estar humano podem ser perenes, como a correção cirúrgica de um lábio leporino: feita uma vez, ajeita a estética facial para sempre. Para finalizar, diremos que mercado é o ambiente em que interagem compradores e vendedores dos bens ou serviços que, por isto mesmo, foram transformados em mercadorias.

O esforço que fazemos a fim de vermos nossas necessidades materiais atendidas é o maior motor das ações humanas, as quais, por seu turno, geram a motivação de novas ações, caracterizando o surgimento de processos econômicos, como é o caso de processos utilizados na produção de bens e serviços, ou os processos de registros contábeis das vendas. Repetindo-se com regularidade, os processos geram estruturas, ou seja, conjuntos de partes de um todo articuladas entre si, destinadas a desempenhar determinadas funções, como a estocagem de materiais ou os serviços de um departamento de contabilidade. Conjuntos articulados de estruturas geram o próprio sistema econômico. Mesmo mantendo a atenção exclusivamente na área econômica de nossas vidas, devemos reconhecer que outras áreas também exigem nossos esforços. Ou seja, muito além dos tipos particulares de estruturas econômicas, podemos dizer que a sociedade humana move-se em torno de incontáveis estruturas, destacando-se a demográfica, a mística, a religiosa, a ecológica, a política, a jurídica, a moral, a cultural, a artística, e tantas outras mais. No Box 1.2, vemos uma acepção diferente do termo "estrutura".

Box 1.2 Marx, a estrutura e a superestrutura: explicações sobre a natureza da história humana

A teoria marxista da história é conhecida como materialismo dialético. Sua feição dialética da teoria herdada de Hegel sustenta que a interação social entre os indivíduos humanos causa constante mudança ao longo de um tempo contínuo e homogêneo. Mas a visão de Marx contrasta com a de Hegel, para quem a interação ocorria no nível da "ideologia filosófica": a beleza na Grécia ou a subjetividade no cristianismo medieval, por exemplo. No materialismo marxista busca-se a interação nas relações que se dão entre os indivíduos no contexto econômico (concreto, material). De acordo com esta visão, as mudanças sociais e políticas observadas ao longo da história são causadas por alterações nas formas que a sociedade encontra para produzir e trocar. O que move a história são as alterações na base econômica (estrutura) sobre a qual a sociedade se organiza. Dada estrutura sempre é acompanhada por uma superestrutura de pensamento correspondente, como é o caso das leis que regulam as relações sociais e econômicas, das religiões e filosofias que procuram legitimá-las, e dos governos que as disciplinam.

A totalidade social (estrutura e superestrutura) está contida no conceito de "modo de produção", e a periodização da história, no materialismo dialético, é feita a partir da sucessão de modos de produção no tempo. Um modo de produção é composto por uma realidade econômica (estrutura econômica), por um conjunto de leis e um Estado (estrutura jurídica e política) e também por tradições, costumes, cultura e religiões (estrutura ideológica). No capitalismo predominam os interesses econômicos, de forma que podemos dizer que a estrutura econômica é dominante e fundamental para que este modo de produção se perpetue. Tal predomínio econômico não caracterizou, por exemplo, a Idade Média, quando a religião predominou sobre os outros aspectos da vida social.

O que diferencia os modos de produção escravista ou feudal do modo de produção capitalista são as relações de produção predominantes na sociedade em um dado período. Trata-se das relações que se estabelecem entre os produtores diretos (escravos, servos da gleba e operários) e os proprietários dos meios de produção (patrícios-cidadãos, senhores feudais e empresários capitalistas). Desta forma, no modo de produção feudal, por exemplo, predominava a relação de produção servil, na qual os servos trabalhavam na terra do senhor feudal e lhe entregavam parte da produção. No nível da superestrutura, a legitimação deste estado de coisas, permitindo o consentimento para que a relação se man-

(continua)

Box 1.2 Continuação

tivesse, originou-se na religião. No modo de produção escravista predominou a relação entre senhor e escravo, perpetuada no tempo por meio da intervenção do Estado. Já no modo de produção capitalista, predomina a relação entre capitalista e trabalhador assalariado, cujo aspecto fundamental é a compra do tempo de trabalho do segundo pelo primeiro, relação esta também avaliada pelo Estado.

De acordo com esta concepção, a superestrutura é produto da própria base sobre a qual se apoia. Todavia, uma vez que a superestrutura foi criada, ela força a manutenção de sua base de apoio. Ainda assim, a evolução das técnicas de produção e a dinâmica de funcionamento dos mercados levam gradualmente a alterações na base econômica. Novas bases econômicas, com o passar do tempo, entram em contradição com a superestrutura. Dessa contradição, surgem mudanças na forma como a sociedade se organiza: os assim chamados "modos de produção" encadeiam-se no tempo a partir da adequação das relações de produção à realidade econômica. É neste sentido que cada modo de produção tem origem no modo de produção anterior, mostrando a história como um processo de desenvolvimento marcado por períodos de continuidade, ruptura e nova continuidade.

A atividade econômica leva à produção de bens e serviços destinados ao consumo (ou acumulação) originário diretamente da ação das famílias sobre a natureza (produção familiar) ou da ação das empresas produtoras de bens e serviços destinados à troca. Acontecendo ao longo de milhares de anos, como ilustramos na Figura 1.2, estes processos viram crescer o conjunto de estruturas de governança socioeconômica, ou seja, um conjunto razoavelmente coerente de regras sob as quais se desenvolve o jogo das interações sociais. Particularmente, uma estrutura de governança consiste num conjunto de mecanismos usados pelas instituições para controlar (monitorar) o desempenho dos locatários dos fatores de produção.

Dentre estas estruturas, destaca-se aquela pertinente à elaboração (formal ou informal) de contratos de transferência de posse e uso de bens e serviços, vale dizer, a atribuição de direitos de propriedade. É por meio desta que são criados os princípios de uma estrutura de incentivos favorável à expansão dos vínculos existentes entre a realização do trabalho individual e seu reconhecimento social, por meio da doação ou da troca. Sem uma estrutura de governança capaz de criar um ambiente favorável às interações sociais, não haveria troca. Ademais, sem a atribuição de direitos de propriedade, a troca entre indivíduos detentores de iguais desejos de posse dos bens e serviços produzidos ou recolhidos diretamente da natureza em condições de escassez não se torna viável.

...–50000	–8000		Ano Domini		1780		1973		2017...
Guerra do Fogo	Revolução Agrícola	Surgimento das Economias Monetárias	Início da Era Cristã	Fim do Escravismo. Desenvolvimento do Feudalismo. Transição para o Capitalismo	Capitalismo Comercial. Revolução Industrial	Aplicação da Ciência na Indústria: destruição criativa	Fim da Era Dourada do Capitalismo	Novas Tecnologias: energia, comunicações, microeletrônica, biologia	Blade Runner: futuro sombrio ou éden luminoso?

Figura 1.2 O Eixo dos Tempos aqui descrito foi filmado: começou antes do filme *A Guerra do Fogo* e vai deslocar-se para além do filme *Blade Runner – O Caçador de Androides*.

Em resumo, diferentes estruturas econômicas constituem um sistema econômico. O que permite que o conjunto articulado das ações exercidas pelos arquitetos dessas estruturas seja chamado de econômico é o conjunto de organizações criadas em torno da atividade econômica. Particularmente, o recorte econômico é caracterizado pela magnitude do tempo que seus integrantes destinam à atividade econômica, ou seja, à produção de bens e serviços e a atividades correlatas destinadas à troca dos produtos. A cada período, a sociedade produz, de modo mais ou menos deliberado, uma organização econômica que dê a melhor resposta às preferências dos indivíduos, aos recursos e às tecnologias de que estes dispõem. Por exemplo, se a preferência de alguns é contemplar estrelas e ela tem seu modo de vida garantido pela coleta de alimentos na granja, não poderemos pensar em telescópios ou naves espaciais. Por contraste, preocupada com naves espaciais, a sociedade pode negligenciar a contemplação estelar ou a camada de ozônio.

Neste contexto, podemos dizer que existem três tipos fundamentais de organizações econômicas: os produtores, os (locatários dos) fatores de produção e as instituições. Naturalmente, as organizações econômicas funcionam, pois contam com agentes, ou seja, entes que agem. O marco institucional que permitiu o surgimento e a manutenção da troca descreve as possibilidades enfrentadas pelos agentes e os resultados que estes podem alcançar em resposta às ações dos demais agentes.

Abreviadamente, esta visão idílica do desenvolvimento da história das relações econômicas da humanidade permite-nos perceber o surgimento da diferença entre o indivíduo humano e o cidadão, sendo este último nada mais do que um indivíduo que estabelece relações com os demais indivíduos (ou grupos de indivíduos) regidas pelas convenções (e as expectativas de cada agente com relação aos demais agentes), regras informais (e as sanções que a sociedade atribui a sua quebra) e leis (cuja obediência é coercitiva). Mais simplesmente, diremos que o cidadão é o indivíduo cujas relações com os demais indivíduos são reguladas por determinadas estruturas de governança socioeconômica, permitindo que os direitos de propriedade sejam respeitados. Graças a este respeito, a troca experimentou um desenvolvimento extraordinário, gerando mecanismos de sua própria reprodução em escala ampliada. Ou seja, a ação associativa entre cidadãos, ao garantir o direito de propriedade sobre os objetos transacionados, fortaleceu a troca. Expandindo-se, esta consagrou estruturas de governança socioeconômicas mais sólidas.

Mesmo não tendo eliminado o roubo e o saque, essas sociedades incipientes, conduzidas pela divisão e especialização do trabalho tornadas possíveis pela troca, conseguiram abandonar o nomadismo, criando a aldeia, a vila e a cidade, instâncias fundamentais para o desenvolvimento da própria troca e de mais divisão e especialização do trabalho. Alguns séculos antes da Revolução Industrial, na Europa, o escravismo cedeu lugar ao feudalismo, ainda que até hoje escravos ou servos ainda sejam observados em alguns grotões de países com desenvolvimento institucional precário. Estas manifestações patológicas da organização humana não impediram que, no capitalismo, o trabalho escravo fosse banido por lei e os direitos de propriedade do indivíduo também recebessem limites. Por exemplo, ninguém pode vender-se como escravo ou comprar escravos, como quem compra nacos de carne ou viagens espaciais.

Estendendo esta visão, podemos sugerir que a própria evolução do escravismo ao feudalismo e deste ao capitalismo constitui a garantia de direitos de propriedade e, o que é o outro lado da questão, a restrição a esses direitos. No escravismo, o indivíduo sequer era proprietário de si próprio: podíamos comprar e vender escravos, indivíduo sobre o qual o proprietário tinha o direito de vida ou morte. No feudalismo, ainda que preso à gleba, o servo tinha o direito à própria vida. No capitalismo, restringiram-se os direitos do senhor feudal, transformando o antigo servo em senhor de seu destino em dois sentidos: livre para ir e vir e livre de qualquer propriedade fundiária. No socialismo, mesmo os direitos de propriedade sobre os meios de produção foram proscritos, ao passo que o comunismo seria um sistema econômico em que sequer os direitos sobre as habilidades individuais seriam reconhecidos, cada um dando segundo suas possibilidades e recebendo de acordo com suas necessidades.

Considerando que as necessidades humanas do indivíduo isolado e sua trupe são ilimitadas, o montante destas que será atendido mostra-se limitado pela quantia de recursos disponíveis. Em torno desta dissonância entre necessidades e recursos é que se origina o problema econômico fundamental, que consiste em equacionar a forma da distribuição desses recursos escassos visando atender da maneira mais eficiente possível às ilimitadas necessidades humanas. Daqui surgem as três questões fundamentais com que se defronta qualquer sistema econômico, conforme resumimos no Quadro 1.1: o que/quanto produzir, como produzir e para quem produzir. Destacamos, assim, no polo da **produção** a existência de uma tecnologia que contribui para a determinação do que/quanto será produzido e como isto será produzido. No polo da **apropriação**, estabelecem-se os direitos de propriedade, que determinarão para quem os bens e serviços serão produzidos, ao passo que a **absorção** define quem vai consumir os bens e serviços e, ao mesmo tempo, o tamanho da fração que será colocada em reserva para ser reinserida no processo de produção, viabilizando a expansão da capacidade produtiva. O conteúdo qualitativo da resposta às três questões fundamentais, vale dizer, a composição dos bens e serviços produzidos e a definição de seus destinatários, também depende da articulação entre a natureza das preferências dos agentes e a forma como estas preferências são comunicadas entre os produtores, os locatários dos fatores produtivos e o arcabouço institucional que lhes dá guarida.

Para responder à primeira questão, busca-se saber o montante do **investimento** a ser feito pela sociedade, a fim de aumentar sua **capacidade produtiva**. Para fazê-lo, é necessário consumir menos no presente, a fim de alcançar maiores quantidades produzidas no futuro. A resposta à segunda questão se relaciona à escolha da técnica a ser adotada na atividade produtiva. Por fim, a resposta à terceira

Quadro 1.1 As três questões fundamentais da economia dizem respeito à apropriação da natureza e à absorção da produção

Primeira questão	Segunda questão	Terceira questão
o que/quanto produzir	como produzir	para quem produzir
apropriação da natureza		absorção da produção

questão fundamental diz respeito ao estabelecimento das regras a serem adotadas para distribuir a produção. Voltadas à apropriação da natureza, as duas primeiras são eminentemente de caráter tecnológico, ao passo que a terceira, por tratar da causa material do bem-estar humano, é de caráter social. O homem se apropria da natureza quando respira, toma sol, coleta alimentos ou preda animais. No caso da apropriação de ar e raios solares, não há esforço envolvido, em virtude de sua disponibilidade. Nos demais casos, este esforço culmina com a constituição de um sistema que, enlaçado com os demais sistemas que dão contorno à vida social, é chamado de sistema econômico.

Ao longo da história da humanidade, foram três os mecanismos erigidos para responder às três questões. Nas economias primitivas, quem as respondia era a tradição. Nas economias monetárias, este papel foi atribuído ao mercado, por meio do funcionamento do mecanismo de preços e da ação das organizações, particularmente, o governo e a comunidade. O governo, mesmo sem envolver-se na produção, arbitra a forma como o que foi produzido chegará às mãos dos agentes que contribuíram para a produção (trabalho ou capital) e qual fração destes ganhos será transferida aos agentes que vão absorver a produção (famílias, empresas, governo). A concepção extremada de ação racional humana fez com que a planificação centralizada fosse a terceira forma de responder a estas questões fundamentais. Este experimento desenvolveu-se a partir de 1917 na cidade de Moscou, espraiando-se pela Rússia e por outros países. Seu ocaso melancólico ocorreu, simbolicamente, no dia 9 de novembro de 1989, com a queda do Muro de Berlim.

1.2 ORGANIZAÇÕES E MERCADOS

Ao examinarmos os fatos econômicos praticados pelo homem antigo, observaremos ações caracterizando sociedades em que a troca é feita diretamente (escambo) ou é intermediada pelo **dinheiro** (moeda). Falando na ação econômica, passamos a contemplar uma unidade: o agente que pratica as ações. Mesmo quando consideramos um agente individual, observamos que suas ações têm naturezas diversas, dependendo da relação que ele estabelece com os demais agentes. Em conjunto, estes agentes defrontam-se com um elenco inicial de recursos, digamos, sementes de um cereal. Em condições desejáveis, seu cultivo renderá uma quantidade maior do cereal. Temos então três medidas associadas ao esforço produtivo: o estoque inicial de sementes, o estoque final e a diferença entre eles. A esta diferença, chamaremos de valor adicionado, por tratar-se do montante líquido de produção resultante do esforço dos agentes reunidos em sociedade[1].

Deste modo, inicialmente, o agente gera a produção, por meio do esforço que exerce sobre um conjunto de dádivas da natureza, que vão desde a coleta de frutas à produção de bordunas e, algum tempo depois, naves espaciais. Uma vez gerada a produção, ele toma a decisão de apropriar-se de maior ou menor parte dela e, da parte apropriada, ainda decide absorver na forma de consumo ou acumulação. Assim, a atividade econômica deste indivíduo isolado apresenta três polos: a gera-

---

[1] Na Introdução, falamos na equação de Leibnitz, expressando-a como $C_f = C_i + \Delta C$. Se entendermos que C_f representa o estoque de cereal no final do período, e C_i, seu estoque final, então ΔC será o que estamos definindo como valor adicionado no período que demarca os valores inicial e final.

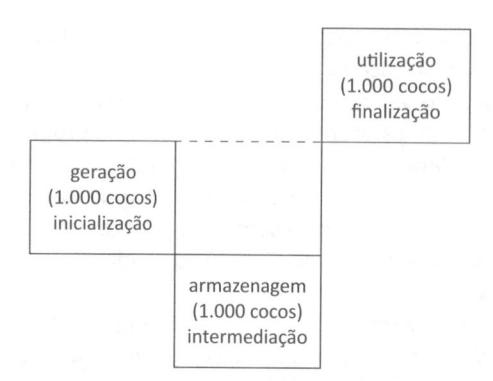

```
                    utilização
                    (1.000 cocos)
                    finalização
    geração
    (1.000 cocos)
    inicialização

                    armazenagem
                    (1.000 cocos)
                    intermediação
```

Figura 1.3 O processo metabólico da produção social envolve a produção, a armazenagem e a utilização de frações da natureza, que também são os três polos geradores da atividade econômica.

ção, a apropriação e a absorção do resultado do esforço produtivo[2]. Ou seja, ao realizar um esforço associado à produção de bens e serviços, a sociedade avalia o resultado (cuja variável síntese acabamos de chamar de valor adicionado) por meio desses três polos.

A Figura 1.3 estiliza os polos da economia de Robinson Crusoé, o indivíduo isolado que dividia seu tempo entre a criação de utilidades voltadas ao próprio consumo e o lazer associado às horas em que não trabalhava. Gregário que é, no entanto, podemos conceder a Robinson o *status* de agente econômico, pois ele age para produzir os cocos, para armazená-los (cooperando ou lutando, digamos, com Sexta-Feira ou macacos reais e imaginários) e para utilizá-los. Cada um destes polos contempla elementos fundamentais para a ordem e o progresso da vida material de Robinson, sendo compartilhado por Sexta-Feira e outros agentes, culminando com um quadro que podemos associar à união de todos os agentes pertencentes a determinado espaço econômico. Não vivesse Robinson em sociedade, não poderíamos chamá-lo de agente econômico, pois a atividade econômica é característica da sociedade humana. Tal definição impede que falemos na economia das formigas ou na dos orangotangos, a não ser alegoricamente em imagens que retivemos da literatura infantil, como a da abelhinha trabalhando e da maçãzinha vendendo saúde...

Claramente, a vida societária não se restringe à ação econômica de um único agente. Ao contrário, já na ação de todos os membros das hordas primitivas e formações sociais posteriores, conseguimos identificar estes três polos. Na verdade, estas associações humanas desenvolveram diferentes tipos de organizações, voltadas à geração de benefícios mútuos a todos os participantes. Atividades como a prática religiosa ou a defesa contra predadores requeriam diferentes tipos de organizações. Entre estas, cabe-nos destacar as que se voltaram à produção de bens materiais, isto é, as organizações econômicas. À medida que a vida social foi-se tornando mais complexa, essas organizações passaram a exibir características que permitem que hoje as classifiquemos como eminentemente constituídas ou por produtores, ou por locatários dos fatores de produção disponíveis na sociedade, ou pelas instituições que abrigam as pessoas físicas ou jurídicas integrantes da sociedade, ou seja, que são dotadas da propriedade dos fatores de produção. Assim, as organizações econômicas apresentam três tipos de integrantes: os produtores de bens e serviços, os locatários dos fatores de produção e as instituições que abrigam todos os agentes e que são proprietárias de todos os recursos contabilizados pela sociedade que elas próprias formatam.

---

[2] Estamos criando conceitos que vão acompanhar-nos por todo o livro. Na verdade, aqui eles estão aparecendo ainda de modo intercambiável. Da Segunda Parte em diante, diremos que o **produtor realiza a produção**, **criando valor da produção**; neste processo será **gerado o valor adicionado**, mensurado por meio de **três óticas de cálculo** (produto, renda e despesa, que perfazem o que chamaremos de tríplice identidade). Neste caso, o **produtor gera o produto**, o **locatário dos fatores apropria**-se da **renda** e o **integrante das instituições absorve** a **despesa**). Em seguida, diremos que produtores, fatores e instituições são os agentes econômicos.

Podemos pensar que, nos primeiros momentos da vida societária humana, havia um conjunto de dádivas da natureza que – por sua abundância – resistiram à apropriação privada. Tal é o caso do ar, da luz do sol, da água, da caça e das frutas do bosque. Mas, mesmo com relação a eles, identificamos os três polos geradores da atividade econômica. Ainda que não possamos falar em produção de água ou de ar, a caça definitivamente é produto do trabalho humano e todos os exemplos são passíveis de apropriação e absorção pelos integrantes das comunidades primitivas. Alguns desses bens e serviços transformam-se em mercadorias, em virtude da possibilidade de apropriação privada, ao passo que o aparato institucional – que abarca a ação das comunidades, bem como a do governo – começou a prover outros cuja natureza os impedia de serem trocados. Este aparato institucional abrange iniciativas como a atribuição de direitos de propriedade e a própria existência do Estado, a criação do dinheiro e sua administração pelo sistema bancário, a existência de mercados competitivos, dispositivos de controle do cumprimento de contratos, etc.

Hoje chamados de bens públicos, os bens e serviços que não podem ser negociados no mercado contemplam a segurança pública, a administração da justiça, etc. Uma vez que eles não são transacionados por meio do mecanismo de compras e vendas, configura-se uma falha de mercado[3]. A primeira característica do bem público, assim, diz respeito às possibilidades muito limitadas de barrar o acesso de não pagantes a seu consumo, atendendo ao chamado princípio da não exclusão. Nenhum dos indivíduos pode ser excluído de um sistema de iluminação pública, e não há forma espontânea de incentivar-lhe o pagamento. Ao mesmo tempo, a segunda característica associa-se ao fato de que, se um indivíduo consome o bem público, isto não reduz a disponibilidade para outros. Trata-se de bens ou serviços para os quais há consumo não rival, ou seja, diferentemente de um bife ou de um telefone móvel, o consumo não implica a retirada física do bem do ambiente público.

Deste modo, a fim de regular as relações que cada indivíduo encetava com os demais no curso de sua vida societária foi preciso invocar outro tipo de mecanismo desencadeado pelo costume ou pelas convenções sociais. Mesmo nas economias primitivas, expressando-nos de forma alegórica, mas não completamente distanciada da realidade, podemos dizer que este tipo de bem caracterizava uma oferta com tais contornos que seu consumo era compulsório. Com efeito, não possuindo preços, as convenções sociais – desde que impostas por mecanismos coercitivos – também apresentam as características da compulsoriedade, da não exclusão e da não rivalidade quanto ao consumo.

Mas a falha não é o único problema associado ao funcionamento do mercado. Por exemplo, nem todas as transações econômicas que geram produtos a serem levados ao mercado ocorrem nele. Claramente, a maior parte da produção, hoje em dia, ocorre dentro das empresas, onde a anarquia do mercado é substituída pela hierarquia da organização. A observação de que existe um custo a ser pago pelo agente que decide usar o mercado constitui uma das grandes conquistas da ciência econômica do século XX. Chamada de custo de transação, o dispêndio necessário para contornar a incerteza que permeia as transações de mercado pode ser reduzida, caso algumas tarefas que seriam delegadas ao mercado sejam incorporadas à empresa. Isto significa que a produção e principalmente a provisão de alguns bens econômicos não se

---

[3] Na Seção 7.2 do Capítulo 7C (Fiscais/CD), estudaremos com mais vagar a natureza das falhas de mercado.

valeu exclusivamente do mercado a fim de organizar a **alocação de recursos**. Ainda mais preocupante é a questão da chamada teoria do *crowding out* (esvaziamento, deslocamento) da motivação, associada à constatação de que, pensando em regularizar a entrada do produto nos bancos de sangue ingleses, as autoridades sanitárias começaram a oferecer remuneração em dinheiro para os doadores. Ao darem-se conta de que o resultado foi a redução da oferta de sangue e não seu aumento, pensaram que a motivação dos doadores era eminentemente altruística. Estes ter-se-iam sentido aliviados ao perceberem que o dinheiro, ao promover vendas voluntárias, dispensava-os de adotarem o comportamento solidário.

Nestas circunstâncias, os bens e serviços podem ser classificados como portadores ou não portadores de preços. Não tendo preço, eles não são tecnicamente chamados de mercadoria, termo que se refere precipuamente aos bens e serviços transacionados no mercado. Assim, os bens livres (Figura 1.4) são aqueles que não têm preço (ou têm preço nulo), pois a oferta é maior do que a procura quando a curva alcança o eixo horizontal, conforme ilustraremos na Figura 1.8 adiante. Geralmente, os bens livres não apresentam custo de produção, derivando-se daí a ausência de racionamento (um dos componentes da função sinalização) por meio do sistema de preços. Mas também os bens públicos, como a segurança pública ou a administração da justiça, aparecem na vida da sociedade sem portarem preços, resultando da ação de dois mecanismos. Primeiramente, alinhamos a razão de que estes bens serviram para constituir os próprios fundamentos da vida societária. Além disso, eles não poderiam ser transacionados no mercado, em virtude da impossibilidade de se cobrar do agente econômico individual por seu uso.

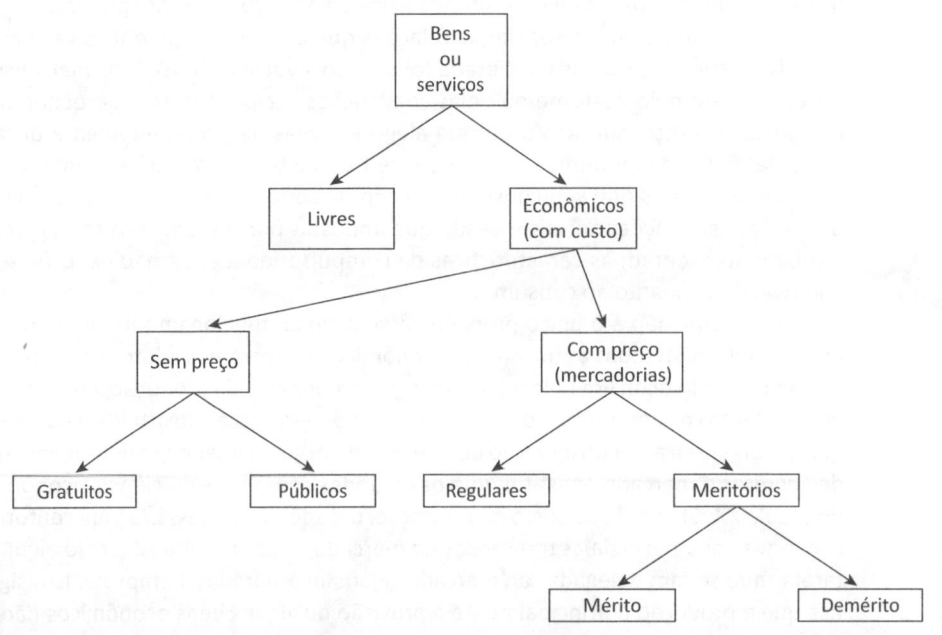

Figura 1.4 A produção de bens públicos ocorre apenas em sociedades culturalmente avançadas; a mercadoria existe apenas em sociedades culturalmente avançadíssimas.

Com efeito, o bem público tem o consumo compulsório. Se há justiça na sociedade, não somos injustiçados, ainda que pudéssemos querer tal tratamento. Ademais, o bem público não permite que o sistema de preços seja utilizado, pois não é possível adotar com relação a eles o tradicional mecanismo de racionamento: ninguém pode ser excluído dos ditames de justiça da sociedade justa. Por fim, a quantidade consumida de justiça por um indivíduo não reduz a quantidade consumida pelo outro. Resumindo, o bem público tem três características:

a) consumo compulsório
b) não rivalidade
c) não exclusão.

Ainda existe outro tipo de classificação relacionado aos bens e serviços levados ao mercado, identificando-os como regulares ou meritórios. Os bens de mérito são aqueles que, obedecendo perfeitamente às regras de racionamento ditadas pelo sistema de preços, têm o consumo considerado como desejável pela sociedade, como é o caso da educação, das verduras e do creme dental fluoretado. Um bem de demérito tem preço e quantidade perfeitamente determinados pelo mercado, mas a sociedade considera-o pernicioso. Tal é o caso do álcool e do cigarro, que são drogas legais, mas também neste caso o mercado funciona para ofertar produtos ilegais. Além da estrita questão legal, coloca-se o interessante tema sobre a temporalidade dos julgamentos de valor sobre o que é ou não é meritório.

Podemos entender por preço o montante de dinheiro[4] que se dá em troca de uma unidade de um bem ou serviço conduzido ao mercado. Neste caso, começamos a dar sentido a um sistema em que os preços de pelo menos dois bens ou serviços e o próprio mercado que os criou e os abriga exercem papel eminente para a administração da escassez. Como dissemos, mercado é o ambiente no qual interagem compradores e vendedores. Ao fazê-lo, envolvem-se num processo de negociação que gera benefícios mútuos. Buscando expandir o montante dos benefícios, produz-se mais, a fim de comprar mais. Ao produzir mais, surgem vantagens afeitas à produção de maior escala, o que significa mais produção com o mesmo volume de recursos, ou a mesma produção com menor uso de recursos.

Neste caso, o Box 1.3 sugere que o binômio troca-divisão do trabalho implicou a incorporação de ganhos de produtividade responsáveis pela redução do preço relativo das mercadorias tornadas mais abundantes precisamente em virtude dos ganhos de produtividade, culminando com a situação em que os preços de todas as mercadorias caem relativamente a uma situação inicial. Eleva-se, assim, o rendimento real das famílias e, como tal, ocorre a elevação de seus níveis de consumo, aumentando os requerimentos de produção e bafejando o crescimento econômico. A partir deste momento, o desenvolvimento de um sistema de preços tornou-se visível e cada vez mais operante. Acompanhando a crescente expansão das trocas de mercado, começaram a surgir mercadorias mais facilmente utilizáveis do que outras como instru-

---

[4] Expresso desta forma, o dinheiro (no jargão econômico também chamado de "moeda") é uma instituição, um contrato, uma regra social. Ao começarmos a falar em dinheiro e mercado, devemos registrar indelevelmente que estes não existiriam, caso a sociedade não atribuísse direitos de propriedade a seus integrantes.

> **Box 1.3** A roda da fortuna começa na produção, mas não termina no consumo
>
> Uma das poucas unanimidades entre as escolas do pensamento econômico é a proposição de que ganhos na produtividade do trabalho resultam em menores preços. Ainda que apontando razões diferentes, elas não negariam que um círculo virtuoso com os contornos a seguir poderia estar em ação na sociedade humana. Mas devemos acentuar que dar o processo como iniciado pela produção esquece que, antes de produzir, os fatores de produção devem ser alocados; e que apenas haverá alocação se o agente que tratar da alocação perceber a existência de demanda: e somente haverá demanda por parte de consumidores que conhecem o bem ou serviço, ou seja, quando existe produção. E assim por diante, num movimento circular interminável:
>
> [...]
> → [produção individual e obtenção de excedente] →
> → [troca] →
> → [produção social e divisão do trabalho] →
> → [ganhos de produtividade, crescente uso do dinheiro] →
> → [queda no preço relativo] → [elevação do rendimento] →
> → [elevação da produção e mais divisão do trabalho] →
> → [mais ganhos de produtividade] → → [mais queda nos preços] →
> → [maior quantidade vendida] →
> → [mais vantagens da produção em larga escala] →
> → [mais redução no custo unitário] →
> → [novas reduções nos preços] →
> → [maior quantidade vendida] →
> → [mais redução no custo unitário] →
> → [novas reduções nos preços] →
> → [maior quantidade vendida] →
> [...]

mento de troca e unidade de conta (forma simples do valor). Isto fez com que cada vez mais objetos se transformassem em mercadorias[5].

A inovação institucional expressa pelo dinheiro acelerou tanto a expansão dos escambos quanto a generalização da troca por ele intermediada. Surgidas as economias monetárias, o ciclo expresso no Box 1.3 não cessa de expandir-se. Com ele, foram gerados direitos econômicos que contribuíram para disciplinar a distribuição dos direitos de propriedade, além de incorporar rotinas de produção, que, por sua vez, controlam tanto os tempos e movimentos dos trabalhadores quanto o uso dos materiais e dos próprios meios de produção já produzidos.

Resumindo o que foi dito nesta seção, devemos notar que todo ser vivo transforma a natureza em seu benefício. Mesmo os seres vivos elementares, como as bactérias, o fazem. Neste sentido, seu processo metabólico envolve uma apropriação anabólica de matérias-primas e seu processamento catabólico, ou seja, existe uma entrada de materiais no sistema, um processamento e uma saída. Seres vivos mais sofisticados, como as árvores, absorvem elementos da natureza, processam-nos e produzem, digamos, flores e frutos. As formigas são reconhecidas como "trabalhadoras", pois inclusive armazenam objetos destinados à futura absorção. O

---

[5] Claro que o escambo dá lugar a triangulações, o que representa o maior elogio do funcionamento dos mercados. Mas também podemos pensar que, mesmo com triangulações, há um problema para os compradores: deter a informação sobre quem comprou o arco excedente produzido por terceiros. A solução partiu de um indivíduo, horda, ou família que especializou-se em reter frações dos excedentes de todos os produtores e montou um empório. Comprar e vender no empório traz vantagens para todos, pois reduz o custo de busca. Além disso, ele pode ser visto como uma estrutura extramercado garantindo o cumprimento dos contratos arrogadores de direitos de propriedade. No caso, o empório e, depois dele, qualquer empresa, aparece para reduzir o que se chama de custos de transação: precisamente o montante de recursos despendido a fim de usar o mercado (almoxarifado, advogado, etc.).

animal racional autointitulado de rei da natureza também a transforma e, ao fazê-lo, transforma sua própria natureza, distanciando-se a passos largos de seus ancestrais bacteriológicos, arbóreos e mesmo os animalescos.

1.3 DAS AÇÕES E PROCESSOS ÀS ESTRUTURAS E AO SISTEMA ECONÔMICO

Diferentes estruturas econômicas constituem um sistema econômico. Como vimos, este é formado por três conjuntos de organizações: produtores de bens e serviços, locatários dos fatores de produção e as instituições que absorvem a remuneração distribuída pelos locatários dos fatores que estas cederam para serem alugados aos produtores. Diremos, referindo-nos a uma economia fechada e sem governo, que os produtores alojam-se nos setores econômicos (agricultura, indústria e serviços e seus desdobramentos); os fatores são o trabalho, o capital, a capacidade empresarial e a terra, seus proprietários sendo os trabalhadores, os capitalistas, os empresários e os proprietários rurais. Por fim, na economia aberta e com governo, as instituições são constituídas por famílias, empresas, governos, e firmas estrangeiras que adquirem parte da produção nacional, falando-se modernamente também em organizações não governamentais, como os sindicatos e as associações culturais. (ver Quadro 1.2 da p. 49).

O que permite que o conjunto articulado das ações exercidas por essas organizações seja chamado de econômico é a magnitude do tempo que seus integrantes dedicam à atividade econômica, ou seja, à produção de bens e serviços e atividades correlatas destinadas à troca. Para produzir, é preciso alocar. Alocar significa dar determinado uso aos fatores de produção e recursos. Neste ambiente, a repetição das ações que o homem pratica no sentido de apropriar-se da natureza e transformá-la em seu benefício configura processos que culminam com a criação de bens e serviços, encaminhando estilos voltados a sua guarda. A manutenção de um processo de utilização molda padrões de produção que passam a configurar estruturas de apropriação compatíveis com a produção e a própria guarda. A continuidade destes processos ao longo do tempo e as inter-relações entre a geração, a apropriação e a absorção do valor adicionado criado durante os processos de produção desses bens e serviços determinam estruturas econômicas específicas, cuja totalidade constitui o sistema econômico. Todos os indivíduos, todos os seres vivos, exercem estas funções que são associadas a seu processo metabólico. As sociedades humanas criaram organizações que se incumbem de expressar esse metabolismo de forma a conter maior liberdade[6] de ação. A empresa dá mais atenção a vendas e lucros, ao passo que a sociedade dá mais importância a agregados como o valor adicionado e o emprego.

A compreensão da natureza da firma também pode beneficiar-se de definições desse tipo. A Figura 1.5 estiliza dois casos isolados de inter-relações entre essas dimensões do processo metabólico da produção social.

Estes três polos articuladores da atividade econômica associam-se ao crescimento das unidades produtoras, dos setores constituídos por conjuntos de em-

---

[6] Em termos mais amplos, acreditamos na concepção iluminista que vê a liberdade pessoal, política e econômica como o ideal supremo dos indivíduos humanos. Por isto, nossa defesa da propriedade privada estende-se ao direito de todos a uma cesta de bens e serviços que lhes propicie uma existência digna.

```
                    absorção                                        instituições
    geração  ──────────────────           produtores  ──────────────────
              apropriação                               fatores
```

Todos os indivíduos humanos   Participantes das economias monetárias

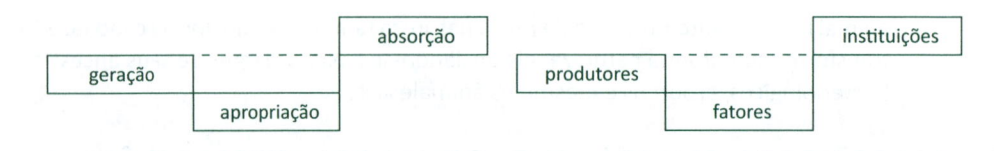

Figura 1.5 Os indivíduos, as sociedades humanas e as economias monetárias capitalistas desenvolvem-se em torno de três polos.

presas voltadas à produção de bens e serviços tecnologicamente homogêneos e, por fim, ao crescimento agregado da economia. Em geral, nas economias capitalistas, o principal determinante do crescimento da empresa é o aumento da procura por sua produção. Obviamente, se não houver oferta, o crescimento não será mais do que um alegre sonho. Todavia, às vezes, a oferta pode iniciar o processo de crescimento de uma forma transversal. Imaginemos a situação em que uma empresa percebe a obsolescência tecnológica de uma das máquinas que representam o núcleo da produção. Substituindo-a por equipamentos de última geração, a empresa pode defrontar-se com a situação de adquirir outra máquina com capacidade superior à requerida para harmonizar as dimensões produção-apropriação-absorção.

Buscando reduzir a capacidade ociosa, a empresa poderá engajar-se em um processo de crescimento, tentando acelerar as vendas e reelaborando sua engenharia financeira. Neste caso, o departamento financeiro passa a atuar como um verdadeiro banco *in house*, apontando as ineficiências no jogo das aplicações de capital e impedindo a empresa de lançar-se em projetos que lhe exijam uma taxa de crescimento superior a suas capacitações. Assim, temos na produção o germe da geração de recursos; nas vendas, o germe do uso dos recursos; e, nas finanças, a intermediação entre o mundo interno (produtividade) e o mundo externo (a relação entre preços e custos que demarcam sua competitividade).

No caso do bloco das economias monetárias capitalistas[7], a Figura 1.6 enriquece a Figura 1.5, permitindo-nos exibir a forma como a riqueza circula[8] na

---

[7] No caso geral, em vez de falarmos em "mercados", poderíamos estar falando em "arranjos", "interações" ou "relacionamentos". Com isto, em primeiro lugar, passaríamos a contemplar, no "mercado de bens", a produção de bens públicos. Em segundo lugar, inseriríamos o trabalho voluntário no "mercado de serviços dos fatores". Por fim, nosso "mercado de arranjos institucionais (inclusive monetários)" contemplaria não apenas a figura do eleitor, do político, do burocrata, etc., mas também a dos agentes comunitários que contribuem para a criação das condições da governança socioeconômica e de recortes da ação governamental, como o cultivo à liberdade e mesmo a gerência do sistema monetário.

[8] Veremos adiante que os economistas fisiocratas liderados pelo médico François Quesnay perceberam que a diferença entre uma variável fluxo e uma variável estoque é importante para caracterizar a atividade econômica. Tomaremos todo o Capítulo 3 para definir a "riqueza que circula", chamando-a de valor adicionado. A variável fluxo apresenta uma dimensão temporal, descrevendo a ocorrência de um fenômeno por unidade de tempo, como o fluir da água de uma torneira. A variável estoque apresenta um estado resultante da interrupção do fluxo em um dado instante de tempo, por exemplo, o conteúdo da caixa d'água. Na Seção 3.3 do Capítulo 3 (Dimensões), daremos uma definição formal e detalhada de valor adicionado. A riqueza da sociedade vai ser estudada mais diretamente na Seção 7.6 do Capítulo 7 (Bases), quando mensuraremos o volume de meios de produção disponível a cada unidade de tempo, e no Capítulo 10 (Distribuição), quando estudaremos a distribuição da riqueza pessoal, como o dinheiro, as joias e as obras de arte.

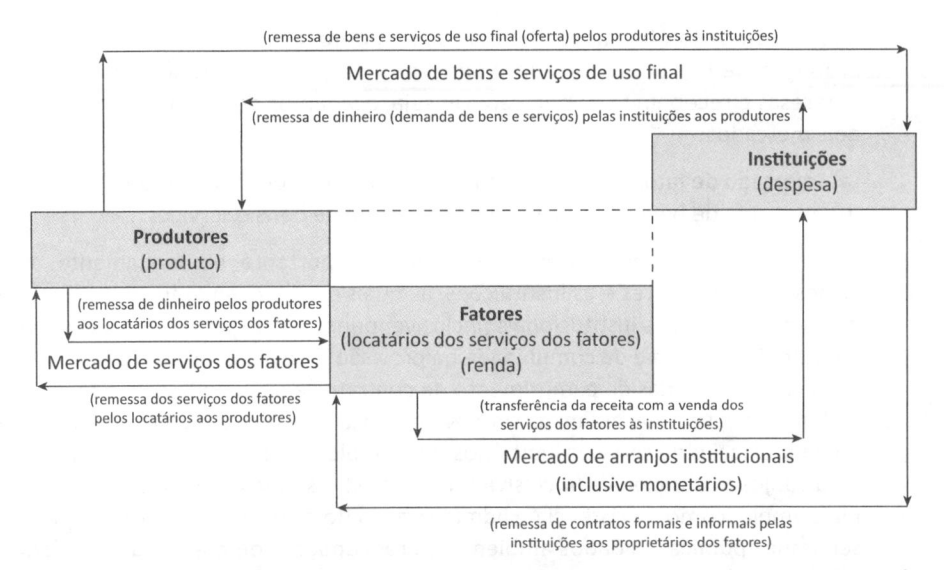

Figura 1.6 O modelo do fluxo circular da renda exibe os três polos irradiadores da atividade econômica.

economia[9]. Na verdade, até este ponto – e durante boa parte do que segue – não estamos fazendo uma diferença explícita entre riqueza (fortuna) e rendimento (a saber, o valor que a sociedade adicionou a um conjunto previamente existente de recursos). Brevemente, poderemos entender a diferença entre elas ao pensarmos em seus contornos, sendo que seguimos a tradição ao designá-la simplesmente por renda, fazendo-a movimentar-se entre os agentes por meio de um fluxo circular. O valor que foi adicionado a um conjunto de recursos previamente existente constitui o resultado material do esforço produtivo em determinado período. Por contraste, a riqueza é o acúmulo de bens e serviços que assumem a forma final de máquinas, equipamentos, edificações, joias, obras de arte, marcas, *design,* etc.

Em um modelo simplificado que se destina a descrever o funcionamento do sistema econômico, diremos que, no polo da produção, os produtores estabelecidos nos setores agricultura, indústria e serviços remetem bens e serviços às instituições, famílias, governo e unidades empreendedoras, num processo chamado de fluxo real. Estas devolvem pagamento em dinheiro, constituindo o fluxo nominal (ou monetário). Ademais, os setores compram dos locatários dos fatores (trabalho e capital) os serviços dos fatores (novamente, o fluxo real) e pagam a esses proprietários (que são as famílias dos trabalhadores e as dos capitalistas) em di-

---

[9] Os antigos desenhavam este fluxo como exibindo apenas os blocos dos produtores e das instituições. Com isto, assinalavam corretamente a existência do mercado de bens, mas ligavam diretamente o funcionamento do mercado de serviços dos fatores de produção não aos fatores, mas às instituições. Deste modo, omitiam completamente a existência do mercado de arranjos institucionais (inclusive monetários), ou mesmo um mercado político, razão que os teria levado a abandonar a expressão "economia política" de David Ricardo, falando apenas em "economia". Com isto, retornaram à expressão *oeconomicks* encontrada no livro *Political Arithmetick*, de William Petty, para sinalizar seu rompimento com a visão ricardiana, da "ciência que estuda a distribuição do excedente entre as diferentes classes sociais" (Ekerlund Jr., 1990). Em qualquer caso, mesmo insistindo na centralidade do mercado para organizar a contabilidade da vida societária, nosso fluxo também atribui papéis ao Estado, como provedor dos bens públicos de que falamos no presente capítulo, o mesmo ocorrendo com relação à ação econômica prevista ou produzida pelas comunidades espacialmente delimitadas.

nheiro, completando o fluxo nominal. Sob o ponto de vista do polo dos fatores de produção, vemos que seus proprietários remetem os serviços dos fatores para as empresas e recebem remuneração. Ou seja, acabamos de ver em funcionamento dois mercados:

a) mercado de fatores de produção: compra e venda dos serviços dos fatores;
b) mercado de bens e serviços: compra e venda de bens e serviços.

Mas ainda nos falta observar um aspecto importante, nomeadamente, as relações entre os fatores e as instituições, as quais caracterizam o funcionamento do mercado de arranjos institucionais (inclusive monetários). Neste mercado, vemos a atuação do governo e da comunidade na provisão de bens públicos, como a justiça, normas comunitárias de cumprimento de contratos e até a emissão e o manejo do dinheiro. Não se trata, assim, da simples cobrança pela taxa de coleta do lixo urbano ou da prestação de serviços judiciários ou de diplomacia. Ao falarmos em mercado de arranjos institucionais (inclusive monetários), estamos tratando de algo muito mais amplo, como a existência e administração do conceito de liberdade, justiça e segurança pública, cuidados ambientais, preocupações demográficas, regulamentação das relações interpessoais, serviços religiosos, cultura local, produção artística, científica e tecnológica não diretamente apropriáveis pelos setores produtivos, ou seja, todo o patrimônio institucional de uma comunidade. Aos itens a) e b) recém-apresentados, acrescentamos, assim, o terceiro componente:

c) mercado de arranjos institucionais (inclusive monetários): compra e venda de governança socioeconômica.

Os locatários dos fatores remetem os rendimentos que receberam das empresas pela venda dos serviços produtivos cuja delegação para levar ao mercado de fatores receberam das instituições. Estas pessoas físicas e jurídicas e o governo vão gastá-los na compra de bens de consumo ou vão reter esses rendimentos nas próprias empresas, as quais irão comprar bens de capital, ou seja, vão realizar investimentos. Temos aqui a continuação do fluxo nominal. Por fim, as instituições fornecem aos fatores o aparato institucional sob o qual eles vão exercer seus direitos de propriedade sobre os recursos de sua propriedade, configurando o fluxo real.

O que não vemos neste modelo são algumas peculiaridades do sistema. Primeiramente, as próprias empresas compram bens e serviços, encetando relações interindustriais. Em segundo lugar, as instituições transferem rendimentos entre elas próprias, na forma de pensões, auxílios, ajudas, mesadas, esmolas, etc., caracterizando as relações interinstitucionais, como será visto com mais vagar na Tabela 3.5 do Capítulo 3 (Dimensões), quando observaremos que nossos atuais blocos dos produtores e das instituições também vão contemplar relações internas, ou seja, vendas de um "produtor a outro produtor e transferências de uma instituição (por exemplo, o governo) a outra (digamos, uma família pobre)".

Sob a inspiração da Figura 1.10 (Bonsai Econômico), estilizamos nossa visualização da economia como camadas superpostas que resultam de sucessivas agregações dos comportamentos dos agentes. Ao longo dessas camadas, partindo daquelas que capturam o comportamento de agentes econômicos individuais, consideramos que, à medida que o tamanho relativo dos agentes se eleva, as leis econômicas se tornam mais gerais e sobrepõem-se com mais força sobre o ambiente dessas unidades econômicas individuais. Neste caso, podemos perceber que o movimento trazido ao sistema pelas inter-relações entre os três polos geradores da atividade econômica foi descrito pelos economistas fisiocratas como o fluxo circular. Neste fluxo, a riqueza (fortuna) circula nos canais econômicos do sistema com a mesma desenvoltura que o sangue circula nas veias do corpo humano. Na sociedade cuja vida econômica passou a basear-se cada vez mais na troca de mercadorias, os economistas clássicos contemporâneos fisiocratas e mesmo Gregory King e William Petty dividiam sua incipiente ciência em quatro capítulos: produção, distribuição, circulação e consumo (Ekerlund Jr., 1990). Os polos da produção, distribuição e consumo são visíveis já na economia de Robinson Crusoé, sendo que a circulação é ilustrada pelos círculos externos, mostrando um fluxo real e um fluxo monetário.

Na Figura 1.6, pudemos divisar a existência de três instâncias da vida mercantil: o mercado de bens e serviços, o mercado de serviços dos fatores da produção e o mercado de arranjos institucionais (inclusive monetários). No mercado de bens e serviços, os produtores remetem mercadorias às instituições (fluxo real). Estas remuneram os produtores com o dinheiro recebido pelos locatários dos fatores de produção. O montante dessas transações é estabelecido no funcionamento do mercado de fatores de produção. Nele, as instituições cedem os serviços dos fatores aos trabalhadores e capitalistas que, por seu turno, os cedem temporariamente aos produtores.

Na verdade, nesta economia simplificada, não estamos vendo os milhares de mercados que a constituem. Vale repetir que, na Tabela 3.5 do Capítulo 3 (Dimensões), veremos mais desdobramentos desta figura, apresentando-a na forma de matriz. Representamos o aumento do número de mercadorias transacionadas e de agentes a transacioná-las no Bonsai Econômico, apresentado na Figura 1.10.

1.4 A LEI DA OFERTA E DA PROCURA

Ainda interessados nas economias não monetárias, podemos pensar que seus microdados são exibidos em gráficos do tipo encapsulado pela fábula expressa em torno da Figura 1.7. No princípio, todos os bens eram disponíveis livremente. Ou

Quadro 1.2 Produtores, fatores e instituições envolvem-se nos fluxos real e monetário

Discriminação	Fluxo real	Fluxo monetário
Produtores	Vendem bens e serviços às instituições	Recebem dinheiro em retorno às vendas de bens e serviços às instituições
Fatores	Vendem serviços dos fatores produtivos aos produtores de bens e serviços	Recebem dinheiro em retorno à venda dos serviços dos fatores de produção
Instituições	Garantem direitos de propriedade aos detentores dos fatores ou dos bens e serviços	Recebem dinheiro em retorno à cessão de direitos de propriedade aos produtores e aos locatários dos fatores

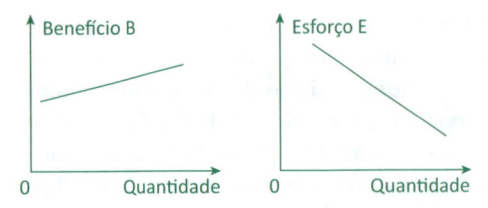

Figura 1.7 Benefícios e esforços motivando ou desestimulando a absorção de bens e serviços por unidade de tempo.

seja, havia uma oferta de bens e serviços que respondia ao benefício trazido por quem a fazia. Por contraste, as quantidades eram racionadas pela percepção de que havia custos (esforço[10]) associados a sua obtenção.

Na primeira alegoria, podemos pensar que, quanto maior o benefício que esperamos obter com a produção de determinado bem ou serviço, maior será a quantidade que desejaremos produzir. Se as quantidades de que o agente se apropriou lhe trazem benefícios crescentes ao serem transferidas a outros, ele transferirá volumes cada vez maiores. Por exemplo, ele terá prazer em transmitir seus conhecimentos de caça, caso seja recompensado pelos jovens caçadores com maior quantidade de nacos de carne por dia. Na segunda alegoria, diremos que, quanto maior o custo em que precisaremos incidir, a fim de obter outra coisa útil, menor será a quantidade que desejaremos adquirir. Por exemplo, somos inclinados a caçar mais porcos do que javalis, considerando os diferentes graus de docilidade de uns e outros.

Esta sociedade elementar permite evocarmos a definição de bem livre: a oferta excede a procura quando o preço é zero. Em outras palavras, o custo em que incidimos a fim de obtermos a quantidade que gera o benefício desejado é nulo. Geralmente, os bens livres não envolvem custo de produção, não sendo possível ao sistema de preços tratar da questão do racionamento. Mas também, como vimos, os bens públicos aparecem na vida da sociedade sem serem transacionados por meio do mecanismo de preços. Alguns deles têm custo, por contraste aos outros, que são livres. Em geral, portanto, a diferença entre um bem livre e um bem público é que o segundo apresenta um custo de produção.

À medida que a pressão sobre os recursos naturais foi aumentando, nasceu a escassez, quando então as percepções de benefícios e custos começaram a ser usadas como réguas para definir a quantidade de bens e serviços disponíveis por meio dos três polos geradores da atividade econômica (Figura 1.8). Mas nem assim alcançamos a condição suficiente para o surgimento de uma economia monetária, pois a escassez pode ser administrada por meio de vários instrumentos. Tal é o caso das regras societárias para favorecer ou impedir o consumo por parte de determinados agentes ou classes

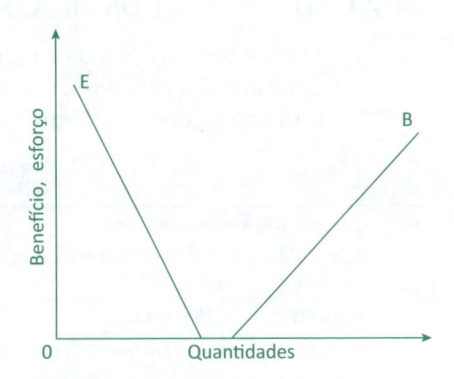

Figura 1.8 Alegoria dos benefícios e esforços associados à existência de bens livres por unidade de tempo.

---

[10] Na realidade, considerando que em boa medida também estamos nos referindo a economias primitivas, não monetárias, falarmos em custo é um certo exagero verbal, mas gostaríamos de deixar registrado o vocabulário básico da análise de custo-benefício, conceitos que há tempos e de longe transcenderam o léxico dos economistas, sendo, segundo alguns, talvez a maior contribuição dada por estes profissionais à humanidade.

sociais, pelas filas, pelas restrições concernentes aos períodos de provisão dos bens ou serviços escassos, pela valorização das preferências pessoais, pela expropriação e pela simples proibição ao acesso direto.

As economias monetárias, para emergirem, precisam de um aparato institucional que garanta direitos de propriedade que regulem a troca. A troca, por sua vez, supõe divisão do trabalho, ou seja, uma sociedade constituída não apenas por Robinson Crusoé, mas também, no mínimo, por Sexta-Feira. Robinson, Sexta-Feira e os demais agentes sociais devem ser portadores tanto de habilidades quanto de preferências diversas. Ainda mais, o polo da absorção deve abrigar tanto o consumo necessário à manutenção da existência quanto o montante que excede esses requisitos e que vai receber outro destino. Nesta sociedadezinha, podemos falar em informação perfeita, pois Robinson e Sexta-Feira sabem que cada um tinha tais ou quais montantes de excedentes de certos bens e serviços que lhes atenderiam as necessidades. Além disto, o inglês e o caraíba estariam dispostos a trocá-los por bens e serviços de características de desejabilidade simétricas.

Expandindo-se o número de agentes compartilhando o clima de confiança vigente entre Robinson e Sexta-Feira, podemos conceber triangulações. Com isto, o tempo encarregou-se de favorecer a talvez mais extraordinária invenção econômica da humanidade, o dinheiro. Não que o escambo, ou a indústria metalúrgica, ou a bomba atômica ou os derivativos financeiros dispensem a condição de extraordinários. Mas o dinheiro, por sua capacidade de promover recompensas materiais ao sublime sentimento de confiança vigente entre Robinson, Twidledum e o Visconde de Sabugosa, passou a funcionar como o maior combustível para a disseminação da troca. Desta forma, ele permitiu o surgimento e consagrou a expansão das sociedades mercantis, responsabilizando-se também pela exuberância econômica de seus participantes, quando comparada ao indivíduo isolado. Não menos sublimes, devemos advertir, são sentimentos nutridos por segmentos da sociedade que se dedicam a outros tipos de troca não intermediada pelo dinheiro.

À medida que a procura aumenta, deslocando-se para a direita, como ilustra a Figura 1.9, a quantidade de um bem dada em troca de outro, ou seja, seu preço, começa a subir. Com ele, começam a aparecer indivíduos que conseguem conceber que os compradores estão dispostos (desejo) e aptos (poder de compra) a adquirir um bem ou serviço com preço superior a zero e o produzem. A estes indivíduos, Joseph Schumpeter (1964) chamou de empresários[11]. Vemos, assim, que o

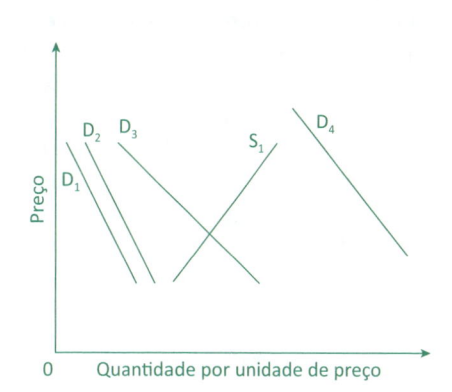

Figura 1.9 A escassez gera o sistema, mesmo que não estejamos falando em dinheiro.

---

[11] Para Schumpeter (1964), o desenvolvimento econômico resulta de uma inovação radical, que ocorre de forma descontínua, e tem como protagonista o empresário, que é o indivíduo que realiza a atividade inovadora ao vislumbrar nela a possibilidade de obter lucros extraordinários. O empresário schumpeteriano é uma liderança econômica, seja no sentido de seu pioneirismo, seja enquanto condutor de meios de produção para novas combinações entre os recursos produtivos. Dada a condição de desequilíbrio que é própria do desenvolvimento, a situação de empresário ocupada pelo indivíduo é temporária, ao mesmo tempo em que este comportamento é algo alheio ao funcionamento habitual do sistema.

bem ou serviço deixa de ser livre e passa a ser econômico quando a procura aumenta além de certo limite. Se concebermos uma unidade comum de medida para os benefícios e os custos, poderemos dizer que, em nossa modelagem do mundo lá fora, um indivíduo encontra-se em equilíbrio quando o benefício derivado da produção de determinado bem ou serviço exige-lhe não mais do que o esforço (custo) decorrente da ação de alcançá-lo. Mas aqui há um aspecto interessante a ser ressaltado. A Figura 1.9 mostra uma das curvas de procura interceptando a curva de oferta, determinando um par (quantidade, preço) que garante o equilíbrio entre a oferta e a procura. O que não estamos assegurando, e nem poderíamos, é que este par ordenado está situado precisamente num ponto em que os agentes estão completamente satisfeitos com o resultado das interações. Nas condições em que isto ocorrer –e apenas nelas – diremos que estamos presenciando um equilíbrio walrasiano, termo derivado do nome do grande economista León Walras (pronuncia-se Leôn Valrá).

Se não houvesse preços, poderia ocorrer excesso de procura (ou de oferta) por alguns bens, e aí, como forma de racioná-la (expandi-la), surgiria o preço, ou melhor, surgiria algum empresário empreendedor capaz de perceber que há escassez de oferta desse bem e, por um preço conveniente, o supriria. Como todos os agentes estão alertas para a possibilidade de comprar barato e vender caro, as disparidades se cancelam, em virtude da concorrência que se estabelecerá entre eles. Da mesma forma, a produção com métodos mais baratos é motivada pelo lucro que vai ser obtido com a criação de um bem mais barato do que o dos concorrentes, mas vendido pelo preço que estes cobram. O conceito de equilíbrio assume um papel fundamental na modelagem do mundo econômico, pois serve como uma chave que dá acesso, na vida social, ao compartimento econômico. Verificando nesta um elenco de regularidades emanando do que chamamos de processos econômicos, podemos observar que as próprias regularidades localizam-se em torno de determinados centros de gravidade. Basicamente, a noção de equilíbrio sugere que, se um agente faz determinados planos e os realiza, podemos prever que ele não modificará substancialmente sua maneira de agir, mantendo os contornos da ação bem-sucedida.

Para concluir esta seção, vamos usar o aparato recém-desenvolvido a fim de mostrar uma possibilidade de interpretação do modelo completo do fluxo circular da renda como uma expressão do funcionamento de diferentes mercados. Como vimos, atribuímos ao funcionamento do mercado de bens e serviços, do mercado de serviços dos fatores de produção e do mercado de arranjos institucionais (inclusive monetários) a articulação entre os diferentes agentes por meio de uma cobertura institucional. Esta concepção não apenas garantiu-lhes direitos de propriedade como permitiu todo o desenvolvimento de uma vida societária, gerando incentivos mesmo para a produção de bens públicos.

Assim, o mercado de bens vê sua oferta como sendo precisamente um esquema que associa as quantidades de bens e serviços que os produtores estão dispostos e aptos a colocar no mercado a cada nível de preços com que se defrontam. A demanda de bens e serviços é feita pelas instituições, como é o caso das famílias, do governo, e de empresas (investidoras) e empresas do resto do mundo (importadoras do produto doméstico). Observando o funcionamento da realidade realmente real, entendemos que existe uma relação negativa entre as quantidades que os agentes procuram e os preços que os produtores estão cobrando pelas mercadorias.

No mercado de serviços dos fatores de produção, a oferta consiste na associação entre a quantidade de horas de trabalho que os locatários dos fatores de produção mostram-se dispostos a levar ao mercado de forma correspondente a cada nível de remuneração (salários dos trabalhadores, lucros dos proprietários) com que se defrontam no momento da assinatura dos contratos. A procura por serviços dos fatores é exercida pelos produtores, que sentem-se inclinados a contratar mais serviços de fatores se o preço (salários, aluguel dos bens de capital, etc.) cobrado por estes for mais baixo do que mais alto.

Por fim, a exemplo dos mercados de bens e serviços e serviços dos fatores, o mercado de arranjos institucionais (inclusive monetários) também pode ser concebido como portando curvas de oferta e de procura. Mais do que simples alegoria, esta formulação permite-nos entender que neste mercado transaciona-se o arcabouço institucional que torna o funcionamento dos outros dois algo permanente (e não efêmero). Assim, enquanto mercado, este vê trocas "governadas" pelos contratos que serão tão completos quanto possível. Ainda que o contrato seja em si um estoque, o que se mede no fluxo real é a fração de sua governança despendida no período corrente. O quantum "produzido" no ano corrente poderá ser mensurado caso sejamos capazes de divisar uma unidade de conta adequada para calcular o número de contratos formais e informais firmados pelos diferentes agentes econômicos. Seu objeto é o mais variado, sendo que o mais abrangente diz respeito à administração do estoque monetário em circulação, bem como à conservação do estoque de recursos naturais. No primeiro caso, requer-se um diálogo eficaz entre o governo e a comunidade, ao passo que o segundo requer o diálogo entre a geração presente e a geração futura. O preço que rege as transações realizadas no mercado de arranjos institucionais (inclusive monetários) pode ser associado à taxa de juros, pois esta explicita ou implicitamente estará sendo arbitrada pela sociedade para a redação e o monitoramento dos contratos, em especial o contrato concernente à relação entre o volume de produção social e o volume de dinheiro disponível para colocá-lo em circulação.

1.5 RAMIFICAÇÕES DO SISTEMA DE PREÇOS

Com o auxílio da Figura 1.9, é hora de visualizarmos camadas sobrepostas refletindo a agregação dos comportamentos dos agentes. Ao longo dessas camadas estilizadas na Figura 1.10, partindo daquelas que capturam o comportamento de agentes específicos, à medida que seu tamanho relativo se eleva, as leis econômicas se tornam mais gerais e sobrepõem-se com mais força sobre o ambiente econômico. Cada um desses níveis de visualização recebe um nome: micro, meso e macroeconomia, conceitos abordados na segunda seção do próximo capítulo. Assim aninhados[12] em camadas sucessivas, eles permitem imaginarmos a montagem de um bonsai, representando os três polos geradores de atividade econômica para cada agente. Podemos chamá-lo de bonsai, pois ele é pequeno o suficiente para caber em um quarto de página de papel, ao mesmo tempo em que é cheio de ramificações, como uma verdadeira árvore conífera. Em nossa

---

[12] Na Seção 9.4 do Capítulo 9 (Ambiental), vamos dar prosseguimento a este conceito de funções que aninham outras funções.

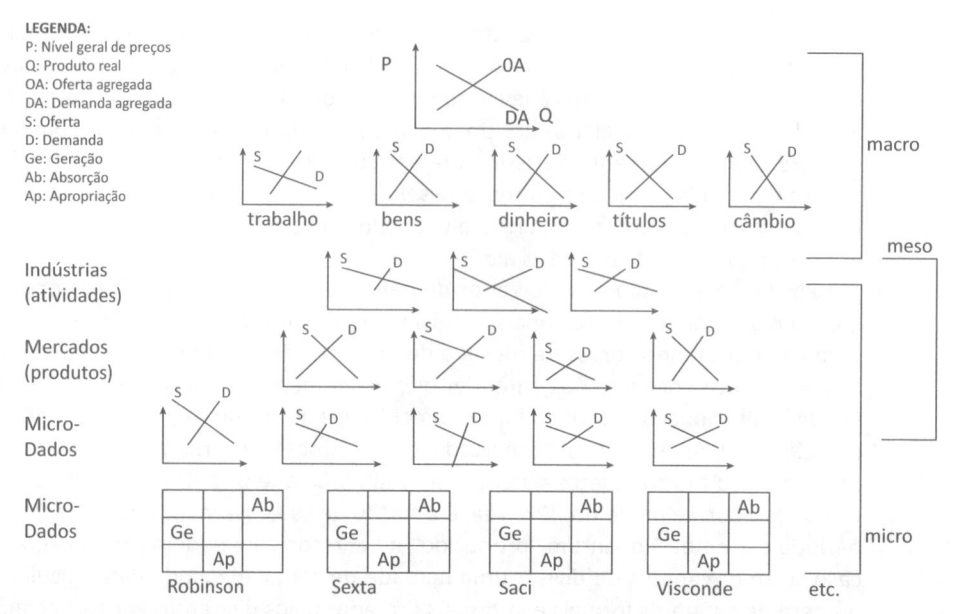

LEGENDA:
P: Nível geral de preços
Q: Produto real
OA: Oferta agregada
DA: Demanda agregada
S: Oferta
D: Demanda
Ge: Geração
Ab: Absorção
Ap: Apropriação

Figura 1.10 O Bonsai Econômico mostra que as curvas de oferta e de procura dos agentes econômicos individuais podem ser aninhadas em sucessivas camadas até gerar as curvas que representam comportamentos de todos os agentes econômicos em todos os mercados relevantes.

divisão da análise econômica entre micro, meso e macro, diremos, mesmo na micro, que a própria curva de procura de uma mercadoria promove a agregação de comportamentos de diferentes agentes econômicos.

Ainda que possamos buscar leis econômicas que expliquem esses comportamentos, é cedo para aprofundarmos nossas reflexões sobre recortes tão específicos da vida planetária. Queremos entender as relações econômicas num sentido mais elevado: as que resultam da troca de mercadorias intermediada por um conjunto de arranjos institucionais (inclusive monetários) simbolizados pelo dinheiro e pelo mercado em que este é transacionado. Mas também queremos entender como a sociedade se organiza para produzir bens e serviços para os quais não existe mecanismo de mercado concebível a fim de garantir sua provisão. Neste caso, encontramos os bens públicos definidos anteriormente. Mas, além deles, temos outros problemas que requerem atenção. Por exemplo, já falamos em produção e em empresas, mas não deixamos claro os motivos que levam alguns indivíduos a abrirem mão de sua liberdade individual e a se abrigarem sob uma estrutura hierárquica, a empresa. A palavra-chave neste contexto é o conceito de eficiência: os custos de transação impedem que o uso do mercado seja generalizado superando todas as demais formas de relações econômicas entre os indivíduos. A firma mostra-se eficiente em economizar custos de transação. Por exemplo, uma microempresa beneficia-se da existência de um mercado no qual pode comprar os serviços contábeis de outras empresas. Com isto, ela não precisa contratar os serviços de um contador, abrir um departamento de contabilidade e ter capacidade ociosa de, digamos, 90% do tempo deste técnico. Sendo mais produtiva, a empresa gera mais valor adicionado a ser apropriado por seus integrantes.

O mecanismo de mercado contorna inúmeros problemas da vida social, transformando tudo em mercadoria, inclusive a incerteza sobre a probabilidade de que certos eventos venham a ocorrer no futuro. Por isto, ele se mostra muito ágil em termos de organizar a vida social, criando mecanismos tecnológicos ou institucionais que permitam expandir as relações de mercado. Vamos ilustrar este ponto com o exame mais cuidadoso do caso do risco. A fim de lidar com ele, a sociedade criou o mecanismo do seguro, buscando diluir o prejuízo provocado por acidentes, com um preço a ser pago pela apólice. Alguns agentes (que "pegam carona" nas boas intenções de outros), aproveitando-se da situação, buscaram burlar as normas de venda dos seguros, por meio de dois mecanismos que chamamos de risco moral e seleção adversa. No risco moral, o agente, depois de fazer o seguro, deixa de cuidar do bem, pois este agora está segurado. É o caso, por exemplo, de um seguro contra roubo de um automóvel, cujo dono passa a esquecer de chavear, levar à garagem, etc. Na seleção adversa, um indivíduo faz o seguro omitindo sua condição já conhecida de inserido no grupo de risco. Por exemplo, uma mulher nos momentos iniciais da gravidez faz um seguro de hospitalização. Mas mecanismos institucionais voltam a estabelecer a tranquilidade do funcionamento do mercado. No primeiro caso, criou-se o seguro obrigatório e, no segundo, a carência para a internação. Com isto, o mercado volta a funcionar de modo eficiente.

O fato de que o bem origina-se ou não no mercado não traz maiores implicações éticas quanto à desejabilidade de seu consumo. Com efeito, é no mercado que se transaciona tanto a insulina que melhora as condições de vida do diabético, quanto a heroína, que deteriora as do viciado. A procura por essas duas mercadorias apresenta em comum o fato de aumentos nos respectivos preços implicarem quedas nas quantidades procuradas. Assim, o mecanismo de preços é usado para racionar seus consumos, o primeiro valendo-se de um mercado regular e o segundo, de um mercado negro. Por isso, pode-se distinguir o primeiro como sendo um bem regular, ao passo que o segundo constitui-se num bem de demérito. O simétrico de um bem de demérito é o bem de mérito, como a educação, o leite, ou a própria insulina, se for considerada particularmente adequada para receber incentivos a seu consumo.

Insulina e heroína são exemplos estereotipados, para caracterizar o "bem" e o "mal" puros, pois a complexidade do mundo real faz com que casos extremos sejam raros. O que existe é um *continuum* entre os bens de mercado, iniciando com os de mérito, prosseguindo com os regulares e terminando com os de demérito. Por isto, costuma-se associar ao mercado a possibilidade de articular os compradores e vendedores envolvidos em uma transação, de modo que o todo assim formado funcione adequadamente. Logo, fala-se em "mecanismo de preços", "sistema de preços" ou "mecanismo de mercado" para designar a atividade que compradores e vendedores desenvolvem de modo a alcançarem um preço que os satisfaça simultaneamente, isto é, um preço que equilibre oferta e procura. Em outras palavras, as forças da oferta e da procura atuam de acordo com certos princípios cuja identificação é o objeto central da ciência econômica.

Adam Smith (1974) disse que existe uma mão invisível que faz com que o açougueiro, o cervejeiro e o padeiro criem refeições para terceiros pensando em seu próprio bem-estar e não no dos clientes. Os economistas têm assim a ideia da existência de uma ordem espontânea, de modo a entenderem os fenômenos sociais: consequências muitas vezes involuntárias das ações dos indivíduos que agem racionalmente de acordo com suas preferências. Por contraste, o próprio Smith (1974) e, mais que ele, os economistas do século XX perceberam a existência de dois outros problemas. O primeiro é que existem situações que hoje chamamos de jogos de coordenação, em que a sociedade acomoda-se numa situação indesejável para todos os agentes, ainda que estes não consigam esquivar-se. Tal é o caso, por exemplo, de um congestionamento de trânsito que ocorre diariamente numa esquina da cidade. O segundo diz respeito ao fato de que, em muitos casos, em vez de comprar no mercado, pode ser mais lucrativo para o agente produzir o bem ou o serviço de que necessita. Em outras palavras, começamos a ver que, em muitos contextos, quando falamos em "mercado", queremos apenas dizer que estamos observando uma interação social entre os agentes, nem sempre associando-se à compra e à venda. Para reduzir ainda mais a importância do mercado na regulação absoluta dos arranjos sociais, cabe registrar a existência de donativos de um agente a outro, para não falar do furto e do roubo.

Assim, a grande questão é a amplitude com que o mercado funciona em benefício do conjunto dos agentes econômicos. Por isto, podemos dizer que, ao voltar-se à alocação de recursos, o mercado (ou o sistema de preços) desempenha quatro funções principais. Com efeito, o sistema de preços credencia-se para mensurar, sinalizar, prover incentivos e prover o futuro (ou seja, gerar poupança). Primeiramente, a função de mensuração volta-se ao controle e à avaliação da atividade econômica. Para tanto, a principal tarefa de mensuração consiste na avaliação da criação de valores (horas de trabalho) e cifras que deem conta do consequente estabelecimento dos preços das mercadorias. Em segundo lugar, o mercado sinaliza o tipo de negócio em que os agentes econômicos devem aplicar seus recursos. De um lado, ele gera informações sobre as possibilidades de recompensas aos esforços produtivos e, de outro, ele atua como um mecanismo de racionamento, com o preço elevado restringindo a procura pela mercadoria escassa. Neste caso, tanto as assimetrias de informação como as diversas formas de racionamento reduzem o poder do mecanismo de mercado em atender plenamente esta função. A terceira função do mercado consiste em organizar a produção, por meio da criação de incentivos. De um lado, o preço alto funciona como incentivo ao aumento da produção, ao passo que, de outro, o sistema de preços leva à distribuição da produção por intermédio da distribuição do valor adicionado. Por fim, a quarta função associa-se à provisão para o futuro, por meio da geração de poupança e da criação de formas de conversão desta em financiamento do investimento.

O ajuste via preços é o grande elemento de coordenação que tem lugar nos mercados, enquanto o ajuste via quantidades ocorre mais frequentemente nas organizações econômicas. Particularmente, as organizações dos produtores, ou seja, as empresas, exercem a função de criar ordem e reduzir a incerteza que emerge no processo de troca. Esta incerteza se associa ao próprio uso do mercado para permitir que a mercadoria circule das mãos de um vendedor às de um comprador. Os custos de transação incididos por estes agentes, a fim de se assegurarem de que estão vendendo para um comprador honesto ou estão comprando a mercadoria efetivamente contratualizada, diferem dos custos de produção, deixando mais visível a vantagem de um ambiente cooperativo. Da qualidade das organizações é que surgirá a estrutura de incentivos de uma economia, a qual culmina por determinar se haverá crescimento, estagnação ou retrocesso.

Numa economia de mercado, se pensássemos na contraditória noção de ausência de preço, poderia ocorrer excesso de procura por alguns bens (ou de oferta). Nestas circunstâncias, como forma de racioná-los, surgiria algum mecanismo. No mundo que conhecemos, este mecanismo de racionamento é precisamente o preço. Nesta alegoria, surgiria algum empresário empreendedor que perceberia que há escassez de oferta desse bem e, por um pequeno preço, a supriria. Como todos estão alertas para a possibilidade de comprar barato e vender caro, as disparidades se cancelam. Da mesma forma, a produção com métodos mais baratos é motivada pelo lucro que vai ser ganho pelo produtor em virtude da superioridade que ele tem com relação aos concorrentes.

Mesmo considerando que o surgimento da mercadoria acompanhou importantíssimas etapas do desenvolvimento do bem-estar humano, sabemos que o mais adaptado dos ambientes de realização de trocas está longe de resolver todos os problemas da vida social. Como já referimos, os bens públicos são exemplos convencionais das situações em que o mercado não é capaz de encarregar-se da oferta. Dada a necessidade que a sociedade tem de contar com a oferta de serviços, como a segurança pública ou a geração de luz em faróis para mostrarem os recifes da praia a navios noturnos, ela utilizará seus tradicionais mecanismos de alocação de recursos alheios ao mercado para certificar-se de que haverá a provisão do serviço. Claramente, estamos falando das organizações, como é o caso do clube dos proprietários dos navios ou do governo. Mas o Estado não participa da atividade econômica apenas por causa das falhas de mercado. Os pensadores liberais consideram que ele emerge do estado da natureza, a fim de superar a vida curta, selvagem e bruta de nossos antepassados remotos a que Thomas Hobbes se referiu.

Ainda que distanciados por um século, os pensadores ingleses Thomas Hobbes e David Hume, anteriormente a Adam Smith, perceberam que a ordem observada sob a égide da monarquia era fundamental para o rompimento desse estado da natureza. Todos os indivíduos dispostos a viver em sociedade abririam mão de seu poder mais elementar, nomeadamente, o poder de assassinar os demais, tendo como recompensa o direito à vida. A instância que garantiria este direito e puniria os que o infringissem seria, naturalmente, o Estado, que administraria a justiça e que seria comandado pelos monarcas.

Assim, a ordem natural observada por Adam Smith (1974) não era avalizada por Hobbes, seu contemporâneo, nem por Hume. No caso de Hume, a alegoria que resulta de sua obra é hoje associada ao uso das terras comuns da Idade Média. Todos têm direito de utilizar as pastagens comunais, o que pode gerar um problema de excesso de uso, prejudicando a todos, inclusive, no devido tempo, ao indivíduo que começou a forçar a utilização da terra. A solução seria drenar o brejo adjacente às pastagens, mas não se esperaria que algum dos pecuaristas tivesse um incentivo econômico para fazê-lo, pois ele incidiria com o gasto, sendo que todos os demais se beneficiariam com os resultados. Hoje, pensamos precisamente a mesma coisa para outros bens de uso comum, como uma lagoa, em que o volume de pesca que um indivíduo captura vai comprometer o dos demais. Nas palavras de nosso tempo, podemos dizer que existe um marcante contraste entre a harmonia pregada pela alegoria smithiana da mão invisível e os problemas de coordenação que resultam das consequências não intencionais de inúmeras ações autointeressadas dos agentes econômicos.

Sempre que o mercado não consegue resolver o problema da alocação de recursos, a sociedade delegará ao governo ou a outra instituição a responsabilidade por realizar a provisão do bem ou serviço, como a vacina ou a justiça. Ou seja, para prestar serviços de vacinação, não é necessária a produção, podendo o governo, por exemplo, oferecer serviços de coleta de lixo urbano, delegando sua execução (produção) a uma empresa cooperativa de catadores de lixo, contratada sob a égide do mercado. Todavia existem algumas funções indelegáveis por parte do governo. De acordo com a concepção de Adam Smith (1974), as funções do governo são:

a) proteger a sociedade da violência e invasão por parte de outras sociedades;
b) proteger os membros da sociedade da injustiça e opressão por parte de outros membros;
c) construir e manter serviços e instituições públicas que não despertem interesse de exploração privada.

Na concepção mais moderna dos liberais clássicos contemporâneos, o governo deve exercer três funções: promover a estabilização da economia, participar da alocação de recursos e redirecionar a distribuição do valor adicionado entre as diferentes instituições. Mas isto não significa negar que tanto as instituições familiares quanto as não governamentais alinham-se à realização de projetos que duram mais de uma geração para serem concluídos, por exemplo, a construção de uma catedral.

Em resumo, a divisão do trabalho é expandida pela existência do mercado. O mercado só existiu porque o antecedeu um conjunto de organizações econômicas que lhe deu guarida, como a vida comunitária e o Estado. Construído o Estado, este também começou a apresentar falhas, como é o caso da influência dos grupos de pressão e o divórcio entre os objetivos dos governantes e os dos eleitores. Entre o Estado e o mercado, situa-se a hierarquia, a empresa, que existe em virtude da racionalidade expressa na redução dos custos de transação. Mas a hierarquia não é infensa a problemas, como assinala a chamada teoria da ineficiência-X, que postula que, mesmo dentro das empresas, a fronteira de eficiência raramente é alcançada, pois "ninguém pega pesado o tempo inteiro." Se há problemas com o mercado, com a firma (sem omitir as organizações não governamentais) e com o governo, a indagação que não quer calar é "como é que funciona?". Logo, precisamos construir um aparato de conceitos que permita mensurarmos até que ponto esses problemas comprometem o desempenho do sistema econômico. Tal é o propósito deste livro.

RESUMO

Iniciando a trajetória que nos levará a montar um aparato de conceitos e equações a fim de avaliar o grau de eficiência com que as sociedades humanas usam seus recursos em determinado período, este capítulo apresentou uma visão abrangente do problema central da economia política. Iniciamos falando em "sociedades humanas" para deixar clara nossa visão da evolução do homem primitivo, envolvendo-se em sociedades que pouco diferiam das sociedades animais avançadas, mas contrastando com essas por modificar-se na medida em que ia – e segue – transformando a natureza. Da maneira como a consciência das necessidades humanas foram sendo debeladas às formas de produção material encarregadas de fazê-lo, o homem há não mais de 10.000 ou 20.000 anos passou a relacionar-se com estranhos a seu bando, ou sua horda. Abandonando a condição de nômade, criou acampamentos que tornaram-se cidades e, com elas, surgiu a civilização. Logo, nesta perspectiva, o homem descobriu a troca de bens e serviços e, ato contínuo, a especialização e a divisão do trabalho, o que engendrou mais trocas, iniciando-se um círculo de virtudes que culminou com o aparecimento das primeiras economias monetárias.

Assim, as ações humanas, ao repetirem-se, encetaram a realização de processos econômicos que, por sua vez, geraram estruturas e, reunidas, estas criaram o sistema econômico, um híbrido entre produção para autoconsumo, produção para o mercado e produção de bens que hoje chamamos de públicos, como a garantia de "contratos" e a segurança coletiva. Articulado o sistema econômico, hoje o entendemos como tendo atendido a três questões fundamentais. Ao apropriar-se da natureza, o homem precisou responder o que e quanto produzir e também como produzir, ou seja, definiu a relação entre, digamos, sementes transformadas em pão e sementes guardadas para a semeadura do período seguinte em covas feitas com a mão ou com um pedaço de pau. Além destas questões, ele precisou definir explícita ou implicitamente quais as regras da distribuição da produção.

O excedente econômico que viabiliza a troca entre diferentes indivíduos – logo, um fenômeno social – gravita em torno de três polos: a geração, a apropriação e a absorção do resultado do esforço produtivo. Os produtores usam fatores de produção e geram um montante de bens e serviços maior do que aquele que detinham no início do período. Os fatores de produção apropriam-se do resultado líquido do esforço produtivo e levam este resultado a ser absorvido pelas instituições. Articulamos estes movimentos por meio do que chamamos de modelo completo do fluxo circular da renda, em que começamos a modelar o funcionamento de três mercados. Enquanto modelo e sua expressão da realidade "lá fora", pudemos reconhecer que nem todas as transações têm por base a troca de mercadorias, havendo produção para autoconsumo e outras formas de produção não intermediadas pelo mecanismo de mercado. Seja como for, atribuir a intermediação das relações entre produtores, fatores e instituições a três mercados permite vermos que produtores compram serviços dos fatores, que os fatores, por serem de propriedade das instituições, usam a receita que recolhem dos produtores para remunerar seus proprietários. Estes, providos desta receita, dirigem-se ao mercado de bens e serviços e compram-nos a seus produtores.

Ainda assim, examinando o mundo econômico da atualidade, observamos a manutenção de muitos desses traços, pois nem toda a apropriação de bens ou serviços ocorre por meio do mecanismo de mercado. Primeiramente, os bens livres – definidos como aqueles cuja oferta supera a procura quando o preço é nulo – não possuem preço nem, como tal, são transacionados em qualquer mercado. Os bens que não são livres, neste sentido, chamam-se de econômicos, marcando-se o contraste entre eles pelo fato de que sua produção incide em custos, mesmo que a absorção ocorra sem contraprestação (monetária ou não). No caso da ausência de preço, vemos dois tipos de bens, como os gratuitos (por exemplo, educação básica) e os bens públicos (por exemplo, iluminação das ruas da cidade). Os bens transacionados no mercado por meio da negociação de um preço entre o comprador e o vendedor são classificados como regulares (o caso geral) e meritórios (casos específicos). Um bem regular é, reconhecendo a circularidade do exemplo, uma camisa padrão, ao passo que um bem de demérito é, digamos, uma camisa produzida com material ecologicamente destrutivo. Insistindo no exemplo, um bem de mérito pode ser uma camisa que protege o corpo das radiações solares cancerígenas.

Nas economias monetárias modernas, a produção de bens públicos vê seu volume expandido ao longo do tempo, na forma de serviços judiciários, proteção ambiental, proteção à criança e ao idoso, etc. Mas o grupo mais característico diz respeito aos bens transacionados por meio do mecanismo de preços. O sistema de incentivos engendrado por este mecanismo fundamental é – talvez – o mais eficiente já concebido pela sociedade humana, como o atesta a verificação de sua "universalidade" pelos europeus quando de seu encontro com as civilizações asteca, maia e inca. O mecanismo de preços engendra o traço básico do funcionamento da economia baseada na divisão do trabalho, pois esta reduz o tempo de vida humano necessário à produção dos bens e serviços econômicos. Ou seja, estamos dizendo que mesmo a produção de bens públicos beneficia-se da divisão do trabalho, mas que esta recebe o maior impulso na produção de bens levados ao mercado. Elevar a produtividade faz funcionar o lado mais atraente da economia monetária, qual seja, mantida a quantidade de trabalho padrão, observaremos a expansão da quantidade produzida. Com esta expansão, a concorrência entre os produtores leva à redução do preço, o que implicará no aumento da quantidade vendida e da divisão e especialização do trabalho. Fecha-se o mais virtuoso aspecto descrito pelo modelo do fluxo circular.

Como última etapa da conceitualização iniciada com este capítulo, fizemos o sistema de preços ramificar-se por meio de um bonsai, metáfora ornamental que criamos para lidar com dois recortes fundamentais da ciência econômica. De uma parte, rigorosamente, o que fizemos não foi levar "o sistema de preços [a] ramificar-se". Em verdade, procuramos simular, em parte de uma folha de papel (na Figura 1.10) este traço, pois – obviamente – estamos falando de um modelo que reduziu as milhões de transações econômicas (levadas a efeito com e sem preço). Com isto, passamos ao segundo recorte: pudemos usar esta alegoria para agregar quantidades de bens e serviços produzidas, apropriadas ou absorvidas por diferentes indivíduos humanos (Sexta-Feira, Saci Pererê, e por aí vai), criando ficções tão abstratas quando a existência humana de um visconde ou um aventureiro inglês. As diferentes camadas de galhos de nosso bonsai foram montando diferentes agregações dessas quantidades, o que nos forçou também a inventar uma forma de agregar os preços dessas mercadorias. Com isto, sem maiores cuidados e abrangência, inserimos nossas preocupações no mundo da mesoeconomia, a camada intermediária entre as unidades econômicas individuais (reunidas sob os cabeçalhos de produtores, fatores e instituições). Subindo à cumeeira de um pinheirinho, chegamos ao mais marcante traço da macroeconomia: um modelo em que vemos as forças da oferta e da procura ilustrando a formação do nível geral de preços (P) e do valor adicionado (Q).

Com isto chegamos, popperianamente, a iniciar o esquentamento dos motores de uma forma enormemente metafórica de expressar o conhecimento econômico. Sabemos que, não fosse o conhecimento prévio da letra "p", por exemplo, o leitor não teria decifrado a palavra que escrevemos entre as duas primeiras vírgulas deste parágrafo. Mas não buscamos explicar o que é uma vírgula. Admitimos que nosso leitor já ingressou no mundo dos livros por ser portador de uma avalanche de conhecimentos, nem todos organizados com a mesma lógica que preside a construção de dicionários e enciclopédias. Popperianamente? Mais importante, talvez, do que explicar a origem e utilidade dos conceitos de letra "p", vírgulas e substantivos, o que fizemos foi considerar que tal lógica não tem validade universal, pois atrevemo-nos a falar em conceitos que serão tratados nos próximos capítulos. Ainda assim, popperianamente, entendemos que muito mais conhecimento sobre nossas temáticas está reunido em outras fontes do que o aqui encapsulado e muito mais está para ser criado. Karl Popper? Se o dicionário é o melhor amigo do homem, como dissemos na Introdução, então a enciclopédia – sua irmã mais dileta – poderá ajudar-nos a saber quem é ele. Ele, Popper, ou ele, o dicionário? A ciência econômica – assim como todas as demais ciências já catalogadas pelo homem – está repleta de metáforas e... ambiguidades. Leia, leia, leia!

> # 2
> # Contextualizando a Contabilidade Social
>
> Adalberto Alves Maia Neto, Cássio da Silva Calvete e Duilio de Avila Bêrni

2.1 A REGULARIDADE DAS AÇÕES HUMANAS E O MUNDO DAS TEORIAS

A realidade realmente real apresentada na Figura 1.1 do Capítulo 1 (Divisão) do "mundo lá fora" antecedeu o mundo da realidade imaginária, sobrevive sem ele e aparentemente transcenderá as imagens que lhe faz a mente humana. Estas imagens, fruto da racionalidade humana, assumem contornos mais ou menos racionais, dependendo do contexto em que o homem defronta-se com a natureza no sentido de debelar suas necessidades, das mais básicas às superiores. Neste contexto é que surgiu a ciência, uma forma privilegiada de lidar com o conhecimento humano sob o ponto de vista de sua associação com a tecnologia e com a possibilidade de geração de mais conhecimento e mais tecnologia. Existe um conhecimento associado exclusivamente ao mundo das ideias, como é o caso daquele que construímos a respeito dos triângulos ou dos conetivos lógicos. Este contrasta com o conhecimento que formamos a respeito de R^3, nossa realidade realmente real, ou seja, o mundo tangível, a realidade "lá fora da casinha". Neste caso, sabemos que tijolos caem de cima para baixo, e que eles são o resultado da queima de argila, que a argila é constituída por partículas, moléculas, e por aí vai.

Por isto, costumamos dividir as teorias em dois grupos. A que trata dos fenômenos associados ao mundo das ideias é chamada de teoria apriorística, por contraste à segunda, que intitulamos de empírica. No primeiro caso, estamos em busca de verdades lógicas, ao passo que no segundo atemo-nos ao mundo das verdades factuais. Neste caso, a própria consciência dos fatos depende dos sentidos e da racionalidade humana e – como tal – é uma forma de conhecimento mais controversa. Nunca saberemos se nossa percepção da realidade está isenta de ilusões ou de alucinações, ainda que fiquemos mais tranquilos, dependendo do respeito que nutrimos por depoimentos de amigos ou pela posse de um bom laudo psiquiátrico... Vitoriosos com a garantia de nossa sanidade mental, poderemos dedicar-nos à tarefa da construção das teorias tidas como científicas, de acordo com a acepção que lhes é dada no Box 2.1.

Na Seção 2.5, vamos falar em modelos, habitantes do mundo da realidade imaginária, como o instrumento que permite a transição entre as proposições teóricas e a possibilidade de verificação da qualidade de seu poder de explicação da realidade

Box 2.1 — A investigação científica inicia com uma introspecção que lança um olhar sobre o mundo exterior e conclui com outra que avalia a qualidade dos resultados alcançados com esse olhar

Cada indivíduo humano detém um universo de conhecimentos não completamente compartilhado pelos demais indivíduos. No universo das formas do conhecimento humano, algumas delas assumem papel destacado, por serem muito férteis em termos de geração de mais conhecimento. Neste caso, destacam-se o conhecimento religioso, o conhecimento filosófico e o conhecimento científico-tecnológico. Anteriormente à corporificação desses tipos de conhecimento, o pensamento humano – ao voltar-se à busca da compreensão do mundo – calcava-se no conhecimento mágico, que tomou um expressivo período da história humana. Na medida em que o conhecimento científico-tecnológico tem implicações mais tangíveis sobre o bem-estar material em termos de criação de tecnologia, da qual resulta em horizontes de vida mais prolongados para os seres humanos, este foi substituindo as outras formas de conhecimento, particularmente vencendo a magia, e se incorporando à vida societária.

O que essencialmente diferencia a ciência das demais formas do conhecimento são algumas peculiaridades de seu método. Deve-se entendê-la como compreendendo o tripé teoria, análise e política. Teoria é o conjunto de princípios fundamentais de uma ciência, ou ainda, um conjunto de tentativas de explicações para um elenco finito de fenômenos. Na verdade, um corpo teórico abriga dentro de si inúmeras teorias, cada uma respondendo a um número finito de questões. Às vezes, surge uma teoria que substitui outra, e que motiva os pesquisadores a desenvolverem novas teorias sobre fenômenos correlatos, ou fenômenos até então não cobertos pelas teorias vigentes.

Quanto à análise, a ciência apresenta comunidades de praticantes que possuem algumas características em comum, tanto quanto ao objeto como ao método de sua investigação, sendo o método um elemento que diferencia o conhecimento científico dos demais. A primeira divisão da ciência apresenta dois compartimentos: as ciências lógicas e as ciências empíricas. No primeiro grupo, encontram-se a lógica e a matemática. As ciências lógicas associam-se às verdades lógicas, que são proposições verdadeiras por definição, ou decorrentes de definições e raciocínios anteriores. Por exemplo, mesmo que não existam homens para pensá-los, os triângulos retângulos seguirão tendo ângulos internos cuja soma é 180°. Por outro lado, as verdades factuais (empíricas) podem existir por um tempo, e deixar de sê-lo. Por exemplo, é uma verdade factual que Mercúrio é o planeta mais próximo do Sol, o que não o impede de, provocado por alguma circunstância estrambótica, sair de sua órbita e distanciar-se mais do que Plutão. Nas ciências empíricas temos três grandes subdivisões: as ciências naturais, as ciências sociais e as ciências humanas.

Do ponto de vista político, podemos diferenciar a ciência das ideologias, as quais, por representarem crenças, não se submetem aos procedimentos de verificação/falsificação utilizados nas ciências. Assim, se alguém sustenta que a existência de um salário mínimo no mercado de trabalho é favorável aos jovens mancinos, isto representa mais uma crença ou uma verdade factual do que uma proposição genérica. Com efeito, o salário mínimo pode, ou não, beneficiar os jovens destros em certos períodos, dependendo de circunstâncias econômicas, sociais e políticas específicas, que independem da vontade normativa dos autores da proposição.

Isto implica o exame da relação entre proposições científicas e juízos de valor. As primeiras têm validade interpessoal. Por exemplo, quando se diz que em CNTP tijolos caem de cima para baixo, nenhum observador (em condições normais...) verá a anomalia da levitação de tijolos. Por outro lado, a proposição de que a representação política das nações junto à ONU deveria ser selecionada apenas entre os cidadãos mancinos que sabem ler música pautada nem sequer pode ter a avaliação de sua validade levada muito adiante. Com igual subjetividade, poder-se-ia substituí-la por cidadãos destros, por crespos, etc.

Por outro lado, o impulso para o avanço do conhecimento científico, bem como a avaliação da qualidade dos resultados alcançados por seu intermédio são obtidos a partir dos valores sociais e ideológicos/culturais humanos em um dado momento de sua história. Para os seres humanos contemporâneos, alguns valores típicos são a liberdade, a igualdade de oportunidade, o autorrespeito, a justiça, a liberdade, os direitos humanos, a democracia, e outros. Para entendê-los pensando em seus contrários, pode-se arguir que riqueza, raça, sexo, posição no nascimento, e outras características humanas, não são valores. Um valor típico esboçado pelo mais expressivo número de indivíduos humanos é o chamado antropocentrismo, nossa ideologia de que somos o centro do mundo ("o homem é a medida de todas as coisas") e que todas as demais coisas existem no mundo para nos servir. Esta ideologia às vezes nos é útil e às vezes torna-se perniciosa. Dá-nos motivação para controlar a natureza, mas também nos impulsiona a destruir frações significativas desta, num sentido perfeitamente evitável, como é o caso da poluição e da flora e fauna silvestres.

realmente real. Mas ainda temos um longo sendeiro a percorrer até declarar-nos aptos a fazê-lo. As teorias apriorísticas e as teorias empíricas compartilham da formulação de algumas leis, como a lei da gravidade. Independentemente de estarmos ou não em queda livre, sabemos que existe uma lei passível de formulação em termos matemáticos, que regula nosso movimento. Da mesma forma, no campo das ciências sociais e, particularmente, da ciência econômica, os fatos que contemporaneamente observamos permitem postularmos a existência da lei da oferta e da procura. A teoria, apriorística ou empírica, não é uma formação acabada ou pacífica. Há evolução nas teorias e correntes que explicam os mesmos fatos de diferentes formas. A verificação da validade das teorias é feita por meio da análise dos erros de lógica ou do reexame dos fatos.

Na aparência, a análise científica não se diferencia, por exemplo, da astrologia, no sentido de que ambas lidam com teorias para interpretar fatos e fazer previsões. O caráter e a forma de construção de suas respectivas teorias é o que as difere. Portanto, a possibilidade de diferenciarmos a investigação científica da astrológica reside na qualificação de suas respectivas formas de construção de teorias. Assim, temos que construir uma relação entre fatos e teoria que justifique a necessidade desta. Basicamente, a teoria existe para auxiliar na seleção do próprio material empírico a ser examinado, pois a observação dos fatos não implica necessariamente que estejamos entendendo o que os causa, e quais suas consequências. Costuma-se dizer que "os fatos não falam por si mesmos". Ao contrário, é apenas o cérebro humano aparelhado com teorias que permite distinguirmos, entre os inúmeros fatos, aqueles que são relevantes para explicar um conjunto finito de fenômenos e os fatos que não interessam. Por exemplo, a análise de um jogo de futebol poderia começar com uma descrição da composição molecular da bola, ou dos fenômenos luminosos que fazem a grama aparecer com a cor verde.

Neste sentido é que, modernamente, considera-se que mesmo as ciências empíricas terão um *status* mais elevado, caso suas teorias possam ser axiomatizadas. Ou seja, busca-se selecionar um conjunto de proposições suficientemente poderoso em termos de captura das propriedades da realidade realmente real de interesse do ramo da ciência empírica que, devidamente formalizado, permita a construção das demais proposições. Em alguns dos capítulos subsequentes deste livro, vamos basear nosso estudo em conjuntos de axiomas disciplinadores das proposições de certos conjuntos de conhecimentos. Assim, por exemplo, no Capítulo 3 (Dimensões), ao descrevermos as três óticas de cálculo do valor adicionado[1] (o produto, a renda e a despesa nacional, em sua tripla identidade), estudaremos as funções matemáticas que as descrevem. No caso, vamos fazê-las obedecer a determinadas características, como a relação direta e menos do que proporcional relativamente aos argumentos da função. Ou seja, diremos, por exemplo, que aumentaremos a colheita do cereal caso incrementemos o plantio de sementes, mas também entenderemos que tais incrementos serão menos do que proporcionais.

---

[1] Acabamos de enumerar os três desdobramentos do conceito de valor adicionado, o qual será trabalhado amplamente apenas no próximo capítulo. Na Seção 2 do Capítulo 1 (Divisão), definimos valor adicionado singelamente como o resultado do esforço produtivo da ação societária. Falávamos na diferença entre o resultado da colheita de um cereal e o montante inicialmente cultivado. Naquele ambiente, dissemos que, se C_f é o estoque de cereais no ano final, C_i é o estoque no ano inicial e ΔC é a variação entre eles; associamos este ΔC com o valor adicionado entre os períodos inicial e final.

Da mesma forma, ao estudarmos a distribuição da renda (Capítulo 10), criaremos novos axiomas para delimitar o escopo da função de bem-estar social que lá definiremos. Por sua vez, estes axiomas serão adaptações dos tradicionais axiomas criados para a teoria da escolha do consumidor. Como terceiro exemplo de axiomatização, podemos registrar que os índices de dispersão (desigualdade no Capítulo 10 – Distribuição, e crescimento, com os índices bilaterais do Capítulo 11A – Índices/CD) de maior *pedigree* serão derivados de outros conjuntos de axiomas. Seremos rigorosos ao considerar que os índices que não atendem aos axiomas assim consagrados devem ser examinados com mais cautela.

As teorias empíricas e, particularmente, a ciência econômica, têm a ambição de dar sentido a um conjunto aparentemente heterogêneo de fenômenos. Buscando padrões que expliquem como eles se relacionam, tratamos de rastrear regularidades na forma de paralelismos (analogias) ou simetrias (contrastes) em seus desdobramentos. Neste proceder, o fato de a economia ser uma ciência empírica não a impede de fazer proposições teóricas ou usar a lógica ou a matemática, no sentido de gerar teoremas deriváveis dos axiomas. Com base neles, as proposições que resistem aos testes empíricos impedem-nos de descartá-las como falsas. Os testes dessas proposições são, em geral, feitos com dados coletados por terceiros. Isto não implica negar que o economista pode, ele próprio, fazer alguns levantamentos de dados. Por exemplo, é possível que o professor indague qual é a reação de diferentes alunos a variações na quantidade adquirida de livros ou fotocópias, em resposta a variações em seus preços. Com efeito, desde os anos 1950, a ciência econômica passou a desenvolver um ramo experimental, também "reproduzindo" a realidade em laboratório e, com isto, acercando-se das ciências naturais.

De acordo com Joan Robinson e John Eatwell (1973), as principais questões cuja resposta é objeto da ciência (filosofia) econômica são oito:

1. de onde provém a riqueza material?
2. de onde se originam o excedente e o lucro?
3. a exemplo do trabalho, o capital também cria riqueza, ou os lucros são meramente retirados da riqueza gerada pelo trabalho?
4. haverá algum princípio associado aos valores das mercadorias que expliquem as variações erráticas em seus preços?
5. qual é o papel do dinheiro numa economia?
6. qual é a relação do rendimento monetário dos indivíduos com a riqueza total da sociedade?
7. existe justiça social num contexto em que algumas famílias vivem em extravagante suntuosidade, contrastando com aquelas que mal conseguem alimentar seus filhos?
8. existe algum mecanismo endógeno ao funcionamento do sistema que garanta um nível de procura capaz de manter homens e máquinas plenamente ocupados?

Como podemos intuir, as respostas a estas questões são altamente controversas, alimentando a mais acesa discussão sobre os três blocos fundamentais da ciência econômica: teoria, análise e política. Conforme já mencionamos no Box 2.1, a teoria reúne os princípios fundamentais da ciência, inspirando a seleção das variáveis[2] e dos parâmetros que permitirão a construção de modelos, os quais serão operacionalizados e gerarão resultados concretos (proposições, diagramas, equações, etc.). A análise tem como função explicar ou prever os comportamentos dos agentes, na tentativa de compreender novos fenômenos não contemplados quando do desenvolvimento da teoria. Sendo a parte positiva da ciência, ela contrasta com sua parte normativa, nomeadamente, a doutrina política. Esta consiste na utilização da análise que se inspira na teoria, de sorte a oferecer recomendações sobre que modificações podem ser inseridas nas variáveis e nos mercados relevantes, a fim de se alcançar determinado objetivo. Em resumo, baseado na filosofia de David Hume e Immanuel Kant, o economista Lionel Robbins (1935) e outros passaram a falar em "economia positiva" e "economia normativa". A economia positiva estabelece proposições de explicação e previsão de fenômenos, ao passo que a economia normativa estabelece julgamentos de valor, sugerindo como a realidade econômica deveria ser organizada, a fim de atender a determinados objetivos. Perseguindo esta linha de raciocínio, costuma-se dizer que a análise (ciência) descreve "o que é", ao passo que a política (filosofia) representa a indagação sobre "como deve ser".

No caso precípuo da investigação das regularidades observadas na realidade realmente real, as ciências empíricas buscam a construção de isomorfismos entre estas e a operação de determinados sistemas ou conjuntos, o que é feito por meio da enumeração de seus elementos. Por exemplo, podemos listar o número de aniversários de nossos amigos, e assinalar os que obedecem ao signo de Aquário. Esta enumeração remete à seleção de determinados capítulos do conhecimento científico, a fim de dar sentido à articulação de seus elementos. Quando, além de enumerados, os elementos destes conjuntos prestam-se à medição, ingressamos no universo da especificação de qual é o conteúdo informacional da medida passível de ser realizada na busca da compreensão do fenômeno investigado. Enumerar elementos ou medir-lhes as propriedades são as duas ações fundamentais do processo de mensuração. A proverbial capacidade de comunicação da língua inglesa diferencia o *many* do *much*, conforme ensinaram nossos professores. Diferencia-os a natureza dos elementos sendo avaliados, os *countable* ou *uncountable*. É contável, por exemplo, o número de maçãs em um pote, *many* sendo muitas e *few* sendo poucas, ao passo que, se tivéssemos muita água nesse mesmo recipiente, falaríamos em *much water*; no caso contrário, teríamos *little water*.

Esquecendo, assim, as chamadas grandezas incomensuráveis, as mensuráveis obedecem a quatro escalas de medida, oferecendo conteúdos diversos ao significado da própria palavra medição. A escala nominal, ao associar nomes a números, como o guia telefônico, ou o dia de um aniversário, ainda que extremamente útil, exibe um reduzido conteúdo informacional associado a estes números. Todavia, sendo objeto de contagem de elementos discretos e independentes, isto é, cada elemento é disjunto dos demais, podemos distinguir as datas de aniversário de três pessoas, representando, por exemplo, o conteúdo de nossa agenda de endereços com uma proposição do tipo "temos três comemorações este mês". A escala ordinal

---

[2] Como sabemos, as equações são constituídas por variáveis. Adiante, ao falarmos em equações dimensionais, referiremos, no item g, uma variável estoque. Existe, como já salientamos no Capítulo 1 (Divisão), uma diferença econômica fundamental entre variáveis fluxo e variáveis estoque. Se associarmos o estoque ao conteúdo de uma caixa d'água, diremos que o fluxo é o movimento da água, aumentando ou reduzindo o estoque.

permite ordenarmos nosso grau de preferência quanto ao desfecho de determinados eventos possíveis. Por exemplo, dizemos preferir laranjas a bananas, democracia a ditadura, emprego ao desemprego, mas também outros fenômenos, como a rigidez dos sólidos é capturada apenas por escalas ordinais[3]. No caso, dizemos que o talco é o menos rígido e o diamante é o mais. A escala intervalar é utilizada para medir fenômenos como a temperatura de um corpo ou o coeficiente intelectual de um macaco. Sua peculiaridade é que ela não tem o que se chama de zero absoluto, diferentemente da distância entre dois pontos: se eles são coincidentes, a distância é nula. Se um ente qualquer não apresenta sinal de inteligência, não somos autorizados a dizer que se trata de uma pessoa. No caso da ciência econômica, obedece à escala intervalar a variável utilidade esperada, que associa preferências com probabilidades de ocorrência de determinados desfechos a certas situações concretas. Por exemplo, podemos revelar nossa preferência por uma cesta que contenha um ingresso que nos dá acesso certo a uma sessão de cinema por outra que nos dá um polpudo prêmio de loteria com uma probabilidade conhecida.

Por fim, a escala racional, também chamada de cardinal, permite-nos dizer quantas vezes o tamanho de uma observação é maior ou menor do que o de outra. Ocorre que nem sempre buscamos fornecer o maior conjunto informacional aos interlocutores. Em determinados contextos, as convenções sociais, por exemplo, não nos incentivam a dizer que somos 10% mais velhos do que um amigo, mas que somos três anos mais velhos. Todavia a ciência econômica declara-se a mais mensurável entre todas as ciências sociais, pois utiliza variáveis como preços e lucros, acres e mãos, todas obedecendo à escala racional. Por sua vez, as variáveis que atendem as propriedades das escalas intervalar e racional (cardinal) podem ser discretas ou contínuas, de acordo com a classificação tomada emprestada à matemática. Na verdade, em economia, falar em variáveis contínuas é um certo exagero, pois o olho humano captura apenas duas ou três casas depois da vírgula na "matemática do ponto flutuante". Por outro lado, falar em "economia", em ciência econômica, exige que passemos a discutir seus principais componentes.

2.2 A MICRO, A MESO E A MACROECONOMIA

Ao falarmos em ações econômicas, estamos contemplando uma unidade: o agente que as pratica. Ainda que nos conformemos em dizer que existe apenas um agente, somos forçados a reconhecer que as ações que ele pratica têm naturezas diversas. Assim, passaremos ao plural, agrupando os agentes em três contextos: produtores, fatores e instituições. Observados pelo lado da oferta, vemos que estes três polos promovem, respectivamente, a oferta de bens e serviços, a oferta de fatores de produção e a oferta de estruturas de governança socioeconômica por meio da articulação de determinados arranjos institucionais (inclusive monetários) entre os agentes. Tais arranjos destinam-se, como temos visto, a garantir o cumprimento dos contratos de transferência da posse e uso de determinados elencos de direitos de propriedade.

---

[3] Hoje em dia, os desenvolvimentos da própria matemática e da estatística permitiram que se avançasse na qualificação da mensuração de variáveis que obedecem à escala ordinal. É possível calcular proporções, por exemplo, de "prefiro fortemente" e "prefiro levemente" e mesmo associar um número a estas duas condições, obtendo como resultado algo como "prefiro moderadamente". Usam-se, para expressar em termos técnicos, as regressões logísticas rodadas a partir de variáveis difusas.

A partir do Bonsai Econômico da Figura 1.10 do Capítulo 1 (Divisão), vemos que a micro e a macroeconomia são as duas pontas da mesma corda, cujos nós vão aumentando de espessura, pois passam a envolver outros nós. Mas, à medida que a agregação aumenta, o tamanho relativo dos agentes se reduz. As leis econômicas se tornam mais gerais e sobrepõem-se com mais força ao ambiente ocupado pela unidade econômica individual.

Do topo do Bonsai Econômico, vimos os dados chamados de corte transversal (*cross section*), em que o tempo está representado em apenas um instante, ou inversamente, tudo está acontecendo na mesma unidade de tempo. Mas podemos representar cada uma das variáveis estudadas alinhando-as precisamente sobre um eixo em que registramos o passar do tempo. Em inglês, por contraste ao que registramos anteriormente, fala-se em *time series*, ou seja, uma série temporal[4]. Estas duas definições contribuem para que entendamos uma das maiores distinções passíveis de serem incorporadas entre a micro e a macroeconomia: trata-se da introdução das suposições a serem incorporadas no decorrer da análise da série temporal. Se supomos o crescimento econômico ou a inflação constantes, estamos falando em micro. Se, por contraste, supomos os preços relativos ou a tecnologia constante, estamos falando de macro. Sinalizando no eixo vertical a inflação (P) ou o índice do *quantum* do valor adicionado, reservando a cada instante de tempo o eixo horizontal, teremos dados do tipo série temporal. A Figura 2.1 mostra o que podemos encontrar quando procedemos dessa forma.

Estamos, agora, aptos a apresentar nossa principal definição[5]. A ciência econômica é a parte das ciências sociais que estuda fenômenos que ocorrem na esfera das atividades voltadas à produção de bens e serviços, ou em outras esferas que afetam as atividades chamadas de econômicas. Ela estuda, sob o ponto de vista da apropriação do meio ambiente com a finalidade de prover o atendimento às necessidades mate-

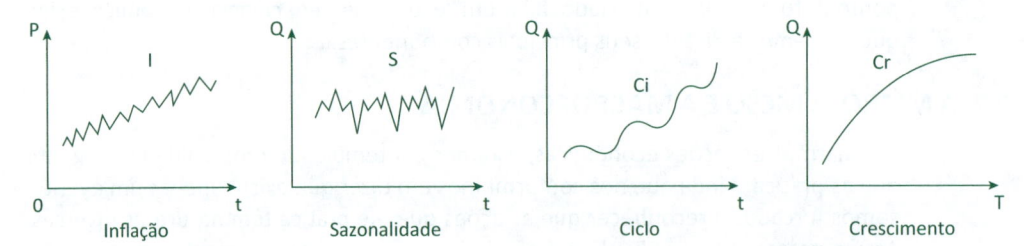

Figura 2.1 Ao longo do tempo, a evolução dos preços marca o movimento da inflação, ao passo que a evolução das quantidades mostra a evolução sazonal, a evolução cíclica e a evolução de longo prazo característica do crescimento econômico.

---

[4] Combinando os dados de corte transversal com os de série temporal, construímos o que se chama de painel. A temática das séries temporais será desenvolvida no Capítulo 11 (Comparações).

[5] Duas ou três definições alternativas podem ajudar-nos a dimensionar o arrojo em que estamos incidindo ao declararmos o assunto por resolvido com o que aqui está dito. Por exemplo, David Ricardo diria que a economia política é a ciência que estuda a distribuição do excedente econômico entre as diferentes classes sociais. Lionel Robbins (1935) ficou famoso ao dizer que *economics* é a ciência que estuda as regras que comandam o processo decisório dos agentes, o que se desdobra no estudo da distribuição dos recursos sociais, que são escassos, dada a consciência de diferentes usos que lhes podem ser dados. Mais prosaicas são as definições do tipo: "economia é a ciência que os economistas praticam" e "economia é a arte de ganhar a vida".

riais dos indivíduos humanos, as relações que estes encetam com os demais homens e mulheres. Existem três corpos teóricos interdependentes que, ao se integrarem, tornam a ciência econômica operacional: a micro, a macro e a mesoeconomia.

A microeconomia é a parte da teoria econômica que estuda o processo decisório dos agentes econômicos individuais ou grupos de agentes. Os agentes são as instituições: famílias (que consomem bens e serviços, vendem serviços dos fatores produtivos e também se dedicam à produção familiar, e fazem donativos de umas para outras), empresas (que vendem bens e serviços e que compram os serviços dos fatores e compram os bens e serviços de consumo intermediário), governo (que compra bens e serviços e presta serviços e também faz donativos às famílias e ao próprio governo), e outras instituições sem fins lucrativos, como as igrejas, os sindicatos ou os clubes (que desenvolvem atividades ora similares às empresas, ora assemelhadas à ação governamental). A microeconomia visa a iluminar sua escolha relevante: formação do preço (e quantidade) nos diferentes mercados, aquisição de diferentes mercadorias, como repartir as horas do dia entre trabalho assalariado e lazer, e outras ações.

Muitos estudiosos em um passado mais remoto distinguiam a microeconomia da macroeconomia em razão da agregação das variáveis econômicas estudadas. Assim, por exemplo, seria claramente microeconomia o estudo da procura por livros, ao passo que a macroeconomia dedicar-se-ia à procura por todos os bens e serviços passíveis de serem adquiridos pela sociedade. Claramente, esta abordagem é insatisfatória, pois a procura por livros no mercado é a agregação da procura de vários agentes individuais. Assim, quando pensamos em diferenciar micro e macroeconomia, a questão da agregação não é definitiva, mas ela cria espaço para também falarmos em mesoeconomia, o que faremos em instantes.

A macroeconomia é a parte da teoria econômica que estuda os fatores que se sobrepõem à decisão de cada agente individual e que resultam da agregação dos resultados de inúmeras decisões destes agentes e dos processos de cooperação ou competição que eles encetam em torno de suas interações. Assim, ela trata tanto as variáveis econômicas agregadas quanto os mercados econômicos agregados e as relações que mercados e variáveis guardam entre si, e a evolução destas ao longo do tempo. A macroeconomia está preocupada essencialmente com três variáveis agregadas: o valor adicionado, o emprego e o nível geral de preços. Ainda que o conceito de emprego não exija maiores desdobramentos, precisamos dizer uma palavra sobre os demais.

Primeira e preliminarmente, o valor adicionado pode ser compreendido como o resultado (passível de quantificação monetária) do esforço que a sociedade despendeu durante determinado período na geração, apropriação e absorção de bens e serviços voltados a elevar-lhe o nível de bem-estar material. Por sua vez, o nível geral de preços é a média[6] dos preços de todas as mercadorias nacionais e importadas,

---

[6] Na Seção 10.2 do Capítulo 10 (Distribuição) e, principalmente, na Seção 11.2 do Capítulo 11A (Índices/CD), vamos discutir longamente o conceito de média, que é fundamental para a organização do pensamento humano voltado à mensuração dos mais variados fenômenos. Por ora, a aplicação que estamos dando ao termo resulta da intuição básica de que, numa economia que consome n mercadorias, cada uma portadora de um preço p_i, a média aritmética simples destes preços é dada por $M_1 = \dfrac{\sum_{i=1}^{n} p_i}{n}$.

bens ou serviços, inclusive os serviços dos fatores e criação de arranjos institucionais (inclusive monetários) – transacionadas no sistema em determinado período.

Também interessam à macroeconomia, auxiliando a explicar as variações nas três variáveis recém-mencionadas, as variáveis poupança, consumo, investimento, oferta e procura de dinheiro, taxas de juros e de câmbio, saldo do balanço de pagamentos, e outras. Na Figura 1.10 do Capítulo 1 (Divisão), vimos que existe um nível de observação do Bonsai Econômico em que identificamos apenas a oferta e a demanda agregadas da economia. A possibilidade que temos de representar estas forças resultantes do comportamento de milhões de agentes resulta da estabilidade estrutural produzida por feixes de variáveis micro e mesoeconômicas colocadas em relação ora harmônica ora dissonante. Estas relações abrigam os resultados totalizantes, mas não necessariamente premeditados, que seguem a ação intencional dos agentes[7]. Trata-se de uma totalidade constituída por partes. Deste modo, os movimentos da totalidade resultam dos movimentos das partes, mas, uma vez que a totalidade é constituída, ela irá alcançar certa autonomia com relação às próprias partes que lhe deram origem. Assim, este novo todo influencia as partes que o constituíram, referendando posições ou induzindo os agentes econômicos individuais a revê-las.

Na Figura 1.6 do Capítulo 1 (Divisão), agrupamos as interações econômicas entre os integrantes de uma sociedade em torno de três mercados: bens e serviços, serviços dos fatores de produção e arranjos institucionais (inclusive monetários). Rigorosamente falando, dada a quantidade de mercados específicos que devemos agregar para chegar a cada um destes, podemos dizer que, desde lá, falávamos em mercados macroeconômicos. Mais comum nos livros de macroeconomia é a classificação em cinco entidades: o mercado de bens e serviços, os mercados "siameses" de dinheiro (moeda, onde os arranjos institucionais – inclusive monetários – que mantêm o sistema coeso serão transacionados) e de títulos, o mercado de trabalho e o mercado externo[8]. Cada um tem seu preço e uma condição de equilíbrio, destacando-se os agentes neles envolvidos com os títulos de produtores (como os agricultores), fatores (como os trabalhadores) e instituições (como as famílias e a administração pública).

Quando dizemos que "a economia vai bem", ou que "a economia enfrentou um choque adverso originário de um terremoto", estamos referindo-nos à macroeconomia, ou às variáveis de todos os agentes reunidas no que chamamos de agregados econômicos. Em outras palavras, os agentes atuam em resposta a certas leis que eles podem influenciar. Ou seja, um agente, com suas ações, influencia o comportamento de outros agentes que lhe são próximos (o comportamento de uma firma afeta o comportamento de outra firma, ou o do sindicato de patrões afeta o orçamento

---

[7] Um exemplo da ação racional do agente levar a um resultado imprevisto é seu comportamento quanto à poupança: sob o ponto de vista pessoal, podemos associar o sentimento de segurança em relação à posse de uma poupança monetária. Todavia, se todos os agentes passarem a poupar mais, haverá uma crise nas vendas do sistema, o valor adicionado tenderá a cair e, como tal, a poupança dos períodos seguintes deverá despencar.

[8] Aprofundando esta analogia, podemos ver no mercado de bens e serviços da Figura 1.10 o que a macroeconomia classifica como o mercado de bens e o mercado externo (exportações e importações); há semelhanças entre o mercado de fatores de produção nas duas classificações, ainda que na macroeconomia de curto prazo costume-se destacar apenas o funcionamento do mercado de trabalho. O mercado de arranjos institucionais envolve o mercado monetário (dinheiro nacional e divisas) e o mercado de títulos (nacionais e internacionais).

doméstico de um grupo de moradores de um bairro). Neste caso, podemos contrastar este contexto com o das variáveis macroeconômicas em que algumas leis econômicas são tão amplas que afetam (ainda que de forma desigual) o comportamento de todos os agentes. Ou seja, a macroeconomia estuda como estas variáveis se movimentam e afetam as variáveis meso e microeconômicas. É claro que as variáveis micro também afetam as meso e as macro, pois, naturalmente, as macro agregam as meso, que agregam as micro. Contrastando com megaempresas, como a Petrobrás, a GM, a Toyota, o Deutsche Bank, etc., o típico agente microeconômico não detém grandes poderes para afetar uma parcela substancial do ambiente em que atua.

A mesoeconomia representa uma dimensão intermediária entre as tradicionais micro e macroeconomia, buscando cobrir o espaço que as separa, ou seja, tentando dar respostas tanto à questão da agregação das variáveis quanto à das suposições utilizadas para a construção de suas proposições explicativas. Ao fazê-lo, a mesoeconomia pode buscar explicações a uma enorme gama de fenômenos que não são abrigados pelos corpos teóricos da micro e da macroeconomia. Sob o ponto de vista da agregação das variáveis, a Figura 1.10 do Capítulo 1 (Divisão) mostra, em seu trecho médio, a construção de variáveis e mercados artificiais, cuja ação sobre o sistema é tão sentida quanto as leis macroeconômicas, mas que diferem destas pela proximidade com outras variáveis e mercados e pelo condicionamento que exercem sobre o processo decisório das unidades específicas.

A mesoeconomia se preocupa em entender como as mudanças ocorridas no ambiente empresarial afetam os agregados econômicos e como estes influenciam a realidade da empresa. Sua razão de ser consiste na constatação de que os métodos de análise micro e macroeconômica não dão conta de todos os fenômenos relevantes da vida econômica da sociedade. Por exemplo, os efeitos das mudanças tanto na economia global quanto em setores econômicos específicos disseminam-se pelo ambiente empresarial, afetando-lhe os preços e custos, a demanda e as expectativas, o que faz com que as reações a estas transformações retornem ao ambiente mesoeconômico e, em seguida, desloquem-se ao nível macro, atingindo o nível de produção, o nível de emprego e o nível geral de preços.

Considerando impossível responder a todas estas questões com a tradicional análise micro ou macroeconômica, a mesoeconomia utiliza como instrumento analítico destinado a mensurar estas mudanças os modelos multissetoriais construídos a partir da inspiração da matriz de contabilidade social a ser apresentada na seção final do próximo capítulo e detalhada no Capítulo 4 (MaCS e MIP). Como tal, a mesoeconomia centrará sua atenção no comportamento dos agentes econômicos que direcionam a organização da própria matriz: os produtores (agricultures de lavouras permanentes, etc.), os fatores (trabalhadores da indústria gráfica, etc.) e as instituições (famílias remediadas, etc.).

Assim, abre-se espaço para o estudo das redes de empresas, arranjos institucionais não governamentais que evadem a classificação mercado-hierarquia, mas que se propõem a mensurar a natureza dos incentivos que regem a cooperação mesmo entre empresas que criam produtos substitutos ou a coordenação entre diferentes grupos de agentes, como os sindicatos de patrões e empregados. Estes movimentos não são capturados diretamente pelas variações nos preços das mercadorias. Da mesma forma, sua abordagem de buscar causas setoriais permite-lhe iluminar a compreensão de fenômenos associados à volatilidade e variabilidade nos movimentos do valor adicionado, do emprego e dos preços agregados, ou seja, das mais tradicionais variáveis macroeconômicas.

Outra forma de pensarmos que existe uma diferença qualitativa entre as abordagens micro-meso-macro consiste em retomarmos as principais variáveis macroeconômicas e tentarmos articulá-las em torno de proposições teóricas relevantes. No caso da macroeconomia, ao dizermos que ela estuda as relações entre as variáveis econômicas agregadas, acentuamos o trio valor adicionado (Y), emprego (L) e preços (P). De acordo com diversas correntes da ciência econômica, estas três variáveis podem ser reunidas num gráfico (Figura 2.2), cada ponto do qual mostraria a situação concernente a determinado ano.

Esta figura mostra uma relação inversa entre a produtividade do trabalho $\frac{Y}{L}$ e os preços P. Numa economia com estas peculiaridades, poderemos observar propriedades virtuosas, de acordo com as quais, quando alguma razão faz com que a produtividade do trabalho aumente, os preços tendem a cair. Ao fazê-lo, eles permitem que se eleve a quantidade vendida, o que faz com que os ofertantes obtenham vantagens inerentes à produção de maiores quantidades, o que significa novos aumentos na produtividade e, dessa forma, novas reduções de preços, e assim por diante.

Na mesoeconomia, esta relação também é verdadeira e até mais visível em nível de indústrias específicas. Nosso gráfico, assim, passaria a exibir o mesmo formato, mas agora cada ponto não representaria mais um ano específico, mas uma indústria. Por fim, na microeconomia, estaríamos observando a mesma relação, no mesmo gráfico, mas cada ponto estaria representando uma empresa específica.

2.3 AVALIAÇÃO DA EFICIÊNCIA NO USO DOS RECURSOS

A ciência econômica, seja a micro, a meso ou a macroeconomia, apresenta conceitos bastante firmes sobre o significado do termo eficiência. Por exemplo, as teorias do comportamento da empresa estudadas pela microeconomia desdobram o conceito de eficiência em três vertentes. Na primeira, diz-se que um mercado apresenta eficiência alocativa quando o preço pago por uma unidade de uma mercadoria iguala o menor custo que a sociedade atribui a sua produção. A segunda vertente fala da eficiência produtiva como sendo aquela situação em que a empresa alcança este menor custo possível, sem desperdícios. Na terceira, fala-se de eficiência distributiva, que ocorre quando o preço iguala o custo médio de produção, sendo que o capitalista, além de seu pró-labore, receberá lucros no exato montante que receberia nas aplicações financeiras usuais (os lucros chamados de normais).

Sob o ponto de vista do uso eficiente dos recursos, podemos dizer que a microeconomia estuda o comportamento de agentes racionais cujo objetivo é maximizar a satisfação (consumidores e eleitores), o lucro (empresas), o número de votos (os políticos)

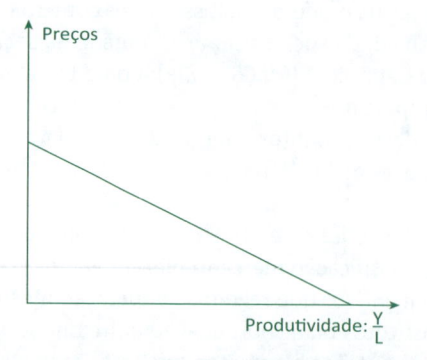

Figura 2.2 A relação entre os preços setoriais e a produtividade do trabalho é inversa, beneficiando os consumidores e os empresários capazes de reduzir seus custos.

ou o poder (os dirigentes da administração pública ou privada). A mesoeconomia estuda preços e produtividade, ao passo que a macroeconomia preocupa-se com o crescimento econômico, a estabilidade de preços e a boa distribuição das oportunidades de consumo.

Estas três vertentes do conceito de eficiência desdobram-se num horizonte de tempo longo o suficiente para permitir que todos os agentes econômicos ajustem-se de diferentes formas às sinalizações emitidas pelo mercado. Por exemplo, havendo lucros superiores às aplicações financeiras usuais na firma ou na indústria (lucros extraordinários), não haverá eficiência distributiva. Mas a própria existência destes lucros tende a promover duas consequências contraditórias. A primeira favorece a entrada de novas firmas na indústria, que expandem a oferta e, com isso (entra em cena a segunda consequência), levam à redução do preço de equilíbrio, minando, *ipso facto*, os lucros.

Assim, a existência de lucro extraordinário manifesta, pelo menos, a presença de ineficiências distributivas na indústria. Caso este lucro seja investido na expansão da capacidade da indústria específica, ele estará atuando lado a lado com os desejos sociais manifestados pelo preço elevado que deu origem ao próprio lucro extraordinário. Na situação em que o lucro extraordinário vem a ser distribuído aos proprietários da empresa (ou mesmo de estar escondido em virtude do pagamento de salários-eficiência), não há razão econômica que impeça a sociedade de cobrar imposto de renda progressivo sobre este. Obviamente, a não ser que pudéssemos justificar a desigualdade assim gerada com o argumento de que ela estará beneficiando os menos aquinhoados mais do que proporcionalmente, ela não satisfaria o conceito de justiça de John Rawls (1981) (Quadro 2.1).

Estamos vendo que os conceitos de eficiência e justiça entrelaçam-se de diversas maneiras, permitindo que os conceitos de dinamismo e igualitarismo sejam colocados lado a lado, abrindo espaço para, talvez, a mais perene de todas as controvérsias econômicas. Dizendo respeito à natureza da relação e causação entre o dinamismo e igualitarismo ser de coordenação ou oposição, podemos avaliar o desempenho das sociedades em termos de alcançar objetivos socialmente estabelecidos. Com efeito, apenas as sociedades que têm razoável grau de clareza na busca de seus objetivos é que evoluem, enquanto as outras fenecem. Lutar por alcançar certos objetivos implica fazer autoavaliações periódicas. A parte da ciência econômica encarregada de executar este trabalho é a contabilidade social, que procura avaliar o grau de eficiência com que os recursos produtivos da sociedade foram utilizados em determinadas unidades de tempo.

Na avaliação de Richard Stone (1997), Prêmio Nobel de Economia, existem três áreas em que as avaliações periódicas são importantes: a econômica, a sociodemográfica e a ambiental. Estas avaliações baseiam-se no desempenho das variáveis meso e macroeconômicas, bem como consideram as dimensões sociodemográficas (por exemplo, o nível de desemprego da mão de obra) e ambientais (por exemplo, a produção de amenidades ambientais ou de poluição pelo processo produtivo). Para proceder à avaliação do grau de eficiência no uso dos recursos, a contabilidade social mensura o valor que esses recursos adicionaram àqueles previamente existentes em determinada unidade de tempo, ou simplesmente, mensura o valor adicionado. A diferença entre o montante de valor adicionado que poderia ser obtido em resposta à alocação alternativa mais eficiente possível e o resultado efetivamente alcançado pelo sistema em determinada unidade de tempo chama-se de custo de

> **Quadro 2.1** Como é uma sociedade justa?
>
> | PRINCÍPIOS DA JUSTIÇA SEGUNDO JOHN RAWLS (1981) |
> | --- |
> | 1. Todos têm igual direito à mais ampla liberdade compatível com a dos demais indivíduos
2. A desigualdade social e econômica deve ser organizada de modo a:
   a) permitir que as oportunidades de emprego sejam abertas a todos
   b) gerar o maior benefício aos detentores de menos posses |
>
> | PRINCÍPIOS DA JUSTIÇA SEGUNDO ROBERT NOZICK (1969) |
> | --- |
> | 1. Qualquer indivíduo pode apropriar-se legitimamente de alguma coisa útil não pertencente anteriormente a alguém, desde que esta apropriação não implique redução no bem-estar de algum outro indivíduo (princípio da apropriação original)
2. Qualquer indivíduo pode tornar-se proprietário legítimo de uma coisa, adquirindo-a por meio de uma transação voluntária com a pessoa que era antes sua proprietária legítima (princípio de transferência) |
>
> | PRINCÍPIOS DA JUSTIÇA SEGUNDO DAVID HARVEY (1980) |
> | --- |
> | 1. Desigualdade intrínseca: todos têm direito ao resultado do esforço produtivo, independentemente da contribuição
2. Critério de avaliação dos bens e serviços: valorização em termos de oferta e demanda
3. Necessidade: todos têm direito a igual benefício
4. Direitos herdados: reivindicações relativas à propriedade herdada devem ser relativizadas, pois, por exemplo, o nascimento em uma família abastada pode ser atribuído apenas à sorte
5. Mérito: a remuneração associa-se ao mérito; por exemplo, estivador e cirurgião querem maior recompensa do que ascensorista e açougueiro
6. Contribuição ao bem comum: quem mais beneficia aos outros pode clamar por mais recompensa
7. Contribuição produtiva efetiva: quem gera mais resultado ganha mais do que quem gera menos
8. Esforços e sacrifícios: quanto maior o esforço, maior a recompensa. |

oportunidade e mede precisamente o grau de eficiência no uso do aparato produtivo da sociedade. Ele faz a distinção básica entre o custo real e o custo pecuniário, ou seja, o custo contabilizado pelos desembolsos feitos na aquisição de outros recursos. Considerando que, por exemplo, o uso do ar não tem preço, adquirir ar puro do meio ambiente e devolvê-lo sujo não é um item de custo da empresa, mas sua limpeza deve ser descontada do valor adicionado no processo de produção.

Iniciamos mensurando as transações econômicas realizadas por todos os agentes econômicos, ou seja, os produtores e os locatários dos fatores de produção, ou ainda, as transações observadas sob o ponto de vista dos compradores de mercadorias destinadas a seu uso final. Com isto, saberemos se a sociedade está usando seus recursos com eficiência. O próximo passo consiste em avaliar em que medida seu esforço produtivo em dado período foi maior do que o despendido em períodos anteriores. Estas são as principais preocupações da contabilidade social. Todavia, além destas, há muitas outras preocupações que poderiam ser vistas como intermediárias, a fim de que o grande objetivo seja alcançado. O Quadro 2.2 permite que aprofundemos nossa compreensão do conteúdo da contabilidade social, mostrando-nos uma espécie de definição por enumeração.

Devemos prosseguir nossa tarefa refletindo sobre a origem da contabilidade social, de onde veio a prática de se medir o esforço produtivo da sociedade. Cla-

Quadro 2.2 Os 14 capítulos da nova contabilidade social

Conteúdo	Onde encontrar*
1. estimar o valor adicionado da sociedade em suas três óticas de cálculo: o produto, a renda e a despesa, articulando-os por meio da matriz de contabilidade social	Capítulos 3 e 4
2. fazer avaliações sociodemográficas da ação societária	Capítulo 8
3. avaliar o grau de comprometimento dos recursos não renováveis incorporados ao processo produtivo e as consequências desse uso sobre a qualidade do meio ambiente	Capítulo 9
4. fazer comparações intertemporais entre agregados econômicos	Capítulos 11 e 11B
5. montar o sistema de contas nacionais	Capítulos 5 e 6
6. construir matrizes de relações interindustriais (matrizes de insumo-produto)	Capítulos 4, 4A, 4B, 9, 12 e 13
7. construir matrizes de fontes e usos de fundos	Capítulos 7 e 7A
8. quantificar os principais agregados monetários	Capítulos 7 e 7B
9. quantificar os principais agregados fiscais	Capítulos 7 e 7C
10. montar o balanço de pagamentos e fazer comparações internacionais entre agregados econômicos	Capítulos 7 e 7D
11. fazer estimativa da riqueza e do capital nacional	Capítulos 7 e 7E
12. mensurar o grau de utilização da capacidade instalada da economia	Capítulos 7 e 7E
13. mensurar a atividade tecnológica	Capítulos 7 e 7F
14. fazer a mensuração da renda e da riqueza pessoal e avaliar sua distribuição	Capítulos 10 e 10A

*O capítulo final deste livro procede a uma breve avaliação do grau de sucesso com que a mensuração do esforço produtivo da ação societária é alcançada.

ramente, para fazê-lo, é necessário criarmos uma unidade de medida diferente da que mensura, por exemplo, distâncias ou a intensidade das correntes elétricas. Esta questão traz à tona tanto o problema das escalas de medida como o do erro de medida. "Quando se começa a medir, começa-se a errar", diz o provérbio latino, inspirador do título do capítulo final deste livro (14 – *Mensurare*). Deste modo, uma vez que o objetivo da contabilidade social é ambicioso, alcançá-lo implica resolver muitas questões. Sem exagerado otimismo, diremos que, ainda que haja sérios problemas concernentes à forma com que mediremos, hoje em dia, encontra-se razoavelmente assentada a questão sobre "o que" mediremos. Nossa avaliação econômica, como já sugerimos, pode centrar-se no uso que é dado à capacidade produtiva dos homens e das máquinas, comparativamente aos tipos de usos e grau de utilização dessa capacidade já alcançados em períodos anteriores.

Em termos sociodemográficos, temos interesse em saber não apenas esta questão da ocupação econômica da população, mas também qual é a proporção de jovens e velhos com relação à população total, como o rendimento se distribui entre pessoas e entre famílias, qual é o montante da riqueza familiar em termos de sua posse de bens de consumo duráveis e de ativos financeiros, etc. Nos anos recentes, tem-se falado no cálculo da felicidade nacional bruta, uma variável menos "economês" do que o valor adicionado (que, a partir do próximo capítulo, também será designado como produto nacional bruto), e que vamos examinar no Capítulo 10 (Distribuição).

Por fim, a avaliação ambiental depara-se com dois conceitos. O primeiro deles busca diferenciar o custo contabilizado pelos agentes produtores individuais em contraste àquele que seria contabilizado sob o ponto de vista da sociedade. Assim, por exemplo, uma empresa que produz alimentos gera um valor adicionado sobre as matérias-primas existentes que pode desconsiderar os dejetos produtivos que comprometem a qualidade do ar, da água, do subsolo ou mesmo da paisagem. O segundo diz respeito ao desenvolvimento sustentável, basicamente, procurando avaliar até que ponto o bem-estar da geração presente depende do esforço feito pela geração pregressa e está comprometendo ou impulsionando o bem-estar das gerações futuras.

Mas existe ainda uma dificuldade. Nas economias monetárias, pode-se medir o valor adicionado por meio do preço pelo qual o bem ou serviço (inclusive serviços dos fatores) foi transacionado no mercado. Sabemos, contudo, que uma variedade de bens e serviços que atendem às necessidades humanas não chegam aos consumidores via mercado. Para não mencionar o roubo de mercadorias, para as quais não existe problema de avaliação do esforço produtivo social, estamos falando de bens públicos, pois o mecanismo de preços falha em sua provisão. Mas, além disso, estamos falando em desfrutar das amenidades ambientais, da luz solar, da abundância de ar puro e por aí vai.

Além destas questões, nosso problema de avaliação desdobra-se em três pontos, que examinaremos em seguida. Primeiramente, ao inserirmo-nos neste tipo de discussão, estamos pensando em qual é o melhor sistema econômico, sob o ponto de vista do atendimento dos anseios da sociedade. Temos, novamente, duas possibilidades quanto ao objeto de análise. Em termos de séries temporais (*time series*), estamos pensando na avaliação do sistema "hoje" comparado com o sistema "ontem". Em termos de corte transversal (*cross section*), queremos saber se o sistema econômico "desta" região, nação ou povo é mais eficiente do que o de outro. Neste caso, também interessa comparar o desempenho dos sistemas com relação ao arranjo institucional utilizado: os casos extremos de puro mercado ou puro Estado ou sua combinação, com maior ou menor ação por parte das comunidades organizadas.

Alternativamente, podemos pensar em mercados mais ou menos concorrenciais, organizações com maior ou menor grau de hierarquia, formas alternativas da propriedade dos recursos (empresa capitalista, cooperativa, *kibutz*, etc.). Martin Bronfenbrenner (1973) fala em seis critérios a serem utilizados para a avaliação da performance de um sistema econômico. Para ele, há quatro questões de natureza econômica e duas de natureza supraeconômica:

a) garante um bom nível de vida ao cidadão médio,
b) garante boa taxa de crescimento desse nível a curto e longo prazos,
c) garante boa distribuição dos rendimentos e da riqueza,
d) garante a estabilidade do nível de vida contra pressões descendentes,
e) é compatível com as liberdades civis e
f) é compatível com a saúde física e mental do cidadão (sem acidentes de trabalho ou estresse causado pela competição com os demais cidadãos).

O segundo ponto indaga critérios para percebermos se a sociedade, comparativamente a uma situação inicial, alcançou o maior nível possível de bem-estar. De acordo com o critério de avaliação do bem-estar inserido no programa de pesquisa envolvendo os nomes de Vilfredo Pareto, John Hicks, Nicholas Kaldor e Tibor Scitowski:

a) a sociedade melhora de posição em termos de bem-estar se pelo menos um indivíduo melhora sua situação sem que algum outro piore;
b) a sociedade melhora de posição se aqueles indivíduos que melhoram sua situação às custas de outros puderem subornar os que pioram e
c) a sociedade melhora de posição de acordo com o segundo critério, ainda que não ocorra suborno material dos que melhoraram para os que pioraram.

As cláusulas expressas nos itens b) e c) configuram o que se chama de critérios ou princípios de compensação. Ou seja, para elevar o bem-estar social, os indivíduos relativamente mais beneficiados poderiam usar parte de seus ganhos de bem-estar e transferi-los aos mais aquinhoados, de sorte a terem as medidas de transformação do *status quo* referendadas por estes. Mas as transferências seriam dispensadas, caso implicassem apenas redistribuições não comprometedoras da magnitude do valor adicionado.

2.4 EQUIDADE E EFICIÊNCIA

O terceiro ponto merecedor de destaque para a avaliação do esforço produtivo da ação societária é a mais famosa relação estudada pela ciência econômica, aquela vigente entre equidade e eficiência, ou entre dinamismo e desigualdade. Eficiência significa produzir mais, utilizando o mesmo montante de recursos, ou produzir o mesmo, utilizando menos recursos. No primeiro caso, estamos falando na utilização plena do estoque de capital e nos ganhos de *learning by doing*, ao passo que, no segundo, referimo-nos à redução no número de horas de trabalho ou à conquista de condições de trabalho menos desgastantes.

As sociedades extremamente pobres não têm espaço para a desigualdade. A razão para este indesejável igualitarismo reside no fato de que sua própria estabilidade associa-se à capacidade de gerar apenas o consumo mínimo de subsistência para todos os participantes. Rigorosamente falando, a questão da igualdade é quase que unanimemente aceita como central, sob o ponto de vista político, embora haja divergências profundas entre liberais e social-democratas quanto aos contornos de sua aplicação ao mundo da economia. À medida que o progresso material bafeja a vida societária, abre-se espaço para a desigualdade. Todavia não é difícil aceitarmos que existe um limite para a desigualdade, certamente muito antes de um único indivíduo capturar toda a produção social em seu próprio benefício. Um dos polos da divergência diz respeito à confusão entre igualdade e diversidade: o desejo da igualdade não exclui o simultâneo desejo da diversidade[9]. Com efeito, os igualitaristas sustentam que todos os indivíduos têm

---

[9] Um contraexemplo, em que a diversidade dá lugar à identidade, é representado pelas sociedades que esposam o princípio da universalização do orçamento público. Estas, ao adotá-lo, estabelecem determinados níveis de atendimento a todos os cidadãos que, uma vez alcançados, darão lugar à incorporação do atendimento de novas necessidades, etc. Deste modo, enquanto não houver, por exemplo, cuidados pós-natais para todos os bebês, não serão feitas operações cardíacas de pontes de safena em ninguém.

igual direito de acesso a um tratamento médico (igualitarismo), ainda que a forma que o tratamento venha a assumir seja condicionada às diferenças individuais (coração para uns, pulmão para outros, rins para terceiros, etc.).

Deste modo, se o dinamismo de uma economia se associa a uma característica endógena de atuação de todo o sistema, muito mais controversa é a proposição análoga centrada na questão do igualitarismo. Com efeito, nas sociedades pós-industriais, a ideia de igualdade é originária mais do contexto político do que do econômico. Na verdade, desejamos mencionar as sociedades capitalistas que se consolidaram como opostas às sociedades feudais após o marco da Revolução Francesa, com seu dístico emblemático de "liberdade, igualdade e fraternidade". Por um lado, argumenta-se que precisamente a recompensa ao esforço individual destinado à fuga da igualdade é que representa o grande incentivo endógeno oferecido pelo sistema econômico a todos os agentes, o qual é aproveitado apenas pelos mais empreendedores. Por outro lado, diz-se que excessiva desigualdade econômica implica necessariamente maior desigualdade política, comprometendo os próprios fundamentos da liberdade.

Por se tratar de um terreno pantanoso, a ponte feita para lidar com este tipo de problemática é pragmática: aqui estamos tratando da tentativa de mensuração das variáveis usadas pelos teóricos, a fim de construírem seus modelos. Em outras palavras, o objetivo de avaliar o grau de eficiência com que os recursos sociais são utilizados é complexo e a forma de fazê-lo é mutável, em resposta aos requisitos que lhe são apresentados pelos pesquisadores e analistas. Ocorre que, por diversas razões, muitas das variáveis necessárias à adequada contabilização não estão disponíveis. Mas obviamente existem outros problemas de solução técnica mais acessível, desde que mais recursos sejam gastos na tentativa de compilá-las. Tal é o caso do processamento de grandes massas de dados, dos tempos e custos elevados e da dificuldade da definição e organização da informação fornecida pelas próprias fontes primárias.

As formas convencionais que a sociedade tem para fracionar o objeto de sua atenção a fim de autoavaliar-se buscam mensurar, naturalmente, o valor adicionado, bem como seus componentes. Além do valor adicionado e de todos os seus componentes, buscaremos verificar as condições de funcionamento do mercado monetário, onde recebem destaque a composição da oferta de dinheiro e a origem e o destino do financiamento da atividade produtiva da economia, bem como as peculiaridades do funcionamento do mercado de trabalho.

O simples levantamento dos valores numéricos dos conceitos relevantes para a avaliação do grau de eficiência com que a sociedade usa seus recursos, ainda que muito trabalhoso, não resolve todos os problemas. Com efeito, mesmo que saibamos que um país ou sua região apresentou um desempenho bom, razoável ou ruim, não dispomos de outro elemento importante para levar adiante ações passíveis de reverterem os maus quadros ou manter o bom desempenho. Para fazê-lo, precisamos deslocar-nos do reino da contabilidade social para o universo da teoria econômica. Na próxima seção, faremos nossa primeira incursão ao mundo da realidade imaginada que trata da construção das teorias. Nos demais capítulos deste livro, vamos chamar a atenção do leitor para os dois casos, buscando caracterizar as condições em que trabalhamos com identidades contábeis, diferenciando-as dos momentos em que simplesmente fazemos abstrações mais ou menos arbitrárias sobre o funcionamento da realidade realmente real.

2.5 AS TÉCNICAS DE FORMALIZAÇÃO DAS REGULARIDADES ECONÔMICAS

A definição que demos para a ciência econômica coloca-nos em uma posição confortável para evidenciar os naturais desdobramentos do estudo das relações econômicas encetadas pelos homens. Claramente, existem dois mundos exibindo limitadas simetrias entre si. O primeiro deles – que temos chamado de R^3, como alegoria à realidade realmente real – é o mundo das relações econômicas, ao passo que o segundo – intitulado de R^i – mundo da realidade imaginada – por ter existência apenas dentro do cérebro humano – diz respeito ao estudo de R^3. Ou seja, o primeiro é observado "lá fora", ao passo que o mundo do estudo existe apenas no universo mental de alguns (ou mesmo de todos os) agentes interessados em fazerem-se perguntas e criarem respostas tentativas sobre o padrão exibido por R^3. Imaginando que o presente é demasiadamente fugidio para merecer um estudo específico, diremos que o R^3 retrata o passado. Além do passado, por contraste, o R^i também centra seu interesse na previsão de eventos futuros. Neste contexto, o R^3 é o mundo dos fenômenos ocorridos, realizados, ou ainda, na expressão dos economistas suecos, *ex post*. O mundo dos fenômenos que se espera venham a ocorrer daqui para frente, dos fenômenos planejados, ou ainda, das relações *ex ante*, diz respeito a nosso horizonte de planejamento, a nossos desejos a favor ou contra a realização de determinada tendência histórica ou à criação de alternativas. Claramente, a ciência tem por função explicar o R^3 e fazer previsões sobre seu estado num determinado horizonte de tempo. Particularmente, o ramo da ciência que se encarrega de fazê-lo é a teoria, entendida como o conjunto de proposições fundamentais de uma ciência e que é passível de procedimentos racionais e de avaliação intersubjetiva, de forma que se determine sua validade factual.

Ao observarmos o mundo econômico, temos a possibilidade de investigar fenômenos que aparecem vestidos de enorme candura, mas que escondem verdadeiras cadeias de causações que desafiam a criação de explicações científicas. Por exemplo, a Figura 2.3 mostra o valor adicionado de Lizrb que alcança a cifra de L$ 1,9 bilhão. Aparentemente, o que segue serve para complicar a candura dessa cifra: L$ 1,9 bilhão... e fim! Parece que tudo está resolvido ao respondermos a questão da magnitude do valor adicionado. Mas a teoria indaga-se: por que 1,9? Por que não 9,1 ou 0,91? Como se chegou a 1,9? Pode-se chegar a 9,1 em 10 anos? A busca destas tentativas é auxiliada com a formalização que começa precisamente com nossa figura ou com artifícios similares.

O que estamos vendo são lançamentos contábeis de que tratará inicialmente o Capítulo 3 (Dimensões), generalizando-se por praticamente todo o livro. Eles são

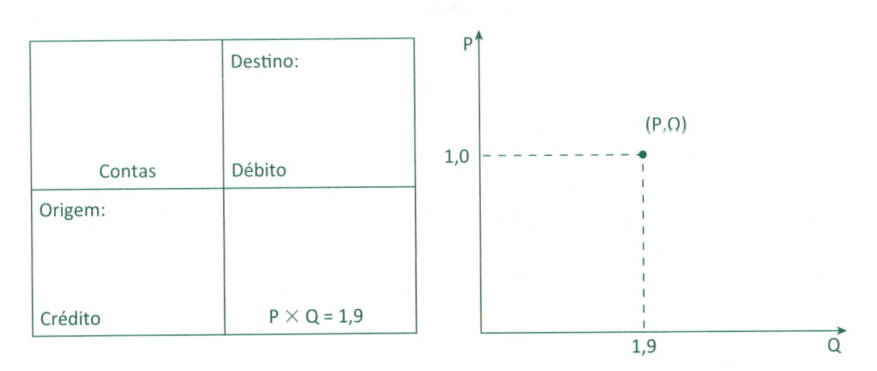

Figura 2.3 Matriz e gráfico de exibição de fenômenos corriqueiros.

exibidos de forma não muito convencional para os ditames da contabilidade comercial. Todavia, com eles, podemos começar a construir nossa teoria econômica. Por exemplo, todos sabemos que os preços das mercadorias que desejamos adquirir determinam suas quantidades: menores preços exigem-nos menores sacrifícios para adquiri-las, o que nos leva a adquirirmos mais delas. Talvez seja esta a mais cândida e disseminada teoria econômica de todos os tempos vividos desde a invenção do dinheiro. Simetricamente, a oferta mostra que o preço eleva-se junto com a quantidade que estamos dispostos a colocar no mercado, pois preço alto e benefícios mais elevados ao produtor são irmãos siameses. Se a procura destaca o uso que foi dado ao recurso, a oferta mostra de onde ele veio, ou seja, sua origem. Conformando-se, assim, a teoria que descreve o funcionamento da lei da oferta e da procura, podemos transformar em funções matemáticas o que foi expresso em palavras:

Lei da Procura: $q_D = f(p^-)$
Lei da Oferta: $q_S = g(p^+)$
Condição de Equilíbrio: $q_D = q_S$,

onde q_D, q_S e p são, respectivamente, a quantidade procurada, a quantidade ofertada e o preço que lhes corresponde. Expressando a teoria por meio destas funções matemáticas, diremos que estamos frente a um modelo teórico.

Com estas funções, é possível fazer a descrição completa do mercado de uma mercadoria específica. Naturalmente, como qualquer modelo teórico, o que acabamos de ver é deficiente, pois omitiu fatores que consideramos importantes. Por exemplo, a curva da procura omitiu a estação do ano, a qual precisaria ser considerada caso estivéssemos falando em maiôs de banho. Ademais, a oferta omitiu o fato de que a tecnologia atual permite que sejam produzidos – outro exemplo – mais relógios do que há 200 anos, barateando-os e permitindo-nos tê-los aos montes em nossas casas.

Os modelos teóricos da ciência econômica são o principal elemento de inspiração para a construção dos modelos empíricos cujo exemplo veremos em instantes. Com ambos – modelos teóricos ou empíricos – montamos uma visão simplificada sobre a realidade realmente real, capacitando-nos a:

a) descrevê-la,
b) explicá-la (compreendê-la),
c) fazer previsões sobre seu estado futuro e a forma como o sistema evoluirá ao longo do tempo, e
d) fazer recomendações concernentes à ação exercida sobre determinadas variáveis, a fim de mudar-lhes o curso e depositar o sistema em uma posição diversa da que ele ocuparia sem intervenção.

As previsões e recomendações sensatas carreiam a cláusula *ceteris paribus*, ou seja, informando-nos de que vigorariam caso todas as demais condições que influem sobre o comportamento do sistema se mantivessem constantes. No caso da lei da oferta e da procura, o modelo empírico que corresponde ao modelo teórico de que vimos tratando pode ser representado por três equações, que formam nosso modelo elementar da determinação do preço:

Lei da Procura: $q_D = a - b \times p + e_D$
Lei da Oferta: $q_S = c + d \times p + e_S$
Condição de Equilíbrio: $q_D = q_S$,

onde, como anteriormente, q_D, q_S e p são, respectivamente, a quantidade procurada, a quantidade ofertada e o preço que lhes corresponde, sendo e_D e e_S os termos de erro que poderemos associar a nossas equações.

Ou seja, acabamos de traduzir em equações as palavras que anteriormente transformáramos em funções matemáticas. Nas duas funções comportamentais, q_D, q_S e p eram nossas variáveis, que como tal se mantêm nessas equações. Além disso, introduzimos uma inovação importante: inserimos os operadores $+$ e $-$, buscando capturar o que os pequenos símbolos diziam ao lado da letra p nas funções. Para esclarecermos o recorte entre o que é variável em nossas funções e o que não é, inserimos no modelo os parâmetros aditivos ou multiplicativos a, b, c e d. Com este grau de generalidade, podemos mudá-los de acordo com nossas conveniências, objetivos, disponibilidade de informações e habilidades. Por fim, substituindo os valores dos parâmetros a, b, c e d por números – obtidos por meio dos mais diferentes métodos, variando da simples adivinhação à mais sofisticada metodologia quantitativa – chegamos ao seguinte modelo experimental:

$$\begin{cases} q_D = 35 - 3 \times p \\ q_S = -4 + 0{,}125 \times p \\ q_D = q_S, \end{cases}$$

onde, como antes, q_D, q_S e p são, respectivamente, a quantidade procurada, a quantidade ofertada e o preço que lhes corresponde.

Usando uma linguagem completamente antropomórfica, diremos que o modelo teórico é o braço nobre da ciência; o modelo empírico é o braço armado da teoria; e o modelo experimental é a prestidigitação. Esta consiste em usarmos números que descrevem variáveis que integram funções. Tais números serão inteiros ou fracionários, definindo os contornos de nossos processos: contagem ou mensuração. No caso do sistema apresentado, ainda, com falta de acuidade visual, costumamos perder de vista os expoentes unitários das variáveis q_D e q_S e chamá-las de curvas de oferta e de procura.

Antes de concluirmos esta discussão, precisamos fazer dois comentários sobre as funções e equações que acabamos de ver. O primeiro diz respeito ao fato de que elas são equações, é verdade, mas apenas um dos casos possíveis de equações: as equações-igualdade. Naturalmente, se há um tipo de equação, as de igualdade, é porque haverá pelo menos outro tipo. No caso, estas são as equações-identidade. Além da sutileza matemática, evidente com os exemplos a seguir, existem importantes implicações econômicas para esta diferença:

$$y = f(x)$$
$$y = a + b \times x$$
$$y = 3 + 2x^2 + 0{,}5\cos x$$

Temos uma função com duas equações correspondentes. A primeira é uma tradicional função de primeiro grau com uma variável, representável no plano cartesiano como uma reta. Ou seja, pares de valores de x e y representam pontos sobre o plano. Qualquer que seja o valor real de x, aplicando a regra de conversão de x em y, teremos o valor explicado por x. No segundo caso, temos uma função quadrático-senoidal, título que não deve nos preocupar excessivamente. Também neste caso, cada valor real de x gera um valor real de y. Mas estas equações-modelo contrastam com as seguintes equações estruturais: $x + 2 = 5$ e $\operatorname{sen}^2 x + \cos^2 x \equiv 1$.

Temos agora, no primeiro caso, uma equação-igualdade e, no segundo, uma equação-identidade. Na igualdade, apenas um número finito de valores de *x* satisfaz o sinal "=", ao passo que, na identidade, há infinitos valores reais de *x* que a satisfazem. Sérias reflexões sobre o tema poderiam levar-nos a crer que a atribuição do valor 1 a *x* na equação $x + 2 = 3$ é problemática, pois – com ela – somos levados a concluir que $3 = 3$, o que rigorosamente foge aos nossos conceitos de igualdade e identidade. Não há, para ela, um conjunto finito ou infinito de soluções, mas devemos entender o sinal "=" um tanto livremente, que vem a expressar o primeiro princípio fundamental da lógica, chamado de "princípio da identidade". Ele diz simplesmente que um ser é idêntico a si mesmo. Neste caso, em vez de "$3 \equiv 3$", diríamos que "3 é 3": o ser é ele próprio, mais do que idêntico a si mesmo.

Mais interessante ainda é iniciarmos considerando uma equação como: $x + y = 10$ ou $y = 10 - x$. Com elas, podemos pensar, por exemplo, que $x = a$, $a = 4$, $y = b$, $b = 6$, o que nos permite obter o número 10 como combinação linear (linear, eis que *x* e *y* estão elevados à potência 1), colocá-los em um gráfico e dizer que temos não apenas o ponto (4, 6), mas uma infinidade de pontos cuja soma é 10, como ilustra a Figura 2.4.

As analogias com a ciência econômica são vibrantes. Se nossa teoria diz que a quantidade procurada é função do preço, temos uma equação de duas variáveis. Costumamos chamar a primeira delas de variável explicada (nosso velho *y* que passa a chamar-se, por exemplo, q_D) e nosso velho *x*, agora sendo chamado de *p*, é nossa variável explicativa. No mundo construído pelos economistas, ainda que tenhamos acabado de dizer que o preço explica a quantidade, nosso desenho mostra a situação simétrica. Assim, podemos retomar as ideias sobre curvas de "oferta de benefícios" e "procura por sacrifícios (custos)" da Figura 1.7 do Capítulo 1 (Divisão). Na economia monetária, com os preços das mercadorias bem definidos, teremos as situações descritas na Figura 2.5.

No Bonsai Econômico expresso na Figura 1.10 do Capítulo 1 (Divisão), havia certo exagero em apresentarmos todos os mercados equilibrando-se simultaneamente, sob o ponto de vista dos desejos dos agentes responsáveis pela oferta ou pela procura. É claro que, no mundo real, ontem, as compras igualaram as vendas, mas nada garante que, amanhã, os agentes estarão dispostos a colocar e buscar no mercado

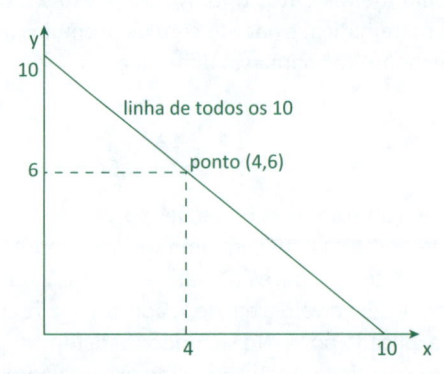

Figura 2.4 Linha reta como lugar geométrico.

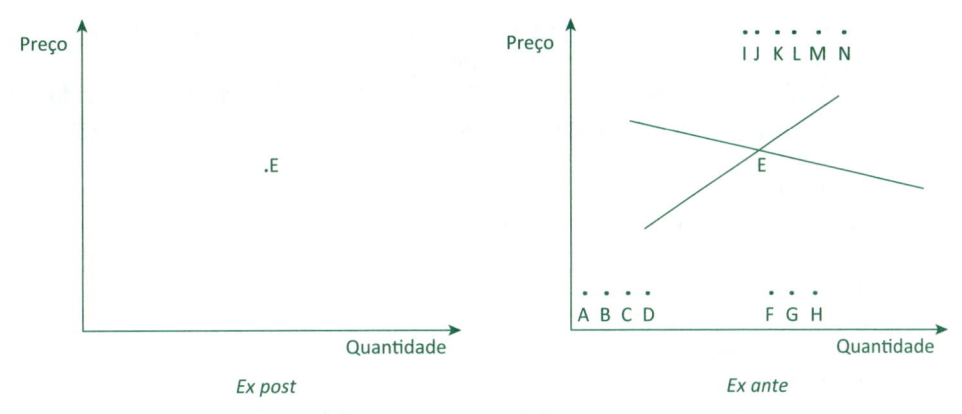

CAPÍTULO 2 CONTEXTUALIZANDO A CONTABILIDADE SOCIAL

```
Preço                                    Preço
                                                       I J K L M N


         .E                                                  E



                                         A B C D      F G H
                     Quantidade                              Quantidade
             Ex post                              Ex ante
```

Figura 2.5 Situações *ex ante* e *ex post* num mundo estático.

precisamente as mesmas quantidades que responderão aos mesmos preços. Mais realista é pensarmos numa situação em que os agentes cometem pequenos erros nas suas previsões de qual será a verdadeira quantidade adquirida ou vendida da mercadoria em estudo. Ou seja, temos um ponto efetivo na situação *ex post* que pode ou não coincidir com o que os agentes planejaram de véspera.

Os economistas que apreciam o conceito de equilíbrio *ex ante* justificam esta postura por acreditarem que a distância entre, de um lado, A, B, C ... etc. e, de outro, E tende a zero. Eles dizem que interessa saber, mesmo que não concebamos a existência da coincidência dos desejos entre compradores e vendedores, as condições que levariam a economia a percorrer sua trajetória em um estado estacionário. Ou seja, ao falarmos em "trajetória", estamos pensando em propriedades dinâmicas. Ao mesmo tempo, por falarmos em "estado estacionário", estamos pensando que o movimento reproduz-se ano após ano, o que nos permite falar em uma situação de equilíbrio.

Em outras palavras, ao atribuirmos a todos os agentes a possibilidade de adotarem comportamentos que consideramos racionais, diremos que eles estão menos interessados em errar sistematicamente do que em acertar sistematicamente. Aprendendo com os próprios erros, eles procurarão criar mecanismos para aproximar sucessivamente o que realizam com aquilo que planejam. Em outras palavras, ainda que E esteja distante de A, B, C ... etc., esta distância tende a reduzir-se e o agente estará em equilíbrio quando ela chegar a zero, o que não significa imobilizar o processo decisório do agente. O que devemos notar é que ele, sendo racional, declara-se satisfeito com o processo e, se for o caso, partir para a criação de novos horizontes de planejamento. Assim, se as vendas realizadas (V_n) são idênticas às compras realizadas (C_R), ao constatarmos que $V_R \equiv C_R$, então, estamos frente a uma situação de equilíbrio *ex post*, ou seja, tudo o que foi vendido igualou – como não poderia deixar de ser – a tudo o que foi comprado.

De modo análogo, se as vendas planejadas são representadas por V_p e as compras planejadas correspondem a C_p, então quando $V_p = C_p$ estaremos frente a um equilíbrio *ex ante*. Neste caso, o agente tomador de decisões não terá incentivos para mudar seu comportamento e, no período seguinte (simbolizado com o indexador de tempo "t+1"), perceberemos que $V_R(t+1) \equiv V_P(t+1)$.

Isto, naturalmente, não significa dizer que o agente irá repetir o passado, pois sabemos que a mudança é parte essencial da natureza do sistema. O que desejamos avaliar é como a economia monetária funciona e se reproduz em escala ampliada. Também nos interessa saber se as condições que procuramos reproduzir com os modelos teóricos realmente são comuns no mundo real.

Neste caso, o modelo pode informar o que acontecerá, mesmo nos casos em que estas condições não surgirem. Por exemplo, podemos acreditar que os proprietários do capital que agem racionalmente buscam as maiores remunerações, desviando-o (em dinheiro, é claro) para setores de mais alto retorno. Uma concepção interessante do conceito de equilíbrio sustenta que esta busca de equalização acontecerá até um certo ponto que, mesmo sem criar a equalização completa, deixará os agentes satisfeitos e colocará o sistema em repouso. O conceito de repouso aqui usado é o da física: as forças que atuam sobre ele têm resultante nula. Com isto, podemos pensar em reinvestimento de lucros no próprio setor que os gerou ou que o lucro em um setor está promovendo a atração de novos capitais originários de outros setores.

Muitas das inter-relações entre as variáveis macroeconômicas não serão capturadas pelas identidades contábeis. O papel da teoria econômica é precisamente estabelecer a relação funcional entre as variáveis, por meio da busca de associações, correlações ou causações. Fazendo o contraste entre, de um lado, a contabilidade social e, de outro, a mesoeconomia e a macroeconomia, podemos dizer que a primeira se preocupa em mensurar os agregados econômicos, ao passo que as outras duas buscam apresentar as relações que os agregados guardam entre si. Nosso contraste deve ficar bem demarcado: a ciência serve para explicar e prever, em comparação à contabilidade social, cujo objetivo é fazer a mensuração das variáveis destinadas a descrever. Assim, a contabilidade social é parte da ciência econômica preocupada em mensurar as transações realizadas entre os integrantes das organizações econômicas (os agentes econômicos). Também interessa a esta disciplina apresentar, de forma lógica e coerente, diversas inter-relações observadas entre as ações econômicas que os agentes estabelecem entre si. Ela é a técnica desenvolvida para auxiliar a meso e a macroeconomia a construírem as variáveis econômicas que constituem o objeto de sua análise.

Hoje em dia, o interesse na mensuração da atividade econômica é associado ao pensamento de John Maynard Keynes (1996), cuja preocupação central consistiu em determinar o montante de valor que uma sociedade poderia acrescentar a um conjunto preexistente de recursos produtivos. A preocupação de Keynes manifestou-se num momento em que sabidamente havia desperdício no uso desses recursos. Com efeito, no final dos anos 20 e início dos anos 30 do século XX, observou-se uma enorme ociosidade na ocupação de homens e máquinas. Por isto, aquele período veio a ser conhecido como a Grande Depressão. Keynes, o mais reconhecido macroeconomista do século XX, postulou relações entre algumas variáveis, como $C = C(Y)$, ou seja, o consumo (*C*) de um indivíduo, comunidade, região, etc. é uma função do rendimento (*Y*) correspondente. Não que ele estivesse particularmente interessado em explicar o nível de consumo pelo nível de rendimento, mas, sabedor de que $Y = C + I$ na economia fechada, ele percebeu que, se determinasse *C* e *Y*, estaria *ipso facto* determinando I, o investimento. Este, em sua visão, é a variável-chave do sistema econômico, pois lhe garante o nível de funcionamento, vale dizer, a reprodução ampliada[10].

Claramente, ao trabalhar com a definição de rendimento conforme a que recém apresentamos, Keynes deixou de lado outras definições, cujas implicações seriam menos profícuas sob o ponto de vista teórico. Uma delas seria definir $Y = H + Mu$, ou $Y = D + Ma$. No primeiro caso, estamos dizendo (e isto é verdade) que o rendimento total (Y) é igual ao rendimento recebido pelos homens (H) mais o recebido pelas mulheres (Mu) e, no segundo (o que também é verdade), que o rendimento total é igual ao recebido pelos indivíduos destros (D) mais o que cabe aos indivíduos mancinos (Ma). Trata-se, com efeito, de definições singulares para os padrões culturais hoje vigentes, bem como para qualquer teoria macroeconômica considerada com seriedade. Todavia, mesmo aqui, ganhamos um ponto relevante na construção de nosso conhecimento. Vemos que a importância das definições advém das possibilidades de articulação das variáveis por elas contempladas para a construção de teorias. Ademais, observamos que as classificações usadas são exaustivas, no sentido de darem conta de (exaurirem) todos os objetos a serem classificados. Elas serão mutuamente exclusivas se obedecerem ao princípio de que, se o valor adicionado é destinado ao consumo, aos homens, ou aos destros, ele não será simultaneamente destinado ao investimento, às mulheres ou aos portadores de mancinismo.

Concluído este longo comentário sobre funções e equações suscitado pelo estudo de nosso modelo elementar de determinação do preço, precisamos acrescentar novas considerações. Assim, nosso segundo comentário direciona-se à definição das unidades de medida das variáveis constantes das equações que integram os modelos, tópico designado pelo título de equações dimensionais. Para problematizar esta questão dentro dos limites da ciência econômica, vamos reescrever nossa função demanda de uma mercadoria específica como a seguinte equação linear $q_D = 30 - 3p + 0,65R + 0,8S$ onde q_D é a quantidade da mercadoria em estudo, dada – digamos – em pacotes, p é seu preço dado em centavos por pacote, R é o rendimento (medido em unidades monetárias) dos virtuais compradores, e S é o preço dos bens substitutos dado em centavos por unidade.

As operações de adição indicadas devem contar em suas parcelas com grandezas homogêneas[11]. Assim, se sabemos que q_D é medida em pacotes por dia, 30 também deve ser medido em pacotes por dia, o mesmo ocorrendo com $3p$, $0,65R$ e $0,8S$. Ora, uma vez que o termo $3p$ é medido em pacotes por dia e p em centavos por pacote, devemos considerar que 3 não é um número puro, concluindo que ele possui uma unidade de medida com a propriedade de transformar "centavos por pacote" em "pacotes". Esta unidade de medida é "pacotes ao quadrado por centavo". Levando adiante o exemplo, percebemos, a partir dos termos $0,65R$ e $0,8S$, que 0,65 e 0,8 têm a mesma unidade de "pacotes por centavo".

---

[10] A reprodução ampliada ocorre quando parcelas do lucro (ou mais-valia, na linguagem da economia marxista) são reinvestidas. Como resultado, o estoque de capital cresce, o que depende também do montante da depreciação. Ela difere da reprodução simples, onde os lucros não são reinvestidos, sendo que o estoque de capital se mantém constante (ou se reduz, de acordo com a depreciação). Se supomos que o investimento se dá em novos equipamentos capazes de aumentar a produtividade do capital, teremos o reinvestimento como via de aumento da produtividade.

[11] "Não devemos somar laranjas com bananas", diria nossa professora de matemática elementar.

A origem da problemática envolvida no estudo das equações dimensionais emana do fato de que números são entes abstratos e, como tal, não comportam unidades de medida. Ocorre que, devido às propriedades isomórficas entre certos conjuntos de objetos e certos conjuntos numéricos, podemos associar números a entidades como casas, vacas, engraxadas de sapatos, preços das casas, densidade demográfica do rebanho bovino, taxa de lucro das engraxatarias, estoque de capital da economia, etc.

Estas considerações, de tão óbvias, autorizam-nos a geralmente omitir as unidades de medida nas equações. Para simplificar a notação, que ficaria excessivamente carregada, tal exemplo ainda omitiu da equação a dimensão tempo, que também está caracterizando certas variáveis. Em seguida são examinadas as variáveis econômicas mais comuns e suas unidades de medida, sendo D$ o símbolo de "denari", o dinheiro mundial:

a) salário: D$/ano, D$/mês, D$/semana, etc.
b) rendimento: D$/ano, D$/mês, D$/semana, etc.
c) receita (valor das vendas, das compras, da produção, etc.): D$/ano, D$/mês, D$/semana, etc.
d) quantidade vendida (comprada, produzida): unidades/ano, unidades/mês, unidades/semana, etc.
e) preço: D$/quilômetro, D$/litro, D$/dúzia, D$/unidade, D$/metro, etc.
g) valor da quantidade estocada: D$ (unidades monetárias), o que vale também para o capital
h) razão entre uma variável em dois momentos: sem unidade
i) razão entre duas variáveis: unidade de uma dividida pela unidade da outra
j) derivada: o mesmo que h) ou i)
l) propensão: o mesmo que h) ou i)
m) elasticidade: sem unidade (número puro)
n) taxa de crescimento: percentagem por unidade de tempo
o) taxa de lucro: percentagem por unidade de tempo, etc.

Chegamos a um ponto que permite começarmos a mensurar o valor adicionado pela sociedade a um conjunto previamente existente de recursos, materiais ou não. Dos materiais, podemos pensar na produção do doce de pera, a partir da pera e do açúcar. Dos imateriais, podemos pensar no uso da capacidade humana de transformar a natureza, colhendo a pera, a cana-de-açúcar, produzindo previamente a panela, etc. Depois de percorrermos uma longa trajetória, no Capítulo 8 (Demográficos) faremos a conexão do esforço efetivamente despendido na geração de bens materiais com o que poderia ter sido produzido, de sorte a percebermos com que eficiência a sociedade terá usado seus recursos de trabalho e capital.

RESUMO

Concluímos o Capítulo 1 (Divisão) sugerindo, metaforicamente, que quanto mais estudarmos mais precisaremos... estudar! Iniciamos o presente capítulo explorando drágeas do conhecimento humano que oscilaram entre a filosofia do conhecimento e a da economia, a modelagem da realidade realmente real e a dos fenômenos econômicos e alguns princípios fundamentais sobre os quais repousa a teoria da medida. Em seguida, ampliamos nossa compreensão sobre tópicos já tratados no Capítulo 1, tentando demarcar indelevelmente o significado dos termos micro, meso e macroeconomia, os três pilares analíticos da ciência econômica. Neste contexto, também pudemos criar uma definição operacional de contabilidade social, o cerne das preocupações ordenadoras dos conteúdos desta obra.

Deixando claro que a contabilidade social preocupa-se em avaliar o grau de eficiência com que os recursos econômicos da sociedade foram utilizados, confrontamo-nos com mais problemas filosóficos: qual é a finalidade de um sistema econômico?; qual é o problema central da economia política?; qual é o critério de mensuração a ser utilizado para avaliar a eficiência da atividade de milhões de indivíduos humanos que navegam no Planeta GangeS (e na mais prosaica Terra)? Procuramos evidenciar que o conceito de eficiência não pode ser alcançado por meio de um conceito simples, desdobrando-o em três componentes: eficiência na produção, eficiência na alocação e eficiência na distribuição. Denunciamos o *trade-off* entre equidade e eficiência, com o que passamos a sinalizar conceitos que também serão aprofundados mais adiante. Por exemplo, em que medida o progresso tecnológico eleva a eficiência agregada no uso dos recursos? Até que ponto podemos avaliar o montante de recursos que a sociedade estaria disposta a sacrificar para ver os resultados do esforço dedicado à criação de valor adicionado distribuídos de forma mais igualitária?

Concluímos o capítulo mostrando a passagem entre três níveis de encaminhamento da formalização-modelagem da análise econômica. Falamos em modelos teóricos, modelos empíricos e modelos experimentais. Em todos eles, buscamos relacionar variáveis, mensuradas com escalas de conteúdo informacional mais ou menos rico, por meio de equações. O elemento de ligação entre as variáveis e as funções vieram a ser chamados de operadores, o que nos permitiu começar a diferenciar a variável – membro do mundo encantado dos modelos econômicos – com o dado – integrante do mundo mundano da contabilidade da ação societária. No primeiro caso, por exemplo, atrevemo-nos a pensar em prever o nível de bem-estar a ser desfrutado pela humanidade daqui a cinco anos. No segundo, tratamos de mensurar, com um número de casas decimais adequado, o resultado do esforço produtivo da ação societária. Popperianamente, (Karl Popper, lembram?) nosso último parágrafo do texto principal foi prometer responder a determinadas questões nos próximos capítulos. Popperianamente? Estamos tentando dizer que a investigação econômica é um processo aberto que jamais permitirá respostas realmente conclusivas para muitas questões, principalmente porque boas respostas geram novas questões, num processo evolucionário de infindáveis refinamentos...

3

As Três Dimensões do Trabalho Social e as Três Óticas de Cálculo do Valor Adicionado

Duilio de Avila Bêrni, Vladimir Lautert e Ani Reni Ew

3.1 VALOR DE USO, VALOR DE TROCA E VALOR

Na sociedade humana, relações como o casamento, o apadrinhamento ou ainda a que ocorre entre dois indivíduos ou grupos numa contenda esportiva ou bélica, resultam de determinados conjuntos de valores esposados pelos agentes envolvidos. Da mesma forma, o homem, por resultar de uma construção cultural, empreende relações com outros homens, diferentes animais e incontáveis objetos materiais, também atribuindo-lhes diferentes valores. No reino da economia, o tempo de vida humano, quando voltado à produção de bens e serviços submetidos a relações de troca, transforma-se em relações de trabalho, cria mercadorias e, portanto, também gera valor. Falar em valor, neste sentido, leva-nos a transitar rapidamente para o campo da economia, quando passamos a entendê-lo como algo anexado a objetos materiais, ou seja, algo que não lhes pertencia originalmente.

Desse valor, emerge a primeira dualidade da ciência econômica: aquela observada entre a criação de valores de uso (os próprios bens e serviços) e de valores de troca (os bens e serviços, quando levados ao mercado). A tríade constituída pelo valor e essa dualidade representam as três dimensões do trabalho social, mensuradas por intermédio de três sistemas. Seu estudo insere-se numa tradição talvez iniciada por Aristóteles, sedimentada por François Quesnay e Adam Smith, elaborada por Karl Marx, formalizada por Léon Walras e implementada por Wassily Leontief. O processo de mensuração não acompanhou o nascimento dos três sistemas, mas testemunhou e promoveu sua evolução. A contabilidade da sociedade, inicialmente mensurando o esforço despendido no processo de produção de bens e serviços pelo indivíduo isolado (subjetivo), deu lugar a uma escrita mais flexível, registrada por meio dos preços das mercadorias (objetiva). Por isto, nosso processo de mensuração do dispêndio de trabalho social começa com o sistema dos preços.

A primeira dimensão do trabalho social, mensurada pelo sistema das quantidades, descreve as relações intersetoriais destinadas a criar valores de uso. As transações observadas neste sistema são medidas em unidades físicas, como quilos de cereais, litros de leite, visitas ao pedicure, etc. A segunda lida com a geração de valores de troca, chamando-se de sistema dos preços. Nele, medimos as transações em preços (quantidade de dinheiro por unidade física de cada mercadoria). A terceira, mensurada pelo sistema do trabalho, estuda os valores entendidos como tempo de trabalho socialmente necessário à produção dos bens estudados no primeiro sistema. A unidade de medida das transações relacionadas à compra e venda dos bens e serviços levados ao mercado é o número de horas de trabalho socialmente necessárias para sua produção.

O trabalho social, ainda que realizado apenas uma vez, gera três sistemas, que são precisamente a forma de se proceder à mensuração de suas três dimensões. O sistema das quantidades é caracterizado pela mensuração da produção por intermédio do valor de uso que esta apresenta a quem o adquire. Assim, um sorvete apresenta determinado valor de uso para certos indivíduos (ou empresas) porque possui a capacidade de atender a uma necessidade humana. Caso fosse possível medir diretamente a utilidade que a absorção de cada bem ou serviço proporciona a seu consumidor, teríamos a possibilidade de mensurar o esforço produtivo pelo conceito de valor de uso.

A segunda dimensão do trabalho social manifesta-se por meio dos valores de troca, que são mensurados, nas sociedades mercantis, pelos preços das mercadorias. Ou seja, a segunda dimensão do trabalho social apenas aparece nas economias que têm na troca o principal instrumento de organização da produção. Por fim, a terceira dimensão do trabalho social manifesta-se pelo chamado sistema do valor e é mensurada por meio do número de horas de trabalho socialmente necessárias à produção das quantidades de que trata o primeiro sistema e avaliadas pelo mercado por meio do segundo sistema.

Em resumo, as necessidades humanas inspiram as ações que, no que diz respeito à produção, envolvem o uso do tempo de vida humano destinado ao trabalho. O trabalho gera valores de uso (ou utilidades) que assumem a forma de bens ou serviços. Precisamente as quantidades dos bens e serviços proporcionais a suas utilidades configuram a primeira dimensão do trabalho social; elas são medidas por meio das quantidades produzidas-absorvidas. O trabalho também gera valor de troca, a segunda dimensão do trabalho social, mensurado pelos preços dos correspondentes bens e serviços constituintes do sistema dos valores de uso. A terceira dimensão do trabalho social é derivada tanto da primeira como da segunda, sendo, no dizer de Marx, uma síntese entre elas. Para ele, valor de uso e valor de troca geram valor, do qual se derivam os preços observados no mundo real.

Para os economistas clássicos e para Marx, o termo "valor de troca" leva ao entendimento da ciência econômica como o estudo das leis que determinam a produção, a distribuição e o consumo do valor de troca. Falar em distribuição do valor de troca, visto como o contraditório do valor de uso, encontra sua expressão apenas num nível mais elevado, mais nobre. Neste, encontramos o valor que resulta da síntese entre o valor de uso e o valor de troca. O valor é a propriedade inerente aos bens e serviços (utilidades) que possuem valor de troca, ou seja, a propriedade que os transforma de utilidades em mercadorias. Na realidade realmente real, o que observamos não são os valores das mercadorias, mas simplesmente seus preços. Assim, a contabilidade da sociedade deixa de basear sua unidade de conta na troca de objetos materiais intermediada pelo montante de horas de trabalho despendidas em sua produção. O que vemos é o espelhamento de cada mercadoria em outra, selecionada como a "unidade de valor", ou seja, refletida no dinheiro. Assim, passamos a ver nas trocas apenas as relações existentes entre determinadas quantidades de mercadorias. Com isto, esquecemos que o regulador das trocas é a relação estabelecida entre as frações do tempo da vida humana voltado à produção de objetos materiais. Destinados à segunda parte envolvida na transação, estes objetos serão consumidos por terceiros com ela relacionados. Deixar de ver a troca entre horas de trabalho, privilegiando exclusivamente a troca entre utilidades refletidas em seus preços[1], constitui o que Marx designa como o fetichismo das mercadorias. Na próxima seção, vamos estudar alguns desdobramentos desta linha de raciocínio. Por ora, vamos centrar nosso interesse no Quadro 3.1, que mostra a correspondência entre as três dimensões do trabalho social e os três sistemas constituintes de sua aproximação empírica.

Os valores de uso constituem a afirmação de um movimento explicativo da ação econômica da sociedade, que nada mais é do que a apropriação que seus integrantes fazem de determinadas frações da natureza em benefício mútuo. Se a apropriação destinada ao autoconsumo é afirmativa, nega-a a decisão adotada pelos indivíduos humanos, já no caráter de produtores de mercadorias, de abdicarem da absorção do bem ou serviço assim produzido. Com isso, estes valores de uso transformam-se em valores de troca, ou seja, em objetos detentores da capacidade de atender às necessidades humanas de terceiros. Da contradição entre essa **afirmação** e sua **negação**, emerge a **síntese**: o valor, ou seja, o montante do tempo da vida humana dedicado à produção de objetos que são endereçados à troca.

Neste contexto, podemos dizer que o fenômeno original desta sequência é a geração de valores de uso, o segundo é sua quantificação por meio da troca, ao passo que o terceiro é a utilização das horas de trabalho despendidas pela sociedade na avaliação de seu esforço produtivo. Se esta sequência é o resultado de um processo evolucionário, não observamos esta mesma correspondência nos sistemas de mensuração. Neste caso, o sistema de preços é o mais avançado sob o ponto de vista cultural, pois se expressa nas circunstâncias em que os valores passaram por um processo de transformação. Quando os preços ocupam a dimensão mais visível da produção de mercadorias, os agentes sociais deixam de ver as trocas como intermediadas pelo trabalho social que utiliza horas de trabalho humano. Estes passam a vê-las exclusivamente como determinadas quantidades de dinheiro que permitem a compra e a venda de determinados montantes de diferentes mercadorias. Neste contexto, dizemos que os valores se transformaram em preços e os bens e serviços que resultaram da apropriação da natureza, por meio da produção, converteram-se em mercadorias. Com efeito, ao serem levados ao mercado, a fim de serem trocados, transformam-se em outras mercadorias. Assim, o trabalho social gera o valor em suas três dimensões (valor de

Quadro 3.1 As três dimensões do trabalho social correspondem a três sistemas de mensuração

Dimensões do trabalho social	Sistemas de mensuração
Valores de uso	Quantidades
Valores de troca	Preços
Valores	Horas de trabalho

---

[1] Esta relação entre objetos materiais é visível precisamente quando calculamos a razão entre dois preços. Por exemplo, se as almofadas têm o preço de L$ 4 por unidade e os casacos são transacionados por L$ 200, diremos que o preço do casaco avaliado em almofadas é $\dfrac{\dfrac{L\$\ 200}{casaco}}{\dfrac{L\$\ 4}{almofada}}$, ou seja, 50 almofadas por casaco.

uso, valor de troca e valor). Estas irrigam o sistema econômico que desempenha três funções: produção, distribuição dos resultados da produção por parte dos locatários dos fatores e consumo dos bens produzidos por parte das instituições.

3.2 A FORMA DO VALOR E O VALOR DE TROCA

Podemos pensar nos bens e serviços, enquanto resultados do trabalho humano que são apropriáveis pelos agentes econômicos e, pelo menos formalmente, passíveis de serem trocados, como tendo as três dimensões e seus correspondentes sistemas de mensuração referidos no Quadro 3.1. Na linguagem corrente, dizemos que o valor de qualquer bem ou serviço consiste em sua capacidade de atender as necessidades humanas. Fazem, assim, parte da própria evolução cultural da humanidade tanto o aprendizado sobre as diferentes formas de gerar (apropriação da natureza) e usar (apropriação da produção) os bens e serviços quanto a criação de medidas socialmente aceitas para quantificar-lhes as equivalências.

Produzir e consumir bens e serviços diz respeito à esfera de atribuição do valor de uso, ou seja, precisamente ao reconhecimento da capacidade que eles exibem de atender às necessidades humanas. Adicionalmente, as equivalências entre diferentes bens e serviços, transformados em mercadorias por meio da confrontação no mercado, determinam reciprocamente seu valor de troca. O valor de uso de uma mercadoria representa o fenômeno original, nomeadamente, a quantidade absorvida pelo indivíduo humano. O fenômeno decorrente é chamado de valor de troca, por ser o mais próximo correlato da finalidade do processo de circulação da riqueza material, ou seja, do capital societário. Trata-se agora do redirecionamento dos bens e serviços a seus novos proprietários, em virtude da relação mercantil verificada entre o vendedor e o comprador.

O confronto entre dois valores de uso (isto é, dois bens) investidos de dois valores de troca, quando a transação é efetivamente realizada, leva ao surgimento do valor da mercadoria, ou seja, da determinação da propriedade comum entre uma e outra que autoriza que elas recebam o mesmo preço e, como tal, sejam trocadas (Quadro 3.2). As três faces da mesma mercadoria – que associamos com seu valor de uso, seu valor de troca e seu valor – foram colocadas de maneira a evidenciar que a forma do valor evoluiu da manifestação mais primária (a quantidade) à mais sofisticada (a equivalência entre duas quantidades).

O entendimento do processo que leva determinada quantidade de uma mercadoria a ser efetivamente trocada por outra, de origem similar, só pode ocorrer por meio da observação do funcionamento do mecanismo dos preços. Deste modo, identificamos que as propriedades responsáveis pelos diferentes graus de satisfação (utilidades) provocados pelo consumo de uma e de outra convertem-se

Quadro 3.2 Afirmação e negação do surgimento da mercadoria

Fenômeno original	Fenômeno reflexo
tese: valor de uso	antítese: valor de troca
síntese: valor	

na comunalidade que permitiu a troca: a identidade entre os dois preços. Assim, a transformação do valor de uma mercadoria em seu preço pode ser acompanhada por um processo em que as equivalências vão ocorrer em etapas. Da equivalência entre as quantidades de duas mercadorias transita-se a sucessivas equivalências, alinhando-se todas as mercadorias existentes. Uma vez que determinamos todas as equivalências, um subconjunto dessa totalidade de mercadorias passará a assumir o papel de equivalente geral, com o que ela passará a determinar-lhes os preços. Identificaremos quatro etapas no desenrolar do processo de evolução de quatro formas do valor: forma simples, forma total (ou extensiva), forma geral e forma dinheiro.

A forma simples baseia-se na seguinte sentença:

x da mercadoria A υ *y* da mercadoria B,

onde "υ" significa "vale". Por exemplo,

20 metros de linho υ 1 casaco.

Existem dois polos de expressão da forma simples do valor: forma relativa e forma equivalente. A primeira possui um papel ativo na relação, ou seja, como estamos falando de linho, este expressa seu valor no casaco. A forma equivalente, por sua vez, exerce o papel passivo na relação: o casaco é a mercadoria que – de forma contingente – serve para expressar o valor do linho. Em virtude de exercer um papel passivo na relação, o casaco é intitulado de forma equivalente do valor.

Podemos dizer que (20m de linho)/(1 casaco) constitui o preço relativo do linho medido em casacos. Quando essas relações de equivalência são generalizadas para uma ampla gama de mercadorias, chegamos à forma total (ou extensiva) do valor. A evolução da forma simples à forma total é vista simplesmente por meio da expansão da equação que descreveu a primeira para:

z da mercadoria A υ *u* da mercadoria B υ *v* da mercadoria
C υ *w* da mercadoria D υ *x* da mercadoria E υ...

Concretizando o exemplo anterior, temos:

**20 metros de linho υ 1 casaco υ 10 kg de chá υ 40 kg de café
υ 1 *quarter* de trigo υ 2 onças de ouro**.

A forma geral do valor modifica a exposição da longa sequência de igualdades da forma total, permitindo que se produza o Quadro 3.3. Como podemos ver, uma enorme lista de mercadorias corresponde a 20 metros de linho. Por fim, a forma dinheiro do valor mostra, no Quadro 3.4, todas as mercadorias (em sua forma relativa) expressando seu próprio valor numa mercadoria específica, que se encontra, assim, em sua forma equivalente. No presente caso, a lista de mercadorias mostra que todas são iguais a duas onças de ouro. Ao chegar à forma dinheiro do valor, podemos declarar concluído o estudo das três dimensões do trabalho social, pois, ao assumirem forma monetária, as mercadorias alcançaram sua forma preço pela generalização do uso do dinheiro[2].

---

[2] De acordo com Karl Marx, quando observamos que as mercadorias são trocadas por determinadas quantidades de dinheiro, estamos observando seu fetichismo, pois as estamos transformando em objetos de desejo. Desvendar o segredo deste fetichismo consistiria em entendermos que a troca é permitida não pela identidade entre os preços, mas pela identidade entre os valores que determinam estes preços, nomeadamente, a quantidade de trabalho socialmente necessária para a produção das mercadorias.

CAPÍTULO 3 AS TRÊS DIMENSÕES DO TRABALHO SOCIAL E AS TRÊS ÓTICAS DE CÁLCULO DO VALOR ADICIONADO

Quadro 3.3 A forma geral do valor

1 casaco 10 kg de chá 40 kg de café 1 quarter de trigo 2 onças de ouro ½ tonelada de ferro x da mercadoria A y da mercadoria B ... da mercadoria... etc.	v	20 metros de linho

Quadro 3.4 A forma dinheiro do valor

1 casaco 10 kg de chá 40 kg de café 1 quarter de trigo 20 metros de linho ½ tonelada de ferro x da mercadoria A y da mercadoria B ... da mercadoria... etc.	v	2 onças de ouro

Reunindo os conteúdos desenvolvidos na seção anterior e nesta, concluímos que, ao centralizar a atenção no surgimento dos valores de troca, passamos a enfocar sua representação em termos de dinheiro, vale dizer, em termos de preços[3]. Considerando que há deficiências numa medida do esforço produtivo da sociedade constituída pelo preço das mercadorias, é necessário darmos um passo adiante, voltando a trabalhar com o conceito de valor adicionado que apresentamos rapidamente nos Capítulos 1 (Divisão) e 2 (Contextualizando).

3.3 O CONCEITO GERAL DE VALOR ADICIONADO

As seções anteriores deste capítulo não deram uma resposta qualificada a uma importante questão, que diz respeito à necessidade de se proceder à mensuração do esforço produtivo despendido por dada sociedade em uma unidade de tempo. O referido esforço produtivo tem como resultado a produção de bens e serviços, voltados – direta ou indiretamente – a atender às necessidades humanas. Enquanto valores de uso, esses produtos podem ser arrolados e, com o emprego de uma escala de medida nominal, receber números correspondentes, formando uma listagem, como a do Quadro 3.5, característico de uma economia simples[4].

Ainda que a listagem se estenda por várias páginas, fornecendo uma fiel descrição daquilo que foi produzido, é difícil gerarmos uma única medida que sintetize o esforço produtivo que levou à obtenção desse elenco de bens e serviços. Com efeito, a soma dos objetos heterogêneos como 40 dúzias de abacate e 10 idas ao cinema não gera um número de interpretação fácil[5]. Foram produzidos 50... o quê?

---

[3] Por isto, costuma-se apresentar uma definição um tanto circular de preço: a quantidade de dinheiro que alguém disponibiliza em troca de uma unidade de um bem ou serviço.

[4] Entende-se aqui por economia simples aquela que não tem governo, relações de troca com o exterior, formação de estoques, nem desgaste dos bens de capital usados no processo produtivo, ainda que possa conter a produção familiar (produzir refeições, estender camas, etc.).

[5] Ainda assim, a partir do próximo capítulo, vamos criar o conceito de "quantidade monetária". Trata-se de um artifício em que, quando somamos o valor das vendas de duas ou mais mercadorias, dizemos que essa cesta tem um preço unitário, logo, o valor assim determinado corresponde apenas ao componente "quantidade" da expressão das vendas. Por exemplo, as vendas de cinco casacos e oito almofadas, quando os primeiros têm o preço de D$ 2,3/casaco e as almofadas são avaliadas em D$ 4,00 cada, as vendas alcançam o valor de D$ 2,3 × 5/casaco + D$ 4,00 × 8/almofada = D$ 43,5. Isto equivale à quantidade monetária de 43,5 unidades acompanhadas do preço de D$ 1,00/unidade.

Quadro 3.5 Listagem do resultado do esforço produtivo da sociedade no Ano 1

Número de ordem	Valor de uso (coisa útil, utilidade)	Quantidade	Unidade de medida
1	Abacate	40	dúzias
2	Banana	2	centos
3	Caneta	1	grosa
4	Detergente	1.000	litros
5	Espingarda	10	unidades
6	Feijão	12	milhões de grãos
7	Gatos de estimação	1	cesto
8	Hortaliças	250	quilos
9	Idas ao cinema	10	unidades
Etc.	Etc.	Etc.	Etc.

Essas considerações levam-nos a cogitar a importância de atribuir valores monetários a essas mercadorias, de sorte a poder agregá-las. Caso pudéssemos afirmar que 40 abacates equivalem a 40 úteis e que 10 idas ao cinema correspondem a 160 úteis, então chegaríamos ao resultado de

$$40 \text{ abacates} \wedge 10 \text{ sessões de cinema } \varpi \text{ } 200 \text{ úteis},$$

onde o símbolo $\wedge$ significa a operação de adição lógica "e" e ϖ significa "correspondem a". Todavia os economistas vieram a perceber que tal soma exibe um resultado fugaz. Com efeito, o número de unidades de satisfação derivadas do consumo de 40 abacates pode não ser o mesmo para os indivíduos Beatriz e Luciana, nem mesmo para Beatriz no café da manhã ou no jantar.

Uma solução seria acrescentar uma coluna ao Quadro 3.5, inscrevendo em cada célula o número de horas de trabalho despendidas na produção das quantidades listadas. Com isto, teríamos um número compatível com todos os demais, associando a cada bem ou serviço produzido, por exemplo, 12 horas de trabalho. Ocorre que, nas economias monetárias, em vez de usar o número de horas de trabalho como unidade de conta, usamos o dinheiro, já que cada uma das mercadorias listadas tem um preço[6]. Claramente, essas relações mantêm-se apenas parcialmente no funcionamento cotidiano do sistema. Há mercadorias, como a terra e, digamos, as marcas de perfumes que têm preço, mas são despidas de valor.

Assim, na coluna acrescentada ao Quadro 3.5, inscrevemos os preços das diferentes mercadorias. Ao fazê-lo, multiplicando o preço do abacate por sua quantidade produzida, chegamos ao valor da produção (receita total, ou vendas totais) dos vendedores de abacate (o que equivale ao gasto feito em sua aquisição pelos compradores). Na Tabela 3.1, procedendo sucessivamente, chegamos a uma cifra monetária

---

[6] Vale enfatizarmos que, involuindo nas formas do valor, por exemplo, podemos ver que nosso verdureiro, ao usar cartazes anunciando o preço de L$12/dúzia de abacate e L$2/quilo de hortaliças, permite-nos recuar à forma simples do valor e dizer que uma dúzia υ 6 quilos. Também podemos dizer que nos recusamos a comprar, digamos, lavanda, pois – por suposição – precisaríamos trabalhar um dia inteiro para credenciar-nos a um potinho.

para cada elemento da lista. Assim, agregamos todos os bens e serviços, gerando um valor monetário que responde pelo esforço produtivo despendido em sua produção ou ao dispêndio monetário concernente a sua aquisição. Designando a cifra de 480 como quantidade monetária, dizemos que as 40 dúzias de abacate, que valem L$ 480, respondem por essa quantidade monetária (de 480) e pelo preço de L$1.

Contudo este procedimento apresenta três problemas. O primeiro resulta da constatação de que um expressivo número de bens e serviços não chega a seus consumidores por meio do mecanismo de preços, nem sua troca ocorre via mecanismo de mercado. Para não falar nos produtos roubados ou deteriorados antes da venda, podemos mencionar os bens públicos, os bens produzidos para autoconsumo e os donativos (por exemplo, as amostras grátis). A solução criada para resolver estes problemas consiste em atribuir às quantidades correspondentes os preços que elas receberiam caso tivessem sido transacionadas no mercado. Resolveríamos a questão chamada de imputação de preços aos bens do autoconsumo, ou mesmo aos produtos roubados ou estragados. O problema com os bens públicos é mais complicado, mas ele foi resolvido por meio de outro artifício conceitual. Uma vez que os bens públicos são majoritariamente produzidos pelo governo, definimos o valor adicionado ao aplicar ao total de suas unidades produzidas o montante despendido no pagamento do pessoal alocado em sua produção.

Resolvido este problema, permanece, e até torna-se mais claro, o segundo: o da dupla contagem. Iniciemos reconsiderando a listagem do valor da produção das mercadorias da Tabela 3.1. Acabamos de dizer que trata-se do valor das vendas ou, obviamente, das compras. Ocorre que, quando falamos em canetas, estamos considerando tanto as que são vendidas aos consumidores finais quanto aos produtores de abacates. As primeiras são usadas no aconchego do lar, por contraste às demais, que são levadas ao recesso da unidade produtiva, sendo gastas no planejamento, por exemplo, da plantação de uvas contígua ao pomar. O mesmo pode ser dito das pulverizações da lavoura por meio de um avião contratado pelo produtor agrícola.

Em outras palavras, o valor da produção (ou das vendas, ou das compras) de uva não é a expressão fiel desse esforço, pois cada grão de uva carrega dentro de

Tabela 3.1   Listagem do resultado do esforço produtivo de Lizarb no Ano 1

Número de ordem	Valor de uso (coisa útil, utilidade)	Quantidade produzida	Preço $\left(\dfrac{L\$}{quantidade}\right)$	Valor da produção (L$)
1	Abacate	40 dúzias	12/dúzia	480
2	Banana	2 grosas	12/grosa	24
3	Caneta	1 cento	120/unidade	120
4	Detergente	1.000 litros	3,20/litro	3.200
5	Espingarda	10 unidades	230/unidade	2.270
6	Feijão	12×10^6 grãos	0,0001/grão	3.200
7	Gatos de estimação	1 cesto	150/cesto	150
8	Hortaliças	250 quilos	2,00/quilo	500
9	Idas ao cinema	10 unidades	5,60/unidade	56
Etc.	Etc.	Etc.	Etc.	–
Total de 1 a 9	–	–	–	10.000

si frações de canetas, viagens de aviões agrícolas, moirões, arame e muitas outras mercadorias. Em resumo, a fim de avaliar o esforço produtivo representado pela produção de bens de utilização final realizada tanto pelas empresas quanto pelas famílias, devemos desconsiderar os bens de consumo intermediário (ou insumos intermediários) que foram necessários para a produção ou o consumo final.

Estabelecido o problema, a solução surge de imediato: devemos tomar cada mercadoria e retirar dela os fragmentos das demais mercadorias que a ela foram incorporados. Ao fazê-lo, chegamos ao conceito de valor adicionado. Ou seja, ao utilizar os preços das mercadorias para construir um denominador comum a seus valores de uso, adquirimos a capacidade de medir toda a riqueza social gerada em um período. Centralizando a atenção na segunda dimensão do trabalho social, ou seja, o valor de troca e sua manifestação por meio dos preços das mercadorias, podemos medir o valor adicionado pela sociedade ao longo do processo produtivo utilizando as óticas de cálculo do produto, da renda e da despesa, conforme vamos estudar na Seção 3.4.

Para concluir esta seção, no entanto, resta-nos dizer uma palavra sobre o terceiro problema referido anteriormente. Com efeito, ao encaminharmos a solução do problema da mensuração do esforço produtivo da sociedade por meio da avaliação do resultado alcançado com este esforço, nada dissemos sobre o esforço propriamente dito. Ou seja, nada dissemos sobre quem faz o esforço. A rigor, este é exercido pelos trabalhadores, mas – de maneira mais geral – diremos que mesmo os integrantes das famílias responsáveis pelo controle dos bens de capital de sua propriedade despendem esforço. Neste caso, dizemos que eles controlam (racionam) o uso dos serviços dos bens de capital de propriedade das famílias, levando-os ao mercado de serviços dos fatores de produção (que inclui, obviamente, além do mercado de serviços do fator capital e outros serviços de fatores produtivos, o mercado de trabalho). Por fim, diremos que uma parte deste esforço produtivo é capturada pelo governo, que dela se apropria na forma de cobrança de impostos incidentes sobre a produção. À soma do esforço despendido pelos trabalhadores com os ganhos dos rendimentos do aluguel dos serviços prestados pelos bens de capital e com os impostos incidentes sobre a produção arrecadados pelo governo chamamos de renda. Assim, a renda, o produto e a despesa constituem as três óticas de cálculo do valor adicionado e serão abordadas na próxima seção.

3.4 O VALOR ADICIONADO E SUAS TRÊS ÓTICAS DE CÁLCULO

Vamos iniciar recordando que a sociedade possui diversas formas de fracionar o objeto de sua atenção a fim de avaliar o grau de eficiência com que utilizou seus recursos em determinado período. As formas iniciais de penetrarmos nos sistemas de mensuração do trabalho social são o valor de uso, o valor de troca e o valor. Deles, derivamos a forma preço da mercadoria, que – observada pelos resultados finais do esforço produtivo da sociedade – exibe as três óticas de cálculo recém-mencionadas: produto, renda e despesa. Nesta seção, temos dois faróis a direcionar nosso movimento. Primeiramente, vamos apresentar como o valor adicionado pode ser mensurado por meio de suas três óticas de cálculo. Naturalmente, chegaremos a resultados idênticos, interessando-nos ressaltar as diferenças entre as variáveis utilizadas para a realização de cada um desses três cálculos. Além disso, vamos mostrar a diferença entre a equação contábil de definição *ex post* de cada uma das óticas de cálculo com equações que nos permitem obter estimativas (*ex ante*, portanto) para estas três cifras.

Vamos explicitar o papel da operação de agregação na definição das variáveis meso e macroeconômicas. Com isto, vamos ligar conteúdos precípuos deste capítulo com aspectos já desenvolvidos ao longo dos dois capítulos iniciais (Divisão) e (Contextualizando). Até agora, no presente capítulo, falamos em variáveis, agentes econômicos e instituições, sem deixar claro o papel destas últimas. Em sentido mais amplo do que o empregado ao longo do capítulo, a fim de compreendermos o que estamos expondo, as instituições (famílias, empresas, governo, instituições sem fins lucrativos e empresas voltadas à exportação ou importação) criam leis, convenções, hábitos sociais e comerciais, etc. Os agentes que as integram determinarão a fração do produto que será alocada para consumo das famílias, investimento das empresas, gastos do governo e outras instituições sem fins lucrativos ou exportações-importações. Diferentes arranjos meso e macroeconômicos dessas variáveis definem diferentes padrões de crescimento econômico, passando a configurar uma economia complexa, com a presença de um governo e um setor externo.

No que diz respeito às variáveis econômicas, ainda nos falta dizer como se dá sua determinação para toda a economia[7]. Com efeito, nos referimos a peças de linho, casacos, chá, café, etc. Ao falar em produto agregado, por exemplo, o que estamos considerando é o valor adicionado na produção de todos os bens e serviços produzidos em uma unidade de tempo pelo conjunto dos agentes econômicos. Dois novos exemplos ajudam a ilustrar o conceito de agregação. O valor da produção de toda a economia (também chamada com frequência de valor bruto da produção, receita ou despesa total de toda a economia) pode ser visto como a agregação das receitas (despesas) de todos os produtores que fazem parte do sistema econômico. Da mesma forma, a remuneração total dos trabalhadores da economia é constituída pela agregação dos rendimentos recebidos por todos os indivíduos nela empregados, e assim por diante, no que diz respeito a todas as variáveis aqui estudadas.

Primeiro, precisamos definir valor adicionado: a quantidade de valor medido em termos de preços que a sociedade, por meio da utilização do montante de recursos que tem à sua disposição, agregou a um conjunto de recursos previamente existente em uma unidade de tempo. Ao gerar esse montante de valor adicionado, a sociedade mostrou-se capaz de avaliá-lo sob as três óticas de cálculo recém-citadas. Para produzir um terno de linho, por exemplo, a sociedade utilizou determinada quantidade de tecido de linho, linha, botões, aviamentos, entretelas e outros bens que existiam previamente. Naturalmente, para cortar o pano, costurar as partes correspondentes, pregar os botões, etc., foi necessária a utilização de tesoura, máquina de costura, cadeira, prédio, etc. Mas, muito mais do que a tesoura, o que permitiu que o pano fosse cortado foi o trabalhador que empunhava a tesoura. Tudo isto permite que se possa escrever essa frase como:

casaco v tecido nacional $\wedge$ tecido importado $\wedge$ linha $\wedge$ botões $\wedge$... $\wedge$ desgaste da tesoura $\wedge$... $\wedge$ pagamento dos serviços do trabalho e de outros fatores de produção.

Em outras palavras, vimos que os locatários dos fatores de produção, ao utilizarem os recursos sob sua guarida (habilidade, tesoura, pano), deram-lhes nova configuração, transformando-os em outro bem ou serviço com maior valor. Ou seja, um bem ou serviço portador do valor original mais o valor que lhe foi adicionado.

---

[7] Por isto é que o valor adicionado também é chamado de valor agregado. Também são usadas expressões correlatas, como valor acrescentado e valor ajuntado.

Transformadas essas relações físicas em valores monetários, podemos reescrevê-la como $p_{ca} \equiv p_{tn} + p_{ti} + p_{li} + p_{bo} + ... + d_{te} + ... + p_{tf}$, onde p_{ca} é o preço de um casaco, p_{tn} é o preço do tecido nacional, p_{ti} é o preço do tecido importado, p_{li} é o preço da linha, p_{bo} é o preço dos botões, d_{te} é o valor monetário do desgaste da tesoura, p_{tf} é o valor monetário pago ao trabalhador e aos demais detentores da capacidade de prestar serviços dos fatores de produção.

Naturalmente, p_{tf} é o valor adicionado aos valores previamente existentes. Ou seja, reescrevendo esta expressão, chegamos à equação de definição final de valor adicionado[8] $p_{tf} \equiv p_{ca} - p_{tn} - p_{ti} - p_{li} - p_{bo} - ... - d_{te}$, o que nos permite verificar que o valor monetário dos serviços prestados pelos locatários dos fatores de produção recém-expresso em termos físicos constitui o valor adicionado pelos agentes econômicos que usaram o tecido, a linha, a tesoura, etc., a fim de produzir o casaco. Obviamente, algum valor adicionado foi gerado na produção do tecido, mais algum na da linha, e assim por diante. Mas esse não é o mesmo valor adicionado gerado durante a produção do casaco, pois a produção deste só foi viável em virtude da existência prévia do tecido, da linha, e por aí vai.

Esta maneira de ver a questão do valor adicionado exige um elevado grau de abstração. O objeto físico casaco tem um valor, medido por seu preço, e um valor adicionado, que constitui apenas uma fração desse preço, o restante dele sendo constituído pelo tecido, pela linha, etc., usados na produção. O preço é o sinalizador do montante de dinheiro a ser pago pelo comprador do casaco, de sorte a ressarcir o vendedor de todas as suas despesas, inclusive deixar-lhe um excedente sobre esses gastos, ou seja, seu lucro.

Ao diferenciar o preço do casaco do valor adicionado gerado em sua produção, estamos eliminando o principal problema associado à prática da contabilidade social: a dupla contagem. No preço do casaco, estamos contando duplamente o valor adicionado: tanto aquele gerado diretamente na produção do próprio casaco quanto o que foi gerado na produção da linha, dos botões, e assim por diante. Pensando que, em termos físicos, o tecido pode ser expresso por uma equação assemelhada:

$$\text{tecido } \upsilon \text{ algodão} \wedge \text{ corantes} \wedge \text{ uso do tear} \wedge ... \wedge \text{ algo,}$$

então, podemos ver a natureza desse "algo". Se o "algo" da geração do tecido tivesse sido incluído no valor adicionado da produção do casaco, o valor adicionado da produção do tecido estaria sendo contado duplamente.

O raciocínio pode ser repetido até a última partícula utilizada para gerar o combustível que movimentou o trator empregado na produção do algodão, ou o caminhão que transportou o aglutinante, etc. Neste contexto, chegamos a um montante de valor adicionado em diversas atividades associadas à produção do casaco e algumas dádivas da natureza. O que importa reter é que o valor adicionado do casaco não pode ser confundido com seu preço. Agregando todas as mercadorias, o produto social, assim, pode ser concebido como a diferença entre o valor

---

[8] O leitor diligente observará que a primeira sentença não é objeto de operações matemáticas, pois a relação de equivalência "υ" ou o operador "$\wedge$" não são equivalentes a "=" e "+". Também é evidente que, nos Capítulos 1 (Divisão) e 2 (Contextualizando), quando definimos o valor adicionado como a diferença entre a produção (cereal) e o insumo (semente), falávamos em operações matemáticas, pois C_f, C_i e ΔC foram medidas em toneladas.

da produção de todas elas e o consumo intermediário de todas as mercadorias, mais a produção feita diretamente pelas famílias[9]. Por outro lado, e de modo mais fiel ao exposto nas variações em torno da Tabela 3.1, podemos definir o valor da produção (VP) como

$$VP \equiv CCI + P \tag{3.1}$$

onde CCI é o total das compras dos bens de consumo intermediário e P é o valor monetário do produto. Ou seja, a receita total pode ser dividida em duas partes: o consumo intermediário (algodão, linha, etc.) e a parcela que não se originou de outro setor, constituindo o valor adicionado do próprio setor produtor de casacos. Trata-se, com efeito, do valor adicionado mensurado pela ótica do produto. Considerando a distribuição setorial do produto, podemos escrever $P \equiv P_{Agric} + P_{Ind} + P_{Serv}$.

Vamos, em seguida, definir o que chamaremos de função de produção do produto interno bruto (PIB). Trata-se de uma equação derivada dos preceitos da teoria econômica, conforme será amplamente discutido na seção 3 do Capítulo 11A (Índices/CD). Vamos usar este conceito e seus correlatos não apenas na definição de renda e despesa no que segue, mas também no Capítulo 4 (MaCS e MIP) e em vários outros subsequentes. Uma vez que se inspira na teoria econômica, a função de produção do PIB abandona o mundo das identidades contábeis, podendo ser escrita simplesmente como o seguinte modelo teórico:

$$PIB = P(K, L) \tag{3.2}$$

onde PIB é o valor adicionado mensurado pela ótica do produto, K é o estoque de capital utilizado na economia e L é o total de trabalhadores (ou de horas trabalhadas). Desta expressão, podemos derivar o seguinte modelo empírico, que recebe, como veremos no Capítulo 11A (Índices/CD), o nome de função de Cobb-Douglas, uma função potência, não muito distante dos ensinamentos da matemática elementar[10]. Assim, nossa função de produção do PIB é:

$$PIB = A \times K^{\alpha} \times L^{\beta} \tag{3.3}$$

onde, adicionalmente, A representa todos os elementos além do capital (K) e do trabalho (L) que exercem influência na determinação do PIB. Trata-se de um parâmetro de natureza institucional e tecnológica que responde pelo nível de produção quando os valores de K e L são normalizados para cifras unitárias. Já α e β ($\beta = 1 - \alpha$) são a elasticidade do PIB em relação à variação de uma unidade de trabalho[11].

---

[9] Generalizando os contornos desta economia, pode-se pensar que também existe produção familiar: jardineiros, motoristas das crianças, cozinheiros, etc., o que transformaria nossa equação de definição de produto na soma da produção mercantil mais a produção familiar: $P = PM + PF$.

[10] Por exemplo, no caso em que $A = K = 1$, a função – usando a notação tradicional – torna-se $y = x^a$, uma função potência. Sua utilização para expressar o produto nacional (e a renda e despesa, conforme detalharemos a seguir) deve-se ao programa de pesquisa em que se envolve o economista suíço Ulrich Kohli em 1978, tendo-se iniciado com o trabalho do prêmio Nobel americano Paul A. Samuelson em 1953.

[11] O conceito de elasticidade será muito usado em todo o livro. Como o nome sugere, estamos investigando o grau de resposta que uma variável dá à variação em outra que a está provocando. Especificamente, no caso de um parâmetro como nossos α e β, dizemos que eles informam em quantas unidades percentuais aumenta a produção, quando o trabalho ou o capital variam em uma unidade percentual. Ainda assim, nada estamos dizendo sobre o grau de proporcionalidade entre as variáveis de K ou de L e a resposta que lhes dará VP.

Tanto α quanto β assumem valores semipositivos (ou seja, iguais ou maiores que zero). Se ambos fossem zero, a função de produção do PIB assumiria o valor fixo de A. Se apenas β é igual a zero, diz-se que esta função responde por uma situação de curto prazo, em contraste à situação de longo prazo, quando ambos os parâmetros são diferentes de zero. Em geral, a soma de α e β é maior do que a unidade, indicando que, quando as quantidades de trabalho e de capital são duplicadas, o PIB é multiplicado por um número maior do que 2, dizendo-se que a função de produção do PIB exibe retornos crescentes à escala.

A Tabela 3.2 mostra o PIB dos seis países que compõem o Planeta GangeS, que vai acompanhar-nos durante o restante do livro. Configurando os chamados dados de corte transversal (*cross section*) discutidos no Capítulo 2 (Contextualizando), eles permitem apresentarmos uma ideia geral dos fenômenos que estamos estudando. Vemos sua composição setorial em termos absolutos e relativos. Em termos absolutos, estas cifras não são estritamente comparáveis, pois são fornecidas na moeda local de cada um dos países. Como, neste estágio, não conhecemos suas taxas de câmbio, o que veremos no Capítulo 7 (Bases) nem os problemas que eles enfrentam, como será examinado no Capítulo 11 (Comparações), nada podemos dizer sobre o tamanho relativo de suas economias. Por enquanto, há duas possibilidades de comparação: a primeira diz respeito aos tamanhos de suas áreas geográficas e populações; a segunda mostra a importância dos três setores econômicos para a formação do PIB; por exemplo, a agricultura responde por 16% em Uqbar e apenas 8% em Lizarb.

Caso dispuséssemos dos dados do ano II, calculados a preços constantes do ano I, poderíamos dizer alguma palavra sobre o grau de dinamismo relativo dessas economias. O que observamos da Tabela 3.2, contudo, é que suas estruturas produtivas são bastante diversas. Um país grande e populoso como Atlantis pode ter apenas 1% de seu PIB gerado no setor rural, implicando alta produtividade na agricultura ou grande importação de alimentos. Um país como Uqbar parece exportar petróleo, dada a importância da indústria, por contraste a El Dorado, cuja indústria é pequena, mas apresenta a maior participação dos serviços no PIB, talvez centrada em serviços financeiros, turismo, educação e saúde.

Tabela 3.2 Dados físicos, demográficos e econômicos do Planeta GangeS, ano I

País fictício	Anitnegra		Atlantis		El Dorado		Lizarb		Trondhein		Uqbar	
Área Geográfica (km^2)	2.766.890		9.826.630		41.355		8.511.965		323.802		923.768	
PIB (bilhões)	19.146		11.497		390,4		2.248,5		271,8		2.837.200	
População	41.288.414		202.549.104		7.502.187		203.194.711		4.820.746		132.844.952	
Valores setoriais	Australes A$	%	Dólares S$	%	Bernaes B$	%	Laeres L$	%	Oslos O$	%	Iques K$	%
PIB da Agropecuária (bilhões)	1.914,6	10,0	115,0	1,0	4,7	1,2	179,9	8,0	5,7	2,1	453.952,0	16,0
PIB da indústria (bilhões)	6.701,1	35,0	2.414,3	21,0	124,9	32,0	787,0	35,0	113,9	41,9	1.532.088,0	54,0
PIB dos serviços (bilhões)	10.530,3	55,0	8.967,3	78,0	260,8	66,8	1.281,6	57,0	152,2	56,0	851.160,0	30,0

A segunda ótica de cálculo do valor adicionado consiste em privilegiar a mensuração da remuneração dos serviços dos fatores produtivos utilizados na produção da mercadoria em estudo. Por exemplo, foi sugerido que, para produzir o casaco, foram utilizados recursos de trabalho e de capital. Assim, os locatários desses fatores deverão receber as remunerações atribuíveis pelo mercado a seu aluguel. Numa economia simplificada que possua apenas os recursos do trabalho e outros fatores produtivos (capital, terra, serviços governamentais), a renda é definida como a seguinte identidade:

$$Y \equiv RE + EO \qquad (3.4)$$

onde RE representa a remuneração dos empregados, também associada aos salários, e EO é o excedente operacional. No Capítulo 4 (MaCS e MIP), veremos que o excedente operacional é constituído pela soma entre a remuneração dos serviços do capital e da terra e do recolhimento de impostos indiretos ao governo.

A remuneração dos empregados é chamada, no jargão econômico, de salário, ao passo que o excedente operacional total (lucro bruto) costuma ser dividido em três componentes. O primeiro, chamado de juro, consiste na remuneração do capital de terceiros (nacional ou estrangeiro) aplicado na empresa. O segundo é chamado de aluguel, e corresponde à renda da propriedade de objetos, como terras, terrenos, automóveis, etc. cedidos em *leasing* às empresas. O terceiro é chamado de renda residual, ou lucro propriamente dito, abarcando tanto o pagamento dos gerentes e diretores ativos na empresa (chamado de *pro labore*) quanto o resíduo destinado à distribuição entre os titulares do capital próprio (nacionais ou estrangeiros).

Por analogia à função de produção do PIB, podemos conceber uma função de distribuição da renda nacional que mostra a relação entre os recebedores de renda e o nível que esta alcança. Também abandonando o mundo das identidades, esta função pode ser escrita como o seguinte modelo empírico:

$$Y = B \times Hb^{\gamma} \times Hn^{\delta} \times Mb^{\varepsilon} \times Mn^{\phi} \qquad (3.5)$$

onde B é um parâmetro de natureza funcional e institucional que responde pelo nível de renda, os parâmetros γ, δ, ε e ϕ são semipositivos e Hb, Hn, Mb e Mn são, respectivamente, os números de homens brancos jovens educados, homens negros jovens educados, mulheres brancas jovens educadas e mulheres negras jovens educadas. Naturalmente, poderíamos incluir variáveis complementares a mulheres jovens e educadas, por exemplo, idosas e de baixo nível de educação formal, credos religiosos e outras características da população efetivamente empregada. Este modelo empírico retrata uma teoria que diz que existe funcionalidade para a geração de renda das características de gênero, cor, idade e grau de educação formal da população[12].

Neste ambiente, podemos mostrar uma enorme virtude encapsulada na forma como estamos apresentando o modelo completo do fluxo circular da renda[13]. Consi-

---

[12] Naturalmente, gostaríamos que não houvesse segmentações deste tipo no mercado de trabalho, mas esta é uma peculiaridade da realidade realmente real que, a contragosto, observamos.

[13] Na Figura 3.1, veremos o que estamos chamando de fluxo completo, por contraste ao entendimento convencional do que, para nós, é apenas um movimento pendular realizado entre famílias e empresas. Para nós, assim, o verdadeiro fluxo ocorre num plano, como uma funda, sendo perfeitamente determinado por três pontos (produtores, fatores e instituições), por contraste ao deslocamento entre dois polos (famílias e empresas) de uma linha, como o faz um pêndulo.

deremos outra identidade fundamental da ciência econômica, chamada de equação quantitativa da moeda[14], que diz que

$$M \times V \equiv P \times Q \qquad (3.6)$$

onde M é o estoque total de dinheiro disponível em determinado período, V é a velocidade com que ele troca de mãos, P é o nível de preços[15] das mercadorias transacionadas e Q é sua quantidade física, que referiremos como "renda real" e representaremos por Y. Como voltaremos a referir no Capítulo 7B (Monetários/CD), podemos imaginar um contexto em que cada unidade monetária (sal, notas de banco, etc.) circula apenas uma vez de um comprador ao vendedor em cada período, ou seja, V assume o valor unitário. Da mesma forma, podemos imaginar que esse período é suficientemente curto para tornar inviável qualquer variação nos preços das mercadorias, ou seja, que P também assume um valor unitário. Neste caso, a equação (3.6) transforma-se em

$$M \equiv Y \qquad (3.7)$$

o que deixa transparente que a segunda ótica de cálculo do valor adicionado, nomeadamente, a ótica da renda, é um fenômeno estritamente monetário. Ou seja, mesmo que, volta e meia, a remuneração dos empregados (ou parceiros, meeiros, etc.) venha a ser feita como litros de óleo de babaçu ou sacas de soja, tal pagamento refere-se à forma monetária equivalente e as formas que a sucederam até desembocar na forma preço. Na Tabela 3.5 e, mais formalmente, no Capítulo 4 (MaCS e MIP), veremos que as relações interindustriais e interinstitucionais darão as proporções com que essa massa monetária vai distribuir-se, de modo a harmonizar a composição setorial, fatorial e institucional do valor adicionado. Ou seja, a distribuição setorial do produto, a fatorial da renda e a institucional da despesa.

Vemos, na Tabela 3.3, a renda interna bruta de um dos agora já familiares seis países do Planeta GangeS, configurando os chamados dados de série temporal (*time series*). Neste caso, as comparações são possíveis tanto pelo fato de que todas as cifras são apresentadas na mesma moeda, o oslo de Trondhein, quanto pela precaução adotada de impedir que problemas como a inflação ou a seleção de anos atípicos para corrigi-la distorcessem as cifras apresentadas. Tais precauções, como já referimos, serão objeto de estudo do Capítulo 11 (Comparações).

---

[14] Como estamos mencionando pela primeira vez esta importante equação-identidade em que fica evidenciada a relação entre fenômenos reais e monetários, precisamos fazer um esclarecimento conceitual. Rigorosamente falando, seu lado direito estará mostrando o montante monetário de todas as mercadorias produzidas (vendidas, compradas) pelo sistema (uma economia sem relações com o exterior e sem acumulação de estoques) em dado período. Ou seja, estamos observando um fenômeno avaliado por meio dos preços das mercadorias, conforme consta do Quadro 3.1. Logo, não estamos falando em **valor adicionado** (produção descontada de insumos), mas em **valor** (produção total resultante da agregação de quantidades monetárias). Tomando como referência a matriz de contabilidade social da Tabela 3.5, adiante, nosso fluxo diria respeito muito mais ao "faturamento" observado nos somatórios colocados nas duas bordas da matriz do que às cifras observadas nos blocos B_{21} (produto), B_{32} (renda) e B_{13} (despesa).

[15] No Capítulo 11 (Comparações), veremos que P e Q são agregados de todos os preços e todas as quantidades que circulam na economia. Obviamente, a agregação de laranjas com bananas só pode ser feita se pensarmos o resultado como expresso em unidades monetárias, como acabamos de ver no final da Seção 3.2.

Tabela 3.3 Renda interna bruta de Trondhein, anos I a V (bilhões de oslos)

Variáveis econômicas	Ano I O$	Ano I %	Ano II O$	Ano II %	Ano III O$	Ano III %	Ano IV O$	Ano IV %	Ano V O$	Ano V %
RIB dos trabalhadores	165,8	61,0	170,0	61,3	173,9	61,2	181,7	60,9	190,1	61,2
RIB dos demais proprietários de fatores	59,8	22,0	62,1	22,4	64,5	22,7	66,8	22,4	68,6	22,1
RIB do governo (II-Su)*	46,2	17,0	45,2	16,3	45,7	16,1	49,8	16,7	51,9	16,7
TOTAL	271,8	100,0	277,3	100,0	284,1	100,0	298,4	100,0	310,6	100,0

* Impostos indiretos (cobrados aos produtores) menos subsídios (doados aos produtores).

Por ora, podemos ver essencialmente duas características desta economia. A primeira diz respeito a seu maior ou menor dinamismo, pois percebemos que o valor adicionado cresceu, respectivamente, 2,0%, 2,5%, 5,0% e 4,1%, a partir do ano II[16]. A segunda, também importante, permite-nos sugerir que a renda paga pelos produtores aos locatários dos fatores, ou seja, a chamada distribuição primária, manteve-se razoavelmente constante, ainda que a tributação indireta tenha experimentado ligeira redução.

A terceira ótica de cálculo do valor adicionado é a despesa (também chamada de dispêndio) e constitui uma nova forma de observar o fenômeno recém-descrito: a geração de valor adicionado associado à criação de certa mercadoria sem considerar a dupla contagem. Neste caso, o que se considera são as mercadorias levadas diretamente aos consumidores finais, trate-se das famílias ou das demais instituições integrantes do sistema. De acordo com esta definição, estes dois tipos finais de absorção podem ser representados pela equação $VP \equiv VCI + D$, onde VCI é o total das vendas dos bens de consumo intermediário e D é o valor monetário da despesa. Por seu turno, desdobrando o significado de D, podemos escrever $D \equiv C + DIS$.

Ou seja, D é o valor adicionado medido pela ótica da despesa (dispêndio) que iguala o montante de mercadorias C que foi absorvido pelas famílias, na forma de bens de consumo final, mais o montante DIS absorvido pelas demais instituições, na forma de investimento, consumo do governo e exportações líquidas (isto é, exportações menos importações)[17]. Neste caso, trata-se de bens e serviços que poderiam (ou não) ter sido absorvidos pelas famílias[18]. No caso da absorção por estas, podemos exemplificar com os grãos de arroz que não se transformaram em sementes, restan-

---

[16] Por exemplo, no ano II, o crescimento relativo ao ano I foi obtido como $100 \times (\frac{277,3}{271,8} - 1)$.

[17] Lidando com uma economia fechada e sem governo (ou seja, no mundo da lua ou sabe-se lá onde), os antigos representavam esta equação como $Y \equiv C + I$ (a despesa Y é dada pela soma do consumo C com o investimento I) e, colocando-a ao lado de $Y \equiv C + S$ (onde S é a poupança – *savings*), concluíam olimpicamente que, *ex post*, o equilíbrio ocorre quando a poupança iguala o investimento. Nas economias reais, a identidade entre poupança e investimento ocorre por construção contábil, como veremos na Tabela 3.5. Na referida tabela, também veremos que, se todas as componentes do setor governo e do setor externo forem nulas, a identidade $Y \equiv C + S$ vai verificar-se. Ou seja, podemos afirmar que no mundo mundano teremos poucas ou nulas oportunidades de observar este caso.

[18] Numa visão mais completa, a despesa é constituída pelo consumo familiar, pelo consumo do governo (gastos do governo em bens e serviços), pelas exportações, pelas importações e pelos gastos das famílias em bens e serviços não produzidos diretamente pelos setores produtivos. Ver mais detalhes na Tabela 3.5.

do a porção da produção de arroz que não foi consumida precisamente para voltar a ser semeada no ano seguinte.

Desta identidade, podemos construir a função da despesa nacional, que mostra a absorção da produção como função de algumas variáveis econômicas tradicionais: os preços dos produtos, a renda dos consumidores, o estágio de desenvolvimento socioeconômico do país, etc. Seu modelo empírico é dado por $D = G \times p^\eta \times Y^\omega \times E^\theta$, onde G é um parâmetro de natureza institucional e comportamental, η, ω e θ são, respectivamente, coeficientes de elasticidade-preço, renda e estágio de desenvolvimento socioeconômico do país ou região, p é o nível de preços, Y é o nível de renda e E é o nível de desenvolvimento socioeconômico.

Vejamos na Tabela 3.4 os dados da terceira ótica de cálculo dos dois países de riqueza extrema do nosso Planeta GangeS. Usando a unidade monetária do Planeta GangeS, cuja metodologia de conversão será apresentada no Capítulo 11 (Comparações), podemos fazer comparações diretas tanto em números absolutos quanto relativos. Ao comparar dados de dois (ou mais) países em dois (ou mais) períodos, estamos usando dados de painel (*panel data*), ou seja, dados que combinam os já familiares levantamentos de corte transversal para uma série temporal de dois ou três períodos de tempo. Para facilitar alguns recortes destas comparações, devemos reter em mente a informação das populações desses dois países, conforme a Tabela 3.2 revelou para o ano I. Ou seja, considerando que não houve variações explosivas em nenhuma delas (nem guerras nem *baby booms*), podemos ver algumas diferenças importantes.

No presente caso, temos condições de dizer muito mais coisas sobre os tamanhos absolutos e relativos das duas economias, bem como do total planetário. Primeiramente, constatamos que El Dorado, desde o ano I, é uma economia muito mais rica do que Uqbar, a julgar por suas respectivas rendas per capita: D$ 53,4 mil contra D$ 2,0 mil. Em seguida, vemos que os crescimentos da renda total entre os anos I e II foram idênticos, a saber, 3,5% (isto é, $\frac{415,0}{401,0}$ e $\frac{270,1}{261,0}$), contrastando com a economia

Tabela 3.4 Despesa interna bruta de El Dorado e Uqbar nos anos I e II, em unidades monetárias do Planeta GangeS (bilhões de denaris)

	Ano I						Ano II					
	El Dorado		Uqbar		Planeta GangeS		El Dorado		Uqbar		Planeta GangeS	
Variáveis econômicas	D$	%	D$	%	D$	%	D$	%	D$	%	D$	%
DIB das famílias (consumo)	232,6	58,0	180,1	69,0	6.120,0	61,2	242,8	58,5	183,7	68,0	6.543,8	61,1
DIB do governo (consumo)	84,2	21,0	52,2	20,0	1.940,0	19,4	86,3	20,8	53,2	19,7	2.056,3	19,2
DIB das empresas domésticas (Invest)	80,2	20,0	23,5	9,0	1.940,0	19,4	86,3	20,8	25,1	9,3	2.109,9	19,7
DIB das empresas do exterior (Expo)	112,3	28,0	107,0	41,0	1.340,0	13,4	112,1	27,0	116,2	43,0	1.445,9	13,5
Importações de bens e serviços	−108,3	−27,0	−101,8	−39,0	−1.340,0	−13,4	−112,5	−27,1	−108,1	−40,0	−1.445,9	−13,5
Despesa e renda interna bruta	401,0	100,0	261,0	100,0	10.000,0	100,0	415,0	100,0	270,1	100,0	10.710,0	100,0
População	7.502.187		132.844.952		688.200.114		7.532.196		136.564.611		696.802.615	
Renda per capita	53.451,1		1.964,7		14.530,7		55.101,5		1.978,1		15.370,2	

mundial, que viveu um verdadeiro milagre com o crescimento de 7,1%. Esta taxa é suficiente para duplicar a renda a cada 10 anos, o que faz a economia mundial contemporânea diferenciar-se, por exemplo, da economia da Europa Medieval, quando precisava de mais de 40 anos para fazê-lo. Naturalmente, a média mundial reflete o valor mais alto de El Dorado e o mais baixo de Uqbar. Estes dados ainda mostram diversos aspectos das estruturas econômicas dos dois países, contrastando-os com os correspondentes aspectos da economia mundial. Primeiramente, percebemos que os saldos entre exportações e importações, que são diversos para os dois países, assumem os mesmos valores para a economia mundial. Além disso, vemos, por exemplo, que o crescimento de El Dorado baseou-se, em certa medida, no mercado interno, especialmente, o consumo das famílias, que elevou-se de 58,0% a 58,5% do total, contrastando com o crescimento de Uqbar, baseado nas exportações – possivelmente de petróleo –, que subiram de 41,0% para 43,0%.

Concluída a apresentação destas identidades e equações de comportamento do produto, da renda e da despesa, podemos avançar em termos da fixação de alguns conceitos importantes a elas associados. Uma forma intuitiva de vincularmos a ótica do produto à ótica da renda consiste em partir da expressão $p - c \equiv l$, onde p é o preço da mercadoria, c é o custo da produção de uma unidade e l é o lucro (excedente operacional) obtido por unidade produzida. Quando todos os termos desta equação deixam-se multiplicar por q, a quantidade total produzida, obtemos:

$$p \times q - c \times q \equiv l \times q \qquad (3.8)$$

ou

$$VP - CT \equiv L \qquad (3.9)$$

onde *VP* é o valor da produção, *CT* é seu custo total e *L* é o lucro total.

Com (3.8) e (3.9), vemos que o preço encontra-se na origem da visualização das relações econômicas e, descontando o custo total do montante vendido, gera-se o lucro pela produção de uma quantidade q da mercadoria em estudo. Com isto, também podemos expressar $P \equiv VP - CI \equiv RE + EO$, onde *P* é o valor adicionado mensurado pela ótica do produto, CI é o gasto total em bens de consumo intermediário, *RE* é a remuneração dos empregados (salários) e *EO* é o excedente operacional (lucros). Esta expressão permite observarmos que o lucro faz parte do valor da produção, do produto e da renda.

Claramente, o produto, a renda e a despesa não são o valor adicionado num sentido estrito. Valor adicionado é o resultado do esforço produtivo da sociedade. Produto, renda e despesa são suas três óticas de cálculo. Trata-se de medir o mesmo fenômeno[19] (isto é, o valor adicionado), observado sob três perspectivas diversas (o produto, a renda e a despesa). Esforço produtivo não é sinônimo estrito de produto, sendo – em sentido lato – também associado à renda e à despesa. Assim, nada mais

---

[19] Naturalmente, o valor adicionado não é o único fenômeno passível de ser observado por meio de diferentes óticas. Por exemplo, a distância entre este livro e o olho do leitor pode ser medida a partir de qualquer dos lados, o que oferece duas óticas de mensuração, e por aí vai.

natural que o resultado obtido ao se proceder ao cálculo de cada uma delas seja a tripla identidade[20]:

$$P \equiv Y \equiv D \qquad (3.10)$$

Trabalhando as definições apresentadas anteriormente, podemos dizer que $P_{Agr} + P_{Ind} + P_{Serv} \equiv RE + EO \equiv C + DIS$, ou seja, qualquer que seja a ótica do valor adicionado utilizada para determinar sua magnitude (produto, renda ou despesa), os resultados a que se chega são os mesmos.

Desses três conceitos, o de produto é o menos natural: podemos entender a mensuração do valor adicionado pela ótica da renda ou mesmo da despesa com mais facilidade. Nesses dois casos, o que se está medindo são grandezas observadas diretamente como resultado da ação do sistema econômico: a remuneração dos serviços dos fatores produtivos envolvidos no processo produtivo, ou o destino da produção. Por contraste, ao medir o valor adicionado pela ótica do produto, é necessário recorrer a dois conceitos tangíveis: o valor da produção (por exemplo, um casaco) e o consumo intermediário (por exemplo, um metro de algodão). Em seguida, devemos proceder a uma operação de caráter não muito intuitivo: a subtração do segundo ao primeiro. Com isto, chegamos aos conceitos de produto e renda. Não se trata do casaco, mas da diferença entre montantes monetários. Na Tabela 3.5, veremos as analogias e simetrias entre seus totais setoriais.

Na medida em que produto, renda e despesa são as três óticas para mensurar o mesmo fenômeno, não é possível dizer que existe uma precedência lógica ou causal entre elas. Por exemplo, não podemos falar em produção sem pensarmos na mobilização de recursos para tal. Neste caso, a alocação dos recursos antecede a produção. Por sua vez, nenhum recurso será alocado na produção de algo cuja expectativa de venda seja nula. Entretanto haverá compras na medida em que os compradores tiverem renda, que dependerá da apropriação do valor adicionado, que dependerá do montante gerado na produção, que dependerá das vendas destinadas à absorção final e assim por diante, num interminável processo de causações circulares.

Diversas são as razões que levam alguns autores a considerarem que o fato econômico de maior destaque reside na produção, ao pensarem que a produção antecede as vendas. Todavia, mesmo que não houvesse vendas por encomenda, ou seja, a venda feita anteriormente à produção, como é o caso de navios e milhares de outras mercadorias, diríamos que a alocação dos fatores produtivos antecede a produção. Na medida em que não podemos identificar o início do processo, a regra prática para definirmos por onde começar a mensurar o esforço produtivo da sociedade consiste em identificar a ótica que oferece informações de melhor qualidade e usá-las como marco para a aferição adequada das estatísticas das demais óticas. Neste caso, perceberemos que nem sempre a produção é a ótica geradora das estatísticas mais confiáveis. Em determinados períodos ou regiões, pode ser melhor

---

[20] Particularmente, a relação entre o produto e a despesa é chamada de identidade fundamental da contabilidade social. Voltaremos a nos referir a ela ao comentarmos a matriz de contabilidade social da Tabela 3.5, bem como vamos oferecer uma prova formal desta identidade na equação (4.14) do Capítulo 4 (MACs e MIP/CD).

Tabela 3.5 Matriz de contabilidade social de Lizarb, denominada em laeres (L$ milhões)

Contas	Produtores			Fatores		Instituições						TOTAL
	Agropecuária	Indústria	Serviços	Trabalho	Capital	Pobres	Famílias remediadas	Ricas	Governo (despesa menos receita)	Empresas de comércio internacional (expo-impo)	Empresas investidoras domésticas	
Agropecuária	55,1	192,9	13,8			33,0	19,0	18,6	−25,0	−9,8	29,4	327,1
Indústria	68,8	998,3	318,6			130,0	96,5	134,8	−156,3	96,2	399,0	2.085,8
Serviços	25,1	221,7	370,0			184,8	217,1	472,2	348,1	−11,0	18,0	1.845,9
Trabalho	20,5	182,5	717,7									920,7
Capital	157,6	490,4	425,8									1.073,8
Famílias pobres				251,6	30,0			5,6	26,2			319,5
Famílias remediadas				265,0	98,6		6,2	4,2	24,9			399,0
Famílias ricas				404,1	581,1			12,1	71,5			1.068,8
Governo (receita)					118,1	40,8	46,4	135,3	177,1			517,7
Importadores					33,9				64,8			98,7
Poupadores					212,0	−75,1	13,9	286,1	−13,7	23,3		446,4
TOTAL	327,1	2.085,8	1.845,9	920,7	1.073,8	319,5	399,0	1.068,8	517,7	98,7	446,4	

Obs. : os impostos indiretos líquidos: de subsídios e as importações estão contidos nos insumos intermediários.

começar mensurando a renda[21] e, em outros, a mensuração da despesa talvez seja o início mais seguro.

Infelizmente, o jargão com que o economista se expressa não torna claras estas diferenças. Este livro, pela força do hábito, não rompeu completamente com este costume. Em muitos momentos, levaremos adiante as proverbiais confusões entre o significado de termos correlacionados. Às vezes, vamos falar em produção ou geração de valor da produção ou de valor adicionado, outras vezes, vamos exagerar na associação de valor adicionado com a ótica do produto de sua mensuração (PIB), etc. O Quadro 3.6 constrói uma espécie de glossário, que serve como referência para os eventuais "tira-teimas" que aparecerão em diferentes momentos do livro.

Muito mais será dito sobre estas questões ao longo do livro, com um balanço geral do problema sendo feito no capítulo final (*Mensurare*). Por ora, é importante discutirmos dois desdobramentos. O primeiro associa-se à diferença entre renda e riqueza, ao passo que o segundo direciona-se ao entendimento de situações em que

Quadro 3.6 Correspondência entre os conceitos de valor da produção e valor adicionado

Valor da produção	Consumo intermediário	Valor adicionado	
O valor da produção, também designado por "receita total", "vendas totais", "compras totais", "faturamento", "gastos totais", tem duas componentes: o consumo intermediário e o valor adicionado. Diremos que, quando as mercadorias são **produzidas**, elas **produzem** o valor da produção.	O consumo intermediário, também chamado de "bens de consumo intermediário"*, "insumos" ou "insumos intermediários", representa os bens e serviços produzidos previamente ao processo de produção de determinada mercadoria, ou seja, o esforço produtivo realizado por outros produtores. O consumo intermediário, por ser valor da produção de outros produtores, também é **produzido**.	\multicolumn{2}{l|}{O valor adicionado é a melhor medida de que dispomos para avaliar o esforço produtivo da ação societária. Dizemos que certo valor foi "adicionado" a um elenco previamente existente de recursos (os insumos intermediários) quando os insumos primários foram colocados em ação produtiva. Também podemos dizer que ele foi **criado** pela ação dos serviços prestados pelos fatores produtivos. A **criação** do valor adicionado pode ser medida por meio de três óticas: produto, renda e despesa.}	
		Produto	Diremos que o **produto** é **gerado** pelos serviços dos fatores produtivos
		Renda	Diremos que a **renda** é **apropriada** pelos locatários dos fatores produtivos
		Despesa	Diremos que a **despesa** é **absorvida** pelos proprietários dos fatores produtivos

*Parece redundante falarmos em "insumos intermediários", mas o jargão usa esta expressão, a fim de diferenciá-la de "insumos primários". Os primeiros são produzidos dentro do sistema, ao passo que os demais têm existência prévia a seu ingresso no sistema. Neste caso, alinhamos os serviços dos fatores que se originam das instituições (e não dos produtores) e as importações de bens e serviços, cuja produção ocorre em outras regiões.

---

[21] Em muitos casos concretos, é comum iniciar-se o processo com a mensuração da renda por meio da equação (3.6), cujo controle é estreito por parte do Banco Central.

os dados para a mensuração do esforço produtivo da sociedade não estão disponíveis pela simples razão de que muitos bens e serviços que exigem enorme esforço não têm seu valor apreciado pelo mercado.

Iniciando com a diferença entre renda e riqueza, podemos entender que a renda gerada na produção de um automóvel ou de uma refeição só foi possível porque havia fábricas, equipamentos, comércio, transportes, etc., destinados à produção. Mas, uma vez produzido, o automóvel será incorporado ao estoque de riqueza da economia. O mesmo acontece com pontes, estradas, florestas cultivadas, casas, joias, livros, etc. Neste caso, é fácil entendermos que nem todas as joias que usamos no ano corrente foram nele produzidas. Muitas resultam da produção feita há algumas gerações. Neste caso, vistas como o acúmulo da produção realizada em períodos anteriores, estas mercadorias fazem parte das preocupações da contabilidade social. Neste contexto, a bifurcação importante diz respeito ao corte entre fluxos e estoques, ou seja, entre a renda e a riqueza. Uma variável fluxo apresenta uma dimensão temporal: ela é medida em unidades por unidade de tempo. O exemplo tradicional é a água corrente de uma torneira: o fluxo é de determinado número de litros por segundo ou minuto. Por contraste, a variável estoque não apresenta uma dimensão temporal, dizendo respeito a um montante existente de determinado objeto. No exemplo da água-torneira, a variável estoque relaciona-se ao reservatório que abriga a água a ser escoada em cada unidade de tempo, quando se abre a torneira.

Mas as transações econômicas de que estamos falando abarcam um sentido mais amplo do que aquele abrangido pelo mercado, o que nos leva a pensar em formas e conceitos a serem utilizados para avaliá-las. Por exemplo, a fração da produção de um agricultor que não é levada ao mercado recebe o mesmo valor como se lá tivesse sido avaliada. Além disso, em virtude das razões mais diversas, muitas das variáveis necessárias à adequada contabilização não se mostram disponíveis. Tais razões incluem incúria, incompetência e interesses materiais mesquinhos, bem como alguns problemas técnicos efetivos. Neste caso, podemos mencionar o processamento de grandes massas de dados, tempos, custos elevados, dificuldade na obtenção de informações junto à própria fonte devido a problemas de definição, organização e ainda outros. Por exemplo, quem poderia pensar seriamente que o consumo per capita de escovas de dente num país é um indicador de desenvolvimento? Ou o de inhame, o de arroz ou o de sessões de cinema? É claro que estas estatísticas poderiam estar disponíveis para a sociedade se autoavaliar. Há quatro instrumentos destinados a organizar este tipo de informação. Examinar seu conteúdo é o tema de que vamos tratar em instantes.

3.5 AS QUATRO FORMAS DE APRESENTAÇÃO DOS AGREGADOS ECONÔMICOS

Existem quatro formas inter-relacionadas e equivalentes de apresentarmos os agregados econômicos: o fluxo circular da renda, o uso de equações contábeis, o sistema de contas nacionais e a notação matricial. A primeira forma, nomeadamente, o fluxo circular da renda, já nos é familiar, pois ele foi examinado no Capítulo 1 (Divisão). Vamos reproduzi-lo na Figura 3.1 por simples comodidade, acrescentando um detalhe. Naquele contexto introdutório, associamos a produção setorial com o produto setorial[22], buscando contornar o problema da dupla contagem, ou seja, eliminamos de nossas preocupações as vendas que as empresas fizeram às demais empresas. Agora, vamos incluir em sistemas autoendereçados tanto o consumo intermediário quanto as transferências de renda que cada família faz às demais famílias. Neste caso, incluiremos as mesadas pagas pelos pais aos filhos que moram em outra residência, ou destes aos pais, donativos a outras famílias ou instituições sem fins lucrativos, presentes e outros desembolsos familiares correlatos.

Naturalmente, estas **contas**[23] e cifras podem ser organizadas em equações, conferindo-nos a segunda forma de apresentação dos agregados econômicos. A primeira coluna do Quadro 3.7 mostra os agregados para nossa já tradicional economia complexa, ou seja, estamos vendo as três óticas de cálculo do valor adicionado. O que fizemos foi calcular o valor adicionado no montante de L$ 1.000, usando diferentes fórmulas, nomeadamente; $VA_p \equiv VP - CCI \equiv P_{Agric} + P_{Ind} + P_{Serv}$, onde VA_p é o valor adicionado calculado pela ótica do produto, VP é o valor da produção, CCI são as compras de bens de consumo intermediário, P_{Agric} é o produto da agricultura, P_{Ind} é o produto da indústria e P_{Serv} é o produto dos serviços. Adicio-

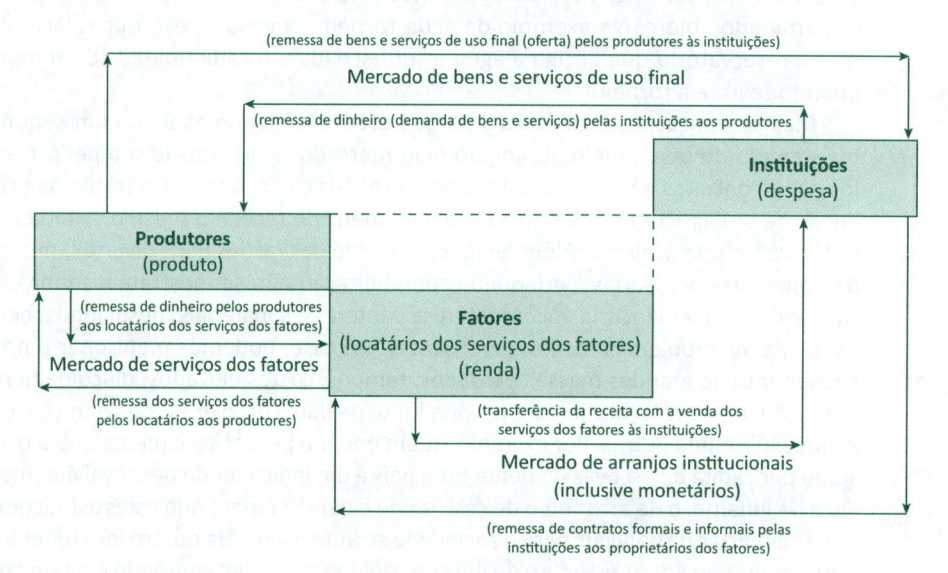

Figura 3.1 Fluxo circular da renda: os três polos irradiadores da atividade econômica e o mercado.

---

[22] Como salientamos, a confusão entre os termos produto e produção é proverbial entre os economistas. A produção de um tênis (ótica do produto) gera o produto tênis (ótica da despesa)... Mesmo no caso da expressão "matriz de insumo-produto", a ser estudada no Capítulo 4 (MaCS e MIP), talvez fôssemos mais felizes se nossos antepassados profissionais tivessem-na traduzido por matriz de insumo-produção. Em inglês, diz-se *input-output*, e – quando se quer deixar claro que o produto (*product*)de que se trata não padece da dupla contagem – fala-se em *net output*, ou produção líquida (isto é, descontada) de insumos.

[23] Falamos em contabilidade, contabilidade social, dupla contagem e agora referimos mais especificamente à palavra "conta", um termo que dá origem a essas expressões. Uma conta, neste sentido contábil, é uma unidade de registro de operações econômicas salientando a origem (fonte) ou a aplicação (uso) de um recurso ou conjunto de recursos.

Quadro 3.7 As três óticas de cálculo do valor adicionado

Óticas de cálculo	Equações	Valores monetários
Produto	$P \equiv VP - CCI \equiv P_{Agric} + P_{Ind} + P_{Serv}$	$P = 1.600 - 600 = 235 + 405 + 360 = 1.000$
Renda	$Y \equiv RE + EO$	$Y = 400 + 600 = 1.000$
Despesa	$D \equiv VP - VCI \equiv C + DIS$	$D = 1.600 - 600 = 600 + 400 = 1.000$

P – produto interno bruto, VP – receita total, VCI – vendas de bens de consumo intermediário, RE – remuneração dos empregados, EO – excedente operacional, CCI – compras de bens de consumo intermediário, C – consumo das instituições familiares e DIS – absorção pelas demais instituições.

nalmente, $VA_D \equiv VP - VCI \equiv C + DIS$, onde VA_D é o valor adicionado obedecendo à ótica da despesa, VCI são as vendas de bens de consumo intermediário. Por fim, o valor adicionado calculado pela ótica da renda (VA_Y) é dado por $VA_Y \equiv RE + EO$, onde adicionalmente RE é a remuneração dos empregados (salários) e EO é o excedente operacional (lucros).

Em geral, quando falamos em produtores e produção, pensamos em produto, o que é uma extensão parcialmente ilegítima. Primeiramente, também deveríamos associar produtores com fatores e com instituições. Em segundo lugar, a produção (e a geração do produto) é apenas um dos elos da cadeia que segue com a distribuição (e a apropriação da renda) e o consumo final (e a absorção da despesa), retornando à produção, etc. Por fim, falarmos em produto, para o total da economia, é o mesmo que falarmos em renda e despesa. Na matriz de contabilidade social da Tabela 3.5, vemos que, em nível setorial, há diferenças entre as cifras do produto e as da despesa, não existindo conceito análogo quando falamos na ótica da renda, ou seja, não há sentido em criarmos um eventual conceito de renda setorial[24].

A terceira forma de apresentação dos agregados econômicos também pode ser ilustrada com referência ao fluxo circular da renda. Rastreando quais são as transações econômicas registradas neste fluxo, vemos que há três mercados em ação: o mercado de bens e serviços, o mercado de serviços dos fatores de produção e o mercado de arranjos institucionais (inclusive monetários). Em cada um deles, podemos identificar as forças que a teoria econômica sugere como as determinantes dos preços vigentes em cada um deles, ou seja, a oferta e a procura. No mercado de bens, os produtores (agricultores, curandeiros, etc.) ofertam bens e serviços e as instituições (famílias, governo, etc.) os demandam. No mercado de fatores, as instituições detêm a propriedade dos fatores de produção (oferta) e, assim, dos serviços que estes podem prestar aos produtores (demandantes). No

---

[24] Naturalmente, estamos sendo muito rigorosos na negativa de entender estes conceitos de forma ampla. Na linguagem comum, veremos com frequência, falar-se em renda industrial, renda do governo, etc. Mas aqui desejamos chamar a atenção para o fato de que – rigorosamente – quando falamos em renda industrial, estamos querendo dizer produto do setor industrial, que envolverá a remuneração dos empregados, o excedente operacional e os impostos indiretos líquidos de subsídios. De forma análoga, no caso, renda do governo deve ser a receita tributária acrescida de outras receitas, como veremos mais detalhadamente no Capítulo 7 (Bases).

mercado de arranjos institucionais, as instituições ofertam contratos[25] e os locatários dos fatores de produção os firmam (demandam), comprometendo-se a remunerar os proprietários (ofertantes).

As transações neles realizadas são registradas por meio de um sistema de contas. Num sistema contábil[26] de partidas dobradas representado pelas "contas T", ou razonetes, podemos associar cada ótica de cálculo do valor adicionado com uma transação de compra ou venda, criando o sistema de contas exposto na Figura 3.2[27]. Cabe ainda lembrar que o Capítulo 6 (CEIs) dedica-se precipuamente a estudar o formato atual recomendado pelo *Handbook* para a apresentação do que aqui estamos chamando de sistema de contas nacionais, o qual é complementado pelas Tabelas de Recursos e Usos desenvolvidas no Capítulo 5 (TRUs).

Por enquanto, cabe-nos assinalar a correspondência existente entre créditos e débitos e, respectivamente, fontes e usos dos recursos. Assim, vejamos, com o auxílio da Figura 3.2, os lançamentos (isto é, registros) que compõem os débitos e créditos das três óticas de cálculo do valor adicionado, agora chamadas de contas do produto, da renda e da despesa. Na verdade, nos Capítulos 5 (TRUs) e 6 (CEIs), falaremos em fontes e usos de recursos, em vez de referirmo-nos a débitos e créditos. A rigor, as fontes de recursos não se cingem a créditos, da mesma forma que os

Valores mensurados em L$

Produto		Renda		Despesa	
Débito	Crédito	Débito	Crédito	Débito	Crédito
Produtores pagam rendas aos locatários dos fatores	Produtores vendem produtos de uso final às instituições	Fatores transferem renda às instituições	Fatores recebem rendas dos produtores	Instituições compram bens e serviços dos produtores	Instituições recebem rendas dos fatores de produção
1.000	1.000	1.000	1.000	1.000	1.000

Figura 3.2 Contabilidade comercial aplicada às três óticas de cálculo do valor adicionado.

---

[25] A evolução da troca concretizada por meio do escambo à troca intermediada pelo dinheiro reflete a ampliação da divisão e especialização do trabalho na sociedade, responsáveis pela expansão dos arranjos institucionais. Os contratos (implícitos ou verbalizáveis) avaliados em espécie são substituídos por aqueles denominados em dinheiro. O dinheiro transforma-se no elo central da ligação entre vendedores e compradores e sua administração é o principal serviço que as instituições prestam aos locatários dos fatores. Tais serviços constituem a manutenção da ordem institucional, garantindo que os rendimentos pagos pelos produtores locatários dos fatores sejam reconvertidos a seus proprietários.

[26] Nele veremos que seus princípios básicos foram tomados de empréstimo à contabilidade comercial. Dois princípios são fundamentais para a estruturação de um sistema de contas sociais: a consistência interna (em cada conta, a soma dos créditos é igual à soma dos débitos) e a consistência externa (cada débito registrado em uma conta corresponde a um crédito a ser lançado em outra). Esta lida com diversos métodos de lançamentos dos registros contábeis, destacando-se as partidas dobradas. Ainda que venha afastando-se da contabilidade comercial, a contabilidade social mantém-se coerente a seus princípios gerais. Em instantes, veremos as partidas dobradas convencionais e mesmo as partidas tríplices apresentadas por Phyllis Dean.

[27] Temos aqui claramente atendida a convenção contábil de lançar débitos à esquerda e créditos à direita dos razonetes. O que difere da contabilidade comercial é que, no presente caso, a coluna dos débitos é reservada para as saídas de recursos, ao passo que no crédito registram-se as entradas.

usos não são somente débitos. A contabilidade comercial se aplica somente ao caso das empresas, e para fazermos um paralelo com ela, devemos ter presentes duas regularidades. Primeiramente, as fontes dos recursos são créditos e passivos, pois é dos passivos que os recursos das empresas se originam. Em segundo lugar, devemos entender que os usos, quando quitados, são débitos e ativos, pois é na conta do ativo que as empresas aplicam suas disponibilidades.

Podemos ler os seis lançamentos da Figura 3.2 com a chave recém-apresentada. Por exemplo, na conta do produto, temos o débito do pagamento dos produtores de renda aos locatários dos fatores de produção. Ou seja, o uso que os produtores dão à renda que eles próprios detêm é adquirir serviços dos fatores produtivos no valor de L$ 1.000. A origem desses recursos de posse dos produtores é explicada no lado do crédito da conta: a receita que eles obtiveram ao venderem sua produção às instituições (famílias, governo, etc.). Além disso, as partidas dobradas do sistema de contas indicam que o lançamento a débito feito na conta dos produtores tem correspondência de um lançamento equivalente a crédito de outra conta. No caso, vamos identificar esses L$ 1.000 como aparecendo a crédito na conta da renda, o mesmo ocorrendo com todos os demais lançamentos.

A quarta forma de apresentação dos agregados econômicos em suas três óticas de cálculo, desdobrando-os por seus principais componentes, consiste em consolidarmos e reordenarmos os lançamentos da Figura 3.2 e os apresentarmos em forma de matriz. Também vamos utilizar, de maneira mais desdobrada, as cifras do fluxo circular da renda exibido na Figura 3.1. Neste caso, expandimos a convenção contábil utilizada nas contas T (razonetes) anteriores, reservando as linhas para os lançamentos a crédito e as colunas, para os débitos. Agregando em uma única cifra as componentes de cada ótica de cálculo do valor adicionado, temos o resumo mostrado no Quadro 3.8.

Como vemos, os três blocos contendo registros nada mais são do que aqueles que constituíram os três polos rodeados pelo fluxo circular da renda da Figura 3.1. Capturando as interações ocorridas no sistema econômico, podemos ver os montantes que determinados agentes econômicos pagam aos (recebem dos) demais. Assim, o produto é gerado no mesmo processo produtivo que o forma apropriado sob a forma de renda, a qual será absorvida na forma de compra de bens e serviços. Por seu turno, os desembolsos feitos pelas instituições aos produtores constituem suas receitas, que serão distribuídas aos locatários dos fatores de produção. Como vimos

Quadro 3.8 Três óticas de cálculo do valor adicionado em formato de matriz de contabilidade social (L$)

Contas	Produtores	Fatores	Instituições	TOTAL
Produtores			Despesa 1.000	1.000
Fatores	Produto 1.000			1.000
Instituições		Renda 1.000		1.000
TOTAL	1.000	1.000	1.000	

desde o Capítulo 1 (Divisão), há três mercados em funcionamento. No mercado de bens, os recursos de bens e serviços originam-se nos produtores e são usados pelas instituições. No mercado de fatores, os recursos de provisão de serviços dos fatores são absorvidos pelos produtores. Por fim, no mercado de arranjos institucionais (inclusive monetários), a remuneração pelo uso dos serviços dos fatores de produção é repassada por seus detentores às instituições que oferecem a estrutura institucional que garante o funcionamento do sistema.

Refraseando o que acabamos de dizer e usando a notação matricial, temos que o elemento e_{21} informa que os locatários dos fatores produtivos receberam L$ 1.000 dos produtores como remuneração aos serviços dos fatores de sua propriedade. O elemento e_{32} informa que as instituições (famílias e demais instituições) receberam L$ 1.000 dos fatores produtivos, por lhes cederem a estrutura de governança socioeconômica que abriga os direitos de propriedade de exploração de suas habilidades. Por fim, e_{13} informa que os produtores venderam bens e serviços no valor de L$ 1.000 às instituições.

Como desdobramento final do exame das quatro formas de apresentação dos agregados econômicos, vamos retomar as informações já utilizadas no modelo do fluxo circular da renda apresentado na Figura 3.1. Por enquanto, podemos fazer o resumo exibido no Quadro 3.9.

Aproveitamos para inserir na Tabela 3.5 tanto as despesas de consumo intermediário das empresas (*CCI*) já mostradas no Quadro 3.7 quanto as transferências de renda intrafamílias. Também incrementamos os cabeçalhos das linhas (créditos) e colunas (débitos), chegando à seguinte matriz de contabilidade social constituída por cinco blocos: B_{11}, B_{13}, B_{21}, B_{32} e B_{33} (ver Box 3.1). Como vemos, estamos procedendo a sucessivos acréscimos na forma com que apresentamos o fluxo circular da renda desde o Capítulo 1 (Divisão). Cingindo-nos ao que aqui está exposto, convém examinarmos esta sequência, que envolve a Figura 3.1 e o Quadro 3.8 culminando com a construção da Tabela 3.5, que é o centro de gravidade em torno do qual circula um expressivo número de capítulos deste livro.

Quadro 3.9 Correspondência entre as três óticas de cálculo do valor adicionado e os três polos da atividade econômica

Polos geradores	Funções	Elementos de ligação	Sistemas de mensuração
Produção pelas empresas	Geração	:: *VP* – valor da produção (vendas) :: *CCI* – compras de bens de consumo intermediário	Produto
Distribuição aos fatores	Apropriação	:: *RE* – remuneração dos empregados :: *EO* – excedente operacional	Renda
Instituições absorvedoras	Absorção	:: *VP* – valor da produção (compras) :: *VCI* – vendas de bens de consumo intermediário :: *C* – consumo das famílias :: *DIS* – outras formas de absorção da produção (consumo do governo, gasto com aquisição de bens de capital e exportações líquidas de importações)	Despesa

> **Box 3.1** Evolução prática da noção de equilíbrio geral

Data de 1688 a primeira tentativa conhecida de avaliar o montante do esforço produtivo da sociedade, o que foi feito por Gregory King, referindo-se ao Reino Unido. O registro seguinte, e mais festejado, informa-nos que devemos a François Quesnay a noção de contabilidade do produto anual da economia, de fluxo circular e um quadro demonstrativo de sua evolução entre os setores produtivos. O *Tableau Économique* de 1758 foi uma importante tentativa de representação sistêmica da economia.

Iniciando a tradição da economia política, os economistas clássicos legaram uma ciência voltada para o estudo dos fenômenos da produção, distribuição, consumo e acumulação da riqueza. David Ricardo, em seus Princípios de Economia Política, interessa-se principalmente pelas leis que regulam a distribuição do produto entre as classes sociais. Karl Marx foi mais adiante e concebeu um sistema de contabilidade social simplificado fundamentando-se na apropriação de recursos ao longo do processo produtivo por trabalhadores e capitalistas.

Desde León Walras pode-se conceber a Ciência Econômica a partir do equilíbrio geral entre várias equações simultâneas de oferta e de demanda em mercados de produtos que operam conjuntamente em um único sistema. Contando com a colaboração de Vilfredo Pareto, eles formaram a base da escola matemática ou *Lausanne School*, cuja principal característica foi desenvolver a teoria do equilíbrio geral na tradição neoclássica. Os desdobramentos teóricos do equilíbrio geral neoclássico seguiram-se com Gérard Debreu e, posteriormente, com Kenneth Arrow e Frank Hahn.

Em 1936, a partir de John Maynard Keynes e sua Teoria Geral, houve um deslocamento da perspectiva pela qual se concebe a teoria econômica, de categorias puramente abstratas para categorias reais, mensuráveis. Essa nova perspectiva restaura a visão sintética da economia dada por King, William Petty, Quesnay e Walras e constitui-se no fundamento teórico para a construção do sistema de contas nacionais. Mais tarde, este sistema foi aperfeiçoado por James Meade e Richard Stone (1942), resultando no moderno sistema de contas nacionais descrito no *Handbook* a partir de suas edições de 1947 e 1953.

Em 1936, Wassili Leontief produziu a primeira apresentação da Matriz de Insumo-Produto, o que significou uma grande vitória da ciência econômica em termos de aproximação empírica dos fenômenos observados na realidade. Novamente com Stone e seus colegas do Departamento de Economia Aplicada da Universidade de Cambridge, em seu trabalho original desenvolvido no início dos anos 1960, pode-se colocar todos estes elementos juntos numa representação matricial, ou matriz de contabilidade social. Esta representa a síntese do fluxo circular da renda entre os setores da produção, os fatores e as instituições responsáveis pela absorção e acumulação da riqueza, numa perspectiva de equilíbrio geral e simultâneo dos mercados de produtos e dos orçamentos de todos os agentes econômicos. Na forma como a estamos apresentando na Tabela 3.5, vemos que ela abarca a matriz de insumo-produto, agregando-lhe outras informações do sistema de contas nacionais em representação matricial.

Um aspecto importante merece destaque para entendermos a investigação econômica por intermédio da matriz de contabilidade social. A utilização deste instrumental enquanto modelo de análise setorial da economia sujeita o mundo real à ausência de restrições de oferta, a preços fixos, a uma função de produção de coeficientes fixos e de rendimentos constantes de escala, além da ausência de mudanças no estado das artes, da cultura e das instituições. Essas limitações encontram sua solução por intermédio dos modelos de equilíbrio geral computável, cuja origem encontra-se num trabalho de Leif Johansen, voltado ao estudo de assuntos distributivos de economias desenvolvidas. Hoje em dia, estes modelos seguem as orientações conceituais básicas da matriz de contabilidade social com a vantagem de poderem incorporar formas funcionais complexas aos agentes econômicos.

De forma geral, os primeiros trabalhos com equilíbrio geral computável foram desenvolvidos sobre a problemática de impostos ótimos e políticas comerciais para os países desenvolvidos nos anos 1970. Para os países em desenvolvimento, os primeiros trabalhos foram realizados por Irma Adelman e Sherman Robinson para a Coreia, e Lance Taylor e Frank Lysy para o Brasil. Ao longo dos anos 1980, as aplicações evoluíram para temas relacionados com a pobreza, distribuição da renda, estratégias de desenvolvimento, políticas de estabilização e ajuste estrutural. Atualmente, estes modelos são cada vez mais utilizados em análises de efeitos de políticas públicas, reforma tributária, liberalização comercial, liberalização do mercado financeiro, energia e assuntos ligados ao meio ambiente, configurando-se no mais moderno instrumento de análise multissetorial e incrementando o campo de estudo da mesoeconomia.

Ao ser examinada mais detalhadamente no Capítulo 4 (MaCS e MIP) e, de forma recorrente, em praticamente todos os demais, esta matriz de contabilidade social nos permite recompor e quantificar o fluxo circular da renda que estamos estudando desde o Capítulo 1 (Divisão). Por enquanto, podemos adiantar que, naquele fluxo, não havia lugar para os blocos B_{11} e B_{33}, que tratam das relações intersetoriais e interinstitucionais. As primeiras já receberam certo grau de tratamento ao calcularmos o valor adicionado pelas óticas do produto e da despesa, pois são as despesas de consumo intermediário observadas sob o ponto de vista das compras e das vendas de insumos pelos setores produtivos. Por seu turno, o bloco B_{33} captura o montante das relações interinstitucionais, vale dizer, os pagamentos de transações ou doações feitos por algumas instituições a seus próprios integrantes (diagonal principal) e às demais. Existe um registro importantíssimo a fazermos com relação aos blocos B_{32} e B_{33}, mas principalmente a este último. Trata-se da conta dos poupadores, que é credora de diferentes instituições (e fatores). Esta é uma conta de saldo da economia, representando as diferenças entre receitas e gastos das instituições (e fatores)[28].

Nos blocos B_{13}, B_{21}, B_{32}, vemos precisamente o resultado da mensuração do valor adicionado por meio de suas três óticas de cálculo. Em termos gerais, as mercadorias (bens de consumo intermediário) que circulam por B_{11} são transformadas em mercadorias que chegarão às mãos dos consumidores finais (famílias, governo, etc.). Como responsáveis por esta transformação, encontramos os serviços dos fatores de produção colocados à disposição dos produtores, por meio da interação que se estabelece no mercado de trabalho e que é contabilizada no bloco B_{21}, que descreve a geração do valor adicionado (produto).

Os locatários dos fatores de produção, por seu turno, terão recebido das instituições o direito de dirigir-se ao mercado de fatores de produção, destinando-se a receber o pagamento pelos serviços prestados e, ato contínuo, transferindo-o às instituições que detêm sua propriedade. As instituições, deste modo, são as proprietárias dos fatores de produção. Selecionando dentre a constelação de fatores de sua propriedade aqueles considerados mais aptos a ingressarem no mercado de trabalho, elas os incumbem de lá venderem serviços, buscando encontrar a melhor remuneração. Feitos os pagamentos pertinentes aos contratos de compra e venda de serviços de fatores entre os produtores e seus locatários por delegação das instituições, os recursos são transferidos às instituições.

Ou seja, os locatários transferem às instituições a remuneração a que se qualificaram. Estas transações são registradas no bloco B_{32}, que descreve a apropriação do valor adicionado (renda). Por fim, no bloco B_{13}, vemos a absorção do valor

---

[28] Ou seja, quando definimos as três óticas de cálculo do valor adicionado nos blocos B_{21}, B_{32} e B_{13}, fizemos apenas um registro parcial da componente "poupança": 212,0, por contraste à identidade entre poupança e investimento, no valor de 446,4. Na nota 17, tornamo-nos um tanto cáusticos, pois vemos como corrosiva a afirmação dos "antigos" que sustentam que a elevação deste saldo entre receita e despesa das instituições (e fatores) eleva o investimento, *ipso facto* causando a elevação da renda social. O tal mundo da lua (*sic*) teria a poupança realizada apenas pelos fatores, cabendo enorme sabedoria às instituições para nunca realizarem gastos a mais ou a menos do que a renda que lhes é cedida pelos locatários dos fatores de sua propriedade ou transferida pelas próprias instituições. Nesta realidade selenita, a poupança é realizada exclusivamente pelos capitalistas e o acesso ao crédito é vedado às instituições. Por contraste, o modelo completo do fluxo circular da renda e sua associação com a matriz de contabilidade social permitem inclusive sugerirmos que o crédito bancário ingressa no sistema por meio de movimentações nos blocos B_{11} e B_{33}, ou seja, nas relações interindustriais e nas interinstitucionais, pois há pouco lugar para ele nos blocos do produto (B_{21}), da renda (B_{32}) ou da despesa (B_{13}).

Figura 3.3 A pizza, o histograma e o gráfico pictórico ajudam a elucidar as descrições das variáveis econômicas.

adicionado (despesa) por parte das instituições. Nossa forma de exposição deste agregado na matriz de contabilidade social mostra que transferimos componentes do excedente operacional para o bloco da demanda final. Na linguagem a ser desenvolvida na Seção 9 do Capítulo 4B (MIP/CD), estamos tratando os impostos indiretos líquidos de subsídios e as importações concernentes aos setores produtivos como "competitivos", isto é, como incluídos nos preços dos insumos intermediários. Esta inclusão exige que haja lançamentos compensatórios no quadrante da demanda final, de sorte a manter a identidade fundamental da contabilidade social, a saber, a coincidência entre os valores do produto e da despesa.

Com as cifras da Tabela 3.5, podemos exercitar uma habilidade importante associada à descrição da realidade econômica com o auxílio dos agregados meso e macroeconômicos fornecidos ao pesquisador pela contabilidade social. A Figura 3.3 mostra as composições relativas das componentes das três óticas de cálculo do valor adicionado, usando gráficos pictóricos.

Com isto, terminamos não apenas o capítulo, mas toda a Primeira Parte do livro. Iniciamos argumentando que a faculdade de pensar racionalmente distancia o bicho-homem dos outros animais. Portador de um cérebro que lhe permite perceber um rol ilimitado de necessidades, o homem produz bens e serviços a fim de satisfazer aquelas de natureza material. Descobrindo a troca e o dinheiro, ele criou valor, mediu-o pelo sistema de preços, expandiu sua criação por meio do crédito, e avaliou seus resultados utilizando três óticas de cálculo. Estas encontram-se reunidas na matriz de contabilidade social expressa na Tabela 3.5, que também permite-nos avançar das relações contábeis para pensar em cada célula como o resultado da relação de comportamento encetada entre diferentes agentes econômicos e capturáveis por funções matemáticas específicas.

RESUMO

Um sistema econômico desempenha três funções: geração, apropriação e absorção. A apropriação pode ser entendida como a obtenção de renda, que se transfere às instituições, as quais absorvem a produção. Isto implica que podemos pensar as três óticas do valor adicionado como produto, renda e despesa, bem como dispor estes dados em forma de matriz. O presente capítulo discutiu as conexões dos três sistemas de mensuração do trabalho social (quantidades, preços e horas de trabalho) com suas três dimensões (valores de uso, valores de troca e valores). Com isto, tornam-se visíveis as formas de utilização deste aparato conceitual para a análise da estrutura e da mudança estrutural de sistemas econômicos específicos. Particularmente, o valor adicionado no sistema de quantidades numa economia monetária pode ser avaliado por três óticas de cálculo alternativas: produto, renda e despesa. Assim, as estruturas de produção, distribuição e dispêndio de uma economia também podem ser estudadas.

O sistema original – o das quantidades –, contemplando a geração de valores de uso, aponta para a atividade deliberada de apropriação da natureza por parte do homem, em sua luta pela sobrevivência. À medida que as sociedades humanas evoluíram econômica e socialmente, seu domínio sobre a natureza ampliou-se. Crescentes volumes de excedente econômico passaram a ser gerados e, assim, expandiu-se a troca de mercadorias. Com esta, ainda que inicialmente não assumindo a forma monetária, emergiu o preço, ou seja, a quantidade de uma mercadoria (como o sal, o ouro ou o dinheiro) cedida em troca de uma unidade de outra mercadoria. Neste contexto, ficou visível a emergência de todo o sistema de preços, no qual o valor de troca das mercadorias é determinado. A vida societária que possibilitou a geração do excedente de produção sobre o consumo de subsistência também viabilizou o processo de troca entre frações desse excedente. Com isto, ela engendrou, simultaneamente, a forma de escriturar essas transações: uma contabilidade baseada nas horas de trabalho socialmente necessárias à reprodução das condições materiais da existência humana. Essa contabilidade social encontra-se escriturada no chamado sistema do trabalho.

O modelo conceitual estudado no presente capítulo constitui-se no mais potente instrumento disponível para a compreensão das interações entre as três dimensões do trabalho social. Sua origem contábil parte da obviedade de que o total de compras feitas pelos agentes econômicos é igual ao total de vendas: mesmo para casos em que não há poder de mercado por parte de compradores ou de vendedores, as compras e vendas já nascem casadas, ou seja, encontram-se em equilíbrio *ex post*. Se entendermos que a sociedade não deseja desperdiçar as horas de seu trabalho, chegando a punir os agentes econômicos que o fazem, também passaremos a dar importância ao conceito de equilíbrio *ex ante*. Com efeito, dado um elenco de necessidades por parte da população, nenhum produtor espera deixar os adquirentes de seus produtos insatisfeitos, tentando antecipar os desejos destes. Em outras palavras, os produtores buscam ofertar uma quantidade nem maior nem menor do que a desejada pela sociedade. É por isto que afirmamos que a compreensão da natureza das três dimensões do trabalho social também se constitui em uma eloquente justificativa científica da importância do conceito de equilíbrio *ex ante*, quando se trata de explicar fenômenos que gravitam em torno da vida econômica da sociedade humana. No Capítulo 4 (MaCs e MIP), veremos que este encaminhamento é o elemento de passagem entre, por um lado, as tabelas correspondentes à matriz de contabilidade social e à matriz de insumo-produto que lhe é associada e, por outro, os modelos de descrição e previsão que delas serão derivados.

Entendendo, assim, o conceito de equilíbrio *ex post* como uma inarredável realidade da vida social, expressa na geração, apropriação e absorção de bens e serviços, a matriz de contabilidade social, ao reunir novos conceitos econômicos fundamentais, é a inspiradora de diversos modelos econômicos. Estes tratarão de detectar as regularidades (paralelismos e simetrias) entre suas contas, buscando explicar ou prever seus desdobramentos. Estilizadamente, podemos dizer que tudo começa com a mensuração do resultado do esforço produtivo despendido pela sociedade, ou seja, da geração do valor. Quando falamos em "esforço produtivo", não estamos dizendo que a geração aparece em primeiro lugar: sem alocação dos fatores na forma de apropriação dos insumos recolhidos diretamente à natureza, não há geração de produto; sem produção, não há absorção; sem remuneração aos serviços dos fatores, não há demanda; sem galinha não há ovo, sem ovo não há galinha. Jamais saberemos onde tudo começou.

Quando falamos em "geração de valor", estamos pensando no valor adicionado e suas três óticas de cálculo: produto (geração), renda (apropriação) e despesa (absorção). As instituições são as donas legítimas (dada a estrutura de direitos de propriedade escolhida pela sociedade, ou melhor, por quem cria as convenções que regem a vida em sociedade) dos serviços prestados pelos fatores de produção. E que elas (instituições) cedem a estes (donos dos fatores) o direito de estes (os fatores) irem ao mercado e venderem os serviços que estes prestam aos produtores: instituição = fonte do recurso; fatores = uso do recurso, pura aritmética *ex post*.

A ótica do produto ilustra as vendas que os locatários dos fatores de produção fizeram dos serviços que destes emanam aos produtores, que, afinal, não são de ferro, e precisam de alguém que trabalhe para fazer as coisas. As "contas" mostram que estamos no reino dos débitos e créditos, das fontes e usos dos recursos, das vendas e compras, das receitas e despesas, conceitos que fazem a festa do mundo da contabilidade. Entender que os fatores são fonte de recursos significa dizer que os detentores dos direitos de seu uso (já que os proprietários são as Instituições) vendem tais direitos aos produtores. Fecha-se o círculo, fecha-se o fluxo circular.

Claramente, se o produto, a renda e a despesa são as três óticas de avaliação do valor adicionado, trata-se de medir o mesmo fenômeno (isto é, o valor adicionado), observado sob três perspectivas diversas (sua geração, sua apropriação e sua absorção). Da mesma forma que a distância entre duas pessoas tem duas óticas de cálculo, a ótica de um e a ótica de outro, nada mais natural que os resultados obtidos ao avaliarmos cada uma das três óticas de cálculo do valor adicionado conduzam à mesma cifra. Na outra ponta a relação fica um pouco mais complicada. As instituições garantem os direitos de propriedade sobre os fatores, e este é o fluxo real que sai das instituições para os fatores. A renda dos fatores (que é fruto dos direitos de propriedade), em termos monetários, vai para todos os setores institucionais, e a partir daí retornamos ao início do fluxo.

O fluxo real no sentido das instituições para os fatores não é algo propriamente físico, no sentido de horas de trabalho ou quilos de cereais. Da forma como o estamos representando, ele dá conta de relações institucionais. Ou seja, estamos tratando de direitos socialmente reconhecidos graças a uma superestrutura (ver Box 1.2 do Capítulo 1 – Divisão) que faz com que as relações de produção sejam mantidas. Esta concepção leva-nos a sugerir, figuradamente[29], que os locatários dos serviços dos fatores pagam às instituições pelo fato de estas criarem e reconhece-

---

[29] Aliás, a própria imagem deste "figuradamente" pode ser entendida figuradamente, pois uma expressão concreta do preço a pagar são os impostos que a comunidade e o mercado recolhem ao Estado. Além disso, existem taxas que a comunidade cobra a seus próprios integrantes, como a contribuição para o condomínio residencial.

rem os direitos de propriedade que fazem com que determinada estrutura econômica prevaleça.

Nesta linha de raciocínio, os trabalhadores e demais locatários de recursos de propriedade das instituições credenciam-se a certas frações do produto, pois o aparato institucional (visto no Box 1.2 do Capítulo 1 como sendo a superestrutura) confere-lhes o uso de sua força de trabalho e dos demais recursos. Um locatário de fatores encarregado de representar as instituições proprietárias de terras pode receber aluguel devido ao reconhecimento da sua propriedade pelo aparato institucional, e assim por diante.

Com este roteiro, evidenciamos os vínculos entre todo o conteúdo trabalhado nos três primeiros capítulos com a maior parte dos que se seguirão. Encerramos, assim, a Primeira Parte deste livro, dedicando, de agora em diante, cada um dos capítulos seguintes a explorar mais detalhadamente os universos específicos que permeiam a matriz de contabilidade social, em seus aspectos demográficos, ambientais, regionais, fazendo comparações intertemporais e inter-regionais.

SEGUNDA PARTE

DESDOBRAMENTOS SETORIAIS E INSTITUCIONAIS DOS AGREGADOS ECONÔMICOS

4

A Matriz de Contabilidade Social e a Matriz de Insumo-Produto[1]

Eduardo Grijó, Duilio de Avila Bêrni,
Vania Alberton e Ubaldino de Almeida Conceição

4.1 CONSIDERAÇÕES INICIAIS[2]

Nos Capítulos 1 a 3, que constituíram toda a Primeira Parte de nosso livro, tivemos a oportunidade de entrar em contato não apenas com os fundamentos da organização societária e da constituição do sistema econômico, mas também com os conceitos fundamentais da moderna contabilidade social. Particularmente, pudemos observar o escopo da ciência econômica em suas três dimensões, a **micro**, a **meso** e a **macro-economia**. Viemos a compreender os conceitos de **geração** (produção), **apropriação** (alocação) e **absorção** (distribuição) de bens e serviços e como tais conceitos, nas economias monetárias, dividem o espaço de formação do **valor adicionado**. O termo "divisão do espaço" é intencionalmente utilizado e pretende dar relevo, para além da lógica, à ideia da organização territorial destes conceitos. Associando-os a blocos de matrizes dispostos estrategicamente[3], como vimos na Tabela 3.5 do Capítulo 3 (Dimensões), fizemo-los movimentarem-se por meio do modelo completo do fluxo circular da renda.

Assim, essa organização lógico-espacial confere a base racional para que possamos compreender, sob a forma de um sistema fechado, a enorme pluralidade de transações e agentes econômicos que movimentam o aparato produtivo voltado à satisfação das necessidades materiais do ser humano. Da compreensão da passagem entre a satisfação das necessidades e a organização de um sistema econômico, o próximo passo consiste na mensuração de suas atividades, com o objetivo de avaliar o grau de sucesso alcançado com o esforço produtivo despendido. Entramos, portanto, no mundo das mensurações econômicas e, em consequência, no ambiente do instrumental matemático usado para procedermos à **modelagem** de fenômenos observados, mimetizando-os por meio de dados econômicos.

---

[1] Os Capítulos 4A (MaCS/CD) e 4B (MIP/CD) disponibilizados no CD anexo a este livro contêm versões ampliadas dos presentes conteúdos.

[2] Esta seção resume as Considerações Iniciais dos Capítulos 4A (MaCS/CD) e 4B (MIP/CD) do CD.

[3] Desde o Capítulo 3 (Dimensões), incorporamos o conceito de matriz: uma fração de uma figura plana em que dispomos objetos, arranjados em células delimitadas pela interseção entre linhas e colunas.

Tendo definido a contabilidade social como a disciplina da ciência econômica que se ocupa dessas quantificações, podemos delimitar os contornos do que aqui iremos tratar por meio da racionalidade que tradicionalmente preside a criação dos agregados selecionados. A medição das transações de uma economia, por um lado, e o escopo e conjunto das variáveis relevantes, por outro, estão intimamente relacionados à lógica de suas interações. Assim procedendo, obtemos um conjunto de medições que, organizadas em um sistema de relações, confere inteligibilidade ao resultado do esforço produtivo enquanto representação do sistema econômico. Em outras palavras, estamos dizendo que, no conjunto de variáveis consideradas pela contabilidade social, há uma racionalidade implícita, uma construção teórica que pretende entender o funcionamento da economia, pois – poderíamos dizer – "os números não falam por si". Esta racionalidade remete-nos ao modelo completo do fluxo circular da renda já discutido no Capítulo 3 (Dimensões), que foi apresentado em forma de matriz. Além de representar e quantificar o resultado do esforço produtivo da sociedade, a organização matricial dos dados da contabilidade social revelará novas possibilidades de compreendermos o comportamento dos agentes econômicos num ambiente de interações não mais microeconômico, porém nele fundado, nem macroeconômico, mas tendo-o como destinatário. Este é o ambiente mesoeconômico resultante da ação dos agentes (indivíduos humanos) e das organizações (produtores, fatores e instituições) que os abrigam.

Neste capítulo, vamos aprofundar o estudo da mesoeconomia, termo substituto moderno – mais amplo e mais preciso – da chamada análise setorial. No Capítulo 2 (Contextualizando), começamos a entender que mesoeconomia é um campo intermediário entre os ambientes micro e macro de agregação das variáveis concernentes ao comportamento de produtores, fatores e instituições que se espraiam pelos setores econômicos e unidades institucionais, constituindo-se, por isso, no ambiente próprio da contabilidade social. Neste particular, uma de suas características mais marcantes é a atenção dispensada aos aspectos distributivos e multissetoriais com os quais passamos a descrever o que então chamamos de realidade realmente real (R^3) por meio de nosso mundo da realidade imaginada (R^i). No Capítulo 1 (Divisão), a Figura 1.10, ilustrativa do Bonsai Econômico, trouxe a percepção de que as sucessivas agregações a que vamos submetendo as variáveis econômicas geram outras variáveis que se distanciam gradativamente das unidades (empresas, trabalhadores, famílias, mercados de bens, de fatores e de arranjos institucionais – inclusive monetários). Descrevendo movimentos conjuntos dessas unidades e variáveis microeconômicas, os contornos meso e macro do sistema passam a requerer a formulação de novas regras que articulem a racionalidade que preside a ação dos agentes.

A ciência econômica insere em seu amplo espectro de preocupações diversas recomendações para lidarmos com os recursos escassos disponíveis. A alocação eficiente destes recursos exige certo grau de planejamento, a fim de que os gargalos econômicos sejam evitados. Um importante instrumento de ligação entre as preocupações e o planejamento econômico é a matriz de contabilidade social. Descrevendo as relações intra-agentes (produtores entre si e instituições entre si) e inter-agentes (produtores e fatores, produtores e instituições, e fatores e instituições), esta matriz coloca em destaque os fluxos monetários. Configura-se, com isto, a chamada abordagem do valor monetário das transações, pois lida com o que Wassili Leontief (1936), ganhador do Prêmio Nobel de Economia de 1973, designou como quantidades monetárias. Este importante instrumento de organização de dados e análise mesoeconômica teve sua origem no trabalho de Richard Stone – também ganhador do Prêmio Nobel de Economia em 1984 – e de seus colegas do Departamento de Economia Aplicada da Universidade de Cambridge, no início dos anos 1960. Enquanto moldura de dados, ela incorpora todas as informações da matriz de insumo-produto e agrega um conjunto adicional, resultante de outras fontes da contabilidade social e de pesquisas amostrais ou censitárias. Neste caso, podemos citar as informações da pesquisa de orçamentos familiares, do balanço de pagamentos, do orçamento fiscal, da contabilidade ambiental e outras cuja consideração depende do interesse particular que irá motivar a construção da matriz. Seu enfoque principal localiza-se sobre os aspectos distributivos dos fluxos da renda no interior da economia. Buscando compreender e prever seu comportamento agregado, ela presta-se a formular políticas estratégicas de desenvolvimento econômico e social.

Por seu turno, a matriz de insumo-produto – núcleo da inspiração para a criação da matriz de contabilidade social – foi desenvolvida por Leontief (1936), dando continuidade aos trabalhos de uma interessante linha de pesquisa. Desde a ação dos primeiros economistas e, em seguida, a escola dos fisiocratas e sua visão de que a riqueza circula na sociedade da mesma forma que o sangue circula no corpo humano, esta linha de investigação passou por Karl Marx e Léon Walras. Particularmente, estes dois últimos autores tinham a preocupação de entender o que faz o sistema capitalista funcionar com harmonia, sucumbir a crises, recompor-se e reproduzir-se em escala ampliada. A seu modo, cada um deles criou representações da interdependência entre os diversos setores da economia, por meio de equações que reproduziam as condições de equilíbrio geral de todo o sistema. Seguindo esta ambiciosa preocupação, nos anos 1930, Leontief (1936) concebeu a matriz de insumo-produto como um instrumento que busca reconstituir, por meio de um sistema de equações lineares simultâneas, o funcionamento e as relações intersetoriais de bens e serviços em um sistema econômico, além da estrutura de custos de produção subjacente.

A intuição básica sobre o funcionamento das economias monetárias capturada pela matriz de insumo-produto é que cada mercadoria participa do sistema de duas formas. De acordo com a primeira, seu ingresso ocorre na forma de compra de insumos primários ou intermediários por parte dos setores econômicos (produtores). Tal é o caso da mão de obra, das importações ou das compras que um setor produtivo faz aos demais. Precisamente esta forma de ver as relações intersetoriais é que permite rastrearmos sua estrutura de custos. A segunda forma assinala que as mercadorias são vendidas pelos setores produtivos como insumos intermediários à demanda final. Neste sentido, elas irão alimentar a cadeia produtiva do sistema (insumo), ou servem para demanda final (produto), representada pelo consumo das famílias, do governo, etc. Assim, a primeira privilegia a ótica do produto de mensuração do valor adicionado, ao passo que a segunda destaca a ótica da despesa.

No que segue, vamos detalhar o exame de um número expressivo de elementos desta conceituação, selecionando outros tantos para exame nos arquivos dos Capítulos 4A (MaCS/CD) e 4B (MIP/CD) do CD anexo a este livro. A próxima seção passa a reconsiderar o tema da matriz de contabilidade social já tratado na Introdução e que culminou com a Tabela 3.5 do Capítulo 3 (Dimensões). Avançando em termos da conceituação da matriz de contabilidade social enquanto sofisticada moldura de apresentação de dados contábeis (planejados, ou *ex post*), a tabela aqui exibida deixa intocadas as enormes possibilidades voltadas à análise estrutural das economias reais, que serão apenas tangenciadas nas Seções 5 a 8 do Capítulo 4A (MaCS/CD) disponível no CD anexo.

Concluída esta apresentação contábil, veremos na seção 3 um novo aprofundamento do exame das relações aritméticas entretidas pelas variáveis e cifras pertencentes aos três blocos da matriz de contabilidade social, encaminhando-os para a modelagem que vai começar a florescer na seção 4 e para amplos desdobramentos nos Capítulos 4A (MaCS/CD) e 4B (MIP/CD) do CD. Esta forma de encaminhamento do tema não é alheia aos diversos livros de introdução à economia do insumo-produto, mas encontra sua exposição princeps na refinada obra de Pasinetti (1977). Com efeito, cumprida esta etapa, capacitamo-nos a estudar, nas três seções seguintes, o refinamento da apresentação feita por Wassili Leontief no famoso *Palgrave Dictionary* (Eatwell, 1987; Newman, 1998), incorporando também outras elaborações que, assim, passam a fazer parte essencial da nossa exposição sobre o tema. Cabe ressaltar o uso do modelo para descrever as três dimensões do trabalho social, de acordo com o modo como elas podem ser extraídas da matriz de insumo-produto para representar os sistemas de quantidades (Seção 4), de preços (Seção 5) e de valores (Seção 6).

Na Seção 7, vamos aprofundar a modelagem feita a partir da matriz de insumo-produto voltada à descrição do funcionamento das economias monetárias modernas, por meio da – expressão copiada de Adam Smith (1974) – "resolução" dos elementos da demanda final, ao incorporar-lhes os bens de consumo intermediário utilizados em sua produção. Deixaremos claro que, por exemplo, a fração do valor adicionado representada pela despesa da instituição governo em automóveis é uma abstração conceitual que apenas reveste-se de sentido ao incorporarmos à despesa os insumos, o que nos leva a visualizar um automóvel singularizado como um objeto material. Na verdade, aqui estamos confundindo a atividade desenvolvida na indústria do material de transporte com seu produto físico (ainda que medido em quantidades monetárias). A seção final do capítulo, de maior dificuldade para o neófito, esclarece as ambiguidades desta dicotomia por meio da modelagem das tabelas de insumo-produto retangulares e das diferentes metodologias destinadas a gerar as matrizes quadradas que vão acompanhar-nos nas Seções 2 a 7.

4.2 A MATRIZ DE CONTABILIDADE SOCIAL ENQUANTO MOLDURA DE DADOS[4]

Nossa estilização da matriz de contabilidade social na Tabela 3.5 do Capítulo 3 (Dimensões) permitiu-nos fazer a transição entre a apresentação gráfica do modelo completo do fluxo circular da renda e sua versão em forma de matriz. Naquele ambiente, associamos o fluxo e sua correspondente matriz com os dados que agora resumimos num quadro muito simples, exibido na Tabela 4.1. A exemplo da Tabela 3.5, vemos as possibilidades de articulação de seu aparato de geração, apropriação e absorção de valor adicionado[5]. Com ela, podemos capturar o cerne das relações

---

[4] Esta seção constitui, com modificações menores, a seção 2 do Capítulo 4A (MaCS/CD) do CD.

[5] Na Tabela 4.1, as células estão sendo ocupadas por blocos constituídos por vários signos. Veremos na Tabela 4.2 outra matriz constituída exclusivamente por números. Na Tabela 4.3, veremos novamente que cada bloco da Tabela 4.1 e que gerou um número da Tabela 4.2 também abriga outra matriz.

Tabela 4.1 Matriz de contabilidade social do Planeta GangeS em cinco blocos (unidades monetárias indexadas)

Contas	Produtores	Fatores	Instituições	TOTAL
Produtores	Relações interindustriais Bloco B_{11} D\$ 600		Despesa Bloco B_{13} D\$ 1.000	Demanda total D\$ 1.600
Fatores	Produto Bloco B_{21} D\$ 1.000			Produto interno bruto D\$ 1.000
Instituições		Renda Bloco B_{32} D\$ 1.000	Relações interinstitucionais Bloco B_{33} D\$ 200	Receita das instituições D\$ 1.200
TOTAL	Oferta total D\$ 1.600	Renda dos fatores D\$ 1.000	Despesa das instituições D\$ 1.200	

estruturais entre os agentes mais diretamente envolvidos nesses processos, que temos associado com as três dimensões de avaliação da eficiência no uso dos recursos: produção, alocação e distribuição.

Existem cinco relações estruturais entre esses blocos, conforme detalhamos a seguir. A primeira, que se desdobra pela primeira linha, explicita a relação de acordo com a qual a demanda total (*DT*) é expressa como a soma da demanda por bens de consumo intermediário (*DCI*) acrescida da demanda por bens de absorção final (*DF*):

$$DCI + DF \equiv DT \quad (4.1)$$

A segunda relação associa os blocos situados ao longo da primeira coluna, onde temos as despesas de consumo intermediário (*DCI*) acrescidas dos insumos primários (*IP*) para gerar a oferta total (RT, ou receita total) da economia:

$$DCI + IP \equiv RT \quad (4.2)$$

Naturalmente as equações (4.1) e (4.2) mostram que o equilíbrio contábil do sistema garante que $DT \equiv RT$, o que ainda implica que $DF \equiv IP$. Neste caso, estamos começando a antecipar uma proposição que vai tomar corpo na equação (4.3).

A terceira linha da tabela permite-nos ver que a renda (*Y*) acrescida das transferências interinstitucionais (*TI*) responde pela receita das instituições (*RI*):

$$Y + TI \equiv RI,$$

e sua simétrica, a terceira coluna, mostra os usos desses recursos:

$$DF + TI \equiv DI,$$

ou seja, a despesa final (*DF*) acrescida das transferências institucionais (*TI*) responde pela despesa das instituições (*DI*). Finalmente, a quinta equação aponta o fato de que, qualquer que seja a ótica de cálculo do valor adicionado (*VA*), chegaremos à mesma cifra para o produto (*P*), a renda (*Y*) e a despesa (*D*):

$$VA \equiv P \equiv Y \equiv D \quad (4.3)$$

Tão poderosa é a matriz de contabilidade social como instrumento emoldurador dos dados do Planeta GangeS que permite que os 11 números da Tabela 4.1 sejam reproduzidos a partir do conhecimento de apenas três ou quatro cifras. Em seguida, na Tabela 4.2, apresentamos o caso que vimos desde a Introdução deste livro, voltado a ilustrar que toda a matriz resulta do conhecimento de apenas três números.

Cultivando esta versão "minimalista", diríamos que o problema da contabilidade social do Planeta GangeS reduz-se a construir matrizes de coeficientes entre produtores, setores, instituições e suas localizações geográficas destinadas a distribuir os 11 valores assim conhecidos. Por exemplo, se sabemos que os 600 são distribuídos igualmente entre produtores urbanos e rurais, imediatamente podemos construir a matriz de relações interindustriais do Planeta GangeS[6]:

$$600 \times \begin{bmatrix} 0,25 & 0,25 \\ 0,25 & 0,25 \end{bmatrix} = \begin{bmatrix} 150 & 150 \\ 150 & 150 \end{bmatrix}.$$

A interpretação de cada uma destas cifras resultantes da multiplicação do escalar 600 pela matriz de coeficientes é convencional: temos um valor monetário (600) sendo rateado de acordo com quatro frações cuja soma é a unidade[7]. Com isto, por exemplo, ampliamos a complexidade de nosso setor produtivo, subdividindo o bloco das relações interindustriais em transações entre um setor rural e um setor urbano. Esse é um dos procedimentos mais notáveis na matriz de contabilidade social, pois, sempre que nos for conveniente, poderemos subdividir blocos em matrizes e estas em conjuntos de submatrizes. O limite deste processo resulta de nossas intenções e dos dados disponíveis. Também poderíamos proceder em sentido inverso, e reproduzir a universalidade das relações econômicas entre os agentes e, partindo desta matriz de dimensões praticamente infinitas, agregar valores que resultem na construção de nosso instrumental analítico.

Podemos, assim, retomar a equação de distribuição dos 600 das relações interindustriais entre os setores rural e urbano, dispondo-os respectivamente nas duas primeiras linhas e colunas. Podemos entender, assim, pela leitura da primeira linha, que os produtores localizados no setor rural venderam 150 a outros produtores rurais, e mais 150 aos produtores urbanos, e assim por diante. Se todas as demais cifras do Planeta GangeS pudessem receber associações tão igualitárias, teríamos a

Tabela 4.2   A matriz de contabilidade social e suas lições de aritmética: estilização

600			1.000	1.600
1.000				1.000
		1.000	200	1.200
1.600		1.000	1.200	

---

[6] Observemos que nela o sinal "=" está sendo usado no sentido que lhe demos no Capítulo 2 (Contextualizando) de que o lado esquerdo simplesmente **é** o lado direito metamorfoseado, pois aqui não há incógnitas; logo, não estamos tratando de equações.

[7] Com isto, também recebemos mais duas lições iniciais de álgebra de matrizes. A primeira definiu matriz como um conjunto de números distribuídos entre linhas e colunas: partimos da matriz de coeficientes e chegamos à matriz de valores monetários. A segunda lição ensinou-nos a multiplicar um número (chamado, na linguagem da álgebra das matrizes, de escalar, pois ele muda a "escala" dos demais números com que entra em contato) por uma matriz, no caso, de coeficientes, levando-nos a outra matriz dos valores monetários do consumo intermediário do Planeta GangeS.

matriz de contabilidade social exibida na Tabela 4.3, com seus cinco blocos visivelmente constituídos por matrizes. Sua última linha, comumente representada como

[800 800 500 500 600 600]

é chamada de vetor linha e a correspondente coluna do total abriga o vetor transposto, que simbolizamos como

[800 800 500 500 600 600]^T.

Ao considerarmos que o preço de cada transação registrada na Tabela 4.3 é de ($) 1, então, esses 800 que vemos nos totais da primeira e segunda linhas podem ser definidos como uma quantidade monetária, conceito que vai acompanhar-nos por todo o livro. Deste modo, a primeira linha da tabela diz que os produtores rurais venderam 150 para outros produtores rurais, 150 para produtores urbanos, 250 para as famílias pobres e mais 250 para as famílias ricas, perfazendo 800. A primeira coluna mostra os gastos em compra de recursos por parte dos produtores rurais: os 150 a que referimos como vendas de uns produtores a outros, os 150 que estes compraram dos produtores urbanos, mais 250 pagos aos trabalhadores e a geração de um excedente da receita sobre os custos no valor de 250 quantidades monetárias. Neste caso, as quatro cifras no valor de 150 configuram as transações levadas a efeito no mercado de bens e serviços voltado à negociação de bens (e serviços) de consumo intermediário.

De modo análogo às quatro transações que acabamos de referir, as quatro cifras de 50 constituem transações realizadas entre as instituições. As linhas mostram o tipo de instituição que recebeu pagamentos daquela consignada em cada coluna. Trata-se agora de transações realizadas no mercado de convenções institucionais (mercado político). Expandindo esta visão, podemos ver os demais blocos da matriz de contabilidade social como descrevendo a situação de equilíbrio *ex post* dos demais mercados. No bloco B_{21}, a Tabela 4.3 mostra os recebimentos pelos locatários dos fatores de produção dos pagamentos que lhes fizeram os produtores. Configura-se, com estas transações, o funcionamento do mercado de serviços dos fatores de produção. No bloco B_{32}, vemos créditos consignados às instituições, cujo débito corresponde simplesmente aos fatores. Trata-se agora do funcionamento do mercado de arranjos institucionais (inclusive monetários), em que as instituições enviam o "aparato institucional" e

Tabela 4.3 O igualitarismo é a marca do Planeta GangeS, como ilustra sua matriz de contabilidade social (unidades monetárias indexadas – denari)

Contas		Produtores		Fatores		Instituições		Total
		Rural	Urbano	Trabalho	Capital excedente	Pobres	Ricos	
Produtores	Rural	150	150			250	250	800
	Urbano	150	150			250	250	800
Fatores	Trabalho	250	250					500
	Capital excedente	250	250					500
Instituições	Pobres			250	250	50	50	600
	Ricos			250	250	50	50	600
Total		800	800	500	500	600	600	

recebem a renda amealhada pelos locatários dos fatores de produção pela venda de serviços dos fatores que fizeram aos produtores. Por fim, o bloco B_{13} destaca o funcionamento do mercado de bens e serviços (exclusive serviços dos fatores produtivos), em que as instituições (detentoras da renda que lhes foi transferida pelos locatários dos serviços dos fatores, que lhes foi paga pelos produtores, que, etc.) pagaram aos produtores. Os lançamentos nas linhas e nas colunas específicas podem ser lidos de modo similar, ainda que estes esclarecimentos comecem a tornar-se monótonos.

As Tabelas 4.1 e 4.3 mostram a simplicidade das articulações entre os conceitos de produto, renda e despesa, setores econômicos (setor rural e setor urbano), de locatários dos fatores de produção (trabalhadores e demais agentes) e das unidades institucionais (famílias pobres e famílias ricas). Particularmente, a Tabela 4.3 também mostra que há relações interindustriais (produtores rurais vendendo a si próprios e aos produtores urbanos e estes também vendendo a si próprios e aos produtores rurais) e relações interinstitucionais, em que as famílias pobres transferem o mesmo montante de dinheiro para as demais famílias pobres e para as famílias ricas e recebem os mesmos montantes destas. Mas há ameaças por todos os lados ao igualitarismo de singular simplicidade aritmética exibido pela Tabela 4.3, pois não sabemos, por exemplo, como a renda do trabalho é distribuída entre os diferentes trabalhadores do Planeta GangeS, nem se o tamanho das famílias pobres é o mesmo das famílias ricas. Ou seja, nossa matriz de "coeficientes-ponte" entre os escalares originais e as matrizes assim derivadas, embora aritmeticamente dócil, pode estar escondendo bravia desigualdade.

Mesmo portando o mérito de reunir tantas informações e detalhes sobre a contabilidade social, essas matrizes de cinco blocos apresentam algumas limitações. A primeira e mais difícil de resolver consiste em considerar a situação menos radical de uma região, município, estado, país, e mesmo um planeta, que deseja explicitar, por exemplo, o papel do governo que cobra impostos indiretos líquidos de subsídios aos produtores. A segunda resulta da necessidade que às vezes temos de estudar detalhadamente as importações feitas por uma região às demais unidades territoriais. Neste novo ambiente, que decorre da ampliação das interações entre os agentes pela adição do sexto bloco de contas[8], poderemos estudar, por exemplo, o papel do governo enquanto responsável pela transferência de recursos, retirando-os dos locatários dos fatores de produção e transferindo-os às famílias pobres, por meio de programas sociais[9]. Para isto, precisamos construir a matriz da Tabela 4.4, que poderia dar espaço ainda a novas subdivisões, culminando com as matrizes territo-

---

[8] As Tabelas 4.2 e 4.3 mostram cinco blocos significativos e quatro deles ocupados por matrizes nulas (que nem grafamos, optando por deixar seus espaços em branco). No bloco B_{12}, não há espaço para lançamentos a débito (pagamentos) dos locatários dos fatores de produção e a crédito (recebimentos) dos produtores; em circunstâncias excepcionais, trabalhadores ou capitalistas pagam multas aos produtores, mas estas são registradas no bloco B_{21}, ou seja, a remuneração dos empregados e o excedente operacional registram as cifras correspondentes a estes pagamentos (multas por inutilização de materiais e condenações judiciais por assédio moral, por exemplo). O bloco B_{22} também é ocupado por uma matriz nula, pois não definimos recebimentos ou pagamentos entre os fatores. Tampouco no bloco B_{23} há espaço para a definição de pagamentos das instituições aos fatores. O locatário de fator de propriedade das instituições nada tem a vender ou comprar de outro locatário, pois – se o comprasse – viraria produtor, deslocando-se para o bloco B_{11} e a transação correspondente seria registrada em B_{21}. Ou seja, a instituição nada paga aos locatários dos fatores de sua propriedade – pois é a proprietária! – ao contrário, recebendo os aluguéis que estes recolhem aos produtores. O bloco B_{12}, ao ver desdobrados os impostos indiretos líquidos de subsídios e as importações, será explorado adiante.

[9] Mas também há governos menos distantes do que o Planeta GangeS que retiram dinheiro às instituições das famílias pobres e o repassam, por exemplo, às empresas encarregadas de materializar o investimento societário.

Tabela 4.4 Matriz de contabilidade social de seis blocos e 11 contas. Lizarb, Ano I (bilhões de laeres)

Contas	Produtores			Fatores		Instituições					TOTAL
	Agropecuária	Indústria	Serviços	Trabalho	Capital	Famílias Pobres	Famílias remediadas	Famílias Ricas	Governo (despesa menos receita)	Empresas de comércio internacional (exportações)	Empresas investidoras domésticas	
Produtores Agropecuária	48,7	146,6	10,1			33,0	18,9	18,6		21,6	29,4	327,1
Indústria	60,8	758,8	234,1			130,0	96,5	134,8		271,9	399,0	2.085,8
Serviços	22,1	168,5	271,8			184,8	217,1	472,2	430,1	61,3	18,0	1.845,9
Fatores Trabalho	20,6	182,5	717,7									920,7
Capital	157,6	490,4	425,8									1.073,8
Instituições Famílias pobres				251,6	30,0	6,0		5,6	26,2			319,5
Famílias remediadas				265,0	98,6		6,2	4,2	24,9			399,0
Famílias ricas				404,1	581,1			12,1	71,5			1.068,8
Governo (receita)	8,0	145,6	109,7		118,1	40,8	46,4	135,3	177,1			781,0
Importadores	9,3	193,5	76,6		33,9				64,8			378,1
Poupadores					212,0	−75,1	13,9	286,1	−13,7	23,3		446,4
TOTAL	327,1	2.085,8	1.845,9	920,7	1.073,8	319,5	399,0	1.068,8	781,0	378,1	446,4	

Obs.: os impostos indiretos líquidos de subsídios e as importações estão contidos na demanda final.

rialmente localizadas de empresas e famílias específicas, no estilo da linha inferior do Bonsai Econômico da Figura 1.10 do Capítulo 1 (Divisão)[10].

Ao centrarmos nossa atenção no conteúdo da Tabela 4.4, iniciamos observando que quatro de seus seis blocos numéricos exibem cifras em negrito. O Bloco B_{31} do canto inferior esquerdo é a novidade que será tratada com mais vagar na Seção 4.8. Com ele, nossas cinco equações iniciais dão lugar às que seguem, para as quais já vamos usar a notação[11] *ad hoc* (que será retomada no Capítulo 5 (TRUs):

$$B_{11} + B_{13} \equiv x_1, \quad (4.4)$$
$$B_{21} \equiv x_2 \text{ e}$$
$$B_{31} + B_{32} + B_{33} \equiv x_3.$$

Lendo ao longo das colunas, temos:

$$B_{11} + B_{21} + B_{31} \equiv x_1,$$
$$B_{32} \equiv x_2 \text{ e}$$
$$B_{13} + B_{33} \equiv x_3.$$

Estas relações nos mostram uma extraordinária propriedade das matrizes de contabilidade social. Uma vez que elas estão evidenciando o equilíbrio *ex post* (realizado) das contas dos agentes integrantes das diferentes organizações econômicas (produtores, fatores, instituições), a soma de cada linha (crédito, entrada ou fonte de recurso) é igual à soma da coluna (débito, saída ou uso de recurso) correspondente.

Ao subconjunto de dados negritados, chamamos de matriz de insumo-produto, pois centramos o foco de nossas atenções nas relações intersetoriais, observando que, por exemplo, a agropecuária vende D$ 146,6 bilhões à Indústria[12], mais D$ 18,6 bilhões às famílias ricas, nada vende ao governo, exporta D$ 21,6 bilhões, e por aí vai. Ao mesmo tempo, as colunas iniciais dos blocos B_{11}, B_{21} e B_{31} mostram os pagamentos feitos pela agropecuária. As células do primeiro bloco mostram as compras que a agropecuária fez a si própria (insumos, sementes, 48,7) e as que ela fez aos demais setores (tratores da indústria, com 60,8 e aplicação aérea de herbicidas dos serviços, com 22,1). As células do segundo bloco (B_{21}) mostram os pagamentos que os produtores do setor agropecuário fizeram aos locatários do fator trabalho (20,6) e do fator capital (157,4), ao passo que as do bloco inferior (B_{31}) mostram duas transações importantes realizadas pelo setor agropecuário, descrevendo completamente sua estrutura de custos: os pagamentos de impostos indiretos líquidos de subsídios por parte dos setores produtivos ao governo (respectivamente 8,0, 145,6 e 109,7) e as importações de insumos ou de bens de capital do exterior (9,3, 193,5 e 76,6).

---

[10] Sugerimos que o leitor compare a Tabela 3.5 do Capítulo 3 (Dimensões) com a Tabela 4.4 agora apresentada. As importações aqui registradas são chamadas de não competitivas, pois elas não são registradas no bloco B_{11} como alternativos à absorção dos insumos intermediários. Ademais, demos ao registro dos impostos indiretos líquidos de subsídios um tratamento similar. Na Seção 4.9 do Capítulo 4B (MIP/CD) do CD, vamos tratar esta questão com mais profundidade.

[11] Na notação matricial convencional, temos no primeiro caso a seguinte expressão: $\mathbf{B}_{11}\mathbf{i} + \mathbf{B}_{13}\mathbf{i} \equiv \mathbf{x}_1^T$, onde $\mathbf{B}_{ij}$ são matrizes de dimensão $n \times k$ e $\mathbf{i}$ é o vetor soma de dimensão compatível com o número de colunas das matrizes que o antecedem. Em nosso exemplo, para $\mathbf{B}_{11}$, $k = 3$ e, para $\mathbf{B}_{13}$, $k = 6$.

[12] Na Seção 4.8 estudaremos o chamado problema da classificação. Lá, deixaremos claro que, mais próximo à realidade, deveríamos dizer que, por exemplo, a atividade da industrialização de alimentos compra produtos agropecuários e os processa junto com outros insumos, revendendo-os à demanda final.

Em resumo, as linhas dos blocos B_{11} (consumo intermediário) e B_{13} (demanda final) estão mostrando o destino da produção, ao passo que as colunas dos blocos B_{11}, B_{21} e B_{31} estão mostrando as origens dos insumos intermediários (do bloco B_{11}) e dos insumos primários (blocos B_{21} e B_{31}). O bloco B_{21} acompanha-nos desde o Capítulo 3 (Dimensões). Ao longo da coluna da produção, naturalmente, também estamos vendo a estrutura de custos de cada setor. Por exemplo, no setor serviços, quando dividimos D\$ 109,7 por D\$ 1.845,9, ficamos sabendo que 5,9% de seus custos originaram-se do pagamento de impostos que esse setor fez ao governo. Ao longo das colunas demarcadas pelas instituições, podemos ver o uso orçamentário de seus recursos. Particularmente, a informação contida no bloco B_{13} é de fundamental importância para a construção de diversos modelos econômicos de aplicação micro ou mesoeconômica. Interpretada em termos absolutos, por exemplo, a principal componente da demanda exercida pelas famílias ricas origina-se no setor serviços. Em termos relativos, constatamos que a indústria, no ano I, respondeu por 89,4% (isto é, $\frac{399,0}{446,4}$) do investimento de todo o sistema produtivo de Lizarb.

As informações fornecidas pelos blocos B_{21} e B_{31} também são de suma importância para entendermos as relações estruturais responsáveis pelo funcionamento da economia e, mais do que ela, de toda a vida social de Lizarb. Em relação à distribuição da renda, a matriz de contabilidade social exibe tanto a distribuição funcional, em seu bloco B_{21}, quanto a distribuição secundária, no bloco B_{32}. Neste último, estamos vendo, por exemplo, que a instituição famílias pobres recebeu L\$ 251,6 bilhões dos locatários do fator trabalho por elas encaminhados ao mercado de fatores de produção. Ou seja, na medida que estas têm seus direitos de propriedade sobre a capacidade de trabalho de seus integrantes reconhecidos, elas encaminham esses recursos ao mercado de trabalho, alugando-os aos produtores. Assim, ao longo da linha correspondente à sexta conta, temos que a receita originária do trabalho representa 78,7% $\frac{251,6}{319,5}$ dos orçamentos familiares dos pobres. Ao longo da quarta coluna, que discrimina os rendimentos do trabalho, vemos que as famílias pobres ficam com 27,3% (ou $\frac{251,6}{920,7}$) do total dos rendimentos dos trabalhadores. Por outro lado, analisando o orçamento das famílias ricas, constatamos que 38,8% (ou $\frac{404,1}{1.068,8}$) do total de rendimentos do trabalho sustentam suas contas bancárias, ao mesmo tempo em que recolhem 54,1% (ou $\frac{581,1}{1.073,8}$) do total de rendimentos do capital.

Mesmo com toda esta riqueza de informações, nem tudo está capturado pela matriz de contabilidade social, pois, por exemplo, interessa-nos saber em que setores econômicos estavam alojados os produtores que pagaram os L\$ 251,6 bilhões aos trabalhadores integrantes das famílias pobres[13]. Ainda assim, outras relações importantes podem ser observadas no bloco B_{32}, como é o caso dos totais dos rendimentos do trabalho e do capital. Somos levados a calcular a participação total dos salários na remuneração dos locatários dos fatores de produção, chegando a 46,2% (ou seja, $\frac{920,7}{1.994,5}$), o que demarca um contraste desta característica estrutural da

---

[13] As estatísticas disponíveis em Lizarb permitem que este cálculo também seja realizado, como veremos no Capítulo 8 (Demográficos).

economia de Lizarb. Ao confrontarmos esta cifra com a correspondente informação dos países capitalistas avançados, chegamos a cerca de 75%.

Nesta linha, a aritmética autoriza uma interpretação não convencional sobre o financiamento do investimento. Caso examinemos a composição dos L$ 446,4 bilhões da conta poupança das instituições, veremos que eles foram financiados majoritariamente pelos L$ 286,1 bilhões das famílias ricas. Estas – por seu turno – estariam sendo financiadas pelas famílias pobres (-75,1) e pelo o governo (-13,7). Ou seja, os estritos lançamentos contábeis não nos permitem diferenciar se o "sacrifício da poupança" foi feito pelos ricos ou pelas duas instituições que se endividaram para "fecharem" as contas da poupança e do investimento.

Seja como for, nossa moldura de dados mostra, no bloco B_{11}, a matriz do consumo intermediário das atividades[14], ou matriz de relações interindustriais. No bloco B_{21}, temos a remuneração que os produtores alojados nos três setores econômicos pagam aos locatários dos serviços dos fatores trabalho e capital pelo uso de sua capacidade produtiva. O bloco B_{31} mostra outros dois elementos que, associados aos recém-referidos, constituem os insumos primários do sistema. Por contraste aos insumos mencionados há pouco, também chamados de insumos intermediários, os insumos primários contemplam dois componentes. As importações podem ser entendidas como insumos a serem utilizados pelos setores produtivos, mesmo que seja para transferi-los intactos aos consumidores por meio de uma loja de artigos importados classificada no setor serviços. Além delas, os insumos primários registram os impostos indiretos líquidos de subsídios recolhidos pelos produtores ao governo.

A partir de agora, ao falarmos nas unidades monetárias de Lizarb, estaremos de fato referindo-nos a bilhões de leares. Assim, o conteúdo dos blocos B_{21} e B_{31} permite-nos calcular o valor adicionado de Lizarb, ao mensurá-lo pela ótica do produto; assim, podemos chamá-lo de produto interno bruto a preços de consumidor: $VA_P = 20,6 + 182,5 + 717,7 + 157,6 + 490,4 + 425,8 + 8,0 + 145,6 + 109,7 = 2.257,9$. Reordenando estas cifras segundo as colunas da Tabela 4.4, temos: $P_A = 20,6 + 157,6 + 8,0$, $P_I = 182,5 + 490,4 + 145,6$ e $P_S = 717,7 + 425,8 + 109,7$. Ou seja, acabamos de dizer que a soma entre os produtos agrícola (P_A), industrial (P_I) e dos serviços (P_S) integraliza o valor adicionado mensurado pela ótica do produto: $VA_P \equiv P_A + P_I + P_S$.

Naturalmente, a Tabela 4.4 também permite-nos subdividir, ainda, o produto setorial nas remunerações dos trabalhadores e dos capitalistas, bem como o recolhimento por parte dos produtores de impostos indiretos líquidos de subsídios ao governo. No caso do produto agrícola, vemos a remuneração de trabalhadores assalariados e "conta-próprias" com L$ 20,6 bilhões, excedente operacional de 157,6 e os impostos indiretos líquidos de subsídios no montante de 8,0. Deste modo, o VA_P informa o que se chama de distribuição primária (funcional) da renda entre os trabalhadores ocupados nos diferentes setores, os ganhos do capital e a arrecadação de impostos indiretos líquidos de subsídios[15].

---

[14] Veremos no Capítulo 5 (TRUs), no contexto da construção das tabelas de recursos e usos, cifras correspondentes ao consumo intermediário **dos produtos**, diferença a ser explicada na Seção 4.8 deste capítulo, concernente ao já mencionado problema da classificação.

[15] Podemos conceber – no mundo da lua – dois casos que fazem esta cifra negativa: o excedente operacional (prejuízo) é muito grande ou há subsídios governamentais acentuados. Para setores específicos, o prejuízo não é tão incomum, por exemplo, a queima completa de uma lavoura dias antes da colheita: as despesas de consumo intermediário e salários terão sido pagos, ao mesmo tempo em que os produtores não teriam receita.

A segunda ótica de cálculo do valor adicionado permite-nos determinar a renda interna bruta a preços de consumidor de Lizarb, ou seja, a renda recebida pelos locatários dos fatores de produção que arrendaram seus serviços aos produtores domésticos, independentemente de serem residentes ou não em Lizarb. No segundo caso, encontramos recursos provenientes do trabalhador e do capital que, mesmo desenvolvendo sua atividade econômica em Lizarb, são residentes em outros países, nossos já registrados $VA_Y \equiv Y_{PO} + Y_{RE} + Y_{RI} + T_D + L_M + S_E$, onde Y_{PO} é a renda das famílias pobres, Y_{RE} é a das famílias remediadas, Y_{RI} é a das famílias ricas, T_D são os impostos diretos sobre os lucros, L_M são os lucros emitidos ao exterior e S_E é o lucro retido pelas empresas (poupança empresarial). Com as cifras dos totais das colunas 4 e 5 da Tabela 4.4, temos: $VA_Y = 251,6 + 265,0 + 404,1 + 30,0 + 98,6 + 581,1 + 118,1 + 33,9 + 212,0 + 8,0 + 145,6 + 109,7 = 2.257,7$.

A terceira ótica de cálculo do valor adicionado, nomeadamente, a ótica da despesa, encontra-se no Bloco B_{13}, destacando-se a demanda final das instituições. Vemos neste bloco a matriz de consumo final das famílias pobres, remediadas e ricas, onde é possível avaliar sua condição de bem-estar. Também vemos o consumo do governo, as exportações feitas pelos produtores dos três setores às empresas estrangeiras que absorvem sua produção, bem como a absorção da produção por parte das instituições empresariais que vão transformar esses bens ou serviços em investimento, ou seja, em acréscimo ao capital de Lizarb. Nossa definição de despesa interna bruta a preços de consumidor considera estas componentes, descontando de seu total os gastos dos produtores na importação de insumos: $VA_D \equiv C_{Po} + C_{Re} + C_{Ri} + G + (X - M) + I$, onde C_{Po} é o consumo das famílias pobres, C_{Re} é o consumo das famílias remediadas, C_{Ri} é o consumo das famílias ricas, G é o gasto do governo, $(X - M)$ é o saldo entre exportações e importações de bens e serviços e I é o investimento realizado pelas instituições (empresas) situadas no território considerado.

Associando este bloco a B_{21} e B_{31}, podemos verificar a chamada identidade fundamental da contabilidade social. Ainda que venhamos a confirmá-la analiticamente mais adiante (4.14), o exame da Tabela 4.4 permite vermos que o produto líquido de importações é igual à despesa: $VA_D = 33,0 + 18,9 + 18,6 + 21,6 + 29,4 + 130,0 + 96,5 + 134,8 + 271,9 + 399,0 + 184,8 + 217,1 + 472,2 + 430,1 + 61,3 + 18,0 - 9,3 - 193,5 - 76,6 = 2.257,8$, onde também vemos um erro de arredondamento, comum nos fechamentos entre linhas e colunas das tabelas de cálculos de agregados mesoeconômicos.

Para encerrar a seção, consideramos oportuno destacar mais uma vez a riqueza de informações que – diretamente ou mediante o cálculo de indicadores – pode ser extraída da matriz de contabilidade social. A coerência alcançada à custa de muito trabalho de compatibilização de informações originárias das mais variadas fontes tem a qualidade de computar, em uma única moldura de dados, diversas estatísticas econômicas. Construímos um ambiente único para estatísticas da produção, da distribuição da renda, do comércio exterior, do orçamento do governo, dos investimentos e da poupança, dos fluxos de capitais públicos ou privados com o Resto do Mundo. Podemos construir índices de concentração e desigualdade para a distribuição familiar da renda, observar a formação da poupança interna e externa e emoldurar o déficit do governo e sua participação na distribuição da renda, verificar gargalos nos setores produtivos e sua relação com a demanda. Enfim, sem qualquer complexidade de modelagem, é possível usar as informações da matriz de contabilidade social para realizar inúmeras análises econômicas. Suas potencialidades se multiplicam quando procedemos a comparações temporais ou regionais. Por fim, a matriz pode ainda ser construída conforme os fins a que se destina e, assim, conter diversas classificações sobre regiões, produção ou destino de seus fluxos.

4.3 DA MATRIZ DE CONTABILIDADE SOCIAL À MATRIZ DE INSUMO-PRODUTO[16]

As informações contidas na matriz de contabilidade social e as descrições feitas anteriormente, entre outras que poderiam aprofundar o assunto, permitem uma razoável caracterização da economia e a avaliação de seu desempenho. Uma riqueza informativa adicional emerge da possibilidade de proceder a comparações entre países com níveis de atividade e bem-estar diversos[17]. Porém, como recém alertamos, as potencialidades da matriz de contabilidade social não se esgotam aqui. Com efeito, uma de suas maiores utilizações volta-se à modelagem econômica multissetorial, cujo foco principal é destacar como o valor adicionado circula na economia. Este será o assunto da próxima seção.

O modelo de insumo-produto pode ser constituído a partir de um marco teórico e conceitual mais amplo, a matriz de contabilidade social. Ainda que criada muitos anos após a consagração do modelo de insumo-produto, a matriz de contabilidade social o coloca como um caso particular, de modo que apresenta duas vantagens. Em primeiro lugar, ela permite lidar com outras dimensões da vida em sociedade, rastreando o mecanismo da distribuição primária do valor adicionado (produto) aos detentores da capacidade produtiva dos fatores de produção que os repassam às instituições das quais eles são propriedade. Com isto, salientamos a forma original criada por Leontief (1936) para a descrição das relações intersetoriais, isto é, a transferência ou venda de insumos que setores específicos fazem a si próprios e aos demais setores. Ademais, ela contorna o chamado "problema da classificação", uma complicação adicional a ser examinada na Seção 4.8.

Neste contexto, já vimos que a matriz de contabilidade social é um instrumento adequado para enlaçar a apresentação das três óticas de cálculo do valor adicionado estudadas no Capítulo 3 (Dimensões). Com a matriz de insumo-produto, vamos dar mais dois passos. O primeiro, mais sofisticado teoricamente, consiste em identificarmos as três dimensões do trabalho social vistas no Capítulo 3 (Dimensões) com possibilidades de quantificação. O segundo consiste em mostrar que a matriz de insumo-produto é um recorte da matriz de contabilidade social, destacando as relações intersetoriais, não sem antes indicar que as Seções 4.7 e 4.8 do Capítulo 4A (MaCS/CD) vão mostrar as possibilidades analíticas derivadas da integração das relações interinstitucionais, onde falaremos nas matrizes **B**, **ΔB** e **M**.

Em continuação, a Tabela 4.5. desconsidera as áreas hachuradas, levando a centrarmos nossa visão de funcionamento do sistema apenas em seu braço produtivo, desconsiderando tanto o mecanismo de distribuição do valor adicionado dos fatores

---

[16] Esta seção constitui, com modificações menores, a Seção 4.3 do Capítulo 4A (MaCS/CD).

[17] Uma forma razoável de avaliarmos o desempenho de uma economia consiste em compararmos as conquistas de um ano com outro ano relevante. No Capítulo 11 (Comparações), veremos as precauções que devem ser adotadas para garantir a legitimidade das comparações. Os Capítulos 11A (Índices/CD), 11B (Intertemporais/CD) e 11C (Internacionais/CD) exploram estes traços em grande profundidade.

Tabela 4.5 Matriz de insumo-produto de três blocos (unidades monetárias indexadas)

Contas	Produtores	Instituições	TOTAL
Produtores	Relações interindustriais $B_{11} = 10$	Despesa $B_{13} = 11$	Demanda Total = 21
Fatores	Produto $B_{32} = 11$	Produto ≡ Despesa = 11	
TOTAL	Oferta total = 21		

às instituições quanto as relações interinstitucionais. Em sua forma tradicional, a matriz de insumo-produto tem três blocos, também costumeiramente designados por quadrantes. As relações entre os produtores também são descritas por meio de uma matriz quadrada, inspirando-nos a acrescentar ao lado de cada bloco um valor numérico que corresponde ao valor monetário das transações nele realizadas, que será visto de forma desagregada na Tabela 4.6.

Nesta, podemos ver a igualdade entre o produto interno bruto e a despesa interna bruta, o que configura a chamada identidade fundamental da contabilidade social. No caso da economia com um setor externo equilibrado, ela diz simplesmente que PIB = DF, onde PIB é o produto interno bruto e DF é a demanda final. Por enquanto, estamos vendo apenas duas das três óticas de cálculo do valor adicionado, nomeadamente, o produto e a despesa.

Mesmo sem aprofundarmos os conceitos da teoria econômica subjacentes a este elenco de 13 números, vemos que existe uma notável regularidade na tabela, que pode ser construída a partir de alguns conjuntos de apenas seis deles. Em alguns pontos específicos das seções que seguem (e também nos Capítulos 4A – MaCS/CD e 4B – MIP/CD), vamos aprofundar os conceitos econômicos, e para ilustrá-los, usaremos tanto as relações numéricas pertinentes a situações mais complexas do que as refletidas anteriormente quanto as relações algébricas. Entretanto as intuições básicas aqui colhidas não devem se perder em meio a um mundo de números e de álgebra convencional ou matricial. Ou seja, uma vez que essas poderosas relações entre números expressam também poderosas relações econômicas, veremos a matriz de insumo-produto como uma forma convencional de formalizá-las. No que segue, consideraremos diversas implicações e desdobramentos, iniciando com a localização de duas entre as três óticas de cálculo do valor adicionado no contexto das três dimensões do trabalho social. Após, destacaremos a principal suposição

Tabela 4.6 Matriz de insumo-produto da economia de dois setores de um país ignoto, ano I (unidades monetárias indexadas)

Setores	Setor 1 rural	Setor 2 urbano	Demanda final	Valor da produção
Setor 1 – Rural	4	3	6	13
Setor 2 – Urbano	1	2	5	8
Insumos primários (valor adicionado)	8	3	11	
Valor da produção	13	8		

da construção do modelo de insumo-produto, nomeadamente, a proporcionalidade entre insumos e produtos[18].

Usando nossa linguagem cotidiana, a equação elementar do modelo de insumo-produto diz-nos simplesmente (se olharmos a primeira coluna), por exemplo, que o setor rural compra:

a) quatro unidades de sua própria produção (sementes),
b) uma unidade da produção do setor produtivo localizado no meio urbano (trator) e
c) oito unidades de insumos primários (salitre importado, aluguel dos serviços do fator trabalho, aluguel dos serviços do fator capital e impostos líquidos de subsídios sobre a produção).

Logo, o total dos recursos por ele mobilizados é de 13 unidades: $4 + 1 + 8 = 13$.

Somando sementes com tratores, teremos um resultado interessante apenas se pudermos conceber uma unidade de conta comum para estas cifras. Aqui aparece o primeiro dos artifícios da modelagem, pois é certo que, medindo essas quantidades em unidades monetárias, sentimo-nos confortáveis para proceder à adição. Como vimos na Seção 2.5 do Capítulo 2 (Contextualizando), dimensionalmente, estaríamos no melhor dos mundos, por exemplo, quando

$$x_1 = \frac{L\$1}{\text{unidade}} \times 4\,\text{unidades} + \frac{L\$1}{\text{unidade}} \times 1\,\text{unidade} + \frac{L\$1}{\text{unidade}} \times 8\,\text{unidades},$$

ou seja, no caso em que os preços dessas três mercadorias heterogêneas forem iguais à unidade. Multiplicando-os pelas quantidades correspondentes, chegaremos à quantidade monetária de $x_1 = $ D\$ 13, ou seja, uma quantidade medida em dinheiro, correspondente às compras totais que o setor rural faz ao sistema econômico. Ele compra insumos intermediários na quantidade monetária de D\$ 5, fazendo a tradução livre da expressão inglesa *dollar's worth*. Adicionalmente, compra insumos primários na quantidade monetária de D\$ 8. Nossa linguagem natural levou-nos também a diferenciar os insumos intermediários dos primários, pois os primeiros são produzidos dentro do sistema produtivo, com vendas e compras cruzadas entre os setores econômicos. Por contraste, os insumos primários são deslocados aos setores produtivos a partir de outro ambiente, o do funcionamento do mercado externo (importações), o do mercado de fatores (serviços dos fatores trabalho e capital) e o do recolhimento de impostos ao governo e concessão de subsídios aos setores produtivos.

Além do batismo de x_1 que acabamos de dar a nossa quantidade monetária de D\$ 13, a Tabela 4.7 mostra os demais valores apresentados pela Tabela 4.6 com seus correspondentes símbolos. Com isto, começamos a fazer a transição para diversas instâncias de uma linguagem artificial que será útil em casos em que nossa economia venha a contar com muitos setores.

Na Tabela 4.7, a área destacada corresponde à chamada tabela de transações que os setores econômicos realizam entre si, comprando e vendendo os insumos intermediários. Fazendo a tradução generalizada, temos que a célula x_{11} mostra quanto o Setor 1 (rural) vendeu (sementes) para si próprio, enquanto a célula x_{21} apresen-

---

[18] No Capítulo 4B (MIP/CD), estudaremos a função de produção de Leontief, que formaliza esta proposição. Além disso, no Capítulo 11A (Índices/CD), estudaremos a generalização da teoria da produção para outros tipos importantes de relações funcionais.

ta quanto este mesmo Setor 1 (rural) comprou (tratores) do Setor 2 (urbano). Já a célula x_{12} mostra quanto o Setor 2 (urbano) comprou (gado em pé) do Setor 1 (rural) e a célula x_{22} apresenta quanto o Setor 2 (urbano) comprou (serviços educacionais) dele mesmo. A coluna da Demanda Final retrata as vendas diretas de cada produtor aos consumidores. A linha de Insumos Primários considera o valor adicionado em cada fase da produção. Assim, nossa matriz de insumo-produto apresenta nas linhas (crédito) a origem da produção (fonte dos recursos) e, nas colunas (débitos), seu destino (uso dos recursos). Ou seja, para cada x_{ij}, identifica a origem dos insumos na linha i e o agente produtor que o adquiriu na coluna j. Os valores ficam então computados como a crédito das linhas e a débito das colunas. Neste momento, já podemos fazer uma generalização e dar-lhe um nome pomposo, a ser formalizado na Seção 4.4.

Acabamos de ver que $11 = f_1 + f_2 \equiv V_1 + V_2$, expressão que vem a constituir-se na já citada identidade fundamental da contabilidade social, relacionando duas óticas de cálculo do valor adicionado. Ou seja, o fato de que o total da demanda final (despesa) de uma economia é igual ao total de seu produto[19] assume nova feição no presente contexto. Na leitura ao longo das linhas da Tabela 4.7, encontramos o destino da produção:

$$\begin{cases} x_{11} + x_{12} + f_1 \equiv x_1 \\ x_{12} + x_{22} + f_2 \equiv x_2 \end{cases}$$

Lendo ao longo das colunas, temos o fluxo de recursos:

$$\begin{cases} x_{11} + x_{21} + V_1 \equiv x_1 \\ x_{12} + x_{22} + V_2 \equiv x_2 \end{cases}$$

Ambas, linhas ou colunas, mostram o valor da produção, seja por meio da receita ou despesa de cada setor, refletindo a condição de equilíbrio *ex post* (realizado) presente em praticamente toda a contabilidade social. Ou seja, estamos observando a identidade contábil entre a oferta e a procura das diferentes mercadorias, o que – em termos mais mundanos – traduz-se na dualidade básica da vida econômica.

Tabela 4.7 Matriz de insumo-produto: insumos, demanda final, insumos primários (valor adicionado), demanda total e oferta total

Setores	Setor rural ($j=1$)	Setor urbano ($j=2$)	Demanda final	Valor da produção
Setor rural (i=1)	$4 = x_{11}$	$3 = x_{12}$	$6 = f_1$	$13 = x_1$
Setor urbano (i=2)	$1 = x_{21}$	$2 = x_{22}$	$5 = f_2$	$8 = x_2$
Insumos primários (valor adicionado)	$8 = V_1$	$3 = V_2$	$11 = f_1+f_2 F \equiv V_1+V_2 \equiv V$	$21 = \Sigma_i x_i$
Valor da produção	$13 = x_1$	$8 = x_2$	$21 = \Sigma_j x_j$	

---

[19] No jargão econômico, dizemos que o valor adicionado é igual à demanda final, confundindo o conceito de valor adicionado exclusivamente com a ótica do produto e associando corretamente a demanda final com a ótica da despesa.

Com efeito, enquanto existirem, as vendas sempre foram e sempre serão iguais às compras. Em sequência, podemos calcular a participação de cada item de custos no total de compras de insumos intermediários ou primários de cada setor. Com isto, estamos calculando coeficientes capazes de indicar o quanto de cada insumo é necessário para concretizar um determinado volume de produção.

Assim, temos

$$\frac{x_{11}}{x_1} \equiv a_{11}$$

e

$$\frac{x_{21}}{x_1} \equiv a_{21}. \quad (4.5)$$

Estes resultados, como atesta o sinal de identidade, são de validade muito restrita, dada, em nosso exemplo, por $\frac{4}{13}$ e $\frac{1}{13}$, e nada mais. Ou seja, obtivemos a notação em linguagem simbólica para uma situação absolutamente singular: um país ou região em um período determinado. Sob o ponto de vista da construção dos modelos econômicos, de pouco proveito são as expressões deste tipo. Para ingressarmos no nível de abstração da realidade criado por meio da modelagem, vamos selecionar um espaço geográfico e um período de tempo em que as relações entre o insumo intermediário x_{11} (e também x_{21}) e o total de compras de insumos do setor x_1 permanecem válidas[20]. Com isto, abandonamos o universo das identidades e ingressamos no mundo mais restrito das igualdades: $a_{ij} = \frac{x_{ij}}{x_j}$, ou ainda[21] $x_{ij} = a_{ij} \times x_j$.

Neste contexto, podemos reescrever as equações anteriores como:

$$\begin{cases} a_{11} \times x_1 + a_{12} \times x_2 + f_1 = x_1 \\ a_{21} \times x_1 + a_{22} \times x_2 + f_2 = x_2 \end{cases} \quad (4.6)$$

Observemos que até agora já aconteceram importantes desdobramentos. Partimos de trivialidades como $4 + 3 + 6 = 13$ e $4 + 1 + 8 = 13$ e chegamos a duas expressões válidas para diferentes ambientes em diferentes períodos de tempo, e mesmo um número expressivamente maior de setores, pois i e j podem ser tão grandes quanto queiramos[22]. Trata-se de duas equações lineares nas quais podemos contar oito signos, nomeadamente, a_{11}, a_{12}, a_{21}, a_{22}, x_1, x_2, f_1 e f_2. Todavia acabamos de dizer que nossos coeficientes a_{11}, a_{12}, a_{21} e a_{22} não variam, dependendo de nossa habilidade em selecionar um espaço e um tempo compatíveis com nossa modelagem. Isto significa que permanecemos com dois conjuntos de valores indeterminados, x_1

---

[20] Ao dispormos da matriz **A** para um ano, muitas vezes ficamos insatisfeitos, pois desejamos coeficientes técnicos do ano corrente, de um ano pretérito menos distante ou mesmo de um futuro longínquo. Na Seção 4.8 do Capítulo 4B (MIP/CD), vamos apresentar um método muito usado para o trabalho de atualização dos a_{ij}. Por seu turno, o efeito da passagem do tempo sobre o valor dos coeficientes de **A** entre dois períodos e questões correlatas serão tratados na Seção 4.9 desse mesmo capítulo.

[21] O coeficiente técnico a_{ij} é precisamente o argumento da função de produção de Leontief, como veremos na Seção 4.4 do Capítulo 4B (MIP/CD).

[22] Leontief falava na "corrida entre engenheiros e economistas" pela capacidade-necessidade de processamento de enormes massas de dados, inclusive a inversão de matrizes de dimensão elevada. Hoje, está claro que os engenheiros foram os vencedores incontestáveis.

e x_2, que representam os totais da oferta e da procura de cada setor e f_1 e f_2, que sinalizam a magnitude das demandas finais com que eles se defrontam. Isto nos leva a descrever o sistema constituído pelas equações (4.6) como um sistema de duas equações e quatro variáveis.

Esta maneira de formular a questão resulta do trabalho realizado por Wassili Leontief 15 anos após a exposição original[23]. Leontief postulou o chamado modelo fechado de insumo-produto, pois considerava que tanto as variáveis f_1 e f_2 quanto V_1 e V_2 poderiam ser formuladas como funções do nível de produção. Ou seja, teríamos algo como um coeficiente de demanda final setorial com relação à demanda final total $f_{13} = \dfrac{f_1}{F}$ e outro coeficiente $A_{31} = \dfrac{V_1}{x_1}$, ou de insumos primários por unidade de produção. Um modelo com estas características vai ser retomado quando estudarmos a matriz de insumo-produto da empresa, no Capítulo 13 (MIPE). Lá estudaremos três conteúdos que não são desenvolvidos a esta altura do livro: o modelo aberto, a matriz de insumo-processo e a matriz denominada em quantidades físicas.

Em trabalhos desenvolvidos a partir dos anos 1940, Leontief passou a considerar como questão relevante o entendimento das consequências do aumento da demanda final de algum setor sobre o funcionamento de todo o sistema. A melhor resposta resulta do modelo aberto, que considera a demanda final como variável exógena à relação que os produtores mantêm entre si no quadrante do sistema produtivo. Digamos que interessa-nos conhecer, mantendo constante a demanda final do setor urbano, quais são os desdobramentos sobre os dois setores produtivos de um aumento na demanda final do setor rural. Ou seja, queremos saber quais seriam os requisitos adicionais da produção do próprio setor rural e também os do setor urbano, pois as relações intersetoriais mostram que, para produzir uma unidade de bens agrícolas, o setor rural precisou comprar um trator do setor urbano. Assim, é natural que, se a demanda final pelos produtos rurais se elevar, sua produção apenas será possível no caso de ele utilizar mais sementes e também mais tratores. Estando os tratores existentes plenamente ocupados, a única solução será a compra de novas unidades. Assim, nossa Tabela 4.6 transforma-se na Tabela 4.8, onde assinalamos em negrito as mudanças.

Esta transformação é muito bem-vinda pelos consumidores dos produtos rurais, mas o primeiro impacto deste aumento (supondo que tenha havido produção para atender ao aumento da demanda final) desequilibrou a equação da identidade fundamental da contabilidade social. Ou seja, a primeira transformação que precisamos fazer é adequarmos nossa tabela para acrescentar uma unidade ao valor adicionado ao mensurá-lo pela ótica do produto. Naturalmente, se a demanda final do sistema passou de 11 (ou 6 + 5) para 12 (ou 7 + 5), seu produto não pode permanecer em 11 (8 + 3). Com efeito, a fim de produzir esse 1 adicional, foi necessária a importação de mais salitre, a contratação de mais serviços dos fatores de produção, o pagamento de mais impostos e o recebimento de subsídios. Neste mundo de proporcionalidades estritas, todas estas mudanças implicaram um aumento do produto precisamente da ordem do aumento original na demanda final de uma unidade.

---

[23] Estamo-nos referindo ao "modelo fechado" do artigo original de 1936 e ao "modelo aberto" do livro de 1951. Como sabemos, o modelo fechado considera que os níveis da demanda final dos dois setores de nosso exemplo são proporcionais à produção, ao passo que o modelo aberto considera-os como variáveis exógenas (isto é, parâmetros).

Tabela 4.8 Matriz de insumo-produto pelo meio do caminho

Setores	Setor 1 rural	Setor 2 urbano	Demanda final	Valor da produção
Setor 1 – rural	4	3	7	14
Setor 2 – urbano	1	2	5	8
Insumos primários (valor adicionado)	8	3	8+3 ≠ 7+5	
Valor da produção	13	8		

Em resumo, precisamos de uma metodologia que nos permita entender o que acontecerá com o sistema quando os impactos provocados por esse aumento de 1 atingirem todos os setores. Podemos pensar que eles ingressaram no sistema exigindo o aumento da produção de insumos do setor rural. Mas, a fim de atender a esta exigência, o setor rural, além de produzir seus próprios insumos destinados a suprir esse 1 de sua demanda final, deve adquirir insumos do setor 2. Hipoteticamente, digamos que elevou-se a demanda por sopas em albergues urbanos e para fazer uma unidade de sopa são necessárias $\frac{4}{13}$ espigas de cereal (produção rural) e $\frac{1}{13}$ panelas (produção urbana). Este é apenas o primeiro efeito, pois a produção de mais espigas de milho requer mais tratores (produção urbana). Para produzir panelas, é necessária a extração de mais minério de ferro e a produção de chapas metálicas. Também será exigida a produção de mais milho, a fim de atender os trabalhadores que estavam ociosos e que passaram a receber sua quota de cereal. A fim de incorporarmos estes desdobramentos, precisamos migrar do mundo das relações aritméticas para o mundo da álgebra.

Felizmente, o nível de complexidade com que estamos cultivando nossas intuições sobre o mundo das relações intersetoriais é acessível com a matemática (álgebra) de primeiro grau. De nosso elenco inicial de oito signos dados por $a_{11}, a_{12}, a_{21}, a_{22}, x_1, x_2, f_1$ e f_2, já conhecemos os valores de seis: $a_{11} = \frac{4}{13} = 0,3077$, $a_{12} = \frac{3}{8} = 0,3750$, $a_{21} = \frac{1}{13} = 0,0769$, $a_{22} = \frac{2}{8} = 0,2500$, $f_1 = 6$ e $f_1 = 7$ (ou seja, 6 antes da mudança e depois 7) e $f_2 = 5$.

Na situação final, após a decisão de produzir novas sopas, a demanda final passou para sete unidades, ao passo que os demais parâmetros do modelo (os coeficientes técnicos) e sua constante f_2 não sofreram mudanças[24]. Com isto, as identidades anteriores, já transformadas em igualdades[25], devem ser lidas como

---

[24] Operando o modelo desta forma, estamos trabalhando com o chamado modelo aberto de Leontief, pois a demanda final é tratada de forma exógena, ou seja, seu nível não é determinado dentro do modelo. Ao longo do livro, manteremos esta suposição, sendo que iremos relaxá-la apenas a partir da Seção 4 do Capítulo 13 (MIPE).

[25] Esta transformação de uma identidade em uma igualdade liga-nos a duas partes do livro. No Capítulo 2 (Contextualizando), vimos os conceitos de equilíbrio realizado (*ex post*) e planejado (*ex ante*), ao passo que, na Seção 4 do Capítulo 4A (MaCS/CD), vamos estudar a teoria da produção, enriquecendo-a ainda com a Seção 3 do Capítulo 11A (Índices/CD). Nela, trataremos precisamente da descrição das situações planejadas, sendo que a igualdade resultante é regida pela suposição da existência de relações comportamentais (tecnológicas) entre as variáveis selecionadas. No caso presente, estamos postulando a proporcionalidade entre os insumos e seu produto, o que exige o arrojo dos formuladores da teoria.

$$\begin{cases} 0{,}3077 \times x_1 + 0{,}3750 \times x_2 + 6 = x_1 \\ 0{,}0769 \times x_1 + 0{,}2500 \times x_2 + 5 = x_2 \end{cases}$$

o que não passa de um de nossos velhos conhecidos sistemas de duas equações de primeiro grau com duas variáveis. Expressando-a como

$$\begin{cases} 0{,}6923 \times x_1 - 0{,}3750 \times x_2 = 6 \\ -0{,}0769 \times x_1 + 0{,}7500 \times x_2 = 5 \end{cases}$$

somos levados, naturalmente, à solução com os valores de $x_1 = 13$ e $x_2 = 8$.

Esta última forma de apresentação permite fazermos um rápido exercício sobre o efeito das mudanças na demanda final do setor rural. Podemos substituir sua antiga demanda final de 6 unidades pela nova demanda final do setor rural, nomeadamente, 7 unidades. Então, teremos $x_1 = 14{,}5294$ e $x_2 = 8{,}1569$. Ou seja, partindo do aumento inicial de 1 na demanda final do setor rural, esta exibirá um aumento total de $14{,}5294 - 13 = 1{,}5294$ unidades, desde que a produção do setor urbano aumente em $8{,}1569 - 8 = 0{,}1569$ unidades[26]. O que devemos observar, em continuação, é que estes não foram os únicos aumentos do sistema decorrentes do aumento da demanda final do setor rural. Ou seja, apesar de, utilizando o modelo, termos conseguido captar o resultado de importantes interações intersetoriais na produção, a reorganização de nossa já familiar Tabela 4.7 deixa duas lacunas, como observamos na Tabela 4.9.

Os dois espaços da Tabela 4.9 são facilmente preenchidos com nossa também já familiar equação de definição do valor adicionado, quando mensurado pela ótica do produto (PIB): $V_1 = VP_1 - CI_1 = 14{,}5294 - 4{,}4706 - 1{,}1176 = 8{,}9412 = 14{,}5294 - 0{,}3078 \times 14{,}5294 - 0{,}0769 \times 14{,}5294 = (1 - 0{,}3078 - 0{,}0769) \times 14{,}5294$.

Vemos, assim, que o valor adicionado é a fração que restou ao subtrairmos ao valor da produção na primeira expressão seu correspondente consumo intermediário. No caso do setor urbano, temos $V_2 = VP_2 - CI_2 = 8{,}1569 - 3{,}0588 - 2{,}0392 = 3{,}0588$.

Em resumo, depois de realizadas todas as interações entre os setores, as transformações de nosso sistema ocorreram, talvez, na seguinte ordem. Elevou-se a demanda final do setor rural em uma unidade, de seis para sete. Para entregar esta unidade às instituições que a iriam absorver, o mínimo que o setor rural deveria fazer seria produzir precisamente uma unidade. Todavia, a fim de produzir esta unidade, ele precisava comprar insumos do setor urbano, o que ele fez no valor de 0,1176 (isto é, $1{,}1176 - 1$) unidades. Mas, para produzi-las, o setor urbano precisou adquirir 0,0588 (quer dizer, $3{,}0588 - 3$) unidades do setor rural e 0,0392 (ou seja, $2{,}0392 - 2$) de si próprio. Ao envolver-se na produção total de 14,5294 unidades, o setor rural gerou 8,9412 de PIB, ao passo que, com o valor da produção de 8,1569, o setor urbano gerou 3,0588. Em outras palavras, correspondendo à nova demanda

---

[26] Observemos que, na Tabela 4.8, não pudemos ir além de 14 quantidades monetárias, em vez destes 14,5294, pois estávamos apenas na metade do caminho. Na Seção 6 do Capítulo 4A (MaCS/CD) do CD, vamos explorar com mais profundidade esta proposição. Novas implicações deste tipo de abordagem são encontradas em vez nas Seções 7 e 8. Também a Seção 5 do Capítulo 4B (MIP/CD) deve ser evocada no presente contexto, pois ela vai formalizar uma intuição que retemos sobre um sistema econômico viável: só há futuro para uma lavoura cuja colheita excede o gasto em sementes.

Tabela 4.9 Matriz de insumo-produto depois do aumento da demanda final do setor rural

Setores	Setor rural ($j=1$)	Setor urbano ($j=2$)	Demanda final	Valor da produção
Setor rural ($i=1$)	$x_{11} = a_{11} \times x_1$ $= 0,3078 \times 14,5294$	$x_{12} = a_{12} \times x_2$ $= 0,3750 \times 8,1569$	$f_1 = 7$	$x_1 = 14,5294$
Setor urbano ($i=2$)	$x_{21} = a_{21} \times x_1$ $= 0,0769 \times 14,5294$	$x_{22} = a_{22} \times x_2$ $= 0,2500 \times 8,1569$	$f_2 = 5$	$x_2 = 8,1569$
Insumos primários (valor adicionado)	$V_1 = ?$	$V_2 = ?$	$f_1+f_2 \equiv V_1+V_2 = 12$	$\sum_{i=1}^{n} x_i = 22,6863$
Valor da produção	$x_1 = 14,5294$	$x_2 = 8,1569$	$\sum_{j=1}^{n} x_j = 22,6863$	

final de 12 da economia, este mesmo montante foi gerado em termos de PIB (ou, mais corretamente, de insumos primários, nomeadamente, remuneração do trabalho, remuneração do capital, receita do governo e importações, como destacamos na Tabela 4.4).

Uma última palavra antes de prosseguirmos diz respeito à constatação de uma lacuna importante no modelo de insumo-produto. Com ele, pudemos captar todos os movimentos de demanda entre os setores produtivos na utilização dos insumos intermediários, bem como a nova utilização dos insumos primários necessários ao aumento da produção. Mas não fizemos referência às repercussões do aumento na remuneração do trabalho e do capital. Ficou no ar uma pergunta: o que os trabalhadores contratados para dar conta do aumento exógeno da demanda vão fazer com sua renda? A resposta é óbvia: vão transferir às famílias proprietárias dos serviços dos fatores levados ao mercado. Por seu turno, estas vão comprar mais, transferir mais a outras famílias (donativos entre pais e filhos ocupantes de diferentes domicílios) e poupar mais. Resultando em um novo aumento na demanda, um novo ciclo se inicia, o qual não é passível de ser capturado pelo modelo de insumo-produto. Com efeito, estas transferências e poupança não são destacadas na matriz de insumo-produto, mas apenas no bloco B_{33} da matriz de contabilidade social. Na Seção 4.6 do Capítulo 4B (MIP/CD), vamos retomar este ponto.

4.4 AS TRÊS DIMENSÕES DO TRABALHO SOCIAL E SEUS TRÊS SISTEMAS DE MENSURAÇÃO: O SISTEMA DAS QUANTIDADES[27]

No Capítulo 3 (Dimensões), discutimos o surgimento do valor num sistema econômico e dissemos que ele é o resultado da interação entre duas dimensões presentes nas mercadorias, a saber, seu valor de uso e seu valor de troca. Para serem trocadas, as mercadorias precisam ser úteis, o que as leva, no processo de interação dos agentes por meio do mercado, a receberem um preço, tornarem-se mercadorias. O centro de gravidade das flutuações erráticas dos preços, de acordo com a visão dos economistas clássicos, associa-se ao montante de trabalho socialmente necessário utilizado na produção. No Quadro 3.1 daquele capítulo, associamos essas três dimensões a três "sistemas de mensuração", respectivamente, o sistema de quanti-

---

[27] Esta seção constitui, com modificações menores, a Seção 4.2 do Capítulo 4A (MaCS/CD).

dades, o sistema de preços e o sistema do emprego. Ou seja, produzir socialmente gera simultaneamente valores de uso, valores de troca e, como tal, valores. Uma vez que já conhecemos os conceitos mais importantes da matriz de insumo-produto, podemos estabelecer a relação entre esses três sistemas de mensuração do trabalho social e sua aproximação empírica. Mensurando a primeira dimensão do trabalho social por meio do sistema de quantidades, podemos aquilatar o montante de bens e serviços produzidos em um dado período que foi avalizado pela sociedade como capaz de atender direta ou indiretamente a suas necessidades.

Recapitulemos rapidamente os resultados que alcançamos a partir da Tabela 4.7. No caso de uma economia de dois setores, substituindo os valores numéricos dos coeficientes técnicos de produção e as quantidades monetárias da demanda final setorial nas equações (4.6), fomos capazes de determinar os valores da produção setorial e, com eles, construir a nova Tabela 4.9. Esta pode se referir a outra matriz de insumo-produto concernente a um novo sistema econômico, ou ao mesmo sistema de antes, examinado em outro período. Neste sentido, o que fizemos foi atribuir um conjunto de cifras a um sistema governado por quatro coeficientes técnicos e duas cifras concernentes ao tamanho de sua demanda final. Com isto, obtivemos novas quantidades monetárias que descrevem o valor (monetário) atribuído pela sociedade às transações indicadas na Tabela 4.9.

Vamos dar o passo final na construção do sistema de quantidades, explorando a noção de requisitos diretos e indiretos destinados a produzir mercadorias levadas à demanda final. Para seguirmos a lógica do raciocínio que preside a construção e o uso do modelo, devemos lembrar que, na Tabela 4.9, fixamos a demanda final dos setores rural e urbano em 7 e 5 unidades. Mais genericamente, dizemos que as variáveis f_1 e f_2 de nossa economia de dois setores (ou as variáveis f_i de uma economia de n setores) foram parametrizadas. Ou seja, fizemo-las abandonarem suas cifras iniciais, e voltamos a fixá-las em outro nível. Agora, vamos simetrizar o procedimento, mantendo x_1 e x_2 constantes e fazer f_1 e f_2 variarem. Neste caso, o sistema passa a ter a seguinte solução

$$\begin{cases} x_1 - a_{11} \times x_1 - a_{12} \times x_2 = f_1 \\ x_2 - a_{21} \times x_1 - a_{22} \times x_2 = f_2 \end{cases} \quad (4.7)$$

recapitulando que, além de f_1 e f_2, os símbolos que estamos utilizando têm em x_1 e x_2 as quantidades monetárias produzidas pelos setores rural e urbano e a_{ij} são nossos coeficientes técnicos de produção. Ainda que possamos mudar a ordem de descrição dos indexadores i e j, ora usando i para linhas ou colunas, neste momento, estamos dizendo que nossa matriz tem n linhas, com $n = 1, 2, 3, ..., n-1, n$, e m colunas, com $m = 1, 2, 3, ..., m-1, m$.

Da primeira equação, temos que $(1 - a_{11}) \times x_1 = f_1 + a_{12} \times x_2$ e

$$x_1 = \frac{1}{1-a_{11}} \times f_1 + \frac{a_{12}}{1-a_{11}} \times x_2.$$

Substituindo a expressão acima na segunda equação do sistema (4.7), e reordenando os termos do denominador de modo conveniente, temos:

$$x_2 = \frac{a_{21}}{(1-a_{11}) \times (1-a_{22}) - a_{12} \times a_{21}} \times f_1 + \frac{1-a_{22}}{(1-a_{11}) \times (1-a_{22}) - a_{12} \times a_{21}} \times f_2 \quad (4.8)$$

Procedendo de modo análogo, ou seja, isolando x_2 na primeira expressão de (4.7) e substituindo na segunda, temos:

$$x = \frac{1-a_{22}}{(1-a_{11}) \times (1-a_{22}) - a_{12} \times a_{21}} \times f_1 + \frac{a_{12}}{(1-a_{11}) \times (1-a_{22}) - a_{12} \times a_{21}} \times f_2 \quad (4.9)$$

O primeiro comentário a ser feito é que o sistema da equação (4.7) foi transformado, ficando explícitas as variáveis x_1 e x_2 por meio das equações (4.8) e (4.9). Além disso, f_1 e f_2 passam a ser as variáveis explicativas. O segundo comentário diz respeito ao fato de que os quatro denominadores são constituídos pela mesma expressão $(1-a_{11}) \times (1-a_{22}) - a_{12} \times a_{21}$, que nada mais é do que o determinante[28]

$$\Delta = \begin{vmatrix} 1-a_{11} & -a_{12} \\ -a_{21} & 1-a_{22} \end{vmatrix}.$$

Assim, este laborioso processo de substituições orientado pelas regras da álgebra elementar permite que as expressões (4.8) e (4.9) sejam reescritas como

$$\begin{cases} x_1 = \dfrac{1-a_{22}}{\Delta} \times f_1 + \dfrac{a_{12}}{\Delta} \times f_2 \\ x_2 = \dfrac{a_{21}}{\Delta} \times f_1 + \dfrac{1-a_{11}}{\Delta} \times f_2 \end{cases}$$

que podem ser renomeadas como:

$$\begin{cases} x_1 = b_{11} \times f_1 + b_{12} \times f_2 \\ x_2 = b_{21} \times f_1 + b_{22} \times f_2 \end{cases} \quad (4.10)$$

Destas duas equações, são obtidas as quatro derivadas parciais[29]: $\dfrac{\partial x_1}{\partial f_1} = b_{11}$, $\dfrac{\partial x_1}{\partial f_2} = b_{12}$, $\dfrac{\partial x_2}{\partial f_1} = b_{21}$ e $\dfrac{\partial x_2}{\partial f_2} = b_{22}$.

Expressas em termos verbais, elas dizem simplesmente que, se f_1 aumentar de uma unidade, então x_1 aumenta de b_{11} unidades; se f_2 aumentar de uma unidade, então x_1 aumenta de b_{12} unidades; se f_1 aumentar de uma unidade, então x_2 aumenta de b_{21} unidades; e se f_2 aumentar de uma unidade, então x_2 aumenta de b_{22} unidades.

Iniciamos a aplicação de nossas recentes conquistas com a Tabela 4.10, que mostra a matriz de insumo-produto de Trondhein, um país capitalista avançado do norte da Europa, cuja agropecuária é marcada por intensa atuação na silvicultura.

---

[28] Mesmo que anteriormente não soubéssemos, agora estamos definindo o determinante de uma matriz de duas linhas e duas colunas (e até criando o conceito de diagonal): o número obtido ao multiplicarmos os elementos da diagonal principal e dele subtrairmos o resultado da multiplicação entre os correspondentes elementos da diagonal secundária. É fácil vermos que toda matriz que exibe um determinante nulo não permite resolvermos univocamente o sistema constituído pelas equações (4.8) e (4.9).

[29] Agora estamos definindo derivada parcial como sendo o valor numérico dos coeficientes das variáveis f_1 e f_2. O número b_{11}, por exemplo, é a derivada parcial de x_1 com relação a f_1, e se pronuncia "de-rondo xis um, de-rondo efe um". Trata-se de números que informam em quantas unidades a variável do numerador se altera quando a variável do denominador varia de uma unidade.

Tabela 4.10 Matriz de insumo-produto de Trondhein, ano VIII (milhões de oslos$)

Setores	Agropecuária	Indústria	Serviços	Demanda final	Demanda total
Agropecuária	19.483,7	19.084,5	11.661,4	48.900,3	99.130,0
Indústria	4.257,6	64.095,2	73.763,5	110.463,8	252.580,0
Serviços	6.446,6	58.556,6	52.650,1	190.636,7	308.290,0
Importações	16.442,5	31.540,0	19.489,9	67.472,4	660.000,0
Salários	44.570,6	57.249,7	110.981,6	212.801,9	
Lucros	6.204,7	8.252,2	23.711,3	38.168,2	
Impostos indiretos líquidos de subsídios	1.723,5	13.799,8	16.034,5	31.557,8	
Valor adicionado (produto)	52.498,8	79.301,7	150.727,4	282.527,9	
Insumos primários	68.941,3	110.841,7	170.217,3	350.000,0	
OFERTA TOTAL	99.130,0	252.580,0	308.290,0	660.000,0	
Estoque de capital	137.882,6	452.012,5	537.665,4	1.127.560,4	
Emprego	154.951,3	543.215,7	1.833.717,0	2.531.884,0	

Seu PIB é de quase D$ 282,5 bilhões, a moeda do Planeta GangeS, ou seja, os oslos (O$) estão corrigidos pela paridade do poder de compra[30].

Com seus dados[31], a notação extensiva similar à do sistema (4.10), que apresenta a equação reduzida[32] do modelo, é a seguinte:

$$\begin{bmatrix} b_{11} & b_{12} & b_{13} \\ b_{21} & b_{22} & b_{23} \\ b_{31} & b_{32} & b_{33} \end{bmatrix} = \begin{bmatrix} 1,2616 & 0,1600 & 0,1037 \\ 0,1146 & 1,4865 & 0,4342 \\ 0,1310 & 0,4282 & 1,3355 \end{bmatrix}.$$

Ora, a matriz dos coeficientes numéricos informa que 1,2616 é o acréscimo na produção rural destinada a atender a elevação de uma unidade na demanda final[33]. Trata-se de 1 + 0,2616, decompostos como uma unidade destinada a atender a própria demanda final e 26,16 centésimos de unidade de insumos voltadas a permitir que essa unidade fosse produzida. Sem semente não há colheita, sem trator, tampouco. Por seu turno, indiretamente a produção de um trator também exige sementes[34].

---

[30] No Capítulo 11B (Internacionais/CD), vamos estudar o conceito de paridade do poder de compra, que é uma forma de corrigir a taxa de câmbio de um país com um fator que leva em conta o poder de compra relativo entre ele e outro país cuja moeda serve de referência.

[31] A identidade fundamental da contabilidade social aqui é dada por PIB + M ≡ DF, ou
52.498,8 + 79.301,7 + 150.727,4 + 16.442,5 + 31.540,0 + 19.489,9 = 48.900,3 + 110.463,8 + 190.636,7.

[32] A equação reduzida de um sistema exibe a variável selecionada para ser explicada (endógena) como função das variáveis explicativas (exógenas).

[33] A Seção 7 do Capítulo 4B (MIP/CD) vai discutir o problema interessante que pode ser inferido a partir da temática que aqui estamos tratando. Estamos vendo a matriz de insumo-produto de apenas três setores, mas o mundo real não comparece com tal simplicidade a nossos olhos. Por exemplo, a agropecuária é o resultado da agregação entre lavouras (cítricos, soja) e pecuária (frangos, leite). Naquele local veremos o viés em que iríamos incidir, caso desejássemos retroceder da informação da agropecuária a suas componentes originais, nomeadamente, a lavoura e a pecuária.

[34] Deixando mais claro, já que tratores não são semeados, se a indústria de tratores aumenta sua produção, ela deve aumentar o uso do fator trabalho, por exemplo. Os trabalhadores desempregados, ao elevarem seus rendimentos, passam a consumir mais cereais, o que exige maior produção no setor rural o que, por sua vez, também requer mais sementes.

Em uma notação matricial extensiva e genérica, o que fizemos é expresso como

$$\begin{bmatrix} a_{11} & a_{12} & a_{13} \\ a_{21} & a_{22} & a_{23} \\ a_{31} & a_{32} & a_{33} \end{bmatrix} \times \begin{bmatrix} x_1 \\ x_2 \\ x_3 \end{bmatrix} + \begin{bmatrix} f_1 \\ f_2 \\ f_3 \end{bmatrix} = \begin{bmatrix} x_1 \\ x_2 \\ x_3 \end{bmatrix}$$

Mas realmente extensivo é mostrar o sistema completo que anteriormente tomou-nos apenas a equação (4.10) como

$$\begin{cases} x_{11} + x_{12} + \ldots + x_{1n} + f_1 = x_1 \\ x_{21} + x_{22} + \ldots + x_{2n} + f_2 = x_2 \\ \quad \cdot \quad \cdot \quad \quad \cdot \quad \cdot \\ \quad \cdot \quad \cdot \quad \quad \cdot \quad \cdot \\ \quad \cdot \quad \cdot \quad \quad \cdot \quad \cdot \\ x_{n1} + x_{n2} + \ldots + x_{nn} + f_n = x_n \end{cases}$$

Finalizando, ambas, em formato matricial, podem ser lidas como **x = B × f**. Ela mostra quais são os requisitos diretos e indiretos a serem utilizados pelo sistema produtivo, de sorte que este possa gerar as quantidades monetárias (utilidades) que constituem a demanda final pela produção dos diferentes setores em que a economia foi subdividida. Nosso Capítulo 1 (Divisão) apresentou uma estilização do funcionamento de um sistema econômco regulado pela troca de mercadorias. Vimos, singelamente, que – a fim de ser trocada – a mercadoria precisa existir, ser produzida. Também vimos que a produção não é o início do processo, pois antes dela houve deliberação sobre a alocação do tempo de vida do produtor precisamente em articular sua produção. A decisão de produzir e a consequente mobilização dos fatores, naturalmente, antecede a produção. Quer na forma de produção destinada a debelar as próprias necessidades do produtor quer na condição de atender a seus anseios de vê-la trocada no mercado (ou seja, virar mercadoria), é inegável que foi gerado um bem ou serviço portador de utilidade. Esta é a primeira dimensão do trabalho social, ou seja, para entendermos completamente o que significa trabalho social, haverá outras dimensões a serem investigadas. Por permitir rastrearmos os requisitos diretos e indiretos destinados à produção, o modelo de insumo-produto também vai viabilizar que estudemos as demais dimensões, ambas dizendo respeito à unidade de medida que permitiu a realização de comparações entre diferentes utilidades.

4.5 AS TRÊS DIMENSÕES DO TRABALHO SOCIAL E SEUS TRÊS SISTEMAS DE MENSURAÇÃO: O SISTEMA DOS PREÇOS[35]

Na Figura 1.10 do Capítulo 1 (Divisão), vimos que a interação entre compradores e vendedores, conformando as curvas de oferta e de procura, determinam o preço da primeira camada de agentes interagindo na estilização do Bonsai Econômico. Em termos médios, isto também ocorre na transição dos produtos para as atividades, o que permite montarmos a segunda camada. Esta vai dar origem, na Seção 4.8, ao

---

[35] Esta seção constitui, com modificações menores, a Seção 4.3 do Capítulo 4B (MIP/CD) do CD.

problema da classificação, cuja solução vai permitir-nos transitar das mercadorias aos setores. O que não fizemos ainda foi construir uma teoria do preço que vá além da chamada ruidosa esfera do mercado. Nesta última, o destaque é dado para variações erráticas nos preços das mercadorias. Nesta seção, o que vamos fazer é elaborar as teorias usuais de formação do preço baseadas no lado da oferta da economia. Por contraste aos Capítulos 8 (Demográficos), 7B (Monetários/CD), 7D (BOP/CD), em que veremos a formação de preços tipicamente macroeconômicos (salários, juros e câmbio), aqui vemos a transição entre uma equação de preços possivelmente utilizada pela empresa e a correspondente equação associada com a mesoeconomia. Neste caso, concebemos a equação do preço de um setor econômico como uma média servindo para descrever o comportamento de todos os produtores. Apenas no Capítulo 13 (MIPE) é que vamos nos aproximar empiricamente de equações descrevendo a formação do preço de mercadorias específicas.

Como vimos na seção anterior, gerar as quantidades monetárias da Tabela 4.6 requereu o artifício de escolhermos uma unidade de mensuração das quantidades físicas de sementes e tratores que permitisse agregar seus montantes. Para isto, concebemos um ambiente em que os preços de todas as mercadorias fossem iguais à unidade, chegando no conceito de quantidades monetárias. Agora veremos que este tratamento gera nosso sistema de preços, associando-o à mensuração da segunda dimensão do trabalho social, pois as quantidades monetárias representam os valores de troca. Enquanto segunda dimensão do trabalho social, estes são capturados pelo modelo de insumo-produto por meio de seu sistema de preços. Na verdade, dos desdobramentos deste sistema é que surge o conceito de valor adicionado e suas três óticas de cálculo. São elas o produto, a renda e a despesa, todos mensurados em unidades monetárias e cotadas em quantidades monetárias, por contraste aos valores cotados em quantidades físicas e os valores cotados em horas de trabalho.

Iniciemos os procedimentos da montagem do sistema de preços esclarecendo que estes são os mesmos ao longo das linhas. Isto é, tanto faz que o setor rural venda ao setor rural, urbano ou demanda final, ele sempre cobra o mesmo preço pelo seu produto. Se montarmos as equações que lemos ao longo das colunas da Tabela 4.7, temos:

$$\begin{cases} p_1 \times q_{11} + p_2 \times q_{21} + V_1 = p_1 \times q_1 \\ p_1 \times q_{12} + p_2 \times q_{22} + V_2 = p_2 \times q_2 \end{cases}$$

Cabe observarmos que, neste sistema de equações, tanto os preços quanto as quantidades são aqueles convencionalmente aceitos como tal. Ou seja, as expressões $p_1 q_{11}$, $p_2 q_{21}$ e as demais é que são nossas conhecidas quantidades monetárias, sendo que q_{11}, q_{21} e as demais quantidades físicas são medidas em quilogramas, litros, etc.

Denotando o total dos insumos primários utilizados na produção de uma unidade da mercadoria do setor i como $\dfrac{V_i}{q_i} = v_i$ e dividindo a primeira equação por q_1 e a segunda por q_2, temos:

$$\begin{cases} p_1 \times \dfrac{q_{11}}{q_1} + p_2 \times \dfrac{q_{21}}{q_1} + v_1 = p_1 \\ p_1 \times \dfrac{q_{12}}{q_2} + p_2 \times \dfrac{q_{22}}{q_2} + v_2 = p_2 \end{cases} \quad (4.11)$$

Ora, por exemplo, $\frac{q_{21}}{q_1} = \alpha_{21}$ é o coeficiente que informa que a produção do produto 1 exige q_{21} unidades do produto 2. Ou seja, estamos praticamente refraseando o significado do coeficiente a_{21}.

Tal associação pode ser feita ao aceitarmos que os coeficientes técnicos não se alteram quer os mensuremos em quantidades monetárias quer o façamos em unidades físicas. Ou seja, estamos aceitando que os preços são estáveis. Isto é, estamos dizendo que eles não mudam, mesmo quando a escala de produção é alterada, o que, obviamente, em termos realizados (*ex post*) é verdadeiro. Uma vez que $a_{ij} = \frac{x_{ij}}{x_j} = \frac{p_i \times q_{ij}}{p_j \times q_j}$, então, ao considerarmos que $p_i = p_j = 1$, segue-se que $a_{ij} = \alpha_{ij}$.

Neste caso, podemos reescrever o sistema de equações (4.11) como

$$\begin{bmatrix} a_{11} \times p_1 + a_{21} \times p_2 + v_1 = p_1 \\ a_{12} \times p_1 + a_{22} \times p_2 + v_2 = p_2 \end{bmatrix}$$

formulação esta que mostra forte correspondência com o sistema das quantidades descrito pela equação (4.6). Este sistema, em notação matricial estendida, gera:

$$\begin{bmatrix} a_{11} & a_{21} \\ a_{12} & a_{22} \end{bmatrix} \times \begin{bmatrix} p_1 \\ p_2 \end{bmatrix} + \begin{bmatrix} v_1 \\ v_2 \end{bmatrix} = \begin{bmatrix} p_1 \\ p_2 \end{bmatrix}.$$

Nesta equação, que vamos expressar a seguir em notação matricial compacta, confirmamos a observação de que a matriz quadrada não é a matriz **A**, e sim, sua transposta e que **p** e **v** são vetores coluna:

$$\mathbf{A}^T \times \mathbf{p} + \mathbf{v} = \mathbf{p} \qquad (4.12)$$

Esta é a equação básica da dimensão do trabalho social dada pelos valores de troca, ou simplesmente o sistema de preços. Supondo que os coeficientes a_{ij} sejam conhecidos, o mesmo ocorrendo com os v_i (insumos primários ou valor adicionado no setor *i* por unidade de produção deste setor), podemos determinar os preços correspondentes ao sistema de quantidades como

$$\mathbf{p} - \mathbf{A}^T \times \mathbf{p} = \mathbf{v}, (\mathbf{I} - \mathbf{A}^T) \times \mathbf{p} = \mathbf{v} \text{ e}$$

$$\mathbf{p} = (\mathbf{I} - \mathbf{A}^T)^{-1} \times \mathbf{v}$$

ou

$$\mathbf{p} = \mathbf{B}^T \times \mathbf{v} \qquad (4.13)$$

Usando os dados obtidos na Tabela 4.10, temos:

$$\begin{bmatrix} 1{,}2616 & 0{,}1146 & 0{,}1310 \\ 0{,}1600 & 1{,}4865 & 0{,}4282 \\ 0{,}1037 & 0{,}4342 & 1{,}3355 \end{bmatrix} \times \begin{bmatrix} 0{,}6955 \\ 0{,}4388 \\ 0{,}5521 \end{bmatrix} = \begin{bmatrix} 1{,}0000 \\ 1{,}0000 \\ 1{,}0000 \end{bmatrix}$$

Esta equação – cuja solução é o vetor unitário[36] – é a solução do sistema de preços do modelo de insumo-produto, ou seja, da dimensão do trabalho social concernente aos valores de troca. Associando-a à primeira dimensão, nomeadamente, a produção de utilidades, e seu sistema de mensuração, nossas quantidades monetárias, criamos uma dualidade que vai permitir verificarmos a identidade fundamental da contabilidade social. Iniciamos reescrevendo nossa equação (4.7) como $\mathbf{f} = (\mathbf{I} - \mathbf{A}) \times \mathbf{x}$ e a equação do sistema de preços (4.13) como $\mathbf{p}^T = \mathbf{v}^T \times (\mathbf{I} - \mathbf{A})^{-1}$.

Em seguida, operemos, na ordem indicada, a multiplicação entre $\mathbf{p}^T$ e $\mathbf{f}$:

$$\mathbf{p}^T \times \mathbf{f} = \mathbf{v}^T \times (\mathbf{I} - \mathbf{A})^{-1} \times (\mathbf{I} - \mathbf{A}) \times \mathbf{x},$$

chegando a

$$\mathbf{p}^T \times \mathbf{f} = \mathbf{v}^T \times \mathbf{x} \tag{4.14}$$

Ora, $\mathbf{p}^T \times \mathbf{f}$ é um escalar que responde pelo montante da demanda final, ao passo que $\mathbf{v}^T \times \mathbf{x}$ mostra o total dos insumos primários (produto mais importações). Ou seja, as equações de comportamento do modelo permitem construírmos a identidade DF ≡ IP, onde DF é a demanda final mensurada em quantidades monetárias e IP são os insumos primários (valor adicionado mais importações). Com isto, estamos certificando-nos de que as óticas de cálculo do valor adicionado associadas ao produto (acrescido das importações) e à despesa correspondem ao mesmo valor monetário. Por exemplo, para uma economia de três setores, em notação matricial extensiva, temos:

$$\begin{bmatrix} p_1 & p_2 & p_3 \end{bmatrix} \times \begin{bmatrix} f_1 \\ f_2 \\ f_3 \end{bmatrix} = \begin{bmatrix} \dfrac{V_1}{x_1} & \dfrac{V_2}{x_2} & \dfrac{V_3}{x_3} \end{bmatrix} \times \begin{bmatrix} x_1 \\ x_2 \\ x_3 \end{bmatrix}.$$

Em notação com escalares, esta equação[37] é operada como $p_1 \times f_1 + p_2 \times f_2 + p_3 \times f_3 = V_1 + V_2 + V_3$, o que, retirando as cifras da Tabela 4.10, mostra a igualdade entre os seguintes produtos internos: $1 \times 48.900,3 + 1 \times 110.463,8 + 1 \times 190.636,7$

$$= \frac{68.941,3}{99.130,0} \times 99.130,0 + \frac{110.840,7}{252.580,0} \times 252.580,0 + \frac{170}{308.290,0} \times 308.290,0$$

Uma forma de entendermos o significado da equação do sistema de preços consiste em supormos a existência de uma economia sem relações com o exterior que produz apenas uma mercadoria cuja produção não requer o uso de insumos. Neste caso, a equação matricial de preços dada por (4.13) reduz-se a $\mathbf{p} = \mathbf{v}$, ou seja, o preço é o montante monetário necessário para repor o gasto com os fatores primários usados por unidade de produção. Uma vez que $v_i = \dfrac{V_i}{x_i}$, então $1 = \dfrac{V_i}{x_i}$ e $V_i = x_i$. Caso

---

[36] Em diferentes seções do Capítulo 13 (MIPE), veremos algumas variações em torno dos temas aqui tratados. Primeiramente, aqui, ao termos o vetor unidade constituindo o sistema dos preços do modelo, referimo-nos ao sistema de quantidades como sendo mensurado em "quantidades monetárias". Lá, teremos um sistema autônomo de preços absolutos, o que nos permitirá trabalhar diretamente com "quantidades físicas".

[37] Cabe notarmos que, em toda esta seção, estamos lidando com o *modelo* de insumo-produto. Como tal, temos visto equações igualdade. Todavia, ao chegarmos neste ponto, transformamos nossos parâmetros em constantes. Isto leva-nos a usar o sinal "≡" para identidade paramétrica e "=" para a igualdade numérica.

seu consumo se eleve em uma unidade, a produção deve aumentar em uma unidade, que será entregue à demanda final.

Os dados recém-obtidos permitem observar que, ao admitirmos que $a_{ij} = \alpha_{ij}$, não estávamos caindo no precipício dos supostos temerários. Com efeito, as matrizes que têm a_{ij} e α_{ij} como elementos característicos são iguais, como podemos constatar pela inspeção visual de

$$A = \begin{bmatrix} \dfrac{p_1 q_{11}}{p_1 q_1} & \dfrac{p_1 q_{12}}{p_2 q_2} & \dfrac{p_1 q_{13}}{p_3 q_3} \\ \dfrac{p_2 q_{21}}{p_1 q_1} & \dfrac{p_2 q_{22}}{p_2 q_2} & \dfrac{p_2 q_{23}}{p_3 q_3} \\ \dfrac{p_3 q_{31}}{p_1 q_1} & \dfrac{p_3 q_{32}}{p_2 q_2} & \dfrac{p_3 q_{33}}{p_3 q_3} \end{bmatrix}$$

e

$$\alpha = \begin{bmatrix} \dfrac{q_{11}}{q_1} & \dfrac{q_{12}}{q_2} & \dfrac{q_{13}}{q_3} \\ \dfrac{q_{21}}{q_1} & \dfrac{q_{22}}{q_2} & \dfrac{q_{23}}{q_3} \\ \dfrac{q_{31}}{q_1} & \dfrac{q_{32}}{q_2} & \dfrac{q_{33}}{q_3} \end{bmatrix}$$

Uma vez que $p_1 = p_2 = p_3 = 1$, a identidade entre **A** e α torna-se evidente.

Todavia, com este vetor unidade, cabe indagarmos sobre a utilidade da formalização das relações observáveis no sistema dos preços. A resposta é entusiasmante: para podermos avaliar quanto os preços se elevam quando as componentes dos insumos primários sobem. Vamos imaginar que queremos avaliar qual é o impacto sobre o nível geral de preços, ou seja, os preços dos três setores, resultante de um aumento de 10% na massa de salários pagos pelo setor serviços. Com este aumento, o montante dos insumos primários (valor adicionado mais importações) elevou-se de D$ 170.217,3 para D$ 187.242,0. Com isto, o transposto de nosso vetor de valor adicionado por unidade de produção $\mathbf{v}^T$ passa de

[0,6955 0,4388 0,5521]

para

[0,6955 0,4388 0,6074].

Ou seja, para esse aumento na massa de salários do setor serviços, houve uma modificação também notável no coeficiente de insumos primários por unidade de produto. Com isto, após a elevação da massa dos salários do setor urbano, nossos resultados passam a ser:

$$\begin{bmatrix} 1,2616 & 0,1146 & 0,1310 \\ 0,1600 & 1,4865 & 0,4282 \\ 0,1037 & 0,4342 & 1,3355 \end{bmatrix} \times \begin{bmatrix} 0,6955 \\ 0,4388 \\ 0,6074 \end{bmatrix} = \begin{bmatrix} 1,0072 \\ 1,0236 \\ 1,0738 \end{bmatrix}$$

Ou seja, o setor cuja massa de salários aumentou em 10% do valor adicionado teve um crescimento de 7,38% em seus preços, ao passo que os setores cujas massas de salários ficaram invariáveis tiveram seus preços elevados em 0,72% e 2,36%. Esta elevação ocorreu em resposta às interações ocorridas no interior do sistema, dada a regra de formação de preços adotada pelo modelo. Considerando que o produto vendido pelo setor serviços aos setores produtores de bens chegará a eles com um preço mais elevado, e se esses setores puderem repassar este aumento de preços a todos seus compradores, haverá aumentos generalizados nos preços. Mas a interação deu-se paulatinamente, pois houve uma onda de propagação do aumento. Até que o resultado final fosse plenamente capturado pela matriz inversa de Leontief, o aumento inicial do preço cobrado pelo setor serviços fez com que seus produtos vendidos aos demais setores chegassem com preços mais elevados. Os setores produtores de bens buscaram repassar este aumento ao próprio setor serviços que, defrontando-se com preços de insumos mais elevados, voltou a repassá-los, até a exaustão dos encadeamentos[38].

O último ponto que vamos desenvolver relativamente a esta exposição do modelo que descreve o funcionamento do sistema de preços consiste em transformarmos nossa equação original. Vamos incorporar a chamada equação de preços de três canais. Vimos que os preços que obtivemos estão intimamente associados com a estrutura de custos dos diferentes setores. Agora, vamos levar esta constatação um passo adiante e definir nosso preço e seus três canais propagadores de custos como $p_i = c_i + k_i + w_i$, onde p_i é o preço da mercadoria produzida pelo setor i, c_i é o custo das matérias-primas por ele utilizadas na produção do produto x_i, k_i é o retorno do capital por unidade de produção e w_i é o custo com a mão de obra. Expressando esta equação em forma de matrizes, temos:

$$\mathbf{p}^T = \mathbf{p}^T \times \mathbf{A} + \mathbf{p}^T \times \mathbf{K} + \mathbf{w}^T \qquad (4.15)$$

onde $\mathbf{p}^T$ é o vetor (linha) de preços, $\mathbf{A}$ é nossa conhecida matriz dos coeficientes técnicos, $\mathbf{K}$ é a matriz diagonal de coeficientes de excedente operacional por unidade de produção e $\mathbf{w}^T$ é o vetor (linha) dos demais componentes dos insumos primários utilizados por unidade de produção.

Supondo que o vetor $\mathbf{w}^T$ pode ser considerado como exógeno à atuação dos setores produtivos[39], vamos obter a equação reduzida do modelo como

$$\mathbf{p}^T - \mathbf{p}^T \times \mathbf{A} - \mathbf{p}^T \times \mathbf{K} = \mathbf{w}^T$$

e

$$\mathbf{p}^T = \mathbf{w}^T \times (\mathbf{I} - \mathbf{A} - \mathbf{K})^{-1} \qquad (4.16)$$

---

[38] O conceito de encadeamentos será amplamente explorado na Seção 6 do Capítulo 4B (MIP/CD).

[39] Por exemplo, num ambiente em que a mão de obra cresce alinhada com o PIB.

Com ela e com nossos dados da Tabela 4.10, podemos escrever

$$\begin{bmatrix}1 & 1 & 1\end{bmatrix} = \begin{bmatrix}0{,}6329 & 0{,}4062 & 0{,}4752\end{bmatrix} \times \left(\begin{bmatrix}1 & 0 & 0 \\ 0 & 1 & 0 \\ 0 & 0 & 1\end{bmatrix} - \begin{bmatrix}0{,}1966 & 0{,}0756 & 0{,}0378 \\ 0{,}0430 & 0{,}2538 & 0{,}2393 \\ 0{,}0650 & 0{,}2318 & 0{,}1708\end{bmatrix} - \begin{bmatrix}0{,}0626 & 0 & 0 \\ 0 & 0{,}0327 & 0 \\ 0 & 0 & 0{,}0769\end{bmatrix} \right)^{-1}$$

Nesta linha de argumentação, não é difícil modificarmos o raciocínio recém-desenvolvido, a fim de que nossa equação de preços também ajude a calcularmos os preços aumentados pela inserção no sistema das despesas da depreciação do estoque de capital, dada pela matriz cujo elemento característico é $\dfrac{d_{ij}}{K_j}$. Neste caso, usamos $\mathbf{p}^T = \mathbf{p}^T \times (\mathbf{K} + \mathbf{A} + \mathbf{p}^T \times \mathbf{D}) + \mathbf{w}^T$, que é uma equação correlata à acima usada como descritora dos preços de três canais. Ela está nos dizendo que o vetor de preços deve ser calculado pela incorporação dos custos das matérias-primas e salários, como antes, mas também da matriz de depreciação por unidade de insumo utilizado. Sua solução também é convencional: $\mathbf{p}^T = \mathbf{w}^T \times (\mathbf{I} - \mathbf{A} - \mathbf{K} - \mathbf{D})^{-1}$.

Dependendo das diferenças entre as intensidades de estoque de capital entre os setores econômicos, este vetor pode diferir substancialmente dos vetores concernentes às demais formulações do sistema de preços. Uma vez que o vetor $\mathbf{w}^T$ e a matriz $\mathbf{A}$ estão disponíveis por meio de cálculos com os dados da Tabela 4.10, falta-nos construir a matriz diagonal da depreciação. O vetor que a gera é dado por $\mathbf{d} = \left[\dfrac{d_j}{x_j}\right]$, onde d_j é o valor da depreciação atribuída ao setor j e x_j é seu valor da produção. Vamos considerar que uma fonte segura informou-nos que o vetor $\mathbf{d}$ nos é conhecido como $\mathbf{d} = [0{,}0863 \; 0{,}1963 \; 0{,}2623]$.

Com esta equação, temos a possibilidade de modificar variáveis importantes, como a taxa de lucro dos setores ou seu estoque de capital e observar as consequências sobre o preço do próprio setor e a propagação sobre os preços dos demais setores. Por exemplo, se elevarmos o estoque de capital da agropecuária em 10%, sua depreciação, naturalmente, vai elevar-se em 10%, implicando que os preços dos três setores passem a ser dados por

$$\begin{bmatrix}1{,}0125 & 1{,}0049 & 1{,}0062\end{bmatrix} = \begin{bmatrix}0{,}6329 & 0{,}4062 & 0{,}4752\end{bmatrix} \times \left(\begin{bmatrix}1 & 0 & 0 \\ 0 & 1 & 0 \\ 0 & 0 & 1\end{bmatrix} - \begin{bmatrix}0{,}1966 & 0{,}0756 & 0{,}0378 \\ 0{,}0430 & 0{,}2538 & 0{,}2393 \\ 0{,}0650 & 0{,}2318 & 0{,}1708\end{bmatrix} - \begin{bmatrix}0{,}0626 & 0 & 0 \\ 0 & 0{,}0327 & 0 \\ 0 & 0 & 0{,}0769\end{bmatrix} - \begin{bmatrix}0{,}00851 & 0 & 0 \\ 0 & 0{,}00100 & 0 \\ 0 & 0 & 0{,}00300\end{bmatrix} \right)^{-1}$$

Este aumento da intensidade de capital, *ceteris paribus*, fez com que o preço próprio da agropecuária subisse em 1,25%, implicando menores abalos nos demais setores. Ainda assim, torna-se claro que um sistema interindustrial integrado como o de Torndhein vê os abalos em um setor disseminarem-se pelos demais. Ou seja, se tudo o mais permanecer constante – inclusive o produto, o excedente operacional e a própria taxa de lucros de ambos os setores – então, o fato de fazermos variar o estoque de capital de um dos setores implicará a elevação dos preços. Em outras palavras, em um ambiente tão rígido, a única variável que pôde movimentar-se, a fim de absorver o impacto provocado pela elevação exógena do estoque de capital, foi o conjunto de preços correspondentes aos dois setores econômicos.

4.6 AS TRÊS DIMENSÕES DO TRABALHO SOCIAL E SEUS TRÊS SISTEMAS DE MENSURAÇÃO: O SISTEMA DO EMPREGO[40]

Uma vez que a terceira dimensão do trabalho social é dada pelos valores das mercadorias, sendo mensurada pelo montante de trabalho socialmente necessário a sua produção, podemos construir um conjunto de, assim chamados, coeficientes-ponte e transitar da solução geral do sistema de quantidades ao sistema do emprego. Buscamos os requisitos diretos e indiretos da produção das mercadoras produzidas em cada setor, e com eles vamos construir o vetor dos valores cujos elementos são medidos ou em número de trabalhadores ou em horas trabalhadas. Neste sentido é que podemos dizer que o modelo de insumo-produto parte de determinadas definições, associa a elas determinados supostos comportamentais relativos a um elenco de variáveis e, como tal, não espelha a realidade com o mesmo vigor com que o faz uma tabela de insumo-produto. Nesta, não há possibilidade de erros: vendas e compras devem igualar-se, ainda que não se esteja, necessariamente, argumentando que o equilíbrio alcançado pela simples equalização das compras e vendas exiba as propriedades de otimização atribuídas por alguns modelos teóricos ao equilíbrio geral do sistema. No caso, podemos dizer que encontramos um vetor de preços de equilíbrio que nada garante sobre o sistema estar ou não funcionando em seu maior nível de eficiência, ou que os compradores e vendedores estejam satisfeitos com o que obtiveram. Com efeito, os supostos comportamentais associados com a intenção do empresário de maximizar seus lucros podem (ou não) verificar-se. Todavia a possibilidade de que estes cometam erros não retira a qualidade fotográfica da descrição feita pelo modelo. De fato, os agentes, especificamente, produtores e locatários dos fatores, devem conhecer o ambiente de negócio no ano anterior àquele em que as decisões relevantes precisam ser tomadas.

Mensurando o montante de trabalho social despendido na produção das mercadorias em número de trabalhadores, ou ainda, no caso de todos os trabalhadores desempenharem suas funções durante o mesmo número de horas semanais, podemos substituir o montante de horas de trabalho pelo número de empregados. No primeiro caso, definindo $\mathbf{e} = \frac{e_i}{x_i}$ como o vetor cujo elemento característico é o coeficiente de

---

[40] Esta seção constitui, com modificações menores, a Seção 4 do Capítulo 4B (MIP/CD).

número de trabalhadores (ou horas de trabalho[41]) despendido na produção de uma unidade de vendas do setor i, podemos diagonalizá-lo e escrever $\mathbf{E} = \mathbf{e}^D \times \mathbf{x}$.

Nesta equação, criamos uma certa[42] "teoria do valor trabalho", pois construímos a correspondência entre os elementos do vetor **E** e os do vetor **x**.

Expressando a equação anterior como $\mathbf{E} = \mathbf{e}^D \times \mathbf{B} \times \mathbf{f}$, vemos claramente o montante setorial de emprego[43] necessário para gerar a produção compatível com os correspondentes requisitos diretos e indiretos capturados pelos elementos de **B** e da demanda final setorial **f**.

Uma vez obtido este desdobramento do modelo original, usamos a equação definidora do sistema de quantidades monetárias para dela derivar o vetor do emprego. Deste modo, podemos usar artifícios similares e gerar também, centrando o interesse no mercado de trabalho, vetores que descrevem a geração do produto setorial (valor adicionado) ou dos salários setoriais. No primeiro caso, definimos o seguinte coeficiente ponte $u_i = \frac{V_i}{x_i}$, onde V é nosso tradicional valor adicionado do setor i mensurado pela ótica do produto e x é nosso familiar valor da produção do setor i. Com ela, chegamos a $\mathbf{V} = \mathbf{u}^D \times \mathbf{B} \times \mathbf{f}$.

De modo análogo, definimos $w_i = \frac{W_i}{x_i}$, onde w é o coeficiente do salário médio por unidade de produção, W é a massa de salários[44] e x tem o mesmo significado recém-enunciado. Com isto, podemos escrever $\mathbf{W} = \mathbf{w}^D \times \mathbf{B} \times \mathbf{f}$.

A importância destas três equações transcende a duplicação dos dados observados. Com efeito, elas permitem que obtenhamos, por exemplo, os requisitos de emprego adicional e os resultados em termos de geração do produto quando a de-

---

[41] É da maior importância deixarmos claro que a equação do emprego está apoiada no que os economistas clássicos e Marx chamavam de "teoria do valor". O que nos permite falarmos em "teoria" é o fato de que os elementos característicos do vetor **e** são dados em unidades de tempo de uso do trabalho socialmente necessário para a produção de mercadorias – vale dizer, sem preguiça, sem mais ou menos treinamento do que a média dos trabalhadores, sem tecnologia retrógrada ou avançada, etc. – divididas pela quantidade monetária da mercadoria (ou, como eles diriam, "do valor") considerada. Vamos voltar a este ponto nas próximas notas.

[42] Estamos falando em "uma certa teoria" e não "a teoria", pois entendemos que o número de teorias possíveis de serem criadas para explicar qualquer fenômeno é virtualmente infinito. Nossa teoria específica aceita que, em algum ambiente do sistema econômico, os preços que permitiram calcularmos as quantidades monetárias dos elementos do vetor **x** foram determinadas de uma forma que ela não se propõe a explicar. Seja como for, esta teoria é compatível com a possibilidade de ocorrência de mercadorias portadoras de preço, mas desprovidas de valor. Tal possibilidade é garantida quando da ocorrência de elementos nulos no vetor **e**.

[43] Esta equação pode ser entendida, em sentido estrito, como nossa "teoria do valor trabalho". Justifiquemos esta proposição em dois estágios. Primeiramente, vamos lembrar que nossa "teoria da demanda" diz algo na seguinte linha: $Q = Q(P_p, P_c, P_s, Y, G)$, onde P_p é o preço próprio da mercadoria considerada, P_c é o preço dos bens que lhe são complementares, P_s é o preço dos bens substitutos, Y é a renda do consumidor e G é um vetor de variáveis contemplando outras influências em Q, como os gostos e as preferências dos consumidores, sua idade, a estação do ano, etc. Com isto, torna-se fácil articularmos a segunda parte do argumento. A equação $\mathbf{E} = \mathbf{e}^D \times \mathbf{B} \times \mathbf{f}$ pode ter seu modelo teórico descrito por $\mathbf{E} = E(\boldsymbol{\lambda}, \mathbf{B}, \mathbf{f})$, onde $\boldsymbol{\lambda}$ é a matriz diagonal de coeficientes de horas de trabalho necessárias à produção da mercadoria fornecida pelo setor i, ao passo que **B** é a matriz de requisitos diretos e indiretos de produção e **f** é o vetor de demanda final expresso em quantidades monetárias. Ou seja, $\boldsymbol{\lambda}$, **B**, **f** exercem na equação do valor das i mercadorias um papel análogo ao que P_p, P_c, P_s, Y e G exercem na equação de procura de uma mercadoria específica.

[44] Por simetria à equação $\mathbf{p}^T = \mathbf{w}^T \times (\mathbf{I} - \mathbf{A})^{-1}$, estamos supondo agora que, variando o emprego, o estoque de capital é que cresce no mesmo ritmo.

manda final de algum setor variar. A Tabela 4.11 mostra esses resultados para a situação em que a demanda final do setor agropecuário da Tabela 4.10 eleva-se em 10% de seu valor original.

No que diz respeito a cada uma das três variáveis, podemos observar o aumento mais significativo precisamente no setor rural, pois foi nele que deu-se o aumento inicial na demanda final. O que causa certo mal-estar com os resultados recém-encontrados é o fato de que o valor da produção, o emprego, os salários e o PIB setoriais cresceram à mesma taxa. Esta é a penalidade que estamos pagando por adotar tão irrestritamente os comportamentos lineares prescritos pelos modelos[45]. Sua consequência é que, neste mundo, não há elevação nem no salário médio nem na produtividade do trabalho. Sob o ponto de vista analítico, poderemos considerar estes resultados interessantes para algumas questões, mas as limitações que as linearidades impuseram não podem ser esquecidas, particularmente, se estamos pensando em usar este tipo de modelagem para fazermos previsões de longo prazo.

Toda a cautela já sugerida quando discutimos as suposições que devem ser feitas para a construção do modelo de insumo-produto precisa ser adotada no presente contexto. Principalmente, se considerarmos as taxas de crescimento do emprego, salários e valor adicionado do total da economia, que mostram três resultados diferentes. Ainda assim, outros resultados importantes podem ser derivados. Por exemplo, é possível calcular, a partir dos dados da Tabela 4.11 que, em virtude das ligações diferentes entre os setores, a composição percentual dos três setores varia conforme a variável que está sendo examinada. Assim, o setor rural detinha 14,0% do emprego antes da variação em sua demanda final e elevou-a para 15,2%. Da mesma forma, seu PIB elevou a participação no total de 18,6% para 19,5%. Ou seja, mesmo com as linearidades apontadas, estes resultados refinam nosso senso comum e, como tal, podem oferecer lições sobre a condução da política econômica.

Para concluir, não podemos deixar de encerrar a seção em tom apoteótico. Mensurando o esforço despendido pela sociedade na produção de suas mercadorias em requisitos diretos e indiretos de trabalho (ou número de trabalhadores) socialmente necessários, a matriz de insumo-produto permite conferirmos um caráter significativo à teoria clássica do valor exposta no Capítulo 3 (Dimensões). Ou seja,

Tabela 4.11 Impactos de um aumento de 10% na demanda final da agropecuária de Trondhein, Ano VIII (mil oslos)

Setores	Demanda final		Valor da produção		Emprego		Salário		PIB	
	Original	com 10%	Original	com 10%	Original	com 10%	Original	com 10%	Original	com 10%
Agropecuária	48.900,2	53.790,2	99.130,0	105.299,4	154.951,3	164.594,3	44.570,6	47.344,3	52.498,8	55.765,9
Indústria	110.463,5	110.463,5	252.580,0	253.139,8	543.215,7	544.421,0	57.249,7	57.376,7	79.301,7	79.477,7
Serviços	190.636,3	190.636,3	308.290,0	308.930,1	1.833.717,0	1.837.526,8	110.981,6	111.212,2	150.727,4	151.040,6
TOTAL	350.000,0	354.890,0	660.000,0	667.369,4	2.531.884,0	2.546.542,2	212.801,9	215.933,3	282.527,9	286.284,2

---

[45] Este é o momento de fazermos o elogio dos modelos de equilíbrio geral computável, que utilizam funções de comportamento dos agentes (produtores, locatários dos fatores, instituições) prescritas pela teoria econômica. Na maioria dos casos, elas apresentam-se com características não lineares, como em funções de custos ou de demanda, na linha do que foi sugerido pela equação (3.3) e correlatas, do Capítulo 3 (Dimensões) e do que será tratado na Seção 3 do Capítulo 11A (Índices/CD).

o trabalho social apresenta três dimensões passíveis de mensuração, as quais são integradas, nas economias monetárias, por meio do mecanismo de mercado. Tudo vira mercadoria, inclusive os arranjos institucionais (governamentais e comunitários) que garantem determinada estrutura de governança socioeconômica voltada a contratualizar a vida societária, sendo transacionados nos mercados políticos.

4.7 VARIÁVEIS RESOLVIDAS E SUBECONOMIAS[46]

A mesoeconomia é muito importante para iluminar as diferenças entre as três óticas da mensuração do valor adicionado e as três dimensões do trabalho social. No primeiro caso, consideramos as quantidades monetárias do produto, da renda e da despesa. No segundo, lidamos com os valores de uso, valores de troca e valores, mensurando-os por meio das quantidades físicas dos bens e serviços, dos preços das mercadorias e das horas de trabalho despendidas na produção. Estas transmutações nas formas de manifestação do valor adicionado, ainda que presentes no metabolismo de qualquer ser vivo, como discutimos no Capítulo 1 (Divisão), não se desenvolveram até seu mais alto grau hoje conhecido, a não ser na economia monetária. Com efeito, apenas aquelas economias em que o dinheiro e, mais tarde, o crédito passaram a ter papel eminente na articulação da vida econômica da sociedade permitiram a mensuração do valor de troca das mercadorias, vale dizer, do sistema de preços[47]. No caso, partimos da noção da mensuração do mesmo fenômeno, o valor adicionado por meio de três óticas de cálculo, selecionando as duas a que se refere o modelo de insumo-produto, nomeadamente, produto e despesa. Neste ambiente, podemos pensar em avançar estes conhecimentos para entender novos aspectos da realidade econômica. Nesta seção, vamos estudar os contornos gerais da análise estrutural de um sistema econômico com base no modelo de insumo-produto, destacando relações atribuíveis ao sistema das quantidades.

Sob o ponto de vista da análise estrutural, estamos interessados em examinar os paralelismos e as simetrias entre quatro variáveis, articulando-as em três grupos: a) valor da produção e demanda final, b) demanda final e valor adicionado e c) valor adicionado e emprego. Iniciemos formalizando os resultados que nos permitiram construir a Tabela 4.9. Para facilitar a exposição do argumento, vamos escrever sua primeira linha de duas formas[48]: $0,3078 \times 14,5294 + 0,3750 \times 8,1569 + 7 = 14,5294$ e $a_{11} \times x_1 + a_{12} \times x_2 + f_1 = x_1$.

Acrescentando à notação genérica da primeira linha a expressão que descreve a segunda $a_{21} \times x_1 + a_{22} \times x_2 + f_2 = x_2$, podemos reescrever este sistema em notação matricial extensiva como:

$$\begin{bmatrix} 0,3077 & 0,3750 \\ 0,0769 & 0,2500 \end{bmatrix} \times \begin{bmatrix} 14,5294 \\ 8,1569 \end{bmatrix} + \begin{bmatrix} 7 \\ 5 \end{bmatrix} = \begin{bmatrix} 14,5294 \\ 8,1569 \end{bmatrix}$$

---

[46] Esta seção constitui, com modificações menores, a Seção 4.5 do Capítulo 4A (MaCS/CD) do CD.

[47] Se a "trivialidade" $4 + 3 + 6 = 13$ contribuiu para gerarmos o "sistema de quantidades", sua análoga $4 + 1 + 8 = 13$ permite gerar o "sistema dos preços".

[48] Insistindo na diferença entre igualdades e identidades, salientamos que o primeiro sinal "=" significa apenas "é", ao passo que o segundo constitui mesmo uma igualdade matemática. A partir deste ponto, na maior parte do tempo, cessaremos de fazer esta diferença, deixando ao leitor o encargo de contextualizá-la.

e

$$\begin{bmatrix} 14,5294 \\ 8,1569 \end{bmatrix} = \begin{bmatrix} 1,5294 & 0,7647 \\ 0,1569 & 1,4118 \end{bmatrix} \times \begin{bmatrix} 7 \\ 5 \end{bmatrix}.$$

Esta expressão deixa claro que o vetor $[f_1 \; f_2]^T$ não pode conter os dois elementos nulos, pois nenhum número multiplicado por zero dará nosso vetor de quantidades monetárias de $[14,5 \; 8,2]^T$.

Em notação genérica extensiva, temos

$$\begin{bmatrix} a_{11} & a_{12} \\ a_{21} & a_{22} \end{bmatrix} \times \begin{bmatrix} x_1 \\ x_2 \end{bmatrix} + \begin{bmatrix} f_1 \\ f_2 \end{bmatrix} = \begin{bmatrix} x_1 \\ x_2 \end{bmatrix}$$

a qual recebe a notação compacta que desenvolvemos na seção anterior, culminando com a equação reduzida do modelo $x = B \times f$.

Foi esse mesmo processo que nos levou a obter os dados da Tabela 4.9, cabendo registrar que lá não utilizamos a notação matricial, optando pela notação mais intuitiva que capturasse nosso sistema de equações. Naturalmente, ao lidarmos com as variáveis valor da produção, valor adicionado e emprego, estamos longe de representar tudo o que é relevante para o estudo da meso e da macroeconomia, sequer chegando a exaurir todos os sistemas e variáveis tratados pelo modelo. Sob o ponto de vista do sistema de quantidades, vamos estudar o primeiro desdobramento permitido pelo tratamento da matriz inversa recém-obtida. Mesmo deixando para a Seção 4.6 do Capítulo 4B (MIP/CD) o exame detalhado desses desdobramentos, nosso interesse por ora centra-se na avaliação das informações trazidas pela ampliação do escopo da equação reduzida do modelo, expandindo a área de aplicação da matriz **B** sobre o vetor **f**. Em outras palavras, o que faremos é reescrevê-la como $X = B \times F$, em que **X** é a matriz de n linhas (setores) e m colunas (componentes da demanda final) da assim chamada demanda final resolvida, a matriz **B** é nossa tradicional inversa de Leontief, quadrada de dimensão *n*, e **F** é a matriz de dimensão (n × m) dos componentes de demanda final, correspondentes à definição padrão de valor adicionado ao ser mensurado pela ótica da despesa, nomeadamente, a soma do consumo das famílias, consumo do governo, investimento e exportações.

Este encaminhamento merece uma explicação. Na Tabela 4.6, tratamos da demanda final como um vetor, ou seja, como uma única coluna de dados. Nesta coluna, expressamos um valor de demanda final para cada setor produtivo. No entanto sabemos que, pela Tabela 4.4, uma representação mais precisa da realidade requer uma subdivisão do bloco B_{13}. Assim fizemos ao discriminar três tipos de família (pobres, remediadas e ricas), os gastos do governo, o investimento e a exportação. Ou seja, em vez de pré-multiplicarmos o vetor **f** pela matriz **B**, o que estamos fazendo agora é multiplicá-lo pela matriz **F** da demanda final[49]. A notação extensiva de nossa equação reduzida do modelo, para os dados da Tabela 4.4, mostra que

---

[49] A fim de aumentar o realismo da aplicação feita na Tabela 4.10 e que gerou a matriz **A**, vamos expandir nossa composição setorial para um conjunto mais amplo de atividades econômicas.

$$\begin{bmatrix} 1,2071 & 0,1369 & 0,0281 \\ 0,3789 & 1,6450 & 0,2471 \\ 0,1315 & 0,1667 & 1,1983 \end{bmatrix} \times \begin{bmatrix} 33,0 & 18,9 & 18,6 & 0,0 & 21,6 & 29,4 \\ 130,0 & 96,5 & 134,8 & 0,0 & 271,9 & 399,0 \\ 184,8 & 217,1 & 472,2 & 430,1 & 61,3 & 18,0 \end{bmatrix} =$$

$$\begin{bmatrix} 62,8 & 42,1 & 54,2 & 12,1 & 65,0 & 90,6 \\ 272,0 & 219,5 & 345,5 & 106,3 & 470,6 & 672,0 \\ 247,5 & 278,7 & 590,8 & 515,4 & 121,6 & 91,9 \end{bmatrix}$$

A matriz quadrada que constitui o primeiro termo do membro esquerdo desta equação é nossa conhecida inversa de Leontief, postada de modo a multiplicar a matriz da demanda final. Com isto, vemo-la contrastando com as operações realizadas previamente, quando a inversa multiplicava o vetor do total da demanda final expresso na equação reduzida do modelo. Dessa multiplicação decorre não mais um vetor, mas uma matriz completa, de dimensões n-setores e k-grupos da demanda final, que denominamos de matriz da demanda final resolvida. De fato, à maneira como os preços de Adam Smith "resolvem" salários e lucros, vemos que os elementos desta matriz "resolvem" os insumos utilizados para a geração de cada item da demanda final. Neste caso, somando os elementos de cada linha[50], chegamos ao vetor do valor da produção, que volta a conter nossos já proverbiais erros de arredondamento:

$$\begin{bmatrix} 62,8 & 42,1 & 54,2 & 12,1 & 65,0 & 90,6 \\ 272,0 & 219,5 & 345,5 & 106,3 & 470,6 & 672,0 \\ 247,5 & 278,7 & 590,8 & 515,4 & 121,6 & 91,9 \end{bmatrix} \times \begin{bmatrix} 1 \\ 1 \\ 1 \\ 1 \\ 1 \\ 1 \end{bmatrix} = \begin{bmatrix} 326,9 \\ 2.085,9 \\ 1.845,9 \end{bmatrix}$$

Com isto, chegamos a um novo resultado importante. Ao definirmos o valor adicionado, chamamos a atenção para o fato de que, pela ótica do produto, quando falamos, por exemplo, na produção de um casaco (indústria), estamo-nos referindo às matérias-primas usadas para produzi-lo, tanto quanto à diferença entre estas e o valor de vendas. É a diferença que nos dá precisamente o valor adicionado mensurado pela ótica do produto. Ou seja, o produto[51] casaco, como dissemos, engloba tanto o produto da indústria de casacos quanto os insumos intermediários absorvidos em sua produção. Pelo lado da demanda, a indústria de casacos vende insumos às demais indústrias, cedendo o próprio casaco às instituições que vão dar-lhe o destino final. A fim de atender à demanda final de casacos (alegorica-

---

[50] Como podemos ver, a operação de multiplicação de uma matriz por um vetor conforme constituído por números 1 gera-lhe a soma de cada linha. Por isto, costuma-se designar o segundo por vetor soma.

[51] Novamente estamos frente a uma confusão verbal já tratada no Capítulo 3 (Dimensões): o termo "produto" está designando tanto o valor adicionado mensurado pela ótica do produto (um conceito sem existência concreta) quanto o valor da produção (o valor monetário do objeto físico "casaco").

mente, toda a indústria) exercida, por exemplo, pelas famílias remediadas no valor de 96,5, o total de recursos mobilizados no sistema foi de 219,5, considerando tanto o destino final quanto as matérias-primas vendidas pelo setor que os produz aos demais setores do sistema.

Nosso próximo passo consiste em definirmos subeconomia, que vamos entender como a atividade econômica executada com o fim de atender a uma das instituições componentes da demanda final de uma economia: consumo das famílias (pobres, remediadas e ricas), consumo do governo (municipal ou federal, executivo, legislativo ["situação" ou "oposição"] ou judiciário), investimentos em construção ou maquinaria, exportações de bens primários ou serviços, etc. Cada subeconomia compartilha com as demais uma base tecnológica, dada pela matriz **A** de coeficientes técnicos e, assim, pela matriz **B**, a inversa de Leontief. Trata-se de investigar as indústrias tal como convencionalmente definidas que se destinam a criar conjuntos de mercadorias específicos visando a atender a certo grupo da demanda final. Isto permite dizermos que a demanda final concernente a cada grupo (governo, investimento, etc.) vem a se resolver em requisitos diretos e indiretos de produção, em valor adicionado, em emprego, etc.

Na presente conceitualização, por exemplo, o vetor do emprego resolvido da agropecuária concernente à subeconomia dos "pobres" contém tanto o número de empregados que produz cereal a ser consumido pelas famílias pobres, mais a quantidade de leite comercializada com a indústria de alimentos e que será pasteurizada e vendida a essas unidades domésticas. Adicionando o emprego resolvido restante (que depende das demais famílias e grupos da demanda final), vamos detectar o emprego total associado à agropecuária. O processo de derivação do emprego resolvido se repete para cada setor, até que o padrão de emprego originário de cada grupo da demanda final seja determinado.

Podemos iniciar examinando a demanda final direta, analisando seus impactos direto e indireto sobre a estrutura industrial em termos do valor da produção. Em outras palavras, objetivamos conhecer a produção bruta compatível com padrões particulares de demanda final. Neste caso, buscamos determinar os efeitos diretos necessários para atender à demanda final, bem como os efeitos indiretos e induzidos devido à demanda de outros setores sobre o setor original. Em outras palavras, quando certa mudança na demanda final é mapeada no valor da produção com a matriz inversa de Leontief, a demanda direta e indireta pode ser obtida, o que equivale a dizer precisamente que se trata da produção total. Portanto, o valor da produção, por exemplo, da agropecuária, destina-se a satisfazer sua própria demanda intermediária por sementes, a demanda final por exportações ou consumo *in natura* de produtos agrícolas, bem como a demanda intermediária das indústrias de alimentos. De modo análogo, o emprego na agropecuária induzido pelo consumo das famílias ricas é composto tanto pela demanda direta como pela demanda indireta. Esta última se materializa por intermédio de suas compras às indústrias de alimentos, ou seus gastos em restaurantes.

Devemos enfatizar que esta discussão está centrada no conceito de demanda final. Assim, contando com um consumo final reduzido de produtos originários da indústria extrativa mineral, este setor deve aparecer com elementos nulos nas subeconomias das famílias e governo. Isto não significa que inexistam minérios incorporados nos gastos de consumo. Pelo contrário, o minério de ferro é vendido para a produção de ferro fundido e aço, que, por seu turno, é usada para a produção de automóveis ou alimentos enlatados. O modelo de insumo-produto permite a identificação daquela parte da economia que depende direta e indiretamente dos diferentes grupos da demanda final, de modo que, quando consideramos os requisitos diretos mais os indiretos, existem entradas significativas nas subeconomias. Deste modo, além dos gastos em demanda final com mercadorias específicas, a demanda indireta que é induzida pela demanda final de setores específicos pode ser analisada. Consideremos, por exemplo, a demanda da agropecuária como composta por duas partes. A primeira consiste nas encomendas feitas por grupos específicos da demanda final ao setor agrícola, enquanto a segunda consiste das encomendas feitas por outros setores à agropecuária em resposta aos aumentos da própria demanda final destes. Neste caso, por exemplo, a indústria do mobiliário, tendo visto sua demanda aumentar, irá encomendar mais madeira ao setor madeireiro, o qual, por seu turno, ampliará suas encomendas à agropecuária.

Assim inspirados, podemos observar que a matriz **X** obtida anteriormente tem os três setores produtivos discriminados em suas linhas, ao passo que as colunas mostram os seis elementos constitutivos da demanda final. Na interseção da primeira linha e coluna, vemos a cifra de 62,8, que indica que o consumo final total das famílias pobres no valor de 582,3 (isto é, 62,8 + 272,0 + 247,5) requer apenas 33,0 diretamente da agropecuária, mas os requisitos indiretos o resolvem nesses 62,8. Ou seja, a produção total destina-se a realizar os 33,0 da demanda final, mais toda a necessidade de insumos intermediários decorrentes dos restantes 519,5 (isto é, 272,0 + 247,5) concernentes aos setores da indústria e dos serviços. Todos estes valores resultam apenas da demanda final das famílias pobres. Os demais valores da linha e do restante da matriz podem ser interpretados da mesma forma, segundo cada elemento do vetor da demanda final total.

Como já foi sugerido, o interesse analítico no presente contexto consiste em, retomando a já citada expressão familiar a Adam Smith (1974), conhecer a forma como a demanda final de todas as mercadorias é "resolvida" nos insumos primários (produto mais importações) e nos insumos intermediários necessários a sua produção. Neste contexto, podemos conceber uma forma de transitar da matriz da demanda final resolvida para a matriz do produto interno bruto resolvido. Uma intuição que permite fazermos a transição consiste em considerarmos que o produto resolvido é uma função da aplicação da matriz de coeficientes técnicos (representando o estado da técnica) sobre as componentes setoriais da demanda final. Assim, definindo o vetor linha **v** = [v_i], cujo elemento característico é dado por $v_i = \dfrac{p_i}{x_i}$, onde

P é o produto interno bruto do setor i, e x é sua oferta total, podemos definir a matriz do produto interno bruto resolvido como $\mathbf{V} = \mathbf{v}^D \times \mathbf{X} = \mathbf{v}^D \times \mathbf{B} \times \mathbf{F}$.

Ou seja, obtivemos a matriz que informa qual é o valor adicionado (produto) gerado em cada setor associado à demanda final exercida por determinada subeconomia sobre esse setor. Nosso exemplo é resumido na seguinte matriz:

$$\begin{bmatrix} 0{,}5692 & 0 & 0 \\ 0 & 0{,}3924 & 0 \\ 0 & 0 & 0{,}6789 \end{bmatrix} \times \begin{bmatrix} 62{,}8 & 42{,}1 & 54{,}2 & 12{,}1 & 65{,}0 & 90{,}6 \\ 272{,}0 & 219{,}5 & 345{,}5 & 106{,}3 & 470{,}6 & 672{,}0 \\ 247{,}5 & 278{,}7 & 590{,}8 & 515{,}4 & 121{,}6 & 91{,}9 \end{bmatrix} =$$

$$\begin{bmatrix} 35{,}8 & 24{,}0 & 30{,}8 & 6{,}9 & 37{,}0 & 51{,}6 \\ 106{,}7 & 86{,}2 & 135{,}6 & 41{,}7 & 184{,}7 & 263{,}7 \\ 168{,}0 & 189{,}2 & 401{,}1 & 349{,}9 & 82{,}6 & 62{,}4 \end{bmatrix}$$

O que fizemos foi partir dos dados da Tabela 4.4, que mostrou um valor da produção da agropecuária de 327,1, dos quais, 182,6 (ou seja, 20,6 + 157,6 + 8,0) correspondiam ao produto interno bruto, dando-nos o coeficiente de 0,5692. Este é o valor inserido na primeira célula da matriz diagonal inicial. Deste modo, podemos, por meio de uma operação de multiplicação matricial, obter os resultados desejados. Sabemos que a demanda por produtos agropecuários por parte das famílias pobres requer um valor da produção 62,8. Ora, se sabemos que – para cada unidade de valor da produção – o valor adicionado (produto) é de 0,5692, então, pela simples operação de 0,5692 $\times$ 62,8, estamos fazendo o rateio do total do produto pertinente àquela fração da demanda final.

Uma vez que conhecemos a matriz da demanda final e a do produto interno bruto resolvido, podemos verificar que um correlato da tripla identidade fundamental da contabilidade nacional da equação (4.3) é válido para cada subeconomia. Isto é fácil de ver, bastando considerarmos a Tabela 4.12.

Seu primeiro painel mostra a demanda final resolvida, cuja totalização – naturalmente – reproduz a demanda total. A diferença entre estas cifras e a própria demanda final original determina os dados do segundo painel, nossos insumos intermediários "resolvidos", ou seja, a realocação dos insumos de acordo com os requisitos diretos e indiretos para sua produção. Por seu turno, o terceiro painel mostra os insumos primários resolvidos, calculados de acordo com $\mathbf{Q}_R = \mathbf{q}^D \times \mathbf{B} \times \mathbf{F}$, onde $\mathbf{Q}_R$ é o vetor dos insumos primários resolvidos, $\mathbf{q}^D$ é a matriz diagonal cujo elemento característico é a razão entre os insumos primários do setor i e seu correspondente valor da produção, $\mathbf{B}$ é a inversa de Leontief e $\mathbf{F}$ é a matriz das k componentes da demanda final para n setores. O painel final mostra a totalização dos insumos – primários e intermediários – resolvidos. Com isto, vemos que cada subeconomia apresenta precisamente os mesmos valores na soma de cada linha para a demanda final resolvida e os insumos totais resolvidos. Expressando em termos matriciais, o que obtivemos foi $\mathbf{i}^T \times \mathbf{Q}_R = \mathbf{i}^T \times \mathbf{q}^D \times \mathbf{B} \times \mathbf{F}$, ou seja, as linhas dos totais do produto resolvido e da demanda final resolvida contêm os mesmos elementos. A identidade fundamental da contabilidade social que vimos na equação (4.14) é alcançada quando aplicamos o vetor soma a ambos os seus lados e geramos e dois produtos internos.

Entre outras possibilidades de expansão do conceito de variáveis resolvidas, cabe destacar o de emprego resolvido. Definindo o vetor $\mathbf{e} = [e_i]$, cujo elemento característico é dado por $e_i = \dfrac{E_i}{x_i}$, onde E é o emprego total (remunerado ou não, ou mesmo uma matriz de emprego por tipo de ocupação) e x é o valor da produção setorial, chegamos à matriz de emprego resolvido por meio da seguinte expressão: $\mathbf{E} = \mathbf{e}^D \times \mathbf{X} = \mathbf{e}^D \times \mathbf{B} \times \mathbf{F}$.

Tabela 4.12 O teorema fundamental da contabilidade social e as subeconomias (Lizarb, ano I, bilhões de laeres)

Demanda final resolvida: X = B × F

Setores	Famílias			Governo	Exportação	Investimento	Total
	Pobres	Remediadas	Ricas				
Agropecuária	62,8	42,1	54,2	12,1	65,0	90,6	326,9
Indústria	272,0	219,5	345,5	106,3	470,6	672,0	2.085,9
Serviços	247,5	278,7	590,8	515,4	121,6	91,9	1.845,9
Total	582,3	540,4	990,4	633,7	657,3	854,5	4.258,7

Insumos intermediários "resolvidos": X − F = B × F − F

Setores	Famílias			Governo	Exportação	Investimento	Total
	Pobres	Remediadas	Ricas				
Agropecuária	29,8	23,2	35,6	12,1	43,4	61,2	205,4
Indústria	142,0	123,0	210,7	106,3	198,7	273,0	1.053,7
Serviços	62,7	61,6	118,6	85,3	60,3	73,9	462,4
Total	234,5	207,9	364,8	203,6	302,5	408,1	1.721,5

Insumos primários resolvidos: Q = qD × B × f = qD × x

Setores	Famílias			Governo	Exportação	Investimento	Total
	Pobres	Remediadas	Ricas				
Agropecuária	37,6	25,2	32,4	7,2	38,9	54,2	195,4
Indústria	132,0	106,5	167,6	51,6	228,3	326,0	1.012,0
Serviços	178,3	200,8	425,6	371,3	87,6	66,2	1.329,8
Total	347,8	332,5	625,6	430,1	354,8	446,4	2.537,2

Insumos totais (primários mais intermediários) resolvidos: X − F + Q

Setores	Famílias			Governo	Exportação	Investimento	Total
	Pobres	Remediadas	Ricas				
Agropecuária	67,4	48,4	68,0	19,3	82,3	115,4	400,7
Indústria	274,0	229,6	378,3	157,8	427,1	599,0	2.065,7
Serviços	240,9	262,4	544,1	456,6	147,9	140,2	1.792,2
Total	582,3	540,4	990,4	633,7	657,3	854,6	4.258,7

Supondo, por exemplo, que há 20 empregos na agropecuária, 15 na indústria e 65 nos serviços, temos:

$$\begin{bmatrix} 0,0611 & 0 & 0 \\ 0 & 0,0072 & 0 \\ 0 & 0 & 0,0352 \end{bmatrix} \times \begin{bmatrix} 62,8 & 42,1 & 54,2 & 12,1 & 65,0 & 90,6 \\ 272,0 & 219,5 & 345,5 & 106,3 & 470,6 & 672,0 \\ 247,5 & 278,7 & 590,8 & 515,4 & 121,6 & 91,9 \end{bmatrix} =$$

$$\begin{bmatrix} 3,8 & 2,6 & 3,3 & 0,7 & 4,0 & 5,5 \\ 2,0 & 1,6 & 2,5 & 0,8 & 3,4 & 4,8 \\ 8,7 & 9,8 & 20,8 & 18,1 & 4,3 & 3,2 \end{bmatrix}$$

Ao conjunto das variáveis demanda final resolvida, valor adicionado resolvido, emprego resolvido, e tantas outras quanto se considere analiticamente útil, associados a cada grupo da demanda final chama-se de subeconomia. Suas potencialidades analíticas são imensas, como ilustram as aplicações que agora faremos, retomando algumas das cifras que vimos utilizando para os conceitos apresentados anteriormente. Na Tabela 4.13, temos a demanda final original e a demanda final resolvida, ou seja, nosso uso do modelo de insumo-produto permitiu-nos observar a forma que o consumo final das utilidades transformadas em mercadorias assumiu quando passamos a considerar não apenas sua composição, mas sobre esta ainda encaixamos todos os requisitos indiretos necessários a sua produção.

Podemos observar algumas cifras marcantes, ao confrontarmos os requisitos diretos com os indiretos necessários à produção dos primeiros. Por exemplo, o setor serviços atende a 66,9% da demanda final das famílias, mas apenas 52,9% do correspondente valor da produção, pois sua "carga" de insumos é menor do que a média da economia. Por contraste, por exemplo, a subeconomia das exportações abarca 6,1% da demanda final da agricultura, subindo para 9,9%, quando os insumos intermediários também são considerados.

No que diz respeito à relação entre o produto interno bruto e o emprego, o padrão de referência seria uma economia competitiva em que preços e quantidades ajustam-se de modo a viabilizar a mesma produtividade do trabalho nos diferentes setores. Examinando os dados da Tabela 4.14, vemos que as disparidades entre as quatro subeconomias são bastante acentuadas, variando de setor a setor. Por exemplo, o atendimento da demanda final das famílias gera 7,7% do PIB e 17,7% do emprego, apontando para o fato de que sua produtividade é menor do que a média da economia. Por contraste, a atividade exportadora responde por 60,7% do produto industrial, mas apenas por 29,1% do emprego desta subeconomia.

Naturalmente, estas relações entre insumos e produtos, dizendo respeito ao cerne da matriz, estão refletindo ligações técnicas existentes no sistema industrial local. A metodologia para lidar com este tipo de questão será discutida na Seção 4.4 do Capítulo 4A (MaCS/CD).

4.8 O PROBLEMA DA CLASSIFICAÇÃO[52]

A passagem da teoria econômica que inspira o modelo de insumo-produto para a prática exige que alguns problemas sejam contornados, pois os dados que compõem as tabelas geradoras de sua base empírica têm origem nos dados obtidos junto às empresas. A formulação original de Wassili Leontief, em 1936, apresenta estrita correspondência entre os setores econômicos e as mercadorias deles derivadas. Neste contexto, suas tabelas – como vimos até o presente momento – mostravam a produção setorial sendo absorvida pelos próprios setores econômicos ou pelas instituições (famílias, governo, etc.). A coleta de dados, por contraste, mostra a produção de diversas mercadorias (principais e secundárias) dentro de um mesmo setor. Ou seja, percebeu-se que a produção é o resultado da atividade de indústrias que se empenham em produzir produtos, ao passo que essas mesmas indústrias ou o consumidor final não consomem indústrias, mas produtos. De modo muito direto, diri-

---

[52] Esta seção constitui, com modificações menores, a Seção 4.6 do Capítulo 4B (MIP/CD).

Tabela 4.13 Demanda final original e demanda final resolvida (Lizarb, ano I, %)

Setores	Demanda final				Demanda final resolvida			
	Famílias	Governo	Exportação	Investimento	Famílias	Governo	Exportação	Investimento
Agricultura	5,4	0,0	6,1	6,6	7,5	1,9	9,9	10,6
Indústria	27,7	0,0	76,6	89,4	39,6	16,8	71,6	78,6
Serviços	66,9	100,0	17,3	4,0	52,9	81,3	18,5	10,8
TOTAL	100,0	100,0	100,0	100,0	100,0	100,0	100,0	100,0

amos que um grão de feijão não é produzido por outro grão de feijão, mas por uma lavoura. Nela, além da semente ou muda, são usados outros insumos, como a água, o salitre, a mão de obra, etc.

Para fazer uso adequado da informação primária com estes contornos, o moderno tratamento dispensado à construção da matriz de insumo-produto coloca em sua origem duas tabelas.

A primeira, chamada de matriz de produção (**V**) em que são apresentadas as cifras descrevendo a relação entre as atividades produtivas (dispostas nas linhas) e os produtos obtidos a partir delas (dispostos nas colunas). Com ela, revela-se a estrutura produtiva de uma economia. A segunda é designada como matriz de absorção (**U**), e seus elementos descrevem a origem (dispondo-se as atividades nas colunas) e a utilização (nas linhas) das diferentes mercadorias. Esta matriz mostra o destino final que cabe às mercadorias (consumo das famílias, do governo, etc.).

A Tabela 4.15 mostra os resultados da organização e agregação da informação original obtida por meio do processamento dos questionários aplicados às empresas de Trondhein. Assim, em vez de montarmos diretamente a tabela de transações de produtos (matriz quadrada de dimensão m $\times$ m) ou a de setores econômicos (matriz quadrada de dimensão n $\times$ n), trabalhamos com uma tabela de produção de m produtos e n setores, de dimensão n $\times$ m, e com outra tabela de absorção de m $\times$ n[53].

O total da primeira linha, a partir da coluna 12, diz respeito à absorção de toras de madeira pela agropecuária, pela indústria, pelos serviços e pela demanda final, alcançando os montantes de 2.010,0, 4.410,0, zero e 1.960,0, com 8.380,0 quantidades monetárias. O que não vemos é a origem dessa mercadoria. Ao mesmo tempo,

Tabela 4.14 Produto interno bruto resolvido e emprego resolvido (Lizarb, ano I, %)

	Produto interno bruto resolvido				Emprego resolvido			
	Famílias	Governo	Exportação	Investimento	Famílias	Governo	Exportação	Investimento
Agricultura	7,7	1,7	12,2	13,7	17,7	3,8	34,1	40,7
Indústria	27,9	10,5	60,7	69,8	10,9	3,9	29,1	35,5
Serviços	64,4	87,8	27,1	16,5	71,4	92,3	36,8	23,8
TOTAL	100,0	100,0	100,0	100,0	100,0	100,0	100,0	100,0

---

[53] Ao registrarmos na mesma tabela quatro informações para cada produto-atividade, dois a débito e dois a crédito, estamos indo além do sistema de partidas dobradas e ingressando no universo das partidas quádruplas. Esta questão será explorada com mais profundidade no Capítulo 7 (Bases). Por ora, cabe contrastarmos o conteúdo da matriz de contabilidade social, que apresenta o produto (geração), a renda (apropriação) e a despesa (absorção) com o da matriz de insumo-produto. Esta exibe apenas as óticas do produto (PIB) e demanda final (despesa).

na primeira coluna da linha 12, vemos a cifra de 7.410,0 como sendo a produção de toras de madeira pela agropecuária. Ou seja, constatamos que a demanda total de toras de madeira é superior à produção de toras exclusivamente pela agropecuária. Por contraste, este balanço entre produção e absorção ressalta que os produtores das 970,0 unidades remanescentes localizam-se nos demais setores econômicos. A coluna da madeira mostra os setores (fonte) que a produziram e a linha mostra os setores que a absorveram (uso). Em outras palavras, a realidade não se expressa exatamente como o modelo a formaliza. Torna-se, assim, evidente que uma indústria produz diferentes produtos. Uma empresa metal-mecânica produz tornos e peças para automóveis, de modo que as informações sobre a produção só podem ser coletadas para a indústria como um todo. Por contraste, na ponta do consumo, o que se observa é quanto o consumidor final absorveu para reposição em seu automóvel e quanto a indústria adquiriu de tornos mecânicos como insumo intermediário. A Tabela 4.16 reproduz um segmento da Tabela 4.15, permitindo-nos examiná-la com mais acuidade.

Como sempre, vemos que a leitura destas cifras, sob a perspectiva das linhas, está nos mostrando a origem setorial dos produtos. Por analogia, lendo a coluna, podemos dizer que os 7.410,0 representam os recursos alocados na agropecuária que foram usados na produção de toras de madeira. A parte inferior da Tabela 4.16 mostra a estrutura de base unitária da produção de cada produto (coluna) pelos setores econômicos (linha). Organizada em forma de matriz, vamos designar estas informações com o nome de matriz **V**.

$$V = \begin{bmatrix} 7.410,0 & 16.970,0 & 260,0 & 0,0 & 17.280,0 & 4.230,0 & 29.450,0 & 10.760,0 & 12.760,0 & 0,0 & 0,0 \\ 950,0 & 60,0 & 2.350,0 & 108.340,0 & 31.900,0 & 9.410,0 & 26.130,0 & 51.060,0 & 22.370,0 & 0,0 & 0,0 \\ 20,0 & 30,0 & 0,0 & 360,0 & 500,0 & 720,0 & 80.770,0 & 1.660,0 & 32.730,0 & 41.500,0 & 150.000,0 \end{bmatrix}$$

A matriz **V**, dada em valores absolutos, gera a matriz **D**, cujos valores são as cifras de **V** normalizadas para que as somas das colunas resultem em 1.

$$D = \begin{bmatrix} 0,8842 & 0,9947 & 0,0996 & 0,0 & 0,3478 & 0,2948 & 0,2160 & 0,1695 & 0,1880 & 0,0 & 0,0 \\ 0,1134 & 0,0035 & 0,9004 & 0,9967 & 0,6420 & 0,6557 & 0,1916 & 0,8043 & 0,3296 & 0,0 & 0,0 \\ 0,0024 & 0,0018 & 0,0 & 0,0033 & 0,0101 & 0,0502 & 0,5924 & 0,0261 & 0,4822 & 1,0000 & 1,0000 \end{bmatrix}$$

Assim, por exemplo, 88,42% da produção de madeira ocorreu na agropecuária, 11,34% na indústria[54] e 0,24% nos serviços[55]. Ou seja, os elementos dispostos nas colunas da matriz **D** mostram a composição percentual da produção de nossas 11 mercadorias pelos três setores. Por isto esta matriz é chamada de matriz da participação no mercado (*market share*).

A parte relevante da Tabela 4.15 intitulada Atividades gera a Tabela 4.17. Em suas colunas, vemos a participação de cada setor na composição de cada produto. Por exemplo, a agropecuária absorveu 2.010,0 quantidades monetárias de madeira, 16.680,0 de sementes, etc., representando respectivamente 2,03% e 16,83% de suas compras de insumos intermediários[56].

---

[54] Por exemplo, um horto florestal localizado à beira de um lago de decantação em uma empresa industrial do gênero química.

[55] Por exemplo, os guapuruvus derrubados dos jardins de um hotel.

[56] Naturalmente, ela também adquire insumos primários, como vimos na Tabela 4.15.

Tabela 4.15 Detalhamento dos blocos de produção e absorção da matriz de insumo-produto de Trondhein, ano VIII (milhões de oslos)

Contas	Produtos											Atividades			Demanda final	DEMANDA TOTAL
	1	2	3	4	5	6	7	8	9	10	11	12	13	14		
Produtos																
1. Madeira												2.010,0	4.410,0	0,0	1.960,0	8.380,0
2. Sementes												16.680,0	0,0	20,0	360,0	17.060,0
3. Minério												100,0	2.510,0	0,0	0,0	2.610,0
4. Automóvel												0,0	21.610,0	51.110,0	35.980,0	108.700,0
5. Leite pasteurizado												120,0	5.480,0	0,0	44.090,0	49.690,0
6. Brinquedos												50,0	910,0	7.930,0	5.470,0	14.360,0
7. Lojas												720,0	19.020,0	26.700,0	89.910,0	136.350,0
8. Transporte de carga												4.040,0	33.270,0	12.460,0	13.710,0	63.480,0
9. Transporte de passageiros												1.140,0	16.020,0	7.550,0	43.160,0	67.870,0
10. Telefonia												0,0	26.810,0	990,0	13.700,0	41.500,0
11. Educação												5.330,0	11.710,0	31.300,0	101.660,0	150.000,0
Atividades																
12. Agropecuária	7.410,0	16.970,0	260,0	0,0	17.290,0	4.230,0	29.450,0	10.760,0	12.760,0	0,0	0,0					99.130,0
13. Indústria	950,0	60,0	2.350,0	108.340,0	31.900,0	9.410,0	26.130,0	51.060,0	22.380,0	0,0	0,0					252.580,0
14. Serviços	20,0	30,0	0,0	360,0	500,0	720,0	80.770,0	1.660,0	32.730,0	41.500,0	150.000,0					308.290,0
Insumos primários												68.940,0	110.840,0	170.230,0		660.000
OFERTA TOTAL	8.380,0	17.060,0	2.610,0	108.700,0	49.690,0	14.360,0	136.350,0	63.480,0	67.870,0	41.500,0	150.000,0	99.130,0	252.580,0	308.290,0	660.000	

Tabela 4.16 Matriz de produção (*make*) de Trondhein, ano VIII, (milhões de oslos)

Setores	Madeira	Sementes	Minério	Automóveis	Leite pasteurizado	Brinquedos	Lojas	Transporte de carga	Transporte de passageiros	Telefonia	Educação
Valores absolutos											
Agropecuária	7.410,0	16.970,0	260,0	0,0	17.290,0	4.230,0	29.450,0	10.760,0	12.760,0	0,0	0,0
Indústria	950,0	60,0	2.350,0	108.340,0	31.900,0	9.410,0	26.130,0	51.060,0	22.370,0	0,0	0,0
Serviços	20,0	30,0	0,0	360,0	500,0	720,0	80.770,0	1.660,0	32.730,0	41.500,0	150.000,0
TOTAL DA PRODUÇÃO	8.380,0	17.060,0	2.610,0	108.700,0	49.690,0	14.350,0	136.350,0	63.480,0	67.870,0	41.500,0	150.000,0
Estrutura (base unitária)											
Agropecuária	0,8842	0,9947	0,0996	0,0	0,3478	0,2948	0,2160	0,1695	0,1880	0,0	0,0
Indústria	0,1134	0,0035	0,9004	0,9967	0,6420	0,6557	0,1916	0,8043	0,3296	0,0	0,0
Serviços	0,0024	0,0018	0,0	0,0033	0,0101	0,0502	0,5924	0,0261	0,4822	1,0000	1,0000
TOTAL DA PRODUÇÃO	1,0000	1,0000	1,0000	1,0000	1,0000	1,0000	1,0000	1,0000	1,0000	1,0000	1,0000

A estrutura de absorção dos insumos dá-nos os valores absolutos enquadrados na matriz

$$U = \begin{bmatrix} 2.010,0 & 4.410,0 & 0,0 \\ 16.680,0 & 0,0 & 20,0 \\ 100,0 & 2.510,0 & 0,0 \\ 0,0 & 21.610,0 & 51.110,0 \\ 120,0 & 5.480,0 & 0,0 \\ 50,0 & 910,0 & 7.930,0 \\ 720,0 & 19.020,0 & 26.700,0 \\ 4.040,0 & 33.270,0 & 12.460,0 \\ 1.140,0 & 16.020,0 & 7.550,0 \\ 0,0 & 26.810,0 & 990,0 \\ 5.330,0 & 11.710,0 & 31.300,0 \end{bmatrix}$$

Claramente, há uma transposição dos elementos, *mutatis mutandis*, em relação à tabela de produção. Nas linhas (fontes dos recursos) são registrados os produtos e, nas colunas (usos), os setores que os absorvem. Assim podemos verificar como cada setor da economia compõe sua estrutura de insumos. O único inconveniente, que vai despertar nossos cuidados em instantes, é que não podemos identificar a origem de cada insumo. Das colunas das participações das mercadorias no total vistas na Tabela 4.17 e, como tal, originando-se da matriz **U**, derivamos a matriz

$$B = \begin{bmatrix} 0,0203 & 0,0175 & 0,0 \\ 0,1683 & 0,0 & 0,0001 \\ 0,0010 & 0,0099 & 0,0 \\ 0,0 & 0,0856 & 0,1658 \\ 0,0012 & 0,0217 & 0,0 \\ 0,0005 & 0,0036 & 0,0257 \\ 0,0073 & 0,0753 & 0,0866 \\ 0,0408 & 0,1317 & 0,0404 \\ 0,0115 & 0,0634 & 0,0245 \\ 0,0 & 0,1061 & 0,0032 \\ 0,0538 & 0,0464 & 0,1015 \end{bmatrix}$$

As matrizes **V** e **U** são assemelhadas à matriz de insumo-produto, no sentido de mostrarem, respectivamente, a origem e o destino da produção setorial de mercadorias. Em especial, a Tabela 4.17 e as matrizes **U** e **B** dela derivadas envolvem o lado da demanda do sistema. Seja como for, nenhuma delas oferece-nos todas as informações relevantes. A tabela de produção, por exemplo, não mostra as compras dos insumos primários realizadas no sistema. Analogamente, a tabela de absorção mapeia a absorção das mercadorias pelos setores, mas omite em que setores estas foram geradas, pois – como vimos – toras de madeira podem ser produzidas na agropecuária, na indústria ou nos serviços.

Tabela 4.17 Matriz de absorção de Trondhein, ano VIII, bilhões de oslos

Produtos	Atividades					
	Agropecuária		Indústria		Serviços	
	Absoluto	Relativo	Absoluto	Relativo	Absoluto	Relativo
Madeira	2.010	0,0203	4.410	0,0175	0	0,0000
Sementes	16.680	0,1683	0	0,0000	20	0,0001
Minério	100	0,0010	2.510	0,0099	0	0,0000
Automóvel	0	0,0000	21.610	0,0856	51.110	0,1658
Leite Past	120	0,0012	5.480	0,0217	0	0,0000
Brinquedos	50	0,0005	910	0,0036	7.930	0,0257
Lojas	720	0,0073	19.020	0,0753	26.700	0,0866
TranspCarga	4.040	0,0408	33.270	0,1317	12.460	0,0404
TranspPassag	1.140	0,0115	16.020	0,0634	7.550	0,0245
Telefonia	0	0,0000	26.810	0,1061	990	0,0032
Educação	5.330	0,0538	11.710	0,0464	31.300	0,1015
TOTAL DOS SETORES	99.130	1,0000	252.580	1,0000	308.290	1,0000

Em outras palavras, temos duas matrizes – **V** e **U** – que expressam relações contábeis. Mas desejamos, a partir delas, uma matriz quadrada que possamos identificar como nossa conhecida matriz **A** dos coeficientes técnicos. Da mesma forma que procedemos para obter **A**, nomeadamente, criando suposições sobre a natureza de seus coeficientes, que chamamos de a_{ij}, precisamos agora criar um novo critério de rateio. Na verdade, ocorrem-nos dois critérios. Consideremos, para exemplificar, o rateio das 2.010 quantidades monetárias de toras de madeira absorvidas pela agropecuária.

Uma vez que os três setores as produziram nas proporções de 88,42%, 11,34% e 2,39%, poderíamos sugerir que a origem de nossos 2.010 foi de O$ 1.777,3 da própria agropecuária, outros O$ 227,9 da indústria e apenas O$ 4,8 dos serviços. Neste caso, estaríamos implicitamente aceitando que existe uma tecnologia de produção comum a cada produto, independentemente de sua origem setorial. Ou seja, estaríamos aceitando que as toras de madeira do horto florestal ou dos jardins do hotel são geradas precisamente com o mesmo processo produtivo. Por isto, este critério de rateio é chamado de "tecnologia de setor", ou "tecnologia de indústria".

Alternativamente, poderíamos pensar que, uma vez que a produção de toras de madeira representa 7,5% da produção da agropecuária, então O$ 150,2 (ou seja, 0,075 × 2.010) foram por ela absorvidos. Ao fazê-lo, estaríamos aceitando que a produção é regida pela chamada tecnologia de produto, uma vez que produzir toras de madeira, por exemplo, requereria os mesmos insumos usados na produção, digamos, de transporte de passageiros. Ainda que haja razões levando alguns pesquisadores a adotar esta hipótese de rateio, não é difícil justificarmos nossa opção pela primeira suposição, a tecnologia de setor, para encaminharmos a solução do nosso problema da classificação. Com isto, podemos entendê-lo como a busca de critérios para fazer estes casamentos: que setores absorveram as mercadorias produzidas pelo sistema.

Ainda assim, e vemos novamente esta definição de problema da classificação, mesmo tendo escolhido o suposto mais adequado à montagem do modelo, sua aplicação sobre a matriz dos coeficientes técnicos de absorção (ou seja, **B**) pode ser feita de duas formas, dependendo do resultado que desejamos obter. A primeira forma vai dar-nos uma matriz de insumo-produto do estilo produto × produto, ao passo que a segunda vai gerar matrizes do tipo atividade × atividade. No primeiro caso, teremos tabelas mostrando as mercadorias sendo produzidas por mercadorias. No segundo, veremos a situação em que os setores vendem sua produção a outros setores. Descontado o que estamos discutindo na presente seção e em parte do Capítulo 5 (TRUs), a opção pelo tratamento do problema da classificação em todo o livro é construírmos matrizes do tipo atividade × atividade. Com isto, estamos dando o passo mais sensato para a realização da análise mesoeconômica de base setorial e institucional. Talvez o melhor momento em que deixamos de lado a opção de trabalhar com as matrizes do tipo produto × produto tenha ocorrido quando estudamos o sistema de preços na Seção 4.3 do Capítulo 4B (MIP/CD) do CD. Neste caso, faz mais sentido pensarmos que as regras ditadas pelo modelo para a formação dos preços dizem respeito a mercadorias e não a setores.

Seja como for, vamos iniciar a apresentação dos procedimentos de obtenção da matriz de coeficientes técnicos do modelo de produto × produto. Nossa opção de iniciarmos desta maneira prende-se ao fato de que a construção da matriz **A** que estamos buscando aproxima-se da ideia de que cada coeficiente é uma média aritmética ponderada dos produtos absorvidos pelos setores e que os pesos são retirados da composição setorial da oferta. Por exemplo, o coeficiente que informa quantas unidades de toras de madeira são necessárias para a produção de uma tora é dada pelo seguinte produto vetorial:

$$\begin{bmatrix} 0{,}0203 & 0{,}0175 & 0{,}0000 \end{bmatrix} \times \begin{bmatrix} 0{,}8842 & 0{,}1134 & 0{,}0024 \end{bmatrix}^T = 0{,}0199,$$

onde T representa a operação de transposição do vetor, ou seja, temos um vetor linha multiplicando um vetor coluna, o chamado produto interno, o que gera um número (escalar). O interessante desta operação é que vemos com clareza que a soma dos elementos do vetor coluna é a unidade, o que permite que a entendamos como uma média aritmética ponderada dos valores do primeiro vetor, a saber, os coeficientes de absorção de toras de madeira originária dos diferentes setores pela agropecuária. Generalizando este procedimento para as demais linhas de **D** e colunas de **B**, geramos nossa matriz **B** × **D**, que é precisamente a matriz **A**, de coeficientes técnicos do tipo produto × produto que estamos buscando.

$$\mathbf{B} \times \mathbf{D} = \begin{bmatrix}
0{,}0199 & 0{,}0203 & 0{,}0178 & 0{,}0174 & 0{,}0183 & 0{,}0175 & 0{,}0077 & 0{,}0175 & 0{,}0096 & 0{,}0000 & 0{,}0000 \\
0{,}1488 & 0{,}1674 & 0{,}0168 & 0{,}0000 & 0{,}0585 & 0{,}0496 & 0{,}0364 & 0{,}0285 & 0{,}0317 & 0{,}0001 & 0{,}0001 \\
0{,}0020 & 0{,}0010 & 0{,}0090 & 0{,}0099 & 0{,}0067 & 0{,}0068 & 0{,}0021 & 0{,}0081 & 0{,}0035 & 0{,}0000 & 0{,}0000 \\
0{,}0101 & 0{,}0006 & 0{,}0771 & 0{,}0859 & 0{,}0566 & 0{,}0645 & 0{,}1146 & 0{,}0732 & 0{,}1082 & 0{,}1658 & 0{,}1658 \\
0{,}0035 & 0{,}0013 & 0{,}0197 & 0{,}0216 & 0{,}0143 & 0{,}0146 & 0{,}0044 & 0{,}0177 & 0{,}0074 & 0{,}0000 & 0{,}0000 \\
0{,}0009 & 0{,}0006 & 0{,}0033 & 0{,}0037 & 0{,}0027 & 0{,}0038 & 0{,}0160 & 0{,}0037 & 0{,}0137 & 0{,}0257 & 0{,}0257 \\
0{,}0152 & 0{,}0077 & 0{,}0685 & 0{,}0753 & 0{,}0518 & 0{,}0559 & 0{,}0673 & 0{,}0641 & 0{,}0679 & 0{,}0866 & 0{,}0866 \\
0{,}0511 & 0{,}0411 & 0{,}1226 & 0{,}1314 & 0{,}0991 & 0{,}1004 & 0{,}0580 & 0{,}1139 & 0{,}0706 & 0{,}0404 & 0{,}0404 \\
0{,}0174 & 0{,}0117 & 0{,}0582 & 0{,}0633 & 0{,}0449 & 0{,}0462 & 0{,}0291 & 0{,}0536 & 0{,}0349 & 0{,}0245 & 0{,}0245 \\
0{,}0120 & 0{,}0004 & 0{,}0955 & 0{,}1058 & 0{,}0681 & 0{,}0697 & 0{,}0222 & 0{,}0854 & 0{,}0365 & 0{,}0032 & 0{,}0032 \\
0{,}0531 & 0{,}0539 & 0{,}0471 & 0{,}0466 & 0{,}0495 & 0{,}0514 & 0{,}0806 & 0{,}0491 & 0{,}0744 & 0{,}1015 & 0{,}1015
\end{bmatrix}$$

Ainda que, ao multiplicarmos **D** por **B** não estejamos calculando uma média aritmética ponderada dos elementos de cada linha de **D**, é inegável que estamos procedendo ao rateio dos valores da absorção das mercadorias pelos setores, com base nos coeficientes de participação da mercadoria específica na produção setorial. Por exemplo, considerando que 88,4% da produção de madeira foi gerada na agropecuária e que este setor absorveu 2,03% do total produzido, vamos dizer que 2,03% de 88,42%, ou 1,8%, foram produzidos pela agropecuária com o objetivo de serem vendidos à própria agropecuária. Acrescentando as sementes, o minério, nada de automóveis, e assim por diante, chegamos a nosso familiar coeficiente a_{11}, no caso informando que 19,66% das compras da agropecuária originaram-se na própria agropecuária, como segue:

$$D \times B = \begin{bmatrix} 0,1966 & 0,0756 & 0,0378 \\ 0,0429 & 0,2538 & 0,2393 \\ 0,0651 & 0,2319 & 0,1707 \end{bmatrix}$$

Também vemos que a indústria vendeu 4,29% dos insumos intermediários adquiridos pela agropecuária, sendo que os serviços participaram com mais 6,51%. Em outras palavras, as compras de insumos que a agropecuária fez ao sistema representam 30,45% (ou seja, 19,66 + 4,29 + 6,51) de seu faturamento. Os restantes 69,45%, naturalmente, correspondem às compras de insumos primários. Tais cifras são confirmadas com o exame da Tabela 4.10, onde vemos estes coeficientes técnicos e a própria participação dos insumos intermediários na oferta total[57].

O que interessa termos presente, ao resolver o problema da classificação desta forma, é que, por exemplo, soa perfeitamente natural que nossa agropecuária tenha produzido atividades de transportes de carga, usando uma tecnologia assemelhada ao setor serviços. Naturalmente, sempre pensamos que existe um setor serviços (transportes) que produz viagens de passageiros ou de cargas. Mas agora estamos vendo, mais realisticamente, que os cereais transportados com os veículos do produtor rural, ainda que sejam "transportes", são principalmente serviços que a empresa agrícola presta a si própria.

Com a matriz **A** assim obtida, podemos montar o bloco B_{11} de nossa matriz de insumo-produto, associando-o diretamente (postando-o sobre) à informação original dos insumos primários. O que ainda fica faltando é a conversão do bloco da demanda final, que aparece na Tabela 4.15 como produtos vendidos às instituições. Defrontamo-nos com o mesmo problema de rateio: qual foi o setor que atendeu a qual fração dos 2.010 absorvidos pela demanda final? A resposta é rápida: basta pré-multiplicarmos os valores deste segmento da Tabela 4.15 pela matriz **D**, que reproduz a demanda final setorial da Tabela 4.10, com nossos já tradicionais erros de arredondamento.

---

[57] Como sempre, há um erro de arredondamento em nossos cálculos.

$$\begin{bmatrix} 0,884248 & 0,994725 & 0,099617 & 0,000000 & 0,347957 & 0,294568 & 0,215988 & 0,169502 & 0,188006 & 0,000000 & 0,000000 \\ 0,113365 & 0,003517 & 0,900383 & 0,996688 & 0,641980 & 0,655292 & 0,191639 & 0,804348 & 0,329748 & 0,000000 & 0,000000 \\ 0,002387 & 0,001758 & 0,000000 & 0,003312 & 0,010062 & 0,050139 & 0,592373 & 0,026150 & 0,482245 & 1,000000 & 1,000000 \end{bmatrix} \times \begin{bmatrix} 1.960,0 \\ 360,0 \\ 0,0 \\ 35.980,0 \\ 44.090,0 \\ 5.470,0 \\ 89.910,0 \\ 13.710,0 \\ 43.160,0 \\ 13.700,0 \\ 101.660,0 \end{bmatrix} = \begin{bmatrix} 48.901,7 \\ 110.463,5 \\ 190.634,8 \end{bmatrix}$$

No que segue desta seção, vamos formalizar a apresentação deste material, que até agora foi examinado por meio de exemplos numéricos. Iniciemos montando o Quadro 4.1, que será nossa referência à literatura da área, pois mostra o detalhe informacional e a simbologia usuais. Desta forma, vamos formalizar o arcabouço teórico implicitamente utilizado com a apresentação dos símbolos usados.

O Quadro 4.1 apresenta o conjunto informacional compatível com os valores fornecidos diretamente pelas empresas voltada a gerar a matriz de produção e a matriz de absorção. Uma vez obtidas estas matrizes, e este é o grande problema a ser

Quadro 4.1 Identidades funcionais das tabelas da matriz de insumo-produto

Contas	Produtos nacionais	Atividades	Demanda final	Valor da produção
Produtos nacionais		U_n	F_n	q
Produtos importados		U_m	F_m	
Setores da atividade	V			g
Impostos		T_p	T_e	
Valor adicionado		y^T		
Valor da produção	q^T	g^T		

Convenções
V – matriz de produção, que apresenta para cada atividade o valor da produção de cada um dos produtos;
q – vetor com o valor da produção total por produto;
U_n – matriz de consumo intermediário nacional, que apresenta para cada atividade o valor consumido de produtos de origem interna;
U_m – matriz de consumo intermediário importado, que apresenta para cada atividade o valor consumido de produtos de origem externa;
T_p – matriz dos valores dos impostos e subsídios associados a produtos, incidentes sobre bens e serviços absorvidos (insumos) pelas atividades produtivas;
y – vetor com o valor adicionado total gerado pelas atividades produtivas. É considerado como um vetor por medida de simplificação, na prática é uma matriz por atividade com o valor adicionado a custo de fatores e a preços básicos, as remunerações (salários e contribuições sociais), o excedente bruto operacional (obtido por saldo) e os impostos e subsídios incidentes sobre as atividades.
g – vetor com o valor da produção total por atividade;
F_n – matriz da demanda final por produtos nacionais, apresenta o valor consumido de produtos de origem interna consumidos por categoria da demanda final (consumo final das famílias e das administrações públicas, exportação, formação bruta de capital fixo e variação de estoques);
F_m – matriz da demanda final por produtos importados apresenta o valor dos produtos de origem externa consumidos pelas categorias da demanda final; e
T_e – matriz dos valores dos impostos e subsídios associados a produtos, incidentes sobre bens e serviços absorvidos pela demanda final.

solucionado neste capítulo, o primeiro passo na direção da construção do modelo de insumo-produto é a criação da matriz de coeficientes técnicos da produção nacional (B_n). Esta matriz é obtida como uma matriz ainda retangular produto × atividade que define a participação de cada aquisição de insumo no total do valor da produção do setor, conforme definido a seguir. Usando **i** para designar o vetor coluna unitário e "D" para denotar a operação de diagonalização de um vetor em referência, ao examinarmos o Quadro 4.1, iniciamos escrevendo $q \equiv U_n \times i + f_n$.

Definindo:

$$B_n \equiv U_n \times (g^D)^{-1} \qquad (4.17)$$

então, podemos escrever:

$$U_n \equiv B_n \times g^D \qquad (4.18)$$

A demanda total é formada a partir de suas duas componentes. A primeira componente é a matriz de absorção das atividades nacionais (U_n) ou consumo intermediário, cujo somatório total das aquisições de cada produto pelas atividades é dado por meio de sua multiplicação pelo vetor **i**. A segunda componente é o vetor de demanda final por produtos (f_n). A equação (4.17) define a matriz retangular dos coeficientes técnicos de produção a partir da matriz de absorção das atividades nacionais (U_n). Esta pode ser recomposta segundo a equação (4.18). Substituindo o resultado obtido em (4.18) na equação (4.17), obtemos a relação entre as atividades e os produtos na situação do equilíbrio geral do sistema (*ex post*):

$$q \equiv B_n \times g + f_n \qquad (4.19)$$

Uma vez definido que desejamos obter uma matriz de insumo-produto nas dimensões atividade × atividade a partir do suposto da tecnologia do setor, construímos a matriz de *marketshare* (D) a partir da matriz de produção (V) da seguinte maneira:

$$g \equiv V \times i, \qquad (4.20)$$

$$D = V \times (q^D)^{-1} \qquad (4.21)$$

$$V = D \times q^D \qquad (4.22)$$

A equação (4.20) define a oferta total da produção nacional em termos dos setores de atividade pela multiplicação da matriz de produção pelo vetor **i**. A obtenção da matriz de *marketshare* é dada por meio da equação (4.21), que generaliza o suposto da proporcionalidade entre a produção setorial dos produtos e a produção total do setor. A matriz de produção pode ser recomposta por meio da equação (4.22). Substituindo-a em (4.20), obtemos:

$$g = D \times q \qquad (4.23)$$

A equação (4.23) apresenta uma relação importante entre a demanda total dos produtos (**q**) e a oferta total das atividades nacionais (**g**). Substituindo a equação obtida anteriormente em (4.19) na equação (4.23), obtemos o sistema de equações para a solução da produção necessária de cada setor como uma função do vetor da demanda final (f_n) que deve ser avaliado segundo as atividades, sendo, por isso, pré-multiplicado pelo *marketshare*[58]. Isso fica facilmente demonstrado nas equações a seguir.

$$g = D \times (B_n \times g + f_n) \tag{4.24}$$

$$g = D \times B_n \times g + D \times f_n$$

$$g = (I - D \times B_n)^{-1} D \times f_n$$

A equação (4.24) se relaciona diretamente às equações do modelo original de Leontief. Podemos observar que a matriz **B** do sistema de Leontief é alcançada com $(I - D \times B_n)^{-1} = (I - A)^{-1}$ e $D \times f_n = f$. Nesta última formulação, devemos pré-multiplicar a matriz de absorção pela matriz de *marketshare*, gerando uma matriz quadrada atividade × atividade, uma vez que B_n é retangular. Notemos que também o vetor de demanda final por produtos deve ser pré-multiplicado pela matriz **D** do *marketshare*, uma vez que é necessário que a demanda seja considerada segundo os setores de atividade e não de acordo com os produtos adquiridos.

Resumindo o conteúdo da seção, podemos dizer que o problema da classificação consiste em associar o objeto físico "produto" e o espaço em que ele é gerado, que estamos chamando de "atividade", às classificações internacionais de atividades econômicas e às nomenclaturas de mercadorias. Desdobramentos deste problema lançam-nos à interessante área de pesquisa de geração de matrizes de diferentes formatos, a fim de atender a outras categorias teóricas. Tal é o caso dos complexos industriais, de caráter eminentemente setorial, e os arranjos produtivos locais, de caráter marcadamente regional e que dão conta de relações extramercado estabelecidas pelos produtores, ou seja, os ocupantes do bloco B_{11} da matriz de contabilidade social.

Dando um passo à frente, cumpre-nos anunciar que as Seções 5.7 e 5.8 do Capítulo 5 (TRUs) do CD retomam as tabelas retangulares que acabamos de estudar e as inserem no sistema de contas nacionais.

RESUMO

A longa jornada deste capítulo avançou em relação às conquistas do Capítulo 3 (Dimensões), pois estabeleceu contornos adicionais ao exame das três dimensões do trabalho social e a relação da segunda (valores de troca) com as três óticas de cálculo do valor adicionado ao passarmos a considerar mais aprofundadamente a importância das transações intrassetoriais. De uma construção esquemática da matriz de contabilidade social de transações líquidas seguimos o fluxo circular da renda, que também foi chamado de "roda da fortuna", no que resultou um modelo ainda simplificado de três contas. Retirando a matriz de insumo-produto do interior da matriz de contabilidade social, fomos capazes de obter um sistema de equações lineares qualificado para responder como, por intermédio do consumo intermediário dos setores produtivos, um estímulo exógeno de demanda tem efeitos multiplicadores sobre a produção e renda da economia.

---

[58] Uma matriz de insumo-produto do tipo produto × produto pode ser facilmente obtida com o suposto da tecnologia do setor substituindo-se, em vez de (4.19) em (4.23), desta vez (4.23) em (4.19), já que esta última resulta em **q** em vez de em **g**, oferecendo a seguinte expressão $q = (I - B_n \times D)^{-1} \times f_n$.

Além disso, identificamos os principais agregados macroeconômicos, como o PIB, a distribuição secundária da renda, a política fiscal, a balança de transações correntes (com o resto do mundo) e outros. Ao imputarmos números ao que até então havia sido trabalhado sob a forma esquemática e sob o enfoque da matriz de contabilidade social enquanto moldura de dados, compreendemos mais sobre a realidade econômica. Por fim, dedicamo-nos a compreender sua abordagem para a construção de modelos por intermédio da chamada abordagem do valor das transações. Ou seja, incorporamos a nosso arsenal de conceitos a utilização das variáveis articuladas aos preços do ano corrente, nossas quantidades monetárias.

Depois de termos estudado a matriz de contabilidade social, pudemos selecionar seus blocos mais diretamente associados ao recorte produtivo da ação societária, nomeadamente, as relações intersetoriais (bloco B_{11}), a origem dos insumos que as movimentam (bloco B_{21}) e o destino do resultado do esforço produtivo (bloco B_{13}). Definimos os elementos integrantes da matriz do bloco B_{11} como sendo os insumos intermediários necessários à produção, pois o bloco B_{21} reúne os insumos primários. Ao mesmo tempo, associamos os insumos primários com a ótica do produto usada para mensurar o valor adicionado, o que contrasta com os elementos constitutivos da matriz capturada pelo bloco B_{13}, que exibem a ótica da despesa. Neste ambiente, na matriz de insumo-produto, não houve mais lugar nem para a terceira ótica de cálculo do valor adicionado, pois ela encontra-se representada no bloco B_{32}, nem para as transações interinstitucionais do bloco B_{33}.

Os três blocos recém-referidos constituem o cerne do modelo de insumo-produto cujo principal mérito reside em permitir avaliarmos as três dimensões do trabalho social, o que fizemos por meio de seus três sistemas: o sistema das quantidades, o sistema dos preços e o sistema do emprego. No primeiro, geram-se utilidades (bens ou serviços não necessariamente portadores de preços) medidas em quantidades monetárias. No segundo, essas quantidades monetárias são compatibilizadas por meio de um vetor de preços unitário. O terceiro sistema, tratando do emprego e das horas de trabalho por ele encapsuladas, permitiu a reconciliação da visão dos economistas clássicos de que o trabalho é o denominador comum de todas as mercadorias, isto é, bens ou serviços levados ao mercado por meio do mecanismo de preços. Nossa teoria do valor, ao postular a proporcionalidade dos elementos de um vetor de trabalho setorial (**E**) relativamente a outro de quantidades monetárias (**x**), por meio de uma matriz diagonal, permite explicarmos por que determinadas mercadorias, como o aluguel de terras, têm preço (certa magnitude monetária), mas não têm valor (não há qualquer emprego quando o coeficiente $\frac{e_i}{x_i}$ é nulo). O que nosso modelo não permite, infelizmente, é o movimento oposto, a saber, mercadorias exibirem algum valor ($e_i > 0$) mas preço nulo ($x_i = 0$). Esta peculiaridade cria outro tipo de problema para a avaliação do esforço produtivo efetuado pela sociedade no trabalho doméstico, na produção de bens públicos, etc.[59]

Deixando de lado esta objeção, podemos comemorar que, com os artifícios que chamamos de quantidades monetárias e preços unitários, fomos capazes não apenas de mensurar os requisitos diretos e indiretos para expandir a produção, mas também saber o impacto sobre o nível geral de preços do sistema de elevações nas

---

[59] No Capítulo 14 (*Mensurare*), faremos um balanço desta e de outras fraquezas do estado atual da contabilidade social.

quantidades monetárias de insumos primários. Nosso próximo passo foi discutir alongadamente o chamado problema da classificação, que dá conta da simplificação em que incidimos ao identificar a produção de um setor com seu produto. A verdade é que, no mundo real, vemos milho gerando milho, o grão de milho protegido pela espiga abrigada pelo pé de milho que se assenta no terreno. Ou seja, o pé de milho não é produto estrito do grão de milho reservado da colheita do ano anterior para ser usado como semente, mas de toda a atividade da lavoura de milho. Buscando mais realismo, pudemos entender que a lavoura usa muitos outros insumos, além da prosaica semente de milho, inclusive serviços contábeis e materiais energéticos para auxiliarem a mão humana a lidar com a terra. Nosso problema da classificação consistiu, assim, em permitir-nos associar as atividades aos produtos em dois sentidos. Primeiramente, procuramos entender os contornos da produção realizada em cada atividade, o que fizemos por meio da montagem da matriz de produção. Em seguida, buscamos associar a absorção dos produtos específicos com as atividades específicas que o fizeram, montando a matriz de uso, ou matriz de absorção. Temperamos nossas escolhas com critérios baseados em supostos tecnológicos regendo a produção e supostos mercantis regendo a absorção.

Mantendo a metáfora das lidas campestres, podemos afirmar que estamos em terreno sólido para iniciar o estudo do sistema de contas nacionais, tarefa à qual vamos dedicar-nos nos próximos dois capítulos.

5
O Sistema de Contas Nacionais:
Tabela de Recursos e Usos

Vladimir Lautert e Duilio de Avila Bêrni

5.1 CONSIDERAÇÕES INICIAIS

Como foi visto na Primeira Parte deste livro, existem quatro formas inter-relacionadas e equivalentes de apresentação dos agregados econômicos: a exposição gráfica do modelo completo do fluxo circular da renda, o uso de equações contábeis, o sistema de contas nacionais e a notação matricial. Os dois capítulos iniciais desta Segunda Parte dedicaram-se à apresentação dos agregados usando principalmente a notação matricial. Este capítulo e o próximo serão dedicados ao sistema de contas nacionais. Acrescentando aos dois capítulos de modelos multissetoriais e aos dois das contas nacionais a matriz de fontes e usos de fundos, montaremos o tripé da modelagem macro e mesoeconômica[1].

A possibilidade de apresentar as três óticas do valor adicionado em forma de matriz permite a análise da estrutura e a quantificação das mudanças estruturais das economias. Como foi visto no Capítulo 4 (MaCS e MIP), a matriz de insumo-produto quadrada estruturada na forma de produto por produto ou atividade por atividade estabelece as relações interindustriais explicitando o consumo intermediário correspondente. Trata-se, assim, de um valor lançado na matriz ao qual atribuímos dois significados: um uso do agente econômico correspondente à coluna e um recurso do agente econômico correspondente à linha. Por seu turno, a informação básica utilizada para chegar às matrizes com esse formato é construída pela tabela de **produção** dos produtos (fonte dos recursos – coluna) pelas atividades (usos dos recursos – linha) e tabelas de **absorção** dos produtos (fonte de recursos) pelas atividades (usuárias dos produtos). De modo análogo ao Capítulo 4 (MaCS e MIP), o sistema de contas nacionais utiliza tanto tabelas quanto um sistema integrado de contas, a fim de apresentar os agregados econômicos. As formas das tabelas a serem desenvolvidas no presente capítulo evidenciam a produção e a absorção num período de tempo, ao passo que, no Capítulo 6 (CEIs), os agregados aqui apresentados serão acrescidos de vários outros e dispostos na forma de um complexo sistema de contas.

---
[1] Na visão de Lawrence Klein (2003), prêmio Nobel de economia de 1980, este tripé é formado pelas contas nacionais, pela matriz de insumo-produto (diríamos a matriz de contabilidade social) e pela matriz de fontes e usos de fundos.

Neste capítulo, faremos a apresentação das TRUs, tal qual recomenda o *Handbook*, mostrando os elos de ligação entre a matriz de insumo-produto, a matriz de contabilidade social e o Capítulo 6 (CEIs). Nas versões de 1953 e 1968 do *Handbook*, a integração entre esses instrumentos de trabalho da contabilidade social era, em muitos pontos, inexistente e, em outros tantos, difusa. O fato de as informações originais compiladas pelos órgãos nacionais e regionais produtores das estatísticas econômicas serem coletadas em nível de empresas ou famílias localizadas em espaços territoriais específicos cria um problema de sua compatibilização e agrupamento em subconjuntos manejáveis. Esta peculiaridade ficou marcante quando o equacionamento do problema da classificação[2] tornou a matriz de insumo-produto, entendida enquanto peça-chave da análise mesoeconômica, mais próxima da coleta de dados e das próprias TRUs a serem desenvolvidas no presente capítulo.

As duas outras formas de apresentação de agregados macroeconômicos, nomeadamente, o fluxo circular da renda e as equações contábeis, têm aparecido de forma intermitente nos capítulos anteriores e manterão este caráter aqui e nos próximos. Particularmente, o modelo completo do fluxo circular da renda está subsumido na matriz de contabilidade social, ao passo que as equações macroeconômicas, ainda que nem sempre recebendo a menção explícita, aparecem no Capítulo 4 (MacS e MIP).

Os principais agregados macroeconômicos em torno dos quais as TRUs são construídas dizem respeito ao valor da produção, o consumo intermediário e o valor adicionado (calculado pelas óticas do produto e da despesa). Estes agregados são distribuídos por produtos e setores (ramos) de atividade econômica. Os setores de atividade econômica enfocam as relações técnicas e econômicas estabelecidas entre os agentes, e resultam do agrupamento destes agentes tendo como critério de classificação sua atividade econômica. O critério de agrupamento do ponto de vista do produto é a produção principal das unidades produtivas. Assim, partindo de informações individuais (micro) obtemos o comportamento dos setores (meso) e, com a agregação destes, chegamos ao total da economia (macro). Ao agregarmos as informações das TRUs ou ao lidarmos com as das CEIs, reunimos as variáveis básicas ditadas ao contabilista social pelo macroeconomista. Paralelamente, o desdobramento setorial das TRUs e a desagregação institucional das CEIs alinham-se no espaço da macroeconomia.

Sendo ferramentas importantes para garantir o equilíbrio das estimativas, as TRUs necessitam de uma boa classificação das atividades e dos produtos. As duas próximas seções deste capítulo dedicam-se a firmar os conceitos básicos requeridos para a elaboração das TRUs. Em seguida, nas Seções 5.4 a 5.7, são apresentadas as tabelas, seguindo o *Handbook* e utilizando exemplos para a economia de Lizarb. As seções finais do capítulo são reservadas a evidenciar dois elos de ligação. O primeiro dá-se entre as TRUs e as contas econômicas integradas que serão o objeto de estudo do próximo capítulo, ao passo que o segundo mostra uma metodologia simples de atualização da matriz de insumo-produto a partir dos dados das TRUs.

---

[2] Ver Seção 4.8 do Capítulo 4 (MaCS e MIP).

5.2 SETORES DE ATIVIDADE E PRODUTOS

O modelo do Bonsai Econômico apresentado no Capítulo 1 (Divisão) utilizou a alegoria de uma conífera em que – olhada de cima para baixo – cada camada de galhos e ramos vai mostrando crescente desagregação. No ápice da Figura 1.10, vimos a estilização do nível mais agregado do sistema econômico, nomeadamente, as curvas de oferta e de demanda agregadas planejadas. Nossa alegoria vale-se da possibilidade de que o ponto de equilíbrio do sistema determinado por elas (logo, *ex ante*) irá coincidir precisamente com o par ordenado produto real (ou seu crescimento) e o nível geral de preços (a taxa de inflação) calculados pelo contabilista social (logo, *ex post*).

As camadas inferiores do Bonsai Econômico mostraram sucessivas desagregações das componentes registradas na primeira: o par ordenado (quantidade, preço) observado *ex post* e as curvas de oferta e demanda que – neste mundo ideal – teriam permitido sua estimativa *ex ante*. Assim, observamos os seis mercados macroeconômicos (bens, moeda, títulos, câmbio, fatores e de arranjos institucionais) definidoras de mercados setoriais, os mercados de produtos específicos e, no nível inferior, os agentes econômicos que desempenham as funções de ofertantes e demandantes das diferentes mercadorias que ingressam no sistema, inclusive dos serviços dos fatores. Nesta seção, vamos centrar nosso interesse nos três níveis inferiores, buscando entender como a empresa, localizada em certo setor de atividade econômica, produz produtos associáveis a sua missão, mas também outros não diretamente associados. A Seção 4.8 do Capítulo 4 (MaCS e MIP) permitiu que aprofundássemos estas noções por meio do estudo do chamado problema da classificação. Isto nos autoriza agora a avançar na organização daquela informação coletada e organizada por meio da matriz de insumo-produto. Nestas circunstâncias, vamos examinar as fontes e os usos dos recursos econômicos destinados à produção de bens e serviços, mostrando a moldura geral que os circunscreve, bem como a origem destas informações. Ou seja, vamos estudar a empresa individual, e observar como seus registros contábeis podem ser utilizados como fonte dos dados a serem agregados, desde a oferta de seus produtos (fontes) até a oferta agregada de toda a economia, o mesmo valendo para os registros de sua demanda (usos).

Uma vez que a empresa é costumeiramente associada ao desempenho de uma atividade, vamos esclarecer os critérios que nos levam a classificá-la em uma ou outra dessas atividades econômicas (setores). Ou seja, uma empresa busca produzir bens e serviços adequados para serem fornecidos a outros estabelecimentos ou aos consumidores finais, bem como para consumo próprio da empresa ou para formação de capital próprio. Assim, devemos considerar como a **atividade principal** da empresa aquela que gera a maior parte do seu valor adicionado[3]. Já a **atividade secundária** é aquela realizada conjuntamente com a principal, e que resulta em um menor montante de valor adicionado (produto e despesa). Por exemplo, a produção de pães numa padaria, tal como convencionalmente entendida, pode ser a atividade principal de uma empresa que tem como atividade secundária a venda de jornais.

---

[3] A partir deste momento, na maior parte das vezes em que falarmos em "valor adicionado", estaremos referindo-nos à ótica do produto de sua mensuração.

Existindo a possibilidade de as empresas exercerem diversas atividades produtivas, agrupamentos que considerem apenas a atividade principal podem tornar-se muito heterogêneos. Para enfrentar este problema, devemos explorar a divisão que as próprias empresas fazem, no sentido de concentrar certas atividades consideradas mais homogêneas em determinadas células de produção. Denominadas **estabelecimentos**, estas células são ao mesmo tempo unidades de atividade econômica e **unidades locais de produção**. O estabelecimento é uma empresa, ou parte de uma empresa que desenvolve um conjunto reduzido e homogêneo de processos produtivos, e onde a maior parte do valor adicionado provém da atividade principal. Neste sentido, o estabelecimento é uma unidade de atividade econômica. Em termos geográficos, o estabelecimento, por definição, não pode ter suas instalações divididas em mais de um local e, neste sentido, trata-se de uma unidade local de produção. Ele pode exercer atividades secundárias em escala menor do que a atividade principal. Mas, caso a atividade secundária seja muito importante, esta deverá ser tratada como outro estabelecimento.

Quanto à produção, estrutura de custos e tecnologia, as unidades de atividade econômica, ou estabelecimentos, devem ser mais homogêneas que as empresas como um todo. Na prática, geralmente um estabelecimento é um local de trabalho onde é exercida alguma atividade produtiva, por exemplo, uma mina, uma pedreira, uma fazenda, uma fábrica, loja, agência bancária, e assim por diante. Como se pode notar, esta especificação não se confunde com atividades auxiliares, como oficinas de manutenção (no caso das fábricas) e departamentos jurídicos (no caso dos bancos), que não podem ser distinguidas das unidades principais. As atividades auxiliares se caracterizam por produzirem bens ou serviços que não se destinam ao uso fora do estabelecimento. Elas são atividades de apoio que procuram criar condições para a realização das atividades principais e secundárias. Adicionalmente, podemos dizer que estas atividades quase sempre produzem serviços necessários à maior parte das atividades produtivas, por exemplo, arquivos, registros administrativos, telefonia, redes de informática, limpeza, manutenção de máquinas e equipamentos, serviços de contabilidade, transporte de bens ou pessoas, promoção de vendas e vigilância. Por sua definição, as atividades auxiliares são tratadas como parte das atividades principais ou secundárias às quais se associam. Ou seja, o consumo das atividades auxiliares é considerado consumo da atividade principal ou da secundária de apoio à principal, e sua produção não é contabilizada separadamente da produção desta última. Como podemos perceber, não é possível identificar diretamente no *Handbook* o valor adicionado pelas atividades auxiliares[4].

Quando uma unidade institucional[5] (empresa) é formada por um único estabelecimento, a atividade deste é a mesma da unidade institucional. No entanto o estabelecimento se distingue da unidade institucional pelo fato de, sob o ponto de vista legal, não poder possuir ativos e passivos, bem como por não poder realizar operações por conta própria. Assim, não é possível elaborar contas de patrimônio

---

[4] Seria possível, de acordo com o *Handbook*, identificarmos separadamente o valor da produção do consumo intermediário e do valor adicionado (produto) de algumas atividades auxiliares por meio da elaboração das "contas satélites" do sistema.

[5] Como veremos em detalhe no Capítulo 6 (CEIs), as unidades institucionais se caracterizam pela autonomia patrimonial, ou seja, a possibilidade de adquirirem ativos e contraírem passivos por conta própria.

(estoques) para os estabelecimentos, apenas contas correntes (fluxos) relacionadas às suas atividades produtivas, como contas de produção, renda, número e tipos de empregados, e horas trabalhadas. Desta forma, é possível calcular o valor da produção e do consumo intermediário, as remunerações dos empregados, impostos sobre a produção e importação, subsídios e excedente operacional, excluindo as contas financeiras e patrimoniais. Na maior parte dos casos, podemos dizer que a divisão de unidades institucionais em estabelecimentos permite que a produção seja distribuída pelos diversos setores de atividade. Nos casos em que não é possível esta divisão, os dados necessários à elaboração das TRUs devem ser estimados a partir de informações fornecidas pelas empresas.

A fim de enquadrar as atividades produtivas, é utilizada uma classificação internacional[6] que as agrupa em quatro níveis: seção, divisão, grupo e classe, sendo que as classes podem ser ainda desmembradas em subclasses. A seção é o maior nível de agregação, como é o caso da agropecuária e da indústria de transformação como um todo. Um exemplo de divisão, pertencente à indústria de transformação, é a atividade da produção de produtos alimentares, a qual contém ainda o grupo de laticínios. Para enquadrar um estabelecimento no seu grupo e divisão, consideramos principalmente o tipo e estágio de fabricação do bem ou serviço produzido por ele como atividade principal. Desagregando o grupo dos laticínios em classes, temos o leite pasteurizado, os sorvetes, os queijos diversos, etc., que são os registros de cada nível de desagregação desta classificação que permitem que elaboremos TRUs.

Caracterizados os contornos da classificação das atividades econômicas desenvolvidas pelas empresas, cumpre-nos estudar seu complemento, ou seja, o mapeamento dos produtos produzidos internamente em cada atividade, o que nos leva a estudar a classificação por produtos. Iniciando, podemos dizer que **produtos** são os resultados das atividades produtivas, ou aquilo que desde o Capítulo 1 (Divisão) temos chamado de bens e serviços que, quando levados ao mercado, transformam-se em mercadorias. Para classificarmos os estabelecimentos por produto e atividade, uma situação ideal seria aquela em que cada empresa produzisse apenas um produto, de forma que as unidades pudessem ser agrupadas sem preocupações a respeito de produções diferenciadas na mesma unidade. Trata-se de uma situação que, como sabemos, tende a não ocorrer na prática, pois em muitos processos de produção obtemos mais de um tipo de produto. Além dos produtos secundários já comentados, também constatamos a presença de **produtos conjuntos** (ou associados).

Um bom exemplo é o caso do couro, que é produto do mesmo processo do qual obtemos a carne, e os dois produtos têm usos totalmente diferentes. Esta tendência de obter mais de um produto do mesmo processo produtivo não significa que as demais produções, aquilo que as unidades institucionais produzem além de sua produção principal, devam ser desconsideradas. Pelo contrário, como vimos na Seção 4.8 do Capítulo 4 (MaCS e MIP) e detalharemos nas tabelas de fontes e usos dos recursos a serem examinadas a seguir, é conveniente distribuirmos a totalidade da produção entre os setores de atividade econômica. Temos como exemplos de produtos: lâmpadas, computadores, móveis de madeira, distribuição de energia

---

[6] Os órgãos produtores de estatísticas costumam constituir uma Comissão Nacional de Classificações destinada a organizar a classificação das atividades econômicas mantendo a compatibilidade com a classificação internacional.

elétrica, comércio de combustíveis, e serviços médicos, todos originários de estabelecimentos que produzirão outros bens e serviços.

Devemos considerar ainda que a atividade de uma empresa ou estabelecimento pode não corresponder aos bens ou serviços produzidos por ela: produtos agrupados em classificações mais abrangentes, como "outros produtos metalúrgicos", são obtidos de diversos tipos de atividades, como a indústria metalúrgica ou a fabricação de máquinas para a agricultura. Da mesma forma, um estabelecimento agrícola (setor de atividade) pode produzir serviços de alojamento e alimentação (produtos), ou uma indústria (setor de atividade) pode ter produção agrícola de jardinagem (produto), e assim por diante. Esta mescla de produção de produtos diversos pelas diferentes atividades é uma consequência da complexidade de uma economia nacional. Algumas atividades produzem mais de um produto simultaneamente, como é o caso da indústria (atividade) que produz mobiliário e serviços de jardinagem (produto). De modo análogo, certos produtos podem ser obtidos a partir de técnicas de produção diferentes, como o sapato de couro e o de plástico injetado. Em resumo, na prática, a produção de um setor de atividade tende a contemplar mais de um produto.

A fim de normalizar o enquadramento das atividades e dos produtos, adotamos uma classificação utilizada internacionalmente que tem por base as diferentes características físicas dos bens e os tipos de serviços. Com ela, procuramos individualizar o conjunto de bens e serviços de forma que sejam normalmente produzidos por apenas uma atividade da classificação de atividades. Ademais, ao fazer a classificação dos produtos, normalmente também referenciamos a classificação por atividade. Por exemplo, considerando a classe do leite apresentada anteriormente, poderíamos ter como produtos o leite esterilizado, o leite longa vida, o leite desnatado, o serviço de preparação do leite, o serviço de resfriamento do leite, etc.

Vejamos o exemplo da empresa Laticínios Lizarb S/A, que distribui suas atividades por quatro prédios (estabelecimentos). O primeiro serve apenas como sede administrativa. Esta unidade recebe a mesma classificação da principal atividade da empresa. Em uma propriedade rural, a empresa sedia um estabelecimento agropecuário em que cria gado leiteiro, cujo leite é transferido para a unidade industrial encarregada do processamento do leite recebido *in natura*. Nesta unidade, além da atividade de processamento do leite proveniente do estabelecimento rural da empresa, também é processado o leite comprado de outras propriedades rurais. Como resultado da atividade industrial, a empresa vende leite integral, leite condensado e diversos tipos de queijo, razão pela qual ela ainda possui uma unidade destinada ao comércio varejista de produtos que levam sua própria marca. Seu organograma encontra-se na Figura 5.1.

A empresa Laticínios Lizarb S/A receberá a classificação da atividade que gera o maior valor adicionado, no caso 1541 – Preparação do Leite, pois, no exemplo, o maior valor adicionado é o obtido na fabricação de leite pasteurizado. A propriedade rural é classificada como 0141-4 Criação de bovinos para leite; a parte industrial, como vimos, recebe o código 1541 – Preparação do Leite; e a unidade de comércio é classificada como 5221-3 Comércio varejista de laticínios. Desta forma, a produção da empresa Laticínios Lizarb S/A é distribuída pelos diversos setores de atividade que compõem seu campo de atuação. Temos neste exemplo três atividades (com os códigos 1541, 0141-4 e 5221-3) e três produtos (leite pasteurizado, leite condensado e bovinos para leite).

```
                    LATICÍNIOS LIZARB S/A
                    ┌─────────────────────┐
                    │       Matriz        │
                    │ Atividades administrativas │
                    │       (1541)        │
                    └─────────────────────┘
                              │
        ┌─────────────────────┼─────────────────────┐
┌───────────────┐   ┌─────────────────────┐   ┌───────────────┐
│   Unidade 1   │   │     Unidade 2       │   │   Unidade 3   │
│ Estabelecimento│  │ Unidade industrial (1541) │ │ Comércio de laticínios │
│  agropecuário │   │ 1540040 Leite pasteurizado│ │               │
│ Produção de leite│ │    (VA de L$36)     │   │               │
│   in natura   │   │ 15420130 Leite condensado │ │               │
│               │   │    (VA de L$08)     │   │               │
└───────────────┘   └─────────────────────┘   └───────────────┘
```

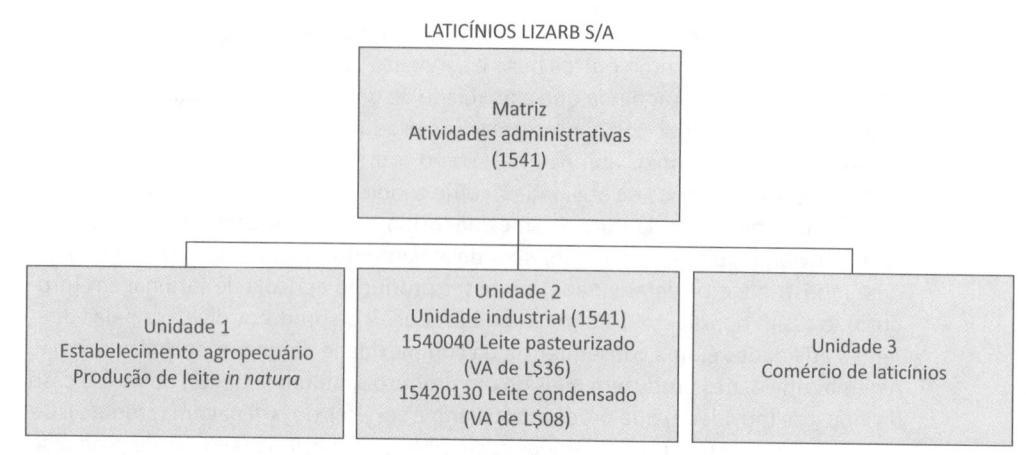

Figura 5.1 Organograma da empresa Laticínios Lizarb S/A

A distribuição das atividades das demais empresas de uma economia nacional por setores permite, mediante o procedimento de agregação, fazermos a estimativa das composições dos setores. Uma vez definidas as atividades que compõem os setores, estamos quase prontos para iniciar a construção das TRUs para distribuir a totalidade da produção entre os setores de atividade econômica, precisando apenas dizer algumas palavras sobre o significado dos lançamentos.

5.3 PARTIDAS DOBRADAS: RECURSOS E USOS

Os lançamentos das TRUs obedecem ao princípio das partidas dobradas (ou a lógica da dupla entrada), cujo preceito é registrar cada operação como **fonte do recurso**, ou variação de passivos, e também como **uso do recurso**, ou variação de ativos. Recursos são valores recebidos que ficam disponíveis para um dado setor institucional. Da mesma forma que na contabilidade comercial, no sistema de contas nacionais, as fontes (origens) dos recursos aumentam o passivo ou reduzem o ativo dos setores institucionais. Os usos dos recursos são os gastos, ou seja, as aplicações dos recursos à disposição dos setores e, assim sendo, correspondem a aumento de ativos ou redução de passivos. Dado o princípio das partidas dobradas, o valor total registrado como fonte do recurso ou variação de passivos deve ser igual ao valor total registrado como uso ou variação de ativos. Como exemplo, consideremos o caso de uma transferência realizada pela administração pública para uma família. Nesse caso, temos, do ponto de vista da primeira, um gasto (uso) e também uma redução de ativos, pois a operação reduz o volume de recursos disponíveis. Do ponto de vista da família, esse mesmo valor é um recurso, e também um aumento de ativos.

Consideremos que produzir é movimentar processos ou exercer atividades em que são utilizados bens e serviços, capital e mão de obra (usos dos recursos) para gerar (ou importar) outros bens e serviços (recursos). Diferentes tipos de bens de consumo intermediário podem ser utilizados na produção de um mesmo bem ou serviço final. Como exemplo, apontamos o caso do açúcar, que pode ser obtido a partir da cana-de-açúcar ou da beterraba. Os processos ou métodos de produção também variam, como no caso da eletricidade, que pode ser obtida por meio do carvão ou de uma usina hidrelétrica. Como veremos na próxima seção, estas relações são organizadas em tabelas diferenciadas para recursos e usos. Por ora, examinemos no Quadro 5.1 o exemplo numérico da empresa Laticínios Lizarb S/A.

Quadro 5.1 Recursos e usos para a atividade industrial da empresa Laticínios Lizarb S/A: contabilização a preços básicos (ano I, mil laeres)

RECURSOS			USOS		
Produtos	Valor (com impostos inclusos)	Impostos sobre produtos (20%)	Produtos	Valor (com impostos inclusos)	Impostos sobre produtos (20%)
Atividade industrial			**Atividade agropecuária**		
Leite pasteurizado	150	30	Leite *in natura*	150	30
Leite condensado	180	36	Atividade industrial		
			Ração para animais	50	10
			Desgaste de tratores	60	12
			Óleo diesel	15	3
Subtotal			**Subtotal**		
Valor da produção a preços de consumidor	330	66	Valor do consumo intermediário a preços de consumidor	275	55
Imposto sobre a produção (não dedutível)		10			
			Valor adicionado a preços de consumidor	55	11
TOTAL	330	66	TOTAL	330	66

Box 5.1 Preços: básicos, de produtor e de consumidor

Um ponto importante na montagem da apresentação dos agregados econômicos está no conjunto de preços utilizados para avaliar as entradas e saídas. Quanto a isto, o *Handbook* utiliza três tipos de preços que podem ser combinados na obtenção de diferentes formas de avaliação do valor adicionado. No entanto, antes de distinguirmos os preços, é conveniente e crucial que vejamos as diferentes maneiras de registrar os impostos, os subsídios e os custos de transporte e comercialização.

Consideramos **impostos sobre produtos** aqueles que incidem sobre os bens e serviços oriundos do processo produtivo. Geralmente seu montante é obtido por meio da aplicação de uma alíquota sobre o preço de venda do produto. Desta forma, estes impostos alteram diretamente o preço pelo qual o consumidor irá adquirir um bem ou serviço. Uma das características da maioria dos impostos sobre produtos é a possibilidade que os produtores têm de, ao venderem sua produção, creditarem-se do imposto pago na aquisição dos bens e/ou serviços adquiridos para consumo intermediário. Ou seja, eles efetivamente recolherão a diferença entre o valor do imposto incidente sobre a venda e o imposto

(continua)

Box 5.1 Continuação

que já fora pago, incidindo então sobre o consumo intermediário. Devido a esta característica, os impostos sobre os produtos também são chamados de impostos não cumulativos, de impostos indiretos, ou de impostos sobre o valor adicionado (IVA). Mas também há impostos sobre produtos que não os do tipo IVA, registrados na mesma coluna dos impostos sobre produtos. Percebemos também que os impostos sobre produtos incidem sobre os produtos, de forma que os importados também estão sujeitos a eles. Mas, neste caso, o importador não tem a possibilidade de creditar-se, dado que a produção ocorreu fora das fronteiras nacionais.

Não podemos confundir o imposto sobre produtos incidente sobre os importados, que aparece discriminado por classe de produtos (linhas) no quadrante A das TRUs (nos nossos exemplos numéricos está incluso na coluna dos impostos sobre produtos), com os demais **impostos de importação**. Estes impostos não incidem sobre os produtos propriamente ditos, mas são devidos pelo ato da importação. Uma vez que não digam respeito aos produtos, vamos dividi-los pelas atividades, ou seja, ao longo das colunas. Também devem ser distribuídos nas colunas das TRUs os **impostos sobre a produção**. Eles incidem sobre determinados aspectos da produção, por exemplo, os impostos sobre a folha de salários, as contribuições sociais pagas pelos empregadores, os impostos sobre o patrimônio da empresa, etc. Em determinados casos estes impostos levam os produtores a aumentarem seus preços. Mas, o mais importante para nosso propósito no momento, é entendermos que eles não são (como os anteriores) repassados diretamente para os consumidores. Desta forma, eles podem ser vistos como a aplicação de parte do valor adicionado, a apropriação de parte deste valor pelo governo e lançados no quadrante C das TRUs. Assim, vemos que ambos, os impostos de importação e os impostos sobre a produção, são lançados nas colunas do quadrante C.

Feitas estas distinções, retomemos que a produção, de acordo com a descrição do sexto capítulo do *Handbook*, pode ser avaliada de três formas:

Preços básicos: quantia recebida pelo produtor por uma unidade de um bem ou serviço produzido, despido de qualquer imposto a pagar, acrescido de qualquer subsídio a receber como consequência da sua produção ou venda. Exclui quaisquer custos de transporte e comercialização (margens de comércio e transportes) faturados separadamente pelo produtor; e

Preços de produtor: quantia recebida pelo produtor pela venda de uma unidade de um bem ou serviço produzido, excluindo todo o imposto sobre o valor adicionado – IVA ou os impostos dedutíveis semelhantes, faturados ao comprador. Também exclui quaisquer custos de transporte faturados separadamente pelo produtor.

Portanto, a diferença entre estes dois preços reside na exclusão, na avaliação da produção a preços básicos, de qualquer outro imposto a pagar e na inclusão de qualquer subsídio a receber sobre os produtos. No segundo, devemos deduzir apenas os impostos do tipo IVA. Quando a produção é registrada a preços básicos, percebemos a separação entre o que é destinado ao produtor e o que é destinado à administração pública no momento da produção ou importação. Cabe notar que estamos falando ainda dos registros do quadrante A e, neste momento, não consideramos os impostos sobre a produção e importação, que serão deduzidos do valor adicionado das atividades somente no quadrante C. Assim, é o preço básico que mede a quantia retida pelo produtor sendo, portanto, o mais relevante na tomada de decisão sobre as quantidades a serem ofertadas. Já no preço de produtor podem estar contidos outros impostos, não dedutíveis, sobre produtos.

A existência de um IVA pode tornar impreciso o antigo conceito de "preços de mercado", dado que os produtores não são obrigados a pagar à administração pública a quantia total do IVA faturado aos seus clientes. Deste modo, se o ponto de vista é o do vendedor ou do comprador, pode haver dois preços para uma só operação, o que inviabiliza a interpretação de um preço de produtor, que exclui inclusive a parcela do IVA que deve ser faturada, como um "preço de mercado".

Assim, a produção pode ser avaliada tanto a preços básicos quanto a preços de produtor, sendo preferível a utilização de preços básicos quando estiver em vigor na economia algum IVA. Ao longo deste capítulo supomos a existência de impostos dedutíveis em Lizarb e, desta forma, seguiremos a recomendação do *Handbook* utilizando o conceito de preços básicos para avaliação da produção.

Preços de consumidor (também chamado de **preços de aquisição**): este é o terceiro tipo de avaliação da aquisição das mercadorias, correspondendo à quantia paga, excluindo qualquer IVA dedutível (retirando somente a parte dedutível), para adquirir uma unidade de um bem ou serviço no momento e local requeridos pelo comprador. Portanto, os preços de consumidor incluem a parcela de impostos sobre produtos a pagar, e ainda as margens de comércio e transporte. O consumo intermediário deve ser avaliado a preços de consumidor.

Já o **valor adicionado**, como resultante de uma medida de produção não duplicada em que os valores de bens e serviços utilizados como consumos intermediários são eliminados do valor da produção, não tem unidades próprias de quantidades em que possa ser medido e,

(continua)

Box 5.1 Continuação

desta forma, não tem preços próprios. Existem medidas alternativas do valor adicionado obtidas pela associação de diferentes vetores de preços com um vetor de quantidades de produção e consumo. As principais são:

Valor adicionado a preços básicos: é definido como a produção avaliada a preços básicos e o consumo intermediário avaliado a preços de consumidor;

Valor adicionado a preços de produtor: é definido como a produção avaliada a preços de produtor e o consumo intermediário avaliado a preços de consumidor;

Valor adicionado a preços de consumidor: não é um conceito utilizado explicitamente no *Handbook* mas pode ser obtido a partir do valor adicionado a preços básicos, se subtrairmos os outros impostos correntes sobre o trabalho ou capital utilizados na empresa, como impostos sobre os salários ou impostos sobre o patrimônio. A rigor, estes "outros impostos sobre a produção" não podem ser eliminados dos preços dos consumos e produtos. Vamos examinar mais detidamente este conceito adiante.

No caso de nossa empresa, que se dedica à atividade econômica da preparação do leite, observamos no Quadro 5.1 que são gerados dois tipos de recursos: leite pasteurizado (150 = 120 + 0,2 × 150), e leite condensado (180 = 144 + 0,2 × 180). Por outro lado, a fim de produzir estes dois produtos, ou esses dois recursos gerados no processo produtivo de preparação de leite, a Laticínios Lizarb S/A irá utilizar como insumos o leite *in natura* (150 = 120 + 0,2 × 150), a ração para animais (50 = 40 + 0,2 × 50), etc. Esses produtos são classificados como usos dessa atividade, ou, em outras palavras, como seu consumo intermediário. Com isso, podemos depreender que da diferença entre o valor da produção (fonte do recurso) e o consumo intermediário (uso), obtemos o valor adicionado mensurando pela ótica do produto. Vamos detalhar este cálculo.

Desconsiderando a existência de margens de comercialização e transporte e das importações, vemos no exemplo que a empresa Lizarb S/A recolheu um total de L$ 11 em impostos sobre produtos (do tipo IVA) ao vender a sua produção de leite pasteurizado e leite condensado, dado que deve descontar, de um total de L$ 66 (20% de 330), um crédito de L$ 55 referente aos impostos não cumulativos incidentes sobre seu consumo intermediário. Estes L$ 55 deverão ser lançados como impostos sobre os produtos gerados na atividade agropecuária (L$ 30 referentes ao leite *in natura*) e sobre os produtos da atividade industrial (L$ 25 = 10 + 12 + 3) e se referem aos fornecedores da empresa. Deveremos registrar ainda os impostos sobre produção e importação no montante de L$ 10.

Para encontrarmos o valor adicionado da empresa a preços básicos, subtraímos do valor da produção a preços básicos o total do consumo intermediário a preços de consumidor, o que nos dá L$ 44 (= L$ 330 − L$ 66 + L$ 55 − L$ 275). Notemos que o valor da produção a preços básicos pode ser obtido ao subtrairmos os impostos a recolher do valor da produção a preços de consumidor, resultando L$ 319 (= L$ 330 − L$ 11). Notamos então que os impostos sobre a produção (L$ 10) estão incluídos no valor da produção a preços básicos, e isto é perfeitamente compatível com sua principal característica. Como tal, eles não incidem diretamente sobre os produtos, de forma que não alteram diretamente seus preços, e assim, devem ser vistos como a apropriação, pelo governo, de parte do valor adicionado gerado. A produção desses L$ 264 levou a que fossem consumidos L$ 220 em insumos, que são os usos necessários a esta produção (bens de consumo intermediário). No caso, vemos que $BCI_{pb:usos} = 120 + 40 + 48 + 12$.

Notemos que os insumos são produtos oriundos de diferentes atividades: o leite *in natura* provém da atividade agropecuária, ao passo que as rações, os tratores e o óleo diesel são produtos industrializados. Com isto, vemos que uma atividade pode consumir produtos de outras atividades. O valor adicionado pela atividade industrial da empresa (L$ 44) é a diferença entre o total de recursos produzidos por ela e seu consumo intermediário[7], ou seja, $VA_{pb} = 264 - 220 = 44$.

Em resumo, o que estamos vendo no Quadro 5.1 é o uso do princípio das partidas dobradas para descrever a origem e o destino dos recursos da empresa Laticínios Lizarb S/A. Sua analogia com as matrizes de insumo-produto do Capítulo 4 (MaCS e MIP) é marcante. Lá, as colunas apontavam os créditos (ou usos dos recursos), o que vemos na coluna da direita do Quadro 5.1. Por seu turno, as linhas mostravam as fontes dos recursos, destacando as vendas da empresa.

Nas próximas seções, vamos decompor o estudo das TRUs em quatro etapas. Na Seção 5.4, apresentamos uma visão geral da questão, quando tomamos ciência de que seu trabalho é feito em torno dos chamados quadrantes do Quadro 5.2, termo que substitui os blocos que nos capítulos anteriores constituíam as matrizes de contabilidade social e de insumo-produto. Em seguida, estudaremos a tabela dos recursos, expressa no Quadrante A, passando, na Seção 5.6, a estudar mais abreviadamente o Quadrante B e, por fim, vamos deter-nos no estudo do Quadrante C.

5.4 TABELAS DE RECURSOS E USOS: VISÃO GERAL

Os Quadros 5.2 e 5.3 que veremos em seguida são representações simplificadas das TRUs, apontando para sua estruturação em três tabelas. A primeira, que estudaremos na Seção 5.5, é a tabela de recursos, seguindo-se de uma tabela de usos desses recursos, na Seção 5.6, culminando com a tabela destinada à decomposição do valor adicionado, a ser vista na Seção 5.7.

Nestas tabelas as linhas representam os estabelecimentos classificados quanto ao produto, ao passo que, nas colunas, eles são classificados quanto à atividade desenvolvida. Com isto, começamos a salientar as diferenças entre as tabelas deste capítulo e as da Seção 4.8 do Capítulo 4 (MaCS e MIP), que tratou do problema da classificação[8]. Lá, a fim de representarmos os dados em forma de matriz e centrar nosso interesse na produção, construímos nossa Tabela 5.2, em que deixamos claro que as atividades produzem produtos (tabela de produção,

---

[7] Para que seja entendida a relação entre produtos e atividades, fizemos uma simplificação no presente exemplo. Como veremos posteriormente, o consumo intermediário é lançado a preços de consumidor, de forma que seria mais correto, considerando uma alíquota de imposto de 20%, contabilizarmos L$ 275 de consumo intermediário total (L$ 55 corresponde a 20% de 275); assim, teríamos como valor adicionado: L$ 264 − L$ 275 = −L$ 11, ao que adicionamos L$ 55 de impostos não cumulativos, obtendo L$ 44. Desenvolveremos este assunto mais adiante.

[8] A segunda diferença, de conteúdo muito mais marcante, diz respeito à tabela de absorção de bens e serviços da Tabela 4.11 do Capítulo 4 (MaCS e MIP) e a do consumo intermediário das atividades da Tabela 5.6 a seguir.

ou *make*) e, ao mesmo tempo, absorvem produtos (tabela de absorção ou *use*) na forma de bens e serviços de consumo intermediário. Na linguagem lá desenvolvida, nossa tabela dos bens e serviços do consumo intermediário das atividades é a transposta da tabela original, qual seja, a de absorção de bens e serviços pelas atividades.

Adaptando a notação do *Handbook*, os Quadros 5.2 e 5.3 propõem-se a contribuir para a visão esquemática do sistema e da estrutura de exposição de seu material. Iniciamos, assim, com o Quadro 5.2, chamando a atenção para a notação utilizada na construção de seus 12 quadrantes. O primeiro aspecto a ser salientado é que as informações nele contidas formam um conjunto que articula as origens e as destinações dos fluxos de recursos que circulam na economia durante um período. As cifras postadas nos cantos superior e inferior de cada quadrante constituem totalizações das variáveis correspondentes análogas às encontradas na Tabela 4.16 do Capítulo 4 (MaCS e MIP). Elas serão reencontradas nas Tabelas 5.1, 5.3, 5.4, 5.5, 5.6, 5.7 e 5.8 deste capítulo. Ou seja, todos os painéis do Quadro 5.2 utilizam as informações dessas tabelas, que serão desagregadas adicionalmente para os setores econômicos (de três para seis) e para os produtos (de seis para 12) que aqui estamos estudando. Naturalmente, sua diferença com os conteúdos das tabelas diz respeito aos desdobramentos das cifras expressas, demonstrando a produção e a utilização dos bens e serviços e da renda gerada na produção.

Iniciemos seu exame observando que, no Quadro 5.2, não estamos mais lidando com uma matriz quadrada do tipo da matriz de contabilidade social ou a

Quadro 5.2 Tabela de recursos e usos de Lizarb, ano X (unidades monetárias indexadas)

Primeiro painel: esquema geral dos quadrantes

2.838,30 A ($\equiv A_1 + A_2$) oferta total 1.118.740	2.509,5+169,3 A_1 ($\equiv B_1 + C$) valor da produção 1.000.000+53.062		159,5 A_2 importação 65.678
2.838,30 B ($\equiv B_1 + B_2$) demanda total 1.118.740	1.180.3 B_1 consumo intermediário 538.821	1.488,7 B_2 demanda final 579.919	
	1.329,20 C valor adicionado 514.241		

(continua)

Quadro 5.2 Continuação

Segundo painel: quadrantes A, A_1 e A_2 – o caso de Lizarb (ano X, unidades monetárias indexadas)

Recursos	Oferta total (a preços de consumidor)	Composição da oferta total				Valor da produção das atividades				Importação de bens e serviços
		Margem de comércio	Margem de transporte	Impostos sobre produtos e importação	Oferta total (a preços básicos)	Agropecuária	Indústria	Serviços	Total	
Produtos agropecuários	77.001	5.348	1.656	1.519	68.478	66.043	441	375	66.860	1.619
Produtos da extração mineral	24.045	61	1.195	183	22.606	13	18.841	0	18.854	3.751
Produtos industriais	510.208	40.054	6.423	38.506	425.225	4.782	355.708	20.957	381.447	43.778
Serviços de saneamento e energia	37.162	0	0	3.504	33.657	0	32.514	0	32.515	1.142
Produtos da construção civil	78.700	0	0	238	78.462	0	78.462	0	78.462	0
Serviços diversos	391.624	–45.463	–9.274	9.112	437.249	0	999	420.863	421.862	15.387
Total	1.118.740	0	0	53.062	1.065.678	70.839	486.966	442.195	1.000.000	65.677

(continua)

Quadro 5.2 Continuação

Terceiro painel: quadrantes B, B_1 e B_2 – o caso de Lizarb (ano X, unidades monetárias indexadas)

USOS	Oferta total (a preços de consumidor)	Margem de comércio	Margem de transporte	Impostos sobre produção e importação	Oferta total (a preços básicos)	Consumo intermediário das atividades				Demanda Final				Total da demanda final	DEMANDA TOTAL
						Agropecuária	Indústria	Serviços	Total da atividade	Exportação de bens e serviços	Consumo do governo	Consumo das famílias	Investimento		
Produtos agropecuários	77.001					13.137	37.216	2.756	53.109	3.479	0	14.789	5.625	23.892	77.001
Produtos da extração mineral	24.045					259	21.721	0	21.981	1.880	0	0	184	2.064	24.045
Produtos industriais	510.208					17.200	205.748	77.586	300.534	65.888	0	112.574	31.213	209.674	510.208
Serviços de saneamento e energia	37.162					478	19.969	6.537	26.984	0	0	10.178	0	10.177	37.162
Produtos da construção civil	78.700					3	3.845	4.078	7.923	143	0	7.129	63.506	70.777	78.700
Serviços diversos	391.624					4.239	35.177	88.872	128.290	12.819	99.503	149.928	1.083	263.334	391.624
Total	1.118.740					33.572	320.314	184.936	538.821	84.209	99.503	294.597	101.610	579.919	1.118.740
Remuneração dos empregados						5.404	44.055	175.988	225.446						
Excedente operacional						32.392	105.499	71.073	208.963						
Impostos indiretos líquidos de subsídios						-528	17.096	10.201	26.770						
Valor adicionado – PIB						37.267	166.652	257.259	461.179						
Valor da produção						70.839	486.966	442.195	1.000.000						

matriz de insumo-produto[9]. Em segundo lugar – e isto é muito importante, pois é a forma mais explícita de associarmos os conteúdos deste capítulo com os do Capítulos 4 (MaCS e MIP), 4B (MIP/CD) e 4A (MaCS/CD) do CD, os quadrantes B_1, B_2 e C correspondem aos blocos B_{11}, B_{13} e B_{21} da matriz de contabilidade social ou da matriz de insumo-produto. Conforme indicamos no Quadro 5.2, a cifra da oferta total de bens e serviços é dada pela soma da produção total das atividades (quadrante A_1) com o total das importações (quadrante A_2), ou seja, $A \equiv A_1 + A_2$. Na verdade, estamos expressando esta identidade com nossos símbolos em maiúsculas e negritos, usando a notação do *Handbook*, pois – como ilustramos com as cifras inseridas no quadro – estamos tratando de escalares. Mesmo a seguir, ao lidarmos com as informações setoriais e institucionais, não apresentaremos este tipo de operação em termos de matrizes, mas apenas como representação simbólica dos quadros.

Considerando os valores para a economia de Lizarb, retomando as cifras exibidas no Quadro 5.2, obteremos como valor da oferta total e seus diferentes tipos de avaliação os resultados exibidos no Quadro 5.3. Com seu cabeçalho, aproveitamos para sinalizar a operação que adiante será feita com relação às margens de comércio e transporte, que também são consideradas variáveis *dummy* (Box 5.2) dentro do sistema.

Podemos perceber que a cifra de L$ 1.118.740, que é o valor da oferta total medida a **preços de consumidor** (também chamada de preço de aquisição), resulta da oferta avaliada a **preços de produtor**. A seu valor de L$ 1.000.000 inicialmente acrescentamos o valor das importações, montando a L$ 65.678. Com isto, geramos

Box 5.2 — Variável *dummy* financeira

Definimos intermediários financeiros como os agentes que servem de intermediários entre produtores ou instituições que contraem e que tomam empréstimos. Podem ser enquadrados nesta categoria quase todos os agentes – ou unidades institucionais, como veremos no Capítulo 6 – que se intitulam "bancos", e todas as empresas não constituídas em sociedade envolvidas na intermediação financeira em pequena escala (o que pode ser importante em alguns países em desenvolvimento). Os intermediários financeiros podem aumentar os fundos a seu dispor, por meio da aceitação de depósitos, ou emissão de letras, obrigações ou outros títulos. Eles cedem fundos por concessão de empréstimos, adiantamentos, aquisição de letras, obrigações ou outros títulos.

Geralmente as taxas de rentabilidade que recebem sobre os recursos que emprestam são superiores às taxas que pagam sobre os fundos que recebem, e é desta forma que eles obtêm a maior parte do seu excedente de exploração. Muitos intermediários financeiros sequer cobram taxas pela prestação de serviços de intermediação, de modo que pode não haver receitas deste tipo de serviço. Os intermediários também podem prestar serviços finan-

(continua)

---

[9] Os 12 produtos e seis setores da Tabela 5.2 constituem desdobramentos dos seis produtos e três setores, cuja discriminação será encontrada nas tabelas que seguem. Outros detalhes dizem respeito à demanda final, onde foram agregados os dados originais das exportações de bens e serviços. Da mesma forma, geramos a variável investimento por meio da agregação entre a formação bruta de capital e a variação de estoques. Na matriz dos insumos primários, agregamos a remuneração (compensação) dos empregados com o rendimento de autônomos. Também agregamos os impostos sobre a produção e importação e os outros impostos sobre a produção, deixando-os líquidos de subsídios sobre produtos. Desconsideramos o consumo de capital fixo, de sorte que ficamos exclusivamente com a cifra do excedente operacional.

Box 5.2 Continuação

ceiros auxiliares às empresas ou às famílias, como câmbio de divisas, consultoria sobre investimento, compra de bens imobiliários ou tributação. Neste caso a produção é avaliada com base nos honorários ou comissões cobradas da mesma forma que outros serviços, enquadrando-se nas definições normais do sistema acerca do valor da produção e do consumo intermediário.

O problema que queremos levantar é como avaliar a produção dos serviços de intermediação financeira para os quais não existem encargos explícitos e receitas de vendas, ou seja, os valores recebidos pelos intermediários financeiros como produto dos diferenciais de juros aplicados aos tomadores e cedentes de empréstimos. Esta produção tem que ser avaliada indiretamente. Para tanto, usamos uma medida chamada serviços de intermediação financeira indiretamente medidos (SIFIM). O valor dos SIFIM é a diferença entre o rendimento de propriedade total a receber pelos intermediários financeiros e os seus juros totais a pagar. Devemos excluir do cálculo o valor dos rendimentos a receber sobre o investimento de recursos próprios, que são rendimentos não oriundos da intermediação financeira, bem como o registro da produção de serviços financeiros auxiliares como os citados anteriormente.

Do ponto de vista dos pagadores de juros, os SIFIM são gastos, e do ponto de vista dos intermediários financeiros, são receitas. Desta forma, eles têm de ser registrados como sendo cedidos de um ou mais dos seguintes modos: como consumo intermediário das empresas, como consumo final das famílias, ou como exportação para não residentes. A classificação dos SIFIM entre os diferentes utilizadores é uma reclassificação de pagamentos de juros como pagamento por serviços. Assim, para alguns setores, o valor da produção, do consumo intermediário, ou o consumo final de alguns produtos, bem como o valor de suas importações e exportações, pode ser alterado.

O ideal é que os distribuamos entre estes itens, mas, na prática, pode ser difícil encontrar um método satisfatório para tal. Nestes casos, podemos lançar o total dos SIFIM como consumo intermediário de uma atividade fictícia com valor da produção nulo e, portanto, valor adicionado negativo. Assim, este diferencial, que não é a contrapartida de nenhum serviço prestado, pode ser contabilizado como um fator negativo que impede a superestimação do PIB de uma economia nacional. Para ilustrar, vamos usar como exemplo uma TRU simplificada na Tabela 1.

Como podemos ver, temos L$ 700 de consumo intermediário oriundos de juros e rendas de propriedade a pagar pelos setores de atividade, que não sabemos como distribuir entre as atividades de bens e serviços nesta TRU. Resolvemos o problema criando um setor fictício

Tabela 1 Tabela de recursos e usos simplificada

			Atividades – valor da produção (preços básicos)			Importação
	A		A1			A2
Produtos	Valor da produção (preços de consumidor)	Impostos	Bens	Serviços	Dummy financeira	
Trigo	1000	200	800	0	0	0
Automóveis	2800	70	2730	0	0	0
Intermediação financeira	1000	300	0	700	0	0
			Atividades – Consumo intermediário (preços de consumidor)			Demanda final
	A		B1			B2
Trigo	1000		500	0	0	500
Automóveis	2800		1000	0	0	1800
Intermediação financeira	1000		0	100	700	200
			Atividades – Valor adicionado (preços básicos)			PIB (preços de consumidor)
			C			
Valor adicionado		570	2030	600	−700	2500

(continua)

Box 5.2 Continuação

da economia, ao qual associamos uma variável que chamamos de "*dummy* financeira". Estes L$ 700 deveriam estar distribuídos nas outras duas colunas. Como o valor da produção deste setor fictício é nulo, ele apresentará valor adicionado negativo (-700), evitando que superestimemos o valor adicionado desta economia. Notemos também que este procedimento é válido para qualquer item do consumo intermediário cujos valores não possamos atribuir aos setores de atividade.

Outro modo de proceder quanto aos SIFIM é reparti-los entre os setores de atividade com base em uma taxa de juros de referência. Para as unidades que fornecem empréstimos, consideramos a diferença entre o juro efetivamente cobrado sobre os empréstimos e a quantia que seria paga se fosse utilizada uma taxa de referência; e para as unidades que contraem empréstimos, temos a diferença entre o juro que receberiam se fosse utilizada uma taxa de referência, e o juro que efetivamente recebem. Esta taxa de referência seria o custo do crédito eliminando o prêmio de risco e quaisquer serviços de intermediação: uma boa opção seria usar a taxa de empréstimo do Banco Central. Caso as informações não estejam disponíveis, podemos utilizar diferentes indicadores para repartição dos SIFIM: por exemplo, proporcionalmente ao total de ativos e passivos financeiros que existem entre os intermediários e os utilizadores de crédito.

Quadro 5.3 Oferta total a preços de produtor, preços básicos e preços de consumidor (de aquisição). Lizarb, ano X (unidades monetárias indexadas)

Oferta total a preços de consumidor	Margem de comércio	Margem de transporte	Impostos sobre produtos (líquidos de subsídios)	Oferta total a preços de produtor	Importação
1.118.740	0 = 45.463 − 45.463	0 = 9.274 − 9.274	53.062	1.000.000	65.678
				preços de produtor	
				preços básicos	
		preços de consumidor			

um valor a **preços básicos**, ao qual acrescentamos os impostos líquidos de subsídios sobre produtos no valor de L$ 53.062. A inclusão desses impostos sobre produtos representa a medida do valor adicionado (produto), dizendo respeito à parcela não dedutível[10] dos impostos sobre produtos efetivamente pagos pelo comprador na aquisição de bens e serviços (Box 5.1 e Box 5.3). Também inclui as margens de comercialização e transporte que são adicionadas ao custo do bem ou serviço por ocasião da venda e também são pagos pelo comprador.

Uma vez que nossas cifras correspondem aos agregados de todos os setores, apenas sinalizamos o espaço dos custos de comercialização e transporte, que quando estudarmos a desagregação setorial na Tabela 5.1, serão faturados separadamente. Mas há ainda outra omissão que diz respeito aos impostos (líquidos de subsídios)

---

[10] Estamos referindo-nos aqui aos impostos não cumulativos já vistos anteriormente no exemplo da empresa Laticínios Lizarb: aqueles em que os produtores pagam somente a diferença entre os impostos incidentes sobre suas vendas (parte não dedutível) e os impostos sobre suas compras de consumo intermediário ou formação de capital (parte dedutível), que também são conhecidos como impostos sobre o valor adicionado ou simplesmente IVA. Neste caso, não são dedutíveis quando constituídos pelo resultado líquido da diferença referida anteriormente.

Box 5.3	A complexidade dos tributos no cálculo do PIB: contas nacionais e matriz de contabilidade social

Como pode ser observado pela construção de uma matriz de contabilidade social mais realista e de acordo com a contabilidade nacional da Tabela 5.1, a tributação do governo acrescenta uma dificuldade, inclusive para a obtenção do Produto Interno Bruto. Segundo a metodologia apresentada neste capítulo, vemos que a matriz de contabilidade social apenas se aproxima do cálculo feito pela contabilidade nacional por meio das contas econômicas integradas. Aqui apresentamos apenas uma introdução ao tema relativo aos tributos e aos conceitos de preços de consumidor e preços básicos.

Uma matriz de contabilidade social deve ser contabilizada a preços básicos. No entanto as estatísticas da absorção das quais se origina e que compõem a essência da contabilidade nacional não são assim definidas, mas a preços de consumidor. A diferença principal entre um conceito e outro está no montante de tributos pagos ao governo. Ao falar em Produto Interno Bruto, está implícito o conceito de preços ao consumidor. Em nossos exemplos neste livro consideramos como parte do PIB os impostos pagos pelo setor produtivo. No entanto estes não esgotam a totalidade dos impostos sobre produtos líquidos de subsídios pagos ao governo. Parte deste impostos está classificada nas contas das instituições em decorrência da transformação do consumo das famílias, dos investimentos, do consumo do governo e das exportações para preços básicos. Os impostos diretos são outra categoria de impostos cobrados sobre a renda auferida dos indivíduos e das empresas, deduzidos num segundo momento, qual seja, o da distribuição secundária da renda, assim como as contribuições sociais gravitam na órbita da conta de redistribuição da renda.

Vejamos, então, a complexidade dos impostos cobrados ao governo no sistema de contas nacionais:

1. Impostos ligados à produção e à importação
   1.1 Impostos sobre produtos
      1.1.1 Impostos sobre o valor adicionado
      1.1.2 Impostos sobre importação
      1.1.3 Outros impostos sobre produtos
   1.2 Outros impostos ligados à produção
      1.2.1 Impostos sobre a folha de pagamento
      1.2.2 Outros impostos e taxas sobre a produção
2. Impostos sobre a renda e a propriedade
   2.1 Imposto sobre a renda – pessoa física
   2.2 Imposto sobre a renda – pessoa jurídica
   2.3 Outros impostos sobre a renda e a propriedade

No grupo dos impostos ligados à produção e à importação, ditos indiretos, há dois subgrupos, a saber, o dos impostos sobre produtos e o dos outros impostos ligados à produção. Os impostos sobre o valor adicionado são aqueles que contabilizam como crédito tributário o valor pago pelas empresas em relação a seu consumo intermediário e, como débito, o valor de sua produção vendida ao consumidor. Por esta metodologia, é cobrado apenas o percentual do imposto sobre o valor adicionado na produção. Seus dois principais representantes são o ICMS de competência dos estados e o IPI de competência da União. Os impostos sobre a importação (II) são também de competência da União. No grupo de outros impostos sobre produtos estão, principalmente, os impostos sobre a exportação (IE), impostos sobre operações financeiras (IOF) e impostos sobre serviços (ISS) de competência municipal. Os impostos sobre a folha de pagamento congregam uma série de contribuições não previdenciárias, por exemplo, as contribuições para o salário educação e o FGTS. Em outros impostos e taxas sobre a produção encontram-se inúmeras taxas de fiscalização e sobre loterias, COFINS, PIS/PASEP, entre outros.

No grupo dos impostos sobre a renda e propriedade, chamados de impostos diretos, subdividem-se os impostos de renda cobrados sobre pessoas físicas e jurídicas e outros impostos sobre a renda e a propriedade. Neste último acham-se o imposto territorial rural (ITR), o imposto predial e territorial urbano (IPTU), o imposto sobre a propriedade de veículos automotores (IPVA) e a contribuição social sobre o lucro de pessoa jurídica, entre outros.

Para adiantar a complexidade do assunto dos tributos ligados à produção e importação (primeiro grande grupo), inclui-se no valor do PIB o Item 1.1 – Impostos sobre produtos, que devem ainda ser descontados dos subsídios. Estes impostos não estão todos contabilizados na coluna da produção, pois dizem respeito à incidência sobre o valor adicionado. Recolhidos pelo produtor, eles são descarregados no consumo final das instituições. Uma vez que estas transações devem constar na matriz de contabilidade social a preços básicos, estes impostos são registrados como pagamentos das instituições ao governo. Temos, com isto, uma situação de fato, uma vez que as empresas são apenas intermediárias entre o pagamento pelo consumidor e o recolhimento ao governo. Deste modo, não são apenas os impostos destacados pelo setor produtivo que se incluem no PIB, uma vez que no consumo intermediário também estão contabilizados os relativos ao Item 1.2 – outros impostos ligados à produção. Esse procedimento gera problemas na aproximação dos conceitos das contas nacionais com os da matriz de contabilidade social, permitindo apenas que o segundo aproxime os cálculos do PIB da primeira, felizmente, com bastante afinidade.

Tabela 5.1 Quadrante A: oferta total de bens e serviços. Lizarb, ano X (unidades monetárias indexadas)

Setores	Oferta total (a preços de consumidor)	Margem de comércio	Margem de transporte	Impostos sobre produtos líquidos de subsídios	Oferta total (a preços básicos)
Produtos agropecuários	77.001	5.348	1.656	1.519	68.478
Produtos da extração mineral	24.045	61	1.195	183	22.606
Produtos industriais	510.208	40.054	6.423	38.506	425.225
Serviços de saneamento e energia	37.162	0	0	3.504	33.657
Produtos da construção civil	78.700	0	0	238	78.462
Serviços comerciais	7.720	−45.463	0	100	53.083
Serviços de transporte	26.862	0	−9.274	792	35.344
Serviços de comunicação	25.819	0	0	3.858	21.961
Serviços bancários	42.560	0	0	1.573	40.987
Aluguéis de imóveis	67.808	0	0	2	67.806
Serviços da administração pública	104.884	0	0	0	104.884
Prestação de outros serviços	115.970	0	0	2.786	113.184
Total	1.118.740	0	0	53.062	1.065.678

a pagar, pois, em ambos os casos, trata-se de itens que não são receitas do produtor[11]. Como padrão, a produção de bens e serviços, inclusive os serviços associados ao comércio e aos transportes, é apresentada a **preços básicos** na tabela de recursos, o que implica que os impostos sobre produção e sobre os produtos a serem pagos pelos produtores se acumulam com os outros impostos. Os impostos a pagar pelo produtor estão incluídos no conjunto dos impostos sobre a produção e a importação, situação descrita no Quadro 5.3.

Considerando que o montante da oferta total incluindo os impostos e as margens de comercialização e transporte é igual à demanda total, temos que a oferta total corresponde também à soma entre o consumo intermediário (quadrante B_1) e a demanda final (quadrante B_2), que aparecem na tabela de usos. Conforme a representação em quadrantes que estamos usando: $A = B = B_1 + B_2$, no Quadro 5.4.

Retornando à economia de Lizarb retratada no Quadro 5.2, temos que 1.118.740 = 538.821 + 579.919. Ou seja, adicionamos ao consumo intermediário (L$ 538.821) a demanda final (L$ 579.919), que na conta de bens e serviços (Tabela 6.1 do Capítulo 6 – CEIs) aparecerá em seus diversos componentes. Deste modo, como vimos, a fim de calcularmos o valor adicionado a preços de produtor mensurado pela ótica do produto (PIB_{pp}), basta apurar a diferença entre o valor da produção

---

[11] Lembramos que oferta setorial a preços básicos não é equivalente à oferta a custo de fatores, expressão usada no sistema de contas nacionais antigo. Os valores expressos a preços básicos não incluem impostos e margens, ao passo que os valores avaliados a custo de fatores incluem implicitamente estas margens (que compõem o custo). Mas, como as margens de comercialização e transporte são nulas, ao agregarmos todos os setores, estas medidas também devem corresponder. A diferença fundamental é que "custo de fatores" é um conceito concernente ao valor adicionado, ao passo que "preços básicos" e principalmente "preços de consumidor" diz respeito ao valor da produção (ou à oferta total).

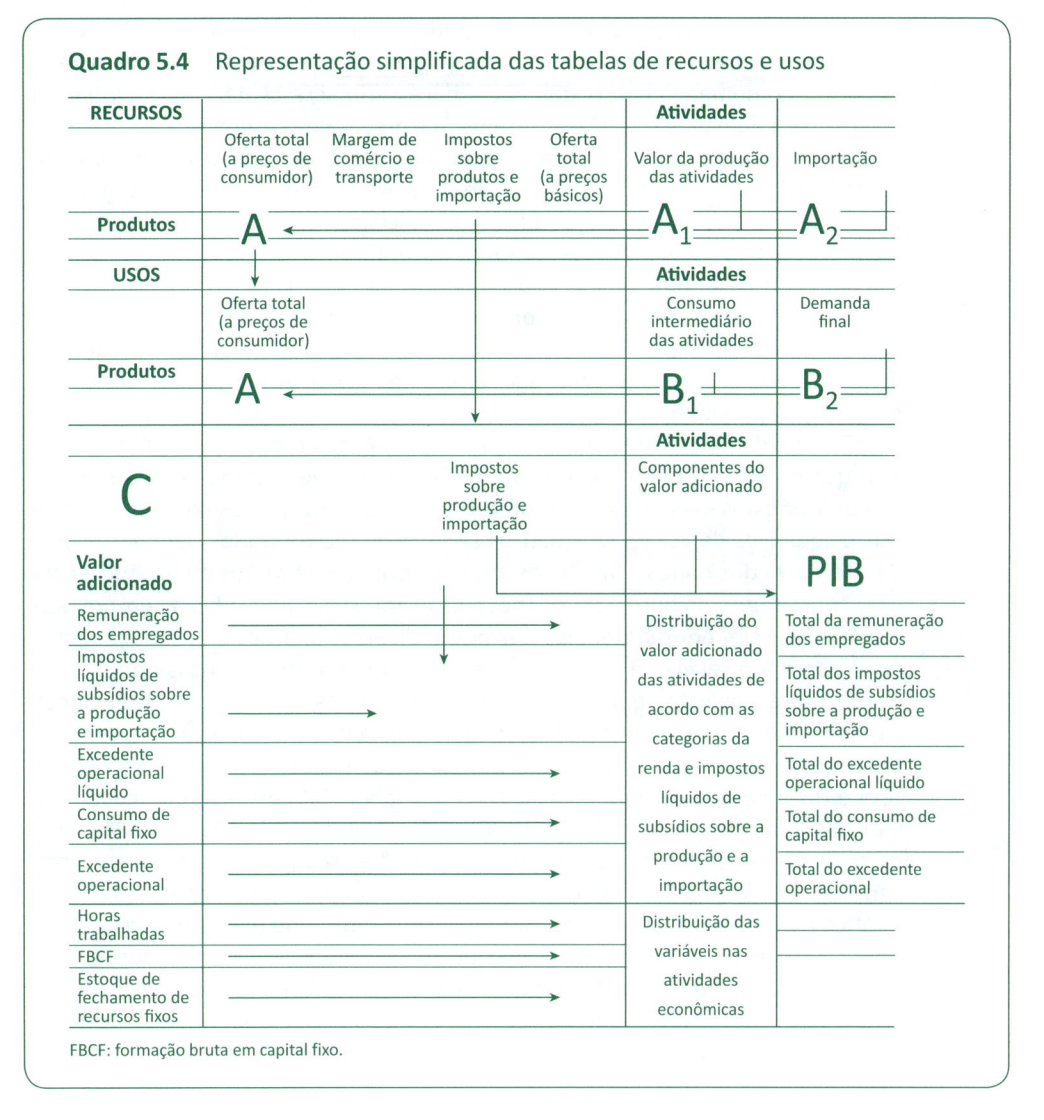

Quadro 5.4   Representação simplificada das tabelas de recursos e usos

RECURSOS					Atividades		
	Oferta total (a preços de consumidor)	Margem de comércio e transporte	Impostos sobre produtos e importação	Oferta total (a preços básicos)	Valor da produção das atividades		Importação
Produtos	A ←				A_1		A_2
USOS	↓				**Atividades**		
	Oferta total (a preços de consumidor)				Consumo intermediário das atividades		Demanda final
Produtos	A ←				B_1		B_2
					Atividades		
C			Impostos sobre produção e importação		Componentes do valor adicionado		
Valor adicionado							**PIB**
Remuneração dos empregados	———————→				Distribuição do valor adicionado das atividades de acordo com as categorias da renda e impostos líquidos de subsídios sobre a produção e a importação		Total da remuneração dos empregados
Impostos líquidos de subsídios sobre a produção e importação	———————→						Total dos impostos líquidos de subsídios sobre a produção e importação
Excedente operacional líquido	———————→						Total do excedente operacional líquido
Consumo de capital fixo	———————→						Total do consumo de capital fixo
Excedente operacional	———————→						Total do excedente operacional
Horas trabalhadas	———————→				Distribuição das variáveis nas atividades econômicas		
FBCF	———————→						
Estoque de fechamento de recursos fixos	———————→						

FBCF: formação bruta em capital fixo.

(quadrante A_1) e o consumo intermediário (quadrante B_1). Prosseguindo no uso da notação do *Handbook*, temos: $PIB_{pp} = A_1 - B_1$. Da mesma forma que anteriormente, necessitamos adicionar os impostos sobre a produção e importação para obtermos o valor adicionado a preços de consumidor: $PIB_{pc} = 514.241 = 1.000.000 - 538.821 + 53.062$.

Quando tratarmos do desdobramento da presente abordagem e privilegiarmos a visão setorial, veremos que a ótica do produto permite-nos obter esta mesma cifra de outra forma, qual seja, a apuração do valor adicionado de acordo com a remuneração que os setores econômicos transferem aos proprietários dos fatores de produção e ao governo na forma do pagamento de impostos indiretos. Por ora, recordando que existem três óticas de cálculo para o valor adicionado, notemos que acabamos de calculá-lo usando a ótica do produto. Mas também podemos obter o PIB pela ótica da despesa. Neste caso, podemos utilizar DF = $B_2 - A_2$. No caso de Lizarb, temos 514.241 = 579.919 – 65.678, o que nos oferece outra lição de extrema importância, nomeadamente, que não é necessário acrescentarmos qualquer imposto, pois a demanda final já é apresentada a preços de consumidor.

Concluído este exame, em seguida, na Tabela 5.2, faremos um desdobramento do Quadro 5.2, iniciando a sinalização para as extensões setoriais. No momento, chamamos a atenção para as dualidades iniciais atividade-produto e fonte dos recursos-usos dos recursos, mas vamos acrescentar-lhes as transações de compras e vendas e os desdobramentos de inserções de variáveis macroeconômicas. No primeiro caso, vemos as margens de comércio e transporte e, no segundo, a decomposição do valor adicionado nas categorias da remuneração dos fatores e da tributação indireta. Vamos examiná-lo com vagar e remeter às partes pertinentes das seções relevantes do capítulo.

Com os desdobramentos setoriais a serem feitos nas seções 5, 6 e 7, veremos que o sistema contém ainda quadros simétricos de entradas e saídas. Neles, são utilizados os mesmos grupos de produtos nas linhas e nas colunas, além de outros quadros de apoio. Os quadros simétricos são utilizados para verificação da coerência dos dados estatísticos, que são obtidos de fontes muito diferenciadas, como registros burocráticos, pesquisas amostrais aplicadas às empresas e famílias, e assim por diante. Eles permitem diversas análises da produção, principalmente em relação à valorização e ao tratamento de produtos importados. Apresentaremos estes quadros nas próximas seções, conforme se fizer necessário, na medida em que detalhamos os quadrantes das TRUs. Por enquanto, precisamos referir duas omissões. A primeira, que sequer consta do quadro, mas terá o tratamento devido na Tabela 5.6 e na Tabela 5.8, diz respeito à chamada variável *dummy* financeira (Box 5.2). A segunda omissão é factual, pois deixamos de comentar as colunas "Margem de comércio" e "Margem de transporte", presentes no Quadro 5.2. A rigor, elas estão sendo mencionadas apenas de modo elíptico nas equações anteriores, pois estávamos tratando dos valores agregados para toda a economia, contexto em que seu total é nulo. Deste modo, nossas equações, ainda que aritmeticamente corretas, não evidenciam estes dois importantes itens da contabilidade das empresas que só aparecem quando os dados são exibidos no nível setorial. Sua inclusão nas equações pertinentes será notada na Tabela 5.1.

5.5 QUADRANTE A: TABELA DE FONTES DOS RECURSOS

Contextualização

A tabela das fontes dos recursos é formada pelos quadrantes A, A_1 e A_2, conforme já indicamos nos Quadros 5.2 e 5.4. Agora traremos os desdobramentos daquelas cifras em produtos, o que gera as linhas da Tabela 5.2 que veremos em seguida, ao iniciarmos a descrição detalhada do Quadrante A. Nela é demonstrada a origem (oferta total) de bens e serviços da economia durante determinado período. Nas linhas, a produção aparece classificada de acordo com o produto. Nas colunas, seu registro é feito de acordo com os setores de atividade. No quadrante A, a oferta total de bens e serviços é distribuída por produtos. Em A_1 temos um

Tabela 5.2 Quadrante A_1: valor da produção dos produtos (linhas) por setores de atividade (colunas). Lizarb, ano I (unidades monetárias indexadas)

Produtos	Agropecuária	Indústria	Comércio	Transporte	Intermediação financeira	Demais serviços	Total da atividade
Produtos agropecuários	66.043	441	0	0	0	375	66.860
Produtos da extração mineral	13	18.841	0	0	0	0	18.854
Produtos industriais	4.782	355.708	17.238	3	0	3.715	381.447
Serviços de saneamento e energia	0	1.300	0	0	0	31.214	32.515
Produtos da construção civil	0	78.462	0	0	0	0	78.462
Serviços comerciais	0	30	52.307	0	0	284	52.621
Serviços de transporte	0	0	111	34.332	0	17	34.460
Serviços de comunicação	0	0	0	0	0	21.924	21.924
Serviços bancários	0	0	0	0	40.279	0	40.279
Aluguéis de imóveis	0	697	808	252	214	65.835	67.806
Serviços da administração pública	0	0	0	0	0	104.884	104.884
Prestação de outros serviços	0	38	3.849	827	0	95.174	99.888
Ajuste CIF/FOB							
Total	70.839	455.518	74.314	35.414	40.493	323.422	1.000.000

cruzamento da produção interna por produtos e atividades e, em A_2, o valor das importações de bens e serviços. Temos também colunas de ajustamento de preços: margens de comercialização e transporte no quadrante A e ajuste CIF/FOB no quadrante A_2.

Cabe salientar que, da mesma forma que a produção dos produtores mercantis, a produção dos produtores por conta própria e dos produtores não mercantis também é desagregada por produtos. No caso da produção de instituições sem fins lucrativos e das administrações públicas, e nos demais casos em que não é possível a obtenção de preços de consumidor, adotamos como valor a soma dos custos verificados para essa produção (a saber, o consumo intermediário, as remunerações dos empregados, o consumo de capital fixo e os impostos líquidos de subsídios sobre a produção). Outro caso especial é o aluguel imputado às residências ocupadas pelos proprietários[12], que deve ser avaliado pelo valor de mercado. De modo análogo, a produção de construção para próprio uso deve ser avaliada por meio do custo. Quando as famílias empregam mão de obra remunerada, a produção é avaliada pela remuneração. Feitos estes registros, voltemos a examinar o Quadro 5.2, centrando nosso interesse na cifra de L$ 1.118.740, que será desagregada em diversas componentes.

---

[12] Os proprietários de imóveis utilizam o serviço de moradia desses bens sem haver a contrapartida monetária. Para melhor comparabilidade entre as nações, o *Handbook* sugere a imputação do valor do aluguel de imóveis próprios. Assim, o serviço de moradia de todos os imóveis é contabilizado, independentemente da proporção ocupada por inquilinos, em cada país, ser maior ou menor.

Deste modo, no quadrante A_1 o valor da produção das atividades econômicas é dividido entre os produtos obtidos. Esta interpretação pode ser feita também no sentido contrário: o valor dos produtos é distribuído entre as atividades desenvolvidas, o que também é válido para os demais quadrantes em que se faz o cruzamento dos estabelecimentos por produto e atividade (A_2, B_1, B_2). Já no quadrante A_2, temos o lançamento do valor das importações. Os quadrantes B_1 e B_2 demonstram o consumo intermediário das atividades no primeiro e a demanda final, efetivada pelas instituições, no segundo. Em geral, as TRUs são matrizes retangulares, pois o número de produtos (linhas) é, na maioria das vezes, maior do que o número de atividades (colunas).

Quadrante A: oferta total de bens e serviços

Na Tabela 5.1 demonstramos uma abertura do quadrante A do Painel B do Quadro 5.2. Agora, os produtos estão desagregados em 12 linhas. Salientemos, em primeiro lugar, os critérios de mensuração do valor no sistema e as suas inter-relações. O preço pago pelo comprador de um produto é composto por quatro componentes: o preço de base do produto, os impostos sobre a produção e a importação líquidos de subsídios (ou seja, descontados os subsídios), e as margens de comercialização e de transporte, que são itens relacionados à entrega do produto ao comprador. Estes são os componentes mínimos do preço, que poderiam ainda ser desagregados, por exemplo, distinguindo entre impostos sobre produtos e produção, separando as margens de comercialização e de transporte do atacado e do varejo, e assim por diante.

Como salientamos, são os impostos, bem como as margens, que diferenciam a avaliação realizada a preços básicos da avaliação feita a preços de consumidor. Assim, por exemplo, a oferta total da agropecuária a preços básicos foi de L$ 68.478. Adicionando-lhe impostos no montante de L$ 1.519, e margens de comercialização e de transporte de L$ 5.348 e L$ 1.656, teremos L$ 77.001 como oferta total a preços de consumidor. As margens de comercialização e de transporte são nulas para a economia como um todo. Como uma parte do valor da produção dos setores de comércio e de transportes aparece inclusa no preço final dos demais produtos – como margem nos demais produtos – e não como uma produção separada das demais, é necessário considerá-la de forma que diferencie o valor da oferta total de produtos a preços básicos e a preços de consumidor. Estes valores devem ser excluídos do cálculo da oferta total da economia, pois, caso contrário, estariam sendo contabilizados duas vezes: como valor da produção dos setores de comercialização e de transporte e como margens nos demais produtos. Esta exclusão é feita por meio do lançamento das margens totais como "produção negativa" dos setores de comercialização e de transporte (na Tabela 5.1 temos -45.463 e -9.274).

Este procedimento é perfeitamente lógico, quando consideramos o que foi exposto como problema da classificação na Seção 4.8 do Capítulo 4 (MaCS e MIP). Voltando a considerar a Tabela 5.1, examinemos o caso da produção de produtos agropecuários. Centralizando nossa atenção em sua antepenúltima coluna, oferta total (a preços básicos), podemos observar que chegamos à oferta total a preços de consumidor (da primeira coluna), ao adicionarmos as margens de comércio e de transportes e os impostos sobre a produção líquidos de subsídios. Com isto, torna-se claro que, a fim de ofertar produtos da agropecuária, o produtor precisa ressarcir-se de custos não diretamente relacionados a seu processo de produção, como é o caso de procedimentos relacionados tanto ao comércio quanto ao transporte de seus produtos. Isto significa que o produtor de produtos agropecuários também produz serviços comerciais e de carga. Naturalmente, estes serviços estarão computados nos setores comércio e transportes, o que, ao vê-los associados aos produtos a que eles foram agregados, procedemos aos lançamentos simétricos de lançar à produção agropecuária os L$ 5.348 e deduzir esta cifra dos serviços comerciais, a saber, estes L$ 5.348 e os valores correspondentes aos demais produtos, perfazendo os L$ 45.463 apontados na Tabela 5.1. Mas isto ainda não é tudo, pois, como veremos na Tabela 5.6, todos estes valores serão desdobrados.

Antes de examiná-la, ainda temos algumas considerações adicionais a fazer com relação à Tabela 5.1 e que dizem respeito ao quadrante A da TRU. Nele, como vimos, a produção é avaliada a preços básicos, aos quais adicionamos impostos e margens para obter o valor a preços de consumidor. Considerando que esta prática também é válida para os serviços associados à comercialização e ao transporte, vemos que os impostos a serem pagos pelos comerciantes se acumulam com os outros impostos sobre produtos e produção. Desta forma, não é necessário um procedimento diferenciado quanto a eles, o que não nos deve impedir de realizar seu detalhamento na Tabela 5.6.

No quadrante A, todos os impostos dizem respeito a produtos e importação. Os impostos sobre produtos são aqueles pagos em relação ao bem ou serviço, que pode ser uma parcela sobre a quantidade ou sobre o preço por unidade, por exemplo, um imposto que incide sobre a compra-venda de um aparelho telefônico. Por incidirem sobre produtos, estes impostos (também chamados de impostos indiretos) acarretam alterações em seus preços. Já os impostos sobre produtos referentes aos componentes importados são aqueles (que incidem sobre os produtos ou serviços) devidos por ocasião da importação de bens, ou quando os serviços são prestados por empresas não residentes para unidades institucionais residentes[13]. Da mesma forma que os impostos sobre produtos, estes impostos acarretam alterações dos preços dos produtos ofertados aos consumidores. Desta forma, ambos devem ser adicionados ao valor da oferta total a preços básicos para a obtenção do valor a preços de consumidor.

Apesar de não estarmos fazendo esta distinção na Tabela 5.1, os impostos sobre a produção podem ser divididos em impostos sobre os produtos e outros impostos sobre a produção, os quais incidem sobre os produtos, mas cuja natureza impede que eles sejam apropriados no nível de cada produto. Tal é o caso, por exemplo, de uma barbearia, que não paga um imposto para corte de barba e outro para cabelo, mas apenas um imposto conjunto para todos os produtos. Ou melhor, trata-se de um imposto que incide sobre o direito conferido pelas autoridades governamentais ao barbeiro, a fim de que este possa desempenhar sua atividade profissional.

Por contraste, os impostos sobre a produção, apesar de incidirem sobre esta, não incidem diretamente sobre os produtos e, portanto, não têm uma influência direta sobre os preços destes. Como exemplo de impostos sobre a produção, já citado

---

[13] O conceito de residência não toma por base a nacionalidade ou critérios jurídicos. Para o *Handbook*, uma unidade é considerada residente quando tem um centro de interesse econômico no território considerado.

no Box 5.1, temos os que incidem sobre a folha de salários. Estes impostos são encarados como uma espécie de emprego (uso) do valor adicionado. Ou seja, a atividade produtiva gera um valor adicionado e deste, uma parte é destinada ao pagamento dos impostos sobre a produção. Por este motivo seu lançamento somente poderá ser feito no quadrante C, visto que é somente nele que as linhas não se referem a produtos. Observemos que o valor total dos impostos sobre produtos é distribuído, no quadrante A, em todas as suas linhas, exceto na linha correspondente aos produtos e serviços oferecidos pelo governo (que não deve cobrar impostos de si mesmo). Também é por este motivo que estes impostos compõem a conta de distribuição da renda, que será vista no Capítulo 6 (CEIs).

Vejamos o caso dos impostos não cumulativos, ou seja, aqueles cujo pagamento é feito pelos produtores no montante da diferença entre os impostos incidentes sobre suas vendas (parte não dedutível) e os impostos sobre as suas compras para consumo intermediário ou formação de capital (parte dedutível). Estes impostos também são conhecidos como impostos sobre o valor adicionado ou simplesmente IVA. Para eles, o *Handbook* recomenda o registro pelo montante líquido. Isto quer dizer que a produção e a importação a preços básicos são avaliadas, e devemos incluir o IVA não dedutível (que será alocado na coluna dos impostos) para a formação do valor a preços de consumidor. Por contraste, o IVA dedutível, que foi pago na compra de mercadorias ou serviços a serem utilizados como insumos ou para a formação de capital, será computado como imposto sobre os produtos do setor de origem destes bens ou serviços. O registro das compras efetuadas pelos produtores para consumo intermediário ou formação de capital inclui apenas outras eventuais parcelas não dedutíveis dos impostos que representam um custo de produção.

Embora também não estejamos discriminando uma coluna para os subsídios, convém destacarmos que eles são tratados no sistema como "impostos negativos", pagamentos que as administrações públicas fazem sem receber contrapartida das unidades institucionais, de acordo com determinações legais ou estratégias de política econômica adotadas pelos governos.

Quadrante A_1

O quadrante A_1 apresenta o valor da produção nacional, distribuindo-o por setores de atividade (colunas) e por 12 produtos (linhas, contrastando com as seis do Painel B do Quadro 5.2). As colunas indicam as atividades nas quais os produtos são produzidos, e as linhas indicam os produtos produzidos pelas atividades. Na Tabela 5.2 percebemos que na faixa diagonal estão os maiores valores indicando que as atividades são as principais produtoras de seus produtos correlatos. Por exemplo, os serviços comerciais são prestados pelo setor de atividade comércio (L$ 52.307), embora outros setores também prestem este serviço, como é o caso da indústria (L$ 30) e demais serviços (L$ 284). Este tipo de procedimento regeu a apresentação que fizemos da unidade de comércio varejista da Laticínios Lizarb S/A, que vende leite condensado e leite pasteurizado, conforme registramos no Quadro 5.1.

Concluindo esta breve análise do quadrante A_1, verificamos que o que foi dito a respeito das linhas desse quadrante pode ser aplicado a suas colunas. Ou seja, como acabamos de ver na Tabela 5.2, o valor da produção total de produtos agropecuários foi de L$ 66.680 (linha), mas nem todo este montante foi gerado na agropecuária, pois tanto a indústria de transformação, com L$ 441, quanto os demais serviços, com L$ 375, também produziram produtos agropecuários. Simetricamente, também é verdadeiro que nem toda a produção da atividade agropecuária (L$ 70.839) foi composta de produtos agropecuários. Temos aqui demonstrado que a atividade agropecuária também produziu produtos da extração mineral (L$ 13) e produtos industriais (L$ 4.782). Ao nos perguntarmos como isto é possível, devemos recordar que os estabelecimentos são classificados, do ponto de vista da atividade, naquela em que produzem a maior parte do seu valor adicionado, ou seja, no conjunto que engloba a sua atividade principal[14]. Recordemos também que, se uma atividade secundária for muito importante em comparação com a principal, devemos considerar esta atividade secundária como outro estabelecimento.

Quadrante A_2

No quadrante A_2, utilizando conteúdos que serão desdobrados no Capítulo 7D (BOP/CD), fazemos os lançamentos dos valores das importações de cada tipo de produto. Os lançamentos são feitos em moeda local, convertendo-se, quando for o caso, o valor da transação denominada na moeda estrangeira para a doméstica. Este quadrante permite visualizarmos, por exemplo, que as importações da extração mineral foram de L$ 3.751, serviços de transporte de L$ 884 (descontando o valor de L$ 2.436 relativo ao ajuste CIF/FOB), e assim por diante.

Para registro das importações (Box 5.4) – e também das exportações – nas TRUs são adotados os preços FOB (*free on board*) e CIF (*cost, insurance and freight*), respectivamente. O preço FOB é, teoricamente, o que será recebido pelo exportador que entrega os bens na fronteira de seu país, e dele são excluídos os custos de carregamento até o local de entrega e os seguros pagos sobre a exportação. O preço CIF inclui seguros e fretes até a fronteira do país importador, o preço de um bem entregue na fronteira do importador, ou o preço de um serviço prestado a um residente antes do pagamento de quaisquer direitos ou impostos de importação, margens comerciais e margens de transporte no país importador. Neste sentido, o preço CIF pode ser interpretado como uma espécie de preço básico das importações, aos quais devem ser acrescentadas as margens de comercialização e de transporte para que sejam obtidos os preços de consumidor.

Considerando a relação entre um país importador e um exportador, notamos que, se o exportador contabiliza a exportação ao preço FOB, os fretes e seguros até a fronteira serão contabilizados como demanda de serviços de transporte e financeiros, lançados como exportações de serviços no quadrante B_2. No outro país, a importação é contabilizada ao preço CIF, que é maior que o anterior. A diferença entre os dois preços representa custos de transporte e seguro entre a fronteira do país exportador e o local de entrega no país importador. Para o lançamento destes custos, temos duas alternativas. De acordo com a primeira, se o transporte e os seguros são realizados por empresas nacionais do importador, então os custos de transportes e seguros serão lançados como produção dos setores respectivos no quadrante A_1. Na segunda alternativa, se tais custos forem realizados por empre-

---

[14] Naturalmente, estamos falando no problema da classificação cujo tratamento foi formalizado na Seção 4.8 do Capítulo 4 (MaCS e MIP).

Box 5.4 Matriz de importações a preços CIF (cost, insurance and freight). Lizarb, ano X (unidades monetárias indexadas)

As importações também podem ser integradas ao sistema ao serem apresentadas, a preços CIF, na forma de produtos por utilizações; para isso, temos outro quadro auxiliar do sistema, resumido na tabela a seguir.

No quadro temos, por exemplo, uma importação total de produtos da indústria de transformação de L$ 43.778. Destes, L$ 22.411 foram importados para consumo intermediário das atividades. Outros L$ 21.367 foram importados para demanda final, L$ 5.471 para consumo das famílias e L$ 15.896 para formação bruta de capital fixo.

USOS	Consumo intermediário das atividades							Demanda Final					Importação			
	Agropecuária	Indústria	Comércio	Transporte	Intermediação financeira	Demais serviços	Total da atividade	Consumo do governo	Consumo das famílias	FBCF	Variação de estoques	Aquisições líquidas de cessões de objetos de valor	Demanda final	Ajuste CIF/FOB	Importação de bens	Importação de serviços	Importação total
Produtos agropecuários	1.498						1.498		121				121		1.619		1.619
Produtos da extração mineral	3.751						3.751								3.751		3.751
Produtos industriais	22.411						22.411		5.471	15.896			21.367		43.778		43.778
Serviços de saneamento e energia		1.142					1.142									1.142	1.142
Produtos da construção civil																	
Serviços comerciais	206	256					462									462	462
Serviços de transporte	2.043		1.089			188	3.320							-2.436		3.320	884
Serviços de comunicação	37						37									37	37
Serviços bancários					789		789							-81		789	708
Aluguéis de imóveis																	
Serviços da administração pública																	
Prestação de outros serviços	5.698					4.286	9.984		3.312				3.312			13.296	13.296
Ajuste CIF/FOB														2517		-2.517	
																	65.677

FBCF: formação bruta de capital fixo; ALCV – aquisição líquida dos direitos ou cessão de objetos de valor.

sas estrangeiras, então estarão inseridos no valor das importações. Neste caso, pode surgir um problema de dupla contagem: estamos contando os seguros e fretes sobre as importações no valor total destas e também no valor das importações de serviços. A solução para o problema é obtida por meio de lançamentos na coluna do ajuste CIF/FOB.

Na **balança comercial**, as importações aparecem ao preço FOB, pois o valor de seguros e fretes incorporados nas importações são contabilizados no **balanço de serviços**. Para possibilitar a comparação entre o balanço de pagamentos e as TRUs, ou seja, para que transformemos as importações valoradas a preços CIF nas TRUs para importações valoradas a preços FOB no balanço de pagamentos, criamos uma linha e uma coluna para o ajuste CIF/FOB. Este ajuste é feito da seguinte forma: partindo das importações avaliadas ao preço CIF, deduzimos de seu valor global o valor global dos serviços de transporte e de seguro relativos à importação, registrando-o com sinal negativo na coluna de importações de bens, na linha de ajuste CIF/FOB. Na Tabela 5.3, observamos a cifra de L$ 2.517 negativos neste registro. Devemos notar que, se os valores dos serviços de transporte e seguros relativos à importação estão incluídos no preço CIF das importações, eles não devem ser contados como oferta total de serviços de transporte e seguros. Por este motivo, na coluna do ajuste CIF/FOB este valor é registrado nas linhas dos produtos transportes e serviços de seguro (que, no nosso exemplo, está contido nos produtos das instituições financeiras) com sinal negativo. Na Tabela 5.3 temos os valores negativos de L$ 2.436 e L$ 81, respectivamente. Com isto evitamos que haja dupla contagem destes valores. No cruzamento da linha com a coluna de ajuste registramos o valor total (L$ 2.517). Trata-se de um artifício para zerar os totais da linha e da coluna de ajustamento, de forma que não altere o valor total das importações. Com este artifício, obtemos um valor total de importação avaliado a preços FOB a partir de registros individuais (por produto) lançados a preços CIF.

Tabela 5.3 Quadrante A_2: importações por produtos de Lizarb, ano X (unidades monetárias indexadas)

	Ajuste CIF/FOB	Importação de bens	Importação de serviços	Importação total
Produtos agropecuários	0	1.619	0	1.619
Produtos da extração mineral	0	3.751	0	3.751
Produtos industriais	0	43.778	0	43.778
Serviços de saneamento e energia	0	0	1.142	1.142
Produtos da construção civil	0	0	0	0
Serviços comerciais	0	0	462	462
Serviços de transporte	2.436	0	3.320	884
Serviços de comunicação	0	0	37	37
Serviços bancários	-81	0	789	708
Aluguéis de imóveis	0	0	0	0
Serviços da administração pública	0	0	0	0
Prestação de outros serviços	0	0	13.296	13.296
Ajuste CIF/FOB	2.517	−2.517	0	0
Total	0	46.631	19.046	65.678

5.6 QUADRANTE B: TABELA DE USOS DOS RECURSOS

Contextualização

A tabela de usos é composta pelos quadrantes B_1 e B_2, nos quais são lançados respectivamente o consumo intermediário por produto e por atividade e a demanda final (consumo das famílias, consumo do governo, investimento e exportações) por produto que compõe a demanda total da economia. Os usos (ou empregos dos recursos) são registados a preços de consumidor e, uma vez que a demanda total a preços de consumidor é igual à oferta total a preços de consumidor, repetimos na tabela de usos o valor da oferta total a preços de consumidor retratada no quadrante A. Como estamos tratando da demanda avaliada a preços de consumidor, não precisamos apresentar separadamente as margens e os impostos. Esta forma de apresentação, como salientamos, equivale à das tabelas retangulares da matriz de insumo-produto, conforme a Seção 4.8 do Capítulo 4 (MaCS e MIP). Lá, por contraste ao que aqui estamos observando, o consumo intermediário é representado na tabela da absorção (*use table*) completamente despido de despesas alheias à produção[15]. Neste sentido, cabe assinalar a analogia entre a tabela de produção (*make table*) e o quadrante A_1. Ao desagregar por produtos o consumo intermediário, o quadrante B_1 demonstra a estrutura de custo das atividades e, o B_2, a destinação dos produtos em relação à demanda pelos consumidores finais.

Quadrante B_1: consumo intermediário dos produtos pelas atividades

Como acabamos de ver, o quadrante B_1 apresenta o consumo intermediário a preços de consumidor por produtos e atividades. De acordo com o *Handbook*, o consumo intermediário sempre é apresentado a preços de consumidor, pois existem impostos que são difíceis de deduzir de seu valor por não incidirem sobre produtos. Tal é o caso dos impostos sobre a folha de salários e sobre o capital das empresas. Além disso, é mais adequado falarmos em preços de consumidor, uma vez que a demanda por bens e serviços de consumo intermediário é feita por meio do mercado, ou seja, os produtores, em relação ao consumo intermediário, são consumidores. Assim, no quadrante B_1 o total da linha é o uso total de um produto como consumo intermediário, e o total da coluna é o total do consumo intermediário de uma atividade.

Vejamos um exemplo numérico extraído da Tabela 5.4. Para o total da economia de Lizarb foram utilizados L$ 53.109 de produtos agropecuários como consumo intermediário de todas as atividades, ao passo que o consumo intermediário da atividade agropecuária foi de L$ 35.316. A utilização de produtos agropecuários como consumo intermediário das atividades ocorre em alguns setores, como no caso da indústria, que utilizou L$ 37.202 de produtos agropecuários, bem como L$ 21.658 de produtos da extração mineral, L$ 203.532 de produtos industriais e assim por diante. Já a atividade agropecuária utilizou também diversos tipos de produtos em seu consumo intermediário, os quais estão arrolados na sua coluna do quadrante B_1.

---

[15] Na segunda parte da Seção 5.8, vamos ver outras dificuldades para o estabelecimento da correspondência entre estes dois instrumentos.

Tabela 5.4 Quadrante B_1: consumo intermediário dos produtos (linhas) pelas atividades (colunas). Lizarb, ano X (unidades monetárias indexadas)

Produtos	Agropecuária	Indústria	Comércio	Transporte	Intermediação financeira	Demais serviços	Total da atividade
Produtos agropecuários	13.137	37.202	0	0	0	2.770	53.109
Produtos da extração mineral	259	21.658	0	0	0	64	21.981
Produtos industriais	17.200	203.532	21.541	15.920	1.040	41.300	300.534
Serviços de saneamento e energia	478	9.016	1.492	230	278	15.490	26.984
Produtos da construção civil	3	3.705	177	190	0	3.851	7.923
Serviços comerciais	114	5.328	1.094	0	0	441	6.977
Serviços de transporte	846	4.409	2.664	3.797	558	1.978	14.253
Serviços de comunicação	40	4.225	2.216	783	1.043	5.101	13.409
Serviços bancários	2.198	10.166	3.361	2.528	5.124	11.599	34.976
Aluguéis de imóveis	13	1.589	3.151	297	824	2.196	8.069
Serviços da administração pública	0	0	0	0	0	0	0
Prestação de outros serviços	1.028	9.460	6.476	1.450	7.503	24.688	50.605
Total	35.316	310.290	42.173	25.195	16.370	109.478	538.821

Quadrante B_2: demanda final

O quadrante B_2 exibido na Tabela 5.5 destina-se à apresentação das exportações, despesas de consumo final efetivo e formação de capital, classificadas por produtos nas linhas e por tipo de despesa nas colunas. Ainda que esta ordem de exposição difira da tradicional equação keynesiana de definição de despesa ($C + I + G + X - M$), ela favorece a visualização da matriz de insumo-produto dentro da matriz de contabilidade social, como vimos no Capítulo 4 (MaCS e MIP) e aqui retomamos. O total da linha apresenta a demanda final de um dado produto, e o total da coluna, o total de um tipo de despesa. São utilizados preços de consumidor e, portanto, os impostos e as margens já estão incluídos no nível dos produtos.

Consideramos o preço FOB das exportações como correspondente ao conceito de preços de consumidor[16]. No nosso exemplo elas aparecem desagregadas em subgrupos de bens e serviços (de forma semelhante às importações) e, conforme salientamos ao examinarmos o quadrante B_1, os serviços de transporte e seguros sobre as exportações são lançados como exportações de serviços no quadrante B_2. As despesas de consumo final também se dividem em dois subgrupos que correspondem ao consumo final das administrações públicas (governo) e das

---

[16] Neste contexto, vale a pena chamarmos a atenção para a diferença entre importações competitivas e não competitivas, bem como dos impostos indiretos líquidos de subsídios tratados na Seção 4.9 do Capítulo 4B (MIP/CD). Notamos que os títulos das colunas de ambas as tabelas são os mesmos, mas lá mostramos as exportações líquidas de importações e o déficit governamental (despesa menos receita com impostos indiretos líquidos de subsídios). Lá, a fim de mantermos o caráter da produção de bens de consumo intermediário da tabela de transações, deslocamos tanto estes impostos quanto as importações, criando uma demanda final setorial a preços aproximadamente básicos (isto é, preços de produtor mais uma parte da correção para as margens de comércio, transporte, impostos indiretos incidentes sobre produtos e importações). Aqui, a demanda final é avaliada a preços de consumidor.

Tabela 5.5 Quadrante B_2: componentes da demanda final a preços de consumidor. Lizarb, ano X (unidades monetárias indexadas)

	Exportação de bens	Exportação de serviços	Consumo do governo	Consumo das famílias	Formação bruta de capital fixo	Variação de estoques	Aquisições líquidas de cessões de objetos de valor	Demanda final
Soja e leite	3.479	0	0	14.789	1.569	4.056	0	23.892
Carvão e petróleo	1.880	0	0	0	0	184	0	2.064
Automóveis e telefones	65.888	0	0	112.574	24.337	5.921	954	209.674
Água e energia elétrica	0	0	0	10.178	0	0	0	10.177
Residências e pontes	0	143	0	7.129	61.686	0	1.820	70.777
Serviços comerciais	0	743	0	0	0	0	0	743
Serviços de transporte	0	1.177	0	11.433	0	0	0	12.610
Serviços de telefonia	0	49	0	12.362	0	0	0	12.410
Serviços bancários	0	451	0	7.133	0	0	0	7.584
Aluguéis de imóveis	0	0	0	59.739	0	0	0	59.738
Serviços da administração pública	0	0	99.503	5.381	0	0	0	104.884
Prestação de outros serviços	0	10.399	0	53.881	1.083	0	0	65.364
Total	71.247	12.962	99.503	294.597	88.675	10.161	2.774	579.919

famílias (incluindo as ISFLSF[17]). Temos três subgrupos para a formação bruta de capital: formação bruta de capital fixo, variação de estoques e aquisições menos cessões de objetos de valor, considerando assim que a formação bruta de capital corresponde à soma dos três. Logicamente existe flexibilidade para desdobramentos desses grupos e no próprio *Handbook* os exemplos são elaborados com desdobramentos diferentes destes sendo considerados, que são divisões das colunas que estamos apresentando.

Tendo estudado a composição dos quadrantes de usos dos recursos, podemos agora verificar como as margens de comercialização e de transporte, bem como os impostos sobre produtos, podem ser distribuídos entre o consumo intermediário e da demanda final. Estes, como vimos, permitem que façamos a distinção entre os preços básicos e os preços de consumidor. Para que sejam integrados ao sistema, os valores das margens devem ser apresentados na forma de produtos por utilizações, o que é feito por meio de um quadro auxiliar do sistema, demonstrado de maneira resumida na Tabela 5.6.

---

[17] Instituições sem fins lucrativos a serviço das famílias. Adotamos esta inclusão na elaboração do nosso exemplo.

As margens de comercialização e de transporte, bem como os impostos, são pagos por produtores e por consumidores finais. Desta forma, os seus montantes devem ser distribuídos pelos quadrantes da demanda. Na Tabela 5.6, temos uma visão parcial dos componentes do consumo intermediário e da demanda final. Na realidade, o quadro auxiliar do sistema pode ser desagregado conforme os quadrantes B_1 e B_2 das TRUs. Tomando o exemplo da agropecuária, notamos que suas margens de comercialização e de transporte e os impostos são, no quadro, distribuídas nos itens que constituem o consumo intermediário total (ver quadrante B_1) desta produção (L$ 3.689, L$ 1.142, L$ 1.048, respectivamente). Esta é a parcela paga pelos produtores, ao passo que a paga pelos consumidores finais aparece na coluna da demanda final (L$ 1.659, L$ 514, L$ 471, respectivamente). A demanda final pode ainda ser desagregada em seus componentes de acordo com o quadrante B_2.

O consumo intermediário e a demanda final são lançados (nos seus respectivos quadrantes) a preços de consumidor, de forma que cada um deles contém os valores das margens e dos impostos. Continuando com a agropecuária, vemos que este setor apresentou L$ 13.137 de consumo intermediário do próprio setor da agropecuária, e destes, L$ 1.454 (ou seja, 912 + 283 +259) correspondem a impostos e margens. Se para L$ 77.001 de oferta total observamos um consumo intermediário de L$ 13.137, é natural pensarmos que destes, L$ 912 digam respeito às margens de comercialização, L$ 283 às margens de transporte, e L$ 259 correspondam a impostos sobre produtos. Claramente, $\dfrac{13.137}{77.001} \times 5.348 = 912$, $\dfrac{13.137}{77.001} \times 1.656 = 283$ e $\dfrac{13.137}{77.001} \times 1.519 = 259$.

Procedemos da mesma forma no que diz respeito aos serviços de transporte e comércio.

O consumo final efetivo das famílias corresponde ao consumo familiar de bens e serviços oferecidos pelo mercado. O valor dos artigos produzidos e consumidos pelas próprias famílias é contabilizado pelo custo de produção, sendo que o mesmo é válido para o consumo de serviços domésticos remunerados e dos serviços prestados pelas ISFLSF e para o aluguel imputado aos imóveis ocupados pelos seus proprietários. Por convenção, as famílias não acumulam estoques, de forma que todas as suas aquisições de bens duráveis são classificadas como consumo. Mas isto não se aplica à aquisição de bens usados, imóveis e suas obras de melhoria. As aquisições de imóveis e obras são consideradas formação de capital, e na aquisição de imóveis e objetos usados (que não fazem parte do valor adicionado – produto, mas apenas do estoque de capital), são contabilizadas apenas as margens de comercialização e de transporte. O consumo final das famílias inclui ainda as despesas de consumo final das ISFLSF (consideradas todas como despesas destinadas ao consumo individual) e as despesas de consumo individual das administrações públicas.

A formação bruta de capital está dividida em três componentes: a formação bruta de capital fixo, as variações de estoques e as aquisições líquidas (isto é, aquisições menos cessões) de objetos de valor, que nas TRUs são classificadas por produto. Contabilizadas de forma líquida, elas registram as aquisições menos as cessões, as perdas,

Tabela 5.6 Recursos e usos: margens de comercialização e de transporte e impostos sobre o consumo intermediário e demanda final. Lizarb, ano X (unidades monetárias indexadas)

Discriminação	Oferta total (a preços de consumidor)	Agropecuária	Indústria	Comércio	Transporte	Intermediação financeira	Demais serviços	Total	Demanda final
Produtos agropecuários	77.001	13.137	37.201	0	0	0	2.771	53.109	23.892
Margem de comércio	5.348	912	2.584	0	0	0	192	3.689	1.659
Margem de transporte	1.656	283	800	0	0	0	60	1.142	514
Impostos sobre produtos	1.519	259	734	0	0	0	55	1.048	471
Produtos da extração mineral	24.044	259	21.657	0	0	0	64	21.980	2.064
Margem de comércio	61	1	55	0	0	0	0	56	5
Margem de transporte	1.195	13	1076	0	0	0	3	1.092	103
Impostos sobre produtos	183	2	165	0	0	0	0	167	16
Produtos industriais	510.208	17.200	203.532	21.541	15.920	1.040	41.300	300.534	209.674
Margem de comércio	40.054	1350	15978	1691	1250	82	3242	23.593	16460
Margem de transporte	6.423	217	2562	271	200	13	520	3.783	2640
Impostos sobre produtos	38.506	1298	15361	1626	1202	78	3117	22.682	15824
Serviços de saneamento e energia	37161	478	9.016	1.492	230	278	15.490	26.983	10178
Margem de comércio		0	0	0	0	0	0	0	0
Margem de transporte		0	0	0	0	0	0	0	0
Impostos sobre produtos	3504	45	850	141	22	26	1461	2.545	960
Produtos da construção civil	78700	3	3.704	176	190	0	3.850	7.922	70778
Margem de comércio		0	0	0	0	0	0	0	0
Margem de transporte		0	0	0	0	0	0	0	0
Impostos sobre produtos	238	0	11	1	1	0	12	24	214
Serviços comerciais	7.721	114	5.329	1.094	0	0	441	6.978	743
Margem de comércio	−45.463	−673	−31.376	−6.444	0	0	−2.594	−41.087	−4376
Margem de transporte	0	0	0	0	0	0	0	0	0
Impostos sobre produtos	100	1	69	14	0	0	6	90	10

CAPÍTULO 5 O SISTEMA DE CONTAS NACIONAIS: TABELA DE RECURSOS E USOS

Serviços de transporte	26.862	846	4.409	2.664	3.797	558	1.978	14.253	12610
Margem de comércio	0	0	0	0	0	0	0	0	0
Margem de transporte	−9.274	−292	−1.522	−920	−1.311	−193	−683	−4.921	−4353
Impostos sobre produtos	792	25	130	79	112	16	58	420	372
Serviços de comunicação	25819	40	4.225	2.216	783	1.043	5.101	13.408	12411
Margem de comércio	0	0	0	0	0	0	0	0	0
Margem de transporte	0	0	0	0	0	0	0	0	0
Impostos sobre produtos	3858	6	631	331	117	156	762	2.004	1855
Serviços bancários	42560	2.198	10.166	3.361	2.528	5.124	11.599	34.976	7584
Margem de comércio	0	0	0	0	0	0	0	0	0
Margem de transporte	0	0	0	0	0	0	0	0	0
Impostos sobre produtos	1573	81	376	124	93	189	429	1.293	280
Aluguéis de imóveis	67808	13	1.589	3.150	297	824	2.196	8.069	59739
Margem de comércio	0	0	0	0	0	0	0	0	0
Margem de transporte	0	0	0	0	0	0	0	0	0
Impostos sobre produtos	2	0,000433	0	0	0	0	0	0	2
Serviços da administração pública	104884	0	0	0	0	0	0	0	104884
Margem de comércio	0	0	0	0	0	0	0	0	0
Margem de transporte	0	0	0	0	0	0	0	0	0
Impostos sobre produtos	0	0	0	0	0	0	0	0	0
Prestação de outros serviços	115970	1.028	9.460	6.476	1.450	7.503	24.689	50.606	65363
Margem de comércio	0	0	0	0	0	0	0	0	0
Margem de transporte	0	0	0	0	0	0	0	0	0
Impostos sobre produtos	2786	25	227	156	35	180	593	1.216	1570

as saídas de estoques[18], etc. Na coluna da formação bruta de capital fixo, incluímos investimentos em ativos tangíveis, bem como melhorias em ativos existentes não produzidos. São exemplos de ativos tangíveis as aquisições de máquinas e equipamentos, ao passo que ativos intangíveis são, por exemplo, *softwares* e direitos de marcas, e, por sua vez, melhoramentos em ativos não produzidos, algo como melhorias em terrenos e construções existentes. Na coluna da variação de estoques são incluídas as variações de materiais e outros produtos acabados ou em elaboração. Já os objetos de valor correspondem às joias, esculturas, pinturas e obras de arte em geral, bem como pedras e metais preciosos, desde que adquiridos como "reserva de valor" e não para produção (escultura no jardim do prédio residencial) e consumo (anel de economista).

A coluna da formação bruta de capital fixo – FBCF é, em geral, a mais importante das três em termos do montante dos valores que ali são registrados. Geralmente os investimentos em capital fixo são aquisições de bens tangíveis ou intangíveis utilizados no processo produtivo dos adquirentes por um ano ou mais. O critério para incluir um bem nesta conta é a transferência da propriedade que, em geral, é posterior a sua produção e anterior à utilização. Trata-se da posse física do bem, pois, em alguns casos, como na aquisição à prestação ou na locação financeira (*leasing*), a posse legal pode acontecer depois de o bem já estar sendo utilizado efetivamente. Em outras palavras, o registro da FBCF é feito no momento em que o adquirente entra na posse do bem (e não apenas de sua propriedade, uma vez que a propriedade legal não necessariamente implica a posse e, como tal, o uso). Os custos de transferência de ativos fixos são separados do total da FBCF e registrados na linha dos serviços prestados às empresas.

Quando um ativo fixo já existente é adquirido, a operação é registrada como aquisição (positiva) do novo titular e como uma venda para o anterior, visto que se o ativo já existia, deveria figurar na conta de FBCF ou de consumo final do segundo. Caso figurasse na conta de FBCF do vendedor, os dois registros se anulariam: haveria passagem de FBCF de um agente para outro. Poderia ocorrer ainda redução da FBCF do vendedor com aumento do consumo final do comprador. No caso do vendedor não ser residente na economia nacional, registraremos a FBCF do residente (comprador) e a exportação do vendedor. Mais raramente pode haver redução do consumo final de um agente com FBCF de outro (comprador) (por exemplo, venda do carro de uma família para uma empresa).

Quadrante C: o valor adicionado da tabela de recursos e usos

De acordo com seu conceito, o valor adicionado total da TRU deve expressar a criação de valor por parte da sociedade em determinado período. Desde a equação 3.1 do Capítulo 3 (Dimensões), sabemos que seu cálculo, quando realizado pela ótica do produto, é feito pela subtração do consumo intermediário ao valor da produção. Como recém vimos, sua avaliação pela ótica da despesa encontra-se no quadrante B_1,

---

[18] Desperta interesse analítico o desdobramento desses lançamentos negativos. No caso de uma atividade que experimenta enormes prejuízos (receita total muito menor do que o custo total), a mensuração do valor adicionado pela ótica do produto (valor da produção menos consumo intermediário) pode gerar este valor negativo, que se reflete em perda de capital para o proprietário do estabelecimento e redução dos estoques das mercadorias efetivamente consumidas. Por exemplo, uma lavoura que realizou todos os procedimentos pertinentes e é destruída (fogo, temporal) momentos antes da colheita tem valor da produção nulo, consumo intermediário positivo, salários pagos, etc. O cereal plantado significou apenas redução dos estoques acumulados em períodos anteriores.

ao passo que a avaliação pela ótica da renda não é expressa nas TRUs, aparecendo apenas na matriz de contabilidade social do Capítulo 4 (MaCS e MIP), 4B (MIP/CD) e 4A (MaCS/CD). Ou seja, tanto as TRUs quanto a matriz de contabilidade social permitem-nos observar o valor adicionado, avaliando-o sob as óticas do produto e da despesa, sendo que agora vamos examinar a primeira delas.

Ao criarmos as cifras do valor adicionado setorial, podemos desdobrar suas componentes no gasto que os produtores fizeram para alocar os fatores de produção que lhes foram alugados pelos respectivos locatários. Neste caso, temos a divisão do produto gerado pelos setores (atividades) econômicos em diversos itens: remuneração dos empregados, impostos líquidos de subsídios sobre a produção e importação, excedente operacional, consumo de capital fixo e excedente operacional líquido. Isto permite que saibamos quanto cada setor de atividade destina a estes componentes do produto. Os que integram o quadrante C são os mesmos que vamos encontrar na chamada conta de distribuição primária do valor adicionado (produto)[19], conforme a Tabela 6.3 do Capítulo 6 (CEIs). Esta discrimina o pagamento feito pelos produtores aos locatários dos fatores de produção e à instituição governo.

A fim de situarmos com precisão nosso tema, vamos reproduzir essas duas linhas na Tabela 5.7, por meio da qual a operação de subtração do consumo intermediário ao valor da produção torna-se flagrante. Chamamos a atenção inicialmente para o fato de que todas estas cifras dizem respeito aos setores econômicos (atividades). Por exemplo, o valor de L$ 35.523 constitui o valor adicionado (produto) da agropecuária, nada sendo dito sobre a produção de produtos agropecuários ou correlatos.

Como vemos na Tabela 5.7, o valor adicionado (produto) pelos setores econômicos é dado pela diferença entre o valor da produção a preços básicos, apresentado no quadrante A_1, e o consumo intermediário a preços de consumidor, no quadrante B_1. Ou seja, o quadrante C mostra o desdobramento do valor adicionado (produto) dos setores dispostos na base das colunas iniciadas no quadrante B_1. Na Tabela 5.8, vamos acrescentar duas colunas àquelas já constantes na Tabela 5.7, a

Tabela 5.7   Quadrante C: valor da produção, consumo intermediário das atividades e valor adicionado mensurado pela ótica do produto. Lizarb, ano X (unidades monetárias indexadas)

	Agropecuária	Indústria	Comércio	Transporte	Intermediação financeira	Demais serviços
Valor da produção	70.839	455.518	74.314	35.414	40.493	323.422
Consumo intermediário	35.316	310.290	42.173	25.195	16.370	109.478
Valor adicionado (produto)	35.523	145.228	32.142	10.219	24.123	213.943

[19] Devemos observar que, mesmo chamando-a de "distribuição primária da renda", os antigos contabilistas sociais estavam tratando da ótica do produto da avaliação do valor adicionado. Ainda que aumentando a confusão entre os conceitos, esta designação é a tradicionalmente utilizada e válida apenas para o total da economia. Como podemos ver a partir da matriz de insumo-produto, o produto e a despesa setoriais podem ser bastante diversos, para não falarmos da renda, cuja correspondência com os setores, conforme nossa matriz de contabilidade social, é nula. Estas transações, se débitos e créditos fossem trocados – mas não são! – poderia estar contemplada no bloco B_{12}, que abriga uma matriz nula.

fim de dar conta de uma importante diferença conceitual concernente à forma de inserção da tributação indireta. Como vimos, os impostos indiretos incidem sobre produtos ou sobre atividades. No caso da Tabela 5.7, vimos o valor adicionado concernente às atividades, o que vai permitir-nos acomodar os impostos indiretos correspondentes. Todavia nela não vimos espaço para o registro dos impostos incidentes sobre produtos. Cabe notarmos que não distribuiremos estes impostos ao longo das colunas do quadrante C, pois eles encontram-se distribuídos nas linhas do quadrante A (já que incidem sobre os produtos). Assim, inseriremos como primeira coluna precisamente o registro dessas transações e, ao acrescentá-los ao valor adicionado pelas atividades, vamos chegar à coluna final que mostra o valor adicionado de toda a economia.

Como vemos na Tabela 5.8, o valor que foi adicionado (produto) pelos setores econômicos é dado pela diferença entre o valor da produção a preços de produtor, apresentado no quadrante A_1, e o consumo intermediário a preços chamados de aproximadamente básicos, no quadrante B_1. Ou seja, o quadrante C mostra o desdobramento do valor adicionado (produto) dos setores dispostos na base das colunas iniciadas no quadrante B_1, descontando desse agregado setorial a *dummy* financeira. Ou seja, a soma de seus montantes setoriais não corresponde ao total da economia, em virtude dos lançamentos da *dummy* financeira da Tabela 5.6 que agora deverá ser descontada.

No que segue, vamos examinar cada componente conforme a ordem de entrada na Tabela 5.8. Assim, sua primeira linha mostra, para cada setor econômico, o valor adicionado mensurado pela ótica do produto, que nos é dado pela diferença entre o valor da produção originário da última linha da Tabela 5.3 (quadrante A_1) e o consumo intermediário observado na última linha da Tabela 5.6 (quadrante B_1). Temos, assim, o valor da produção a preços de produtor menos o consumo intermediário a preços aproximadamente básicos. Assim, nosso valor adicionado a preços

Tabela 5.8 Quadrante C: valor adicionado (produto) e suas componentes primárias (Painel A). Lizarb, ano X (unidades monetárias indexadas)

Variáveis	Impostos líquidos de subsídios sobre produtos	Agropecuária	Indústria	Comércio	Transporte	Intermediação financeira	Demais serviços	Total da atividade	Total da economia
Valor adicionado (produto)	53.062	35.523	145.228	32.142	10.219	24.123	213.943	461.179	514.241
Impostos sobre produtos	53.301	0	0	0	0	0	0	0	53.301
Subsídios a produtos	−239	0	0	0	0	0	0	0	−239
Impostos sobre a produção e importação – subsídios	0	−641	20.656	2.964	990	2.346	7.648	33.963	87.025
Compensação dos empregados	0	4.837	34.561	16.480	6.383	14.174	106.683	183.118	183.119
Rendimento misto líquido	0	8.175	24.523	1.981	110	1.543	24.697	61.029	61.029
Excedente operacional líquido	0	16.271	48.809	3.942	220	3.071	49.157	121.469	121.469
Consumo de capital fixo	0	6.881	16.678	6.774	2.516	2.990	25.758	61.598	61.598

Tabela 5.8 Quadrante C: valor adicionado (produto) e suas componentes primárias (Painel B). Lizarb, ano X (unidades monetárias indexadas)

Componentes	Impostos líquidos de subsídios sobre produtos	Agropecuária	Extrativa mineral	Transformação	Serviços industriais de utilidade pública	Construção civil	Comércio	Transporte	Comunicações	Instituições financeiras	Aluguéis	Administração pública	Outros serviços	Dummy financeira	Total da atividade	Total da economia
Impostos sobre produtos e a importação	53.301	0	0	0	0	0	0	0	0	0	0	0	0	0	0	53.301
Subsídios a produtos	–239	0	0	0	0	0	0	0	0	0	0	0	0	0	0	–239
Outros impostos líquidos de subsídios sobre a produção		–641	913	17.139	1.595	2.604	2.964	990	1.136	2.346	758	807	3.352	0	33.963	33.963
Compensação dos empregados e autônomos		4.837	1.534	27.993	4.593	5.034	16.480	6.383	2.983	14.174	847	69.615	28.645	0	183.118	183.119
Rendimento misto líquido		7.857	2.665	13.035	2.473	7.870	2.300	622	1.585	1.907	15.124	0	5.591	0	61.029	61.029
Excedente operacional líquido		18.333	6.218	30.415	5.769	18.363	5.366	1.452	3.698	4.451	35.290	0	13.046	–20.932	121.470	121.470
Consumo de capital fixo		6.881	956	7.137	1.761	8.585	6.774	2.516	3.487	2.990	10.275	7543	2692	0	61.598	61.598
Produto Interno Bruto	53.062	37.267	12.286	95.719	16.190	42.456	33.885	11.963	12.888	25.867	62.295	77.965	53.327	–20.932	461.179	514.241

aproximadamente básicos (VAB_{pab}) é dado por $VAB_{pab} = VBP_{pab} - CI_{pab}$, onde, adicionalmente, VBP_{pab} é o valor da produção a preços aproximadamente básicos e CI_{pab} é o consumo intermediário dos produtos pelas atividades a preços aproximadamente básicos. Esta equação é válida tanto para os setores individualmente quanto para seu agregado.

A primeira distinção conceitual a ser feita a seu respeito consiste em entendermos a razão de o estarmos chamando de "interno" e "bruto". O conceito de produto interno antepõe-se ao de produto nacional, e ambos concernem à delimitação territorial do fenômeno que está sendo mensurado. No Capítulo 6 (CEIs), vamos aprofundar o exame da territorialidade da produção, mas agora podemos deixar claro que a atividade econômica desenvolvida sobre determinada região territorial fisicamente delimitada gera um produto que é chamado de interno, pois foi gerado precisamente dentro dessas fronteiras territoriais. Isto significa que os fatores de produção, particularmente, o trabalho e a capacidade empresarial detida por parte de agentes específicos, o capital e a terra articulados por meio de uma função de produção, residiam nesta região. Cada um desses quatro fatores pode ser de propriedade de residentes ou não residentes na região. Por exemplo, vivem em Lizarb trabalhadores cuja residência é localizada em outros países, mas que se deslocam para lá, por determinado período, ou seja, têm uma estada apenas temporária. Em nossa linguagem, a propriedade desse fator pertence a uma das instituições inserida na organização econômica classificada sob o título de famílias, que abriga indivíduos que detêm a capacidade de trabalhar.

A família decide qual entre seus integrantes detentores desta capacidade vai ser encaminhado ao mercado de trabalho (nacional ou estrangeiro), a fim de vender sua capacidade de fornecer serviços do fator trabalho durante um determinado período, como um dia, um mês, etc. Isto exclui crianças, velhos ou estudantes, conforme veremos no conceito de população economicamente ativa, a ser desenvolvido no Capítulo 8 (Demográficos). Na condição de locatário do fator de produção de propriedade da família que o encaminhou ao mercado de trabalho, o trabalhador recebe o pagamento pela venda dos serviços do fator trabalho que ele realiza e remete este montante a sua família. No caso de o estabelecimento onde ocorre a produção no qual o trabalho foi realizado situar-se no mesmo local de residência da família que abriga o trabalhador, sua remuneração é considerada interna, ao passo que, se o trabalhador reside num país e trabalha no estabelecimento localizado em outro país, a remuneração que ele recebeu no país em que o trabalho foi realizado é considerada interna a este, e nacional, sob o ponto de vista do país de origem do trabalhador. Naturalmente, a propriedade do estabelecimento, terras, máquinas, prédios, equipamentos também podem ser propriedade de famílias residentes no local da existência física do estabelecimento ou não. Em sendo, trata-se do produto interno, ao passo que o caso contrário contempla o conceito de produto nacional.

O produto interno é considerado "bruto" pois, além do consumo intermediário que circulou pelo estabelecimento a fim de que ele fosse efetivamente produzido, ele carrega em seu bojo a perda do valor das máquinas, dos equipamentos e das instalações que ocorreu durante a produção associada ao simples desgaste decorrente do uso. A diferença entre o valor final e o inicial destes bens de capital é chamada de consumo de capital fixo (ou depreciação), constituindo-se no registro da redução do valor dos ativos fixos das empresas, devido ao seu consumo gradual, sua obsolescência ou danos acidentais normais. Estes valores são registrados a partir dos custos de aquisição ou aluguel atuais dos ativos, ou seja, no momento em que são utilizados, o que é diferente dos preços pelos quais os ativos foram adquiridos originalmente. Por este motivo, o consumo de capital fixo pode apresentar um valor muito maior que a depreciação contábil dos ativos, principalmente em contextos de inflação alta. Caso calculemos o produto interno bruto do total da economia de Lizarb antes da dedução do consumo de capital fixo, obteremos o valor adicionado de L$ 514.241, que se reduz a L$ 452.643 (não discriminados na tabela), quando deduzirmos o consumo de capital fixo de L$ 61.598, chegando ao produto interno líquido.

Além dessa primeira providência, vemos que a Tabela 5.8 mostra o valor adicionado mensurado pela ótica do produto, ou seja, o produto interno bruto, desagregado em diversos componentes, configurando o que se costuma chamar de distribuição primária da renda. Este nome diz respeito ao fato de tratar-se da remuneração paga pelos produtores (geração) localizados nos setores econômicos aos locatários dos fatores de produção (apropriação), bem como ao governo. Como vemos, nada é dito com relação ao terceiro polo gerador da atividade econômica, nomeadamente, a absorção da produção, que tem, em outros contextos, destaque na ótica da despesa do cálculo do valor adicionado. Ao mesmo tempo, chamamos a atenção para o fato de que a Tabela 5.8 mostra semelhanças e diferenças com o bloco B_{21} da matriz de contabilidade social. Sua semelhança diz respeito à inserção das variáveis concernentes aos impostos indiretos líquidos de subsídios e a remuneração dos empregados, diferindo pelo fato de que, aqui, foram inseridos os rendimentos mistos, sendo que o registro do excedente operacional, que lá chamávamos de bruto, agora aqui tem sua expressão em termos líquidos, dando destaque ao consumo de capital fixo.

Assim, a primeira linha mostra o lançamento único no valor de L$ 53.301, correspondente aos impostos incidentes sobre os produtos. Segue-a o valor negativo de L$ 239, correspondente aos subsídios conferidos diretamente aos produtores dos produtos específicos, que não são individualizados setorialmente. A discriminação por setores econômicos inicia na terceira linha com a cifra de L$ 641, cujo sinal corresponde precisamente ao valor da diferença entre os impostos indiretos e os subsídios pagos à agropecuária. O fato de não vermos outros valores negativos ao longo desta linha não garante a ausência destes em outros setores, pois a tabela mostra valores líquidos. Ou seja, não sabemos, apenas com o auxílio da tabela, se os impostos arrecadados, por exemplo, pela indústria extrativa mineral poderiam ter sido maiores do que o registro de L$ 913, caso em que a atividade ter-se-ia beneficiado do recebimento de subsídios no valor complementar. Este conjunto de lançamentos de impostos e subsídios refere-se a impostos não cumulativos que incidem sobre o valor adicionado, impostos sobre as importações e subsídios à importação, impostos sobre a exportação e subsidios à exportação, impostos sobre os produtos, e outros subsídios aos produtos. Na Tabela 5.8, observamos que, de um montante geral de L$ 87.025 de impostos, L$ 53.301 são impostos sobre produtos e L$ 239 correspondem aos subsídios sobre produtos, ao passo que L$ 33.963 são impostos sobre a produção e aparecem desagregados por atividades.

A próxima linha mostra a compensação (remuneração) dos empregados e autônomos. Naturalmente, uma vez que nenhum imposto indireto incide sobre esta transação, a interseção desta primeira linha com a primeira coluna nada registra. O primeiro lançamento significativo corresponde à agropecuária, com seu registro de L$ 4.837. Naturalmente, este e os demais poderiam ser decompostos nos montantes de ordenados e salários pagos diretamente aos trabalhadores e as contribuições sociais incidentes sobre a folha de pagamentos e recolhida diretamente ao governo. Seguem-no o rendimento misto líquido e o excedente operacional líquido, ou seja, o excedente operacional já visto na matriz de contabilidade social do qual é descontado o valor do consumo de capital fixo, que a tabela coloca em destaque na linha seguinte.

Ou seja, ao deduzirmos do produto interno bruto as remunerações dos empregados (que no nosso exemplo incluem os rendimentos dos autônomos)[20] e os impostos (líquidos de subsídios) obtemos um saldo classificado ou como excedente operacional (excedente de exploração) ou como rendimento misto. Para as empresas legalmente constituídas em sociedade, falamos em excedente operacional, ao passo que para as empresas não constituídas em sociedade e para trabalhadores autônomos, falamos em rendimento misto. Isto é particularmente válido ao falarmos nos proprietários ou membros da família que podem atuar como mão de obra não remunerada, pois não podemos separar o rendimento do trabalho do rendimento oriundo da atividade empresarial. Para estas empresas, dificuldades adicionais se originam do fato de que frequentemente somos incapazes de distinguir os ativos da empresa dos ativos do proprietário. Também ocorre que os bens de consumo intermediário da empresa podem ser consumidos pela família, como é o caso de edifícios e automóveis.

O excedente operacional e o rendimento misto são dois termos usados para designar o mesmo saldo (excedente) para diferentes tipos de empresas. Eles correspondem ao excedente gerado pelo processo de produção antes da dedução de juros sobre ativos financeiros e rendas de propriedade a pagar, sejam eles explícitos ou implícitos[21]. Mas o excedente não é invariável, tendo em vista a propriedade ou o aluguel de ativos fixos pelas empresas. Caso seja necessário o pagamento de aluguéis ou o arrendamento de imóveis ou equipamentos utilizados na produção, estes valores deverão ser registrados como consumo intermediário (aquisição de serviços), contribuindo assim para a redução do excedente. Podem ocorrer também casos em que as empresas invistam em ativos financeiros ou imóveis, que podem não ser utilizados na produção e sobre os quais recebam rendimentos. Neste caso, nem todos os rendimentos de propriedade e juros pagos pelas empresas provêm do excedente de exploração. Estes rendimentos estranhos ao processo produtivo devem ser registrados, pelo seu valor líquido, na conta de distribuição da renda (Conta II.1.2 das contas econômicas integradas a serem tratadas no próximo capítulo).

O *Handbook* recomenda ainda a inclusão de um apêndice ao quadrante C. Trata-se de três linhas de informação adicional sobre o consumo dos ramos de atividade: a formação bruta de capital fixo, os estoques de ativos fixos de fechamento do período e

---

[20] Por rendimento de autônomos compreendemos a remuneração pelo trabalho efetuado pelo proprietário de um negócio que não pode ser separado do seu rendimento como empresário. Por exemplo, o rendimento do proprietário de uma carroça de cachorro-quente.

[21] Falamos de juros e rendas explícitos quando os agentes devem pagar a outros agentes, ao passo que os implícitos são aqueles imputados pelo uso de ativos próprios. Ou seja, os juros implícitos são aqueles referentes à utilização de fundos próprios da empresa na aquisição de ativos, são os custos de oportunidade de utilização dos fundos desta maneira. O mesmo pode ser dito quanto às rendas implícitas.

uma variável representativa do fator trabalho. Como podemos perceber, estas são informações de particular interesse para os estudos sobre a produtividade do investimento, do capital e do trabalho. A formação bruta de capital fixo (L$ 88.675 no presente caso) é uma informação que também consta da conta de bens e serviços das CEIs, que é objeto da Tabela 6.1 do Capítulo 6 (CEIs). O montante dos ativos fixos produzidos de fechamento pode ser encontrado também na conta III.3, que é uma das contas de patrimônio das CEIs, na Tabela 6.8. A diferença é que aqui estamos tratando as variáveis do ponto de vista dos setores de atividade, ao passo que lá falaremos em setores institucionais.

Particularmente, a informação sobre o pessoal ocupado com e sem remuneração será mencionada no Capítulo 8 (Demográficos), sendo lá detalhada pelos diferentes tipos de inserção dos trabalhadores e gerentes. Em se tratando da perspectiva de análise da produtividade, o total de horas trabalhadas seria a melhor medida possível para ser utilizada aqui, dado que as outras medidas podem refletir de forma inadequada o trabalho em tempo não integral. Como nem todos os países, inclusive Lizarb, têm condições de estimar o total de horas trabalhadas por setor de atividade, recomenda-se a utilização do total de pessoas ocupadas por ramo de atividade, que é a variável mostrada na Tabela 5.9.

Estas estimativas são muito importantes na construção das TRUs, pois servem como referência para o equilíbrio do sistema de contas mesmo com a utilização de diversas fontes de dados primários. Neste sentido, também merece destaque a evolução do pessoal ocupado por atividade e a evolução da produção física. Com o montante de salários pagos, o rendimento dos autônomos, os impostos e subsídios e o excedente operacional, temos uma estimativa da repartição do valor adicionado pela ótica da renda.

Tabela 5.9 Quadrante C: variáveis complementares (Painel C). Lizarb, ano X (unidades monetárias indexadas)

Variáveis	Agropecuária	Indústria	Comércio	Transporte	Intermediação financeira	Demais serviços	Total da atividade	Total da economia
Pessoas ocupadas	13.496.100	12.724.000	10.134.900	2.525.200	727.300	25.543.600	65.151.100	65.151.100
FBCF	6.794	29.029	6.271	2.301	4.633	39.647	88.675	88.675
Estoques de ativos fixos produzidos de fechamento	94.546	404.002	87.268	32.017	64.484	551.771	1.234.087	1.234.087

FBCF: formação bruta de capital fixo.

5.7 OLHAR PARA FRENTE: COMBINANDO AS TABELAS DE RECURSOS E USOS COM AS CONTAS ECONÔMICAS INTEGRADAS

Em linhas gerais, até agora tratamos da tabela de fontes de recursos (quadrantes A, A_1 e A_2) e da tabela de usos dos recursos (quadrantes B_1 e B_2 e C). A primeira apresenta a origem dos recursos da economia, e na sua maior parte é avaliada a preços básicos. Já a tabela de usos de recursos apresenta a utilização dos produtos na linha e o consumo intermediário e o valor adicionado das atividades na coluna, ambos a preços de consumidor (Box 5.5). Quando trabalhamos com a desagregação setorial, a fim de conciliar os preços, temos colunas que permitem que passe-

> **Box 5.5** — Os conceitos de valor adicionado
>
> Como o valor adicionado é uma diferença entre o valor da produção e o consumo intermediário, podemos obter algumas medidas alternativas do primeiro a partir dos preços adotados para avaliar o valor da produção, dado que o consumo intermediário sempre é apresentado a preços de consumidor. Estas medidas são: valor adicionado a preços básicos, a preços de produtor e a custo de fatores (ver Box 5.1).
>
> Caso estejamos, como no nosso exemplo numérico para Lizarb, utilizando o valor da produção a preços básicos e o consumo intermediário a preços de consumidor, obteremos o **valor adicionado a preços básicos**. Notemos que esta é uma simplificação utilizada no sistema, dado que fazemos a diferença entre conjuntos de preços conceitualmente diferentes. Por outro lado, este conceito de valor adicionado a preços básicos é bastante relevante para a avaliação do resultado do esforço produtivo para os produtores, uma vez que o consumo intermediário a preços de consumidor apresenta os valores efetivamente despendidos por eles na produção, ao passo que no valor da produção a preços básicos não estão incluídos o valor dos impostos sobre os produtos e das margens, que são parcelas do valor a preços de consumidor que não se destinam aos produtores. Esta é a medida do valor adicionado recomendada pelo *Handbook*.
>
> Podemos avaliar a produção a preços de produtor (dado pela soma do preço básico com outros impostos não dedutíveis sobre os produtos a pagar pelo produtor), e assim obteremos o valor **adicionado a preços de produtor**. Pela definição de preços de produtor, vemos que o valor da produção excederá o valor da produção a preços básicos no montante dos impostos (líquidos de subsídios) que o produtor deve pagar, e esta será a diferença entre o valor adicionado a preços de produtor e o valor adicionado a preços básicos. Salientamos que esta medida exclui impostos não cumulativos faturados pelos produtores, e, desta forma, o valor adicionado a preços de produtor será diferente de um valor adicionado a custo de fatores.
>
> Por último, temos o conceito de **valor adicionado a custo de fatores**. Ainda que ele não seja mais utilizado na atual versão do *Handbook*, podemos construí-lo a partir do valor adicionado avaliado a preços básicos ou a preços de produtor. Para chegarmos a ele, basta deduzirmos o valor dos impostos sobre a produção (líquidos de subsídios). No que diz respeito ao valor adicionado a preços básicos, deduziremos apenas os "outros impostos sobre a produção", que são basicamente os impostos sobre o trabalho ou capital utilizados na empresa, como os impostos sobre a folha de pagamento dos empregados ou impostos correntes sobre a propriedade de veículos ou imóveis. A dificuldade em relação ao valor adicionado é que não podemos eliminar os "outros impostos sobre a produção" do preço do consumo intermediário e da produção (pois não incidem sobre produtos).
>
> Como vimos, os conceitos de valor adicionado a preços básicos, a preços de produtor e a custo de fatores diferem apenas quanto ao montante de impostos incluído em um ou outro. Desta forma, ao deduzirmos também o montante de "outros impostos sobre a produção", obteremos a fração do valor adicionado que resta para distribuição aos fatores de produção, após o pagamento de todos os impostos e recebimento de todos os subsídios. Desta forma, o valor adicionado a custo de fatores não é propriamente uma medida de valor adicionado, mas antes, uma medida de rendimento. Ou seja, ele pode ser interpretado como o montante disponível para a remuneração dos fatores de produção. No entanto, como não temos o valor da produção e nem o consumo intermediário medidos a custo de fatores, não podemos obtê-lo por diferença.

mos os recursos a preços básicos para preços de consumidor. Na prática, quando os quadros de fontes e usos dos recursos são levantados, há dois procedimentos que podem ser adotados para que seja feito o equilíbrio entre eles. O primeiro consiste em ajustar a oferta a preços básicos para conciliá-la com os usos a preços de consumidor. O segundo diz respeito à avaliação dos usos a preços básicos, a fim de conciliá-los com os recursos. Nos dois casos os ajustes se relacionam com os impostos líquidos de subsídios sobre os produtos e com as margens de comercialização e transporte por produtos. Para que saibamos o valor dos impostos e margens por produtos, é necessária a construção de um quadro com as margens de comercialização, transporte e impostos sobre o consumo intermediário e demanda final, como demonstramos na Tabela 5.6. Assim, temos o equilíbrio entre recursos e usos tanto nas TRUs como no quadro de apoio dos impostos e margens. Um terceiro quadro envolvendo este equilíbrio será agora apresentado. Trata-se da classificação cruzada entre o valor da produção, o consumo intermediário e o valor adicionado (produto) distribuídos por setores institucionais e por setores de atividade, que apresentamos na Tabela 5.10.

Nas TRUs são abordados os registros que aparecerão nas contas de bens e serviços e nas contas correntes de produção das contas econômicas integradas (CEI) que serão objeto de estudo do próximo capítulo. As TRUs e as contas econômicas integradas são formas alternativas de evidenciar as cifras do valor da produção, do consumo intermediário, do valor adicionado e do valor das importações e exportações. Estes agregados são distribuídos por produtos e setores de atividade econômica nas TRUs, ao passo que nas contas econômicas integradas temos os conceitos de unidade e setor institucional que serão amplamente abordados no Capítulo 6 (CEIs). Por ora, basta atentarmos para o fato de serem formas alternativas de classificação dos agentes econômicos. Como dissemos, os setores de atividade econômica enfocam as relações técnicas e econômicas entre os agentes, e resultam do agrupamento destes agentes tendo como critério a sua atividade econômica. Por contraste, o critério de agrupamento do ponto de vista do produto é a produção principal das suas unidades produtivas. Já os setores institucionais nos quais as contas econômicas integradas se baseiam têm como centro as "unidades institucionais". Estas são unidades patrimoniais dotadas de capacidade de decisão e possuidoras de ativos e passivos, também sendo capazes de realizar atividades econômicas. Como um estabelecimento sempre pertence a uma unidade institucional, é possível agrupar seu conjunto em setores institucionais.

Temos no Quadro 5.10 uma desagregação dos valores totais dos quadrantes A_1, B_1 e C por setores institucionais. Assim, por exemplo, vemos que dos L$ 35.523 do valor adicionado da atividade agropecuária, L$ 17.906 relacionam-se ao setor institucional das empresas não financeiras e L$ 17.617, ao setor institucional das famílias. Ou seja, a atividade agropecuária de Lizarb ocorre principalmente no âmbito das empresas não financeiras. Estas últimas, como veremos no Capítulo 6 (CEIs), representam um setor composto de unidades institucionais produtoras de bens e serviços para o mercado, abrangendo empresas privadas e empresas públicas. As unidades institucionais pertencentes às famílias, quando o patrimônio não pode ser separado do patrimônio de seus proprietários, são consideradas integrantes do setor das famílias. Mas, de acordo com nossos dados, a participação das famílias no valor adicionado da atividade é bastante elevado (cerca de 49%). Do ponto de vista do valor adicionado das famílias, vemos que a atividade agropecuária responde por cerca de 11%.

Em termos estruturais, cabe notar que as empresas não financeiras e as famílias atuam em praticamente todas as atividades da economia de Lizarb, sendo que em ambos os casos a atividade da indústria de transformação é a principal. As administrações públicas atuam na prestação de SIUP, construção, administração pública propriamente dita e nos outros serviços, onde estão incluídos serviços de saúde, educação e assistência social, por exemplo. Já as empresas financeiras atuam somente prestando serviços financeiros que incluem seguros, fundos de pensões e atividades auxiliares de intermediação financeira. Mas as empresas não financeiras e as famílias também prestam serviços financeiros em escala muito menor.

Tabela 5.10 Classificação cruzada entre agregados, setores econômicos e institucionais. Lizarb, anoX (unidades monetárias indexadas)

Discriminação	Agropecuária	Indústria	Comércio	Transporte	Instituições financeiras	Demais serviços	Total da atividade
Empresas não financeiras							
Valor da produção	22.575	335.781	34.659	23.049	617	170.654	587.335
Consumo intermediário	4.669	269.460	13.711	15.074	1.744	75.885	380.543
Valor adicionado	17.906	66.321	20.949	7.975	−1.127	94.769	206.793
Empresas financeiras							
Valor da produção	0	0	0	0	39.244	0	39.244
Consumo intermediário	0	0	0	0	14.626	0	14.626
Valor adicionado	0	0	0	0	24.618	0	24.618
Administrações públicas							
Valor da produção	0	9.685	0	0	0	103.890	113.575
Consumo intermediário	0	5.897	0	0	0	29.713	35.610
Valor adicionado	0	3.788	0	0	0	74.177	77.965
ISFL a serviço das famílias							
Valor da produção	0	0	0	0	0	26	26
Consumo intermediário	0	0	0	0	0	11	11
Valor adicionado	0	0	0	0	0	15	15
Famílias							
Valor da produção	48.264	110.052	39.655	12.365	632	48.852	259.821
Consumo intermediário	30.647	34.933	28.462	10.121	0	3.870	108.033
Valor adicionado	17.617	75.119	11.193	2.244	632	44.982	151.788
Total							
Valor da produção	70.839	455.518	74.314	35.414	40.493	323.421	1.000.000
Consumo intermediário	35.316	310.290	42.173	25.195	16.370	109.478	538.821
Valor adicionado	35.523	145.228	32.142	10.219	24.123	213.943	461.178

Enfim, as TRUs são ferramentas importantes para a construção de um sistema de contas nacionais equilibrado. Com a classificação cruzada apresentada na Tabela 5.10 fica, desde já, estabelecida uma relação entre as duas formas de apresentação do sistema de contas nacionais. Neste capítulo os agregados foram distribuídos por produtos e setores de atividade econômica foram registrados nas TRUs. O próximo será dedicado à apresentação das contas econômicas integradas, mas antes de lá chegarmos, vamos examinar duas formas de relações que podem ser estabelecidas entre as matrizes de insumo-produto e as TRUs.

5.8 OLHAR PARA TRÁS: RELACIONANDO AS TRUs E A MIP

Da matriz de insumo-produto às tabelas de recursos e usos

No Painel B do Quadro 5.2, assinalamos a diferença entre a tabela de absorção de bens e serviços e o bloco A_1 (valor da produção dos produtos pelas atividades) das TRUs de bens e serviços do sistema de contas nacionais. Ao mesmo tempo, na

Tabela 5.6, mostramos como construir a tabela de margens de comércio e transporte, bem como os impostos sobre produtos. Na verdade, nela o que fizemos foi o caminho inverso, pois a contabilidade social é iniciada com a montagem individual das tabelas do valor da produção, das importações, dos impostos indiretos, e das margens de comércio e transportes. Nestas circunstâncias, a presente subseção assinala a relação entre elas. Expandindo a notação originária do *Handbook* que temos utilizado, podemos dizer que

$$A = U + M_C + M_T + II - Su + M \tag{5.1}$$

onde **A** é a matriz constituída por nosso familiar quadrante do valor da produção avaliado a preços de consumidor, **U** é a matriz de absorção de bens e serviços da Seção 4.8 do Capítulo 4 (MaCS e MIP), M_C é a matriz de margens de comércio, M_T é a matriz das margens de transportes, **II−Su** é a matriz dos impostos sobre produtos líquidos de subsídios e **M** é a matriz das importações. Ou seja, estamos tratando de cinco matrizes conformes que geram outra matriz portadora das mesmas dimensões, no caso, mostrando m produtos nas linhas e n atividades nas colunas.

Assim, expressando em forma de tabelas as matrizes da equação (5.1), as seguintes parcelas levam a obtermos a matriz **A** já conhecida na Tabela 5.1. Na Tabela 5.11, vemos uma reprodução daquelas cifras. As demais tabelas (5.12 a 5.15) trazem informações mais desagregadas do que as do Painel B do Quadro 5.2.

Tabela 5.11 Matriz de absorção. Lizarb, ano X (unidades monetárias indexadas)

Produtos	Agropecuária	Indústria	Comércio	Transporte	Intermediação financeira	Demais serviços	Demanda final
Produtos agropecuários	13.137,0	37.202,0	0,0	0,0	0,0	2.770,0	23.892,0
Produtos da extração mineral	259,0	21.658,0	0,0	0,0	0,0	64,0	2.064,0
Produtos industriais	17.200,0	203.532,0	21.541,0	15.920,0	1.040,0	41.300,0	209.674,0
Serviços de saneamento e energia	478,0	9.016,0	1.492,0	230,0	278,0	15.490,0	10.178,0
Produtos da construção civil	3,0	3.705,0	177,0	190,0	0,0	3.851,0	70.778,0
Serviços comerciais	114,0	5.328,0	1.094,0	0,0	0,0	441,0	743,0
Serviços de transporte	846,0	4.409,0	2.664,0	3.797,0	558,0	1.978,0	12.610,0
Serviços de comunicação	40,0	4.225,0	2.216,0	783,0	1.043,0	5.101,0	12.411,0
Serviços bancários	2.198,0	10.166,0	3.361,0	2.528,0	5.124,0	11.599,0	7.584,0
Aluguéis de imóveis	13,0	1.589,0	3.151,0	297,0	824,0	2.196,0	59.739,0
Serviços da administração pública	0,0	0,0	0,0	0,0	0,0	0,0	104.884,0
Prestação de outros serviços	1.028,0	9.460,0	6.476,0	1.450,0	7.503,0	24.688,0	65.363,0

Tabela 5.12 Margens de comércio. Lizarb, ano X (unidades monetárias indexadas)

Produtos	Agropecuária	Indústria	Comércio	Transporte	Intermediação financeira	Demais serviços	Demanda final
Produtos agropecuários	912,0	2.584,0	0,0	0,0	0,0	192,0	1.659,0
Produtos da extração mineral	1,0	55,0	0,0	0,0	0,0	0,0	5,0
Produtos industriais	1.350,0	15.978,0	1.691,0	1.250,0	82,0	3.242,0	16.460,0
Serviços de saneamento e energia	0,0	0,0	0,0	0,0	0,0	0,0	0,0
Produtos da construção civil	0,0	0,0	0,0	0,0	0,0	0,0	0,0
Serviços comerciais	−673,0	−31.376,0	−6.444,0	0,0	0,0	−2.594,0	−4.376,0
Serviços de transporte	0,0	0,0	0,0	0,0	0,0	0,0	0,0
Serviços de comunicação	0,0	0,0	0,0	0,0	0,0	0,0	0,0
Serviços bancários	0,0	0,0	0,0	0,0	0,0	0,0	0,0
Aluguéis de imóveis	0,0	0,0	0,0	0,0	0,0	0,0	0,0
Serviços da administração pública	0,0	0,0	0,0	0,0	0,0	0,0	0,0
Prestação de outros serviços	0,0	0,0	0,0	0,0	0,0	0,0	2,0

Tabela 5.13 Margem de transporte. Lizarb, ano X (unidades monetárias indexadas)

Produtos	Agropecuária	Indústria	Comércio	Transporte	Intermediação financeira	Demais serviços	Demanda final
Produtos agropecuários	283,0	800,0	0,0	0,0	0,0	60,0	514,0
Produtos da extração mineral	13,0	1.076,0	0,0	0,0	0,0	3,0	103,0
Produtos industriais	217,0	2.562,0	271,0	200,0	13,0	520,0	2.640,0
Serviços de saneamento e energia	0,0	0,0	0,0	0,0	0,0	0,0	0,0
Produtos da construção civil	0,0	0,0	0,0	0,0	0,0	0,0	0,0
Serviços comerciais	0,0	0,0	0,0	0,0	0,0	0,0	0,0
Serviços de transporte	1,0	69,0	14,0	0,0	0,0	6,0	10,0
Serviços de comunicação	−292,0	−1.522,0	−920,0	−1.311,0	−193,0	−683,0	−4.353,0
Serviços bancários	0,0	0,0	0,0	0,0	0,0	0,0	0,0
Aluguéis de imóveis	0,0	0,0	0,0	0,0	0,0	0,0	0,0
Serviços da administração pública	0,0	0,0	0,0	0,0	0,0	0,0	0,0
Prestação de outros serviços	0,0	0,0	0,0	0,0	0,0	0,0	0,0

Tabela 5.14 Impostos líquidos de subsídios sobre produtos. Lizarb, ano X (unidades monetárias indexadas)

Produtos	Agropecuária	Indústria	Comércio	Transporte	Intermediação financeira	Demais serviços	Demanda final
Produtos agropecuários	259,0	734,0	0,0	0,0	0,0	55,0	471,0
Produtos da extração mineral	2,0	165,0	0,0	0,0	0,0	0,0	16,0
Produtos industriais	1.298,0	15.361,0	1.626,0	1.202,0	78,0	3.117,0	15.824,0
Serviços de saneamento e energia	45,0	850,0	141,0	22,0	26,0	1.461,0	960,0
Produtos da construção civil	0,0	11,0	1,0	1,0	0,0	12,0	214,0
Serviços comerciais	1,0	69,0	14,0	0,0	0,0	6,0	10,0
Serviços de transporte	25,0	130,0	79,0	112,0	16,0	58,0	372,0
Serviços de comunicação	6,0	631,0	331,0	117,0	156,0	762,0	1.855,0
Serviços bancários	81,0	376,0	124,0	93,0	189,0	429,0	280,0
Aluguéis de imóveis	0,0	0,0	0,0	0,0	0,0	0,0	2,0
Serviços da administração pública	0,0	0,0	0,0	0,0	0,0	0,0	0,0
Prestação de outros serviços	25,0	227,0	156,0	35,0	180,0	593,0	1.570,0

Tabela 5.15 Importações. Lizarb, ano X (unidades monetárias indexadas)

Produtos	Agropecuária	Indústria	Comércio	Transporte	Intermediação financeira	Demais serviços	Demanda final
Produtos agropecuários		1.498,0					121,0
Produtos da extração mineral		3.751,0					0,0
Produtos industriais		22.411,0					21.367,0
Serviços de saneamento e energia						1.142,0	0,0
Produtos da construção civil							0,0
Serviços comerciais		206,0	256,0				0,0
Serviços de transporte		2.043,0		1.089,0		188,0	-2.436*
Serviços de comunicação		37,0					
Serviços bancários					789,0		-81*
Aluguéis de imóveis							0,0
Serviços da administração pública							0,0
Prestação de outros serviços		5.698,0				4.286,0	3.312,0

* Ajustes CIF/FOB.

Da tabela de recursos e usos à matriz de insumo-produto

Nesta subseção, faremos o caminho inverso ao percorrido na primeira. Trata-se agora de partirmos das TRUs, cuja divulgação costuma ser feita com mais frequência do que a das matrizes de insumo-produto, usarmos informações previamente disponíveis das matrizes de insumo-produto e, por meio do Método RAS (ou qualquer outro), chegarmos a uma estimativa da tabela de absorção de bens e serviços por meio da tabela do consumo intermediário das atividades do quadrante B_1. Este procedimento nos coloca diretamente na trilha da obtenção de uma estimativa da matriz de insumo-produto, pois, como salientamos, a tabela de produção é precisamente a tabela do valor da produção dos produtos pelas atividades. Tal procedimento é perfeitamente aceitável, quando consideramos a forma com que fizemos o rateio das cifras das margens de comércio e transportes dos seis produtos do quadrante A_1 do Quadro 5.2 entre os setores. Tomemos como padrão o Quadro 5.5, o que vai permitir que nos refiramos a ele por meio das matrizes que o compõem. Assim, iniciamos examinando o Painel B do Quadro 5.2 e dele retirando informações que correspondem aos blocos **V**, **U** e **F**, transcrevendo-as para a Tabela 5.16. Nosso próximo passo, seguindo a metodologia do problema da classificação da Seção 4.8 do Capítulo 4 (MaCS e MIP), consiste em transformarmos as informações do quadrante **U** do Quadro 5.5. A transposição dos valores monetários da matriz **V** permitem construirmos a matriz de rateios chamada de **D**:

$$D = \begin{bmatrix} 0,987792 & 0,000689 & 0,012537 & 0,000000 & 0,000000 & 0,000001 \\ 0,006597 & 0,999311 & 0,932533 & 0,039983 & 1,000000 & 0,001813 \\ 0,005611 & 0,000000 & 0,054931 & 0,960017 & 0,000000 & 0,998185 \end{bmatrix}$$

onde observamos que $D \times I^T = i^T$.

Multiplicando a matriz **D** pela matriz constituída pelas cifras da Tabela 5.16, nossos resultados aparecem na Tabela 5.17, em que deixamos assinalada em negrito a cifra de L$ 180. Literalmente ela informa que a indústria forneceu bens e serviços que viriam a ser absorvidos pelo governo. Com este destaque, deixamos indicada

Quadro 5.5 Estilização das componentes da matriz de insumo-produto

Blocos	Produtos	Setores	Demanda final
Produtos	Matriz nula: 0	Matriz de absorção: U	Matriz da demanda final: F
Setores	Matriz de produção: V	Matriz nula: 0	Matriz nula: 0
Insumos primários	Matriz nula: 0	Matriz de insumos primários: W	Matriz nula: 0

Tabela 5.16 Componentes do lado da oferta e da demanda das tabelas de recursos e usos do segundo e terceiro painéis do Quadro 5.2

	Lado da oferta					Consumo intermediário			Demanda final			
Produtos	Oferta total	Margem de comércio	Margem de transporte	II-SuP	Importação	Agropecuária	Indústria	Serviços	Exportação	Consumo do governo	Consumo das famílias	Investimento
Agropecuários	77.001	5.34	1.656	1.519	1.619	13.137	37.202	2.770	3.479	0	14.789	5.625
Da extração mineral	24.045	61	1.195	183	3.751	259	21.658	64	1.880	0	0	184
Da transformação	510.208	40.054	6.423	38.506	43.778	17.200	203.532	79.801	65.888	0	112.574	31.213
De água e energia	37.162	0	0	3.504	1.142	478	9.016	17.490	0	0	10.178	0
Da construção civil	78.700	0	0	238	0	3	3.705	4.218	143	0	7.129	63.506
Dos serviços	391.624	−45.463	−9.274	9.112	15.387	4.239	35.177	88.872	12.819	99.503	149.928	1.083
Total	1.118.740	0	0	53.062	65.677	35.316	310.290	193.215	84.209	99.503	294.597	101.610

II-SuP: Impostos indiretos líquidos de subsídios sobre produtos.

uma das dificuldades de fazermos a transposição dos conceitos da TRU para a matriz de insumo-produto. Ela diz respeito ao fato de que agregamos o setor da administração pública aos demais integrantes dos serviços. Além disso, os totais da oferta e demanda totais assumem cifras ainda não exibidas no capítulo, uma vez que o sistema de contas nacionais não oferece as cifras da oferta ou da demanda total a preços de consumidor das atividades (setores), mas apenas dos produtos (mercadorias). Ainda assim, há duas inconsistências, como a presença de 180 unidades monetárias indexadas no consumo do governo. Ademais, as cifras do consumo intermediário são dadas a preços aproximadamente básicos, pois contemplam a presença das margens de comércio e transporte, bem como dos impostos indiretos líquidos de subsídios sobre produtos.

Tabela 5.17 Conversão de produtos em atividades a preços aproximadamente básicos. Lizarb, ano X (unidades monetárias indexadas)

	Lado da oferta					Consumo intermediário			Demanda final			
Produtos	Oferta total	Margem de comércio	Margem de transporte	II-SuP	Importação	Agropecuária	Indústria	Serviços	Exportação	Consumo do governo	Consumo das famílias	Investimento
Agropecuária	82.475	5.785	1.717	1.983	2.150	13.192	39.314	3.737	4.264	0	16.020	5.947
Indústria	581.218	37.365	7.178	36.496	44.657	16.415	215.818	79.578	63.510	180	112.884	92.835
Serviços	455.047	−43.150	−8.895	14.583	18.870	5.709	55.158	109.901	16.435	99.322	165.693	2.828
Total	1.118.740	0	0	53.062	65.677	35.316	310.290	193.215	84.209	99.503	294.597	101.610

Legenda: II-SuP – Impostos indiretos líquidos de subsídios sobre produtos.

Resolvemos este problema por meio de rateios das cifras das margens de comércio e transporte que acabamos de calcular, ao mesmo tempo em que transferimos os impostos indiretos líquidos de subsídios sobre produtos ao bloco dos insumos primários. Mesmo assim, a coerência final entre as cifras do sistema de contas nacionais e a tabela de insumo-produto que estimamos como aproximação das cifras não disponíveis precisa de um ajuste final. A Tabela 5.18 reúne todas as informações relevantes, já apresentando os rateios das margens de comércio e transporte com base na estrutura dos insumos intermediários. Nela ainda vemos a cifra de 180 como venda do setor industrial ao governo, o que é incompatível com as definições pertinentes do sistema de contas nacionais. A Tabela 5.19 mostra os resultados finais, obtidos por meio da aplicação dos procedimentos expostos na Seção 4.8 do Capítulo 4B (MIP/CD).

Chamamos a atenção para o fato de termos preservado os totais da oferta e da demanda, bem como dos insumos primários originais e seus acréscimos. Deste exer-

Tabela 5.18 Primeira etapa da montagem da matriz de insumo-produto estimada a partir da tabela de recursos e usos. Lizrb, ano X (unidades monetárias indexadas)

Setores	Agropecuária	Indústria	Serviços	Exportação	Consumo do governo	Consumo das famílias	Investimento	Demanda final
Agropecuária	13.192	39.314	3.737	4.264	0	16.020	5.947	82.475
Indústria	16.415	215.818	79.578	63.510	180	112.884	92.835	581.221
Serviços	5.709	55.158	109.901	16.435	99.322	165.693	2.828	455.045
Remuneração dos empregados	5.404	44.055	175.988					
Excedente operacional	32.392	105.499	71.073					
Impostos indiretos líquidos de subsídios sobre produtos	−528	17.096	10.201					
Margem de comércio – agropecuária	2.161	4.734	−835					
Margem de comércio – indústria	2.689	25.989	−17.772					
Margem de comércio – serviços	935	6.642	−24.544					
Margem de transporte – agropecuária	641	909	−172					
Margem de transporte – indústria	798	4.993	−3.664					
Margem de transporte – serviços	278	1.276	−5.060					
IsPeM	1.983	36.496	14.583					
Importação	2.150	44.657	18.870					
Oferta total	84.219	602.637	431.884					

Tabela 5.19 Etapa final: matriz de insumo-produto setor x setor, com estimativa do consumo intermediário a preços básicos. Lizarb, ano X (unidades monetárias indexadas)

Setores	Agropecuária	Indústria	Serviços	Vendas de insumos	Exportação	Consumo do governo	Consumo das famílias	Investimento	Demanda final	Demanda total
Agropecuária	15.223	41.884	2.571	59.677	3.949	0	15.126	5.466	24.542	84.219
Indústria	20.742	251.788	59.963	332.494	64.423	0	116.722	93.440	274.585	607.078
Serviços	6.853	61.130	78.665	146.648	15.837	99.503	162.749	2.704	280.792	427.440
Compras de insumos	42.818	354.802	141.200	538.819	84.209	99.503	294.597	101.610	579.918	1.118.738
Remuneração dos empregados	5.404	44.055	175.988							225.446
Excedente operacional	32.392	105.499	71.073							208.963
Impostos indiretos líquidos de subsídios sobre produtos e atividades	1.456	53.592	24.784							79.832
Importação	2.150	44.657	18.870							65.677
Oferta total	84.219	602.637	431.884	538.819	84.209	99.503	294.597	101.610	579.918	1.118.738

cício fica um novo alerta[22]: os números se prestam a diferentes tratamentos, cabendo ao analista avaliar o limite da realização de estimativas que não comprometam as relações estruturais subjacentes às informações originais.

RESUMO

Neste capítulo iniciamos a apresentação do sistema de contas nacionais, evidenciando as TRUs. A tabela dos recursos é formada pelos quadrantes A, A_1 e A_2. Nela é demonstrada a origem da oferta total de bens e serviços da economia. Nas linhas aparece a produção classificada de acordo com o produto e, nas colunas, de acordo com os setores de atividade. A tabela de usos é composta pelos quadrantes B_1 e B_2, nos quais são lançados respectivamente o consumo intermediário por produto e atividade e o consumo final por produto que compõe a demanda total da economia. Adicionalmente temos o quadrante C, que demonstra os componentes do valor adicionado pela ótica da renda.

As formas de apresentação do sistema de contas nacionais baseiam-se na correspondência entre dois grandes conjuntos de estatísticas meso e macroeconômicas. Nas TRUs são abordados os registros que aparecem na conta de bens e serviços e nas contas correntes de produção das contas econômicas integradas

---

[22] Um tratamento mais alongado do tema que leva, naturalmente, a uma solução de melhor qualidade pode ser encontrado em Grijó e Bêrni (2006).

(CEI). As TRUs e as contas econômicas integradas são formas alternativas de demonstrar o valor da produção, o consumo intermediário, o valor adicionado e o valor das importações e exportações. Estes agregados são distribuídos por produtos e setores de atividade econômica nas TRUs, ao passo que nas contas econômicas integradas, objeto de estudo do próximo capítulo, serão consideradas as unidades e os setores institucionais.

O Sistema de Contas Nacionais:
Contas Econômicas Integradas

Vladimir Lautert e Luciano Moraes Braga

6.1 CONSIDERAÇÕES INICIAIS

No Capítulo 5 (TRUs), pudemos apreciar as fortes ligações entre os conteúdos lá expostos e, particularmente, os do Capítulo 4 (MaCS e MIP). Por exemplo, vimos que uma parte do Quadro 4.1 (tabelas *make* e *use*) exibe alguns traços em comum com as Tabelas 5.1 e 5.3[1]. Neste capítulo, vamos dar continuidade a este trabalho, apresentando as contas econômicas integradas – CEIs, seguindo, em linhas gerais, as recomendações do *Handbook*. Claramente, existe uma articulação entre as tabelas de recursos e usos (TRUs, apresentadas no capítulo anterior) e as CEIs, pois ambas contemplam os principais agregados macroeconômicos, a saber, o valor da produção, o consumo intermediário, o valor adicionado, o valor das importações e da demanda final, distribuídos por setores econômicos. Observamos a integração entre os dois conjuntos de contas (tabelas de recursos e usos e CEIs) na medida em que as CEIs demonstram, partindo do valor da produção, a distribuição dos resultados da atividade econômica entre os **setores institucionais**, descrevendo, sob outra perspectiva, as ações praticadas pelos agentes econômicos.

Desta forma, podemos dizer que as tabelas de recursos e usos e as CEIs demonstram os mesmos resultados a partir de perspectivas diferenciadas. Nas primeiras, adotamos a perspectiva dos setores de atividade econômica, ao passo que as demais são construídas na perspectiva dos setores institucionais. No entanto as CEIs vão além das tabelas de recursos e usos, pois demonstram, além das contas de produção, alocação e distribuição do valor adicionado, as contas de acumulação e de patrimônio. Neste sentido temos, além do resultado corrente da atividade econômica, um reflexo deste resultado sobre o estoque de riqueza da economia. Uma importante aplicação do sistema que oferece resultados analíticos interessantes consiste

---

[1] Chamamos a atenção para o fato de que esta forma de ver as desintegrações aqui comentadas é adequada como o método de exposição dos conteúdos, uma vez que, sob o ponto de vista da construção dos agregados meso e macroeconômicos, as etapas ocorrem simultaneamente, buscando-se maximizar as possibilidades de cruzamentos das informações originárias das fontes mais díspares. Com isto, garantimos que haverá maior coerência interna no sistema e evitamos erros decorrentes dos problemas de medida ou de coerência conceitual quanto ao fenômeno que se está procurando mensurar.

em compararmos os valores das tabelas de recursos e usos com os valores totais da economia apresentados nas contas 0, I, II e III das CEIs. Com isto, podemos verificar sua distribuição entre produtos e atividades nas tabelas de recursos e usos e sua distribuição entre os setores institucionais nas CEIs.

Além das tabelas de recursos e usos, ao coletarmos os termos usados no parágrafo anterior, observamos "atividade", "produto", "setores institucionais", etc. Estas denominações foram utilizadas de maneira mais descomprometida nos capítulos precedentes. Particularmente, no Capítulo 4 (MaCS e MIP), estas distinções, se apareceram, o fizeram de forma difusa, ao passo que já falamos anteriormente que as organizações econômicas congregam os agentes nos grupos de "produtores", "fatores" e "instituições". No presente capítulo, veremos que a diferença entre estas duas formas de classificação dos agentes econômicos, nomeadamente, os setores econômicos e os setores institucionais, deve ser considerada. Os setores de atividade econômica utilizados nas tabelas de recursos e usos enfocam as relações técnicas e econômicas entre os agentes, e resultam do agrupamento destes agentes tendo como critério a produção principal de suas unidades produtivas. Os **setores institucionais** nos quais se baseiam as CEIs têm como células constitutivas básicas as **unidades institucionais,** que são unidades patrimoniais dotadas da capacidade de tomar decisões, possuir ativos e passivos e realizar atividades econômicas.

Quanto à agregação dos agentes econômicos, o procedimento aqui perseguido é semelhante ao já adotado em diferentes momentos. No Capítulo 1 (Divisão), exibimos a alegoria do Bonsai Econômico na Figura 1.10. Vimos que cada camada foi construída pela agregação dos mercados postados em camadas mais próximas do cotidiano econômico. A partir dos primeiros momentos de agregação, perdemos o contato com as mercadorias específicas, ou produtos, na linguagem da Seção 4.8 do Capítulo 4 (MaCS e MIP). Passamos agora a trabalhar com agrupamentos que lá eram chamados de atividades e agora passam a ser chamados de setores econômicos. Em outras palavras, essa mesma distinção foi considerada na construção das Tabelas de Recursos e Usos, quando partimos de informações individuais (micro) que nos levaram a obter o comportamento dos setores (meso) e, com a agregação destes, chegamos ao total da economia (macro). As CEIs, da mesma forma que as tabelas de recursos e usos, possibilitam análises da meso e da macroeconomia.

Ainda no que diz respeito ao termo "agregação", vamos valer-nos do conceito para dar-lhe uma denotação diversa, mais próxima das práticas da contabilidade comercial. Veremos adiante que, na medida em que estas constituem um sistema de contas, elas resultam de procedimentos de agregação de contas detalhadas em grupos de contas conceitualmente mais relevantes, ao que deveremos associar outro procedimento, o da consolidação das contas.

O tópico da agregação e da consolidação do sistema das CEIs será retomado no final da Seção 6.2. Lá, trataremos das questões relacionadas às classificações e conceitos básicos para a descrição articulada de seus conteúdos. Nesse momento, retomaremos esta breve discussão sobre conceitos e a levaremos um tanto adiante, também discutindo a diferença entre os lançamentos de variáveis fluxos e variáveis estoques, voltaremos a qualificar o significado das expressões "fontes dos recursos" e "usos dos recursos", e delimitaremos, com o conceito de territorialidade, as áreas geográficas de abrangência dos agregados econômicos. Seu quadro de finalização, numerado como Quadro 6.2, é fundamental para favorecer a leitura ordenada do capítulo.

6.2 REFINANDO ALGUNS CONCEITOS FUNDAMENTAIS

Existem cinco blocos conceituais importantes para a discussão da natureza e do conteúdo das CEIs. Ainda que eles tenham sido utilizados de maneira mais ou menos implícita nos capítulos anteriores, cabe agora fazermos um registro precípuo de seus conteúdos, de sorte a contarmos com um conjunto inequívoco de termos voltados a estabelecer os contornos de nosso sistema de contas. No primeiro bloco, vamos falar sobre a questão da **territorialidade** do sistema. No segundo, voltaremos a referir-nos – pois já o fizéramos no Capítulo 2 (Contextualizando) – à diferença entre **variáveis fluxos** e **variáveis estoques**. No terceiro, recapitularemos a classificação dos lançamentos contábeis de acordo com a **fonte dos recursos** ou o **uso dos recursos**. Em seguida, no quarto bloco, bem mais extenso do que os anteriores, falaremos sobre a classificação das contas sob as perspectivas dos **setores institucionais** ou das **unidades institucionais** já definidas na Seção 6.1 como as unidades decisórias dotadas de patrimônio e de poder decisório sobre seu uso. Por último abordaremos a questão da agregação e consolidação das contas.

Iniciando com o bloco da questão da territorialidade, chamamos a atenção para o fato de que ela encontra-se implícita em boa parte do livro, sendo em diversos momentos explicitada apenas pela menção ao nome do país ou região com que se está trabalhando, como é o caso de Lizarb e outros. De forma ainda mais explícita, teremos três capítulos dedicados a examinar os desdobramentos, sob o ponto de vista da contabilidade social, da diferenciação das variáveis econômicas em resposta às extensões territoriais que as abrigam. Trata-se dos capítulos do balanço de pagamentos (Capítulo 7D – BOP/CD), das comparações internacionais entre agregados econômicos (Capítulo 11C – Internacionais/CD) e da contabilidade social regional (Capítulo 12 – Regional). Por tudo isto precisamos definir os contornos geográficos da área de abrangência dos conceitos econômicos, sociodemográficos e ambientais a serem mensurados, o que nos leva também a definir o resto do mundo.

Vamos definir o **território econômico** como um espaço geográfico administrado por um governo central único, bem como pela livre circulação de pessoas, capitais e bens. Neste sentido, a economia de um país é definida como a totalidade das suas **unidades institucionais**. Para que uma unidade institucional qualquer seja considerada integrante da economia nacional, é necessário que ela seja residente no território econômico nacional, ou seja, o país em tela deve ser o centro de seu interesse econômico. Este interesse é indicado pelo fato de a unidade institucional possuir moradia, algum estabelecimento ou terreno no território econômico onde realiza suas atividades econômicas por um período mínimo de um ano, ou que pretende continuar realizando-as por um período indefinido. A residência dos indivíduos é a mesma da família à qual pertencem. Por seu turno, consideramos que as empresas que não são constituídas em sociedade, bem como as **quase-sociedades**, ou seja, as empresas pertencentes a um ou mais membros de uma família, sem constituição jurídica e com contabilidade completa, têm a mesma residência de seus proprietários. Partes de empresas, como linhas de produção, ramos ou delegações, se não se constituírem como filiais, são consideradas como quase-sociedades nos países em que se situam. Por fim, presumimos que as instituições sem fins lucrativos tenham seu centro de interesse no país onde são legalmente constituídas.

Enquadrados os contornos da questão da territorialidade, passemos a examinar o segundo bloco de conceitos que se mostram fundamentais para a montagem das CEIs. Trataremos agora de retomar o que foi dito no Capítulo 2 (Contextualizando) sobre a classificação das variáveis econômicas em **fluxos** ou **estoques**. É importante termos esta diferença em mente, pois veremos contas que abrigam um ou outro tipo. As ações econômicas das unidades institucionais (famílias, empresas e outras sociedades) alteram-lhes o volume, a composição ou o valor patrimonial. Em outras palavras, ao falarmos em *alterar*, estamos vendo que existem modificações em uma unidade de tempo, ao passo que, com a referência ao volume alterado, estamos pensando em um montante inicial que recebeu a alteração, gerando a cifra final. Assim, essas ações são **fluxos** econômicos que criam, transformam, trocam, transferem ou extinguem valor. As ações que alteram o patrimônio (ativo ou passivo) dos setores institucionais, e por consequência da economia como um todo, são fluxos. O patrimônio representa os **estoques** de ativos e passivos detidos em um dado momento pelas unidades ou setores institucionais e pela economia como um todo. Os estoques são os resultados da acumulação de fluxos anteriores, os quais serão modificados pelos fluxos futuros. O registro dos fluxos e dos estoques é feito nas contas.

Nosso terceiro bloco de conceitos considera o fato de que, nas CEIs, os lançamentos obedecem à lógica da dupla entrada (partidas dobradas), utilizando as chamadas contas T (ou razonetes). No caso, o princípio que rege o registro de cada operação considera a **fonte do recurso** (ou variação de passivos) e o **uso do recurso** (ou variação de ativos). Como vimos desde o final dos Capítulos 3 (Dimensões) e 4 (MaCS e MIP), as fontes dos recursos são os valores recebidos que ficam disponíveis para utilização por um dado setor institucional. Da mesma forma que na contabilidade comercial, no sistema de contas nacionais as entradas de recursos aumentam o passivo ou reduzem o ativo dos setores institucionais. Os usos dos recursos correspondem aos gastos, ou seja, são as agregações das aplicações dos recursos de que as unidades institucionais dispõem para suas transações econômicas e, assim, correspondem a aumento de ativos ou redução de passivos. Dada a natureza do princípio da dupla entrada, o valor total registrado como fonte do recurso ou variação de passivos deve ser igual ao valor total registrado como uso ou variação de ativos. Como exemplo, consideremos uma **transferência** realizada pela administração pública para uma família. Nesse caso temos, do ponto de vista da administração pública, um gasto (uso) e também uma redução de ativos, pois a operação reduz o volume de recursos disponíveis. Do ponto de vista da família, o mesmo valor é um recurso (fonte), e também um aumento de ativos. Na classificação das fontes e usos dos recursos, vale a mesma lógica que regeu a construção da matriz de contabilidade social do Capítulo 4 (MaCS e MIP). Lá vimos que as exportações e importações encontram-se associadas ao bloco das instituições. As exportações feitas pelos setores produtivos nacionais são absorvidas pelas empresas residentes no Resto do Mundo, ou seja, o uso do recurso produtivo doméstico é feito no exterior. De modo simétrico, as importações constituem a fração da produção das empresas sediadas no exterior que ingressam no país doméstico na condição, como discutimos no Capítulo 4 (MaCS e MIP), de insumo primário, ou seja, um insumo produzido de forma exógena ao sistema produtivo doméstico.

Finalmente, nosso quarto bloco de questões discute outro conceito fundamental. Mantenhamos em mente que as *contas* que capturam as movimentações *eco-*

nômicas da economia nacional possam ser *integradas* de diversas formas. Uma das mais relevantes consiste em explorar a correspondência entre **setores institucionais** e **unidades institucionais**[2], observando-o como uma expressão em forma de matriz, percebendo que a *integração* ocorre por meio dos lançamentos feitos na interseção entre linhas e colunas. O Quadro 6.1, além de organizar a informação, pode servir como um poderoso guia permitindo-nos descrever os conceitos relevantes.

De acordo com suas funções, comportamento e objetivos principais, as quatro unidades institucionais são agrupadas em cinco **setores institucionais**: empresas não financeiras, empresas financeiras, administrações públicas, famílias e instituições sem fins lucrativos (ISFL) a serviço das famílias. Estes cinco setores institucionais podem ainda ser divididos em subsetores, de acordo com as necessidades específicas dos órgãos nacionais de estatística. Percebemos, então, que todas as unidades institucionais do tipo famílias são agrupadas no setor das famílias e todas as unidades institucionais do tipo administração pública ficam no setor das administrações públicas, que engloba também a previdência social pública. As sociedades e quase-sociedades se distribuem por dois setores: as empresas financeiras e as não financeiras. Isto significa que nestes setores pode haver sociedades e quase-sociedades, mas não famílias, ISFL e administrações públicas. As ISFL podem aparecer no setor das empresas financeiras, das empresas não financeiras, das administrações públicas e no setor das instituições sem fins lucrativos a serviço das famílias (ISFLSF).

Dada sua capacidade de possuir ativos, cada unidade institucional também realiza negócios com outras, o que faz com que a propriedade destes bens e direitos possa ser transacionada nos mercados de bens ou nos de ativos. Esses negócios podem envolver dinheiro ou serem realizados como trocas diretas (escambo)[3]. Além disso, a unidade institucional tem a prerrogativa de receber obrigações, subscrever dívidas e atuar em contratos adquirindo passivos. Perante a lei, ela é responsável pelas suas próprias decisões econômicas, mas nem sempre a autonomia jurídica e a gestão independente de patrimônio coincidem, pois é possível que algumas unidades institucionais controlem outras. Como exemplo, podemos considerar um banco que se tornou proprietário de uma rede hoteleira. Quando uma empresa controlar outra e houver conflito entre a gestão do patrimônio e a autonomia jurídica, organizar as informações sob a égide da propriedade jurídica na construção das contas facilita o recolhimento de informações relevantes sob o ponto de vista do processo decisório. A unidade institucional deve possuir também uma contabilidade completa, que inclua um balanço patrimonial, uma demonstração do resultado do exercício, origens e aplicações de recursos e mutações do patrimônio líquido, ou deve ter condições de elaborá-la, se necessário.

---

[2] A arbitrariedade das classificações apenas justifica-se pela qualidade dos modelos que as variáveis por elas encapsuladas podem ser criados. Os conteúdos discutidos a seguir mostrarão a utilidade destas duas segmentações, o mesmo podendo ser dito do momentoso problema da classificação exposto no Capítulo 4 (MaCS e MIP), que mostrou os limites da classificação da economia apenas em setores. Basicamente, lá vimos que um setor tradicionalmente associado, por exemplo, à produção de produtos siderúrgicos também pode produzir, digamos, energia elétrica ou serviços de manutenção de máquinas e equipamentos.

[3] Mas também podemos conceber transferências de recursos entre os agentes econômicos que não envolvem transação econômica, como é o caso dos donativos. As práticas contábeis correntes, todavia, atribuem a esses os valores como se as transações tivessem ocorrido no mercado e os lançamentos de débito e crédito seguem uma sistemática correspondente.

Quadro 6.1 Relação entre tipos de unidades institucionais e setores institucionais

SETORES INSTITUCIONAIS[1]	TIPOS DE UNIDADES INSTITUCIONAIS			
	Famílias	Sociedades e quase-sociedades	Instituições sem fins lucrativos – ISFL	Administrações públicas
Empresas não financeiras – S11		Sociedades não financeiras	ISFL mercantis e não financeiras	
Empresas financeiras – S12		Sociedades financeiras	ISFL mercantis e financeiras	
Administrações públicas – S13			ISFL controladas pelas administrações públicas	Administrações públicas e previdência social pública
Famílias – S14	Famílias			
Resto do mundo – S2		Sociedades não financeiras Sociedades financeiras	ISFL mercantis e não financeiras ISFL mercantis e financeiras	

[1] Os símbolos S11 a S14 serão retomados na construção da Tabela 6.2. Deixamos clara a correspondência entre os setores institucionais e o tipo de transação econômica em que eles se envolvem. Por exemplo, o setor institucional empresas não financeiras – S11 abrange unidades institucionais constituídas por instituições sem fins lucrativos, designadas como instituições sem fins lucrativos mercantis e não financeiras.

Relembremos que "instituição" é um termo equívoco, isto é, tem mais de um significado, no sentido de referir-se a mais de uma ideia. Por um lado, desde o Capítulo 3 (Dimensões), dizemos que existem três tipos de organizações econômicas: os produtores, os fatores (os locatários por delegação dos proprietários) e as instituições. Particularmente neste capítulo, torna-se importante abandonarmos o jargão emanado da matriz de contabilidade social utilizado na maior parte deste livro e falarmos em instituições num sentido mais estrito. Neste contexto, diremos que existem dois grandes tipos de unidades institucionais: grupos de pessoas organizadas em **famílias**, e **entidades jurídicas** que têm sua existência reconhecida por lei ou pela sociedade, independentemente das pessoas ou outras entidades que as compõem ou detêm o controle sobre elas.

Vamos definir **família** como o grupo de indivíduos que partilham o mesmo alojamento, que reúnem parte, ou a totalidade, do seu patrimônio e que consomem coletivamente certos tipos de bens e serviços, principalmente habitação e alimentação. Na matriz de contabilidade social, vemos as famílias como uma das instituições que atuam no sistema. Elas compram a produção dos produtores com a renda que lhes foi transferida pelos locatários dos fatores de produção que alugaram estes serviços aos produtores, fechando o fluxo circular da renda. Sob o ponto de vista das CEIs, as famílias também podem atuar como produtoras no caso das microempresas, dos estabelecimentos agropecuários, dos trabalhadores autônomos e dos serviços domésticos remunerados. Isto faz com que estas unidades institucionais possam exercer a função tanto de consumidoras como de produtoras de bens e serviços.

O **setor das famílias** – S14 contempla todas as famílias residentes no território ao qual as CEIs se referem[4], bem como as "famílias institucionais" que são indivíduos internados por longos períodos de tempo em hospitais e casas de recolhimento, ou que permanecem em conventos, prisões, etc. Neste setor também são incluídas instituições privadas sem fins lucrativos que prestam serviços não mercantis para famílias e cujos principais recursos provêm de contribuições voluntárias das próprias famílias, bem como os rendimentos de aluguel imputado, nos casos em que a família é a proprietária do imóvel em que reside[5].

Nas CEIs, consideraremos as decisões de consumo e investimento, bem como os ativos e passivos detidos pelas famílias e não por membros individuais destas. Ou seja, pode haver famílias compostas de apenas uma pessoa, mas seus membros não são considerados individualmente como unidades institucionais. Da mesma forma, empresas não constituídas juridicamente, se completamente pertencentes a um ou mais membros da família, são consideradas parte desta. Caso possuam uma contabilidade completa, serão consideradas "quase-sociedades". Um importante exemplo é o estabelecimento rural que se confunde com o patrimônio de seus proprietários.

As **entidades jurídicas**, cuja sua existência é reconhecida por lei, e as outras entidades sociais (que podem não ser reconhecidas por lei, mas o são pela sociedade), são unidades institucionais que realizam operações e atividades econômicas em seu próprio nome, como o fazem as **sociedades**[6], as instituições sem fins lucrativos e as administrações públicas. Estas unidades são autônomas e responsáveis por suas atividades econômicas. No entanto esta autonomia pode ser limitada por outras unidades institucionais (como no caso de empresas cujo controle pertence a outras empresas), por famílias, ou por empresas pertencentes a administrações públicas.

Sociedades não financeiras são unidades institucionais produtoras de bens e serviços para o mercado que integram o **setor institucional das empresas não financeiras** – S11. Este setor abrange empresas privadas e empresas públicas e contém a maior parte das sociedades da economia. São excluídas deste setor as empresas pertencentes às famílias cujo patrimônio não pode ser separado do patrimônio de seus proprietários, as quais são consideradas integrantes do setor das famílias. Para que uma empresa pública seja classificada no setor institucional das empresas não financeiras, é necessário que ela obtenha mais de 50% de sua receita por meio de vendas no mercado. Também são incluídas neste setor as sociedades que produzem bens e serviços para o mercado (de forma mercantil) mas não têm fins lucrativos (são ISFL mercantis), como escolas e hospitais que cobram pelos seus serviços com vistas à recuperação dos custos de produção. Além destas, incluímos as associações que visam a servir a interesses de sociedades não financeiras ou quase-sociedades que, por meio de cotizações, as financiam.

---

[4] O conceito de residência não toma por base a nacionalidade ou critérios jurídicos. Uma unidade é considerada residente quando tem um centro de interesse econômico no território econômico do país em questão há pelo menos um ano.

[5] Na nota 13 do Capítulo 5 (TRUs) fizemos a primeira referência a este tipo de imputação de aluguéis sobre o uso de imóveis ocupados pelos proprietários.

[6] Usamos o termo "sociedade" para designar todos os tipos de entidades: sociedades anônimas, empresas não constituídas em sociedade, sociedades de economia mista (empresas com participação do poder público), empresas públicas, empresas privadas, sociedades de responsabilidade limitada, etc.

O **setor institucional das empresas financeiras** – S12 é composto por instituições financeiras, que são aquelas sociedades e quase-sociedades dedicadas à intermediação financeira e atividades financeiras auxiliares. No setor são incluídos o Banco Central e outras empresas correlatas que integram o sistema financeiro nacional, bem como as empresas prestadoras de serviços auxiliares, como as corretoras de câmbio, de títulos, e de valores mobiliários, etc. Também pertencem a este setor as instituições de seguros, capitalização e previdência privada, as quais podem dedicar-se à produção mercantil de natureza financeira, como no caso dos seguros. Elas ainda podem ser ISFL financiadas por empresas financeiras visando a servir a seus interesses, cujo exemplo mais evidente são as instituições culturais mantidas por bancos. Considerando que um dos critérios de definição da unidade institucional é sua condição de possuir demonstrações contábeis próprias, não estão aqui incluídos os indivíduos ou famílias que exerçam atividades financeiras, como pequenos credores, cambistas ou outras pessoas dedicadas a pequenas atividades financeiras.

No **setor institucional das administrações públicas** – S13, ainda que não estejamos fazendo distinção entre a administração direta e indireta dos governos federal, estadual e municipal, registramos estas e quaisquer outras formas de constituição de entidades públicas que exerçam atividades típicas de governo[7]. Também registramos as ISFL controladas pelas administrações públicas que se dedicam à produção não mercantil. Um elemento fundamental para esta caracterização é que elas obtenham receita predominantemente por meio de tributos. As administrações públicas são consideradas em suas atividades de produção de bens e serviços não mercantis para o consumo individual ou coletivo, e também como entidades que redistribuem renda. O setor é composto pela administração pública e pela previdência social de caráter obrigatório controlada pelo poder público. As empresas públicas e sociedades de economia mista (a chamada administração indireta) são enquadradas como sociedades não financeiras ou sociedades financeiras, dependendo de sua inclinação produtiva. Os setores institucionais das Famílias – S14 e as ISFL – S15 merecem descrições similares.

O Quadro 6.2 propõe-se a ser um guia de leitura das demais seções, dado, precisamente, o grau de integração de suas partes.

De outra parte, o Quadro 6.3 mostra uma representação simplificada das CEIs, exibindo, deste modo, os fluxos da produção, alocação e distribuição do valor adicionado que foi gerado no ano corrente e da variação patrimonial por ele provocada. Faremos sua desintegração[8] em três grupos de uma conta preparatória em que são registradas as transações realizadas entre as organizações econômicas dos produtores e das instituições. Como veremos na Tabela 6.1, as analogias com os três quadrantes da matriz de insumo-produto são bastante acentuadas. Seus três ingredientes (produção, distribuição e uso da renda) lembram a Figura 1.6 do Capítulo 1 (Divisão). Naturalmente, este é o começo: a atividade econômica tem três aspectos indissociáveis na produção de valor: a produção foi gerada pela demanda e gerou a distribuição, que gerou a demanda, montando-se o círculo encapsulado pelo modelo completo do fluxo circular da renda. Nas economias monetárias cuja existência

---

[7] No Capítulo 7C (Fiscais/CD), veremos detalhadamente quais são as atividades típicas do governo.

[8] Estamos falando em "desintegração", a fim de ilustrar a operação simétrica, ou seja, a integração que rege o próprio título do presente capítulo. Naturalmente, estamos denotando o conceito amplamente usado de "desagregação".

Quadro 6.2 As CEIs partem de uma conta preparatória e desintegra-se em diversas componentes

Conta 0 (pronuncia-se "conta zero") Conta de bens e serviços					
Conta I — Contas correntes					
Conta I.1 Produção	Conta I.2 Renda				
	Conta I.2.1 Conta de distribuição primária da renda		Conta I.2.2 Distribuição secundária	Conta I.2.3 Uso da renda	
	Conta I.2.1.1 Geração	Conta I.2.1.2 Alocação			
Conta II — Contas de Acumulação					
Conta II.1 Conta de capital		Conta II.2 Conta financeira	Conta II.3 Conta de variação no volume de ativos e de reavaliação		
			Conta II.3.1 Conta de variação no volume de ativos	Conta II.3.2 Conta de reavaliação	
Conta III — Contas de patrimônio					
Conta III.1 Conta de patrimônio inicial		Conta III.2 Conta de variação do patrimônio	Conta III.3 Conta de patrimônio final		
Conta IV — Operações da economia nacional com o resto do mundo					
Conta IV.0 Conta externa de bens e serviços (conta 0)	Conta IV.1 Conta externa de distribuição primária da renda e transferências correntes	Conta IV.2			
		Conta IV.2.1 Conta de capital	IV.2.2 Conta financeira	Conta IV.2.3 Outras variações no volume de ativos	Conta IV.2.4 Conta de reavaliação

ocorre em escala ampliada, precisamente a magnitude da escala da ampliação resulta da acumulação de capital, o que é retratado na conta II: conta de acumulação. Por seu turno, esta é subdividida em três, trazendo informação nova ao material apresentado na matriz de contabilidade social dos Capítulos 3 (Dimensões) e 4 (MaCS e

Quadro 6.3 Representação simplificada das contas econômicas integradas de uma unidade territorial

	Total da economia	Registros de bens e serviços (fontes dos recursos)	Conta do resto do mundo	Setores institucionais	Operações e saldos	Setores institucionais	Conta do resto do mundo	Registros de bens e serviços (usos dos recursos)	Total da economia
		FONTES DOS RECURSOS E ORIGENS							
0. Conta de bens e serviços (conta 0)		SALDO ⟶			0				
		USOS DOS RECURSOS E GASTOS							
I. Contas correntes		Produção, distribuição e uso da renda							
I.1 Produção		SALDO ⟶			PIB				
I.2 Renda (I.2.1, I.2.2 e I.2.3)									
I.2.1 Distribuição primária da renda		SALDO ⟶			Excedente operacional				VALOR INICIAL
I.2.2 Distribuição secundária da renda					Renda disponível bruta				VALOR INICIAL
I.2.3. Uso da renda					Poupança bruta				VALOR INICIAL
		Variação de ativos			Operações e saldos				
II. Contas de acumulação									
II.1. Conta de capital		SALDO ⟶			Capacidade (1) ou Necessidade (-) de financiamento				
II.2. Conta financeira		SALDO ⟶			Necessidade (1) ou Capacidade (-) de financiamento				
II.3. Conta de outras variações no volume dos ativos e de reavaliação									
II.3.1 Conta de variação no volume dos ativos		SALDO ⟶			Mudanças no patrimônio líquido				
II.3.2 Conta de reavaliação		SALDO ⟶			Mudanças no patrimônio líquido				
		Ativos			Operações e saldos				
III. Contas de patrimônio (Conta 3: 3.1, 3.2, 3.3)									
III.1. Conta de patrimônio inicial		SALDO ⟶			Patrimônio líquido				
III.2. Conta de variação patrimonial		SALDO ⟶			Variação total do patrimônio líquido				
III.3. Conta de patrimônio final		SALDO ⟶			Patrimônio líquido				
IV. Conta de operações do resto do mundo									

MIP). As contas II.1 e II.2 são simétricas (ambas têm o mesmo resultado final, que é a capacidade ou necessidade de financiamento da economia nacional), ainda representando os fluxos do sistema. Ela examina a conta da instituição "empresas" (investimento) da matriz de contabilidade social, sob o ponto de vista de seus fluxos reais e financeiros. A conta II.3 complementa os itens que provocam variações patrimoniais ao demonstrar outras variações e as reavaliações de ativos. Na conta III temos o estoque de patrimônio, e na conta IV destacamos as relações da economia nacional com o resto do mundo.

A construção das CEIs pode ser realizada de forma que nas colunas da tabela fiquem dispostos os registros correspondentes a bens e serviços (fontes e usos dos recursos), a conta do resto do mundo, uma coluna para os setores institucionais, (que pode ser aberta evidenciando cada um dos setores) e uma coluna que totaliza os valores para a economia nacional[9].

No centro da tabela, situam-se as operações (rubricas, contas) e os saldos verificados após um dado número de operações. As operações registram justamente as ações das unidades econômicas mencionadas anteriormente, como as importações, a remuneração dos empregados e o pagamento de impostos. Iniciamos com a conta de "bens e serviços", que possui saldo nulo, uma vez que a oferta total é idêntica à demanda total. Tendo como ponto de partida o valor da produção (conta 0), as operações são agrupadas em duas contas correntes que se referem à produção (conta I.1) e à renda (conta I.2). A conta da renda subdivide-se em três componentes: a distribuição primária (conta I.2.1), a distribuição secundária (conta I.2.2) e a utilização da renda (conta I.2.3). Seguem-nas as contas de acumulação (conta II), que demonstram a distribuição da poupança bruta entre alterações de ativos e passivos. Esta se subdivide em conta de capital (conta ii.1), conta financeira (conta ii.2) e conta de outras variações no volume de ativos e reavaliação (conta ii.3.1 e ii.3.2). As contas de patrimônio (conta iii) são as que demonstram a variação patrimonial (ativos, passivos e patrimônio líquido) dos setores institucionais verificada no período. A conta III.1 mostra o patrimônio inicial, a conta III.2 exibe sua variação no período, o que leva à conta III.3 que apresenta o patrimônio final. Por fim, a conta de operações com o resto do mundo (conta IV) integra-se com as anteriores por meio de vários lançamentos. Ela inicia-se com uma conta externa de bens e serviços (conta IV.0), conta externa de distribuição primária da renda e transferências correntes (conta IV.1), conta de acumulação do resto do mundo com a economia nacional (conta IV.2), conta de capital (conta IV.2.1), conta financeira (conta IV.2.2), conta de outras variações no volume de ativos e reavaliação (respectivamente, as contas IV.2.3 e IV.2.4).

Disso podemos perceber que as contas correntes dizem respeito à produção (conta I.1) e ao rendimento e sua utilização (conta I.2). As contas que demonstram a acumulação (conta II) evidenciam as alterações nos ativos e passivos resultantes

---

[9] Em algumas situações podemos ter ainda uma coluna para lançamento da *dummy* financeira onde registramos, conforme definido no Capítulo 5 (TRUs), o diferencial entre o rendimento de propriedade e juros a receber pelas unidades institucionais por um lado, e os seus juros a pagar por outro. Por convenção, este diferencial, denominado Serviços de Intermediação Financeira Indiretamente Medidos – SIFIM, é tratado como consumo intermediário de um setor fictício da economia (daí receber uma coluna apartada dos demais setores), o qual tem produção nula e valor adicionado negativo. Desta forma, este diferencial, que não é a contrapartida de nenhum serviço prestado, pode ser contabilizado como um fator que impede a superestimação do PIB de uma economia nacional.

da atividade corrente e, consequentemente, no patrimônio líquido que é, da mesma forma que na contabilidade comercial, a diferença entre o total dos ativos e passivos. Já as contas de patrimônio (conta III) demonstram os estoques de ativos, passivos e o patrimônio liquido. A relação entre as contas pode ser interpretada da seguinte forma: as operações correntes, que representam as atividades econômicas efetuadas no ano corrente, permitem que haja acumulação de capital. Esta, por sua vez, faz variar o patrimônio total da economia. A conta de operações do resto do mundo com a economia nacional evidencia as mesmas relações, no que diz respeito ao setor externo, mas vamos abordá-la em detalhes na seção específica. Até o momento a intenção é salientar que as CEIs evidenciam estas relações ao trazerem informações sobre o patrimônio inicial e o patrimônio final, passando pelas variações, que são o resultado das operações correntes.

Retendo em mente estas relações, junto com o guia representado pelo Quadro 6.2, vamos passar a examinar as Contas Correntes. Iniciamos salientando que cada uma delas tem como valor inicial o saldo da conta observado ao final do período anterior registrado como recurso. Assim, por exemplo, o saldo da conta de produção é o PIB, que é o valor inicial da conta de distribuição primária da renda, na qual será distribuído em algumas operações. O restante será o excedente operacional, que é o valor inicial da conta de distribuição secundária da renda e assim por diante. O último saldo das contas correntes é a poupança bruta, que é a parte da renda oriunda da produção que não é utilizada no consumo final. As contas de acumulação demonstram a distribuição da poupança bruta entre as alterações nos ativos, passivos e no patrimônio líquido dos setores institucionais, ou seja, as variações patrimoniais (fluxos), ao passo que as contas de patrimônio demonstram o estoque de ativos, passivos e patrimônio líquido. As contas correntes e de acumulação se relacionam na medida em que as operações correntes fazem variar o valor patrimonial disponível pelos setores. Os registros das fontes dos recursos nas contas correntes aumentam o patrimônio líquido (aumentando ativos ou reduzindo passivos), ao passo que registros de usos dos recursos o diminuem. Conforme ocorrem variações patrimoniais (acumulação) elas afetam o estoque de patrimônio existente.

Em resumo, percebemos que as CEIs fornecem uma representação compreensível e simplificada dos fenômenos essenciais da economia: produção (geração), alocação (distribuição) e destino (absorção), esta última assumindo a forma de acumulação de riqueza. Trata-se de um sistema integrado, ou seja, os mesmos conceitos, definições e classificações são aplicados a todas as contas e a todas as divisões que as contas apresentam. A consistência do sistema resulta tanto desta aplicação uniforme dos conceitos quanto da utilização de um conjunto único de regras contábeis para todas as entradas. Integração e consistência são requisitos básicos para uma contabilização coerente.

O próximo passo considerado no quinto bloco desta seção consiste em nos transferirmos do reino da contabilidade ao da macroeconomia, ao fazermos a agregação (também chamada de combinação) das contas e sua consolidação. Por agregação, entendemos a operação de, partindo das contas de produção e alocação de todas as empresas e famílias em ação na economia, constituir apenas uma conta de produção e uma conta de alocação para as empresas, procedendo da mesma forma relativamente às famílias. Ou seja, agregamos as contas de produção e alocação de todas as unidades institucionais (agrupadas em setores institucionais) em uma conta de produção e uma conta de alocação para a economia como um todo (no caso das CFIs, uma conta para cada setor institucional). Ao fazermos a agregação das contas também fazemos indiretamente a sua consolidação. A consolidação obedece ao princípio básico de que, apesar de termos várias contas de produção de empresas, elas são transformadas em uma só. Com isso, há a eliminação dos lançamentos idênticos que aparecem simultaneamente no débito e no crédito da mesma conta. Por exemplo, lançamos o valor da produção de todas as unidades institucionais pertencentes ao setor das empresas não financeiras como recurso em uma conta de bens e serviços, e o seu consumo intermediário total como uso, na mesma conta de bens e serviços. Neste caso, como estamos agrupando-as (agregando-as) em um único grande setor, não precisamos nos preocupar com o fato de que o consumo intermediário de uma unidade institucional pode corresponder à produção de outra unidade institucional.

Feitas essas considerações conceituais iniciais, passaremos à apresentação dos lançamentos que compõem as CEIs, salientando que a ordem de apresentação não significa que as atividades descritas nas contas ocorram sequencialmente no tempo. Atividades econômicas interdependentes envolvendo operações entre diferentes unidades institucionais ocorrem simultaneamente na economia. A sequência de contas é, portanto, apenas uma necessidade lógica da apresentação, o que implica que seu início é selecionado arbitrariamente, conforme argumentamos no Capítulo 3 (Dimensões). Lá, dissemos que, se não fosse pela geração, não haveria distribuição nem absorção. Mas, se não fosse esta, sequer poderíamos falar em produção de *valor*. Com efeito, o próprio preço que regula as transações e permite mensurá-las e agregá-las apenas tem existência quando a transação é concluída.

6.3 CONTA PREPARATÓRIA: A CONTA DE BENS E SERVIÇOS (CONTA 0)

Como salientamos na Seção 6.1, as CEIs iniciam recuperando a cifra de L$ 1.118.740 das Tabelas 5.1 e 5.2 do Capítulo 5 (TRUs), passando a desdobrá-la. Na medida em que recupera as informações das tabelas de recursos e usos, ela pode ser considerada como guia de todo o sistema, e recebe o epíteto de conta 0, que vem a ser integrada às demais contas por meio de três grupos (contas correntes, contas de acumulação e contas de patrimônio). A conta IV destaca as operações com o resto do mundo que estão contidas nos valores das demais contas. Ela ressalta elementos relacionados com operações levadas a efeito com o resto do mundo. Sua função no sistema será examinada na Seção 6.7, quando veremos que seus elementos também se desintegram em mais contas, e assim por diante. Assim procedendo sucessivamente, chegaríamos à reconstituição da informação original. Ou seja, partimos de um conjunto de informações obtidas diretamente nas unidades institucionais e procedemos a sucessivos processos de classificação e agregação.

O objetivo da conta 0 é evidenciar o total de recursos (suas fontes) que entrou no sistema econômico interno no período de tempo considerado, o que corresponde ao valor total dos bens e serviços produzidos internamente, ao qual são adicionadas as importações. Esta conta, como vimos desde o Capítulo 4 (MaCS e MIP), ainda divide o valor total dos recursos entre os componentes da demanda total: consumo intermediário e demanda final. Esta é subdividida em consumo das famílias, consumo do governo, formação bruta de capital fixo, variação de estoques e exportações, como sugere a identidade básica do modelo keynesiano elementar de determinação da renda examinado no Capítulo 2 (Contexualizando). Em resumo, à conta de bens e serviços é atribuído um código especial, conta 0, e seu funcionamento pode ser resumido na Tabela 6.1.

Estes conteúdos podem ser formalizados por meio da seguinte identidade contábil: $VP_{PB} + M_{CIF} + IPM = CI_{PC} + (C+G)_{PC} + FBCF_{PC} + \Delta E + X_{FOB}$ onde VP_{PB} é o valor produção a preços básicos[10]; M_{CIF} são as importações ao preço CIF; IPM são os impostos sobre produtos nacionais e os importados; CI_{PC} é o consumo intermediário a preços de consumidor; $(C+G)_{PC}$ é a demanda final, englobando o consumo das famílias (C) e o consumo das administrações públicas (G) avaliados a preços de consumidor; $FBCF_{PC}$ é a formação bruta de capital fixo a preços de consumidor; ΔE são as variações de estoques (englobando as aquisições líquidas de cessões de objetos de valor); e X_{FOB} são as exportações ao preço FOB. Associando o conteúdo da tabela com esta expressão, temos 1.118.740 = 1.000.000 + 65.678 + 53.062 + 2.671 + 50.391 = 538.821 + (294.597 + 99.503) + 88.675 + 2.774 + 10.161 + 84.209.

Em se tratando de uma identidade contábil, podemos perceber que necessariamente o total das fontes dos recursos ($VP_{PB} + M_{CIF}$ + Impostos) deve ser igual ao total dos usos dos recursos ($CI + C + G + FBCF + \Delta E + X_{FOB}$). Com isto, estamos dizendo – como ilustra a Tabela 6.1 – que o total de fontes dos recursos é igual ao total de usos, cabendo, no entanto, estabelecermos um contraste importante entre essas duas abordagens. Tanto na matriz de contabilidade social quanto nas CEIs que lhe são associadas estamos falando em fontes de recursos e seus usos, débitos e créditos lançados em partidas dobradas. Ao mesmo tempo, ambas reservam os lançamentos nas linhas para a origem dos recursos, ou créditos, exceto na conta 0 das CEIs. Neste caso, o que vemos é que, do lado direito da

Tabela 6.1 Economia nacional – conta de bens e serviços (conta 0). Lizarb, ano X (unidades monetárias indexadas)

Fontes dos recursos L$	Operações e saldos	Usos dos recursos L$
1.000.000	Produção	
65.678	Importação de bens e serviços	
53.062	Impostos sobre produtos, inclusive os importados	
2.671	Imposto de importação	
50.391	Demais impostos sobre produtos	
	Consumo intermediário	538.821
	Despesa de consumo final das famílias	294.597
	Despesa de consumo final das administrações públicas	99.503
	Formação bruta de capital fixo	88.675
	Aquisições líquidas de cessões de objetos de valor	2.774
	Variação de estoque	10.161
	Exportação de bens e serviços	84.209
1.118.740	Total	1.118.740

---

[10] Chamamos a atenção do leitor para o fato de que a terminologia que adotamos é a criada pelo *Handbook*, conforme já discutimos no Box 5.1 do Capítulo 5 (TRUs).

conta T (ou razonete), tradicionalmente reservado ao débito[11], estamos registrando o uso dos recursos.

Outro aspecto da conta de bens e serviços a ser notado é a correspondência existente entre ela e os quadrantes A_1, A_2, B_1 e B_2 das tabelas de recursos e usos. A principal fonte de recursos da economia é o valor da produção de bens e serviços. Neste contexto, o termo "preços básicos" indica que neste valor não estão considerados os impostos sobre produtos e as margens de comercialização e transporte, sendo que o mesmo se aplica ao valor das importações. Assim, o valor da produção total mensurado a preços básicos (VP_{PB}) é igual ao resultado final do quadrante A_1 das tabelas de recursos e usos. Em segundo lugar, podemos observar que a importação de bens e serviços (M_{CIF}) aparece no quadrante A_2 da tabela de recursos e usos – TRU, sendo dividida entre estes dois componentes. O total do quadrante B_1 é o consumo intermediário (CI_{PC}), e o total do quadrante B_2 iguala a demanda. Nosso terceiro aspecto digno de nota é que tanto os valores dos impostos incidentes sobre produtos nacionais quanto os valores correspondentes aos impostos de importação aparecem separados do valor da produção e do valor das importações[12].

A produção de bens e serviços contempla toda a produção direcionada à comercialização; e também a produção para o autoconsumo[13] ou para utilização pelo próprio produtor, por exemplo, os produtos agrícolas consumidos no próprio estabelecimento, construção civil para o uso da própria família, etc. Quanto à estimativa do VP_{PB} dos serviços, é feita uma distinção entre serviços mercantis e não mercantis. Os primeiros são serviços regularmente vendidos no mercado, ao passo que os segundos são aqueles prestados gratuitamente. Neste último caso, o valor da transação é estimado pela apuração dos custos envolvidos na sua produção.

As importações da economia nacional são registradas na coluna do Resto do Mundo do lado direito (fontes dos recursos), o que corresponde à linha Importações. Lembrando que estas constituem insumos primários, percebemos que seu caráter credor resulta da adoção do ponto de vista do resto do mundo, ou seja, as empresas estrangeiras colocam bens e serviços à disposição da economia nacional[14]. O mesmo valor é replicado para o lado esquerdo na coluna das ope-

---

[11] Esta é uma convenção contábil extremamente sólida, o que não impediu John Hicks (1972), ganhador do Prêmio Nobel de Economia, seguindo o antigo sistema inglês, de adotar uma convenção contrária em seu livro de Introdução à Economia publicado em português. O grande economista britânico estava apenas seguindo a tradição de seu país, que veio a ser modificada, incorporando o chamado modelo continental, vigente, especialmente, na Itália, na França e na Alemanha. Na chamada contabilidade bancária, que dá o formato das contas T usadas na contabilidade social, os tradicionais débitos agora correspondem às fontes dos recursos, e os créditos, a seus usos. Por exemplo, os L$ 1.000.000 da produção assim são vistos na Tabela 6.1. Em seguida, vemos que as importações, enquanto recursos usados pelos setores produtivos da economia nacional, representam um crédito (não registrado na tabela) que estas fazem às empresas do Resto do Mundo.

[12] Veremos no Capítulo 7C (Fiscais/CD) que estes impostos são classificados como impostos indiretos, pois sua incidência ocorre sobre os consumidores das mercadorias transacionadas nas relações intersetoriais, mas são coletados pelas empresas, não sendo pagos diretamente pelos compradores das mercadorias ao governo, como estes fazem ordinariamente com seu imposto de renda e outros impostos, por esta razão, chamados de diretos.

[13] Baseando-se no conceito de custo de oportunidade, os economistas avaliam o valor monetário da produção não destinada ao mercado, atribuindo-lhe o mesmo preço que esta alcançaria se nele fosse comercializada.

[14] No Capítulo 7D (BOP/CD), veremos as importações (saídas de divisas da economia nacional) lançadas a débito e as exportações recebendo lançamentos credores.

rações de bens e serviços. Esta coluna, que é aberta por setores econômicos na matriz de contabilidade social e na matriz de insumo-produto, aparece agregada nas CEIs. Ela registra como Uso dos Recursos o total das operações de origem (produção e importação) e como Fonte dos Recursos o total das operações de utilização (consumo intermediário, consumo final e formação bruta de capital) de bens e serviços.

Para registro de importações e exportações são adotados os preços CIF (*cost, insurance and freight*) e FOB (*free on board*), respectivamente. No caso das exportações, o preço é apurado considerando apenas o custo de produção, diferenciando itens de despesa de comercialização, seguros e fretes, mas também os impostos. Por contraste, CIF é o preço do bem ou serviço prestado a um residente, incluindo seguro e frete até a fronteira do país importador. Trata-se do preço efetivamente pago na importação, que inclui os custos de transporte e impostos incididos pelo exportador, e exclui quaisquer impostos ou outras obrigações internas do país importador. O preço FOB é o que será recebido pelo exportador que entrega os bens na fronteira de seu país, excluindo-se deles os custos de carregamento até o local de entrega e os impostos líquidos de subsídios pagos sobre a exportação. Trata-se de valores que não compõem o valor da exportação propriamente dito, mas eles não deixarão de entrar nas contas nacionais, uma vez que são contabilizados como valor da produção das empresas de transporte e impostos sobre produtos. O preço FOB é um padrão de avaliação do preço das exportações, ao passo que o CIF é um padrão para as importações. No Capítulo 4 (MaCS e MIP), chamamos a atenção para a significância de isolarmos as componentes diretamente produtivas das demais associadas à produção das mercadorias, pois nosso interesse estava centrado em isolar nos quadrantes da produção (*make table*) e absorção (*use table*) apenas as quantidades físicas transacionadas, o que fizemos com o artifício de atribuir o preço unitário a todas as transações, o que nos garantiu trabalharmos com quantidades medidas em *dollar's worth*, nossas conhecidas quantidades monetárias.

Os impostos sobre produtos incidem sobre os valores dos bens e serviços mercantis, sendo devidos por unidade de um bem ou serviço qualquer. Eles são registrados como fontes dos recursos, pois correspondem à apropriação (distribuição) de uma parte da produção e, via de regra, se tornam devidos no momento em que o bem ou serviço é produzido, vendido ou importado. Mas eles também podem ser exigidos em outras circunstâncias, como quando um bem é alugado, entregue, transferido, exportado, ou utilizado para consumo próprio ou ainda na formação de capital de produção própria. Deste modo, os impostos incidentes sobre os bens e serviços mercantis não podem ser confundidos com os impostos sobre a produção (que aparecerão posteriormente, na conta de alocação da renda). Estes incidem sobre o valor de bens e serviços quando eles são produzidos, vendidos, transferidos, distribuídos gratuitamente, ou disponibilizados pelos seus proprietários de alguma outra forma. Os impostos sobre a produção incluem os impostos sobre produtos, os impostos sobre a propriedade ou utilização de ativos, mão de obra e/ou remunerações pagas, e ainda os impostos de importação de bens e serviços[15].

---

[15] Para examinar uma definição mais detalhada dos impostos, ver os Boxes 5.1 e 5.3 do Capítulo 5 (TRUs).

Conforme definido no Capítulo 3 (Dimensões), o consumo intermediário a preços de consumidor é o consumo efetivado na produção de outros bens e serviços. Aqui, o termo "preços de consumidor" indica que estão incluídas no valor as margens de comercialização e de transporte, bem como o montante dos impostos sobre produtos. Isto é compreensível, dado que estes valores devem ser considerados como parcelas integrantes do custo de produção dos bens e serviços finais. Devemos atentar para o fato de que os serviços não mercantis, que são prestados gratuitamente, não são considerados integrantes do consumo intermediário.

As despesas de consumo final dizem respeito ao consumo de bens e serviços pelo consumidor final. São considerados bens e serviços finais aqueles não utilizados no processo produtivo de outros bens e serviços. Na conta de bens e serviços, o consumo final engloba o consumo das famílias e o consumo do governo. Devemos ressaltar que, por convenção, as famílias não formam estoques, os bens adquiridos e produzidos por elas (inclusive bens duráveis) são considerados consumidos no mesmo ano da aquisição ou produção, exceto imóveis e melhorias.

A formação bruta de capital fixo ($FBCF_{PC}$), que é geralmente chamada de investimento, corresponde à aquisição – por meio da compra, troca, ajuda, doação ou produção própria – de bens duráveis (com vida útil maior que um ano) para utilização no processo produtivo, considerando também os serviços incorporados a estes bens, adquiridos junto com eles. Por exemplo, a aquisição de máquinas para utilização no processo produtivo junto com o serviço de instalação. No caso de produção para o próprio uso, consideramos o valor como sendo o custo de produção, e nos demais casos, o preço de aquisição (preço de mercado). Outros gastos, como o realizado em pesquisa e desenvolvimento, treinamento da mão de obra, e aquisição de bens duráveis de pequeno valor não contabilizados pelas empresas como investimento, são computados como consumo intermediário, pois não dizem respeito à aquisição de bens de capital. Da mesma forma, os bens de consumo duráveis adquiridos pelas famílias são classificados como despesas de consumo final.

A variação de estoques é a diferença entre o total de entradas (-) e saídas (+) de mercadorias de estoque no período, incluindo estoques de produtos acabados ou em elaboração, e também estoques de matérias-primas. A operação de mobilizar os estoques significa que as empresas estão reservando uma parte da produção do período ou de períodos anteriores. As entradas e saídas de estoque são registradas pelo valor das operações no momento em que são realizadas, o que pode gerar, nas contas nacionais, valores diferentes daqueles que normalmente seriam registrados na contabilidade comercial, dada a valorização monetária das mercadorias. Na conta de bens e serviços, registramos a variação real dos estoques, ou seja, a variação nas suas quantidades, que é uma operação ligada ao processo produtivo. Quanto à variação monetária, trata-se de ganho patrimonial que deve ser registrado nas contas de patrimônio e reavaliação, que veremos posteriormente.

Como conclusão desta seção, há alguns pontos a considerar. Primeiramente, a conta 0 registrou os movimentos globais da economia, sob o ponto de vista da demanda, acentuando os blocos B_{11} e B_{13} da matriz de contabilidade social e sua correspondência com a matriz de insumo-produto, no Capítulo 4 (MaCS e MIP). Em segundo lugar, convém recapitularmos o significado da quebra da convenção contábil de usarmos o lado esquerdo das contas T para registrarmos débitos (em geral, associados aos usos dos recursos), tomando o lado direito para os créditos (fontes dos recursos). Sob o ponto de vista da consistência externa do sistema, o que se está buscando é mostrar que os recursos a serem usados na conta de produção (conta I.1), abordada em seguida, nela aparecendo como créditos, originaram-se de uma conta de débito, precisamente localizada na conta guia de todo o sistema[16].

Por fim, devemos entender o que segue nas próximas seções como a realização de sucessivas aberturas ("desintegrações") destas contas e realizar algumas complementações, sendo que o Quadro 6.2 serve como guia durante a leitura. Por exemplo, desdobramos o valor adicionado, quando mensurado pela ótica da renda, em rendimentos do trabalho assalariado, excedente operacional e impostos sobre produtos e sobre a produção. Assim, as contas correntes registram o valor da produção de bens e serviços do país, a renda gerada por esta produção e a sua distribuição (primária) e redistribuição (secundária) pelas operações e setores institucionais. Em outras palavras, as contas correntes demonstram a produção, a distribuição e utilização da renda em consumo ou poupança. Partimos das fontes dos recursos totais disponíveis na economia, que são a produção interna e as importações. A seguir, estes recursos (usos) são distribuídos entre os diversos itens da demanda agregada, ou seja, a demanda total do país. As contas correntes também demonstram a distribuição da renda corrente entre as diversas transações da economia. As contas de produção, distribuição e uso da renda são divididas em subcontas, de forma que o saldo de cada uma delas em termos de usos será a fonte dos recursos que são o ponto de partida da subconta seguinte.

6.4 CONTAS CORRENTES (CONTA I)

O objetivo das contas correntes, que são as contas I.1 e I.2 e sua desintegração, é evidenciar, em um primeiro momento (conta I.1), o resultado do processo produtivo do período a que se referem, ou seja, o valor adicionado de uma economia no ano corrente. Feito isso, a conta I.2 irá distribuí-lo na forma de rendimento e de sua utilização em termos de consumo e poupança. Com isso obtemos alguns dos principais indicadores do desempenho macroeconômico do país: o valor adicionado, o rendimento do trabalho, o excedente operacional, a renda nacional e a poupança. A diferença entre todos os empregos correntes e todos os recursos correntes é a poupança, que representa, para o período, a variação do valor do patrimônio líquido decorrente das operações correntes.

Primeiro grupo das contas correntes: contas de produção (Conta I.1)

No Quadro 6.3, vimos que o saldo da conta de produção é o próprio PIB, cabendo-nos agora detalhar o significado desta abordagem. A produção resulta do trabalho realizado na unidade institucional, de sorte a produzir outros bens e serviços que

---

[16] A conta 0 tem saldo nulo, pois apenas evidencia a igualdade entre a produção total e o consumo total, constituindo o ponto inicial consistente para a construção do restante do sistema. Por este motivo, seus lançamentos contábeis são simetrizados: os recursos são lançados no lado esquerdo, e os usos recebem registro no lado direito. A partir da conta I, sempre o saldo de uma conta aparece do lado dos usos e entra como valor inicial da próxima conta do lado dos recursos. Por exemplo, na conta I, o PIB é o recurso inicial cuja distribuição ocorrerá na conta II, da distribuição da renda e assim por diante. Ou seja, a lógica subjacente ao sistema é que o saldo de uma conta ingressa como recurso inicial na próxima, tanto nestas quanto nas contas correntes.

possam ser distribuídos ou fornecidos a outras unidades institucionais. Para tanto, a primeira absorve bens e serviços fornecidos pelas demais unidades institucionais. Agora, veremos, com o auxílio da Tabela 6.2, a conta de produção, ou conta I.1.

Esta conta apresenta a produção, as importações e os impostos sobre produtos como fonte dos recursos, exibindo o consumo intermediário e as exportações como uso dos recursos. Seu saldo é o valor adicionado. Este pode ser avaliado em termos líquidos ou brutos, dependendo da condição de incluir (bruto) ou desconsiderar (líquido) o montante da depreciação (chamada de consumo de capital fixo) atribuída ao uso do capital fixo durante o processo produtivo. Formalmente, temos

$$VP_{PB} + IPM - CI_{PC} = VAB_{PC} \text{ e } VAB - CCF = PIL_{PC,}$$

onde VP_{PB} é valor da produção a preços básicos; IPM são os impostos sobre produtos e imposto de importação; CI_{PC} é o consumo intermediário a preços de consumidor; VAB_{PC} é o valor adicionado ou produto interno bruto a preços de consumidor; CCF é o consumo de capital fixo; e PIL_{PC} é o produto interno líquido ou valor adicionado líquido avaliado a preços de consumidor.

As cifras da Tabela 6.2 mostram que $1.000.000 + 53.062 - 538.821 = 514.245$ e $514.245 - 61.598 = 452.643$. Nela, vemos a conta de produção para a economia de Lizarb para um dado ano civil. Também apresentamos os valores de cada variável para todos os setores institucionais, mas nas próximas tabelas trabalharemos apenas as fontes e usos dos recursos para o total da economia, ou seja, a partir da coluna do total da economia referida anteriormente. Retiramos da soma do total produzido o montante que foi utilizado como consumo intermediário e chegamos ao valor do PIB. O consumo de capital fixo é o registro da redução do valor dos ativos fixos das empresas, devido a seu consumo gradual, sua obsolescência ou danos acidentais normais. Estes valores são registrados a partir dos custos de aquisição ou aluguel atuais dos ativos, ou seja, no momento em que são utilizados, o que é diferente dos preços pelos quais os ativos foram adquiridos originalmente. Por este motivo, o consumo de capital fixo pode apresentar um valor muito maior que a depreciação contábil dos ativos, principalmente em contextos de inflação alta. Um bom sistema de contas nacionais oferece um razoável grau de flexibilidade para que as contas subsequentes sejam elaboradas a partir do PIB ou do produto interno líquido, dado que diversos países não contabilizam o valor do estoque de capital existente na economia e tampouco estimam o consumo de capital fixo.

Segundo grupo das contas correntes: a conta da renda (conta I.2) e sua desintegração

Do exame da conta de produção (conta I.1), ficou clara a origem do valor adicionado, quando calculado pela ótica do produto, o que gera os conceitos de produto interno bruto e produto interno líquido, dependendo da inclusão ou exclusão do montante do consumo de capital fixo, ou seja, da depreciação dos bens de capital utilizados no período de produção. Tal foi obtido a partir dos conceitos e cifras do valor da produção e das despesas de consumo intermediário. Nossa segunda conta informa a desintegração do valor adicionado, agora calculado sob a ótica da renda. De certa forma, com este segundo grupo de contas correntes, fechamos o ciclo da obtenção das três óticas de cálculo do valor adicionado: na conta 0, calculamos a despesa

Tabela 6.2 Economia nacional – conta I.1: conta de produção. Lizarb, ano X, (unidades monetárias indexadas)

	Usos								Operações e saldos	Recursos							
Total	Resto do mundo S2	Total da economia S1	Instituições sem fins lucrativos a serviço das famílias	Famílias S14	Administrações públicas S13	Empresas financeiras S12	Empresas não financeiras S11			Empresas não financeiras S11	Empresas financeiras S12	Administrações públicas S13	Famílias S14	Instituições sem fins lucrativos a serviço das famílias	Total da economia S1	Resto do mundo S2	Total
									Produção	587.335	39.244	113.575	259.821	26	1.000.000		1.000.000
538.821		538.821	11	108.033	35.610	14.626	380.543		Consumo intermediário								
									Impostos sobre produtos menos subsídios								
514.241		461.178	15	151.788	77.965	24.618	206.792		**Produto interno bruto**						53.062		53.062
61.598		61.598	0	11.654	8.324	2.775	38.845		Consumo de capital fixo								
452.643		399.580	15	140.134	69.641	21.843	167.947		**Produto interno líquido**								

(consumo das famílias, consumo do governo, etc.), na conta I.1, calculamos o PIB, como acabamos de ver, ao passo que agora vamos deter-nos no cálculo do valor adicionado mensurado pela ótica da renda.

Devido à importância dos processos de distribuição e redistribuição da renda[17], é conveniente distinguirmos suas três fases e representá-las separadamente, em contas diferentes. Uma vez que o valor adicionado foi gerado, a primeira fase trata de sua distribuição entre o fator trabalho, o fator capital e as administrações públicas. Com isso, é possível determinar o saldo dos rendimentos primários. A segunda fase põe em evidência a redistribuição do rendimento que ocorre essencialmente por meio de transferências. Deste modo obtemos o rendimento disponível. A última etapa é a distribuição da renda disponível entre consumo final e a poupança, ou seja, a distribuição da renda. A Tabela 6.3 apresenta a conta da renda (conta I.2).

Na forma de equações temos:

a) primeira fase: determinação da renda nacional $PIB_{PC} + SRE + SRP = RNB_{PC}$ e $RNB_{PC} - CCF = RNL_{PC}$, onde SRE é a remuneração dos empregados líquida recebida do exterior; SRP são rendas de propriedade líquidas recebidas do exterior; RNB_{PC} é a renda nacional bruta a preços de consumidor; e RNL_{PC} é a renda nacional líquida a preços de consumidor. Substituindo nessa equações os valores da Tabela 6.3, temos

$$514.241 + (183.229 - 183.119) + (3.603 - 21.937) = 496.017 \text{ e } 496.017 - 61.598 = 434.419;$$

b) segunda fase: determinação da renda disponível $RNB_{PC} + STC = RDB_{PC}$, onde, adicionalmente, STC são as transferências correntes líquidas recebidas do exterior; e RDB_{PC} é a renda disponível bruta a preços de consumidor. Os valores da tabela permitem-nos ver que

$$496.017 + [(617+932+961+693) - (58+88+91+74)] = 498.909$$

c) terceira fase: determinação da poupança nacional $RDB_{PC} - (C+G)_{PC} = PB$ e $PB - CCF = PL$, onde PB é a poupança bruta, PL é a poupança líquida e, adicionalmente, $(C+G)_{PC}$ é a demanda final. Os valores da Tabela 6.3 mostram-se como

$$498.909 - 394.100 = 104.809 \text{ e } 104.809 - 61.598 = 43.211.$$

A conta de geração da renda, também chamada de conta de distribuição primária da renda, mostra como os rendimentos primários gerados nos setores produtivos são apropriados (repartidos) entre as unidades institucionais e setores institucionais. Ou seja, os rendimentos primários são recebidos pelas unidades institucionais em virtude de suas participações nos processos de produção na condição de recebedoras da remuneração dos serviços prestados pelo fator trabalho, ou dos rendimentos recebidos pelos proprietários dos ativos necessários à produção e que vieram a ser efetivamente contratados[18]. Os impostos

---

[17] No Capítulo 10 (Distribuição), voltaremos a examinar o tema da distribuição, quando nosso interesse irá centrar-se na medição do grau de desigualdade na distribuição da renda pessoal.

[18] Por contraste à fração de ativos pertencentes às unidades institucionais que não é utilizada no processo de produção, existem outros ativos que não são contratados (por exemplo, uma fábrica fechada) e que, como tal, não se credenciam para receber rendimentos primários.

Tabela 6.3 Economia nacional – Conta I.2: conta da renda. Lizarb, ano X (unidades monetárias indexadas)

Usos dos recursos L$	Operações e saldos	Fontes dos recursos L$
	I.2.1 – Conta de distribuição primária da renda	
	I.2.1.1 – Conta de geração da renda	
	Produto Interno Bruto	514.241
183.119	Remuneração dos empregados	
182.957	Residentes	
162	Não residentes	
88.220	Impostos sobre a produção e de importação	
53.301	Impostos sobre produtos	
34.919	Impostos sobre a produção	
(−) 1.195	Subsídios a produtos e à produção (−)	
(−) 239	Subsídios a produtos	
(−) 956	Subsídios à produção	
166.852	Excedente operacional	
77.246	Rendimento misto bruto	
61.598	Consumo de capital fixo	
121.470	Excedente operacional líquido	
61.029	Rendimento misto líquido	
	I.2.1.2 – Conta de alocação da renda	
	Excedente operacional	166.852
	Rendimento misto bruto	77.246
	Excedente operacional líquido	121.470
	Rendimento misto líquido	61.029
	Remuneração dos empregados	183.229
	Residentes	182.957
	Não residentes	272
	Impostos sobre a produção e de importação	88.220
	Subsídios a produtos e à produção (−)	(−) 1.195
21.937	Rendas de propriedades enviadas e recebidas do resto do mundo	3.603
496.017	Renda nacional bruta	
434.419	Renda nacional líquida	
	I.2.2 – Conta de distribuição secundária da renda	
	Renda nacional bruta	496.017
	Renda nacional líquida	434.419
58	Taxas correntes sobre a renda, riqueza, etc.	617
88	Contribuições sociais	932
91	Benefícios sociais e outras transferências em espécie	961
74	Outras transferências correntes enviadas e recebidas do resto do mundo	693
498.909	Renda disponível bruta	
437.311	Renda disponível líquida	
	I.2.3 – Conta de uso da renda	
	Renda disponível bruta	498.909
	Renda disponível líquida	437.311
394.100	Despesa de consumo final	
104.809	Poupança bruta	
43.211	I.2.3.5 Poupança líquida (II.1.1)	

sobre a produção e sobre as importações compõem os rendimentos primários das administrações públicas.

Como recurso, no lado direito da conta de geração da renda, aparece somente o PIB, com o valor de L$ 514.241, integrando-a deste modo à conta de produção (conta I.1). Em ambas, o PIB aparece como uso dos recursos, mas na Conta I.1, ele é devedor dos proprietários dos fatores, ao passo que, aqui, ele é credor das contas exibidas no lado esquerdo do razonete. No lado esquerdo são registrados os usos que os produtores fazem dos recursos colocados a sua disposição pela sociedade. Trata-se de remunerar os empregados participantes no processo produtivo que aparece na conta de geração da renda com um valor de L$ 183.119 no lado dos usos, correspondendo ao total das remunerações pagas pelos setores institucionais do país para empregados residentes (L$ 182.957) e não residentes (L$ 162). No caso dos empregados não residentes, o lançamento é feito na coluna do resto do mundo. Isto faz lembrar que nossos exemplos numéricos trabalham com a coluna do total da economia, que é uma agregação das colunas dos setores institucionais e resto do mundo. Outra fração dos recursos é destinada ao pagamento dos impostos indiretos líquidos de subsídios sobre a produção e a importação (L$ 88.220). O saldo da conta de geração da renda é o excedente operacional, que também aparece no lado esquerdo, como uso dos recursos.

Já na conta de alocação da renda, tanto o excedente operacional como a remuneração dos empregados e os impostos indiretos líquidos dos subsídios aparecem como fontes dos recursos. A diferença entre as rendas de propriedades enviadas e recebidas do resto do mundo é que definirá a renda nacional bruta, que é o saldo desta conta e é registrado como uso. Nesta conta lançamos o valor de L$ 183.229 – que corresponde às remunerações recebidas pelos empregados residentes e não residentes – no lado das fontes dos recursos. As remunerações de empregados não residentes são valores recebidos por empregados residentes na economia nacional, os quais são pagos por unidades institucionais do exterior. Os valores pagos, que são usos dos recursos na conta de geração da renda, são diferentes dos valores recebidos, que são as fontes dos recursos na conta de alocação da renda. Isto se deve ao fato de que as unidades institucionais residentes pagam para empregados residentes e não residentes, e os empregados residentes recebem de unidades institucionais residentes e não residentes. Devemos notar ainda que as rendas de propriedade enviadas ao resto do mundo são lançadas como uso para a economia nacional (L$ 21.937 no exemplo anterior), e as rendas de propriedade recebidas do resto do mundo, no montante de L$ 3.603, são recursos para a economia nacional.

A conta de distribuição secundária da renda evidencia a influência das transferências correntes da economia nacional com o resto do mundo, daí o termo distribuição secundária. Esta conta tem como recurso inicial a renda nacional bruta (L$ 496.017) ou a renda nacional líquida (L$ 434.419) e obtém como saldo a renda disponível bruta (L$ 498.909) ou líquida (L$ 437.311), depois de considerar as outras transferências correntes enviadas (L$ 311 = 58 + 88 +91 + 74) e recebidas (L$ 3.203 = 617 + 932 + 961 + 693) do resto do mundo. Desta cifra da renda disponível é descontada a despesa de consumo final (L$ 394.100) para apresentar como saldo a poupança bruta ou líquida.

6.5 CONTAS DE ACUMULAÇÃO (CONTA II)

Desde a conta 0, vimos o encaminhamento da incorporação ao sistema das contas integradas de valores monetários correspondentes à acumulação de capital e seu financiamento. Particularmente na conta 1.1, vimos o registro do consumo de capital fixo (depreciação) que é um indício do montante de capital utilizado no processo produtivo e de seu desgaste, ou seja, do montante de seu valor que foi "transmitido" aos bens e serviços produzidos com sua utilização. Na medida em que uma sociedade que vê sua renda per capita crescendo a taxas razoáveis deseja seguir com esta expansão e mesmo ampliá-la, torna-se necessário manter ou expandir a fração do produto que será absorvida na forma de despesa com a aquisição de novos bens de capital[19]. Neste contexto, podemos entender a distribuição não apenas repartindo o valor adicionado (produto) entre, basicamente, trabalhadores e capitalistas, mas também entre o consumo do presente e o consumo do futuro, viabilizado com novos acréscimos ao estoque de capital da economia.

As contas de acumulação englobam as variações de ativos, de passivos e do patrimônio líquido. Ativos são valores sobre os quais as unidades institucionais exercem direitos de propriedade e dos quais podem obter benefícios econômicos na forma de rendimentos que se originam de sua utilização, consumo ou simples detenção. Os bens que não possibilitam a obtenção de benefícios econômicos aos seus proprietários não são considerados como ativos. Já os passivos são as obrigações contraídas pelas unidades institucionais, ao passo que o patrimônio líquido é a diferença entre o total de ativos e passivos. Da mesma forma que nas contas de patrimônio, que veremos na Seção 6.6, nas contas de acumulação as variações de ativos são registradas do lado esquerdo, e as variações de passivos e do patrimônio líquido do lado direito. Devemos notar que estas variações, em qualquer dos lados, podem ser positivas ou negativas. O valor inicial das contas de acumulação (registrado do lado direito) é a poupança bruta, que é o saldo das operações correntes.

Como ilustra o Quadro 6.2, a partir daí temos três grupos de contas. Os dois primeiros exibem as contas que provocam variações de ativos, de passivos e do patrimônio líquido a partir de variações da poupança e de transferências voluntárias de riqueza. A conta de capital confronta-se com uma conta financeira, e o saldo de ambas é a capacidade/necessidade líquida de financiamento[20], evidenciando a identidade contábil entre o total de recursos aplicados na economia real e no mercado financeiro. O terceiro grupo evidencia as variações provocadas por outros fatores, como guerras, catástrofes naturais e terremotos ou ainda, alterações do nível e da estrutura de preços de ativos e passivos. Este grupo também se divide em duas contas: outras variações no volume de ativos, e conta de reavaliação. Na conta de reavaliação, registramos as alterações de valor de ativos e passivos devido a variações de preços.

---

[19] No Capítulo 7E (Capital/CD), vamos estudar as técnicas concernentes à estimativa do valor de todo o estoque de capital à disposição dos setores produtivos.

[20] Questões referentes ao mercado financeiro serão abordadas com mais detalhes nos Capítulos 7A (MFF/CD) e 7B (Monetários/CD).

Primeiro grupo das contas de acumulação: conta de capital (conta II.1)

A conta de capital registra aquisições de ativos não financeiros e transferências de capital que demonstram a distribuição da riqueza entre diferentes possibilidades de investimento. Trata-se apenas de ativos reais, objetos que podem ser utilizados na atividade econômica e como reservas de valor. Os ativos financeiros, que são reservas de valor (embora possam ser utilizados em outras funções) serão contabilizados na conta financeira. Na conta de capital, as fontes dos recursos são a poupança e as transferências de capital a receber. As transferências de capital a pagar também são registradas como fontes dos recursos, mas com sinal negativo. Estas podem dizer respeito a ativos ou recursos que obrigatoriamente devem ser empregados na aquisição de ativos reais. Desta forma podemos evidenciar a influência da poupança e das transferências de capital sobre o patrimônio líquido. Em resumo, começamos, a partir deste ponto, a usar o termo "investimento" de forma equívoca, ou seja, passamos a atribuir-lhe mais de um significado, procedimento que nos aproxima da linguagem corrente. Para nós, investimento tem sido um dos destinos da produção dos setores econômicos não utilizada pelas empresas na forma de consumo intermediário, que os absorvem já na forma de demanda final. Todavia, a partir de agora, começamos a utilizar o termo também com o excedente da poupança sobre o consumo das famílias (ou das próprias empresas), resultando na aplicação de recursos no mercado financeiro, também chamado de mercado de capitais. Nossa primeira aproximação para a formação de capital encontra-se na Tabela 6.4, cujos dois lançamentos iniciais dizem respeito precisamente à poupança líquida e à formação de capital, ou seja, ao investimento físico.

Como usos são registradas todas as possíveis aplicações em ativos não financeiros. Estas aplicações são agrupadas em quatro operações:

a) formação bruta de capital fixo (*FBCF*) e variação de estoques, cujos valores devem ser os mesmos apresentados na conta de bens e serviços (conta 0),
b) aquisições líquidas de cessões de objetos de valor,
c) aquisições de ativos não financeiros não produzidos

e, com sinal negativo,

d) o consumo de capital fixo.

Objetos de valor são adquiridos como reserva de poder de compra, pois não se deterioram com o tempo e não são consumidos no processo de produção. Este é o caso das obras de arte, das pedras e metais preciosos e das joias. Os ativos não financeiros não produzidos são os ativos fixos que não resultam do processo de produção. Simetricamente, ativos produzidos são aqueles resultantes de algum processo produtivo. Podemos falar em "aparecimento" quando da aquisição de ativos não produzidos, o que ocorre, por exemplo, quando aumenta o valor de ativos naturais de posse de alguma empresa. Podemos formalizar esta conta da seguinte maneira, cujos exemplos numéricos se encontram na Tabela 6.4, a seguir.

$$PL + STK = \Delta PLPTC \text{ e } \Delta PLPTC - FBCF_{PC} + CCF - \Delta E - SAOV - SALANF = CNLF,$$

onde *PL* é a poupança líquida, *STK* são as transferências de capital líquidas recebidas do resto do mundo, $\Delta PLPTC$ são as variações no patrimônio líquido resultantes de poupança e de transferências de capital, $FBCF_{PC}$ é a formação bruta de capital fixo a preços de consumidor, ΔE são as variações de estoques, *SAOV* são as aquisições lí-

Tabela 6.4 Economia nacional – Conta II.1: conta de capital. Lizarb, ano X (unidades monetárias indexadas)

Variação de ativos L$	Operações e saldos	Variação de passivos e do patrimônio líquido L$
	Conta de capital	
	Poupança Líquida	43.211
88.675	Formação bruta de capital fixo	
−61.598	Consumo de capital fixo (−)	
10.161	Variação de estoque	
2.774	Aquisições líquidas de cessões de objetos de valor	
0	Aquisições líquidas de cessões de ativos não financeiros não produzidos	
	Transferência de capital recebida do resto do mundo	1.624
	Transferência de capital enviada ao resto do mundo (−)	−37
4.786	Capacidade (+) ou necessidade (−) líquida de financiamento	
	Variações no patrimônio líquido resultantes de poupança e de transferências de capital	44.798

quidas de cessões de objetos de valor; *SALANF* são as aquisições líquidas de cessões de ativos não financeiros não produzidos; e *CNLF* é a capacidade (+) ou necessidade (−) de financiamento. Vemos nas cifras que a variação de passivos e do patrimônio líquido (44.798) foi resultante da variação na poupança líquida (43.211) e das transferências de capital recebidas do resto do mundo (1.624) e enviadas (−37). Por seu turno, as variações de ativos foram compostas pela formação bruta de capital fixo (88.675) menos a estimativa de consumo de capital (61.598) mais a variação de estoques (10.161) e a aquisições líquidas de cessões de objetos de valor (2.774). Quando cotejadas, as variações de ativos e passivos evidenciam como saldo a capacidade líquida de financiamento de 4.786.

Segundo grupo das contas de acumulação: conta financeira (Conta II.2)

Na conta financeira aparecem as operações com cada um dos diferentes instrumentos financeiros. Do lado esquerdo são registradas as aquisições líquidas de ativos financeiros, e do lado direito, as obrigações financeiras contraídas. O saldo é o mesmo da conta de capital: capacidade/necessidade líquida de financiamento, mas desta vez ele aparece no lado direito da conta.

Formalizando, ao considerarmos a conta financeira, temos: $CNLF = TAF - TPF$ onde *CNLF* é a capacidade ou necessidade líquida de financiamento e *TAF* e *TPF* são, respectivamente, o total de ativos e passivos financeiros que representam as totalizações dos diversos tipos de ativos ou passivos financeiros. Tal é o caso do ouro, moedas e depósitos, títulos, empréstimos, ações, reservas técnicas e outros. De acordo com os números da economia de Lizarb, apontados na Tabela 6.5, moedas e depósitos, títulos e empréstimos são responsáveis pela maior parte dos ativos e passivos financeiros cuja movimentação do período evidenciou uma capacidade líquida de financiamento de 4.786.

Tabela 6.5 Economia nacional – Conta II.2: conta financeira (L$). Lizarb, ano X (unidades monetárias indexadas)

Variação de ativos	Operações e saldos	Variação de passivos e do patrimônio líquido
	Capacidade (+) ou necessidade (−) líquida de financiamento	4.786
101.244	Total de ativos financeiros	
	Total de passivos financeiros	96.458
−666	Ouro monetário e DSEs	
25.743	Moeda e depósitos	37.948
27.004	Títulos exceto ações	25.361
22.463	Empréstimos	15.167
6.980	Ações e outras participações	5.882
6.947	Reservas técnicas de seguros	6.947
12.772	Outros débitos/créditos	5.153

Terceiro grupo das contas de acumulação

a) Conta de outras variações no volume de ativos (conta II.3.1)

Na conta de outras variações no volume de ativos (Tabela 6.6) são registrados resultados econômicos de acontecimentos excepcionais, como guerras, terremotos e inundações, que fazem variar o valor de ativos e de passivos. Pode haver também algumas contas destinadas a alterações e ajustes de classificação, as quais podem ou não fazer variar o valor do patrimônio líquido. O saldo desta conta apresenta as variações do patrimônio líquido resultantes de outras variações no volume de ativos e passivos.

Não devemos confundir as operações desta conta com algumas operações que aparecem em contas anteriores, uma vez que a conta II.3.1 exibe apenas variações provocadas por acontecimentos excepcionais como os citados, ao contrário das contas anteriores que registram operações rotineiras da atividade econômica.

b) Conta de reavaliação (conta II.3.2)

Na conta de reavaliação (Tabela 6.7), registramos as variações de valor de ativos e passivos que são devidas às variações de seus preços. Uma vez que os ativos e passivos são registrados nas contas de patrimônio com os preços da data de elaboração das contas, haverá contas para registro das variações destes preços. Estas variações

Tabela 6.6 Economia nacional – Conta II.3.1: conta de outras variações no volume de ativos

Variação de ativos L$	Operações e saldos	Variação de passivos e do patrimônio líquido L$
2.775	Ativos não financeiros	
−1.942	Ativos produzidos	
4.717	Ativos não produzidos	
1.387	Ativos financeiros	
	Passivos	−555
	Variações do patrimônio líquido resultantes de outras variações no volume de ativos	4.717

Tabela 6.7 Economia nacional – Conta II.3.2: conta de reavaliação. Lizarb, ano X (unidades monetárias indexadas)

Variação de ativos L$	Operações e saldos	Variação de passivos e do patrimônio líquido L$
	Ganhos (+) / perdas (−) de detenção nominais	
48.320	Ativos não financeiros	
35.894	Ativos produzidos	
12.426	Ativos não produzidos	
42.134	Ativos financeiros/ Passivos financeiros	10.819
	Variações no patrimônio líquido resultantes de ganhos/perdas de detenção nominais	79.634

de valor são chamadas de ganhos ou perdas nominais de detenção, conforme o caso. Para um setor institucional, uma reavaliação positiva de passivos (aumento do valor de seus passivos) é uma perda nominal de detenção, ao passo que uma reavaliação negativa de passivos é um ganho nominal de detenção. O contrário é válido para o caso dos ativos: uma reavaliação positiva de ativos (aumento do valor de ativos) é um ganho nominal de detenção, ao passo que uma reavaliação negativa de ativos é uma perda nominal de detenção. Ganhos ou perdas nominais de detenção de ativos são registrados no lado esquerdo da conta, e ganhos ou perdas nominais de detenção de passivos financeiros são registrados no lado direito. O saldo da conta é chamado de variação do patrimônio líquido resultante de ganhos ou perdas de detenção nominais.

A conta de reavaliação se subdivide em duas outras contas: conta de ganhos/perdas de detenção neutra e conta de ganhos/perdas de detenção reais. Estas duas subdivisões da conta de reavaliação possuem a mesma estrutura mostrada na tabela anterior, de forma que não as repetiremos. Os ganhos/perdas de detenção neutros são obtidos pela correção de todos os valores iniciais de ativos e passivos que aparecem nas contas de reavaliação, por um mesmo índice de variação geral de preços aplicado para o mesmo período de tempo. Dado que todos os ativos e passivos são reavaliados na mesma proporção, o resultado desta operação é chamado de variações do patrimônio líquido resultantes de ganhos/perdas de detenção neutros.

Os valores da segunda conta são obtidos pela diferença entre os valores nominais constantes da conta de reavaliação e os valores obtidos com a conta de ganhos/perdas de detenção neutros. O resultado desta conta é chamado de ganhos/perdas de detenção reais. Desta forma, se os ganhos de detenção nominais (crescimento nominal no valor de ativos) são superiores aos ganhos de detenção neutros (correção do valor de ativos por um índice de preços), então houve um ganho real, dado que o valor nominal dos ativos aumentou mais (ou diminuiu menos, no caso de deflação), em média, que o nível geral de preços. Podemos dizer então que, neste caso, o preço relativo dos ativos de um setor institucional ou da economia como um todo aumentou. Ao contrário, uma diminuição dos preços relativos dos ativos demonstra que houve uma perda real.

6.6 CONTAS DE PATRIMÔNIO (CONTA III) E SUA DESINTEGRAÇÃO

Por contraste às contas examinadas anteriormente, que representam fluxos, a conta de patrimônio – conta III é composta pelos ativos e passivos dos setores institucionais e da economia como um todo. Estas contas representam estoques de ativos e passivos detidos em um determinado momento como resultado da acumulação de operações (fluxos) anteriores, sendo modificadas por operações futuras, como já dissemos. Os estoques e os fluxos se relacionam diretamente, pois as contas de patrimônio são o resultado de uma sequência de entradas, saídas e alterações de ativos e passivos, sejam elas na forma física ou apenas em valor. As contas de patrimônio se dividem em três: as contas de patrimônio inicial e final e a conta de variações do patrimônio.

Nas contas de patrimônio inicial e final temos o valor dos estoques de ativos e passivos no início do período e após as variações do patrimônio, respectivamente. As variações são resultantes de operações registradas nas contas de acumulação, e as variações do patrimônio líquido são as diferenças entre as variações de ativos e passivos. A conta de variações no patrimônio é uma retomada das contas de acumulação, que demonstra as variações de ativos e passivos e patrimônio líquido a partir da poupança e das transferências de capital, outras variações no volume de ativos e ganhos/perdas de detenção nominais. A poupança e as operações de transferência de capital são fontes de variação do patrimônio líquido (conta III.1. equação). Como a poupança é o resultado final das operações correntes (contas correntes), concluímos que o resultado das operações correntes altera o valor do patrimônio, o que pode ocorrer em sentido positivo ou negativo. Mas a poupança não é a única fonte de variação do patrimônio líquido, daí a necessidade das contas de acumulação (conta II). Ou seja, a poupança contribui para a acumulação de capital como fonte interna de financiamento, mas também podem ser arrecadados recursos externos para financiar a acumulação. Logicamente, se a poupança interna não for suficiente, o país necessitará de financiamento externo, ao passo que se a poupança interna for maior que a acumulação, haverá capacidade de financiamento externo. Vejamos o exemplo da conta de patrimônio de Lizarb na Tabela 6.8.

Os ativos iniciais somavam L$ 3.255.451 sendo L$ 1.932.547 não financeiros e L$ 1.322.904 financeiros. Eles experimentam as seguintes variações:

a) aumento dos ativos não financeiros: L$ 91.107, resultante da aquisição de ativos não financeiros (88.675 −61.598+10.161+2.774, na conta II.1 – conta de capital), de outras variações no montante de ativos (−1.942 + 4.717, na conta II.3.1 – conta de outras variações no volume de ativos) e de reavaliação de ativos (48.320, na conta II.3.2 – conta de reavaliação);
b) aumento dos ativos financeiros: L$ 144.765, produto da aquisição de ativos financeiros (101.244, na conta II.2 – conta financeira), outras variações (1.387 na conta II.3.1 – conta de outras variações no volume de ativos) e reavaliação (42.134, na conta II.3.2 – conta de reavaliação);
c) aumento dos passivos: L$ 106.722, que também é o resultado dos registros de variações nas contas de acumulação: aquisição de obrigações financeiras (96.458, na conta II.2 – conta financeira), outras variações no volume de passivos (−555 – redução de passivo, na conta II.3.1) e reavaliação (10.819, na conta II.3.2).

Desta forma, os ativos finais foram de L$ 3.491.322 (ou seja, 2.023.654 + 1.467.668) e os passivos finais de L$ 1.333.408 (conta III.3 – conta de patrimônio final). Logo, houve uma alteração no patrimônio líquido de L$ 129.149. As fontes desta alteração no patrimônio líquido são sintetizadas no lado direito da conta III: poupança, transfe-

Tabela 6.8 Economia nacional – Conta III: contas de patrimônio. Lizarb, ano X (unidades monetárias indexadas)

Variação de ativos L$	Operações e saldos	Variação de passivos e do patrimônio líquido L$
	III.1 – Conta de patrimônio inicial	
1.932.547	Ativos não financeiros	
1.322.904	Ativos financeiros	
	Passivos	1.226.686
	Patrimônio líquido	2.028.765
	III.2 – Conta de variações do patrimônio	
235.871	Variação de ativos, total	
91.107	Ativos não financeiros	
144.765	Ativos financeiros	
	Variação de passivos, total	
	Passivos	106.722
	Variações do patrimônio líquido, total	129.149
	Variações do patrimônio líquido resultantes de poupança e de transferências de capital*	44.798
	Variações do patrimônio líquido resultantes de outras variações no volume de ativos**	4.717
	Variações no patrimônio líquido resultantes de ganhos/perdas de detenção nominais***	79.634
	III.3 – Conta de patrimônio final	
2.023.654	Ativos não financeiros	
1.467.668	Ativos financeiros	
	Passivos	1.333.408
	Patrimônio líquido	2.157.914

* Saldo da conta III.1.
** Saldo da conta III.3.1.
*** Saldo da conta III.3.2.

rências de capital, outras variações no volume de ativos e ganhos/perdas de detenção nominal. A influência da poupança líquida (43.211 na conta II.1) e das transferências líquidas de capital (1.624 − 37 na conta II.1) é de L$ 44.798, aplicada na aquisição de ativos não financeiros (88.675 − 61.598 + 10.161 + 2.774 = 40.012) e disso resultou uma capacidade de financiamento de L$ 4.786, na conta II.1 – conta de capital. Esta capacidade foi utilizada na aquisição de ativos financeiros. Foram adquiridos ativos financeiros no montante de L$ 101.244 e o saldo residual foi pago por meio da aquisição de passivos financeiros no valor de L$ 96.458, na conta II.2 – conta financeira.

6.7 CONTA DE OPERAÇÕES CORRENTES COM O RESTO DO MUNDO (CONTA IV) E SUAS DESINTEGRAÇÕES

Em linhas gerais, a conta de operações correntes com o resto do mundo é uma reprodução das CEIs, evidenciando a coluna do resto do mundo. As diferenças são o valor inicial, que passa a ser dado pelas exportações líquidas, em lugar do PIB, e a conta II.3 que é omitida, pois não envolve transações externas. Dada esta semelhança, apresentaremos uma versão resumida da conta de operações correntes com o resto do mundo (Tabela 6.9), com vistas a evidenciar as diferenças em relação às contas já apresentadas. Ao lado do nome da conta, entre parênteses, fazemos uma referência a uma conta que já foi abordada, cuja lógica de funcionamento (equações) é semelhante, e cuja observância pode facilitar a compreensão das operações correntes com o resto do mundo.

A conta externa de bens e serviços (conta IV.I) contém o resultado das operações correntes do país com o exterior. O saldo desta conta é o saldo de operações correntes da economia nacional com o resto do mundo, que é o saldo em conta corrente do balanço de pagamentos. Ele demonstra se o país foi exportador ou importador líquido de bens e serviços não fatores no período. A analogia com a conta 0 (indicada entre parênteses ao lado do nome da conta) consiste em que na conta IV.1.1, da mesma forma que lá, o resultado final é obtido pela diferença entre o total das fontes dos recursos e seus respectivos usos. Como o ponto de vista adotado na elaboração da conta é o do resto do mundo, as exportações e as importações nacionais de bens e serviços (que não os dos fatores produtivos) são usos dos recursos e fontes dos recursos para a economia externa, respectivamente. Ou seja, quando a economia nacional exporta há dispêndio por parte do resto do mundo, que para ele é uso. Aqui o jargão econômico fala em "bens e serviços não fatores" para designar o montante utilizado para fazer a distinção em relação às operações da conta IV.1.2 – conta externa de distribuição primária da renda e transferências correntes. Tais operações dizem respeito a pagamentos e recebimentos de serviços de fatores: rendas de propriedade, trabalho e transferências de capital.

Dada a perspectiva do resto do mundo, devemos ter alguns cuidados para interpretar os valores contidos nesta conta. Como vemos na Tabela 6.9, o valor das remunerações dos empregados não residentes que aparece como recurso (L$ 162) é o montante pago pelas unidades institucionais residentes na economia nacional para empregados residentes no exterior. O montante que aparece como uso (L$ 272) é o que foi pago por unidades institucionais residentes no exterior para em-

Tabela 6.9 Economia nacional – Conta IV: contas de operações correntes com o resto do mundo. Lizarb, ano X (unidades monetárias indexadas)

Usos dos recursos L$	Operações e saldos	Fontes dos recursos L$
	Conta IV.1.1 – conta externa de bens e serviços (conta zero)	
84.209	Exportação de bens e serviços	
	Importação de bens e serviços	65.678
–18.531	Saldo externo de bens e serviços (IV.0)	
	Conta IV.1.2 – conta externa de distribuição primária da renda e transferências correntes	
18.531	Saldo externo de bens e serviços	
272	Remuneração dos empregados, etc.	162
3.603	Rendas de propriedade	21.397
3.203	Outras transferências correntes enviadas e recebidas do resto do mundo	311
3.739	Saldo externo corrente	

pregados residentes na economia nacional. A mesma lógica deve ser aplicada às demais operações.

Notemos que as rendas de propriedade e as transferências correntes enviadas e recebidas do resto do mundo aparecem nas contas de distribuição primária e secundária da renda vistas anteriormente (contas I.2.1.1 e I.2.1.2), mas em lados opostos aos quais aparecem na conta de operações correntes com o resto do mundo. Na conta de distribuição primária da renda temos (L$ 3.603) como renda de propriedade recebida pela economia nacional do exterior. Por outro lado, a economia nacional envia (L$ 21.937) para o resto do mundo, tratando-se então de um uso doméstico.

As contas de acumulação externa e patrimônio (conta IV.2 na Tabela 6.10) se dividem em dois grupos: a conta de capital (conta IV.4.1) e a conta financeira (conta IV.3.2) e as contas de outras variações no volume de ativos (conta IV.3.3). Nelas são evidenciadas variações do volume de ativos e passivos. Assim, o saldo externo corrente de L$ 3.739 apresentado pela economia de Lizarb em relação ao exterior está na coluna dos passivos da economia externa (ponto de vista do resto do mundo). O país recebe mais L$ 1.624 em transferências de capital e

Tabela 6.10   Economia Nacional – Conta IV.2: Conta de acumulação do resto do mundo com a economia nacional. Lizarb, ano X (unidades monetárias indexadas)

Variação de ativos L$	Operações e saldos	Variação de passivos e do patrimônio líquido L$
	IV.2.1 – Conta de capital (conta II.1)	
	Saldo externo corrente	3.739
	Transferência de capital recebidas do resto do mundo	1.624
	Transferência de capital enviadas ao resto do mundo (−)	−37
5.326	Capacidade (+) ou Necessidade (−) líquida de financiamento	
	Variações do patrimônio líquido resultantes de Saldo externo corrente e de transferências de capital	5.326
	IV.2.2 – Conta financeira (conta II.2)	
	Capacidade (+) ou Necessidade (−) líquida de financiamento	5.326
6.886	Total de ativos financeiros	
	Total de passivos financeiros	1.560
	IV.2.3 – Outras variações no volume de ativos (conta II.3.1)	
0	Ativos não financeiros	
−2.768	Ativos financeiros	
	Passivos	2.560
	Variações do patrimônio líquido resultantes de outras variações no volume de ativos	0
	IV.3.2 – Conta de reavaliação (conta II.3.2)	
	Ganhos (+) / perdas (-) de detenção nominais	−2
	Ativos não financeiros	
3.085	Ativos financeiros/ Passivos financeiros	1.975
	Variações no patrimônio líquido resultantes de ganhos/ perdas de detenção nominais	1.109

envia L$ 37, do que resulta uma capacidade de financiamento de L$ 5.326, para com o resto do mundo.

A capacidade de financiamento, que é um passivo do resto do mundo em relação à economia nacional, é superada pela aquisição de ativos financeiros no montante de L$ 6.886 que se originam no resto do mundo. A diferença é coberta com passivos financeiros no valor de L$ 1.560, contratados pela economia do resto do mundo. Em resumo, as unidades institucionais não residentes detêm L$ 6.886 em ativos na economia nacional (que para os nacionais são passivos) e contraíram obrigações no montante de L$ 1.560, que para os nacionais são ativos, junto com a capacidade de financiamento de L$ 5.326, que é considerada aumento do patrimônio líquido da economia, obtido das transações externas. Notemos que, como não poderia deixar de ser, este valor é bem menor que os L$ 44.798 da economia como um todo (Tabela 6.8). Por fim, a conta de reavaliação cobre os ganhos e perdas de detenção nos ativos financeiros estrangeiros que resultam das alterações nos preços e nas taxas de câmbio.

Assim, encerramos a apresentação das CEIs. Junto com as tabelas de recursos e usos, elas representam de maneira simplificada o desempenho de uma economia em determinado período. Construídas na perspectiva dos setores institucionais, as CEIs evidenciam a distribuição dos resultados da atividade econômica entre eles, de acordo com as ações praticadas pelos agentes econômicos. Naturalmente, outras formas de representar o sistema de contas nacionais poderiam ser exploradas. Um modo de representar as contas que possibilita explorar a flexibilidade existente no sistema para evidenciar interesses e preocupações especiais é a utilização de uma matriz de contabilidade social, já apresentada nos Capítulos 3 (Dimensões) e 4 (MaCS e MIP). Particularmente, uma questão fundamental da vida societária registrada nos instrumentos desenvolvidos no próprio Capítulo 4 (MaCS e MIP) diz respeito à relação entre a poupança e o investimento realizados em determinado período, que foi aqui retomada por meio das contas de acumulação e patrimônio. Estas variáveis, investimento e poupança, são as bases do crescimento econômico e, com ele, das perspectivas de elevação do consumo final por parte das famílias. Nosso próximo capítulo será dedicado ao detalhamento de mecanismos institucionais responsáveis pela intermediação entre os agentes que dispõem recursos em excesso a sua intenção de consumo em determinado período e aqueles que desejam aplicá-los para expandir a capacidade produtiva do sistema. Este mapeamento será feito com a matriz de fontes e usos de fundos desenvolvida no Capítulo 7A (MFF/CD).

RESUMO

Este capítulo foi dedicado à apresentação das CEIs. Vimos que as CEIs, construídas na perspectiva dos setores institucionais, podem representar de forma compreensível e simplificada os fenômenos essenciais da economia. Partindo do valor produção, as CEIs demonstram a distribuição dos resultados da atividade econômica entre os setores institucionais, de acordo com as ações praticadas pelos agentes econômicos.

O elemento-chave na construção das CEIs é a "unidade institucional", que são unidades patrimoniais dotadas de capacidade de decisão, além da capacidade de possuir ativos e passivos e de realizar atividades econômicas. Dois tipos de unidades institucionais formam os setores: as famílias e as entidades jurídicas. Cada qual tem seu papel no fluxo circular da renda. De acordo com as suas funções, seu comportamento e objetivos principais, as unidades institucionais são agrupadas em cinco setores: famílias, instituições sem fins lucrativos (*ISFL*) a serviço das famílias, empresas não financeiras, empresas financeiras e administração pública.

Com a elaboração das CEIs podemos visualizar como os setores participam no processo de geração, apropriação primária, distribuição, uso e acumulação de renda nacional, bem como as relações do país com as demais nações.

TERCEIRA PARTE

OUTRAS CONTAS DA SOCIEDADE, DEMOGRAFIA E MEIO AMBIENTE

7

Bases de Dados para a Macroeconomia[1]

Vladimir Lautert, Duilio de Avila Bêrni, Paulo de Andrade Jacinto, Liderau dos Santos Marques Jr., Eduardo Finamore, Daniela Magalhães Prates, André Moreira Cunha, Adriana Nunes Ferreira, Adalmir Marquetti, Riovaldo Mesquita e Luciano Moraes Braga

7.1 CONSIDERAÇÕES INICIAIS

Quando comentamos o modelo completo do fluxo circular da renda na Figura 3.1 do Capítulo 3 (Dimensões), que veio a deflagrar a matriz de contabilidade social da Tabela 3.5, a sinalização que fizemos na Introdução sobre aderirmos à nova contabilidade social recebeu um testemunho eloquente. Com este modelo, que é – na verdade –, o fluxo do valor adicionado, fomos capazes de definir três organizações econômicas (produtores, fatores e instituições) e destacar suas interações por meio de três mercados (bens e serviços, serviços dos fatores e arranjos institucionais, inclusive os arranjos monetários). Por fim, com este aparato e com a matriz de contabilidade social dele derivada, demos destaque às transações de compras e vendas levadas a efeito entre as três organizações econômicas então definidas.

Produtores compram e vendem bens e serviços aos demais produtores e às instituições: famílias, governo, empresas investidoras e empresas importadoras do produto doméstico (ou seja, empresas estrangeiras). Ao mesmo tempo, eles compram serviços dos fatores de produção precisamente no mercado de fatores. Escolhidos pelas famílias para representá-las neste tipo de transação, os assim chamados locatários dos serviços dos fatores transferem às famílias os rendimentos auferidos no mercado de fatores. Por fim, nosso aparato conceitual permitiu-nos destacar, por analogia às transações entre produtores, aquelas levadas a cabo exclusivamente entre instituições. Destacando-as das demais transações, passamos a registrar os donativos de uma instituição a outra, na corriqueira forma de débitos e créditos – usos e fontes dos recursos. Neste contexto, tornamo-nos capazes de alardear que poupança não é renda (exceto os lucros retidos pelas empresas), nem produto, nem despesa, uma obviedade que decorre da enumeração das componentes de cada ótica de mensuração do valor adicionado[2]. O fato de que a poupança é identicamente igual ao investimento (que é um dos integrantes da ótica da despesa – e não das outras duas – de mensuração do valor adicionado) ofere-

---

[1] As Seções numeradas como 2 a 7 resumem conteúdos dos Capítulos 7A (MFF/CD), 7B (Monetários/CD), 7C (Fiscais/CD), 7D (BOP/CD), 7E (Capital/CD) e 7F (Tecnologia/CD), todos inseridos no CD encartado a este livro.
[2] A não ser que estejamos pensando exclusivamente na poupança das pessoas jurídicas.

ceu-nos duas lições importantes. Com a primeira, torna-se claro que a poupança é uma conta de saldo entre as receitas das instituições e suas respectivas despesas. Além dela – e mais importante – a segunda lição cria espaço para concebermos o papel do crédito, quando mais não seja, no fechamento das contas das instituições famílias, governo e resto do mundo que incidiram em déficit na individualização de qual das demais foi a responsável pelo reequilíbrio contábil.

Em nosso modelo completo, a própria configuração das transações entre compras e vendas – débitos e créditos, dívidas e haveres – deixa clara a dualidade entre fluxos monetários e suas contrapartidas reais, ambos mensurados com o que intitulamos de quantidades monetárias. Na verdade, nem nosso entusiasmo em recolocar esse vinho velho em novas garrafas reduz outro e maior otimismo com o que delimitamos desde a Introdução como nova contabilidade social. De modo análogo às conquistas que alcançamos com a releitura do tradicional fluxo circular da renda, emoldurando-o com a matriz de contabilidade social, deixamos claro um detalhe importante. Desde a Equação (3.3) do Capítulo 3 (Dimensões), que mostra o PIB não como uma definição da agregação linear entre a remuneração dos empregados e o excedente operacional, mas como a variável explicada em uma equação de comportamento, é manifesto que não estamos falando exclusivamente em **contabilidade**. Sendo tradicionalmente **social**, sentimo-nos confortáveis para também a chamarmos de **nova**. Com efeito, a incorporação de sucessivas equações de comportamento – das funções de produção às funções de bem-estar social que veremos no Capítulo 10 (Distribuição) – levou-nos ao elo intermediário entre os ramos micro (comportamento dos agentes econômicos individuais) e macro (evolução do produto, do emprego e dos preços) da ciência econômica: a mesoeconomia.

Todas estas inovações, respeitadas as limitações de espaço compatíveis com um livro desta natureza, permitiram-nos colocar lado a lado neste capítulo[3] o tradicional estudo do balanço de pagamentos (Seção 7.5) com a matriz de fontes e usos de fundos (Seção 7.2), os bancos de dados do estudo do funcionamento dos mercados monetários (Seção 7.3) e do monitoramento da ação do governo (Seção 7.4), da mensuração do capital nacional e da utilização da capacidade instalada (Seção 7.6) e da mensuração da atividade tecnológica (Seção 7.7).

7.2 MATRIZES DE FONTES E USOS DE FUNDOS

7.2.1 Contextualização

Representando o centro de gravidade dos instrumentos contábeis e conceituais destinados a avaliar o desempenho dos sistemas econômicos concretos, os Capítulos 4 a 6 (MaCS e MIP, TRUs e CEIs) permitiram-nos integrar as três formas de mensuração do valor adicionado (produto, renda e despesa). Todavia, muito além disso, eles nos levaram a desdobrar o conteúdo dessas três variáveis, autorizando-nos a destacar conteúdos de áreas tão diversas quanto as finanças públicas, os agregados monetá-

---

[3] Aqui, buscamos tanto manter a sequência de apresentação dos temas da nova contabilidade social como não permitir que o livro alcance dimensões enciclopédicas. Por contraste, no CD, o "preço da armazenagem" cai meteoricamente, o que permite que, além das versões integrais destes e de outros capítulos daqui deslocados, apresentemos outros materiais úteis ao estudioso.

rios correntes e as demais variáveis macroeconômicas. Então trabalhamos com setores econômicos (atividades que produzem bens e serviços) e setores institucionais (cujas unidades compram e vendem instrumentos financeiros). Em praticamente todas as seções deste capítulo, faremos desdobramentos adicionais destes conjuntos de variáveis, reservando para o presente momento o estudo da relação entre a poupança e o investimento da economia. Neste sentido, somos novamente remetidos à matriz de contabilidade social, eis que esta reserva – no âmago das instituições – uma conta destacando o investimento de certas instituições (nomeadamente, as empresas) e outra salientando as diferentes fontes da poupança, ou seja, os usos dos fundos e as fontes dos recursos usados para financiá-los.

Agora vamos centrar o interesse no estudo dos fluxos financeiros, examinando sua origem e correspondentes aplicações. Sob o ponto de vista conceitual, um fluxo financeiro constitui o montante monetário que liga o estoque de certa variável observada em determinado período a outro momento. Ou seja, trata-se da movimentação de dinheiro (em suas diferentes formas) ao longo do tempo, retratando a transferência de direitos e obrigações entre os diferentes agentes econômicos. Estudado com mais detalhe na próxima seção, o dinheiro (ou moeda) é a mercadoria definida pelo Estado, aceita por ele e pelos demais integrantes da sociedade como meio de pagamento das transações de bens, serviços, ativos financeiros e do próprio dinheiro. Permitindo que o comércio seja facilitado, a moeda expande a coordenação na ação dos integrantes das organizações econômicas (produtores, fatores, instituições), redundando em ganhos de produtividade. Apoiando-se em regras e convenções que podem alterar-se ao longo do tempo, a moeda desempenha simultaneamente as funções de meio de troca, unidade de conta e reserva de valor.

Deste modo, qualquer que seja o aparato teórico utilizado para fazer as explicações e previsões sobre as macrovariáveis, a identidade básica entre a origem da poupança e seu destino nele deve figurar em destaque. Com efeito, a poupança origina-se de nossas três instituições poupadoras (famílias, governo e agentes do setor externo que se relacionam com produtores ou instituições nacionais), ou é diretamente feita pelas empresas na forma de lucros não distribuídos. Ou seja, vemos a fração do lucro distribuída pelos locatários do fator capital não às famílias proprietárias, mas diretamente ao financiamento do investimento, postando-o no bloco B_{32} da matriz de contabilidade social, ao passo que o investimento ocupa o bloco B_{13}. Ora, um fato observado na vida econômica das comunidades é que nem todos os gastos feitos pelo agente individual em cada período correspondem a receitas desse período e nem todas as receitas implicam a realização simultânea de gastos. Esta ausência de sincronização entre as necessidades e disponibilidades de fundos por parte de instituições específicas leva-as aos mercados financeiros na condição, respectivamente, de tomadores e fornecedores de dinheiro. Com isto, cria-se um mercado destinado a capturar as quantidades de fluxos dos fundos financeiros. O preço determinado neste mercado corresponde, naturalmente, à taxa de juros e suas variações, as quais resultam das características da rentabilidade, liquidez e segurança dos títulos que materializam as transferências.

Considerando, deste modo, que existem agentes que desejam poupar e agentes que desejam gastar além da disponibilidade, e que a aproximação entre eles se dá por meio dos intermediários financeiros, resta identificarmos os instrumentos que articulam estas relações. Tal é a principal função de uma matriz de fontes e usos de fundos. Em outras palavras, seu objetivo principal é acentuar o aspecto financeiro das transações econômicas, visando a proporcionar melhor entendimento sobre as relações existentes entre o lado financeiro (setores institucionais) e o lado real (setores econômicos) do sistema. Sua utilidade mais imediata é fornecer informações para a elaboração das contas nacionais, mas também serve para o planejamento da oferta de dinheiro na economia e mesmo para agentes privados que – ao perceberem desequilíbrios – ingressam no sistema com fins especulativos. Entendida mais amplamente como instrumento de controle dos investimentos produtivos, a matriz de fontes e usos de fundos associa-se à matriz de contabilidade social e ao sistema de contas nacionais, montando a base de dados da sobre a qual assenta a modelagem macroeconômica.

Em resumo, a matriz de fontes e usos de fundos permite que coloquemos lado a lado as contas do investimento (débito) e poupança (crédito) já examinadas na matriz de contabilidade social (Capítulo 4 – MaCS e MIP) e nas contas econômicas integradas (Capítulo 6 – CEIs). Na medida em que se está buscando informação adicional sobre tais lançamentos, a matriz de fontes e usos de fundos vincula-se ao sistema de contas nacionais precisamente por meio destas contas. Por este motivo é que o *Handbook* incorporou-a às contas econômicas integradas nas contas de capital e financeira. No Quadro 6.1 e na Tabela 6.2 do Capítulo 6 (CEIs), tivemos a oportunidade de observar os setores institucionais e os instrumentos financeiros utilizados. No lado esquerdo da Tabela 6.2, foram registradas as variações líquidas dos ativos financeiros (usos de recursos) e, no lado direito, as variações líquidas dos passivos financeiros (fontes de recursos). Dessa forma, identificamos os instrumentos financeiros utilizados pelos agentes superavitários, a fim de transferirem seus recursos excedentes aos agentes deficitários. A associação das contas reais (produção de bens e serviços, despesa e distribuição da renda) e financeiras se dá por meio da conta de acumulação (conta de capital).

7.2.2 Duas matrizes de origens e aplicações de fundos financeiros

Nosso primeiro passo consiste em evidenciarmos como as receitas e os gastos dos agentes econômicos individuais se relacionam à obtenção de ativos (fundos) e passivos (usos) e, além disso, como a agregação dessas contas gera resultados para os setores institucionais. Na Tabela 7.1, iniciamos nossa breve trajetória desdobrando os ativos e passivos financeiros entre as operações que os compõem. Suas linhas agrupam as movimentações em duas grandes categorias. Na primeira, vemos o registro das disponibilidades de poupança e seu encaminhamento para o investimento das diferentes instituições que nos acompanham desde as primeiras matrizes de contabilidade social, com a diferença de que, agora, a coluna Investimento é desdobrada de acordo com a natureza institucional (financeira ou não financeira) da empresa que absorve esta componente da demanda final dos setores produtivos. A segunda categoria de agrupamento das fontes e dos usos dos recursos financeiros de Lizarb trata dos lançamentos eminentemente financeiros, como o ouro amoedado, os depósitos em dinheiro, as ações, as provisões para pagamento de prêmios de seguros, etc.. Como tal, usos e fundos não necessariamente se compensam. Com o setor institucional Famílias – S14, podemos verificar, por exemplo, que a principal

Tabela 7.1 Matriz de fluxos de fontes e usos de fundos simplificada de Lizarb, ano X (unidades monetárias indexadas)

Itens	Empresas não financeiras S11		Empresas financeiras S12		Administrações públicas S13		Famílias S14		Resto do mundo S2		Total	
	Uso	Fundo	Uso	Fundo	Uso	Fundo	Uso	Fundo	Uso	Fundo	Uso	Fundo
Categoria não financeira												
Poupança		10.779		2.270		-1.931		33.680				44.798
Investimento	21.922		127		-4.800		27.549				44.798	
Capacidade (+) ou necessidace (-) de financiamento	-9.713		704		-7.038		20.833				4.786	0
Categoria financeira												
F.1 Ouro monetário e direitos de saque especiais			-962						296		-666	0
F.2 Numerário e depósitos	3.709		3.272	37.948	1.527	439	14.835		2.400	-439	25.743	37.948
F.3 Títulos exceto ações	3.710	1.064	10.925	9.400	5.360	11.351	5.978		1.031	3.547	27.004	25.361
F.4 Empréstimos	2.388	4.682	14.769		3.980	6.199	442	1.846	884	2.440	22.463	15.167
F.5 Ações e outras participações	303	3.641	455	1.820	5.462		455		303	420	6.980	5.882
F.6 Provisões técnicas de seguros				6.947			6.947				6.947	6.947
F.7 Outros créditos/débitos	872	2.325			748	628	8.536	314	2.617	1.885	12.772	5.153
Total	23.192	22.491	29.291	58.385	5.238	16.686	85.576	35.841	7.531	7.853	150.828	141.256

aplicação financeira foi feita no instrumento financeiro Numerário e depósitos – F2, ao passo que sua principal obrigação encontra-se no instrumento financeiro Empréstimos – F4.

Contrastando com a matriz de fontes e usos de fundos da Tabela 7.1, as origens e aplicações dos recursos de Lizarb são exibidas na Tabela 7.2. Uma vez que cada lançamento, por exemplo, a conta F.3 – Títulos exceto ações tem dois lançamentos a crédito (na linha) e outros dois a débito (nas diferentes colunas), esta matriz é classificada como de partidas quádruplas. Com esta nova forma de apresentação, integramos de modo diverso as informações provenientes da análise dos intermediários financeiros, do balanço de pagamentos e das contas do governo, todas reunidas nas contas econômicas integradas. Contudo, pelo próprio fato de estarem constituídas na forma de um sistema de contas, elas permitem a formação de uma visão integrada dos aspectos financeiros do funcionamento do sistema, de sorte que, mesmo em países de informação deficiente sobre o setor privado, a atividade financeira em que este se envolve pode ser obtida como resíduo das demais contas. Sabendo que a poupança da economia foi de L$ 4.785, podemos ver a Tabela 7.2 como o aparato que evidencia as transações observadas no lado monetário destinados a cobrir este montante quando aplicado na ampliação do estoque de capital. Como podemos ver, para fazê-lo, o montante de instrumentos monetários-financeiros utilizados alcançou um valor mais de 20 vezes superior. Iniciamos notando suas duas linhas finais, escrevendo na última os totais das contas dos setores institucionais e registrando o valor máximo alcançado pela origem ou pela aplicação.

Como examinaremos com maior grau de detalhe no Capítulo 7A (MFF/CD), podemos entender as matrizes $R = U$ e $E = V^T$ como correlatas das tabelas de absorção e produção estudadas na Seção 4.8 do Capítulo 4 (MaCS e MIP). Dada esta analogia, estamos qualificados para utilizar o aparato algébrico lá desenvolvido e criarmos diferentes modelos voltados à montagem de diagnósticos sobre as características estruturais das relações financeiras das economias concretas. De fato, com o mesmo formato de aglutinação de contas T (ou razonetes) de diferentes componentes do mundo financeiro, a matriz de fontes e usos de fundos desdobra informações sobre as contas integradas (renda, poupança, acumulação de capital), destacando o binômio constituído pelos setores institucionais e pelos instrumentos financeiros que estes ofertam ou procuram. Desta forma, deixamos indicada a possibilidade de usarmos o formato das matrizes de produção e absorção a fim de organizar a informação dos instrumentos financeiros e dos setores institucionais, rastreando origens e destinos das transações. Com estas inovações, desejamos deixar indicado que torna-se fácil aproveitarmos o desenvolvimento de boa parte da álgebra das matrizes que vimos usando para fazer decomposições das matrizes de contabilidade social e de insumo-produto. Tal álgebra permite criarmos instrumentos destinados ao exame das transações financeiras relevantes para a análise macroeconômica.

7.3 INDICADORES MONETÁRIOS

7.3.1 Contextualização

Na sociedade contemporânea, a importância das funções desempenhadas pela moeda, expressão que o jargão econômico consagrou como um dos sinônimos para a palavra dinheiro, é indiscutível. Seu uso para a intermediação das trocas é tão comum

Tabela 7.2 Origens e aplicações de recursos, Lizarb, ano X (unidades monetárias indexadas)

APLICAÇÕES: Matriz R = U

Total	Resto do mundo S2	Famílias S14	Administração pública S13	Empresas financeiras S12	Empresas não financeiras S11	Instrumentos financeiros
−666	296	0	0	−962	0	F.1 Ouro monetário e direitos de saque especiais
25.743	2.400	14.835	1.527	3.272	3.709	F.2 Numerário e depósitos
27.004	1.031	5.978	5.360	10.925	3.710	F.3 Títulos exceto ações
22.463	884	442	3.980	14.769	2.388	F.4 Empréstimos
6.980	303	455	5.462	455	303	F.5 Ações e outras participações
6.947	0	6.947	0	0	0	F.6 Provisões técnicas de seguros
12.772	2.617	8.536	748	0	872	F.7 Outros créditos/débitos
0	322	0	1.540	27.656	730	CAPACIDADE OU NECESSIDADE DE FINANCIAMENTO
101.243	7.853	37.193	18.617	56.115	11.712	TOTAL

ORIGENS: Matriz E = V^T

Instrumentos financeiros	Empresas não financeiras S11	Empresas Financeiras S12	Administração pública S13	Famílias S14	Resto do mundo S2	Total
F.1 Ouro monetário e direitos de saque especiais	0	0	0	0	0	0
F.2 Numerário e depósitos	0	37.948	439	0	−439	37.948
F.3 Títulos exceto ações	1.064	9.400	11.351	0	3.547	25.361
F.4 Empréstimos	4.682	0	6.199	1.846	2.440	15.167
F.5 Ações e outras participações	3.641	1.820	0	0	420	5.882
F.6 Provisões técnicas de seguros	0	6.947	0	0	0	6.947
F.7 Outros créditos/débitos	2.325	0	628	314	1.885	5.153
CAPACIDADE OU NECESSIDADE DE FINANCIAMENTO	0	0	0	35.033	0	4.785
TOTAL	11.712	56.115	18.617	37.193	7.853	101.243

que hoje em dia ninguém se imagina sem esse instrumento. A todo instante estamos tomando decisões que envolvem a compra ou venda de bens e serviços, e a moeda implicitamente está associada a cada uma delas. Mesmo fazendo ilações acerca de um sistema que não usa a moeda a fim de intermediar as trocas entre os agentes, não somos capazes de descrever nos mínimos detalhes a complexidade de uma economia baseada no escambo generalizado.

Para termos uma ideia da simplicidade e importância do uso da moeda, imaginemos estar passeando pelo parque e, num determinado momento, pararmos em frente a uma cafeteria e comprarmos um lanche. Ao realizarmos a transação, obtemos algo a que atribuímos valor, ou seja, o elemento necessário para saciar nosso desejo de alimentar-nos. Para pagar o lanche, poderíamos entregar ao operador da caixa registradora da lanchonete um pedaço de papel pintado, cheio de símbolos e ilustrado com algumas figuras de animais ou de pessoas. Ou ainda, na ausência desse papel, faríamos o pagamento, entregando outra tira de papel com o nome de um banco e nossa assinatura. De qualquer forma, o proprietário da cafeteria ficará satisfeito ao receber um simples papel preenchido com signos que o identificam como notas de banco ou cheques, ou – mais abstrato ainda – um cartão de crédito. Essa forma de agir não tem nada de estranho. Pelo contrário, ela representa a maneira mais utilizada cotidianamente pelos indivíduos para a realização das trocas. Apesar de que a cédula utilizada para pagar o lanche não possui nenhum valor intrínseco, o proprietário da lanchonete sabe e tem confiança de que, no futuro, outro agente irá aceitá-la em troca de algo a que também atribua valor. Imaginando-se integrado numa corrente, esse terceiro agente aceitará o dinheiro, sabendo que uma quarta pessoa o receberá, e assim por diante. Em resumo, para o proprietário da lanchonete, bem como para os demais agentes econômicos da sociedade, seu dinheiro representa um direito a bens e serviços no futuro. Isso é decorrente de um contrato social cujas regras foram e são disseminadas de geração a geração, articulando o que temos chamado de mercado de arranjos institucionais (inclusive monetários).

Por isso o uso da moeda é útil numa sociedade grande e complexa, permitindo que, por meio da sua existência, o comércio seja facilitado. Fica fácil imaginar que o proprietário da lanchonete no exemplo acima não está interessado em saber se somos capazes de produzir um bem ou serviço que, para ele, apresente valor. Ainda assim, ele fica satisfeito em aceitar nosso dinheiro por saber que outros agentes farão o mesmo quando este for passado adiante. O uso da moeda faz com que as trocas sejam indiretas. Fluindo de mão em mão, a moeda permite que a produção e o comércio sejam mais eficientes, levando os agentes a se especializarem naquilo que de melhor podem fazer. A coordenação assim alcançada entre os agentes que produzem e comerciam proporciona ganhos de produtividade e, com eles, aumentos no padrão de vida de todos, como ilustramos no Box 1.3 do Capítulo 1 (Divisão). Esta é a justificativa para descrevermos as economias contemporâneas como economias monetárias.

Numa economia monetária, o dinheiro exerce, adicionalmente ao papel de intermediário entre as trocas, o de unidade de conta, ou seja, o denominador comum de valor ao qual são convertidos os valores de todos os bens e serviços, inclusive os serviços prestados pelos usuários dos fatores de produção. Foi precisamente esta propriedade da moeda que nos acompanhou durante os capítulos anteriores. Particularmente, o fluxo circular da renda exibido na Figura 1.6 do Capítulo 1 (Divisão) permitiu-nos identificar, em contrapartida aos movimentos (reais) das quantidades transacionadas de bens e serviços (inclusive os dos fatores e arranjos institucionais), o fluxo nominal representando os pagamentos e recebimentos feitos pela compra desses bens e serviços por parte dos produtores, locatários de fatores e instituições.

A terceira função do dinheiro confere-lhe o poder de garantir mobilidade no tempo, ou seja, os mesmos L$ 1.000 de hoje disponíveis poderão ser utilizados, daqui a um ano, para adquirir certa cesta de bens e serviços, em valor não muito diverso dessa cifra. A função de reserva de valor exercida pelo dinheiro, assim, garante razoável grau de estabilidade nas relações econômicas encetadas entre agentes, assegurando-lhes a transferência de dívidas e haveres a outros períodos e mesmo outras gerações. Finalmente, é nesta mesma linha de raciocínio que a matriz de contabilidade social, ao destacar no bloco B_{13} o investimento da economia e, nos blocos B_{32} e B_{33}, as diferentes fontes da poupança articuladas para equilibrá-lo, evidencia por meio da Figura 1.10 do Capítulo 1 (Divisão) a integração dos cinco mercados macroeconômicos, nomeadamente, os mercados de bens e serviços, de moeda, de títulos, de câmbio e de trabalho. Desta forma, podemos colocar aqui em destaque o mercado monetário (ou de arranjos institucionais), com suas funções características de oferta e procura por moeda e a condição de equilíbrio pertinente. Todas estas considerações permitem percebermos a importância da moeda nas sociedades modernas e seu papel para a promoção do desenvolvimento econômico.

7.3.2 Agregados monetários: conceitos e indicadores

O mercado é o ambiente em que vendedores e compradores de determinada mercadoria se defrontam, a fim de estabelecerem um preço e uma quantidade que deixará ambos dispostos e aptos a realizarem a transação. Como tal, podemos entender que, nas operações monetárias também existirá um preço – a taxa de juros – e uma quantidade – uma cifra em dinheiro – que concebivelmente permitirão a troca de propriedade de objetos transacionados. Ainda assim, diferentemente de um quilo de manteiga ou de uma cirurgia renal, o objeto tanto da procura quanto da oferta é o dinheiro. Por isto dissemos que o preço da transação é a taxa de juros. Qual seria a motivação de um agente econômico racional, ao desfazer-se de certa quantidade monetária por um período, se não o recebimento de uma recompensa material ou em espécie? De modo análogo, o agente que aceita o empréstimo terá a expectativa de nada pagar pela possibilidade de usar este dinheiro de propriedade de terceiros em seu benefício?

Tais motivações são comezinhas, cabendo referirmos que, nos mercados monetários, podemos imaginar a presença permanente de excedentes de procura: por que não tomar mais e mais dinheiro, se as condições de pagamento são suficientemente frouxas? Simetricamente, sem regulamentações estritas, qualquer agente movido pela má fé poderá ofertar quantidades descomunais de moeda, pois qualquer retorno sobre esse "papel pintado" ser-lhe-á lucrativo. Essas características da oferta e da procura por dinheiro fazem deste um mercado peculiar em que a figura do governo interveio, a fim de regular as condições da oferta. Neste contexto, é fácil de imaginarmos que a moeda surgiu em um estágio do desenvolvimento social e econômico em que sequer se podia observar a presença do Estado, configurando-se apenas o binômio mercado-comunidade como instrumento de agregação das preferências sociais. Mas, surgido o Estado, muitas foram as interferências sobre a oferta monetária, iniciando a simples arrecadação de tributos e, por meio de fraudulentas raspagens, expandir-lhe a oferta. À medida em que a moeda passava a desmaterializar-se, o Estado passava a desempenhar cada vez mais importantes funções na sua provisão, de sorte a garantir o funcionamento ordenado da atividade econômica. Esta e outras razões levam-nos a aprofundar a ação do governo na próxima seção, reafirmando a necessidade da articulação dos indicadores monetários e fiscais com a análise financeira macroeconômica e a análise mesoeconômica da nova contabilidade social.

As peculiaridades da moeda levaram a que, ao longo do tempo, ela tenha experimentado um processo de crescente desmaterialização que está longe de ver-se concluído. A moeda bancária passou a ter circulação obrigatória, também chamada de curso legal e – por existir apenas na escrita da contabilidade dos bancos – costuma-se designá-la também por moeda escritural. Como tal, dentro de certos limites, os bancos comerciais passaram a criar moeda sob a forma de depósito à vista a um cliente, no momento em que lhe concedem um crédito mediante uma simples operação contábil. A fim de não oferecerem mais dinheiro do que o sistema econômico pode absorver, modernamente os bancos comerciais integram um sistema emissor de moeda legal organizado e hierarquizado em torno do Banco Central. Partindo do papel-moeda em poder do público (papel-moeda e moedas metálicas), define-se o conceito de M0 (pronuncia-se "eme-zero"), ao qual acrescentam-se os depósitos à vista nos bancos criadores de moeda, gerando M1. Com os depósitos especiais remunerados, os depósitos de poupança, os títulos emitidos por instituições financeiras, monetárias e não monetárias (depósito a prazo, letras de câmbio, letras hipotecárias e letras imobiliárias), chegamos a M2. Para chegarmos ao conceito de M3, adicionamos a M2 as quotas de fundos de renda fixa e as operações compromissadas com títulos públicos federais. Por fim, M4 envolve ainda os demais títulos públicos de alta liquidez.

Outros instrumentos financeiros, como as ações, os títulos de câmbio, as debêntures, os derivativos, os futuros, etc. também curvam-se à lei da oferta e procura aplicada ao mercado de moeda. Com isto, podemos entender o papel dos instrumentos voltados a atender a demanda por dinheiro: o financiamento do processo de crescimento empresarial, as necessidades de curto prazo de mobilização de capital de giro e as finanças das famílias. Em todos estes casos, podemos pensar que, numa economia simples, os principais agentes prestamistas são as famílias, ao passo que os principais tomadores são as firmas. O fluxo de recursos dos prestamistas aos tomadores de empréstimos se dá por meio do financiamento direto ou do indireto. Configuram-se, assim, os mercados primários e os mercados secundários de finanças, na forma de mercados monetários propriamente ditos, mercados de capitais e também os mercados de câmbio. Essas atividades são regulamentadas pelo Banco Central, que é o órgão executivo do sistema financeiro nacional, cujo objetivo de ação não é a obtenção de lucro. Como tal, ele é o banco dos bancos e do governo e, neste caso, o executor da política monetária. De sua ação, resulta um modelo preditivo da expansão monetária, o multiplicador bancário, que examinaremos detidamente no Capítulo 7B (Monetários/CD).

Por ora, cumpre-nos fazer uma apresentação genérica do lado monetário deste peculiar mercado, dado que, por atribuição legal, o governo é o agente que monopoliza a oferta e lhe confere curso forçado[4]. Definida, assim, pelo governo lizarbiano, a unidade de mensuração do padrão monetário é o laer e simbolizado por L$, o conceito original de estoque monetário (M0) corresponde ao total do papel-moeda em poder do público (PMP). Este conceito abarca tanto as cédulas e moedas metálicas detidas pelos indivíduos e empresas não financeiras quanto seus depósitos à vista efetivamente movimentáveis por cheques. Assim, iniciamos dizendo que a oferta monetária é $M0 = PMP$.

Tratando da definição operacional, podemos observar na primeira cifra da Tabela 7.3 que este agregado monetário assume o valor de L$ 52.019 milhões. Sucessivas agregações a este montante irão gerar os demais conceitos de moeda e, como tal, as medidas dos meios de pagamentos.

A primeira extensão do conceito de moeda gera o estoque M1 dos meios de pagamento, representando o volume do estoque de recursos prontamente disponíveis para o pagamento de bens e serviços. Deste modo, o estoque original de moeda (M0 ou PMP) agrega ao papel moeda em poder do público os depósitos à vista feito pelos agentes no sistema bancário (DV): $M1 = PMP + DV$.

Tabela 7.3 Medidas de meios de pagamento de Lizarb no final do ano I (unidades monetárias indexadas em milhões de laeres)

Composição	M0	M1	M2	M3	M4	% de M4 (do item)	% de M4 (acumulado)
Papel-moeda em poder do público	52.019	52.019	52.019	52.019	52.019	4,7	4,7
Depósito à vista		75.927	75.927	75.927	75.927	6,8	11,5
Depósitos para investimento			374	374	374	0,0	11,5
Depósito de poupança			159.589	159.589	159.589	14,4	25,9
Títulos privados			205.588	205.588	205.588	18,5	44,4
Cotas de fundos de renda fixa				474.817	474.817	42,7	87,1
Operações compromissadas com títulos federais				20.308	20.308	1,8	89,0
Títulos federais					120.069	10,8	99,8
Títulos estaduais e municipais					2.678	0,2	100,0
TOTAL	52.019	127.946	493.497	988.622	1.111.369	100,0	100,0

Fonte: Banco Central de Lizarb (posição em 31 de dezembro do ano I).

---

[4] Cabe observarmos que, até este momento, os capítulos anteriores falaram na instituição Banco Central e privilegiaram seu aspecto legal (*ex post*) dos registros das transações financeiras. Aqui, nossa visão, ainda que falando em quantidade ofertada de moeda *ex post*, reflete nossa preocupação com seu reflexo *ex ante* sobre a taxa de juros. Ou seja, as relações *ex post* constituem o suporte para a modelagem dos mercados monetários.

Em Lizarb, esse valor é de L$ 128 bilhões, pois os depósitos à vista carrearam mais L$ 76 bilhões ao valor do estoque original. Outra forma de expressar os meios de pagamento utiliza a seguinte equação de definição: $M1 = MM + ME$, onde, adicionalmente, MM é moeda manual que corresponde ao papel-moeda emitido pelo Banco Central e de posse dos agentes (famílias), e ME é a moeda escritural (moeda bancária) criada pelos bancos e corresponde ao total de **depósitos à vista** e de **depósitos de curtíssimo prazo**, cuja movimentação se dá pela utilização de cheques como meios de pagamento. Embora seja intuitiva, essa definição de meios de pagamento restringe seu escopo, pois existem muitos ativos, como os depósitos a prazo e a caderneta de poupança, entre outros, que não são considerados moeda no sentido estrito, mas possuem algumas características de moeda no sentido amplo. Sem custos de transação muito elevados, estes ativos também podem ser convertidos em dinheiro e utilizados como meio de troca, o que os leva a serem conhecidos como quase-moedas. Ou seja, são ativos financeiros (títulos, ou papéis comerciais) portadores de alta liquidez. Por renderem juros, mesmo não sendo aceitos normalmente em troca de bens e serviços, eles podem ser trocados por moeda.

Na Tabela 7.4, alinhamos os diferentes conceitos de moeda para alguns países selecionados de nosso Planeta GangeS. Podemos observar que os indicadores de aprofundamento financeiro exibem certa variação errática entre os países, apontando para um padrão no desenvolvimento econômico internacional. Por exemplo, sendo Uqbar o país mais pobre do Planeta GangeS, podemos confrontar a participação dos estoques M0 e M1 com os de seu simétrico, nomeadamente, El Dorado. No primeiro caso, podemos calcular as cifras de 39,7% e 7,9%, que se opõem aos 1,4% e 15,2% concernentes a El Dorado. Somos levados a pensar que, por ser mais pobre, a economia de Uqbar é menos monetizada do que a de El Dorado, o que se reflete na relativa importância da moeda manual. O crescimento econômico deve implicar a ampliação do volume de transações entre as empresas, o que não necessariamente reduzirá o volume de M0 ou M1 em termos absolutos. Todavia, a julgar por El Dorado, a participação das negociações internas ao setor empresarial na demanda por moeda deverá crescer.

A importância deste tipo de análise reside no fato de que muito provavelmente o custo do gerenciamento do papel moeda é mais alto do que o da moeda escritural. Neste caso, devemos considerar a emissão das cédulas e a avaliação da necessidade de diferentes valores em papel ou metal (quantas vezes a economia necessita de notas de Q$ 1 relativamente às de Q$ 50?), bem como o controle das tentativas de fraude e outros custos assemelhados. Levando adiante a questão de quantas vezes

Tabela 7.4 Indicadores de aprofundamento financeiro em países selecionados, diversos anos (unidades monetárias diversas)

Países Moeda Variáveis econômicas	Anitnegra austral A$	Atlantis dólar S$	El Dorado berna B$	Lizarb laer L$	Trondhein oslo O$	Uqbar iques K$
M0	9,7	3,3	1,4	3,8	2,6	39,7
M1	4,7	12,0	15,2	5,5	7,5	7,9
M2	5,6	10,5	11,3	26,6	14,5	16,8
M3	8,3	15,3	16,4	36,0	15,9	10,5
M4 : oferta monetária (bilhões)	41,4	67,2	59,1	81,0	68,6	95,2

cada célula (ou unidade de moeda escritural) circula na economia a cada período, cabe-nos recuperar a equação quantitativa da moeda que examinamos no Capítulo 3 (Dimensões). Considerando que M × V = P × Q, dissemos poder conceber um conjunto de circunstâncias em que tanto V quanto P assumem valores unitários. Neste caso, torna-se patente que M = Q, ou seja, que o estoque de moeda é idêntico ao produto real, o que faz com que cada "cédula" troque de mãos apenas uma vez durante o período.

7.4 OS AGREGADOS FISCAIS E A CONTABILIDADE SOCIAL

7.4.1 Contextualização

A atuação do governo é fundamental para o funcionamento das sociedades modernas. As instituições que fazem parte do dia a dia de qualquer cidadão mostram que sua vida seria grandemente dificultada, se não de todo impossível, sem a existência da administração pública. Prestando serviços aos indivíduos e cidadãos ocupantes de determinados territórios que configuram a nação, o governo tem a incumbência de harmonizar, nem sempre de forma pacífica, os interesses das diferentes frações da comunidade. Tal é sua importância que, antes mesmo de passarmos a avaliar-lhe a participação na economia, tivemos a oportunidade de registrar sua presença em diversos momentos do desenvolvimento dos capítulos anteriores. No Capítulo 1 (Divisão), ao classificarmos os bens e serviços como livres ou econômicos e detalharmos a natureza dos bens econômicos, apontamos para um subconjunto que não é passível de receber provisão por meio dos mercados, como é o caso da segurança pública ou do controle da poluição ambiental. Além disto, salientamos a existência de outros bens que, mesmo sendo passíveis de terem sua demanda atendida por meio da ação dos mercados, recebem, por parte da sociedade, a avaliação de que o nível que finalmente a ela chega não é o desejado. Os bens de mérito, como a educação, que tem a capacidade de gerar acentuados benefícios (externalidades positivas) mesmo para quem não a consome, precisam de algum incentivo cuja origem encontra-se fora do mercado. Por contraste, os bens de demérito, como o cigarro, veem na tributação uma sinalização por parte da sociedade para, por meio da elevação de seu preço, ter o consumo reduzido.

Uma vez que mecanismos autônomos destinados à produção destes bens e serviços não são desenvolvidos, sua materialização exige a presença do governo ou de outras instituições sociais que se postam fora do âmbito do mercado e que sejam capazes de mobilizar os recursos necessários ao atendimento das necessidades sociais. As instituições comunitárias alternativas ao governo podem ser constituídas pelas chamadas organizações não governamentais (ONGs), cuja lógica de alocação de recursos difere da daquela que rege a atividade desenvolvida tanto sob a égide do mercado, quanto sob o comando do próprio governo. Deste modo, a provisão pode ser concebida como divorciada da produção, na medida em que há outras formas de financiamento dos bens cuja oferta é impossível de ocorrer no ambiente do mercado. Neste caso, tanto as organizações não governamentais quanto as diferentes formas de iniciativas comunitárias encarregam-se de resolver o problema.

Tendo recém-referido a questão das externalidades positivas geradas pela educação, cabe enfatizar o poder analítico deste tipo de abordagem. Ele permite pensarmos que a ação pública torna-se necessária tanto nos casos das falhas de mercado quanto na constatação de falhas de coordenação entre as ações dos diferentes agentes. No Capítulo 7C (Fiscais/CD), vamos trabalhar mais detalhadamente a questão das falhas de mercado e de coordenação, na busca de uma justificativa racional para a necessidade da criação e aperfeiçoamento do governo. Definindo suas funções, veremos que – além da chamada função liberal clássica, nomeadamente, a garantia da lei e da ordem – ele altera a alocação dos recursos (o que, quanto produzir) e a distribuição (para quem produzir) e também exerce a função de estabilizar a atividade econômica, neste caso procurando promover o crescimento do valor adicionado e do emprego, mantendo a estabilidade dos preços.

A fim de prestar serviços, o governo precisa deter recursos, os quais são obtidos principalmente, mas não de modo exclusivo, por intermédio da tributação. Estas duas peculiaridades da ação pública, nomeadamente, a realização de gastos e o recolhimento de tributos para financiá-los, apontam para a chamada interferência do Estado sobre a economia. Considerando as situações de duas economias sem e com governo, no caso do aparecimento de gasto público, diz-se que foi aplicada uma injeção no fluxo circular da renda, engrossando-o, ao passo que, com a tributação, ocorre um vazamento, levando a uma redução do valor adicionado de equilíbrio. São justamente estas injeções e vazamentos que chamamos de agregados fiscais.

7.4.2 Os registros da ação do governo na contabilidade social

Além das fontes e usos dos recursos de bens e serviços registrados na matriz de contabilidade social que nos acompanha desde a Tabela 3.5, também vemos a ação do governo registrada nas contas econômicas integradas do Capítulo 6 (CEIs). Vamos agora evidenciar a partir de um exemplo numérico, a forma como os agregados fiscais nelas são discriminados. Começaremos pela conta de bens e serviços, também chamada de Conta 0 (Zero), registrando-a na Tabela 7.5.

O objetivo da Conta 0 (Zero) é evidenciar o total das fontes de recursos que entraram no sistema econômico no período de tempo considerado. Este corresponde ao valor total dos bens e serviços produzidos nos limites territoriais, ao qual são acrescentadas as importações. Em se tratando de uma identidade regida por um sistema de partidas dobradas, podemos perceber que necessariamente o total das fontes dos recursos deve ser igual ao total dos usos. Ao evidenciarmos exclusivamente o setor das administrações públicas na Tabela 7.5, notamos, no entanto, que a identidade não é válida, uma vez que as fontes de recursos superam os usos em L$ 24.696 (ou seja, 181.743 − 157.047). Podemos, com isto, apontar a existência de casos em que não há identidade contábil do ponto de vista dos setores institucionais tomados isoladamente.

Apresentada na Tabela 7.6 com a administração pública desagregada em seus subsetores, a conta de produção (Conta I.1) exibe a produção como fonte dos recursos, exibindo o consumo intermediário como uso dos recursos. Seu saldo é o valor adicionado (produto), que pode ser avaliado em termos líquidos ou brutos, dependendo da condição de seu valor desconsiderar (líquido) ou incluir (bruto) o montante da depreciação (chamada de consumo de capital fixo) atribuída ao uso do capital fixo durante o processo produtivo. Formalmente, temos: $VP_{PB} - CI_{PC} = PIB_{PC}$, onde VP_{PB} é valor da produção a preços básicos, CI_{PC} é o consumo intermediário a preços de consumidor, PIB_{PC} é o valor adicionado (produto) a preços de consumidor.

Tabela 7.5 Conta 0 (zero) – conta de bens e serviços. Lizarb, ano X (unidades monetárias indexadas)

Recursos		Operações e saldos	Usos	
Recursos – Total	S13 – Administrações públicas		S13 – Administrações públicas	Usos – Total
		Conta Zero – Conta de bens e serviços		
1.000.000	113.575	Produção		
65.678	15.106	Importação de bens e serviços		
53.062	53.062	Impostos sobre produtos, inclusive os importados		
		Consumo intermediário	35.610	538.821
		Despesa de consumo final das famílias	0	294.597
		Despesa de consumo final das administrações públicas	99.503	99.503
		Formação bruta de capital fixo	8.868	88.675
		Aquisições líquidas de cessões de objetos de valor	548	2.774
		Variação de estoque	3.256	10.161
		Exportação de bens e serviços	9.263	84.209
1.118.740	181.743	Total	157.047	1.118.740

Adicionalmente, $PIB - CCF = VAL_{PC}$, onde PIB é valor adicionado (produto) a preços aproximadamente básicos, CCF é o consumo de capital fixo e VAL_{PC} é o valor adicionado líquido a preços de consumidor. Estas duas identidades, inclusive a conta de poupança, são válidas para o conjunto da economia e para cada setor institucional considerado isoladamente. No caso das administrações públicas, sua produção mercantil e não mercantil é lançada como recurso para ser comprado como consumo intermediário, o qual é lançado como um uso. As cifras da Tabela 7.6 mostram que, para a administração pública como um todo, as duas equações acima permitem escrevermos: $113.575 - 35.610 = 77.965$ e $77.965 - 8008 = 69.957$.

O PIB do conjunto da economia nacional é um recurso correspondente aos rendimentos do aluguel dos serviços prestados pelos locatários dos fatores de produção aos produtores, sendo transportado para a conta de geração de renda (Conta I.2.1.1) apresentada na Tabela 7.7. Esta conta mostra a desintegração do valor adicionado mensurado pela ótica da renda. Nela é explicitado o uso dos fatores trabalho e capital para a geração do produto. O PIB é lançado como um recurso, cujo uso resulta no pagamento das remunerações aos fatores e dos impostos líquido de subsídios sobre a produção e a importação (sobre produtos e a atividade). O excedente operacional é obtido por diferença.

Da mesma forma que ocorre com os demais setores institucionais, o excedente operacional é considerado na renda das administrações públicas, lançado como recurso na conta de alocação da renda primária (Conta I.2.1.2). A remuneração dos empregados e o rendimento misto são recebidos pelas famílias. Já os impostos sobre a produção e a importação (líquidos de subsídios) são os recebi-

Tabela 7.6 Conta I.1 – conta de produção. Lizarb, ano X (unidades monetárias indexadas)

	Usos					Operações e saldos	Recursos					
Usos – Total	S13 – Administração pública	S.1311 – Administração central	S.1312 – Administração estadual	S.1313 – Administração local	S.1314 – Fundos de segurança social		S.1314 – Fundos de segurança social	S.1313 – Administração local	S.1312 – Administração estadual	S.1311 – Administração central	S13 – Administração pública	Recursos – Total
						Conta I.1 – Conta de produção						
538.821	35.610	17.093	11.039	6.410	1.068	Produção	5.746	18.105	41.445	48.279	113.575	1.000.000
61.598	8.008	3.844	2.482	1.441	240	Produção mercantil	0	0	4.145	1.931	6.076	881.751
514.241	77.965	31.186	30.406	11.695	4.678	Produção não mercantil	5.746	18.105	37.301	46.348	107.499	118.249
452.643	69.957	27.342	27.924	10.253	4.438	Consumo intermediário						
						Consumo de capital fixo						
						Valor adicionado						
						Valor adicionado líquido						

mentos do governo[5]. Os rendimentos de propriedade dizem respeito à posse de ativos financeiros ou ativos reais não produzidos (terrenos e ativos do subsolo). Nesta rubrica, incluem-se no lado dos usos os rendimentos a pagar (inclusive a unidades institucionais não residentes), e no lado dos recursos os rendimentos a receber (inclusive de unidades institucionais).

7.4.3 O processo orçamentário do governo

O governo intervém na economia de diversas formas (gastando, concedendo subsídios, transferindo renda e recursos, investindo em infraestrutura, regulamentando mercados e tributando a renda, o patrimônio e o consumo). Ademais, para certas finalidades contábeis, ele pode ser entendido como uma organização semelhante a uma empresa privada. Como tal, o governo necessita planejar o montante de despesas e receitas, definir onde serão despendidos os recursos, identificar as fontes de receita e fazer uma previsão sobre como essas variáveis irão comportar-se dentro de determinado período. O orçamento público nada mais é do que a lei que reúne todas essas informações. Na fase de elaboração desse documento, os chamados agentes da política envolvidos no processo (cidadãos, legisladores, chefe do poder executivo, burocratas, grupos de interesse e juízes) deverão expressar seus pontos de vista sobre a hierarquização das prioridades. Uma vez aprovado, o orçamento público passa a ter força de lei, isto é, o governo terá o compromisso legal de executar as despesas fixadas, atendendo aos montantes das receitas previstas. Cabe ao Poder Executivo elaborar a proposta orçamentária, remetendo-a à apreciação do Legislativo. Este poder discute, examina, emite pareceres sobre pontos específicos do projeto de lei, propõe emendas e vota a proposta, transformando-a em documento a ser submetido à sanção do Poder Executivo.

Os governos, nos seus diferentes níveis, despendem recursos em escolas, estradas, higiene, etc., gerando o que chamamos de despesa (ou gasto) público. Podemos classificar a despesa orçamentária em quatro categorias: a institucional, a funcional, a programática e a da natureza. A classificação institucional da despesa orçamentária evidencia, sob o ponto de vista administrativo, os órgãos públicos e as unidades orçamentárias responsáveis por sua execução. A diferença entre órgão e unidade orçamentária pode ser assim exemplificada: no orçamento da União, vemos órgãos e repartições federais classificados, inicialmente, pelos três poderes (Legislativo, Judiciário e Executivo). O Poder Executivo, por exemplo, é dividido em órgãos como a Presidência da República, Ministério da Agricultura, da Educação, dos Transportes etc.. Cada órgão, por sua vez, é dividido em unidades orçamentárias, como é o caso do órgão Ministério da Educação, cujas unidades orçamentárias são, por exemplo, as universidades, as escolas técnicas, as unidades administrativas do Ministério, etc..

---

[5] De acordo com o *Handbook* (Capítulo 7), os elementos que compõem os rendimentos primários variam significativamente de acordo com o setor institucional considerado. Isto ocorre porque certos tipos de rendimentos são recebidos por alguns setores e não por outros. Por exemplo, os impostos são recebidos apenas pelas administrações públicas e por não residentes. As remunerações dos empregados são recebidas somente pelo setor das famílias e por não residentes. Desta forma, o saldo dos rendimentos primários das administrações públicas é composto por impostos (líquidos de subsídios) sobre a produção e as importações, mais os rendimentos de propriedade a receber, menos os rendimentos de propriedade a pagar. Também pode ser incluída uma pequena parte do excedente de exploração referente a sua produção mercantil, bem como no caso das empresas não constituídas em sociedade que são propriedade da administração pública.

Tabela 7.7 Conta da renda (conta I.2) e sua desintegração. Lizarb, ano X (unidades monetárias indexadas)

Usos						Operações e saldos	Recursos					
Usos – Total	S.13 – Administração pública	S.1311 – Administração central	S.1312 – Administração estadual	S.1313 – Administração local	S.1314 – Fundos de segurança social		S.1314 – Fundos de segurança social	S.1313 – Administração local	S.1312 – Administração estadual	S.1311 – Administração central	S.13 – Administração pública	Recursos LS – Total
						Conta I.2 – Conta da renda						
						Conta I.2.1 – Conta de distribuição primária da renda						
						Conta I.2.1.1 – Conta de geração da renda						
						Valor adicionado	4.678	11.695	30.406	31.186	77.965	514.241
183.119	69.230	28.228	26.311	10.253	4.438	Remuneração dos empregados						
	0	0	0	0	0	Impostos sobre a produção e a importação						
61.598	8.008	3.844	2.482	1.441	240	Consumo de capital fixo						
166.852	8.735	4.199	2.854	1.441	240	Excedente operacional						
105.254	727	355	372	0	0	Excedente operacional líquido						
						Conta I.2.1.2 – Conta de alocação da renda primária						
						Excedente operacional	240	1.441	2.854	4.199	8.735	166.852
						Excedente operacional líquido	0	0	372	355	727	105.254
						Remuneração dos empregados	0	0	0	0	0	183.229
						Rendimento misto bruto	0	0	0	0	0	77.246
						Impostos sobre a produção e a importação	882	4.411	40.581	42.346	88.220	88.220
						Subsídios	0	−48	−310	−837	−1.195	−1.195

CAPÍTULO 7 BASES DE DADOS PARA A MACROECONOMIA

21.937	3.291	2.468	428	66	329	Rendas de propriedade	81	22	16	422	540	3.603
496.018	93.009	43.661	12.714	5.760	874	Saldo das rendas primárias brutas						
61.598	8.008	3.844	2.482	1.441	240	Consumo de capital fixo						
434.420	85.002	39.818	40.231	4.319	634	Saldo das rendas primárias líquidas						
						Conta I.2.2 – Conta de distribuição secundária da renda						
						Saldo das rendas primárias brutas	874	5.760	42.714	43.661	93.009	496.018
						Saldo das rendas primárias líquidas	634	4.319	40.231	39.818	85.002	434.420
58	0	0	0	0	0	Taxas correntes sobre a renda, riqueza, etc.	0	100	200	317	617	617
88	0	0	0	0	0	Contribuições sociais	411	116	93	156	776	932
91	85	7	4	4	61	Benefícios sociais e outras transferências em espécie	0	0	0	0	0	961
74	8	2	1	1	4	Outras transf. correntes enviadas e recebidas do resto do mundo	3	50	43	8	104	693
498.910	94.413	44.133	43.044	6.021	1.223	Renda disponível bruta						
61.598	8.008	3.844	2.482	1.441	240	Consumo de capital fixo						
437.312	86.405	40.290	40.562	4.580	983	Renda disponível líquida						
						Conta I.2.3 – Conta de uso da renda						
						Renda disponível bruta	1.223	6.021	43.044	44.133	94.413	498.910
						Renda disponível líquida	983	4.580	40.562	40.290	86.405	437.312
394.100	99.503	26.698	37.350	26.894	8.561	Despesa de consumo final						
104.809	−5.090	17.435	5.694	−20.873	−7.338	Poupança bruta						
61.598	8.008	3.844	2.482	1.441	240	Consumo de capital fixo						
43.211	−13.098	13.592	3.212	−22.314	−7.578	Poupança líquida						

Em segundo lugar, a classificação funcional possui duas categorias: função e subfunção. A função representa o maior nível de agregação, enquanto que a subfunção constitui-se numa parte da função. Como exemplos de funções temos a legislativa e a da educação e cultura. Como subfunções, por exemplo, da função legislativa temos a ação legislativa, ao passo que a função judiciária tem como subfunção a ação judiciária. As categorias da classificação por programas são: função, programa, subprograma, projeto, atividade e operações especiais. Assim, cada função se subdivide em programas, também subdivididos em subprogramas e estes, em projeto e atividades. Cada ação envolvida em um projeto ou atividade deverá contemplar, no mínimo, os seguintes elementos: título, produto, unidade de medida (indicador), meta e previsão de custos. Vejamos no Quadro 7.1 um exemplo que engloba estas classificações. A quarta classificação da despesa lista-a segundo a natureza, estando assim organizada: categorias econômicas, grupos, modalidades de aplicação e elementos. A categoria econômica da despesa é constituída por duas outras: despesas correntes e despesas de capital. Os grupos estão vinculados às categorias econômicas conforme se pode visualizar no Quadro 7.2.

Em qualquer nível de governo (federal, estadual e municipal), o Tesouro deve ser o responsável pela maior parte da arrecadação, pois é o ente governamental que busca os recursos para manter em funcionamento os serviços públicos. A parte das receitas não arrecadadas por ele deve-se a órgãos, unidades e fundos das administrações direta e indireta. Como exemplo, podemos citar aluguéis, multas, taxas, indenizações, operações de crédito, etc. Apresentadas essas definições, vejamos na Tabela 7.8, com dados hipotéticos, uma ilustração da Lei Orçamentária de Lizarb, num ano qualquer, quando observamos a receita orçamentária estimada e a despesa orçamentária fixada.

No Capítulo 7C (Fiscais/CD), vamos relacionar os níveis absolutos de variáveis monetárias com a população, gerando os indicadores do tipo média, que costumam ser designados por indicadores de desempenho fiscal absoluto médio, e se baseiam na estrutura da receita e despesa do governo. Então veremos vemos alguns exemplos que contam com o número de habitantes de um país no denominador, reservando ao numerador diversos itens de receita e gasto público. Com isto, construiremos sete grupos de estatísticas da ação pública: indicadores de receita, indicadores de despesa, indicadores de suficiência fiscal, dependência do financiamento

Quadro 7.1 Correspondências da classificação programática

Hierarquia	Designação
Órgão	Ministério dos Transportes
Unidade orçamentária	Departamento Nacional de Vias de Transportes
Função	Transportes
Programa	Transporte Ferroviário
Subprograma	Construção de Ferrovias para Trens de Alta Velocidade
Projeto	Construção da Ferrovia Norte-Sul

Quadro 7.2 Categorias econômicas e grupos

Categorias econômicas	Grupos
Despesas correntes	Pessoal e encargos sociais Juros e encargos da dívida Outras despesas correntes
Despesas de capital	Investimentos Inversões financeiras Amortização da dívida

de capital, estrutura da despesa, comprometimento da receita fiscal, e alocação das despesas por funções (legislativa, judiciária, etc.).

7.4.4 O tamanho do governo e a boa governança

Uma interessante questão sobre a ação governamental diz respeito precisamente a sua dimensão com relação ao tamanho da sociedade. Em outras palavras, desperta grande interesse a informação sobre o tamanho mínimo do Estado compatível com o desempenho de suas funções tradicionais, nomeadamente, a busca da máxima eficiência na alocação e distribuição dos recursos e na estabilização da atividade econômica. Mas também devemos estar preparados para, ao fazer esta mensuração, considerar que alguns governos nacionais ou regionais envolvem-se diretamente na atividade produtiva. Sua justificativa associa-se à identificação de mercados ausentes para determinados bens ou serviços considerados estratégicos

Tabela 7.8 Lei Orçamentária de Lizarb, ano X (unidades monetárias indexadas)

Especificação	Valor	Especificação	Valor
Receitas corrrentes	280.000	Despesas correntes	300.000
Receita tributária	90.000		
Receita de contribuições	150.000	Pessoal e encargos sociais	100.000
Receita patrimonial	14.000	Juros e encargos da dívida pública	50.000
Receita agropecuária	50	Outras despesas correntes	150.000
Receita industrial	250		
Receita de serviços	10.000		
Transferências correntes	700		
Outras receitas correntes	15.000		
Receitas de capital	650.000	Despesas de capital	630.000
Operações de crédito	600.000		
Alienações de bens	30.000	Investimentos	20.000
Amortização de empréstimos	10.000	Inversões financeiras	10.000
Transferências de capital	100	Amortização da dívida pública	600.000
Outras receitas de capital	9.900		
Receita total	930.000	Despesa total	930.000

para a segurança ou o desenvolvimento nacional[6]. Além disso, argumenta-se que a participação governamental eleva o emprego e, com isto, melhora a distribuição da renda. Da mesma forma, objetivos nacionais perenes, como o patrocínio à criação da sociedade justa e a promoção da paz, são igualmente elogiáveis. Esse tamanho pode ser medido por meio de diversos indicadores, conforme ilustrado pela Tabela 7.9 e detalhados, qualitativamente, no Quadro 7.3.

Obedecendo, no curto prazo, a determinações originárias do ciclo político, a evolução conjunta dessas variáveis, quando observadas sob uma perspectiva secular, mostra a elevação da importância da administração pública no funcionamento do sistema econômico. Muitas são as explicações para este crescimento, sendo que a hipótese mais conhecida é chamada de lei de Wagner, enunciando que existe uma relação positiva sistemática entre o nível absoluto da renda societária e os gastos do governo. Explicitando de outra forma, esta lei de caráter empírico está asseverando que, quanto maior o PIB de um país, maior será o montante dos gastos efetuados pelo governo. Podemos entender esta lei tanto em termos absolutos quanto relativos, selecionando alguma medida da participação do governo na economia.

Constatado o crescimento da primeira componente na tríade estado-mercado-comunidade, nossa preocupação com a avaliação com que os recursos societários são utilizados, leva-nos assim a construir uma avaliação integrada do que se costuma chamar de bom governo ou boa governança. Desejamos delimitar um espaço definicional objetivo que permita emitirmos juízos positivos sobre a qualidade da administração pública de uma região em determinado período. Iniciamos dizendo que a boa governança baseia-se num conjunto de regras e normas, formais ou informais, que explicita as relações de autoridade e controle vigentes em determinadas comunidades. Um governo de qualidade garante a seus cidadãos a vida sob o império da lei, da ausência de violência, do direito à opinião e busca de transparência nos negócios públicos, ausência de corrupção e eficiência dos sistemas de controle público sobre os próprios serviços governamentais e a regulamentação da atividade econômica privada.

Tabela 7.9 Crescimento do gasto público como proporção do PIB para países e anos selecionados (%)

	Em torno de 1870	Em torno de 1913	Em torno de 1920	Em torno de 1937	1960	1980	1990	2000
Alemanha	10,0	14,8	25,0	34,1	32,4	47,9	44,5	45,1
Austrália	18,3	16,5	19,3	14,8	21,2	34,1	35,2	34,8
Estados Unidos	7,3	7,5	12,1	19,7	27,0	31,4	37,1	34,2
França	12,6	17,0	27,6	29,0	34,6	46,1	49,3	51,6
Japão	8,8	8,3	14,8	25,4	17,5	32,0	31,8	39,2
Itália	11,9	11,1	22,5	24,5	30,1	42,1	53,5	46,1
Reino Unido	9,4	12,7	26,2	30,0	32,2	43,0	42,2	37,5
Suécia	5,7	10,4	10,9	16,5	31,0	60,1	61,3	56,8

---

[6] Especialmente em países do porte de Uqbar (mas também de Lizarb), haverá justificativas menos lisonjeiras...

Quadro 7.3 Indicadores do tamanho do Estado

Relação percentual	Interpretação
Gasto público/PIB	Mede a importância do governo na geração do valor adicionado, quando mensurado pela ótica da despesa
Investimento governamental/Investimento total	Esta razão mede a importância do setor governo na absorção do valor adicionado (novamente mensurado sob a ótica da despesa), sob o ponto de vista da formação de capital do país ou região
Investimento/Gasto público	Mede a relação entre duas importantes componentes da despesa societária
Impostos/PIB	Medindo a carga tributária, esta razão destaca a ótica da renda de avaliação do valor adicionado, quantificando o papel da tributação indireta (impostos indiretos líquidos de subsídios) e da tributação direta (impostos sobre a renda e a riqueza) na apropriação
Impostos diretos/Total da arrecadação de impostos	Na medida em que a composição dos impostos entre diretos e indiretos é importante para caracterizar o grau de progressividade ou regressividade do sistema tributário, esta razão mede sua composição percentual
Transferências interinstitucionais/PIB	Mede a participação das rendas geradas pelas transferências governamentais na composição da receita ou despesa do próprio governo (esferas estaduais ou municipais) e, principalmente, das famílias
Superávit primário/PIB	Como o superávit primário é dado pela diferença entre a receita pública e sua despesa não financeira, este indicador mede o impacto líquido do governo na apropriação ou absorção do PIB da economia nacional ou regional
Dívida pública/PIB	Uma vez que o PIB é uma variável de significado anual, esta razão aponta para o número de anos (ou fração) comprometidos para o pagamento da dívida pública
Emprego do Governo/Emprego total	Esta razão é um indicador do mercado de trabalho, contribuindo para a avaliação da importância do governo na estabilização da economia, particularmente em períodos contracíclicos

No caso da administração pública, a estrutura de governança determina os sistemas de escolha, monitoramento e demissão de todos os agentes da política (conforme enumeração que fizemos acima), exceto, naturalmente, o eleitor. Determinando as regras do processo coletivo de tomada de decisão, a estrutura de governança estabelece os contornos da responsabilização dos agentes e dos critérios definidores do que constitui uma administração eficiente. Vamos postular que a construção de um indicador de boa governança requer a avaliação da qualidade da gestão pública por meio da composição de uma medida integrada por quatro grupos de variáveis que representam as habilidades dos gestores públicos em assegurar a transparência política e o direito de participação de seus cidadãos, prover serviços públicos efetivos, de modo eficiente, promover a distribuição de renda e o bem-estar dos cidadãos e favorecer um ambiente propício ao crescimento do comércio e do PIB. O Quadro 7.4 expõe o conjunto de indicadores, subindicadores e suas respectivas variáveis para uma federação constituída por r regiões.

Na medida em que obtivermos cifras para cada variável, deveremos gerar valores pertencentes ao intervalo (0, 1), normalizando todas as variáveis do Quadro 7.4 de acordo com a seguinte expressão: $I_{ir} = \dfrac{V_{jr} - V_{jmin}}{V_{jmax} - V_{jmin}}$, com i = 1,2,3,4; j = 1,2,3,...,17; r = 1,2,3,...,n−1,n onde I é o indicador i da região r, V_{jr} é o valor da variável j, V_{jmin} é o valor mínimo da variável j e V_{jmax} é o valor máximo da variável j. Desta forma, o desempenho da gestão pública da região r por período é mensurado pela seguinte expressão: $IBG_r = \dfrac{IPC_r + IGF_r + IDS_r + IDE_r}{4}$, onde IBG é o indicador de desempenho do gestor público da região r por período, IPC é o indicador de participação dos cidadãos, IGF é o indicador de gestão fiscal, IDS é o indicador de desenvolvimento social e IDE_r é o indicador de desenvolvimento econômico.

Quadro 7.4 Composição do indicador de boa gestão pública

Indicadores	Subindicadores	Variáveis
IPC – Índice de participação dos cidadãos	PP – Participação política dos cidadãos	S – Soma dos eleitores filiados a partidos políticos
		W – Totalidade dos eleitores
	VS – Votos na situação	VG – Razão votos na situação/votos totais
		VV – Razão votos válidos/votos totais
	VV – Votos válidos	NE – Número total de votos
		VN – Número de votos em branco
IGF – Índice da gestão fiscal	IGG – Índice de orientação dos gastos do governo	DT – Despesa total do governo
		DC – Despesa de custeio do governo
	IDF – Indicador de desempenho fiscal do governo	IVA – Arrecadação de IVA da região
		PIB – Produto interno bruto estadual
IDS – Índice de desenvolvimento social	IDH – Índice de Desenvolvimento Humano	Renda per capita, educação e saúde
	IG – Coeficiente de Gini	Distribuição da renda
IDE – Índice de desempenho econômico	Din – Dinamismo produtivo	CPE – Crescimento do produto estadual
		MPE – Mudança de participação do PIB estadual no nacional
	Res – Responsabilidade fiscal	Dívida pública/PIB
	Ex – Exposição à concorrência internacional	X – Valor das exportações estaduais
		PIB estadual

7.5 O BALANÇO DE PAGAMENTOS

7.5.1 Contextualização

Desde o Capítulo 3 (Dimensões), incorporamos a nosso vocabulário a noção de que o valor adicionado de uma economia pode ser mensurado por meio de três óticas: do produto, da renda e da despesa. No caso das componentes da despesa, encontramos dois termos associados ao relacionamento da economia nacional com as demais economias do mundo[7]. Em particular, essas equações, presentes ao longo da Segunda Parte de nosso livro, exibiam as componentes exportações e importações de bens e serviços. Caso estivéssemos considerando a ótica da renda, precisaríamos deixar claro que os bens e serviços comprados e vendidos ao exterior dizem respeito apenas às transações realizadas no mercado de aluguel dos serviços dos fatores. Ou seja, estas despesas não devem ser confundidas com as incididas no mercado de bens e serviços não fatores, pois estes últimos são registrados na ótica da despesa. Ou seja, passaríamos a contemplar no cálculo do valor adicionado também a remuneração que os trabalhadores de Lizrb recebem quando trabalham em Atlantis e remetem para as instituições proprietárias de Lizrb.

Ainda assim, ficaria faltando-nos uma peça da engrenagem destinada a descrever amplamente as relações econômicas de um país com o exterior. Trata-se, neste caso, das transações financeiras, em que as movimentações consideram deslocamentos de dinheiro apenas parcialmente compensados pelos deslocamentos dos bens e serviços (incluídos agora também os rendimentos dos proprietários dos fatores que conseguiram alugar os serviços prestados). Em resumo, as exportações e importações de mercadorias receberam grande destaque nas matrizes de contabilidade social e de insumo-produto do Capítulo 4 (MaCS e MIP), bem como nas tabelas de recursos e usos do Capítulo 5 (TRUs). Além disso, as remunerações (aluguéis) dos serviços dos fatores de produção foram tratadas com maior detalhe principalmente no Capítulo 6 (CEIs). Estamos, com isto, preparados para reunir todas essas informações, agregando-lhes as transações eminentemente financeiras realizadas entre dois países num quadro chamado de balanço de pagamentos[8].

A origem do balanço de pagamentos associa-se ao pensamento mercantilista, que teria deslocado o entendimento da finalidade da vida humana, transferindo-a da religião e da realeza à busca do bem-estar material. A redução do poder real e o surgimento do estado-nação confrontavam os povos das diferentes nações assim emergentes na Europa. Com isto, as relações econômicas internacionais, o comércio e o acúmulo de ouro receberam grande destaque. Na medida em que o ouro se constituía na unidade de conta das transações internacionais, ao corporificar a noção de acumulação e bem-estar, o saldo dessas transações passou a receber destaque como instrumento de controle dos objetivos nacionais. Deste modo, o instrumento contábil que estamos chamando de balanço de pagamentos nasceu condicionado pela necessidade que os dirigentes das economias nacionais sentiram em coletar e organizar a informação voltada a orientar a implementação da política econômica. À

---

[7] Lembramos que a expressão "demais economias do mundo" costuma ser abreviada na literatura especializada como ROW – *Rest of the World* e ingressou na literatura vernácula como Resto do mundo.

[8] A literatura especializada frequentemente refere o balanço de pagamentos como BOP, as iniciais da expressão inglesa *Balance of Payments*.

medida que as economias mundiais foram-se tornando mais abertas, a evolução das contas externas passou crescentemente a constituir um dos condicionantes centrais das políticas macroeconômicas. Sob este ponto de vista, os movimentos internacionais de mercadorias, da produção, de moeda e mesmo de pessoas afetam o grau de autonomia das economias domésticas na determinação de seus preços-chave, nomeadamente, a taxa de juros e a taxa de câmbio. No caso das economias em desenvolvimento ou periféricas, a influência da evolução desses dois preços sobre o nível geral de preços e, como tal, sobre a política econômica é ainda mais intensa, afetando as gestões cambial, monetária e fiscal.

Estas considerações abrem espaço para pensarmos mais amplamente na taxa de câmbio[9] como o instrumento de conversão das denominações domésticas em internacionais e, com isto, permitir a realização de comparações entre os agregados de diferentes países. Primeiramente, graças a ela é que pudemos colocar exportações e importações lado a lado nas diferentes matrizes e sistemas de contas examinados nos capítulos acima citados, aos quais devemos acrescentar a relação entre o saldo do balanço de pagamentos e a oferta monetária (Seção 7.3) e a dívida pública externa do país doméstico (Seção 7.4). Em segundo lugar, também devemos salientar que nem todos os temas das comparações internacionais entre os agregados econômicos serão tratados no presente capítulo. Ainda que usando os conceitos de variáveis nominais e reais, precisamos estudar mais amplamente os números índices[10], a fim de podermos fazer comparações intertemporais entre a magnitude do valor adicionado de duas economias.

7.5.2 Contas de recursos e usos e o balanço de pagamentos

Retomando a matriz de contabilidade social exibida no Capítulo 4 (MaCS e MIP), e dela extraindo a coluna dos débitos e a linha dos créditos das contas do resto do mundo, apresentamos os resultados na Tabela 7.10. Exibindo o formato tradicional de um balanço da contabilidade comercial, a Tabela 7.11 merece a interpretação convencional a seus lançamentos. Iniciando com as contas dos produtores, por exemplo, a cifra de L$ 21,6 informa que os produtores de Lizarb venderam este montante de produtos agrícolas para os demais países do mundo, tendo importado também em produtos agrícolas de países não especificados na tabela a quantia de L$ 9,3. Nas contas dos fatores, não temos lançamentos na rubrica do fator trabalho, pois as famílias proprietárias do fator cujos serviços podem ser remunerados no exterior receberiam – se fosse o caso – estes rendimentos por meio de transferências interinstitucionais. O excedente operacional aqui toma a forma de remessa de lucros e *royalties*, informando que os setores produtivos de Lizarb importaram os serviços dos fatores que receberam o valor de L$ 33,9 como aluguéis. Por fim, nas contas das instituições, vemos que as famílias nada exportam, nem importam bens e serviços, pois estes ingressam no sistema por meio das importações realizadas pelos produtores.

---

[9] No Capítulo 7D (BOP/CD), estudaremos detalhadamente uma teoria elementar da determinação da taxa de câmbio.

[10] Ver o Capítulo 11 (Comparações) e seus três complementos: 11A (Índices/CD), 11B (Intertemporais/CD) e 11C (Internacionais/CD).

Tabela 7.10 Destaque para o setor externo da matriz de contabilidade social de Lizarb ano I (bilhões de laeres) (L$)

	Contas	Débito (exportações) (entrada de divisas)	Crédito (importações) (saída de divisas)
Produtores	Agropecuária	21,6	9,3
	Indústria	271,9	193,5
	Serviços	61,3	76,6
Fatores	Trabalho		
	Capital		33,9
Instituições	Famílias pobres		
	Famílias remediadas		
	Famílias ricas		
	Governo (receita)		64,8
	Importadores		
	Poupadores	23,3	
	TOTAL	378,1	378,1

Já possuidores da taxa de câmbio, o instrumento elementar de converter a unidade monetária de um país na de outro com o intuito de avaliar as transações encetadas entre eles, pudemos fazer lançamentos a débito e crédito. Criamos, assim, um caso especial de razonete (conta T), que chamamos de balanço de pagamentos e mensuramos em moeda internacional. Deixamos para o Capítulo 11C (Internacionais/CD) importantes complementações para o equacionamento completo do setor externo de uma economia, entendido tanto como a fração do mercado de bens e serviços envolvida com compra e venda a produtores de outros países quanto como a ação do mercado de câmbio e fluxos internacionais de capitais lideradas pelos bancos centrais dos dois países. Nesta linha, rapidamente percebemos a necessidade da criação de um banco que se tornasse o banqueiro dos próprios bancos centrais, encarregando-o de gerir as relações financeiras internacionais. Especificamente, o FMI recomenda que os países sócios utilizem o modelo do Quadro 7.5.

Também no Capítulo 7D (BOP/CD), apresentamos descrições detalhadas de todas estas contas. Cabe-nos agora registrar a que catalogamos na linha 4 do Quadro 7.5. Trata-se do resultado global do balanço de pagamentos, constituído pela soma do saldo da conta de transações correntes com o saldo da conta capital e financei-

Tabela 7.11 Conta Corrente do Setor Externo (L$)

Débito		Crédito	
Exportações de bens e serviços	354,8	Importações de bens e serviços	279,4
		Renda líquida enviada ao exterior	33,9
		Superávit do balanço de pagamentos em conta corrente	41,5
Total do débito	354,8	Total do crédito	354,8

> **Quadro 7.5** Estrutura do balanço de pagamentos (avaliado com moeda de circulação internacional)
>
> 1. **Conta corrente (Transações correntes)**
>   *Balança comercial* (preços FOB)
>   Exportações de bens (Receitas)
>   Importações de bens (Despesas)
>   Serviços e rendas
>   Serviços (Receitas)
>   Serviços (Despesas)
>   Rendas (Receitas)
>   Rendas (Despesas)
>   *Transferências unilaterais correntes*
>
> 2. **Conta capital e financeira**
>   **Conta capital**
>   **Conta financeira**
>   *Investimento direto* (líquido)
>   No exterior (Participação no capital e Empréstimos intercompanhias)
>   No país (Participação no capital e Empréstimos intercompanhias)
>   Investimentos em carteira
>   Ativos (Ações e títulos de renda fixa)
>   Passivos (Ações e títulos de renda fixa)
>   *Derivativos* (Ativos e passivos)
>   *Outros investimentos* (Ativos e passivos)
>
> 3. **Erros e omissões**
>
> 4. **Resultado global do balanço (variação das reservas)**
>
> 5. Haveres da autoridade monetária (simétrico da variação das reservas)

ra. Ademais, esse resultado equivale à variação de reservas. A conta "variação das reservas" constitui, na realidade, uma conta de caixa. Sendo assim, os lançamentos nessa conta obedecem ao mesmo princípio das contas usuais de ativos das empresas – os aumentos são lançados a débito (sinal negativo) e as diminuições, a crédito (sinal positivo). Podemos concluir, então, que a variação das reservas será igual ao resultado global do balanço de pagamentos com sinal contrário e que a soma dessas duas contas será nula. Resumindo, temos as seguintes identidades: $RG = TC + CKF$, $RG = -R$, $TC + CKF = -R$ e $TC = -(CKF + R)$, onde RG é o resultado global do balanço de pagamentos, TC é o saldo da conta de transações correntes, CKF é o saldo da conta capital financeira e R é a variação de reservas.

É importante destacar que, no caso dos regimes de flutuação pura, ou seja, aqueles nos quais o Banco Central não intervém no mercado de divisas, as flutuações da taxa de câmbio garantem o equilíbrio. Ademais, o saldo do balanço de pagamentos e, assim, a variação das reservas internacionais, tendem a ser nulos. Nesse caso, são os ativos dos bancos no exterior, registrados na modalidade "Outros investimentos", que sofrem variações e não as reservas oficiais. Já nos regimes de câmbio fixo, o saldo do balanço de pagamentos pode ser positivo (superavitário) ou negativo (deficitário). Se for positivo, o país acumula reservas internacionais. Se for negativo, o país precisa utilizar parte do seu estoque de reservas para "fechar" o balanço de pagamentos. Vale recordar que nesse resultado já estamos considerando os empréstimos de regularização do FMI, registrados na subconta "Outros investimentos"[11].

7.6 FORMAÇÃO DO CAPITAL NACIONAL E A MENSURAÇÃO DO GRAU DE UTILIZAÇÃO DA CAPACIDADE

7.6.1 Contextualização

O tema da presente seção – formação de capital e volume de uso da capacidade instalada – vem-se gestando desde o Capítulo 1 (Divisão). Ao referirmos como um dos problemas fundamentais da economia a decisão que a sociedade deve tomar entre consumir mais agora ou muito mais depois, tínhamos em mente a acumulação de capital. Acumula-se capital por meio do investimento, mas este apenas contribui para a criação de mais produção se for utilizado: indústria mecânica fechada não produz máquinas responsáveis pela produção adicional. Nesta mesma linha, no Capítulo 3 (Dimensões), definimos a mensuração do valor adicionado efetuada por meio da ótica da despesa e lá inserimos um dos destinos de sua absorção: retirar uma fração do consumo corrente (das famílias ou do governo), não exportar, e devotá-la à ampliação da capacidade produtiva. Assim, já no final da Primeira Parte deste livro, tínhamos os conceitos básicos para requerer a inserção de um capítulo sobre a formação de capital e avaliação do grau de utilização da capacidade instalada.

O desenvolvimento da contabilidade nacional tornou mais relevante a questão de como fluxos de investimento se transformam em estoques de ativos de capital, capazes de produzir novos ativos de capital e, também, bens e serviços para o consumo[12]. Quanto maior o estoque de ativos de capital à disposição de uma sociedade, maior será a capacidade de seus trabalhadores em produzir bens e serviços, como vimos na formulação da função de produção que apresentamos na Seção 4.4 do Capítulo 4A (MaCS/CD). A transição entre o fluxo dos investimentos (formação de capital) e o estoque de riqueza é chamada de método dos estoques perpétuos. Esse é o principal método adotado pelos países que estimam o estoque da riqueza tangível.

Muitos fenômenos econômicos precisam da mensuração do estoque de capital para sua investigação, em particular, o cálculo da taxa de lucro de toda a economia ou de setores específicos, o cálculo da produtividade dos fatores, e toda a macroeconomia associada à análise do crescimento econômico e da identificação de ten-

---

[11] É importante mencionar que são contabilizadas nas reservas somente as compras e vendas de moeda estrangeira pela Autoridade Monetária. Nos países onde o Tesouro Nacional também realiza aquisição de divisas – para quitação de compromissos da dívida externa soberana – esta operação é contabilizada como saída de capitais, na conta Outros Investimentos.

[12] No Capítulo 9 (Ambiental), estudamos outro tipo de capital, assumindo a forma de recursos naturais. Para diferenciar a variável do que vamos estudar neste capítulo tanto do "capital ambiental" quanto do capital nacional representado pelas florestas, obras públicas, etc., fala-se na estimativa do "capital comercial". Sobre a estimativa do "capital público", o Capítulo 8 (Demográficos) dirige-se obliquamente ao tema. Uma função de produção completa seria dada por f(L, K, H, S), onde L é o nível de emprego, K é o estoque de capital aqui discutido, H é o nível acumulação de capital humano por parte dos trabalhadores e S é o capital social da comunidade que contempla, além do capital público recém-citado, os arranjos institucionais que regem a vida comunitária.

dências e padrões no processo de desenvolvimento econômico. Estimativas sobre o estoque de riqueza também podem alimentar bancos de dados sobre estatísticas internacionais e permitir estudos comparativos entre países.

Uma vez que passemos a contar com estimativas fidedignas do estoque de capital, torna-se mais momentosa a outra questão que tangenciamos acima: até que ponto a sociedade está usando eficientemente esses recursos? Naturalmente, os recursos de uma economia cujo grau de eficiência estamos interessados em avaliar não se cingem ao estoque de capital, pois não é menos relevante avaliarmos o uso eficiente do contingente de mão de obra e mesmo das matérias-primas usadas nas funções de produção garantidas pelo nível vigente do desenvolvimento tecnológico. Neste contexto é que situamos as preocupações finais que norteiam esta seção. Vamos definir capacidade instalada, buscar metodologias de sua quantificação e, a partir daí, definir o produto potencial de uma economia, cuja aplicação importante nos dias que correm consiste em contribuir para a determinação da taxa de desemprego não aceleradora da inflação, conceito fundamental para a teoria econômica das metas de inflação. As duas subseções que seguem esta apresentação discutem um e outro tema. Na primeira, vamos apresentar diversos conceitos e culminar com a elaboração de diversos exemplos da estimativa do estoque de capital por meio do uso do método dos estoques perpétuos. Na seguinte, trataremos da mensuração do produto potencial de uma economia e mostraremos como a mensuração de seu grau de utilização pode ser articulada com o uso dos serviços prestados pelos demais fatores de produção.

7.6.2 Exemplos fictícios com números aleatórios

Iniciando a contextualização de uma trajetória que nos levará à obtenção de cifras por meio de exemplos numéricos, cabe lembrarmos que os ativos de capital fixo são definidos como trabalho congelado, como consumo diferido, como um estoque de *commodities* duráveis, ou como um fluxo de serviços gerados por determinados fatores de produção. Há diferentes possibilidades de se agregar o capital e de se definir em qual grau essa agregação seria possível. Seguindo esta linha de argumentação, mas dando-lhes uma resposta positiva, um problema prático de fundamental importância é a escolha do critério de agregação dos ativos. Para efeito da inclusão no EBCF, não é necessário que um ativo esteja sendo efetivamente utilizado. Em geral, os produtores mantêm certa capacidade ociosa devido a fatores sazonais, ou ao fato de que ou é impossível ou é antieconômico adquirir determinado ativo abaixo de certas proporções. Por exemplo, seria pouco prático acrescentar novos andares a um prédio de escritórios, conforme a demanda por esse tipo de imóvel fosse aumentando.

A depreciação do capital é a redução de valor dos ativos fixos utilizados na produção ao longo do período contábil, resultante de deterioração física, obsolescência normal ou danos acidentais. Esta definição suscita a necessidade de fazermos novas conceituações. Mas, antes de fazê-lo, chamamos a atenção para a possível confusão do conceito de depreciação aqui usado com o conceito corrente nas práticas da contabilidade comercial. Os contadores calculam a depreciação de bens tangíveis com base nos custos históricos dos ativos adquiridos, utilizando critérios que dependem da legislação fiscal de cada país. Todavia veremos adiante que a adoção de certas convenções contábeis constitui uma comunalidade entre as estimativas feitas por estes profissionais e as emanadas do contabilista social. Obsolescência significa retirar um ativo de funcionamento antes de sua capacidade produtiva ter sido exaurida. A inovação tecnológica provoca obsolescência, a qual é facilmente observada no caso de computadores e seus programas. Muitas vezes computadores ainda operacionais não têm capacidade de processamento para rodar novos programas e por isso são substituídos. O *Handbook* distingue entre obsolescência prevista, ou normal, e obsolescência imprevista. A primeira deve ser considerada como um custo de produção, enquanto que a última não é computada. O consumo de capital fixo em geral não é observável, sendo por isso estimado a partir da suposição de que os preços dos ativos declinam de forma sistemática ao longo de sua vida útil. Os preços de mercado são inferiores aos preços de novos ativos que integram o cálculo do estoque bruto de capital, devido ao consumo de capital fixo. A remoção ou descarte significa a retirada de um ativo do estoque de capital, sendo vendido como sucata, desmanchado, abandonado ou, em alguns casos, até mesmo exportado.

Os estoques bruto e líquido de capital podem ser expressos a preços correntes ou constantes[13], e a preços históricos (de aquisição). Expressar o estoque de capital fixo a preços constantes significa que o valor dos ativos é denominado pelos preços de um determinado ano-base. Medir o estoque de capital fixo a preços correntes implica em denominar o valor de todos os ativos aos preços dos diferentes anos. Expressar o estoque de capital a preços históricos significa que os ativos serão avaliados pelos preços do ano de sua aquisição, isto é, em valores nominais. Este último procedimento não é adequado ao método dos estoques perpétuos, porque não leva em conta as variações nominais nos preços devidas à inflação. Isso é verdadeiro para economias como Lizarb, Anitnegra ou Uqbar, que, alegadamente, experimentaram altas taxas de inflação desde os anos 1950 até os anos 1990.

Denominamos de formação bruta de capital fixo (FBCF) a aquisição de novos ativos fixos por parte dos produtores. Ainda que novos sob o ponto de vista do estabelecimento em que vão ingressar, sob o ponto de vista da economia considerada como um todo, eles podem ser novos ou usados. Os ativos descartados podem ser vendidos como sucata, desmanchados para reaproveitamento de componentes ou continuarem a serem usados na produção sob a posse de um novo proprietário. Os preços de aquisição incluem os custos de instalação e taxas de transferência. Por sua vez, os descartes são avaliados pelos preços de venda, antes da dedução de quaisquer custos decorrentes de desmanche e remoção de equipamento. A vida útil de um determinado tipo de ativo pode aumentar ou diminuir em resposta a diversos fatores, dos quais destacamos a evolução tecnológica. A taxa de obsolescência pode aumentar, ou novos materiais podem permitir a construção de estruturas mais duradouras. A composição do estoque de capital também se altera ao longo do tempo, e determinados tipos de ativos têm sua participação na composição do estoque de capital aumentada, como os computadores, ou diminuída, como locomotivas a vapor.

---

[13] Ou seja, o problema da comparação intertemporal entre duas ou mais observações da mesma variável é declarado inexistente quando se usa a avaliação a preços correntes. Alternativamente, ao trabalhar com estimativas a preços constantes, consideramos que a inflação obscureceria a comparação e a removemos, conforme os procedimentos indicados no Capítulo 11 (Comparações) e mais detalhadamente em 11A (Índices/CD) e 11B (Intertemporais/CD).

Neste momento, passaremos a dar atenção especial à mensuração de uma variável estoque, especificamente, o estoque de ativos tangíveis disponíveis por uma sociedade. Há três opções básicas para fazê-lo: proceder a uma medição direta desse estoque, realizar um levantamento a partir dos registros contábeis com ajustamento para inflação, fusões e aquisições e para os procedimentos contábeis comumente aceitos, e usar o método dos estoques perpétuos. Dessas três opções, a última é a que tem recebido maior atenção devido ao menor custo e maior facilidade de sua implementação. Seu cálculo é realizado de dois modos alternativos: estoque bruto de capital fixo (*EBCF*) ou estoque líquido de capital fixo (*ELCF*).

O *EBCF* é o valor dos ativos fixos em uso, avaliados como se fossem novos, independente da sua idade. O *ELCF* é a soma dos valores depreciados de todos os ativos fixos ainda em uso, ou como a diferença entre o *EBCF* e o consumo de capital fixo. Por ativos fixos, entendemos os bens incluídos na formação bruta de capital fixo (ou seja, nossa tradicional variável investimento), conforme as cifras divulgadas no sistema de contas nacionais estudado nos Capítulos 5 (TRUs) e 6 (CEIs).

As características determinantes para a inclusão de ativos na estimativa dos estoques de ativos de capital são que eles tenham vida útil, ou seja, a duração do tempo médio previsto de uso em condições normais, superior a um ano. Também se requer que sejam tangíveis, isto é, ativos como direitos autorais, marcas e patentes não são incluídos. Ademais, esses ativos devem ser fixos, o que implica que os estoques e bens em fase de construção ou montagem são excluídos, embora bens móveis sejam incluídos. Finalmente, eles devem ser reprodutíveis, o que implica que os recursos naturais não renováveis sejam excluídos, ainda que se considere o melhoramento do solo para a agropecuária. Também se recomenda que ativos destinados a uso militar não sejam incluídos nas estimativas de estoques de capital.

Ainda que um tratamento mais aprofundado do tema esteja reservado para o Capítulo 7E (Capital/CD), será útil valermo-nos de um exemplo fictício, a fim de ilustrar a construção de estimativas para o *ELCF*, baseadas no método tradicional, lançando mão de valores avaliados a preços correntes. Para simplificar supomos uma única classe homogênea de ativos de capital, com vida útil de cinco anos. Deste modo, nossa formação bruta de capital fixo estará expressa em valores nominais, estendendo-se por um período de seis anos. Para simplificar nosso procedimento, adotaremos uma taxa linear de depreciação de 20% do valor investido em *FBCF* a partir do próprio ano de ocorrência do investimento. No presente exemplo não há uma estimativa inicial do *ELCF*, eis que a série histórica da *FBCF* inicia no ano em que os ativos mais antigos disponíveis em estoque são registrados. A estimativa do estoque de capital propriamente dita inicia no ano 5, pois é a partir dele que existem dados sobre os investimentos de todos os ativos que o compõem. A Tabela 7.12 mostra o *EBCF* a preços correntes, o consumo de capital fixo e o *ELCF* a preços correntes. Isto é, os valores dos estoques e da depreciação expressos aos preços vigentes em cada ano. Consideramos, assim, que o *ELCF* a preços correntes é a diferença entre o *EBCF* e a depreciação. As duas cifras do canto inferior esquerdo do último painel mostram nossos resultados finais.

Tabela 7.12 Cálculo do estoque bruto, líquido e do consumo de capital fixo a preços correntes pelo método tradicional (exemplo fictício)

Ano	Ano do investimento em FBCF						EBCF
	I	II	III	IV	V	VI	
1	1.000,0						
2	1.030,0	900,0					
3	1.045,5	913,5	1.500,0				
4	1.055,9	922,6	1.515,0	200,0			
5	1.085,5	948,5	1.557,4	256,0	1.500,0		747,4
6		953,2	1.565,2	266,3	1.507,5	1.800,0	792,2

Ano	Depreciação do capital						Depreciação
	I	II	III	IV	V	VI	
I	200,0						
II	206,0	180,0					
III	209,1	182,7	300,0				
IV	211,2	184,5	303,0	400,0			
V	217,1	189,7	311,5	411,2	300,0		1.429,5
VI		190,6	313,0	413,3	301,5	360,0	1.578,4

Ano	ELCF pelo ano de investimento						ELCF
	I	II	III	IV	V	VI	
I	800,0						
II	618,0	720,0					
III	418,2	548,1	1.200,0				
IV	211,2	369,1	909,0	1.600,0			
V	0,0	189,7	623,0	1.233,6	1.200,0		346,3
VI		0,0	313,0	826,5	904,5	1.440,0	384,1

FBCF: formação bruta de capital fixo, ELDF: estoque bruto de capital fixo, ELCF: estoque líquido de capital fixo.

7.6.3 Mensuração do produto potencial

A segunda tarefa que reservamos para a presente seção consiste na abordagem do problema da mensuração do produto potencial de uma economia e da avaliação de sua margem de utilização. Ao longo dos capítulos anteriores, examinamos as diferentes variáveis que ingressam nas funções de produção destinadas a descrever o lado da oferta da conexão produtiva da ação societária. Desde o Capítulo 2 (Contextualizando), temo-nos preocupado com o que definimos como a oitava questão selecionada por Robinson & Eatwell (1973) como preocupação central da filosofia econômica, a saber, com a ociosidade na ocupação de homens e máquinas. No Capítulo 3 (Dimensões), familiarizam-nos com o próprio conceito de função de produção, descrevendo a geração, a apropriação e a absorção do valor adicionado. Tal conceito foi aprofundado no Capítulo 4 (MaCS e MIP), quando demos mais atenção ao argumento relacionado à utilização dos insumos no processo produtivo, por meio das compras e vendas efetuadas pelos produtores[14]. De sua parte, o Capítulo 8 (Demográficos) tratou de diversas maneiras o que, sob o ponto de vista da função de produção, designamos simplesmente por fator trabalho. Uma vez que nas cinco seções anteriores desenvolvemos um método para a determinação do estoque de capital de uma economia, colocamo-nos agora em posição de reunir essas três componentes (nomeadamente, o estoque de capital, a população economicamente ativa e o nível de produção de insumos intermediários). Vamos articulá-las, de modo a levar adiante uma das mais importantes formas de avaliarmos o grau de eficiência com que a sociedade usa seus recursos. Nossa estratégia destinada a realizar esta avaliação mobiliza o conceito de produto potencial e o confronta com o de produto efetivo.

O produto efetivo resulta de estimativas baseadas na metodologia descrita pelo *Handbook*, também sendo o objeto de estudo do presente livro. De sua parte, o produto potencial pode ser visto como um horizonte de planejamento da economia, condição que nunca vê a realização de qualquer atividade econômica. A produção efetiva ocorre sempre no curto prazo, distinguindo-se da situação idealizada em que podemos conceber mudanças nos níveis de estoques dos recursos (capital, trabalho e insumos, e tecnologia). Quando estas condições estão prestes a serem alcançadas, retornamos à descrição dos processos econômicos reais como atividade do dia a dia. Mais formalmente, definimos produto potencial como o volume ofertado com a plena utilização de todos os insumos primários, como é o caso dos serviços do capital e do trabalho e de todos os insumos intermediários, com a energia, as sementes de trigo e os serviços contábeis. Isto significa, por exemplo, que não faltam estradas ou sementes de soja, que não faltam os diversos tipos de trabalho compatíveis com as tecnologias disponíveis, e que não faltam bens de capital de formato e feição específicos. Em outras palavras, o produto potencial resulta de uma convenção vigente na sociedade: usar os recursos da maneira mais eficiente possível sem gerar um hiato inflacionário ou outro deflacionário[15].

A relevância do conceito de hiato para a formulação das políticas anticíclica ou anti-inflacionária provém de um raciocínio simples. Se os preços sobem quando há excesso de demanda ou escassez de oferta, podemos dizer que haverá uma combinação entre a oferta e a demanda que mantém os preços imutáveis (ou pelo menos sua taxa de crescimento, isto é, uma inflação não acelerável). Naturalmente, o estudo das condições de escassez ou excesso de oferta passa pelo exame do mercado de fatores (insumos) primários, bem como do de insumos intermediários. De modo análogo, a demanda agregada é determinada pelos tradicionais componentes do

---

[14] Naquela oportunidade, indicamos que será apenas no Capítulo 11 (Comparações) e seus complementares do CD que iremos dar um tratamento aprofundado ao tema.

[15] Poderíamos ser ainda mais rigorosos e estabelecer uma diferença entre produto potencial e capacidade produtiva de uma economia, sendo esta mais dependente das conveniências de engenharia (se um pedreiro ergue 1m de muro em 1h, então 20 pedreiros farão 20m de muro nesta hora ou 100m de muro em um dia, se trabalharem cinco horas), sem levar em plena consideração outras condicionantes societárias. Por exemplo, uma escova de dentes pode oferecer mais de 10 ou 15min de serviços por dia, mas uma convenção social faz com que cada indivíduo sinta-se confortável apenas com permanente capacidade ociosa... Mais sisudamente, existem duas siglas em inglês que dizem respeito a este tipo de fenômeno. A primeira é a NAIRU (*non accelerating inflation rate of unemployment*, ou nível da taxa de desemprego que não eleva a taxa de inflação), e a segunda chama-se de NAICU (*non accelerating inflation level of capacity utilization*, ou nível de utilização da capacidade instalada que não eleva a taxa de inflação).

mercado de bens e serviços (consumo das famílias e do governo, investimento das empresas e o saldo do balanço de transações correntes) e da demanda por moeda.

Cabe destacarmos que o valor *ex post* do produto efetivo de cada período corresponde a um ponto num gráfico cartesiano postado no plano (tempo, PIB). A partir desta nuvem de pontos, é possível construirmos uma estimativa *ex ante* de pontos localizados no presente, passado ou futuro de cada cifra *ex post*. A função ajustante desses pontos pode ser obtida por meio da aplicação de diferentes técnicas estatísticas. Algumas delas são discutidas no Capítulo 11B (Intertemporais/CD) e outras, como o alisamento das séries por meio dos filtros de Kalman e HP, são tratadas nos livros modernos de econometria. Por analogia à modelística usada para a obtenção desta função ajustante, que se preocupa essencialmente em identificar a tendência da série, destacamos as componentes sazonal e cíclica que serão objeto de estudo mais detalhado no Capítulo 11B (Intertemporais/CD). Eliminando-as da série, podemos conceber um segundo estilo de obtenção das estimativas *ex ante* das cifras do produto efetivo para cada período. No que segue, vamos deter-nos na função de produção de Leontief (ou função de proporções fixas), pois sua simplicidade ajuda-nos a ver intuitivamente a determinação do produto potencial[16].

A fim de estudá-la, reportemo-nos à matriz de insumo-produto da Tabela 4.13 do Capítulo 4B (MIP/CD). Apresentando as importações e impostos indiretos líquidos de subsídios "competitivos", ou seja, inseridos nas transações intermediárias do bloco B_{11}, ela permite-nos transitar do mundo *ex post* das transações efetivamente contabilizadas para as relações *ex ante* a que acabamos de nos referir. Inspiramo-nos na definição de valor da produção de um setor *s* específico, ou seja,

$$x_s = \sum_{j=1}^{n} II_j + \sum_{k=1}^{m} IP_k,$$

onde x é o valor da produção[17] do setor j, II são os *j* insumos intermediários e *IP* são os *k* insumos primários adquiridos por ele. Naturalmente, nem todos os fatores primários, a saber, os estoques de capital e de trabalho de toda a economia, são efetivamente empregados, sendo esta diferença no grau de utilização a responsável pela diferença entre o produto efetivo e o potencial.

Todavia, em vez de usarmos as funções de produção de Leontief tradicionais, usamos agora uma função que chamaremos de KLM, escrevendo-a para o período *t* como $PIB^t = \min\left(\dfrac{K_i^t}{N_{K_i^t}}, \dfrac{L_i^t}{N_{L_i^t}}, \dfrac{M_i^t}{N_{M_i^t}}\right)$ (com $i=1,2,\ldots,N_{K_u^t};\ j=1,2,\ldots,N_{L_v^t};\ k=1,2,\ldots,N_{M_w^t}$),

onde K_i^t é a quantidade monetária do estoque de capital do setor *i*, L_i^t é o número de trabalhadores em idade economicamente ativa e M_k^t é o montante de matérias-primas utilizadas para viabilizar plenamente a produção com a mobilização dos demais

---

[16] Ao usarmos o aparato da função de produção de Leontief, não queremos diminuir a importância do uso de outras formas funcionais (Cobb, CES, VES e translog). A transição da função de Leontief para a de Cobb-Douglas é muito importante, pois oferece alguns graus de flexibilidade a mais na descrição dos processos produtivos, em virtude da plausível substitutibilidade entre os insumos, inclusive os intermediários. A transição desta para as demais formas funcionais carreia ainda maiores possibilidades de modelarmos comportamentos econômicos, conforme estudaremos alongadamente na Seção 11.3 do Capítulo 11A (Índices/CD).

[17] Cabe notar que anteriormente referimos as funções de geração, apropriação e absorção do **valor adicionado** do Capítulo 3 (Dimensões), ao passo que agora estamos falando nas funções de produção do **valor da produção** que serão tratadas exaustivamente no Capítulo 11A (Índices/CD).

recursos, N_{K_i} é o coeficiente técnico de produção de capital por unidade de produto, N_{L_i} é o coeficiente do fator trabalho e N_{M_i} é o coeficiente dos insumos intermediários.[18] Por exemplo, se o setor i tem $K = 2.000$, $L = 15.400$ e $M = 300$, ao mesmo tempo em que $N_K = 2$, $N_L = 14$ e $N_M = 0,25$, segue-se que estamos buscando o valor mínimo entre $\frac{2000}{2}$, $\frac{15400}{14}$ e $\frac{300}{0,25}$, chegando a $1.000 = \min(1.000; 1.100; 1.200)$.

Com isto, percebemos que a economia real descrita por esta função de produção de proporções fixas, neste particular momento de tempo, apresenta capacidade ociosa dos recursos de trabalho e matérias-primas. No primeiro caso, se os demais fatores exibissem dotações diferentes, o produto poderia elevar-se em 100 unidades e, no segundo, em 200 unidades. Todavia interessa-nos destacar que o estoque de capital representa uma restrição intransponível no curto prazo. Naturalmente, essas 1.000 quantidades monetárias correspondentes ao PIB nada mais representam do que o produto potencial, pois a função de produção é um aparato conceitual que deve dar conta do comportamento das variáveis capital, trabalho e matérias-primas na realidade realmente real. Como tal, poderá haver alguma diferença entre o valor do PIB calculado pelo contabilista social e o alcançado com a aplicação cega da função de produção de Leontief.

Resumindo, ao usarmos uma função de produção voltada à descrição *ex ante* do processo de transformação de insumos em produtos, fomos capazes de associar o grau de utilização dos recursos disponíveis com o produto efetivo, com seu nível descrito pelo modelo e com o produto potencial. Mas não poderíamos encerrar a seção sem fazer referência – além da que já fizemos aos métodos mais sofisticados de alisamento das séries temporais do PIB efetivo – a outros métodos de estimação do produto potencial mais encontradiços na literatura devido a sua simplicidade. Destacamos o chamado método dos pontos de pico, cuja aplicação inicia com a correção das componentes cíclica e sazonal, gerando o PIB "normal". Especialmente neste caso, estamos construindo uma série histórica do produto potencial importante para permitir a avaliação das possibilidades do crescimento do PIB efetivo no longo prazo. Em tal horizonte de planejamento, estas dependem dos estoques de capital e trabalho e também da existência de *vintages* tecnológicas, o que nos remete, no próximo capítulo à tentativa de mensuração da produtividade total dos fatores.

7.7 MENSURAÇÃO DA ATIVIDADE TECNOLÓGICA

7.7.1 Contextualização

Até aqui, vimos diversos exemplos do esforço desenvolvido no sentido de aprimorar a técnica de mensuração da atividade econômica. Em particular, na Seção 4.7 do Capítulo 4A (MaCS/CD), promovemos a decomposição da equação básica do modelo de insumo-produto, individualizando um "efeito tecnológico", avaliado pela variação da matriz inversa de Leontief dos coeficientes técnicos de produção entre dois períodos. Ao identificarmos um efeito tecnológico constituído por elementos negativos, dissemos que havia indicações de que aumentara a eficiência tecnológica. Com isto, sugeríamos que os insumos intermediários estavam sendo utilizados com maior eficiência. Ou seja, prosseguia nossa preocupação com a avaliação do grau de efi-

---

[18] No Capítulo 4 (MACs e MIP), usávamos os coeficientes a_{ij} para simbolizar esta relação técnica entre insumos e produção.

ciência com que os recursos sociais foram utilizados pela sociedade em determinado período. O aumento da utilização dos recursos de capital, trabalho e insumos leva ao crescimento dos agregados econômicos ao longo do tempo. No entanto a utilização de maior volume de recursos não é a única fonte de crescimento econômico. Este também pode ser alcançado com a melhor utilização dos recursos existentes. Por isso, é importante acompanhar as mudanças tecnológicas e as respostas que a tecnologia apresenta para fazer frente aos ilimitados desejos humanos com a criação de novos bens de consumo final. Com efeito, na medida em que a humanidade acumula conhecimento, as possibilidades de crescimento econômico se ampliam de forma virtualmente ilimitada, também ampliando a eficiência no uso dos recursos. Assim, justifica-se a inclusão de um capítulo sobre mensuração da inovação tecnológica no estudo da nova contabilidade social.

Podemos definir tecnologia como o conjunto de conhecimentos e informações utilizadas na produção de bens e serviços e que são provenientes das mais diversas fontes associadas a descobertas científicas e invenções. A aplicação de tecnologias nas diferentes sociedades traz inúmeras consequências, como, por exemplo, a alteração na distribuição do emprego e da produtividade pelos setores da economia. Podemos determinar a produtividade de um insumo ao considerarmos quantas unidades deste insumo específico são necessários para obter uma unidade de produto final. O mesmo pode ser feito para diversos produtos relativamente a um insumo específico como, por exemplo, o trabalho e a terra. O aumento da produtividade, por sua vez, é uma das fontes de crescimento econômico.

A tecnologia vem-se tornando cada vez mais vinculada ao conhecimento científico fundamental e, além disso, as tecnologias críticas contemporâneas apresentam alta capacidade de difusão intersetorial. Além de impactarem o crescimento macroeconômico, tais tecnologias modificam os parâmetros da competitividade microeconômica, uma vez que a opção pela tecnologia a ser empregada é feita neste nível. Assim, a próxima subseção será ao dedicada ao estudo da economia do conhecimento e a caracterizar o progresso tecnológico como um fator que perpassa toda a contabilidade social, pois envolve o comportamento dos setores institucionais no desempenho das atividades econômicas, notadamente as empresas. A Subseção 7.7.3 discorrerá sobre a empresa inovadora e as possibilidades de mensurar o progresso tecnológico, considerando-a como a unidade de referência, avaliando diferenciais de produtividade e a dinâmica do crescimento dos setores, transitando para a macroeconomia, permitindo-nos avaliar o crescimento econômico e os conceitos de sistemas nacionais de inovação e de balanço de pagamentos tecnológico.

7.7.2 A economia do conhecimento

O bem-estar da humanidade pode ser aumentado com a maior utilização dos fatores e também com novas e melhores formas de produzir bens e serviços. É da natureza humana pensar em transformar seu meio-ambiente e tentar colocar em prática as ideias sobre como fazê-lo. Na tentativa de organizar as evidências relativas ao progresso tecnológico, podemos dividir a inovação em três processos[19] que podem

---

[19] Ressalve-se que esses processos não são necessariamente sequenciais e podem ocorrer simultaneamente. Ver Pavitt (2006, p.20)

ocorrer simultaneamente: a produção do conhecimento científico e tecnológico, a tradução do conhecimento em novos produtos e a interação com a demanda respondendo ao mercado e influenciando-o. A produção de conhecimento técnico e científico experimentou um grande crescimento na história recente da humanidade, mas é na transformação do conhecimento em produtos aceitos pelo mercado que está a fonte mais usual de crescimento econômico induzido pelo avanço tecnológico.

Como tentativa de compreender o processo de inovação tecnológica, podemos considerar o marco teórico de uma função de produção que, por sua vez, pode ser definida como uma função algébrica que relaciona a quantidade de insumos aplicada à produção com a quantidade de produtos produzida. Se o nível de formação de capital aumentar, a capacidade produtiva também aumentará. O mesmo ocorre com um aumento no número de trabalhadores ocupados. Essas opções provocam o mesmo tipo de movimento na curva de oferta, deslocando-a para a direita como mostra o movimento de O_1 para O_2, na Figura 7.1. Também podemos associar a mudança tecnológica aos deslocamentos da função para a direita, pois, no caso da implantação de um novo processo mais eficiente, a mesma quantidade de insumos pode gerar maior quantidade produzida. Pode-se, nesse caso, ofertar maior quantidade pelo mesmo preço ou até por menor preço e aumentar a participação da empresa inovadora no mercado. Deste modo, podemos entender a mudança tecnológica experimentada pelas empresas individuais como influenciada pelo mesmo tipo de fatores que afeta a produção de qualquer bem ou serviço. Ou seja, o gasto das firmas individuais em atividades necessárias à introdução de novos produtos e/ou novos processos de produção e de organização deve ser influenciado pela expectativa dos lucros auferidos com o projeto considerado.

Consideremos, para fins de exposição, a existência de duas abordagens básicas na literatura econômica buscando definir os elementos comuns das inovações. A primeira destaca as forças do mercado como principais determinantes da mudança técnica (*demand-pull*), ao passo que a segunda considera a tecnologia como fator autônomo (*technology-push*). Basicamente, a abordagem da "indução pela deman-

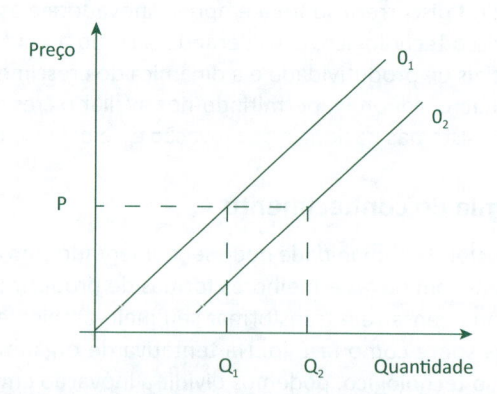

Figura 7.1 Deslocamentos da função de produção por aumento da capacidade instalada, do número de empregados ou da mudança tecnológica que aumente a produtividade levam a aumentos na oferta da firma e do mercado

da" defende a possibilidade de percepção antecipada da direção a que o mercado está induzindo as atividades inovativas dos produtores. Podemos dizer que a percepção de um mercado potencial é uma exigência para uma inovação, mas não é uma condição suficiente. Por sua vez, a teoria de que a inovação é "impulsionada pela técnica" considera que o progresso técnico é um mecanismo de reação e os fatores do lado da oferta são independentes no curto prazo. Trata-se, é claro, de visões extremas que levaram, em meados da década de 1990, a OCDE a tentar construir um consenso em torno do tema, surgindo o chamado Manual de Oslo com o objetivo de captar dados comparáveis internacionalmente sobre inovação tecnológica. As pesquisas realizadas com referência a ele apresentam resultados comparáveis, mesmo em caso de países em diferentes estágios de desenvolvimento. A primeira informação necessária é a proporção de empresas a implementar produtos ou processos novos no período de referência. Ao longo do tempo, podemos acompanhar as variações nesta proporção e buscar explicações sobre as características das empresas inovadoras e os problemas e obstáculos das empresas que não executaram inovações. As proporções de empresas inovadoras também são diferenciadas entre os setores de atividade industrial (ou de serviços). Com esta informação, podemos tanto fazer uma avaliação detalhada quanto permitir que os formuladores de políticas públicas acompanhem os resultados das políticas de fomento a um setor específico.

No entanto a distribuição dos dispêndios dentro das atividades empreendidas para implementar inovações difere conforme o grau de desenvolvimento do país. De modo geral, os países mais desenvolvidos apresentam maiores dispêndios em atividades de pesquisa e desenvolvimento propriamente enquanto os países em desenvolvimento tendem a empregar parcela significativa do volume de recursos destinado à inovação com a compra de máquinas e equipamentos, despesas com as preparações técnicas para a produção e distribuição e, também, com o treinamento orientado para os novos produtos e os novos processos. Ou seja, existe uma tendência de "compra de pacote tecnológico" nas empresas inovadoras dos países menos desenvolvidos.

Em resumo, podemos notar que o progresso tecnológico perpassa toda a economia e, neste sentido, podemos utilizar o referencial dos modelos multissetoriais desenvolvidos na Segunda Parte deste livro e no Capítulo 7F (Tecnologia/CD), a fim de averiguar seus efeitos. Os avanços que o conhecimento científico experimentou nos últimos dois ou três séculos e a multiplicação de inovações aceitas pelo mercado impuseram transformações em todos os setores institucionais e em todas as atividades econômicas. Depois desta breve descrição da economia do conhecimento e das tentativas de mensurar a atividade tecnológica, passamos a averiguar os efeitos do progresso técnico na micro, na meso e na macroeconomia.

7.7.3 A inovação tecnológica na micro, na meso e na macroeconomia

A inovação tecnológica é uma componente importante da estratégia competitiva das empresas, cujo estudo repousa essencialmente no campo da análise microeconômica. Ao assumirem a responsabilidade por implementar as inovações, fabricando novos produtos ou utilizando novos processos produtivos, estas se credenciam a auferir os resultados traduzidos em ampliação das vendas ou da lucratividade. A implantação de inovações por parte das empresas constitui uma etapa intermediária que conduzirá, no nível da macroeconomia, ao crescimento econômico. Sob a perspectiva microeconômica, no desempenho de suas atividades, as empresas combinam recursos de forma a transformá-los em produtos negociáveis. A forma como os recursos são combinados evidencia a tecnologia utilizada. Podemos dizer que, estrategicamente, as empresas utilizam as tecnologias que pareçam competitivas nos seus respectivos mercados de atuação. O mesmo raciocínio vale para as mudanças na tecnologia escolhida: é a expectativa de obter lucros nos mercados atuais ou potenciais que leva as empresas a investirem em novas tecnologias. Ao mesmo tempo, as inovações tecnológicas mais recentes apresentam o viés de ocupar trabalhadores mais habilidosos e desempregar aqueles com menor formação. Inovando, as empresas modificam a forma como utilizam seus recursos e propõem uma nova forma de inserção no mercado visando a alcançar seus objetivos.

Mas o estudo dos efeitos das inovações não pode limitar-se à percepção dos acontecimentos tendo como única unidade de análise a empresa. Precisamos complementar a análise na tentativa de compreender as repercussões das inovações em toda a economia. Em seguida, passaremos a tratar deste tema no nível da mesoeconomia, ao passo que, para finalizar a seção, voltaremos a estudar a questão do emprego, valendo-nos de uma perspectiva macroeconômica. Quando consideramos o nível de análise mesoeconômico, podemos observar grandes diferenças no processo de inovação entre os setores de uma economia. Alguns podem apresentar maiores taxas de crescimento da inserção de inovação ou mudanças de ruptura, enquanto que outros podem caracterizar-se por alcançar menores taxas ou produzir apenas mudanças incrementais. Essas características influenciam o total de recursos utilizados. Como tal, afetarão a produtividade e fatalmente irão provocar mudanças estruturais.

Para nossos presentes propósitos, vamos utilizar uma definição restrita de produtividade, associando-a com a relação entre a quantidade de produto obtida por unidade de insumo utilizado. Assim, quanto maior for o resultado obtido, ou alternativamente, quanto menor a quantidade de insumo necessária para obtenção do mesmo resultado, maior será sua produtividade. Em análises da chamada produtividade parcial, ou monofatorial, calculamos a produtividade considerando o produto em relação a apenas um fator de produção como, por exemplo, a energia elétrica, os equipamentos, o trabalho, o capital, a terra, etc. Desta forma, buscamos expressar a eficiência na utilização destes recursos produtivos, sendo que a maioria dos estudos concentra-se na produtividade do capital e na produtividade do trabalho.

Voltamos a definir a produtividade do capital P_K como a razão entre o valor adicionado mensurado pela ótica do produto[20] V – e o estoque de capital observado – (k) em certo período como $P_K = \dfrac{V}{K}$.

---

[20] Aqui há uma importante diferença entre as conceptualizações feitas pela micro e pela mesoeconomia. No primeiro caso, dizemos que a *produção* é uma função dos insumos, ao passo que, no segundo, falamos que quem deles depende é o valor adicionado mensurado pela ótica do *produto*. Na maioria dos casos, tal distinção não é tão problemática, uma vez que o produto é a diferença entre o valor da produção e o consumo intermediário, e este ingressa na função de produção em proporções fixas.

Adicionalmente, a produtividade do trabalho P é definida como $P = \frac{V}{L}$, onde, adicionalmente, L é o nível de emprego. Estas duas definições permitem-nos avaliar a incorporação do progresso técnico no sistema econômico, de acordo com as linhas que orientam a discussão que aqui estamos fazendo. Mais do que o fator trabalho, o avanço tecnológico costuma ingressar na esfera da produção por meio de novos bens de capital, ou seja, investimento. Neste caso, a fim de nos certificarmos de que o resultado do novo investimento foi favorável à produtividade do trabalho, precisamos examinar as variações nas variáveis responsáveis pelos novos resultados. No caso de reescrevermos a segunda equação como $V = P \times L$, podemos identificar as "causas" da variação do valor adicionado entre dois períodos como $V = \Delta P \times L + P \times \Delta L + \Delta P \times \Delta L$ (escalares).

Esta equação permite-nos ver que a variação no valor adicionado (produto) entre dois períodos depende da produtividade com que novos contingentes de trabalhadores ingressam no sistema, do montante destes contingentes e da influência simultânea (termo interativo $\Delta P \times \Delta L$) da variação da produtividade e do acréscimo no número de trabalhadores. Uma longa série de manipulações realizada no Capítulo 7F (Tecnologia/CD) levar-nos-á à expressão conhecida como o cerne da análise estrutural-diferencial: $g_P = \sum_{i=1}^{n}(w_i \times g_{Pi}) + \sum_{i=1}^{n}(w_i \times g_{si}) + \sum_{i=1}^{n}(w_i \times g_{Pi} \times g_{si})$, onde g_P é a taxa de crescimento da produtividade de toda a economia, g_{Pi} é chamada de componente diferencial, g_{si} associa-se a uma componente estrutural, cabendo ao termo cruzado ($g_{Pi} \times g_{si}$) o designativo de componente de especialização. Esta expressão mostra uma decomposição da produtividade do trabalho de toda a economia em três componentes, agregando-as por meio de uma média aritmética ponderada cujos pesos são os w_i.

A contribuição da variação da produtividade média setorial sobre a produtividade de toda a economia, que chamamos de **componente diferencial** também é conhecida como "efeito eficiência", ou "efeito intrassetorial". Ela foi obtida ao supormos que o peso de cada setor no emprego total permanece constante entre os dois períodos e calculamos apenas as variações da produtividade setorial. Este procedimento demonstra o efeito das alterações tecnológicas de cada setor sobre seu correspondente emprego. Desta forma, uma componente diferencial positiva indica que o crescimento da produtividade do trabalho resulta de uma evolução favorável da tecnologia, mantida constante a utilização inicial da mão de obra. Simetricamente, uma componente diferencial negativa representa uma involução da eficiência tecnológica.

A fim de estimarmos a contribuição das variações setoriais do nível de emprego, consideramos constantes os níveis de produtividade, e obtemos assim uma **componente estrutural**, "efeito composição" ou "efeito estático da mudança estrutural". Uma componente estrutural positiva evidencia a contribuição do aumento do número de trabalhadores para a elevação da produtividade agregada. Ou seja, se positiva, a componente estrutural demonstra o deslocamento de mão de obra para setores com níveis mais elevados de produtividade, em detrimento dos demais. Por outro lado, o deslocamento de mão de obra para setores de menor produtividade em detrimento dos demais resulta em uma componente estrutural negativa, que reduz o crescimento da produtividade agregada.

Por último, temos o efeito conjunto das componentes diferencial e estrutural, que é a combinação de ambos para cada setor, ao qual chamaremos de **componente de especialização**, "efeito especialização", "efeito especialização dinâmica" ou ainda "efeito dinâmico da mudança estrutural". Por ser formado pela interação das taxas de crescimento da produtividade e da composição setorial do emprego, podemos atribuir dois significados a seu agregado. Em primeiro lugar, pode ocorrer um efeito dinâmico positivo se os setores em que a componente diferencial é positivo conseguiram atrair trabalhadores no período. Neste caso, se o efeito dinâmico for negativo, poderemos ver que os setores em que o crescimento da produtividade é elevado possuem componente estrutural negativo. Mas também é possível que ocorra um efeito dinâmico positivo a partir de uma componente diferencial negativa, ou seja, declínio da eficiência tecnológica nos setores, acompanhado de uma redução da componente estrutural.

Por contraste ao que acabamos de estudar com a decomposição do crescimento setorial, também podemos tratar da questão do crescimento macroeconômico, examinando a influência do progresso tecnológico sobre o funcionamento do sistema em quatro desdobramentos. O primeiro deles diz respeito à inserção da questão tecnológica na moldura do mecanismo de mercado e dos limites de sua evasão a este marco institucional. Assim como numa curva de oferta individual (mostrada na Figura 7.1), também nas curvas que representam o agregado macroeconômico os efeitos de uma mudança tecnológica provocam um deslocamento da oferta para a direita. A utilização de uma nova técnica pode ampliar a produção com a utilização do mesmo volume de recursos. Deste modo, o crescimento não está associado apenas ao acúmulo de fatores de produção, mas também à forma com que esses fatores são combinados para que seja obtida a oferta total de uma economia. Como temos visto de modo recorrente, a relação entre a utilização de insumos e o total da produção pode ser representada por uma função de produção que relaciona a produção da economia com o uso de capital (K) e trabalho (L) e também com a produtividade total dos fatores.

Lidando com a assim chamada contabilidade do crescimento, podemos fazer outra decomposição, esta exibindo um caráter mais nitidamente macroeconômico. Com esta, a taxa de crescimento da produção pode ser dividida em uma parte relativa ao crescimento do estoque de capital, uma parte relativa ao crescimento do fator trabalho e uma parte relativa ao crescimento da produtividade. Uma vez que a contabilidade do crescimento é uma técnica de mensurar empiricamente a importância relativa de cada uma dessas fontes do crescimento econômico, segue-se que, para cada parcela, existem dados que a contabilidade social de uma economia pode oferecer, exceto para o crescimento da produtividade total dos fatores, o qual é obtido como resíduo. Ou seja, pode existir uma parte do crescimento não explicada pela utilização de mais capital ou mais trabalho atribuível ao crescimento da produtividade total dos fatores (Box 7.1).

De modo geral, consideramos que a produtividade total dos fatores é responsável por parte do crescimento econômico. Do ponto de vista empírico, interpretava-se a existência de um resíduo elevado como indicação de que o cálculo não foi bem feito. No entanto, se o resíduo for considerado como a produtividade total dos fatores, sua elevada magnitude é desejável. Assim, a diminuição de um resíduo como capaz de mensurar a produtividade total dos fatores não gera uma sensação

> **Box 7.1** Um exemplo numérico da contabilidade do crescimento
>
> **Primeiro passo:**
> Obter as medidas das taxas de crescimento da produção, do estoque de capital e do trabalho no período em estudo. Num exemplo para Lizarb, obtemos:
>
> Crescimento do PIB: 30%,
> Crescimento do capital K: 10%
> Crescimento do trabalho L: 20%.
>
> **Segundo passo:**
> Usar dados históricos, a fim de obter as elasticidades da produção em relação ao capital e ao trabalho. Para Lizarb estimamos em $a_K = 0,35$ e $a_L = 0,65$.
>
> **Terceiro passo:**
> Calcular a contribuição do crescimento do capital e do trabalho. Em nosso exemplo, a contribuição do crescimento do capital no crescimento da produção é $(0,35) \times (10\%) = 3,5\%$, ao passo que a contribuição do crescimento do trabalho no crescimento da produção: $(0,65) \times (20\%) = 13\%$.
>
> **Quarto passo:**
> Encontrar o crescimento da produtividade como resíduo (parcela do crescimento do capital não explicada pelo capital ou trabalho). No exemplo:
>
> $$g_{PT} = \frac{\Delta A}{A} = \frac{\Delta Y}{Y} - a_K \times \frac{\Delta K}{K} - a_L \times \frac{\Delta L}{L} = 30\% - 3,5\% - 13\% = 13,5\%,$$
>
> que pode ser interpretada como: numa economa cujo PIB cresceu 30% entre dois períodos, ao mesmo tempo que o estoque de capital cresceu 10% e o contingente de trabalhadores cresceu outros 20%, a contribuição do progresso técnico para que os 30% fossem alcançados foi de 13,5%.

de alívio no pesquisador, e sim uma preocupação sobre a perda de dinamismo das economias em estudo.

Muitas críticas foram feitas quanto à própria utilização deste método para mensurar a atividade tecnológica numa economia. Um ponto falho apontado diz respeito à visão simplista de se conceber a tecnologia como um bem público[21]. Certamente o conhecimento tecnológico tem algumas características de bem público. Ele é um bem não rival, ou seja, pode ser utilizado por mais de uma empresa simultaneamente. Tampouco é exclusivo, sendo difícil impedir sua utilização mesmo pelas empresas que não gastaram para gerá-lo. No entanto o conhecimento tecnológico também tem características de bem privado, pois, mesmo que seja de domínio público, sua utilização necessita habilidade e esforço. Este é o contexto que o levou a ser estudado na perspectiva de um "sistema" e alguns pesquisadores passaram a se preocupar com as características de cada economia que estimulam ou não o progresso tecnológico.

Desenvolver este argumento significa construir o segundo desdobramento do exame da relação entre a macroeconomia e o progresso técnico. A noção central destinada a iluminar esta discussão centra-se nos sistemas nacionais de inovação, os

---

[21] O conceito de bem público foi estudado a Seção 7.4 deste capítulo, recebendo maior destaque no Capítulo 7C (Fiscais/CD).

quais receberam várias definições, todas envolvendo a criação, difusão e aplicação de conhecimento. Podemos definir um sistema como um conjunto de componentes (estruturas) trabalhando de modo articulado, a fim de atingir um objetivo comum. São denominados como sistemas nacionais de inovação os arranjos institucionais que favoreçam a interdependência entre pesquisa básica e pesquisa aplicada, entre pesquisadores e empresários, entre a inovação e difusão das novas tecnologias, e entre diferentes graus e estilos de qualificação dos recursos humanos. Ainda assim, a abordagem da busca de relacionamento entre a macroeconomia e o progresso tecnológico por meio do conceito de sistemas nacionais de inovação coloca a inovação e o processo de aprendizado no centro da questão do crescimento econômico, o qual – por isto mesmo – não é tratado como exógeno. Neste sentido, o sistema nacional de inovação adota uma abordagem integrada e interdisciplinar, pois considera que a inovação é um processo que perpassa toda a economia e que deve ser compreendido numa perspectiva histórica.

A estas considerações, cabe associar o surgimento de outros desdobramentos para o tratamento dos contornos macroeconômicos da inovação tecnológica. Costuma-se inserir a análise dos chamados balanços tecnológicos, um instrumento adaptado do balanço de pagamentos da Seção 7.5, servindo para registrar o fluxo financeiro internacional associado à circulação de tecnologia. As dificuldades da elaboração de um balanço de pagamentos tecnológico começam na definição dos itens que dele devem fazer parte, o que nos leva a diferir o tratamento do tema para o Capítulo 7F (Tecnologia/CD). Também lá trataremos do quarto desdobramento do estudo provocado pelo progresso tecnológico sobre a macroeconomia. Trata-se de voltar ao exame do funcionamento do mercado de trabalho, usando instrumentos analíticos indicados no Capítulo 7F (Tecnologia/CD).

RESUMO

Preocupada em oferecer instrumentos para a avaliação do grau de eficiência com que os recursos produtivos disponíveis pela sociedade são utilizados, a contabilidade social desdobra seu objeto de mensuração pelas dimensões econômica, sócio-demográfica e ambiental da atividade humana. Praticamente todo este livro dedica-se à dimensão econômica, espraiando-se aqui e ali para as demais. A Terceira Parte é composta pelos dois próximos capítulos, especificamente destinados às avaliações sociodemográfica e ambiental, e por este, que tratou de examinar o conteúdo e a montagem de bases de dados destinadas a receberem os mais diversos usos e, especificamente, a serem orientadoras da análise financeira macroeconômica. Dada a extensão e profundidade dos temas, não nos foi possível ir além do oferecimento de uma ideia pálida dos conteúdos a serem esmiuçados no planejamento e implementação de tal tipo de base de dados. O CD anexo ao livro apresenta versões ampliadas dos conteúdos aqui examinados, e mesmo lá o leitor vai deparar-se com lacunas e limitações teóricas que marcam a ação de qualquer pesquisador.

Estudando a matriz de fontes e usos de fundos, usando o mesmo formato de aglutinação de contas T (ou razonetes) de diferentes componentes do mundo financeiro, apresentamos a matriz de fontes e usos de fundos. Com isto, vimos que ela desdobra informações sobre as contas integradas (renda, poupança, acumulação de capital), destacando o binômio constituído pelos setores institucionais e pelos instrumentos financeiros que estes ofertam ou procuram. Examinando detalhadamente estes vínculos, foi-nos possível ilustrar as potencialidades de sua modelagem analítica ao usarmos conceitos do problema da classificação estudado no Capítulo 4 (MaCS e MIP). Este procedimento capacitou-nos a usar o formato das matrizes de produção e absorção a fim de organizar a informação dos instrumentos financeiros e dos setores institucionais, rastreando origens e destinos das transações. Com estas inovações, torna-se fácil aproveitarmos o desenvolvimento de boa parte da álgebra das matrizes que vimos usando para fazer decomposições das matrizes de contabilidade social e de insumo-produto. Com tal álgebra, podemos criar instrumentos analíticos destinados ao exame das transações financeiras relevantes para a macroeconomia.

Em seguida, fizemos uma abordagem mais frontal à dimensão monetária da avaliação do grau de eficiência no uso dos recursos sociais. Referimos os conceitos de moeda, suas funções (matemáticas) de oferta e procura e as funções (motivos) que estão em sua origem, ou seja, as funções de mensuração da própria moeda em circulação e a forma como eles associam-se às demais variáveis macroeconômicas originárias da contabilidade social tradicional. Além disto, descrevemos o papel do mercado e das instituições financeiras, destacando o envolvimento do Banco Central na gestão do estoque de moeda e listamos diferentes indicadores do funcionamento do mercado monetário. É fácil de imaginarmos que a moeda surgiu em um estágio do desenvolvimento social e econômico em que sequer se podia observar a presença do Estado, configurando-se o binômio mercado-comunidade. Mas, surgido o Estado, muitas foram as interferências sobre a oferta de moeda metálica, como o ouro e a prata, iniciando a simples arrecadação de tributos e, por meio de fraudulentas raspagens, expandir-lhe a oferta. À medida que a moeda passava a desmaterializar-se, o Estado passava a desempenhar cada vez mais importantes funções na sua provisão, de sorte a garantir o funcionamento ordenado da atividade econômica. Esta e outras razões levam-nos a aprofundar a ação do governo no próximo capítulo, reafirmando a necessidade do aprofundamento da articulação dos indicadores monetários e fiscais com a análise financeira macroeconômica e a análise mesoeconômica da nova contabilidade social.

Após a discussão das noções de setor público e seus sinônimos, enfocamos os registros da ação do governo no contexto da contabilidade social, enfatizando dois motes centrais. Com o primeiro, buscamos os limites da análise centrada na tríade mercado-estado-comunidade. Nossa segunda ênfase recaiu sobre os contornos da nova contabilidade social, também subdividindo-a no registro das tarefas convencionais no Capítulo 6 (CEIs), e no manejo monetário. Salientamos que, dada a natureza de bem público do principal serviço que a administração pública presta à comunidade, a vida em sociedade sofreria severos percalços sem ela. Ainda assim, a "presença" do governo, nestes casos, é fundamental na provisão, uma vez que a produção pode ser delegada à comunidade (ONGs, etc.) ou ao mercado (empresas privadas). Lado a lado com os bens públicos, outros bens têm sua demanda considerada pelo governo, nomeadamente, os bens de mérito, como a educação e os bens de demérito, como o cigarro. Subsídios no primeiro caso, e impostos indiretos no segundo constituem sinalizações por parte da sociedade para, respectivamente, elevar ou reduzir o consumo.

Em continuação, dissemos que a ação pública é viabilizada por meio da organização política da sociedade, sinalizada por nós quando descrevemos o mercado de arranjos institucionais (inclusive monetários) e seus agentes: o cidadão, os legisladores, o chefe do poder executivo, os burocratas, os grupos de interesse socialmente organizados e os juízes. Articulados com maior ou menor grau de harmonia, estes agentes organizam serviços como prestação da justiça e serviços educacionais, concedendo subsídios ao setor empresarial e transferências para outras instituições, ou financiando o investimento em infraestrutura. Sua intervenção será feita por meio dos poderes executivo, legislativo e judiciário (administração direta) ou das instituições constituintes da administração indireta. Esta ampla gama de organizações econômicas volta-se ao cumprimento de três funções: alocativa, distributiva e estabilizadora, das quais emanam, de forma indesejada, as falhas de governo.

Seja como for, a ação pública é regulada por meio da lei do orçamento que, ao registrar receitas e despesas, mostra a forma do financiamento, por exemplo, do gasto em hospitais, escolas, estradas, etc. No caso da despesa orçamentária – operacionalizada por meio das etapas do empenho, da liquidação e do pagamento –, classificamo-la em quatro categorias: a institucional (unidades orçamentárias), a funcional (como a legislativa, a do saneamento, etc.), a programática (como um programa da renda básica universal) e a da natureza (categorias econômicas, grupos, modalidades de aplicação e elementos). Ao registrarmos a composição da receita pública, falamos no desenho de seu sistema tributário: os impostos, as taxas e as contribuições. Além dela, registramos divisão das receitas em correntes e de capital, cada uma com as subdivisões compatíveis.

Concluímos o exame da ação pública construindo um indicador de boa governança, destinado a medir a performance pública por meio da construção de quatro índices, agregados com ponderações adequadas. O primeiro é o índice de participação dos cidadãos (participação política dos cidadãos, votos na situação e número de votos válidos), índice da gestão fiscal (índice de orientação dos gastos do governo e indicador de desempenho fiscal do governo), índice de desenvolvimento social (IDH – Índice de Desenvolvimento Humano e índice de Gini da desigualdade de rendas) e um índice de desenvolvimento econômico (dinamismo produtivo e responsabilidade fiscal).

Em seguida, demos os primeiros passos de complementação das relações econômicas internacionais, centralizando nossa atenção nas entradas e saídas de bens e serviços em determinado território nacional (ou regional, no sentido de sub ou supranacional). Mas, além disto, – o que já foi tratado de modo parcial nas contas econômicas integradas –, agora acrescentamos a nossos registros de fluxos de comércio os movimentos de capitais. Comércio e finanças têm suas transações registradas no balanço de pagamentos.

Declarando-nos possuidores da taxa de câmbio, o instrumento elementar para converter a unidade monetária de um país na de outro com o intuito de avaliar as transações encetadas entre eles, pudemos fazer lançamentos a débito e crédito, criando um caso especial de razonete, que chamamos de balanço de pagamentos. Deixamos para o Capítulo 11C (Internacionais/CD) importantes complementações para o equacionamento completo do setor externo de uma economia.

Na Seção 7.6, apresentamos dois temas de relevo para a mesoeconomia e sua implementação por meio da nova contabilidade social: o uso do método dos estoques perpétuos para a mensuração do estoque de capital nacional e a exposição do conceito do produto potencial. Dispondo do estoque de capital e dos conhecimentos lançados no Capítulo 4 (MaCS e MIP) sobre o uso de insumos e do Capítulo 8 (Demográficos), fomos capazes de reunir estas informações em torno do conceito de função de produção e suas variáveis explicativas, os insumos de materiais, trabalho e capital. Com esta formalização tornamo-nos capazes de mensurar o grau de utilização da capacidade instalada da economia, conceito importante para o alcance das próprias finalidades da contabilidade social, nomeadamente, a avaliação do grau de eficiência com que os recursos sociais são utilizados.

Finalizamos o capítulo apresentando a noção de mudança tecnológica e a dificuldade existente no exercício de mensurá-la, bem como seus efeitos na micro, meso e macroeconomia. A elevação quantitativa e qualitativa dos níveis de consumo per capita depende não apenas da maior utilização dos recursos disponíveis como também de seu melhor aproveitamento. Os efeitos da mudança tecnológica perpassam toda a economia. No nível microeconômico o progresso tecnológico altera os padrões de competitividade. O progresso técnico também pode alterar a estrutura da economia e, ao trabalharmos com os setores econômicos, podemos verificar que a mudança tecnológica também deve ser considerada quando examinamos a variação da produção e da produtividade ao longo do tempo. Por fim, o progresso tecnológico considerado como fonte do crescimento também é uma relevante questão da macroeconomia.

Faltam-nos dois capítulos para o fechamento do círculo do que temos chamado de nova contabilidade social e de mesoeconomia. A avaliação do grau de eficiência com que a sociedade utiliza seus recursos transcende a dimensão estritamente econômica, perpassando também os fenômenos sociodemográficos e os ambientais. Os dois capítulos que seguem e completam a Terceira Parte de nosso livro devotam-se a construí-los.

8 Indicadores Sociodemográficos

Vladimir Lautert, Duilio de Avila Bêrni e Ademir Barbosa Koucher

8.1 CONSIDERAÇÕES INICIAIS

A contabilidade social busca avaliar o grau de eficiência com que os recursos produtivos da sociedade são utilizados em determinados períodos de tempo, preocupando-se em quantificar o esforço destinado à reprodução da vida material. Mensurando fenômenos nas áreas econômica, sociodemográfica e ambiental, ela avalia a atividade produtiva de um determinado país ou região. Ao medirmos e avaliarmos o desempenho econômico de um determinado país ou região também devemos considerar os impactos da atividade econômica tanto sobre o meio ambiente, objeto do Capítulo 9 (Ambiental), quanto sobre as condições de vida da população, tema do Capítulo 10 (Distribuição). Se essas dimensões dos fenômenos estudados pela contabilidade social têm um espaço especial de tratamento, fica por conta do presente capítulo estabelecer o vínculo entre as características da fração da população economicamente ativa que gerou o valor adicionado em determinado território e das demais camadas populacionais que também o absorvem[1].

Quando nossa preocupação diz respeito às condições de vida de uma população, passamos a falar em desenvolvimento econômico, um processo de transformação da sociedade envolvendo nações, economias, alianças políticas, instituições, grupos e indivíduos. Este processo envolve transformações na família, na empresa rural ou urbana, iniciando na comunidade local e culminando com a transformação global planetária. Como tal, o desenvolvimento econômico difere substancialmente do simples crescimento, que pode ocorrer em segmentos específicos, como regiões ou setores institucionais e econômicos. Assim, o crescimento, por um processo quantitativo, pode promover transformações que, ainda que modificando a estrutura econômica, criam obstáculos à emergência do desenvolvimento econômico, caso inviabilizem ou excluam transformações em uma ou mais das áreas recém-citadas. Neste sentido, podemos definir o desenvolvimento econômico como o crescimento econômico, dado pelo aumento do PIB per capita, acompanhado pela melhoria do

---

[1] Uma vez que este capítulo volta-se a estudar peculiaridades do capital humano, há visível paralelismo com o Capítulo 7 (Bases), que estuda a formação do capital físico, e o Capítulo 10 (Distribuição), em que veremos o conceito de capital social.

padrão de vida da população e por alterações fundamentais na estrutura econômica. Portanto, ele envolve, além do crescimento econômico, a melhoria dos indicadores sociais como a redução do analfabetismo, a queda da mortalidade infantil, o aumento da expectativa de vida, o aumento da disponibilidade dos serviços de saúde, a diminuição do déficit habitacional, o aumento da disponibilidade das redes de saneamento básico, etc.

No que concerne à evolução demográfica, as mudanças quanto ao tamanho, crescimento, distribuição e qualificação da população exercem grande influência nas perspectivas de desenvolvimento e do próprio crescimento econômico. Por seu turno, as condições materiais de sobrevivência influenciam sobremaneira o ritmo de crescimento da população, o qual é determinado pelo nível e pelo padrão de nascimentos e óbitos, bem como por sua distribuição no território. Em outras palavras, a estrutura de desigualdades sociais e econômicas, que se modifica ao longo do tempo, tem relação direta com as alterações nas taxas de natalidade, mortalidade e migração da população de um dado país ou região. Para compreender estas ligações entre população e desenvolvimento, é necessário fazermos uma reflexão minuciosa sobre fatores inter-relacionados, como a evolução demográfica, o mercado de trabalho e a distribuição da renda, bem como as próprias condições ambientais. Por conseguinte, as medidas destinadas a avaliar o desenvolvimento econômico não podem ser as mesmas com as quais mensuramos somente o crescimento econômico. Precisamos de indicadores que também considerem a dimensão social que aparece consubstanciada no tamanho, no crescimento e na distribuição da população em dado território.

Na maior parte deste livro, a ênfase direciona-se à mensuração do nível e do crescimento econômico. Partindo do conceito de valor adicionado, seu nível e sua composição institucional e setorial foram examinados em detalhe desde o Capítulo 1 (Divisão). Ao fazê-lo, remetemos o leitor interessado em avaliar as dificuldades a serem superadas na montagem de comparações legítimas entre dois momentos de tempo ao Capítulo 11 (Comparações). Ao mesmo tempo, assinalamos que outros indicadores e índices seriam confrontados no presente capítulo, no Capítulo 9 (Ambiental), destinado à avaliação do meio ambiente e à avaliação da distribuição da renda e do bem-estar material, no Capítulo 10 (Distribuição).

Neste contexto, é chegada a hora de dizermos uma palavra mais específica sobre a necessidade e possibilidade de recorrermos, sob o ponto de vista empírico, à construção de indicadores que forneçam informações sobre o desempenho de aspectos relevantes da realidade socioeconômica ou sobre mudanças que nela estão se processando. Um indicador deve ser, portanto, um elo entre os modelos explicativos e as evidências empíricas dos fenômenos sociais e econômicos observados. Ele pode referir-se à totalidade da população ou a grupos ou classes específicas, como a divisão por gênero (sexo) e idade, a disponibilidade de serviços, a apropriação da renda, etc. Dependendo do interesse do analista ou pesquisador, as informações podem ser expressas de duas formas. A primeira consubstancia-se no cálculo de taxas, proporções, médias, índices bilaterais, como os do Capítulo 11 (Comparações), e indicadores compostos, como os do Capítulo 10 (Distribuição), ao passo que a segunda será vista na condição de valores absolutos ou monetários.

Podemos classificar esses indicadores segundo diferentes critérios descritos por Januzzi (2003), usando-os como processos auxiliares da contabilidade social voltados a mensurar e acompanhar o desenvolvimento econômico, sociodemográfico e ambiental de um país ou região. O primeiro critério diz respeito à natureza do fenômeno: indicador-insumo se for um recurso, indicador-processo se for o uso do recurso e indicador-produto se for o resultado efetivo do processo. Os **indicadores-insumo** correspondem às medidas associadas à disponibilidade de recursos humanos, financeiros ou de equipamentos alocados para um processo de produção ou programa de trabalho. São alocações de recursos para políticas públicas ou gasto monetário per capita nas diversas áreas de planejamento. Os **indicadores-processo** são constituídos pela informação intermediária voltada a medir o esforço operacional da alocação dos recursos humanos, físicos ou financeiros para obtenção de melhorias na qualidade de vida da população. Os **indicadores-produto** ou indicadores de resultado referem-se às variáveis que resultam da finalização dos processos. Estes últimos são medidas que representam as reais condições de vida da população em determinado período de tempo e são capazes de indicar os avanços ou os retrocessos das políticas formuladas a partir dos indicadores-insumo.

O segundo critério de Januzzi (2003) organiza os indicadores de acordo com a área temática a que se referem. As áreas temáticas de maior abrangência e mais representativas para monitorar o desenvolvimento socioeconômico de uma região ou país são a demografia, a educação, a saúde, o valor adicionado, a infraestrutura urbana e o mercado de trabalho. Para todas elas, a população será sempre a variável principal na construção de indicadores. Cada uma dessas áreas temáticas gera um grupo de indicadores, sendo que os principais de cada grupo serão descritos a seguir.

Destacando o conceito, o uso e os métodos de cálculo, abordaremos os indicadores demográficos na Seção 8.2, inclusive as importantes questões da transição demográfica e da expectativa de vida ao nascer. A Seção 8.3 vai levar-nos ao mundo habitado pelos indicadores de educação, saúde e infraestrutura urbana, destinados a avaliar os principais determinantes e resultados do bem-estar material das populações. A Seção 8.4 está reservada para apresentar os indicadores do funcionamento do mercado de trabalho[2]. Feito isso, na Seção 8.5, mostraremos uma forma de utilizar o marco da matriz de contabilidade social no enquadramento das questões populacionais.

8.2 INDICADORES DEMOGRÁFICOS

Uma vez que a ciência da demografia dedica-se ao estudo da dinâmica populacional dos seres humanos, ela, naturalmente, preocupa-se com os fenômenos derivados de sua ação. Tais fenômenos contemplam a estrutura e a distribuição da população de acordo com diferentes critérios, como a nacionalidade, a cor ou raça, o gênero (sexo), a idade, o grau de educação, a migração, etc. O estabelecimento de relações entre estas variáveis leva à criação dos indicadores demográficos.

Já do ponto de vista da contabilidade social, cabe enfatizarmos que a população e o território são as variáveis que determinam os contornos do grau de eficiência com que os recursos sociais são utilizados por uma sociedade em determinado período. Trata-se, com isto, de avaliar a atividade econômica que envolve indivíduos

---

[2] No Capítulo 10 (Distribuição), abordaremos os chamados indicadores sintéticos, quando vamos utilizar o exemplo do Índice de Desenvolvimento Humano, que complementa os conteúdos aqui examinados.

postados sobre determinados territórios. Deste modo, além da determinação do tamanho da população e das suas variações – bem como da densidade demográfica, renda per capita e tamanho ótimo da população – estudaremos, ao longo desta seção, os indicadores que se relacionam às causas da variação populacional de determinado território. Cabe destacar a razão de sexos, as taxas de nupcialidade, fecundidade, natalidade e mortalidade, e ainda o indicador de envelhecimento, a razão de dependência e a expectativa de vida ao nascer. Ao final da seção, trataremos dos conceitos de pirâmide etária e transição demográfica, importantes instrumentos de análise da população. Com isso, apresentamos um elenco razoavelmente grande de indicadores, sendo que a variável territorial regressará a nossos estudos, destacando-se no Capítulo 12 (Regional) voltado à contabilidade social regional e no Capítulo 11C (Internacionais/CD), sobre as comparações internacionais entre os agregados econômicos.

População total

A população total é a quantidade de indivíduos residentes em determinado espaço geográfico durante um período considerado. Expressando a magnitude do contingente demográfico, ela é um indicador fundamental para subsidiar processos de planejamento, gestão e avaliação de políticas públicas. Associada ao período anterior por meio da conhecida equação de Leibnitz, em números absolutos, a população total em dado período t pode ser vista como[3]

$$PT_t \equiv PT_{t-1} + \Delta PT \qquad (8.1)$$

onde PT_t é a população total no ano t, PT_{t-1} é a população no ano anterior e ΔPT é a variação entre esses dois anos. No caso de Anitnegra, retirando dados da Tabela 8.1, podemos aplicar a equação (8.1) e escrever PT_{II} = 41.288.414 + (41.742.587 − 41.288.414) = 41.288.414 + 454.173 = 41.742.587.

Como veremos adiante, os fatores que determinam a magnitude de ΔPT são a natalidade, a mortalidade e as migrações. Usando a linguagem desenvolvida no Capítulo 2 (Contextualizando), o contingente demográfico é uma variável estoque, ao passo que a variação entre um período e outro é uma variável fluxo. Como vimos no Capítulo 6 (CEIs), o conceito de população residente é fundamental para delimitarmos o número de indivíduos que são residentes permanentes do espaço ao qual os estamos alocando, ao definirmos a população total de uma região ou país.

Tabela 8.1   População do Planeta GangeS e seus seis países, anos I a V (número de habitantes)

Períodos	Anitnegra	Atlantis	El Dorado	Lizarb	Trondhein	Uqbar	Planeta GangeS
Ano I	41.288.414	202.549.104	7.502.187	203.194.711	4.820.746	132.844.952	592.200.114
Ano II	41.742.587	202.644.640	7.502.870	205.429.853	4.850.201	139.487.200	601.657.351
Ano III	42.076.527	202.899.157	7.504.645	208.208.973	4.976.671	147.968.077	613.634.050
Ano IV	42.341.200	200.149.848	7.504.702	210.703.429	4.984.671	149.002.948	614.686.798
Ano V	42.794.984	202.147.847	7.504.888	212.535.964	4.992.689	150.682.857	620.659.229

---

[3] Seguindo a praxe, vamos usar o sinal "≡" para representar tanto as identidades quanto as definições do presente capítulo.

Variação absoluta da população

Do membro direito da equação (8.1), podemos retirar o termo ΔPT e – considerando, provisoriamente, a ausência de movimentos migratórios – decompor a variação absoluta em $\Delta PT = N - M$ onde, adicionalmente a ΔPT, N é o número de nascimentos e M é o número de óbitos (mortes) por unidade de tempo. Ou seja, a variação absoluta na população de uma região isenta de movimentos migratórios é simplesmente a diferença entre sua população no início e no final de um período qualquer considerado. A fórmula geral desta variação é

$$PT_{II} = PT_{I} + N_{II} - M_{II} + I_{II} - E_{II} \qquad (8.2)$$

onde, adicionalmente aos termos já definidos, I é o número de imigrantes e E é o número de emigrantes da região, o que nos permite formalizar mais dois conceitos. O primeiro é o crescimento (ou saldo) vegetativo – CV, dado pela diferença entre os nascimentos e mortes: $CV_{II} = N_{II} - M_{II}$. Mantendo a suposição de ausência de migração em Anitnegra, o crescimento vegetativo confunde-se com o aumento populacional.

Variação relativa da população

A variação da população também pode ser expressa na forma de razão ou taxa. No primeiro caso, simplesmente dividimos o valor do final do período pelo valor inicial $\dfrac{PT_{II}}{PT_{I}} = \dfrac{41.742.587}{41.288.414} = 1,0110$, o que informa que o crescimento entre o ano inicial e o final (g_{PT}) entre os anos I e II foi de 1,10%.

Temos assim a variação relativa, que pode ser expressa na forma de taxa. Com os valores da população nos anos inicial e final, podemos escrever

$$g_{PT} = \left(\dfrac{PT_{II}}{PT_{I}} - 1\right) \times 100 \qquad (8.3)$$

Caso nosso número de períodos decorridos entre os instantes 0 e t seja maior do que um, podemos apurar nosso resultado calculando a média geométrica[4] da variação entre dois ou mais períodos. Por exemplo, se sabemos que a população de uma cidade experimentou o crescimento de 10,5% num ano em relação ao ano anterior e, no ano seguinte, cresceu mais 30,0%, interessa-nos indagar sobre o crescimento médio da variável durante todo o intervalo de tempo considerado. Como podemos perceber, não se trata da média aritmética das taxas de crescimento, ou seja, dos $\dfrac{10,5 + 30,0}{2} = 20,25$, pois um crescimento uniforme de 20,25% por período não produziria o mesmo efeito sobre a variável. Notemos que, se partíssemos de um valor de 100, aplicando esses 20,25% sobre ele, passaríamos a ter 120,25. Com mais 20,25% sobre esse segundo valor, teríamos 144,6. Por contraste, na situação apresentada, aplicamos inicialmente 10,5% sobre os 100 iniciais e chegamos a 110,5 e

---

[4] Os conceitos de média aritmética e geométrica, simples ou ponderadas, serão examinados detalhadamente no Capítulo 11 (Comparações), sendo mencionados desde o Capítulo 2 (Contextualizando).

sobre esta cifra, aplicamos os 30,0% adicionais, o que nos dá 143,65. Para distribuir o crescimento uniformemente ao longo dos dois períodos considerados, devemos determinar uma taxa que, aplicada uniformemente sobre os 100 originais, resulte no total de 143,65. Ou seja, buscamos uma taxa unitária "i" que satisfaça a seguinte relação: $(1 + i) \times (1 + i) = 1{,}105 \times 1{,}300$, ou $(1 + i)^2 = 1{,}4365$, $([1 + i]^2)^{1/2} = (1{,}4365)^{1/2}$, $(1 + i) = 1{,}4365^{1/2}$ e $i = 1{,}1986 - 1$.

Estes 19,86%, correspondentes à taxa unitária de 0,1986, representam a taxa média geométrica de crescimento da variável. Naturalmente, esta taxa nos permite transitar do 100 ao 143,66: $100 \times 1{,}1986 \times 1{,}1986$.

Mas ainda temos a taxa geométrica contínua, usada para os cálculos populacionais com grande frequência:

$$PT_t = PT_0 \times e^{r \times n}, \tag{8.4}$$

onde PT_t é o tamanho da população no período t, PT_0 é seu tamanho no ano inicial, r é a taxa de crescimento exponencial e n é o número de períodos. Por ora, vamos ilustrar a aplicação da equação (8.1) com os dados de Anitnegra da Tabela 8.1, que mostra a variação populacional entre os anos I e II: $41.742.587 = 41.288.414 + 454.173$. Ou seja, Anitnegra partiu de uma população de 41,3 milhões de indivíduos no ano I, alcançando 42,8 milhões depois de um período, pois seus nascimentos, óbitos e migração foram de 0,5 milhão. Avançando nesta linha de trabalho, podemos confrontar três taxas, exemplificando com as equações de Anitnegra e escrevendo os resultados na Tabela 8.2[5].

Estas cifras são interessantes, evidenciando as diferenças provocadas nas taxas de crescimento em resposta à adoção de diferentes fórmulas. Assim, a taxa aritmética simples mostra o maior valor entre os três conceitos arrolados para oferecerem-nos uma ideia sobre o dinamismo populacional. A taxa geométrica discreta assume um valor intermediário, ao passo que a taxa contínua derivada da expressão (8.4) mostra o menor valor, pois sua acumulação é instantânea. Tal é o caso do crescimento demográfico de uma população tão grande quanto a de Anitnegra. Ou seja, ao usar a taxa geométrica instantânea (contínua), estamos considerando que os nascimentos ocorrem em sequência instantânea durante todo o ano, não se concentrando, como nos casos anteriores, na média do período ou em intervalos discretos (por exemplo, meses ou trimestres).

---

[5] Estamos chamando de taxa de crescimento aritmética simples o crescimento médio observado no período, ou seja, o crescimento total dividido pelo número de anos que compõem o período. No caso da expansão da equação (8.3) para quatro períodos, temos $\dfrac{g_j}{4} = \left(\dfrac{42.794.984}{41.288.414} - 1\right) \times 100$. A taxa de crescimento geométrica simples discreta é obtida por meio do cálculo da média geométrica entre as taxas aritméticas simples observadas a cada ano

$$g_j = \left[\left(\sqrt[4]{\left(\dfrac{41.742.587}{41.288.414}\right) \times \left(\dfrac{42.076.527}{41.742.587}\right) \times \left(\dfrac{42.341.200}{42.076.527}\right) \times \left(\dfrac{42.794.984}{42.341.200}\right)}\right) - 1\right] \times 100$$

Por fim, a taxa de crescimento geométrica simples contínua é dada pela solução da equação (8.4), ou seja: $r = \dfrac{\ln \dfrac{P_t}{P_0}}{n}$.

Como observamos, esta expressão é a média aritmética dos logaritmos das razões entre a população inicial e final de cada ano, lembrando-nos da média aritmética da primeira expressão desta nota.

Tabela 8.2 Comparação entre diferentes fórmulas de determinação da taxa de crescimento acumulativo anual da população de Anitnegra entre os anos I e V

Variável populacional	Valores absolutos	Taxa aritmética i	Taxa geométrica discreta j	Taxa geométrica contínua r
População no ano I	41.288.414	–	–	–
População no ano V	42.794.984	0,912223	0,900000	0,895974

Densidade demográfica

O primeiro indicador mais diretamente relacionado com nossas preocupações ambientais – que serão amplamente expandidas no próximo capítulo – é a densidade demográfica, manifestando a relação entre a população e o território. Sendo PT_t a população total de determinado território no ano t e E a extensão territorial alinhada sob seu domínio, definimos como densidade demográfica DD a seguinte expressão:

$$DD_t = \frac{PT_t}{E}.$$

Vemos tratar-se da razão entre duas variáveis estoques, mas datamos apenas a população, uma vez que, em geral, a extensão territorial de um país não é variável ao longo do tempo. A Tabela 8.3 recupera os dados da população já exibidos na Tabela 8.1, acrescenta-lhes os dados territoriais e apresenta a densidade demográfica de nossos seis países. Com isso podemos ver que há grandes diferenças na densidade demográfica dos países do Planeta GangeS. A média mundial de 27,9 habitantes por quilômetro quadrado apenas é aproximada por Atlantis e Lizarb. Anitnegra e Trondhein caracterizam-se pela menor densidade, ao passo que El Dorado e Uqbar exibem as maiores. Esta hierarquia permite-nos utilizar a classificação por meio do grau de dispersão populacional exibido no Quadro 8.1.

Seguindo a série de potências de 4 dada pelos elementos do vetor $[4^0\ 4^1\ 4^2\ 4^2\ 4^3\ 4^4]$, os intervalos de tamanho classificatórios da densidade demográfica, nossos países enquadram-se em nível intermediário de densidade demográfica. Como vemos, não abrimos espaço para classificações nos blocos de baixíssima ou altíssima densidade demográfica. Naturalmente, as cifras da Tabela 8.2 e do Quadro 8.1 necessitarão de retoques, caso nosso objetivo seja aprofundar a análise

Tabela 8.3 População, território e densidade demográfica dos países do Planeta GangeS no ano V

Países	População no Ano V (número de habitantes)	Área territorial (km²)	Densidade demográfica (habitantes/km²)
Anitnegra	42.794.984	2.766.890	15,5
Atlantis	202.549.104	9.712.560	20,9
El Dorado	7.504.888	41.355	181,5
Lizarb	212.535.964	8.511.965	25,0
Trondhein	4.992.689	323.802	15,4
Uqbar	150.682.857	923.768	163,1
Planeta GangeS	621.060.486	22.280.340	27,9

Quadro 8.1 Classificação dos seis países do Planeta GangeS, segundo a densidade demográfica

População	Escala (habitantes por km²)	Observações
Muito esparsa	1 ⊣ 4	–
Esparsa	4 ⊣ 16	Anitnegra, Trondhein
Média	16 ⊣ 64	Atlantis, Lizarb, Planeta GangeS
Densa	64 ⊣ 256	El Dorado, Uqbar
Muito densa	256 e +	–

das potencialidades econômicas do binômio população-território, o que nos levaria a considerar, em cada caso, o volume de águas internas, desertos e o total de terras agricultáveis.

Renda per capita

Uma informação muito utilizada para mensurar o desenvolvimento econômico é o valor adicionado dividido pela população, permitindo-nos chegar ao conceito de renda per capita. Como se trata de uma média aritmética, a renda per capita considera apenas a dimensão econômica do desenvolvimento, não levando em consideração outros fatores importantes, por exemplo, a distribuição de renda ou a poluição ambiental resultante da atividade produtiva. Ou seja, queremos enfatizar que esse indicador, quando utilizado de forma isolada, é pouco apropriado para monitorar o desenvolvimento econômico e acompanhar a evolução das condições de vida da população. Esta limitação se torna ainda mais incapacitante quando consideramos que em muitos países há um grande descompasso entre crescimento e desenvolvimento econômico. Muitas vezes, mesmo com o crescimento do PIB, o que se observa em algumas regiões é o aumento das desigualdades sociais. Ainda assim, associada a outros indicadores, a renda per capita contribui para a avaliação do bem-estar da população, pois aponta para a disponibilidade de bens e serviços acessíveis pelo habitante médio do território considerado. O indicador renda per capita é obtido de acordo com a expressão: $Ypc_t = \frac{Y_t}{PT_t}$, onde Ypc é a renda per capita do ano t, Y é a renda total e PT é a correspondente população nesse mesmo ano. Naturalmente, como vimos desde o Capítulo 3 (Dimensões), vários qualificativos colocam-se para especificarmos o conceito de renda de que estamos tratando: nacional ou interna, com ou sem impostos, etc. Caso estivéssemos comparando dois anos, precisaríamos adotar as precauções prescritas no Capítulo 11B (Intertemporais/CD). Ademais, se as comparações fossem realizadas entre duas regiões, precisaríamos certificar-nos de que, como estudaremos naquele capítulo, estas estão isentas de distorções associadas à taxa de câmbio para converter a moeda de um país na do outro. A Tabela 8.4 mostra a renda per capita de nossos seis países para o ano I.

Na Tabela 8.4, vemos enormes diferenças na renda per capita dos seis países, a julgar pelas estatísticas econômicas e demográficas disponíveis. Descontando diferenças metodológicas em seu levantamento, podemos apontar alguns contrastes marcantes. Nos extremos, encontramos Atlantis, com uma renda per capita quase três vezes maior do que a média mundial, o que contrasta com a magérrima cifra de Uqbar, com menos de 10%. Mesmo sabendo que este conceito necessita de qualificações para julgar o grau de desenvolvimento socioeconômico de um país, não podemos deixar de apontar para o fato de que o habitante médio de Atlantis é beneficiado com uma disponibilidade de bens e serviços quase 30 vezes superior à de Uqbar.

Para considerar as variações da renda per capita ao longo do tempo, podemos usar a Figura 8.1, que foi adaptada de Ray (1998). Ao representar o eixo dos tempos na horizontal e o logaritmo da renda per capita no eixo vertical, as retas a, a´ e b mostram três trajetórias de crescimento da renda per capita.

Assim, a distância que separa as linhas a e b no instante t_1 é a diferença entre Y_2 e Y_1, que pode ser atribuída a diferentes níveis populacionais ou a diferentes níveis de renda. Da equação 8.8 vemos que quanto maior a população, menor a renda per capita para um mesmo nível de renda, ao passo que quanto maior a renda, maior a renda per capita, para um mesmo nível populacional. Por outro lado, podemos notar que a economia representada pela linha *a* persegue uma trajetória de crescimento mais inclinada do que *b*, o que a leva a gerar maior nível de renda per capita a partir do momento t_2. Isto pode ocorrer por diversos motivos, cabendo-nos referir, por exemplo, a ocorrência de um maior montante de investimento. Com ele, gera-se um estoque de capital mais produtivo e, com isto, acelera-se a taxa de crescimento da renda per capita. A este movimento podemos chamar de **efeito crescimento**.

Outro movimento possível, que chamaremos de **efeito nível**, é a passagem do nível de renda representado pela reta *a* para a reta *a´*. Neste caso, a taxa de crescimento da renda per capita permanece constante, o que é representado pelo paralelismo entre as retas. Esta passagem resulta em maior montante de renda per capita, de sorte que as duas economias (*a´* e *b*) partiriam da mesma renda per capita no instante t_1, diferenciando-se a partir de então devido à maior taxa de crescimento observada em *a´*. Um efeito nível como este poderia ser ocasionado, por exemplo, pela descoberta de uma jazida petrolífera ou, menos fortuito, pelo aumento do nível de educação da população.

Tabela 8.4 Renda interna bruta, população e renda per capita dos seis países do Planeta GangeS no ano I

Países	RIB-PPC (D$ bilhões)	População (habitantes)	RIB per capita (D$/habitante)
Anitnegra	511,2	41.288.414	12,4
Atlantis	9.973,60	202.549.104	49,2
El Dorado	345,2	7.502.187	46,0
Lizarb	1.436,80	203.194.711	7,1
Trondhein	275,3	5.980.746	46,0
Uqbar	243,2	132.844.952	1,8
Planeta GangeS	12.785,30	593.360.114	21,5

Legenda: PPC significa paridade do poder de compra, conceito a ser desenvolvido na Seção 11.42 do Capítulo 11 (Comparações).

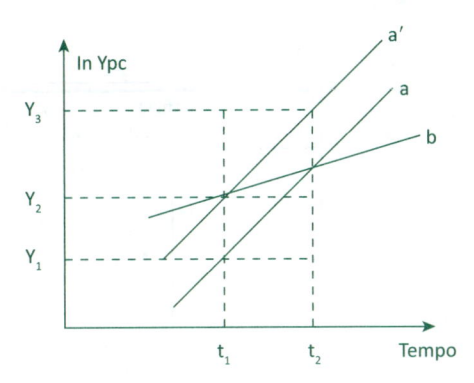

Figura 8.1 Efeito nível e efeito crescimento sobre a renda per capita resultantes do crescimento populacional

Tamanho ótimo da população

Um indicador derivado da densidade demográfica busca estabelecer bases conceituais para a avaliação do tamanho ótimo de uma população. Este conceito é derivado dos estudos de biologia, aplicando-se, em muitos contextos, a populações animais. Não é difícil concebermos que determinado território não poderá comportar volumes populacionais infinitos, trate-se de bactérias, pássaros ou seres humanos. Cidades e regiões superpovoadas reduzem o bem-estar da população, o mesmo ocorrendo com territórios sujeitos a grande deterioração ambiental provocada pela emissão de dejetos como simples resultado da atividade social ou econômica humana.

A Figura 8.2 mostra um critério convencional de determinação do tamanho ótimo da população (TOP), pois utiliza o tradicional instrumental microeconômico de determinação da maior distância entre duas curvas. Nosso problema é que a variável Ótimo Social (OS) não é facilmente mensurável, dependendo de diversos fatores, como as características do meio ambiente, a disponibilidade de recursos naturais e de capital e a própria escolha do nível de vida desejado por parte das lideranças comunitárias. Por seu turno, este é determinado por condições políticas, econômicas, demográficas, culturais e ambientais.

Nestas duas curvas, vemos os resultados carreados à variável que definimos como sendo o tamanho ótimo da população em termos de benefícios e custos associados a diferentes níveis de densidade demográfica em determinado período. Os benefícios estão limitados pelo acotovelamento que inicia a partir de determinados níveis de ocupação do território, ao mesmo tempo que os custos passam a alcançar níveis preocupantes. Ou seja, podemos pensar que a acomodação de determinados contingentes populacionais, dados o estoque de recursos (inclusive o capital físico, humano e social e a tecnologia), responde a certas leis que permitem determinarmos o valor ótimo. Como em vários momentos críticos da exposição da matéria deste livro, precisamos dizer que nossas limitações de espaço impedem o tratamento mais abrangente de tema tão passível à emissão de julgamentos morais e éticos.

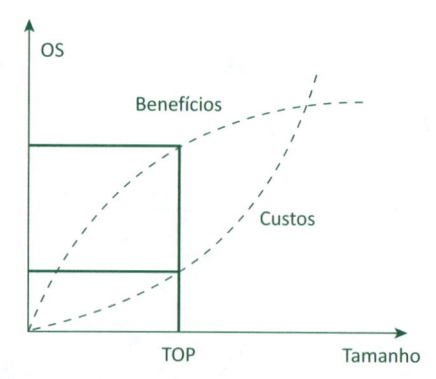

Figura 8.2 Tamanho ótimo da população: conceitos

Razão de sexos (gêneros)

A razão de sexos (gêneros) mensura a quantidade de homens para cada grupo de 100 mulheres, na população residente em determinado espaço geográfico, em um período considerado. Em termos formais: $s_t = \dfrac{H_t}{M_t} \times 100$, onde s é a razão de sexos, H é o número de homens e M é o número de mulheres.

Esta razão expressa a relação quantitativa entre os gêneros (sexos): sendo igual a 100, o número de homens e o de mulheres se equilibram. Acima de 100, há predominância de homens; abaixo, há predominância de mulheres. Esse indicador é influenciado pelos movimentos migratórios e pelas taxas de mortalidade diferenciadas por sexo e idade. Sua aplicação é importante para subsidiar processos de planejamento, gestão e avaliação de políticas públicas nas áreas de saúde, educação e emprego.

Como vemos na Figura 8.3, em Anitnegra, a área da população feminina é ligeiramente maior do que a da masculina, o que se expressa num índice de 96,0, pois resulta das proporções de 49% e 51%.

Taxa de nupcialidade

Um indicador tradicional do potencial reprodutivo de uma população é a taxa de nupcialidade. Partindo da suposição de que um homem e uma mulher reúnem-se em regime de casamento para constituir uma família integrada por eles e sua prole, define-se a taxa de nupcialidade como o número de casamentos por habitante de uma região em determinado período: $TN_t = \dfrac{Ca_t}{PT_t} \times 100$, onde TN é a taxa de nupcialidade, Ca é o número de casamentos e PT é a população total.

Naturalmente, nos ambientes culturais em que muitas uniões deixam de ser registradas nos "cartórios de nascimentos, casamentos e óbitos", este índice estará subestimando o verdadeiro potencial reprodutivo da população de referência. Ainda assim, no caso de a proporção entre casais que registram suas uniões e os que não o fazem manter-se constante, estamos defrontando-nos com um razoável indicador antecedente da natalidade. Ou seja, em períodos em que este índice eleva-se, poderemos esperar que, nos períodos futuros, haverá maior número de nascimentos.

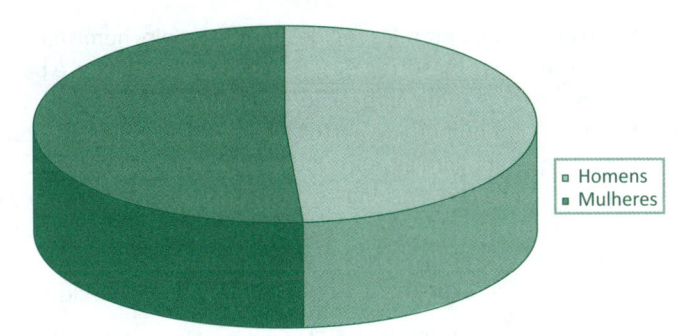

Figura 8.3 Razão de sexos da população de Anitnegra

Taxa de fecundidade total

A taxa de fecundidade total é a razão entre o número médio de filhos tidos por uma mulher com 15 ou mais anos de idade[6] relativamente ao número total de mulheres da população com essa idade e residente em determinado espaço geográfico. Dizendo respeito, naturalmente, ao período reprodutivo médio, a taxa é estimada para um ano calendário determinado, a partir de informações retrospectivas obtidas em censos e pesquisas demográficas: $TFT_t = \dfrac{NF_t}{NM_t} \times 1.000$, onde *TFT* é a taxa de fecundidade total, *NF* é o número de filhos tidos e *NM* é o número de mulheres (nulíparas e primíparas) com idade entre 15 e 45 anos. Como vemos, sua escala de medida não usa a tradicional base centesimal, mas é corrigida para cada 1.000 habitantes.

Este é o principal indicador da dinâmica demográfica de uma população. Taxas inferiores a 2.000 são sugestivas de fecundidade insuficiente para assegurar a reposição populacional. A variação da taxa e, principalmente, seus decréscimos, pode estar associada a (influenciada por) vários fatores. Como exemplo, podemos citar a urbanização crescente, a redução da mortalidade infantil, a melhoria do nível educacional, a ampliação do uso de métodos contraceptivos e a maior participação da mulher na força de trabalho. A taxa de fecundidade total é um indicador importante para a avaliação de tendências da dinâmica demográfica e da realização de estudos comparativos entre áreas geográficas e grupos sociais. Com ela, também podemos realizar projeções de população, levando em conta hipóteses de tendências de comportamento futuro da fecundidade, e subsidiar processos de planejamento, gestão e avaliação de políticas públicas.

Taxa bruta de natalidade[7]

A taxa bruta de natalidade mostra o número de nascidos vivos por 1.000 habitantes na população residente em determinado espaço geográfico, num ano considerado. O espaço geográfico a que nos referimos é o convencionalmente definido como o

---

[6] Naturalmente, estamos desconsiderando nesta taxa o problema da gravidez (e parto) infantil.

[7] Algumas das taxas que veremos a partir de agora prestam-se a desdobramentos por sexo, por idade, por grau de instrução, etc., e suas combinações: a mortalidade de homens jovens alcoolizados que conduzem veículos, e assim por diante.

próprio planeta, suas grandes regiões (por exemplo, hemisfério sul, ocidente), continentes, países, suas mesorregiões, províncias, municípios e bairros, etc. No caso do exame no menor grau de agregação, chegamos a uma tecnicalidade. Como, na vida moderna, o maior número de partos é feito em hospitais, é natural que os bairros de uma cidade que abrigam as maternidades exibam as maiores taxas de natalidade do município. Todavia convenciona-se que o lugar do nascimento da criança não é o da localização do hospital, mas a residência usual da mãe, mesmo que em um município distante do que abriga o hospital.

Este indicador expressa a frequência anual de nascidos vivos no total da população: $TN_t = \frac{V_t}{PT_t} \times 1.000$, onde TN é a taxa bruta de natalidade, V é o número de nascidos vivos e PT é a população total. Como vemos, seu valor é dado não em base percentual, mas por 1.000 habitantes. A taxa bruta de natalidade é influenciada pela estrutura da população quanto à idade e ao gênero (sexo). Taxas elevadas estão, em geral, associadas a baixas condições socioeconômicas. Indicador importante para estimar o componente migratório da variação demográfica, ela correlaciona o crescimento vegetativo (diferença entre o número de nascimentos e o número de óbitos) com o crescimento total da população a fim de subsidiar processos de planejamento, gestão e avaliação de políticas públicas.

Taxa bruta de mortalidade

O número total de óbitos por 1.000 habitantes da população residente em determinado espaço geográfico num ano considerado determina a taxa bruta de mortalidade: $TM_t = \frac{M_t}{PT_t} \times 1.000$, onde TM é a taxa bruta de mortalidade, M é o número de óbitos e PT é a população total.

Como podemos ver, trata-se da expressão da frequência anual de mortes. Taxas elevadas podem estar associadas a baixas condições socioeconômicas ou refletir elevada proporção de indivíduos idosos na população total. Este indicador é utilizado para o cálculo do crescimento vegetativo ou natural da população, obtido pela subtração entre a taxa bruta de natalidade e a de mortalidade. Ele contribui para estimar o componente migratório da variação demográfica, ao correlacionar o crescimento vegetativo com o crescimento total da população.

Índice de envelhecimento

O índice de envelhecimento é dado pelo número de indivíduos de idade igual ou superior a 65 anos, para cada grupo de 100 habitantes menores de 15 anos de idade observado na população residente em determinado espaço geográfico, num ano considerado. Trata-se da razão entre os componentes etários extremos da população, representados por idosos e jovens: $IE_t = \frac{Ve_t}{Ij_t} \times 100$, onde IE é o índice de envelhecimento da população, Ve é o número de indivíduos com 65 ou mais anos de idade e Ij é o número de indivíduos com menos de 15 anos de idade. Vemos que este índice volta a ser expresso na base centesimal. Valores elevados indicam que a transição demográfica[8] encontra-se em estágio avançado. Por isto, este indicador é considerado importante para acompanhar a evolução do ritmo de envelhecimento da população, comparando áreas geográficas e grupos sociais.

Razão de dependência

A razão de dependência divide o número de indivíduos inseridos no segmento etário da população definido como economicamente dependente (os menores de 15 anos de idade e os de 65 anos ou mais) pelo segmento etário potencialmente produtivo (15 a 64 anos de idade), na população residente em determinado espaço geográfico, no ano considerado: $RD_t = \frac{IED_t}{PPP_t} \times 100$, onde RD é a razão de dependência, IED é o número de indivíduos economicamente dependentes e PPP é a população potencialmente produtiva. Considera-se que os indivíduos com menos de 15 anos de idade e aqueles com 65 anos ou mais são o grupo dos economicamente dependentes. Por seu turno, a população potencialmente produtiva é associada aos indivíduos com 15 a 64 anos de idade. Outra forma de expressar a razão de dependência é $RD_t = \frac{PT_{tt} - PJ}{PT_t} \times 100$, onde PT é a população total e PJ é a população de jovens.

A razão de dependência mede a participação relativa do contingente populacional potencialmente inativo que deveria ser sustentado pela parcela da população potencialmente produtiva. Valores elevados indicam que a população em idade produtiva deve sustentar uma grande proporção de dependentes, o que significa consideráveis encargos assistenciais para a sociedade. Objetivando acompanhar a evolução do grau de dependência econômica em uma determinada população, ao sinalizar o processo de rejuvenescimento ou envelhecimento populacional, a razão de dependência é fundamental para subsidiar a formulação de políticas na área de previdência social.

Expectativa de vida ao nascer

O indicador da esperança de vida ao nascer mostra o número médio de anos de vida esperados para um recém-nascido, mantido o padrão de mortalidade existente, em determinado espaço geográfico, num ano considerado. Ele expressa a probabilidade de duração da vida média da população. Resumindo um expressivo montante de conceitos relativos à natalidade e à mortalidade, ele se reveste de tanta importância que foi selecionado para integrar o índice de desenvolvimento humano a ser apresentado no Capítulo 10 (Distribuição), dado que o aumento da esperança de vida ao nascer sugere melhoria das condições de vida e de saúde da população. Ademais, este indicador subsidia processos de planejamento, gestão e avaliação de políticas de saúde e de previdência social, entre outras, relacionadas com o aumento da expectativa de vida ao nascer (atualização de metas, cálculos atuariais, etc.).

A esperança de vida ao nascer é definida com base em tábuas de mortalidade construídas a partir de parâmetros de fecundidade, mortalidade e migração. A título de comparação, apresentamos na Tabela 8.5 a expectativa de vida ao nascer de nossos seis

---

[8] Este conceito será trabalhado mais aprofundadamente no final desta seção.

Tabela 8.5 Renda per capita e esperança de vida ao nascer de seis países[1]

Países	População (habitantes)	Expectativa de vida ao nascer (anos de vida)	RIB per capita (unidades monetárias indexadas)
Anitnegra	41.288.414	73,9	12.381,40
Atlantis	202.549.104	79,9	49.240,60
El Dorado	7.502.187	81,0	46.017,20
Lizarb	203.194.711	67,8	7.071,00
Trondhein	5.980.746	80,7	46.024,30
Uqbar	132.844.952	51,8	1.830,60
Planeta GangeS	593.360.114	69,1	21.547,30

[1] A expectativa de vida ao nascer do Planeta GangeS é a média das expectativas de vida dos países ponderada por suas respectivas populações.

países, associando-os intencionalmente com suas respectivas rendas per capita e com a população total. Com isto, detectamos visualmente alguma correlação[9] entre a expectativa de vida e a renda per capita e praticamente nenhuma com a população total.

Com efeito, as condições de vida de um indivíduo em determinado período são determinadas pelas condições de mortalidade a que ele estava sujeito. Ou seja, dadas essas condições de mortalidade, desejamos saber quantos anos de vida poderá viver um indivíduo nascido em determinado ano, desde que submetido às mesmas condições de morbidade vigentes em sua região de nascimento num ano considerado. Estas envolvem desde a mortalidade neonatal aos acidentes letais e mesmo mortes violentas, além, naturalmente, da exposição a diferentes fatores de risco de doenças severas, epidemias, acidentes naturais, etc.

No que segue, vamos apresentar uma metodologia simples a ser utilizada para seu cálculo. A intuição que rege a construção pode ser apreendida com um exemplo elementar. Imaginemos que uma população de 100 indivíduos vive no máximo dois anos, sendo que 60% dela vive apenas um ano. Neste caso, diremos que a expectativa de vida do indivíduo que se defronta com estas condições de mortalidade é $0,6 \times 1 + 0,4 \times 2 = 1,4$, ou seja, o indivíduo médio vive um ano e quatro décimos. Em síntese, as condições de vida e mortalidade desta população sugerem que um indivíduo a elas submetido poderá viver, em média, pouco menos de 17 meses.

O registro dos nascimentos e óbitos de uma população foi normalizado na Tabela 8.6 para a base 1.000. Ou seja, a coluna das idades mostra os óbitos de indivíduos de diferentes faixas etárias. Vemos, na coluna seguinte, que ninguém viveu mais de 120 anos, três indivíduos alcançaram seu centenário, 979 celebraram seu primeiro ano de vida, e assim por diante. Diferentemente de nosso exemplo da população que viveu apenas dois anos, calcularemos a média de sobreviventes para cada classe etária, normalizando-a para os 1.000 habitantes considerados. Em seguida, ponderamos este valor pelo número de anos contidos no intervalo relevante. Como em praticamente todos os casos estivemos tratando de quinquênios, atribuímos um

---

[9] Na equação (2) do Box 10.2 do Capítulo 10 (Distribuição), temos uma definição formal de coeficiente de correlação, conceito que aqui nos serve apenas alegoricamente. Usando-o, obtemos a cifra de 0,85 para estas duas variáveis.

Tabela 8.6 Expectativa de vida ao nascer de uma amostra da população de Lizarb, ano I (habitantes)

Idade	Sobreviventes	Média por classe etária	Média por unidade	Valor do período	Menos de 120	Menos de 105	Menos de 55
120	0	0,5	0,0005	0,0025			
115	1	1,0	0,0010	0,0025	0,0025		
110	1	1,5	0,0015	0,0050	0,0050		
105	2	2,5	0,0025	0,0075	0,0075		
100	3	4,0	0,0040	0,0125	0,0125	0,0125	
95	5	19,5	0,0195	0,0200	0,0200	0,0200	
90	34	72,0	0,0720	0,0975	0,0975	0,0975	
85	110	173,0	0,1730	0,3600	0,3600	0,3600	
80	236	312,0	0,3120	0,8650	0,8650	0,8650	
75	388	464,5	0,4645	1,5600	1,5600	1,5600	
70	541	607,5	0,6075	2,3225	2,3225	2,3225	
65	674	723,0	0,7230	3,0375	3,0375	3,0375	
60	772	807,0	0,8070	3,6150	3,6150	3,6150	
55	842	863,5	0,8635	4,0350	4,0350	4,0350	
50	885	899,0	0,8990	4,3175	4,3175	4,3175	4,3175
45	913	922,0	0,9220	4,4950	4,4950	4,4950	4,4950
40	931	936,5	0,9365	4,6100	4,6100	4,6100	4,6100
35	942	946,0	0,9460	4,6825	4,6825	4,6825	4,6825
30	950	953,5	0,9535	4,7300	4,7300	4,7300	4,7300
25	957	961,0	0,9610	4,7675	4,7675	4,7675	4,7675
20	965	968,0	0,9680	4,8050	4,8050	4,8050	4,8050
15	971	972,5	0,9725	4,8400	4,8400	4,8400	4,8400
10	974	975,0	0,9750	4,8625	4,8625	4,8625	4,8625
5	976	977,5	0,9775	4,8750	4,8750	4,8750	4,8750
1	979	989,5	0,9895	3,9100	3,9100	3,9100	3,9100
0	1.000	0,0	0,0000	0,9808	0,9808	0,9808	0,9808
Média	–	–	–	67,8183	67,8158	67,8008	51,8758

peso de 5 para cada intervalo. Nos intervalos da população entre 0 e 1 ano de idade e entre 1 e 5 anos de idade, usamos os pesos de 4 e – aceitando que a mortalidade neonatal distribuiu-se normalmente durante o ano – arbitramos-lhe o peso de $\frac{1}{12}$, ponderando com os demais meses de vida.

Dispondo dos dados da Tabela 8.6, torna-se fácil calcularmos a expectativa de vida de cada classe de idade. O valor geral para toda a população que *não chegará* aos 125 anos de vida é de 67,8183. Se as condições de mortalidade levassem a população ao intervalo inferior a 120 anos de idade, sua expectativa de vida seria ligeiramente menor (nomeadamente, 67,8158), ao passo que, no caso de uma população que não alcançasse os 55 anos de idade, suas condições de mortalidade iriam levá-la à expectativa de 51,8758 anos de vida. Também podemos concluir que as condições de mortalidade avolumam-se a partir da idade de cerca de 60 anos, como ilustra a Figura 8.4.

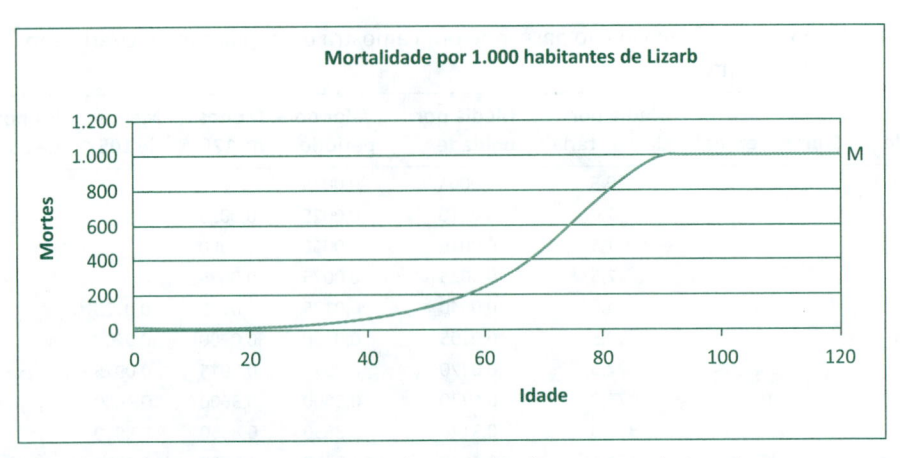

Figura 8.4 Condições de mortalidade da população de Lizarb num ano selecionado

Pirâmide etária e a transição demográfica

Chamamos de pirâmide etária um gráfico (histograma) no qual é representada a distribuição do contingente populacional de um espaço geográfico e período de tempo específico por idade e gênero (sexo). No eixo horizontal, discrimina-se à esquerda o número (absoluto ou relativo) de homens e, na direita, apresenta-se o número de mulheres da população. No eixo vertical, apresentamos os grupos etários. Com isto, montamos uma representação gráfica do tipo "população por idade", conforme a Figura 8.5.

Como podemos ver pelas duas lâminas da Figura 8.5, uma pirâmide etária permite que visualizemos a distribuição da população entre idade e gênero (sexo). Constatamos, por exemplo, que no primeiro painel aproximadamente 1,5% da população masculina tem menos de um ano de idade, sendo o mesmo válido para a população feminina, e assim por diante. Ademais, por definição, as duas pirâmides correspondem a países com perfis demográficos diferentes. No segundo painel, vemos que a pirâmide de Atlantis tem a base e o topo relativamente estreitos, apresentando no conjunto uma forma irregular; neste caso predomina a população adulta, com idade entre 15 e 65 anos. A representatividade da população com idade entre 25 e 55 anos é grande, o que atesta que há maior estabilidade demográfica do que em Uqbar, dado que nesta há, alegadamaente, maior participação da população infantil.

Vemos que o histograma do primeiro painel da Figura 8.5 tem um aspecto geral triangular, e isto nos mostra o predomínio da população jovem. A partir da informação empírica, normalmente os perfis demográficos são associados ao nível de desenvolvimento econômico dos países. Desta forma, o perfil demográfico onde predomina a população jovem comumente é visto como uma estrutura populacional característica dos países em desenvolvimento, que via de regra ainda não iniciaram a chamada "transição demográfica".

A transição demográfica se refere à passagem de altos a baixos níveis de fecundidade e mortalidade tendo como consequência a redução no ritmo de crescimen-

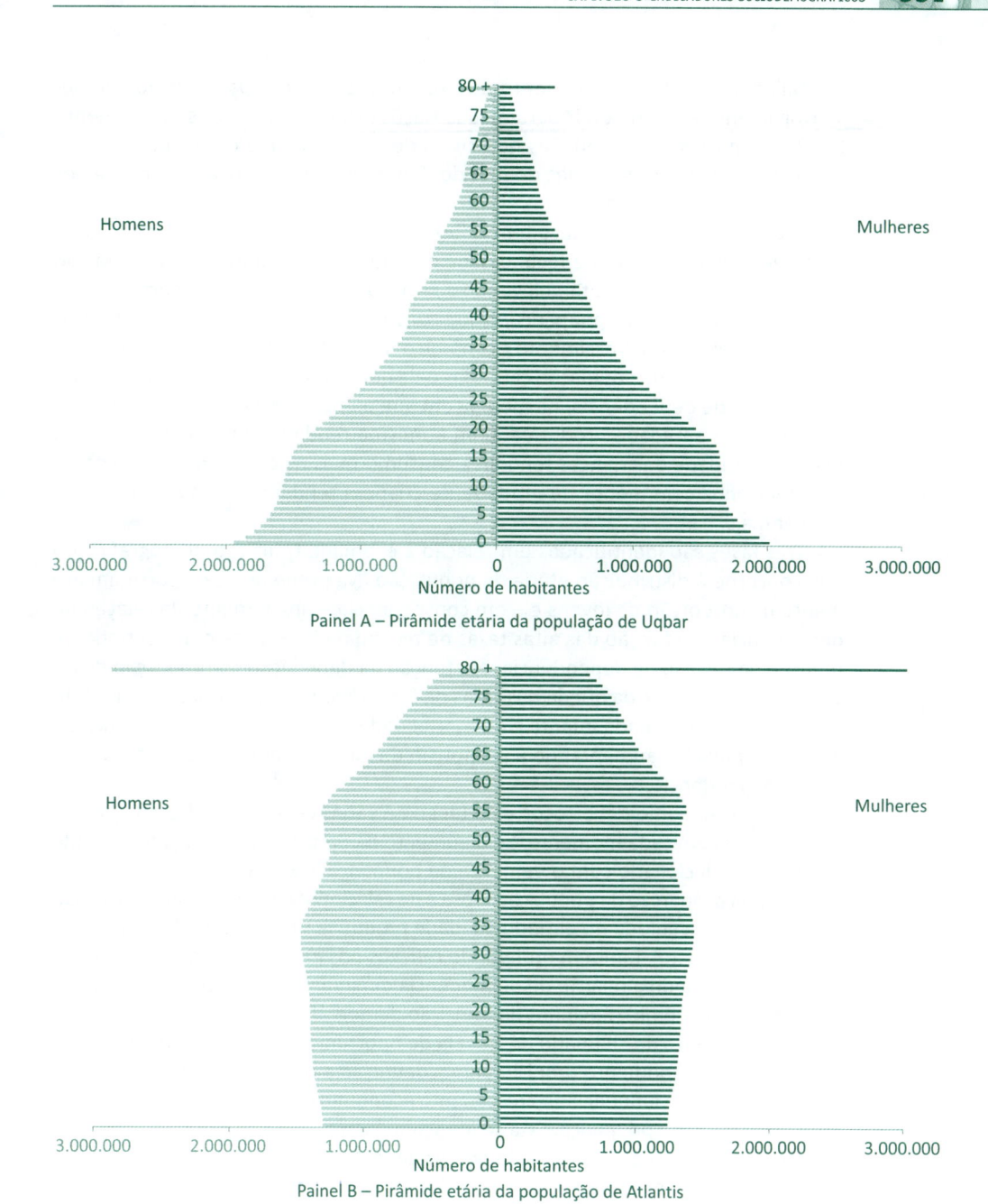

Figura 8.5 Pirâmides etárias de Uqbar e Atlantis no ano (habitantes)

to da população. Esse processo em geral é explicado pelo crescimento generalizado da urbanização e da industrialização e a consequente melhoria nas condições de vida da população, com reflexos, principalmente, na diminuição das taxas de mortalidade infantil e no aumento da expectativa de vida. Os relatórios de desenvolvimento humano do Programa das Nações Unidas para o Desenvolvimento (PNUD) têm mostrado reduções nos níveis de mortalidade e de fecundidade da população em todas as regiões do mundo, fenômeno que alcança mais ou menos tempo dependendo do país.

Esta tendência demográfica tem reflexos econômicos. Em linhas gerais, podemos dizer que altas taxas de fecundidade contribuem para aumentar a proporção de jovens na população total, elevando a relação de dependência, estimulando o consumo e diminuindo a poupança, o que constrói uma equação capaz de produzir reflexos negativos no crescimento econômico. Por outro lado, algumas mudanças na estrutura etária da população causadas pela queda na fecundidade podem reduzir a relação de dependência, na medida em que aumentam a participação relativa da população em idade produtiva. Com a mesma renda familiar, domicílios com maior quantidade de crianças tendem a consumir mais e poupar menos, ao passo que domicílios com menor quantidade de crianças tendem a consumir menos e poupar mais.

Três fases são identificadas em relação à chamada transição demográfica no que concerne à distribuição etária da população. Na primeira fase, ocorre um aumento na proporção de jovens e – em consequência – um aumento da relação de dependência, em função das altas taxas de fecundidade. Segue-se um período de redução da relação de dependência, em função da diminuição na proporção de jovens, em decorrência da queda nas taxas de fecundidade. Mais tarde, a diminuição das taxas de mortalidade infantil e de mortalidade total vão elevar a esperança de vida da população, aumentando a proporção de idosos e, por conseguinte, a relação de dependência.

A transição demográfica ocorre ao longo de várias décadas produzindo impactos diferentes em cada momento. Se o aumento na parcela da população em idade ativa[10] está relacionado com o aumento da poupança e da produtividade, então o aumento na proporção da população idosa está relacionado com sua diminuição. Ou seja, a poupança gerada no período da idade produtiva será consumida no período da velhice, em geral, também projetando reflexos nos gastos públicos de previdência e saúde. Quando a relação de dependência diminui, os efeitos positivos sobre o crescimento econômico advindos da transição demográfica tendem a magnificar-se. Esse período tem sido chamado de "janela de oportunidades" ou de "bônus demográfico", pois é o momento propício para a definição e o planejamento de políticas públicas voltadas a influenciar o crescimento econômico, melhorar a distribuição de renda e assegurar a poupança. Esta se for acumulada de modo produtivo, vai garantir a qualidade de vida da população potencialmente inativa, não só de idosos, mas também de gerações futuras.

Estas considerações levam ao entendimento de que as estimativas da demanda por bens e serviços e o crescimento dos mercados, inclusive o mercado de trabalho, devem reportar-se, em boa medida, ao tamanho e às formas de distribuição que a população assumirá no futuro. O conhecimento da dinâmica demográfica, por meio de sua evolução no tempo, se torna cada vez mais necessário para o

---

[10] Veremos a definição formal deste termo na Seção 8.4.

planejamento da produção e das estratégias de mercado e, no que concerne ao governo, para o planejamento dos gastos públicos em educação, saúde, previdência social, etc.

8.3 INDICADORES DE EDUCAÇÃO, SAÚDE E INFRAESTRUTURA URBANA

Podemos dizer que os fenômenos demográficos que estudamos até agora têm impactos sobre as características educacionais da população. A estrutura etária da população, que resulta das taxas de natalidade, fecundidade e mortalidade observadas, impacta diretamente o setor educacional por meio das alterações na demanda de ensino que provoca. Por outro lado, as características educacionais da população também exercem influência sobre estas peculiaridades demográficas, uma vez que níveis educacionais mais altos tendem a reduzir indicadores como a mortalidade, a natalidade e a fecundidade. Eles também reduzem a magnitude de outros indicadores, como a mortalidade infantil, que será vista a seguir. Iniciemos com o estudo dos indicadores de educação mais utilizados, que são a taxa de analfabetismo funcional e o nível (ou grau) de escolaridade da população.

Da mesma forma que ocorre com os indicadores de educação, é difícil estabelecer uma relação causal entre o comportamento dos indicadores demográficos e os indicadores de saúde. No entanto podemos supor que melhores condições de saúde influenciam certos aspectos demográficos, como as taxas de natalidade, fecundidade e mortalidade. O mesmo problema pode ser levantado acerca da relação entre as condições de saúde e as condições de moradia. Os indicadores de saúde mais utilizados para aferir o nível de desenvolvimento econômico de uma região ou país são a mortalidade proporcional por idade, a taxa de mortalidade infantil e a esperança de vida (ou expectativa de vida) ao nascer. Por seu turno, os indicadores de infraestrutura urbana mais utilizados para avaliarmos a qualidade de vida da população são o grau de urbanização e a proporção dos domicílios com saneamento adequado.

Educação: taxa de analfabetismo funcional

A taxa de analfabetismo funcional é o percentual de indivíduos de 15 anos ou mais de idade com menos de quatro anos de estudo, em determinado espaço geográfico, num ano considerado: $TAF_t = \dfrac{IBE_t}{PCE_t} \times 100$, onde TAF é a taxa de analfabetismo funcional, IBE é o número de indivíduos de 15 anos ou mais de idade com menos de 4 anos de estudo e PCE é a população de 15 anos ou mais de idade. Este índice mede o grau de analfabetismo da população adulta, sendo utilizado para dimensionar a situação de desenvolvimento socioeconômico de um grupo social em seu aspecto educacional. Cabe salientar que ele também propicia a realização de comparações nacionais e internacionais.

Educação: nível (ou grau) de escolaridade

O nível de escolaridade mostra a razão entre a população com quatro ou menos anos de estudo e a população residente de 15 anos ou mais de idade, em determinado espaço geográfico, num ano considerado. Este índice expressa os níveis de instrução da população de 15 anos ou mais de idade, servindo como importante elemento a ser considerado no estudo e na análise prospectiva do mercado de trabalho. Sua fórmula é dada por $NE_t = \frac{ISE_t}{PCE_t} \times 100$, onde NE é o nível de escolaridade, ISE é o número de indivíduos com quatro ou mais anos de estudo e PCE é a população com 15 ou mais anos de idade.

Saúde: mortalidade proporcional à idade

O índice de mortalidade proporcional à idade diz respeito à distribuição percentual dos óbitos por faixa etária, na população residente em determinado espaço geográfico, num ano considerado. Ele mensura a participação dos óbitos em determinadas faixas etárias, em relação ao total de óbitos: $TMI_t = \frac{NM_t}{M_t} \times 100$, onde TMI é a taxa de mortalidade por idade, NM é o número de óbitos por grupos etários e M é o número de óbitos (mortes) totais.

A elevada proporção de óbitos de menores de um ano de idade está associada, em geral, a más condições de vida e de saúde. O deslocamento da concentração de óbitos para grupos etários mais elevados reflete a redução da mortalidade em idades jovens – sobretudo na infância – e o consequente aumento da expectativa de vida da população. Outras variações de concentração de óbitos sugerem correlação com a frequência e a distribuição das causas de mortalidade específica por idade e gênero (sexo).

Saúde: taxa de mortalidade materna

Outro importante indicador do estado sanitário de uma população relaciona-se ao número de acidentes de parto, inclusive aqueles provocados pelo estado nutricional da mãe. Sua definição é dada por $TMM_t = \frac{MM_t}{Pt_t} \times 100$, onde TMM é a taxa percentual de mortalidade materna, MM é o número de mortes de parturientes registradas no momento do parto ou em decorrência deste e P_t é o número de partos.

Saúde: taxa de mortalidade infantil

A taxa de mortalidade infantil informa o número de óbitos de crianças menores de um ano de idade por 1.000 nascidos vivos na população residente em determinado espaço geográfico, num ano considerado: $TMInf_t = \frac{NO1_t}{NNV_t} \times 1.000$, onde TMInf é a taxa de mortalidade infantil, NO1 é o número de óbitos de crianças menores de um ano de idade e NNV é o número de bebês nascidos vivos.

Este indicador estima o risco de morte dos nascidos vivos durante seu primeiro ano de vida. As taxas de mortalidade infantil são geralmente classificadas em *altas* (50 ou mais por 1.000), *médias* (20 a 49 por 1.000) e *baixas* (menos de 20 por 1.000). Quando a taxa de mortalidade infantil é alta, o componente pós-neonatal é predominante. Quando a taxa é baixa, seu principal componente é a mortalidade neonatal, com predomínio da mortalidade neonatal precoce. Altas taxas de mortalidade infantil refletem, de maneira geral, baixos níveis de desenvolvimento socioeconômico, particularmente os aspectos associados à saúde. Todavia devemos ter presente que, mesmo reduzidas, as taxas médias também podem encobrir más condições de vida em segmentos sociais específicos.

Indicadores de infraestrutura urbana: grau de urbanização

Da mesma forma que ocorre com a saúde e a educação, as condições de moradia da população têm influência sobre a demografia. Ademais, não podemos descartar a existência de relações entre aspectos da infraestrutura das moradias e as condições de saúde e educação da população. Da mesma forma que nas seções anteriores, não nos deteremos no estudo destas relações, limitando-nos a apresentar os indicadores de infraestrutura urbana mais utilizados para avaliar a qualidade de vida da população, que são o grau de urbanização e a proporção de domicílios com saneamento adequado. O primeiro deles é o grau de urbanização, dado pelo percentual da população residente em áreas urbanas relativamente à população total, em determinado espaço geográfico, num ano considerado: $GU_t = \frac{PU_t}{PT_t} \times 100$, onde GU é o grau de urbanização, PU é a população urbana e PT é a população total.

Este indicador aponta para a proporção da população total que reside em áreas urbanas, segundo a divisão político-administrativa estabelecida em nível municipal. Sua aplicação permite subsidiar processos de planejamento, gestão e avaliação de políticas públicas, para adequação e funcionamento da rede de serviços sociais e da infraestrutura urbana.

Infraestrutura urbana: domicílios segundo a qualidade do saneamento

A proporção de domicílios urbanos segundo a qualidade do saneamento mostra o percentual de moradias particulares permanentes em áreas urbanas, em determinado espaço geográfico, num ano considerado, exibindo condições inadequadas, semiadequadas ou adequadas de saneamento.

$$QS_t = \frac{CAS_t}{DT_t} \times 100 \qquad (8.5)$$

onde QS é a qualidade do saneamento, CAS é o número de domicílios com condições adequadas de saneamento e DT é o número total de domicílios. Os índices dos domicílios das condições inadequadas ou semiadequadas são calculados de modo similar, pela simples substituição das cifras do numerador da expressão (8.5).

Consideramos como portadora de saneamento adequado aquela unidade habitacional provida de escoadouro ligado à rede geral do esgoto cloacal ou fossa séptica, servida de água proveniente de rede geral de abastecimento e com lixo coletado processado pelos serviços de limpeza urbana. Os domicílios com saneamento semi-adequado possuem, pelo menos, um dos serviços de abastecimento de água, esgoto ou lixo classificado como adequados. Já os domicílios com saneamento inadequado não apresentam qualquer dos itens de saneamento, ou seja, não estão conectados à rede geral de abastecimento de água ou esgotamento sanitário, nem têm acesso à coleta de lixo. Os dados sobre a disponibilidade de serviços de saneamento são obtidos em censos e pesquisas demográficas.

8.4 INDICADORES DO MERCADO DE TRABALHO: OCUPAÇÃO, DESOCUPAÇÃO E SUBOCUPAÇÃO

Nas sociedades contemporâneas, a expressiva maioria dos indivíduos que exercem atividade econômica voltada à produção de mercadorias obtém sua remuneração ao inserir-se no mercado de trabalho[11]. Como qualquer mercado, o de trabalho é descrito pelas forças da oferta e da procura (demanda), cuja interação determina o preço, chamado de salário, que equaliza as quantidades ofertada e demandada de trabalho[12]. Os ofertantes de mão de obra são as famílias e os agentes que demandam mão de obra são as empresas. A análise e o monitoramento dos indicadores do mercado de trabalho requerem a avaliação constante de um conjunto importante de variáveis, relacionadas tanto com a oferta quanto com a demanda de mão de obra. A oferta reúne as variáveis demográficas, ou seja, a evolução da população em relação à estrutura etária, à composição por gênero (sexo), grau de educação e aos movimentos migratórios.

A demanda por trabalho reúne as variáveis que dependem tanto da evolução estrutural quanto conjuntural da economia, como o nível de atividade econômica, a velocidade das inovações tecnológicas e determinados requerimentos educacionais. A variável principal a ser considerada deve ser sempre o nível da atividade econômica. Se por um lado alguns setores extinguiram muitos postos de trabalho por exigência das inovações tecnológicas (eletroeletrônicos, química, telefonia, bancos, etc.), por outro sabemos que o nível de emprego, no curto prazo, é muito mais ameaçado pelo nível geral da atividade econômica do que pelas inovações tecnológicas. O atraso tecnológico também contribui para diminuir o nível da atividade econômica e, como tal, o nível de emprego. Um diagnóstico acurado concernente ao mercado de trabalho exige, assim, que se avalie a evolução das inovações tecnológicas[13] e sua influência na substituição de postos de trabalho, nas exigências de reciclagem e de qualificação da mão de obra e na consequente elevação dos requisitos educacionais que incidem sobre a população.

Além da oferta e da demanda por mão de obra, Salm e Fogaça (1992) destacam ainda um terceiro bloco de variáveis de cunho político institucional, capaz de afetar o mercado de trabalho, como o custo das contratações e demissões, que dependem

---

[11] Outras remunerações, como o rendimento de trabalhadores autônomos ou o pró-labore dos proprietários que trabalham na empresa, não se originam, obviamente, do mercado de trabalho.

[12] Não estamos falando em equilíbrio, num sentido mais amplo, pois os mercados de trabalho reais caracterizam-se, na maior parte das vezes, por excedentes de oferta relativamente à demanda planejada. Esta peculiaridade tem levado as populações a buscarem estratégias de sobrevivência que lhes ofereçam os rendimentos que não estão obtendo no mercado de trabalho. Estas características levam grandes contingentes populacionais a criarem mecanismos informais de inserção no mundo das mercadorias, detendo o que a Organização Mundial do Trabalho chama de emprego precário, e será examinado com mais vagar a seguir.

[13] Isso foi feito no capítulo anterior.

de políticas públicas de difícil mensuração. De qualquer maneira, são variáveis que podem ter influência sobre o mercado de trabalho e precisam ser acompanhadas ao longo do tempo.

Uma vez descritas as principais variáveis demográficas associadas à ocupação da mão de obra, é necessário selecionarmos algumas categorias fundamentais para a construção dos indicadores de mercado de trabalho. As principais são aquelas que estabelecem a chamada posição na ocupação, ou seja, a relação de trabalho existente entre o indivíduo e o empreendimento em que ela trabalha. São três categorias básicas: empregado, trabalhador por conta-própria e empregador. Empregado é o indivíduo que trabalha para um empregador (pessoa física ou jurídica), recebendo uma remuneração, geralmente obrigando-se ao cumprimento de uma jornada de trabalho e podendo ter ou não carteira de trabalho assinada. Trabalhador por conta própria é o indivíduo que trabalha explorando seu próprio empreendimento sem ter empregados. Empregador é o indivíduo que trabalha explorando o seu próprio empreendimento, tendo pelo menos um empregado.

A partir desses parâmetros iniciais, é possível estabelecermos três grupos de indicadores segundo as condições da população. O primeiro grupo refere-se à condição de atividade, que divide a população em idade ativa (*PIA*) em dois grandes grupos. No primeiro, encontramos a população economicamente ativa (*PEA*), que vai gerar os indicadores de atividade. No segundo grupo, temos a população não economicamente ativa (*PNEA*), que vai gerar os indicadores de inatividade. O segundo diz respeito à condição de ocupação, que gera a partir da população economicamente ativa (*PEA*) os indicadores de ocupação, subocupação e desocupação. Por fim, a condição de remuneração fornece os indicadores de rendimento do trabalho. Todos esses indicadores, de maneira geral, podem ser agrupados por categorias como grupos de idade, gênero (sexo), cor ou etnia (raça), níveis de escolaridade, etc., dependendo da maior ou menor riqueza da fonte das estatísticas primárias e dos interesses do pesquisador.

As variáveis demográficas mais importantes são a população em idade ativa (PIA), a população economicamente ativa (*PEA*), a população não economicamente ativa (PNEA) e as populações migrantes (*PM*). Mensuradas em valores absolutos, elas costumam ser associadas de diversas formas, dando origem aos índices que vamos examinar ainda na presente seção.

População em idade ativa (PIA)

A *PIA* é constituída pelo número de indivíduos de 16 anos ou mais de idade[14]. Sua importância relativa vem diminuindo paulatinamente em todo o mundo, em virtude da transição demográfica. Particularmente, nos países subdesenvolvidos e em desenvolvimento, a diminuição das taxas de crescimento demográfico, nas

---

[14] Ainda que, usando o senso comum, pareça simples definir o que é uma criança ou um adulto, sob o ponto de vista da idade, tal definição não apresenta correspondência empírica de fácil identificação. A cifra de 16 anos aqui referida é a recomendada pela Organização Internacional do Trabalho – OIT. Com este recorte, o trabalho de indivíduos de idade menor do que esta é sumariamente proscrito, ainda que se observem crianças trabalhando pela sobrevivência. Do outro lado, a vida adulta, nesta visão determinada pela idade cronológica, inicia aos 24 anos. Preocupada com estas e outras questões, desde sua fundação, a OIT é uma das mais interessantes organizações internacionais. Criada em 1919, na onda pacifista que sucedeu a I Guerra Mundial, ela integrou-se à ONU em 1946.

últimas décadas, reflexo da queda nas taxas de fecundidade, vem alterando significativamente o tamanho da *PIA*. Na medida em que o número de filhos diminui, reduz-se a população das faixas etárias mais baixas e aumenta, proporcionalmente, a população das faixas etárias mais altas. Os aspectos mais importantes a serem avaliados na evolução da *PIA* são a composição por gênero (sexo) e o nível de escolarização. Em relação à composição por gênero (sexo), é importante sabermos como evolui a proporção de homens e de mulheres (razão de sexos) que passam a fazer parte da *PIA*. O ingresso prematuro da criança no mercado de trabalho reduz o acesso à escolarização, o que determina menor qualificação da oferta de mão de obra.

População economicamente ativa (PEA)

A *PEA* reúne tanto a população ocupada quanto a população desocupada. São classificados como ocupados os indivíduos em idade ativa que exercem trabalho remunerado durante um determinado período de tempo estabelecido como referência. Os desocupados são indivíduos em idade ativa que não estão trabalhando, em determinado período de referência, que estavam disponíveis para assumir um trabalho e que tomaram alguma providência para consegui-lo durante esse período. A *PEA* é a principal variável demográfica utilizada para a construção dos indicadores que vão permitir a mensuração do emprego e o monitoramento do mercado de trabalho.

Em relação a sua evolução, as variáveis mais importantes de serem acompanhadas são a composição por gênero (sexo) e idade, os níveis de escolaridade e o setor de atividade (agropecuária, indústria e serviços) em que a população economicamente ativa está inserida. Com relação à composição por gênero (sexo), as pesquisas demográficas mundiais evidenciam um ingresso cada vez maior de mulheres no mercado de trabalho. Além disso, também se constata a manutenção de uma série de fatores de discriminação do trabalho feminino. Por exemplo, estudos empíricos referem que o rendimento do trabalho feminino é sistematicamente inferior ao do trabalhador masculino voltado ao mesmo tipo de atividade. Já com relação à idade, sabemos que esta, muitas vezes, limita o ingresso e pode constituir motivo para a saída do mercado de trabalho. Os níveis de escolaridade, cada vez mais, têm influência direta no ingresso no mercado de trabalho, no tipo de posto a ser ocupado, nos níveis de rendimento e na mobilidade ocupacional entre os diversos setores de atividade.

População não economicamente ativa (PNEA)

O conceito de *PNEA* abarca o restante dos indivíduos em idade ativa que não foram classificados nem como ocupados nem como desocupados. Ao constatarmos a existência de indivíduos não economicamente ativos e, como tal, apenas marginalmente ligados à *PEA*, percebemos um subgrupo chamado de trabalhadores desalentados, conforme examinaremos a seguir. Estes são os indivíduos que, após terem procurado e não encontrado trabalho durante um determinado período, desistem da busca. Os indivíduos marginalmente ligados à *PEA* não são economicamente ativos, mas faziam parte da população economicamente ativa em um período de referência mais longo (um ano) em que procuraram trabalho e estavam disponíveis para assumir um trabalho nesse período. Com isso, percebemos que a *PNEA*, apesar de não constituir o universo dos ocupados nem dos desocupados, também exerce certa pressão sobre o mercado de trabalho, o que confere importância no acompanhamento da sua evolução.

Movimentos migratórios

A população que transita de um território a outro caracteriza os chamados movimentos migratórios, os quais exercem um papel extremamente importante na distribuição espacial e na constituição dos mercados de trabalho. Dadas as restrições ainda impostas à migração internacional, este fenômeno demográfico diz respeito principalmente às migrações internas, ou seja, aquelas realizadas dentro de regiões pertencentes a um mesmo espaço nacional. Em qualquer caso, nossa equação (8.2) trouxe à consideração os conceitos de imigração e emigração, o que nos permite criar o índice a seguir: $CPM_t = \dfrac{Im_t}{NPE_t} \times 100$, onde *CPM* é o quociente de participação dos imigrantes no emprego doméstico, Im é o número de emigrantes em idade economicamente ativa e *NPE* é o número de pessoas empregadas.

Um dos aspectos mais importantes do processo de migrações internas descritos por Faissol (1994) é o chamado mecanismo de migração por etapas. Em geral, a primeira etapa é a migração de origem rural e destino urbano de curta distância, característica do início do processo de urbanização da maioria das regiões. A outra etapa, muitas vezes de longa distância, é a migração de origem e destino urbano que ocorre, num primeiro momento, em direção a um núcleo populacional ou cidade central. Com o inchamento desses núcleos, num segundo momento, ocorre um deslocamento dessa população para as cidades periféricas, constituindo um processo de desconcentração populacional característico da reestruturação por que vem passando o espaço urbano das regiões e cidades mundiais mais densamente povoadas desde as últimas décadas do século XX.

Além dos movimentos no território, a mobilidade ocupacional, originada muitas vezes a partir dos movimentos migratórios, também tem influência direta na formação dos mercados de trabalho, principalmente os urbanos. A expansão espacial das atividades industriais, observada no mundo todo a partir da segunda metade do século XX, contribuiu decisivamente para a criação e o crescimento de diversas atividades no setor de serviços. Esse setor de atividade, por sua vez, absorveu parte considerável da população antes ocupada em atividades agrícolas e mesmo industriais que, ao longo do tempo, vem paulatinamente assentando residência nas cidades. Os movimentos migratórios são, portanto, variáveis fundamentais para o monitoramento e a análise do mercado de trabalho, inclusive para a compreensão do grau de dualismo de uma economia. Neste caso, em geral (e apenas em geral), costuma-se associar a dualidade atrasado-moderno como correspondente ao binômio rural-urbano. Por isto é que, geralmente, é comum associar a migração do meio rural, de baixa produtividade, ao urbano, de alta produtividade, como a chave do crescimento econômico.

Indicadores de atividade: taxa de atividade

O número de habitantes economicamente ativos (*PEA*) abrange as pessoas ocupadas e as pessoas desocupadas em determinado período de referência, desde que estas estejam empenhadas na busca de alguma ocupação, aumentando, assim, a oferta de trabalho. Neste contexto, a partir da *PEA*, podemos calcular a taxa de atividade, dada pelo percentual de pessoas economicamente ativas (*PEA*) em relação ao total de pessoas em idade ativa (PIA) em um dado período de referência. Podemos expressar formalmente a taxa de atividade como segue: $TA_t = \dfrac{PEA_t}{PIA_t} \times 100$, onde *TA* é a taxa de atividade, *PEA* é a população economicamente ativa e *PIA* é a população em idade ativa.

Indicadores de inatividade: taxa de inatividade

No que tange à inatividade, diremos que o número de pessoas não economicamente ativas (*PNEA*) abrange as pessoas que não trabalharam em determinado período de referência nem tomaram providência para conseguir trabalho nesse mesmo período. Podemos calcular também a taxa de inatividade, que é a relação entre o número de pessoas não economicamente ativas (*PNEA*) e o total de pessoas de 16 anos ou mais de idade (*PIA*), em determinado período de referência, formalizada como segue: $TI_t = \dfrac{PNEA_t}{PIA_t} \times 100$, onde *TI* é a taxa de inatividade, *PNEA* é o número de pessoas não economicamente ativas e *PIA* é a população em idade ativa.

Indicadores de inatividade: percentual de pessoas não economicamente ativas disponíveis para o trabalho

Outro indicador relacionado à inatividade é o número de pessoas não economicamente ativas que estavam disponíveis para trabalhar, conjunto no qual incluímos todas as pessoas não economicamente ativas dispostas e aptas a trabalhar em determinado período de referência. Podemos expressar este número em termos percentuais, obtendo outro indicador. Este é dado pela relação entre o número de pessoas não economicamente ativas que estavam disponíveis para trabalhar em determinado período de referência e o total de pessoas não economicamente ativas:

$IPD_t = \dfrac{PNEAD_t}{PNEA_t} \times 100$, onde *IPD* é o índice que dá a proporção da população não economicamente ativa disponível para trabalhar e o total dos indivíduos não economicamente ativos, *PNEAD* é o número de pessoas não economicamente ativas, mas que estavam disponíveis para trabalhar, e *PNEA* é a população não economicamente ativa.

Indicadores de inatividade: percentual de pessoas marginalmente ligadas à PEA

Podemos estabelecer ainda o número de pessoas marginalmente ligadas à *PEA*, que abrange as pessoas não economicamente ativas em determinado período de referência, que estiveram na *PEA* em algum momento no período de um ano e que estavam disponíveis para assumir um trabalho nesse período de referência. O percentual de pessoas marginalmente ligadas à *PEA* é dado pela relação entre o número de pessoas marginalmente ligadas à *PEA* e o número de pessoas não economicamente ativas, em determinado período de referência: $IPM_t = \frac{NPEA_t}{PNEA_t} \times 100$, onde *IPM* é a razão entre o número de pessoas marginalmente ligadas à *PEA* (*NPEA*) e *PNEA* é o número de pessoas não economicamente ativas.

Indicadores de inatividade: percentual de pessoas desalentadas

Já o percentual de pessoas desalentadas é a relação entre o número de pessoas desalentadas e o total de pessoas não economicamente ativas, em determinado período de referência: $PDes_t = \frac{NID_t}{PNEA_t} \times 100$, onde *PDes* é o percentual de indivíduos desalentados, *NID* é o número de indivíduos desalentados e *PNEA* é o número de pessoas não economicamente ativas.

Indicadores de inatividade: população não economicamente ativa e não disponível para trabalhar

O número de pessoas não economicamente ativas que não estavam disponíveis para trabalhar abrange as pessoas não economicamente ativas que não estavam direta ou indiretamente envolvidas com o mercado de trabalho em determinado período de referência. Combinando-a com o número de pessoas não economicamente ativas, formamos a razão de potencial de desocupação, em determinado período de referência: $RPD_t = \frac{PND_t}{PNEA_t} \times 100$, onde *RPD* é a razão percentual de desocupação entre a população não economicamente ativa e não disponível para trabalhar, *PND* é a população não economicamente ativa e não disponível e *PNEA* é a população não economicamente ativa.

Indicadores de ocupação: número de pessoas ocupadas

Considerando que nossas preocupações gerais ao estudarmos a contabilidade social dizem respeito ao grau de eficiência com que determinada sociedade usa os recursos que lhe são disponíveis, a ociosidade de homens e máquinas – para usar a expressão já registrada no Capítulo 1 (Divisão) – precisa ser cuidadosamente avaliada. No caso das máquinas, esta questão – tratada na Subseção 7.6.3 do Capítulo 7 (Bases) – dirá respeito à mensuração do grau de utilização da capacidade de produção instalada em determinado período. De modo análogo, a ociosidade no uso da mão de obra diz respeito ao montante de trabalhadores incapacitados de encontrarem ocupação. O número de pessoas ocupadas abrange os indivíduos que exercem um trabalho remunerado como empregado, trabalhador por conta própria ou empregador, em determinado período de referência. Também podemos avaliá-la segundo o setor de atividade em que as pessoas estavam inseridas, bem como expressá-la na forma de um percentual de ocupação relativo à população em idade ativa (PIA), dado pela relação entre o número de pessoas ocupadas e o total de pessoas em idade ativa em um dado período de referência: $IOP_t = \frac{NPO_t}{PIA_t} \times 100$, onde *IOP* é o índice de ocupação na *PIA*, *NPO* é o número de pessoas ocupadas e *PIA* é a população economicamente ativa.

Indicadores de ocupação: taxa de ocupação

Por outro lado, falamos em taxa de ocupação quando nos referimos à relação entre o número de pessoas ocupadas e o número de pessoas economicamente ativas em um dado período de referência: $TO_t = \frac{NPO_t}{PEA_t} \times 100$, onde *TO* é a taxa de ocupação, NPO é o número de pessoas ocupadas e PEA é a população economicamente ativa. Devemos notar que há uma diferenciação entre o número de pessoas ocupadas e o número de empregados, dado que o segundo abrange as pessoas ocupadas em determinado período de referência que trabalhavam para um empregador, independentemente de se tratar de um emprego formal ou informal, bem como de este situar-se no setor público ou privado.

Indicadores de ocupação: percentual de empregados

Podemos ainda dividir o número de empregados segundo o tipo de emprego (formal ou informal), o setor de atividade (público ou privado), e outros fatores, como idade e gênero (sexo), por exemplo. Logicamente, o percentual de empregados será a relação entre o número de empregados e o total de pessoas ocupadas, em um dado período de referência: $IE_t = \frac{NE_t}{TO_t} \times 100$, onde *IE* é o índice de emprego, dado pela razão entre o número de trabalhadores empregados *NE* e o total dos indivíduos ocupados *TO*.

Indicadores de ocupação: trabalhadores por conta própria

Outra parcela da mão de obra a ser considerada nos índices de ocupação é representada pelos trabalhadores por conta própria, cujo número abrange as pessoas ocupadas num empreendimento de sua propriedade, em determinado período de referência, e que não têm sob seu comando trabalhadores empregados. O número de trabalhadores por conta própria também pode ser expresso como percentual em relação ao total de pessoas ocupadas, de acordo com $RCP_t = \frac{TCP_t}{TO_t} \times 100$, onde *RCP* é a razão de trabalhadores por conta própria, *TCP* é o número de trabalhadores nesta condição e *TO* é o número de trabalhadores ocupados.

Indicadores de ocupação: empregadores

Por fim, temos com parte do total de pessoas ocupadas os empregadores, conjunto que abrange as pessoas ocupadas num empreendimento de sua propriedade, em determinado período de referência, e que tinham pelo menos um empregado. O percentual de empregadores é a relação entre o número de empregadores e o total de pessoas ocupadas em um dado período de referência, conforme:

$REmp_t = \frac{NEmp_t}{TO_t} \times 100$, onde *REmp* é o percentual de empregadores, *NEmp* é o número de empregadores e *TO* é o total de pessoas ocupadas.

Indicadores de ocupação: capacidade instalada, horas trabalhadas e horas despendidas em greves

Associando a ocupação dos três tipos de utilização da mão de obra (trabalhadores assalariados, trabalhadores por conta própria e empregadores), há três variáveis que podem ser relacionadas, oferecendo uma importante compreensão do funcionamento do sistema econômico. Veremos mais detalhadamente na Seção 7.6 do Capítulo 7 (Bases) o significado da avaliação do grau de utilização da capacidade instalada de uma economia. Este indicador, dizendo respeito ao grau de utilização do capital, também é avaliado ao considerarmos o número de horas trabalhadas (empregados, empregadores, "contas-próprias"). Neste sentido, podemos relacionar, preliminarmente, o grau de utilização da capacidade, dada uma relação técnica entre homens e máquinas, convertê-lo para horas trabalhadas e chegar a

$GUC_t = \frac{NHT_t}{EHC_t} \times 100$, onde *GUC* é o grau de utilização da capacidade, *NHT* é o número de horas trabalhadas e *EHC* é o equivalente em horas da capacidade instalada:

$ITT_t = \frac{NHG_t}{EHC_t} \times 100$, onde, adicionalmente, *ITT* é o índice de tensão trabalhista e NHG é o número de horas despendidas em greves.

Indicadores de ocupação: taxa de participação da mulher no mercado de trabalho

A taxa de participação mostra a relação entre o emprego feminino e o emprego total, apontando para o grau de inserção da mulher no mercado de trabalho local relativa a determinado período: $TP_t = \frac{EF_t}{TO_t} \times 100$, onde *TP* é a taxa de participação da mulher no mercado de trabalho, EF é o número de mulheres empregadas e *TO* é o emprego total.

Deriva-se deste conceito o mapeamento da segregação das mulheres em determinadas ocupações em detrimento de atividades. Tal mapeamento é feito por meio da curva de Lorenz, que receberá mais atenção no Capítulo 10 (Distribuição). Vamos considerar uma amostra de 1.600 indivíduos de um bairro da capital de Lizarb, buscando identificar o grau de segregação observado nas diferentes ocupações. Com cinco tipos de ocupação, vemos a distribuição dos empregos de 1.000 homens e 600 mulheres. A Tabela 8.7 exibe os dados utilizados para a construção da curva de Lorenz.

Tabela 8.7 Informações sobre a estrutura ocupacional de 1.600 moradores da capital de Lizarb

Categoria ocupacional	Homens H	Mulheres M	Razão M/H	% de H no total	% de M no total	% de H acumulado	% de M acumulado
1	350	45	0,13	0,35	0,08	0,35	0,08
2	230	88	0,38	0,23	0,15	0,58	0,22
3	160	140	0,88	0,16	0,23	0,74	0,46
4	140	152	1,09	0,14	0,25	0,88	0,71
5	120	175	1,46	0,12	0,29	1,00	1,00
TOTAL	1.000	600	0,60	1,00	1,00	–	–

As primeiras duas colunas exibem os dados primários pertinentes às cinco categorias ocupacionais. No caso das mulheres, a ordenação crescente das categorias ocupacionais é fundamental para o sucesso do traçado do gráfico. Ou seja, estabelecemos como sendo nossa categoria 1 aquela com o menor número de mulheres, e assim por diante. Em seguida, temos suas distribuições percentuais simples e acumuladas. Com elas, construímos a curva de Lorenz da Figura 8.6.

A área localizada entre a linha de 45^0 e a curva chama-se de área da desigualdade, pois – caso houvesse perfeita igualdade na distribuição por gênero em cada ocupação – o percentual de homens igualaria o de mulheres e teríamos a distribuição perfeita. Como também veremos no Capítulo 10 (Distribuição), esta curva permite-nos calcular diferentes índices de desigualdade na distribuição das oportunidades de emprego entre os gêneros.

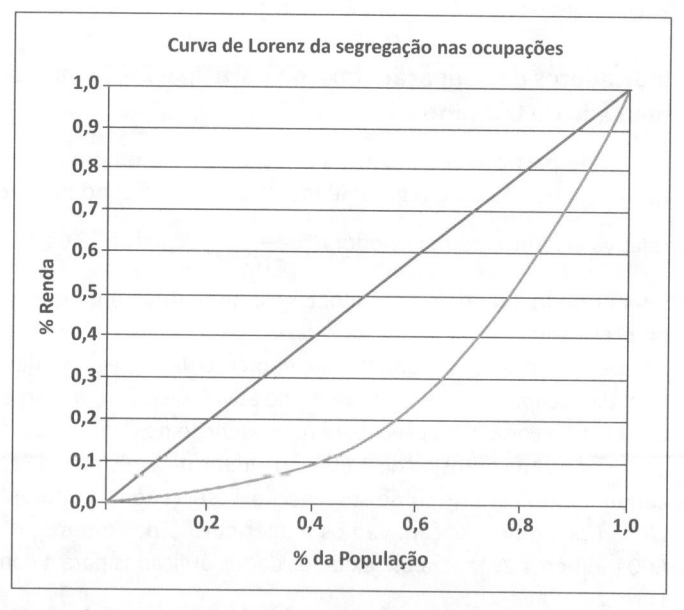

Figura 8.6 Curva de Lorenz da segregação nas ocupações por gênero

Indicadores de desocupação: taxa de desocupação na PIA

Quanto à desocupação, temos como indicador a razão entre o número de pessoas desocupadas e a *PEA*. O primeiro abrange as pessoas em idade ativa sem trabalho em determinado período de referência que estavam disponíveis para assumir um trabalho e que tomaram alguma providência efetiva para consegui-lo durante o período. Portanto, a diferença entre o número de pessoas desocupadas e o número de pessoas não economicamente ativas reside no fato de que este diz respeito às pessoas que não trabalharam e nem tomaram providência para conseguir trabalho, ao passo que as primeiras tomaram providências para conseguir trabalho. Por isto, diz-se que estamos enfrentando um desemprego involuntário.

A teoria keynesiana do emprego também fala em situações de desemprego obedecendo a critérios friccionais, sazonais e estruturais. O primeiro caracteriza o período em que os trabalhadores desempregados encontram-se buscando diferentes oportunidades laborais associadas a melhores salários, ocupações mais adequadas ou refletindo sua decisão de migrar ao mercado de trabalho de outra região. O desemprego sazonal diz respeito ao fenômeno periódico correspondente, por exemplo, em uma região agrícola, à entressafra. Por fim, o desemprego estrutural reflete o descompasso entre a capacidade produtiva de uma região e suas necessidades de contratação de mão de obra, em virtude da extensão da jornada de trabalho, do nível de treinamento inadequado, da alta produtividade alcançada pelo sistema, etc. Particularmente, o fato de a alta produtividade da mão de obra reduzir o volume de emprego é chamado de desemprego tecnológico, apontado por Keynes desde o final dos anos 1920.

Deste modo, a taxa de desocupação na população em idade ativa (*PIA*) é a relação entre o número de pessoas desocupadas e o total de pessoas em idade ativa em determinado período de referência. Ou seja: $TDp_t = \frac{NPD_t}{PIA_t} \times 100$, onde *TDp* é a taxa de desocupação na *PIA*, *NPD* é o número de pessoas desocupadas e *PIA* é a população em idade ativa.

Indicadores de desocupação: taxa de desemprego

Um indicador similar à taxa de desocupação na *PIA* – e que, assim, com ele não deve ser confundido – é a taxa de desocupação ou de desemprego. Esta é dada pela razão entre o número de pessoas desocupadas e o número de pessoas economicamente ativas em determinado período de referência: $TD_t = \frac{NPD_t}{PEA_t} \times 100$, onde *TD* é a taxa de desocupação, ou de desemprego, *NPD* é o número de pessoas desocupadas e *PEA* é a população economicamente ativa.

Indicadores de subocupação (trabalho precário): subocupação por insuficiência de horas trabalhadas

Desde 1998, a Organização Internacional do Trabalho – OIT vem dando atenção especial às pessoas que, mesmo desejando trabalhar mais, exercem atividade remunerada em um número de horas menor do que a jornada de trabalho fixada de acordo com as circunstâncias nacionais, em determinado período de referência. Além deste critério quantitativo, também se considera como subocupado o indivíduo que recebeu rendimento por hora trabalhada inferior ao salário mínimo do mês considerado como de referência. Dadas estas condicionantes, é fácil entendermos a razão que levou a OIT a utilizar o termo "trabalho precário". Ao aceitarmos a existência de condições de contornos para o trabalho precário, emerge outro conceito, o de trabalho decente, termo que também carrega uma conotação de valor, confrontando-se com as condições de precariedade.

A partir destas duas condicionantes, estabelecemos dois indicadores de sub-ocupação. Primeiramente, definimos a jornada semanal de trabalho como um número de horas trabalhadas compatível com o padrão societário (30, 40 ou até mais horas). Em seguida, consideramos o número de pessoas subocupadas por insuficiência de horas trabalhadas, conjunto que abrange as pessoas que trabalharam efetivamente menos do que essas horas, mas que estavam disponíveis para trabalhar mais. Falamos assim em percentual de subocupação por insuficiência de horas trabalhadas:

$ISH_t = \dfrac{NS_t}{TO_t} \times 100$, onde ISH é o índice de subocupação referente ao número de horas trabalhadas, NS é o número de pessoas subocupadas por insuficiência de horas trabalhadas e TO é o total de pessoas ocupadas no período de referência.

Indicadores de subocupação (trabalho precário): subocupação em trabalho sub-remunerado

O segundo indicador de precarização do mercado de trabalho reúne o número de pessoas ocupadas em um trabalho sub-remunerado. Este envolve as pessoas ocupadas em determinado período de referência com rendimento por hora efetivamente recebido de todos os trabalhos no mês de referência inferior ao salário mínimo legal vigente nesse período. Desta forma, o percentual de subocupação em trabalho sub-remunerado é a relação entre o número de pessoas ocupadas em um trabalho sub-remunerado e o total de pessoas ocupadas em um determinado período de referência: $ISY_t = \dfrac{NS_t}{TO_t} \times 100$, onde ISY é o índice de subocupação referente ao nível de remuneração, NS é o número de pessoas subocupadas por insuficiência de remuneração, e TO é o total de pessoas ocupadas.

8.5 A POPULAÇÃO NA MATRIZ DE CONTABILIDADE SOCIAL

Como vimos especialmente nos Capítulos 3 (Dimensões) a 6 (CEIs), a matriz de contabilidade social, as tabelas de recursos e usos e as contas econômicas integradas são instrumentos potentes para registrar as principais relações que presidem a vida econômica da sociedade. Ainda que nas CEIs não haja registros diretos do número de pessoas, nossa TRU apresentou, no quadrante C, uma linha com o total do pessoal ocupado (com e sem remuneração) em cada setor de atividade, bem como as rendas do trabalho e do capital auferidas por estes trabalhadores. Por outro lado, falamos em setores institucionais, dentre os quais as famílias, que, por definição, são compostas por pessoas físicas. Ou seja, mesmo não destacando expressamente o fenômeno populacional, todos os registros da contabilidade econômica da sociedade, suas empresas e as administrações, são constituídas *de* e *para* as pessoas.

Na maior parte dos capítulos deste livro, buscamos e/ou construímos associações com a matriz de contabilidade social, observando que ela implicitamente também fala de gente. Produtores, fatores e instituições são constituídos por pessoas, ainda que nas instituições vejamos também pessoas jurídicas, obviamente criadas para o benefício das pessoas físicas. Produtores e consumidores, oferecendo recortes setoriais (agricultura, indústria, serviços), funcionais (trabalhadores e capitalistas) e sociológicos (famílias pobres, remediadas e ricas) permitem-nos dar destaque às dimensões econômica e sociodemográfica da ação societária. Chamamos, assim, a atenção para o fato de que elas são fundamentais para a compreensão da relação entre os fenômenos econômicos (a geração e o destino da produção, os recebimentos de renda pelas famílias) e demográficos (a população efetivamente empregada, a composição da renda familiar). Já vimos anteriormente que podemos construir indicadores que dizem respeito à população total: ocupada e não ocupada, remunerada e não remunerada. Na presente seção, vamos ilustrar este tipo de aplicação ao associarmos posições nos blocos B_{13} e B_{21} da matriz de contabilidade social à população empregada, conforme a nomenclatura da Tabela 4.1 do Capítulo 4 (MaCS e MIP).

Iniciemos na busca de analogias com os conteúdos do bloco B_{21}. Nesse segmento da matriz de contabilidade social, registramos os pagamentos que os produtores situados nos setores (agricultura, indústria e serviços, e seus desdobramentos) fazem aos locatários dos fatores de produção de quem alugaram os serviços. Por seu turno, a Tabela 5.2 do Capítulo 5 (TRUs) mostrou, em sua última linha, o montante total da ocupação dos seguintes setores: agropecuária, indústria, comércio, transporte, intermediação financeira e demais serviços.

Aquelas cifras originam-se de levantamentos sistemáticos da população e do emprego feitos pelas organizações regionais e internacionais produtoras de estatísticas. Tais levantamentos são realizados junto aos produtores e instituições como as famílias e o governo. Ainda assim, tendo em vista que estas estatísticas não são geradas pelos produtores ou proprietários dos fatores de produção a fim de atenderem às organizações citadas – por contraste, por exemplo, a experimentos levados a efeito em laboratório por biólogos ou químicos –, elas são chamadas de estatísticas secundárias. As pessoas registradas como ocupadas (trabalhadores com e sem remuneração, gerentes, etc.) foram alocadas como associadas a cada setor econômico estudado.

As informações coletadas podem receber diferentes tipos de processamento, gerando diferentes formas de exposição dos fenômenos demográficos que desejamos evidenciar. Mantendo os setores econômicos como identificadores das colunas, poderíamos destacar, por exemplo, o grau de instrução, idade, etnia e outras características da população ocupada com e sem remuneração. Na Tabela 8.8, vemos tanto o emprego total quanto seus desdobramentos sob o ponto de vista das categorias dos vínculos empregatícios.

Da Tabela 8.8, podemos montar diversos indicadores apontando para a estrutura econômica da sociedade em estudo. Por exemplo, a relação entre o emprego não remunerado e a ocupação total sugere a ocorrência de um reduzido desenvolvimento das relações de produção capitalistas na economia. Ainda que não podendo comparar Lizarb com, por exemplo, Atlantis, observamos que a composição seto-

Tabela 8.8 Emprego associado à distribuição funcional (primária) da renda no bloco B_{21} da MaCS de Lizarb no ano I

Setores	Agropecuária	Indústria	Serviços	TOTAL
Empregador	3.003	527.646	2.607.394	3.138.042
Empregado	4.974.350	10.781.454	34.147.758	49.903.562
Trabalhador por conta própria	130.150	3.540.965	9.178.539	12.849.654
Trabalhador não remunerado	9.337.675	275.660	1.145.715	10.759.050
Total	14.445.178	15.125.725	47.079.405	76.650.309

rial mostra que a agropecuária tem 64% (ou seja, $\frac{9.337.675}{14.445.178}$) de trabalhadores não remunerados. Esta cifra contrasta com os cerca de 2% dos demais setores; além disso, nos serviços que há o maior contingente de trabalhadores por conta própria. Analogamente, vemos que tanto a condição de empregador quanto a de indivíduo gerador de seu próprio emprego são dominantes nesse setor.

O bloco B_{13} contribui apenas indiretamente para a inserção do fenômeno demográfico na matriz de contabilidade social. Com ele, construímos o conceito de demanda final resolvida, conforme exposto na Seção 4.7 do Capítulo 4 (MaCS e MIP). Naquele contexto, partimos da equação reduzida do modelo de Leontief, expressa como $x = B \times f$, onde x é o vetor coluna da produção setorial total, B é a matriz inversa de Leontief e f é o vetor da demanda final, e sobre ela fizemos duas operações. Na primeira, substituímos o vetor f pela matriz F, cujas linhas expressam não apenas o total da demanda final, mas suas componentes convencionais (consumo das famílias, consumo do governo, investimento e exportações) e pudemos chegar a $X = B \times F$, por fim, desta equação, definindo a matriz diagonal e^D, cujo elemento característico é o emprego total por unidade de valor da produção setorial, criamos a equação $E = e^D \times B \times F$, que nos informa o nível de emprego total para cada componente da demanda final. Podemos então elaborar a Tabela 8.9, com visível caráter informativo.

Por exemplo, a agricultura empregou 2,8 milhões de pessoas com o objetivo de produzir bens que seriam absorvidos pelas famílias pobres, mais 2,3 milhões para as famílias remediadas, e assim por diante. No total, as famílias pobres, que representam 58% da demanda final de Lizarb, comandam apenas 15% (ou seja, em milhões, $\frac{11,3}{76,7}$) dos empregos, contrastando com as famílias ricas. Estas, respondendo

Tabela 8.9 Emprego associado à demanda final no bloco B_{13} da MaCS de Lizarb no ano I

Setores	Consumo das famílias			Consumo do governo	Exportações	Investimento	TOTAL
	Famílias pobres	Famílias remediadas	Famílias ricas				
Agropecuária	2.891.041,7	2.303.059,6	2.327.499,9	598.678,1	2.860.434,7	3.441.083,3	14.421.797,2
Indústria	2.115.505,6	2.016.237,9	2.475.093,2	865.273,7	3.438.584,0	4.230.021,3	15.140.715,8
Serviços	6.301.360,5	8.359.774,4	13.807.659,0	13.658.467,0	2.973.267,8	1.987.266,7	47.087.795,4
TOTAL	11.307.907,7	12.679.072,0	18.610.252,1	15.122.418,8	9.272.286,5	9.658.371,3	76.650.308,4

por 15% das famílias, comandam 24% do emprego total. Naturalmente, estas cifras apontam para a grande desigualdade econômica exibida por Lizarb. Outras constatações e ilações similares podem ser retiradas dos demais valores da Tabela 8.9.

Tendo apresentado duas tabelas ilustrando a discussão da utilização da matriz de contabilidade social para mapear as questões relacionadas com o emprego, podemos estender estes conceitos e examinar outros aspectos sociodemográficos da relação entre setores econômicos, locatários dos fatores e famílias, estudar a importância do consumo do governo como responsável pela formação do emprego para os integrantes das famílias pobres, e muitas outras aplicações. Nossa tarefa imediata, contudo, consiste em incorporarmos a variável ambiental à nossa moldura de conceitos voltados a avaliar o grau de eficiência com que a sociedade utiliza seus recursos, vale dizer, a sua contabilidade social. A ela vamos dedicar o próximo capítulo.

RESUMO

Em sua visão moderna, a contabilidade social estuda instrumentos de avaliação do grau de eficiência com que os recursos são usados na sociedade humana. Entendendo amplamente este *desideratum*, duas aplicações têm sido enfatizadas: avaliações tanto dos aspectos sociodemográficos quanto dos ambientais. No presente capítulo, estudamos a primeira delas, uma vez que podemos creditar à população economicamente ativa o mérito de engendrar o produto. Uma fração dela será empregada, credenciando-se à maior parte, mas dando espaço também para a sobrevivência dos desempregados, das crianças e dos velhos. Tal é o que sugere, pelo menos, o quinto item da concepção de sociedade justa adiantada por David Harvey (1980), conforme o Quadro 2.1 do Capítulo 2 (Contextualizando). Seja como for, este capítulo conceituou estes termos: população total, população empregada, população em idade ativa, e por aí vai. Associando população e território, definimos densidade demográfica, aproveitando para definir a "densidade econômica" como sendo a razão entre o valor adicionado (geralmente utilizando-se a ótica do produto) e a população.

Constituídos, assim, nossos primeiros indicadores por meio da relação entre outras variáveis, iniciamos uma trajetória que apenas será concluída no final do Capítulo 11A (Índices/CD), com a criação de medidas de dispersão da desigualdade ou do crescimento. Na linha da montagem dos indicadores sociodemográficos, criamos dois importantes conceitos. O primeiro tem caráter eminentemente analítico, dizendo respeito à pirâmide demográfica, ao passo que o segundo, ainda que também de poder analítico, indica certo julgamento de valor pelo simples fato de ser mencionado: a capacidade de carga do planeta, que condiciona o que chamamos de tamanho ótimo da população.

9

Contabilidade Social Ambiental

Flavio Tosi Feijó, Vladimir Lautert e Duilio de Avila Bêrni

9.1 CONSIDERAÇÕES INICIAIS

Ao longo dos Capítulos 3 a 8, e de modo intermitente em boa parte dos demais, o foco de nossa atenção reside na definição e mensuração dos resultados da atividade econômica levada a efeito durante um período. Conseguimos avaliar o valor adicionado da sociedade usando o modelo completo do fluxo circular da renda e sua extensão, a matriz de contabilidade social. Com relação à matriz de insumo-produto dela emergente, partimos de variáveis pertinentes a toda a economia e chegamos simultaneamente aos conceitos de produto (receita menos compras de insumos) e despesa (receita menos vendas de insumos). Em ambos os casos, esta definição remete diretamente ao questionamento de quais itens devem ou não ser considerados como integrantes do valor da produção, e mesmo quais atividades devem ser consideradas como produtivas.

Neste sentido, passaremos a chamar de **fronteira de produção** o conjunto de todos os resultados possíveis das atividades consideradas produtivas. Nesta fronteira, incluímos todos os bens e serviços produzidos para atender à demanda emanada dos consumidores finais (as instituições famílias, governo, empresas nacionais investidoras e estrangeiras que compram as exportações nacionais), bem como à demanda que se originou dos agentes produtores. A partir desta constatação, ao centrarmos nosso interesse no lado da oferta total, notamos que o valor adicionado, ao ser mensurado pela ótica do produto, exibiu o mesmo conjunto de bens e serviços intermediários também associado à mensuração da ótica da despesa. Isto é, para o valor adicionado (produto ou despesa) que se quer calcular, para o agregado de todo o sistema[1], sua obtenção resulta da subtração dos bens de consumo intermediário ao valor da produção. Com esta operação, queremos aquilatar o montante de recursos criados durante um determinado período a partir da utilização de recursos que existiam previamente ao início deste período de produção, nomeadamente, blocos de recursos hídricos, aéreos, minerais, vegetais ou animais. Em outras palavras, nos-

---

[1] Não custa lembrarmos que, para o nível dos diferentes setores econômicos, isto não é necessariamente verdadeiro, sendo que a diferença entre produto e despesa aponta para o fenômeno da divisão e especialização setorial do trabalho.

sa metodologia de trabalho, ao utilizar apenas as transações realizadas por meio do mercado, não foram capazes de capturar as externalidades, ou seja, a ausência de mercado ou imperfeições em seus mecanismos, a fim de estabelecer preços destinados a contabilizar adequadamente estas transações.

Definindo fronteira de produção desta forma, podemos perceber uma separação entre o crescimento econômico representado pela geração de um montante maior de valor adicionado, de um lado, e a influência deste crescimento sobre todos os recursos que não podem ser colocados no interior dessa fronteira, nomeadamente, os bens de consumo intermediário, de outro. Essencialmente, a impossibilidade de inserção da contabilidade ambiental num sistema de avaliação de valores baseado nos preços observados no mercado diz respeito precisamente ao que, no Capítulo 1 (Divisão), chamamos de falhas de mercado. Ou seja, uma das falhas de mercado diz respeito à existência de externalidades – provocadas involuntariamente – por um agente nas funções de produção ou de utilidade dos demais agentes. Naturalmente, o conceito de externalidade deriva-se do fato de que essas funções de produção ou utilidade não são capazes de capturar amplamente as influências provocadas pelo meio externo nos níveis de produção ou utilidade correspondentes aos agentes envolvidos. Neste capítulo, veremos diferentes formas de atribuição de preços a estes fenômenos ambientais. Ao constatarmos, deste modo, a magnitude do dano ambiental lançado pela atividade produtiva, seremos forçados a concluir pela desejabilidade, sob o ponto de vista social, da cobrança de impostos sobre os setores poluidores e da concessão de subsídios aos setores que a mitigam.

Assim, quanto ao objeto do presente capítulo, podemos dizer que os recursos naturais, por serem apenas *instrumento* da atividade produtiva, mas não seu *resultado*, não afetam o montante do valor adicionado. A partir desta constatação elementar, observamos que o crescimento econômico e a preservação do meio ambiente tradicionalmente vinham sendo tratados como objetivos disjuntos. Mesmo assim, reconhecemos que as influências podem ser tanto positivas, como a renovação de uma floresta, quanto negativas, como a destruição da potabilidade de um lago. Não obstante nossa matriz de contabilidade social não mostra explicitamente qualquer desdobramento das contas ali exibidas para abarcar as questões ambientais. Ela segue uma tradição calcada em dois pontos inter-relacionados. Por um lado, reconhecia-se no crescimento econômico o principal fator de indução da degradação do meio ambiente e exaustão dos recursos naturais. Por outro, a simples tentativa de sua preservação era vista como um óbice ao crescimento e ao desenvolvimento das nações pobres, entendida como uma injustiça, pois as atuais economias ricas desenvolveram-se precisamente às custas da degradação ambiental. Em outras palavras, achava-se que a preservação do meio ambiente era um luxo reservado aos países ricos e que sua preservação nos países pobres iria impedir o desenvolvimento econômico.

Em meio a este conflito de percepções, e mesmo de interesses, criou-se o conceito de **desenvolvimento sustentável**. Usando uma definição formal, diremos que o desenvolvimento sustentável é a condição ambiental que resulta da geração de bens e serviços a serem absorvidos pela geração contemporânea sem comprometer as condições ambientais que garantiriam igual ou maior padrão de vida para as gerações futuras. Em resumo, o desenvolvimento sustentável consiste na conquista e manutenção do crescimento econômico (isto é, crescimento do valor adicionado), sem a ocorrência de perdas ambientais. O desenvolvimento sustentável tem, entretanto, duas versões distintas e extremas, que revelam o conceito de **capital natural**[2] como um importante indicador de sustentabilidade. Alguns estudiosos defendem que a sustentabilidade do crescimento pode ser alcançada por meio da garantia às gerações futuras do padrão de consumo característico da geração presente, e que a manutenção deste nível de consumo pode ser alcançada pela perfeita capacidade de substituição entre capital natural e capital material. Outros pesquisadores defendem o princípio de que o bem-estar das gerações futuras será mantido somente mediante a manutenção do capital natural. A primeira posição extrema recebe o nome de **sustentabilidade fraca** e a segunda é chamada de **sustentabilidade forte**. É possível que nenhuma sociedade moderna se dispusesse a optar por uma dessas posições extremas, podendo-se sugerir que a escolha de algum ponto intermediário entre elas é que lhes garantiria a maior qualidade de vida, tema que será tratado mais detalhadamente no Capítulo 10 (Distribuição). Cabe antecipar, todavia, que a sociedade urbana contemporânea vem valorizando o que alguns chamam de "volta ao rural", contexto em que o meio ambiente apresenta a maior importância. Neste contexto, tornam-se importantes a preservação e ampliação de áreas de bosques e florestas e sua fauna, o que permite o consumo de "amenidades ambientais", alcançadas por meio do turismo.

O problema associado à mensuração do capital natural é que a imputação das perdas sociais decorrentes do uso do meio ambiente reduziria o montante de valor adicionado. Como o meio ambiente não é valorado pelo tradicional mecanismo de mercado (oferta e demanda), a utilização, degradação ou exaustão dos recursos naturais não eram computadas no sistema de contas nacionais convencional, por não revelarem seus verdadeiros custos de produção e consumo. Dessa forma, as tradicionais medidas do valor adicionado, particularmente o cálculo do PIB, não refletem os custos ambientais que deveriam fazer parte dos custos de produção e consumo intermediário. Por outro lado, de acordo com a contabilidade social convencional, os danos ambientais indiretamente aumentam o PIB. Ou seja, quanto maior for o gasto para preservar o meio ambiente e mitigar a poluição, maior serão o PIB e o emprego. Dado o profundo viés que este tipo de encaminhamento oferece à qualidade dos resultados da avaliação do grau de eficiência no uso dos recursos, o *Handbook* oferece como solução para o problema a criação de uma **conta satélite**, ou seja, uma conta que não faz parte do corpo do sistema, mas que gravita em torno dele, sendo coerente com seus resultados globais.

Deste modo, o objetivo de inserirmos o meio ambiente no sistema de contas nacionais visa a atender à necessidade de compreendermos sua contribuição para a avaliação do esforço produtivo da sociedade, assim como para avaliarmos o impacto que as atividades econômicas causam sobre ele. São várias as formas pelas quais o meio ambiente pode ser inserido no sistema de contas nacionais, dependendo primordialmente da disponibilidade de dados, do interesse de investigação (a dimensão do impacto que se pretende analisar) e dos interesses políticos, geográficos, etc. Ao mesmo tempo, existem várias abordagens metodológicas destinadas a promover esta inserção, destacando-se quatro tipos puros e combinações que podem ser feitas entre eles. O primeiro trata propriamente dos temas ambientais, dando ênfase a fenômenos como o efeito estufa, ao uso do solo, ao comprometimento da camada

---

[2] No Capítulo 7 (Bases), discutimos com mais detalhe o conceito de capital, em suas diversas acepções.

de ozônio e assim por diante. Em segundo lugar, ao centrar o interesse no tipo de exploração do recurso natural, a preocupação migra para a mineração, a agricultura, a pesca, a geração de energia e a extração da madeira. O terceiro tipo de abordagem coloca em foco as preocupações sobre os contornos do ambiente a ser avaliado, falando-se nos efeitos da atividade econômica sobre a água, a terra e o ar. Por fim, discute-se o processo ambiental, que se refere aos processos físicos e biológicos fundamentais aos ecossistemas naturais, e as atividades naturais que os impactam.

Para abordarmos essa problemática, vamos dividir este capítulo em mais quatro seções. Na próxima, trataremos da inevitável incorporação dos recursos ambientais quando o homem decide transformar a natureza em seu benefício. Logo após, abordaremos a inserção da preocupação ambiental nas três óticas de cálculo do valor adicionado, dando um passo adiante com a inserção desses resultados na matriz de contabilidade social. Na quarta seção, vamos fazer uma discussão sobre as metodologias destinadas a criarem coeficientes técnicos de utilização do meio ambiente, destacando o potencial poluidor de diferentes setores econômicos. Na quinta seção teceremos considerações acerca da utilização deste aparato conceitual para a construção da matriz de contabilidade social ambiental, instrumento importante para a geração de relatórios de impacto ambiental da implantação de projetos industriais. Por fim, vamos usar esta matriz a fim de realizarmos uma análise de decomposição do impacto ambiental que a atividade econômica terá provocado na economia de Lizarb entre os anos I e II.

9.2 O USO DOS RECURSOS AMBIENTAIS NA PRODUÇÃO DE BENS E SERVIÇOS

Os recursos ambientais constituem o conjunto de dádivas da natureza e suas transformações pela geração passada envolvendo o solo e o subsolo, o ar, a água, diferentes formas de energia (solar, hídrica, eólica, etc.) e a própria emissão de materiais poluentes. A utilização de recursos ambientais no processo produtivo tem importantes desdobramentos em termos contábeis quando se leva em conta o tipo de utilização que lhe é atribuída pela incorporação do conceito de custo de oportunidade. O meio ambiente fornece serviços importantes – comumente conhecidos como **serviços ambientais** – que podem ser utilizados no processo produtivo sem demandarem gasto em termos monetários. Citamos como exemplo o fornecimento de água e fluxos de nutrientes para a produção agrícola e pecuária, a regulação do clima e a absorção dos resíduos da produção[3].

Deste modo, quando a utilização de recursos ambientais no processo produtivo ocorre na forma de prestação de serviços ambientais encarados como insumos fornecidos pelos recursos naturais, o efeito sobre a avaliação do valor adicionado difere da convencional quanto a seu valor econômico, vale dizer, quanto a seu preço. Se não existe pagamento para o uso do serviço ambiental, ou seja, se a estrutura de custos dos diferentes setores produtivos não o leva em conta, interpretamos esta

---

[3] Em uma perspectiva mais ampla, entende-se que os serviços ambientais são fornecidos pelos ativos ambientais mesmo quando estes ativos não são utilizados no processo de produção. Desta forma, os ativos ambientais, que consistem de recursos naturais como a terra, a água, a fauna e a flora, etc., fornecem serviços independentemente de estes serem utilizados diretamente na produção, e também independentemente da atividade econômica de uma forma geral. Dada esta independência, a valoração dos recursos e serviços ambientais, bem como sua inclusão em um sistema de contas nacionais, pode tornar-se motivo de controvérsia.

ausência de gasto para a reparação da deterioração ambiental como um subsídio. Tal é ilustrado de forma eloquente pelo tratamento conceitual dado ao lançamento de dejetos nas águas territoriais pelas indústrias. Por exemplo, se o valor da produção de cereais (digamos, L$ 100) foi alcançado com o lançamento de dejetos avaliados em L$ 2 no meio hídrico, deveríamos considerar a oferta total da agropecuária como L$ 98, sendo que este setor teria recebido um subsídio de L$ 2 por parte da sociedade.

A situação oposta ocorre quando é feito o pagamento pelo uso do insumo, abatendo-o do valor da produção e reduzindo-se com isto o valor adicionado mensurado pela ótica do produto, como é o caso da utilização de madeira, minérios, etc. Quando sua utilização resulta em perdas ambientais, podemos destacar duas dimensões. A primeira tem um caráter **intertemporal**, destinando-se à abordagem dos **recursos exauríveis**. Esta refere-se ao custo de uso que as gerações presentes devem pagar, deduzindo-o do valor adicionado em seu horizonte de vida, de forma a compensar as gerações futuras pelo fato de receberem um meio ambiente com valor inferior ao que receberiam, no caso de uso adequado pela geração pretérita. A segunda dimensão exibe o caráter **intratemporal**, geralmente atribuída aos **recursos renováveis** que necessitam de custos adicionais para solucionar problemas de dano ambiental ou perdas dos setores dependentes desses recursos. Portanto, para definir uma medida de **renda sustentável**, é preciso considerar, primeiramente, a dimensão **intertemporal**, a qual considera o custo de uso devido ao esgotamento de um recurso finito. Além desta, deveremos considerar a dimensão **intratemporal**, pois esta leva em conta precisamente o decréscimo do nível de atividade ou produção dos agentes econômicos em função das externalidades oriundas da degradação ambiental[4].

Como foi mencionado anteriormente, o sistema de contas nacionais tradicional não levava em consideração os danos causados ao meio ambiente (ver Box 9.1). Isso, na verdade, pode ocorrer sempre que os recursos naturais utilizados como insumos na produção não forem integrados à fronteira de produção socialmente demarcada. Em consequência, o cálculo do valor adicionado não incorpora os gastos incididos com a utilização do meio ambiente. Em virtude desta omissão, os custos de mitigação da degradação dos recursos naturais, por se associarem a aumentos no produto, na renda e na despesa, são vistos como aumento no nível de atividade econômica. Isto é particularmente grave no caso da utilização dos recursos naturais para os quais a variação de estoques não afeta nem o cálculo do valor adicionado nem a estimativa do estoque de capital da economia nacional, apesar de ambos servirem diretamente como insumos de diversas atividades produtivas.

Tomemos como exemplo a atividade da indústria extrativa mineral. Tal como ocorre com as demais atividades, o valor adicionado (mensurável pela ótica da despesa) da indústria da extração mineral é obtido pela diferença entre o valor da produção e as vendas setoriais de bens de consumo intermediário, isto é, da diferença entre o valor pelo qual o produto da extração está sendo vendido e os gastos com insumos necessários à atividade. Ocorre que a matéria-prima sobre a qual se vai adicionar valor não é propriamente produzida, pois resulta da extração do mineral a determinada

---

[4] Como vimos no Capítulo 3 (Dimensões), uma falha de mercado refere-se à incapacidade do mecanismo de mercado em prover o bem ou serviço na quantidade e no preço socialmente desejáveis. Um tipo importante de falha de mercado chama-se de externalidade, situação em que a ação de um consumidor ou produtor tem influência sobre outros produtores ou consumidores, mas que o mercado é incapaz de levar em conta para a fixação do preço socialmente desejável.

> **Box 9.1** Modelos de insumo-produto e o meio ambiente
>
> No Capítulo 4 (MaCS e MIP), vimos que o modelo de insumo-produto está contido na matriz de contabilidade social. Na verdade, a evolução histórica destes dois instrumentos de análise econômica deu-se na ordem inversa. Em primeiro lugar, o modelo de insumo-produto tradicional de Leontief descreve e explica a origem e o destino da produção de cada setor de uma dada economia, em termos de seus relacionamentos com as atividades correspondentes em todos os outros setores. Ele permite medir os impactos de mudanças econômicas exógenas sobre as variáveis endógenas, como o valor da produção, o valor adicionado (produto) e, com ele, o emprego. Os primeiros modelos de insumo-produto que incluíram interações entre a economia e o meio ambiente foram concebidos por John Cumberland, Herman Daly, Wassili Leontief, Walter Isard e Peter Victor.
>
> No trabalho pioneiro na integração das variáveis econômicas e ambientais em um único sistema, Cumberland utilizou uma matriz de relações interindustriais no formato setor por setor registrando variáveis ambientais para descrever as externalidades positivas e negativas das atividades econômicas sobre o meio ambiente. A inserção da dimensão ambiental na matriz de insumo-produto foi efetivada pela inserção de uma instituição numa linha (fontes dos recursos) que registra o saldo líquido entre benefícios e custos, em termos monetários, associados ao efeito da demanda final e intermediária sobre o meio ambiente. Pelo lado do uso dos recursos, adicionou uma coluna correspondente encarregada de descrever os custos de restrição ao meio ambiente, de sorte que a demanda total do sistema ficasse reduzida na mesma magnitude do impacto provocado no quadrante dos insumos primários.
>
> Também utilizando o modelo de insumo-produto, Daly propôs a criação de dois setores, chamados de humanos e não humanos. No setor humano, registramos as inter-relações puramente econômicas, ou seja, contabilizamos os fluxos entre variáveis econômicas. No setor não humano, também chamado de setor ecológico, registramos as inter-relações puramente ambientais por meio de transferências de "produtos ecológicos", também chamados de bens ambientais livres. As relações entre as variáveis econômicas e ambientais são chamadas de externalidades quando os fluxos ocorrem do setor econômico para o ecológico e bens livres quando o fluxo ocorre em sentido contrário. Leontief, utilizando um modelo de economia fechada, formada por dois setores (agricultura e manufatura), elaborou um modelo de insumo-produto contemplando efeitos externos (poluição). O efeito poluição é acrescentado ao modelo de insumo-produto tradicional, o que permite a interação entre as variáveis ambientais e econômicas. A partir de uma tabela de insumo-produto compilada em unidades físicas, são determinados os coeficientes técnicos de produção a_{ij} que permitem a avaliação dos dispêndios de uma agência ambiental.
>
> Já incorporando o aperfeiçoamento metodológico contido no chamado problema da classificação (ver Seção 4.8 do Capítulo 4 (MaCS e MIP)), Isard privilegiou a matriz do tipo produto por setor. Com isto, vários produtos podem ser classificados dentro de um mesmo setor, da mesma forma que o mesmo produto pode ser produzido por mais de um setor. Em seu modelo, há um bloco matricial exógeno, contemplando variáveis ecológicas, do qual se originam os coeficientes ambientais. Esses coeficientes técnicos, por sua vez, originam-se das relações entre insumos do meio ambiente utilizados no processo produtivo, assim como os produtos ecológicos (descargas de resíduos) resultantes da produção. O modelo de Victor, também usando uma matriz do tipo produto por setor, permite que a massa de insumos ambientais (terra, ar e água) seja igualada à massa de produtos ambientais. A abordagem utilizada nesse modelo (produto x setor) possibilitou a superação da dificuldade de valorar monetariamente os insumos e produtos ecológicos.
>
> Inserida na matriz como uma das instituições do sistema, ao lado do governo e das famílias, esta agência faz a passagem entre os recursos por ela recolhidos aos produtores, transferidos para as demais instituições, ou seja, com ela ingressamos no mundo do bloco B_{33} da matriz de contabilidade social.

lavra. Deste modo, diminuir o montante de minério disponível na lavra constitui uma redução do estoque de recursos naturais, posto que, uma vez extraído, não existe um mecanismo natural de reposição do estoque, ou seja, trata-se de recursos naturais não renováveis. Se o método utilizado para calcular o valor adicionado não considerar a magnitude desta redução ao patrimônio ambiental, mantendo-a apenas inserida no valor da produção da atividade, então estaremos superestimando os resultados do esforço produtivo. Podemos supor que tal procedimento estaria correto apenas no caso de não haver redução no estoque do recurso. Ou seja, um sistema de contas nacionais moderno não pode proceder como se todos os recursos naturais fossem permanecer disponíveis em território nacional indefinidamente.

A inclusão da variável ambiental, que se mostra tão importante para a correta medição do valor adicionado, não é, sob o ponto de vista metodológico, uma tarefa trivial. Por este motivo, uma primeira aproximação do problema construiria as contas de consumo de recursos naturais em unidades físicas (ver Box 9.2). Em que pese não ser possível corrigir o PIB com base em unidades heterogêneas, este tipo de construção é encarado como um etapa intermediária para a valoração do consumo de recursos naturais.

Duas dificuldades iniciais ilustram a complexidade da valoração das variáveis ambientais. A primeira resulta da divergência observada entre os diferentes autores que estudam o assunto sobre a forma que deveria tomar a inserção do meio ambiente no sistema de contas nacionais. Esta diz respeito tanto à abrangência do fenômeno a ser mensurado quanto aos contornos a serem dados à perspectiva puramente econômica de avaliação. A posição extrema quanto à abrangência é esposada por autores que consideram que a contabilidade econômica do meio ambiente deveria fazer parte de um sistema de contabilidade ambiental mais amplo. Para esses autores, as transações econômicas fazem parte das inter-relações entre os seres

Box 9.2 — Contas físicas

Uma das propostas para a avaliação do impacto da atividade econômica sobre o meio ambiente é por meio de sistemas integrados nos quais os bens e serviços ambientais não são convertidos em valor monetário. O objetivo destes trabalhos é construir informações que deem suporte ao monitoramento e gestão ambiental. Nestes sistemas, as contas físicas podem referir-se a estoques ou fluxos. As contas de estoque geralmente são destinadas a avaliar os recursos renováveis. Avalia-se então o estoque inicial, seus acréscimos e reduções e chega-se ao estoque final. Já as contas de fluxo geralmente se referem a poluentes, principalmente da água e do ar. Dois países podem ser tomados como exemplos para a construção das contas físicas: a Noruega, com suas contas de recursos naturais, e a França, com contas de patrimônio natural.

Contas de recursos naturais da Noruega
Nestas contas, os recursos naturais são classificados da seguinte forma:

a) recursos materiais: recursos minerais, biológicos (fauna e flora) e os incidentes (raios solares, ventos, correntes marítimas, etc.).
b) recursos ambientais: geradores de serviços ambientais; geralmente o estado de conservação do meio ambiente é que determina a qualidade destes recursos.

Contas de patrimônio natural da França
O sistema francês procura classificar os recursos naturais a partir de suas funções econômicas, sociodemográficas e ecológicas (ambientais). Os dados são classificados em quatro níveis de agregação. No primeiro nível temos os dados primários. No segundo estes dados são classificados por um critério temático, como água ou ar. No terceiro nível, são feitos os relatórios sobre a situação do meio ambiente e, no quarto, registram-se as contas patrimoniais. São as contas patrimoniais que permitem analisar o meio ambiente de acordo com as funções referidas, que são as norteadoras da contabilidade social. Há três subcontas patrimoniais inter-relacionadas:

a) **Contas físicas**: tratam de estoques de recursos naturais em termos físicos;
b) **Contas geográficas**: correspondentes a ecossistemas, regiões geográficas e divisões políticas ou administrativas, tratando do estado físico de ecossistemas e do uso da terra e
c) **Contas dos agentes**: trazendo dados sobre a utilização dos fluxos e estoques de recursos naturais pela sociedade.

Fonte: De Carlo (1999).

humanos e os demais componentes dos ecossistemas. O problema dos contornos a serem atribuídos à mensuração diz respeito à definição de um conjunto de funções econômicas exercidas pelo meio ambiente, de modo a captar a variação na qualidade ou quantidade dos benefícios ambientais ofertados aos indivíduos. Neste caso, a solução consiste em explorar a flexibilidade do *Handbook*, que contempla a possibilidade de criação de contas satélite (Ver Box 9.3). Trata-se de criar contas que apresentam traços metodológicos em comum com o sistema convencional, mas que não o integram, pois apenas gravitam em torno dele. Com isto, podemos manter inalterado o tradicional cálculo do valor adicionado, ainda que incorporando as equações do produto, da renda e da despesa a serem desenvolvidas na Seção 9.3.

A segunda dificuldade ao tentar inserir a variável ambiental no ambiente da contabilidade social refere-se à classificação dos recursos naturais, que podem ser consi-

Box 9.3 Contas satélites com valoração

Quanto às possibilidades de valoração das contas ambientais com vistas à sua integração ao conjunto principal do sistema de contas nacionais, existem basicamente três alternativas metodológicas, que apresentaremos brevemente neste box.

a) **Metodologia holandesa: NAMEA – National Accounting Matrix including Environmental Accounts**
A NAMEA é construída a partir da escolha de temas referentes ao meio ambiente, como o efeito estufa ou o esgotamento da camada de ozônio. A seguir, são detalhados os dados de poluição física, agregando-os por meio de um sistema de pesos. Estes pesos visam a verificar a contribuição da poluição concernente a cada um dos temas selecionados. Em seguida, faz-se a comparação com os agregados econômicos do sistema de contas nacionais. Na etapa seguinte, o sistema de contas nacionais é desagregado para evidenciar impostos ambientais e a produção de bens e serviços antipoluidores. O resultado, que se constitui no conjunto de contas satélites, coloca em evidência a participação proporcional de cada setor da economia nos agregados macroeconômicos tradicionais, também evidenciando uma gama de efeitos ambientais, como o efeito estufa e o esgotamento da camada de ozônio.

b) **A proposta de Henry Peskin (norte-americana)**
A proposta norte-americana recomenda que os recursos naturais recebam o mesmo tratamento dado normalmente aos bens regulares, conforme nossa classificação do Capítulo 1 (Divisão). Neste caso, o meio ambiente é encarado como produtor de matérias-primas e de bens de consumo final. A classificação contábil segue um esquema convencional de entradas e saídas. No lado das entradas são lançados os usos dos serviços ambientais, ao passo que, no lado das saídas, registram-se os danos causados ao meio ambiente, os gastos para sua reabilitação ou preservação, e depreciação. Se o uso dos serviços ambientais gera externalidades negativas, então estes danos são calculados como consumo final negativo. Os recursos naturais também são depreciados para ajuste do produto interno líquido. Trata-se basicamente de adicionar um novo setor aos tradicionais setores institucionais do sistema de contas nacionais. A valoração de bens e serviços ambientais que não se integram ao mercado é feita a partir de hipóteses sobre as funções de produção e as preferências dos consumidores.

c) **Metodologia do SICEA – Sistema Integrado de Contas Econômico-Ambientais (Divisão de Estatísticas das Nações Unidas)**
A exemplo da metodologia holandesa, o Sistema Integrado de Contas Econômico-Ambientais também é construído de forma a permitir comparações diretas com o sistema de contas nacionais. Ele tem como objetivos:

a) identificar os fluxos e estoques registrados nas diferentes contas do sistema de contas nacionais relacionados com o meio ambiente (notadamente as despesas defensivas),

b) evidenciar a relação entre as contas de recursos físicos e as contas ambientais valoradas monetariamente, permitindo assim avaliações dos custos e benefícios ambientais, e

c) calcular os agregados macroeconômicos ajustados pelos custos de esgotamento dos recursos naturais e pelas mudanças na qualidade do meio ambiente decorrentes dos impactos da produção e do consumo. Este sistema é alimen-

(continua)

Box 9.3 — Continuação

tado por informações provenientes do sistema de contas nacionais, bem como por estatísticas referentes ao meio ambiente, organizadas em torno do Esquema para o Desenvolvimento de Estatísticas do Meio Ambiente – EEMA, e do Esquema para Indicadores de Desenvolvimento Sustentável – EIDS.

Particularmente, no que diz respeito aos dois primeiros objetivos a serem alcançados com a integração do sistema de contas nacionais com as contas ambientais, cabe notar que o SICEA é compatível com a NAMEA, que pode ser considerada uma etapa intermediária daquele. Como vamos examinar em detalhe no esquema a seguir, o SICEA é composto de cinco partes ou módulos.

SICEA - Sistema Integrado de Contas Econômico-Ambientais Como Satélites

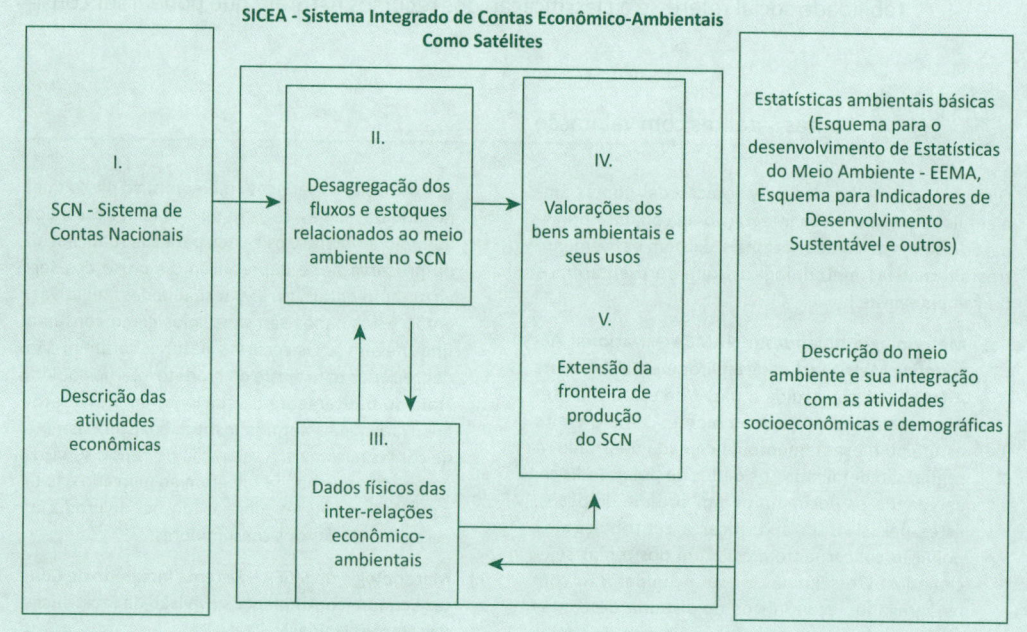

```
I.                    II.                    IV.                    Estatísticas ambientais básicas
SCN - Sistema de      Desagregação dos       Valorações dos         (Esquema para o desenvolvimento
Contas Nacionais      fluxos e estoques      bens ambientais e      de Estatísticas do Meio Ambiente
                      relacionados ao meio   seus usos              - EEMA, Esquema para Indicadores
                      ambiente no SCN                               de Desenvolvimento Sustentável
                                             V.                     e outros)
Descrição das                                Extensão da
atividades                                   fronteira de           Descrição do meio ambiente e
econômicas            III.                   produção               sua integração com as atividades
                      Dados físicos das      do SCN                 socioeconômicas e demográficas
                      inter-relações
                      econômico-
                      ambientais
```

Fonte: United Nations (1993); De Carlo, 2000.

Primeiro módulo: detalhamento das tabelas de recursos e usos para as atividades econômicas ambientalmente relevantes, ou seja, aquelas que são afetadas ou afetam o meio ambiente. Este módulo trabalha com informações monetárias.

Segundo módulo: detalhamento monetário dos fluxos e estoques das atividades ambientalmente relevantes, utilizando classificações específicas para estimar gastos voltados a impedir ou atenuar a deterioração ambiental, para restaurar os danos causados pelo ambiente deteriorado (gastos com saúde, por exemplo), e para estimar os estoques dos ativos naturais produzidos ou cultivados (no reflorestamento e na agricultura, por exemplo).

Terceiro módulo: a partir de estatísticas ambientais geralmente coletadas em quantidades físicas, estima-se a variação nos estoques ambientais e na qualidade dos recursos naturais. Trata das relações entre a economia e o meio ambiente em termos físicos, permitindo estimar o nível de degradação do meio ambiente. Como podemos perceber, este módulo considera tanto o uso dos recursos naturais, quanto seus efeitos sobre outros setores e agentes econômicos.

Quarto módulo: aplicação ao valores físicos estimados no terceiro módulo da valoração dos recursos naturais, de acordo com um dos seguintes métodos:

a) valoração a preços de consumidor, de acordo com as contas de ativos não financeiros do sistema de contas nacionais;

b) valoração pelos custos calculados sob o ponto de vista do agente poluidor, como é o caso dos custos

(continua)

> **Box 9.3** Continuação
>
> de manutenção, preservação e restauração dos recursos naturais, e
> c) valoração sob o ponto de vista da parte afetada, por meio de estimativas da perda de serviços ambientais dos ecossistemas ou do dano ambiental para os agentes econômicos. Denominado como avaliação contingente, este tipo de procedimento se baseia em pesquisas de opinião a respeito de quanto de sua renda os indivíduos estariam dispostos a reduzir para evitar a degradação dos serviços ambientais. Por este motivo, e por envolver um alto nível de arbitrariedade, sua utilização é considerada inconsistente com o sistema de contas nacionais.
>
> Quinto módulo: possíveis extensões do SICEA, à medida que novas necessidades se façam presentes.
>
> Fonte: De Carlo (1999); De Carlo (2000).

derados quanto ao **efeito de sua utilização** ou quanto à **existência (ou inexistência) de mercados organizados** para sua alocação. Iniciando com o problema da utilização dos recursos naturais, vamos classificá-los como **exauríveis** ou como **fluxos**. No caso dos recursos naturais exauríveis, trata-se de estoques que se depreciam sem a possibilidade de reposição, como é o caso do petróleo ou alguns minerais raros. Em outras palavras, a questão dos recursos exauríveis tem sua ênfase no enfoque intertemporal, pois sua exploração pela geração presente leva à redução da disponibilidade para as gerações futuras. Deste modo, o desafio que devemos enfrentar diz respeito à criação de critérios para avaliar tais recursos intertemporalmente. A primeira tarefa consiste em quantificar esses estoques por meio de balanços patrimoniais idealmente montados com a utilização de unidades físicas. Neste caso, procede-se ao cálculo da diferença entre o estoque de abertura e o de encerramento do período da escrituração contábil, medindo-se a variação de quantidades dos recursos em questão. Uma vez que este tipo de avaliação considera produtos heterogêneos, como a quantidade de minério de ferro ou carvão, torna-se necessário o estabelecimento de uma unidade comum de mensuração, apelando-se para a valoração dos estoques de recursos naturais em termos de nossas já conhecidas quantidades monetárias.

Solucionado o problema do princípio a ser adotado para a quantificação e mensuração dos recursos naturais, é preciso estabelecer esta unidade comum de valoração. Existem três métodos consagrados para realizar esta operação:

- Método do preço líquido: consideramos os recursos exauríveis como capital natural, uma vez que eles não podem ser substituídos. A variação líquida positiva (apreciação do capital natural) ou negativa (depreciação) nos estoques é obtida pela diferença entre os valores iniciais e finais do capital natural em determinado período. Esses valores são obtidos multiplicando-se o valor unitário do custo de extração pelas quantidades de recursos exauríveis disponíveis.
- Custo de uso: fazemos o cálculo dos rendimentos presentes que esperaríamos obter por meio da exploração no futuro. Nesse caso, a exploração dos recursos exauríveis depende da capacidade da manutenção dos níveis futuros de extração e seu correspondente custo de oportunidade.
- Penalidade de ajustamento: calculamos o **valor presente** da diferença entre os níveis de produção atual e futuro, envolvendo tanto as atuais condições de extração quanto a garantia de uma estratégia de produção ótima.

Concluída a análise do caso dos recursos naturais exauríveis, examinaremos o segundo caso, nomeadamente, os recursos caracterizados como *fluxos*, ou seja, aqueles que têm sua utilização renovada a cada período. Claramente, estamos tratando do enfoque intratemporal. A degradação ou contaminação dos recursos de fluxo (água e ar, por exemplo) pode ocasionar diminuição da capacidade produtiva, bem como afetar a qualidade de vida da população considerada (externalidade negativa). A internalização de danos ambientais para o ajuste com o sistema de contas nacionais não é uma tarefa de fácil implementação, uma vez que exige que esses danos sejam valorados. Existem, basicamente, três formas de proceder à internalização desses custos:

- como despesas defensivas: calculamos os custos incididos pela economia para se precaver da poluição ou da degradação dela resultante. Desta forma, sua utilização deve ser tratada como um tipo de consumo intermediário, a fim de evitarmos que gastos associados à degradação integrem a mensuração do valor adicionado. O tipo de valoração a ser aplicado neste caso deve utilizar os preços observados no mercado;
- como despesas ambientais e de manutenção: determinamos o montante de dinheiro que deveria ser gasto a fim de que o meio ambiente não fosse alterado pela atividade econômica, ou, se alterado, fosse plenamente recuperado. A valoração deve basear-se nas estimativas de gastos que seriam necessários para manter o meio ambiente intacto; e
- como um agente econômico: nesse tipo de tratamento, o fluxo do recurso poderia ser considerado em uma conta de dupla entrada (razonete) específica. No lado do crédito (fonte dos recursos), seriam computados os subsídios (implícitos) que o meio ambiente paga aos agentes que dele se beneficiam gratuitamente (produção ou serviços ambientais). Na conta de débito (uso dos recursos), seriam imputados os custos repassados aos demais agentes econômicos que foram privados do acesso, em virtude da degradação por terceiros (perdas ambientais). O saldo entre serviços e perdas ambientais é o benefício líquido incorporado à produção ambiental. Como tipo de valoração, recomenda-se a utilização do conceito de disposição a pagar, ou seja, o resultado de uma consulta à população envolvida em que esta informa quanto de sua renda estaria disposta a sacrificar, a fim de manter ou reaver seu nível de amenidades ambientais. Alternativamente, poderia ser considerada a disposição a aceitar a eliminação das perdas ambientais.

Resumindo, nesta seção foram desenvolvidos definições e conceitos sobre a forma como o meio ambiente pode ser inserido em um sistema de contas nacionais. Dependendo da perspectiva e do interesse de abordagem do problema a ser enfocado pelo pesquisador, a utilização do meio ambiente no processo de produção e consumo da sociedade assume algumas ramificações. Cada uma dessas ramificações refere-se às formas de quantificação e valoração do meio ambiente. Neste processo, vimos que nossos conceitos convencionais de produto, renda e despesa requerem adaptações, de sorte a incorporarem tanto os benefícios quanto os danos ambientais resultantes da atividade econômica. Deixando temporariamente de lado as relações interindustriais e interinstitucionais, a seguir vamos abordar a forma de inserção do meio ambiente na perspectiva do modelo completo do fluxo circular da renda e de suas três óticas de cálculo.

9.3 O MEIO AMBIENTE E AS TRÊS ÓTICAS DE CÁLCULO DO VALOR ADICIONADO

A partir da avaliação da eficiência no uso dos recursos ambientais, chegamos diretamente ao conceito de desenvolvimento sustentável. Como foi exposto anteriormente, os recursos naturais podem ser classificados em recursos de fluxos e recursos exauríveis. No primeiro caso, encontra-se, por exemplo, a poluição de um rio a partir do lançamento de dejetos por uma empresa. Seus custos ambientais são claros, e ocorrem por unidade de tempo, podendo cessar; ou o rio pode ser recuperado, como tem ocorrido com os rios que serpeiam pelas cidades europeias. Por contraste, os recursos exauríveis, como um reservatório de petróleo, são explorados uma única vez, deixando como legado cavernas comprometedoras do equilíbrio ambiental. A exemplo das características demográficas, a avaliação da perda pela exploração dos recursos exauríveis deve ser deslocada para os estudos da mensuração do estoque de capital da sociedade[5].

Assim, no que segue, o foco estará nas formas de inserção do meio ambiente na perspectiva do fluxo circular da renda e as correspondentes três óticas de cálculo do valor adicionado. Em termos agregados da economia, a definição básica de valor adicionado, que contempla tanto a ótica do produto quanto a da renda, é dada por $VA = OT - CI = DT - CI$, onde OT e DT são, respectivamente, a oferta total e a demanda total da economia e CI é a componente dos bens de consumo intermediário adquiridos ou vendidos aos demais setores. Esta equação deverá receber as adaptações pertinentes, a fim de calcularmos adequadamente o impacto da inserção do meio ambiente no modelo contábil. Tal cálculo será obtido ao descontarmos, além do consumo intermediário tradicional, aqueles gastos referentes aos dejetos ambientais. Desta forma, devemos descontar os gastos dos agentes econômicos com dejetos ambientais, o que nos permite escrever, associando os conceitos e as cifras resultantes de sua mensuração, com o esquema do Quadro 9.1.

Quadro 9.1 Dejetos e o valor adicionado ambientado. Lizarb, ano I (unidades monetárias indexadas)

Oferta e demanda total	Importações dos produtores	Valor da produção	Consumo intermediário convencional	Valor adicionado convencional	Dejetos ambientais (uso)	Valor adicionado ambiental
(=)	(−)	(=)	(−)	(=)	(−)	(=)
8.677.321	489.034	8.188.294	3.569.935	4.618.359	630.171	3.988.188

Com estas cifras, operamos o cálculo do valor adicionado pela ótica do produto, destacando a componente ambiental. Usando-as e ampliando sua abrangência, podemos buscar, por meio do fluxo circular da renda, sua inserção nos mercados de bens e serviços, serviços dos fatores e de arranjos institucionais (inclusive monetários) vistos na Figura 3.1 do Capítulo 3 (Dimensões). Conforme vamos ilustrar

---

[5] Os recursos exauríveis devem ser contemplados na mensuração do capital nacional e sob o ponto de vista dos fluxos, do investimento e da variação de estoques. Breves referências ao tema serão feitas no Capítulo 7E (Capital/CD).

com o conteúdo da Tabela 9.1, o meio ambiente será inserido nesse fluxo por meio da agência ambiental regional[6] e da agência ambiental global. Estas ingressam no modelo no papel de duas novas instituições (fictícias) usadas para representar a apropriação de parte do valor adicionado por agentes encarregados de tratar da reposição dos danos ambientais. Neste ambiente, estas instituições serão usuárias de "insumos defensivos" cuja provisão emana do meio ambiente. Ao mesmo tempo, mostramos os "recursos naturais" como fatores de produção, ao lado do capital e do trabalho, todos recebendo remuneração da forma convencional.

Iniciando com o valor adicionado calculado pela ótica do produto (P) e distribuído no mercado de fatores, cabe lembrarmos que sua formulação original era: $P \equiv RE + EO + (II - Su)$, onde RE é a remuneração dos empregados, EO são os demais rendimentos e $II - Su$ é o saldo entre impostos indiretos e a concessão de subsídios pelo governo. A inserção do meio ambiente nesta equação é feita por intermédio do registro de um conjunto de insumos defensivos, que são constituídos por gastos que devem reduzir a disponibilidade da oferta setorial às diferentes instituições absorvedoras da produção. Muitos bens produzidos na economia, considerados como bens finais, na realidade não passam de bens intermediários, ou seja, bens necessários para obter determinado nível de bem-estar, como é o caso da depreciação do capital natural provocada pela retirada de matérias-primas (por exemplo, petróleo) do meio ambiente e relançamento de dejetos.

Assim, partimos para uma nova definição de produto ambiental (P_{MA}), devidamente corrigida para esses insumos defensivos, conforme os descritores do primeiro bloco da Tabela 9.1. Retiramos da receita total (RT) não apenas o tradicional consumo intermediário (CI), o que nos confere o total do produto, mas também dele deduzimos os insumos defensivos, destinados a reduzir o dano ambiental causado pela atividade produtiva. Assim, nossa definição de produto corrigido para o trato ambiental passa a ser $P_{MA} \equiv RE + EO + RN + (II - Su) + PAR + PAG$, onde, adicionalmente, RN é a avaliação dos recursos naturais usados na atividade econômica do período, PAR e PAG são, respectivamente, os recebimentos de taxas e emolumentos pela agência ambiental regional e global.

Na prática, este procedimento equivale a inserir a mensuração dos serviços prestados pelo meio ambiente, sendo este abordado como um "fator de produção", o qual tinha sua contabilização feita, na ótica da renda, pela correção da equação

$$Y \equiv RE + EO + S + II - Su,\text{ passando a}$$

$$Y_{MA} \equiv (II - Su) + RAR + RAG + ID + RLFE + RFam + Sav,$$

onde, além dos símbolos já definidos, Y_{MA} será vista como a renda ambiental que remunera o "fator de produção" amenidades ambientais ou ar puro, RAR e RAG são os recebimentos das agências ambientais regional e global, $RLFE$ é a renda líquida enviada ao exterior, $RFam$ é a receita das famílias e Sav é a poupança do sistema.

E ainda, este mesmo conceito de dano ambiental é utilizado para corrigir a mensuração do valor adicionado pela ótica da despesa (D). Nossa equação original era $D \equiv C + I + G + X - M$, e passa para $D_{MA} \equiv C + G + I + X + DAR + DAG - M$, onde

---

[6] No Capítulo 13 (MIPE), vamos observar a ação desta agência, ao estabelecer preços para os resíduos considerados poluentes lançados pela empresa Laticínios Lizarb S/A.

Tabela 9.1 As três óticas de cálculo do valor adicionado podem ser adaptadas para refletirem as preocupações ambientais. Lizarb, ano I (unidades monetárias indexadas)

Mercado de fatores	Total	Mercado de arranjos institucionais	Originária dos produtores	Originária dos fatores	Total	Mercado de bens e serviços	Total
Remuneração do trabalho	1.371.526	Impostos sobre a produção e importação	280.615	0	280.615	Consumo das famílias	1.094.891
Excedente operacional	1.775.613	Agência ambiental regional (receita)	132.566	292.064	424.630	Consumo do governo	1.506.636
Recursos naturais	427.196	Agência ambiental global (receita)	672	135.132	135.804	Investimento	637.481
Impostos sobre os produtos	280.615	Impostos diretos	0	754.027	754.027	Exportações	1.269.790
Agência ambiental regional (receita)	132.566	Renda líquida dos fatores externos	0	788.203	788.203	Agência ambiental regional	−31.579
Agência ambiental global (receita)	672	Famílias (receita)	0	1.306.192	1.306.192	Agência ambiental global	0
		Poupança (saldo receita-despesa)	0	298.717	298.717	Importações	−489.034
PRODUTO CORRIGIDO	3.988.188	RENDA CORRIGIDA	413.853	3.574.335	3.988.188	DESPESA CORRIGIDA	3.988.185

C é o consumo das famílias, *G* é o consumo do governo, *I* é o investimento acrescido (reduzido) das variações de estoques, *X* é o montante das exportações de bens e serviços (exceto serviços dos fatores, a preços FOB), *DAR* é a despesa feita pela agência ambiental regional e *DAG* corresponde às despesas da agência ambiental global e *M* é o montante de importações (a preços CIF). Corrigida, ela será designada por D_{MA}. Neste caso, por exemplo, o colírio ou a consulta ao oftalmologista feita pelas famílias, a fim de protegerem seus olhos dos malefícios provocados pela poluição, devem distinguir-se dos gastos normais da família. Com isto, as despesas convencionais dão lugar às despesas defensivas, que são associadas às atividades da agência ambiental regional.

Observemos que a remuneração das amenidades ambientais deve ser retirada de um ou de todos os componentes do valor adicionado mensurado pela ótica da renda, e acrescida a um ou a todos os componentes do valor adicionado avaliado pela ótica da despesa, de sorte que as identidades contábeis permaneçam em vigor. Os agregados mais plausíveis de carregarem o peso da renda a ser destinada aos fatores ambientais são os aluguéis e os subsídios, ao passo que todos os componentes da despesa podem incluir despesas defensivas. Todavia não se descarta a possibilidade que uma fração, por exemplo, dos salários tenha sido desviada do pagamento aos proprietários do fator trabalho e convertida à produção de amenidades ambientais. Na próxima seção, veremos alguns traços metodológicos que permitem obtermos os valores das componentes ambientais aqui inseridas na mensuração do valor adicionado por meio de suas três óticas de cálculo.

9.4 A CRIAÇÃO DE COEFICIENTES TÉCNICOS AMBIENTAIS

Há várias formas de inserirmos o meio ambiente em um sistema de contas nacionais, cada uma delas respondendo primordialmente à disponibilidade de dados e ao interesse que direciona a investigação. No que segue, o foco da apresentação estará na exposição da forma de inserção do meio ambiente na matriz de contabilidade social. Vamos adaptar nossa matriz de referência exibida nos Capítulos 3 (Dimensões) e 4 (MaCS e MIP) ao tratamento da questão ambiental, mais especificamente, à questão do aquecimento global causado pela emissão do gás carbônico (dióxido de carbono ou CO_2)[7].

Nesta seção, veremos as origens de um expressivo número de cifras que serão utilizadas para construir nossa matriz de contabilidade social ambiental. No modelo que lhe dá origem, o aumento (redução) de emissões de CO_2 é gerado pelo aumento (redução) da atividade econômica dos setores associados ao uso das mercadorias ligadas à geração de energia (carvão, petróleo, derivados de petróleo e carvão, gás natural e eletricidade). Portanto, o aumento (redução) de emissões ocorrerá se os setores mais poluidores apresentarem crescimento (contração) em sua atividade, em decorrência direta ou indireta (por sua utilização como insumo por setores não poluidores) da variação no nível de atividade da economia. A isto se chama de avaliação do potencial poluidor e a literatura existente sobre o tópico já é bastante vasta, exigindo, para ser coberta, um esforço que transcende os limites deste capítulo.

---

[7] A matriz aqui apresentada tem os coeficientes técnicos e comportamentais relevantes inspirados no resultado de uma simulação de um modelo de equilíbrio geral computável criado para tratar a questão do uso de energia, chamado de GTAP-E, que será examinado com mais detalhe na Seção 9.5. O resultado refere-se à simulação das restrições de emissões preditas pelo Protocolo de Kyoto, assim como o comércio de créditos de carbono entre as regiões envolvidas na simulação.

Cabe referir, em caráter ilustrativo, que este pode originar-se a partir da ação de qualquer um de nossos agentes econômicos. Assim, os produtores detêm um potencial poluidor na medida em que lançam dejetos de difícil absorção pelo meio ambiente ou simplesmente provocam erosão ou açoreamento em terras e águas, e assim por diante. Os locatários dos fatores podem tornar-se poluidores, na medida em que orientam seu estoque de capital para atividades críticas. Por fim, as instituições também exibem um potencial poluidor no caso de orientarem a demanda de determinados recursos críticos em locais específicos. Além disso, a própria explosão demográfica e a urbanização, mesmo nos países desenvolvidos, são responsáveis pela poluição em grandes áreas geográficas. Por contraste, fala-se, na linha do desenvolvimento sustentável, em potencial absorvedor de resíduos, uma verdadeira indústria nascente que deverá ser incentivada a partir da inclusão da questão ambiental na agenda de formulação das políticas econômicas. Naturalmente, uma vez detectadas as indústrias de maior potencial poluidor, uma das medidas que pode ser adotada consiste na criação de um imposto incidindo tanto sobre aqueles setores que produzem quanto sobre os que utilizam tais mercadorias. Os coeficientes de emissão são calculados pela razão entre o nível total de emissão de CO_2 em determinado setor da economia e o nível total do combustível fóssil por ele utilizado.

A seguir veremos as Figuras 9.1, 9.2, que se referem à produção, e a Figura 9.3, que diz respeito à demanda. As três ilustram a forma como acontece a utilização de energia no modelo que estamos empregando para derivar coeficientes técnicos e comportamentais. Antes de fazê-lo, vamos apresentar brevemente um conceito novo, associado às funções matemáticas que empregamos até o momento, curvas de oferta e de procura e função de produção de Leontief, nos Capítulos 1 (Divisão) e 4 (MaCS e MIP). Nosso exemplo consiste numa aproximação linear de duas funções que são aninhadas em uma terceira (Box 9.4).

Ao examinar o nível superior da Figura 9.1, podemos sugerir que ela apresenta uma função de produção de Leontief que destaca a importância do insumo energia na criação de valor adicionado, bem como a utilização de outros insumos, para um determinado conjunto previamente existente de matérias-primas. Como vimos na Seção 4.7 do Capítulo 4A (MaCS/CD), esta função também é chamada de função de proporções fixas, pois combina desta forma os insumos citados. Neste caso, como não há possibilidade de substituir, por exemplo, energia por serviços contábeis, dizemos que sua elasticidade de substituição técnica[8] (dada pela letra σ – sigma) é nula. Por seu turno, o "ninho" constituído pelo binômio valor adicionado-energia reúne quatro ingredientes (recursos naturais, terra, trabalho e uma combinação entre capital e energia) por meio de uma função CES, também a ser examinada no Capítulo 11A (Índices/CD). A própria sigla CES (*constant elasticity of substitution*, com seu coeficiente sigma dado por σ_{VAE}) aponta para sua principal característica, o que a torna um caso mais geral do que o da elasticidade nula da função de Leontief, que pode ser vista como um de seus casos particulares[9].

---

[8] Este conceito voltará a ser utilizado no Capítulo 11A (Índices/CD). O número σ informa de quantas unidades percentuais varia o uso relativo dos insumos quando a taxa marginal de substituição técnica entre eles varia em uma unidade percentual. Por seu turno, a taxa marginal de substituição técnica é um número que diz, em termos absolutos, de quantas unidades varia um insumo em resposta à variação de uma unidade (não percentual) nos demais.

[9] Outro famoso caso particular é a função de Cobb-Douglas, que também será examinada no Capítulo 11A (Índices/CD).

> **Box 9.4** Função aninhante e funções aninhadas
>
> A figura a seguir mostra uma função aninhando duas outras, cujos parâmetros aparecem como simples média aritmética das duas aninhadas.
>
> ```
>                    Ninho: linha reta dada por
>                            y = 4 − 3x
>                    /                        \
> Primeira função aninhada:              Segunda função aninhada:
>        y = 3 − 2x                              y = 5 − 4x
> ```
>
> A reta $y = 4 - 3x$ está aninhando as retas $y = 3 - 2x$ e $y = 5 - 4x$. Naturalmente, quando somamos membro a membro as duas retas que serão aninhadas, vemos que $2y = 8 - 6x$. Dividindo esta expressão por 2, chegamos à reta aninhante. Este conceito nos acompanha desde a Seção 2 do Capítulo 2 (Contextualizando) e será amplamente tratado na Seção 2 do Capítulo 11A (Índices/CD)

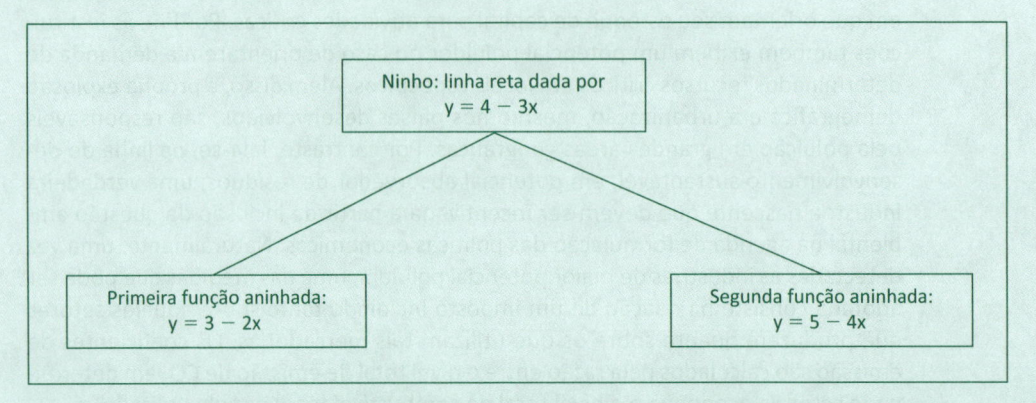

O conjunto de fatores de produção também se aninha sob a função que reúne o valor adicionado à energia utilizada para gerá-lo, sendo composto pelos recursos naturais, pela terra, pelo trabalho e por outro bem formado pela combinação entre o estoque de capital e o montante de energia necessário para movimentar máquinas e equipamentos. A partir deste nível, sucessivas funções de produção do tipo CES vão sendo aninhadas para detalhar os processos de produção da energia utilizada no sistema. Estas funções incorporam, a partir de certo ponto, a contribuição do insumo importado, discriminando a região de origem da importação. No nível imediatamente inferior ao do produto, e aninhados por eles, vemos o registro de todos os demais insumos. Como já salientamos, desta vez eles estão discriminados diretamente pela sua origem nacional ou estrangeira, o que permite examinarmos precisamente os desdobramentos territoriais de sua produção. Todos estes coeficientes de elasticidade de substituição técnica são obtidos previamente (e como pré-requisitos) à construção da matriz de contabilidade social ambiental, possivelmente por meio de consulta a tabelas que refletem o estado atual da tecnologia de produção.

Na Figura 9.2, podemos ver o subsequente desdobramento dos componentes energéticos, separando o insumo composto pelos diferentes tipos de energia nos grupos elétrico e não elétrico. Nesse composto, que também é governado por uma função CES, naturalmente, existe margem para a substituição entre alguns insumos, como gasolina e querosene, ou lenha e carvão. A este respeito, cabe assinalarmos que as fontes regionais de suprimento seguem sendo indiscriminadas para o pro-

CAPÍTULO 9 CONTABILIDADE SOCIAL AMBIENTAL

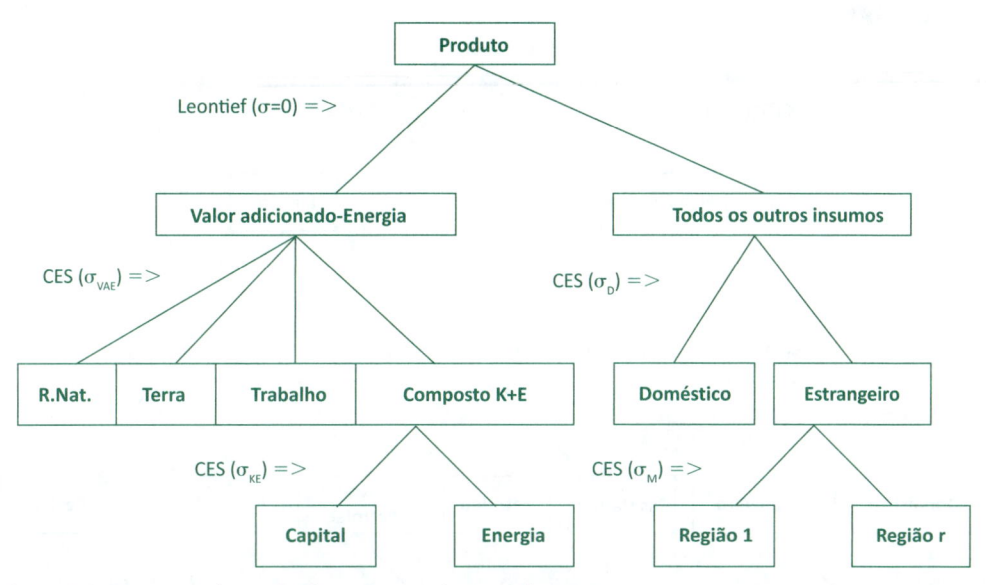

Figura 9.1 Estrutura de produção com sucessivos aninhamentos

Diagrama hierárquico:
- Produto — Leontief ($\sigma=0$) =>
  - Valor adicionado-Energia — CES (σ_{VAE}) =>
    - R.Nat.
    - Terra
    - Trabalho
    - Composto K+E — CES (σ_{KE}) =>
      - Capital
      - Energia
  - Todos os outros insumos — CES (σ_D) =>
    - Doméstico
    - Estrangeiro — CES (σ_M) =>
      - Região 1
      - Região r

duto doméstico ou discriminadas para o produto importado. Finalmente, no nível a partir do qual começam os procedimentos de aninhamento, vemos mais três grupos que se originam de outros combustíveis, nomeadamente, o gás natural, o petróleo e demais combustíveis derivados do petróleo e do carvão. Cada um desses combustíveis é escolhido de acordo com os requisitos especificados pelos valores das correspondentes elasticidades de substituição entre bens domésticos e importados.

Com estes procedimentos, fomos capazes de rastrear as principais fontes dos recursos que destacam o uso do meio ambiente, por meio dos detalhamentos feitos na origem e articulação entre os insumos energéticos. Falta-nos ainda detalhar o lado dos usos dos recursos, cujas cifras vão ocupar nossos blocos B_{13} e B_{33} da matriz de contabilidade social ambiental que apresentaremos na Tabela 9.3. Para o consumo de bens privados, vamos desagregar o grupo das mercadorias de energia (carvão, petróleo cru, eletricidade, gás natural, e derivados de petróleo e carvão) da estrutura padrão existente de forma funcional CDE (do termo em inglês *constant-difference of elasticities*) e, posteriormente, agregá-lo em um novo composto (Composto Energia na Figura 9.3). Em seguida, para esse composto é especificada uma subestrutura CES para permitir uma flexível substituição entre os seus elementos.

A aplicação que acabamos de apresentar refere-se a um problema específico de mensurar e internalizar os custos ambientais provenientes da emissão de CO_2 na atmosfera. Mas o dióxido de carbono é apenas um dos gases causadores da intensificação do efeito estufa que está provocando o aquecimento global. Para darmos um tratamento completo a essa questão teríamos que levar em conta a emissão dos outros gases. Tal é o caso do vapor d'água (H_2O), do ozônio (O_3), do metano (CH_4), do óxido nitroso (N_2O), dos clorofluorcarbonos (CFCs), dos hidrofluorcarbonos (HFCs) e dos perfluorcarbonos (PFCs). E deveríamos considerar ainda sua forma de geração e lançamento na atmosfera. Além disso, os problemas ambientais não se restringem à poluição do ar. Poderíamos citar também como exemplo a poluição da água, a

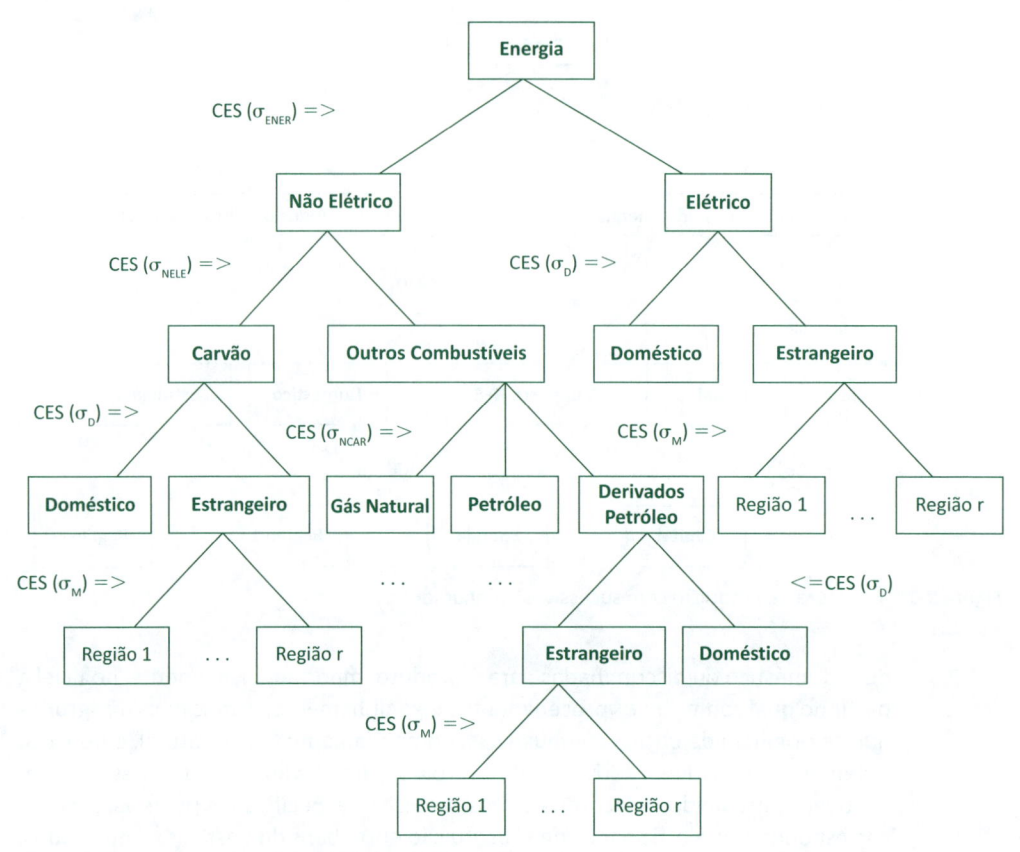

Figura 9.2 Estrutura de substituição entre fontes de energia

utilização da terra, a exploração e o esgotamento de fontes de energia. Além destes, também poderíamos destacar o tratamento de temas mais complexos, como as modificações de ecossistemas, a extinção de espécies e as alterações nos ciclos naturais de reprodução das espécies. Para cada um desses temas, poderíamos construir outra matriz de contabilidade social com um nível de detalhamento ainda maior relativamente à que examinaremos em instantes. O passo final, que não será dado no presente contexto, consiste em articular todas essas matrizes, aninhando-as sob a égide de uma matriz de contabilidade social ambiental abrangendo todas as possibilidades analíticas adequadas aos objetivos tidos em mente para a realização do trabalho.

9.5 A MATRIZ DE CONTABILIDADE SOCIAL AMBIENTAL

Seguindo a mesma sequência de raciocínios que temos feito desde o Capítulo 3 (Dimensões), com a Tabela 9.2 voltamos a entender a matriz de contabilidade social como um desdobramento do modelo completo do fluxo circular da renda. Podemos observar que nele estamos reproduzindo, *mutatis mutandis*, as relações vistas no Quadro 3.7 do Capítulo 3 (Dimensões). Com efeito, em ambos a composição do

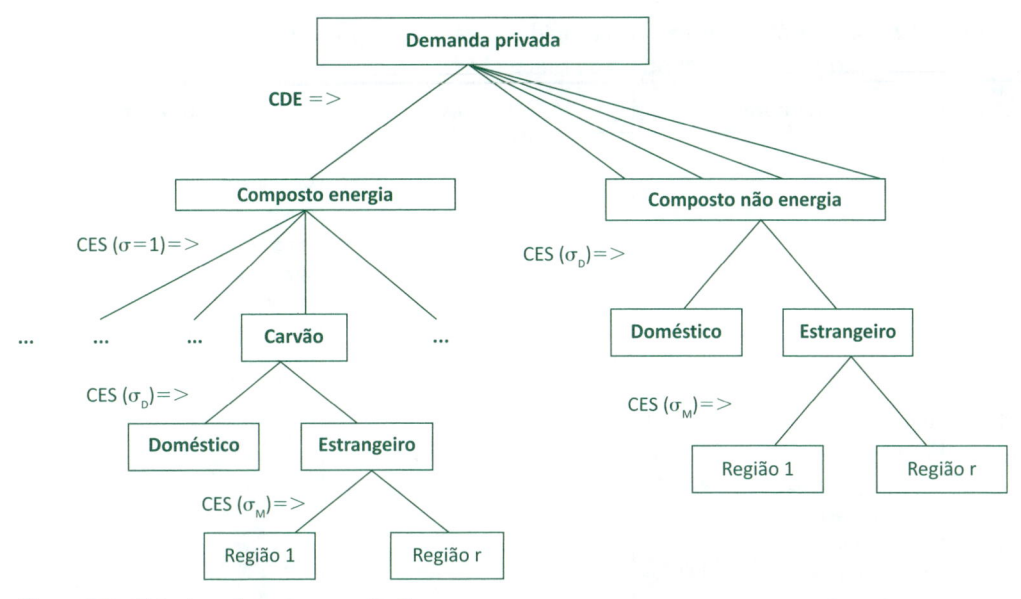

Figura 9.3 Estrutura do consumo privado

valor adicionado determinada por suas três óticas de cálculo fica evidenciada. A inovação aqui consiste em inserirmos o meio ambiente, a agência ambiental regional e a agência ambiental global como agentes econômicos. Nosso intuito é representar os desdobramentos do uso dos recursos naturais em relação a estas três óticas. Ao fazermos os desdobramentos das contas que integram este quadro, inserindo-lhe os valores correspondentes às relações interindustriais e interinstitucionais, chegaremos à Tabela 9.3.

Como vimos no Capítulo 3 (Dimensões), a intersecção da primeira coluna com a segunda linha (B_{21}) constitui o espaço onde são lançados os recebimentos pelos proprietários dos fatores produtivos. Naturalmente, este lançamento responde às remunerações referentes ao aluguel dos serviços dos fatores de que eles são locatários (ótica do produto). Desta forma, inserimos no quadro a remuneração recebida pelas agências, bem como os insumos defensivos devidos pelo uso de recursos ambientais. Em B_{32}, temos os montantes recebidos pelas instituições, e que foram pagos pelos fatores produtivos, tendo em vista a cessão dos direitos de propriedade da exploração de suas atividades (ótica da renda). Assim, também lançamos os montantes correspondentes aos recebimentos pelas nossas agências ambientais. Por último, em B_{13}, temos o lançamento do montante de vendas de bens e serviços por parte dos produtores às instituições (ótica da despesa). Neste caso, da mesma forma que fizemos para as importações, registramos um valor negativo na linha da agência ambiental regional, e os motivos para isto serão explicitados a seguir. Ao fazermos os desdobramentos das contas que integram a Tabela 9.2, inserindo-lhe os valores correspondentes às relações interindustriais e interinstitucionais, chegaremos à Tabela 9.3.

Assim, há modificações importantes em cada uma de nossas três organizações econômicas. Primeiramente, as contas dos produtores receberam uma modificação

Tabela 9.2 As três óticas de cálculo corrigidas para o meio ambiente começam a acomodar-se ao formato da MaCS

	Produtores	Fatores	Instituições
Produtores			Consumo das famílias 1.094.890 Consumo do governo 1.506.636 Investimento 637.480 Exportações 1.269.791 Agência ambiental regional −31.579 Agência ambiental mundial 0 Importações −489.033
Fatores	Remuneração do trabalho 1.371.525 Excedente operacional 1.775.613 Recursos naturais 427.196 Governo (receita) 280.614 Agência ambiental regional (receita) 132.566 Agência ambiental global (receita) 672		
Instituições		Impostos indiretos líquidos de subsídios 280.615 Agência ambiental regional (receita) 424.630 Agência ambiental global (receita) 135.804 Impostos diretos 754.027 Renda líquida dos fatores externos 788.203 Famílias (receita) 1.306.191 Poupança (saldo receita-despesa) 298.717	

conceitual importante. Usando as técnicas desenvolvidas no Capítulo 4 (MaCS e MIP), agruparemos todos os setores previamente existentes em apenas cinco agregados. Retivemos o setor da agropecuária, cujas dimensões espaciais mais diretamente o envolvem com a questão ambiental, e cujos insumos têm diferentes graus de poder poluidor. A questão de emissões de poluentes levou-nos a isolar não apenas a parte pertinente da agropecuária, mas também a parte de todos os demais setores que usam carvão, petróleo e derivados, carvão e derivados, e gás natural. Em seguida, damos destaque à indústria geradora de eletricidade, separando-a das demais indústrias que utilizam intensivamente os insumos energéticos. Ademais, agrupamos todos os demais setores da indústria, também individualizando a prestação de serviços em seus diferentes ramos. Por fim, incluímos o setor de dejetos ambientais associados às relações intersetoriais, bem como a sua "oferta" às instituições. As três linhas finais da tabela mostram a estrutura percentual, em termos físicos, ou seja, toneladas, da emissão de dejetos de acordo com nossos diferentes

Tabela 9.3 Matriz de contabilidade social ambiental com destaque para as contas do meio ambiente. Lizarb, ano I (unidades monetárias indexadas)

Contas	PRODUTORES							FATORES			INSTITUIÇÕES						TOTAL
	Agro-pecuária	Carvão etc.	Geração de eletricidade	Indústrias intensivas	Demais indústrias	Serviços	Dejetos ambientais	Trabalha-dores	Outras proprie-dades de fatores	Recursos naturais	Governo	Resto do mundo	Famílias	Agência regional	Agência global	Inves-timentos	
Agropecuária	227.502	50.240	634	53.134	151.755	15.057	42.846	0	0	0	0	64.529	103.678	−1.412	0	20.971	737.933,0
Carvão, petróleo, gás, etc.	7.920	230.162	19.707	17.022	10.619	15.380	168.640	0	0	0	0	7.491	28.040	−7.488	0	65.291	565.784,0
Geração de eletricidade	12.227	20.754	180.072	50.039	29.706	43.024	140.973	0	0	0	0	0	31.273	−2.994	0	67.074	572.147,0
Indústrias intensivas em energia	88.474	6.736	22.277	237.685	129.913	188.160	7.042	0	0	0	0	209.281	148.529	−7.655	0	205.046	1.238.488,0
Demais indústrias	76.686	61.072	99.368	122.157	282.186	126.379	44.172	0	0	0	0	825.304	535.771	−3.814	0	210.822	2.380.103,0
Serviços	36.188	61.614	100.249	123.241	61.030	148.329	44.564	0	0	0	1.448.233	143.562	231.120	−4.987	0	34.091	2.427.233,0
Dejetos ambientais	62.936	50.122	81.551	100.254	231.589	103.719	0	0	0	0	58.403	19.623	16.480	−3.229	0	34.186	755.633,0
Remuneração do trabalho	19.688	4.656	27.311	167.402	245.865	864.405	42.199	0	0	0	0	0	0	0	0	0	1.371.525,0
Excedente operacional	169.777	15.442	13.511	210.134	742.533	576.208	50.008	0	0	0	0	0	0	0	0	0	1.775.613,0
Recursos naturais	1.377	4.543	1.314	10.313	159.360	176.717	73.572	0	0	0	0	0	0	0	0	0	427.196,0
Governo (receita)	1.764	2.795	2.500	23.682	93.693	73.645	82.536	394.564	359.463	0	0	0	374.322	0	683.091	0	2.092.054,0
Resto do mundo (importações)	7.950	20.397	11.959	109.820	230.075	81.431	20.402	0	788.203	0	0	144.474	0	30.329	0	0	1.452.038,0
Famílias (receita)	0	0	0	0	0	0	0	976.961	329.231	0	509.497	0	232.671	0	92.129	0	2.140.488,0
Agência ambiental regional (receita)	25.416	17.252	11.612	13.418	11.596	14.592	38.680	0	0	292.064	36.714	0	4.488	0	97	0	465.929,0
Agência ambiental global (receita)	28	1	83	187	185	188	0	0	0	135.132	104.104	0	2.293	740.450	0	0	982.650,0
Poupança (saldo receita-despesa)	0	0	0	0	0	0	0	0	298.717	0	−64.896	37.773	431.824	−273.271	207.333	0	637.480,0
TOTAL	737.933	565.784	572.147	1.238.488	2.380.103	2.427.233	755.633	1.371.525	1.775.613	427.196	2.092.054	1.452.038	2.140.488	465.929	982.650	637.480	

setores, bem como aquela associada ao consumo de bens e serviços finais por parte das famílias. Ou seja, estes sete agrupamentos industriais também mostram relacionamentos, além das famílias, com os blocos das demais instituições que configuram a despesa da economia, bem como interagem com o bloco dos fatores de produção, demarcando a ótica do produto.

Transitando, assim, do bloco B_{11} para o bloco B_{21}, vemos que os fatores de produção receberam um acréscimo. Na terceira linha deste bloco, fizemos a inserção da conta recursos naturais, recebendo lançamentos a crédito, ou seja, pagamentos feitos pelos produtores para compensar o uso e a deterioração que fazem do meio ambiente. Assim, passamos a tratar o meio ambiente como um insumo primário qualquer, avaliando sua utilização, como se ele tivesse suas transações perfeitamente capturadas pelos mesmos mecanismos que regem o mercado de serviços dos fatores de produção. As cifras correspondentes a cada crédito da linha são obtidas a partir de coeficientes fixos resultantes de cálculos passíveis de serem feitos conforme a literatura específica da área que inspirou a montagem da Seção 9.4 deste capítulo. Na coluna (débito) do bloco B_{32}, temos o lançamento do total da conta que foi especificada na linha correspondente. Nele, fazemos o registro dos pagamentos realizados por este "fator" recursos naturais aos diferentes tipos de instituições.

Naturalmente, como consequência das agregações levadas a efeito nos setores produtivos, o bloco B_{13} também foi afetado, sinalizando a absorção por parte das instituições dos insumos causadores de danos ambientais, e dando destaque ao tipo de instituições que os usam mais intensivamente. Nele inserimos duas instituições muito especiais, voltadas a completar a tarefa de internalização das externalidades associadas ao uso do meio ambiente. Em primeiro lugar, vemos a agência ambiental regional, órgão da economia nacional voltado a fazer a administração e penalização das transações que usam o meio ambiente como recurso produtivo. Todos os seus valores têm sinal negativo, apontando para o fato de que o meio ambiente está inserido na matriz de contabilidade social como um insumo primário, ou seja, um insumo não produzido pelo sistema interindustrial. Lembrando o que discutimos na Seção 4.9 do Capítulo 4B (MIP/CD), eles podem ser associados aos lançamentos das importações não competitivas ou dos impostos indiretos não competitivos. Em segundo lugar, temos a agência ambiental global, que não vê lançamentos neste bloco, mas que exerce papel importante com lançamentos contabilizados no bloco B_{31}, recebendo créditos dos setores produtivos. Ela também partiparrá do bloco B_{33}, das relações interinstitucionais, podendo ser credora ou devedora tanto da agência ambiental regional quanto do governo regional.

Em resumo, vemos que as agências ambientais regional e global recebem pagamentos de produtores, fatores e instituições destinados a ressarcir o sistema pelo impacto que suas atividades provocam no meio ambiente. Com isto, nossa conceitualização permite considerarmos que existe a possibilidade de que países cuja emissão de poluentes tenha sido excessiva (ou cuja redução de emissão não tenha sido suficiente) adquiram "créditos ambientais". Estes são detidos por países cuja emissão tenha ficado aquém da sua quota de emissão internacionalmente estabelecida (ou cuja redução tenha superado a meta estabelecida). A receita (despesa) obtida pela venda (compra) de créditos ambientais aos outros países do mundo também é transacionada entre os agentes regional e global. Os repasses mantêm-se presentes nas transações realizadas pelo governo, pelas famílias e mesmo pela poupança das duas agências, que podem alocar recursos na compra de bens de investimento voltados a tratar do setor dos dejetos ambientais.

Com esta matriz, originária da matriz de contabilidade social convencional e dos aspectos metodológicos desenvolvidos em torno das Figuras 9.1, 9.2 e 9.3, estamos prontos para fazer aplicações que orientem a formulação da política pública voltada ao meio ambiente. Isso é feito por meio da redação de relatórios de impacto ambiental, uma metodologia que também exige livros inteiros exclusivamente destinados a sua exposição. Mas também podemos fazer um exercício chamado de análise estrutural por decomposição, em que buscamos rastrear as componentes de um efeito global de impactação da atividade econômica sobre o meio ambiente.

9.6 MENSURAÇÃO DO IMPACTO DA ATIVIDADE ECONÔMICA SOBRE O MEIO AMBIENTE

Além de termos visto algumas diretivas para a construção da matriz de contabilidade social ambiental na seção anterior, chegamos a ensaiar uma interpretação, tema que poderia ser expandido para o ambiente de comparações intertemporais ou internacionais a ser tratado no Capítulo 11 (Comparações/CD). A seguir, veremos um modelo de aplicação dos conceitos recém-conquistados, o qual resulta de uma adaptação da decomposição da matriz de contabilidade social estudada na Seção 4.8 do Capítulo 4A (MaCS/CD). Aqui, vamos estudar o efeito do crescimento econômico sobre o meio ambiente, destacando a mudança estrutural entre os períodos I e II. Ou seja, vamos considerar a economia de Lizarb, conforme retratada pelas matrizes de contabilidade social das Tabelas 9.3 e 9.4.

Todavia, em vez de trabalharmos com a matriz de contabilidade social, dela vamos retirar a matriz de insumo-produto, que foi por nós modelada na equação (4.9) do Capítulo 4A (MaCS) do CD: $\mathbf{x} = \mathbf{A} \times \mathbf{x} + \mathbf{f}$. Vamos reescrevê-la como

$$\mathbf{x} = \mathbf{B} \times \mathbf{x} + \mathbf{C} \times \mathbf{x} + \mathbf{f}_A + \mathbf{f}_E \tag{9.1}$$

onde $\mathbf{x}$ é o vetor das receitas totais dos produtores que povoam nosso sistema econômico, $\mathbf{B}$ é a matriz de coeficientes técnicos concernentes exclusivamente aos setores que implicam perdas ambientais (agropecuária, carvão, petróleo e gás, geração de eletricidade, indústrias intensivas em energia e dejetos ambientais), $\mathbf{C}$ é a matriz de coeficientes técnicos dos demais setores (demais indústrias e serviços), $\mathbf{f}_A$ é o vetor das instituições (da demanda final) associadas ao meio ambiente (nomeadamente, as agências ambientais regional e global) e $\mathbf{f}_E$ é um vetor que reúne as demais componentes da demanda final, consideradas exógenas a nosso modelo.

Acabamos de decompor a matriz $\mathbf{A}$ em duas submatrizes, a primeira (isto é, $\mathbf{B}$) mostrando os coeficientes técnicos dos setores cujos processos produtivos comprometem o meio ambiente. A matriz $\mathbf{C}$ mostra os coeficientes dos setores não poluidores. Três variáveis associadas a (9.1) vão permitir-nos lançar luz adicional sobre a questão ambiental. São elas:

Tabela 9.4 Matriz de contabilidade social com destaque para as contas do meio ambiente. Lizarb, ano II (unidades monetárias indexadas)

Contas	PRODUTORES							FATORES			INSTITUIÇÕES						TOTAL
	Agropecuária	Carvão etc.	Geração de eletricidade	Indústrias intensivas	Demais indústrias	Serviços	Dejetos ambientais	Trabalhadores	Outros propriedades de fatores	Recursos naturais	Governo	Resto do mundo	Famílias	Agência regional	Agência global	Investimento	
Agropecuária	286.328	62.649	762	57.246	166.047	14.064	34.721	0	0	0	0	53.892	102.432	−1.553	0	46.169	822.756
Carvão, petróleo, gás etc.	11.531	285.257	27.385	21.216	13.442	16.619	158.094	0	0	0	0	7.311	32.372	−8.095	0	62.435	627.568
Geração de eletricidade	14.195	20.246	199.522	49.730	29.983	37.069	105.378	0	0	0	0	0	28.874	−3.268	0	178.583	660.311
Indústrias intensivas em energia	112.205	10.375	26.964	258.044	143.239	177.096	5.750	0	0	0	0	178.820	150.131	−8.512	0	250.683	1.304.796
Demais indústrias	99.450	66.551	122.988	135.613	318.151	121.632	36.884	0	0	0	0	719.639	552.655	−4.516	0	266.854	2.435.902
Serviços	46.534	66.574	123.030	135.661	68.227	141.551	36.897	0	0	0	1.335.479	132.779	252.872	−5.410	0	64.061	2.398.254
Dejetos ambientais	60.490	40.479	74.807	82.486	193.514	73.982	0	0	0	0	39.058	13.162	13.076	−3.374	0	41.562	629.242
Remuneração do trabalho	33.391	6.635	44.208	243.047	362.527	1.088.015	46.082	0	0	0	0	0	0	0	0	0	1.823.906
Excedente operacional	123.679	8.228	9.394	131.041	470.265	311.516	23.456	0	0	0	0	0	0	0	0	0	1.077.579
Recursos naturais	2.980	8.262	2.714	19.107	299.842	283.835	102.521	0	0	0	0	0	0	0	0	0	719.260
Governo (receita)	829	1.104	1.122	9.530	38.293	25.694	24.983	995.151	71.122	0	0	0	151.233	0	933.008	0	2.252.067
Resto do mundo (importações)	12.862	37.246	18.466	152.100	323.617	97.775	21.253	0	536.713	0	0	164.518	0	69.339	0	0	1.433.888
Famílias (receita)	0	0	0	0	0	0	0	828.755	21.909	0	57.484	0	31.146	0	41.694	0	980.988
Agência ambiental regional (receita)	18.282	13.961	8.950	9.975	8.755	9.408	33.223	0	0	295.076	374.342	0	50.784	0	0	0	822.756
Agência ambiental global (receita)	0	0	0	0	0	0	0	0	0	424.185	0	0	0	743.461	0	0	1.167.646
Poupança (saldo receita-despesa)	0	0	0	0	0	0	0	0	447.835	0	445.704	163.766	−384.588	44.684	192.944	0	910.348
TOTAL	822.756	627.568	660.311	1.304.796	2.435.902	2.398.254	629.242	1.823.906	1.077.579	719.260	2.252.067	1.433.888	980.988	822.756	1.167.646	910.348	

a) a escala de operação do sistema, dada pela componente exógena da demanda final,
b) a tecnologia de produção, dada por nossa tradicional matriz de coeficientes técnicos, e
c) a regulamentação ambiental feita por meio das agências ambientais regional e global.

Nossa expectativa é que as variações nas regulamentações ambientais associadas à ação dos produtores (dejetos ambientais), fatores (recursos naturais) e instituições (agências ambientais regional e global) modifiquem os preços relativos e, com eles, a distribuição da produção e da demanda final dos setores que mais poluem àqueles cujas funções de produção provocam menos dano ambiental.

Desejando rastrear o papel dos setores poluidores e a política econômica voltada a incentivá-los a adotarem funções de produção ambientalmente mais amenas, vamos desenvolver um modelo de insumo-produto inspirado nas funções de produção do Capítulo 4A (MaCS/CD). Logo de início, construiremos um vetor que representa a participação da demanda final das agências ambientais no valor da produção. Chamando-o de f_A, definimos seu elemento característico f_{Ai} como $f_{Ai} = \frac{F_{Ai}}{x_i}$, onde F_{Ai} é a quantidade monetária dos lançamentos das colunas das autoridades ambientais regional e nacional. Com isto, vamos reescrever f_A como $[f_A = g^D \times x]$, onde g^D é a matriz diagonal do vetor $\frac{F_{Ai}}{x_i}$.

Neste contexto, isolando os componentes associados ao subsistema ambiental (ou seja, a matriz B), podemos reescrever (9.1) como

$$x - B \times x = C \times x + g^D \times x + f_E, x - B \times x = (C + g^D) \times x + f_E, e (I - B)-1 \times x = (C + g^D) \times x + f_E.$$

Com isto, chegamos a uma solução intermediária do sistema ao computarmos $x = (I - B)^{-1}(C + g^D) \times x + (I - B)^{-1} \times f_E$. Novamente, iremos isolar o vetor x, gerando

$$x - (I - B)^{-1}(C + g^D) \times x = (I - B)^{-1} \times f_E, e [I - (I - B)^{-1} \times (C + g^D)] \times x = (I - B)^{-1} \times f_E,$$

chegando a $\quad x = [I - (I - B)^{-1} \times (C + g^D)]^{-1}(I - B)^{-1} \times f_E \quad$ (9.2)

Esta equação apresenta as três componentes. Com efeito, a matriz $[I - (I - B)^{-1}(C + g^D)]^{-1}$ resulta da aplicação das políticas ambientais, a matriz $(I - B)^{-1}$ aponta para as variações da tecnologia capturada pela matriz inversa generalizada correspondente aos setores não ligados ao meio ambiente e o vetor f_E representa a escala de produção do sistema convencional.

Uma forma interessante de estimarmos a influência do efeito de políticas públicas e do efeito tecnológico é considerarmos o caso de políticas aplicadas sobre os setores "poluidores" destacados na Tabela 9.4.

Falta-nos um passo adicional para darmos sentido às diferenças observadas entre as cifras das Tabelas 9.3 e 9.4, pois observamos ganhos em alguns setores e perdas em outros. A decomposição da matriz de insumo-produto que culminou com o conceito de renda permite-nos colocar em destaque as diferentes formas que usamos para inserir nossas preocupações ambientais. Em seguida, vamos tratar da mudança estrutural, decompondo o impacto ambiental resultante do aumento da atividade econômica em três efeitos, que buscam capturar a influência da regulamentação ambiental sobre a estrutura da economia. Os recursos, assim, são realocados por meio da política ambiental, de acordo com a intensidade das medidas adotadas. No caso, podemos dizer que as variações no vetor da demanda final da agência ambiental regional dão-nos a medida das modificações implementadas no segundo período. Passemos, assim, a nos deter sobre as variações observadas nos dois períodos.

Desta forma, definiremos o efeito total da variação das receitas dos setores produtivos (ou seja, o vetor $\Delta \mathbf{x}$) como a adição de três efeitos, o efeito da política econômica ambiental $\delta \mathbf{E}_2$, o efeito da tecnologia do trato ambiental $\delta \mathbf{E}_1$ e o efeito da escala de produção do sistema $\delta \mathbf{f}_E$: $\Delta \mathbf{x} = \delta \mathbf{E}_2 + \delta \mathbf{E}_1 + \delta \mathbf{f}_E$, onde $\delta \mathbf{E}_2 = \Delta[\mathbf{I} - (\mathbf{I} - \mathbf{B})^{-1} \times (\mathbf{C} + \mathbf{g}^D)]^{-1}$, $\delta \mathbf{E}_1 = \Delta(\mathbf{I} - \mathbf{B})^{-1}$ e $\delta \mathbf{f}_E = \Delta \mathbf{f}_E$.

O efeito escala avalia o aumento na poluição decorrente do crescimento da atividade econômica verificada em setores específicos. Assumindo como constante a composição da produção e os coeficientes de poluição de cada indústria, o crescimento econômico poderá ser prejudicial ao meio ambiente. Associado a esse crescimento de renda, aumenta também o desejo da sociedade em demandar um ambiente mais limpo e saudável, o que é alcançado por meio de regulamentações governamentais ou comunitárias. As mudanças nas componentes setoriais do vetor $\mathbf{f}_A$ ocorrerão em resposta à criação de instituições e de regulamentações capazes de induzir ou coagir as empresas a internalizarem os danos causados ao meio ambiente por meio de impostos, taxas, restrições e outras medidas regulatórias. O aumento de custo das atividades econômicas, que se reflete em todos os setores de nossa matriz de contabilidade social ambiental, força-as a desenvolverem tecnologias menos poluidoras. Alcança-se, assim, a redução de emissão de poluentes, refletindo-se na adoção de novas tecnologias para redução da poluição, configurando o efeito tecnológico.

Uma aproximação empírica de $\Delta \mathbf{x}$ pode ser alcançada por meio da seguinte fórmula, desenvolvida por Julian Betts (1989) e exposta na Seção 4.7 do Capítulo 4A (MaCS/CD). Vamos reproduzi-la aqui, usando os símbolos recém-definidos:

$$\mathbf{E}_2^{II} \times \mathbf{E}_1^{II} \times \mathbf{f}_E^{II} - \mathbf{E}_2^{I} \times \mathbf{E}_1^{I} \times \mathbf{f}_E^{I} =$$
$$0{,}5 \times [(\mathbf{E}_2^{II} - \mathbf{E}_2^{I}) \times \mathbf{E}_1^{II} \times \mathbf{f}_E^{II}] + [\mathbf{E}_2^{I} \times (\mathbf{E}_1^{II} - \mathbf{E}_1^{I}) \times \mathbf{f}_E^{II}] + [\mathbf{E}_2^{I} \times \mathbf{E}_1^{I} \times (\mathbf{f}_E^{II} - \mathbf{f}_E^{I})] +$$
$$0{,}5 \times [(\mathbf{E}_2^{II} - \mathbf{E}_2^{I}) \times \mathbf{E}_1^{I} \times \mathbf{f}_E^{I}] + [\mathbf{E}_2^{II} \times (\mathbf{E}_1^{II} - \mathbf{E}_1^{I}) \times \mathbf{f}_E^{I}] + [\mathbf{E}_2^{II} \times \mathbf{E}_1^{II} \times (\mathbf{f}_E^{II} - \mathbf{f}_E^{I})], \quad (9.3)$$

onde os sobrescritos "I" e "II" designam os anos inicial e final, e

$$\Delta \mathbf{x} = \mathbf{E}_2^{II} \times \mathbf{E}_1^{II} \times \mathbf{f}_E^{II} - \mathbf{E}_2^{I} \times \mathbf{E}_1^{I} \times \mathbf{f}_E^{I}$$

é o efeito total,

$$\delta \mathbf{E}_2 = 0{,}5 \times [(\mathbf{E}_2^{II} - \mathbf{E}_2^{I}) \times \mathbf{E}_1^{II} \times \mathbf{f}_E^{II}] + 0{,}5 \times [(\mathbf{E}_2^{II} - \mathbf{E}_2^{I}) \times \mathbf{E}_1^{I} \times \mathbf{f}_E^{I}]$$

é o efeito da política ambiental,

$$\delta \mathbf{E}_1 = 0{,}5 \times [\mathbf{E}_2^{I} \times (\mathbf{E}_1^{II} - \mathbf{E}_1^{I}) \times \mathbf{f}_E^{II}] + 0{,}5 \times [\mathbf{E}_2^{II} \times (\mathbf{E}_1^{II} - \mathbf{E}_1^{I}) \times \mathbf{f}_E^{I}]$$

é o efeito tecnológico e

$$\delta \mathbf{f}_E = 0{,}5 \times [\mathbf{E}_2^{I} \times \mathbf{E}_1^{I} \times (\mathbf{f}_E^{II} - \mathbf{f}_E^{I})] + 0{,}5 \times [\mathbf{E}_2^{II} \times \mathbf{E}_1^{II} \times (\mathbf{f}_E^{II} - \mathbf{f}_E^{I})]$$

é o efeito escala.

Na Tabela 9.5, reunimos os elementos dos vetores **x**, f_A e f_E dos dois períodos, seguindo-se das correspondentes matrizes de coeficientes **B**, **C** e g^D cujo subscrito indexa o ano de referência.

Para o ano inicial, as matrizes **B**, **C** e g^D são, respectivamente:

$$B_I = \begin{bmatrix} 0,308296 & 0,104704 & 0,001108 & 0,042902 & 0 & 0 & 0,056702 \\ 0,010733 & 0,412104 & 0,034444 & 0,013744 & 0 & 0 & 0,223177 \\ 0,016569 & 0,036682 & 0,314730 & 0,040403 & 0 & 0 & 0,186563 \\ 0,119894 & 0,017208 & 0,038936 & 0,191915 & 0 & 0 & 0,009319 \\ 0 & 0 & 0 & 0 & 0 & 0 & 0 \\ 0 & 0 & 0 & 0 & 0 & 0 & 0 \\ 0,085287 & 0,088589 & 0,142535 & 0,080949 & 0 & 0 & 0,000000 \end{bmatrix}$$

$$C_I = \begin{bmatrix} 0 & 0 & 0 & 0 & 0,063760 & 0,006203 & 0 \\ 0 & 0 & 0 & 0 & 0,004462 & 0,006336 & 0 \\ 0 & 0 & 0 & 0 & 0,012481 & 0,017726 & 0 \\ 0 & 0 & 0 & 0 & 0,054583 & 0,077520 & 0 \\ 0,103920 & 0,107942 & 0,173676 & 0,098634 & 0,118560 & 0,052067 & 0,058457 \\ 0,049040 & 0,108900 & 0,175215 & 0,099509 & 0,025642 & 0,061110 & 0,058976 \\ 0 & 0 & 0 & 0 & 0,097302 & 0,042731 & 0 \end{bmatrix}$$

$$g^D_I = \begin{bmatrix} -0,001913 & 0,000000 & 0,000000 & 0,000000 & 0,000000 & 0,000000 & 0,000000 \\ 0,000000 & -0,013235 & 0,000000 & 0,000000 & 0,000000 & 0,000000 & 0,000000 \\ 0,000000 & 0,000000 & -0,005233 & 0,000000 & 0,000000 & 0,000000 & 0,000000 \\ 0,000000 & 0,000000 & 0,000000 & -0,006181 & 0,000000 & 0,000000 & 0,000000 \\ 0,000000 & 0,000000 & 0,000000 & 0,000000 & -0,001602 & 0,000000 & 0,000000 \\ 0,000000 & 0,000000 & 0,000000 & 0,000000 & 0,000000 & -0,002055 & 0,000000 \\ 0,000000 & 0,000000 & 0,000000 & 0,000000 & 0,000000 & 0,000000 & -0,004273 \end{bmatrix}$$

As matrizes **B**, **C** e g^D do ano II são, respectivamente:

$$B_{II} = \begin{bmatrix} 0,348011 & 0,099828 & 0,001154 & 0,043874 & 0 & 0 & 0,055179 \\ 0,014015 & 0,454544 & 0,041473 & 0,016260 & 0 & 0 & 0,251245 \\ 0,017253 & 0,032261 & 0,302164 & 0,038113 & 0 & 0 & 0,167468 \\ 0,136377 & 0,016532 & 0,040835 & 0,197766 & 0 & 0 & 0,009138 \\ 0 & 0 & 0 & 0 & 0 & 0 & 0 \\ 0 & 0 & 0 & 0 & 0 & 0 & 0 \\ 0,073521 & 0,064501 & 0,113291 & 0,063218 & 0 & 0 & 0,000000 \end{bmatrix}$$

Tabela 9.5 Vetores do valor da produção, demanda final ambiental e demanda final exógena de Lizarb dos anos I e II (L$ bilhões)

Setores	Ano I			Ano II		
	Agência regional $f_{A,I}$	Demais componentes da demanda final $f_{E,I}$	Demanda total x_I	Agência regional $f_{A,II}$	Demais componentes da demanda final $f_{E,II}$	Demanda total x_{II}
Agropecuária	−1.412	189.178	737.933	−1.553	202.493	822.756
Carvão, petróleo, gás, etc.	−7.488	100.822	565.784	−8.095	102.119	627.568
Geração de eletricidade	−2.994	98.347	572.147	−3.268	207.457	660.311
Indústrias intensivas em energia	−7.655	562.856	1.238.488	−8.512	579.634	1.304.796
Demais indústrias	−3.814	1.571.897	2.380.103	−4.516	1.539.149	2.435.902
Serviços	−4.987	1.857.006	2.427.233	−5.410	1.785.191	2.398.254
Dejetos ambientais	−3.229	128.692	755.633	−3.374	106.858	629.242

$$C_{II} = \begin{bmatrix} 0,0000000 & 0,0000000 & 0,0000000 & 0,0000000 & 0,0681665 & 0,0058643 & 0,0000000 \\ 0,0000000 & 0,0000000 & 0,0000000 & 0,0000000 & 0,0055183 & 0,0069296 & 0,0000000 \\ 0,0000000 & 0,0000000 & 0,0000000 & 0,0000000 & 0,0123088 & 0,0154567 & 0,0000000 \\ 0,0000000 & 0,0000000 & 0,0000000 & 0,0000000 & 0,0588033 & 0,0738437 & 0,0000000 \\ 0,1208742 & 0,1060459 & 0,1862577 & 0,1039343 & 0,1306091 & 0,0507169 & 0,0586166 \\ 0,0565587 & 0,1060825 & 0,1863213 & 0,1039710 & 0,0280089 & 0,0590225 & 0,0586372 \\ 0,0000000 & 0,0000000 & 0,0000000 & 0,0000000 & 0,0794424 & 0,0308483 & 0,0000000 \end{bmatrix}$$

$$g^D_{II} = \begin{bmatrix} -0,001888 & 0,000000 & 0,000000 & 0,000000 & 0,000000 & 0,000000 & 0,000000 \\ 0,000000 & -0,012898 & 0,000000 & 0,000000 & 0,000000 & 0,000000 & 0,000000 \\ 0,000000 & 0,000000 & -0,004948 & 0,000000 & 0,000000 & 0,000000 & 0,000000 \\ 0,000000 & 0,000000 & 0,000000 & -0,006524 & 0,000000 & 0,000000 & 0,000000 \\ 0,000000 & 0,000000 & 0,000000 & 0,000000 & -0,001854 & 0,000000 & 0,000000 \\ 0,000000 & 0,000000 & 0,000000 & 0,000000 & 0,000000 & -0,002256 & 0,000000 \\ 0,000000 & 0,000000 & 0,000000 & 0,000000 & 0,000000 & 0,000000 & 0,005362 \end{bmatrix}$$

Com estas matrizes, determinamos as seguintes componentes da equação (9.2) para o ano I:

$$(\mathbf{I} - \mathbf{B}^{I})^{-1} = \begin{bmatrix} 1{,}489550 & 0{,}296296 & 0{,}056896 & 0{,}103211 & 0{,}000000 & 0{,}000000 & 0{,}162164 \\ 0{,}102718 & 1{,}800480 & 0{,}188034 & 0{,}089912 & 0{,}000000 & 0{,}000000 & 0{,}443568 \\ 0{,}101133 & 0{,}167884 & 1{,}543747 & 0{,}118699 & 0{,}000000 & 0{,}000000 & 0{,}332314 \\ 0{,}230014 & 0{,}092885 & 0{,}089697 & 1{,}262008 & 0{,}000000 & 0{,}000000 & 0{,}062267 \\ 0{,}000000 & 0{,}000000 & 0{,}000000 & 0{,}000000 & 1{,}000000 & 0{,}000000 & 0{,}000000 \\ 0{,}000000 & 0{,}000000 & 0{,}000000 & 0{,}000000 & 0{,}000000 & 1{,}000000 & 0{,}000000 \\ 0{,}169173 & 0{,}216220 & 0{,}248809 & 0{,}135844 & 0{,}000000 & 0{,}000000 & 1{,}105532 \end{bmatrix}$$

$$[\mathbf{I} - (\mathbf{I} - \mathbf{B}^{I})^{-1} \times (\mathbf{C}^{I} + \mathbf{g}^{DI})]^{-1} = \begin{bmatrix} 1{,}014127 & 0{,}015674 & 0{,}031817 & 0{,}017583 & 0{,}144026 & 0{,}042230 & 0{,}010080 \\ 0{,}010533 & 0{,}990428 & 0{,}021601 & 0{,}012256 & 0{,}079501 & 0{,}051130 & 0{,}005717 \\ 0{,}011427 & 0{,}013181 & 1{,}017232 & 0{,}013599 & 0{,}082006 & 0{,}064144 & 0{,}007062 \\ 0{,}017782 & 0{,}024151 & 0{,}041259 & 1{,}015927 & 0{,}117681 & 0{,}123718 & 0{,}013724 \\ 0{,}129931 & 0{,}137129 & 0{,}225966 & 0{,}128168 & 1{,}204180 & 0{,}108364 & 0{,}075721 \\ 0{,}062904 & 0{,}125627 & 0{,}206674 & 0{,}117253 & 0{,}087314 & 1{,}104168 & 0{,}069289 \\ 0{,}020449 & 0{,}022936 & 0{,}041066 & 0{,}023195 & 0{,}160755 & 0{,}084654 & 1{,}009499 \end{bmatrix}$$

e, para o ano II, temos:

$$(\mathbf{I} - \mathbf{B}^{II})^{-1} = \begin{bmatrix} 1{,}585133 & 0{,}317826 & 0{,}056809 & 0{,}109844 & 0{,}000000 & 0{,}000000 & 0{,}177836 \\ 0{,}127061 & 1{,}934259 & 0{,}206674 & 0{,}097618 & 0{,}000000 & 0{,}000000 & 0{,}528488 \\ 0{,}097093 & 0{,}143940 & 1{,}495250 & 0{,}102343 & 0{,}000000 & 0{,}000000 & 0{,}292864 \\ 0{,}278775 & 0{,}103164 & 0{,}092223 & 1{,}273626 & 0{,}000000 & 0{,}000000 & 0{,}068385 \\ 0{,}000000 & 0{,}000000 & 0{,}000000 & 0{,}000000 & 1{,}000000 & 0{,}000000 & 0{,}000000 \\ 0{,}000000 & 0{,}000000 & 0{,}000000 & 0{,}000000 & 0{,}000000 & 1{,}000000 & 0{,}000000 \\ 0{,}153360 & 0{,}170958 & 0{,}192735 & 0{,}106482 & 0{,}000000 & 0{,}000000 & 1{,}084665 \end{bmatrix}$$

$$[\mathbf{I} - (\mathbf{I} - \mathbf{B}^{II})^{-1} \times (\mathbf{C}^{II} + \mathbf{g}^{DII})]^{-1} = \begin{bmatrix} 1{,}018876 & 0{,}016899 & 0{,}037370 & 0{,}020246 & 0{,}162029 & 0{,}041812 & 0{,}010801 \\ 0{,}013014 & 0{,}989710 & 0{,}024313 & 0{,}013469 & 0{,}086379 & 0{,}050614 & 0{,}005141 \\ 0{,}011130 & 0{,}010593 & 1{,}014974 & 0{,}011766 & 0{,}070359 & 0{,}050470 & 0{,}005413 \\ 0{,}022048 & 0{,}024450 & 0{,}045907 & 1{,}017564 & 0{,}131728 & 0{,}119260 & 0{,}014097 \\ 0{,}153489 & 0{,}136308 & 0{,}245769 & 0{,}136784 & 1{,}225888 & 0{,}105058 & 0{,}076603 \\ 0{,}072940 & 0{,}122267 & 0{,}220004 & 0{,}122482 & 0{,}092539 & 1{,}098441 & 0{,}068628 \\ 0{,}019222 & 0{,}017829 & 0{,}035038 & 0{,}019342 & 0{,}133310 & 0{,}061497 & 1{,}005441 \end{bmatrix}$$

Por fim, usando a equação (9.3) e as informações das matrizes e dos vetores anteriores, chegamos à avaliação empírica dos três efeitos em que decompusemos nossas matrizes de insumo-produto ambientais entre os períodos I e II, conforme expomos na Tabela 9.6.

Há várias observações a serem feitas, além das operações aritméticas assinaladas na Tabela 9.6. Primeiramente, cabe assinalarmos que a coluna (F) sugere a ocorrência de uma importante mudança estrutural em Lizarb durante os dois períodos sob análise. A principal variação ocorreu no setor de dejetos ambientais, com L$ 126 bilhões negativos. Também negativa é a variação experimentada pelas vendas totais do setor serviços, um daqueles que declaramos ecologicamente limpos. Como hipótese a ser investigada, lançamos a possibilidade de que empresas que anteriormente eram encarregadas de tratamento, transporte ou mesmo seguros de material poluente tiveram suas atividades reduzidas, em resposta à eficiência com que a variação no vetor da demanda da instituição agência ambiental regional repercutiu nas atividades poluidoras de todo o sistema. De certa forma, os valores observados tanto para o efeito da política ambiental quanto para o tecnológico contribuem para manter a atratividade desta hipótese. Como vemos na tabela, o setor de geração de eletricidade e o dos dejetos ambientais apresentaram valores negativos, ou seja, sua contribuição para a variação da produção setorial variou no sentido inverso ao do crescimento observado na coluna (F). Nesta linha de argumentação, também salientamos que serviços foi o único setor cujo efeito escala assumiu um valor negativo, ou seja, seu nível de operação reduziu-se entre os dois anos analisados.

Encerrando-se este capítulo, damos por terminada a Terceira Parte de nosso livro. Se a Segunda Parte desenvolveu instrumentos de análise mesoeconômica voltados a apreciar os aspectos produtivos da vida societária, na parte que ora encerramos exploramos suas dimensões sociodemográficas e ambientais. Tendo presente que nosso objetivo, ao estudarmos a contabilidade social, consiste em avaliarmos o grau de eficiência com que a sociedade usa os recursos à sua disposição, ou melhor, os recursos que a geração passada delegou à geração presente, também registramos que estamos deixando para trás a velha contabilidade social e seus manuais convencionais. Ou seja, neste momento já está claro que mergulhamos no mundo da nova contabilidade social, que dará o mote para a união de capítulos inovadores aos tradicionais conteúdos desses manuais, como é o caso do estudo do balanço de pagamentos. Muito além dele, estudaremos os agregados monetários (Capítulo 7B/CD) e fiscais (Capítulo 7C), a fim de – aliando-os aos Capítulos 6 (CEIs) e 7 (Bases) – montarmos as bases da análise financeira de uma economia.

Em seguida, estudaremos as formas de cálculo do capital nacional, mensurando o esforço que a sociedade dedica a gerar melhoramentos tecnológicos. Em continuidade, veremos em que medida o esforço produtivo social é desperdiçado pela ociosidade das máquinas, complementando o exame do desemprego de homens que já vimos no Capítulo 8 (Demográficos). Nossa nova contabilidade social é concluída com o mais tradicional capítulo da economia política, dado por uma questão da sabedoria comercial da cultura latina: *cui bono*?. Ou seja, quem se beneficia do esforço coletivo que leva à ação de homens e máquinas, o que – na linguagem de Joan Robinson e John Eatwell (1973) que referimos na introdução do Capítulo 2 (Contextualizando) – evoca as questões de justiça social. No Capítulo 10 (Distribui-

Tabela 9.6 Decomposição da variação nas receitas das organizações dos produtores, fatores e instituições endógenas em três efeitos. Lizarb, ano I (unidades monetárias indexadas)

Setores	Produção inicial x_I	Efeito da política ambiental	Efeito tecnológico	Efeito escala	Produção final x_{II}	Efeito total $\Delta x = x_{II} - x_I$
	(A)	(B)	(C)	(D)	(E) = (A) + (B) + (C) + (D)	(F) = (E) − (A) = (B) + (C) + (D)
Agropecuária	737.933	34.062	26.672	24.089	822.756	84.823
Carvão, petróleo, gás, etc.	565.784	12.363	35.033	14.387	627.568	61.783
Geração de eletricidade	572.147	−46.825	−24.293	159.281	660.311	88.163
Indústrias intensivas em energia	1.238.488	18.765	18.473	29.069	1.304.796	66.307
Demais indústrias	2.380.103	51.846	2.560	1.393	2.435.902	55.799
Serviços	2.427.233	9.657	722	−39.358	2.398.254	−28.979
Dejetos ambientais	755.633	−93.638	−35.066	2.312	629.242	−126.392
TOTAL	8.677.321	−13.771	24.101	191.173	8.878.829	201.503

ção), estudaremos também algumas tentativas de resposta para a mensuração da desigualdade na distribuição pessoal da renda, bem como do aparato normativo necessário para qualificar as medidas comumente utilizadas.

RESUMO

Sendo a contabilidade nacional encarregada de avaliar o grau de eficiência com que os recursos sociais são alocados, torna-se fundamental inserirmos neste aparato a correção para a utilização do meio ambiente como um fator produtivo. Tradicionalmente as contas nacionais foram utilizadas para mensurar a atividade econômica sem levar em conta o meio ambiente. O resultado disso foi que os valores apurados para o PIB, por exemplo, não refletem de fato seu valor efetivo, uma vez que a exaustão de um recurso natural deve ser abatida. Entretanto, como pudemos verificar, a tarefa de inserir o meio ambiente nas contas nacionais não é trivial. Não bastasse a dificuldade referente à obtenção de dados, existem também os problemas conceituais que podem ficar majorados pelas diferenças de concepção da importância do meio ambiente no sistema econômico. Iniciamos este capítulo tratando justamente dessa diferença quanto ao tipo de utilização dos recursos naturais, destacando a dimensão temporal e sua importância para a definição dos recursos em renováveis e exauríveis e as formas de avaliação decorrentes dessas definições.

Depois disso, abordamos a forma de inserção do meio ambiente na perspectiva do fluxo circular do valor adicionado e de suas três óticas de cálculo. Pela ótica do produto os danos ao meio ambiente devem ser contabilizados como uma espécie de depreciação, recebendo um valor negativo. Pela ótica da renda, podemos exemplificar os recebimentos dos recursos naturais e outras amenidades ambientais pela sua utilização no processo de produção e consumo da sociedade. Pela ótica da despesa, os gastos deveriam figurar como despesas defensivas para caracterizar os gastos feitos pelas famílias para se protegerem dos malefícios causados ao meio ambiente.

Para exemplificar o modo como o meio ambiente pode ser tratado pela contabilidade social foram apresentadas duas aplicações. A primeira foi o uso da matriz de contabilidade social para o caso da redução de emissões de gás carbônico (CO_2) tratada pelo Protocolo de Kyoto. Como forma de internalizar o custo da emissão de gás carbônico, foi estabelecido um imposto sobre as emissões de gás carbônico causadas pelos produtores e famílias pelo consumo tanto direto quanto indireto das mercadorias de energia (carvão, petróleo bruto, derivados de petróleo, derivados de carvão, gás natural e eletricidade). A segunda aplicação mostra como são mensurados os efeitos da expansão comercial sobre o meio ambiente. Esses efeitos podem ser classificados como efeito composição do produto, efeito escala de produção e efeito tecnologia.

QUARTA PARTE

DISTRIBUIÇÃO, CRESCIMENTO E PREÇOS: ÍNDICES DE DISPERSÃO E OUTROS INDICADORES DE BEM-ESTAR

10

Distribuição da Renda Pessoal e Avaliação do Bem-Estar Social[1]

Vladimir Lautert e Duilio de Avila Bêrni

10.1 CONSIDERAÇÕES INICIAIS[2]

Em diversas instâncias dos capítulos anteriores, estudamos os processos de geração, apropriação e absorção do valor adicionado, mensurando-o por meio das óticas do produto, da renda e da despesa. Iniciamos destacando, na Tabela 3.5 do Capítulo 3 (Dimensões), a distribuição primária (funcional) emanando dos produtores e alcançando os locatários dos fatores de produção. Depois, examinamos a distribuição secundária, quando estes remetem seus rendimentos às instituições. Por fim, assinalamos que o círculo se fecha quando a renda circula das instituições aos produtores que lhes fornecem bens e serviços de consumo (privado ou do governo), investimento ou exportação. Este fluxo circular percorrido pela renda perpassa o núcleo conceitual de nosso livro, nomeadamente, a matriz de contabilidade social que vem sendo examinada em diferentes graus de detalhamento, como a da Tabela 4.4 do Capítulo 4 (MaCS e MIP). Ela centraliza muitos dos conceitos do sistema que estamos construindo para avaliar o grau de eficiência com que os recursos sociais são utilizados. Mas não paramos por aí. Além da matriz de contabilidade social, as contas econômicas integradas do sistema de contas nacionais tratadas como conta I.2 no Capítulo 6 (CEIs) também destacam, sob um ponto de vista assemelhado, as questões distributivas.

A causa mais perene da modificação da magnitude do fluxo circular foi estudada no capítulo anterior, quando tratamos da incorporação de progresso técnico nos processos de produção que levam ao aumento da produtividade do trabalho e à elevação do bem-estar humano[3]. Tal ocorre por meio de novos métodos de produção de bens e serviços convencionais ou com a criação de novos produtos, muitos destes atendendo a necessidades humanas sequer imaginadas pela geração anterior. Com efeito, o binômio trabalho-lazer é de importância maiúscula para aquilatarmos o ní-

---

[1] O Capítulo 10A (Distribuição/CD) disponibilizado no CD anexo a este livro constitui uma versão ampliada dos presentes conteúdos.

[2] Esta seção resume as Considerações Iniciais do Capítulo 10A (Distribuição/CD) do CD.

[3] Naturalmente, o uso de mais recursos, conservando o mesmo nível de desenvolvimento tecnológico, também eleva o valor adicionado.

vel de bem-estar desfrutado pelo indivíduo. Mais horas trabalhadas devem resultar em maior poder de aquisição de bens e serviços, mas implicam menos tempo de vida para desfrutar de seu consumo. Da mesma forma, o engajamento nos mercados de fatores de produção de um maior número de membros da família deve carrear a esta maiores recursos voltados ao consumo ou à acumulação de riqueza, mas reduzem-lhe o montante de tempo destinado ao lazer.

Se, anteriormente, diferenciávamos a produção tanto do produto quanto da despesa, precisamos agora distinguir entre renda (e despesa) e receita (e gasto total das instituições). Observamos aqui outro exemplo da imprecisão conceitual contida no jargão econômico. A confusão emerge do fato de que produto e renda têm em comum a condição de serem duas óticas de cálculo do mesmo fenômeno, o valor adicionado. Em nossa linguagem, tentamos diferenciar estes traços do modelo geral dizendo que o produto resulta do uso que os produtores dão aos recursos que lhes são cedidos em aluguel pelos locatários dos serviços dos fatores de produção. De sua parte, a renda é o montante de dinheiro que os locatários dos serviços dos fatores remetem a seus proprietários, nomeadamente, as instituições. O fluxo circular é fechado quando consideramos que a absorção do valor adicionado é contabilizada pela ótica da despesa. O valor adicionado circula no fluxo estilizado, ou seja, em nosso mundo da realidade imaginada. Na realidade realmente real, circulam valores, mensurados em quantidades monetárias, associando-se ao valor da produção (isto é, transferências intersetoriais acrescidas do valor adicionado), ou à receita (ou despesa) das instituições (isto é, transferências interinstitucionais às quais somamos o total da demanda final). Quando a teoria macroeconômica diz que o consumo é uma função da renda, ela está simplesmente explorando a confusão verbal que acabamos de referir. Com efeito, ao lado da renda, as transferências institucionais (pagamentos de donativos reduzem, e seus recebimentos ampliam; pagamentos de impostos diretos reduzem, etc.) determinam o consumo das instituições familiares.

Nessas alegorias sobre o processo decisório de produtores, fatores e instituições, dizemos que as instituições que abrigam as famílias selecionam entre seus integrantes aqueles mais qualificados a voltarem-se ao mercado de fatores. Vendendo serviços do fator trabalho ou de capacidade empresarial, os locatários dos serviços dos fatores transferem às respectivas famílias os rendimentos assim auferidos.

Sabemos que o bem-estar material, ainda que contribua fortemente para a felicidade pessoal, não é seu determinante absoluto. Por isto, nos tempos recentes, os economistas resgataram da história do pensamento econômico as proposições fundamentais da escola utilitarista e passaram a incorporar preocupações com a determinação da "felicidade nacional bruta". Estilizadamente, usamos as concepções de justiça e do atendimento às necessidades de diferentes níveis apresentadas no Capítulo 1 (Divisão). Com isso, sugerimos que o resultado do esforço produtivo da sociedade quanto à geração de bem-estar material é o elemento organizador que leva ao alcance de determinados objetivos sociais. Também associamos tais objetivos ao bem-estar e, mais especificamente, à felicidade, talvez rememorando aquilo que chamamos, no Box 1.1 do Capítulo 1 (Divisão), de necessidades superiores de Maslow. Naturalmente, outros indicadores, como o declínio das taxas de mortalidade infantil, o aumento do nível geral de educação e especialmente da educação feminina, e medidas da amplitude das liberdades individuais também são importantes[4].

Nosso interesse, no que segue, volta-se à distribuição pessoal da renda. Em outras palavras, estamos interessados em conhecer os registros nos blocos B_{32} e B_{33}, vale dizer, a distribuição secundária e as transferências interinstitucionais, pois é de ambas que resultam os padrões de consumo das famílias. Ainda assim, vamos mencionar temas correlatos, como a concentração, a distribuição funcional e a curva de Kuznets. Ao sinalizarmos a distribuição da renda desde o título do capítulo, somos levados a estudar a desigualdade, em virtude de uma preocupação anterior, nomeadamente, a própria igualdade e seus alcances ético e funcional. Sob o ponto de vista ético, devemos abordar a questão do bem-estar humano, lembrando o que dissemos no Capítulo 1 (Divisão) sobre o confronto entre famílias vivendo no luxo e ostentação e outras enfrentando a mais aguda penúria. Sob o ponto de vista funcional, vamos avaliar o que se costuma chamar de *big issue*, ou seja, a grande controvérsia econômica, dizendo respeito à relação entre equidade e eficiência. Lizarb é, talvez, um bom exemplo do caso em que o excesso de desigualdade compromete a eficiência micro e macroeconômica do sistema.

O plano que delineamos para o desenvolvimento do capítulo é o seguinte. Na Seção 10.2, ressaltamos que o que deve ser medido é algo que iniciou com o título genérico de "desigualdade", mas os avanços da teoria econômica logo buscaram uma base conceitual para a mensuração, a chamada métrica da desigualdade distributiva. Na Seção 10.3, veremos formas simples e outras ligeiramente mais sofisticadas de medir a desigualdade, assinalando que as mais refinadas a serem examinadas na Seção 10.5 podem ser vistas como a evolução natural do programa de pesquisa que constatou as limitações das primeiras. Antes dela, porém, na Seção 10.4 mostraremos a oposição atual do estudo das curvas utilizadas para medir a desigualdade na distribuição da renda e de outras variáveis relacionadas, como a riqueza, as transferências governamentais, etc. Na seção final, vamos estudar as abordagens mais modernas que veem problemas na própria conceituação de bem-estar, oferecendo uma saída para os estudos sobre pobreza e distribuição a partir da construção de indicadores multidimensionais da desigualdade e pobreza.

10.2 DESENVOLVIMENTO ECONÔMICO E A MÉTRICA DA DESIGUALDADE[5]

Um fator comum entre os conceitos de crescimento e desenvolvimento econômico é que, ao verem aumentada a disponibilidade de bens e serviços por habitante, ambos dizem respeito à elevação do bem-estar social. Ainda assim, o presente estágio da pesquisa sobre o assunto questiona outras dimensões destas relações, como a própria escolha das variáveis a serem conceituadas para a quantificação do bem-estar, da pobreza e de suas formas de mensuração. Longe de vermos um final (indesejável, por sinal) a este tipo de controvérsia, vamos adotar um ponto de vista pragmático no que segue, pois, independentemente das variáveis selecionadas, os problemas que discutiremos, direcionando-os quase sempre à renda, poderiam ser adaptados para a avaliação do desempenho de outras variáveis. Por exemplo, se em

---

[4] No Capítulo 14 (*Mensurare*), vamos retornar a estas questões.

[5] Aqui, estamos resumindo a Seção 10.2 do Capítulo 10A (Distribuição/CD).

vez de lidarmos com a renda per capita selecionássemos a despesa per capita ou o consumo per capita, nossos problemas não passariam do incômodo de trocarmos no texto uma expressão pela outra.

No Capítulo 8 (Demográficos), manifestamos nossas primeiras inquietações com a possibilidade de confundir o fenômeno do crescimento da renda com o do desenvolvimento econômico. Naquele ambiente, salientamos que o crescimento da renda não é, por si só, um fenômeno que garanta o desenvolvimento. Com efeito, para falarmos legitimamente em desenvolvimento, precisamos observar mudanças no modo de vida dos indivíduos, em suas instituições e nos setores produtivos que levam a transformações quantitativas e qualitativas na estrutura produtiva, nos perfis da distribuição e nos padrões de consumo. Todavia não podemos esconder a crença de que períodos prolongados de crescimento nos países subdesenvolvidos induzirão as mudanças que aproximarão suas economias das relações estruturais que caracterizam os países atualmente considerados avançados. De qualquer forma, a mais proverbial distorção da compreensão do desenvolvimento como associado à renda per capita consiste em negligenciar o exame de sua distribuição.

Deste modo, as variáveis em cujas distribuições estamos comumente interessados são, além da renda, a riqueza pessoal, a receita das famílias ou seu consumo per capita. Isto não nega, como assinalamos na Seção 10.1, que também possam interessar-nos outras dimensões distributivas da renda ou produto. Tal é o caso da distribuição etária ("velho passa fome?"), por gênero ("mulher é discriminada?"), por etnia ("negro ganha menos?"), espacial ("há bolsões territoriais de miséria?"), setorial ("serviços financeiros vão dominar o mundo?"), etc. Seja como for, a questão central se prende ao uso de dois indicadores, sendo o primeiro geralmente dado pela média[6] da distribuição, ou seja, a renda per capita. O segundo diz respeito à variabilidade da distribuição em torno da média. Por exemplo, dois territórios com a mesma renda de 100 unidades monetárias poderão exibir diferentes níveis de bem-estar se a desigualdade for de 1:99 em um deles e 49:51 no outro. Ainda assim, é preciso lembrar que nem toda a desigualdade ou concentração é inevitável ou indesejável. Por exemplo, as cidades concentram o depósito do lixo urbano, a produção industrial, a gastronomia, etc., em bairros específicos.

Mesmo no nível do indivíduo, a distribuição de talentos e virtudes artísticas ou culturais, além, naturalmente, das produtivas (empreendedorismo), pode revelar consequências úteis para toda a humanidade. Nestes casos, ainda que haja concentração, não faz muito sentido falarmos em desigualdade, ou seja, o conceito se torna despido de conteúdo empírico relevante. Por contraste, a assimetria entre as distribuições de algumas variáveis merece atenção por indicar a presença de fenômenos socialmente indesejáveis. Tal é o caso da distribuição do analfabetismo entre adolescentes classificados por gênero, ou da criminalidade entre mulheres com recorte de faixas de renda. Não haveria razão, numa sociedade igualitária, para observarmos mais meninas analfabetas ou mais mulheres criminosas entre indivíduos mais po-

---

[6] Desde a Seção 2.2 do Capítulo 2 (Contextualizando), temos falado intermitentemente no conceito de média. No final desta seção, vamos apresentar sua fórmula geral e reservar-lhe um tratamento mais aprofundado na Seção 10.2 do Capítulo 10A (Distribuição/CD). As Seções 11.2 e 11.3 do Capítulo 11 (Índices/CD) retomam o tema. Esta última volta-se aos fundamentos matemáticos concernentes à construção das funções econômicas de agregação e dos números índices.

bres do que entre os ricos. É plausível pensarmos que a assimetria no primeiro caso resulta de convenções culturais ou religiosas, ao passo que a segunda poderia decorrer do funcionamento de um sistema econômico caracterizado pelo desemprego da mão de obra feminina. Por contraste, uma distribuição totalmente igualitária é apresentada na Figura 10.1.

Com 203,2 milhões de habitantes e uma renda interna bruta de L$ 2,25 trilhões, a renda per capita de Lizarb é de L$ 11,1 mil. Caso admitamos, para fins ilustrativos, que esta população é representada perfeitamente por 10 indivíduos com esta renda per capita, a Figura 10.1 apresenta um inequívoco formato retangular. Fosse este o caso, seríamos levados a dizer que a renda per capita de Lizarb obedece a uma **distribuição retangular**. Como podemos observar, sua média é 11,1 e não há dispersão em torno dela, ou, na linguagem que vimos empregada nos Capítulos 2 (Contextualizando) e 7B (Monetários/CD), sua média é de 11,1 e seu desvio padrão é nulo. Ou seja, por um lado, interessa-nos estudar o PIB, a renda, a riqueza, a despesa, o bem-estar, a felicidade per capita, etc. Mas, por outro, também interessa-nos avaliar a dispersão que estas variáveis poderão apresentar em torno de suas médias, o que é feito com as medidas que vamos estudar a partir da próxima seção.

Na busca de regularidades entre a desigualdade e a renda per capita, definimos a curva de Kuznets que apresentamos na Figura 10.2. Esta curva sintetiza uma teoria que diz que, à medida que um território enriquece (mensurando este processo por meio do crescimento da renda per capita), a desigualdade começa a aumentar, alcança um pico e, a partir daí, começa a declinar. Em nosso exemplo, criamos índices de desigualdade arbitrários[7] para os seis países do Planeta GangeS e os associamos com as correspondentes rendas per capita. Acrescentamos o que chamaríamos de país em *débacle*, em que a desigualdade é nula pois a atividade econômica é tão pequena que nada há que possa ser distribuído. Simetricamente, nas sociedades mais produtivas, a riqueza faz-se acompanhar de maior igualitarismo. Chamada por muitos de *big issue*, ou seja, a grande controvérsia, esta relação nada informa sobre o sentido da causação, uma vez que, talvez, maior igualdade gere maior crescimento

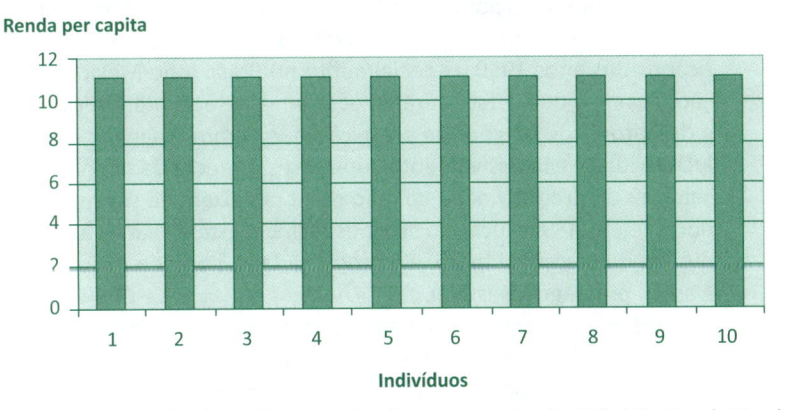

Figura 10.1 Distribuição da renda per capita de uma amostra de 10 habitantes de Lizarb

---

[7] A expressiva maioria da literatura sobre a curva de Kuznets mensura a desigualdade por meio do índice de Gini, o qual será estudado na Subseção 10.5.1.

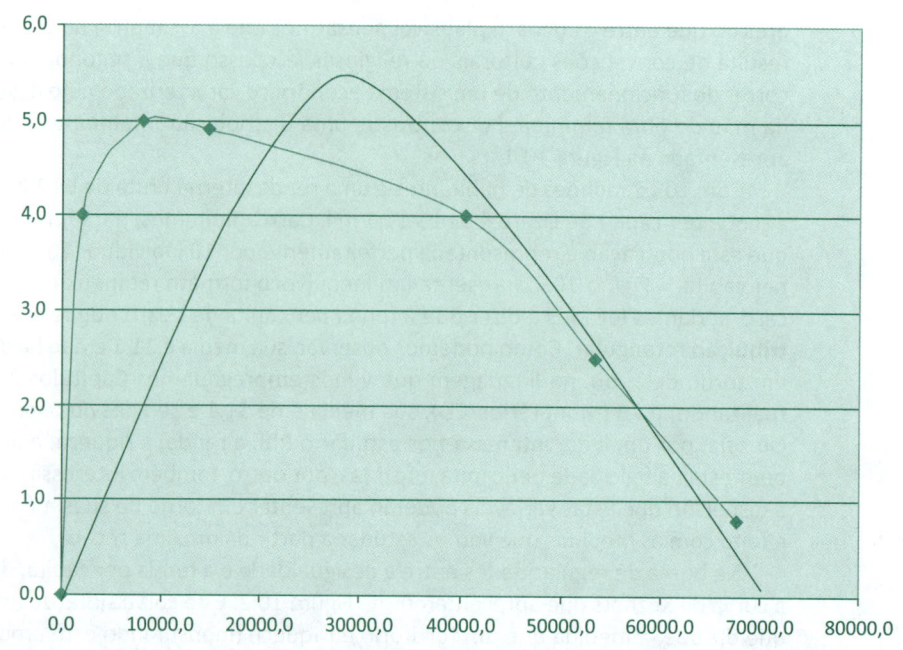

Figura 10.2 Curva de Kuznets: dados do Planeta GangeS e formulação teórica

ou talvez o impeça. Alternativamente, maior crescimento poderá gerar maior igualdade ou maior desigualdade.

Em outras palavras, a relação entre o binômio crescimento-desenvolvimento econômico e desigualdade pode ocorrer tanto no sentido da geração de crescimento por parte da desigualdade quanto no encaminhamento de maior desigualdade precisamente em resposta aos rumos do crescimento e da mudança estrutural por ele provocada. No caso da desigualdade responsabilizar-se pela geração do crescimento, cabe mencionar a chamada espiral desigualitária, expressão usada para caracterizar os modelos de crescimento por substituição de importação latino-americanos dos anos 1950, especialmente no Brasil e no México. Segue a argumentação: digamos que a estrutura da economia associe a produção de bens suntuários a detentores de funções de produção que geram o pagamento de salários ou uma lucratividade expressivamente superiores à média da economia. Então os ganhos setoriais de produtividade da mão de obra deixam de ser repassados aos consumidores, e eleva-se o lucro do setor específico. Esta elevação atrai mais unidades produtivas que também terão alta produtividade, gerando mais lucros extraordinários, e assim prossegue a espiral.

A teoria da espiral desigualitária, embora não sendo explícita a respeito, parte de relações elementares entre alguns dos agregados econômicos inseridos na matriz de contabilidade social que nos acompanha desde a Tabela 3.5 do Capítulo 3 (Dimensões). Especificamente, consideremos a asserção que ganhos de produtividade na produção de bens de consumo suntuário fazem-se acompanhar de expansão generalizada dos bens de consumo e de maior lucratividade. Se nos restringirmos, ainda mais, à referência ao consumo e à lucratividade, veremos que estamos falando veladamente do que temos chamado de modelo completo do fluxo circular da renda. Comprando no mercado serviços dos fatores de produção, cuja propriedade recai sobre as instituições, os produtores criam valor da produção (quando se gera o valor adicionado) e, como tal, o produto (isto é, o PIB). A remuneração dos serviços dos fatores constitui o mecanismo da apropriação do valor adicionado, isto é, da renda. Por fim, a renda – que constitui o aluguel dos serviços prestados pelos fatores aos produtores – é transferida às instituições, sendo absorvida na forma da demanda por bens e serviços de uso final. Ou seja, a simplificação dos mecanismos do fluxo circular reduziu o processo de geração de desigualdade (mas também qualquer processo econômico, *mutatis mutandis*) a relações entre os produtores e os consumidores.

Ora, o resíduo a ser apropriado pelos produtores é, na linguagem do *Handbook*, o excedente operacional, o que não é bem verdade, pois o PIB contempla, além de lucros, os impostos indiretos líquidos de subsídios que são apropriados pelas instituições (no caso, o governo). De modo análogo, ao falar em consumidores, estamos deixando de lado – a menos que os estejamos subentendendo – a absorção do excedente por parte do governo e das empresas nacionais (investimento) e estrangeiras (exportações domésticas). Descontada sua adesão aos fatos exibidos pela realidade realmente real, esta simplificação de dividirmos os fatores de produção entre "trabalho" e "capital" é útil, a fim de permitir-nos pensar que o produto apropriado por eles pode ser classificado como "salários" e "lucros". Estudar a distribuição da renda sob esta perspectiva leva-nos à própria concepção da ciência da economia política utilizada por David Ricardo e outros economistas clássicos. O autor britânico escreveu que a economia política é a ciência que estuda as leis que determinam a distribuição da renda entre as diferentes classes sociais. Trata-se, assim, do estudo da distribuição primária, também chamada de funcional, pois considera as funções exercidas no sistema pelos trabalhadores e capitalistas.

Por contraste ao estudo das recompensas ao desempenho destas funções, neste capítulo, estamos preocupados com a distribuição pessoal. A seguir, embora deixando de lado as teorias explicativas das participações relativas dos salários e dos lucros no produto (que foge aos objetivos da contabilidade social), vamos examinar algumas equações que permitem aquilatarmos os contornos das teorias que, atualmente, abordam o tema. Tangenciaremos dois aspectos interessantes, o primeiro deles dizendo respeito à integração do sistema dos preços da matriz de insumo-produto com as questões distributivas. O segundo é mais crítico, pois veremos que o vetor de preços determinado da maneira que já nos é familiar supõe a existência prévia de determinada distribuição da renda, ao passo que cada distribuição de renda concebível também depende de determinado vetor de preços. No mundo da contabilidade social, esta mútua dependência não preocupa, pois tratamos de equações *ex post*, ou seja, equações que descrevem posições de equilíbrio realizadas e não equações de comportamento.

Vejamos com mais vagar esta mútua relação, por meio da consideração do funcionamento de uma economia simples (sem impostos indiretos) cujo PIB (Y) é dado por:

$$Y = w \times L + r \times K \qquad (10.1)$$

onde w é a taxa de salário vigente e r é a taxa de lucro. As parcelas (*shares*) dos trabalhadores e dos capitalistas são dadas, respectivamente, por $s_L = \dfrac{w \times L}{Y}$ e $s_K = \dfrac{r \times K}{Y}$.

Examinemos, adicionalmente, uma situação estática no estilo analítico proposto por David Ricardo e outros economistas clássicos, em que a própria renda e os estoques de capital e trabalho são dados, restando apenas a distribuição da renda como o problema a ser equacionado. Neste caso, torna-se claro que s_L depende apenas de w, ao passo que s_K depende de r. Ou seja, a definição que demos em (10.1) transforma-se numa relação linear entre as únicas incógnitas w e r, podendo ser vista como $w = \frac{Y}{L} - r \times \frac{K}{L}$. Com isto, vemos que a taxa de salário tem como coeficiente linear a produtividade do trabalho dada em valores monetários e como coeficiente angular a relação capital/trabalho dada em termos físicos. Na Tabela 10.1, vamos apresentar um exemplo fictício para ilustrar esta afirmação.

A Tabela 10.1 mostra que, à medida que a taxa de salários cai, de L$ 0,68 até L$ 0,36, a parcela salarial reduz-se de 81% para 44%. O problema de indeterminação que detectamos neste ambiente é que, de acordo com a equação $\mathbf{p}^T = \mathbf{p}^T \times \mathbf{A} + \mathbf{p}^T \times \mathbf{K} + \mathbf{w}^T$, a participação relativa dos insumos primários na formação da estrutura de custos setoriais determina os preços relativos. Ou seja, preços relativos determinam a distribuição funcional da renda, ao mesmo tempo em que a distribuição da renda determina os preços relativos[8]. Em outras palavras, se a distribuição funcional depende de w e de r e se os preços relativos intersetoriais dependem do valor adicionado gerado por unidade de receita, então todos os preços de nosso sistema simplificado estão sendo explicados pelos preços relativos do trabalho e do capital. Resta à teoria econômica explicar como eles se formam, pois esta indeterminação nos leva a pensar que haverá outras condicionantes da distribuição funcional da renda possivelmente associadas à distribuição do poder relativo entre trabalhadores e capitalistas.

Vamos concluir esta seção escrutinando algumas considerações que fizemos no Capítulo 8 (Demográficos) e na seção precedente, ao sustentarmos que a renda per capita é um razoável indicador do nível de bem-estar do indivíduo no caso da perfeita igualdade, ou seja, quando a variância da renda entre os indivíduos é

Tabela 10.1 A distribuição funcional depende dos preços relativos

Variáveis	Situação 1	Situação 2	Situação 3	Situação 4
Taxa de salário: w (L$/trabalhador)	0,6767	0,573	0,4685	0,3645
Nível de emprego: L (trabalhadores)	120	120	120	120
Taxa de juros: r (%)	0,05000	0,08332	0,11665	0,15000
Estoque de capital: K (L$ no período)	375	375	375	375
Produto Y (L$)	100,0	100,0	100,0	100,0
Parcela salarial (base unitária)	0,81	0,69	0,56	0,44
Parcela dos lucros (base unitária)	0,19	0,31	0,44	0,56

---

[8] Mesmo referindo questões associadas à distribuição funcional e aos preços dos serviços dos fatores, estamos deixando de lado muitas outras dimensões do funcionamento dos mercados do produto ou dos fatores, como é o caso do poder de monopólio exercido pelos produtores ou sindicatos. Existe uma extensa literatura discutindo as implicações para o bem-estar devidas ao exercício deste poder pelos produtores, buscando aquilatar o que se chama de perdas sociais devidas ao monopólio, ou seja, devidas à capacidade de certas empresas de cobrarem preços superiores a sua linha de custos.

nula, como ilustrou a Figura 10.1. Interessa-nos agora examinar um aspecto específico do caso oposto, nomeadamente, quando a distribuição da renda não é perfeitamente igualitária. O aspecto que nos interessa estudar não diz tanto respeito às consequências da desigualdade sobre o nível de bem-estar individual ou social, mas como mensurar a desigualdade. Seguindo as modernas tendências da construção de teorias com base na criação de um elenco de axiomas, a busca de *pedigree* para as medidas de desigualdade associou-as a métricas que repousam sobre índices de bem-estar e – como tal – sobre as funções de bem-estar social que os geram. Em boa medida, podemos dizer que os progressos ocorridos nesta área resultam da importação dos procedimentos adotados na teoria econômica dos números índices do Capítulo 11A (Índices/CD), em que uma função de preferências transcendental logarítmica, por exemplo, gera um índice de preços de Törnqvist[9].

Como tal, a renda per capita deve ser entendida como sendo um caso particular de média, por se tratar do conceito de média aritmética simples. Ainda que estejamos postergando para a Seção 11.2 do Capítulo 11 (Comparações) a discussão mais aprofundada do conceito geral de média[10], vamos apresentá-lo agora, pois desejamos destacar sua semelhança com as funções matemáticas que usaremos adiante para representar certas funções de bem-estar social e alguns dos índices de desigualdade da Seção 10.4.

A equação (10.2) mostra a assim chamada fórmula geral das médias:

$$M_k = \left(\frac{\sum_{i=1}^{n} m_i^k}{n} \right)^{\frac{1}{k}}, k \in (-\infty, +\infty) \quad (10.2)$$

onde M_k é a média de ordem k dos i valores da variável m concernente às n observações que estamos agregando. Por exemplo, quando $k = 1$, temos $M_1 = \frac{\sum_{i=1}^{n} m_i}{n}$, o que resulta na média aritmética simples, a mais usada medida resumo da distribuição de uma variável. Quando $k = 2$, temos a chamada média quadrática, que constitui a base da construção de uma medida também sintética da dispersão da variável em torno de sua média. No caso, nossa medida se chama de variância e é dada por:

$$V = \frac{\sum_{i=1}^{n}(m_i - M_1)^2}{n} \quad (10.3)$$

---

[9] O leitor arguto observa que a lógica que preside a construção do capítulo foge ao alinhamento no tempo dos avanços teóricos no tratamento do tema da desigualdade econômica. Aqui usamos conceitos que serão apresentados e tratados amplamente apenas no Capítulo 10A (Distribuição/CD) e nas Seções 11.2 e 11.3 do Capítulo 11A (Índices/CD).

[10] Na verdade, temo-nos referido a ele intermitentemente durante praticamente todo o livro, sendo que lhe demos a primeira definição formal na Seção 2.2 do Capítulo 2 (Contextualizando).

Ou seja, V é a média aritmética dos quadrados dos desvios entre a observação i da variável m e sua média aritmética simples, dada por M_1. A raiz quadrada positiva de V é chamada de desvio padrão, cujo uso também é muito disseminado, pois sua unidade de medida retoma a unidade original de m. Por exemplo, se m mede o peso em quilos dos indivíduos de certa população, a variância será avaliada em kg^2, ao passo que o desvio padrão voltará a ser avaliado em quilos.

Ainda que o par variância-desvio padrão seja muito usado para certos objetivos, a busca de uma medida de desigualdade na distribuição de diferentes variáveis, particularmente, a renda, vem sendo objeto de grande atenção desde o século XIX. Na Seção 10.4, vamos estudar os índices de desigualdade mais importantes, quando observaremos analogias entre suas fórmulas definitórias e a equação (10.2), servindo como substitutas mais qualificadas do que (10.3).

10.3 MEDIDAS CONVENCIONAIS DA DESIGUALDADE[11]

Preâmbulo metodológico

Vimos que a contabilidade social se preocupa com a avaliação da atividade humana nas áreas econômica, sociodemográfica e ambiental. As duas primeiras são cobertas, alegoricamente, pela relação entre a geração de valor adicionado e o emprego da mão de obra a ele associado, ao passo que a dimensão ambiental remete ao conceito de desenvolvimento sustentável. A variável síntese dos dois primeiros indicadores (valor adicionado e emprego) é, naturalmente, obtida por sua razão, levando-nos ao produto por trabalhador. Ao falarmos do produto médio por habitante (ou renda per capita), estamos usando um conceito associado à produtividade do trabalho, particularmente, quando a relação entre a população ocupada e a total é estável. Em ambas as situações, estamos ingressando no mundo das medidas de tendência à centralidade, como é o caso do intervalo aberto (3, 5), cujo elemento central é, digamos, 4. Este mesmo 4 também pode ser considerado a média dos elementos do intervalo (−1, 9). Com isto, somos levados a pensar que outra peculiaridade importante das distribuições das variáveis é a variabilidade das observações em torno da média.

Uma vez que nossas preocupações dizem respeito à desigualdade econômica, à pobreza, ao desenvolvimento humano e ao bem-estar, o primeiro requisito dos indicadores que estamos buscando é sua capacidade de medi-los acuradamente. Por exemplo, eles não podem conter **erros** de medida, como é o caso da contagem equivocada do número de analfabetos da população se a aproximarmos pelo número de títulos eleitorais. Nosso indicador deve ser **válido**, termo técnico que designa a capacidade do conceito de capturar o fenômeno que desejamos medir, por exemplo, a pobreza e não, digamos, o analfabetismo. Em terceiro lugar, ele deve ter **sensibilidade**, ou seja, deve ser capaz de detectar o fenômeno (desigualdade, pobreza, etc.), ao mesmo tempo em que deve ser **específico**, isto é, deve ser capaz de recusar casos negativos (por exemplo, trocar rico por pobre)[12]. Características adicionais de indicadores de *pedigree* são apresentadas no Box 10.1.

---

[11] Esta seção resume a correspondente Seção 10.3 do Capítulo 10A (Distribuição/CD).

[12] Características adicionais de indicadores de *pedigree* são apresentadas no Box 10.1 deste capítulo.

Box 10.1 — Axiomas a serem utilizados para a construção da métrica da desigualdade

Na medida em que, concretamente, os indicadores devem fornecer subsídios para a avaliação de sua consistência e confiabilidade, existem cinco princípios (postulados) aos quais eles devem obedecer. Ainda que atender a todos estes requisitos não lhes garanta a qualidade, o raciocínio simétrico é válido: se o indicador não atende a algum dos requisitos, ele deve ceder espaço àqueles que atendem.

Primeiro – anonimidade: um bom indicador de desigualdade deve ser insensível à mudança na condição de proprietário da renda de dois indivíduos. Por exemplo, numa população de dois indivíduos A e B, que ganham, respectivamente L$ 40 e L$ 60, o índice deve ser insensível ao fato de que algum arranjo econômico ou político os fez trocarem de posição, agora A recebendo L$ 60 e B recebendo L$ 40.

Segundo – independência do tamanho, ou princípio da população: um bom indicador de desigualdade será insensível ao tamanho da população, ou à magnitude da renda, respondendo exclusivamente ao padrão da distribuição. Ao considerarmos, por exemplo, os 20% mais pobres, não é necessário que o índice capture o fato de que estamos tratando dos 4,8 milhões de habitantes de Trondhein ou dos 298,5 de Atlantis. O que importa é que, se esses dois grupos populacionais detivessem a mesma fração da renda total, o índice deveria ser o mesmo.

Terceiro – independência da escala de medida, ou princípio da renda relativa: um bom indicador de desigualdade não deve ser afetado pelas diferenças de renda relativa entre os indivíduos, mas apenas pela renda absoluta. Por exemplo, se dois indivíduos recebem, respectivamente L$ 10 e L$ 100, a diferença absoluta é de L$ 90, e a relativa, de 10 vezes. Caso suas rendas variassem para, respectivamente, L$ 144 e L$ 1.440, a diferença absoluta também se ampliaria, mantendo-se a mesma distância relativa de 10 vezes entre suas rendas.

Quarto – princípio da transferência, ou princípio Dalton-Pigou: homenageando os economistas britânicos Hugh Dalton e Arthur Pigou, este princípio diz que um bom indicador deve acusar redução na desigualdade, caso haja uma transferência de renda de um indivíduo mais rico a um mais pobre. Por exemplo, a distribuição (11 13 17 19) é mais desigual do que (12 14 16 18). Neste caso, transitar de uma a outra deve reduzir a magnitude do índice.

Quinto – sensitividade a transferências: derivando-se do trabalho de Anthony Shorrocks e James Foster (1987), este princípio diz que uma transferência de renda de acordo com a que acabamos de submeter a nossos quatro números primos é eticamente permitida, pois reduz a desigualdade.

Por ora, vamos registrar que temos feito, de modo recorrente nos capítulos anteriores, menção a diferentes tipos de índices. Os principais, que emergem de valores monetários pertinentes a dois períodos, são chamados de índices bilaterais, e serão estudados no Capítulo 11 (Comparações)[13]. Também já nos referimos a alguns deles no Capítulo 8 (Demográficos), onde também compareceram índices simples, representando apenas razões entre variáveis observadas em dois contextos diferentes (tempo ou espaço). Lá também começamos a combinar duas ou mais variáveis, gerando "indicadores sintéticos", prática que retomaremos no Box 10.2 e na Seção 10.5. Como veremos, sempre que desejarmos agrupar duas ou mais variáveis para a construção de um indicador sintético, enfrentaremos o problema da definição de critérios de agregação e seus correspondentes pesos. Neste caso, a qualidade da medida depende de quão bem este processo seja seguido, em termos de justificativa para as ações de mensuração empreendidas.

---

[13] Seu estudo ainda mais aprofundado será feito no Capítulo 11A (Índices/CD).

Renda interna bruta per capita

Nosso primeiro indicador do bem-estar e, em certa medida, também da desigualdade, é a renda per capita que já definimos no Capítulo 8 (Demográficos). Renumerando-a e modificando os símbolos lá utilizados, temos:

$$y_m = \frac{Y}{P} \qquad (10.4)$$

onde y_m é a renda per capita do ano t, Y é a renda total e P é a correspondente população nesse mesmo ano.

Trata-se de um indicador absoluto, por contraste a outros que chamaremos de relativos, pois aqui as variáveis aparecem portando suas unidades de medida originais, nomeadamente, laeres (L$) por habitante[14]. Em termos absolutos, a renda per capita mede a apropriação por habitante[15] do valor adicionado (produto) gerado pelos setores produtivos, indicando o nível de produção econômica em dado território relativamente a seu contingente populacional. Valores muito baixos assinalam, em geral, a existência de segmentos sociais com condições de vida precárias. As diferenças regionais contribuem para a análise da situação social, identificando espaços cujo desempenho econômico pode demandar mais atenção para a realização de gastos na área social. Em formato de memorando de cálculo, a Tabela 10.2 mostra os valores correspondentes aos seis países que constituem o Planeta GangeS. Cumpre ressaltar que estas cifras são estritamente comparáveis, uma vez que – por hipótese – atendem aos ditames do Capítulo 11 (Comparações) e seus três desdobramentos disponíveis no CD de acompanhamento do livro.

Tabela 10.2   Renda interna, população e emprego de seis países do Planeta GangeS no ano I

País	Renda interna (bilhões de denaris) (A)	População (habitantes) (B)	Emprego (trabalhadores) (C)	Renda per capita (D$ por habitante) (D)	Produtividade do trabalho (D$ por trabalhador) (E) = (A)/(E)
Anitnegra	511,2	41.288.414	19.405.555	12,4	26,3
Atlantis	9.973,60	202.549.104	74.943.168	49,2	133,1
El Dorado	345,2	7.502.187	3.150.919	46,0	109,6
Lizarb	1.436,80	203.194.711	107.693.197	7,1	13,3
Trondhein	275,3	4.820.746	2.990.373	57,1	92,1
Uqbar	243,2	132.844.952	51.809.531	1,8	4,7
Planeta GangeS	12.785,30	592.200.114	259.992.743	21,6	49,2

---

[14] Neste caso, precisamos tomar precauções quando desejamos fazer comparações ao longo do tempo ou do espaço tratadas nos Capítulos 11A (Índices/CD) e 11B (Intertemporais/CD) e 11C (Internacionais/CD).

[15] Naturalmente, estamos falando nos integrantes da instituição famílias do sistema econômico em estudo.

Podemos ver enormes diferenças na renda per capita e produtividade do trabalho entre os seis países, a julgar pelas estatísticas econômicas e demográficas disponíveis. Desconsiderando eventuais diferenças metodológicas em seu levantamento, apontamos alguns contrastes marcantes. Nos extremos, encontramos Atlantis, com uma renda per capita e produtividade média quase três vezes maior do que a média mundial, o que contrasta com a magérrima cifra de Uqbar, com menos de 10%. Mesmo sabendo que estes conceitos necessitam de qualificações para julgar o grau de desenvolvimento socioeconômico de um país, não podemos deixar de apontar o fato de que o habitante médio de Atlantis é beneficiado com uma disponibilidade de bens e serviços quase 30 vezes superior à de Uqbar. Ainda assim, a renda média é uma medida de foco reduzido, uma vez que nada revela sobre a desigualdade de renda em um país qualquer, dado que a única comparação possível seria em relação à renda média em diferentes períodos de tempo. Arrojando-nos a aceitar a teoria subjacente à curva de Kuznets, encontraremos alguma regularidade entre o nível da renda per capita e o grau de desigualdade.

Rendimento domiciliar médio

Com o indicador do rendimento domiciliar médio, passamos a tratar de unidades de análise desagregadas, constituídas pelos indivíduos e suas famílias. O rendimento domiciliar é a soma do valor dos rendimentos dos componentes do domicílio, excluindo os das pessoas cuja condição no domicílio seja de pensionista, empregado doméstico ou parente do empregado doméstico. Mesmo assim, seguimos enfrentando problemas de foco, pois adultos desempregados, doentes, aposentados e crianças precisam receber tratamento adequado, a fim de não comprometer o significado do indicador. Particularmente, o tratamento usual da literatura corrige o número de pessoas da família pela condição etária, uma vez que crianças geram menos gastos em nutrição do que os adultos[16], mas é possível que consumam menos remédios do que os aposentados.

A renda per capita do domicílio é definida como:

$$rd = \frac{RD}{nD} \qquad (10.5)$$

onde *rd* é o rendimento domiciliar per capita, *RD* é o rendimento domiciliar total e *nD* é o número médio de moradores do domicílio.

Equivalente da renda distribuída igualitariamente

Ainda que nascido nos anos 1920 a partir do trabalho do economista e político britânico Hugh Dalton, o conceito de equivalente da renda distribuída igualitariamente foi recuperado e incorporado às modernas formulações do problema da distribuição da renda apenas recentemente. A fim de entendermos este conceito, vamos recorrer a conhecimentos intermediários de microeconomia. Por analogia ao espaço de

---

[16] Ver o Box 10.1 do Capítulo 10A (Distribuição/CD).

bens nela registrado, a Figura 10.3 mostra as diferentes distribuições de renda entre dois indivíduos, dadas pelas variáveis y_1 e y_2.

Nesta figura, a variável renda dos dois indivíduos constitui o sistema de eixos sobre o qual assenta a função $y_2 = f(y_1)$, dada pela curva DAB, cuja inclinação é negativa. Ela informa que, para cada nível de renda[17], a contribuição do indivíduo 2 ao bem-estar social depende inversamente daquele associado à contribuição do indivíduo 1. Se a relação entre y_1 e y_2 é linear, ao longo da reta *DCB*, dizemos que a linha formada pelas ordenadas das combinações de renda entre os dois indivíduos é uma função utilitarista, pois a taxa marginal de substituição[18] entre y_1 e y_2 é constante. Tal ocorre, pois, para um utilitarista radical, o que importa é o maior valor possível para a função, ou seja, o bem-estar da sociedade como um todo, e não como este é distribuído entre os indivíduos. No caso, a quantia monetária de L$ 1 gera a mesma utilidade, quer pertença a um rico, quer se refira às posses de um pobre. Dependendo do grau de aversão à desigualdade, esta reta vai dando lugar a curvas, como a que assinalamos como *DAB*. Deste modo, ao conceituarmos y_E como o equivalente da renda distribuída igualitariamente[19], podemos entender a distância *AC* como uma medida simples do grau de aversão à desigualdade da sociedade constituída por nossos dois indivíduos. Dada a posição da curva relativamente à distribuição utilitarista, vemos que a renda média y_m é maior do que a abscissa do ponto *A*, ou seja, y_E.

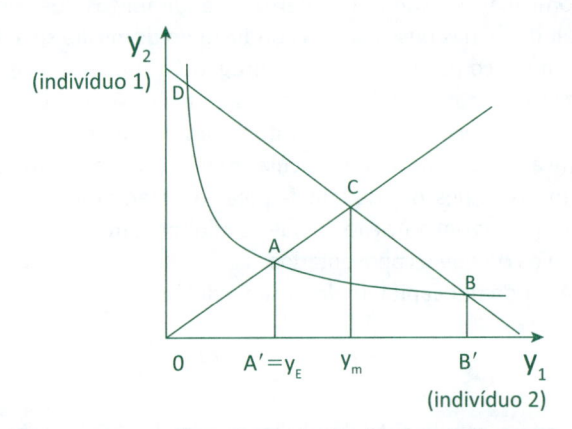

Figura 10.3 O conceito de equivalente da renda distribuída igualitariamente

---

[17] Nossa equação (10.1) mostrou uma situação parecida: o produto era dado, o que nos permitiu estudar a distribuição da renda sob o ponto de vista funcional, ou seja, entre salário e lucros. Agora, estamos estudando precipuamente a distribuição pessoal, usando o mesmo artifício de considerar a renda social constante e avaliar as proporções com que os dois indivíduos se apropriam dela. Na matriz de contabilidade social, estamos referindo-nos às linhas e colunas das famílias (e os indivíduos que as constituem) dos blocos B_{32} e B_{33}.

[18] Conceito a ser examinado na Seção 11 do Capítulo 11A (Índices/CD), cabendo dizer, por ora, que cada ponto na curva DAB ou mesmo na reta *DCB* informa de quantas unidades o bem-estar do indivíduo 2 deve ser reduzido, a fim de que o bem-estar correspondente do indivíduo 1 aumente de uma unidade.

[19] Ao falarmos em renda equivalente, não estamos negando que poderia haver formulações assemelhadas lidando com outras variáveis econômicas, como o dinamismo (crescimento do PIB), o desenvolvimento sustentável, a abertura econômica (o protecionismo), etc.

Com isto, podemos entender o segmento $y_m - y_E$ da renda como o montante a ser usado para chegar à distribuição perfeita e manter o mesmo nível de bem-estar social. Com base na Figura 10.3, vamos definir o equivalente da renda distribuída igualitariamente y_E como[20]

$$y_E = \left(\frac{1}{n} \sum_{i=1}^{n} y_i^{1-\alpha} \right)^{\frac{1}{1-\alpha}} \quad 0 \leq \alpha < 1 \tag{10.6}$$

onde n é o número de indivíduos da população, y_i é a renda do indivíduo, todos referentes a um grau α de aversão à desigualdade. Quando α assume valores maiores ou iguais a zero e menores do que 1, a função $U(y_i)$ é côncava, o que reforça nossa percepção criada por meio da Figura 10.3 de que o valor de y_E, que depende de α, coincidirá com y_m ou vai localizar-se a sua esquerda. A implicação é que a sociedade constituída pelos indivíduos 1 e 2 estaria disposta a sacrificar o montante de renda $y_m - y_E$, a fim de tornar-se perfeitamente igualitária.

Linha de pobreza

O mais famoso indicador de desigualdade apresentado em termos absolutos, criado nos anos recentes, é a chamada linha de pobreza. Por analogia ao conceito de emprego precário, a linha de pobreza destaca a carência em algumas dimensões importantes da vida consagradas pelos padrões civilizatórios vigentes em determinado momento histórico. As próprias condições de existência de um indivíduo e sua família requerem determinados níveis de consumo de alimentos, moradia, água e esgoto, luz e algumas amenidades nem sempre associadas a ganhos pecuniários. Em qualquer caso, o nível mínimo que podemos conceitualizar associa-se ao padrão de nutrição.

Mas, mesmo que a ele acrescentemos outros requisitos, o conceito de linha de pobreza é elucidativo. No caso mais simples, trata-se do montante de renda mínimo necessário para impedir a desnutrição, ainda que se possa conceber a existência de indivíduos subnutridos por longos períodos. Naturalmente, esta é uma medida extrema, devendo-se – ao buscar aplicações empíricas dos conceitos – aquilatar o nível de renda necessário para a subsistência que é condicionada pelos padrões culturais. Estes variam no tempo em resposta ao nível alcançado pelo valor adicionado, mas também respondem às expectativas dos indivíduos e da própria sociedade quanto ao que é considerado um padrão de vida decente. Uma aproximação empírica consiste em estabelecer o rendimento familiar necessário para atender a alguma fração significativa (metade, dois terços, quatro quintos, etc.) das necessidades de alimentação, moradia e água e esgoto. Acrescentando-se a esta lista o vestuário, o transporte, recursos para o lazer, etc., chegamos ao conceito de necessidades básicas e seu atendimento por meio da transferência da renda básica da cidadania.

---

[20] Esta função é um caso particular da que vamos trabalhar no Capítulo 11A (Índices/CD), designada como função de elasticidade de substituição constante.

Tão importante quanto o volume da renda gerada por habitante, família ou trabalhador é a forma como ela é distribuída entre empresas, regiões geográficas e grupos de pessoas. Como vimos, esta importância se deve ao fato de que a distribuição da renda é um indicador do nível de desenvolvimento alcançado por um país. Também se acredita, como sugere a curva de Kuznets exibida na Figura 10.2, que a redução da desigualdade associa-se à aceleração do crescimento econômico. Ainda assim, mesmo nos países ricos, vivem pessoas cujos rendimentos, em termos absolutos, as classificam como pobres. Na Seção 10.5, examinaremos com mais vagar a questão da pobreza. Por ora, apenas cabe destacarmos que a linha de pobreza é um indicador que divide a população que recebe renda igual ou menor a um montante de recursos mínimos necessários à sobrevivência. Considera-se que, em termos da população mundial, um indivíduo estará abaixo da linha de pobreza se sua renda diária for inferior a um limite monetário fixo, digamos, de D$ 2,00 por dia.

Incidência da pobreza (*head-count number*)

O indicador incidência da pobreza é dado pelo número de indivíduos que têm rendimentos iguais ou menores do que o prescrito pela linha de pobreza relativamente ao total da população. Seu valor é dado por:

$$s_p = \frac{p}{n} \tag{10.7}$$

onde p é o número de indivíduos detentores de renda igual ou inferior à linha de pobreza e n é o número de habitantes.

Intensidade da pobreza

Definida a linha de pobreza, podemos dar um passo adiante no sentido de qualificá-la, definindo a intensidade da própria pobreza. Para tanto, consideremos a renda de um indivíduo i e a comparemos com a renda que define a linha da pobreza. Assim, a intensidade da pobreza y_{IP} é dada por:

$$y_{IP} = y_i - y_L, \qquad y_i \leq y_L \tag{10.8}$$

onde, adicionalmente a y_{IP}, y_i é a renda do i-ésimo indivíduo pobre e y_L é a linha de pobreza. A unidade de medida da intensidade da pobreza, naturalmente, é dada em valores monetários.

Distância de renda absoluta

Uma medida de desigualdade da renda às vezes utilizada designa-se por distância de renda absoluta. Ela é obtida ao computarmos a diferença de renda entre o indivíduo mais rico e o mais pobre de determinado território. Sua expressão analítica é:

$$DRA = RI_{max} - RI_{min} \tag{10.9}$$

onde DRA é a distância de renda absoluta, RI_{max} é a renda do indivíduo mais rico e RI_{min} é a renda do indivíduo menos favorecido. Consideremos as três distribuições da Tabela 10.3. Ainda que exibindo a mesma renda de L$ 86.953, elas caracterizariam

Tabela 10.3 Distribuição da renda de três comunidades (indivíduos, famílias, etc.) com diferentes graus de igualitarismo. Lizarb, ano I (laeres)

Indiví-duo	Distri-buição A	Distri-buição B	Distri-buição C	Indiví-duo	Distri-buição A	Distri-buição B	Distri-buição C	Indiví-duo	Distri-buição A	Distri-buição B	Distri-buição C	Indiví-duo	Distri-buição A	Distri-buição B	Distri-buição C
1	402,0	824,3	4,1	26	621,0	855,3	36,2	51	785,0	869,6	116,8	76	1.008,0	883,8	407,8
2	403,0	824,5	4,2	27	637,0	856,9	41,1	52	792,0	870,1	122,1	77	1.023,0	884,6	439,0
3	404,0	824,7	4,2	28	643,0	857,5	43,1	53	798,0	870,5	126,8	78	1.057,0	886,4	517,0
4	409,0	825,7	4,5	29	649,0	858,1	45,1	54	807,0	871,2	134,1	79	1.145,0	890,8	771,2
5	411,0	826,1	4,6	30	653,0	858,5	46,5	55	811,0	871,5	137,5	80	1.155,0	891,2	805,5
6	413,0	826,5	4,7	31	655,0	858,7	47,2	56	819,0	872,1	144,4	81	1.157,0	891,3	812,5
7	414,0	826,7	4,8	32	656,0	858,8	47,6	57	821,0	872,2	146,2	82	1.159,0	891,4	819,5
8	417,0	827,3	4,9	33	661,0	859,3	49,4	58	829,0	872,8	153,4	83	1.161,0	891,5	826,6
9	425,0	828,8	5,4	34	669,0	860,0	52,5	59	837,0	873,3	161,0	84	1.163,0	891,6	833,7
10	429,0	829,5	5,7	35	685,0	861,4	59,1	60	864,0	875,1	188,7	85	1.165,0	891,7	840,9
11	439,0	831,3	6,4	36	690,0	861,9	61,3	61	865,0	875,2	189,8	86	1.168,0	891,8	851,8
12	475,0	837,2	9,5	37	693,0	862,2	62,6	62	869,0	875,5	194,2	87	1.169,0	891,9	855,5
13	489,0	839,3	11,0	38	712,0	863,8	71,7	63	873,0	875,7	198,7	88	1.175,0	892,1	877,6
14	502,0	841,2	12,5	39	719,0	864,4	75,3	64	881,0	876,2	208,0	89	1.194,0	893,0	950,9
15	517,0	843,2	14,5	40	730,0	865,3	81,2	65	883,0	876,4	210,3	90	1.443,0	903,1	2.451,7
16	528,0	844,7	16,1	41	733,0	865,5	82,9	66	885,0	876,5	212,7	91	1.491,0	904,8	2.887,5
17	572,0	850,0	24,0	42	757,0	867,5	97,4	67	891,0	876,9	220,0	92	1.593,0	908,2	4.019,8
18	584,0	851,4	26,6	43	758,0	867,5	98,1	68	926,0	879,1	266,8	93	1.635,0	909,6	4.578,5
19	588,0	851,8	27,5	44	768,0	868,3	104,7	69	945,0	880,2	295,3	94	1.667,0	910,6	5.044,4
20	589,0	852,0	27,8	45	770,0	868,5	106,1	70	975,0	881,9	345,3	95	1.693,0	911,4	5.450,2
21	590,0	852,1	28,0	46	774,0	868,8	108,9	71	977,0	882,1	348,8	96	1.745,0	913,0	6.340,3
22	594,0	852,5	29,0	47	779,0	869,1	112,4	72	979,0	882,2	352,4	97	1.792,0	914,3	7.241,4
23	596,0	852,7	29,5	48	781,0	869,3	113,9	73	985,0	882,5	363,3	98	1.798,0	914,5	7.363,4
24	604,0	853,6	31,5	49	783,0	869,4	115,3	74	1.001,0	883,4	393,8	99	1.953,0	918,7	11.133,8
25	608,0	854,0	32,6	50	784,0	869,5	116,1	75	1.003,0	883,5	397,8	100	1.981,0	919,5	11.955,1

populações desfrutando de diferentes graus de equidade, o que se reflete nos valores das distâncias absolutas.

Com efeito, de acordo com a definição dada em (10.9), temos:

$$DRA_A = 1.981,0 - 402,0 = 1.579,0$$
$$DRA_B = 919,5 - 824,3 = 95,2$$
$$DRA_C = 11.955,1 - 4,1 = 11.951,0.$$

Claramente, este indicador mostra uma hierarquização das rendas dos 100 indivíduos integrantes de nossa "amostra de conveniência", sinalizando enormes diferenciais no grau de equidade nestas três situações. Uma vez que, como sabemos, a renda média nos três casos é de L$ 869,53, podemos melhorar o poder descritivo deste indicador buscando relacionar as cifras obtidas para cada indivíduo com essa média.

Distância de renda relativa

Deste modo, passamos a examinar outra medida de desigualdade, que designamos por distância de renda relativa. Transformando o indicador determinado há pouco para as diferenças entre as rendas extremas, vamos relativizar (normalizar) as cifras anteriores, referindo-as às rendas médias das três distribuições: $DRR = \dfrac{RI_{max} - RI_{min}}{RI_m}$, onde DRR é a distância de renda relativa, RI_{max} é a renda do indivíduo mais rico, RI_{min} é a renda do indivíduo mais pobre e RI_m é a renda média da comunidade.

Entretanto imaginemos uma subamostra das cifras da Tabela 10.3, considerando apenas os indivíduos que obedecem à ordenação entre 28 e 47, cujas rendas médias são, respectivamente, de L$ 707,7, L$ 863,2 e L$ 72,7. Neste caso, temos

$$DR_1 = \dfrac{779,0 - 643,0}{707,7} = 0,19, \ DR_2 = \dfrac{869,1 - 857,5}{863,2} = 0,01 \text{ e } DR_3 = \dfrac{112,4 - 43,1}{72,7} = 0,95.$$

A Tabela 10.3 sugere que a distribuição B tem a mesma renda média, mas é a que apresenta o resultado mais próximo do igualitarismo. Ainda assim, novamente, somos levados a objetar quanto à adoção desta medida: a incorporação das informações dos demais indivíduos iria manter esta impressão? A resposta mais simples consiste em incorporar todas as informações, usando o mesmo conceito de distância.

Este indicador apresenta algumas propriedades semelhantes às da renda média: atende ao princípio do anonimato (axioma da anonimidade do Box 10.1) e ao princípio populacional, uma vez que não é necessário identificar indivíduos (apenas sua renda), e não é afetada pelo tamanho da população. Tal como a média, trata-se de uma medida com grande extensão e pouco foco. No entanto, quanto aos critérios da renda relativa e de Dalton, a situação não é tão clara. Não podemos dizer que o princípio da renda relativa seja perfeitamente contemplado. A extensão da desigualdade de renda, apesar de ser uma diferença expressa de forma relativa à renda média, relaciona-se apenas indiretamente ao tamanho da população. Quanto ao critério de Dalton, a extensão da desigualdade será afetada por transferências de renda regressivas apenas nos casos em que a menor renda seja reduzida e a maior aumentada, nada expressando no caso de transferências entre estes extremos.

Diferença de renda média

As medidas de desigualdade anteriores não fizeram o melhor uso possível de toda a informação disponível, o que nos leva a criar outro indicador. Calculando as diferenças de renda entre todos os indivíduos, estamos sofisticando o caso que considerava apenas a distância entre o mais rico e o mais pobre, culminando com a determinação da média entre todas estas diferenças. Sua expressão é:

$$DM = \frac{\sum_{i=1}^{n}\sum_{j=1}^{n}|x_i - x_j|}{n^2} = \frac{\sum_{i=1}^{n}\frac{\sum_{j=1}^{n}|x_i - x_j|}{n}}{n} \quad (10.10)$$

Consideremos o exemplo de quatro indivíduos com rendas correspondentes aos elementos do conjunto (11 13 17 19). Notando que o denominador é $4 \times 4 = 16$, iniciamos calculando as diferenças: $|11-11| + |13-11| + |17-11| + |19-11| + |11-13| + ... + |17-19| + |19-19| = 182$, chegando a $DM = \frac{56}{16} = 11,375$. No denominador, elevamos o número de elementos ao quadrado em resposta ao par de somatórios a que as diferenças foram submetidas, conforme está explicitado na fórmula.

Coeficiente de variação das rendas

Assumindo o caráter de indicador baseado na razão, também é usual utilizarmos como medida de dispersão da distribuição de uma variável o tradicional coeficiente de variação. Para calculá-lo, precisamos conhecer a distribuição, sua média e seu desvio padrão. Conforme a equação (10.2), a média é dada por $y_m = \frac{\sum_{i=1}^{n} y_i}{n}$. No caso da distribuição das quatro rendas do conjunto (11 13 17 19), a média é $y_m = \frac{11+13+17+19}{4} = 15$. Definida a média, precisamos, a fim de prosseguir, usar a definição de variância dada na equação (16.3), como sendo a média dos quadrados dos desvios das n observações da distribuição com relação à média: $V = \frac{\sum_{i=1}^{n}(y_i - y_m)^2}{n}$.

Em nosso caso, temos $V = \frac{(11-15)^2 + (13-15)^2 + (17-15)^2 + (19-15)^2}{4} = 10$.

Uma vez que os quatro termos do numerador estão elevados ao quadrado, a variância nunca assumirá valor negativo, podendo, claro, exibir valor nulo, como é o caso da medida da distribuição da Figura 10.1. O desvio padrão é:

$$s_y = \sqrt{\frac{\sum_{i=1}^{n}(y_i - Y_m)^2}{n}}, \quad (10.11)$$

sendo calculado como $s_y = +\sqrt{\dfrac{(11-15)^2 + (13-15)^2 + (17-15)^2 \ (19-15)^2}{4}} = 3,16.$

Cabe notarmos que o desvio padrão é definido como o valor positivo desta raiz quadrada, o que enfatizamos ao inserir o sinal "+" na expressão de cálculo.

Por fim, o coeficiente de variação é $c_y = \dfrac{s_y}{y_m}$, o que nos dá o valor de 0,21, que nos informa que os dados do conjunto (11 13 17 19) variam, em média, 21% em torno da média de 15. Este indicador é uma medida de dispersão relativa utilizada para compararmos distribuições diferentes, permitindo-nos relativizar a medida da variância com relação à média.

Uma vez que duas distribuições de renda podem ter médias diferentes, seu desvio padrão não seria diretamente comparável. Nestes casos, o ideal é usarmos o coeficiente de variação. Podemos perceber que esta medida observa apenas os princípios do anonimato e de Dalton, ainda que possua maior abrangência do que o desvio padrão tomado isoladamente. Mesmo assim, ela apresenta a vantagem de oferecer a variabilidade em termos proporcionais, ou seja, eliminando a unidade de medida (renda, riqueza, analfabetismo), o que permite comparações mesmo entre diferentes variáveis. Como estamos centralizando nossos procedimentos em torno do conceito de renda, podemos expressar o coeficiente de variação (c_y) como a razão entre seu desvio padrão (s_y) e a renda per capita (y_m) observada em determinado período. Utilizando os dados da Tabela 10.3 para as três distribuições, obtemos, respectivamente 0,42, 0,03 e 2,45, com isto mantendo a percepção inicial de que a distribuição B é a de menor desigualdade.

Variância dos logaritmos das rendas

Veremos detalhadamente na Tabela 11.1 do Capítulo 11B (Intertemporais/CD) que o logaritmo de um número pode ser interpretado como a taxa de crescimento instantâneo deste número. Com isto, temos uma espécie de sentimento de movimentação das cifras que estamos estudando, ao examinarmos não o desvio padrão das rendas individuais, mas a variância de seus logaritmos. De fato, com este procedimento, estamos nos aproximando de uma taxa de variação na renda do indivíduo i relativamente à dos demais indivíduos. Como vimos nas equações (10.10) e (10.11), a fórmula da variância torna-se ligeiramente mais simples do que a do desvio padrão, pois este é sua raiz quadrada. No caso, temos:

$$VR = \dfrac{\sum_{i=1}^{n}(\ln y_i - \ln y_m)^2}{n} \qquad (10.12)$$

Para nossas três distribuições, os valores das variâncias dos logaritmos de suas rendas são, respectivamente, 0,1567, 0,0007 e 3,9164, conformando nossa já tradicional ordenação. Uma vez que a equação (10.12) contém logaritmos, ela não é definida para valores nulos da renda de algum indivíduo. Sob o ponto de vista empírico, este problema é contornado atribuindo-se um valor próximo à unidade a estes casos, ou simplesmente descartando-os. Nestas situações, estaríamos reduzindo o escopo da medida de desigualdade de toda a população exclusivamente para os detentores de renda.

Índice de Robin Hood

O índice de Robin Hood carrega um nome alegórico em homenagem à figura do ladrão Robin Hood, das florestas de Sherwood, no Reino Unido, que tirava o dinheiro dos ricos e o dava aos pobres. No contexto dos estudos sobre distribuição de renda, este índice reporta-se à curva de Lorenz que vamos examinar na Seção 10.4 deste capítulo e, em mais detalhes, no Capítulo 10A (Distribuição/CD). Lá tomamos como referência a reta de perfeita igualdade, definindo o índice de Robin Hood como a distância máxima entre a curva e esta linha. Como esta distância se mede em percentagem da renda societária acumulada até o indivíduo i, a interpretação deste indicador – digamos que 30 e 45, ou −15% – permite-nos entender que uma transferência de renda de 15% dos ricos aos pobres levaria a sociedade a esposar a posição de completa igualdade. Naturalmente, este conceito, ainda que diverso, tem o mesmo tipo de inspiração que levou-nos, anteriormente, a criar o conceito de equivalente da renda distribuída igualitariamente.

Felicidade nacional bruta

Ao lado do índice de Robin Hood, um indicador que tem recebido atenção nos anos recentes não diz respeito diretamente à desigualdade, mas ao bem-estar. Trata-se do conceito de felicidade, ou – como querem alguns – a felicidade nacional bruta, termo cunhado para contrastar com a renda nacional bruta. Ainda que esta abordagem remeta para o alcance de objetivos perenes da vida humana, sua própria definição exige cuidados, de sorte a permitir a criação de medidas inequívocas. Os dicionários falam em alegria, boa-fortuna, boa-sorte, bons sentimentos, contentamento, êxito, prazer, satisfação. Como vemos, trata-se, em boa medida, de termos sinônimos, deixando-nos a sensação de subjetividade. Afinal, na vida cotidiana, não quantificamos nossos afetos além do uso da simples escala ordinal: "de quem gosto mais, do professor de estatística ou do chefe da polícia?".

Embora as pesquisas estejam apenas começando na área da mensuração da felicidade, há alguns aspectos que permitem cultivarmos um discreto otimismo. Por exemplo, certas áreas do cérebro são ativadas mais acentuadamente quando experimentamos sentimentos de felicidade e menos quando vivenciamos a infelicidade. Combinando estes registros com outros, por exemplo, a própria avaliação da felicidade individual ("quão feliz eu fui durante o noivado?" etc.), podemos pensar em construir indicadores do fenômeno e de sua distribuição, de modo análogo aos que vamos desenvolver na seção final deste capítulo. Neste caso, precisamos combinar variáveis que obedecem à escala ordinal com outras de natureza intervalar ou racional. Como em diversas áreas da pesquisa econômica, formular com clareza o problema é mais difícil do que resolvê-lo. Uma vez que saibamos quais são as dimensões quantitativas e as qualitativas do fenômeno, será mais fácil criar critérios de agregação entre elas, usando pesos que tanto podem ser arbitrados quanto podem emergir da aplicação de técnicas de análise de dados multivariados à informação original (Box 10.2).

Box 10.2 — Comparações interpessoais do grau de felicidade

Vamos considerar, ilustrativamente, que o grau de felicidade desfrutada pelo indivíduo envolve seu nível de renda, a autoavaliação que ele faz de seu estado e a avaliação feita por terceiros. Para os fins a que nos propomos, consideremos a situação de 10 indivíduos para os quais estes dados preenchem as três primeiras colunas da Tabela 1.

Tabela 1 Dados para o cálculo do índice de felicidade individual

Indivíduos	Valores originais			Valores normalizados			Primeiro componente principal: felicidade (G)
	Renda (A)	Autoavaliação (B)	Avaliação de terceiros (C)	Renda (D)	Autoavalição (E)	Avaliação de terceiros (F)	
Antônio	155	3	1	0,180380	0,500000	1,000000	0,548516
Beatriz	169	1	0	0,224684	0,000000	0,000000	0,073185
Clarisse	201	3	0	0,325949	0,500000	0,000000	0,290683
Domingos	201	4	1	0,325949	0,750000	1,000000	0,688189
Ernesto	414	5	1	1,000000	1,000000	1,000000	1,000000
Flávia	189	4	0	0,287975	0,750000	0,000000	0,370571
Gerusa	222	4	1	0,392405	0,750000	1,000000	0,709835
Heitor	179	3	0	0,256329	0,500000	0,000000	0,268006
Ifigênia	98	3	1	0,000000	0,500000	1,000000	0,489762
Jacinto	109	2	0	0,034810	0,250000	0,000000	0,103595

A renda é dada em unidades monetárias, a autoavaliação usa uma escala de Likert (ordenação de 1 a 5, do menos feliz ao mais feliz) e a avaliação feita por terceiros usa 1 para feliz e 0 para infeliz. Na linguagem do Capítulo 2 (Contextualizando), temos uma variável mensurada na escala racional (renda), outra na escala ordinal (autoavaliação) e uma terceira (dicotômica) associada à simples contagem de casos (avaliação de terceiros).

Usando a técnica já desenvolvida no Capítulo 7C (Fiscais/CD), e que voltaremos a utilizar na Seção 6, normalizamos essas três variáveis com a seguinte expressão:

$$v_i = \frac{V_i - V_{min}}{V_{max} - V_{min}} \qquad (1)$$

onde V_i é o valor da variável considerada para o indivíduo i (ou seja, renda, ou autoavaliação, ou avaliação por terceiros), V_{min} é o menor valor possível concebível para a variável e V_{max} é seu máximo valor concebível. No caso da auto-avaliação da felicidade de Gerusa, temos:

$$v_G = \frac{V_G - V_{min}}{V_{max} - V_{min}} = \frac{4-1}{5-1} = 0,75.$$

Ou seja, como o valor máximo passível de ser alcançado por uma pessoa feliz (integrante desse grupo) é 5 e o mínimo é 1, ao autoavaliar-se com 4, Gerusa declara-se portadora de um índice de 0,75. Beatriz receberá um índice de 0, ao passo que Ernesto receberá 1. Aplicando sucessivamente a fórmula (1) aos demais dados (renda, autoavaliação e avaliação por terceiros), construímos as colunas (D), (E) e (F).

Nosso próximo passo consiste em criarmos um critério de agregação para os três índices correspondentes a cada indivíduo. Na Seção 10.5, veremos a construção de índices multidimensionais por meio do uso de pesos arbitrários. Aqui, vamos usar uma técnica chamada de análise de componentes principais, que também poderia ser usada naquele contexto. A etapa mais difícil de sua construção é montarmos a matriz de correlação entre os dados das colunas (A), (B) e (C). Usamos a fórmula

$$r_{xy} = \frac{\sum x_i \times y_i - x_m \times y_m}{(n-1) \times s_x \times s_y} \qquad (2)$$

onde r_{xy} é o próprio coeficiente de correlação, x_i é a primeira variável a ser correlacionada, y_i é a segunda, x_m é a média da primeira, y_m é a média da segunda, n é o número de observações, s_x é o desvio padrão da primeira, e s_y é o desvio padrão da segunda. A fórmula do desvio padrão encontra-se na equação (10.11). Com a equação (2), montamos a matriz de correlação da Tabela 2.

(continua)

Box 10.2 Continuação

Tabela 2 Matriz de correlação entre os fatores responsáveis pela identificação da felicidade individual

Coeficientes	Renda	Autoavaliação	Avaliação por terceiros	TOTAL
Renda	1,000000	0,681280	0,294425	1,975705
Autoavaliação	0,681280	1,000000	0,557086	2,238366
Avaliação por terceiros	0,294425	0,557086	1,000000	1,851511
TOTAL	1,975705	2,238366	1,851511	6,065582

O passo final consiste em obtermos os pesos que irão ponderar cada uma das três variáveis das colunas (D), (E) e (F) da Tabela 1, ao dividirmos o valor da soma das linhas (ou colunas) da Tabela (2) pela soma de todos os coeficientes dados na tabela. Por exemplo, a renda terá um peso dado por $\frac{1,975705}{6,065582} = 0,325724$. Os demais pesos são 0,369027 e 0,305249. Uma vez que a correlação é uma medida de associação entre as variáveis, já vemos a que mais "explica" o nível da felicidade individual no caso de nossos 10 indivíduos é a autoavaliação. Com estes pesos, calculamos a média aritmética ponderada (por eles) dos valores das colunas (A), (B) e (C), determinando o primeiro componente principal destas três variáveis, que identificamos como sendo o índice que mede o grau de felicidade pessoal.

Dependendo do grau de adesão à escala racional que desejamos para a resposta, podemos declarar-nos satisfeitos com estes resultados. Com isto proclamamos que Ernesto é o indivíduo mais feliz e tiramos uma lição interessante da própria infelicidade, pois Ifigênia é mais pobre que Beatriz, mas seu índice de felicidade é muito maior. Claramente, o dinheiro não foi o responsável exclusivo pelo índice de Ernesto, nem pelo das duas garotas. Caso voltemos a calcular coeficientes de correlação, vemos que $r_{FA} = 0,714963$, $r_{FB} = 0,876407$ e $r_{FC} = 0,842699$, com F, A, B e C fazendo as vezes de nossas variáveis felicidade, renda, autoavaliação e avaliação por terceiros.

Para concluir, cabe fazermos um registro um tanto melancólico. Não estamos, obviamente, querendo dizer que o grau de felicidade dos indivíduos específicos assumiu tais ou quais cifras. Nossa asserção é bem mais modesta: o índice que selecionamos é que exibe tais ou quais magnitudes. Nosso índice, ainda que medindo um fenômeno que adere estritamente à escala ordinal, obedece à escala racional. Ninguém encontrará o número 3,5 ao fazer o lançamento de um dado, ainda que esta cifra seja a média entre os números 1, 2, 3, 4, 5 e 6. De modo análogo, não estamos afirmando que a felicidade de Antônio é de 0,5, mas que é o índice que escolhemos para medi-la que exibe este valor.

Ao examinarmos a felicidade nacional bruta, a menos convencional de todas as medidas absolutas, concluímos a apresentação e o exame desses 13 indicadores iniciais. Para encerrar a presente seção, cabe-nos ainda apresentar dois indicadores tradicionais que diferem dos anteriores, pois são estruturados como razões entre duas grandezas homogêneas.

Razões de Kuznets (ou razões de renda)

Aprofundando o uso do critério da renda relativa para a construção dos índices de desigualdade, as razões de Kuznets comparam a renda de determinada fração do grupo de indivíduos mais ricos com a renda de frações idênticas (ou maiores) de indivíduos mais pobres. Por exemplo, os 20% mais ricos contra os 20% mais pobres, ou ainda os 20% mais ricos contra os 40% mais pobres. Em diferentes países, ou diferentes períodos concernentes a um mesmo país, as variações nessas razões podem contribuir para a avaliação dos movimentos na desigualdade.

As razões de Kuznets são construídas a partir de quantis (frações fixas em que se divide a população, como percentis, decis, quintis, quartis, 40% e 50%) da distribuição. Com isto, elas informam o número de vezes que a renda das camadas mais ricas é maior do que a renda das camadas mais pobres na população residente em determinado espaço geográfico, para um ano considerado. Sua expressão é $R_K = \dfrac{Q_R}{Q_P}$, onde R_K é uma razão de Kuznets, Q_R é o quantil selecionado para representar a renda dos mais ricos e Q_P é o quantil representando a renda dos indivíduos mais pobres.

A Tabela 10.4 mostra as razões de Kuznets para alguns estratos selecionados, acrescida de um memorando de cálculo para observarmos a origem dos dados. Naturalmente, poderíamos selecionar outros quantis, como os 50% mais pobres ou mais ricos e confrontá-los entre si ou com os demais.

O índice $+20/-80$, ainda que sem carregar este nome, foi identificado por Vilfredo Pareto para retratar a regularidade observada na Itália do final do século XIX, alegadamente valendo 4. No caso, Pareto tratava da riqueza, gerando a proposição que ficou conhecida como uma das "leis de Pareto", indicando que um quinto da população detinha quatro quintos da riqueza privada. Em nosso caso, vemos que a distribuição mais desigual é ainda mais concentrada do que a regularidade paretiana, alcançando o valor de 7.

Índices de concentração

Dando um salto qualitativo no estudo da questão da desigualdade, examinaremos dois índices de concentração, tema importado da literatura sobre organização (economia) industrial. Como já sabemos, a média de uma distribuição apresenta uma tendência à centralização, ao passo que o desvio padrão busca descrever a dispersão dos dados que compõem a distribuição em torno da média. As medidas de concentração devem ser entendidas como medidas do grau dessa dispersão. Sua emergência nos estudos da economia industrial prende-se à proposição teórica de que, quanto mais concentrada é uma indústria, veremos maior possibilidade de que as empresas integrantes de um oligopólio entrem em coalizão. Marca-se, assim, a interdependência entre elas, elevando a possibilidade da existência de acordos tácitos ou explícitos. Deles, resulta elevação do preço da mercadoria vendida, levando à captura de lucros extraordinários. Por razões práticas, o índice mais usado para este

Tabela 10.4 Razões de Kuznets para diferentes quantis da distribuição da renda

Discriminação	Distribuição A	Distribuição B	Distribuição C
$+20/-20$	3,1	1,1	341,5
$+20/-40$	1,3	0,5	63,8
$+20/-80$	0,5	0,3	7,0
10%/−20%	2,0	0,6	307,1
Memorando			
20% mais pobres	9.410,0	16.706,3	222,9
40% mais pobres	22.475,0	33.873,3	1.193,5
80% mais pobres	57.651,0	68.899,0	10.817,9
10% mais ricos	18.791,0	10.027,6	68.466,0
20% mais ricos	29.302,0	18.054,0	76.135,1
Controle: Gini	0,225	0,015	0,816
Controle: Herfindhal	0,012	0,010	0,070

propósito foi a chamada razão de concentração dada pela fração formada pelas vendas das quatro ou oito maiores empresas e o total da indústria. Se a primeira for superior a, digamos, 30%, poderemos pensar na possibilidade concreta de algum tipo de comunicação (explícita ou tácita) entre os dirigentes destas quatro empresas, levando a práticas monopolísticas. Definimos nosso primeiro índice de concentração (RC_4) como $RC_4 = 100 \times \dfrac{V_4}{V}$, onde V_4 é o montante das vendas das quatro maiores empresas e V é o total das vendas da indústria em estudo.

A Tabela 10.3 confere os seguintes valores para as três distribuições, os quais referendam os valores, também hierarquizados por meio das razões de Kuznets: 8,7, 4,2 e 43,3. Na literatura sobre desigualdade, este índice não faz muito sentido para grandes populações. No caso dos 100 habitantes da "sociedadezinha" cuja renda era de L$ 86.953, chegamos a observar na distribuição menos igualitária um valor que, caso estivéssemos tratando de uma indústria, poderíamos falar em interdependência oligopolística. No caso, estes quatro indivíduos gozariam de um poder desmedido em face de seus cocidadãos.

Uma medida de maior *pedigree* é o chamado índice de Herfindhal[21], que definimos como $H = \sum_{i=1}^{n} \left(\dfrac{V_i}{V} \right)^2$, onde H é o índice de Herfindhal, V_i são as vendas da empresa i, e V são as vendas totais. Diferentemente de RC_4, que varia de zero a 100, H varia de zero à unidade. O índice nulo corresponde a uma indústria constituída por muitas firmas atuando num ambiente concorrencial, por contraste ao índice unitário, que caracteriza o monopólio. Para o caso de nossas três distribuições da Tabela 10.3, temos $H_A = 0,012$, $H_B = 0,010$ e $H_C = 0,070$, confirmando nossas impressões sobre a dominância da desigualdade na distribuição C (ver Tabela 10.4).

O contraste entre estes dois índices permite-nos ilustrar uma confusão existente entre medidas de concentração e desigualdade (Box 10.3). Sob o ponto de vista vernacular, trata-se de sinônimos. Todavia, dependendo do conceito utilizado, como no caso de nosso índice RC_4, podemos conceber uma situação de enorme concentração, acompanhada de desigualdade nula. Basta que estejamos defrontando-nos com uma indústria constituída por quatro empresas, cada uma detendo 25% do total das vendas. Ou seja, trata-se de um oligopólio, talvez com forte dependência das ações de cada empresa relativamente às demais[22].

Outro princípio interessante que emana da teoria da concentração industrial relaciona-se à chamada Lei de Gibrat[23] e auxilia-nos a entender que fatores puramente aleatórios também podem interferir no grau de desigualdade na distribuição da renda. Tal lei sugere que, caso sejam deixadas a flutuar livremente, as participações das empresas no mercado tenderão a reduzir o número de unidades. Em outras pa-

---

[21] Designado por alguns autores como índice de Hirshman-Herfindhal-Theil.

[22] Com isto, criamos uma confusão entre o conceito econômico de indústria concentrada e o conceito estatístico de desigualdade da distribuição dos elementos de um conjunto numérico. Se a distribuição é (25 25 25 25), obviamente a desigualdade é nula e as quatro empresas detêm 100% do faturamento da indústria, não havendo paradoxo de qualquer espécie. De fato, usando qualquer um dos índices de desigualdade que estudaremos na Seção 10.4, obteremos valores nulos. Ainda assim, a situação idealizada de uma indústria atomizada é confrontada pela presença de apenas quatro ofertantes.

[23] A Seção 10.3 do Capítulo 10A (Distribuição/CD) discute amplamente esta lei.

> **Box 10.3** Propriedades desejáveis num índice de concentração
>
> Uma listagem ilustrativa das propriedades dos índices de concentração comum na literatura de economia (organização) industrial é dada por:
>
> 1. um índice de concentração deve ser uma medida unidimensional (por exemplo, vendas por firma ou empregados por firma, mas não vendas e empregados por firma),
> 2. a concentração numa indústria (por exemplo, alimentos ou automobilística) deve ser independente do tamanho da indústria (equivalente ao princípio da população),
> 3. a concentração deve reduzir-se no caso em que a participação de uma empresa grande também se reduz em benefício da participação de uma firma pequena (equivale a nosso princípio de Dalton-Pigou),
> 4. se todas as firmas são subdivididas na mesma proporção, o índice de concentração também deve reduzir-se de acordo com esta proporção,
> 5. se todas as firmas têm o mesmo tamanho, a concentração deve reduzir-se, no caso de ingressarem mais firmas com este mesmo tamanho e
> 6. uma medida de concentração deve assumir valores no intervalo aberto (0, 1).
>
> No caso da literatura de economia (organização) industrial, a diferença entre desigualdade e concentração é importante, pois podemos conceber a redução da desigualdade, sem que as empresas dominantes percam seu poder de mercado, ou seja, a indústria, sendo dividida em firmas centrais e firmas periféricas, mostrará duas dinâmicas de funcionamento, independentemente das assimetrias de tamanho entre as firmas de cada um desses grupos.
>
> Fonte: Curry e George (1983); Sabóia (1980).

lavras, a concentração industrial – independentemente de outros fatores resultantes de processos econômicos ou políticos – emerge da ação de processos estocásticos. De acordo com a Lei de Gibrat, qualquer processo regido pelas leis do acaso terá como resultante a concentração.

Nossa argumentação ao longo das apresentações das diferentes medidas nesta seção evidenciou alguns problemas relacionados a praticamente todos os indicadores selecionados. Como podemos observar, outro tipo de abordagem está a impor-se, a fim de auxiliar-nos a superar as limitações das medidas recém-estudadas, sem que percamos algumas das virtudes que elas, inegavelmente, apresentam. A solução é pensarmos abstratamente nos tipos de propriedades que deveriam ser atendidos pelo indicador por nós selecionado e testar qual deles o faz. Todavia, antes de migrarmos do estudo de indicadores absolutos e relativos à construção de índices propriamente ditos, vamos dedicar-nos a estudar a dispersão da distribuição sob o ponto de vista gráfico.

10.4 CURVAS DE DESIGUALDADE E OS ÍNDICES DE THEIL-*T*, THEIL-*L*, DALTON E ATKINSON[24]

10.4.1 A curva de Lorenz e a parada dos muitos anões

A construção de uma imagem gráfica do fenômeno da desigualdade distributiva vale-se do adágio de que uma imagem é mais eloquente do que 1.000 palavras. Embora os índices de dispersão (desigualdade) que estamos estudando sejam ainda mais sintéticos, as curvas de desigualdade são capazes de prover imagens fortes

---
[24] Esta seção resume as seções 10.4 e 10.5 do Capítulo 10A (Distribuição/CD).

do fenômeno. Vamos estudar aqui duas possibilidades para sua expressão gráfica, reservando para a Seção 10.4 do Capítulo 10A (Distribuição/CD) a apresentação de outras curvas usadas com frequência no trabalho empírico.

Nas seções anteriores, começamos a centrar nossa atenção sobre as distribuições dos valores de determinadas variáveis que envolvem dados de populações ou amostras pertinentes aos mais variados fenômenos econômicos, destacando a renda, a riqueza, a receita e a despesa familiares. Vamos agora mostrar dois instrumentos da análise gráfica da desigualdade, nomeadamente, a curva de Lorenz e a alegoria da parada (desfile) de muitos anões e alguns gigantes. Anteriormente, já faláramos em curvas, uma vez que as Figuras 10.1 e 10.2 mostraram fenômenos interessantes associados à distribuição da renda. Na primeira, vimos o retrato distributivo de uma sociedade absolutamente igualitária em termos dos rendimentos de uma amostra de conveniência contendo 10 indivíduos. Na curva de Kuznets da Figura 10.2, relacionamos a renda per capita com uma medida arbitrária no grau de desigualdade em sua distribuição. Essas duas figuras valem-se, basicamente, de dois conjuntos informacionais: a renda e a população.

A Tabela 10.5 reúne as informações da Figura 10.1 e da Tabela 10.3, retirando delas outras informações que vão permitir-nos desenhar a curva de Lorenz. Sua primeira coluna apresenta os quantis – no caso, 10 decis – em que dividimos a população. Mesmo com sua riqueza de detalhes, ela ainda omite parte da informação de que necessitamos para construir a curva de Lorenz. Para determiná-la, precisamos dar um passo adicional, plotando as percentagens acumuladas dos indivíduos (no eixo das abscissas) e as da renda (eixo das ordenadas). Como nossos dados básicos foram agrupados em decis, os valores acumulados da população serão de 0,1; 0,2; 0,3, etc., ao passo que, por exemplo, a série das frações acumuladas da renda correspondentes aos 10 decis serão dados pelo vetor

[0,47 0,11 0,18 0,26 0,377 0,44 0,54 0,66 0,80 1,00].

Tabela 10.5   Informações para a montagem da curva de Lorenz

	Dados da Figura 10.1				Dados da distribuição A da Tabela 10.3			
	Indivíduos		Renda dos indivíduos		Grupo de 10 indivíduos		Renda média do grupo	
Decis	Absoluto (A)	Percentual (B)	Absoluto (C)	Percentual (D)	Absoluto (E)	Percentual (F)	Absoluto (G)	Percentual (H)
1	1	10,0	11,1	10,0	1-10	10,0	4.127	4,7
2	2	10,0	11,1	10,0	11-20	10,0	5.283	6,1
3	3	10,0	11,1	10,0	21-30	10,0	6.195	7,1
4	4	10,0	11,1	10,0	31-40	10,0	6.870	7,9
5	5	10,0	11,1	10,0	41-50	10,0	7.687	8,8
6	6	10,0	11,1	10,0	51-60	10,0	8.163	9,4
7	7	10,0	11,1	10,0	61-70	10,0	8.993	10,3
8	8	10,0	11,1	10,0	71-80	10,0	10.333	11,9
9	9	10,0	11,1	10,0	81-90	10,0	11.954	13,7
10	10	10,0	11,1	10,0	91-100	10,0	17.348	20,0
TOTAL	55	100,0	111,0	100,0	100	100,0	86.953	100,0

A Figura 10.4 mostra as curvas de Lorenz correspondentes aos dados derivados da Tabela 10.5. A reta *ABC* mostra o que chamamos de linha da perfeita igualdade, pois cada decil da população detém precisamente uma décima parte da renda, que corresponde à situação descrita pela Figura 10.1. Por contraste, as colunas (F) e (H) da Tabela 10.5 geram os pontos *D, E, F, G, H, I, J, K* e *L*, uma curva de Lorenz típica. A região do polígono *ADEFGHIJKLC* é chamada de área da desigualdade, pois mostra precisamente o montante de renda que não foi apropriado pelas populações dos respectivos decis.

O painel da Figura 10.5 auxilia o desenvolvimento de nossa intuição sobre o significado da desigualdade encapsulada pelo polígono recém-referido. Nele vamos ilustrar com algumas curvas de Lorenz para dois indivíduos, ou – o que é matematicamente equivalente – uma população divida entre os 50% mais pobres e os restantes 50% mais ricos. O Painel "0-100" captura a situação (improvável) de uma sociedade em que os 50% mais pobres não têm participação na renda, cabendo aos 50% mais ricos todo o butim. No Painel "0-99", os 50% mais pobres passam a deter 1% da renda, elevando gradativamente sua participação até o Painel "50-50", no qual vemos uma situação de completa igualdade. Ou seja, ao longo dos oito painéis da Figura 10.5, vemos o ponto D subindo até coincidir com o ponto B, o qual, por seu turno, localiza-se na metade da linha de perfeita igualdade.

Existem dois conceitos interessantes, de validade geral, que podemos derivar desta figura. O primeiro diz respeito à maior distância vertical entre a curva de Lorenz e a linha da perfeita igualdade, também chamada de discrepância máxima, nosso índice de Robin Hood da Seção 10.3. Consideremos o caso do Painel (30-70), e reflitamos sobre o significado do ponto *D*. A combinação 30-70 diz-nos que a metade mais pobre

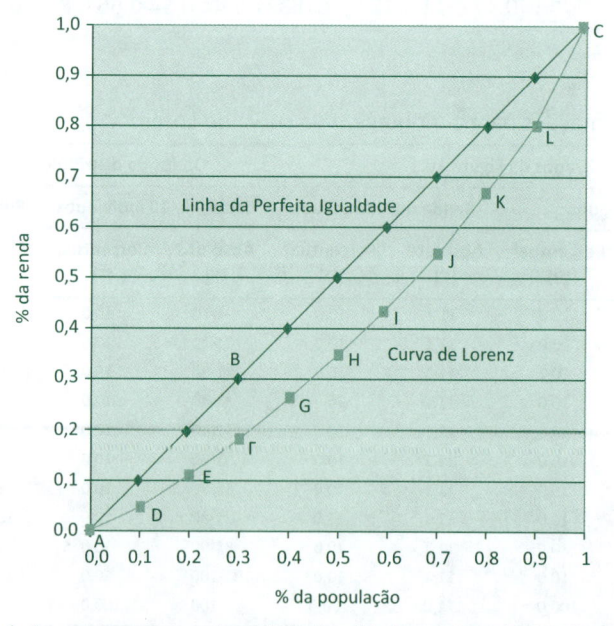

Figura 10.4 Curva de Lorenz para o caso da perfeita igualdade e o caso da distribuição *A*.

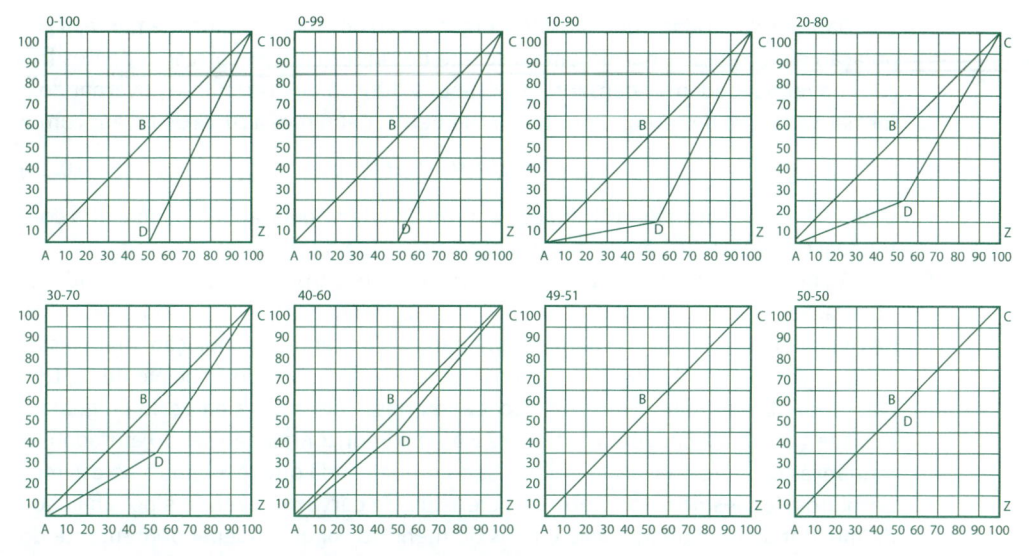

Figura 10.5 Oito casos de distribuição entre dois indivíduos (ou classes)

da população detém 30% da renda, cabendo os demais 70% para os 50% mais ricos. O diferencial entre os 50% sinalizados pelo ponto B localizados sobre a linha da perfeita igualdade e os 30% efetivamente ganhos pelos menos favorecidos, ou seja, 20%, representam, naturalmente, o montante de renda que, se fosse transferido dos ricos aos pobres, geraria uma distribuição perfeitamente igualitária. Este é um ponto muito importante, pois descreve a posição do indivíduo detentor da renda de valor idêntico à renda per capita, ou seja, a renda média[25] do conjunto da população.

O segundo conceito, mais circunspecto, assumirá grande importância quando estudarmos o índice de desigualdade de Theil na Subseção 10.5.2. Trata-se agora de contarmos com uma ilustração gráfica do indicador de desigualdade que, na seção anterior, chamamos de equivalente da renda distribuída igualitariamente. Por enquanto, vamos insistir que o Painel "0-100" da Figura 10.5 mostra a situação imaginária de uma população distribuída em dois grupos, não necessariamente de mesmo tamanho, na qual a fração dos mais ricos detém 100% da renda. Ou seja, existe uma população pobre e sem rendimentos, no caso, 50% dos indivíduos, que contrasta com outra fração da população total para a qual a renda é perfeitamente distribuída.

A poligonal da Figura 10.4 e os triângulos da Figura 10.5 cedem lugar a uma curva de Lorenz menos quebrada na Figura 10.6. Nesta, apresentamos as três curvas derivadas dos dados da Tabela 10.3, nas quais os quantis (decis e cinquentis) das distribuições anteriores dão lugar a centis[26]. Observamos que, à medida que o número de quantis aumenta, as poligonais dão lugar a uma verdadeira curva.

---

[25] Adiante, vamos retomar este assunto ao buscarmos uma generalização do índice de desigualdade de Gini.

[26] Naturalmente, a população pode ser dividida em qualquer número de quantis, desde que a alocação das proporções de renda lhes sejam compatíveis. Em todos os casos, o primeiro quantil é reservado ao segmento de renda pertinente do indivíduo mais pobre. O rompimento com este princípio ordenador associa-se às curvas de concentração côncavas em relação à origem dos eixos que examinaremos adiante.

Dada a regularidade que preside a organização dos dados, nomeadamente, a população hierarquizada por ordem crescente de riqueza e suas correspondentes frações na renda, podemos pensar que existe uma função de distribuição governando o formato da curva de Lorenz. Por isto, formalmente, definimos a curva de Lorenz como:

$$L = L[P(H_y), Y(H_y)] \tag{10.13}$$

onde $P(H_y)$ é a função de distribuição acumulada da população até o indivíduo com renda y e $Y(H_y)$ é a função de distribuição acumulada da renda correspondente.

A curva de Lorenz incorpora automaticamente os princípios de anonimidade, população e renda relativa do Box 10.1 porque não usa informação sobre magnitudes, valendo-se somente de dados sobre parcelas de renda e população. Além disso, a curva ganha uma "barriga" com transferências regressivas do princípio de Dalton. Ela é monotonamente crescente, recebendo destaque a linha da perfeita igualdade. Ademais, ela é convexa com relação ao eixo horizontal, não sendo afetada por mudanças proporcionais na distribuição da renda, ainda que responda a acréscimos absolutos de mesmo valor. Outra característica da curva de Lorenz é a possibilidade de mostrar se uma distribuição é mais ou menos desigual, independentemente do montante do que se quer distribuir. Isso permite comparar as desigualdades de renda, por exemplo, entre países ou regiões muito ricas e muito pobres ou entre países que usam diferentes denominações monetárias.

Um problema mais sério aparece no caso da Figura 10.6. Tendo forçado a situação de três distribuições do mesmo montante de renda, vemos outra dificuldade

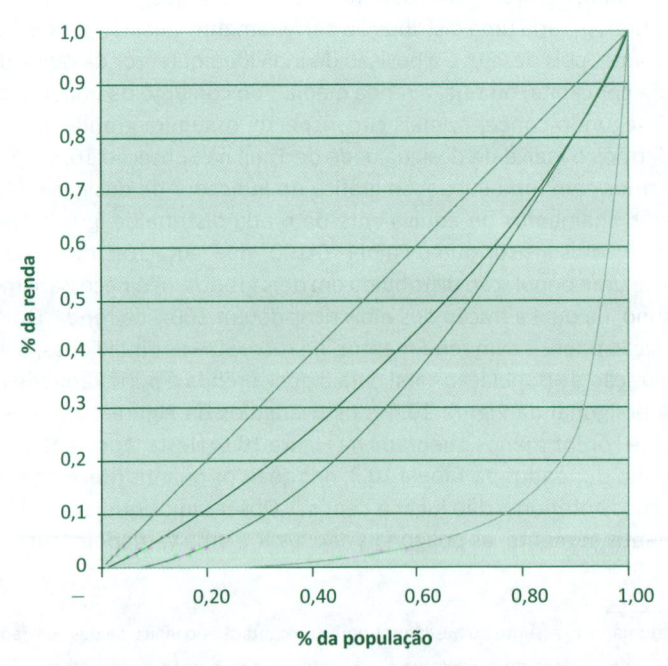

Figura 10.6 Curvas de Lorenz das distribuições A, B e C da Tabela 10.3

associada ao fato de que duas dessas curvas se interceptam. Digamos que a transição entre uma e outra resultasse da consequência da implantação de determinada medida de política econômica sobre a distribuição da renda nacional. Com este cruzamento, não somos capazes de emitir um julgamento de valor firme sobre os ganhos de bem-estar associados a essa política. Em outras palavras, estamos seguros de que as distribuições A e B dominam a distribuição C sob o ponto de vista de uma sociedade que tem aversão à desigualdade, mas não podemos dizer o mesmo com relação às distribuições A e B, uma vez que as curvas que as descrevem se cruzam. No final da Seção 2.3 do Capítulo 2 (Contextualizando), já apresentamos alguns critérios de "desempate" entre duas situações enquadradas neste caso. Alguns deles estiveram voltados a criticar o padrão de avaliação do bem-estar designado como ótimo de Pareto.

Lembrando que o Capítulo 10A (Distribuição/CD) oferece mais detalhes sobre o tema, passemos a estudar a segunda – e mais dramatizada – maneira de expressar a desigualdade na distribuição da renda. Baseando-se na alegoria de um desfile da população de certa região, a parada de muitos anões e alguns gigantes foi concebida por Jan Pen, em seu livro de 1974. Sua base de dados é a informação já examinada para compor a curva de Lorenz: população e rendimentos. Sua singularidade, como observamos na Figura 10.7, reside no fato de que, no eixo horizontal, ela exibe os indivíduos alinhados por ordem crescente de riqueza. No eixo vertical, vemos suas rendas monetárias, contrastando com a curva de Lorenz, na qual tínhamos percentagens acumuladas.

Trata-se de uma analogia amarga do fenômeno da distribuição da renda social com uma parada circense, em que homens e animais – gigantes e palhaços, trapezistas e anões – desfilam para o entretenimento dos transeuntes. Tal é o vigor – ridículo e sublime, divertido e trágico – desta alegoria que a "parada" tornou-se um importante recurso retórico para justificar a implantação de medidas de política de distribuição da renda que levassem a desfiles mais assemelhados ao que emergiria da Figura 10.1. Com efeito, se todos os indivíduos recebessem precisamente o mesmo montante de renda, a parada exibiria uma distribuição monótona (retangular), sem diferença sequer entre os pesos e as alturas dos rapazes e das moças *habitués* do trapézio.

10.4.2 O índice de Gini

Concepção geral

Na seção anterior, deixamos claro que a curva de Lorenz tem sido o instrumento analítico de referência para o estudo da desigualdade na distribuição da renda[27]. Ao especificarem determinados padrões de distribuição de renda, os diferentes formatos de curvas que descrevem diferentes situações inspiram-nos a buscar, analogamente ao que vimos fazendo em todo este livro, uma única medida que resuma a

---

[27] Deste ponto, até o final, a Seção 10.4 beneficiou-se de modo extraordinário dos trabalhos de Cowell (2000) e Hoffmann (1998).

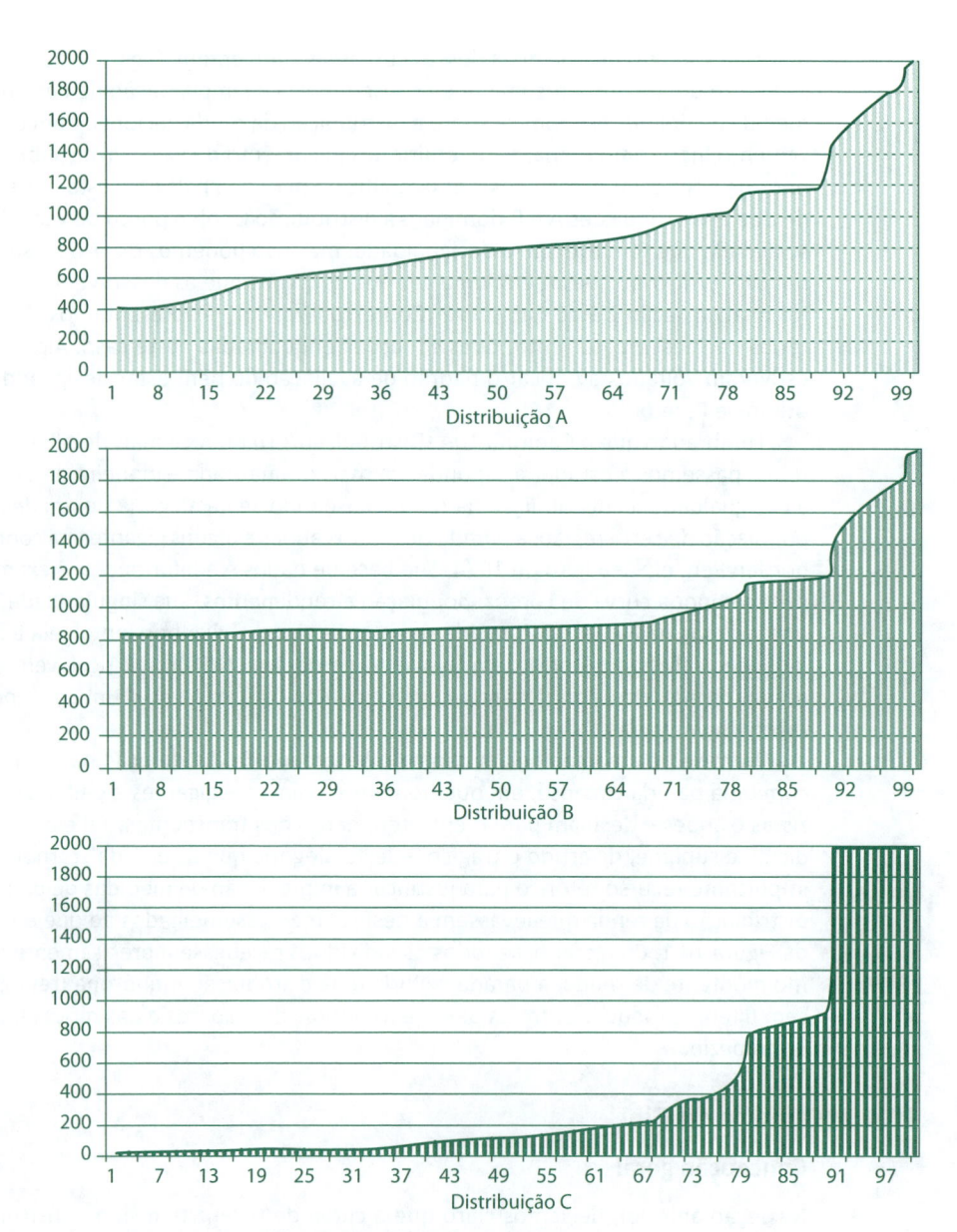

Figura 10.7 A parada de muitos anões e alguns gigantes.

informação por ela fornecida. A mais tradicional forma de traduzirmos numericamente a informação oferecida pela curva de Lorenz consiste em decompormos a área de perfeita igualdade delimitada pelo triângulo $\stackrel{\triangle}{AFC}$ da Figura 10.8 numa área de desigualdade e mais outra componente que destaque a igualdade relativa. Ao dividirmos a área de desigualdade pela área de perfeita igualdade, determinamos o índice de Gini. Vamos reproduzir o Painel "20-80" da Figura 10.5, a fim de – com a ampliação da escala – visualizarmos os conceitos relevantes, associando-os a noções elementares de geometria plana.

Na Figura 10.8, nossa sociedade é composta por 50% de pobres, que detêm 20% da renda, de sorte que os 50% mais ricos capturam a fração remanescente da renda, isto é, os 80% restantes. Como devemos lembrar, estas cifras reproduzem a proporção paretiana evocada na Seção 10.3. A renda total é distribuída na área do triângulo retângulo $\stackrel{\triangle}{AFC}$. Girando o livro em 90° de ângulo, digamos que sua base é $\overline{CF}$ e vale 1,0, ao passo que a altura é $\overline{AF}$, também valendo 1,0. Isto faz com que a área abarcada pela renda total seja $\dfrac{\overline{AF} \times \overline{CF}}{2} = \dfrac{1{,}0 \times 1{,}0}{2} = 0{,}5$. Ora, esta área pode ser decomposta nas quatro seguintes figuras geométricas: os triângulos $\stackrel{\triangle}{AED}$, $\stackrel{\triangle}{ADB}$ e $\stackrel{\triangle}{DCB}$ e o trapézio $EFCD$. Assim, $\stackrel{\triangle}{AFC} = \stackrel{\triangle}{ADB} + \stackrel{\triangle}{DCB} + \stackrel{\triangle}{AED} + EFCD$ ou $= \dfrac{\overline{AE} \times \overline{DB}}{2} + \dfrac{\overline{EF} \times \overline{DB}}{2} + \dfrac{\overline{AE} \times \overline{ED}}{2} + \dfrac{\overline{FC} + \overline{ED}}{2} \times \overline{EF}$. Com os números correspondentes da Figura 10.8, temos $\stackrel{\triangle}{AFC} = \dfrac{0{,}5 \times 0{,}3}{2} + \dfrac{0{,}5 \times 0{,}3}{2} + \dfrac{0{,}5 \times 0{,}2}{2} + \dfrac{1{,}0 + 0{,}2}{2} \times 0{,}5$ $\dfrac{0{,}15 + 0{,}15 + 0{,}1 + 0{,}6}{2} = 0{,}5$. Uma simples inspeção da figura autoriza-nos a decompor a área $\stackrel{\triangle}{AFC}$ em duas partes. A primeira, dada pelo triângulo $\stackrel{\triangle}{ADC}$, constitui o que chamamos de área de desigualdade, restando o quadrilátero $\stackrel{\diamond}{AFCD}$, que designaremos por área de igualdade relativa. Em nosso exemplo numérico, a área do triân-

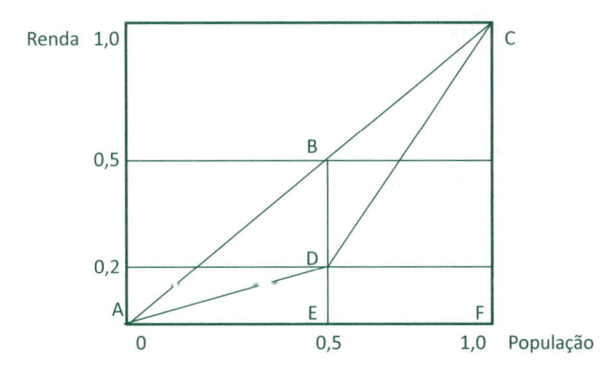

Figura 10.8 Curva de Lorenz de uma distribuição da população classificada em dois grupos de renda

gulo assume o valor de 0,15, e a do quadrilátero, 0,35. Ora, usando nossas figuras, podemos representar esta fração da área total como:

$$G = \frac{A\overset{\Delta}{D}B + D\overset{\Delta}{C}B}{A\overset{\Delta}{F}C} = \frac{(0,5-0,2)\times 0,5}{2} + \frac{(0,5-0,2)\times 0,5}{2} = 0,3 \qquad (10.14)$$

e identificá-la como sendo o índice de Gini. No caso, nosso índice informa que a área de desigualdade abarca 30% da área total do espaço população-renda. Podemos observar que, se a área de desigualdade for nula, o índice será igual a zero e, no extremo oposto, se a área da igualdade for máxima, nosso Gini assumirá o valor da unidade. Logo, seu intervalo de variação o coloca entre os extremos: $0 \leq G \leq 1$.

Definição e fórmulas de cálculo

À medida que o número de quantis em que dividimos a população cresce, a curva de Lorenz se torna mais contínua, culminando com a equação (10.13). No caso da Figura 10.8, vemos dois cinquentis oferecendo o aspecto totalmente triangular para a área de desigualdade, o que faz a curva de Lorenz coincidir com os lados do ângulo $A\overset{\Delta}{D}C$. Na Figura 10.4, tínhamos 10 decis, o que fez a área de desigualdade ser delimitada por um triângulo e nove trapézios. Na Figura 10.6, temos um triângulo e 99 trapézios.

Ora, o índice de Gini é definido pela razão entre duas áreas. A primeira é formada pelo espaço localizado entre a linha da perfeita igualdade e a curva de Lorenz. A segunda diz respeito à área de todo o triângulo postado abaixo da curva de perfeita igualdade, conforme definimos na equação (10.14). Sabendo que esta área total $(A\overset{\Delta}{F}C)$ é igual a 0,5 – isto é, $\frac{1\times 1}{2}$ – chegamos a $G = \frac{A\overset{\Delta}{D}B + D\overset{\Delta}{C}B}{0,5}$.

O índice de Gini também pode ser avaliado por meio da fórmula de Brown, que é um conhecido método prático de obtenção de sua aproximação geométrica[28]:

$$G = 1 - \sum_{i=1}^{n}\left[\left(N_k - N_{k-1}\right)\times\left(Y_k + Y_{k-1}\right)\right]$$

considerando que N_k é a proporção acumulada da variável população, até o indivíduo N_k, e Y_k é a proporção acumulada da variável Y (renda).

Outro desdobramento fundamental destes conceitos resulta da formulação do índice de Gini como função da diferença entre a renda de cada indivíduo e a renda de cada um dos demais integrantes da população expressas de forma não ordenada, ou seja, a diferença entre a renda de todos os pares possíveis de indivíduos. Uma vez calculadas todas as diferenças, esta cifra é normalizada, ou seja, referida à média de todos os indivíduos, evocando o índice dado em (10.10). O fato de podermos expressar o índice de Gini como uma **média** permite-nos afirmar que, feitas as correções cabíveis, ele pode ser representado pela equação (10.2), ou seja, a fórmula geral das médias.

Deste modo, o índice de Gini é a média normalizada de todas as diferenças absolutas das rendas entre os n indivíduos integrantes da população:

---

[28] Observe o leitor que anteriormente lhe pedíramos que examinasse a Figura 10.8 com o livro disposto em "paisagem". Agora voltamos a pô-lo "em retrato", deixando claro que a base de cada triângulo relevante é $X_k - X_{k-1}$.

$$G = \left(\frac{1}{2 \times n^2 \times y_m}\right) \times \left(\sum_{i=1}^{n}\sum_{j=1}^{n}|y_i - y_j|\right) = \left(\frac{1}{2 \times n}\right) \times \sum_{i=1}^{n}\sum_{j=1}^{n}\left(\frac{\frac{|y_i - y_j|}{n}}{y_m}\right)$$

onde y_m é a renda média da população, e os indexadores i e j referem-se a pares de indivíduos. Expressarmos o índice de Gini com o formato da última dessas igualdades permite construirmos forte analogia com o índice de desigualdade generalizado[29] de classe α, dado por:

$$E_\alpha = \left(\frac{1}{\alpha \times (\alpha - 1)}\right) \times \frac{\sum_{i=1}^{n}\left[\left(\frac{y_i}{y_m}\right)^\alpha - 1\right]}{n} \qquad (10.15)$$

onde n é o número de indivíduos integrantes da população em exame, α é um parâmetro que determina a parte (pobres, ricos, etc.) da distribuição da renda mais sensível à desigualdade[30], y_i é a renda do indivíduo i e y_m é a renda média da população.

Por oferecer o interessante conteúdo intuitivo de associar a desigualdade às diferenças de renda entre cada indivíduo e todos os demais, seu uso é relevante, permitindo-nos dizer que $G = \frac{DM}{2y_m}$, onde, recapitulamos, DM é dado pela equação (10.10). No caso da distribuição capturada pela Figura 10.8, caso a consideremos descrevendo a situação de dois indivíduos, temos: G = 1 − [(0,5 − 0,0) × (0,2 + 0,0) + (1,0 − 0,5) × (1,0 + 0,2)] = 0,3.

Usando as cifras emanadas da Figura 10.8 que acabaram de gerar o índice de 0,3, podemos reproduzi-lo como $G = \frac{|1,0-0,2|+|0,2-1,0|}{2\times 2^2 \times 0,6} = \frac{1,6}{4,8} = 0,3$. Vemos, assim, que o índice de Gini mostra a dispersão da renda de cada indivíduo relativamente à renda média da sociedade, usando um fator de normalização duplo por causa das somas realizadas com relação a i = 1, 2, 3, ..., n e j=1, 2, 3, ..., n. Neste sentido, podemos dizer que seu valor corresponde à metade da renda média de todos os indivíduos. Um valor de 0,2, por exemplo, diz que a distância média é de 40% da média. Quando ele é de 0,5, temos a distância de 100%.

Para encerrar, vamos dizer uma palavra sobre o grau com que o índice de Gini atende aos axiomas do Box 10.1. Os quatro primeiros princípios são atendidos, o que lhe favorece o uso inclusive para comparações internacionais. Seu desempenho não responde bem à dispersão dos dados, tanto é que uma população de dois habitantes, cada um com 50% da renda, e outra com 100 habitantes, cada um com 1% da renda, terão o mesmo índice de Gini igual a zero. Todavia seu principal problema ocorre quando duas curvas de Lorenz se interceptam. Este caso exige a incorporação de critérios adicionais para a emissão de julgamentos de valor sobre os ganhos (ou perdas) de bem-estar so-

---

[29] O Capítulo 10A (Distribuição/CD) discute amplamente este índice, reproduzindo a equação (10.15) e comentando-a em detalhes.

[30] Por exemplo, se um pobre captura 50% da renda dos pobres e os demais detêm outros 50%, a desigualdade é mais preocupante do que a do caso em que um rico detém esta mesma fração da renda de todos os ricos.

cial devidos às redistribuições que levaram à mudança em seu formato, conforme a referência que recém fizemos ao final da Seção 2.3 do Capítulo 2 (Contextualizando).

10.4.3 O índice de Theil

Concepção geral

Na equação (10.15), apresentamos a função geral de criação dos índices de desigualdade, permitindo-nos agora estudar o que ocorre quando α assume os valores alternativos de 0 e 1, claramente dois pontos em que a função E_α entra em colapso. Ainda que os diferentes valores de α gerem cifras muito díspares para E_α, vamos fixar-nos na discussão desses dois casos, designando-os, respectivamente, como índice de desigualdade de Theil-T e índice de desigualdade de Theil-L.

Imaginemos uma população composta por cinco indivíduos que recebem as rendas dadas pelos elementos do conjunto $Y = [1 \quad 2 \quad 2,5 \quad 3 \quad 4]$, representando-a graficamente na Figura 10.9. Considerando, por hipótese, que o valor de α é de 0,5, a expressão (10.15) permite calcularmos E_α e obter o valor de 0,0921. Ora, estamos avaliando a dispersão dos elementos de Y em torno de sua média. Ocorre que, enquanto medida de dispersão, a equação (10.15) evoca (10.3), especialmente se isolarmos seus parâmetros de modo adequado e os escrevermos como

$$V_Y = k_V \times \sum_{i=1}^{n} \left(m_i - M_1 \right)^\alpha \tag{10.16}$$

onde $k_V = \dfrac{1}{n}$ e

$$E_\alpha = r_V \times \sum_{i=1}^{n} \left(\frac{y_i}{y_m} \right)^\alpha$$

onde r_V é um parâmetro que captura a influência de todas as variáveis, exceto a relação entre a renda do indivíduo i e a renda média societária $\dfrac{y_i}{y_m}$, sobre E_α.

Observemos, primeiramente, que V_Y é uma média de ordem 2, ao passo que E_α é uma média de ordem α. Em segundo lugar, V_Y reflete a importância da dis-

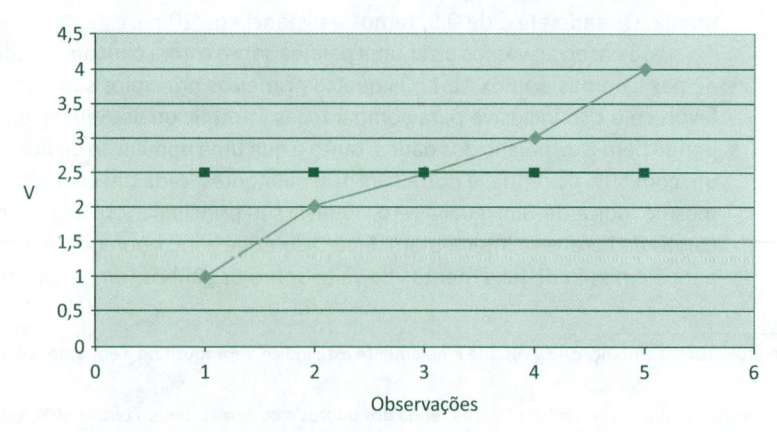

Figura 10.9 Dispersão da variável V em torno de sua média.

tância absoluta (aritmética, ou $m_i - M_1$) entre os elementos da distribuição de m_i e sua média aritmética M_1, ao passo que E_α sinaliza a distância relativa (geométrica, exponencial ou logarítmica) entre os elementos da distribuição de y_i e sua média aritmética. O fato de transformarmos as razões $\dfrac{y_i}{y_m}$ por meio do expoente α ajuda-nos a entender que E_α relaciona-se com distâncias relativas, de forma análoga à que leva a variância a mensurar distâncias absolutas, pois associa-se ao vetor

$$s = \left[\frac{1}{2,5}\ \frac{2}{2,5}\ \frac{2,5}{2,5}\ \frac{3}{2,5}\ \frac{4}{2,5}\right].$$

O índice de desigualdade de Theil-T

O primeiro caso que nos interessa diretamente diz respeito à obtenção de E_1, a medida de desigualdade na distribuição da renda de uma população composta por n integrantes, e que vamos chamar de índice de Theil-T, ou primeira medida de desigualdade de Theil. No próximo item, estenderemos o estudo para o índice de Theil-L. A obtenção do índice de Theil-T resulta do cálculo do valor da expressão (10.15), em que voltamos a usar chaves, colchetes e parênteses matematicamente redundantes, a fim de facilitar a leitura:

$$T = \lim_{\alpha \to 1} \left\{ \frac{\sum_{i=1}^{n}\left[\left(\dfrac{y_i}{y_m}\right)^\alpha \times \ln\left(\dfrac{y_i}{y_m}\right)\right]}{2 \times \alpha - 1} \right\} = \frac{\sum_{i=1}^{n}\left[\left(\dfrac{y_i}{y_m}\right) \times \ln\left(\dfrac{y_i}{y_m}\right)\right]}{n} \qquad (10.17)$$

Esta equação pode ser entendida como:

$$T = \sum_{i=1}^{n}\left[\left(\frac{y_i}{n \times y_m}\right) \times \ln\left(\frac{y_i}{y_m}\right)\right] = \sum_{i=1}^{n}\left[\left(\frac{y_i}{\sum_{i=1}^{n} y_i}\right) \times \ln\left(\frac{y_i}{y_m}\right)\right].$$

Fazendo $s_i = \dfrac{y_i}{\sum_{i=1}^{n} y_i}$, vemos a participação do indivíduo i na renda societária. Assim, podemos reescrever a equação (10.17) como[31]

---

[31] Confrontando esta expressão com – por exemplo – a fórmula do índice de preços de Laspeyres dada por $P_L = \sum_{i=1}^{n} w_i^0 \times \dfrac{p_i^1}{p_i^0}$ (equação (11.20) do Capítulo 11 – Comparações), poderemos observar que ambas são médias aritméticas ponderadas (respectivamente, pesos s_i e w_i^0). A diferença fundamental, sob este ponto de vista, é interessante. Os índices de Theil medem a **desigualdade** entre a renda dos i indivíduos (isto é, y_i) e a renda média de todos os indivíduos (a saber, y_m) em determinado ano. Por contraste, este índice de Laspeyres mede o **crescimento** dos preços das i mercadorias entre o ano 0 (ou seja, p_i^0) e o ano 1 (nomeadamente, p_i^1). Em outras palavras, índices agregativos como os de Theil e o de Laspeyres têm em comum a propriedade de mensurarem a **dispersão** de conjuntos de dados (renda no primeiro caso e, no outro, preços ou quantidades). A diferença entre eles é que os índices de Laspeyres e assemelhados, além de medirem a dispersão, também quantificam o crescimento da variável em estudo (preço ou quantidade das mercadorias entre dois anos).

$$T = \sum_{i=1}^{n} s_i \times \ln\left(\frac{y_i}{y_m}\right) \qquad (10.18)$$

Adiante, a fim de construirmos o índice dual de Theil-T (Box 10.4), será útil termos presente que podemos reescrever a equação (10.18) como:

$$T = \sum_{i=1}^{n}\left[s_i \times \ln\left(\frac{y_i}{y_m} \times \frac{n}{n}\right)\right].$$

Ora, a renda média é $y_m = \dfrac{\sum_{i=1}^{n} y_i}{n}$, logo $n \times y_m = \sum_{i=1}^{n} y_i$, o que nos leva a:

$$T = \sum_{i=1}^{n}\left[s_i \times \ln(n \times s_i)\right] \qquad (10.19)$$

Com a equação (10.18), é fácil vermos que o índice de Theil-T é uma média aritmética ponderada (cujos pesos são dados por $s_i = \dfrac{y_i}{\sum_{i=1}^{n} y_i}$) entre a distância observada entre o logaritmo da renda do indivíduo i e o logaritmo da renda média societária. Ou seja, o índice de Theil-T é a média aritmética ponderada dos logaritmos das razões entre as rendas dos i indivíduos e a renda média dos integrantes do território em estudo.

Consideremos, para exemplificar, a distribuição de renda de uma sociedade constituída por quatro indivíduos cujas rendas compõem o vetor **Y** = [5 25 25 45]. A renda total é dada por $\sum_{i=1}^{4} y_i = 5 + 25 + 25 + 45 = 100$, o vetor das participações dos indivíduos na renda total é **s** = [0,05 0,25 0,25 0,45], e a renda média societária y_m vale L\$ 25. Com estas cifras, podemos calcular

$$T = 0{,}05 \times \ln\frac{5}{25} + 0{,}25 \times \ln\frac{25}{25} + 0{,}25 \times \ln\frac{25}{25} + 0{,}45 \times \ln\frac{45}{25}$$
$$= 0{,}05 \times (-1{,}609438) + 0{,}25 \times 0 + 0{,}25 \times 0 + 0{,}45 \times 0{,}587787 = 0{,}1840.$$

Como observamos, a influência do indivíduo 1, cuja renda é inferior à média social, responde a duas expressões de idêntico sentido. Por um lado, o logaritmo da razão $\dfrac{y_1}{y_m} = \dfrac{5}{25}$ é negativo, pois – exceto no caso da sociedade perfeitamente igualitária – a renda do indivíduo mais pobre será inferior à média societária. Por outro lado, este valor negativo será ponderado por um peso também menor do que o peso atribuível à renda média. Seja como for, esta mecânica de cálculo deve ser retida em mente ao interpretarmos os resultados da aplicação de E_α em geral e, em particular, de $E_{\alpha=1}$. No caso de um vetor de rendas individuais dado por **Y** = [25 25 25 25], o índice de Theil-T é nulo, por se tratar da recém-referida sociedade perfeitamente igualitária. De fato, os termos dados por $0{,}25 \times \ln\dfrac{25}{25}$ são nulos.

Nosso próximo passo consiste em avaliarmos o valor máximo que o índice de Theil-T pode alcançar. Consideremos a sociedade constituída por quatro indivíduos cujo vetor de rendas é **Y** = [0 0 0 100], ou seja, nossa visão apriorística de desigualdade confere a estas cifras o caráter de absoluta iniquidade. Convencionando que, quando $y_i = 0$, temos:[32] $s_i \times \ln\left(\dfrac{y_i}{y_m}\right) = 0$, podendo afirmar que seu índice de Theil-*T* é:

$$T = 0 \times \ln\dfrac{0}{25} + 0 \times \ln\dfrac{0}{25} + 0 \times \ln\dfrac{0}{25} + 1 \times \ln\dfrac{100}{25} = \ln 4 = 1{,}3863.$$

Generalizado este caso de perfeita desigualdade para a sociedade constituída por n indivíduos, chegamos a $T = \ln n$. Com isto, podemos escrever que $0 \leq T \leq \ln n$, ou seja, o índice de Theil-*T* oscila no intervalo $[0, \ln n]$.

Uma forma interessante (ainda que imperfeita) de colocar os 0,1840 encontrados para o índice de Theil-*T* em perspectiva é compará-lo com a magnitude da máxima desigualdade possível. Ora, o menor valor alcançado pela medida de desigualdade de uma distribuição constituída por quatro elementos é zero, contrastando com o máximo de $\ln 4 = 1{,}3863$. Neste caso, faz sentido pensarmos que a razão entre 0,1840 e 1,3863 (nomeadamente 13,3%) informa a "parte do caminho" entre os valores mínimo e máximo percorrida pela distribuição [0,05 0,25 0,25 0,45]. Ainda assim, mesmo considerando que estas transformações em Theil-*T* levem a resultados atraentes, adiante vamos examinar uma abordagem alternativa mais elegante, nomeadamente, a construção de seu índice dual. Antes disso, porém, vamos construir o índice de Theil-*L* para o qual – como veremos – o valor máximo assumido é infinito, o que impede a repetição deste procedimento.

O conceito de índice de desigualdade de Theil-*L* e seu confronto com Theil-*T*

Ao investigarmos o limite da equação

$$E_\alpha = \dfrac{1}{\alpha \times (\alpha - 1)} \times \left[\dfrac{\sum_{i=1}^{n}\left(\dfrac{y_i}{y_m}\right)^\alpha}{n} - 1 \right],$$

quando $\alpha = 0$, chegamos à outra possibilidade interessante de aplicação do índice, a segunda medida de desigualdade de Theil. Tratando-a de modo análogo ao que fizemos para chegar a (10.17), obtemos:

$$L = \lim_{\alpha \to 0} \left[\dfrac{\sum_{i=1}^{n}\left(\dfrac{y_i}{y_m}\right)^\alpha \times \ln\left(\dfrac{y_i}{y_m}\right)}{(2\alpha - 1)} \right]$$

e

---

[32] Quando $y_i = 0$, então $\dfrac{y_i}{y_n}$ também seria nulo, o que nos lembra o que sabemos desde a matemática pré-universitária sobre a inexistência de logaritmo para 0. Com efeito, o logaritmo de um número é o expoente a que se eleva a base, a fim de obtê-lo. Por exemplo, o logaritmo do **número** 1.000 na **base** 10 é o **expoente** 3, ou $\log_{10} 1.000 = 3$, pois $10^3 = 10 \times 10 \times 10 = 1.000$. Assim, nenhum número terá o poder de multiplicar 0 por si mesmo a ponto de gerar um número significativo.

$$L = -\sum_{i=1}^{n}\left[\frac{1}{n}\times\ln\left(\frac{y_i}{y_m}\right)\right] = -\sum_{i=1}^{n}\left[r_i\times\ln\left(\frac{y_i}{y_m}\right)\right] \quad (10.20)$$

onde n é o número de habitantes, y_i é a renda do indivíduo i, y_m é a renda média societária e r_i é o recíproco de n que designamos por k_Y na equação (10.16). Assim, Theil-L é o simétrico da média aritmética simples entre os logaritmos das razões dadas pela renda de cada indivíduo i e a renda média societária. No caso de T, observamos a construção de uma média ponderada, por contraste à média aritmética simples de L.

Numa sociedade perfeitamente igualitária, a participação de cada indivíduo na população (ou seja, $\frac{1}{n}$) é idêntica a sua participação na renda social (ou seja, $\frac{y_i}{n\times y_m} = \frac{y_m}{n\times y_m} = \frac{1}{n}$). Como tal, o valor de L é nulo, contrastando com a situação em que um único indivíduo detém toda a renda social. Neste caso, obviamente, os demais terão renda nula, o que fará o índice tender a infinito, pois $0 \leq L \leq \infty$.

Há, como vemos, um moderado contraste com o índice de Theil-T, pois seu valor máximo corresponde ao número de observações cuja dispersão estamos estudando. Seja como for, podemos intuir que, em linhas gerais, na desigualdade aferida pelos meios alternativos de T ou L, o valor de L será maior do que T, pois há "mais espaço" a ser preenchido entre 0 e ∞ do que entre 0 e o número ln n[33]. Ainda assim, esta proposição não tem validade absoluta, como veremos no exame da Tabela 10.10[34].

Vamos ilustrar os procedimentos do cálculo do índice de Theil-L com a determinação da cifra correspondente ao caso 5 referido na Tabela 10.7, para o qual já calculamos o índice de Theil-T no item anterior. Os valores relevantes para nossos cálculos são $n = 4$, $y_1 = 5$, $y_2 = 25$, $y_3 = 25$, $y_4 = 45$ e $y_m = 25$.

Com isto, podemos escrever que

$$L = -\left[0{,}25\times\ln\left(\frac{5}{25}\right) + 0{,}25\times\ln\left(\frac{25}{25}\right) + 0{,}25\times\ln\left(\frac{25}{25}\right) + 0{,}25\times\ln\left(\frac{45}{25}\right)\right] = 0{,}2554.$$

Na última linha da Tabela 10.6, vemos o índice de Theil-L e, na linha imediatamente anterior, as cifras correspondentes do índice de Theil-T, o que permite sua visualização conjunta. Partimos, no caso 1, de uma distribuição perfeitamente igualitária, à qual correspondem índices de Theil-T e Theil-L nulos. No caso 2, ao transferirmos L$ 5 do indivíduo mais pobre ao mais rico, naturalmente, aumentou a desigualdade, o que foi capturado pela elevação do primeiro índice para 0,0101 e do outro para 0,0102. Adicionalmente, a transferência de L$ 5 do indivíduo mais pobre

---

[33] É mais fácil ver esta proposição para o caso dos números inteiros e naturais. Cada um desses dois conjuntos tem um número infinito de elementos. Mas há duas vezes mais naturais do que inteiros: ambos têm um zero, mas apenas os naturais têm o -1 correspondendo ao $+1$, o -2 correspondendo ao $+2$, etc. Ou seja, o "infinito" dos naturais contém o "dobro do infinito" dos inteiros acrescido de uma unidade.

[34] Tal "anomalia" também poderá ser observada se calcularmos os índices T e L para as três distribuições da Tabela 10.3.

Tabela 10.6 10 distribuições de renda numa sociedade com PIB de L$ 100 e as duas medidas de desigualdade de Theil

Informações	Caso 1	Caso 2	Caso 3	Caso 4	Caso 5	Caso 6	Caso 7	Caso 8	Caso 9	Caso 10
Renda do indivíduo 1	25	20	15	10	5	1	0,1	0,01	0,001	0,0001
Renda do indivíduo 2	25	25	25	25	25	25	25	25	25	25,0000
Renda do indivíduo 3	25	25	25	25	25	25	25	25	25	25,0000
Renda do indivíduo 4	25	30	35	40	45	49	49,9	49,99	49,999	49,9999
Índice de Theil-T	0,0000	0,0101	0,0411	0,0964	0,1840	0,2976	0,3394	0,3456	0,3465	0,3466
Índice de Theil-L	0,0000	0,0102	0,0436	0,1116	0,2554	0,6365	1,2076	1,7828	2,3584	2,9340

Tabela 10.7 Cálculo dos índices de Theil-T e Theil-L da distribuição de renda entre os seis países do Planeta GangeS, ano V

Países	Renda comparável (bilhões de denaris) y_i (A)	Participação de cada país na renda s_i (B)	Participação no número de países r_i (C)	Renda relativa $\frac{y_i}{y_m}$ (D)	Logaritmo da renda relativa $\ln\left(\frac{y_i}{y_m}\right)$ (E)	Multiplicação (índice de Theil T) (F) = (B) × (E)	Multiplicação (índice de Theil L) (G) = −(C) × (E)
Anitnegra	576,4	0,036381	0,166667	0,218286	−1,521947	−0,055370	−0,253658
Atlantis	12545,6	0,791850	0,166667	4,751101	1,558376	1,234000	0,25973
El Dorado	436,1	0,027526	0,166667	0,165154	−1,800877	−0,049570	−0,300147
Lizarb	1682,9	0,106221	0,166667	0,637325	−0,450475	−0,047850	−0,075079
Trondhein	328,1	0,020709	0,166667	0,124254	−2,08543	−0,043187	−0,347572
Uqbar	274,3	0,017313	0,166667	0,103879	−2,264526	−0,039206	−0,377422
Planeta GangeS	15.843,4					0,998817	1,094148

ao mais rico entre os casos 3 e 4 fez Theil-T elevar-se de 0,0411 para 0,0964, com correspondente elevação em Theil-L de 0,0436 para 0,1116. Uma nova transferência regressiva, agora, digamos, entre os casos 8 e 9, praticamente não alterou o valor de Theil-T. Por contraste, os índices Theil-L cresceram de 1,7828 para 2,3584. Ou seja, sucessivas transferências de renda do indivíduo mais pobre ao mais rico provocam aumentos moderados em Theil-T e extraordinariamente mais que proporcionais no índice de Theil-L.

Em resumo, observamos que Theil-L é mais sensível às variações na renda dos pobres, o que faz Theil-T relativamente mais sensível à renda dos indivíduos mais ricos. Logo, estamos em condições de retirar uma importante lição deste exercício. Em geral[35], quando quisermos utilizar um índice que dê realce à situação dos indivíduos mais bem aquinhoados, devemos optar por trabalhar com o índice de Theil-T. Por contraste, se nosso interesse é destacar a situação dos mais pobres, a escolha deve ser, em linhas gerais, o índice de Theil-L. Tal precaução é especialmente válida, quan-

---

[35] Todavia, como ilustraremos por meio da Tabela 10.10, é muito importante certificarmo-nos de que a situação concreta com que a política econômica é confrontada não representa um dos pontos de inflexão em que $T < L$, o que tornaria este raciocínio enviezado.

do desejamos avaliar as consequências distributivas de políticas econômicas, como a do imposto de renda progressivo ou do gasto público em educação elementar.

Voltando a usar os dados do Planeta GangeS, e exibindo um formato de memorando de cálculo, a Tabela 10.7 mostra em detalhes as etapas necessárias para a determinação dos índices de Theil-T e Theil-L. Colocadas em perspectiva, as cifras de T e L permitem ilustrar o caso geral do viés pró-pobre do índice de Theil-L. Ou seja, no caso geral, a mesma desigualdade observada no Planeta GangeS é mais bem representada quando a avaliamos por meio do índice de Theil-L, em detrimento de Theil-T.

Observamos na Tabela 10.7 que o índice de Theil-L assume o valor de 1,094148 no ano V, contrastando com os 0,998817 do índice de Theil-T[36]. Dados os diferenciais de renda per capita, especialmente entre Atlantis e Uqbar, percebemos – conforme acabamos de anunciar – o viés "pró-pobre" do índice de Theil-L. Vemos também que o próprio memorando de cálculo implícito na construção das duas tabelas mostra comunalidades nas colunas (A), (D) e (E), cabendo a diferença essencialmente às colunas (B) e (C) que mostram, num caso, a participação dos países na renda do Planeta GangeS, no outro, o fato de que cada território representa uma sexta parte do total de países. Como salientamos, trata-se do fator de ponderação do logaritmo das rendas relativas, sendo o primeiro caso concernente à média aritmética ponderada dos logaritmos, ao passo que o segundo diz respeito à média aritmética simples[37].

Dualidade dos índices de Theil-T e Theil-L e alguns desdobramentos

Existe uma solução elegante para o fato de que os índices de Theil-T e Theil-L violam as propriedades 2 e 6 do Box 10.3. A elegância da solução aqui apresentada baseia-se no conceito de dualidade (Box 10.4), inspirando-se no Painel (0-100) da Figura 10.5. Podemos calcular os chamados índices duais de Theil-T e Theil-L, que vamos designar por T_D e L_D, observando que ambos atendem a estes requisitos. Naquele painel, vemos que 50% dos indivíduos da população – os mais pobres – não detêm qualquer participação na renda, ao passo que esta é perfeitamente distribuída entre os demais 50%. Generalizando a lição que tiramos deste contexto, observamos a magnitude da fração da população mais pobre (sem rendimentos) compatível com uma distribuição perfeitamente igualitária entre os demais indivíduos, ainda que o

---

[36] Uma vez que sigamos, conforme efetivamente fizemos para os dados do Planeta GangeS, todas as precauções apontadas nos Capítulos 11B (Intertemporais/CD) e 11C (Internacionais/CD), as comparações entre cifras dos anos I e V dos seis países são legítimas.

[37] No Capítulo 10A (Distribuição/CD) estudaremos a possibilidade de individualizarmos as influências dos elementos destacáveis dos índices de Theil-T (isto é, s_i e $\ln\frac{y_i}{y_m}$) e Theil-L (a saber, r_i e o mesmo $\ln\frac{y_i}{y_m}$) sobre a variação de nossas medidas de desigualdade entre dois períodos de tempo. Existem na literatura da área vários tipos de decomposição assemelhadas às que aplicamos às matrizes dos Capítulos 4A (MaCS/CD) e 4B (MIP/CD), salientando a diferença dentro de cada grupo e aquela observada entre um grupo e os demais. Recordemos que essas matrizes permitiram as decomposições estática e a dinâmica. De modo análogo a elas, os índices de desigualdade derivados da equação (10.15) também podem ser vistos como resultantes de diferentes parcelas que se adicionam, reconstituindo a totalidade. No Capítulo 10A (Distribuição/CD), vamos explorar o tema da decomposição dos dois índices de Theil.

Box 10.4 — Dualidade e os índices de desigualdade

Expressa da maneira mais geral possível, uma dualidade (ou uma situação de dualismo) é a possibilidade que um todo (uma totalidade) oferece de o dividirmos em duas partes (distintas, mas inseparáveis). Um objeto (primal) qualquer e a imagem que ele projeta no espelho (dual) representam um bom exemplo da amplitude e generalidade do conceito. A noite é o primal do dia, mas se considerarmos o dia como primal, então a noite é que receberá o nome de dual. A área $A_{b,h} = b \times h$ de um retângulo tem como dual a área idêntica $A_{h,b} = h \times b$. Por fim, a dualidade básica de um sistema econômico é a identidade entre as compras e as vendas de determinada mercadoria: se as compras são o primal, então as vendas são seu dual, e vice-versa.

Qualquer índice de dispersão (desigualdade ou crescimento), portanto, possui um dual. Em certos casos de índices de desigualdade, como o índice de Gini, o dual é o próprio índice primal. No caso dos índices de crescimento (ou bilaterais), os índices de preços são os duais dos índices de quantidades. Como podemos intuir, a classe de objetos (espelhos, caleidoscópios, figuras geométricas, conjuntos numéricos, índices de dispersão, etc.) cujo dual é o próprio primal destacam-se de todas as outras classes.

Hoffmann (1998, p.42-4, 107-9 e 271) discute o tema e remete-nos a um artigo de 1974 de J. Souza divulgado nos Anais da ANPEC. Em 1996, a nova edição (mas não a primeira) do livro de Amartya Sen sobre desigualdade, agora em coautoria com James E. Foster, também dedicou atenção ao tema. Souza, agora associado com Peñalosa (2005), desenvolveu o tema, falando no "processo de socialização parcial deTheil".

Simplificando e adaptando aos nossos propósitos, os conteúdos trabalhados por Souza e Peñalosa (2005) podem ser resumidos como segue. Vamos designar como E_α a medida de desigualdade da distribuição da renda Y_C de uma população, cuja renda per capita é y_m. Podemos conceber outra distribuição da renda Y_D desta mesma população, também caracterizada pela renda média y_m e pelo mesmo grau de desigualdade apurado com E_α, cuja diferença com relação a Y_C seja o fato de que a fração T_D, por exemplo, 0,20 (ou 20%), recebe renda nula. Ou seja, T_D é a fração da população não detentora de renda que declaramos compatível com a mesma desigualdade medida por E_α. Da mesma forma, o número de indivíduos que não detêm qualquer renda é expresso como $n \times T_D$, ou, no caso dos 20% recém mencionados, este número é $0,2 \times n$ indivíduos. Torna-se claro agora por que Souza e Peñalosa (2005) falam em "socialização parcial": é socialização porque a renda da distribuição Y_D é perfeitamente distribuída (entre os indivíduos mais ricos), e é parcial, pois a redistribuição ocorre – como acabamos de referir – apenas entre os indivíduos mais ricos.

Neste contexto, o número de indivíduos que se apropriam de toda a renda é, naturalmente, de $0,8 \times n$, ou $n \times (1 - T_D)$. Na medida em que a renda é perfeitamente distribuída entre este segundo grupo, a participação de cada indivíduo (deste grupo) na renda societária é de:

$$s_i = \frac{1}{n \times (1 - T_D)}, \text{ com } \sum_{i=1}^{n} s_i = 1$$

Neste caso,

$$n \times s_i = \frac{1}{1 - T_D},$$

o que a anamorfose logarítmica permite escrever como:

$$\ln(n \times s_i) = \ln \frac{1}{1 - T_D}.$$

Em sequência, multiplicamos ambos os lados desta igualdade por s_i:

$$s_i \times \ln(n \times s_i) = s_i \times \ln \frac{1}{1 - T_D},$$

e lhe calculamos os somatórios:

$$\sum_{i=1}^{n} \left[s_i \times (\ln n \times s_i) \right] = \sum_{i=1}^{n} s_i \times \ln \frac{1}{1 - T_D}. \quad (1)$$

Agora, torna-se claro, como vimos em (10.19), que o lado direito de (1) é o índice de Theil-T, levando a:

$$T = \sum_{i=1}^{n} s_i \times \ln \frac{1}{1 - T_D}.$$

Por seu turno, ao operarmos o somatório da constante logaritmada de (1), nomeadamente, $\ln \frac{1}{1-T_D}$, observamos que:

$$\sum_{i=1}^{n} s_i \times \ln \frac{1}{(1 - T_D)} = \ln \frac{1}{(1 - T_D)}, \quad (2)$$

ou seja, a média aritmética ponderada entre n valores da mesma constante $\ln \frac{1}{1-T_D}$ é a própria constante. Deste modo, somos levados a perceber que:

$$T = \ln \frac{1}{1 - T_D}. \quad (3)$$

Este resultado permite-nos escrever:

$$e^T = \frac{1}{1 - T_D}, \quad (4)$$

sendo e a base dos logaritmos neperianos. Reescrevemos (4) como:

$$e^{-T} = 1 - T_D \quad (5)$$

e chegamos a:

$$T_D = 1 - e^{-T}, \quad (6)$$

onde

$$0 \leq T_D \leq 1. \quad (7)$$

Fonte: Hoffmann (1998); Sen e Foster (1996); Souza (1974); Souza e Peñaloza (2005).

grau de desigualdade quando consideramos a totalidade populacional seja mantido constante. Como tal, quanto maior for o valor de T_D ou de L_D, maior será a fração da população cuja renda deve ser retirada dos pobres e transferida para os mais bem aquinhoados, de sorte a permitir que a perfeita igualdade se instaure entre ambos.

Aceitando o resultado final da equação 6 do Box 10.4, e renumerando-a, temos $T_D = 1 - e^{-T}$, o que é um importante resultado, também válido para o índice de Theil-L. Neste caso, vamos definir-lhe o dual como $L_D = 1 - e^{-L}$. Esta importância resulta do fato de que, lidando com um índice que varia entre zero e a unidade, podemos comparar situações em diferentes regiões, números de habitantes e momentos de tempo. Vejamos um exemplo simples da importância de incorporarmos conceitos que permitem autenticamente a variação do índice entre zero e a unidade. Reconsideremos a distribuição [5 25 25 45] já estudada.

Naquele momento, calculamos o que designamos como "Theil-T relativo", encontrando o valor de $T = 0,1328$, para o máximo valor concebível, correspondente ao logaritmo neperiano de 4 (ou seja, 1,3863). A estas cifras corresponde um $T_D = 0,1681$, ou seja, a desigualdade é ainda maior do que a aproximação imperfeita apontava. Por contraste, essa mesma distribuição gera $L = 0,2554$, correspondendo a um $L_D = 0,2254$. Uma vez que reconhecemos que o conceito de dualidade oferece uma solução de melhor qualidade, torna-se mais fácil criticarmos a solução do cálculo do número relativo.

Com efeito, a analogia do índice de Gini e das áreas delimitadas pela curva de Lorenz e pela curva de perfeita igualdade do dual de Theil-T (e também de Theil-L) é completa. Por contraste, a divisão entre o valor do índice de Theil-T e o valor máximo que este pode alcançar é problemática, pois não estamos vendo variáveis agregáveis aditivamente, como as que compõem o índice de Gini, mas derivadas de uma função transcendental (o produto entre um número racional e um logaritmo). Ademais, uma vez que o valor máximo concebível para o índice de Theil-L tende ao infinito, os paralelismos que estamos cultivando cessam completamente. Em outras palavras, não podemos conceber nenhum índice de Theil-L relativo.

Utilizando novamente os dados da Tabela 10.3, vamos construir a Tabela 10.8. Com ela, ilustramos nossa nova conquista, nomeadamente, a incorporação do conceito de dualidade de um índice, retomando os dados originais das distribuições A, B e C, mas incorporando-lhes mais duas. A primeira consiste na incorporação das famílias cujos patriarcas são Ana, Branco e Cony, integrando um clã cuja distribuição da renda nos interessa. Chamaremos este caso de distribuição $A+B+C$, ao passo

Tabela 10.8 Índices de Theil-T, Theil-L e seu dual para as distribuições A, B e C, ABC e A+B+C

Distribuições	Theil-*T*			Theil-*L*	
	Valor	Relativo	Dual	Valor	Dual
A (n=100)	0,082049	0,017817	0,078773	0,080436	0,077286
B (n=100)	0,000369	0,000080	0,000369	0,000369	0,000369
C (n=100)	1,469775	0,319158	0,770023	1,898239	0,850168
A+B+C (n=100)	0,279002	0,060585	0,243462	0,213075	0,191905
Total (ABC=300)	0,517398	0,112351	0,403930	0,659681	0,482984

que a segunda incorporação descrita na tabela considera a distribuição ABC, aquela abarcando as rendas dos 300 indivíduos integrantes das distribuições A, B e C.

A inspeção visual da Tabela 10.3 permite que confirmemos os resultados da Tabela 10.8, ou seja, que as sociedades cujas distribuições de renda são lá expressas, ainda que dispondo da mesma renda per capita de L$ 869,5, mostram acentuadas divergências distributivas. A principal vantagem existente na utilização de T_D é que este dual é perfeitamente comparável com populações portadoras de diferentes características.

Mas temos ainda duas observações de caráter diverso das anteriores para fazer relativamente à Tabela 10.8. Primeiramente, vemos que ambos os índices duais – Theil-T e Theil-L – hierarquizam na ordem que esperamos as distribuições estudadas, atribuindo maiores valores para aquelas que aprioristicamente considerávamos menos igualitárias. Em segundo lugar, vemos que, nas distribuições A e $A+B+C$, o índice T_D é maior do que L_D, há igualdade (com a aproximação de menos de 1.000.000 adotada) na distribuição B, sendo L_D maior do que T_D para a distribuição C. Na verdade, a relação observada entre os índices da distribuição C é a mais comum, mas os casos de inversão não devem ser desconsiderados[38].

Seguindo a linha de argumentação das virtudes do índice dual quando se trata da busca de comparabilidade entre diferentes populações, vamos realizar um experimento na Tabela 10.9[39]. Com ele, ilustraremos o conceito de equivalente da renda distribuída igualitariamente. Considerando as distribuições [49 41] e [1 99], por exemplo, queremos saber com que renda deve ingressar na sociedade um terceiro indivíduo (digamos, o primeiro ungido com a renda básica da cidadania), de modo a

Tabela 10.9 Limite superior da contribuição da renda criada por um novo emprego para a redução da desigualdade

Indivíduos	Máximo viés praticamente nulo		Rendas iniciais de 1 e 99		Índice dual de Theil-T			Índice dual de Theil-L
	Dois indivíduos	Três indivíduos	Entrada às custas do rico	Entrada em conluio com o pobre	Manter T_D $\cong$ 0,3389	T_D convergindo a 0,66		L_D convergindo a 0,66
Pobre	43	30,3	1,0	2,0	1,0	1		1
Renda média	–	36,7	36,7	35,7	54,5	100.000		58
Rico	57	43,0	72,3	72,3	99,0	99		99
Total	100	110,0	110,0	110,0	154,5	100.100		158
Theil-T	0,01	0,01	0,4138	0,3847	0,4132	1,0907		0,4058
Dual de Theil-T	0,01	0,01	0,3389	0,3193	0,3385	0,6640		0,3335
Theil-L	0,01	0,01	0,9740	0,7522	1,0771	5,0460		1,0788
Dual de Theil-L	0,01	0,01	0,6224	0,5287	0,6594	0,9936		0,6600

---

[38] Seja como for, insistimos em manter cautela quanto às condições que propiciam o surgimento das exceções assinaladas na Tabela 10.10.

[39] No caso das populações dos países do Planeta GangeS, poderíamos falar nos movimentos na renda dos 10% mais ricos ou dos 20% mais pobres, atendo-nos a algumas razões de Kuznets, conforme os indicadores desenvolvidos na Seção 10.3.

iniciar o processo de redução da desigualdade. Consideraremos ainda que as redistribuições ocorrerão apenas para os casos extremos, com a renda total crescendo de 100 para 110, fixando-se a renda do indivíduo mediano em L$ 36,7.

No caso do índice de Theil-T, como os valores máximos possíveis para ambas as situações são, respectivamente, de ln 2 e ln 3, o conceito de dual de um índice de desigualdade mostra-se um instrumento essencial, pois permite comparações entre grandezas homogêneas. Especificamente, as respostas à questão de qual é a renda do indivíduo a ter sua remuneração socialmente estabelecida, a fim de reduzir a desigualdade, serão diversas, caso lidemos com Theil-T ou Theil-L. Veremos em seguida sua determinação numérica, ou seja, obtida pelo método das tentativas e correção do erro.

A renda que buscamos é uma função não linear das rendas do indivíduo mais pobre e do mais rico. Mas será precisamente a distância entre ela e as demais que sinalizará a seriedade da situação vigente. Consideremos, para ilustrar, o caso da distribuição do vetor [1 99], cujo dual de Theil-T é $T_D = 0{,}4712$, conforme observamos na Tabela 10.9. Se mantivermos a renda do indivíduo mais pobre em L$ 1, então garantir a transferência de L$ 36,7 para o indivíduo mediano implica reduzir a renda do indivíduo mais rico para L$ 72,3. Esta conjunção distributiva, nomeadamente, o vetor [1 36,7 72,3], perfaz a renda de L$ 110 e gera um índice dual de Theil-T no valor de $T_D = 0{,}6224$. O confronto direto entre 0,4712 e 0,6224 mostra que a instituição da transferência apenas para o novo ingressante no sistema, mesmo mantendo o L$ 1 de renda do mais pobre, reduziu substantivamente a desigualdade. Todavia um conluio (que condenamos!) entre o ingressante e o indivíduo mais rico poderia gerar o vetor [0,1448 36,7 73,1552], mantendo o índice dual de Theil-T, ao qual corresponde o dual de Theil-L no valor de $L_D = 0{,}8010$, situação prévia à entrada do terceiro indivíduo.

Cabe notarmos que a condenação que acabamos de fazer a este novo arranjo distributivo, além de moralmente elogiável, apoia-se no conceito de ótimo de Pareto. A nova situação é um subótimo, pois substituiu um *status quo* por meio da piora infligida aos dois indivíduos inicialmente considerados. Se o ingressante subornasse o indivíduo mais pobre para votar no projeto redistributivo, duplicando-lhe a renda, o vetor [2 35,7 72,3] geraria $T_D = 0{,}5287$, mas configuraria outra situação subótima, pois o indivíduo mais rico teria uma perda de L$ 26,7.

Neste caso, o indivíduo mais pobre terá experimentado um abalo de 85% em sua renda, por contraste aos 26,8% de perda do indivíduo mais rico. Estas cifras ilustram a dificuldade que os governantes enfrentam ao implementarem políticas com consequências redistributivas. Independentemente do julgamento de valor que expressamos ao condenar o confisco à renda do indivíduo mais pobre, sugeriríamos cautela aos governantes antes de implementarem tais políticas. De fato, disséramos que Theil-T e, portanto, T_D, exibe um viés desfavorável aos indivíduos mais pobres. Por contraste, como Theil-L e L_D carregam um viés mais benévolo aos pobres, uma política que gerasse as rendas do vetor [30,8 36,7 42,5] mostraria razoável equidade e os índices T_D e L_D iriam diferir em menos de um ponto percentual.

A desigualdade da distribuição [1 99] capturada por $T_D = 0{,}4712$ não pode ser replicada pela distribuição [y_1 36,7 y_3], pois o máximo alcançável para uma renda de L$ 110, com esse $y_2 = $ L$ 36,7 é $T_D = 0{,}3699$, formando o vetor [0,01 36,7 72,9999...]. Em resumo, a busca da manutenção do índice de desigualdade prévio à entrada do terceiro indivíduo encontra óbices irremovíveis ao ser mensurado com T_D ou L_D, no caso da sociedade enormemente desigual.

Como conclusão deste exercício voltado a ilustrar a relevância do uso do conceito de dualidade dos índices de Theil-*T* e Theil-*L* como instrumento de orientação para a avaliação das consequências distributivas da política econômica, temos três comentários. Para fazê-los, voltaremos a examinar os casos da busca do viés da neutralidade pró-pobre ou pró-rico a partir das distribuições iniciais [49   51] e [1   99]. Primeiramente, o grau de radicalismo na transferência depende diretamente do grau de desigualdade observado na situação atual: é mais fácil para uma sociedade igualitária deslocar-se para posições ligeiramente diversas (um pouco mais de igualitarismo ou um pouco menos) do que para a sociedade que parte de uma posição inicial muito desigual.

Em segundo lugar, a distribuição [1   99] registra com mais dramaticidade a magnitude das transferências dos dois indivíduos postados na situação inicial, a fim de acolherem um terceiro quando a renda social cresce 10%. Iniciamos lembrando que, neste caso e em suas variantes, observamos que o dual de Theil-*L* é maior do que o dual de Theil-*T*. Ora, a perfeita igualdade seria, naturalmente, alcançada com três rendas de L$ 36,7. O dual de Theil-*L*, que carrega o viés pró-pobre, requereria uma fração diversa da requerida para acomodar o dual de Theil-*T*, como podemos facilmente calcular.

O terceiro e último comentário que vamos endereçar aos resultados do experimento reportado na Tabela 10.9 diz respeito à influência dos coeficientes de aversão à desigualdade implícitos em Theil-*T* e Theil-*L*. Como já vimos na Tabela 10.7, o confronto direto entre os índices não gera comparações legítimas, o que deixa de ser verdadeiro quando fazemos as transformações oferecidas pelo conceito de dualidade[40]. Neste caso, devemos lembrar que a distribuição que chamamos de "viés neutro" está igualando uma situação regida por $\alpha = 0$ com outra de $\alpha = 1$. Com isso, torna-se clara a natureza do viés pró-pobre da segunda medida de desigualdade de Theil: mesmo partindo de um coeficiente de aversão à desigualdade nulo, ele garante mais renda ao indivíduo mais pobre do que este receberia com a parametrização por meio de Theil-*T*.

Deste modo, uma vez que aceitemos estes contornos, os números da tabela servem como linhas gerais de orientação para a política econômica. Por exemplo, na área do imposto de renda, se a aversão à desigualdade é alta, recomendaremos a criação de uma alíquota diferenciada para qualquer ocupação que pague um rendimento maior do que o valor crítico. Sob o ponto de vista do gasto público, os números obtidos levam-nos a questionar a validade de que o próprio setor público crie empregos com remunerações maiores do que o valor crítico. Por fim, a fixação de um salário mínimo em níveis inferiores aos que mantêm a desigualdade implica ampliar a brecha precisamente no segmento mais crítico da distribuição. De modo análogo, esta cifra sinaliza o *minimum minimorum* de valor de isenção de pagamento de qualquer tributação sobre o patrimônio, a herança, a renda e demais proventos de qualquer natureza.

Mas temos agora, na Tabela 10.10, outro experimento contrafactual ainda mais inquietante sob o ponto de vista da generalização do viés entre a mensuração da desigualdade feita com os índices de Theil-*T* e Theil-*L* e que mostra a importância do

---

[40] O índice de Gini, conceitualmente menos rico do que o de Theil, contrasta com esta deficiência, pois é o dual de si próprio.

Tabela 10.10 Análise contrafactual da hierarquização dos índices duais de Theil-T e Theil-L

10º Indivíduo	T_D	L_D	$T_D - L_D$
0,0000001	0,10017	0,87865	−0,77848
0,1	0,09994	0,51689	−0,41695
1	0,09847	0,39195	−0,29348
10	0,08870	0,23636	−0,14766
100	0,04100	0,06128	−0,02028
380	0,00047	0,00048	−0,00001
393	0,00028	0,00028	0,00000
394	0,00027	0,00027	0,00000
395	0,00026	0,00026	0,00000
435	0,00029	0,00029	0,00000
450	0,00051	0,00050	0,00001
500	0,00197	0,00188	0,00008
1.000	0,05314	0,04356	0,00958
33.468	0,82755	0,82755	0,00000
35.000	0,83054	0,83363	−0,00309
500.000	0,89383	0,98332	−0,08948
500.000.000.000	0,90000	1,00000	−0,10000

conceito de índice dual. Consideremos o vetor **Y** cujos elementos são as rendas dos nove primeiros indivíduos de um conjunto de 10

$$\mathbf{Y} = [401 \quad 404 \quad 409 \quad 411 \quad 413 \quad 414 \quad 417 \quad 425 \quad 426]$$

Com uma média de 413,3, esta distribuição parece-nos razoavelmente igualitária. A partir desta situação, inserimos o 10º indivíduo recebendo renda praticamente nula. Neste caso, $T_D < L_D$, o que é sinalizado pelo valor negativo da diferença entre um e outro vista na última coluna da Tabela 10.10 Aumentando seus rendimentos, passamos a observar mudanças na hierarquização das medidas de T_D e L_D.

O primeiro aspecto que nos prende a atenção diz respeito à mudança de sinal das diferenças entre T_D e L_D quando o décimo indivíduo recebe rendas alternativas de 380 até 450, ou seja, alguns valores intermediários assumem o valor nulo, dada a precisão que escolhemos para reportar os resultados. Seja como for, podemos intuir que as funções T_D e L_D estarão interceptando-se em algum ponto deste intervalo. No caso de rendas inferiores a 380, temos valores visivelmente negativos na coluna de T_D-L_D, hierarquizando-se de modo crescente. Ou seja, vemos que L_D é maior do que T_D, evidenciando a piora na situação econômica dos pobres. Por contraste, as rendas superiores a 450 exibem um crescente viés pró-ricos, pelo menos até a renda de 1.000, pois no nível de 33.468 voltamos a observar a igualdade entre T_D e L_D.

Como resumo geral das lições recebidas do conceito de dualidade, assinalamos que os contornos dos experimentos cujos resultados centram-se nas Tabelas 10.9 e 10.10 são muito estritos. Isto, porém, não deve impedir-nos de generalizar a proposição de que, dependendo da distribuição, não poderemos apontar uma hierarquia perene entre — mais geralmente do que a argumentação feita com base nas dualidades — Theil-*T* e Theil-*L*. Alguns fatores determinarão os contornos desta ordenação, cabendo destacar o tamanho da população e a distribuição da renda social vigente na situação inicial[41].

Os dois Índices de Theil: resumo

Inspirado no conceito físico de entropia, adaptado por Claude Shanon para a teoria da informação, Henri Theil (1967) buscou uma medida que mostrasse a divergência de cada ponto (y_i) da distribuição *y* com relação a sua média (y_m). Sempre que a média exibir uma distribuição retangular, como na Figura 10.1, poderemos dizer que o conteúdo informacional da maior parte do gráfico é redundante, pois está apenas repetindo o que já sabemos: qualquer que seja o valor do eixo das abscissas (as rendas y_i), o eixo das ordenadas vai mostrar a cifra da média (y_m). A diferença entre a distribuição efetiva da variável *y* e a distribuição retangular da média y_m é uma área rica em informações novas, ou seja, de baixa entropia. Henri Theil (1967) associou probabilidades de ocorrência de determinada renda atribuída a um indivíduo específico com sua participação na renda total.

Tautologicamente falando, quanto maior for esta cifra, maior será a probabilidade de detectarmos um indivíduo mais rico do que a correspondência com cifras mais baixas. De sua parte, a distribuição será tanto mais desigual quanto os valores extremos das rendas individuais divergirem da média aritmética das probabilidades de detecção de cada indivíduo. De fato, uma vez que estas são agregáveis aritmeticamente, a criação de uma medida de desigualdade que lhe seja correlata comunga de sua possibilidade de reagrupar elementos.

Neste contexto, exibimos as duas medidas de desigualdade de Theil, nomeadamente, os índices de Theil-*T* e Theil-*L*. Nos casos de *T*, estamos frente a uma média aritmética ponderada de logaritmos de rendas relativas (isto é, $\ln \frac{y_i}{y_m}$). Além disso, cabe salientarmos que L é o simétrico de uma média aritmética simples entre esses mesmos logaritmos.

O fato de que a média de $\ln \frac{y_i}{y_m}$ é ponderada por s_i ou r_i tem uma consequência interessante. Esses pesos devem fazer com que, nas proximidades dos dois pontos críticos da função E_α (com coeficientes de aversão à desigualdade assumindo os valores de $\alpha = 0$ e $\alpha = 1$), os índices de T e L sejam influenciados pela magnitude dos valores extremos da distribuição da variável *y*. Em geral, os índices de Theil-*L* são maiores do que os índices de Theil-*T* correspondentes à mesma população. Todavia vimos na Tabela 10.10 que existe uma região de instabilidade no cálculo dessas duas medidas de desigualdade.

Depois, vimos a concepção geral de dualidade e sua aplicação para os índices *T* e *L*, o que lhe permite vencer uma das severas limitações do índice de Theil, nomeadamente, a possibilidade de realização de comparações entre diferentes populações. Neste ambiente, consideramos oportuno assinalar outro paralelismo importante. A beleza analítica deste apenas será revelada quando estudarmos os índices de dis-

---

[41] No Capítulo 10A (Distribuição/CD), desenvolvemos mais dois tópicos relacionados com os índices de Theil-*T* e Theil-*L*, nomeadamente, seu cálculo e decomposição para dados agrupados e a decomposição para componentes observadas dentro de determinado período e as causas da variação entre dois períodos.

persão de Fisher (*F*), Törnqvist (*Tö*) e outros índices multiplicativos na Seção 11.6 do Capítulo 11A (Índices/CD). Em particular, estes quatro (isto é, *T*, *L*, *F* e *Tö*), ao usarem como critério de agregação das informações que se propõem a descrever as diversas combinações entre as médias aritméticas, geométricas e harmônicas, deixam clara sua origem comum, a função que aqui representamos com a equação (10.2). Sob este ponto de vista, as s_i frações $p_{ij} \times q_{ij}$ (de *share* de *T*) da renda detida pelo indivíduo *i*, a importância de r_i (de *ratio* de *L*) de cada indivíduo na população e os pesos w_i (de *weight* de *F* e *Tö*) apontam a natureza simples (não ponderada) e ponderada das três médias. De modo análogo, as razões $\dfrac{y_i}{y_m}$ e $\dfrac{p_{ij} \times q_{ij}}{p_{ij} \times q_{ij}}$ (ambas com n mercadorias e *k* indivíduos) podem ser entendidas como numeradores e denominadores mostrando multiplicações entre preços unitários e quantidades monetárias. Na presente seção, estamos preocupados em medir a variabilidade da variável renda, ao passo que no Capítulo 11 (Comparações) nosso interesse vai deslocar-se para a avaliação do crescimento dos preços a partir da base unitária e das quantidades a partir da base fixada em um montante arbitrário (mas conveniente). Em ambos os casos, nosso interesse reside na dispersão dos valores de y_i, p_i e q_i em torno de suas médias aritméticas, geométricas ou harmônicas, simples ou ponderadas.

10.4.4 Os índices de Dalton e de Atkinson

O programa de pesquisa centrado na desigualdade econômica traz implícito o paradigma igualitário, ainda que não necessariamente o defenda, nem ofereça indicações sobre o grau de desigualdade tolerável ou desejável. Com efeito, na Subseção 10.4.2 pudemos ver que o índice de Gini – ainda que constituindo uma importante tentativa de mensuração – não partiu de uma formulação teórica da própria questão da desigualdade. O índice de Theil, mesmo descurando desta questão normativa, assenta na teoria da informação brevemente apresentada na Subseção 10.2.2 do Capítulo 10A (Distribuição/CD) e pode ser obtido a partir de uma função geral de mensuração da dispersão da distribuição de uma variável, rastreada pela equação (10.15). Os índices de Dalton e Atkinson, que estudaremos na presente seção, têm sua origem ditada por funções matemáticas que capturam determinadas características relevantes do comportamento dos indivíduos integrantes de uma sociedade quanto à desigualdade.

O índice de desigualdade de Dalton (1920) propõe-se a medir a perda de bem-estar social devido à distribuição desigual da renda entre os indivíduos. Sua definição é:

$$D_\alpha = \frac{U(y_m) - U(y_E)}{U(y_m)} = 1 - \frac{U(y_E)}{U(y_m)} \quad (10.21)$$

onde $U(y_E)$ é a utilidade que corresponde ao equivalente de renda distribuído igualitariamente e $U(y_m)$ corresponde à utilidade social resultante de uma distribuição de renda perfeitamente igualitária. Vemos, assim, a distância relativa entre o equivalente de renda distribuído igualitariamente e a renda média societária. Em virtude das características estabelecidas por Anthony Atkinson (1970) para a função que rege o formato de (10.21), segue-se necessariamente que $y_m \geq y_E$.

Deste modo, podemos reescrever o índice de Dalton para cada grau de aversão à desigualdade α não mais como função da utilidade (não mensurável), mas da renda dos *n* indivíduos (obviamente mensurável):

$$D_\alpha = 1 - \frac{\frac{\sum_{i=1}^{n} y_i^{1-\alpha}}{n} - 1}{y_m^{1-\alpha} - 1}.$$

No caso de perfeita igualdade, $y_m = y_E$, o que faz $D_\alpha = 0$. No extremo oposto, nomeadamente, quando toda a renda pertencer a um único indivíduo, então $D_\alpha = 1$.

Na aplicação que fazemos do conceito de índice de Dalton sobre os dados da Tabela 10.11, vamos selecionar alguns valores para α, buscando aquilatar sua influência sobre a magnitude do índice calculado para as duas distribuições elementares com que já lidamos anteriormente, nomeadamente, os casos "49-51" e "1-99". Observamos a perda de bem-estar em que a sociedade incide por ter uma distribuição diversa da perfeitamente igualitária. Vemos que a mesma distribuição da renda, por exemplo o caso 49-51, tem seu índice de Dalton crescendo de forma mais acelerada do que o caso 1-99, à medida que a preferência social pela desigualdade aumenta. Também observamos que em ambos os casos D_α cresce a taxas decrescentes.

Para nossos cânones aprioristicos, a distribuição "49-51" pode ser considerada como praticamente retangular (desvio padrão de 1,4142). Ainda assim, se o coeficiente de aversão à desigualdade é de 0,99 ou mesmo de 0,90, então a "denúncia" da situação é praticamente a mesma do que a da distribuição "1-99" (desvio padrão de 49,00).

Naturalmente, o senso comum sugere que haverá certo exagero em igualarmos, para fins de orientação de políticas econômicas, ambas as situações, pois a desigualdade da segunda é denunciada com relativamente mais vigor para, digamos, valores inferiores a $\alpha = 0,5$. A partir do que apontamos no início desta seção, sugere-se que a desigualdade distributiva excessiva é considerada algo indesejável, ainda que o nível tolerável possa ser diferente para diferentes grupos sociais. Com efeito, indicamos anteriormente que, para cada índice de desigualdade total, a situação é mais preocupante nos casos em que a assimetria dos mais pobres (entre si) é maior do que a dos ricos (entre si).

Desta forma, de início já sabemos que a função de utilidade social deve, de alguma forma, considerar esta possibilidade, o que nos leva a pensar em algum tipo de parâmetro que indique o nível de aversão à desigualdade, de forma que sua elevação reduza a utilidade social. Neste contexto, cumpre-nos assinalar que a desigualdade irá reduzir-se sempre que a renda de um indivíduo pobre aumentar, ou a

Tabela 10.11 Índices de Dalton para duas distribuições de renda

Casos	Valores do coeficiente de aversão à desigualdade									
	0,00	0,10	0,20	0,25	0,50	0,75	0,80	0,90	0,99	1,00
Rendas 49-51	0,0000	0,3304	0,5538	0,6367	0,8761	0,9661	0,9758	0,9902	0,9992	1,0000
Rendas 1-99	0,0000	0,6861	0,8036	0,8450	0,9543	0,9890	0,9923	0,9970	0,9998	1,0000

de um rico decrescer. Em qualquer destes casos, veríamos que o bem-estar social cresce a uma taxa decrescente.

Para concluir a discussão do índice de Dalton, cabe alinharmos uma crítica que costuma ser-lhe endereçada. Dependendo da função de bem-estar social adotada para o modelo empírico, aumentos de renda proporcionais a todos os indivíduos deixarão inalterado o valor da função no ponto considerado. Ou seja, a relação entre α e D_α não é monotônica, problema que será superado pelo índice de Atkinson.

De fato, o índice de Atkinson apresenta uma importante comunalidade com o índice de Dalton. Ambos se inspiram na função de utilidade social, no conceito de equivalente da renda distribuída igualitariamente e no grau de aversão à desigualdade. Por contraste ao de Dalton, o índice de desigualdade de Atkinson resiste à crítica que acabamos de endereçar ao primeiro. Seu contraste relativamente ao índice de Gini e alguns dos que vamos examinar na Seção 10.5 (e comunalidade com Dalton), é que ele considera, de forma explícita, um julgamento de valor sobre o bem-estar social, na medida em que lança mão do conceito de aversão à desigualdade. Para contextualizarmos a construção do índice de Atkinson, reconsideremos uma vez mais a Figura 10.3. Ao endereçarmos comentários a ela, salientamos que $y_m - y_E$ é o montante de renda que a sociedade se dispõe a sacrificar, a fim de alcançar pleno igualitarismo. Podemos explorar mais profundamente esta noção e sugerir a seguinte igualdade:

$$\frac{OA}{OC} = \frac{y_E}{y_m}.$$

Qualquer dos dois termos desta proporção informa quanto o equivalente de renda distribuído igualitariamente está abaixo da renda social média, ou seja, qual é a tolerância por parte da sociedade à desigualdade. Quanto menor a fração $\frac{y_E}{y_m}$, menor é o valor do sacrifício de renda que ela se dispõe a fazer. A partir destas considerações, seguindo a analogia com Dalton, podemos expressar o índice de Atkinson como:

$$A_\alpha = 1 - \frac{y_E}{y_m} \qquad (10.22)$$

onde o coeficiente de aversão à desigualdade α, como já fizemos com E_α, é inserido na fórmula como subscrito de A, a fim de sinalizar sua importância para a determinação do formato da curva DCB da Figura 10.3.

No próprio ambiente da Figura 10.3, também pudemos perceber que, no ponto A, o segmento OA é igual a OC, implicando um valor nulo para A_α. Ao mesmo tempo, se OA é nulo, então o índice de Atkinson também será nulo. No primeiro caso, temos a perfeita igualdade, pois y_E é igual a y_m. No segundo caso, quando y_E tende a zero, vemos a completa desigualdade. Ou seja, quanto maior y_E, ou mesmo quanto maior a diferença entre y_m e y_E, maior é a perda de bem-estar devido à desigualdade. Como vemos, da mesma forma que o índice de Gini, o índice de Atkinson varia entre 0 (completa igualdade) e 1 (completa desigualdade). Em outras palavras, quanto menor for seu valor, mais igualitária é a distribuição da renda. O próprio valor do índice sugere o "preço" em termos de perda que a sociedade se dispõe a pagar, a fim de chegar à distribuição perfeitamente igualitária, desde que mantendo seu nível de bem-estar.

Consideremos como exemplo o caso de um índice de Atkinson igual a 0,25. Isto implica que, se a renda social fosse distribuída de modo absolutamente igualitário, o mesmo nível de bem-estar atual seria alcançado com apenas 75% de seu valor. Os demais 25% representam o "preço" que a sociedade paga por conviver com a desigualdade[42]. Desta forma, o índice de Atkinson deve aumentar na razão inversa do crescimento da aversão à desigualdade.

Voltando a usar o conceito de equivalente da renda distribuída igualitariamente da equação (10.6), vamos redefinir o índice de Atkinson como

$$A_\alpha = 1 - \left[\frac{\sum_{i=1}^{n} \left(\frac{y_i}{y_m}\right)^{1-\alpha}}{n} \right]^{\frac{1}{1-\alpha}}, \quad 1 > \alpha \geq 0.$$

Nesta equação destacamos o papel do somatório, importante para a implementação de sua decomposição em grupos de indivíduos.

Quanto mais próximo da unidade encontra-se o valor de α, mais relevante torna-se o conceito de aversão à desigualdade para denunciar a dispersão da renda em torno da média societária, como observamos na Tabela 10.12. Como vemos, o índice de Atkinson é uma média aritmética ponderada (de divisor n e peso $1-\alpha$) das rendas relativas corrigidas pelo grau de aversão à desigualdade. Observamos, adicionalmente, que, dada uma distribuição invariável de y_i, então A_α depende exclusivamente de α. Uma vez que arbitremos os mesmos valores utilizados na discussão do índice de Dalton, α irá gerar os diferentes índices exibidos na Tabela 10.12. Para ambas as distribuições de renda, o índice distancia-se de zero à medida que lidamos com maiores coeficientes de aversão à desigualdade, aproximando-se de 1 no caso da forte desigualdade exibida pela distribuição "1-99".

O conceito de aversão à desigualdade (e seu parâmetro α) é fundamental para a compreensão do índice de Atkinson. Ele é baseado em julgamentos (preferências)

Tabela 10.12 Índices de Atkinson para duas distribuições, em resposta a diferentes valores dos coeficientes de aversão à desigualdade

Casos	Valores do coeficiente de aversão à desigualdade									
	0,00	0,10	0,20	0,25	0,50	0,75	0,80	0,90	0,99	0,999
Rendas 49-51	0,0000	0,00002	0,00004	0,000050	0,000100	0,000150	0,000160	0,000180	0,000198	0,000200
Rendas 1-99	0,0000	0,0672	0,1413	0,1810	0,4015	0,6294	0,6703	0,7434	0,7976	0,8024

---

[42] Chamamos a atenção, mais uma vez, para o detalhe de sermos condicionados a alcançar este tipo de conclusão – tão despida de julgamentos de valor quanto possível – por usar os conceitos de aversão à desigualdade e equivalente da renda distribuída igualitariamente. Antes já faláramos em índice de Robin Hood e na grande questão econômica endereçada ao *trade-off* entre equidade e eficiência. O tema sempre despertou e seguirá despertando paixões e impulsionando o avanço dos programas de pesquisa sobre a distribuição da renda e sua relação com as políticas públicas.

individuais acerca da distribuição da renda social. Tal pode ocorrer na forma, por um lado, de avaliação individual de externalidades, como o prazer de "ver gente bonita nas ruas", ou, por outro, do risco de ser vítima de doenças ou crimes mais associados à pobreza. Esses dois fatores, naturalmente, podem ser associados à renda de outras pessoas ou a seu padrão de vida. No primeiro caso, estimativas de α são obtidas por meio da magnitude da utilidade marginal social da externalidade e no segundo pela aversão ao risco característica da sociedade. Ampliando o leque de possibilidades de delimitação dos valores de α, concebemos uma terceira opção. Se supusermos que as decisões de políticas públicas são um reflexo dos valores sociais, então poderemos considerá-las adequadas para a estimação de α. Tal é o caso da progressividade da política tributária ou da regressividade do gasto público.

A exemplo do índice de Theil, uma vez que a renda relativa $\dfrac{y_i}{y_m}$ dos pobres e ricos passa por um processo de ampliação-redução, o fato de fazermos $\alpha \geq 0$ tende a "dramatizar" a conversão da distribuição entre os mais pobres em desigualdade. O valor do índice de Atkinson assim obtido garante que, considerando determinada preferência distributiva capturada pelo parâmetro de aversão à desigualdade (α), o mesmo nível de bem-estar poderia ser atingido com seu complementar à unidade se a distribuição da renda fosse igualitária. Ou seja, se a distribuição fosse menos desigual, seria necessária uma renda menor para gerar o mesmo nível de bem-estar. Como percebemos, há um julgamento explícito de que a redução da desigualdade de renda proporciona maior bem-estar, o que resulta – naturalmente – do conceito de equivalente da renda distribuída igualitariamente da equação (10.6), tal como ele é levado à equação (10.22).

10.5 ÍNDICES MULTIDIMENSIONAIS, SINTÉTICOS OU COMPOSTOS[43]

O índice de Sen

Em vez de fazermos uma avaliação formal dos índices estudados nas seções anteriores, vamos adotar uma abordagem pragmática, assinalando que as críticas a eles endereçadas resultaram em novas formulações envolvendo a inserção de outras dimensões, além da renda, para o estudo da desigualdade. Em particular recebeu grande destaque a qualificação do conceito de pobreza, caracteristicamente, um fenômeno multidimensional. Os estudiosos do assunto incorporaram a suas formulações a consciência de que a pobreza é um fenômeno que não se restringe à simples carência de renda. Desta abordagem ao problema, emerge a necessidade da criação de índices que também capturem essas peculiaridades multidimensionais. O autor responsável pela recolocação do problema em 1976, Amartya Sen, criou o primeiro índice multidimensional – na verdade, três dimensões concernentes a determinada população.

De certa forma, o que faremos agora é combinar os conceitos e índices anteriormente desenvolvidos, articulando-os de novas maneiras. Por isto, podemos ver nas três dimensões selecionadas por Sen a presença de conceitos que iniciamos a criar a partir da Seção 10.2, com ênfase nas Seções 10.3 e 10.4. Relativamente à fusão dos conhecimentos desenvolvidos nesta seção com os índices de desigualdade, não é difícil imaginarmos que as variáveis inseridas nos índices multidimensionais aqui

---

[43] Esta seção resume a Seção 10.6 do Capítulo 10A (Distribuição/CD).

trabalhados poderiam ser apuradas para o nível do indivíduo e, como tal, receber tratamento por meio da equação (10.15), ou seja, construir famílias do índice E_α.

A primeira dimensão que contribui para a identificação da pobreza, deste modo, é sua incidência (ou extensão), que é dada pela razão entre a simples contagem do número de indivíduos que se localizam à esquerda (ou abaixo) da linha de pobreza e a população total, conforme a equação (10.7). Com uma população com n indivíduos, ordenamos suas rendas como $y_1, y_2, y_3, \ldots y_{p-1}, y_p, y_{p+1}, \ldots y_{n-1}, y_n$, definindo como pobres os p primeiros indivíduos que detêm renda igual ou inferior à que demarca a linha de pobreza.

A segunda dimensão referida por Sen considera a insuficiência de renda. Lidando exclusivamente com a população pobre, trata-se agora da determinação da distância monetária entre o indivíduo menos pobre (y_L) e a renda demarcatória da linha de pobreza (y_p). Trata-se de um indicador análogo ao conceito de distância absoluta da Seção 10.2: $d = y_L - y_p$.

Com esta expressão, estamos quantificando o montante mínimo de renda que permitiria ao indivíduo menos pobre entre os pobres cruzar a linha de pobreza. Dividindo d pela renda demarcatória da pobreza, temos:

$$f = \frac{y_L - y_p}{y_L} \tag{10.23}$$

ou seja, a distância relativa entre o menos favorecido e a renda limítrofe. Temos assim a fração entre o montante monetário da distância em relação à própria linha de pobreza. Em outras palavras, estamos considerando o montante mínimo de renda d necessário para elevar a renda do indivíduo menos pobre entre os pobres à correspondente à linha de pobreza.

A derradeira dimensão alinhada por Sen é designada como severidade da pobreza, sendo mensurada pelo grau de desigualdade vigente entre os pobres, e que foi medida com o correspondente índice de Gini. Reunindo estes três conceitos numa expressão para a pobreza, podemos expressar o índice de Sen como a fração s_p – a incidência da pobreza da equação (10.7) – da média aritmética ponderada (com peso f) entre G_{max} (a máxima desigualdade concebível entre os pobres, ou seja, $G_{max} = 1$) e G_p (o índice de Gini efetivo vigente entre os menos favorecidos). O peso f, definido em (10.23), complementa esta formulação, permitindo escrevermos:

$$S = s_p \times [f \times G_{max} + (1 - f) \times G_p] \tag{10.24}$$

ou $S = s_p \times (f \times G_{max} + G_p - f \times G_p)$. Simbolizando a diferença entre G_{max} e G_p como ΔG, podemos escrever:

$$S = s_p \times (G_p + f \times \Delta G) \tag{10.25}$$

Com isso, estamos expressando o índice de Sen como uma fração (s_p) do índice de desigualdade entre os pobres e um submúltiplo da diferença entre a maior desigualdade possível e a desigualdade entre estes. Desdobrando os termos da fórmula (10.25), podemos constatar que o índice de Sen depende do número de pobres (p), do tamanho da população (n), da linha de pobreza (y_p), da insuficiência de renda ($y_p - y_i$), do diferencial de renda entre os pobres $\dfrac{y_m}{y_p}$ e da desigualdade vigente entre os pobres (G_p). Ou seja, há componentes de relatividade na pobreza, temperados por um componente absoluto importante, que é a linha de pobreza.

O índice FGT

Em seu estudo de 1984, J. E. Foster, J. Greer e E. Thorbecke criaram uma nova abordagem ao problema da pobreza ao elaborarem uma fórmula geral para abrigar as três dimensões incorporadas pelo índice de Sen. Sua fórmula envolve as medidas de extensão da pobreza e insuficiência de renda, mas substitui o índice de Gini de medida da desigualdade entre os pobres pelo correspondente coeficiente de variação. Fazendo seu índice depender de um coeficiente α, expressam-no como

$$P_\alpha = \frac{\sum_{i=1}^{p}\left(y_L - y_{i \leq p}\right)^\alpha}{n}$$

(com $\alpha = 0, 1, 2$). Devemos notar, primeiramente, que o índice FGT atende uma importante propriedade dos índices de concentração, pois varia entre zero e a unidade. Ele assumirá o valor nulo quando todos os indivíduos obtiverem rendimentos superiores aos demarcatórios da linha de pobreza, isto é, numa comunidade desprovida de pobres, obviamente não há pobreza. Ademais, se todos os pobres têm renda nula, seu valor será igual à unidade, caracterizando-se, assim, a maior pobreza possível.

Em segundo lugar, centrando nossa atenção no coeficiente α, quando este assume o valor nulo, temos

$$P_{\alpha=0} = \frac{\sum_{i=1}^{p}\left(y_L - y_{i \leq p}\right)^0}{n} = \frac{p}{n},$$

ou seja, o índice de pobreza é dado simplesmente pela extensão da pobreza. Quando α é igual à unidade, temos

$$P_{\alpha=1} = \frac{\sum_{i=1}^{p}\left(y_L - y_{i \leq p}\right)}{n} = \frac{p \times y_L - \sum_{i=1}^{p} y_{i \leq p}}{n} = s_p \times f.$$

Por fim, quando $\alpha = 2$, o índice incorpora explicitamente a variabilidade na distribuição da renda entre os pobres e passa a chamar-se índice FGT, de Foster, Greer e Thorbecke:

$$P_{\alpha=2} = \frac{\sum_{i=1}^{n}\left(y_L - y_{i \leq p}\right)^2}{n} \qquad (10.26)$$

expressão que nos relembra da equação (10.3). Manipulado adequadamente, este índice gera a seguinte expressão:

$$P_{\alpha=2} = s_p \times (f + [1-f]^2 \times c^2) \qquad (10.27)$$

onde, adicionalmente, c é o coeficiente de variação da distribuição da renda entre os indivíduos pobres. Em outras palavras, com (10.27), reescrevemos, *mutatis mutandis*, o índice de Sen da expressão (10.24) deixando explícita por meio de (10.26) a possibilidade de fazermos decomposições. Por exemplo, três grupos (reunindo os indivíduos 1 a k, $k+1$ a m e $m+1$ a n) terão o seguinte índice FGT:

$$P_{\alpha=2} = \frac{k}{n} \times \frac{\sum_{i=1}^{k}(y_L - y_{i \leq k})^2}{k} + \frac{m-k}{n} \times \frac{\sum_{i=k+1}^{m}(y_L - y_{i \leq m})^2}{m-k} + \frac{n-m}{n} \times \frac{\sum_{i=m+1}^{n}(y_L - y_{i \leq n})^2}{n-m}.$$

Com esta decomposição, podemos avaliar os movimentos na desigualdade intergrupal cuja origem, por exemplo, remete a medidas de política econômica cujo alvo sejam todos os desfavorecidos ou alguma fração adequadamente selecionada.

O índice de desenvolvimento humano – IDH

As insatisfações com o vigor conceitual e o poder explicativo dos índices de desigualdade e concentração levaram à busca de indicadores mais adequados à mensuração dos fenômenos correlacionados, ainda que não idênticos, da desigualdade e da pobreza. A primeira tentativa de incorporar novos contornos conceituais e novas variáveis operacionais consistiu na construção do índice de desenvolvimento humano – IDH. Voltado a mensurar o potencial de realização humana de um conjunto populacional de um país ou de uma região, este indicador parte do pressuposto de que a aferição do avanço da população de um determinado país não deve considerar apenas a dimensão econômica. Neste contexto, outras características sociais, culturais e políticas que influenciam a qualidade de vida da população – saúde e educação, lazer ou trabalho – também devem ser levadas em conta. Buscamos um indicador sintético (composto) resultante da agregação de mais de uma medida correlacionada com o fenômeno que desejamos quantificar. No caso, o índice desejado transcende a estrita dimensão da desigualdade, fixando o trinômio ser-ter-fazer como instrumento de autoafirmação do indivíduo, no que diz respeito a seu meio ambiente.

No entanto questões simples sobre a maneira de avaliar e medir o desenvolvimento humano ainda se mantêm controversas e sensíveis a diferentes interpretações e interesses. O próprio IDH tem sido visto como um mecanismo de difusão da perspectiva multidimensional do desenvolvimento humano, mas também episodicamente tem sido utilizado de modo errôneo. Como tal, ele tem recebido um montante expressivo de críticas. Alguns críticos o consideram tão limitado para medir o desenvolvimento quanto a utilização pura do PIB per capita, ao passo que outros acusam-no de não ter a sensibilidade suficiente para distanciar países declarados pelo senso comum como detentores de diferentes graus de desenvolvimento econômico, social e cultural.

A verdade é que falta-lhe poder para captar as diferenças entre as nações em diferentes estágios de desenvolvimento. Partindo-se do fato de que renda e alfabetização são correlacionadas em termos de realização das metas dos países desenvolvidos e em desenvolvimento, as únicas diferenças seriam decorrentes de pequenas variações na expectativa de vida. Mas é reconhecido que, se o objetivo de sua construção é capturar um leve aumento ou diferencial no nível de desenvolvimento, existe a necessidade da criação de indicadores mais complexos. Em outras palavras, uma vez que determinados níveis são atingidos, deve-se buscar outros indicadores capazes de aquilatar o novo patamar de capacitações. Por exemplo, os oito anos de educação básica da criança de Anitnegra podem diferir significativamente do desenvolvimento do intelecto infantil alcançado em El Dorado. Em outras palavras, o que efetivamente está sendo medido como alto desenvolvimento humano nos países desenvolvidos, por exemplo, pode ser significativamente diferente do índice de mesma magnitude obtido num país em desenvolvimento.

Da maneira como o IDH vem sendo calculado na atualidade, três variáveis consideradas representativas de três dimensões básicas e fundamentais para a vida humana são levadas em conta. Conforme a Figura 10.10 indica, trata-se da longevidade do indivíduo, de seu grau de instrução e de seu nível de renda. Com o nível de renda, incorpora-se ao índice a componente do bem-estar material, ao considerar que maior disponibilidade de bens e serviços favorece o desenvolvimento das potencialidades do indivíduo. Uma vez que capturar e incrementar estas potencialidades depende do grau de flexibilidade e amplitude com que o indivíduo usa seu intelecto para posicionar-se ante diferentes problemas de escolha, seu grau de instrução estará contribuindo para que ele determine seus objetivos na vida e crie instrumentos que o capacitem a lutar por eles. Por fim, a longevidade ingressa na construção do índice, a fim de salientar a importância do tempo de fruição dos bens e serviços carreados pela renda per capita, temperando-os com um processo de escolha eivado de informações. Sob o ponto de vista operacional, a seleção destas três variáveis foi feita em resposta à razoável disponibilidade de informação para todos os países do mundo.

Para aferir a longevidade, o IDH utiliza os indicadores da expectativa de vida ao nascer[44]. O grau de instrução é avaliado pela taxa de matrícula bruta nos três níveis de ensino (relação entre a população em idade escolar e o número de pessoas matriculadas no ensino fundamental, médio e superior). A renda é medida pelo PIB per capita, em dólares americanos corrigidos pela paridade do poder de compra[45], o que elimina as diferenças de custo de vida entre os países. Variando entre 0 e 1, o índice resulta da média aritmética simples entre as variáveis selecionadas para capturar estas três dimensões[46]. A expectativa de vida ao nascer é medida em anos, a alfabetização e a escolarização são apresentadas em taxas, e o PIB per capita é representado por meio de seu logaritmo, ou seja, sua taxa de crescimento instantânea.

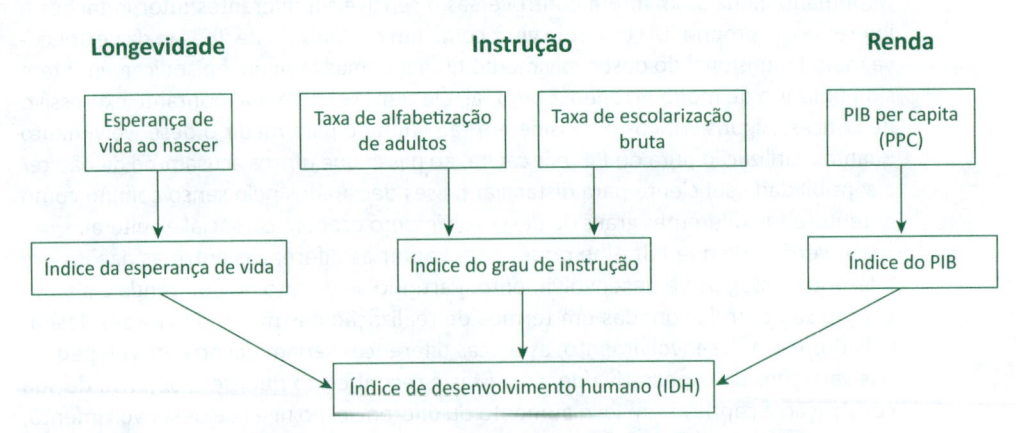

Figura 10.10 Três dimensões selecionadas para descrever o desenvolvimento humano.

---

[44] Calculada conforme a metodologia que apresentamos na Seção 8.2 do Capítulo 8 (Demográficos).

[45] Conforme a metodologia apresentada na Seção 11.4 do Capítulo 11C (Internacionais/CD).

[46] Alternativamente, poderíamos calcular a média aritmética ponderada pelos pesos do primeiro componente principal, conforme a metodologia exposta no Box 10.2.

A agregação de variáveis mensuradas em diferentes unidades, como é o caso da longevidade (anos de vida), educação (anos de escolaridade) e renda (dinheiro) requer sua normalização[47]. Tal é feito por meio da expressão $I = \dfrac{V - V_{min}}{V_{max} - V_{min}}$, onde V é o valor da variável (longevidade, ou instrução ou renda) para uma região e período específicos, V_{min} é o valor observado na região menos favorecida e V_{max} é a cifra da região mais bem aquinhoada. Quando V assume o valor mínimo, o índice I torna-se nulo, por contraste ao valor unitário que ele alcança quando a região mostra o valor máximo de V. Além disso, ao tornarmos a distância entre o valor da região em estudo e o valor correspondente à região menos favorecida relativamente ao espectro máximo da variação de V, estamos adotando uma medida relativa, sem unidade, o que permite a agregação por meio da média aritmética simples ou ponderada.

A partir destas considerações, definiremos o indicador de longevidade (I_L) $I_L = \dfrac{V_L - 25}{85 - 25}$, onde V_L é a expectativa de vida ao nascer e os valores de 25 e 85 são as cifras arbitradas como correspondentes aos valores mínimo e máximo da vida entre as regiões selecionadas para terem os *IDH* comparados. Uma vez que tal espectro de variação é elevado, veremos em seguida que o índice de pobreza humana vai fazer um recorte entre os países de maior expectativa de vida (ricos) e os de menor (pobres).

Quanto à instrução (educação), usa-se um indicador composto (I_I) dado pela média aritmética ponderada entre um indicador de alfabetização (I_a) com peso 2 e um indicador de escolaridade (I_e) com peso 1. Deste modo, o índice de alfabetização é $I_a = \dfrac{T_a - 0}{100 - 0}$, onde T_a é a taxa de alfabetização de adultos. Por seu turno, o índice de escolaridade é obtido como $I_e = \dfrac{T_b - 0}{100 - 0}$, onde T é o número de anos de frequência a cursos de educação formal. Neste caso, o índice de instrução é dado por: $I_I = \dfrac{2}{3} I_a + \dfrac{1}{3} I_e$.

Por fim, o indicador de renda (I_Y) é calculado por meio de $I_Y = \dfrac{\ln Y - \ln 100}{\ln 40.000 - \ln 100}$, para o caso dos valores arbitrados de renda mínima de L\$ 100 e máxima de L\$ 40.000.

Com estas expressões, podemos determinar o IDH propriamente dito, definindo-o como sendo a média aritmética simples dos três indicadores recém-considerados: $IDH = \left(\dfrac{I_I + I_L + I_Y}{3} \right)$. Na Tabela 10.13, temos os dados pertinentes ao cálculo do IDH de Uqbar, sabidamente o país mais pobre da comunidade do Planeta GangeS.

Todos os países para os quais o *IDH* é calculado são classificados em quatro grupos: por nível de desenvolvimento humano, por rendimento, por principais agregados mundiais e por região. São três os níveis de progresso usados para classificar o desenvolvimento humano: desenvolvimento humano elevado (com um *IDH* igual ou superior a 0,800), desenvolvimento humano médio (*IDH* entre 0,500 e 0,799) e desenvolvimento humano baixo (*IDH* inferior a 0,500). Com relação aos rendimentos,

---

[47] No Box 10.2, vimos este tipo de normalização, importado – por seu turno – da Seção 7.6 do Capítulo 7C (Fiscais/CD).

Tabela 10.13 Índice de desenvolvimento humano – IDH de Uqbar no ano I (bilhões de iques)

				Valores originais				Valores normalizados				
Regiões	PIB	População	PIB per capita	Expectativa de vida	Alfabetização	Escolaridade	PIB per capita	Expectativa de vida	Alfabetização	Escolaridade	Instrução	IDH
1	233.759	12.502.891	18.696	44,8	34,4	4,9	0,0459	0,8076	0,8155	0,8462	0,8257	0,5598
2	225.990	11.606.795	19.471	38,9	30,2	4,7	0,0884	0,6675	0,6796	0,7692	0,7095	0,4884
3	242.487	13.553.099	17.892	48,6	37,1	5,1	0,0000	0,8979	0,9029	0,9231	0,9096	0,6025
4	232.461	12.350.604	18.822	47,1	36,0	5,0	0,0529	0,8622	0,8673	0,8846	0,8731	0,5961
5	215.738	10.479.675	20.586	37,7	29,3	4,6	0,1465	0,6390	0,6505	0,7308	0,6772	0,4876
6	240.113	13.262.825	18.104	52,9	40,1	5,3	0,0123	1,0000	1,0000	1,0000	1,0000	0,6708
7	212.579	10.145.006	20.954	30,8	24,2	4,2	0,1650	0,4751	0,4854	0,5769	0,5159	0,3853
8	201.937	9.061.050	22.286	29,4	23,2	4,1	0,2294	0,4418	0,4531	0,5385	0,4815	0,3843
9	205.896	9.456.506	21.773	38,5	29,9	4,6	0,2051	0,6580	0,6699	0,7308	0,6902	0,5178
10	168.408	6.076.971	27.713	19,9	16,2	3,5	0,4571	0,2162	0,2265	0,3077	0,2536	0,3090
11	196.135	8.498.105	23.080	28,4	22,5	4,1	0,2660	0,4181	0,4304	0,5385	0,4664	0,3835
12	187.768	7.720.836	24.320	25,5	20,3	3,9	0,3207	0,3492	0,3592	0,4615	0,3933	0,3544
13	164.699	5.786.370	28.463	16,1	13,2	3,2	0,4850	0,1259	0,1294	0,1923	0,1504	0,2538
14	109.230	2.344.221	46.595	10,8	9,2	2,7	1,0000	0,0000	0,0000	0,0000	0,0000	0,3333
TOTAL	2.837.200	132.844.952	21.357	37,4	29,0	4,5						
Mínimo	109.230	2.344.221	17.892	10,8	9,2	2,7						
Máximo	242.487	3.553.099	46.595	52,9	40,1	5,3						

os países são agrupados de acordo com as classificações do Banco Mundial: rendimento elevado (rendimento nacional bruto per capita igual ou superior a 10.066 dólares americanos), rendimento médio (entre 826 e 10.065 dólares) e rendimento baixo (825 dólares ou menos).

A construção do *IDH* introduziu uma nova metodologia para o uso das informações relativas ao desenvolvimento. Despertando significativo interesse entre pesquisadores e instituições, ele também foi alvo de uma série de críticas originárias de diferentes campos do conhecimento. A partir deste interesse e direcionamento das críticas, resultou o surgimento de índices derivados que buscam medir particularidades dos países e do processo de desenvolvimento. Para que os fundamentos originais do *IDH* não fossem modificados, passou-se a construir uma "família" de indicadores, em vez de lidar com um único indicador abrangente. A base dessa nova construção é decorrente do reconhecimento de que existem muitas outras dimensões importantes para ter uma existência com razoável grau de qualidade de vida. Com isso, a ONU dá sua resposta à crítica de que o *IDH* não contempla um amplo conjunto de indicadores fundamentais. Entre as novidades, destacamos o índice de pobreza humana, o índice de discriminação de gênero, e o índice de liberdade humana, além dos tradicionais índices de desigualdade.

Os dois índices de pobreza humana

A motivação para a criação dos índices de Sen e *FGT* originou-se do princípio de que a renda não é um sinônimo absoluto do bem-estar, mas sim, um fenômeno muito mais complexo e multifacetado. Por comportarem essas múltiplas dimensões, o estudo desses dois índices multidimensionais referenda a necessidade de trilharmos o árduo caminho das Seções 3 a 4. Assim, passamos a incorporar diferentes dimensões dos fenômenos em estudo (desigualdade e pobreza) na construção de índices multidimensionais[48], destacando-se o IDH.

Em 1997, o Relatório do Desenvolvimento Humano da ONU estruturou o assim chamado índice de pobreza humana, calculando-o para diversos países do mundo. Tal índice, diferindo do *IDH* por focalizar "grupos de risco", em vez de toda a população, apresenta-se em duas versões. A primeira é orientada para aplicação nos países pobres, ao passo que a outra é adequada para os países ricos. Além de não repousar exclusivamente sobre os conceitos de renda e desigualdade, a distinção entre países pobres e ricos demarcou a concepção de pobreza não apenas como um fenômeno absoluto, tornando-a relativa às condições gerais da região considerada[49].

---

[48] Há uma infinidade de índices multidimensionais, nem todos de fortes bases axiomáticas e nem todos reconhecidos generalizadamente. Mas, podemos listar alguns desses índices para dar uma ideia do que estamos deixando de fora de nossa pesquisa. Primeiramente, fala-se no índice de riqueza de um país, diferente do estoque de capital físico, por ser multidimensional, promovendo uma combinação do número de habitantes, de seu grau de educação formal e da qualidade das instituições que abrigam a população e da magnitude dos recursos naturais (e sua conservação-destruição) a sua disposição. Outro é o índice da confiança do consumidor no funcionamento do sistema no curto prazo, também reunindo informações sobre três importantes indicadores: crescimento da massa de salários, redução do desemprego e redução na taxa de juros. Criado nos anos 1940 por George Katona da Universidade de Michigan, nos Estados Unidos, este índice segue sendo calculado até o presente.

[49] Não custa registrarmos que, dependendo do nível da linha de pobreza estabelecido, até o quintil superior da distribuição da renda de El Dorado poderia abrigar indivíduos pobres, o que, naturalmente, seria um exagero. Ainda assim, esta alegoria serve para deixar claro, como já fizemos, que a pobreza também engloba uma importante dimensão absoluta.

A exemplo do *IDH*, o índice de pobreza humana selecionou as dimensões da longevidade, da educação e do padrão de vida, ainda que simetrizando-as relativamente às carências. Neste caso, a mensuração da longevidade dá lugar à sobrevivência, o grau de educação cede espaço para a carência de formação escolar, ao passo que o padrão de vida é substituído pelo nível de dificuldade no acesso a bens e serviços associados com a manutenção de uma vida saudável.

Para os países pobres, o índice de pobreza humana é definido como:

$$IPH-I = \left(\frac{\sum_{i=1}^{3} P_i^3}{3} \right)^{\frac{1}{3}} = \left(\frac{P_1^3 + P_2^3 + P_3^3}{3} \right)^{\frac{1}{3}} \quad (10.28)$$

onde P_1 é a probabilidade de que os indivíduos nascidos vivos não alcancem a idade de 40 anos, P_2 é a taxa de analfabetismo entre adultos e P_3 é o índice do padrão de vida, conforme detalharemos em seguida. Como vemos, esta expressão é a média geométrica de terceiro grau calculada a partir da média aritmética simples dos valores de cada uma das três componentes elevadas ao cubo. Estes pesos, ainda que arbitrários, sinalizam a elevação mais que proporcional do índice de pobreza em resposta a valores elevados das carências[50].

Deste modo, falta-nos referir que a terceira componente do *IPH-I* também resulta da combinação entre outros três indicadores do acesso a bens e serviços associados à vida saudável. No caso, temos a seguinte expressão: $P_3 = \left(\frac{\sum_{i=1}^{3} P_{3i}^3}{3} \right)^{\frac{1}{3}} = \left(\frac{P_{31}^3 + P_{32}^3 + P_{33}^3}{3} \right)^{\frac{1}{3}}$,

onde P_{31} é a percentagem da população que tem acesso a água potável, P_{32} é a percentagem da população que tem acesso a serviços de saúde e P_{33} é a percentagem de crianças com menos de cinco anos de idade que acusam peso deficiente. A Tabela 10.14, cujos valores resultam do processo de normalização expresso na fórmula (1) do Box 10.2, mostra o índice de Uqbar, o mais pobre de nossos seis países.

Como vemos, o *IPH-I* não faz menção específica ao problema do desemprego nos países pobres, talvez devido a seu caráter endêmico. Por contraste, considerado uma patologia socioeconômica mais associada à existência de ciclo econômico[51] nos países ricos, este indicador foi incorporado ao cálculo do índice correspondente. Com isso, a definição de pobreza humana adaptada a suas condições é expressa pela seguinte fórmula:

---

[50] Cabe lembrar, a este respeito, o papel do coeficiente α na determinação dos índices de Theil-*T* e de Theil-*L* e o viés sinalizado para os ricos em *T* e para os pobres em *L*.

[51] O fenômeno do desemprego, por ser um anteparo à construção da sociedade igualitária, vem sendo sinalizado por nós em vários contextos como um dos maiores problemas com que se defronta a sociedade no uso dos recursos econômicos de sua propriedade. No Capítulo 1 (Divisão), falávamos em "ociosidade de homens e máquinas". No Capítulo 8 (Demográficos), alinhamos um extenso rol de indicadores de emprego e desemprego e, no Capítulo 11B (Intertemporais/CD), caracterizamos como o ciclo e suas fases condicionam a produção e o emprego.

$$IPH - II = \left(\frac{\sum_{i=1}^{4} P_i^3}{4}\right)^{\frac{1}{3}} = \left(\frac{P_1^3 + P_2^3 + P_3^3 + P_4^3}{4}\right)^{\frac{1}{3}} \qquad (10.29)$$

onde P_1 é a probabilidade de falecimento do indivíduo antes de completar 60 anos de idade, P_2 é o analfabetismo funcional de adultos, P_3 é a percentagem da população vivendo abaixo da linha de pobreza e P_4 é a taxa de desemprego de 12 meses. Vemos que, também aqui, as duas mediações feitas no IPH-I são observadas tratando das médias aritmética e geométrica de quatro indicadores. A exemplo do *IPH-I*, cada indicador específico é elevado à terceira potência, de sorte a dar um peso implícito maior à maior privação. Cabe enfatizar que, ademais, o conceito de linha de pobreza é relativamente forte, pois incorpora como divisor de águas a renda do indivíduo mediano da população. Em nossas distribuições A, B e C da Tabela 10.3, isto significaria, por contraste aos L$ 2 já utilizados, os valores de L$ 784,5, L$ 869,6 e L$ 116,4. Naturalmente, isso demarcaria de forma mais enfática a linha divisória e, como tal, o índice de pobreza humana como sendo um conceito relativo ao estado de acumulação da riqueza social. Na Tabela 10.15, vemos o índice de El Dorado, sabidamente um dos países ricos do Planeta GangeS.

Torna-se claro, assim, que o parentesco entre o IDH e os dois índices de pobreza aqui estudados resulta de uma concepção mais geral sobre a própria definição do desenvolvimento econômico. Ainda que três dimensões básicas da existência humana estejam contempladas em cada um deles, as aproximações empíricas diferem

Tabela 10.14 Índice de pobreza humana e seus componentes, Uqbar – ano I

Região	Privação de sobrevivência	Privação de conhecimento	Percentagem da população sem condições de vida adequadas				Índice multidimensional
			Acesso a água potável	Acesso a serviços de saúde	Menores de cinco anos com deficiência de peso	Composto da privação de padrão de vida adequado	
Aniagem	28,2	83,0	86,2	87,1	37,3	70,0	67,5
Brim	24,9	76,3	96,6	84,3	34,0	71,5	64,7
Cetim	30,3	90,8	75,2	85,4	42,9	67,8	71,0
Emborrachado	29,4	81,8	86,5	91,6	35,2	70,9	67,4
Fustão	24,2	68,6	70,2	92,6	31,8	64,6	58,5
Gorgurão	32,6	87,6	97,6	110,8	38,0	81,9	74,5
Índigo	20,3	66,2	68,8	89,6	35,4	64,5	57,2
Linho	19,5	58,7	59,7	91,7	25,2	58,6	51,4
Morim	24,7	62,0	54,7	78,4	28,3	53,6	51,2
Pelúcia	13,8	39,0	29,9	66,9	14,7	37,0	33,3
Sarja	18,9	54,4	69,4	96,3	17,0	60,5	50,5
Tafetá	17,2	50,4	24,2	82,6	20,4	42,0	40,9
Veludo	11,5	37,4	25,9	52,2	12,6	30,0	29,9
Zuarte	8,1	14,3	1,4	37,1	8,9	15,5	13,4
UQBAR	23,9	69,0	69,1	86,8	30,5	61,9	57,8

Tabela 10.15 Índice de pobreza humana e seus componentes para 10 regiões de El Dorado – ano I

Região	População	Privação de sobrevivência	Privação de conhecimento	População abaixo da linha de pobreza	Índice de desemprego de 12 meses	Índice de pobreza humana					
						$\alpha = 0{,}5$	$\alpha = 1$	$\alpha = 2$	$\alpha = 3$	$\alpha = 4$	$\alpha = 5$
Acácia mimosa	847.741	11,5	12,5	18,6	8,0	12,4	12,7	13,2	13,8	14,3	14,7
Acácia tipoana	814.643	10,4	11,1	16,5	7,0	11,0	11,2	11,7	12,2	12,7	13,1
Corticeira do banhado	889.362	13,1	14,0	20,7	8,9	13,9	14,2	14,8	15,4	15,9	16,4
Corticeira da serra	846.604	10,4	11,2	16,5	6,8	11,0	11,2	11,8	12,3	12,7	13,1
Guajuvira	736.071	9,3	9,8	14,4	6,2	9,7	9,9	10,3	10,7	11,1	11,4
Guapuruvu	937.436	8,7	9,5	14,3	6,1	9,4	9,7	10,1	10,5	10,9	11,3
Jacarandá	720.003	5,8	6,2	9,1	4,0	6,1	6,3	6,5	6,8	7,0	7,2
Jambolão	647.967	9,3	9,4	13,6	6,1	9,4	9,6	9,9	10,3	10,6	10,9
Pau-brasil	643.116	6,8	7,4	11,2	4,9	7,4	7,6	7,9	8,2	8,5	8,8
Pau-ferro	419.243	4,9	5,3	7,9	3,5	5,3	5,4	5,6	5,9	6,1	6,3
EL DORADO	7.502.187	9,4	10,0	14,9	6,4	9,9	9,8	10,6	11,0	11,4	11,8

acentuadamente. O corte fundamental diz respeito ao grau com que os diferentes grupos localizados em comunidades específicas são incluídos ou excluídos do processo de mudança social carreado pela ampliação dos volumes de produção de bens e serviços. Naturalmente, a aproximação empírica deste tipo de recorte conceitual desdobra-se na consideração do grau de desenvolvimento do país em estudo. Se o IDH mede o grau de desenvolvimento, os índices de pobreza bifurcam-se na centralização das características diferenciadas da pobreza num ambiente de alto desenvolvimento econômico e num de desenvolvimento precário.

O último ponto que desejamos assinalar na discussão dos dois índices de pobreza humana diz respeito às consequências das mudanças de peso nas equações (10.28) e (10.29). Como observamos, a formulação original da ONU eleva ao cubo as parcelas a serem agregadas. Neste caso, o índice de pobreza humana de El Dorado, um país que declaramos desenvolvido, alcançou o valor de 11,0%. À esquerda, na Tabela 10.15, colocamos dois pesos menores e, à direita, vemos as potências de 4 e 5. A intenção dos criadores do índice era dar mais peso às maiores carências, o que acontece, ainda que de maneira não muito discernível. Esses décimos de ponto percentual de diferença, por exemplo, para as regiões de Guajuvira e Guapuruvu mostram a primeira como tendo indicadores parciais relativamente piores do que a segunda, mas resultando apenas em um décimo de ponto percentual de diferença no índice. Além disso, para deixarmos claro que este programa de pesquisa está longe de ser declarado como "ciência normal", precisaríamos considerar as demais dimensões da pobreza e da riqueza das duas regiões, pois estas poderiam contrastar ainda mais seus desempenhos econômicos.

Outros índices de desenvolvimento econômico e social

Depois de explorar as linhas gerais das medidas de desigualdade econômica, podemos questionar-nos acerca das relações desta com o bem-estar que uma sociedade proporciona aos indivíduos que a compõem. Neste sentido, no que diz respeito ao estabelecimento de métricas, poderíamos perguntar-nos se as medidas de desigualdade são em si mesmas bons indicadores de desenvolvimento. Alternativamente, interessa-nos saber se essas medidas, quando utilizadas de forma isolada, são apropriadas para monitorar as condições de vida da população, cuja melhoria é a razão de ser da busca do desenvolvimento econômico por parte das nações. Neste sentido, podemos centrar-nos no crescimento do produto total, dos níveis de produtividade ou da renda per capita ao longo do tempo. Nossa questão central passa a ser a convergência destas variáveis (Quadro 10.2) entre as diferentes economias mundiais.

Por outro lado, se considerarmos que em muitos países há um grande descompasso entre crescimento e desenvolvimento econômico, a limitação das medidas de desigualdade econômica se torna mais incapacitante. Além disso, muitas vezes, mesmo com o crescimento do PIB, o que se observa em algumas regiões é o crescimento das desigualdades sociais. Claramente, um modelo de desenvolvimento que distribua de forma igualitária os frutos do crescimento econômico terá consequências sociais e demográficas diferentes das produzidas por um modelo concentracionista. Nestes casos podemos argumentar que as medidas relacionadas à distribuição da renda não são suficientes para avaliar quão bem vive a população em determinado país. Por fim, é importante retermos em mente que, uma vez que o desenvolvimento econômico é um fenômeno multidimensional, suas próprias componentes resultam da interação de outros conjuntos de variáveis. Neste caso, a proliferação de criação de índices torna-se inevitável, levando-nos a conceber que países, regiões e mesmo distritos citadinos poderão beneficiar-se da construção de agregados sob medida, de sorte a mensurarem acuradamente o fenômeno de seu interesse. Mesmo em prejuízo de comparações com outras regiões, estes índices serão declarados relevantes, desde que auxiliem a mensurar nosso mote em todo o livro: o grau de eficiência com que os recursos sociais são empregados.

No caso das comparações internacionais mais gerais, o Banco Mundial selecionou um conjunto de 21 variáveis, divididas entre indicadores básicos de desenvolvimento, indicadores de produção e indicadores sociais, conforme o Quadro 10.1. Usando a metodologia desenvolvida na Subseção 7.4.4 do Capítulo 7 (Bases) e retomada no Box 10.2, poderíamos combinar estas variáveis, criando um novo indicador sintético.

Considerando estas variáveis, o Banco Mundial salienta que, em geral, os indicadores sociais e os indicadores básicos sofrem influência dos indicadores de produção, bem como de políticas públicas concentradoras ou distribuidoras de renda. Além disso, a elevação da taxa de crescimento demográfico e o número de pessoas dela resultante, caso não seja acompanhada de uma elevação suficientemente grande da renda, dificulta a melhoria dos indicadores de bem-estar. Indicadores como o número de médicos por habitante e a ingestão de calorias per capita associam-se negativamente à taxa de mortalidade infantil e à expectativa de vida ao nascer, o mesmo ocorrendo, no caso da diminuição do ritmo de crescimento populacional. O indicador da relação entre o número de alunos e de professores reflete a relação entre crescimento demográfico e subdesenvolvimento, evidenciando o papel fundamental da educação na melhoria dos indicadores sociais. Os indicadores de produção apresentam correlação com alguns indicadores básicos, como o PIB e as taxas de crescimento a ele associadas.

Quadro 10.1 Indicadores do desenvolvimento mundial

Indicadores básicos	Indicadores de produção	Indicadores sociais
1. PNB per capita 2. Taxa de crescimento do PNB per capita 3. Expectativa de vida ao nascer 4. Analfabetismo entre adultos 5. Analfabetismo entre mulheres 6. Taxa de crescimento do PNB	7. Taxa média de crescimento da agricultura 8. Taxa média de crescimento da indústria 9. Consumo de fertilizantes 10. Taxa de crescimento da produção de alimentos per capita 11. Consumo de energia per capita 12. Índice da produção bruta por empregado 13. Taxa de crescimento do investimento interno bruto 14. Taxa de crescimento das exportações	15. Aumento da população 16. Taxa bruta de natalidade 17. Taxa bruta de mortalidade 18. População por médico 19. Taxa de mortalidade infantil 20. Consumo diário de calorias per capita 21. Coeficiente alunos/professores de 1º grau

Com a incorporação da perspectiva multidimensional na construção de índices e seus desdobramentos, o IPEA construiu o índice de desenvolvimento da família, naturalmente diverso do índice do desenvolvimento do indivíduo ou do país. O Quadro 10.2 mostra o caso de um país de renda média, como Lizarb ou Anitnegra. Num processo interativo entre órgãos coletores de estatísticas e as necessidades de avaliações regionais ou setoriais específicas, outras variáveis poderiam ser agregadas a este índice ou novos índices poderiam ser criados com o levantamento e processamento de informações adicionais.

Com a incorporação deste conjunto de indicadores e a simultânea expansão do leque, já alcançando aproximadamente 200 medidas coletadas em nível mundial, era natural que segmentos específicos desse elenco começassem a ser selecionados. Com eles, o confronto inter-regional e internacional de dimensões específicas da desigualdade, da pobreza e do próprio desenvolvimento econômico e social vem recebendo novas interpretações. Assim, hoje em dia, há metodologias propostas para o cálculo do desenvolvimento infantil (destacando-o do familiar), do institucional, da pobreza-crime, pobreza-doença, e assim por diante. Naturalmente, por exemplo, quando se verifica que a participação de pobres na população supera o número de pobres enjaulados, ou que há maior proporção de adolescentes edêntulos pobres do que ricos, estamos observando outras dimensões da desigualdade e da pobreza não estudadas diretamente com os indicadores que vimos discutindo.

Deste modo, estas e outras possibilidades de engajamento nas linhas de pesquisa que estudam as diferentes dimensões da desigualdade encontram-se na agenda da nova contabilidade social. Ao mencioná-las, terminamos este capítulo, e direcionamo-nos agora ao estudo de alguns fundamentos teóricos e conceituais dos conhecimentos tangenciados neste e em outros capítulos. Rumamos para fazer aplicações importantes de vários conceitos, como a matriz de contabilidade social regional, os números índices e a paridade do poder de compra.

RESUMO

Este capítulo defrontou-se com um enorme espectro de conteúdos e, ainda assim, deixou de lado indicadores de bem-estar individual e social tratados em outros locais do livro. Referimo-nos em particular a conteúdos desenvolvidos nos Capítulos 8 (Demográficos) e 9 (Ambiental). Além disso, o estudo da desigualdade também deixou importantes lacunas, sob o ponto de vista metodológico, que foram postergadas para as Seções 11.2 e 11.3 do Capítulo 11A (Índices/CD).

Os conteúdos e as metodologias aqui examinados podem ser resumidos de modo eficaz. Primeiramente, o exame dos conteúdos das diferentes seções leva-nos a retificar o próprio título do capítulo: falar em diversas outras variáveis econômicas, sociodemográficas e ambientais, ao lado do estrito exame da renda como instrumento de avaliação do bem-estar social. Apontamos soluções para problemas com o caráter multidimensional do desenvolvimento econômico, social e cultural e com o conceito de bem-estar. Também destacamos o proveito que se pode retirar do conceito de função de bem-estar social, bem como encaminhamos a questão da mensuração da desigualdade por meio de índices especialmente concebidos para medi-la, aperfeiçoando o conceito de desvio padrão.

Quadro 10.2 Seis dimensões das condições de vida da população que geram 25 componentes desdobrados em 48 indicadores

INDICADORES DE AUSÊNCIA DE VULNERABILIDADE DAS FAMÍLIAS	INDICADORES DE ACESSO AO CONHECIMENTO	INDICADORES DE ACESSO AO TRABALHO	INDICADORES DE DISPONIBILIDADE DE RECURSOS	INDICADORES DE DESENVOLVIMENTO INFANTIL	INDICADORES DE CONDIÇÕES HABITACIONAIS
A. Fecundidade 1. Nenhuma mulher teve filho nascido vivo no último ano 2. Nenhuma mulher teve filho nascido vivo nos últimos dois anos **B. Atenção e cuidados especiais com crianças, adolescentes e jovens** 3. Ausência de criança 4. Ausência de criança ou adolescente 5. Ausência de criança, adolescente ou jovem **C. Atenção e cuidados especiais com idosos** 6. Ausência de idoso 7. Presença de cônjuge **D. Dependência econômica** 8. Mais da metade dos membros encontra-se em idade ativa 9. Não existe criança no domicílio cuja mãe tenha morrido **E. Presença da mãe** 10. Não existe criança no domicílio que não viva com a mãe	**F. Analfabetismo** 1. Ausência de adulto analfabeto 2. Ausência de adulto analfabeto funcional 3. Presença de pelo menos um adulto com ensino fundamental completo **G. Escolaridade** 4. Presença de pelo menos um adulto com ensino médio completo 5. Presença de pelo menos um adulto com alguma educação superior **H. Qualificação profissional** 6. Presença de pelo menos um trabalhador com qualificação média ou alta	**I. Disponibilidade de trabalho** 1. Mais da metade dos membros em idade ativa encontra-se ocupada 2. Presença de pelo menos um trabalhador há mais de seis meses no trabalho atual **J. Qualidade do posto de trabalho** 3. Presença de pelo menos um ocupado no setor formal 4. Presença de pelo menos um ocupado em atividade não agrícola **K. Remuneração** 5. Presença de pelo menos um ocupado com rendimento superior a um salário mínimo 6. Presença de pelo menos um ocupado com rendimento superior a dois salários mínimos	**L. Extrema pobreza** 1. Renda familiar per capita superior à linha de extrema pobreza **M. Pobreza** 2. Renda familiar per capita superior à linha de pobreza **N. Capacidade de geração de renda** 3. Maior parte da renda familiar não advém de transferências	**O. Trabalho precoce** 1. Ausência de criança com menos de 14 anos trabalhando 2. Ausência de criança com menos de 16 anos trabalhando **P. Acesso à escola** 3. Ausência de criança até 6 anos fora da escola 4. Ausência de criança de 7-14 anos fora da escola 5. Ausência de criança de 7-17 anos fora da escola **Q. Progresso escolar** 6. Ausência de criança de até 14 anos com mais de 2 anos de atraso 7. Ausência de adolescente de 10 a 14 anos analfabeto 8. Ausência de jovem de 15 a 17 anos analfabeto 9. Ausência de mãe cujo filho tenha morrido **R. Mortalidade infantil** 10. Há, no máximo, uma mãe cujo filho tenha morrido 11. Ausência de mãe com filho nascido morto	**S. Propriedade** 1. Domicílio próprio 2. Domicílio próprio ou cedido **T. Déficit habitacional** 3. Densidade de até dois moradores por dormitório **U. Abrigabilidade** 4. Material de construção permanente **V. Acesso à abastecimento de água** 5. Acesso adequado à água **W. Acesso a saneamento** 6. Esgotamento sanitário adequado **X. Acesso à coleta de lixo** 7. Lixo é coletado **Y. Acesso à energia elétrica** 8. Acesso à eletricidade **Z. Acesso a bens duráveis** 9. Acesso a fogão e geladeira 10. Acesso a fogão, geladeira, televisão ou rádio 11. Acesso a fogão, geladeira, televisão ou rádio e telefone 12. Acesso a fogão, geladeira, televisão ou rádio, telefone e computador

Registrada a preocupação com a multidimensionalidade do fenômeno distributivo, incorporamos a nosso arsenal de medidas os indicadores sintéticos, destinando-os a mensurar tanto a desigualdade quanto a pobreza, e até a felicidade nacional bruta. Neste sentido, ampliamos o uso dos indicadores para gerar medidas simples, pois nossa inquietação original já apareceu quando buscamos avaliar o bem-estar social por meio da abordagem utilitarista de Jeremy Bentham.

Em segundo lugar, temos uma palavra final a proferir sobre as questões metodológicas especificamente associadas com os indicadores da desigualdade. Da dupla curva de Lorenz-índice de Gini, vimos a enorme virtude associada à intuição que rege sua construção. Ao dividirmos a área da desigualdade pelo máximo de igualdade concebível, temos um bom indicador que permite a comparação de diferentes populações (ou outras variáveis) em diferentes períodos. Todavia seu principal problema emerge quando duas curvas de Lorenz se interceptam. Neste caso, nosso objetivo de proceder à avaliação do bem-estar social fica obnubilado, encaminhando à construção de abordagens alternativas.

Com isso, em terceiro lugar, chegamos à contribuição de Henri Theil (1967) para este programa de pesquisa, ao relacionar o desvio da distribuição efetiva com respeito à distribuição retangular centrada na média ou num piso adequadamente definido. Partindo da função geral de desigualdade, Theil alinhou dois casos, chamados de primeira (Theil-*T*) e segunda (Theil-*L*) medidas de desigualdade de Theil. Para o caso mais usual, a primeira enfatiza o papel dos indivíduos mais ricos na determinação da magnitude do índice que mede a desigualdade. A segunda medida de Theil, por contraste, destaca a desigualdade entre os pobres. Assim, por exemplo, se nosso interesse consiste em estudar a desigualdade no consumo de bens suntuários, convém usarmos Theil-*T*, contrastando com Theil-*L*, que reservaríamos, por exemplo, ao estudar a doença periodontal.

Buscando sintetizar criativamente as funções de bem-estar social, o índice de Atkinson (e sua similitude com o antigo índice de Dalton) levou a uma nova abordagem ao problema da mensuração da desigualdade. Por fim, demos plena significação aos índices sintéticos resultantes de variáveis aprioristicamente associadas ao bem-estar, à desigualdade e à pobreza, por meio dos índices de Sen, FGT, IDH, da pobreza, e sinalizamos a construção de outros índices de desenvolvimento humano focalizados para fenômenos específicos, como a educação e a saúde. Neste caso, em outros momentos, dissemos que tanto o bem-estar individual quanto o social dependem não apenas da renda, mas também principalmente da receita. De fato, o resultado das transferências interinstitucionais (por exemplo, o donativo de uma mesada por parte de uma família, ou o pagamento de aposentadoria pelo governo) modifica substancialmente as oportunidades de consumo e poupança. Com os indicadores multidimensionais, ampliamos ainda mais este quadro, com a inserção de novas variáveis no problema da mensuração do grau de desigualdade, como foi o caso do conceito de pobreza, sua incidência e a desigualdade vigente entre os pobres.

11

Números Índices e as Comparações Intertemporais e Internacionais entre Agregados Econômicos[1]

Vladimir Lautert, Duilio de Avila Bêrni, Henrique Morrone,
João Rogério Sanson, Daniela Magalhães Prates,
Gláucia Michel de Oliva e Riovaldo Mesquita

11.1 CONSIDERAÇÕES INICIAIS[2]

Em diversos contextos distribuídos pelos capítulos anteriores, fizemos comparações entre os valores de diferentes agregados econômicos pertinentes a dois ou mais momentos no tempo ou ainda a dois ou mais espaços geográficos. Neste capítulo, vamos centrar nosso foco em alguns fenômenos que podem ou obscurecer as comparações ou ajudar a colocar em destaque seu caráter ou suas componentes sistemáticas. No primeiro caso, sob o ponto de vista estritamente numérico, caso acreditemos, por exemplo, que o preço das canetas elevou-se em 10% em Pirapora, a relevância desta informação depende dos contornos qualitativos e quantitativos. Por contraste, caso estejamos observando precisamente o mesmo tipo de caneta ofertada em Bom Jesus da Lapa e Pirapora, teremos razões para acreditar que esses 10% de diferença devem ser atribuídos tanto a fatores originários do lado da oferta, como os custos de transportes, quanto a peculiaridades da demanda, como o número de consumidores.

Neste caso, nossas comparações não são particularmente complicadas, pois estamos considerando que em ambas as cidades os preços estavam cotados em uma moeda comum. Em comparações envolvendo cidades de diferentes países, como Foz do Iguaçu e Ciudad del Este, por exemplo, teríamos mais dois problemas, pois a moeda circulante em cada lado da fronteira entre dois países costuma ser diferente. Este fato conduz-nos a adotar precauções de sorte a fazermos comparações internacionais entre agregados econômicos em mais dois estágios. O primeiro é a correção pela taxa de câmbio[3], singelamente entendida como a quantidade de

---

[1] Os Capítulos 11A (Índices/CD), 11B (Intertemporais/CD) e 11C (Internacionais/CD) disponibilizados no CD anexo a este livro constituem versões ampliadas dos presentes conteúdos.

[2] Esta seção resume as considerações iniciais de três capítulos do CD anexo: 11A (Índices/CD) e 11B (Intertemporais/CD) e 11C (Internacionais/CD). A mais inicial de todas as considerações feitas em todo o capítulo diz respeito aos trabalhos de Walter Erwin Diewert (1976, 1978, 1988, 1995, 2003), Roy George Douglas Allen (1975), Irjö Vartia (1976) e Fernando de Holanda Barbosa (1985) sobre números índices e a matemática das funções econômicas. Tantas seriam as referências a suas obras que achamos oportuno fazer este registro inicial e voltar a referenciá-los apenas episodicamente.

[3] O conceito de taxa de câmbio é exposto e explorado no Capítulo 7D (BOP/CD).

moeda de um país que devemos entregar, a fim de obtermos uma unidade monetária do outro. O segundo consiste em considerarmos que essa própria razão entre duas moedas nacionais pode esconder perda do poder aquisitivo do numerário de um dos países relativamente ao outro. De fato, generalizando este fato, observamos que, mais do que a comparação entre os preços de mercadorias específicas, o grau de internacionalização alcançado pelas economias contemporâneas requer que analistas econômicos, jornalistas, estrategistas políticos, turistas, empresários e outros interessados realizem comparações que iniciam na extensão territorial e no tamanho da população de diferentes países e culminam com o exame das estruturas de consumo e lazer.

O capítulo é longo e os temas são variados. Logo após as considerações iniciais, na Seção 11.2, vamos retomar algumas observações já registradas no Capítulo 8 (Demográficos), de sorte a sedimentarmos nossa compreensão sobre as duas maneiras fundamentais de examinarmos a evolução de uma série temporal: o nível ou a taxa de crescimento da variável envolvida. Na Seção 11.3, ingressaremos no mundo dos índices bilaterais, que – diferentemente daqueles que estudamos no Capítulo 10 (Distribuição) – dizem respeito a dois períodos de tempo. Por contraste a esses índices de desigualdade e aos índices que estudaremos na Seção 11.6, os da Seção 11.4 não são o que se chama de índices binários, pois não repousam sobre o conceito de médias ponderadas, lidando ou com os preços ou com as quantidades de certos elencos de mercadorias. As Seções 5 e 6 discutem os mais importantes índices agregativos ponderados, que obedecem, respectivamente, aos critérios de Laspeyres, Paasche, Fisher e Törnqvist. Nas Seções 11.7 e 11.8, discutimos novos problemas enfrentados pelo analista ao fazer comparações intertemporais entre as variáveis econômicas. Na Seção 11.9, temos outra aplicação importante das comparações intertemporais, encadeando períodos de tempo mais dilatados e tratando da interpolação de valores em uma série temporal. As Seções 10 a 13 têm o caráter de complementaridade com o Capítulo 7D (BOP/CD), exibindo algumas duplicações de conteúdos e exemplos. Na Seção 11.10, apresentamos alguns indicadores fundamentais de avaliação do setor externo de uma economia nacional. Na Seção 11.11, transitamos para conceitos mais modernos, como é o caso dos indicadores de vulnerabilidade. Em ambas, as comparações são feitas sob o ponto de vista das relações entre variáveis mensuradas com unidades de conta homogêneas. Na Seção 11.12, estudaremos o tratamento a ser dado às variáveis, quando as comparações exigem a transformação das unidades de contas denominadas em diferentes moedas. Finalmente, a Seção 11.13 discute suas relações com os índices de preços e quantidades examinados nas Seções 11.5 a 11.7, a fim de chegar ao conceito de paridade do poder de compra.

11.2 VIAGENS NO TEMPO: NÍVEIS E CRESCIMENTO[4]

Nos Capítulos 1 (Divisão) e 2 (Contextualizando), observamos, respectivamente, que o uso do mecanismo de mercado para orientar a alocação de recursos defronta-se com problemas, e que a unidade de tempo escolhida para a seleção das variáveis econômicas é um dos requisitos importantes para o sucesso do estudo. No primei-

---
[4] Esta seção retoma os conteúdos da Seção 11.2 do Capítulo 11B (Intertemporais/CD).

ro caso, falávamos em mercados ausentes, falhas de mercado e *crowding-out* da motivação dos agentes, sendo que a mais importante para o que vamos discutir em seguida é a questão dos mercados ausentes. No caso da seleção da unidade de tempo para a coleta da informação, mencionamos dados do tipo série temporal, corte transversal, painel e pseudopainel. Na presente seção, vamos concentrar-nos no caso das séries temporais, sugerindo que a taxa de juros é o instrumento que permite a criação de um mercado no qual valores (físicos ou monetários) presentes e futuros são transacionados. Ou seja, mesmo sem negar a ausência de mercado para determinados bens e serviços (naves que transitam pelo centro do Sol, conselhos para fortalecer a autoestima de pássaros, etc.), vamos examinar o caso em que uma mercadoria é comprada em determinado momento e vendida em outro. Neste mundo de deslocamentos no tempo, dois conceitos nos interessam: o de custo de oportunidade (também examinado no Capítulo 2 – Contextualizando) e – como consequência de sua aplicação às viagens no tempo – o da taxa de juros. Com efeito, num mundo de contratos completos[5], a taxa de juros é o veículo que permite que as quantidades e os preços realizem essas viagens.

Imaginemo-nos na condição de proprietários da quantia de L$ 1.000,00, recebendo a proposta de cedê-los comercialmente a terceiros, que se comprometem a devolver um determinado montante depois de um ano. Descortinam-se, assim, três situações a serem examinadas, de sorte a nos auxiliarem na decisão de ceder ou não o empréstimo. Imaginemos, em seguida, que se trata de uma quantidade de 100 toneladas de cimento, cujo preço é L$ 10,00/tonelada: L$ 1.000,00 = L$ 10,00/t $\times$ 100t e que estes L$ 10,00/t são a variável mais constante de todo o Universo[6]. Neste caso milagroso, somos livres para pensar exclusivamente no que fazer com a quantidade física de 100t de cimento. Neste caso, podemos seguir imaginando que o uso presente gera-nos um índice de 100 úteis de utilidade, por contraste ao uso futuro, que geraria – digamos – apenas 99 úteis ou 101 úteis, conforme o destino que será atribuído ao material. No primeiro caso, aplicaríamos um fator de desconto sobre as 100 toneladas originais e, no segundo, entenderíamos que sua "aplicação" rendeu-nos uma unidade. O Quadro 11.1 indica o que está ocorrendo.

Quadro 11.1   Três valores do mesmo cimento

Presente		Passado ou Futuro
100 toneladas	equivalem a	99 toneladas 100 toneladas 101 toneladas

---

[5] Quando os contratos são incompletos, uma forma importante de viabilizar as transações consiste no uso do mercado de seguros.

[6] As Seções 7 e 8 dedicam-se ao estudo da correção de valores a serem comparados intertemporalmente quando os preços variam entre dois períodos.

Caso substituíssemos a expressão "equivalem" por "igual" e seu símbolo "=", precisaríamos inserir um fator f, de proporcionalidade, a fim de concretizar a igualdade. Usando a tradicional notação da matemática financeira, voltamos a escrever, no caso da capitalização (f = 1,01) de nossos L$ 1.000 em L$ 1.010. Naturalmente, este é mais adequado para um estoque de vinho – que ganha valor com o passar do tempo – do que para um material deteriorável como o cimento:

$$1.010 = 1.000 + 10: C_{II} = \frac{C_I + C_I \times i \times t}{100}.$$

Finalmente, usando a taxa unitária, mas mantendo o mesmo i para designá-la, temos para t períodos: $C_t = C_0 (1 + i \times t)$.

Uma vez que esta expressão pode ser escrita como:

$$C_t = C_0 + C_0 \times i \times t \tag{11.1}$$

caso C_0 e i sejam fixos, então C_t é uma função linear de t, o que nos leva a designá-la como a fórmula geral do juro simples. Sua fórmula correspondente para juros compostos tem duas variantes:

$$C_t = C_0 \times (1 + i)^t \tag{11.2}$$

e

$$C_t = C_0 \times e^{it} \tag{11.3}$$

dependendo da frequência com que as capitalizações ocorrem[7].

No que segue, vamos centrar nosso interesse em (11.2), mostrando os quatro tipos de viagem no tempo que ela auxilia nossos valores a realizar. A primeira e mais convencional é mesmo esta e diz respeito à capitalização composta discreta. Por exemplo, com a taxa de juros de 1% a.a., o capital de L$ 1.000 gera nossos conhecidos $1.010 = 1.000 \times (1 + 0,01)^1$.

Mais interessante é o caso da aplicação desse mesmo valor por cinco períodos: $C_5 = 1.000 \times (1 + 0,01)^5 = 1.051,01$ quando truncamos a operação no nível dos centavos. Ou seja, fizemos nossos L$ 1.000 viajarem para o futuro durante cinco anos, o que lhes acrescentou L$ 51,01 de juros. A segunda viagem do dinheiro no tempo consiste no retorno ao presente desses L$ 1.051,01. A resposta deriva-se da mesma equação, agora resolvida para C_0: $C_0 = \frac{C_t}{(1 + i)^t} = \frac{1.051,01}{(1 + 0,1)^5} = \frac{1.051,01}{1,05101}$.

As duas viagens restantes são análogas às anteriores, ainda que recebam expressões algébricas mais complicadas. Assim, pela ordem, a terceira consiste em, por exemplo, considerarmos que desejamos aplicar L$ 1.000 não apenas uma vez, o que geraria L$ 1.010,00, mas cinco vezes. Ou seja, queremos o montante das aplicações realizadas em cinco anos.

---

[7] Se nosso problema inicial consistiu em aplicar um montante monetário por certo tempo e certa remuneração, podemos entender que, quanto mais rapidamente os juros são transformados em capital, mais eles renderão, engrossando o capital inicial. Este fenômeno expressa muitos processos de crescimento observados na natureza. Tal é o caso, por exemplo, de uma árvore, cujo tronco cresce e gera galhos. No período seguinte, há mais crescimento no próprio tronco, geram-se mais galhos, mas os galhos iniciais já entraram em ação, gerando ramos, e assim por diante.

Claro que ao final do primeiro ano teremos nossos 1.010,00, que serão reaplicados aos mesmos 10%, acrescentando-lhe novos 1.000: $M_2 = 1.000,00 + 10 + 1.000,00 = 2.010,00$, e mais 1.000,00 no terceiro período: $M_3 = 2.010,00 + 20,10 + 1.000,00 = 3.030,10$.

No quarto ano, temos $M_4 = 3.030,10 + 30,30 + 1.000,00 = 4.060,40$.

Ao final do quinto ano, nosso montante chega a: $M_5 = 4.060,40 + 40,60 + 1.000,00 = 5.101,10$.

Podemos obter esta cifra ao usarmos a seguinte fórmula da matemática financeira: $M_5 = 1.000,00 \times \dfrac{(1+0,01)^4}{0,01} = 5.101,01$, que pode ser generalizada como $M_t = C_0 \times \dfrac{(1+i)^{t-1}}{i}$, ou seja, um capital C_0, aplicado à taxa de i% a.a. e sendo capitalizado $t-1$ vezes gerará a quantia de M_t. Por fim, o problema simétrico ao que recém vimos consiste em responder à pergunta: sabendo que ganharemos um montante de L$ 5.101,01 daqui a cinco anos, por quanto poderemos vendê-lo no presente, a fim de que ele nos gere um rendimento fixo mensal? A resposta, naturalmente, é $C_0 = 1.000$, e foi obtida pela aplicação da seguinte fórmula: $C_0 = \dfrac{M_t \times i}{(1+i)^{t-1}}$.

Em resumo, estamos vendo que, ao se movimentarem no tempo, os níveis de nossas variáveis (L$ 1.000,00, L$ 1.051,01, etc.) experimentaram taxas de crescimento, que associamos aos juros. Com isso, podemos ilustrar o funcionamento de duas operações que são muito interessantes para retermos como referência ao avaliarmos a taxa de crescimento de qualquer variável. A primeira consiste em responder à pergunta: qual é a taxa de juros que faz uma quantidade qualquer (física ou monetária) duplicar em 10 anos? Sua resposta emerge dessa complexa equação $2 = (1 + i)^{10}$, $1 + i = 2^{1/10}$ e $i = 1,071773$, levando-nos a responder que, sempre que aplicarmos um valor qualquer à taxa de juros de 7,18% a. a., com a aproximação de um milésimo, ela dobrará em 10 anos. Dobrar, por exemplo, o PIB per capita de um país ou região em 10 anos, por isso, é considerado um "milagre econômico".

Por contraste, o crescimento a um ritmo menos fulgurante gera a cifra de referência em resposta à pergunta: "quantos anos são necessários para dobrar, se cresce a 1% a. a.?". Nossa equação agora – representando a incógnita por x – transforma-se em $2 = (1 + 0,01)^x$.

Procedendo à seguinte anamorfose logarítmica $\ln 2 = x \times \ln(1 + 0,01)$, com $x = \dfrac{0,693147}{0,009950} = 69,7$, chegamos a quase 70 períodos[8]. Se a renda per capita cresce lentamente, como na maior parte da história da humanidade, o nível de bem-estar material de pais, filhos e até netos não será muito diferente.

Em seguida, devemos observar que as taxas são descritoras mais eficazes de fenômenos do que os níveis originais das variáveis, que são obscurecidos por fatores como

---

[8] Escolhemos este 1%, a fim de dimensionar cifras familiares a nosso cotidiano. No caso, inspiramo-nos no fato de que 1% do dia representa cerca de 15 minutos. Se "o homem é a medida de todas as coisas", como estamos sugerindo desde a primeira frase da apresentação deste livro, então a hora é a medida criada pelo homem para a mensuração de todos os dias! Com isso, percebemos que uma hora representa cerca de 4% da trajetória diária. Ainda assim, trata-se de cifras relativas, pois esperar na chuva pelo colega atrasado por 15 minutos é um "passivo não monetário", ao passo que despender esses 15 minutos tomando um sorvete é um ativo infinitamente sublime.

o tamanho da amostra ou o viés dos entrevistadores. Ou seja, se a amostra retirada da população para um período tiver o mesmo viés que um período subsequente, se o grau de tendenciosidade do entrevistado ou do entrevistador for o mesmo e se as condições físicas de coleta de dados forem as mesmas (cachorro, calor, etc.), então nosso numerador e denominador estarão enviesados pelo mesmo montante. Assim, se o numerador e o denominador carregaram o mesmo erro encapsulado por um fator f, seu quociente não se altera ao removermos o erro de ambos.

Ao vermo-nos familiarizados com as operações com logaritmos para a obtenção da resposta a essas duas questões (quanto crescer, a fim de dobrar em 10 anos, e quantos anos são necessários para dobrar com 1% a.a.), vamos ilustrar mais duas operações interessantes nas Tabelas 11.1 e 11.2. Na primeira delas, vemos o preço de um livro[9] cotado em sete períodos sucessivos. Na coluna (B), observamos sua taxa de crescimento determinada pela maneira convencional e, na coluna (C), vemos a mesma taxa obtida por meio da aproximação logarítmica. Todas as taxas foram normalizadas para a base unitária, por contraste a outras bases também convencionais[10].

Vemos na Tabela 11.1 que o aumento arbitrado de 1% entre os anos I e II salienta a diferença da taxa de crescimento convencional e sua aproximação logarítmica. Já no terceiro período, o aumento que arbitramos passa a oferecer a mesma taxa calculada das duas formas, até que, a partir do sétimo ano, não veríamos mais diferenças no nível de ponto flutuante selecionado.

A segunda aplicação do conceito de logaritmo para o estudo da evolução das variáveis no tempo mostra uma interpretação correlata, associada à decomposição de uma relação multiplicativa. Com efeito, tem-se tornado proverbial para nós a decomposição da taxa de lucro numa componente que, segundo alguns, representa a luta

Tabela 11.1 O uso dos logaritmos como taxas de crescimento entre dois números (períodos)

Períodos	Preço do livro (L$) (A)	Taxa de crescimento entre os períodos $t-1$ e t (B)	Logaritmo da razão entre os preços dos anos $t-1$ e t (C)
I	100	–	0,000000
II	101	0,010000	0,009950
III	101,1	0,000990	0,000990
IV	101,11	0,000099	0,000099
V	101,111	0,000010	0,000010
VI	101,1111	0,000001	0,000001
VII	101,11111	0,000000	0,000000

---

[9] Em geral, o preço do livro chega apenas até o centavo, mas poderíamos contornar esta dificuldade prática sugerindo que esses 101,11111 resultam da venda de 10.111.1110. O preço da gasolina, por contraste, costuma ser cotado com milésimos de unidade.

[10] Além do próprio sistema de numeração de base 10, diversas medidas de ordem de grandeza são usadas em um ou outro contexto científico, por exemplo, mortes por 100.000 habitantes ou partes por milhão de fluor na água. Nos estudos econômicos, a base 100 é a mais tradicional, mas o bom-tom manda que, sempre que estivermos em uma situação equívoca, deixemos clara qual é a base sobre a qual assenta nosso índice.

de classes e noutra que representa uma aproximação do grau de desenvolvimento tecnológico de um setor industrial ou de uma economia. Partimos da equação

$$\frac{L}{K} = \frac{L}{K} \times \frac{Y}{Y} = \frac{L}{Y} \times \frac{Y}{K},$$

onde L é a massa de lucros, Y é o PIB e K é o estoque de capital de uma economia. Aplicando-lhe a anamorfose logarítmica, podemos escrever

$$\ln\frac{L}{K} = \ln\frac{L}{Y} + \ln\frac{Y}{K}.$$

Na Tabela 11.2, os dados de Trondhein permitem-nos fazer este exercício de decomposição, que contribui para entendermos a diferença entre níveis e taxas das variáveis econômicas[11]. Se, como acabamos de ver, o logaritmo é uma boa aproximação da taxa de crescimento, ele também serve para nos dar uma visão interessante da composição estrutural do nível de uma relação multiplicativa.

Na coluna (A), observamos uma massa de lucros monotonamente crescente, partindo de Q$ 33,50 bilhões. Com um estoque de capital de Q$ 334,70 bilhões, monta-se uma taxa de lucro de 10% neste primeiro período. Enquanto variável central do funcionamento do sistema, mantemos a atenção sobre a taxa de lucro e vemos que ela, ao longo do período, não experimentou uma variação muito discrepante de uma média aritmética simples desses 10%. Nesses 10 anos, tanto o produto quanto o estoque de capital também experimentaram aumentos monotônicos, sendo nosso interesse agora saber quem contribuiu mais para a manutenção da taxa de lucro em torno dos 10% assinalados. Para responder a esta questão, além da decomposição no estilo da equação acima, calculamos os valores dos logaritmos. Como tal, fizemos sua decomposição aditiva, o que nos oferece as taxas de crescimento instantâneas das contribuições da participação dos capitalistas na renda nacional (componente $\frac{L}{K}$) e da relação produto/capital (componente $\frac{Y}{K}$) da economia. As colunas (K) e (L) da Tabela 11.2 mostram que a contribuição da redução da parcela salarial (ou seja, o complementar à unidade da parcela dos lucros) foi a mais importante na manutenção da taxa de lucro em torno dos 10% assinalados.

11.3 ÍNDICES AGREGATIVOS ELEMENTARES (NÃO PONDERADOS OU SIMPLES)[12]

Duas flores e seus 14 índices elementares

Nosso interesse transfere-se agora para a definição do procedimento que devemos adotar, a fim de quantificarmos a mudança conjunta nos preços (ou quantidades) de elencos de mais de uma mercadoria. Neste caso, é necessário criarmos um critério de combinação desses produtos, de forma a ressaltarmos sua variação. Em outras pala-

---

[11] Também cabe evocarmos o que dissemos no Capítulo 2 (Contextualizando) sobre equações dimensionais e ilustrar com a constatação de que a taxa de lucro é dada pela razão entre uma variável fluxo (PIB por unidade de tempo) e o estoque de capital (K num determinado instante de tempo).

[12] Esta seção retoma os conteúdos da Seção 11.4 do Capítulo 11A (Índices/CD).

[13] Estamos falando em critério **simples** ou **elementar** por simetria aos critérios **ponderados**, que serão estudados nas Seções 5 e 6. Às vezes, a fim de aumentar a clareza da exposição, em vez de nos referirmos a eles como simples, falaremos em critérios **não ponderados**.

Tabela 11.2 Decomposição da taxa de lucro e contribuições percentuais das parcelas, Trondhein (bilhões de oslos)

Períodos	Valores monetários			Valores absolutos			Logaritmos			Composição dos logaritmos		
	Lucro (A)	Produto (B)	Capital (C)	L/K (D)	L/Y (E)	Y/K (F)	L/K (G)	L/Y (H)	Y/K (I)	L/K (J)	L/Y (K)	Y/K (L)
I	33,50	271,80	334,70	0,100090	0,123252	0,812071	−2,30	−2,09	−0,21	1,0000	0,9096	0,0904
II	34,20	274,53	342,04	0,099988	0,124577	0,802625	−2,30	−2,08	−0,22	1,0000	0,9045	0,0955
III	35,31	282,66	353,40	0,099915	0,124920	0,799830	−2,30	−2,08	−0,22	1,0000	0,9030	0,0970
IV	37,40	296,78	372,86	0,100306	0,126019	0,795956	−2,30	−2,07	−0,23	1,0000	0,9008	0,0992
V	38,99	308,85	389,34	0,100144	0,126243	0,793266	−2,30	−2,07	−0,23	1,0000	0,8994	0,1006
VI	40,98	321,59	406,56	0,100797	0,127429	0,791003	−2,29	−2,06	−0,23	1,0000	0,8978	0,1022
VII	43,60	338,43	428,94	0,101646	0,128830	0,788991	−2,29	−2,05	−0,24	1,0000	0,8963	0,1037
VIII	43,23	345,59	438,35	0,098620	0,125090	0,788388	−2,32	−2,08	−0,24	1,0000	0,8974	0,1026
IX	43,66	349,27	442,73	0,098615	0,125004	0,788901	−2,32	−2,08	−0,24	1,0000	0,8976	0,1024
X	45,48	364,27	462,31	0,098376	0,124852	0,787935	−2,32	−2,08	−0,24	1,0000	0,8972	0,1028

vras, estamos em busca de um critério simples[13] de agregação da informação univariada dos preços (ou das quantidades) de uma cesta de produtos. Ou seja, estamos selecionando entre as diferentes funções de agregação possíveis aquelas que ofereçam maior adequação às proposições emanadas da teoria destinada a iluminar os fenômenos em estudo. Começamos, assim, a fazer a transição entre os conceitos de média estudados no Capítulo 10 (Distribuição) e os de números relativos simples, que usaremos para proceder às agregações entre as informações isoladas dos preços (ou das quantidades).

A Tabela 11.3, ao mostrar os preços e as quantidades de duas flores para dois períodos, ajuda a vislumbrarmos o problema de forma simples e sistemática. Nosso interesse, assim, não é mais o de saber – pois aprendemos como fazê-lo na Seção 11.2 – que as clívias viram seu preço subir em 25% (ou $100 \times \frac{5}{4} - 100$) na situação A. Esta variação, associada à das estefânias, ocasionou uma queda de cerca de 20% (ou $\frac{8}{10}$) na quantidade transacionada da primeira flor, como vemos na situação B. Na situação C, os preços e as quantidades do período 1 compensaram-se de tal maneira que o gasto total do consumidor permaneceu constante, indicando que, uma vez que ambas as quantidades caíram, seu bem-estar reduziu-se. Na situação D, vemos que tanto os preços como as quantidades variaram. Caso a renda do consumidor tenha subido para enfrentar o novo gasto total de L$ 200,28, não teremos dúvida em atestar que seu bem-estar melhorou. Para concluir, temos diferentes possibilidades de variações entre os preços e as quantidades em dois períodos, levando a situações correspondentes no gasto do consumidor. Nosso problema com este capítulo atém-se aos casos A e B, ou seja, veremos os preços subindo e as quantidades caindo. Buscando avaliar apenas estas questões, deixamos de lado a emissão de julgamentos de valor sobre as variações do bem-estar do consumidor provocadas por mudanças nos preços das mercadorias.

Ao retratar a realidade da maneira mais acurada possível, atestamos que os números da Tabela 11.2 superaram os tradicionais problemas empíricos associados à construção de números índices. Primeiramente, devemos falar da prescrição da teoria econômica sobre como deve reagir o consumidor quando os preços das mercadorias que ele adquire variam. Os números obtidos com levantamentos estatísticos consideram que o consumidor racional efetivamente se move de acordo com certas regras. Em segundo lugar, a teoria econômica estuda a reação de um consumidor (e não de sua família), sendo que a agregação de diversos consumidores requer artifícios que, ainda que tratados na literatura avançada da área, aqui são omitidos. Isto significa que supomos que a generalização do comportamento do consumidor típico para todos os demais é banal. Em terceiro lugar, precisamos acautelar-nos com o problema dos levantamentos estatísticos, como o viés de seleção amostral, a tendenciosidade do informante e a do entrevistador, etc. Além disso, precisamos conceber a possibilidade da existência de outros problemas e que o material empírico utilizado os superou. Neste caso, cabe assinalarmos que mantemos constantes as proporcionalidades na estrutura de insumos usada para a obtenção de cada produto, que não há mudanças na qualidade do produto final e, ao mesmo tempo, que há possibilidade de substituição entre a flor cujo preço relativo sobe e as demais.

Existe ainda um registro interessante a fazermos neste momento de ingresso no mundo da mensuração da mudança nos preços relativos de um conjunto de mercado-

Tabela 11.3 Duas flores para preços e quantidades (laeres, participações unitárias)

	Situação A							
	Período 0				**Período 1**			
Produtos	preço p	quantidade q	receita (gasto) RT=GT	participação w	preço p	quantidade q	receita (gasto) RT=GT	participação w
Clívia	4,00	10,00	40,00	0,2759	5,00	10,00	50,00	0,2841
Estefânia	7,00	15,00	105,00	0,7241	8,40	15,00	126,00	0,7159
TOTAL	–	–	145,00	1,0000	–	–	176,00	1,0000
	Situação B							
	Período 0				**Período 1**			
Produtos	preço p	quantidade q	receita (gasto) RT=GT	participação w	preço p	quantidade q	receita (gasto) RT=GT	participação w
Clívia	4,00	10,00	40,00	0,2759	4,00	8,00	32,00	0,1818
Estefânia	7,00	15,00	105,00	0,7241	7,00	12,50	87,50	0,4972
TOTAL	–	–	145,00	1,0000	–	–	119,50	1,0000
	Situação C							
	Período 0				**Período 1**			
Produtos	preço p	quantidade q	receita (gasto) RT=GT	participação w	preço p	quantidade q	receita (gasto) RT=GT	participação w
Clívia	4,00	10,00	40,00	0,2759	5,00	8,00	40,00	0,2273
Estefânia	7,00	15,00	105,00	0,7241	8,40	12,50	105,00	0,5966
TOTAL	–	–	145,00	1,0000	–	–	145,00	1,0000
	Situação D							
	Período 0				**Período 1**			
Produtos	preço p	quantidade q	receita (gasto) RT=GT	participação w	preço p	quantidade q	receita (gasto) RT=GT	participação w
Clívia	4,00	10,00	40,00	0,2759	5,00	12,00	60,00	0,3409
Estefânia	7,00	15,00	105,00	0,7241	8,40	16,70	140,28	0,7970
TOTAL	–	–	145,00	1,0000	–	–	200,28	1,0000
	Situação E							
	Período 0				**Período 1**			
Produtos	preço p	quantidade q	receita (gasto) RT=GT	participação w	preço p	quantidade q	receita (gasto) RT=GT	participação w
Clívia	4,00	10,00	40,00	0,2759	3,00	12,00	36,00	0,2045
Estefânia	7,00	15,00	105,00	0,7241	6,53	16,70	109,05	0,6196
TOTAL	–	–	145,00	1,0000	–	–	145,05	1,0000

rias. Na Seção 4.5 do Capítulo 4 (MaCS e MIP), estudamos o sistema de preços do modelo de Leontief, quando constatamos que, numa situação tomada como base, o vetor de preços é unitário. Ao mesmo tempo, deixamos claro que as aplicações do modelo para a previsão das mudanças nos níveis de utilização dos insumos primários permitem-nos detectar alterações nos preços relativos intersetoriais. No exemplo lá utilizado, vimos que um aumento de 10% na folha de pagamentos do setor serviços ocasionou elevações de cerca de 0,7% nos preços da agricultura, 2,4% nos da indústria e 7,4% nos dos próprios serviços. Naturalmente, lá e aqui estamos tratando de duas abordagens bastante diversas de problemas apenas ligeiramente assemelhados. Na matriz de Leontief, não é possível fazermos uma avaliação conjunta dos aumentos dos preços setoriais precisamente porque não existe no modelo um critério próprio para sua agregação[14].

Relativo dos preços agregados aritmeticamente

Vamos iniciar a discussão sobre os números relativos utilizando um novo tipo de notação que irá acompanhar-nos até o final da Seção 11.6. Consideremos que dispomos de informações sobre preços dadas pelos vetores $p^0 = [4\ 7]$ e $p^1 = [5\ 8,4]$. Um de nossos problemas consiste em criar um critério para resumir a informação do vetor p^0 e compará-la com aquela contida no vetor p^1. Vimos que nossos instrumentos são os conceitos de média e de desvio padrão apresentados nas equações (10.2) e (10.3) do Capítulo 10 (Distribuição), mas agora nosso problema é ligeiramente diverso. Desejando avaliar separadamente suas variações, iniciamos somando os valores dos preços (e os das quantidades) e calculando o número relativo dos resultados: $\dfrac{5+8,4}{4+7}=1,2182$. Este valor corresponde à média aritmética dos valores do numerador divididos pela média aritmética dos do denominador, pois não precisamos dividir os 13,4 por 2, uma vez que tampouco estamos dividindo 11 por este valor. Estamos vendo que os preços, avaliados com este conceito de número relativo dos preços agregados aritmeticamente, elevaram em 21,82% entre os dois períodos.

Analiticamente, vamos escrevê-lo como $RPA = \dfrac{\sum_{i=1}^{n} p_i^1}{\sum_{i=1}^{n} p_i^0} = \dfrac{\dfrac{\sum_{i=1}^{n} p_i^1}{n}}{\dfrac{\sum_{i=1}^{n} p_i^0}{n}}$, caracterizando o chamado índice de Dutot[15], publicado pela primeira vez em 1738.

Relativo das quantidades agregadas aritmeticamente

Simetricamente aos relativos dos preços agregados aritmeticamente, ao conhecermos os vetores $q^0 = [10\ 15]$ e $q^1 = [8\ 12,5]$, podemos calcular $\dfrac{8+12,5}{10+15}=0,8200$,

---

[14] Uma vez que a matriz de insumo-produto é mensurada nas quantidades monetárias de determinado período, podemos considerá-la como representando o ano inicial sobre cuja estrutura incidiu a mudança na quantidade monetária dos insumos primários que deflagrou a determinação do novo vetor de preços. Usando, deste modo, os pesos do ano inicial, sugerimos que a fórmula do índice de preços mais adequada é a de Laspeyres, conforme a equação (11.19).

[15] Também conhecido como índice de Bradstreet (ou Dun & Bradstreet) por ser publicado regularmente pela empresa americana Dun & Bradstreet desde a segunda década do século XX.

atribuindo-lhe o nome de número relativo das quantidades agregadas aritmeticamente. Sua fórmula é dada por $RQA = \dfrac{\sum_{i=1}^{n} q_i^1}{\sum_{i=1}^{n} q_i^0} = \dfrac{\dfrac{\sum_{i=1}^{n} q_i^1}{n}}{\dfrac{\sum_{i=1}^{n} q_i^0}{n}}$.

Um problema sério com este tipo de número relativo é que ele é influenciado pelas unidades de medida das variáveis constituintes das fórmulas. Caso estivéssemos comparando as compras da família não apenas em flores, mas também em férias, num refrigerador novo, e por aí vai, teríamos novos problemas para este tipo de aplicação do conceito de média. Comparar uma açucena de pacatos L\$ $\dfrac{2}{\text{unidade}}$ com os L\$ 1.000 da viagem às grutas de Bonito faz com que toda a informação derivada destes números concentre-se apenas no segundo. Além disso, se medirmos bananas em dúzias e laranjas em toneladas, teremos novos problemas. Uma forma de contornarmos este inconveniente é proceder ao cômputo dos índices agregativos da média não ponderada dos relativos. Com preços e quantidades associados a diferentes conceitos de médias, temos seis índices, além dos dois que acabamos de ver.

Índice média aritmética simples dos relativos de preços

Iniciamos uma nova trajetória com o índice média aritmética simples dos preços relativos, designado por índice de Carli (criado em 1804 por Gian-Rinaldo Carli) ou índice de Sauerbeck (divulgado por Augustus Sauerbeck em 1895). A primeira providência necessária a sua obtenção é calcularmos as médias dos preços e das quantidades das quatro variáveis: preços e quantidades para dois períodos concernentes às duas flores. Seguindo com a convenção que faz p^0, p^1, q^0 e q^1 representarem vetores, definimos os dois primeiros como $p^0 = [4 \quad 7]$ e $p^1 = [5 \quad 8,4]$.

Nosso índice é dado por $P_{MA} = \dfrac{\sum_{i=1}^{n} \dfrac{p_i^1}{p_i^0}}{n}$, ou $P_{MA} = \dfrac{\dfrac{5}{4} + \dfrac{8,4}{7}}{2} = 1,2250$. Ou seja, o índice revela que houve uma elevação média de 22,50% no nível de preços das duas flores entre os períodos 0 e 1.

Índice média aritmética simples dos relativos de quantidades

De modo análogo, quando os vetores q^0 e q^1 são dados por: $q^0 = [10 \quad 15]$ e $q^1 = [8 \quad 12,5]$, o índice média aritmética simples das quantidades relativas (Carli-Sauerbeck) é $Q_{MA} = \dfrac{\sum_{i=1}^{n} \dfrac{q_i^1}{q_i^0}}{n}$, gerando $Q_{MA} = \dfrac{\dfrac{8}{10} + \dfrac{12,5}{15}}{2} = 0,8167$.

Neste caso, o índice revela que houve uma redução média de 18,33% nas quantidades, caso tomemos como base o período 0. Cabe insistirmos no fato de que, apesar de a média aritmética simples dos preços e a correspondente média das quantidades serem facilmente calculáveis, elas trazem a desvantagem de sofrerem a influência de valores extremos, isto é, maiores variações nos preços de um único produto determinam grandes variações no índice.

Índice média geométrica simples dos relativos de preços

O índice média geométrica simples dos preços relativos foi referido pela primeira vez por William Stanley Jevons em 1863, voltando a ser mencionado em seu trabalho de 1884. Nossa informação original $p^0 = [4 \quad 7]$ e $p^1 = [5 \quad 8,4]$, usando a formulação $P_{MG} = \left(\prod_{i=1}^{n} \frac{p_i^1}{p_i^0} \right)^{\frac{1}{n}}$, deixa-se calcular como $P_{MG} = \left(\frac{5}{4} \times \frac{8,4}{7} \right)^{\frac{1}{2}} = 1,2247$. Chegamos agora à variação conjunta de 22,47% nos preços das duas flores.

Índice média geométrica simples dos relativos de quantidades

De modo análogo, o índice média geométrica simples das quantidades relativas utiliza as informações da Tabela 11.3 dadas por $q^0 = [10 \quad 15]$ e $q^1 = [8, \quad 12,5]$. Nosso índice é $Q_{MG} = \left(\prod_{i=1}^{n} \frac{q_i^1}{q_i^0} \right)^{\frac{1}{n}}$, ou, com os dados do exemplo, $Q_{MG} = \left(\frac{8}{10} \times \frac{12,5}{15} \right)^{\frac{1}{2}} = 0,8165$.

Com ele, vemos uma redução de 18,35% na quantidade das duas flores, quando medidas em conjunto.

Índice média harmônica simples dos relativos de preços

O terceiro tipo é chamado de índice média harmônica simples dos preços relativos, também conhecido como índice das razões harmônicas de Carli, ainda atribuído a Jevons e Coggeshall. Partindo dos seguintes vetores $p^0 = [4 \quad 7]$ e $p^1 = [5 \quad 8,4]$ e usando a fórmula $P_{RH} = \left[\sum_{i=1}^{n} \frac{1}{n} \times \left(\frac{p_i^1}{p_i^0} \right)^{-1} \right]^{-1} = \frac{n}{\sum_{i=1}^{n} \frac{p_i^0}{p_i^1}}$, observamos que o preço médio elevou-se em 22,45% relativamente ao período inicial: $P_{RH} = \dfrac{2}{\dfrac{4}{5} + \dfrac{7}{8,4}} = 1,2245$.

Índice média harmônica simples dos relativos de quantidades

Analogamente, o índice média harmônica simples das quantidades relativas de $q^0 = [10 \quad 15]$ e $q^1 = [8, \quad 12,5]$ é dado por $Q_{RH} = \left[\sum_{i=1}^{n} \frac{1}{n} \times \left(\frac{q_i^1}{q_i^0} \right)^{-1} \right]^{-1} = \dfrac{1}{\sum_{i=1}^{n} \dfrac{q_i^0}{q_i^1}}$, levando ao seguinte resultado: $Q_{RH} = \dfrac{2}{\dfrac{10}{8} + \dfrac{15}{12,5}} = 0,8163$.

Com base nesta cifra, vemos que as quantidades caíram em média 18,37% entre os dois períodos considerados. Este valor, da mesma forma que o do índice de preços, é menor do que os correspondentes índices aritmético e geométrico. Confirma-se uma intuição sobre ser esta uma característica geral das médias harmônicas. Se o sistema de pesos é o mesmo (no caso, temos $\frac{1}{n}$ para cada relativo de preços), encontramos valores menores do que os obtidos com o uso das demais médias, quando a variabilidade da distribuição aumentar.

Na Tabela 11.4, vemos um resumo dos índices agregativos simples calculados na Seção 11.4. Como poderíamos esperar, existe uma diferença entre os valores calculados de acordo com os diversos conceitos. Interessa-nos destacar principalmente a relação entre os valores obtidos para os índices média aritmética, geométrica e harmônica simples dos preços e quantidades relativas. Estas gerarão, nas Seções 5 e 6, respectivamente, os índices de Laspeyres, Fisher e Paasche[16].

Todos os índices elementares do tipo média não-ponderada apresentam diversos problemas para responder adequadamente a nossa questão sobre a variação no nível geral de preços. Uns são influenciados pelas unidades de medida dos preços e das quantidades, enquanto os outros mostram uma assimetria preocupante ao nos oferecerem resultados inconsistentes. Por exemplo, ao sabermos que as vendas (ou compras) das duas flores alcançaram L$ 145 no ano 0, mantendo-se este valor durante o ano 1, conforme a situação C, constatamos um crescimento nulo refletido no valor de 1,0000 (isto é, $\frac{145}{145}$). Ora, se a receita total foi dada pela multiplicação entre preços e quantidades e esta é indexada em 1,0000, ao passo que os preços mensurados pelo índice média harmônica dos preços relativos foram indexados em 1,2245, deveríamos obter para o indexador das quantidades o valor que consta no quadro, nomeadamente, 1,2250. Estas e outras dificuldades levaram à criação de centenas de índices ponderados, dos quais vamos destacar apenas alguns nas Seções 5 e 6. Ainda assim, alguns dos índices aqui examinados atendem aos axiomas da identidade, comensurabilidade e proporcionalidade de que trata o Box 11.1.

O obstáculo à aceitação generalizada dos índices elementares é que eles, por não contarem com critérios razoáveis de ponderação para os relativos de preços ou quantidades, tornam-se pouco representativos quando as variáveis analisadas possuem grande heterogeneidade. Neste caso, o mais adequado é usarmos índices agregativos ponderados, ou seja, abandonarmos o mundo das médias simples e ingressarmos no universo das médias ponderadas.

Tabela 11.4 Relativos simples e índices agregativos simples de preços e quantidades de duas flores

Relativos e índices não ponderados	Relativo agregado aritmeticamente	Média aritmética simples de relativos	Média geométrica simples de relativos	Média harmônica simples
Preços (P)	1,2182	1,2250	1,2247	1,2245
Quantidades (Q)	0,8200	0,8167	0,8165	0,8163
P × Q	0,9989	1,0005	1,0000	0,9996

---

[16] Também veremos que os índices de Törnqvist são híbridos entre a média aritmética e a geométrica.

> **Box 11.1** Axiomas concernentes à construção de números índices bilaterais

Como salientamos, a busca de axiomatização para a construção das teorias de base empírica é considerada uma evolução em sua forma de apresentação. Talvez o requisito apriorístico, isto é, axiomático, para a qualidade de um número índice seja a chamada recomposição do valor, ou seja, a equação (11.4) deve mostrar a razão entre a receita total (ou gasto total) com as diferentes mercadorias de dois períodos como $\dfrac{\sum_{i=1}^{n} p_i^1 \times q_i^1}{\sum_{i=1}^{n} p_i^0 \times q_i^0}$ e $V = P \times Q$, o que é óbvio para o caso de uma única mercadoria (o cereal da economia clássica, por exemplo). De um elenco de 21 axiomas listados por Erwin Diewert no citado verbete do Dicionário Palgrave, em geral fazemos a seleção de seis, o que remonta ao trabalho clássico do economista americano Irving Fisher (1927).

O índice aprovado em todos estes testes é o de Fisher (média geométrica não ponderada entre os índices de Laspeyres e Paasche). Por atender a todos os testes, Fisher cognominou-o de índice **ideal**[17]. Assim, no que segue, vamos examinar os seis axiomas costumeiramente alinhados como os mais importantes para o delineamento de um índice agregativo de preços ou quantidades.

Primeiro grupo: testes de escala
Inserem-se no primeiro grupo dos axiomas orientadores da construção de números índices três testes correspondentes à escala e unidade de medida.

Axioma 1: teste de identidade (ou teste dos preços constantes)
O primeiro teste é chamado de teste de identidade, constituindo-se num princípio básico da lógica que rege a produção de todo o conhecimento científico: o ser é idêntico a si mesmo. No presente contexto, diremos que um índice, no caso, o de valor, atende a propriedade da identidade quando sua fórmula, ao descrever a situação de um ano qualquer, oferece como resultado a unidade.

Axioma 2: teste de proporcionalidade
O teste de proporcionalidade busca oferecer a garantia de que o índice por ele aprovado exibe a propriedade de, quando todos os preços ou todas as quantidades variam na mesma proporção, o resultado do índice também variará nessa proporção[18]. Para que isso ocorra, o índice deve ser igual a um fator de proporcionalidade visto como a razão dos preços ou das quantidades em dois períodos.

Axioma 3: teste de comensurabilidade (ou teste de mudança da unidade de medida)
Todo índice deve ser independente da unidade de medida de suas componentes (isto é, preços ou quantidades), quer se trate de preços ou de quantidades.

Axioma 4: teste de transitividade no tempo[19]
O teste de transitividade no tempo, também chamado de teste de circularidade, consiste na proposição de que, quando encadeamos os índices concernentes a diversos períodos de tempo, obtemos o mesmo resultado daquele alcançado quando os índices são calculados período a período, ponta a ponta, no dizer do jornalismo econômico. Expressa em palavras correntes, esta propriedade informa que, se calculamos o índice concernente aos períodos 0 e 1, o índice dos períodos t e $t+1$, o de $t+2$ e $t+3$, até, digamos $t+7$ e assim por diante, teremos o mesmo resultado que se calculássemos diretamente o índice entre 0 e $t+7$.

Axioma 5: teste de reversão da base no tempo
O teste de reversão da base no tempo diz que, ao multiplicarmos um índice usando determinada base no tempo por outro índice do mesmo tipo construído usando a base temporal de outro ano, devemos obter como resultado a unidade.

Terceiro grupo: teste de recomposição das causas
O terceiro grupo de testes, na verdade, abarca apenas o problema da reversão dos fatores.

Axioma 6: teste de reversão dos fatores
Também chamado de teste de recomposição das causas, este axioma exige que iniciemos entendendo o que são os fatores a serem revertidos. Consideremos a equação da receita total alcançada pela venda de certa mercadoria no período 0:

$$RT^0 = \sum_{i=1}^{n} p_i^0 \times q_i^0 = p^0 \cdot q^0.$$

---

[17] Todavia o próprio Diewert cria axiomas em que apenas o índice de Törnqvist é o aprovado, logo ele que não atende ao axioma 6 (reversão dos fatores) apresentado a seguir.

[18] Um contraexemplo, isto é, um índice que não atende a este axioma, encontra-se no índice de Vartia, que será visto na Seção 11.6 do Capítulo 11A (índices/CD).

[19] No Capítulo 11B (Intertemporais/CD), discutiremos exemplos da propriedade da transitividade no tempo, pois – diferentemente do presente contexto – lá trata-se da construção de índices encadeados no tempo. Aqui, por tratarmos apenas dos índices bilaterais pertinentes a dois períodos, não se torna muito flagrante a dificuldade que os diferentes índices enfrentam em atender a este axioma nos casos de inclusão ou exclusão de produtos.

(continua)

Box 11.1   Continuação

De modo análogo, o ano 1 mostra que:

$$RT^1 = \sum_{i=1}^{n} p_i^1 \times q_i^1 = p^1 \cdot q^1.$$

A razão entre estas duas expressões, em notação vetorial, mostra que o escalar V resulta de dois produtos internos (vetoriais), conforme:

$$V = \frac{p^1 \cdot q^1}{p^0 \cdot q^0}.$$

Deste modo, nosso próximo passo consiste em começarmos as manobras preparatórias ao abandono do mundo univariado (mas bilateral) desta seção, ainda que mantendo fidelidade à definição de número relativo, conforme a situação A da Tabela 11.3. Caso contemos com mais de uma mercadoria m_i, nosso problema é de solução fácil, pois podemos simplesmente multiplicar os preços pelas quantidades das mercadorias específicas e somá-los. Para n mercadorias, usando os subíndices 1, 2, 3, ..., n e para dois períodos indexados por 0 e 1, temos $\frac{p_1^1 \times q_1^1 + p_2^1 \times q_2^1 + ... + p_n^1 \times q_n^1}{p_1^0 \times q_1^0 + p_2^0 \times q_2^0 + ... + p_n^0 \times q_n^0}$, que é chamado de **índice de valor** visto no Box 11.1. Na situação (C) da Tabela 11.3, vemos, por exemplo, que as vendas (ou compras) de todas as flores tiveram crescimento nulo, pois o faturamento foi de L$ 145 em ambos os períodos. De modo análogo, obteríamos outros índices de valor, com variações sobre a causa (quantidade ou preço) das variações entre os dois períodos.

Estamos novamente frente a um híbrido: esta medida de tendência central tanto pode ser considerada como um número relativo, quanto pode ser vista como uma média aritmética simples ou ponderada dos valores das diferentes mercadorias. A expressão genérica do índice de valor é:

$$V = \frac{\sum_{i=1}^{n} p_i^1 \times q_i^1}{\sum_{i=1}^{n} p_i^0 \times q_i^0} \tag{11.4}$$

onde 0 e 1 são os períodos e i = 1, 2, 3, ..., n são as mercadorias compradas pelos consumidores ou vendidas pelas empresas[20]. Lidando com os vetores p^0, p^1, q^0 e q^1, o índice de valor é dado por:

$$V = \frac{p^1 \cdot q^1}{p^0 \cdot q^0} \tag{11.5}$$

---

[20] Aqui e em tudo o que segue, devemos deixar claro que estamos trabalhando com a dualidade preços-quantidades dos sistemas de mensuração das dimensões valor de troca-valor de uso do trabalho social. Neste ambiente, nada nos impede de pensarmos que não estamos falando de flores, mas de dois tipos de trabalho e, em vez de preços, estamos medindo a quantidade de dinheiro que aluga os serviços prestados por uma unidade da mercadoria mão de obra, ou seja, o salário, e as quantidades físicas transacionadas de forma correspondente. Ou seja, nossos preços e quantidades referem-se ao fluxo real tanto ao mercado de bens e serviços quanto ao de serviços dos fatores. E nada nos impediria de avançarmos nas analogias do fluxo real de direitos de propriedade, que fecha o fluxo circular da renda, associando-lhe também preços e quantidades de arranjos institucionais, desde que quantificados com unidades de medida adequadas.

A expressão numérica tanto de (18.15) quanto de (18.16), naturalmente, é a mesma, reduzindo-se no caso das duas flores a

$$V = \frac{5 \times 8 + 8,4 \times 12,5}{4 \times 10 + 7 \times 15}.$$

Por enquanto, vamos apresentar uma espécie de introdução à terminologia usual, o que contribui para entendermos as limitações qualitativas intrínsecas aos índices elementares. Ou seja, estamos falando dos índices cujas variações nos preços (ou nas quantidades) não são ponderadas por qualquer critério. Neste caso, vamos definir os nossos índices elementares de preços como $P(p^0, p^1)$, onde $p^0 = (p_1^0, p_2^0, p_3^0, ..., p_{n-1}^0, p_n^0)$ e $p^1 = (p_1^1, p_2^1 + p_3^1, ..., p_{n-1}^1, p_n^1)$ são os vetores dos preços[21] dos dois anos.

O índice de quantidades é $q(q^0, q^1)$, onde $q^0 = (q_1^0, q_2^0, q_3^0, ..., q_{n-1}^0, q_n^0)$ e $q^1 = (q_1^1, q_2^1 + q_3^1, ..., q_{n-1}^1, q_n^1)$ são os vetores dos preços dos dois anos.

O índice de valor é:

$$v^1(v^0, v^1), \tag{11.5}$$

onde $V^0 = (p_1^0 \times q_1^0, p_2^0 \times q_2^0, p_3^0 \times q_3^0, ..., p_{n-1}^0 \times q_{n-1}^0, p_n^0 \times q_n^0)$, e q^1 é definido de modo análogo.

Para contrastar, as Seções 5 e 6, ao trabalharem com índices agregativos ponderados, partirão das seguintes definições. Para o índice de preços, teremos:

$$p(p^0, p^1; q^0, q^1), \tag{11.6}$$

por contraste a $p(p^0, p^1)$. O índice de quantidades assumirá os seguintes contornos:

$$q(p^0, p^1; q^0, q^1), \tag{11.7}$$

contrastando com a notação anterior $q(q^0, q^1)$. Por fim, o índice de valor mantém o caráter dado por $v(v^0, v^1)$, conforme (11.5). Naturalmente, a receita total no ano 0 é $\sum_{i=1}^{n} p_i^0 \times q_i^0$, ou seja, o produto interno entre os vetores conforme p e q. Esta operação resulta do fato de que p é um vetor linha e q é um vetor coluna.

Resumindo, por mais límpido que seja nosso índice de valor, ele é incapaz de ajudar-nos a isolar as causas das compensações entre a variação nos preços e nas quantidades que o levaram a assumir o valor 1. Ou seja, não podemos saber se houve variações mais substantivas nos preços ou nas quantidades. Em que pese toda a generalidade oferecida pelo exame da fórmula geral das médias, inserimo-nos num caso particularíssimo: dissemos algumas coisas interessantes apenas para o conjunto constituído por duas variáveis (logo, índices binários) observadas em dois períodos no tempo (ou duas regiões no espaço, logo, índices bilaterais). Ao tentarmos ampliar nossos horizontes para além do preço e da quantidade de uma única mercadoria, vemos que nosso problema torna-se intratável dentro destes contornos quando o número de variáveis que estamos relacionando se eleva. Encaminhar sua solução vai tomar-nos as próximas três seções.

---

[21] Chamamos a atenção para o fato de estarmos grafando vetores com letras de curso normal, ou seja, omitindo o negrito que temos usado na maior parte das vezes. Com esta "quebra de protocolo", estamos seguindo a notação corrente na literatura da área.

11.4 O ÍNDICE BINÁRIO "VERDADEIRO", TEÓRICO OU ECONÔMICO[22]

11.4.1 A natureza do índice verdadeiro

Recomendações da teoria econômica

A proposição central da abordagem da teoria econômica para a construção de números índices reconhece a existência de relações funcionais bem-definidas entre os preços e as quantidades das mercadorias. Como referimos, por lidarem apenas com estas duas variáveis, os índices agregativos também são conhecidos como índices binários[23]. Tal relação é capturada por funções de oferta ou de procura que atendem a determinados requisitos integrantes da teoria econômica[24]. Ao levarmos adiante as consequências desta proposição, estamos preparando-nos para, ao construir os índices agregativos ponderados, sabermos fixar-nos entre aqueles que chamaremos de **exatos** (ver Box 11.2), pois atendem a requisitos importantes, como é o caso dos axiomas expostos no Box 11.1 e das definições do glossário do Box 11.2. Nosso objetivo consiste, assim, em obter um índice que chamaremos de **verdadeiro** (também conhecido como **econômico** ou **teórico**, conforme definição do Box 11.2), por estar afinado com a teoria da maximização da utilidade dos consumidores ou da receita dos produtores (ou minimização de seus custos). Se a função escolhida tem propriedades interessantes sob o ponto de vista da adesão geral à teoria econômica, por exemplo, a não saciedade na função utilidade (bem-estar) dos consumidores, os rendimentos decrescentes do fator na função de produção (ou custos) dos vendedores, substitutibilidade entre insumos, etc., então o índice resultante do problema de otimização associado será exato.

Uma vez que podemos explicar o surgimento da demanda de mercado por meio da modelagem do comportamento do consumidor, vamos examinar as quatro funções de agregação das equações (11.8) a (11.9). Trata-se de funções que mostram o resultado da combinação de cada elemento do vetor q com seu respectivo parâmetro e com os demais elementos. Iniciamos postulando que o bem-estar do consumidor pode ser avaliado por meio de uma função de utilidade (direta) dada por:

$$u = u(q) \qquad (11.8)$$

onde $q = (q_1, q_2, q_3, ..., q_{n-1}, q_n)$ é um vetor cujos elementos são as quantidades de n mercadorias. Usando os procedimentos discutidos na Seção 11.5 do Capítulo 11A (Índices/CD), partimos da função de utilidade, inserimos os resultados do processo de otimização na própria função de restrição orçamentária e obtemos a função de demanda de determinada mercadoria: $q = q(p, y)$, onde p é o vetor dos preços das n mercadorias e y é o escalar da renda do consumidor racional cujo processo de escolha estamos estudando. Reinserindo as quantidades assim determinadas na

---

[22] Esta seção retoma os conteúdos das Seções 11.4 e 11.6 do Capítulo 11B (Intertemporais/CD).

[23] Temo-nos referido ao conjunto dos índices de desigualdade do Capítulo 10 (Distribuição) e dos índices aqui tratados como índices de dispersão. Cabe salientarmos aqui, novamente, que ambos são índices binários. No caso em questão, estamos agregando as variáveis preço (p) ou quantidade (q) usando pesos dados por diferentes razões entre sua multiplicação ($p \times q$). Nos índices de desigualdade na distribuição da renda, estamos agregando rendas com base em pesos originários de diferentes frações da população.

[24] Estas funções são estudadas de modo detalhado na Seção 11.3 do Capítulo 11A (Índices/CD).

> **Box 11.2** Glossário sobre propriedades dos números índices
>
> **Verdadeiro**, teórico ou econômico: é o índice que emerge da descrição do processo de escolha do consumidor ou do produtor que:
>
> a deriva-se de funções de demanda ou de custos detentoras de propriedades recomendadas pela teoria econômica e por
> b atender aos axiomas estabelecidos para orientar a construção de qualquer número índice.
>
> Qualquer índice verdadeiro pode ser expresso como a razão entre dois níveis de custos (incididos pelos consumidores ou pelos produtores) que minimizam a despesa na aquisição de determinadas quantidades otimizadas de mercadorias (máxima satisfação ou máxima produção com o menor custo).
>
> **Exato**: qualquer índice idêntico ao índice verdadeiro é chamado de exato.
>
> **Superlativo**: o índice que se aproxima do verdadeiro custo de vida ao permitir substituições do bem cujo preço elevou-se relativamente aos demais por outra mercadoria, ao mesmo tempo em que mantém o mesmo nível de satisfação do consumidor.
>
> **Pseudossuperlativo**: é o índice para o qual a aproximação pela série de Taylor em torno de um determinado ponto coincide com a aproximação de segunda ordem do índice superlativo; Diewert (1978) mostra que qualquer média simétrica entre um índice de Laspeyres e o correspondente índice de Paasche atende a estes requisitos.
>
> **Inequívoco**: é o índice que se baseia na efetiva variação do fenômeno (preço ou quantidade) que está sendo medido.
>
> **Ideal**: o índice que atende aos seis axiomas que orientam a construção dos números índices.
>
> **Puro** (consistente na agregação): é o índice que pode ser obtido pelo processamento dos dados originais ou pelo processamento dos dados por partes, como um índice de alimentação agregado adequadamente ao de vestuário, transportes, etc., gerando o índice do custo de vida.

função utilidade, obtemos a seguinte função de utilidade indireta $u = u[q(p, y)]$, ou simplesmente $v = v(p, y)$.

Por fim, dela derivamos a função de custo correspondente ao orçamento familiar:

$$c = c(p, u) \qquad (11.9)$$

Em outras palavras, estamos resolvendo o problema dual da maximização da utilidade, nomeadamente, o da minimização da despesa, a fim de permitir que o consumidor atinja um dado nível do índice (indicador) de preferência. Naturalmente, em ambos os casos estamos falando de uma função indireta.

Com o modelo associado às equações (11.8) a (11.9), queremos explicar o comportamento do consumidor racional cuja intenção é maximizar a utilidade (direta) dependente de seu nível de renda, ou minimizar o custo orçamentário sujeito à utilidade dada pela otimização do problema anterior. Ou seja, defrontamo-nos com a dualidade básica das teorias explicativas do processo de escolha do consumidor racional (análogas ao processo de escolha dos produtores[25]), centrados em suas funções de utilidade (direta), demanda, utilidade indireta e custo orçamentário.

No caso de conhecermos o nível de renda do consumidor e os vetores de preços com que ele se defronta, podemos pensar em seu problema de escolha como

---

[25] Devemos observar que este tipo de analogia é válido apenas para dois casos particulares. No primeiro, uma vez que o nível de custos é dado, o tomador de decisão buscará maximizar a produção. No segundo, quando consideramos que o nível de produção é que é dado, a variável a ser minimizada é o custo que lhe é associado. Na teoria da firma, essas decisões estão inseridas no problema da maximização dos lucros.

a intenção de minimizar o custo de aquisição de uma cesta que lhe garante o maior padrão de vida compatível com y e com p

$$c(p, u) = \min_q (p \cdot q), \text{ sujeito a } u(q) = u.$$

Ou seja, dizemos que nosso consumidor tenciona minimizar o custo de adquirir as mercadorias específicas descritas pelo vetor q, sem abandonar o padrão de vida u e usando toda a renda[26].

A forma funcional de c(p, u) é determinada pela forma das funções de agregação que a antecedem, ou seja, u(q) e $p \cdot q = y$. Como tal, as funções q e v são derivadas a partir destas. Como obviamente desconhecemos os parâmetros dos modelos experimentais das funções u(.) e c(.), o que podemos fazer é estabelecer limites dentro dos quais o índice de preços deverá situar-se. Tal é a formulação tradicionalmente atribuída a Alexander Alexandrovich Konüs (1939)[27]. Naturalmente, o índice verdadeiro decorre da função de utilidade (ou produção)[28]. Por seu turno, o índice que dela pode ser derivado por meio do processo descrito na Figura 11.1 é chamado de superlativo (ver Box 11.2), pois oferece uma boa aproximação ao índice verdadeiro. Deste modo, dizemos formalmente que um índice superlativo se aproxima do verdadeiro custo de vida ao permitir substituições do bem cujo preço elevou-se relativamente aos demais por outra mercadoria, ao mesmo tempo em que mantém o nível de satisfação do consumidor.

Assim, estamos buscando um índice que resulta da solução de um problema de otimização de uma função econômica sujeita a determinada restrição. Se uma função de utilidade nos leva a qualificar a demanda como $q = f(p)$, então o equilíbrio do consumidor, num momento e no momento seguinte, será associado à mudança em seu nível geral de gastos sob diferentes vetores de preços que lhe garantam o mesmo nível de utilidade, dado um montante invariável de renda. Se os preços do ano

$$u = (.) \rightarrow q = (.) \rightarrow v = (.) \rightarrow c = (.)$$

Figura 11.1 As quatro etapas da construção do numerador (ou denominador) dos índices bilaterais exatos

---

[26] Naturalmente, um dos itens de "gasto" pode ser a poupança. Na verdade, destacamos que a matriz de contabilidade social permite-nos ver que a composição da receita das famílias qualifica-as para gastar em consumo e também em tributos diretos e transferências interfamiliares. No caso destes lançamentos, o bloco B_{33} da matriz de contabilidade social permite vermos que quem determina o nível de consumo é a receita e não a renda, pois –por exemplo – o recebimento de ajuda dos pais por parte dos filhos (e vice-versa, em outras famílias) contribui para elevar seu padrão de consumo.

[27] De acordo com Diewert (1988), esta formulação encontra-se exposta de modo mais incipiente no livro *Wealth and welfare* de 1912 de autoria do economista britânico Arthur C. Pigou e de George Handley Knibbs no mesmo ano em que Konüs publicou seu artigo. Uma abordagem assemelhada destinada a explicar as funções de geração, apropriação e absorção do valor adicionado que referimos no Capítulo 3 (Dimensões), atribuindo-as a Ulrich Kohli, foi articulada pela primeira vez por Paul A. Samuelson em 1953. Em 1972, a modelagem de Fisher-Shell expandiu o aparato desenvolvido por Konüs para a teoria da produção (Diewert, 1988). Por fim, um tratamento assemelhado, gerando o índice de Malmqüist usado para estudos da produtividade total dos fatores, será exposto na Seção 11.2 do Capítulo 11C (Internacionais/CD).

[28] Cabe destacar o estudo que fazemos na Seção 11.3 do Capítulo 11A (Índices/CD) sobre as funções potência generalizada, quadrática, hipérbole, de Leontief, Cobb-Douglas, CES e translog.

inicial se aproximam dos preços do ano final, o mesmo ocorrerá com as despesas totais dos dois períodos. Simetricamente, se os preços começam a afastar-se infinitesimalmente da situação inicial, mas não a ponto de retirar o consumidor da curva de utilidade original, então podemos registrar dois níveis de gastos dados por dois produtos internos: $c(p^0, u) = p^0 \cdot q$ e $c(p^1, u) = p^1 \cdot q$. Em seguida, definimos a razão entre esses níveis como o índice do custo de vida verdadeiro específico:

$$P_{Ver} = \frac{c(p^1, u)}{c(p^0, u)} = \frac{p^1 \cdot q}{p^0 \cdot q} \qquad (11.10)$$

Esta definição é importante, mas precisamos reconhecer nossa ignorância sobre a composição do vetor q (não observável), ou seja, das quantidades das m_i mercadorias indicadas pela teoria econômica do comportamento do consumidor. Como tal, ela ainda deixa sem solução o problema de sabermos de quanto cresceria percentualmente a despesa do consumidor em resposta à elevação dos preços observáveis por meio dos vetores p^0 e p^1, de sorte a manter-lhe o nível de bem-estar u. Todavia, mesmo no caso mais geral de desconhecimento das funções de demanda $q(.)$ e custo da cesta q, ou $c(.)$, podemos estabelecer limites dentro dos quais o índice verdadeiro se situa. A formulação de Konüs, por ser geral o suficiente para não requerer a definição da forma funcional, teve continuação com o artigo de Ragnar Frisch de 1936 (publicado em português em 1950), quando os limites dos índices dela derivados foram estabelecidos.

Ocorre que, quando o vetor de preços é p^0, o consumidor escolherá o vetor q^0 que lhe maximizará a utilidade no nível u^0, dada sua renda y. Da mesma forma, se o vetor de preços é p^1, haverá outro vetor de quantidades q^1 que, com a mesma renda nominal y, maximizará outro nível de utilidade u^1. No caso específico em que o produto interno $p^1 \cdot q^0$ é maior do que $p^0 \cdot q^0$, inferimos que a renda real do consumidor caiu. Com ela, podemos afirmar que o nível de bem-estar do período 1 é menor do que o que o consumidor desfrutava no período 0.

Neste caso, temos dois índices do custo de vida verdadeiro, dependendo de tomarmos como referência ou o nível de utilidade do período inicial (ou do final), ou o vetor de preços do período final (ou inicial). Cada um destes índices do custo de vida mostrará um valor para a função de gasto previsto pelo modelo que descreve a escolha do consumidor. A fim de apreciarmos a mecânica de sua construção, consideremos as quatro quantidades monetárias que originam esses dois índices, mudando ligeiramente a notação de (11.10). Em primeiro lugar, vamos expressar o gasto efetivamente realizado pelo consumidor no período 0 como $c(p^0, p^0, u^0)$. Ou seja, estamos dizendo que, com uma renda y e defrontando-se com o vetor de preços p^0, o consumidor adquire o conjunto de bens dado pelas quantidades q^0 (induzidos por p^0), e alcança o nível de utilidade u^0.

No outro extremo, podemos escrever o novo nível de gasto como $c(p^1, p^1, u^1)$, em que a mesma renda y, confrontada com um vetor de preços p^1, permite ao consumidor adquirir a cesta q^1, a qual vai conferir-lhe o nível de utilidade u^1. Neste caso, estamos dizendo que – uma vez que detém o mesmo montante de renda y – se os preços subirem para p^1, o consumidor adquirirá um conjunto de bens quantitativa e qualitativamente menor denotado por q^1, alcançando o grau de satisfação u^1 menor do que u^0. O terceiro nível de gasto será denotado como $c(p^0, p^1, u^0)$, e, por fim, teremos $c(p^1, p^0, u^1)$, usando os símbolos previamente definidos.

O índice verdadeiro, teórico ou econômico

O próximo movimento consiste em agruparmos estas quatro cifras monetárias em dois pares, formando duas expressões para o índice de preços verdadeiro. O primeiro é dado por

$$P^0_{Ver} = \frac{c(p^0,p^1,u^0)}{c(p^0,p^0,u^0)},$$

ao passo que o segundo é escrito como

$$P^1_{Ver} = \frac{c(p^1,p^1,u^1)}{c(p^0,p^1,u^1)}.$$

Ocorre que as quantidades $c(p^0, p^1, u^0)$ e $c(p^1, p^0, u^1)$ não são observadas, restando-nos apenas atribuir às *proxies* para u^0 e u^1 indicadas pela teoria econômica as quantidades apontadas pela solução do problema da maximização da utilidade nos dois anos. Nestas circunstâncias, associamos u^0 a q^{u^0} e u^1 a q^{u^1}. Considerando estas peculiaridades, a nova forma de expressar os dois índices verdadeiros pode ser desdobrada como segue:

$$P^0_{Ver} = \frac{\sum_{i=1}^{n} p_i^1 \times q_i^{u^0}}{\sum_{i=1}^{n} p_i^0 \times q_i^0} \qquad (11.11)$$

$$e\ P^1_{Ver} = \frac{\sum_{i=1}^{n} p_i^1 \times q_i^1}{\sum_{i=1}^{n} p_i^0 \times q_i^{u^1}}$$

Em resumo, os valores de $c(p^0, p^0, u^0)$ e $c(p^1, p^1, u^1)$ são perfeitamente observáveis na realidade realmente real. Por contraste, as expressões $c(p^0, p^1, u^0)$ e $c(p^0, p^1, u^1)$ não são observáveis. A essência da abordagem da teoria econômica dos números índices é sustentar que haveria substituição, caso os preços viessem a alterar-se, uma vez que o consumidor preferiria aprofundar suas compras do bem cujo preço relativo variou menos. Neste caso, de acordo com (11.11), quando os preços se alterassem para p^1, o consumidor iria selecionar o vetor q^{u^0}, em vez de adquirir o vetor q^0. Deste modo, considerando o caso de uma **elevação** nos preços, podemos afirmar que:

$$\sum_{i=1}^{n} p_i^1 \times q_i^{u^0} < \sum_{i=1}^{n} p_i^1 \times q_i^{U} \qquad (11.12)$$

ou seja, a despesa no ano inicial cotada aos preços do ano final é **maior** do que a despesa que daria o mesmo nível de utilidade ao consumidor, se ele pudesse escolher um vetor de preços q^{u^0} compatível. Se dividirmos ambos os lados desta expressão por $\sum_{i=1}^{n} p_i^0 q_i^0$, criamos a seguinte relação:

$$\frac{\sum_{i=1}^{n} p_i^1 \times q_i^{u^0}}{\sum_{i=1}^{n} p_i^0 \times q_i^0} < \frac{\sum_{i=1}^{n} p_i^1 \times q_i^0}{\sum_{i=1}^{n} p_i^0 \times q_i^0} \qquad (11.13)$$

Ora, a razão entre os valores das cestas fixas do ano inicial (base) avaliadas respectivamente aos preços do ano final (corrente) e do próprio ano inicial é chamada de índice de preços de Laspeyres, como a que voltaremos a estudar no entorno da equação (11.19). Simbolicamente, temos $P_{Ver} < P_L$.

Ou seja, ainda que não sejamos capazes de determinar $q_i^{u^0}$ e, como tal, P_{Ver}, pudemos estabelecer um limite superior para sua variação.

De modo análogo, as quantidades adquiridas no ano final, quando cotadas aos preços do ano inicial, também vão gerar uma despesa maior do que aquela em que o consumidor incidiria, caso pudesse adequar-se aos novos preços relativos do ano final[29]. Neste caso, afirmamos que

$$\sum_{i=1}^{n} p_i^0 \times q_i^{u^1} < \sum_{i=1}^{n} p_i^0 \times q_i^1$$

ou

$$\frac{1}{\sum_{i=1}^{n} p_i^0 \times q_i^{u^1}} > \frac{1}{\sum_{i=1}^{n} p_i^0 \times q_i^1}.$$

Multiplicando ambos os membros desta desigualdade por $\sum_{i=1}^{n} p_i^1 q_i^1$, chegamos a uma expressão similar a (11.13):

$$\frac{\sum_{i=1}^{n} p_i^1 \times q_i^1}{\sum_{i=1}^{n} p_i^0 \times q_i^{u^1}} > \frac{\sum_{i=1}^{n} p_i^1 \times q_i^1}{\sum_{i=1}^{n} p_i^0 q_i^1} \qquad (11.14)$$

Com esta expressão, também vemos a razão do custo de aquisição de duas cestas fixas, cujo conteúdo são as mercadorias do ano final, convertidas em valores calculados aos preços do próprio ano final. Neste caso, o lado direito da equação é chamado de índice de preços de Paasche, com o qual voltaremos a lidar na equação (11.28). Por ora, façamos o registro abreviado como $P_{Ver} > P_P$.

Estes importantes resultados são confirmados por um experimento mental simples. Digamos que P_L eleva-se em 1% entre dois períodos. Se a renda do consumidor também cresce 1%, ele conseguirá comprar exatamente o mesmo montante e manter seu nível de satisfação inalterado. Todavia ele poderá substituir os produtos cujos preços cresceram mais de 1% por aqueles que cresceram menos, sobrando-lhe alguma renda para aplicar na aquisição de mais bens, o que lhe dará no ano corrente um nível de satisfação maior do que no ano base. Neste caso, como ele alcança maior bem-estar com a nova renda do que a prescrita pelo 1% do índice de Laspeyres, isto significa que tal índice está superestimando o índice verdadeiro. Ao simetrizarmos

---

[29] Também aqui devemos considerar o reparo lógico que fizemos a nota anterior. Tampouco neste caso há necessidade de supormos qualquer mudança de preços relativos, caso adotemos um raciocínio similar ao que fizemos no entorno da inequação (11.12).

este raciocínio, concluiremos que o índice de preços de Paasche estará subestimando o valor do índice verdadeiro[30].

No caso de considerarmos que o vetor q pode ser pensado como a cesta que gera um nível de utilidade $u \cong u^0 \cong u^1$, então ampliamos a condição de desigualdade e simbolizamos estes resultados como $P_P \leq P_{Ver} \leq P_L$ ou $P_P(p^0, p^1; q^1) \leq P_{Ver}(p^0, p^1; q) \leq P_L(p^0, p^1; q^0)$. Agora, vemos uma situação em que duas curvas de indiferença estão muito próximas, o que é alcançado quando a variação no vetor de preços também é muito pequena. Naturalmente, se a variação for infinitesimal, então as aproximações convergem ao índice de preços verdadeiro.

Resumindo, não apenas definimos um índice teórico (não observável), como também fomos capazes de delimitar-lhe extremos por meio de índices observáveis que dependem apenas de p^0, p^1, q^0 e q^1, ou seja, sem qualquer referência direta ao bem-estar do consumidor avaliado por meio da função u. Decorre imediatamente desta relação o conceito de **viés** de um índice de preços qualquer como a diferença entre ele e o índice verdadeiro. Além disso, conforme a definição que demos anteriormente, classificamos um índice como **exato** se ele pode ser expresso como a razão entre dois níveis de custos, a exemplo da equação (11.10).

Como conclusão, temos dois comentários importantes a fazer. Primeiramente, os números índices atendem não apenas aos axiomas da terceira abordagem da criação de números índices, como também derivam-se de funções que exibem propriedades coerentes com o estado atual da teoria econômica. Em segundo lugar, estamos preparando-nos para fazer a transição partindo das funções de agregação e chegando nos índices, como vimos na metodologia atribuída a Alexander Konüs (1939). Em outras palavras, a forma de resolver os problemas de otimização consiste em pensarmos nas funções e em seguida derivarmos os índices delas decorrentes. Em resumo, quem informa como a função gera o índice é a solução do problema da otimização. Naturalmente, o que buscamos é identificar os índices superlativos puros que atendem aos seis axiomas, mas – começando a preparar o espírito do leitor – é possível que nos contentemos em selecionar um índice que não comporte todas essas seis virtudes.

Índice verdadeiro e índice de Divisia

Em 1926, François Divisia publicou um artigo que apresentava uma nova e interessante formulação para a própria definição de um número índice. Possivelmente desconhecedor do trabalho de Alexander Konüs sua abordagem é, em boa medida, complementar, direcionando-se precisamente à especificação de qual é o fenômeno que se está procurando mensurar. Nossa preocupação na subseção anterior consistiu em definir um número índice enquanto conceito que emerge da teoria econômica. Se pensarmos no aumento de preços pagos por um consumidor racional, vamos considerar o efeito desta mudança sobre seu nível de bem-estar, uma vez que haverá substituição de bens relativamente mais caros pelos relativamente mais baratos. Uma vez que é a teoria econômica que permite delinearmos o efeito

---

[30] Estas duas proposições explicam por que, em boa parte do que segue e especialmente na Seção 11.5 do Capítulo 11B (Intertemporais/CD), nossa principal referência serão os índices de Laspeyres e Paasche.

substituição[31], podemos afirmar que ela é fundamental para auxiliar-nos a avaliar as consequências dos aumentos nos componentes do vetor de preços sobre o bem-estar do consumidor.

O índice de Divisia, como os anteriores, é um índice binário, ou seja, baseia-se na agregação de preços ou de quantidades. Por contraste aos índices agregativos não ponderados (números relativos) estudados na Seção 11.4, o índice de Divisia tem por objetivo isolar as variações dos preços daquelas variações observadas nas quantidades de bens e serviços, avaliando suas taxas de crescimento[32]. Este índice exprime a taxa de crescimento de um conjunto de preços ou de quantidades obtido a partir da ponderação de taxas de crescimento instantâneas das quantidades das mercadorias componentes desse conjunto. O peso atribuído à taxa de crescimento do preço (ou quantidade) da mercadoria m_i é a participação de seu valor no total do gasto.

A chamada versão diferencial do índice de Divisia origina-se de uma trajetória que já nos é familiar. Iniciamos considerando a equação do índice de valor da expressão (11.4). Em particular, a fim de expressar o crescimento instantâneo de um agregado de variáveis mensuradas em termos monetários, podemos escrever: $V(t) = P(t) \times Q(t)$, onde $V(t)$ é o índice de valor, $P(t)$ é o índice de preços e $Q(t)$ é o índice de quantidades, todos referindo-se ao instante t. A anamorfose logarítmica permite-nos escrever: $\ln V(t) = \ln P(t) + \ln Q(t)$. Uma vez que a variação instantânea impede ajustes quer nos preços quer nas quantidades[33], anulando as influências recíprocas, a taxa de crescimento de $V(t)$ é expressa como $d \ln V(t) = d \ln P(t) + d \ln Q(t)$. Fazemos

$$w_i(t) = \frac{p_i(t) \times q_i(t)}{\sum_{i=1}^{n} p_i(t) \times q_i(t)} \qquad (11.15)$$

---

[31] Entendemos por efeito substituição a variação na quantidade adquirida de um bem ou serviço em resposta à elevação de seu preço, quando o consumidor é compensado pela perda de renda real devido precisamente a esta mudança no preço relativo da mercadoria relativamente a todas as demais.

[32] Nesta condição, o índice de Divisia tem o poder de avaliar as variações nos preços ou nas quantidades instantaneamente, o que também é feito pelos índices de Törnqvist, estudado na Seção 11.6, e Vartia, abordado no Capítulo 11A (Índices/CD).

[33] Falaremos em índice de quantidades de modo intercambiável com duas outras expressões usuais: índice de *quantum* e índice de volume. A p. 381 do *Handbook* diz: "O termo 'aumento no volume' é usado preferencialmente a 'aumento na quantidade', pois existe uma possível ambiguidade no uso deste último. Às vezes se argumenta que a situação descrita no exemplo [automóvel em modelo velho e modelo novo] tem a quantidade total mantida constante (porque o número total de automóveis não variou), enquanto a qualidade dos automóveis produzidos elevou-se (porque no ano corrente são produzidos mais modelos novos). No entanto tal interpretação é baseada numa confusão semântica devido ao fato de que o mesmo termo genérico 'automóvel' está sendo aplicado a dois produtos bastante diferentes sob o ponto de vista econômico. A adição de quantidades heterogêneas não é legítima, ainda que sejam medidas por meio da mesma unidade [quilos, dúzias]." Esta consideração não evade o problema dos pesos, quando não queremos somar a produção de produtos heterogêneos, mas agregar seus números relativos de quantidades. Precisamos optar pela ponderação do item no valor da produção pertinente ao ano inicial (critério de Laspeyres), ao ano final (critério de Paasche), ou alguma combinação. Isto significa que, sempre que falarmos em "índice de quantidades", cuidaremos para não somar laranjas com bananas, mas apenas calcular médias (aritméticas, geométricas, harmônicas, etc.) dos relativos das quantidades, ou *quanta* ou volumes produzidos. A solução do problema esbarra na propriedade da circularidade no tempo do número índice construído (ver Box 11.1), e não se resolve com a mera designação do índice como de volume ou de quantidade. Vemos que é o próprio e vetusto *Handbook* que não resiste a modismos lançados pelas novas gerações de redatores.

onde $w_i(t)$ é o peso da mercadoria m_i no orçamento doméstico do indivíduo ou família, ou ainda, na empresa i correspondente ao instante t, $p_i(t)$ é o preço da mercadoria m_i no instante t e $q_i(t)$ é a quantidade correspondente da mercadoria m_i. Agregamos as n componentes de $P(t)$ por meio da expressão $P(t) = \sum_{i=1}^{n} w_i(t) \times d\ln p_i(t)$, o mesmo podendo ser feito para:

$$Q(t) = \sum_{i=1}^{n} w_i(t) \times d\ln q_i(t) \tag{11.16}$$

Vemos que em ambos os casos a taxa de crescimento instantânea dos preços e quantidades agregados nada mais é do que a taxa de crescimento instantânea dos preços e quantidades das n mercadorias, sendo o fator de ponderação dado pela participação da respectiva mercadoria no orçamento do consumidor (ou na receita da empresa). A chamada versão integral do índice de Divisia resulta da agregação linear das partes componentes. No caso da aproximação da taxa de crescimento dos preços entre os instantes (a) e (b), o índice assume a forma: $\ln \frac{P(b)}{P(a)} = \sum_{i=1}^{n} \left(\int_a^b w_i(t) \times d\ln p_i(t) \right)$, ao passo que a taxa de crescimento das quantidades é dada por $\ln \frac{Q(b)}{Q(a)} = \sum_{i=1}^{n} \left(\int_a^b w_i(t) \times d\ln q_i(t) \right)$. Estas duas equações mostram que, mesmo com a definição do índice de Divisia para um momento instantâneo (contínuo), dele podemos fazer aproximações para períodos discretos, bastando que nos acerquemos das variações no intervalo infinitesimal (a, b) por meio de variações discretas do tipo Δt. Com isso, o fator de ponderação das taxas de crescimento de cada uma das n mercadorias constituintes da cesta do consumidor (ou da lista de insumos da empresa) estará atuando sobre a própria taxa de crescimento dos preços ou das quantidades. Se os valores destas duas expressões exibirem variações discretas, respectivamente, nos preços e nas quantidades, eles estarão representando as mesmas taxas de crescimento calculadas com os índices de Laspeyres, conforme veremos em seguida.

11.5 OS PRIMEIROS ÍNDICES BILATERAIS: LASPEYRES E PAASCHE[34]

11.5.1 O índice agregativo ponderado de Laspeyres

Na formulação original do problema em 1871, o matemático e economista alemão Étienne Laspeyres expressou o índice de preços que hoje leva seu nome como um refinamento da abordagem da cesta fixa discutida na Subseção 11.5.2 do Capítulo 11A (Índices/CD). Como tal, escolheu para representá-la as quantidades consumidas por um conjunto de consumidores no período base (inicial), associando-as às variações observadas nos preços dessas mercadorias entre o período inicial e final. Em outras palavras, no período inicial, a equação desses requisitos é óbvia:

$$p_1^0 \times q_1^0 + p_2^0 \times q_2^0 + p_3^0 \times q_3^0 + \ldots + p_{n-1}^0 \times q_{n-1}^0 + p_n^0 \times q_n^0 = \sum_{i=1}^{n} p_i^0 \times q_i^0. \tag{11.17}$$

---

[34] Esta seção retoma os conteúdos da Seção 11.6 do Capítulo 11A (Índices/CD).

Para o período contíguo, tomamos as quantidades q^0 (coluna) e as pré-multiplicamos pelo vetor p^1 (linha):

$$p_1^1 \times q_1^0 + p_2^1 \times q_2^0 + p_3^1 \times q_3^0 + \ldots + p_{n-1}^1 \times q_{n-1}^0 + p_n^1 \times q_n^0 = \sum_{i=1}^{n} p_i^1 \times q_i^0. \quad (11.18)$$

Como percebemos, este valor não tem existência na realidade realmente real, a menos que o conjunto de preços p^0 tenha-se mantido constante entre os dois períodos. Neste caso, naturalmente, nossa pergunta sobre o crescimento dos preços agregados tem uma resposta rápida: não houve crescimento algum.

A razão entre as expressões (11.17) e (11.18) dá-nos a primeira equação do índice de Laspeyres como uma redefinição do lado direito de (11.13):

$$P_L = \frac{\sum_{i=1}^{n} p_i^1 \times q_i^0}{\sum_{i=1}^{n} p_i^0 \times q_i^0} \quad (11.19)$$

Para os dados das clívias e estefânias da Tabela 11.3, temos:

$$P_L = \frac{5 \times 10 + 8,4 \times 15}{4 \times 10 + 7 \times 15} = 1,2138.$$

A partir da expressão (11.19), podemos obter a segunda equação que expressa o índice de Laspeyres (Box 11.3). Para fazê-lo, iniciemos reescrevendo (11.19) como:

$$\frac{p_1^1 \times q_1^0}{\sum_{i=1}^{n} p_1^0 \times q_1^0} + \frac{p_2^1 \times q_2^0}{\sum_{i=1}^{n} p_2^0 \times q_2^0} + \frac{p_3^1 \times q_3^0}{\sum_{i=1}^{n} p_3^0 \times q_3^0} + \ldots + \frac{p_{n-1}^1 \times q_{n-2}^0}{\sum_{i=1}^{n} p_i^0 \times q_i^0} + \frac{p_n^1 \times q_n^0}{\sum_{i=1}^{n} p_i^0 \times q_i^0}$$

multiplicamos cada termo do lado direito pelo fator unitário conveniente $\dfrac{p_i^0}{p_i^0}$ e reordenamos. Com isto, geramos:

$$\frac{p_1^0 \times q_1^0}{\sum_{i=1}^{n} p_1^0 \times q_1^0} \times \frac{p_1^1 \times q_1^0}{p_1^0 \times q_1^0} + \frac{p_2^0 \times q_2^0}{\sum_{i=1}^{n} p_2^0 \times q_2^0} \times \frac{p_2^1 \times q_2^0}{p_2^0 \times q_2^0} + \ldots + \frac{p_n^0 \times q_n^0}{\sum_{i=1}^{n} p_n^0 \times q_n^0} \times \frac{p_1^1 \times q_1^0}{p_1^0 \times q_1^0}$$

Partindo de (11.15) e definindo $w_i^0 = \dfrac{p_i^0 \times q_i^0}{\sum_{i=1}^{n} p_i^0 \times q_i^0}$, chegamos à segunda expressão do índice de preços de Laspeyres

$$P_L = w_1^0 \times \frac{p_1^1}{p_1^0} + w_2^0 \times \frac{p_2^1}{p_2^0} + w_3^0 \times \frac{p_3^1}{p_3^0} + \ldots + w_{n-1}^0 \times \frac{p_{n-1}^1}{p_{n-1}^0} + w_i^0 \times \frac{p_n^1}{p_n^0},$$

ou

$$P_L = P_L\left(p^0, p^1; q^0, \right) = \sum_{i=1}^{n} w_i^0 \times \frac{p_i^1}{p_i^0} \quad (11.20)$$

que é uma forma equivalente a (11.19), evocando o lado direito de (11.14). Com ela, estamos expressando o índice de preços de Laspeyres na forma de uma média aritmética ponderada dos relativos dos preços dos dois períodos. Neste formato, fica fácil verificarmos que a primeira fração de cada termo está mostrando a participação do produto i no gasto total com a aquisição das n mercadorias concernentes ao período 0. A segunda fração exibe a razão entre os preços vigentes nos períodos 0 e 1. Ou seja, ela evidencia o número relativo dos preços dos dois períodos, o qual mostra quanto o nível do preço de cada mercadoria cresceu.

Mesmo para o caso de dois bens, podemos utilizar (11.20) e escrever:

$$P_L = w_i^0 \times \frac{p_1^1}{p_1^0} + w_i^0 \times \frac{p_2^1}{p_2^0} = 0{,}2759 \times 1{,}2500 + 0{,}7241 \times 1{,}2000 = 1{,}2838$$

cujos pesos e relativos de preços foram retirados da Tabela 11.3.

Com esta expressão, é fácil ver que o índice de preços de Laspeyres é aquilo que chamamos de um índice **inequívoco** (ver Box 11.2), no sentido de que a cesta fixa usa a participação de cada produto no orçamento do consumidor no ano base e a aplica sobre a variação no preço de cada mercadoria observada nos dois períodos considerados. Nisso reside, infelizmente, seu principal defeito, pois – ao lidar com a ponderação da cesta fixa no ano base – ele não considera as mudanças que as variações nos preços relativos capturadas pelo relativo de preços $\frac{p_i^1}{p_i^0}$ podem ocasionar nas quantidades adquiridas entre um ano e outro. Voltaremos a este ponto adiante.

Antecipando a argumentação que desenvolveremos na Seção 11.8 sobre o chamado problema do duplo deflacionamento, a expressão (11.19) será útil, a fim de definirmos um índice como **puro** ou **consistente na agregação** (ver Box 11.2) e, como tal, fixarmo-nos no índice de Laspeyres como seu primeiro exemplo. É fácil agruparmos esta expressão que associamos com o valor da produção (VP), por exemplo, num conjunto de k bens de consumo intermediário (*CI*) e outros $n-k$ de bens de uso final (*DF*). Tal agrupamento segue tanto a equação (4.4), em que definimos a matriz de contabilidade social, quanto a Tabela 4.7, concernente à matriz de insumo-produto, ambos do Capítulo 4 (MaCS e MIP). De imediato podemos escrever (11.20) como a soma entre o consumo intermediário e a demanda final

$$P_L = \sum_{i=1}^{k} w_i^0 \times \frac{p_i^1}{p_i^0} + \sum_{i=k+1}^{n} w_i^0 \times \frac{p_i^1}{p_i^0} \qquad (11.21)$$

Traduzindo em palavras, decompusemos o índice de preços de Laspeyres concernente à totalidade de uma mercadoria composta, ou seja, a quantidade monetária de várias mercadorias, em dois grupos.

Fazendo $\sum_{i=1}^{k} w_i = \alpha$ e $\sum_{i=k+1}^{n} w_i = \alpha$, podemos reescrever (11.21) como:

$$P_L^{VP} = \alpha \times P_L^{CI} + (1-\alpha) \times P_L^{DF} \qquad (11.22)$$

onde P_L^{VP} é o índice de preços de Laspeyres do valor da produção (ou oferta total), P_L^{CI} é o índice de preços de Laspeyres dos k bens absorvidos pelo sistema de relações interindustriais na forma de bens de consumo intermediário, P_L^{DF} é o índice de preços de Laspeyres dos n-k bens destinados à demanda final e α é a participação dos insumos intermediários absorvidos pelo sistema na oferta total.

Ao passarmos a examinar as colunas da matriz de contabilidade social (isto é, trocando i por j), também escrevemos $\sum_{j=1}^{m} w_j = \beta$ e $\sum_{j=m+1}^{n} w_j = (1 - \beta)$, é possível reescrever (11.21) como

$$P_L^{VP} = \beta \times P_L^{CI} + (1 - \beta) \times P_L^{IP} \qquad (11.23)$$

Adicionalmente, P_L^{IP} é o índice de preços de Laspeyres dos n-m insumos primários absorvidos pelo sistema. Do ponto de vista prático, esta característica, que não é atendida por todos os índices concebíveis, mostra-se muito importante. Por exemplo, um índice do custo de vida consistente na agregação pode ser obtido diretamente pelo processamento dos preços e quantidades acessíveis às famílias consumidoras ou pelo cálculo de itens como alimentação, vestuário, moradia, transporte, etc. e sua posterior agregação por meio do cálculo de uma média aritmética ponderada.

Por analogia ao que vimos para o índice de preços, o índice de quantidades de Laspeyres origina-se da equação (11.16), que agora reescrevemos como:

$$Q_L(p^0;q^0,q^1) = \sum_{i=1}^{n} \frac{p_i^0 \times q_i^1}{p_i^0 \times q_i^0}$$

ou

$$Q_L = \sum_{i=1}^{n} w_i^0 \times \frac{q_i^1}{q_i^0} \qquad (11.24)$$

Com os dados de nosso exemplo das duas flores, temos:

$$Q_L = 0{,}2759 \times \frac{8}{10} + 0{,}7241 \times \frac{12{,}5}{15} = 0{,}8234$$

Ao associarmos as expressões (11.20) e (11.24), percebemos que os índices de Laspeyres não atendem ao axioma da reversão dos fatores: $\dfrac{\sum_{i=1}^{n} p_i^1 \times q_i^0}{\sum_{i=1}^{n} p_i^0 \times q_i^0} \times \dfrac{\sum_{i=1}^{n} p_i^0 \times q_i^1}{\sum_{i=1}^{n} p_i^0 \times q_i^0} \neq V$, pois $V = \dfrac{\sum_{i=1}^{n} p_i^1 \times q_i^1}{\sum_{i=1}^{n} p_i^0 \times q_i^0}$.

Uma vez que estamos tratando de n mercadorias, surge o problema da agregação: como organizar a informação de sorte a permitir-nos destacar, de um lado, a variação dos preços e, de outro, a variação das quantidades. Assim, além das expressões integrantes de seu lado esquerdo que serão aplicadas aos dados da Tabela 11.3, vamos desenvolver mais duas, ficando com as quatro apresentadas na Tabela 11.5.

Considerando que na primeira fração temos os preços variando e as quantidades mantidas constantes, podemos associar a variação resultante da divisão como devida exclusivamente à variação nos preços, dizendo que estes elevaram-se em 21,38%

> **Box 11.3** Outras formulações do índice de Laspeyres
>
> A abordagem da construção de números índices da cesta fixa expressa por meio de um índice de preços de Laspeyres é muito conveniente para o trabalho empírico. Ela resume-se a dois requisitos, iniciando com uma pesquisa periódica de orçamentos familiares (digamos, a cada cinco anos), de sorte a capturar e manter atualizada a estrutura de preferências e padrões de consumo das unidades residenciais investigadas. O segundo requisito são os levantamentos de preços que devem ser realizados na periodicidade estabelecida para o cálculo das variações (mês, semana, etc.). Neste sentido, uma fórmula de uso disseminado para o cálculo do índice de Laspeyres é:
>
> $$P_{LM} = \sum_{i=1}^{n} w_i^b \times \frac{p_n^{t-1}}{p_n^o} \times \frac{p_n^t}{p_n^{t-1}} \quad (1)$$
>
> onde w_i^b é a participação da mercadoria m_i na cesta fixa escolhida como representativa da estrutura de consumo das famílias consideradas durante o ano base b.
>
> Além desta modificação, os anos recentes testemunharam a explicitação de um índice de Laspeyres híbrido entre a tradicional média aritmética ponderada com pesos do ano inicial e uma nova fórmula em que a média selecionada passa a ser geométrica. Com isso, o índice da expressão (11.19) passa a ser escrito como:
>
> $$P_{LG} = \prod_{i=1}^{n} \left(\frac{p_i^1}{p_i^0} \right)^{w_i^0} \quad (2)$$

(originário de $\frac{176}{145}$), ainda que, individualmente, tenhamos observado na Tabela 11.3 que o preço das clívias subiu 25%, e o das estefânias, outros 20%[35]. Nestas circunstâncias, podemos dizer que estamos frente a um índice agregativo ponderado de preços. Simetricamente, a razão $\frac{119,50}{145,00}$ está informando que a variação nas quantidades entre os dois períodos, quando avaliada aos preços do período inicial, mostra a cifra negativa de 17,59%, e a associamos com um índice agregativo de quantidades.

Uma vez que houve uma elevação no índice de preços no montante de 21,38%, poderíamos pensar que, se a renda do consumidor caísse nesta magnitude, ele não

Tabela 11.5 Quatro formas de associar preços e quantidades de dois períodos

Conceito a ser mensurado	Expressão de cálculo	Caso das duas flores
Receita ou gasto do período 0 aos preços correntes no período 0; trata-se do denominador de (18.11)	$\sum_{i=1}^{n} p_i^0 \times q_i^0$	145,00
Receita ou gasto do período 1 aos preços correntes no período 1; trata-se do numerador de (18.11)	$\sum_{i=1}^{n} p_i^1 \times q_i^1$	145,00
Receita ou gasto do período I aos preços que vigoraram no período 0	$\sum_{i=1}^{n} p_i^1 \times q_i^0$	176,00
Receita ou gasto do período 1 aos preços correntes no período 0	$\sum_{i=1}^{n} p_i^0 \times q_i^1$	119,50

---

[35] Estas observações oferecem-nos uma interessante lição sobre a natureza da inflação, que consiste na elevação dos preços, com mudanças nos preços relativos. No caso, "os preços" elevaram-se em 21,38%, mas não de forma linear, ou seja, houve alterações nos preços relativos, pois as clívias mostram 20%, e as estefânias, 25%. A diferença entre estes três valores deve-se ao fato de que a primeira é a média aritmética ponderada das demais.

perderia seu nível de bem-estar. Todavia este encaminhamento não considera suas mudanças de comportamento, em resposta às mudanças nos preços relativos das duas mercadorias. Em outras palavras, o índice de preços de Laspeyres deixa em segundo plano a possibilidade de substituição dos bens mais caros pelos mais baratos. É possível que, com essa queda na renda, o consumidor até reduzisse o seu nível de bem-estar, pois não estaria compensando adequadamente o aumento nas quantidades.

Temos ainda algumas observações a fazer com respeito à discussão que estamos conduzindo sobre o índice de Laspeyres. A primeira refere-se à associação entre o índice de Laspeyres e o índice de Divisia. Iniciando com este aspecto, cumpre-nos sugerir que sua taxa de crescimento pode ser aproximada por meio da seguinte expressão: $P_D \cong \dfrac{P_L^1 - P_L^0}{P_L^0} - 1$, ou seja, a taxa de crescimento instantânea dos preços entre o ano base e o ano corrente definida pelo índice de Divisia pode ser aproximada pela correspondente taxa de crescimento do índice de Laspeyres. A segunda diz respeito à própria conceituação de índice de preços, ao evocarmos o conceito de índice verdadeiro definido no lado esquerdo de (11.13).

Vejamos em seguida o que se convencionou chamar nos anos recentes de índice de Laspeyres geométrico. No caso dos preços, temos:

$$P_{LG} = \prod_{i=1}^{n} \left(\frac{p_i^1}{p_i^0} \right)^{w_i^0} \tag{11.25}$$

ao passo que o índice de quantidades de Laspeyres geométrico é:

$$Q_{LG} = \left(\prod_{i=1}^{n} \frac{q_i^1}{q_i^0} \right)^{w_i^0} \tag{11.26}$$

Para nossos vetores de preços e quantidades concernentes às clívias e estefânias, temos $P_{LG} = \left(\dfrac{5}{4}\right)^{0,2759} \times \left(\dfrac{8,4}{7}\right)^{0,7421} = 1,2136$ e $Q_{LG} = \left(\dfrac{8}{10}\right)^{0,2759} \times \left(\dfrac{12,5}{15}\right)^{0,7421} = 0,8240$.

11.5.2 O índice agregativo ponderado de Paasche

O índice de preços estruturado pelo critério utilizado por Herrmann Paasche pode ser definido por meio da expressão (11.14). Ele exibe três regularidades importantes com relação aos índices de Laspeyres. A primeira é de paralelismo, pois ambos podem ser considerados como integrantes da abordagem da cesta fixa da construção de números índices inequívocos; a segunda é que ambos são derivados de uma função de utilidade de proporções fixas; a última é de simetria. Por contraste ao índice de preços de Laspeyres, que considera a cesta fixa composta pelas quantidades do ano base (inicial), o índice de Paasche lida com a cesta do ano final. Ou seja, em vez de tomar como referência para a construção dos pesos o período base, Paasche usa os do período corrente. Como tal, no caso de um consumidor, o índice procura determinar em quanto este deve fazer variar o montante de dinheiro de que necessita no ano corrente, a fim de comprar a cesta de bens do período corrente, quando esta é avaliada a partir dos preços do período base.

Na linha da abordagem da cesta fixa, percebemos que o gasto do consumidor, quando realizado a preços do ano corrente, é $\sum_{i=1}^{n} p_i^1 \times q_i^1$, ao passo que as quantidades integrantes do vetor q^1, avaliadas aos preços do ano base, perfazem $\sum_{i=1}^{n} p_i^0 \times q_i^1$. A razão entre elas fornece o índice de preços de Paasche:

$$P_P(p^0, p^1; q^1) = \sum_{i=1}^{n} \frac{p_i^1 \times q_i^1}{p_i^0 \times q_i^1} \qquad (11.27)$$

relembrando-nos de (11.14). No caso das duas flores, temos

$$P_P = \frac{5 \times 8 + 8,4 \times 12,5}{4 \times 8 + 7 \times 12,5} = 1,2134.$$

Buscando uma analogia com a expressão que caracteriza o índice de Laspeyres como puro, o melhor a que vamos chegar, no caso de Paasche, é apenas algo assemelhado. Ou seja, gostaríamos de transformar a expressão (11.27) em outra que evidenciasse que o índice de preços de Paasche é uma média aritmética ponderada de preços relativos, com o de quantidade também configurando uma média ponderada de quantidades relativas. Não vamos consegui-lo, mas chegaremos a um resultado interessante. Iniciemos escrevendo o inverso do índice de Paasche: $\dfrac{1}{P_P} = \dfrac{\sum_{i=1}^{n} p_i^0 \times q_i^1}{\sum_{i=1}^{n} p_i^1 \times q_i^1}$. Em seguida, desdobramos esta expressão: $\dfrac{1}{P_P} = \dfrac{p_1^0 \times q_1^1}{\sum_{i=1}^{n} p_i^1 \times q_i^1} + \dfrac{p_2^0 \times q_2^1}{\sum_{i=1}^{n} p_i^1 \times q_i^1} + \ldots + \dfrac{p_n^0 \times q_n^1}{\sum_{i=1}^{n} p_i^1 \times q_i^1}$.

De modo análogo ao índice de Laspeyres, multiplicamos e dividimos cada termo pelo fator unitário $\dfrac{p_i^1 \times q_i^1}{p_i^1 \times q_i^1}$ e a reordenamos, chegando a:

$$\frac{1}{P_P} = \frac{p_1^1 \times q_1^1}{\sum_{i=1}^{n} p_i^1 \times q_i^1} \times \frac{p_1^1 \times q_1^1}{p_1^0 \times q_1^1} + \frac{p_2^1 \times q_2^1}{\sum_{i=1}^{n} p_i^1 \times q_i^1} \times \frac{p_2^1 \times q_2^1}{p_2^0 \times q_2^1} + \ldots + \frac{p_n^1 \times q_n^1}{\sum_{i=1}^{n} p_i^1 \times q_i^1} \times \frac{p_n^1 \times q_n^1}{p_n^0 \times q_n^1}.$$

Ora, $w_i^1 = \dfrac{p_i^1 \times q_i^1}{\sum_{i=1}^{n} p_i^1 \times q_i^1}$ é a participação da mercadoria m_i no total de compras do ano 1 (final), deixando mais claro que já chegamos a $\dfrac{1}{P_P} = w_1^1 \times \dfrac{p_1^0}{p_1^1} + w_2^1 \times \dfrac{p_2^0}{p_2^1} + \ldots + w_n^1 \times \dfrac{p_n^0}{p_n^1}$.

Esta expressão também pode ser vista como

$$\frac{1}{P_P} = \frac{w_1^1}{\dfrac{p_1^1}{p_1^0}} + \frac{w_2^1}{\dfrac{p_2^1}{p_2^0}} + \ldots + \frac{w_n^1}{\dfrac{p_n^1}{p_n^0}} \quad \text{e} \quad \frac{1}{P_P} = w_1^1 \times \left(\frac{p_1^1}{p_1^0}\right)^{-1} + w_2^1 \times \left(\frac{p_2^1}{p_2^0}\right)^{-1} + \ldots + w_n^1 \times \left(\frac{p_n^1}{p_n^0}\right)^{-1}.$$

Com isso, chegamos à caetanesca expressão do índice de preços de Paasche, pois ela é "o avesso do avesso" do relativo de preços, ou seja, sua média harmônica ponderada

$$P_p = \frac{1}{w_1^1 \times \left(\frac{p_1^1}{p_1^0}\right)^{-1}} + \frac{1}{w_2^1 \times \left(\frac{p_2^1}{p_2^0}\right)^{-1}} + \ldots + \frac{1}{w_n^1 \times \left(\frac{p_n^1}{p_n^0}\right)^{-1}},$$

e finalmente:

$$P_p = \left(\sum_{i=1}^{n} w_i^1 \times \left(\frac{p_i^1}{p_i^0}\right)^{-1}\right)^{-1} \quad (11.28)$$

Em resumo, conseguimos obter uma expressão apenas correlata à do índice de preços de Laspeyres. Ou seja, a definição de índice puro requer a agregação linear, mas estamos vendo, obviamente, uma agregação harmônica. Deste modo, classificamos o índice de preços de Paasche como pseudopuro, pois a expressão (11.28) deixa claro que não estamos tratando de uma média aritmética ponderada dos preços relativos.

Em valores numéricos, temos: $P_p = \left[0,2273 \times \left(\frac{5}{4}\right)^{-1} + \left(0,5966 \times \frac{8,4}{7}\right)^{-1}\right]^{-1} = 1,2134$.

Por analogia, podemos reescrever esta expressão para o índice de Paasche de quantidades:

$$Q_p = Q_p(p^1; q^0, q^1) = \left[\sum_{i=1}^{n} w_i^1 \times \left(\frac{q_i^1}{q_i^0}\right)^{-1}\right]^{-1} \quad (11.29)$$

Para as duas flores, temos: $Q_p = \left[0,2273 \times \left(\frac{8}{10}\right)^{-1} + 0,5966 \times \left(\frac{12,5}{15}\right)^{-1}\right]^{-1} = 0,8239$.

Usando a expressão (11.27) para o índice de preços e uma expressão assemelhada para o índice de quantidades, vemos que a multiplicação entre elas não reproduz o índice de valor, levando-nos a constatar que os índices de Paasche não atendem ao axioma da reversão dos fatores: $\frac{\sum_{i=1}^{n} p_i^1 \times q_i^1}{\sum_{i=1}^{n} p_i^0 \times q_i^1} \times \frac{\sum_{i=1}^{n} p_i^1 \times q_i^1}{\sum_{i=1}^{n} p_i^1 \times q_i^0} \neq V$, pois $V = \frac{\sum_{i=1}^{n} p_i^1 \times q_i^1}{\sum_{i=1}^{n} p_i^0 \times q_i^0}$.

Buscando outra analogia, agora com o índice (2) do Box 11.3, o índice de preços de Paasche recebeu recentemente sua "versão geométrica", sendo calculado como:

$$P_{PG} = \prod_{i=1}^{n} \left(\frac{p_i^1}{p_i^0}\right)^{w_i^1} \quad (11.30)$$

ao qual corresponde o seguinte índice de quantidades:

$$Q_{PG} = \prod_{i=1}^{n} \left(\frac{q_i^1}{q_i^0} \right)^{w_i^1} \qquad (11.31)$$

A seção ainda não pode terminar, pois há outros problemas a discutir. Tomando como base as quantidades do período final, corremos o risco de subestimar o índice do custo de vida verdadeiro, pois os volumes relevantes de bens comprados no ano final é que são considerados. Assim como ocorre com o índice de Laspeyres, o de Paasche não considera que mudanças nos preços relativos causam mudanças de comportamento do consumidor. Além disso, mesmo não sendo puros, os índices de Paasche são consistentes, ou seja, desdobrando-o em partes e calculando os valores para estas, obtemos o mesmo resultado do que se fizéssemos todo o cálculo em um único estágio. Esta propriedade foi muito importante para a operacionalização do sistema de contas nacionais, ainda que o índice de preços de Paasche esteja sendo gradativamente substituído pelo índice de preços de Fisher. Sua definição presta-se a ser estendida aos agregados das contas nacionais e, particularmente, ao valor adicionado mensurado pelas óticas do produto e da despesa. Quando dividimos um valor mensurado a preços correntes por outro mensurado a preços constantes, temos o que se convencionou chamar de deflator implícito do PIB. Neste contexto, podemos considerar as analogias entre, por um lado, (11.22) e (11.23) e, por outro, (11.28) e (11.29). Por fim, dado o fato de ser consistente, ele permite que obtenhamos o deflator implícito ao retirarmos do índice de preços do valor da produção a correspondente variação nos preços dos insumos[36].

11.6 OS ÍNDICES DE FISHER E TÖRNQVIST[37]

11.6.1 Índice de Fisher

Vimos, para o caso dos preços da equação (11.20), que o índice de Laspeyres é uma média aritmética ponderada dos preços relativos e superestima o índice de preços verdadeiro. De sua parte, o índice de preços de Paasche da equação (11.28), por ser uma média harmônica, tende a subestimá-lo[38]. Além disso, quando estruturamos tanto o índice de preços quanto o índice de quantidades pelo critério de Laspeyres, sua multiplicação não reproduz o índice de valor. Da mesma forma, a multiplicação do índice de preços de Paasche pelo correspondente índice de quantidades não atende a propriedade da reversão dos fatores. Nada mais natural pensarmos que, ao cal-

---

[36] No Capítulo 11A (Índices/CD), vamos estudar a correlação entre os valores dos índices de Laspeyres e Paasche, o que levará a generalizarmos a proposição de que, para bens que atendem a chamada "lei da demanda decrescente", os índices de Laspeyres (preços e quantidades) sempre serão maiores do que os correspondentes índices de Paasche. Esta regularidade emerge do fato de que a média aritmética ponderada utilizada na construção do primeiro é, como também fica provado naquele capítulo, maior do que a correspondente média geométrica. Ainda assim, períodos de inflação alta poderão mostrar correlação positiva entre quantidades e preços da mesma mercadoria, o que fará com que os índices de Paasche tornem-se sistematicamente maiores do que os de Laspeyres. A assimetria entre estes dois tradicionais índices aponta para a importância do conceito de índice "verdadeiro", que é um intermediário entre Laspeyres e Paasche.

[37] Esta seção retoma os conteúdos da Seção 11.6 do Capítulo 11A (Índices/CD).

[38] Como acabamos de ver, se a corrrelação entre os elementos dos vetores p e q for positiva, teremos a situação simétrica.

cular uma média entre o índice de preços de Laspeyres e o de Paasche, estaremos aproximando-nos mais do índice de preços verdadeiro. Ao mesmo tempo, uma média entre os índices de quantidades estruturados pelos dois critérios nos aproximará do verdadeiro índice de quantidades[39]. Deste modo, o produto entre uma e outra média estará encaminhando-nos para reproduzir com exatidão o índice de valor.

Em seu clássico livro de 1922, Irving Fisher definiu como **ideais** os índices de preços e quantidades resultantes da média geométrica simples, por atenderem a todos os axiomas listados no Box 11.1. Na realidade, o índice obtido desta maneira não foi criado pelo autor americano, que atribui a autoria ao trabalho de A. L. Bowley, publicado no famoso Dicionário de Economia editado por R. H. Inglis Palgrave desde 1899. A lógica que preside esta solução é simples, bastando considerarmos a multiplicação entre os índices de preços de Laspeyres e Paasche

$$P_L \times P_P = \frac{\sum_{i=1}^{n} p_i^1 \times q_i^0}{\sum_{i=1}^{n} p_i^0 \times q_i^0} \times \frac{\sum_{i=1}^{n} p_i^1 \times q_i^1}{\sum_{i=1}^{n} p_i^0 \times q_i^1}$$

cuja média geométrica simples recompõe a escala original e é definida como índice de preços de Fisher:

$$P_F\left(p^0, p^1; q^0; q^1\right) = P_F = \left(\frac{\sum_{i=1}^{n} p_i^1 \times q_i^0}{\sum_{i=1}^{n} p_i^0 \times q_i^0} \times \frac{\sum_{i=1}^{n} p_i^1 \times q_i^1}{\sum_{i=1}^{n} p_i^0 \times q_i^1}\right)^{\frac{1}{2}} \quad (11.31)$$

e

$$P_F = \left(P_L \times P_P\right)^{\frac{1}{2}} \quad (11.32)$$

Ora, uma vez que $P_L = 1{,}2138$ e $P_P = 1{,}2134$, então as duas flores gerarão

$$P_F = \left(1{,}2138 \times 1{,}2134\right)^{\frac{1}{2}} = 1{,}2136.$$

Um raciocínio análogo permite-nos escrever o índice de quantidades de Fisher como:

$$Q_F\left(p^0, p^1; q^0, q^1\right) = Q_F = \left(\frac{\sum_{i=1}^{n} p_i^0 \times q_i^1}{\sum_{i=1}^{n} p_i^0 \times q_i^0} \times \frac{\sum_{i=1}^{n} p_i^1 \times q_i^1}{\sum_{i=1}^{n} p_i^1 \times q_i^0}\right)^{\frac{1}{2}} \quad (11.33)$$

e

$$Q_F = \left(Q_L \times Q_P\right)^{\frac{1}{2}} \quad (11.34)$$

---

[39] No caso, o índice de quantidades de Laspeyres subestima o verdadeiro índice de quantidades, ao passo que o índice de Paasche o superestima. Em ambos os casos, preços e quantidades, isto ocorre se a correlação entre eles é negativa. Diferentemente da hierarquização entre as médias aritmética, geométrica e harmônica, os índices bilaterais usam ponderações diferentes, o que requer o atendimento da cláusula da correlação negativa.

gerando para nossas duas flores o valor de: $Q_F = \left(0{,}8241 \times 0{,}8239\right)^{\frac{1}{2}} = 0{,}8240$.

Multiplicando a expressão (11.31) por (11.33), temos $P_L \times Q_L \times P_P \times Q_P = V^2$, que foi a relação que inspirou a solução de agrupar convenientemente e fazer a radiciação de $(P_L \times P_P)^{1/2} \times (Q_L \times Q_P)^{1/2} = V$, permitindo-nos escrever finalmente $P_F \times Q_F = V$.

Conhecendo os índices de Fisher de preços e de quantidades, cabe acrescentarmos o índice que resultaria de uma ponderação dada pela média geométrica entre as participações de cada mercadoria na cesta do ano base e do ano corrente (Box 11.4). No caso do índice de preços, temos:

$$P_{FG} = \prod_{i}^{n} \left(\frac{p_i^1}{p_i^0}\right)^{(w_i^0 \times w_i^1)^{\frac{1}{2}}} \quad (11.35)$$

Box 11.4 — Índices gerados por índices

Os índices de preços e quantidades estruturados pelo critério da média geométrica entre os correspondentes índices de Laspeyres e Paasche foram referidos pela primeira vez em 1899. Mas, mesmo antes do "índice de Bowley" assim conceituado, outras combinações foram feitas entre os índices de Laspeyres e Paasche, buscando superar as deficiências apontadas por um e outro na resolução do problema dos pesos.

Em outras palavras, mesmo antes de Irving Fisher, sendo de seu conhecimento e insatisfação, houve outras tentativas de resolver o que estamos designando como o problema dos pesos. Este, na verdade, é o assunto principal da construção de números índices, cedendo em importância ao próprio conceito de média utilizado. Considerando que já conhecemos o índice de Fisher, descrito como uma média geométrica não ponderada entre os índices de Laspeyres e Paasche, é natural que fossem considerados os outros adjetivos: variantes não geométricas e variantes ponderadas.

Moritz Wilhelm Drobisch criou o índice de preços

$$P_{DSB} = \frac{P_L + P_P}{2} \quad (1)$$

O índice DSB utiliza precisamente o primeiro desses conceitos: a média aritmética simples entre os índices de Laspeyres e Paasche. Além de Drobisch, Henry Sidgwick e Arthur L. Bowley também consideraram ser esta uma solução adequada para as deficiências dos índices de preços de Laspeyres e Paasche ao levarem em conta as possíveis mudanças no vetor de quantidades adquiridas entre os dois anos, em virtude das alterações nos preços relativos. Naturalmente, esta solução é inferior à oferecida por Bowley no que diz respeito ao uso da média geométrica simples, o que resultou, como vemos, no índice de preços de Fisher.

De modo análogo ao índice de preços DSB, podemos construir o índice de quantidades:

$$Q_{DSB} = \frac{Q_L + Q_P}{2} \quad (2)$$

Em ambos os casos, estamos tratando de índices cujo *pedigree* é muito modesto, pois, em geral, não podemos esperar que ele obedeça ao axioma da circularidade dos fatores.

Uma tentativa qualitativamente diversa das anteriores foi encontrada por Stuvel para a solução do problema da circularidade dos fatores entre os índices de preços e quantidades estruturados pelo critério de Laspeyres. O criador do índice produziu uma transformação monótona nos índices de valor e os correspondentes índices de preços e quantidade, ambos estruturados pelo critério de Laspeyres. A fórmula do índice de Stuvel é tão poderosa que resolve o problema da circularidade de qualquer índice, por exemplo, os de Paasche e Törnqvist. Com efeito, a fórmula (3) pode ser aplicada a qualquer tripla ordenada de números (P, Q e V), corrigindo-os e gerando uma dupla (P^*, Q^*) cujo produto é V. Ou seja, com esta fórmula, geram-se não apenas índices derivados do índice de preços de Laspeyres, mas também do de quantidades e de qualquer outra combinação, oferecendo resultados que atendem ao assim banalizado axioma da reversão dos fatores. O índice de preços de Stuvel é dado por:

$$P_{LS} = -\frac{Q_L - P_L}{2} + \left(\left[\frac{Q_L - P_L}{2}\right]^2 + V\right)^{\frac{1}{2}} \quad (3)$$

podendo-se criar uma expressão correspondente para o índice de quantidades de Laspeyres, para ambos os índices de Paasche, etc. Na verdade, esta fórmula tem a capacidade de transformar dois números quaisquer de modo que sua multiplicação alcance o valor desejado.

De modo análogo, o índice de quantidades é:

$$Q_{FG} = \prod_{i}^{n} \left(\frac{q_i^1}{q_i^0} \right)^{(w_i^0 \times w_i^1)^{\frac{1}{2}}} \tag{11.36}$$

Se o viés inserido no resultado pelos dois índices fosse simétrico, o procedimento adotado por Fisher, no sentido de não dar mais peso a um ou outro, estaria correto. A Tabela 11.6 apresenta uma simulação destinada a ilustrar este ponto, ao mostrar cinco experimentos de divergência crescente entre os índices.

Não estamos falando de uma série temporal, assunto tratado na Seção 11.7, mas apenas cultivando as consequências da diferença crescente entre os dois índices. Criamos índices de Laspeyres arbitrários e os declaramos originários da mesma base de dados que gerou os índices de Paasche. No experimento 1, obviamente nada há de interesse a observarmos. No experimento final, digamos, peculiar a um período de inflação de quase 20%, nossos cálculos (por definição insuspeitos) ofereceram pequenas diferenças relativamente ao ano original. Ainda que pequenas, elas são indicativas de que, dependendo da taxa de crescimento dos preços (ou quantidades), a escolha dos pesos da média geométrica se torna importante. A partir dos dados originais, o índice de Törnqvist busca selecionar pesos conceitualmente mais atraentes.

Considerando que os índices originais de Laspeyres e Paasche obedeciam aos axiomas 1 a 5, tropeçando apenas no da circularidade (e isso foi resolvido), o índice de Fisher atende a todos os axiomas relevantes para nosso caso de comparações exclusivas entre dois períodos. Como dissemos, este foi o motivo que levou o pesquisador americano a designá-lo como ideal, listando-o sob o número 353 no famoso livro de 1922. Além disso, por basear-se nos índices de Laspeyres e Paasche que carregam os pesos dos anos inicial e final, o índice de Fisher também é função de uma combinação entre os pesos dos dois anos considerados, o que o leva a ser chamado de índice **simétrico**[40]. Enquanto média simétrica dos índices de preços de Laspeyres e Paasche, o índice de Fisher é uma excelente aproximação do índice verdadeiro (teórico).

Tabela 11.6 O índice de Fisher carrega uma distorção herdada de Laspeyres e Paasche

Experimentos	Laspeyres	Paasche	Fisher não ponderado	Fisher L: 0,51 P: 0,49	Crescimento %
1	1,000000	1,000000	1,000000	1,000000	–
2	1,010000	1,010101	1,010051	1,010050	0,0000500
3	1,050000	1,052632	1,051315	1,051302	0,0004509
4	1,150000	1,176471	1,163160	1,163028	0,0014812
5	1,190000	1,234568	1,212079	1,211856	0,0019156

---

[40] Além dele, há outros índices simétricos, cabendo destacar o índice de Törnqvist que veremos em seguida, bem como o de Walsh, a ser estudado no Capítulo 11A (Índices/CD). Por fim, ao lado dos índices de Walsh e Törnqvist, o índice de Fisher é eleito entre os melhores pelas quatro abordagens da Seção 11.5 do Capítulo 11A (Índices/CD). Registramos que qualquer média simétrica aproxima o índice que dela resulta do índice verdadeiro.

11.6.2 Índice de Törnqvist

Pelo que vimos até agora, cada critério de ponderação atraente sob o ponto de vista apriorístico, quando utilizado como peso para os números relativos de preços ou quantidades, permite criar um número índice. Neste contexto, já pensamos em diversas possibilidades lógicas: peso do ano inicial, peso do ano final, e médias aritméticas, geométricas ou harmônicas, simples ou ponderadas por tais pesos. Nesta linha é que circula o índice criado por Leo Törnqvist, em 1936, que selecionou como peso dos relativos dos preços (ou quantidades) a média geométrica ponderada das participações das mercadorias no orçamento do consumidor nos períodos inicial e final. Os pesos são dados pela média aritmética simples entre as participações das mercadorias específicas.

Neste sentido, podemos perceber que seu criador se inspirou na análise da solução do problema dos pesos aplicada nos índices de Laspeyres, Paasche, Fisher, e outros que veremos no Capítulo 11A (Índices/CD). Ainda que, como vamos assinalar em seguida, não atenda ao axioma da circularidade dos fatores, este índice tem sido usado com muita frequência nos estudos do crescimento da oferta monetária e da produtividade total dos fatores, como já referimos no Capítulo 7B (Monetários/CD) e detalharemos no Box 11.5. De forma assemelhada, usando o mesmo artifício que gerou o índice de Fisher, podemos determinar um índice de Törnqvist que atende a todos os axiomas, logo também sendo classificado como ideal.

Dos índices até agora examinados, o de Törnqvist é o de maior *pedigree*, pois resulta de funções de utilidade, demanda, produção ou custos descritas por funções transcendentais logarítmicas (translog), vistas na Seção 11.3 do Capítulo 11A (Índices/CD). No caso do procedimento de otimização realizado com base na função translog homogênea, chegamos ao índice de preços de Törnqvist como

$$\ln P_{T\ddot{o}}^* = \sum_{i=1}^{n} \frac{w_i^0 + w_i^1}{2} \times \ln \frac{p_i^1}{p_i^0},$$

ou ainda:

$$P_{T\ddot{o}}(p^0, p^1; q^0, q^1) = P_{T\ddot{o}}^* = e^{\sum_{i=1}^{n} \frac{w_i^0 + w_i^1}{2} \times \ln \frac{p_i^1}{p_i^0}} \quad (11.37)$$

Para o caso das duas flores, temos $\ln P_{T\ddot{o}}^* = 0,2759 \times \frac{5}{4} + 0,7241 \times \frac{8,4}{7} = 0,1936$, e $P_{T\ddot{o}}^* = e^{0,1936} = 1,2136$. Se a função de custo do consumidor racional é do tipo translog, e se a utilidade de referência é u^* e dada pela média geométrica dos níveis de utilidade nos períodos base (u^0) e final (u^1), ou seja, $u^* = (u^0 \times u^1)^{\frac{1}{2}}$, então teremos $P_{T\ddot{o}}(p^0, p^1; q^0, q^1) = P_{ver}(p^0, p^1; q^0, q^1)$. No caso, a função translog, por ser linearmente homogênea e diferenciável, permite a derivação de índices exatos e superlativos. Ou seja, por ser derivado da função de custo c(p, u), o índice de Törnqvist é idêntico ao índice verdadeiro, o que se deve ao caráter de simetria que lhe é conferido pela média entre os pesos dos dois anos, nomeadamente $\frac{w_i^0 + w_i^1}{2}$.

Um dos motivos que levou Törnqvist a fixar-se neste índice é que podemos vê-lo como uma aproximação discreta do índice de Divisia. Com efeito, as expressões (2) do Box 11.5 (Capítulo 11A – Índices/CD) e (11.37) têm por variáveis observáveis, como é o caso de w_i^0, w_i^1, p_i^0 e p_i^1. Seu uso foi expandido a partir dos anos 1980 para a determinação do valor real dos agregados monetários (Box 11.5).

O problema do índice de Törnqvist é sua incapacidade de atender ao axioma da circularidade dos fatores, o que – sob o ponto de vista empírico – é passível de uma correção, como vamos mostrar em seguida. Antes, porém, observemos que o índice correspondente às quantidades é dado por:

$$\ln Q_{T\ddot{o}}^* = \sum_{i=1}^n \frac{w_i^0 + w_i^1}{2} \times \ln \frac{q_i^1}{q_i^0},$$

Box 11.5 Agregação monetária

No Box 10.2 do Capítulo 7B (Monetários/CD), fizemos menção ao índice de preços de Divisia, no contexto da determinação dos pesos a serem atribuídos aos diferentes componentes da oferta monetária da economia. No caso, sugerimos que ele contribui para eliminarmos o problema relacionado à perfeita substitutibilidade entre os ativos financeiros heterogêneos que se encontra implícita na agregação feita por meio da simples soma. Uma vez que os diferentes ativos possuem liquidez distinta, então a correta agregação monetária exige que cada um deles receba também um peso distinto.

O uso do índice de preços de Divisia supre essa exigência, ao considerar que os pesos são dados pelas frações de dispêndio e não simplesmente pelas frações das quantidades de encaixe monetário de cada ativo, como observamos no critério utilizado pela soma simples de ativos. Isso pode ser observado na equação do índice, reescrita como:

$$Q_t^d = Q_{t-1}^d \prod_i \left(\frac{m_{i,t}}{m_{i,t-1}} \right)^{\frac{(w_{i,t} + w_{i,t-1})}{2}} \quad (1)$$

onde

$$w_{i,t} = \frac{P_{i,t} \times m_{i,t}}{\sum_{k=1}^n P_{k,t} \times m_{k,t}},$$

com $m_{i,t}$ representando a quantidade (estoque) do ativo financeiro i no período t; e $P_{i,t}$ indicando o preço (ou custo de oportunidade) do ativo financeiro i no período t.

Na forma logarítmica, a expressão (1) torna-se:

$$\ln Q_t^d - \ln Q_{t-1}^d = \sum_{i=1}^n w_{i,t}^* \times (\ln m_{i,t} - \ln m_{i,t-1}), \quad (2)$$

onde

$$w_{i,t}^* = \frac{s_{i,t} + s_{i,t-1}}{2}.$$

Da equação (2), observamos diretamente que a diferença entre os logaritmos do agregado indicado por Q (que corresponde à taxa de variação entre dois períodos, como pudemos ver na Seção 2) é uma média ponderada. Nela os pesos são as frações representadas pelos dispêndios em cada componente da taxa de variação dos componentes que formam o agregado.

Mas como podemos definir o preço do ativo financeiro ($P_{i,t}$) da fórmula do índice? O tratamento dado ao ativo financeiro deve ser semelhante ao que se aplica a um bem durável, ou seja, é necessário imputar um preço ao fluxo dos serviços produzidos pelo bem (ou ativo) durante o período de sua utilização, o que se faz mediante o cálculo de seu custo de oportunidade. Assim, o preço dos serviços monetários produzidos por um ativo que paga juros e está sujeito à variação de preços pode ser definido como:

$$P_{i,t} = \bar{P}_t - \frac{(1 + r_{i,t}) \times \bar{P}_t}{1 + R_t} \quad (3)$$

reescrita como

$$P_{i,t} = \frac{\bar{P}_t \times (R_t - r_{i,t})}{1 + R_t} \quad (4)$$

em que $r_{i,t}$ é a taxa de juros nominal do ativo i (que é zero no caso em que esse ativo é a moeda), R_t é a taxa máxima de juros da economia e $\bar{P}_t$ é um índice geral de preços ao consumidor.

Notemos que ao calcular o Índice de Divisia, na fórmula (3), o componente que se refere aos pesos utilizados reduz-se para $(R_t - r_{i,t})$, já que o fator $\frac{\bar{P}_t}{1 + R_t}$, que aparece tanto no numerador como no denominador das ponderações pode ser cancelado. Observemos ainda que a diferença $(R_t - r_{i,t})$ na fórmula do custo de oportunidade em (3) é o preço da monetividade do ativo i. Ou seja, é a rentabilidade que se deixa de ganhar ou o custo de oportunidade que se incide por reter o ativo financeiro i durante um período. Em outras palavras, se o ativo não fosse retido, ele poderia ser aplicado e receber a maior taxa de juros disponível no mercado.

cuja compactação logarítmica permite escrevermos como:

$$Q_{T\ddot{o}}(p^0,p^1;q^0,q^1)=Q^*_{T\ddot{o}}=e^{\sum_{i=1}^{n}\frac{w_i^0+w_i^1}{2}\times\ln\frac{q_i^1}{q_i^0}} \qquad (11.38)$$

Sua expressão numérica para as clívias e estefânias é

$$\ln Q^*_{T\ddot{o}}=0{,}2759\times\frac{8}{10}+0{,}7241\times\frac{12{,}5}{15}=-0{,}1936$$

e $Q^*_{T\ddot{o}}=e^{-0{,}1936}=0{,}8240$.

Em segundo lugar, cabe assinalarmos que os índices geométricos correspondentes às expressões dos índices de Laspeyres, Paasche e Fisher são:

$$P_{T\ddot{o}G}=e^{\prod_{i=1}^{n}\left(\ln\frac{p_i^1}{p_i^0}\right)^{\left(w_i^0\times w_i^1\right)^{\frac{1}{2}}}} \qquad (11.39)$$

e

$$Q_{T\ddot{o}G}=e^{\prod_{i=1}^{n}\left(\ln\frac{q_i^1}{q_i^0}\right)^{\left(w_i^0\times w_i^1\right)^{\frac{1}{2}}}} \qquad (11.40)$$

Este formato de apresentação dos índices de Törnqvist leva-nos a evocar os correspondentes índices de Laspeyres, Paasche e Fisher geométricos O Quadro 11.2 ajuda-nos a inspecionar visualmente as diferenças entre esses quatro índices, em suas versões aritmética, geométrica e harmônica, para mensurar variações nos preços e nas quantidades. Comparando-as, temos mais uma percepção interessante do problema dos pesos, ou seja, da alma da formação dos números índices.

A listagem conjunta destas 16 fórmulas de números índices evidencia suas diferenças. A primeira diz respeito à própria natureza binária: temos relativos de preços ou de quantidades. Em segundo lugar, vemos médias ponderadas: aritmética (Laspeyres), harmônica (Paasche), geométrica (Fisher) e logarítmica (Törnqvist). Por fim, observamos os pesos utilizados para o cálculo das médias ponderadas: ano inicial (Laspeyres), ano final (Paasche), média aritmética dos anos inicial e final (Fisher) e média logarítmica entre os anos inicial e final (Törnqvist).

Retornando à questão do teste da reversão dos fatores, desejamos que o índice de preços de (11.39) obedeça a $\frac{\ln V}{\ln P^*_{T\ddot{o}}}=\ln Q^{**}_{T\ddot{o}}$, e também que o índice de quantidades gere $\frac{\ln V}{\ln Q^*_{T\ddot{o}}}=\ln P^{**}_{T\ddot{o}}$.

Inspirando-nos na solução que levou à construção dos índices de Fisher[41], podemos resolver o problema da circularidade definindo os índices de Törnqvist, respectivamente, como:

$$\ln P_{T\ddot{o}}=\left(\ln P^*_{T\ddot{o}}\times P^{**}_{T\ddot{o}}\right)^{\frac{1}{2}} \qquad (11.41)$$

---

[41] Notar, também no presente contexto, a observação que fizemos para o índice de Fisher ilustrada com o exercício da Tabela 11.6.

e

$$\ln Q_{T\ddot{o}} = \left(\ln Q_{T\ddot{o}}^{*} \times Q_{T\ddot{o}}^{**}\right)^{\frac{1}{2}}$$

11.7 MUDANÇA DE BASE, ENCADEAMENTO E INTERPOLAÇÃO DE ÍNDICES[42]

A dependência temporal entre as observações da variável que nos retém a atenção é crucial para a definição de uma série. Quando a variável é a mesma e o único atributo que faz com que duas observações difiram é a localização no eixo dos tempos, dizemos estar frente a diferentes observações da mesma série temporal. Ou seja, a série temporal consiste no conjunto de observações da mesma variável caracterizada pela dependência destas relativamente aos intervalos do tempo (década, mês, hora, etc.). Nossa intenção, ao buscarmos a caracterização da série temporal, vai ao encontro dos tradicionais objetivos do estudo científico: descrever, explicar, prever ou recomendar.

Quadro 11.2 Versões convencional e geométrica dos índices de Laspeyres, Paasche, Fisher e Törnqvist

Índices	Preços		Quantidades	
	Convencional	Geométrico	Convencional	Geométrico
Laspeyres	$P_L = \sum_{i=1}^{n} w_i^0 \times \frac{p_i^1}{p_i^0}$ Equação (11.20)	$P_{LG} = \prod_{i=1}^{n} \left(\frac{p_i^1}{p_i^0}\right)^{w_i^0}$ Equação (11.25)	$Q_L = \sum_{i=1}^{n} w_i^0 \times \frac{q_i^1}{q_i^0}$ Equação (11.24)	$Q_{LG} = \prod_{i=1}^{n} \left(\frac{q_i^1}{q_i^0}\right)^{w_i^0}$ Equação (11.26)
Paasche	$P_P = \left(\sum_{i=1}^{n} w_i^1 \times \left(\frac{p_i^1}{p_i^0}\right)^{-1}\right)^{-1}$ Equação (11.28)	$P_{PG} = \prod_{i=1}^{n} \left(\frac{p_i^1}{p_i^0}\right)^{w_i^1}$ Equação (11.30)	$Q_P = \left(\sum_{i=1}^{n} w_i^1 \times \left(\frac{q_i^1}{q_i^0}\right)^{-1}\right)^{-1}$ Equação (11.29)	$Q_{PG} = \prod_{i=1}^{n} \left(\frac{q_i^1}{q_i^0}\right)^{w_i^1}$ Equação (11.31)
Fisher	$P_F = \left(P_L \times P_P\right)^{\frac{1}{2}}$ Equação (11.32)	$P_{FG} = \prod_{i=1}^{n} \left(\frac{p_i^1}{p_i^0}\right)^{(w_i^0 \times w_i^1)^{\frac{1}{2}}}$ Equação (11.35)	$Q_F = \left(Q_L \times Q_P\right)^{\frac{1}{2}}$ Equação (11.34)	$Q_{FG} = \prod_{i=1}^{n} \left(\frac{q_i^1}{q_i^0}\right)^{(w_i^0 \times w_i^1)^{\frac{1}{2}}}$ Equação (11.36)
Törnqvist	$P_{T\ddot{o}}^* = e^{\sum_{i=1}^{n} \frac{w_i^0 + w_i^1}{2} \times \ln \frac{p_i^1}{p_i^0}}$ Equação (11.37)	$P_{T\ddot{o}G} = \prod_{i=1}^{n} \left(\ln \frac{p_i^1}{p_i^0}\right)^{(w_i^0 \times w_i^1)^{\frac{1}{2}}}$ Equação (11.39)	$Q_{T\ddot{o}} = e^{\sum_{i=1}^{n} \frac{w_i^0 + w_i^1}{2} \times \ln \frac{q_i^1}{q_i^0}}$ Equação (11.38)	$Q_{T\ddot{o}G} = e^{\prod_{i=1}^{n} \left(\ln \frac{q_i^1}{q_i^0}\right)^{(w_i^0 \times w_i^1)^{\frac{1}{2}}}}$ Equação (11.40)

---

[42] Esta seção resume conteúdos na Seção 11.3 do Capítulo 11B (Intertemporais/CD), retomando a notação de indexação do tempo da Seção 2.

Para tanto, somos levados a fazer sua análise e modelagem, criando termos técnicos e integrando-os por meio de relações funcionais entre as variáveis e o tempo. Neste contexto, vale a pena fazermos um contraste entre, por um lado, o aparato analítico que estudamos deste o Capítulo 3 (Dimensões), nomeadamente, as funções (produto, renda e despesa) que usamos para descrever a geração, apropriação e absorção do valor adicionado e, por outro, as séries temporais. Por exemplo, lá dissemos que PIB = f(K, L), onde PIB é o produto interno bruto de certa região em determinado período, K é o estoque de capital e L é seu nível de emprego. Agora passamos a dizer que:

$$K = k(t) \qquad (11.42)$$

$$L = m(t) \qquad (11.43)$$

e

$$PIB = n(t) \qquad (11.44)$$

onde adicionalmente aos símbolos recém-definidos, t representa a variável tempo.

O argumento dessas funções passou a ser o tempo, que descreve o comportamento das variáveis K, L e PIB[43]. Se as funções k(.), m(.) e n(.) são nossas conhecidas, então os modelos nelas encapsulados as descreverão. Ao mesmo tempo, estas funções permitem utilizar diferentes momentos de t, alguns deles postados no futuro, a fim de gerarmos previsões sobre o nível das variáveis estoque de capital, emprego e PIB. Em geral, o grau de qualidade alcançado com as previsões feitas com as séries temporais, compreensivelmente, varia na razão inversa da distância entre os fenômenos originais e aqueles em cuja previsão estamos interessados.

Como constatamos nas seções anteriores, existe uma diferença estrutural importante entre um número relativo e um número índice, em particular, no caso dos índices bilaterais que classificamos como agregativos e ponderados. Neste caso, um índice de preços (ou de quantidades) é constituído por meio da agregação (linear, harmônica, etc.) dos relativos dos preços (ou das quantidades) dos diferentes produtos adquiridos-produzidos por conjuntos de agentes econômicos, quando usamos um determinado peso para a ponderação de cada produto. Desde lá, porém, chamamos a atenção para o fato de que, em seu linguajar cotidiano, os economistas referem-se tanto a números relativos quanto a números índices como "índices", o mesmo ocorrendo com as medidas utilizadas para mensurar a desigualdade no Capítulo 10 (Distribuição). De modo análogo, existe certa confusão no uso de três termos que – rigorosamente falando – representariam apenas dois fenômenos assemelhados.

Trata-se agora de distinguir os conteúdos dos termos **mudança de escala** e **mudança de base** (ou **mudança do critério de ponderação**) de um número relativo ou de um número índice. Quando mudamos a escala de um índice (ou seja, um número

---

[43] Observemos que, usando a linguagem matemática convencional, diríamos que a "variável explicativa" t *explica* a variável explicada PIB. Todavia evitamos fazê-lo, a fim de nos afinarmos com a econometria contemporânea, para quem o tempo em si nada "explica", mas apenas "descreve". A previsão de valores futuros de séries temporais não será aprofundada neste livro, pois ela própria é objeto de estudo de livros inteiros, inclusive aqueles que utilizam programas de inteligência artificial chamados de redes neurais. Estes, comparativamente aos métodos tradicionais, vêm-se sagrando campeões nos torneios de teste da qualidade das previsões confrontadas com os fatos posteriormente observados.

relativo ou um número índice), estamos operando as tradicionais regras de três. Ao mudarmos a ponderação – nossos w_{ij} das Seções 5 e 6, em que i é o produto e j é o ano de referência – estamos selecionando a estrutura de geração, apropriação ou absorção de algum bem ou serviço (inclusive os serviços dos fatores e os arranjos institucionais) como adequada para ponderar os preços ou as quantidades. Ou seja, falarmos em mudar a base pode significar uma coisa ou outra: escala ou pesos.

Na coluna (L) da Tabela 11.7, retomamos as cifras do PIB real de Trondhein que utilizamos na decomposição da taxa de lucro efetuada na Tabela 11.2. Vamos considerar que informações independentes permitiram construir as três primeiras colunas, ou seja, as componentes da equação (3.1) do Capítulo 3 (Dimensões), nomeadamente, os valores nominais do valor da produção e do consumo intermediário. Utilizando informações independentes, também obtivemos os índices de preços e quantidades que reproduzimos nas colunas (D) a (I). Dispondo das informações das colunas anteriores, a coluna (L) é calculada pela simples subtração dos elementos de (K) aos de (J). Com estes índices, concluímos o preenchimento das colunas (J) e (K). Há três observações a fazermos sobre esses dados.

Primeiramente, vamos nos deter na segunda linha das colunas intermediárias rotuladas de (D) a (I), as quais informam os índices de preços e quantidades relacionados com os três agregados econômicos das colunas (A) a (C). Iniciando com os índices de preços, uma vez que fomos seus construtores, informamos que o critério de ponderação dos preços das mercadorias que compõem o valor da produção e o consumo intermediário é o de Törnqvist modificado da equação (11.41)[44]. Cabe observar que não estamos falando em mudanças no critério de ponderação utilizado para agregar os números relativos dos preços ou das quantidades originais. Em nosso caso, construímos os índices de preços e de quantidades de Törnqvist originais e os corrigimos por meio da fórmula de Fisher.

Neste caso, construímos o índice de valor de base unitária para, por exemplo, o consumo intermediário do ano II como $\frac{248{,}78}{250{,}89} = 0{,}991590$. Transformando-o em base centesimal e dividindo-o pelo índice de preços da coluna (D), chegamos ao índice de quantidades do consumo intermediário: $100 \times \frac{99{,}1590}{99{,}6795} = 99{,}4778$. Com isso alcançamos a primeira observação de natureza econômica de nosso exercício: o *quantum* absorvido na forma de consumo intermediário, medido a preços constantes do ano I, reduziu-se em pouco mais de meio ponto percentual (isto é, 100

---

[44] Nas versões anteriores do *Handbook*, chegamos a trabalhar com índices de preços de Paasche (IPP), determinando o deflator implícito do PIB. De modo análogo, os índices de quantidades de Laspeyres (IQL) determinaram o índice do produto real. Sabidamente, não convém combinarmos P_L (índice de preços de Laspeyres) com Q_L, nem P_P com Q_P (índice de *quantum* de Paasche), pois apenas os produtos cruzados atendem a propriedade da circularidade. Deste modo, os índices de quantidades e os de preços passaram a ser estruturados pelo critério de Fisher. Nossa sugestão para a implementação no cotidiano profissional é que criemos índices para quantidades e preços do valor da produção, do consumo intermediário e do PIB estruturados pelo critério de Törnqvist, digamos, $P^*_{T\ddot{o}}, P^{**}_{T\ddot{o}}, Q^*_{T\ddot{o}} e Q^{**}_{T\ddot{o}}$, na notação da Subseção 11.6.2. Depois de obter essas quatro cifras, calculamos a média geométrica entre $P^*_{T\ddot{o}} e P^{**}_{T\ddot{o}}$ e entre $Q^*_{T\ddot{o}} e Q^{**}_{T\ddot{o}}$, gerando os índices de preço e de quantidades de Törnqvist modificados. A partir deles é que iremos obter as cifras monetárias correspondentes. Com este estoque de dados, estaremos preparados para comparar nossas cifras com as estimativas baseadas em qualquer um dos índices. Para nossos estudos, escolher o melhor significa selecionar os índices de Törnqvist modificados.

— 99,0478). Uma vez que o PIB real cresceu, concluímos que elevou-se o grau de eficiência no uso dos insumos intermediários, numa interpretação associada à decomposição da matriz de insumo-produto realizada com base nas decomposições da Seção 4.7 do Capítulo 4A (MaCS/CD). Desde lá, atribuímos precisamente este significado aos setores que exibiam o efeito tecnológico negativo.

A segunda observação diz respeito à agregação dos números índices da forma como iremos tratar na Subseção 11.8.2. Nela, usando um exemplo dos índices de Laspeyres e Paasche, vamos esclarecer analiticamente que o índice de preços (ou quantidades) do valor da produção resulta da agregação dos correspondentes índices do consumo intermediário ou do valor adicionado. Por ora, interessa-nos destacar que tanto o índice de preços quanto o de quantidades estruturados por critérios que atendam à propriedade da circularidade dos fatores permitem que comecemos com a informação disponível exclusivamente para os valores correntes de duas dessas três variáveis e seus correspondentes índices de preços ou de quantidades, e determinemos o terceiro índice. Estamos falando do problema do duplo deflacionamento.

A terceira observação econômica emerge do exame das cifras da terceira linha da Tabela 11.7. Trata-se agora de uma inovação conceitual que estamos trazendo com relação aos índices bilaterais apresentados nas Seções 11.3 a 11.6. De fato, lá sempre vimos variações entre dois anos contíguos, mas agora a informação da coluna (D), por exemplo, diz que o índice do ano III foi 2,3007% maior do que o do ano I. De certa forma, esta também é uma observação bilateral, pois estamos confrontando dois anos. Ocorre que estes não são anos consecutivos, cabendo-nos indagar qual teria sido a relação direta entre os preços dos anos II e III. Inserir informações de preços para o ano II entre as dos anos I e III leva-nos ao problema da **interpolação**, ao passo que obter os dados do ano III a partir das cifras do ano II vai conduzir-nos ao problema do **encadeamento**. A seguir, vamos tratar destes dois casos mais detalhadamente, iniciando com o exame do conteúdo da Tabela 11.8.

Como vemos, todos os índices da primeira linha da tabela assumem o valor de 100,00. Isto não significa que o crescimento entre o ano 0 e o ano I seja nulo, apenas uma convenção, que poderia ser substituída simplesmente pela omissão de qualquer signo naquela linha. Ainda peculiar é o fato de que, na segunda linha, vemos as mesmas cifras da Tabela 11.7, pois elas referem-se precisamente ao mesmo fenômeno, ou seja, o crescimento entre os anos I e II. No ano III é que temos a informação formalmente diferente, mas de mesmo conteúdo. Por exemplo, o índice de preços do valor da produção da coluna (A) cresceu 2,1001% (isto é, $100 \times \frac{102,1001 - 100}{100}$) relativamente ao ano II. Da mesma forma, no ano IV, observamos um crescimento de 3,3342% (a saber, $100 \times \frac{103,3342 - 100}{100}$) comparativamente ao ano III, e assim por diante. Na prática, o que acontece é que utilizamos a informação original a fim de gerar a Tabela 11.8 e apenas de posse dela é que pudemos usar os valores monetários pertinentes, chegando ao restante da Tabela 11.7. Especificamente, o índice de preços de base fixa no ano I concernente ao ano IV é obtido por meio de $P_{Tö}^{I,IV} = \prod_{i=1}^{n} p_{Tö}^{m,k}$ (com m, k = I, II, III, IV), onde $P_{Tö}$ é o índice de preços de Törnqvist de

Tabela 11.7 PIB, índice do produto real e deflator implícito de Trondhein, anos I-X (bilhões de oslos; base: 100)

Anos	Preços correntes			Índices de preços			Índices de quantidades			Preços constantes do ano I		
	Valor da produção (A)	Consumo intermediário (B)	PIB (C)	Valor da produção (D)	Consumo intermediário (E)	PIB (deflator implícito) (F)	Valor da produção (G)	Consumo intermediário (H)	PIB (índice do produto real) (I)	Valor da produção (J)	Consumo intermediário (K)	PIB (produto real) (L)
I	522,69	250,89	271,80	100,0000	100,0000	100,0000	100,0000	100,0000	100,0000	522,69	250,89	271,80
II	525,15	248,78	276,37	100,1965	99,6795	100,6702	100,2736	99,4778	101,0045	524,12	249,58	274,53
III	552,26	261,03	291,23	102,3007	101,4970	103,0319	103,2811	102,5071	103,9956	539,84	257,18	282,66
IV	599,85	282,75	317,11	105,7116	104,4630	106,8502	108,5615	107,8839	109,1906	567,44	270,67	296,78
V	641,04	301,79	339,25	108,4065	106,8321	109,8430	113,1320	112,5952	113,6313	591,33	282,49	308,85
VI	685,01	322,34	362,67	111,0533	109,1753	112,7740	118,0107	117,6810	118,3186	616,83	295,25	321,59
VII	743,83	350,17	393,66	114,2684	112,0472	116,3195	124,5384	124,5646	124,5143	650,95	312,52	338,43
VIII	769,04	362,19	406,85	115,5461	113,1914	117,7262	127,3355	127,5380	127,1486	665,57	319,98	345,59
XI	782,09	368,45	413,64	116,1853	113,7648	118,4299	128,7838	129,0884	128,5025	673,14	323,87	349,27
X	835,49	394,18	441,31	118,6590	115,9899	121,1491	134,7089	135,4538	134,0214	704,11	339,84	364,27

Tabela 11.8 Índices de preços e quantidades de base móvel de Trondhein, anos I-X
(base – ano anterior: 100)

Anos	Índices de preços			Índices de quantidades		
	Valor da produção (A)	Consumo intermediário (B)	PIB (deflator implícito) (C)	Valor da produção (D)	Consumo intermediário (E)	PIB (índice do produto real) (F)
I	100,0000	100,0000	100,0000	100,0000	100,0000	100,0000
II	100,1965	99,6795	100,6702	100,2736	99,4778	101,0045
III	102,1001	101,8233	102,3460	102,9993	103,0452	102,9614
IV	103,3342	102,9223	103,7059	105,1126	105,2453	104,9954
V	102,5493	102,2679	102,8009	104,2101	104,3670	104,0669
VI	102,4416	102,1933	102,6684	104,3124	104,5169	104,1250
VII	102,8951	102,6305	103,1439	105,5314	105,8494	105,2365
VIII	101,1182	101,0212	101,2093	102,2460	102,3870	102,1157
IX	100,5532	100,5066	100,5977	101,1374	101,2156	101,0648
X	102,1291	101,9559	102,2960	104,6008	104,9310	104,2948

base fixa de uma variável como o valor da produção (ou o consumo intermediário) do período m com base no período k, e $p^{i,k}$ são os índices dos períodos anteriores até o ano i (inclusive). Esta fórmula é facilmente generalizável para outros períodos[45].

Para concluirmos a discussão do tema dos encadeamentos de números índices, vamos ilustrar a utilização das cifras do PIB nominal da Tabela 11.7, a fim de construirmos valores a preços constantes dos anos II, VI e IX, por meio das informações de sua coluna (I). A Tabela 11.9 apresenta os resultados concernentes aos exercícios de mudança da base das cifras da coluna (I), termo agora usado no sentido de "mudança de escala", o que é obtido pelo uso de sucessivas regras de três simples.

Deste modo, os resultados do produto real exibidos nas colunas (E) a (H) da Tabela 11.9 constituem diferentes encadeamentos dados à informação da coluna (A), nomeadamente, o índice do produto real de base móvel. As colunas (A) e (E) reproduzem, respectivamente, as cifras da coluna (D) e (L) da Tabela 11.7, de sorte que já vemos, por exemplo, na coluna (A), o crescimento do PIB do ano II com relação ao ano I assumir a mesma cifra do índice de base móvel da coluna (A) da Tabela 11.8. O primeiro aspecto interessante a salientarmos é que tal repetição ocorre, nas colunas

---

[45] Insistimos que nosso exercício consiste em utilizar os índices de base (ponderação) móvel. A melhor forma de minimizarmos o problema da ausência de circularidade no tempo de **todos** os números índices é **sempre** usarmos a informação original de cada par de anos consecutivos, gerando os índices em cadeia. Ou seja, se não houver ingresso de produtos novos entre um ano e outro, não há problema, mas o ingresso de novos produtos impede que o problema seja contornado, o que nos leva apenas a procurar minimizá-lo com os encadeamentos dos índices. A introdução de um produto novo no ano IV, por exemplo, obscurece a comparação com o ano III, mas apenas esta. A solução que recomendamos para este caso é calcular apenas o índice de preços e obter o índice de quantidades pela divisão do índice de valor pelo índice de preços assim alcançado. Com isso, descarregamos toda a diferença sobre o índice de quantidades, o que é sensato, uma vez que o produto novo consiste precisamente num acréscimo à massa da produção do ano anterior. Este é o procedimento designado por John Maynard Keynes como "método do mais alto fator comum." (Diewert, 1988)

Tabela 11.9 Índice do produto real e valores monetários do PIB real com base assentada em diferentes anos, Trondhein, anos I-X (base: 100; bilhões de oslos)

Anos	Índice do produto real				Produto real em valores monetários			
	Preços do ano I (A)	Preços do ano II (B)	Preços do ano VII (C)	Preços do ano IX (D)	Preços do ano I (E)	Preços do ano II (F)	Preços do ano VII (G)	Preços do ano IX (H)
I	100,0000	99,0055	80,3121	77,8195	271,80	273,62	316,16	321,89
II	101,0045	100,0000	81,1188	78,6012	274,53	276,37	319,33	325,13
III	103,9956	102,9614	83,5210	80,9289	282,66	284,55	328,79	334,75
IV	109,1906	108,1047	87,6932	84,9716	296,78	298,77	345,21	351,48
V	113,6313	112,5012	91,2596	88,4273	308,85	310,92	359,25	365,77
VI	118,3186	117,1419	95,0241	92,0749	321,59	323,75	374,07	380,86
VII	124,5143	123,2760	100,0000	96,8964	338,43	340,70	393,66	400,80
VIII	127,1486	125,8841	102,1157	98,9464	345,59	347,91	401,99	409,28
IX	128,5025	127,2245	103,2030	100,0000	349,27	351,61	406,27	413,64
X	134,0214	132,6885	107,6353	104,2948	364,27	366,71	423,72	431,40

(B), (C) e (D) da Tabela 11.9, pois o que operamos foram simples regras de três com base na informação da coluna (A).

Por exemplo, a cifra de 102,1157 da coluna (C) – que consiste no índice de *quantum*[46] de base móvel da Tabela 11.7 – aqui foi encontrado como resultado da seguinte operação: $102,1157 = \dfrac{100 \times 127,1486}{124,5143}$. De modo análogo, a cifra de 95,0241 informa que o produto real no ano VI era 4,9759% (isto é, $100,0000 - 95.0241$), e foi obtida ao operarmos o que segue: $95,0241 = \dfrac{118,3186 \times 100,0000}{124,5143}$. O mesmo tipo de mecânica se aplica a todas as demais cifras dos números índices.

O segundo aspecto interessante diz respeito à obtenção dos valores monetários. Podemos observar, ao compararmos os valores a preços correntes da coluna (C) da Tabela 11.7 com os correspondentes valores da Tabela 11.9, os quais foram calculados aos preços constantes dos anos II, VII e IX, que se trata das mesmas cifras. Naturalmente, os preços correntes que determinam os valores de um ano específico são precisamente os preços que vamos manter constantes, a fim de calcular os valores dos demais anos. Neste caso, por exemplo, o produto real do ano III aos preços do ano VII (localizado na terceira linha da coluna (G) da Tabela 11.9) é dado pela seguinte regra de três: se 393,66 correspondem a 100 então *x* corresponderá a 83,5210. Logo $328,79 = 393,66 \times \dfrac{83,5210}{100,0000}$, ou seja, tomamos o valor a preços correntes da coluna (C) da Tabela 11.7 e aplicamos a razão dada pelo índice que mede os preços do ano III e o índice do ano base (100,0000). Não há maiores dificuldades na obtenção dos demais resultados da Tabela 11.9, por meio da operação de novas regras de três ou pela operação dos produtórios dos

---

[46] Dizemos "índice de quantidades", mas não fazemos esta expressão acompanhar-se de seu plural latino, pois seguimos a tradição, ao desprezar a forma "índice de *quanta*".

índices de base móvel. O único detalhe a chamar a atenção consiste no fato de que – para nossos anos selecionados (e também para os omitidos) – os valores a preços constantes do ano base coincidem com seus respectivos valores a preços correntes.

Para concluir, vamos examinar a questão da interpolação de valores e índices. Volta e meia, no exercício de nosso trabalho cotidiano, defrontamo-nos com o problema de obter um valor isolado, em resposta a uma necessidade analítica tão específica que – não tendo sido sentida por outros – impediu a obtenção da solução ótima para o problema. Imaginemos que defrontamo-nos com a situação de que a instituição produtora de estatísticas trimestrais[47] do consumo de alimentos divulgue tanto os índices pertinentes ao trimestre quanto os índices dos meses inicial e final de cada período, conforme a Tabela 11.10. Nosso problema consiste em obtermos a informação para o segundo mês do trimestre. Sem a possibilidade de lidarmos com a informação original, nossa solução consiste em dela nos aproximarmos com o uso de uma variável correlacionada[48]. No caso, para nossa sorte, contamos com a informação da renda per capita, variável cujas variações, na tradição econômica, explicam as variações do consumo de alimentos. Em resumo, nosso problema consiste em "adivinhar" a magnitude do índice de valor de base fixa do consumo de alimentos do segundo mês de um trimestre, com base na informação correspondente do índice de renda per capita.

As colunas (D) e (E) apresentam as soluções convencionais do problema, nomeadamente, estimar o valor faltante por meio das médias aritmética e geométrica dos valores dos meses extremos do trimestre. A fim de chegarmos à solução do problema, usamos o Método R, mostrado na última coluna, cifra que difere das colunas anteriores por incorporar a informação adicional da renda per capita. Em outras palavras, os métodos das colunas (D) e (E) mostram as interpolações usando a noção de série temporal a ser estudada nas seções finais deste capítulo. Por contraste, ao sabermos, por exemplo, que o nível de consumo de alimentos correlaciona-se positiva e fortemente com a renda per capita, podemos explorar esta informação, a fim de qualificarmos a interpolação.

Tabela 11.10   Interpolação dos valores de um período a partir dos períodos contíguos

Variáveis	Primeiro mês (A)	Segundo mês (B)	Terceiro mês (C)	Interpolação pela média aritmética (D)	Interpolação pela média geométrica (E)	Interpolação pelo método R (F)
Renda per capita	100,0	103,1	107,1	–		–
Consumo de alimentos	100,0	...	105,3	$\frac{(100,0 + 105,3)}{2}$ $= 102,7$	$\sqrt{100,0 \times 105,3}$ $= 102,6$	$100 + \frac{(105,3 + 100,0)}{(107,1 - 100)} \times$ $(103,1 - 100,0) = 102,3$

---

[47] Na Seção 11.9, vamos alongar-nos no tema do sistema de contas nacionais trimestrais.

[48] Esta temática foi tratada por Friedman (1962), Martone (1974) e Fochezatto e Carvalho (2002). O Método R foi inserido neste contexto por Rosa Maria da Silva em 1980.

A formulação do algoritmo utilizado para a obtenção dos 102,3 da coluna (F) da Tabela 11.10 é $C'' = C' + \dfrac{Y''' - Y'}{E''' - E'} \times (E'' - E')$ onde C é o consumo de alimentos estimado, y é a renda per capita e E é o consumo de alimentos original. Generalizando esta expressão, podemos associá-la a um ano t qualquer como $c^t = c^{t-1} + \dfrac{y^f - y^i}{e^f - e^i} \times \left(E^t - E^{t-1}\right)$, com os sobrescritos i e f indicando os anos inicial e final da série.

Mesmo no caso dessa minissérie de três observações, constataremos que apenas a série do consumo de alimentos, cujo elemento médio foi estimado com o Método R, tem correlação[49] perfeita com a renda per capita. Até certo ponto, estamos frente a uma virtude do método, mas que, pensando menos entusiasticamente, torna-se sua fraqueza. Em outras palavras, acabamos de dizer que a correlação entre a renda per capita e o consumo de alimentos é perfeita, enquanto a observação empírica da regularidade entre estas variáveis quase que invariavelmente apresentará erros[50]. Deste modo, nosso problema agora reside na seleção de apenas um dos resultados da interpolação. A diferença entre o resultado obtido com a média aritmética entre as duas observações do índice do consumo de alimentos e a interpolação geométrica (ou logarítmica) é pequena, sendo que a diferença entre estas e o resultado obtido pela aplicação do chamado Método R é maior, mas somos levados a preferir o último, por incorporar à série estimada os mesmos movimentos da série original.

11.8 O PROBLEMA DO DEFLACIONAMENTO[51]

11.8.1 Deflacionamento (e inflacionamento) e extrapolação (e retropolação)

Na seção anterior, vimos o problema da inflação, que foi revelado – ainda que não comentado – pela evolução dos índices de preços do valor da produção, do consumo intermediário e do valor adicionado (batizado, na Tabela 11.3, como deflator implícito). Enquadrados com os correspondentes índices do produto real, os deflatores implícitos geraram o PIB mensurado aos preços correntes de diferentes períodos. Nossa viagem no tempo, ao lidar exclusivamente com os valores nominais, passa a ser limitada não só pelo custo de oportunidade da aplicação do montante quantitativo do recurso (físico ou pecuniário), mas também pela simples perda do poder aquisitivo da moeda[52]. Os quatro termos que dão nome à presente subseção representam variantes da solução geral utilizada para restaurar o valor monetário da série original, livrando-a da distorção dos valores nominais relativamente aos reais causada pela variação desproporcional entre os preços relativos das diferentes mercadorias.

---

[49] A fórmula (2) do Box 10.2 do Capítulo 10A (Distribuição) permite o cálculo deste coeficiente e, como tal, autorizando-nos a vê-lo assumir o valor da unidade.

[50] No artigo em que oferece o tratamento original à questão, Milton Friedman (1962) apresenta uma fórmula que leva em consideração a magnitude do coeficiente de correlação entre as duas séries, corrigindo de forma correspondente a série interpolada.

[51] Esta seção retoma os conteúdos da Seção 11.4 do Capítulo 11B (Intertemporais/CD).

[52] Dado pelo inverso do nível geral de preços, este conceito foi apresentado na equação (2) do Box 7.1 do Capítulo 7B (Monetários/CD).

Por que o índice do produto real seria afetado? Porque, na maioria dos casos, os pesos w_{ij} dos diferentes produtos variarão entre um ano e outro. Com isso, as considerações que fizemos no Capítulo 11A (Índices/CD) sobre a correspondência entre, por um lado, as funções de utilidade (ou produção), demanda, utilidade indireta e custos e, por outro, os números índices de preços ou quantidades delas derivados levam-nos à seguinte racionalização. Devemos encarar os quatro procedimentos de correção[53] dos dados originais como a tentativa de encontrarmos um conjunto de preços que minimize a distância entre as superfícies (ou os hiperplanos multidimensionais) das funções recém-referidas e as linhas (ou, no final das contas, também hiperplanos) de restrição impostas aos processos de maximização ou minimização colocados em prática pelos agentes decisores (produtores, locatários dos serviços dos fatores e consumidores). A Figura 11.2 ilustra a diferença entre a solução convencional dada pela teoria econômica para o problema da minimização do custo de produção e o possível resultado alcançado pelo deflacionamento.

Como lembramos dos cursos de microeconomia, no caso simples visualizável graficamente, nosso problema econômico consiste em, conhecendo a linha de orçamento que delimita o espaço de aluguel dos serviços dos fatores K (capital) e L (trabalho), aos preços vigentes, determinar as quantidades a serem contratadas. Tal ocorre no ponto A, de tangência entre a curva de isoproduto I e a linha de isocusto R. Centrando nossa atenção nesta linha, podemos ver analiticamente a natureza do problema. Tomemos a linha de isocusto dada por

$$CT = p_K \times K + p_L \times L,$$

onde CT é o custo total, p_K é o preço do aluguel do fator capital e p_L é a taxa de salário que rege o aluguel do fator trabalho. Ora, se deflacionarmos cada variável com seu respectivo índice, teremos

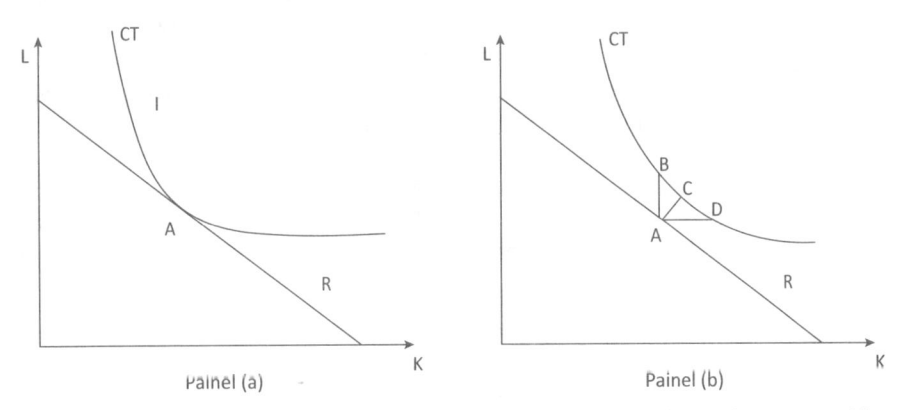

Painel (a)   Painel (b)

Figura 11.2 Distância entre a solução teórica e a solução concreta alcançada para o problema do deflacionamento.

---

[53] Seríamos mais modestos se disséssemos "transformação", por contraste a "correção", pois este último termo transmite a ideia de que o conjunto de preços de um ou outro ano está errado, sob o ponto de vista normativo. Seríamos menos sujeitos a este tipo de crítica se falássemos em "preços alinhados" ou "preços desalinhados", abrindo espaço para entendermos a inflação ou deflação como movimentos nos preços relativos, com todas as distorções que estes, em busca ou em fuga de alinhamentos, carregam (por exemplo, o poder de monopólio, a apropriação privada de externalidades, etc.).

$$\frac{CT}{D_{CT}} = \frac{p_K \times K}{D_K} + \frac{p_L \times L}{D_L} \qquad (11.45)$$

onde D_{CT} é o deflator do custo total, D_K é o deflator do valor monetário do estoque de capital e D_L é o deflator da folha de pagamentos aos trabalhadores. Esta expressão, dada a relação entre os numeradores, leva-nos a intuir que existe uma relação funcional entre D_{CT}, D_K e D_L, pois ela está preservando a soma entre duas variáveis nominais[54].

Estas observações conduzem-nos ao chamado problema do duplo deflacionamento, que vamos estudar na Subseção 11.8.2. Antes de nos aprofundarmos em seu exame, porém, vamos assinalar que o processo do deflacionamento permite criar variáveis **reais** mesmo para aquelas que não apresentam uma contrapartida física. Tal é o caso do valor das ações de uma empresa[55], ou de uma letra de câmbio, etc., ou ainda, mais genericamente, do estoque de moeda em circulação numa economia. Ou seja, basta dispormos do valor nominal de uma variável deste tipo e aplicarmos a ele a variação dos preços de um conjunto de bens e serviços relevantes que chegaremos a seu valor real.

Prosseguimos afirmando que, qualquer que seja o nível da análise (micro, meso ou macro) que desejamos realizar, o problema de isolar os preços e as quantidades responsáveis pela variação nominal de determinadas variáveis é o mesmo. Em termos macroeconômicos, nosso interesse diz respeito ao conhecimento do agregado de variáveis como o PIB, o nível geral de preços, a oferta monetária, o estoque de capital da economia, etc. Lidando com os índices de preços ou quantidades, nosso objetivo consiste, como veremos no exemplo retirado da microeconomia e constante na Tabela 11.11, em isolar os efeitos da inflação sobre o valor de transações econômicas, decompondo as causas originárias do sistema de preços das causas emanadas do sistema de quantidades[56]. Esta retirada (ou inserção) significa corrigir os preços da série. Se dela eliminarmos o efeito da inflação, colocando os valores correntes em termos do preço de um ano base inicial, estamos deflacionando (ou extrapolando). Se anulamos o efeito da inflação colocando os valores iniciais em termos dos preços do ano final, estamos inflacionando (ou retropolando). Ainda que redundantes, as cifras das colunas (C) a (E) e (F) a (H) são obtidas com procedimentos de cálculo diversos, como salientamos no memorando de cálculo situado abaixo da tabela.

Em outras palavras, chamamos de deflacionamento a retirada do efeito da inflação que incide sobre um certo valor nominal, por meio da utilização de um índice de preços[57]. Todavia, se podemos falar, por exemplo, em índice de *quantum* do PIB (seu índice do produto real), não há tal correspondência para o estoque total de

---

[54] Evidentemente, esta propriedade é trivial para o caso em que os três índices de preços são idênticos.

[55] Obviamente estamos rompendo com a proposição tautológica que atribui à ação precisamente uma fração do conteúdo físico da empresa, pois não faz sentido falarmos em deflacionar uma fábrica ou uma escadaria.

[56] Ao usarmos estas expressões, estamos naturalmente referindo-nos às três dimensões do trabalho social, conforme a modelagem feita por meio das Seções 4.4, 4.5 e 4.6 do Capítulo 4 (MaCS e MIP).

[57] Uma forma alternativa de resolvermos o problema seria usarmos os índices de preços (ou os de *quantum*) e trabalhar diretamente sobre eles, sem recorrer à etapa intermediária de contarmos com o valor da produção e o consumo intermediário a preços constantes. Adiante, veremos a forma de combinar linearmente os índices de preços (tipo Paasche) e de quantidades (tipo Laspeyres). Tal desdobramento é válido para índices puros que atendem a propriedade da circularidade dos fatores. Como lembramos do Box 11.2, o índice puro é aquele cujo todo resulta da agregação ponderada das partes.

Tabela 11.11 Dados microeconômicos (faturamento) da Tratoria GangeS e macroeconômicos (índices de preços e quantidades) de Uqbar (valores em iques Q$)

	Faturamento		Movimentação no nível geral de preços			Movimentação nas quantidades		
Anos	Valor em iques (Q$) (A)	Índice de valor (B)	Índice de preços (C)	Deflaciona-mento (D)	Inflaciona-mento (E)	Índice de quantidade (F)	Extrapola-ção (G)	Retropola-ção (H)
I	1.414.213,56	100,0000	100,0000	1.414.213,56	2.596.357,50	100,0000	1.414.213,56	2.596.357,56
II	2.718.281,83	192,2116	174,7378	1.555.634,69	2.855.992,84	110,0000	1.555.634,92	2.855.993,32
III	3.141.592,65	222,1441	183,5902	1.711.198,45	3.141.592,65	121,0000	1.711.198,41	3.141.592,65

Memorando de cálculo: Colunas (A) e (C): dados originais do problema. Coluna (B): obtida a partir da coluna (A) por meio de regras de três. Por exemplo, para o ano III: $222{,}1441 = 100 \times \frac{3.141.592{,}65}{1.414.213{,}56}$. Coluna (D): obtida pela divisão da coluna (A) pela coluna (C). Por exemplo, para o ano II: $1.555.634{,}69 = 100 \times \frac{2.718.281{,}83}{174{,}7378}$. Coluna (E): obtida de modo análogo à coluna (D), mudando a escala do índice: $2.855.992{,}84 = 2.718.281{,}83 \times \frac{183{,}5902}{174{,}7378}$. Coluna (F): obtida pela razão entre as cifras da coluna (B) e as cifras correspondentes da coluna (C), com o resultado multiplicado por 100. Coluna (G): primeira célula: repete o valor do faturamento do ano I (1.414.213,56), segunda célula: obtida a partir da multiplicação do faturamento do ano I pela razão de volume dos anos II e I $\frac{110}{100}$, e terceira célula: análoga à segunda, usando a razão entre os índices de quantidades dos anos III e II $\frac{121}{110}$. Coluna (H): terceira célula: repete o valor do faturamento do ano III (3.141.592,65), segunda célula: obtida a partir da divisão do faturamento do ano III pela razão entre os índices de quantidades dos anos II e III $\frac{110}{121}$ e terceira célula: análoga à segunda, usando a razão entre os índices de quantidades dos anos I e II $\frac{100}{110}$.

Obs.: há diferenças numéricas que se devem aos sucessivos arredondamentos.

moeda. Para fazermos comparações intertemporais entre os níveis dos estoques monetários para dois anos, precisamos aceitar que o deflator implícito ou o índice do produto real descrevem a evolução dos preços ou quantidades que afetam o poder aquisitivo da moeda. No Capítulo 3 (Dimensões), quando definimos a equação quantitativa da moeda, anunciamos que o nível geral de preços do ano base é igual à unidade[58]. Num ambiente em que a velocidade de circulação da moeda também é unitária, temos:

$$M^I = Q^I = Y^I \qquad (11.46)$$

onde M é a quantidade de moeda em circulação e Q ou Y é a renda real.

Deste modo, o estoque de moeda assume precisamente o mesmo valor da renda interna bruta. No ano seguinte, naturalmente, esta igualdade reproduz-se como:[59]

$$M^{II} = Y^{II} \qquad (11.47)$$

Neste caso, dividindo a equação (11.46) por (11.47), temos $\frac{M^{II}}{M^I} = \frac{Y^{II}}{Y^I}$, ou seja, o crescimento real do índice do *quantum* do PIB (no caso, a renda) é igual ao índice do *quantum* do estoque de moeda. Na formulação original, a equação que expressa o nível de preços e a velocidade de circulação da moeda como variáveis, é

---

[58] Depois, no Capítulo 4 (MaCS e MIP), vimos que, no ano corrente, os preços relativos são dados pelo sistema dos preços do modelo de Leontief, conforme a equação (4.13), e assumem valores unitários. Como tal, sua média (qualquer que seja o conceito de média adotado), será unitária.

[59] Novamente a equação (4.13) permite-nos falar em preços unitários e nível geral de preços também igual a 1.

$$\frac{M'' \times V''}{M' \times V'} = \frac{P'' \times Y''}{P' \times Y'}$$, o que leva imediatamente a $\frac{Y''}{Y'} = \frac{\frac{M'' + V''}{P''}}{\frac{M' \times P'}{P'}}$. Ou seja, com esta expressão, vemos que o crescimento do produto real corresponde ao crescimento do estoque real de moeda. No caso da trajetória de crescimento da economia entre os anos I e II e os demais evadir-se da correspondente evolução do produto potencial, o nível geral de preços vai alterar-se e acusar um processo inflacionário ou deflacionário. De acordo com esta visão, haverá inflação quando o PIB potencial for superado pelo PIB efetivo, ocorrendo deflação quando o PIB real postar-se abaixo do potencial.

As aplicações convencionais do problema do deflacionamento dizem respeito a quantidades monetárias que têm correspondência com variáveis reais, dependendo da manutenção dos preços de um ou outro ano. Consideremos a Tabela 11.12, que mostra dois conjuntos de informação básica compondo suas colunas (A) e (C), encaminhando-nos para a solução do problema por meio da técnica do deflacionamento (ou inflacionamento), conforme conceituamos no Quadro 11.3. Por contraste, se nossa informação original substituísse a coluna (C) pela (F), estaríamos defrontando-nos com a técnica da extrapolação (ou retropolação).

Insistimos no ponto: a informação da coluna (A) é "microeconômica", ao passo que a das colunas (C) ou (F) é "macroeconômica". Neste caso, também estamos considerando que a velocidade de circulação da moeda é constante entre um período e outro. Além disso, mesmo cientes de que dois vetores unitários geram níveis gerais de preços também unitários nos dois períodos, nada estamos afirmando sobre constância ou relação de preços entre eles[60].

A coluna (A) mostra o faturamento da empresa Tratoria GangeS. Sua parecença com números irracionais ($\sqrt{2}$, e e π) é meramente casual, mas cria-nos problemas da "matemática do ponto flutuante", associados à truncagem ("arredondamento") das operações de multiplicação e divisão para obtermos as cifras das demais colunas. Digamos que o problema econômico desta empresa consista em, sabendo que sua receita será, respectivamente, de Q$ 1,4 milhão, Q$ 2,7 milhões e Q$ 3,1 milhões nesses três anos, determinar qual dos anos abriga a menor razão entre os Q$ 100.000,00 anuais que ela deve pagar para a aquisição de um bem de capital[61]. A solução consiste em fazermos ou o valor da prestação ou os valores do faturamento viajarem no tempo.

Definindo-nos pela modificação dos valores do faturamento, ainda podemos recorrer a dois tipos de operação corretiva. Estas vão gerar resultados equivalentes aos demais, uma vez que nossos índices de preços e quantidades foram estruturados pelo critério de Törnqvist modificado, o que garante perfeita circularidade dos

---

[60] Na verdade, por analogia ao conceito de "quantidades monetárias", estamos pensando em "preços quantitativos", correspondentes aos valores nominais correspondentes.

[61] Cabe observarmos que nossa pergunta poderia ser respondida pela simples divisão entre essas duas cifras. O que desejamos saber, contudo, é algo diverso: aceitando a razão a preços correntes do ano base como padrão, saber em qual dos demais anos este padrão é modificado pelas diferentes evoluções dos preços relativos da prestação (mantida constante) e do faturamento. A escolha de um ano específico para a base das comparações é semelhante ao procedimento a ser adotado na Seção 11.12, quando estudaremos o conceito de paridade do poder de compra entre diferentes **regiões** que utilizam unidades monetárias diversas e têm uma delas tomada como unidade de referência.

Quadro 11.3 Operações de correção da perda do poder aquisitivo da moeda das variáveis econômicas

Índice afetado pela variação nos preços relativos	Operação corretiva	
	Nome	Natureza
Preços	Deflacionamento	o deflacionamento retira o efeito da inflação sobre os valores dos períodos posteriores ao ano de referência
	Inflacionamento	o inflacionamento consiste em inserir o efeito da inflação no ano base
Quantidades	Extrapolação	significando "ultrapassagem", a extrapolação consiste em utilizar os valores correntes do período inicial e fazê-los evoluir de acordo com o ritmo do índice de quantidades
	Retropolação	significando "retorno à origem", a retropolação toma o valor nominal do período inicial e o faz regredir ao ano anterior, de acordo com a involução do índice de quantidades

fatores. Em particular, queremos dizer que a perfeita circularidade dos fatores deste índice permite-nos multiplicar as cifras dos índices de preços pelos de quantidades e obter os correspondentes índices de valor. Em resumo, lidando com preços, teremos o procedimento chamado de deflacionamento-inflacionamento e, ao trabalhar-

Tabela 11.12 Dados microeconômicos (faturamento) da Tratoria GangeS e macroeconômicos (índices de preços e quantidades) de Uqbar (valores em iques)

Anos	Faturamento			Movimentação no nível geral de preços			Movimentação nas quantidades		
	Valor em iques (Q$) (A)	Índice de valor (B)	Índice de preços (C)	Deflacionamento (D)	Inflacionamento (E)	Índice de quantidades (F)	Extrapolação (G)	Retropolação (H)	
I	1.414.213,56	100,0000	100,0000	1.414.213,56	2.596.357,50	100,0000	1.414.213,56	2.596.357,56	
II	2.718.281,83	192,2116	174,7378	1.555.634,69	2.855.992,84	110,0000	1.555.634,92	2.855.993,32	
III	3.141.592,65	222,1441	183,5902	1.711.198,45	3.141.592,65	121,0000	1.711.198,41	3.141.592,65	

Memorando de cálculo: Colunas (A) e (C): dados originais do problema. Coluna (B): obtida a partir da coluna (A) por meio de regras de três. Por exemplo, para o ano III: $222,1441 = 100 \times \frac{3.141.592,65}{1.414.213,56}$. Coluna (D): obtida pela divisão da coluna (A) pela coluna (C). Por exemplo, para o ano II: $1.555.634,69 = 100 \times \frac{2.718.281,83}{174,7378}$. Coluna (E): obtida de modo análogo à coluna (D), mudando a escala do índice: $2.855.992,84 = 2.718.281,83 \times \frac{183,5902}{174,7378}$. Coluna (F): obtida pela razão entre as cifras da coluna (B) e as cifras correspondentes da coluna (C), com o resultado multiplicado por 100. Coluna (G): primeira célula: repete o valor do faturamento do ano I (1.414.213,56), segunda célula: obtida a partir da multiplicação do faturamento do ano I pela razão de volume dos anos II e I $\frac{110}{100}$, terceira célula: análoga à segunda, usando a razão entre os índices de quantidades dos anos II e I $\frac{121}{110}$. Coluna (H): terceira célula: repete o valor do faturamento do ano III (3.141.592,65), segunda célula: obtida a partir da divisão do faturamento do ano III pela razão entre os índices de quantidades dos anos II e III $\frac{110}{121}$ e terceira célula: análoga à segunda, usando a razão entre os índices de quantidades dos anos I e II $\frac{100}{110}$.

Obs.: há diferenças numéricas que se devem aos sucessivos arredondamentos.

mos com quantidades, vamos usar o procedimento da extrapolação-retropolação. No primeiro caso, retiramos (deflacionamos) ou inserimos (inflacionamos) o efeito da inflação sobre os valores do faturamento de um ano selecionado. No segundo, selecionamos o ano adequado e inserimos o crescimento real (extrapolação) para gerar as cifras dos anos sucessivos, ou retiramos das cifras deste ano o crescimento verificado entre o ano anterior e ele (retropolação).

Nosso memorando de cálculo é razoavelmente autoexplicativo, deixando-nos espaço para fazermos três considerações adicionais. A primeira e mais notável é que, usando o deflacionamento ou a extrapolação, obtemos precisamente as mesmas cifras, assim como ao usar o inflacionamento ou a retropolação, observamos os mesmos valores resultantes. Em segundo lugar, dadas as naturezas dos índices de preços e de quantidades usados (por exemplo, com as bases no ano I ou no ano III), os valores a preços correntes e constantes dos anos bases são idênticos. Por fim, é natural que constatemos, qualquer que seja a coluna de valores reais, que as taxas de crescimento observadas serão as mesmas: 10% em todos os casos. Podemos notar que as colunas (G) e (H) repetem o conteúdo da coluna (F).

Vemos mais facilmente o que está ocorrendo se usarmos uma notação simbólica que evidencie a relação entre os índices de valor, de preços e de quantidades com as operações de deflacionamento e extrapolação, sendo que o argumento valeria, *mutatis mutandis*, para os casos do inflacionamento e retropolação. Consideremos, então, a seguinte identidade, de conteúdo evidente, informando que o valor dos preços correntes do ano II (V^{II}) é obtido ao multiplicarmos o valor a preços correntes do ano I (V^{I}) pelo índice de valor observado entre o ano I e o ano II cuja base está situada no ano I ($IV^{I,II}$): $V^{II} = V^{I} \times IV^{I,II}$. Dividindo ambos os membros desta expressão pelo índice de preços observado entre o ano I e o ano II, chegamos a $\dfrac{V^{II}}{IP^{I,II}} = V^{I} \times \dfrac{IV^{I,II}}{IP^{I,II}} = V^{I} \times IQ^{I,II}$. Ou seja, o membro esquerdo mostra que o valor do ano II deflacionado com um índice de preços baseado no ano I é idêntico à cifra obtida no membro direito quando se extrapola o valor do ano I com o índice do *quantum* entre os anos I e II, também com a base centrada no ano I.

11.8.2 Duplo deflacionamento

Vimos na Subseção 11.8.1 as operações de deflacionamento, inflacionamento, extrapolação e retropolação; agora vamos dedicar-nos ao chamado problema do duplo deflacionamento. Para contextualizá-lo, vamos relembrar a definição do valor adicionado, ao ser mensurado pela ótica do produto (ou da despesa) que fizemos usando a equação (3.1) do Capítulo 3 (Dimensões). Repetindo-a com notação ligeiramente diversa, temos

$$PIB = VP - CI \qquad (11.48)$$

onde, além do PIB, VP é o valor da produção e CI é o total das compras[62] de bens de consumo intermediário. Vamos prosseguir tomando as cifras da Tabela 11.7 que resumimos na Tabela 11.13.

---

[62] Neste caso, por contraste à situação anterior, estamos olhando para as colunas do bloco B_{11} da matriz de contabilidade social da Tabela 3.5 do Capítulo 3 (Dimensões).

Tabela 11.13 Valor da produção, consumo intermediário, seus índices de preços e valor adicionado de Uqbar, anos I-III (bilhões de iques)

Períodos	Valor da produção			Compras de bens de consumo intermediário				Valor adicionado				
	Preços correntes (O$) (A)	Índice de quantum (B)	Preços do ano I (base 100) (C)	Preços correntes (D)	Índice de quantum (E)	Preços do ano I (base 100) (F)		Preços correntes (O$) (G)	Índice de valor (base 100) (H)	Preços do ano I (O$) (I)	Índice do produto real (base 100) (J)	Deflator implícito (base 100) (K)
I	522,69	100,0000	522,69	250,89	100,0000	250,89		271,80	100,0000	271,80	100,0000	100,0000
II	525,15	100,2736	524,12	248,78	99,4778	249,58		276,37	101,6814	274,54	101,0082	100,6665
III	552,26	103,2811	538,37	261,03	102,5071	258,53		291,23	107,1486	279,84	102,9569	104,0713

Memorando de cálculo: Colunas (A), (B), (D), (E), (G) e (H) são originárias da Tabela 11.7. Colunas (C) e (F) construídas pela extrapolação dos valores do ano I com os correspondentes índices de *quantum*. Coluna (I): diferença dos valores correspondentes das colunas (C) e (F). Coluna (J): números relativos da coluna (I), com base no ano I. Coluna (K): razão entre os valores correspondentes das colunas (H) e (I), levados à base 100

Na coluna (C), temos o PIB do ano I da economia de Uqbar dado pela diferença entre as cifras das colunas (A) e (D): $271,80 = 522,69 - 250,9$ e, para o ano II, temos $276,37 = 525,15 - 248,78$.

A Tabela 11.13 não mostra, mas podemos calcular, os índices de valor destas três variáveis: $IV_{VP}^{I,II} = 100 \times \dfrac{525,15}{522,69} = 100,4706$, $IV_{CI}^{I,II} = 100 \times \dfrac{248,78}{250,90} = 99,1590$, e $IV_{PIB}^{I,II} = 100 \times \dfrac{276,37}{271,80} = 101,6814$.

Para este período, podemos comparar os índices das colunas (B), (D) e (E). Vemos ligeiros aumentos no valor da produção e no PIB, mas quedas também ligeiras no consumo intermediário. Trata-se de um fenômeno elogiável, pois a redução do consumo intermediário não comprometeu a eficiência do sistema, ao contrário. Gerando mais produto com menos insumos, o sistema está dando um sinal de maior eficiência no uso de seus insumos intermediários. Mesmo exibindo uma cifra menor do que no ano anterior, o consumo intermediário do ano II não poderia apresentar índices com valores negativos, da mesma forma que o valor da produção. Por contraste, a equação (11.48) deixa claro que o PIB pode ser negativo, bastando que o valor da produção seja menor do que o consumo intermediário. Com esta cifra negativa, o PIB carregaria também para este lado da linha reta seus correspondentes índices de valor, preços e quantidades.

Caso as informações da Tabela 11.13 fossem apenas as das colunas (A) e (D), as comparações que acabamos de fazer não responderiam a uma questão da maior relevância, que diz respeito ao ritmo de crescimento do PIB real. Em outras palavras, nosso interesse consistiria em sabermos se a evolução do PIB foi mais influenciada pela elevação do valor da produção ou pela queda do consumo intermediário. Colocando a questão de forma ligeiramente diversa, interessa-nos saber se é possível construir uma série do PIB a preços constantes apenas a partir do deflacionamento (inflacionamento) ou da extrapolação (retropolação) dos valores nominais do valor da produção e do consumo intermediário. Uma vez que nem o PIB nominal nem o real são observados diretamente, só poderemos chegar a ele se procedermos ao duplo deflacionamento (ou dupla extrapolação, etc.) do valor da produção e do consumo intermediário. Caso contrário, não haveria coerência aritmética nos resultados, por contraste à exibida pela equação (11.45).

Deste modo, a solução convencional consiste em extrapolar as cifras do valor da produção e do consumo intermediário das colunas (A) e (D) com os índices de *quantum* das colunas (B) e (E), gerando o PIB a preços constantes do ano I na coluna (I). Com este procedimento, passamos a conhecer tanto o índice de preços quanto o índice da quantidade do valor da produção e do consumo intermediário. Com eles, podemos obter as cifras monetárias do valor da produção e do consumo intermediário aos preços do ano inicial[63]. Uma vez que estas cifras se tornam disponíveis, estamos capacitados a calcular as colunas (H) e (I), que mostram o deflator implícito

---

[63] Naturalmente, poderíamos tê-los determinado diretamente aos preços do ano final.

e o índice do produto real[64]. Como já assinalamos, os cálculos resultam do fato de que estamos tratando de índices que obedecem à propriedade da circularidade dos fatores, ou seja, em nossos índices de base centesimal, $IV = \dfrac{IP \times IQ}{100}$ para o valor da produção, o consumo intermediário e o produto.

Na Subseção 11.5.1 deste capítulo, tratamos do problema, utilizando o formulário de agregação de índices de quantidades de Laspeyres e de índices de preços de Paasche. Estamos nos preparando para estender o raciocínio para os índices de Törnqvist modificados. Concretamente, até os anos 1970, as organizações produtoras das contas nacionais usavam como deflator implícito o índice de preços de Paasche e o índice de *quantum* de Laspeyres para avaliar o índice do produto real. A partir de então, o índice de Fisher passou a ser utilizado, o mesmo ocorrendo com o de Törnqvist (Box 11.5).

Como resumo, assinalamos que com as equações que geram índices de preços ou quantidades do PIB com base nos correspondentes índices do valor da produção e do consumo intermediário, podemos sentir-nos à vontade para perseguir a solução convencional. Ou seja, se conhecemos o valor da produção nominal e real, usando o deflacionamento (inflacionamento) ou a extrapolação (retropolação), chegaremos também ao PIB a preços correntes e constantes. Em resumo, se nosso interesse de pesquisa reside na obtenção do índice do produto real e seu deflator implícito de regiões ou países, empresas ou setores, devemos iniciar o trabalho construindo índices de base móvel de Törnqvist modificados do valor da produção e do consumo intermediário e encadeá-los. Com isso, geraremos as séries a preços constantes que deverão ser encadeadas e, por subtração, chegar ao PIB a preços constantes do ano escolhido para a base do encadeamento. Dividindo os valores do PIB a preços correntes pelos correspondentes valores constantes, chegaremos ao deflator implícito. De posse do PIB calculado a preços constantes, montamos seus números relativos, chegando à série do índice do produto real[65].

11.9 INDICADORES DE ATIVIDADE E O SISTEMA DE CONTAS NACIONAIS TRIMESTRAIS[66]

11.9.1 Indicadores de conjuntura

Insistimos que o emprego cria valor da produção (medido em quantidades monetárias), o valor da produção cria (ou destrói) valor adicionado. Bem sabemos que

---

[64] O *Handbook* recomenda que o índice do *quantum* do valor da produção seja adotado como representando o índice do produto real, sob o argumento de que, diferentemente dos índices que acabamos de construir, o índice do *quantum* não permite a geração de valores negativos. Com efeito, ainda que os preços do valor da produção fossem menores do que o do consumo intermediário (digamos, um valor monetário de O$ 200 bilhões, aos preços correntes do ano II, devidos a uma frustração de safras agrícolas, guerra ou outra catástrofe), estaríamos gerando um valor negativo para o produto e, com isso, para seu índice de valor. Isto, naturalmente, implicaria que ou o índice do produto real ou o deflator implícito (mas não ambos) fosse negativo.

[65] Trata-se da fórmula do índice de preços de Paasche. Contudo o que calculamos no denominador não foi exatamente $\sum_{i=1}^{n} p_i^o \times q_{I,i}^1$, mas $\dfrac{V^I}{p^I}$ ou $V^O \times Q_{To}^i$. Esta peculiaridade leva-nos a sugerir que o deflator implícito assim obtido é um pseudoíndice de preços de Paasche, da mesma forma que o índice do produto real é um pseudoíndice de quantidades de Laspeyres.

[66] Este conteúdo é reproduzido da Seção 11.10 do Capítulo 11B (Intertemporais/CD).

este é o instrumento conceitual adequado para avaliarmos a magnitude da atividade econômica líquida, isto é, o grau de eficiência com que os recursos sociais foram usados em um dado período. Uma vez que estas três variáveis (valor da produção, emprego e valor adicionado) são correlacionadas, também podemos esperar correlação entre outras variáveis ligadas à conjuntura econômica e elas. Quanto mais emprego, por exemplo, mais valor adicionado – mensurado pela ótica da renda – será transferido às famílias que têm recursos absorvidos produtivamente pelo mercado de fatores. De modo análogo, quanto maior for a renda, maior será o consumo por ela induzido, e assim por diante.

Centrando seu interesse, naquele momento, na ótica da despesa da avaliação do valor adicionado, John Maynard Keynes deu importância maiúscula ao estudo do consumo das famílias. Além das óbvias implicações sobre o bem-estar humano e sobre o conhecimento do consumo e da função que o explica por meio da renda, o interesse de Keynes também dizia respeito à relação entre o consumo e o investimento, uma vez que – na modelagem elementar da economia fechada e sem governo – a renda resulta precisamente de sua agregação. De sua parte, o investimento recebe nosso interesse por duas razões. A primeira reside no fato de que a resposta de "mais no futuro" à primeira questão fundamental da ciência econômica (Quadro 1.1 do Capítulo 1 – Divisão) requer mais máquinas, equipamentos, instalações, disponibilidade de insumos intermediários, etc. para a expansão da produção em algum momento do porvir.

Nesta linha de argumentação, cabe notarmos que, em geral, demos pouca atenção a uma das componentes da demanda final, a saber, a variação de estoques. Na maior parte deste livro, adotamos uma simplificação há muito tempo incorporada à análise econômica, que consiste em avaliar, de forma integrada, a variação de estoques com o investimento em máquinas, equipamentos e construções. Agora vamos examinar mais de perto esta variável, pois ela é um importante elemento para ajudar-nos a prever o nível de atividade econômica com que uma economia vai operar no futuro próximo ou remoto. Por exemplo, se os estoques de milho ou televisores estão diminuindo, podemos pensar que há causas "naturais" em ação. No primeiro caso, é razoável imaginarmos que a comercialização da safra está apenas iniciando e a indústria moageira começa a adquirir a produção do período corrente, uma vez que os estoques da produção pretérita encontram-se em fase de esgotamento. No caso dos televisores, a redução nos estoques pode indicar, além desta peculiaridade estacional, uma verdadeira mudança na curva de demanda, implicando que mais unidades são absorvidas por unidade de tempo. Especialmente neste caso, a simples informação originária da identidade entre a compra e a venda de produtos a serem estocados pode ser entendida como um indicador antecedente da produção futura do eletroeletrônico.

Estas reflexões sobre os investimentos e os níveis de estoques levam-nos a entender que os indicadores conjunturais em que estamos interessados poderão assumir um caráter tanto de variáveis fluxo quanto de variáveis estoques. No primeiro caso, relembramos o principal trio macroeconômico: crescimento do produto, crescimento dos preços e movimentação na taxa de desemprego. No segundo, podemos referir o conceito formalizado no Capítulo 10 (Distribuição) de felicidade nacional bruta, para não falar no próprio estoque de capital, como aprendemos a estimar no Capítulo 7 (Bases). Neste caso, partimos do investimento e, por meio de sua acumulação anual, chegamos ao estoque de capital. No caso da felicidade, o papel análogo ao investimento, relacionar fluxos e estoques poderia levar a uma pergunta mais romântica, associando-se a sua variação: "o casamento vai tornar-me mais feliz do que o noivado?".

Voltando ao mundo mais circunspecto dos "preços e lucros, acres e mãos", vamos assinalar que, ainda mais óbvios do que a produção de televisores, para estes fins, são os movimentos de estoques ou produção de outras variáveis. Podemos ilustrar com o consumo de aço pela indústria mecânica, o de cimento pela construção, o consumo de energia elétrica pela indústria, pelos serviços ou ainda pelo governo (por exemplo, para iluminação pública). Na medida em que estes indicadores, mais além das características estacionais, apontam para movimentos mais perenes da atividade econômica, eles são batizados como indicadores pró-cíclicos. Isto permite, de imediato, associarmos indicadores anticíclicos com a queda do valor adicionado, por exemplo, o montante pago aos trabalhadores como seguro-desemprego.

Tanto o planejamento governamental quanto o empresarial estão interessados nos movimentos sazonais e cíclicos da atividade econômica: o crescimento da renda, a inflação e o desemprego. Neste caso, torna-se clara a necessidade do conhecimento dos valores nominal e real do PIB, além da variável real do nível de emprego. Como vimos no estudo dos números índices, o conhecimento do valor nominal e de um índice de preços permite construir sua trajetória real, também capturada pelo índice do produto real. Todavia a melhor forma de prevermos o futuro consiste em fazermos estimativas com base no exame de séries temporais do tipo $Y = f(t)$, sem esquecer a informação que pode emergir do exame dos dados de corte transversal, como oferece a relação $C = g(Y)$. No caso do planejamento público ou empresarial, o interesse transfere-se quase que integralmente para o futuro, ainda que se possa querer a menor defasagem possível entre a mais recente visão *ex post* e o momento da tomada de decisão sobre problemas conjunturais.

Os contornos do futuro e seu horizonte de tempo é que, no caso, são as variáveis relevantes. Existem alguns projetos que requerem ações praticadas por várias gerações, como foi o caso das catedrais góticas. Naturalmente, nossos indicadores conjunturais e o próprio sistema de contas nacionais trimestrais dizem respeito a períodos menores, com dados semestrais, trimestrais, mensais, quinzenais e até semanais. Neste ambiente é que se ouve dizer que o verdadeiro planejamento relevante da empresa é o das vendas do dia seguinte... Esta situação é marcante, pois em certos períodos sazonais, por exemplo, as necessidades de "caixa" (liquidez) são mais acentuadas do que em outros, como no caso do pagamento de impostos ou da folha de salários. Tal pode acontecer mesmo em detrimento da margem de lucros.

No caso da política do governo, naturalmente, uma ação precisa ser planejada de véspera, como a ação emergencial para combater uma pandemia ou para festejar algum evento imprevisto. Os indicadores trimestrais, uma vez que a teoria econômica foi concebida sem referência muito explícita aos períodos de tempo envolvidos, não deverão diferir substancialmente daqueles cujo levantamento tradicional encontra a base anual. Mas as contas trimestrais tornaram-se importantes para dar fundamentos mais sólidos à redução do período de abrangência, bem como à necessidade de reduzir-se a defasagem entre a criação do dado e seu processamento. Nos momentos de crise, o Banco Central americano chegou a fazer o acompanhamento de alguns indicadores originários dos bancos centrais estaduais em bases semanais.

Com todos estes recortes, torna-se claro que o principal determinante da base de cálculo será mesmo a necessidade dos usuários: governantes ou dirigentes empresariais.

Não há limite quanto à adaptação dos instrumentos "anuais" de análise meso e macroeconômica dos Capítulos 4 (MaCS e MIP), 5 (TRUs), 6 (CEIs), 7A (MFF/CD), 7B (Monetários/CD), 7C (Fiscais/CD), 7D (BOP/CD), e mesmo de outros. De fato, o grau de detalhamento depende tanto da disponibilidade dos dados quanto do interesse analítico dos usuários. Por exemplo, o Banco Central e as demais instituições bancárias interessam-se pelo PIB, pelo consumo ou pelo investimento. A indústria siderúrgica quer o nível de investimento (compra de seus produtos), ou complementares. O Ministério da Saúde quer o consumo de tabaco, ou medicamentos (produto da indústria farmacêutica). Muitos destes agentes desejam conhecer o grau de utilização da capacidade que, em muitos países, é dado para setores específicos.

Além do interesse localizado sobre as variáveis nominais associadas a determinados problemas decisórios, a série das diferentes variáveis mensuradas a preços constantes requer a construção de índices de preços ou quantidades. Dispondo de qualquer um desses índices, podemos usar, respectivamente, os procedimentos de deflação-inflação ou extrapolação-retropolação. Com esta informação e a garantia de que os índices gozam, além de outras, da propriedade da circularidade dos fatores, podemos construir o índice de valor e, como tal, extrapolar os valores do último trimestre do período anterior.

Então estamos buscando dois conjuntos de informações destinadas a apoiar o processo decisório de empresas e governos. O primeiro deles é a busca de indicadores sintéticos que capturem e resumam o funcionamento da economia como um todo, ou de setores ou regiões (arranjos produtivos locais, por exemplo) específicos. Em linhas gerais, podemos pensar que a busca deste indicador sintético assemelha-se àquela que fizemos na seção final do Capítulo 10 (Distribuição). Naquele ambiente, estudávamos o bem-estar e o desenvolvimento econômico e construímos indicadores que acreditamos capturarem estes traços.

Neste caso, o mais importante indicador sintético é o PIB, além das variáveis que com ele se correlacionam. Retomando alguns tópicos da argumentação anterior, podemos sugerir que a produção de leite *in natura*, o consumo de cimento pela indústria, o de energia elétrica pelos serviços de saúde, etc. correlacionam-se positivamente com o PIB. Deste modo, ao estudarmos sua evolução, estamos *ipso facto* acompanhando a evolução de toda a atividade econômica. Ao mesmo tempo, como sabemos que a correlação entre essas quatro variáveis (e dezenas de outras) não é perfeita, poderemos buscar a montagem de um indicador sintético nos moldes do que construímos no Box 10.2 do Capítulo 10 (Distribuição) para a avaliação da felicidade nacional bruta. No caso, há uma diferença fundamental entre o que lá ocorreu e o que agora tratamos. Ainda assim, essa diferença – aqui, uma série temporal e lá dados de corte transversal – permite que a técnica que lá manipulamos seja totalmente incorporada para o cálculo de um índice de acompanhamento da evolução do índice do produto real.

O segundo conjunto de informações relevante para o processo decisório é o sistema de contas nacionais trimestrais, cuja recomendação e linhas mestras passou a ser enfatizada no *Handbook*. Atendendo a necessidades de instituições internacionais, como o FMI e a Organização Mundial do Trabalho, este sistema de contas é uma "miniatura" do sistema convencional de base anual, mas pode ser simplificado para um sistema de partidas tríplices, como veremos a seguir. Tais instituições internacionais, da mesma forma que os bancos centrais nacionais, interessam-se por ambos os conjuntos de dados meso e macroeconômicos, visando ao controle do sistema monetário, do balanço de pagamentos, etc., cabendo ao governo o interesse voltado ao delineamento de políticas anticíclicas. De sua parte, como já salientamos, a grande empresa precisa conhecer o ambiente de negócios em que se insere, o que também requer que ela lide com dados meso e macroeconômicos.

No contexto dos indicadores conjunturais e também no do sistema de contas nacionais trimestrais da próxima subseção, há diversas formas de divulgação das informações. Com o auxílio da Tabela 11.15, e usando as informações da Tabela 11.14, vemos as diferentes formas de apresentação dos dados utilizadas no caso dos indicadores conjunturais e das contas trimestrais.

Em todos os casos de cálculos de taxas de crescimento, ao dispensarmos os valores monetários, também podemos fazer comparações internacionais, pois a diferença entre as unidades monetárias é anulada no cálculo das razões entre dois números cuja unidade de medida é da mesma espécie.

11.9.2 O sistema de contas nacionais trimestrais

Voltando a referir a criação de indicadores sintéticos, cabe assinalarmos que o melhor – por tudo o que temos visto desde o Capítulo 3 (Dimensões) – é o valor adicionado. Se não o temos, por exemplo, para um arranjo local de produção, sabidamente abarcando uma área geográfica restrita de inserção em um território

Tabela 11.14 Formas de divulgação dos indicadores de atividade

Períodos	Valores absolutos (milhares de litros) (A)	Número relativo de base fixa I-1º: 100 (B)	Número relativo de base móvel Trimestre anterior: 100 (C)	Taxa de crescimento: aproximação logarítmica de (C) 100 (D)	Taxa de crescimento: trimestre com relação ao trimestre do ano anterior (E)	Taxa de crescimento: quatro trimestres com relação aos quatro trimestres anteriores (F)
I-1º	50,0	100,0	100,0	–	–	–
I-2º	45,0	90,0	90,0	−0,1	–	–
I-3º	55,0	110,0	122,2	0,2	–	–
I-4º	60,0	120,0	109,1	0,1	100,0	100,0
II-1º	52,0	104,0	86,7	−0,1	104,0	101,0
II-2º	47,0	94,0	90,4	−0,1	104,4	100,9
II-3º	57,0	114,0	121,3	0,2	103,6	100,9
II-4º	62,0	124,0	108,8	0,1	103,3	100,9
III-1º	55,0	110,0	88,7	−0,1	105,8	101,4
III-2º	50,0	100,0	90,9	−0,1	106,4	101,4
III-3º	60,0	120,0	120,0	0,2	105,3	101,3
III-4º	65,0	130,0	108,3	0,1	104,8	101,3
IV-1º	59,0	118,0	90,8	−0,1	107,3	101,7
IV-2º	54,0	108,0	91,5	−0,1	108,0	101,7
IV-3º	64,0	128,0	118,5	0,2	106,7	101,7
IV-4º	69,0	138,0	107,8	0,1	106,2	101,7

Tabela 11.15 Três óticas de cálculo do valor adicionado do Planeta GangeS para o ano VII, com base em dados trimestrais (unidades monetárias indexadas)

Ótica do produto	Trimestres I a III	Trimestre IV	Total da base trimestral	Total da base anual
Remuneração do trabalho	685,3	195,2	880,5	880,6
Excedente operacional	302,4	86,0	388,4	418,1
Impostos indiretos líquidos	6,0	2,0	8,0	8,5
Produto interno bruto	993,7	283,2	1.276,9	1.307,2

Ótica da Renda	Trimestres I a III	Trimestre IV	Total da base trimestral	Total da base anual
Renda das famílias	257,0	91,0	348,0	357,8
Renda do governo (II-Su)	259,0	72,0	331,0	309,3
Remessas ao ROW	88,7	19,8	108,5	108,5
Renda dos fatores externos	383,0	98,4	481,4	523,1
Impostos indiretos líquidos	6,0	2,0	8,0	8,5
Renda interna bruta	993,7	283,2	1.276,9	1.307,2

Ótica da Despesa	Trimestres I a III	Trimestre IV	Total da base trimestral	Total da base anual
Consumo das famílias	115,1	61,3	176,4	185,2
Consumo do governo	237,3	63,0	300,3	331,3
Investimento	500,2	119,2	619,4	646,1
Exportações	128,2	35,8	164,0	164,0
Importações do ROW (1)	12,9	3,9	16,8	−19,4
Despesa interna bruta	993,7	283,2	1.276,9	1.307,2

(1) Inclui erros e omissões das demais contas.

economicamente integrado, construímos uma variável *proxy*. Se o temos, ainda podemos sofisticá-lo, desdobrando-o no sistema de contas que agora passamos a examinar. Naturalmente, não há problemas conceituais que impeçam a montagem de um sistema completo como o que apresentamos nos Capítulos 5 (TRUs) e 6 (CEIs), levando-nos diretamente à montagem de um sistema de contas trimestrais. Seu formato será o mesmo do anual, mas o início do trabalho empírico é a obtenção da tríade produto-emprego-preços. Obtidos estes indicadores, podemos começar a desdobrar o valor adicionado já calculado pela ótica do produto nas demais óticas, nomeadamente, a da renda e a da despesa. Da mesma forma, como depreendemos do Capítulo 12 (Regional), a redução do escopo da base geográfica pode levar nosso interesse ao emprego nos arranjos produtivos locais, ao PIB estadual ou ao consumo dos governos municipais.

O sistema de contas nacionais trimestrais, diferentemente das contas regionais, para quem a Tabela 12.1 do Capítulo 12 (Regional) refere-se ao mesmo objeto, apresenta cifras qualitativamente diversas. O grau de detalhe do sistema trimestral depende do desenvolvimento do sistema estatístico de cada país. Vamos ilustrar a construção desta base de dados por meio de um sistema de partidas tríplices como o de base anual da Tabela 12.1 do Capítulo 12 (Regional). Os dados básicos de nosso problema encontram-se na Tabela 11.15, os quais devem combinar-se com as informações sobre o nível geral de preços e o nível de emprego, permitindo-nos montar a base de dados original da análise macroeconômica.

Com a Tabela 11.15, observamos a perfeita coerência do sistema de base trimestral, pois o total entre os três trimestres iniciais do ano e do final oferece as mesmas cifras. Da mesma forma, o valor final das três óticas de mensuração do valor adicionado confere as cifras, a menos de arredondamentos. O problema que observamos é a diferença entre estes totais trimestrais e o total obtido com a base de dados que rege as estimativas anuais. No caso, o erro é de 97,7% (ou $\frac{1.276,9}{1.307,2}$). Deste modo, defrontamo-nos com o problema de avaliar a qualidade das duas estimativas. Nossos problemas apenas seriam aumentados quantitativamente, mas teriam os mesmos contornos qualitativos, caso – além das estimativas feitas a preços correntes – também estivéssemos lidando com estimativas a preços constantes. Por esta razão, no que segue, não vamos nos dedicar a estudar o sistema de contas nacionais trimestrais a preços constantes. Assim, naturalmente, nada diremos sobre as diferentes estimativas da inflação, nem dos índices de preços específicos das componentes das três óticas de cálculo do valor adicionado.

No trabalho empírico, os dados da Tabela 11.14 são obtidos por meio de rateios do total apurado para a ótica de maior credibilidade, ou – se todas merecerem o mesmo grau de crença – para a de maior valor. Por exemplo, admitindo que o PIB dos quatro trimestres alcançou 97,7% da estimativa anual, e que há diferenças acentuadas em algumas componentes, como é o caso dos 92,9% de discrepância no cálculo do excedente operacional, precisamos estabelecer um critério para distribuir a diferença de D$ 30,3 (ou seja, 1.307,2 – 1.276,9). Da mesma forma, as informações trimestrais permitem compreender que o quarto trimestre abarca 22,2% (ou $\frac{283,2}{1.276,9}$) do PIB anual. Além disso, nada sabemos sobre suas três componentes, nomeadamente, a remuneração dos empregados, o excedente operacional e os impostos indiretos líquidos de subsídios. Voltamos a defrontar-nos com um problema associado à qualidade dos dados com que trabalhamos.

Entre a diversidade de soluções passíveis de serem aplicadas a nosso problema, a mais simples consiste em distribuir as diferenças entre as cifras das duas colunas finais da Tabela 11.15 proporcionalmente a cada par de valores da mesma linha. Por exemplo, poderíamos dizer que o excedente operacional do quarto trimestre assume o valor de 92,6% do "verdadeiro" (mas ignorado) valor desta variável. Naturalmente esta solução carrega consigo um erro de tamanho desconhecido e, de certa forma, leva-nos a contestá-la com base em dois argumentos. Primeiramente, nada nos garante que a diferença entre, digamos, produto esteja concentrada totalmente, por exemplo, no segundo trimestre do ano, fato que não foi adequadamente capturado pelas estatísticas usadas para o cálculo do produto trimestral. Em segundo lugar, ainda considerando a distribuição proporcional, veremos um problema mais comprometedor, associado à possibilidade da quebra do movimento sazonal entre o último trimestre de um ano e o primeiro do seguinte, devido exclusivamente ao critério de rateio utilizado para a diferença.

É possível que a discrepância entre os dados "verdadeiros" do trimestre e sua estimativa com dados resultantes de fontes não consolidadas para todo o ano civil não siga a estrita proporcionalidade. Com efeito, a própria defasagem entre a ocorrência do fenômeno conjuntural, por exemplo, o número de formulários de pagamento do seguro-desemprego, poderá tornar as revisões das estimativas do PIB mais confiáveis do que as iniciais. Seja como for, digamos que viemos a saber que há mais informações no final do segundo do que no terceiro trimestre, o que nos induz a confiar mais na estimativa delas resultante. Em qualquer caso, as revisões poderiam ser eternas, o que não difere da contabilidade social anual, pois o passar do tempo melhora a disponibilidade de dados, além do ajuste metodológico resultante do refinamento conceitual do próprio sistema.

Esta possibilidade leva-nos a pensar não mais num rateio seguindo a estrita proporcionalidade, mas a fazer uma média aritmética ponderada entre os pesos determinados aritmeticamente e o grau de crença que temos na veracidade das informações por eles carreadas. O melhor é fazer o rateio da diferença, se temos razões para crer que um trimestre tem cifras mais confiáveis do que os demais, ou a adotamos literalmente, ou descarregamos as diferenças sobre os demais, ou calculamos médias ponderadas em que os pesos são nossos graus de crenças sobre esta confiabilidade. Vivenciando um problema semelhante, na Seção 4.8 do Capítulo 4B (MIP/CD), apelamos ao uso do Método Delphi, que consiste em reunir especialistas e solicitar-lhes opiniões a respeito de determinado assunto. Em sucessivas rodadas, cada um deles faz estimativas com base em sua própria visão e nas opiniões expressas anonimamente pelos demais entrevistados.

Digamos que, no caso, nossa aplicação do Método Delphi tenha levado-nos a fixar a verdadeira participação do PIB do quarto trimestre no PIB anual como 21%, isto é, à solução para as discrepâncias entre as estimativas de base de dados trimestral ou anual para os demais trimestres. Há diversos métodos voltados a corrigir as demais discrepâncias, inclusive a repetição do próprio Método Delphi. No que segue, vamos voltar a usar o – também apresentado na Seção 4.8 do Capítulo 4B (MIP/CD) – Método RAS. No caso, a suposição que fazemos ao adotá-lo é que a estimativa dos valores "verdadeiros" obedece a uma distribuição biproporcional dos "erros" entre a soma das linhas e a das colunas.

Neste caso, o lado esquerdo da Tabela 11.16 reproduz as informações relevantes retiradas da Tabela 11.15. Temos, assim, os valores obtidos para os três componentes do PIB para os três primeiros trimestres do ano, na coluna (A), e a do quarto trimestre na coluna (B). Ambos os conjuntos estão orlados pelos totais "certos" e "errados", para usar a terminologia que antecipamos ao estudarmos os coeficientes técnicos da matriz de insumo-produto.

Insistimos em diversas instâncias deste livro que interessam-nos mais as proporções estabelecidas entre as diferentes variáveis do que seu nível absoluto. Uma vez que este depende da oferta monetária, e esta pode variar de modo absolutamente independente do lado produtivo do sistema econômico, dizermos que o PIB é de L$ 1 milhão ou L$ 1 bilhão tem poucos efeitos sobre o próprio nível de bem-estar, cabendo o ajuste ao nível geral de preços. Por isso, recomendamos a aplicação de rateios de cifras confiáveis baseados nas relações estruturais em diversos contextos deste livro.

Nosso próximo passo, dando por terminada a comparação de dois ou mais pontos de uma série temporal, consiste em explorarmos o ambiente das comparações espaciais. Vamos dirigir-nos a elas no Capítulo 11C (Internacionais/CD), explorando dois pontos. No primeiro, discutiremos os indicadores que permitem a avaliação da performance de dois sistemas, em certa medida, prejudicada pelo problema da con-

Tabela 11.16 Valores trimestrais das contas nacionais ajustando as duas bases de dados. Planeta Ganges, ano VII (unidades monetárias indexadas)

Ótica do produto	Informação original				Informação corrigida com o método RAS		
	Trimestres I a III	Trimestre IV	Total "errado"	Total "certo"	Trimestres I a III	Trimestre IV	Total anual
Remuneração do trabalho	685,3	195,2	880,5	880,6	695,8	184,8	880,6
Excedente operacional	302,4	86,0	388,4	418,1	330,5	87,7	418,1
Impostos indiretos líquidos de subsídios	6,0	2,0	8,0	8,5	6,5	2,0	8,5
Total "errado"	993,7	283,2	1.276,9	–	–	–	–
Total "certo"	1.032,7	274,5	–	1.307,2	1.032,7	274,5	1.307,2

versão cambial. O outro aprofunda o exame da questão regional, mostrando como os modelos multissetoriais amplamente usados desde a Tabela 3.5 do Capítulo 3 (Dimensões) podem contribuir para sofisticar as comparações territoriais.

11.10 INDICADORES FUNDAMENTAIS DO DESEMPENHO DO SETOR EXTERNO[67]

Coeficiente de abertura

O primeiro instrumento tradicional de análise do setor externo de uma economia é seu coeficiente de abertura. Na medida em que as unidades de conta envolvidas em seu cálculo são eliminadas pela razão entre duas variáveis, as comparações internacionais não se defrontam com maiores óbices. Vamos defini-lo como:

$$c = 100 \times \frac{X}{Y} \quad (11.49)$$

onde X é o montante em moeda doméstica das exportações de bens e serviços e Y é o PIB do país. Claramente, se as exportações e o PIB foram calculados por meio de metodologias comparáveis, sequer necessitamos proceder à conversão das moedas dos diferentes países a um padrão de valor comum. Neste caso, podemos fazer comparações internacionais diretamente a partir dos dados exibidos em moeda doméstica dos dois países. Assim, se o coeficiente de abertura de Anitnegra é de 56, e o de Lizarb, 42, podemos afirmar que Anitnegra é uma economia mais aberta.

Há países, como é o caso da Malásia e outros Tigres Asiáticos, cujo coeficiente de abertura excede os 100%. Este aparente paradoxo é facilmente explicado quando examinamos a equação completa do valor adicionado medido pela ótica da despesa[68]. Consideremos sua equação de definição, conhecida desde a Seção 4.2 do Capítulo 4 (MaCS e MIP): $Y = C + I + G + X - M$.

---

[67] Esta seção retoma os conteúdos da Seção 11.2 do Capítulo 11C (Internacionais/CD).

[68] De modo análogo, poderíamos conceber uma economia cuja participação dos impostos indiretos seja maior do que 100% do PIB. Basta que os subsídios sejam particularmente vigorosos. Ora, o Capítulo 4 (MaCS e MIP) ensinou-nos que PIB = $RE + EO + II\text{-}Su$ (no caso dos três setores lá discriminados, 8,0, 145,6 e 109,7 bilhões de laeres), delegando-se agora aos subsídios o papel que as importações exercem no caso de (11.50).

Claramente, se X é maior do que Y, então M deve ser muito grande tanto para acomodar os valores de C, I e G quanto para permitir que a identidade contábil se verifique: $X = (Y + M) - (C + I + G)$.

Neste formato, é fácil de vermos que as exportações podem ser decompostas entre uma componente da demanda (ou, naturalmente, da oferta) global de bens e serviços e uma componente negativa correspondente ao restante da demanda final doméstica. Considerando determinada oferta global ($Y + M$), as exportações devem cobrir o hiato entre a primeira e a absorção doméstica de bens e serviços ($C + I + G$). Um coeficiente mais completo, utilizado para medir as relações intraindustriais amplia a medida recém-examinada:

$$d = 100 \times \frac{X+M}{Y} \qquad (11.50)$$

Aqui consideramos todo o movimento internacional de bens e serviços exportados e importados, também sendo fácil a realização de comparações internacionais.

Relação dos termos de intercâmbio (ou relação de troca)

Como sabemos, o valor monetário das exportações é dado pelo montante do preço em unidades monetárias domésticas das mercadorias exportadas multiplicado pelas respectivas quantidades. Da mesma forma, o valor monetário das importações é dado pela multiplicação do preço em moeda estrangeira dos produtos importados pelas respectivas quantidades. Estas simples definições permitem perceber que as variações nos valores de exportações ou importações dependem tanto de aumentos (ou reduções) nas quantidades quanto nos respectivos preços.

O que nos interessa aqui é examinar o impacto das variações nos preços sobre o montante exportado e importado, quando as quantidades são mantidas constantes. Não se trata de examinar a elevação ou redução do valor monetário devido à inflação interna dos países que comerciam, mas de destacar as mudanças nos preços relativos das mercadorias importadas e exportadas.

Para responder a esta última questão do ritmo da evolução dos preços relativos é que calculamos as relações de troca (ou relação de termos de intercâmbio). O cálculo dos preços das exportações e importações é feito, por meio do conceito de taxa de câmbio, com as moedas de um mesmo país. Deste modo, ao calcular a razão entre os preços das exportações e importações (por meio de índices de preços próprios), temos exclusivamente a evolução diferenciada dos preços relativos. Este número informa de quanto percentualmente os preços de um componente cresceram mais ou menos do que os de outro relativamente a um ano base convenientemente selecionado.

A relação de troca (RT) é dada pela seguinte expressão:

$$RT = 100 \times \frac{P_X}{P_M} \qquad (11.51)$$

onde P_X é o índice de preços das exportações e P_M é o índice de preços das importações. Este conceito tomou ímpeto no final dos anos 1940, quando os economistas da CEPAL, especialmente Raúl Prebish (1949), começaram a sustentar que um dos fatores responsáveis pelo subdesenvolvimento latino-americano era a evolução desfavorável dos preços dos produtos exportados (especialmente matérias-primas). Daí surgiram propostas de reforma do sistema de comércio internacional e a ênfase na recomendação de políticas de industrialização. A Figura 11.3 mostra a associação entre a relação de trocas e o tempo, na visão dos economistas estruturalistas.

Capacidade de importar (e o poder de compra das importações)

Conhecendo a relação dos termos de intercâmbio de um país, podemos determinar o chamado coeficiente de capacidade de importar (CM), dado por:

$$CM = \frac{(RT \times Q_X)}{100} \qquad (11.52)$$

quer dizer, a capacidade de importar é dada pelo volume físico exportado (Q_X) multiplicado pela relação de trocas (RT). Como acabamos de ver, $RT = 100 \times \frac{P_X}{P_M}$, permitindo-nos substituir esta expressão em (11.52) e gerar:

$$CM = \frac{P_X}{P_M} \times Q_X \qquad (11.53)$$

Esta expressão informa que a capacidade de importar é dada pelo montante monetário exportado dividido pelo índice de preços dos produtos importados. É óbvio que, quanto maior for o valor de P_X e menor for o de P_M, maior será a capacidade de importar de um país, dado seu esforço exportador Q_X. Ou seja, P_X oferece uma ideia do montante recebido em exportações, calculado aos preços do ano base. Com isso, quando dividimos esta cifra pelo índice de preços das importações, obtemos o que pode ser importado, dada a relação de trocas vigente.

Produtividade internacional (índice de Malmqüist)

Quando introduzimos correções na taxa de câmbio de um país, a fim de permitir que seu valor adicionado carregue uma unidade de medida comparável com a correspondente cifra de outro, estamos aptos a fazer comparações. Uma metodologia alternativa e, em boa medida, mais fácil, diz respeito à comparação entre os níveis

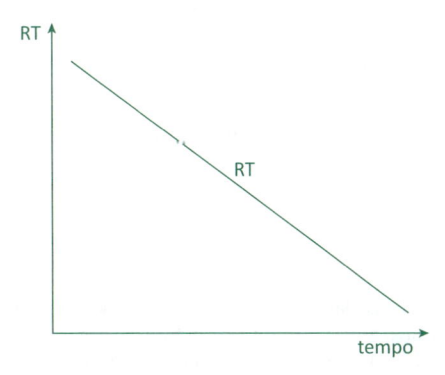

Figura 11.3 Esquema da relação de troca ao longo do tempo, segundo a visão cepalinaX

relativos da produtividade total dos fatores entre eles[69]. Vamos examinar a solução – engenhosa e problemática – encontrada pelo economista sueco Sten Malmqüist (1953), que se baseia no seguinte raciocínio. Consideremos as funções de produção de dois países, como Anitnegra e Lizarb, avaliadas em moeda internacional comparável. Para o caso da função de produção de Anitnegra, temos o seguinte modelo teórico[70]: $P_A = f(K_A, L_A)$, onde P_A é o produto interno bruto de Anitnegra, K_A é seu estoque de capital e L_A é o nível de emprego. Utilizando uma função de Cobb-Douglas, temos o modelo empírico $P_A = A_A \times K_A^{\alpha_A} \times L_A^{\beta_A}$, onde α e β são, respectivamente, os coeficientes de elasticidade do produto do capital e trabalho, cuja soma é a unidade. A função de produção de Lizarb é: $P_L = g(K_L, L_L)$, onde os subíndices L agora denotam a correspondência da variável respectiva a Lizarb. Sua função de produção de Cobb-Douglas é $P_L = A_L \times K_L^{\alpha_L} \times L_L^{\beta_L}$, cujos símbolos são análogos aos de Anitnegra.

Definindo a função distância do produto como $D = |P_L - P_A|$, onde $|.|$ é o módulo da expressão, nosso próximo passo consiste em criarmos duas funções de produção "cruzadas". Para tanto, usamos as dotações de fatores originais dos dois países, calculando os produtos contrafactuais, para o caso de cada um deles incorporar os parâmetros do outro. Ao usarmos os parâmetros também "cruzados", estamos indagando quanto cada economia produziria, no caso de dispor da tecnologia de relacionamento dos insumos vigente no outro país. No caso de Anitnegra, podemos visualizar a operação que estamos realizando por meio da expressão $\dfrac{P_A}{P_{AL}} = \dfrac{A_A \times K_A^{\alpha_A} \times L_A^{\beta_A}}{A_L \times K_A^{\alpha_L} \times L_A^{\beta_L}}$, onde P_{AL} é o PIB que Anitnegra geraria caso sua função de produção fosse aquela dada pelos parâmetros vigentes em Lizarb, e os demais símbolos já foram definidos. Naturalmente, a razão entre P_A e P_{AL} pode ser vista como um índice de quantidades produzidas em duas situações alternativas, pois seu caráter bilateral (situação efetiva e situação contrafactual) é evidente.

De modo análogo, a relação entre o produto efetivo e o contrafactual de Lizarb expressa-se como $\dfrac{P_L}{P_{LA}} = \dfrac{A_L \times K_L^{\alpha_L} \times L_L^{\beta_L}}{A_A \times K_L^{\alpha_A} \times L_L^{\beta_A}}$. A razão $\dfrac{P_A}{P_{AL}}$, ou seja, o índice de *quantum*, informa quanto a produção de Anitnegra seria maior (ou menor) do que a efetivamente observada, se o país utilizasse a mesma tecnologia de produção do outro, ou seja, caso ambos tivessem a mesma produtividade total dos fatores. De modo análogo, o índice de *quantum* $\dfrac{P_L}{P_{LA}}$ mostraria a superioridade (ou inferioridade) tecnológica de Lizarb.

No caso da montagem de uma comparação internacional, o índice de Malmqüist é dado pela média geométrica não ponderada entre essas duas razões $I_M = \sqrt{\dfrac{P_A}{P_{AL}} \times \dfrac{P_L}{P_{LA}}}$.

Quando ambos os países se encontram na mesma fronteira tecnológica, há perfeita

---

[69] De acordo com a conceituação que lhe demos na Seção 7.7 do Capítulo 7E (Capital/CD). Também no Capítulo 7F (Tecnologia/CD), foram discutidos temas relacionados à produtividade parcial e total dos fatores. O índice de Malmqüist foi proposto por Caves, Christensen e Diewert (1982), a partir do trabalho de Sten Malmqüist publicado na Espanha em 1953.

[70] Conhecemos a relação entre modelos teóricos, empíricos e experimentais desde a Seção 2.5 do Capítulo 2 (Contextualizando).

proporcionalidade entre os dois termos, e o valor do índice é 1. A Tabela 11.17 apresenta, em moeda comum, os dados dos dois países que estamos examinando, de sorte a autorizar-nos a construir o índice de Malmqüist.

Na parte superior da Tabela 11.17, vemos os dados originais, que foram convertidos adequadamente em moeda internacional, o que transformou o parâmetro A de ambas as funções de produção. Ora, o PIB efetivo de Anitnegra é de D$ 604,8 bilhões e cairia para D$ 463,3 bilhões, caso a utilização dos recursos de Anitnegra (isto é, D$ 2.086,6 bilhões do estoque de capital e 19,4 milhões de trabalhadores) fosse regida pelos mesmos parâmetros que caracterizam o estado da arte no uso da tecnologia em Lizarb. Neste caso, afirmamos que a tecnologia efetivamente utilizada em Anitnegra é mais avançada do que em Lizarb. Simetrizando o raciocínio, vemos que os recursos utilizados em Lizarb poderiam gerar um volume substancialmente maior de PIB caso fossem usados com a mesma eficiência que caracteriza a função de produção de Anitnegra.

Ou seja, Anitnegra é mais eficiente, pois seu PIB contrafactual é menor do que o efetivo em 30,5% (ou, com taxa unitária, $\frac{604,8}{463,3}$), por contraste a Lizarb, cujo grau de eficiência é 34,3% menor (ou $1-\frac{1.645,1}{2.502,2}$, também dado na taxa unitária). Com isso, a média geométrica das eficiências relativas alcança o valor de 14,3% em favor de Anitnegra $I_M = \sqrt{\frac{604,8}{463,3} \times \frac{1.645,1}{2.502,2}} = \sqrt{1,3054 \times 0,6575} = 0,93$.

Curva de paridade dos juros

A relação entre a taxa de[71] juros do mercado monetário doméstico de um país e sua taxa de câmbio é dada pela curva de paridade dos juros. Esta apresenta o formato da Figura 11.4:

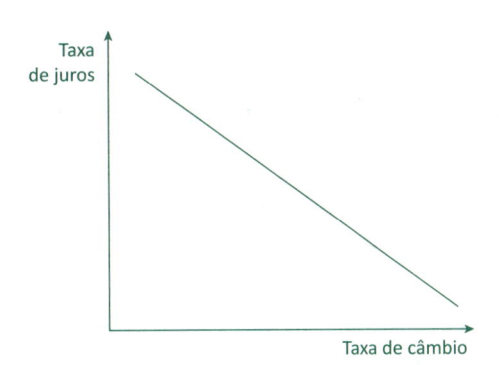

Figura 11.4 Curva da paridade dos juros

Os juros internos, ao se elevarem, atraem capitais internacionais que estavam aplicados em outras regiões, pois seus proprietários passam a achar atrativo transferi-los ao país doméstico. Isto aumenta a oferta de divisas no mercado de câmbio e, em consequência, a taxa de câmbio se reduz. Este tipo de análise resulta do funcionamento do mercado de câmbio.

---

[71] Os Capítulos 7D (BOP/CD) e 7B (Monetários/CD) discutem amplamente os conceitos de taxa de juros e taxa de câmbio.

Tabela 11.17 Dados para o cálculo do índice de Malmqüist da produtividade total dos fatores de Anitnegra e Lizarb, ano I (bilhões de australes e bilhões de laeres)

Valores originais

Variáveis	A	K $	α	L unidades físicas	β	PIB $	Unidades monetárias
Anitnegra (1)	0,0084805	66.054,0	0,37855	19.405.555,0	0,62145	19.146,0	bilhões de australes
Lizarb (1)	0,0052438	7.285,1	0,57556	107.693.197,0	0,42444	2.248,5	bilhões de laeres

Com paridade do poder de compra (1)

Variáveis	A	K $	α	L unidades físicas	β	PIB $	Unidades monetárias
Anitnegra	0,0009907	2.086,6	0,37855	19.405.555,0	0,62145	604,8	bilhões de denaris
Lizarb	0,0045925	5.330,2	0,57556	107.693.197,0	0,42444	1.645,1	bilhões de denaris

Produtos cruzados

Variáveis	A	K $	α	L unidades físicas	β	PIB $	Unidades monetárias
Anitnegra	0,0045925	2.086,6	0,57556	19.405.555,0	0,42444	463,3	bilhões de denaris
Lizarb	0,0009907	5.330,2	0,37855	107.693.197,0	0,62145	2.502,2	bilhões de denaris

(1) O PIB origina-se da Tabela 3.2 do Capítulo 3 (Dimensões).
(2) Correção feita de acordo com a metodologia da Seção 12.

Pecado original

Não tão convencional quanto os indicadores precedentes, o *original sin* (pecado original, *PO*) é um indicador que tem merecido atenção dos estudiosos da economia monetária internacional nos últimos tempos. Derivado das tentativas de modelagem das consequências das grandes crises da dívida externa que assolaram, a partir dos anos 1980, diversos países em desenvolvimento, este indicador é dado por

$$PO = \max\left(1 - \frac{S_i}{\sum_{i=1}^{n} S_i}, 0\right), \quad (i = 1, 2, 3, ..., n),$$ onde *S* é um título do país em exame,

emitido em sua própria moeda, colocado nos mercados internacionais, sendo o denominador dado pelo total de títulos (em moeda local e em moeda dos países prestamistas, simbolizados pelo subíndice "i"). A fragilidade financeira, conceito que aprofundaremos em seguida, de um país depende do endividamento externo subscrito em moedas estrangeiras. Como vemos, trata-se de uma função análoga à de Leontief. Por exemplo, se este endividamento é de 95%, temos *PO* = max (0,05, 0), apontando para um índice de pecado original de apenas 5%.

11.11 INDICADORES DE VULNERABILIDADE EXTERNA: AVALIAÇÃO EM MOEDA LOCAL

Esta seção apresenta um conjunto de indicadores de vulnerabilidade externa correntemente utilizado pelos analistas das relações econômicas internacionais. Neste ambiente, entendemos vulnerabilidade como o grau de resistência do país à ocorrência de choques ou fatores instabilizadores originários do resto do mundo. Na análise desta vulnerabilidade, é importante diferenciar a situação de solvência externa e de liquidez externa, que se referem, respectivamente, à vulnerabilidade no médio-longo prazo e no curto prazo. Diferentemente da Seção 11.10, que lidou quase que exclusivamente com indicadores calculados na forma de razão entre dois fluxos, aqui examinaremos diversos índices obtidos pela divisão entre uma variável fluxo por uma variável estoque, como já foi visto para a taxa de lucro, no Capítulo 7E (Capital/CD). Em outras palavras, no presente capítulo, o significado de todos os indicadores que utilizam estoques no numerador e as exportações no denominador é semelhante. Como tal, o valor da razão indica o número de anos, com um determinado fluxo de exportação, necessário para o pagamento do estoque em questão (passivo externo, dívida externa, etc.).

11.11.1 Indicadores de solvência externa

Na análise da sustentabilidade das trajetórias de crescimento com desequilíbrio externo dos países periféricos nos anos 1990, podemos utilizar como *proxy* o indicador mais simples da solvência de um país[72], dado pela simples razão entre o déficit em conta corrente e a receita em moeda estrangeira proveniente das exportações:

$$I_{VE} = 100 \times \frac{DCC}{X} = 100 \times \frac{M-X}{X},$$ onde I_{VE} é o índice geral de solvência externa, DCC é o déficit das transações correntes, X é o montante das exportações e M é a saída de moeda estrangeira destinada ao pagamento das importações. Este indicador é um bom guia para o entendimento da vulnerabilidade externa, complementando o coeficiente de abertura dado por (11.49) e a capacidade de importar de (11.52) ou (11.53). O contraste entre I_{VE} e estas três equações deve-se ao fato de que as exportações e importações dizem respeito ao funcionamento real da economia aberta, ao passo que o déficit das transações correntes considera a conexão monetária que, no final das contas, torna-se necessária para as importações de bens e serviços.

Para nós, o indicador fundamental na análise da situação de solvência externa de um país (I_{SE}) é dado por $I_{SE} = 100 \times \frac{PEL}{X}$, onde PEL é o passivo externo líquido (que corresponde à soma da dívida externa líquida com os estoques de investimento externo direto e de portfólio) e X são as exportações de 12 meses. Este tipo de indicador deve ser apurado mensalmente, o que requer o ajuste do denominador para formar a anuidade correspondente.

Sua importância se deve ao fato de que, no caso dos países periféricos, as exportações são a fonte de geração autônoma de divisas necessárias para amortizar esse

---

[72] Ver Medeiros e Serrano (2001).

passivo. No caso de alguns países centrais, que possuem superávits permanentes e expressivos nas demais subcontas das transações correntes (como transferências unilaterais e rendas de investimento), as exportações que constam no denominador são substituídas pelas receitas em conta corrente[73]. A condição para que esta relação não tenha uma trajetória explosiva é que a taxa de crescimento das exportações seja superior à taxa de remuneração do passivo externo (que inclui, além da taxa de juros sobre a dívida externa, as remessas de lucros e dividendos). Uma vez que há sérias dificuldades práticas para diferenciarmos as taxas de retorno dos diversos tipos de passivo externo – R_{SPE}, será utilizada uma *proxy* para avaliar sua trajetória a expressão $R_{SPE} = 100 \times \dfrac{SPE}{X}$, onde *SPE* é o montante pago em serviço do passivo externo e *X* são as exportações de 12 meses.

Além do indicador de solvência externa – I_{SE} e da taxa de retorno dos serviços do passivo externo – R_{SPE}, vamos registrar a existência de um conjunto de seis indicadores de solvência relacionados estritamente à dívida externa. Com eles, vamos avaliar o perfil da dívida em termos de tipo de devedor, prazo e custo, pois eles são utilizados em vários estudos empíricos realizados com o objetivo de identificar os "principais indicadores" das crises cambiais[74].

Primeiro indicador de solvência externa: passivo externo bruto e exportações

O indicador dado pela razão entre o passivo externo bruto e as exportações totais propõe-se a avaliar a sustentabilidade da trajetória da dívida externa. Definição do indicador $I_{PB} = 100 \times \dfrac{PEB}{X}$, onde I_{PB} é o indicador global de solvência, PEB é o passivo externo bruto e X é a entrada de dólares correspondente às exportações de 12 meses. Sabendo que $PEB = DET + IED + IEP$, onde *DET* é a dívida externa total, *IED* é o estoque de investimento externo direto no país e *IEP* é o estoque do investimento estrangeiro de portfólio, também podemos escrever que $I_{PB} = 100 \times \dfrac{DET + IED + IEP}{X}$.

Segundo indicador de solvência externa: passivo externo líquido e exportações

No caso da mensuração do grau de solvência externa de um país, o indicador fundamental é dado pela razão entre o passivo externo líquido (*PEL*) e as exportações de 12 meses (*X*): $I_{PL} = 100 \times \dfrac{PEL}{X}$ onde I_{PL} é o índice de comprometimento mensurado pelo passivo externo líquido. Uma vez que $PEB = PEL - AE$, onde *PEB*, como anteriormente, é o passivo externo bruto e AE são os ativos externos, também podemos escrever que $I_{PL} = 100 \times \dfrac{PEB - AE}{X}$.

---

[73] Este é o critério utilizado pela agência de classificação de risco de crédito Standard & Poors.

[74] Ver Kaminsky, Lizondo e Reinhert (1997).

Terceiro indicador de solvência externa:
dívida externa líquida e exportações

O indicador dado pela razão entre a dívida externa e as exportações tem como objetivo medir a sustentabilidade da trajetória de endividamento externo. Utilizamos o conceito de dívida líquida, pois esta é a variável relevante na análise da sustentabilidade. Também vale mencionar que, apesar de várias análises utilizarem como indicador de sustentabilidade a razão entre a dívida externa e o PIB (definindo inclusive valores máximos), esta razão depende, em última instância, da relação entre a dívida externa e as exportações. Definição do indicador: $I_{DEL} = 100 \times \frac{DEL}{X}$, onde *DEL* é a dívida externa líquida e *X* são as exportações em 12 meses.

Quarto indicador de solvência externa:
serviço do passivo externo e exportações

O indicador de cobertura do serviço do passivo externo (I_{CSP}) constitui uma *proxy* da trajetória do passivo externo, sendo dado pela seguinte definição: $I_{CSP} = 100 \times \frac{PCSP}{X}$, onde *PCSP* são os fluxos para remunerar o passivo externo e *X* são as exportações de 12 meses.

Quinto indicador de solvência externa:
dívida pública externa líquida e exportações

A relação entre a dívida pública externa líquida e as exportações permite avaliarmos a sustentabilidade da trajetória da dívida externa do governo. Considerando que $DL = DP - R$, onde *DL* é a dívida pública externa líquida, *DP* é a dívida externa pública, *R* é o montante de reservas internacionais totais, podemos definir o indicador da dívida líquida do governo como $I_{DLG} = 100 \times \frac{DL}{X} = 100 \times \frac{DP-R}{X}$, onde *X* são as exportações de 12 meses.

Sexto indicador de solvência externa:
dívida externa líquida privada e exportações

A sexta relação avalia a sustentabilidade da trajetória da dívida privada externa (*DELP*). Iniciamos definindo a dívida externa do setor privado (*DELP*) como $DELP = DPriv - AEP$, onde *DPriv* é a dívida externa do setor privado (registrada e não registrada) e *AFP* são os haveres de bancos comerciais mais os créditos do país doméstico no exterior. Com esta definição, chegamos imediatamente a seu índice: $I_{DPriv} = 100 \times \frac{DELP}{X}$, onde *X* são as exportações de 12 meses.

11.11.2 Indicadores de liquidez externa

Na análise da situação de vulnerabilidade externa de um país, é fundamental distinguir solvência e liquidez, pois uma trajetória insustentável de acumulação de passivos externos – ou seja, do comprometimento do grau de solvência – não culmina necessariamente numa crise cambial, ainda que certamente resulte em forte restrição ao crescimento econômico doméstico. Esta modalidade de crise – que também é denominada de crise de liquidez externa – eclode quando:

a) os credores externos resolvem interromper subitamente a rolagem dos empréstimos externos e/ou resgatar suas aplicações no país em questão e
b) a saída bruta de capitais decorrente da crise é superior às reservas em divisas desse país. Neste caso, a distinção entre as diferentes modalidades de capitais externos – empréstimos de curto ou médio e longo prazo, investimentos de portfólio e investimento externo direto – torna-se relevante.

Como ressaltam Medeiros e Serrano (2001), um indicador sintético de liquidez externa (ou fragilidade financeira externa, nos termos desses autores) é a razão entre o passivo externo de curto prazo (*PECP*) e as reservas internacionais (RInt) do país (ou seja, os recursos em divisas que o país possui para fazer frente à súbita saída de recursos externos). Definição do indicador $I_{SL} = 100 \times \dfrac{PECP}{RInt}$.

Além deste, vamos calcular quatro outros indicadores. Os três primeiros têm como característica a utilização das reservas internacionais no denominador, ao passo que o último será normalizado com relação às reservas líquidas. Eles se diferenciam somente na composição do numerador. Em ordem crescente de abrangência, utilizaremos os quatro indicadores listados a seguir.

Primeiro indicador de liquidez:
dívida externa de curto prazo e reservas

O indicador dado pela razão entre a dívida externa de curto prazo e as reservas do país é a forma tradicional de mensurar a liquidez externa. Seu objetivo é avaliar se há ou não possibilidade de crise de liquidez externa por falta de moeda estrangeira para pagar a dívida externa a vencer no curto prazo. Deste modo, o indicador é calculado pela razão entre essa dívida e o total de reservas internacionais próprias do país (reservas líquidas ajustadas). Definição do indicador $I_{DEC} = 100 \times \dfrac{DEC}{RInt}$ onde *DEC* é a dívida externa de curto prazo e RInt são as reservas líquidas disponíveis no mesmo período.

Segundo indicador de liquidez:
passivo externo de curto prazo e reservas

O indicador sintético dado pela razão entre o passivo externo de curto prazo e as reservas contempla, no numerador, além da dívida externa de curto prazo, o estoque de investimento de portfólio que pode ser resgatado num curto período de tempo. Definimos o indicador como $I_{PEC} = 100 \times \dfrac{PEC}{RInt}$, onde *PEC* é o passivo externo de curto prazo (estoque de investimento de portfólio) e RInt são as reservas líquidas.

Terceiro indicador de liquidez:
indicador sintético de liquidez externa e reservas

O indicador sintético de liquidez externa mede a pressão potencial sobre as reservas internacionais do país no curto prazo, sendo dado por $I_{LE} = 100 \times \dfrac{NBF}{RInt}$, onde NBF são necessidades brutas de financiamento externo. Uma vez que podemos desdobrá-las como $NBF = DCP + PD + IP - SBP$, também podemos usar a seguinte versão: $I_{LE} = 100 \times \dfrac{DCP + PD + IP - SBP}{RInt}$, onde DCP é a dívida de curto prazo, DP é o valor do principal da dívida de médio e longo prazo, IP é o investimento de portfólio curto prazo e SBP é o saldo do balanço de pagamentos em transações correntes, dado pela diferença entre exportações e importações.

Quarto indicador de liquidez: indicador Standard & Poors

O indicador da empresa Standard & Poors é dado por $I_{S\&P} = 100 \times \dfrac{NBF}{RLiq}$, onde NBF são necessidades brutas de financiamento externo e Rliq são as reservas líquidas. Uma vez que NBF também pode ser visto como $NBF = DCP + PDC - SBP$, onde DCP é o principal da dívida externa de médio e longo prazo (vencível em 12 meses), PDC é o principal da dívida de curto e médio prazo e SBP é o saldo em transações correntes, reescrevemos o índice Standard & Poors como $I_{S\&P} = 100 \times \dfrac{DCP + PDC - STC}{RLiq}$. Este indicador, também chamado de "risco país" (ver Box 11.6), é mais rigoroso que os demais em resposta a duas razões principais. Primeiramente, ele também considera o resultado em conta corrente, o qual, se positivo, significa maior volume de divisas no curto prazo para fazer frente à saída de capitais. Em segundo lugar, no que diz respeito às obrigações externas, contabilizamos igualmente o pagamento anual de juros da dívida (incorporado no saldo em conta corrente) e o principal vincendo das dívidas de médio e longo prazo no período de 12 meses.

Box 11.6 — O conceito de risco país

O risco país é um indicador que mede a capacidade de um país de pagar seus compromissos internacionais. Bancos de investimento e agências de classificação de risco periodicamente calculam esse indicador para a economia de diversos países. Apesar de algumas diferenças metodológicas, a maioria das agências considera em suas avaliações aspectos macroeconômicos como a relação entre a receita e a dívida pública, bem como projeções de crescimento econômico e estabilidade política.

A agência de classificação de risco J. P. Morgan calcula o risco país para diversas economias, incluindo a de países emergentes. O Emerging Market Bonds Index Plus (EMBI+), criado em 1992, orienta os investidores quanto ao risco de suas possíveis aplicações.

Assim, o risco país mede, *grosso modo*, a diferença entre a taxa de juros dos títulos públicos colocados no mercado por determinado país em relação ao título do Tesouro dos Estados Unidos da América, o qual é definido como o título mais seguro para os investidores. Quanto maior o resultado dessa diferença entre as taxas, menor será a capacidade do país em questão na atração de capitais externos, seja como investimento direto externo (IDE) ou como qualquer outra forma semelhante.

11.12 O PROBLEMA DA PARIDADE DO PODER DE COMPRA[75]

Na Seção 7.3 do Capítulo 7D (BOP/CD), estudamos a teoria da formação da taxa de câmbio, instrumento concebido para transformar quantidades monetárias de mercadorias de um país na moeda de outro. Da forma como a apresentamos, esta teoria é eminentemente microeconômica. David Ricardo falava em vinho português e tecidos ingleses, o que – se fosse o caso – nos daria enorme desenvoltura para tratar do problema das comparações internacionais entre agregados econômicos. Com efeito, no mundo mundano, uma vez que Portugal exportou ou exporta livros e *software* e a Inglaterra passou dos tecidos às aeronaves, voltamos a questionar a legitimidade de usarmos variáveis agregadas. Indagamo-nos se chegaremos a um mercado de câmbio em que o preço (isto é, a taxa média de câmbio), exibe um significado empírico relevante. Será legítimo convertermos o valor das compras de automóveis lizarbianos pelos cidadãos anitgressenses usando a taxa de câmbio que resulta da interação entre curvas de oferta e de procura de centenas de mercadorias? Em outras palavras, até que ponto diferentes taxas de variação nos níveis de preços dos dois países obscurecem as comparações? A teoria da paridade do poder de compra volta-se ao equacionamento deste problema.

Os primeiros registros que hoje temos sobre ela, e que vamos estudar com mais detalhes nas próximas duas seções deste capítulo, foram realizados durante o século XVII, ou seja, em pleno período mercantilista. Devemos ao economista sueco Gustav Cassel a retomada deste tema de pesquisa durante o século XX. O princípio básico que preside a formulação do conceito de paridade do poder de compra está contido na lei do preço único, já discutida no Capítulo 7D (BOP/CD). Lá vimos que, de acordo com esta lei, os preços de bens idênticos, sob as condições de livre comércio, na ausência de barreiras ou de custos de transportes ou custo de obtenção de informações ou ainda problemas de mobilidade da mão de obra, devem apresentar a mesma magnitude quando referenciados na mesma moeda. Nesse sentido, a lei da oferta e da procura atuaria como um mecanismo de convergência entre os preços internacionais, movendo-se por processos de arbitragem.

Entendemos como arbitragem[76] o procedimento de comprar no mercado de preço baixo e vender no de preço mais alto. Percebemos que esta prática levaria à convergência entre os preços de um mesmo produto em países diferentes quando comparados na mesma moeda. Por exemplo, digamos que um automóvel Mercedes Benz custe L$ 135.000,00 em Lizarb, se sabemos que a taxa de câmbio (L$/S$) em vigor equivale a L$ 2,5 para cada dólar de Atlantis, ou S$ 0.4 para cada laer, isto significa que o mesmo automóvel deverá ser vendido por apenas S$ 54.000,00 em Atlantis. Em outras palavras, o que está por trás deste cálculo é o fato de que as forças de mercado provocam a convergência dos preços do referido bem, pois o livre comércio induzirá algum produtor a importar esta mercadoria do país que apresente o menor preço. Consequentemente, este movimento engendrará um aumento na quantidade ofertada do produto no país que apresenta maiores preços, levando à redução de seu preço doméstico. Por outro lado, no país exportador, ocorrerá o con-

---

[75] Esta seção retoma os conteúdos da Seção 11.4 do Capítulo 11C (Internacionais/CD).

[76] Outros economistas referem-se a este fenômeno como *especulação*, um termo sem conotação ética negativa, como a carregada pela expressão corrente em língua portuguesa.

trário, quando a escassez do produto provocará o aumento de seu preço até que os preços de ambos os países convirjam.

Ainda assim, não podemos esperar que a lei do preço único preveja exatamente o mesmo valor para o preço internacional de todas as mercadorias, em todos os países e regiões do mundo. O que observamos são diferenças inter-regionais, mais ou menos acentuadas, pois – em pleno século XXI! – o protecionismo ainda é a tônica do comércio mundial. Além disso, há barreiras naturais (não é econômico produzir cacau nos países de clima temperado) ou artificiais (exportação de animais vivos). Ademais, quase sempre os custos de transporte exibem forte correlação com as distâncias entre a porta da fábrica e o depósito da loja varejista. Por isso, podemos esperar uma variabilidade internacional entre os preços do mesmo produto, precisamente para darem conta das diferentes condições de regulamentação ou distância entre os países. Assim, seria razoável esperarmos um bom grau de transitividade das trocas entre eles. O preço de um produto em Atlantis, cotado em sua moeda local, deveria ser aproximadamente igual ao preço cotado em Trondhein, desde que fizéssemos a correção pela taxa de câmbio entre esses dois países. Ou seja, expressando esta proposição em termos simbólicos, esperamos que $p_{A:S\$} = E_{A:T} \times p_{T:O\$}$, onde $p_{A:S\$}$ é o preço de certa mercadoria, digamos, o automóvel Mercedes Benz, em Atlantis denominado aos preços locais, $E_{A:T}$ é a taxa de câmbio nominal entre a moeda de Atlantis e a de Trondhein (no caso, digamos que seja $\frac{O\$\ 4,00}{S\$\ 1,00}$), e $p_{T:O\$}$ é o preço dessa mercadoria denominada em oslos (O\$) em Trondhein.

Paralelamente, esperaríamos que nosso automóvel, ao ser transacionado entre as repúblicas de Trondhein e El Dorado, obedecesse à expressão $p_{T:O\$} = E_{T:E} \times p_{E:B\$}$, e assim por diante. Neste contexto, de modo análogo ao axioma da reversão no tempo de um número índice ideal (ver Box 11.1), esperamos encadear diferentes taxas de câmbio. Com estes encadeamentos, vamos obter o preço vigente em qualquer país, denominando-o na moeda do país selecionado independentemente do parceiro comercial, fazendo sucessivas operações como as que acabamos de ilustrar entre Atlantis, Trondhein e El Dorado: $p_{A:S\$} = E_{A:T} \times E_{T:E} \times p_{T:O\$}$. Se isso ocorrer para todos os países e todos os produtos comercializados entre eles, então podemos, por exemplo, saber qual deles exibe o maior valor adicionado, ao procedermos à conversão desta variável a uma moeda comum. No entanto, ao agirmos desta maneira, podemos obter resultados paradoxais. Foi disto que se deu conta, retomando o velho tema do mercantilismo, a revista *The Economist*, ao deter-se na avaliação da performance dos Tigres Asiáticos no início dos anos 1990. A revista inglesa percebeu que, mesmo com seu valor adicionado a preços constantes da moeda local crescendo a taxas vigorosas, estes perderam participação relativa no agregado mundial, pois a correção foi feita pela taxa de câmbio em preços de dólares americanos. A Tabela 11.18 contém um exemplo, com os dados fictícios de seis siglas assemelhadas aos nossos países de referência do problema em estudo.

O exame da Tabela 11.19 evoca conhecimentos que adquirimos nas seções anteriores, não necessitando de muitas considerações metodológicas. Nada podemos dizer de interessante sobre seus tamanhos relativos, pois as unidades monetárias utilizadas para a avaliação do valor adicionado nominal e real são diversas. Ao mesmo tempo, cumpre observarmos a evolução da inflação e do dinamismo econômico (índice do produto real) entre eles. No caso do deflator implícito, vemos que Dddd é

Tabela 11.18 Valor adicionado per capita de seis países fictícios e seus correspondentes índices de preços e quantidades, ano I (unidades monetárias indexadas)

Países	Preços correntes Ano I (A)	Deflator implícito (Törnqvist modificado) Ano II (B)	Índice do produto real (Törnqvist modificado) Ano II (C)	Preços correntes Ano II (D)
Aaaa	11.952,20	100,4	103,7	12.444,00
Bbbb	266,00	460,1	95,3	1.166,50
Cccc	1.231,00	112,1	102,3	1.411,70
Dddd	636.000,00	100,0	108,7	691.332,00
Eeee	7.906,20	123,7	100,5	9.828,90
Ffff	3.756.729,80	100,3	105,0	3.956.400,00

um país que não teve inflação entre os anos I e II, Aaaa e Ffff ficaram próximas, Cccc e Eeee tiveram níveis já preocupantes, ao passo que Bbbb poderia ser classificado como um país de inflação alta. Não temos, em nosso livro, teorias para explicar ou mesmo sugerir uma correlação entre inflação e crescimento, mas podemos ver que, de certa forma, estas variáveis estão negativamente correlacionadas. O maior crescimento do valor adicionado ocorreu em Dddd, com 8,7%, por contraste aos problemas econômicos agora visivelmente presentes na economia de Bbbb. Vamos reter estas informações para integrá-las com o que deveremos aprender com o auxílio da Tabela 11.19.

Indo diretamente ao ponto da questão, torna-se claro que a correlação entre as taxas de crescimento dos seis países é errática, quando calculada com e sem a taxa de câmbio. Como evidenciam as colunas (C) e (D) da Tabela 11.19 e ilustramos na Figura 11.5, há mesmo uma certa correlação negativa. Não surpreende que, nestes casos, ocorra para a Nova Ásia precisamente a mesma distorção observada pela revista *The Economist* com relação ao preço de um sanduíche, como veremos na próxima seção.

Alguns detalhes da Figura 11.5 ficam evidentes. O primeiro é que, se por hipótese, a taxa de câmbio refletir a diferença de nível de preços de ambos os países, então isto significará que o país de maior valor adicionado avaliado em

Tabela 11.19 Taxas de câmbio e taxa de crescimento do valor adicionado de seis países fictícios

Países	Taxa de câmbio em valores correntes		Valor adicionado corrigido pela taxa de câmbio (S$)		Índice de *quantum*
	Ano I (A)	Ano II (B)	Ano I (C)	Ano II (D)	Ano II (E)
Aaaa	1,0	1,0	11.952,2	12.394,4	103,7
Bbbb	3,1	12,4	86,9	94,1	108,2
Cccc	2,3	2,3	535,2	613,8	114,7
Dddd	530,0	576,1	1.200,0	1.200,0	100,0
Eeee	32,6	40,2	242,5	244,5	100,8
Ffff	4.710,0	4.724,2	797,6	837,5	105,0

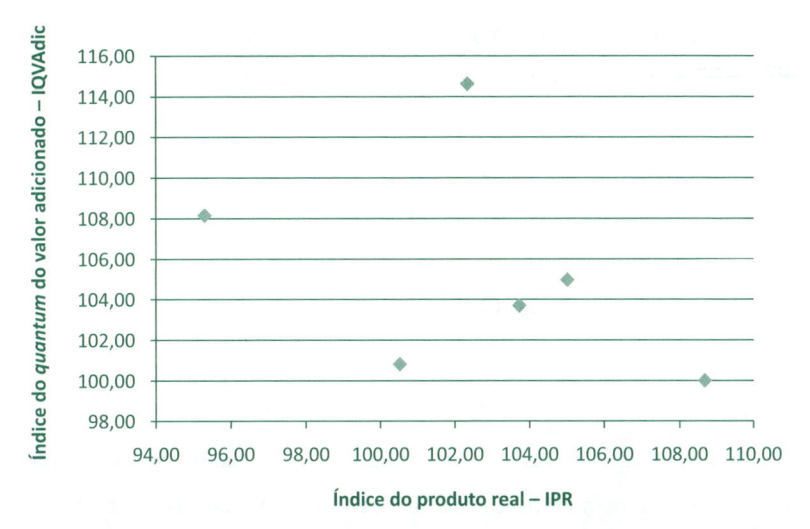

Figura 11.5 Dispersão entre o índice do produto real e o índice do *quantum* do valor adicionado corrigido pela taxa de câmbio.

dólares de Atlantis é o maior deles. Naturalmente, estes resultados decorrem implicitamente de algumas suposições importantes, cabendo-nos destacar duas. A primeira delas, como referido anteriormente, é que a taxa de câmbio reflete os diferenciais de preços entre os países. A segunda é que as flutuações do câmbio, caso ocorram no período, são fruto do comércio internacional e não de movimentos especulativos.

A conversão pela taxa de câmbio de agregados econômicos internacionais é um mecanismo que atende as expectativas quanto ao problema da homogeneização da unidade de medida para transações específicas. Entretanto, quando o objetivo for comparar internacionalmente outras cifras, por exemplo, o PIB, este método não atende por completo a necessidade dos analistas. Para que sejam executadas comparações entre volumes de agregados econômicos internacionais é necessária a conversão para uma mesma moeda (por meio da taxa de câmbio), mantendo-se determinado nível de preços. Deste modo, as comparações internacionais requerem a existência de três componentes passíveis de serem isoladas: a taxa de câmbio, a razão de *quantum* e a razão de preços. Logo, a taxa de câmbio resolve apenas uma parte do problema, visto que se deve proceder à decomposição entre o que é variação de preços e o que é variação de volume.

Destacando apenas as taxas de câmbio e os índices de quantidades, podemos equacionar o problema por meio da seguinte formulação. Vamos considerar a renda mundial como $W^I = T^I \times E^I + R^I$ e $W^{II} = T^{II} \times E^{II} + R^{II}$, onde W é a renda mundial, T é a renda dos Tigres Asiáticos, E é a taxa de câmbio que converte sua moeda em moeda internacional e R é a renda do resto do mundo. Os sobrescritos I e II representam dois períodos, interconectados por meio de suas respectivas taxas de crescimento dadas por $W^{II} = (1 + g_W) \times W^I$ e $T^{II} = (1 + g_T) \times T^I$, ou, multiplicando ambos os membros por E^{II}, $T^{II} \times E^{II} = (1 + g_T) \times T^I \times E^{II}$.

Em seguida, definimos a participação da renda dos Tigres na renda mundial nos dois anos como

$$s^I = \frac{T^I \times E^I}{W^I}$$

e

$$s^{II} = \frac{T^{II} \times E^{II}}{W^{II}} = \frac{(1+g_T) \times T^I \times E^{II}}{(1+g_W) \times W^I}.$$

Dividindo a segunda expressão pela primeira, temos:

$$\frac{s^{II}}{s^I} = \frac{(1+g_T) \times T^I \times E^{II}}{T^I \times E^I} \times \frac{W^I}{(1+g_W) \times W^I} = \frac{(1+g_T)}{(1+g_W)} \times \frac{E^{II}}{E^I} \qquad (11.54)$$

Se a participação dos Tigres na renda mundial caiu em termos nominais (isto é, se $\frac{s^{II}}{s^I} < 1$), ao mesmo tempo em que elevou-se o número relativo das taxas de crescimento $\left(\frac{1+g_T}{1+g_W}\right)$, segue-se que alguma desvalorização no câmbio ($\frac{E^{II}}{E^I} < 1$) é que vai reestabelecer a igualdade em (11.54). Em outras palavras, é preciso que ocorra uma desvalorização na taxa de câmbio dos Tigres entre os dois períodos, de sorte a nivelar (manter ao par) a igualdade original. Esta recomposição da paridade encontra-se no ritmo da inflação doméstica relativamente à do resto do mundo[77] ou na existência de um superávit no balanço de transações correntes, explicando o paradoxo.

Em linhas gerais, uma vez que a taxa de câmbio não reflete o nível de preços relativos entre países, então estimativas dos níveis de renda calculados são inconsistentes. Adicionalmente, taxas de câmbio são ineficazes para orientar decisões de política regional ou global porque a especulação monetária e os movimentos de capital de curto prazo causam a flutuação da taxa de câmbio. Em alguns países, a taxa de câmbio é fixa, sendo uma opção de política adotada, muitas vezes, por países emergentes dispostos a debelar a inflação. Flutuações da taxa de câmbio fazem alguns países parecerem ricos ou pobres da noite para o dia, com nenhuma mudança no volume de produção. Existe evidência internacional de que as variações de preços entre países, devidas a diferenças culturais, de gostos, religião, etc., são substancialmente superiores às variações de preços entre dois períodos num mesmo país. Nesse sentido, o câmbio resolve apenas uma parte do problema, ou seja, a conversão de agregados monetários para uma mesma unidade de conta.

Uma solução de melhor qualidade do que usar a taxa de câmbio para criar agregados econômicos comparáveis internacionalmente consiste na adoção de uma regra empírica. Muitos países do mundo, por serem pequenos e desorganizados, ainda que mantendo relações econômicas internacionais, não tiveram determinada sua paridade do poder de compra, o que obstaculiza as comparações com o restante da comunidade. Uma regra prática pode oferecer uma estimativa preliminar do tamanho relativo de seu PIB com relação àqueles cujo cálculo da paridade do poder de compra está disponível. Baseando-se no conceito de coeficiente de abertura, ela

---

[77] Neste caso, estamos lidando com a equação (11.51).

inicia considerando a própria definição apresentada na equação (11.50), permitindo-nos construir uma equação de primeiro grau com uma variável, ou $c = \dfrac{X+M}{Y}$, onde c é o coeficiente de abertura, X e M são as importações e Y é o valor adicionado de determinado país.

Neste caso, $Y = \dfrac{X+M}{c}$. Ora, se temos c mensurado em moeda doméstica, e o movimento do setor externo, em moeda internacional, podemos chegar ao valor do PIB do país avaliado aos preços com que ele se posiciona no comércio internacional. A dimensionalidade da equação ajuda-nos a fixar o exemplo:

Y_{DD} é a renda do país doméstico (Lizard, ano I, da Tabela 3.2 do Capítulo 3 – Dimensões) avaliada em moeda doméstica: L$ 2.248,5 bilhões

Y_{DR} é a renda do país doméstico avaliada na moeda do país de referência: a avaliar

X_{DD} e M_{DD} são os valores na moeda do país de referência das exportações (427,2) e importações (584,6) do país doméstico: $X_{DD} + M_{DD} = $ S$ (427,2 + 584,6) bilhões.

Com estas duas cifras, calculamos o coeficiente c:

$$c = \dfrac{427{,}2 + 584{,}6}{2.248{,}5} = 0{,}45.$$

Além dela, caso sejamos informados de que as estatísticas da Organização Mundial do Comércio apontam para uma movimentação total do país no exterior da ordem de S$ 562,5 bilhões, teremos um PIB mensurado em dólares de $\dfrac{S\$\,562{,}5}{0{,}45} = $ D$ 1,25 trilhão.

Feitos os cálculos, não podemos deixar de assinalar que este método também apresenta suas limitações. Particularmente, a cifra obtida em moeda internacional para o PIB do país doméstico repousa na aceitação da representatividade geral do coeficiente de abertura. Esses 45% adotados para o coeficiente de abertura resultam da aceitação de que os preços domésticos das exportações, importações e PIB são perfeitamente compatíveis entre si[78]. Ou seja, estamos tomando a parte pelo todo, julgando que a primeira é uma boa representação de todas as relações econômicas observadas internamente. Vamos agora examinar com mais vagar a teoria da paridade do poder de compra, a mais sofisticada solução hoje disponível para o problema.

11.13 PARIDADE DO PODER DE COMPRA[79]: EVIDÊNCIA EMPÍRICA

Como referimos na Seção 11.12, o paradoxo protagonizado pelos Tigres Asiáticos consistiu na queda de participação no PIB mundial, ainda que crescendo a taxas maiores do que a média de todos os demais países. Como sabemos, paradoxo é uma proposição verdadeira que aparenta falsidade. No caso, a taxa de crescimento da

---

[78] Ainda assim, este método vale-se de um suposto bastante usado na modelagem de equilíbrio geral computável. Naquele contexto, fala-se em funções de demanda de Armington, caracterizadas pela homogeneidade entre o preço do produto doméstico e o importado.

[79] Esta seção retoma os conteúdos da Seção 11.5 do Capítulo 11C (Internacionais/CD).

economia dos Tigres, a exemplo da mundial, é calculada por meio de índices do produto real de suas economias. Como tal, os preços usados para ponderar as quantidades devem ser mantidos invariáveis a cada dois anos consecutivos. O mesmo não ocorre com a taxa de conversão do PIB nominal na moeda usada como unidade de conta internacional, que deve ser corrigida pela taxa de câmbio corrente a cada período. Uma vez que esta oscila entre um ano e outro em resposta a diversos fatores, cabe-nos destacar a inflação nacional e a mundial, bem como a demanda internacional pelo produto exportado pelos Tigres. Com isso, devemos pensar na taxa de câmbio como indutora do paradoxo, cuja racionalização encontra-se na equação (11.54).

Partindo da divertida suposição de que o maior signo da globalização é o sanduíche BigMac, a revista *The Economist* vem, desde 1986, ilustrando a forma de resolver o problema, ao reunir os dados que reproduzimos na Tabela 11.20. Seu tradicional binômio de competência-irreverência não se destina a mostrar a irrelevância da lei do preço único. Ao contrário, o objetivo era ressaltar as consequências nefastas, por exemplo, sobre a alocação do emprego doméstico, resultantes da generalização das condições que impedem o amplo funcionamento de tal lei. O entendimento de

Tabela 11.20 O padrão BigMac no mundo

Países e suas respectivas moedas	Preço do Big Mac em dinheiro local (A)	Taxa de câmbio $Local/US$ (B)	Preço do Big Mac local em US$ (C)	Razão preço local em US$ e o preço nos USA (D)	Paridade do poder de compra (em dinheiro local) (E)	Super (> 0) ou sub (< 0) valorização do dinheiro local (%) (F)
Estados Unidos – US$	2,3	1,00	2,300000	1,000000	1,000000	0,00
Argentina – Peso	3,60	1,00	3,600000	1,565217	1,565217	56,52
Austrália – A$	2,45	1,42	1,725352	0,750153	1,065217	−24,98
Brasil – Cr$	1.500,00	949,00	1,580611	0,687222	652,173913	−31,28
Chile – Peso	948	414	2,289855	0,995589	412,173913	−0,44
China – Yuan	9	8,7	1,034483	0,449775	3,913043	−55,02
França – FFr	18,5	5,83	3,173242	1,379670	8,043478	37,97
Alemanha – DM	4,6	1,71	2,690058	1,169591	2,000000	16,96
Japão – Ÿ	391	104	3,759615	1,634615	170,000000	63,46
Malásia – M$	3,77	2,69	1,401487	0,609342	1,639130	−39,07
México – Peso	8,1	3,36	2,410714	1,048137	3,521739	4,81
Cingapura – $	2,98	1,57	1,898089	0,825256	1,295652	−17,47
Coreia do Sul – Won	2300	810	2,839506	1,234568	1.000,000000	23,46
Espanha – Ptas	345	138	2,500000	1,086957	150,000000	8,70
Suíça – SFr	5,7	1,44	3,958333	1,721014	2,478261	72,10
Taiwan – NT$	62	26,4	2,348485	1,021080	26,956522	2,11
Tailândia – Baht	48	25,3	1,897233	0,824884	20,869565	−17,51

Fonte: *The Economist*, 1994 apud: Gujarati (1995, p.151).
Memorando de cálculo: As colunas (A) e (B) são dadas. A coluna (C) é obtida ao dividir a coluna (A) pela coluna (B). A coluna (D) toma os valores da coluna (C) e os divide por US$ 2.30 (que é o preço do BigMac nos Estados Unidos). A coluna (E) é obtida ao multiplicar a coluna (B) pela coluna (D). A coluna (F) é obtida ao multiplicar a coluna (E) por 100 e subtrair 100 do resultado.

como a correção é feita leva-nos diretamente, de forma bastante intuitiva, ao conceito de paridade do poder de compra.

Obviamente, a taxa de câmbio do dólar americano é de US$ 1.00/US$ 1.00, o que significa, por exemplo, que, para comprarmos um BigMac em Nova York, cujo preço é de US$ 2.30 por sanduíche, precisaríamos desembolsar exatamente esses US$ 2.30. Ao mesmo tempo, podemos observar que existe uma correlação quase perfeita entre o preço do BigMac nos postos de venda dos diferentes países listados na tabela (coluna A) e suas respectivas taxas de câmbio (coluna B)[80]. Neste sentido, relembrando os conhecimentos da Seção 11.8.1 e adaptando-os a nossos objetivos, podemos usar a taxa de câmbio como **uma espécie** de deflator. Gerando os dados da coluna (C), vemos os preços do BigMac nos diferentes países sendo denominados em moeda americana. Calculamos o número relativo de base unitária da coluna (D) como a razão entre o preço do BigMac cotado em dólares americanos nos diferentes países e seu preço em Nova York. Por exemplo, o número 1,565217 informa que o preço em Buenos Aires é 57% maior do que o pago na Big Apple. A coluna (E) mostra a paridade do poder de compra, isto é, que, no Brazil (para seguirmos a grafia da *The Economist*[81]), teríamos que pagar apenas Cr$ 652,17 por um BigMac, por contraste ao desembolso de Cr$ 1.500,00 que fazemos na realidade realmente real.

Consideremos, adicionalmente, o caso australiano. O BigMac custa A$ 2,45 em Sydney, por contraste aos US$ 2.30 nova-iorquinos, havendo um fator de proporcionalidade de 1,07 [coluna (E), ou $\frac{2,45}{2.30} = 1,07$) entre eles. Ou seja, o coeficiente de 1,07 coloca o preço do sanduíche americano ao par com o preço do australiano. Por isso, designamo-lo por paridade do poder de compra, cabendo notar que ele não é a taxa de câmbio, a qual é de A$ 1,42/US$ 1.00, conforme a coluna (B)]. Ademais, observemos que ele carrega a mesma unidade de medida (dólares australianos por dólares americanos) desta.

Voltando a usar as cifras do Brasil, a paridade do poder de compra pode ser escrita como $\frac{Cr\$652,17}{US\$1.00} = Cr\$949 \times \frac{1,580611}{2.30}$, que permite interpretá-la como a quantidade de cruzeiros necessária para comprarmos a mesma quantidade de sanduíches que poderíamos adquirir ao despendermos um dólar americano. Examinando em conjunto as paridades do poder de compra da Austrália e do Brasil, vemos que 1,07 < 1,42 e 652,173913 < 949,00.

Ou seja, em ambos os casos, o câmbio está subvalorizado. Com efeito, se ele fosse mais alto, daria acesso a sanduíches de maior volume em Sydney e em, digamos, Curitiba. Por contraste, no caso da França e da Alemanha, a taxa de câmbio está supervalorizada, pagando se mais "por mordida" do que trocando os francos e marcos por dólares e indo comer o sanduíche em Nova York.

---

[80] Na verdade, esta correlação é de 0,95, se aplicarmos a fórmula (2) do Box 10.2 do Capítulo 10 (Distribuição).

[81] Talvez por conservadorismo, a centenária revista britânica tenha mantido a grafia que a primeira constituição da república registrou para os Estados Unidos do Brazil, e que foi modificada em 1943 pela iconoclastia dos gramáticos luso-brasileiros, e que volta e meia incentivam a destruição de todos os dicionários. Mas, para eles, a capital do país é Brasília, com o "z" dando lugar ao "s" dos gramáticos e de Juscelino Kubitscheck.

A rigor, não seria de esperar que algum dos países apresentasse o caso de perfeita adequação da taxa de câmbio. A própria lei do preço único, com suas condições de contorno já conhecidas, encarrega-se de dizer que esta seria apenas a tendência de longo prazo, quando as flutuações meramente erráticas seriam eliminadas. Deste modo, generalizar a paridade do poder de compra, como fizemos com a da *The Economist*, é forçada, pois nossa cesta de consumo carrega um único produto, o proverbial sanduíche. Para uma análise mais acurada seria necessária a utilização de uma cesta de bens comparáveis internacionalmente[82].

A generalização é alcançada ao juntarmos ao BigMac outras mercadorias características dos países para os quais estamos buscando a paridade. Para tanto, construímos um índice de preços[83] estruturado pelo critério de Young (e Lowe) tratado na Seção 11.6 do Capítulo 11A (Índices/CD). Ou seja, vamos construir um índice de preços de Laspeyres em que os pesos aplicados aos preços relativos dos dois países são dados por uma cesta de bens comum à estrutura de consumo de ambos ou

$$r = \frac{\sum_{i=1}^{n} p_{Di} \times q_{Ii}}{\sum_{i=1}^{n} p_{Ii} \times q_{Ii}}$$

onde r é o índice de preços internacionais, ou seja, o relativo dos preços entre o país doméstico e o país (ou países) de referência, p_D e p_I são os preços doméstico e internacional e q_I é a quantidade arbitrada como sendo o padrão de consumo internacional. Ora, esta razão r é precisamente o que estamos usando nas expressões anteriores como sendo o elemento de equalização entre o poder aquisitivo doméstico e a taxa de câmbio. Generalizando o procedimento associado ao BigMac a todos os demais bens integrantes da cesta internacional, podemos escrever que

$$PPC = E \times r \qquad (11.55)$$

Uma vez que obtivemos a paridade do poder de compra absoluta, isto é, denominada em dinheiro, torna-se claro que corrigimos a taxa de câmbio pela razão entre os preços dos dois países, isto é, medida nas unidades monetárias dos dois países. Assim, seu contraste deve ser feito com a paridade do poder de compra relativa, quando veremos que a mudança na taxa de câmbio equivale às alterações dos níveis de preços. Transformando a expressão (11.55) em logaritmos, temos que $\ln PPC = \ln E + \ln r$.

Esta expressão decompõe aditivamente a taxa de crescimento da variável do lado esquerdo da equação nas duas componentes sinalizadas no lado direito. Para deixar mais claro o resultado assim alcançado, vamos reescrevê-la para a variação entre os períodos I e II como $p = \dfrac{P^{II} - P^{I}}{P^{I}} = \dfrac{E^{II} - E^{I}}{E^{I}} + \dfrac{R^{II} - R^{I}}{R^{I}}$, onde agora p é a paridade do poder de compra relativa, P é o preço da cesta de bens no mercado interno,

---

[82] Isto será tratado na Seção 11.6 do Capítulo 11C (Internacionais/CD), ao estudarmos o Programa de Comparações Internacionais do Banco Mundial.

[83] Ainda que dizendo respeito a duas regiões (e não a dois momentos de tempo), estes índices também são chamados de bilaterais. Por lidarem com preços e quantidades, eles também são binários. Naturalmente, poderíamos substituir o índice de Young, baseado numa cesta fixa e associado à fórmula de Laspeyres, pelo de Törnqvist modificado.

E é a taxa de câmbio nominal e *R* é a razão entre o preço da cesta de bens adquiridos no mercado interno se fosse cotada a preços do mercado estrangeiro e o preço que lá lhe corresponde.

A origem do conceito de paridade do poder de compra nas versões absoluta e relativa expostas há pouco reside na lei do preço único. De acordo com esta lei, como já discutimos na seção anterior, os preços de bens homogêneos devem convergir para um valor comum quando referenciados na mesma moeda, sob as condições de livre comércio, ou seja, na ausência de barreiras e na falta de custos de transporte expressivos. Nesse sentido, as forças da oferta e da procura do mercado atuariam como mecanismos de convergência entre os preços. Definido como arbitragem, esse fenômeno levaria à convergência entre os preços de um mesmo produto em países diferentes quando cotados na mesma moeda. Como observamos, há um importante contraste entre o objeto da lei do preço único e a paridade do poder de compra. Alternativamente, no primeiro caso, estamos comparando o preço do mesmo produto em diferentes países. No caso do cálculo da paridade do poder de compra, são considerados os preços de todas as mercadorias transacionadas entre os dois países. Em resumo, a paridade do poder de compra pode ser considerada uma versão ampliada da lei do preço único.

Ainda assim, resumindo o conteúdo dessa seção, cabe ressaltar que, apesar do esforço de pesquisa despendido pelos economistas, a teoria da paridade do poder de compra ainda apresenta algumas limitações. A primeira delas refere-se ao fato de que existem diferentes custos de transporte, de transação, de gerenciamento da informação, barreiras comerciais e sistemas tributários. A própria ação de monopólios pode ser considerada um fator de distorção adicional, bem como a dificuldade em padronizar as cestas de consumo das populações dos diferentes países. Nesse sentido, esforços de diversas organizações internacionais, entre elas o FMI e o Banco Mundial, visam a minimizar as limitações do conceito de paridade do poder de compra, fornecendo suporte para que sejam executadas comparações consistentes entre os agregados internacionais.

RESUMO

Concluindo a exposição de nossas lições de contabilidade social, este foi um capítulo longo e heterogêneo. Ainda assim, as matérias que o integram dizem respeito a um tronco unificador do qual emergem dois raios: as comparações intertemporais e internacionais entre agregados econômicos. Dedicamos as Seções 2 a 9 para vencer o primeiro, ao passo que as Seções 10 a 13 desdobram-se a partir do segundo.

Dissemos em diversas instâncias dos capítulos anteriores que a macroeconomia focaliza seu interesse em três variáveis modernamente modeladas na forma de taxas de crescimento do produto e dos preços e movimentação no nível de desemprego em determinado instante. Também observamos que, de forma agregada, o crescimento do produto é idêntico ao da renda e ao da despesa. O que fizemos no presente capítulo foi criar variáveis reais, como a evolução do *quantum* produzido (medido em quantidades monetárias avaliadas a preços constantes), do *quantum* investido, etc., e do nível de emprego (mensurado em número de trabalhadores empregados ou horas por eles trabalhadas). Com este procedimento, ingressamos no mundo das séries temporais, emblematizado por meio das equações (11.42), (11.43) e (11.44).

Mas antes já fizéramos as variáveis econômicas viajarem no tempo, ganhando ou perdendo valor (isto é, magnitude), ao associá-las a equações em que a taxa de juros torna-se uma variável coadjuvante à passagem do tempo, como nas equações (11.1), (11.2) e (11.3). Neste ambiente, uma vez definidas as determinantes temporais da evolução das variáveis econômicas, passamos a entender que não é apenas a taxa de juros que as faz variarem ao longo do tempo.

Neste caso, integrando as componentes das equações (11.4), (11.6) e (11.7), quisemos decompor as causas das variações dos valores monetários, fazendo-o ao mensurar as expressões definidas em (11.6) e (11.7) como índice de quantidades e índice de preços.

Dentro destas molduras, caímos no mundo dos índices não ponderados e dos índices agregativos ponderados, o que nos levou a esgotar o nível de profundidade a que nos propusemos neste capítulo, ao encadear os índices construídos para pares de anos consecutivos. Com isto, lançamo-nos no mundo da avaliação das viagens no tempo, agora mais claramente em resposta a variações localizadas apenas na componente preço (ou, alternativamente, na componente quantidade) de variáveis mensuradas tanto em termos físicos quanto em termos monetários.

Calculando o produto, a renda e a despesa em valores constantes, expandimos nosso interesse para a montagem de sistemas de informação gerencial (governamentais e empresariais) divididos em dois mundos: o dos indicadores de atividade (desempenho conjuntural) e o das contas nacionais trimestrais. Com eles, demos por encerrado o estudo das séries temporais e passamos ao estudo das precauções a serem adotadas quando nosso objetivo é proceder a comparações internacionais. A primeira precaução acompanha-nos desde o Capítulo 7D (BOP/CD), consistindo na conversão, por meio da taxa de câmbio, de valores mensurados na moeda de um país na de outro.

Mas as comparações internacionais podem ser favorecidas com o uso de outros indicadores, como é o caso do coeficiente de abertura ou do índice de vulnerabilidade externa de uma economia. Depois deles, voltamos a preocupar-nos com a taxa de câmbio, pois fomos capazes de entender que o próprio preço em moeda doméstica de uma unidade das divisas estrangeiras é um instrumento relativamente limitado para permitir as comparações internacionais. Discutimos amplamente a natureza dessas limitações e apontamos a forma conceitualmente adequada de superá-las, por meio do conceito de paridade do poder de compra, que resulta de um índice do movimento relativo dos preços domésticos e internacionais.

Com isto, concluímos a Sexta Parte, com ela, nossa excursão sobre conceitos e métodos destinados a avaliar o grau de eficiência com que uma sociedade usa seus recursos ao mergulharmos nas dimensões econômica, sociodemográfica e ambiental. Na Quinta Parte, constituída por um breve capítulo, vamos examinar algumas deficiências ainda sentidas ao avaliar o estado da arte e fazer algumas considerações adicionais sobre os rumos da pesquisa na área.

QUINTA PARTE

CONTAS REGIONAIS E PRODUÇÃO LOCAL

12

Contabilidade Social Regional

Alexandre Alves Porsse e Fernando Salgueiro Perobelli

12.1 CONSIDERAÇÕES INICIAIS

Os analistas das questões econômicas regionais frequentemente se deparam com a carência de informações estatísticas no volume e na qualidade adequados. No tocante ao volume, há pesadas lacunas de material quantitativo necessário ao cálculo dos agregados econômicos. Um exemplo é a dificuldade na obtenção de estatísticas confiáveis sobre as transferências de recursos privados inter-regionais. Ainda assim, muitas vezes é possível estimar determinados montantes monetários que compõem o sistema de contabilidade social regional, notadamente a partir de fontes de dados administrativos fornecidos por órgãos governamentais regionais. No tocante à qualidade, porém, a ausência de um tratamento estatístico adequado na produção dessas informações pode conduzir à geração de viés nos valores estimados. Neste caso, citamos como exemplo o levantamento de dados sobre as transações comerciais inter-regionais de bens e serviços. Mesmo sendo passíveis de estimação por meio dos registros administrativos dos órgãos fazendários dos governos estaduais, os valores obtidos podem apresentar um viés de subcobertura provocado por problemas de sonegação ou fiscalização.

A superação desses problemas exige dos analistas regionais um grande esforço de levantamento de fontes de dados estatísticos, de sistematização e de compatibilização conceitual. A montagem de um quadro de estatísticas econômicas regionais requer a utilização de estimativas para componentes específicos de um sistema coerente, a partir das informações disponibilizadas por diferentes fontes raramente existentes em séries suficientemente longas. Este aspecto leva à necessidade de desenvolver um trabalho relativamente árduo de compatibilização dos dados para garantir a consistência das contas econômicas regionais. E, mais importante, a natureza e as peculiaridades de tal sistema devem manter-se em consonância com metodologias compatíveis com as adotadas em nível nacional que fatalmente deverão dar abrigo às estimativas regionais. Esta harmonia metodológica é fundamental para o analista interessado em estudar quantitativamente a forma de inserção da região no espaço nacional.

Além disso, a própria delimitação conceitual dos contornos territoriais da região apresenta destaque neste contexto. Num mundo em que o conceito de região ainda é objeto de acesas controvérsias, comparar o sistema de contas nacionais com um sistema de contas regionais apresenta dificuldades que apenas são superadas com muita dedicação. Enquanto o sistema de contas nacionais apresenta uma base teórica bem estabelecida, sua correspondência regional enfrenta divergências metodológicas quando construída por diferentes equipes. Mesmo nos casos em que o caminho de construção dos agregados regionais se baseia em um método descendente de desagregação regional das cifras nacionais, os critérios de rateio também estão sujeitos a limitações conceituais ou empíricas.

Neste contexto, tomando como referência a matriz de contabilidade social nacional, podemos desagregá-la em diferentes componentes regionais, como as unidades administrativas das macrorregiões de um país, seus estados, microrregiões, municípios e mesmo distritos. A construção da matriz de contabilidade social nacional depende do sistema de contas nacionais e da matriz de insumo-produto a ele associada e de uma nova matriz que rastreie os recebimentos por parte dos proprietários dos fatores de produção dos montantes transacionados no mercado de fatores por seus proprietários. Todavia, e aqui surge a maior diferença com relação à contabilidade social regional, os dados relativos ao comércio inter-regional enfrentam os citados problemas conceituais e empíricos. O mesmo tipo de problema atinge as remessas inter-regionais de capital efetuadas pelo setor privado, as transferências intergovernamentais e intrafamiliares.

A semelhança na transposição dos conceitos é que, em ambos os casos, estamos colhendo indicadores sociodemográficos e ambientais, a fim de avaliar o desempenho da ação societária em determinado período. Neste contexto, faz-se necessária apenas alguma adaptação das grandes linhas conceituais que regem os mesmos procedimentos adotados para o nível nacional e que dizem respeito apenas às instituições do governo e das empresas locais exportadoras e importadoras. Naturalmente, as relações entre a região e o todo político que a abriga tendem a ser mais fortes do que as estabelecidas por dois países, o que se observa tanto nos movimentos citados das exportações e importações quanto nos movimentos demográficos e, particularmente, na ocupação da população, e a interdependência das ações sobre o meio ambiente.

Uma vez estruturado, o sistema consistente reunindo as informações regionais, compatível com as correspondentes matrizes nacionais, permite o melhor entendimento das economias regionais, viabilizando o exame das causas e prevendo as consequências de diversas questões. Entre estas, destacamos as relativas às disparidades regionais, ao processo de trocas entre as regiões, à capacidade de arrecadação de tributos, ao balanço de pagamentos e ao financiamento de eventuais déficits comerciais ou governamentais. Em outras palavras, um sistema de contas regionais fornece uma visão de conjunto da estrutura econômica das unidades espaciais e de suas relações com o governo central (nacional), com o resto do país e com o resto do mundo. Em busca destas recompensas, o presente capítulo lança bases para a discussão da estrutura, das aplicações e da importância da contabilidade social regional.

Assim, na próxima seção, vamos estudar as linhas gerais que demarcam a estrutura de um sistema de contabilidade social regional, trazendo à consideração o exemplo da matriz de contabilidade social regional e inter-regional, que serão utilizadas para ilustrar a aplicação dos conceitos relevantes ao mundo empírico. Na Seção 3, vamos examinar os desdobramentos analíticos da matriz de insumo-produto inter-regional, apresentando algumas técnicas de cálculo que podem ser utilizadas para traçar o perfil das relações de interdependência regional que se moldam por meio dos fluxos de comércio entre as regiões. Ainda nesta seção, considerando dados numéricos de um sistema regional integrado e fictício, apresentamos os resultados de uma aplicação concreta dessas técnicas. Por fim, a Seção 4 tratará da questão dos multiplicadores da matriz de contabilidade social regional, mostrando os contornos conceituais de sua decomposição.

12.2 ESTRUTURA DE UM SISTEMA DE CONTABILIDADE SOCIAL REGIONAL

Tomando como referência a matriz de contabilidade social simplificada exibida desde a Tabela 3.5 do final do Capítulo 3 (Dimensões) e amplamente discutida no Capítulo 4 (MaCS e MIP), podemos pensá-la como sendo o resultado da agregação de matrizes correspondentes construídas para suas regiões. Iniciando a exposição da ideia de que a matriz nacional pode aninhar as matrizes regionais, temos na Figura 12.1 as contas das organizações dos produtores, dos fatores e das instituições nacionais mostrando seus componentes regionais e subregionais. No exemplo, percebemos que a matriz de contabilidade social de um país pode ser vista como uma agregação das matrizes de contabilidade social de seus três estados federados (Norte, Centro, Sul), e, num nível ainda mais desagregado, a matriz de contabilidade social de cada estado reflete a soma das matrizes de contabilidade social dos municípios pertencentes à jurisdição estadual.

Ao tratarmos da estruturação de uma matriz de contabilidade social envolvendo dimensões regionais dentro de um país, devemos ter presente que a definição de instituições se torna mais complexa na medida em que passa a ser composta por um conjunto mais amplo de atores. Por exemplo, os agentes externos a uma região agora são formados pelo resto do país e pelo resto do mundo. Em um sistema econômico regional completo, a figura do governo precisa incorporar a existência de

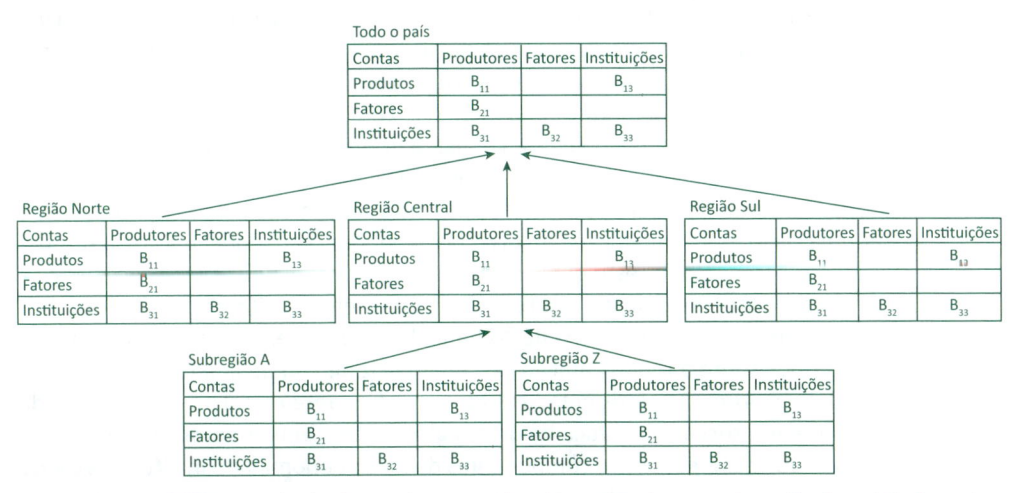

Todo o país

Contas	Produtores	Fatores	Instituições
Produtos	B_{11}		B_{13}
Fatores	B_{21}		
Instituições	B_{31}	B_{32}	B_{33}

Região Norte

Contas	Produtores	Fatores	Instituições
Produtos	B_{11}		B_{13}
Fatores	B_{21}		
Instituições	B_{31}	B_{32}	B_{33}

Região Central

Contas	Produtores	Fatores	Instituições
Produtos	B_{11}		B_{13}
Fatores	B_{21}		
Instituições	B_{31}	B_{32}	B_{33}

Região Sul

Contas	Produtores	Fatores	Instituições
Produtos	B_{11}		B_{13}
Fatores	B_{21}		
Instituições	B_{31}	B_{32}	B_{33}

Subregião A

Contas	Produtores	Fatores	Instituições
Produtos	B_{11}		B_{13}
Fatores	B_{21}		
Instituições	B_{31}	B_{32}	B_{33}

Subregião Z

Contas	Produtores	Fatores	Instituições
Produtos	B_{11}		B_{13}
Fatores	B_{21}		
Instituições	B_{31}	B_{32}	B_{33}

Figura 12.1 Estrutura aninhada de um sistema regional e nacional para a obtenção da matriz de contabilidade social de seis blocos.

diferentes esferas de administração pública, pois uma nação geralmente possui um governo central e governos regionais (estaduais, municipais, distritais, etc.). Logo, a representação esquemática de uma matriz de contabilidade social regional precisa levar em conta diversas especificidades.

Adicionalmente, a forma de representação de uma matriz de contabilidade social para um contexto regional pode assumir diferentes nuances, conforme o interesse direcionador da pesquisa. Distinguimos dois formatos de representação da matriz regional dentro do espaço nacional. No primeiro caso, ela é tomada como uma unidade independente, com propriedades idênticas à matriz nacional. Neste sentido, uma matriz de contabilidade social regional é muito similar à matriz nacional, em termos de estrutura representativa, diferenciando-se somente pelo fato de que o setor externo agora passa a ser composto por dois agentes (internacional e outras regiões do país) e o setor governo é representado por diferentes esferas de administração pública, uma nacional (governo central) e outra regional (estados e/ou municípios). Na matriz de contabilidade social regional, esses "novos" agentes são apresentados por meio de vetores adicionais no corpo estrutural da matriz de contabilidade social.

No segundo caso, vemos a matriz de contabilidade social inter-regional, na qual se destacam as vendas feitas pelos produtores e pelos locatários de uma região aos produtores e instituições das demais regiões. Sua representação é similar à anterior, mas diferindo no registro das relações de interdependência regional subjacentes às transações de bens e serviços. Tais transações são identificadas explicitamente em termos de destino aos setores de atividade econômica (consumo intermediário) e dos agentes de demanda final. Neste caso, a diferença reside no fato de que, em vez de considerar as exportações e importações regionais apenas como dois vetores na matriz de contabilidade social regional, as transações são tratadas como uma matriz intersetorial na qual é possível identificar o destino de cada fluxo importado.

Por exemplo, numa matriz de contabilidade social regional basta mensurarmos o valor da importação de gás natural, mas na matriz inter-regional precisamos saber quanto cada setor de atividade utiliza desse montante como consumo intermediário e quanto é transferido diretamente às instituições que demandam os bens finais, como é o caso do consumo das famílias. Logo, podemos considerar, sob o ponto de vista analítico, que a organização da matriz de contabilidade social inter-regional é bastante superior à da regional. Com efeito, a primeira permite avaliar o padrão de interdependência setorial e regional de uma forma integrada. Já a segunda possibilita identificarmos o padrão de interdependência setorial dentro da região e apenas ter uma visão mais simplificada do nível de dependência regional por meio dos fluxos de comércio com o resto do país (outras regiões).

Para alcançarmos uma compreensão melhor dessas diferenças, vamos introduzir a representação da matriz de contabilidade social regional para, em seguida, avançarmos sobre a representação de uma matriz de contabilidade social inter-regional. O Quadro 12.1 apresenta uma estrutura bastante realista de uma matriz de contabilidade social sob a ótica de uma região pertencente a um sistema nacional, na qual são desagregados os componentes do bloco denominado instituições e suas relações interagentes e intra-agentes. Para simplificação, assumimos que existem somente duas esferas de governo (central e regional). Muitas das relações presentes

Quadro 12.1 Matriz de contabilidade social regional do Planeta GangeS, um país de duas regiões

Contas		Produtores	Fatores	Instituições					Investidores	TOTAL
				Famílias	Governo regional	Governo central	Resto do país	Resto do mundo		
Produtores		Relações intersetoriais		Consumo pessoal	Consumo do governo regional	Consumo do governo nacional	Exportação inter-regional	Exportação internacional	Formação bruta de capital	Demanda total
Fatores		Salários, lucro e juros								Renda dos fatores
Instituições	Famílias		Alocação da renda entre famílias	Transferências interfamílias	Transferências para as famílias	Transferências para as famílias	Renda líquida recebida do resto do país	Renda líquida recebida do resto do mundo	Lucros distribuídos às famílias	Renda das famílias
	Governo regional	Impostos indiretos regionais		Impostos diretos e indiretos sobre as famílias		Transferências intergovernamentais verticais	Transferências intergovernamentais horizontais		Impostos diretos e indiretos sobre o capital	Receita do governo regional
	Governo central	Impostos indiretos nacionais		Impostos diretos e indiretos sobre as famílias					Impostos diretos e indiretos sobre o capital	Receita do governo central
	Resto do país	Importação inter-regional de insumos		Importação inter-regional de bens de consumo					Importação inter-regional de bens de capital	Importação inter-regional
	Resto do mundo	Importação internacional de insumos		Importação internacional de bens de consumo					Importação internacional de bens de capital	Importação internacional
Poupanças			Alocação da renda entre investidores domésticos	Despesas das famílias	Transferências para as empresas	Transferências para as empresas	Renda líquida recebida do resto do país	Renda líquida recebida do resto do mundo		Poupança
Total		Oferta total	Renda dos fatores		Gasto do governo regional	Gasto do governo central	Receita recebida do resto do país	Receita recebida do resto do mundo	Investimento	

na estrutura dessa matriz de contabilidade social regional se assemelham a sua correspondente nacional. Como elas já foram estudadas nos Capítulos 3 (Dimensões) e 4 (MaCS), daremos mais ênfase às relações originadas pela incorporação da dimensão regional, ou seja, àquelas relações associadas aos agentes de governo (central e regional) e setor externo (resto do país e resto do mundo). Seja como for, a identidade fundamental da contabilidae social é verificada.

Considerando que o setor externo é desagregado nas parcelas das relações internacional e das encetadas com o resto do país, os recursos (oferta) e usos (demanda) dos agentes também são nelas desagregados. Por exemplo, no caso da região em foco, os valores das exportações levadas a efeito pelos produtores domésticos são avaliados separadamente quanto ao destino para o comércio internacional ou inter-regional. Da mesma forma, as aquisições dos agentes correspondentes ao fluxo de importação dividem-se nas provenientes do resto do mundo e nas que se originam no resto do país. Com isso, o grau de abertura econômica da região pode ser mensurado nas perspectivas tanto internacional quanto inter-regional. Convém destacar que diversos estudos empíricos regionais constataram que o segundo fluxo é bastante superior ao primeiro, de modo que a dinâmica econômica de uma determinada região pode estar mais correlacionada com as flutuações internas do país do que com as flutuações do resto do mundo.

Além de uma nova configuração para a balança comercial, a matriz de contabilidade social regional também contabiliza o saldo líquido obtido entre as rendas recebidas e enviadas para o resto do país e para o resto do mundo. Em geral, o órgão oficial de estatística nacional e o próprio Banco Central sistematizam e publicam informações sobre o fluxo de renda internacional, mas raramente essas informações são reportadas para o nível regional. Além disso, no que diz respeito aos fluxos de renda entre agentes residentes em diferentes regiões de um país, é muito mais difícil obter estatísticas críveis devido à ausência de fontes de informação. A verdade é que a contabilização da conta de renda líquida recebida na matriz de contabilidade social regional nem sempre é trivial, ou mesmo factível, principalmente no caso inter-regional. Isso leva os pesquisadores regionais a adotarem técnicas de estimação a partir de fontes secundárias para conseguir esses fluxos (Box 12.1) ou a obtê-los de forma residual no fechamento de equilíbrio da matriz de contabilidade social.

Box 12.1 Os limites dos coeficientes locacionais como instrumento de criação da matriz de insumo-produto regional

Ao conhecerem a matriz de insumo-produto nacional de dois anos, a matriz regional de apenas um deles e informações limitadas sobre o segundo, muitos analistas usam o método dos coeficientes locacionais, a fim de fazerem a atualização da matriz regional do segundo ano. Se o número de lacunas for pequeno, tal método pode levar a resultados sensíveis, contornando uma séria fraqueza conceitual. A técnica que o substitui é a análise estrutural-diferencial desenvolvida na Seção 7.7 do Capítulo 7 (Bases), desde que modificada de modo cabível.

Para ilustrar a lacuna assinalada, vamos considerar o coeficiente de localização do emprego dado por:

$$c_i = \frac{\frac{e_i}{e}}{\frac{E_i}{E}} = \frac{e_i}{E_i} \div \frac{e}{E}, \quad (1)$$

onde e_i é o emprego da indústria i na região no ano dado, e é o emprego total dessa região, E_i é o emprego nacional na indústria i e E é o total do emprego do país.

(continua)

Box 12.1 Continuação

Existem muitas alternativas para a determinação de diversas variáveis, como o PIB, o consumo do governo, e por aí vai. Tal é o caso da chamada produtividade setorial relativa, que pode reservar surpresas ao estudioso, por exemplo, permitindo que a produtividade média da economia seja inferior (ou superior) a todas as observações. Vamos ilustrar o problema no uso dos coeficientes locacionais com este exemplo, que é até mais eloquente. Neste caso, vamos adaptar a equação (1) para a definição da produtividade do trabalho:

$$P_i = \frac{\frac{V_i}{E_i}}{\frac{V}{E}} \quad (2)$$

onde V_i é o valor adicionado (PIB) do setor (ou região) i e E_i é seu nível de emprego, e V e E são os correspondentes totais da economia (ou do país).

Consideremos a tabela a seguir, onde vemos que o índice de valor da produtividade do trabalho entre os períodos I e II do total da economia é menor do que o observado em cada um dos setores que o compõem.

Tabela 1 Viés no cálculo de índices locacionais

Setores	Ano I			Ano II			Índice da produtividade (G) = (F)/(C)
	Valor adicionado (A)	Emprego (B)	Produtividade do trabalho (C) = (A)/(B)	Valor adicionado (D)	Emprego (E)	Produtividade do trabalho (F) = (D)/(E)	
	Valores absolutos						
Setor rural	250	120	0,480000	250	120	0,480000	1,000000
Setor urbano	60	160	2,666667	59	159	2,694915	1,010593
Total	310	280	0,903226	309	279	0,902913	0,999653
	Valores relativos						
Setor rural	0,806452	0,428571	0,531429	0,809061	0,430108	0,531613	1,000347
Setor urbano	0,193548	0,571429	2,952381	0,190939	0,569892	2,984691	1,010944
Total	1,000000	1,000000	1,000000	1,000000	1,000000	1,000000	1,000000

Ora, aqui os dados do emprego e valor adicionado do setor rural (que exibe muito emprego relativamente ao outro) permaneceram constantes entre os anos I e II. O setor urbano experimentou pequenas quedas tanto no valor adicionado quanto no emprego. Por consequência, sua produtividade do trabalho cresceu em 1,0593%. Contrastando com este aumento, a produtividade de toda a economia caiu em 0,347%.

Ocorre que, como vimos na Seção (7.7) do Capítulo 7 (Bases/CD), a produtividade do trabalho de toda a economia pode ser expressa como a média aritmética ponderada das produtividades setoriais, em que o fator de ponderação é a participação do setor no emprego total. Vejamos analiticamente o que está ocorrendo. Consideremos a equação (2) expandida para o total da economia no ano II:

$$P_{II} = \Sigma_s \alpha_{sII} \times P_{sII} \text{ (s = rural, urbano)}, \quad (3)$$

onde α_{sII} é a participação do setor s no emprego total no ano final e P_{sII} é sua produtividade do trabalho. O índice do *quantum* da produtividade do trabalho de todos os setores é:

$$\frac{P_{II}}{P_I} = \Sigma_s \tau_{sI} \times \alpha_{sII} \times \left(\frac{P_{II}}{P_I}\right) \quad (4)$$

onde, adicionalmente, τ_{sI} é a razão entre a participação de cada setor no total do valor adicionado e sua correspondente participação no emprego no ano inicial. Por contraste a $\Sigma_s \alpha_s = 1$, a expressão $\Sigma_s \tau_s$ pode assumir valores diferentes da unidade. Deste modo, a equação (4) permite ver que a agregação das parcelas pode gerar cifras maiores do que as partes que compõem o todo.

Nosso mal-estar resulta de estarmos entendendo a equação (4) como a média das produtividades setoriais dadas em (3). A formulação do conceito no Capítulo 11A (Índices/CD) permite pensar que (4) é uma média superlativa, no sentido gramatical, mas não no sentido de Diewert. Em outras palavras, há um fator τ que, aplicado sobre os valores das partes, magnifica-os além do usual. Seja como for, concluímos que os coeficientes locacionais e de cálculos da produtividade setorial relativa, e tantos outros, devem ser usados com enorme parcimônia, pois podem levar a resultados de difícil interpretação.

A representação do governo na matriz de contabilidade social regional exibida no Quadro 12.1 foi implementada no contexto de um regime federativo, composto por um governo central e por governos regionais. Neste caso, o agente denominado governo regional corresponde à administração pública da região de interesse representada na matriz de contabilidade social regional. Se ambas as esferas de governo coletam impostos indiretos sobre os produtos e serviços e impostos diretos pagos pelos locatários dos fatores ou, sem intermediações, pelas instituições, então os valores arrecadados devem ser apresentados nos vetores de governo central e regional que se interseccionam com os agentes econômicos tributados. Os impostos arrecadados, além de serem utilizados para a provisão de bens públicos, também podem ter uma parcela destinada à implementação de políticas distributivas, fundos de assistência social para os cidadãos e fomento às empresas. Nesse sentido, as transferências governamentais às famílias e às empresas, provenientes tanto do governo central quanto do governo regional, são explicitadas na estrutura da matriz de contabilidade social regional. Por fim, como é típico de regimes de federalismo fiscal, existirão relações horizontais e verticais entre os governos. As relações horizontais referem-se aos fluxos de transferências intergovernamentais realizados na mesma esfera de governo, ou seja, entre o governo de uma região e o governo de outra. Já as relações verticais dizem respeito aos fluxos de transferências entre o governo central e o governo regional ou vice-versa. Tais fluxos de transferências também são reportados na matriz de contabilidade social regional.

Uma vez que estamos discutindo a organização das contas da matriz de contabilidade social sob a perspectiva regional, cabe também reconhecer suas implicações sobre a mensuração do valor adicionado, ou melhor, do valor adicionado regional (*VAR*). Agora precisamos reescrever a identidade entre as três óticas de cálculo do valor adicionado, originalmente dada por $P \equiv Y \equiv D$, como:

$$PRB \equiv YRB \equiv DRB \tag{12.1}$$

onde *PRB* é o produto regional bruto, *YRB* é a renda regional bruta e *DRB* é a despesa regional bruta. Para chegar ao valor adicionado regional por meio de cada ótica é necessário incorporar nas suas respectivas equações de cálculo os novos componentes introduzidos pelo fato de estarmos integrando uma região à totalidade do sistema nacional que a abriga. Novamente, as adaptações no mecanismo de cálculo do valor adicionado regional estão associadas à nova configuração do sistema de governo e das relações comerciais com o setor externo na matriz de contabilidade social regional. Seja como for, o Quadro 12.1 permite-nos pensar numa economia constituída por n regiões, para a qual esta identidade pode ser representada por:

$$\sum_{i=1}^{n} PRB_i \equiv \sum_{i=1}^{n} YRB_i \equiv \sum_{i=1}^{n} DRB_i \tag{12.2}$$

Por contraste a ela, a Tabela 12.1 apresenta a composição do valor adicionado regional segundo suas três óticas de cálculo, levando em conta que estamos tratando de um sistema regional[1]. Uma vez que estamos lidando com débitos e créditos emanados de um sistema de contas como o apresentado na Figura 3.2

---

[1] O leitor diligente observará que, infelizmente, estamos incidindo em nossos já tradicionais erros de arredondamento.

Tabela 12.1 As três óticas de cálculo do valor adicionado regional das regiões Norte e Sul do Planeta GangeS, ano VII (unidades monetárias indexadas)

Ótica do produto	Norte	Sul	Total	Ótica da renda	Norte	Sul	Total	Ótica da despesa	Norte	Sul	Total
1. Oferta total (2+5)	3.715,9	1.064,0	4.779,9	1. Renda das famílias	204,3	153,5	357,8	1. Demanda total (2+5)	3.716,0	1.063,8	4.779,8
2. Consumo intermediário (3+4)	3.265,5	187,7	3.453,2	2. Renda do governo (II-Su)	177,2	131,8	309,0	2. Consumo intermediário (3+4)	3.101,6	351,6	3.453,2
3. Vendas de BCI pelos produtores do Norte	3.076,9	24,7	3.101,6	3. Remessas ao ROW		108,5	108,5	3. Compras de BCI pelos produtores do Norte	3.076,9	188,6	3.101,6
4. Vendas de BCI pelos produtores do Sul	188,6	163,0	351,6	4. Renda dos fatores externos	149,9	373,2	523,1	4. Compras de BCI pelos produtores do Sul	24,7	163,0	351,6
5. Insumos primários (6+7+8+9)	450,4	876,3	1.326,7	5. Impostos indiretos líquidos	1,1	7,4	8,5	5. Demanda final (6+7+8+9)	614,4	712,2	1.326,6
6. Importações do ROW	14,0	5,5	19,5					6. Consumo das famílias	152,2	33,0	185,2
7. Impostos indiretos líquidos	1,1	7,4	8,5					7. Consumo do governo (central e regional)	142,2	189,1	331,3
8. Remuneração do trabalho	222,1	658,5	880,6					8. Exportações	54,1	109,9	164,0
9. Excedente operacional	213,2	204,9	418,1					9. Investimento	266,1	380,0	646,1
								10. Importações do ROW	−14,0	−5,5	−19,5
Produto regional bruto (1-2) ou (5-6) ou (7+8+9)	436,4	870,8	1.307,2	Renda regional bruta (1+2+3+4+5)	532,5	774,4	1.307,2	Despesa interna bruta (1-2+10) ou (5+10)	600,6	706,5	1.307,2

do Capítulo 3 (Dimensões), designamo-lo como um sistema de partidas tríplices, transpondo os conteúdos daquele quadro.

Uma vez que estamos tratando de um ano específico e usando a mesma unidade monetária para as regiões Norte e Sul, as comparações entre quaisquer cifras da Tabela 12.1 são pertinentes. Iniciamos salientando que, ainda que a identidade expressa na equação (19.1) seja observada para os três agregados, a composição das regiões Norte e Sul é qualitativamente diversa em cada um deles. Por exemplo, o PRB do Norte é de Ag$ 436,4, ao passo que sua renda é de Ag$ 532,5. Neste contexto, cabe registrarmos um interessante contraste entre as equações (12.1) e (12.2) e as matrizes dos Quadros 12.1 e 12.2, reveladores de peculiaridades da divisão regional do trabalho.

No primeiro caso, a matriz de contabilidade social regional mostra a identidade entre as três óticas de cálculo do valor adicionado, ao passo que a matriz inter-regional não requer esta identidade, pois as contas das transações inter-regionais não estão consolidadas. A mesma discrepância é observada, por exemplo, quando calculamos o correspondente produto regional bruto de diferentes espaços e estes diferem das respectivas rendas e despesas. Em ambos os casos (setores e regiões), as organizações (províncias, estados, municípios) que compram mais insumos intermediários do que vendem têm o produto menor do que a despesa, o que indica que são menos especializadas do que a média da economia.

Passaremos agora à análise da estrutura de uma matriz de contabilidade social inter-regional. Para simplificar, adotaremos as linhas gerais do modelo de representação da matriz de contabilidade social da Tabela 4.1 do Capítulo 4 (MaCS e MIP) e consideraremos uma economia nacional dividida em duas grandes regiões: Norte e Sul. O Quadro 12.2 mostra a representação de uma matriz de contabilidade social para esta economia. Podemos observar que as relações estruturais entre os blocos agora são indexadas nos agentes (1: produtores, 2: fatores e 3: instituições) e nas regiões (N: Norte e S: Sul), sendo que as relações inter-regionais entre o Norte e o Sul são plenamente identificadas.

Por exemplo, observamos quatro blocos de relações estruturais entre os produtores. No primeiro, a matriz $\mathbf{B}_{11}^{NN}$ agrupa as transações intersetoriais realizadas entre os produtores localizados na região Norte. A matriz $\mathbf{B}_{11}^{SS}$ agrupa as transações intersetoriais realizadas entre os produtores localizados na região Sul. A matriz $\mathbf{B}_{11}^{SN}$ agrupa as transações intersetoriais de compra de bens e serviços realizadas pelos produtores da região Norte com os produtores da região Sul. Por fim, a matriz $\mathbf{B}_{11}^{NS}$ agrupa as transações intersetoriais de compra de bens e serviços realizadas pelos produtores da região Sul com os produtores da região Norte. Assim, a matriz $\mathbf{B}_{11}^{SN}$ agrupa os valores das transações cujo destino é a região Norte e a origem é a região Sul, a partir da qual podemos identificar o perfil de dependência regional para cada setor da atividade econômica da região Norte. Analogamente, o mesmo raciocínio se aplica à matriz $\mathbf{B}_{11}^{NS}$. Logo, essas duas matrizes agregam informações sobre o padrão de interdependência entre as duas regiões que integram essa economia nacional.

Convém enfatizar que esses valores já estavam presentes na estrutura da matriz de contabilidade social regional representada no Quadro 12.1, mas totalizados (consolidados) e reportados na forma de vetores. Todavia, na matriz inter-regional, esses valores são identificados especificamente para cada setor de atividade econômica

Quadro 12.2 Matriz de contabilidade social inter-regional

Contas		Produtores		Fatores		Instituições				Total
		Norte	Sul	Norte	Sul	Norte	Sul	Governo central	Resto do mundo	
Produtores	Norte	B^{NN}_{11} B^{SN}_{11}	B^{NS}_{11} B^{SS}_{11}			B^{NN}_{13} B^{SS}_{13}	B^{NS}_{13} B^{SS}_{13}	B^{NG}_{13} B^{SG}_{13}	B^{NW}_{13} B^{SW}_{13}	DT^N DT^S
	Sul	B^{NN}_{21}								PIB^N
Fatores	Norte		B^{SS}_{12}							PIB^S
	Sul									RI^N
Instituições	Norte	B^{NN}_{31}	B^{SS}_{31}	B^{NN}_{32}		B^{NN}_{33} B^{SN}_{33} B^{GN}_{33}	B^{NS}_{33} B^{SS}_{33} B^{GS}_{33}	B^{NG}_{33} B^{SG}_{33}	B^{NW}_{33} B^{SW}_{33}	RI^S RI^G
	Sul		B^{GS}_{31}		B^{SS}_{32}					
	Governo central	B^{GN}_{31}								
	Resto do mundo	B^{WN}_{31}	B^{WS}_{31}			B^{WN}_{33}	B^{WS}_{33}			R^W
Total		OT^N	OT^S	W^N	W^S	DF^N	DF^S	D^G	D^W	

Legenda: OT: oferta total, W: remuneração dos fatores, DF: despesas finais dos agentes regionais (famílias, investidores e governo), D^G: despesas do governo central, D^W: despesas do resto do mundo, DT: demanda total, FIB: renda agregada, RI: renda dos agentes regionais (famílias, investidores e governo), R^G: receita do governo central, R^W: importação do resto do mundo.

em cada uma das regiões e são reportados na forma de matriz. Em outras palavras, a equivalência entre as equações (12.1) e (12.2) não permite, no contexto do Quadro 12.1, mantermos a identidade da equação (12.1).

Observemos que, no bloco instituições, optamos por privilegiar uma representação com destaque para o nível de diferenciação espacial (região interna e externa ao país) e de esfera de governo, pois nosso objetivo é ilustrar algumas das principais implicações da estrutura de representação inter-regional. Assim, as matrizes referentes às instituições de cada região do país compreendem as relações estruturais das famílias, investidores e do governo regional. Portanto, os montantes referentes à despesa e renda das famílias, aos investimentos e poupança e aos gastos e receitas do governo regional estão contidos nas relações estruturais dos respectivos blocos de instituição das duas regiões do país. A despeito disso, podemos observar que tal representação preserva uma peculiaridade importante da organização de uma matriz de contabilidade social inter-regional. Referimo-nos às relações inter-regionais entre agentes localizados nas duas regiões do país, representadas pelos blocos B^{NN}_{33} e B^{SS}_{33}. No Quadro 12.1, era suficiente quantificarmos os valores referentes a um desses blocos, pois a lógica daquele modelo era estritamente regional. Já no Quadro 12.2, cuja lógica do modelo é a representação inter-regional, na qual as economias regionais são integradas e possuem diversos níveis de conexão, é preciso identificar os valores das relações interagentes para os dois espaços regionais que compõem o país.

A partir dessas considerações, percebemos a superioridade da representação de uma matriz de contabilidade social inter-regional em termos analíticos quando comparada com a representação de uma matriz de contabilidade social regional. A principal vantagem é que podemos identificar, de forma bastante abrangente, toda sorte de relações estruturais que influenciam os agentes localizados em diferentes regiões do país. Esse aspecto é muito importante, pois observamos que, no mundo real, as características dos agentes localizados em diferentes espaços não são simétricas, o que torna a dimensão regional relevante em muitas análises.

12.3 ANÁLISE DE INTERDEPENDÊNCIA REGIONAL

Formalização

Nesta seção, vamos introduzir alguns procedimentos de análise úteis para a avaliação do grau de interdependência regional. Para tanto, partiremos da estrutura básica de um modelo de insumo-produto inter-regional, derivada das estruturas apresentadas no Quadro 12.2. Considerando a igualdade entre os vetores da oferta (**X**) e procura e, agrupando os gastos (demanda total) dos agentes institucionais em um único vetor de demanda final (**Y**), temos a seguinte equação por blocos de vetores e matrizes[2]:

$$\begin{bmatrix} X^N \\ X^S \end{bmatrix} = \begin{bmatrix} B^{NN} + B^{NS} \\ B^{SN} + B^{SS} \end{bmatrix} + \begin{bmatrix} Y^N \\ Y^S \end{bmatrix} \quad (12.3)$$

---

[2] Para simplificar a notação, os índices numéricos que identificam os agentes foram suprimidos nas equações.

A matriz do lado direito da equação (12.3) é constituída por quatro blocos representativos dos valores dos bens e serviços comercializados intersetorial e inter-regionalmente. Ou seja, esta matriz representa o consumo intermediário dos setores econômicos das duas regiões, desagregados por origem e destino. Como sabemos, ao dividirmos cada elemento daquelas matrizes por seu respectivo valor de produção setorial, em cada região, obtemos um coeficiente técnico de produção (coeficiente de insumo-produto). Assim, considerando A^{nm}, ($n, m = N, S$), uma matriz de coeficientes técnicos típica, podemos reescrever a equação anterior nos seguintes formatos: $\begin{bmatrix} X^N \\ X^S \end{bmatrix} = \begin{bmatrix} A^{NN} + A^{NS} \\ A^{SN} + A^{SS} \end{bmatrix} \times \begin{bmatrix} X^N \\ X^S \end{bmatrix} + \begin{bmatrix} Y^N \\ Y^S \end{bmatrix}$, $X = AX + Y$, $X = \begin{bmatrix} X^N \\ X^S \end{bmatrix}$, $A = \begin{bmatrix} A^{NN} + A^{NS} \\ A^{SN} + A^{SS} \end{bmatrix}$, $Y = \begin{bmatrix} Y^N \\ Y^S \end{bmatrix}$ e $X = (I - A)^{-1} Y$.

Podemos observar que os coeficientes técnicos de produção de um determinado setor, em cada região, agora se dividem em uma parcela intrarregional e em uma parcela inter-regional. Os primeiros estão agrupados nos blocos das matrizes da diagonal principal, enquanto os demais estão contemplados nas demais matrizes. Percebemos então que podem existir diversos efeitos de interação entre as regiões resultantes das relações de comércio regional, os quais podem ser decompostos em efeitos intrarregionais e inter-regionais. Para ilustrar esses efeitos, consideremos a seguinte representação da equação (12.5): $\begin{bmatrix} X^N \\ X^S \end{bmatrix} = \begin{bmatrix} Z^{NN} + Z^{NS} \\ Z^{SN} + Z^{SS} \end{bmatrix} \times \begin{bmatrix} Y^N \\ Y^S \end{bmatrix}$ e $Z = (I - A)^{-1}$.

A matriz **Z** representa a matriz inversa de Leontief, sendo também particionada em dois intrarregionais e dois inter-regionais. Assim, uma forma de avaliar os efeitos das relações de interdependência regional nesse sistema econômico é calcular os multiplicadores da produção para a matriz de insumo-produto inter-regional. A partir desses multiplicadores, além de verificarmos quanto varia a produção da economia quando há uma mudança unitária na demanda final de determinado setor, também podemos quantificar sua composição segundo a dimensão regional. Ou seja, quanto do efeito total se propaga na própria região e quanto é propagado para a outra região.

Considerando a matriz de Leontief (**Z**), particionada em quatro blocos, e sendo i ($i = 1, ..., I$) e j ($j = 1, ..., J$) os indexadores dos setores, os multiplicadores da produção para as duas regiões são assim calculados: $O_j^N = \sum_{i=1}^{I} z_{ij}^{NN} + \sum_{i=1}^{I} z_{ij}^{SN}$ e $O_j^S = \sum_{i=1}^{I} z_{ij}^{SS} + \sum_{i=1}^{I} z_{ij}^{NS}$.

O valor de cada multiplicador setorial pode ser decomposto em uma parcela intrarregional e em outra inter-regional. Então, tomando a região Norte como exemplo, a decomposição é assim calculada:

$$\frac{O_j^N}{O_j^N} = \frac{\sum_{i=1}^{I} b_{ij}^{NN}}{O_j^N} + \frac{\sum_{i=1}^{I} b_{ij}^{SN}}{O_j^S} \quad \Rightarrow \quad 1 = o_j^{NN} + o_j^{SN} \qquad (12.4)$$

onde o_j^{NN} representa a proporção do efeito intrarregional e, o_j^{SN}, a proporção do efeito inter-regional, ou seja, aquela proporção que transborda para a outra região. Com base nessas informações, é possível estabelecer um diagnóstico preciso sobre o grau de dependência regional para cada setor da atividade econômica da região Norte. Adicionalmente, também é interessante realizarmos uma decomposição líquida do impacto direto, ou seja, uma decomposição que elimina o efeito que uma variação exógena na demanda final provoca no próprio setor. Novamente, tomando a região Norte como referência, os efeitos intrarregionais e inter-regionais líquidos podem ser assim obtidos:

$$\frac{O_j^N - 1}{O_j^N - 1} = \frac{\sum_{i=1}^{I} b_{ij}^{NN} - 1}{O_j^N - 1} + \frac{\sum_{i=1}^{26} b_{ij}^{SN}}{O_j^N - 1} \Rightarrow 1 = ol_j^{NN} + ol_j^{SN} \quad (12.5)$$

Exemplo numérico

Para ilustrarmos os procedimentos de cálculo discutidos nessa seção a fim de subsidiar uma análise do padrão de interdependência regional, consideraremos os dados da matriz de contabilidade social inter-regional do Planeta GangeS apresentados na Tabela 12.2. Com base nos dados de produção, observamos uma elevada assimetria regional na medida em que o PIB da região Sul é equivalente a da região Norte. Por outro lado, a demanda final da região Sul é quase idêntica a mais da metada da região Norte, sendo equivalente a desta. Como a oferta é regionalmente assimétrica, isso sugere que a região Sul possui forte relação de dependência com a região Norte.

A identificação do padrão de interdependência regional entre os setores pode ser obtida, e estudada, com base nos procedimentos apresentados na seção anterior. O cálculo da matriz **A** apresentado a seguir permite identificarmos um padrão de interdependência direto entre as regiões. Por exemplo, considerando os requerimentos de insumo por unidade de produção da indústria da região Norte (segunda coluna de **A**), é preciso adquirir 0,79 unidades de insumos fabricados na própria região Norte e apenas 0,07 de insumos fabricados na região Sul para gerar uma unidade de produção industrial na região Norte. Por contraste, na indústria da região Sul (quinta coluna de **A**) é preciso adquirir 0,04 de insumos fabricados na região Sul e 0,23 unidades fabricadas na região Norte para gerar uma unidade de produção industrial na região Sul. Em termos de ligação direta, podemos afirmar que a produção industrial da região Norte é relativamente menos dependente da região Sul, sendo que o contrário vale para a produção industrial da região Sul.

$$A = \begin{bmatrix} 0,1463 & 0,3488 & 0,0771 & 0,0028 & 0,0007 & 0,0020 \\ 0,1406 & 0,2513 & 0,3259 & 0,0566 & 0,0338 & 0,0098 \\ 0,6039 & 0,1887 & 0,4271 & 0,0014 & 0,0011 & 0,0007 \\ 0,0010 & 0,0018 & 0,0002 & 0,0014 & 0,0002 & 0,0022 \\ 0,0029 & 0,0060 & 0,0009 & 0,0055 & 0,0010 & 0,0040 \\ 0,0423 & 0,0641 & 0,0344 & 0,1120 & 0,2271 & 0,1238 \end{bmatrix}$$

CAPÍTULO 12 CONTABILIDADE SOCIAL REGIONAL

Tabela 12.2 Matriz de contabilidade social inter-regional das duas regiões do Planeta GangeS (no ano IV unidades monetárias indexadas)

CONTAS			PRODUTORES						FATORES				INSTITUIÇÕES										TOTAL
			Norte			Sul			Norte		Sul		Norte					Sul					
			Agro-pecuária	Indús-tria	Servi-ços	Agro-pecuária	Indús-tria	Servi-ços	Traba-lho	Capi-tal	Traba-lho	Capi-tal	Fam	GC	GR	RM	Inv	Fam	GC	GR	RM	Inv	
PRODUTORES	Norte	Agropecuária	113,4	464,7	124,1	0,3	0,2	1,4					4,6			4,2	62,0						774,8
		Indústria	109,0	334,8	524,4	6,1	8,9	6,8					101,4			49,4	191,4						1.332,20
		Serviços	467,9	251,4	687,2	0,2	0,3	0,5					46,2	85,3	56,9	0,5	12,7						1.609,00
	Sul	Agropecuária	0,7	2,4	0,3	0,1		1,5										0,4			3,0	99,3	107,9
		Indústria	2,2	8,0	1,5	0,6	0,3	2,8										25,0			102,1	120,7	263,2
		Serviços	32,7	85,4	55,4	12,1	59,8	85,8										7,6	36,2	152,9	4,8	160,0	692,7
FATORES	Norte	Trabalho	14,5	87,6	120,0																		222,1
		Capital	30,4	95,3	87,5																		213,1
	Sul	Trabalho				64,9	159,3	434,3															658,5
		Capital				22,8	32,3	149,8															204,8
INSTITUIÇÕES	Norte	Fam							202,9	1,4			7,1	78,7	117,7								407,9
		GC	0,4	0,3	0,3				18,2	53,9			114,5		11,1								187,7
		GR		0,1					1,0	7,8			0,1		12,5	9,9							184,5
		RM	3,5	2,2	8,3								132,1										146
		Poup							149,9				1,8	12,5	9,9	91,9							266,1
	Sul	Fam									153,5							21,7	6,1				181,5
		GC	0,7			1,4		5,0				93,8	146,8										247,7
		GR						0,3				2,5	1,7	187,6									192,1
		RM	0,1			0,8		4,6				108,5		1,0									115,0
		Poup									373,2							1,2	0,5	5,1			380,0
TOTAL			774,8	1332,1	1609,1	107,9	263,2	692,7	222,1	213,1	658,5	204,8	407,9	187,7	184,5	146,0	266,1	181,5	247,7	192,1	115,0	380,0	

Convenções: Fam: famílias; GC: governo central; GR: governo regional; RM: resto do mundo; Poup: poupança.

Calculando a matriz **Z**, cujos valores são reportados a seguir, obtemos um perfil das relações intersetoriais diretas, indiretas e inter-regionais dos setores da atividade econômica localizados em cada região.

$$Z = \begin{bmatrix} 2{,}0483 & 1{,}1982 & 0{,}9587 & 0{,}0774 & 0{,}0475 & 0{,}0192 \\ 1{,}5533 & 2{,}4710 & 1{,}6172 & 0{,}1509 & 0{,}0941 & 0{,}0333 \\ 2{,}6714 & 2{,}0776 & 3{,}2894 & 0{,}1340 & 0{,}0834 & 0{,}0327 \\ 0{,}0060 & 0{,}0068 & 0{,}0051 & 1{,}0021 & 0{,}0010 & 0{,}0026 \\ 0{,}0191 & 0{,}0216 & 0{,}0168 & 0{,}0074 & 1{,}0029 & 0{,}0049 \\ 0{,}3232 & 0{,}3268 & 0{,}2989 & 0{,}1501 & 0{,}2725 & 1{,}1476 \end{bmatrix}$$

A síntese desse perfil é definida pelas equações (12.4) e (12.5), cujos resultados são reportados na Tabela 12.3. Inicialmente, identificamos a existência de um padrão de interdependência regional não homogêneo. Observando a magnitude dos componentes intrarregionais, constatamos que a região Norte é menos dependente da região Sul. Especificamente, considerando a decomposição líquida, notamos que mais de 90% dos efeitos gerados por um choque de demanda final são absorvidos internamente, para todos os setores da atividade econômica, de modo que o transbordamento (vazamento) para a outra região é muito pequeno. No caso da região Sul, os efeitos de vazamentos no multiplicador da produção para a região Norte são significativamente mais elevados. Notadamente no setor agropecuária, o vazamento para a região Norte é da ordem de 69,43% em termos líquidos.

12.4 MULPLICADORES DE UMA MATRIZ DE CONTABILIDADE SOCIAL

A matriz de contabilidade social é simplesmente uma representação de um conjunto de dados mesoeconômicos. Como tal, no nível do detalhamento setorial, ela contém informações que permitem delimitar características socioeconômicas em geral e as relações entre a estrutura de produção e distribuição de renda, em particular. A estratégia básica para identificar os multiplicadores da matriz de contabilidade social é feita por meio do cálculo de *"shares"* nas colunas (por exemplo, coeficientes coluna) de uma matriz de contabilidade social a fim de representar a estrutura da economia e, de forma análoga ao modelo de insumo-produto, calcular a matriz de multiplicadores. Para tal, é necessária a divisão das contas da matriz em exógenas e endógenas, como vimos na Seção 4.7 do Capítulo 4 (MaCS e MIP). Portanto, a fim de calcular um multiplicador proveniente da matriz de contabilidade social, nosso primeiro passo é determinar quais variáveis serão endógenas e quais serão exógenas. Geralmente as contas do governo, de capital e do resto do mundo são classificadas como exógenas.

No caso do governo, isso é devido ao fato de que seus gastos são, essencialmente, determinados por decisões de política. A classificação do setor externo como exógeno baseia-se na ideia de que ele não está sob controle dos agentes domésticos e, no caso do investimento, a falta de características de dinâmica na estrutura da matriz de contabilidade social torna-o uma conta exógena. Já os resultados das firmas (por exemplo, distribuição de lucros, renda das propriedades) são algumas vezes tratados como exógenos e, em outras, como endógenos. Deste modo, as variá-

Tabela 12.3 Decomposição regional dos multiplicadores da produção (%)

Setores	Norte		Sul	
	Intrarregional	Inter-regional	Intraregional	Inter-regional
	Contribuição bruta			
Agropecuária	94,74	5,26	76,19	23,81
Indústria	94,18	5,82	85,02	14,98
Serviços	94,81	5,19	93,13	6,87
	Contribuição líquida			
Agropecuária	93,80	6,20	30,57	69,43
Indústria	93,04	6,96	55,14	44,86
Serviços	93,81	6,19	64,54	35,46

veis endógenas geralmente são aquelas ligadas à produção (por exemplo, atividades e bens) e fatores e instituição famílias. A fim de simplificar o processo de análise, as contas exógenas devem ser agregadas em uma única rubrica, a qual mostra de forma agregada o conjunto de entradas e vazamentos do sistema (Quadro 12.3).

De forma semelhante a um modelo de insumo-produto, a matriz de transações endógenas pode ser utilizada para definir a matriz **A**, as *shares* das colunas. Nossa matriz de contabilidade social pode ser escrita como

$$x_{1,2,3} = A_{1,2,3} \times x_{1,2,3} + f_{1,2,3},$$

onde $x_{1,2,3}$ é o bloco de vetores do total das contas dos produtores, fatores e instituições endógenas, o vetor $A_{1,2,3} \times x_{1,2,3}$ reproduz a parte endógena do modelo e $f_{1,2,3}$ captura sua porção exógena (investimento, gasto do governo e exportações). Sua solução é dada por:

$$x_{1,2,3} = M_{1,2,3} \times f_{1,2,3} \quad (12.6)$$

onde $M_{1,2,3}$ é a matriz inversa generalizada expressa por

$$M_{1,2,3} = (I_{1,2,3} - A_{1,2,3})^{-1}.$$

Se o padrão de despesa (isto é, os coeficientes de distribuição e gastos) dado por **A** é tido como fixo, então $M_{1,2,3}$ é fixo e a equação (12.6) determina o equilíbrio entre a estrutura produtiva e o perfil de distribuição consistente com qualquer conjunto de variações no vetor **x** (dos padrões de consumo). Os multiplicadores de insumo-produto captam somente os efeitos interindustriais. Por contraste, os multiplicadores da matriz de contabilidade social capturam tanto os efeitos diretos e indiretos quanto os efeitos induzidos pela variação de alguma componente exógena sobre a remuneração dos locatários dos fatores e a renda que estes transferem às famílias, além da produção das atividades.

A verdade é que os multiplicadores da matriz de contabilidade social se baseiam em hipóteses fortes. Em primeiro lugar, o uso do modelo para explorar questões distributivas, por exemplo, de choques positivos[3] tem como hipótese implícita o ex-

---
[3] Estamos falando da demanda por exportações ou dos aumentos tanto nos gastos do governo quanto nos investimentos.

Quadro 12.3 Matriz de contabilidade social regional: contas endógenas e exógenas

		Contas endógenas				Contas exógenas			
						Instituições			
Contas		Produtores	Fatores	Famílias	Investidores	Governo regional	Governo nacional	Resto do país	Resto do mundo	Total
Produtores		Relações intersetoriais		Consumo pessoal	Formação bruta de capital	Consumo do governo regional	Consumo do governo nacional	Exportação inter-regional	Exportação internacional	Demanda total
Fatores		Salários, lucros e juros								PIB
Instituições	Famílias		Alocação da renda entre famílias	Transferências interfamílias	Lucros distribuídos às famílias	Transferências para as famílias	Transferências para as famílias	Renda líquida recebida do resto do país	Renda líquida recebida do resto do mundo	Renda das famílias
	Investidores		Alocação da renda entre investidores domésticos			Transferências para as empresas	Transferências para as empresas	Renda líquida recebida do resto do país	Renda líquida recebida do resto do mundo	Poupança
	Governo regional	Impostos indiretos regionais		Impostos diretos e indiretos sobre as famílias	Impostos diretos e indiretos sobre o capital		Transferências intergovernamentais verticais	Transferências intergovernamentais horizontais		Receita do governo regional
	Governo nacional	Impostos indiretos nacionais		Impostos diretos e indiretos sobre as famílias	Impostos diretos e indiretos sobre o capital					Receita do governo nacional
	Resto do país	Importação regional de insumos		Importação inter-regional de bens de consumo	Importação inter-regional de bens de capital					Importação inter-regional
	Resto do mundo	Importação internacional de insumos		Importação internacional de bens de consumo	Importação internacional de bens de capital			Receita recebida do resto do país		Importação internacional
Total		Oferta total	Renda dos fatores	Despesas das famílias	Investimento	Gasto do governo regional	Gasto do governo nacional	Receita recebida do resto do país	Receita recebida do resto do mundo	

cesso de capacidade em todos os setores e fatores de produção não empregados. Em segundo lugar, à medida que os preços são fixos, não há possibilidade de efeito substituição entre fatores ou entre produtos em algum estágio. Em terceiro lugar, quando os preços não são fixos há uma expectativa de aumento (queda) para compensar o excesso de demanda (oferta) em qualquer dos mercados. Em quarto lugar, a distinção entre contas endógenas e exógenas mostra limites às respostas endógenas capturadas no modelo do multiplicador.

Decomposição dos multiplicadores

A mais simples decomposição da matriz de contabilidade social é realizada ao agruparmos suas contas endógenas em produtores, fatores e a instituição famílias, deixando exógenas as demais instituições (governo, empresas domésticas investidoras e empresas estrangeiras que compram o produto doméstico exportado). Também na Seção 4.7 do Capítulo 4 (MaCS e MIP) obtivemos a equação:

$$x = M_3 \times M_2 \times M_1 \times f \quad (12.7)$$

onde M_1, M_2 e M_3 são as matrizes dos multiplicadores.

Como vimos naquela seção, a interpretação das matrizes é direta. Primeiramente, M_1 representa os efeitos internos às contas, isto é, o efeito multiplicador de uma variação exógena em um determinado conjunto de contas (por exemplo, a conta dos produtores ou das famílias). Para as atividades, este componente é o tradicional multiplicador de insumo-produto. Para as famílias, este componente de (12.7) refletirá qualquer interdependência emergente do padrão de transferências de renda entre elas (por exemplo, moradores urbanos para o meio rural). Em segundo lugar, M_2 captura o efeito cruzado (ou *spillover*), informando o papel que as variações na componente exógena de um conjunto de contas (digamos, as atividades) exerce sobre as demais contas (por exemplo, as famílias) sem considerar o efeito reverso. Por fim, M_3 mostra o resíduo do efeito multiplicador devido ao fluxo circular total, isto é, a componente não explicada diretamente pelos dois multiplicadores anteriores.

RESUMO

Nos últimos anos, o campo da contabilidade social regional desenvolvem seus aparatos conceitual e empírico de forma rigorosa, o que resultou num conjunto expressivo de realizações. Entretanto a pesquisa empírica nesta área da ciência econômica tão importante para o planejamento regional e urbano ainda apresenta grandes lacunas. A determinação das três óticas de cálculo do valor adicionado (produto, renda e despesa), o cálculo das matrizes de contabilidade social e insumo-produto e as decomposições delas resultantes representam promessas de orientação das grandes questões desta linha de pesquisa. O presente capítulo tratou de fazer um apanhado impressionístico desta literatura.

Iniciamos mostrando a concepção geral do capítulo, que se associa com a do próprio livro, emblematizada pela primeira vez na Figura 1.10, o nosso bonsai econômico. Sustentamos que os agregados econômicos podem ser concebidos como sucessivas incorporações de cifras associadas a variáveis resultantes do comportamento dos agentes econômicos individuais. Na Figura 12.1 deste capítulo, ampliamos o conceito de agente individual, considerando que também as regiões Norte, Central (e suas subdivisões) e Sul podem ser consideradas como "agentes" e também terem suas cifras agregadas. Deste modo, obtivemos as estatísticas macroeconômicas de um país por meio da agregação linear (isto é, simples soma) das correspondentes estatísticas das regiões e subregiões que o constituem.

Naturalmente, na Figura 12.1, o que vimos foi a agregação dos cinco blocos da matriz de contabilidade social de cada região, de sorte a constituírem os cinco blocos da própria matriz nacional. Nesta linha de argumentação, o capítulo final da Quinta Parte deste livro vai proceder a um movimento de ruptura-continuação com o material desenvolvido até agora. Vamos expandir os sólidos conhecimentos que constituímos até agora sobre a matriz de insumo-produto, a fim de alcançar a *celula mater* da organização econômica da produção societária, nomeadamente, a matriz de insumo-produto da empresa. Ou seja, continuamos usando o aparato mesoeconômico da matriz de insumo-produto, cabendo-nos expandir sua aplicação ao reino da empresa.

Determinados assim os agregados dos insumos intermediários, dos insumos primários e da demanda final da matriz de contabilidade nacional, capacitamo-nos para detalhar a composição das três óticas de cálculo do valor adicionado regional e mostrar como estas são agregadas para formarem o todo nacional. Com base nesta conceituação, e acrescentando estatísticas sobre emprego regional, discutimos um problema perene na obtenção de material empírico, nomeadamente, as estimativas de matrizes com pouca defasagem com relação à estrutura econômica de uma região. Em particular, no Box 12.1 ilustramos a aplicação de um dos mais tradicionais métodos de obtenção destas cifras, o uso dos chamados coeficientes locacionais. Aproveitamos a oportunidade para chamar a atenção do leitor diligente para, se for usá-lo, fazê-lo com cautela, pois há um sério problema envolvido em sua utilização generalizada. Ilustramos esta questão criando um paradoxo da produtividade, de acordo com o qual o valor desta variável de toda a economia pode ser maior ou menor do que a média de suas partes constitutivas.

Com estas conquistas, fazemos duas aplicações. Primeiramente, estudamos um modelo simples de análise da dependência regional e, em seguida, de um modelo de cálculo de multiplicadores das economias regionais, sugerindo uma forma de proceder a suas decomposições.

13
Matrizes Empresariais de Insumo-Produto e de Insumo-Processo

Vladimir Lautert e Duilio de Avila Bêrni

13.1 CONSIDERAÇÕES INICIAIS

Até o capítulo precedente, a matriz de contabilidade social e a matriz de insumo-produto foram tratadas como instrumentos voltados à análise mesoeconômica, resultando da agregação das estatísticas obtidas na esfera dos estabelecimentos empresariais em que a atividade econômica é desenvolvida. Além disso, nossa matriz de insumo-produto estava localizada em um amplo espaço geográfico nacional, sendo que, apenas no capítulo anterior, passamos a enfocar subconjuntos deste espaço. Neste capítulo[1], vamos dedicar-nos ao estudo dos dados originais coletados nos estabelecimentos produtivos, associando a forma como os produtos intermediários ingressam nos processos de produção que os transformam em produtos finais[2]. Uma vez que também na empresa concebemos as atividades como resultantes da relação entre fontes de recursos e seus usos, podemos dar-lhes o formato de modelos de entrada e saída de produtos que obedecem ao mesmo princípio da matriz de insumo-produto estudada até agora.

Ao focalizar nosso interesse no estudo da matriz de insumo-produto da empresa, estamos pensando tanto na compartimentalização geográfica, quanto nos mercados em termos do produto absorvido como bem de consumo intermediário transferido à demanda que emana do meio externo à firma. Como nossa atenção se volta para os estabelecimentos empresariais, ao agregar seus conjuntos passa-

---

[1] A exemplo do Capítulo 11A (Índices/CD), também aqui nos baseamos numa bibliografia específica. Trata-se de diversos trabalhos do programa de pesquisa em que a Profa. Karen R. Polenske (1989, 1991, 1997, 1998) associou-se a economistas chineses. Nossa gratidão também se estende aos trabalhos de Robert O'Connor e Edmund D. W. Henry (1982) e de Giandemetri Marangoni e Giulio Fezzi (2002) por remeterem nossa atenção ao tópico. Ao longo do capítulo, faremos referência a outros trabalhos cuja localização também deveu-se a esses autores.

[2] Pode-se dizer então que, *grosso modo*, o resultado será semelhante a uma matriz de insumo-produto da firma de qualquer tamanho, e qualquer número de divisões, departamentos, estabelecimentos, seções ou processos específicos, mas isso não impede que estes modelos sejam aplicados também a conjuntos de empresas, agregando-as por regiões, por afinidade de mercado ou matéria-prima, etc.

remos a ver a ação de firmas e indústrias ou mercados[3]. Com isso, abrimos dois caminhos já assinalados no Capítulo 12 (Regional), nomeadamente, o recorte industrial e o recorte locacional. Inspirados na visão integradora de Karen R. Polenske (1989, 1997), usamos o diagrama da Figura 13.1, a fim de ilustrar as fronteiras entre esses caminhos.

De acordo com a Figura 13.1, uma empresa é constituída pela articulação de diferentes processos de produção que resultam na geração de bens ou serviços: pasteurização do leite recebido *in natura*, organização dos serviços de vendas ou laminação do aço. Além do que ilustramos na figura, a empresa pode contar com múltiplos estabelecimentos, extravasando as fronteiras regionais e mesmo nacionais. Cada estabelecimento protagoniza a execução de um ou mais processos, e seu conjunto forma a totalidade empresarial. Razões de ordem tecnológica ou conveniência de mercado levam a empresa a envolver-se de forma cooperativa ou competitiva com outras unidades econômicas. As relações competitivas ocorrem na esfera da colocação do produto final[4] (leite pasteurizado, embalagem, chapas de aço, no mercado de bens ou serviços) ou na aquisição de serviços dos fatores de produção (terras agricultáveis, mecânica de automóveis, serviços contábeis, no mercado de fatores de produção). Também podemos vislumbrar traços de relações competitivas entre o comprador e o vendedor de um insumo, quando o preço, a qualidade, o prazo de entrega, a assistência pós-venda, etc. é que serão disputados. Mas há sólidas razões para pensarmos que a relação entre eles também terá bases

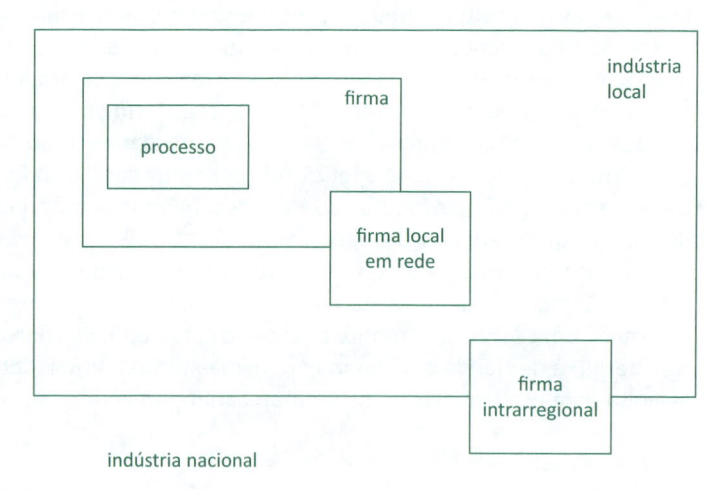

Figura 13.1 Empresas situam-se regionalmente e se aglutinam nacionalmente em setores

---

[3] Há uma diferença entre indústria e mercado. A indústria é demarcada pela homogeneidade tecnológica (nos processos produtivos) entre as empresas, ao passo que o mercado distingue-se pela homogeneidade do produto aos olhos do consumidor. Por exemplo, a produção de sapatos de couro e de sintéticos ocorre em duas indústrias, mas, em linhas gerais, os produtos situam-se no mesmo mercado.

[4] Falamos em "final" no sentido de que o produto abandona o espaço geográfico ocupado pela empresa, mas que pode ser um bem ou serviço de consumo intermediário no processo de produção de outra empresa, como é o caso de uma tonelada de ácido sulfúrico ou 10 horas de serviços de manutenção de máquinas ou de realização de serviços contábeis.

cooperativas. De fato, ao vender o produto final, o produtor estará *ipso facto* viabilizando futuras vendas de seu fornecedor de insumos.

Neste sentido, cada célula da matriz de insumo-produto será o ponto de interseção da curva de oferta pelas demais indústrias e de procura pela firma por um insumo específico, o que resulta do funcionamento de um mercado de insumos[5]. Deste modo, torna-se clara a combinação entre competição e cooperação encetada pelos diferentes agentes envolvidos, uma vez que os ganhos do comércio resultam da atividade do mercado, ao passo que os ganhos da produtividade originam-se nos estabelecimentos empresariais. É nesta linha de raciocínio que a Figura 13.1 mostra um bloco assinalando a atuação em rede da firma ou estabelecimento local. De fato, os anos recentes testemunharam a amplificação do fenômeno da atuação da empresa em arranjos produtivos locais ou redes constituídas por ela e por tantas outras. Trata-se de uma forma institucional que evade o funcionamento exclusivo da empresa ou de suas transações econômicas com as demais empresas por meio do mecanismo de mercado. Foi diagnosticada nesta ação integrada a criação de laços de cooperação local, cujos ganhos transcendem a concorrência neste nível, pois os mercados das empresas integradas é diversificado. A especialização de certas regiões em agroindústrias, mobiliário, etc., e outras em metal-mecânica, universidades, hospitais, hotéis, etc. oferece a evidência deste tipo de prática.

Ao formarem os espaços econômicos locais, regionais, nacionais ou internacionais, assim, essas empresas veem suas ações serem articuladas para formar o nível de análise mesoeconômico. A segunda parte deste livro foi dedicada à criação de instrumentos analíticos para:

a) explicar fenômenos que escapam ao aparato teórico da micro ou da macroeconomia,
b) construir, por meio de agregações, variáveis e mercados artificiais, afetados tanto pelas condicionantes macroeconômicas quanto por seu efeito sobre o processo decisório da empresa,
c) contribuir para trilharmos o caminho de volta, ou seja, entendermos como as mudanças no ambiente empresarial (por exemplo, um choque de produtividade generalizado) aliviam a pressão macroeconômica sobre seu trio central de variáveis, nomeadamente, o crescimento do produto, a taxa de desemprego e o índice da inflação.

Se, especialmente, o Capítulo 6 (CEIs) dedicou-se a construir a base empírica da transição entre a macro e a mesoeconomia, é chegada a hora de montarmos um novo aparato conceitual. Com ele, vamos integrar os instrumentos mesoeconômicos dos Capítulos 4 (MaCS e MIP) e 5 (TRUs), de sorte a situarmos suas origens empresariais, ou seja, sua origem microeconômica. Em outras palavras, uma vez que vemos a matriz de insumo-produto da empresa como a componente micro da constituição do ambiente mesoeconômico, é chegada a hora de encerrarmos o percurso por lá iniciado, o que resulta do estudo da matriz de insumo-produto da empresa.

A concepção geral do capítulo baseia-se em três simetrias. Em primeiro lugar, diferentemente dos capítulos, que lidaram exclusivamente com os modelos abertos de Leontief, no presente, vamos estudar tanto os modelos abertos (ou seja, com um

---

[5] Cabe evocarmos a este respeito a Figura 1.10 do Capítulo 1 (Divisão), o Bonsai Econômico.

vetor de demanda final determinado exogenamente ao modelo) quanto os fechados[6] (ou seja, endogeneizando tanto a demanda final quanto os insumos intermediários). Em segundo lugar, vamos inserir em nosso aparato analítico as matrizes de insumo-processo, ao lado de nossas já familiares matrizes de insumo-produto. Por fim, destacaremos a diferença entre, por um lado, as quantidades monetárias, como fizemos até agora ao longo do livro e, por outro, as quantidades físicas, que utilizaremos na seção final do capítulo.

Na Seção 13.2, formulamos uma definição de empresa coerente com as grandes linhas analíticas sinalizadas para a montagem do corpo de teorias e conceitos utilizados a partir do Capítulo 3 (Dimensões). Depois, discutimos o papel dos instrumentos gerenciais voltados à tomada de decisão no curto e no longo prazo na vida de uma empresa orientada pela necessidade de gerar excedente econômico como diferencial entre receitas e custos. Também nesta seção, mostramos as virtudes associadas à adaptação da matriz de insumo-produto convencional a este contexto. A partir da Seção 13.3, faremos uma transição gradual da metodologia da matriz de insumo-produto mesoeconômica à da matriz de insumo-processo da empresa. Deste modo, na própria Seção 13.3, iniciamos esta marcha retomando o modelo aberto estudado em boa parte dos capítulos precedentes. Vamos examinar detalhes da construção das tabelas de produção e de absorção da empresa, resolvendo o problema da classificação[7] e chegando a matrizes do tipo atividade $\times$ atividade ou produto $\times$ produto. Com isso, esperamos deixar mais clara a passsagem entre os níveis micro (com o levantamento da informação original) e mesoeconômico (com a agregação da informação original em torno de atividades e produtos) da ciência econômica contemporânea. Depois disso, vamos construir nosso primeiro modelo de insumo-produto fechado, no qual devemos destacar a existência exclusiva de transações líquidas. Ou seja, mesmo admitindo que são mercadorias que produzem as demais mercadorias, não abrimos espaço para que uma mercadoria específica contribua para sua própria produção. Em resumo, isso significa que – como veremos na Tabela 13.3 – a diagonal principal é constituída por elementos nulos.

Na Seção 13.4, depois de transitar do modelo aberto revisitado na Subseção 13.3.1 para o fechado da 13.3.2, deixamos de trabalhar com matrizes de insumo-produto e lidamos com matrizes de insumo-processo. Com isso, vamos levar em consideração as diferenças significativas observadas quanto à forma de organização das estatísticas em termos das características e requisitos dos seus processos produtivos. Constrastando com a indústria de laticínios da Seção 13.4, cujo processo de transformação atua diretamente sobre produtos primários (leite), e é de curta duração temporal[8], a Seção 13.5 exibe uma nova ruptura. Lá tratamos de uma matriz que dá destaque exclusivo às transações intermediárias, dedicadas à geração de um único produto final. Destacando a indústria da construção naval, consideramos a importância relativa de produtos em elaboração, bem como os processos

---

[6] Naturalmente, não estamos falando de "modelos fechados" no sentido também usual do termo, indicando uma economia que não mantém relações econômicas com as demais economias.

[7] Lembramos que este problema foi levantado e resolvido apenas em 1970, com o trabalho de Terry Gigantes, sendo tratado na Seção 4.8 no Capítulo 4 (MaCS e MIP).

[8] Isto significa que os produtos em elaboração em qualquer momento podem ser considerados de pouca relevância em relação à produção total de ativos da empresa.

desenvolvidos de forma mais longa e dispendiosa para a produção de um navio de grande porte. A Seção 13.6 traz nosso *gran finale*. Retomando o caso da Laticínios Lizarb, agora expressamos o modelo fechado denominado em quantidades físicas, em contraste com as elaborações em torno de quantidades monetárias[9] utilizadas no restante do livro. Com esta seção, veremos a forma criativa com que o programa de pesquisa sobre a matriz da empresa evade o problema da agregação de quantidades tão heterogêneas quanto um litro de leite e um litro de óleo diesel.

13.2 O PROCESSO DECISÓRIO DA EMPRESA E O MODELO DE LEONTIEF

Na medida em que vamos ilustrar a importância das técnicas de insumo-produto para auxiliar a empresa a melhorar sua rentabilidade e usar o excedente assim gerado a fim de expandir-se, precisamos entender como o contexto mais geral envolve seu ambiente decisório[10]. Em diversos momentos dos capítulos anteriores, articulamos materiais que, dada sua natureza mesoeconômica, trouxeram à luz importantes condicionamentos. Cabe destacarmos, pois fazemos a ligação, desde já, com a conexão financeira do crescimento, a matriz de fontes e usos de fundos do Capítulo 7A (MFF/CD), com suas listagens dos setores institucionais e instrumentos financeiros por eles absorvidos.

Crescimento exige lucros e crédito, um gerado nos chamados mercados reais (de bens e de fatores) e o outro nos mercados monetários e financeiros (onde são transacionados arranjos institucionais). Usando um e outro, a empresa buscará oportunidades em outras indústrias. Com esta visão, tornou-se patente que a relação entre a empresa e as indústrias às quais ela se associa requer uma qualificação importante. Repetimos a pergunta que rendeu o Prêmio Nobel de Economia a Ronald Coase: "por que existem firmas?". Desde o Capítulo 1 (Divisão), entraram em nossas preocupações as três instâncias de manifestação da vida social: mercado, Estado e comunidade. Naquele ambiente, trouxemos à tona a questão das falhas de mercado e apontamos com certa ironia que, além das falhas, a firma existe precisamente porque há um custo incidido pelos agentes que usam o mercado. Precisamente este custo, batizado originalmente por Coase como "custo de mercado", hoje renomeado como "custo de transações", é o responsável pela decisão do empresário[11], em certos momentos, de evadir-se da transação de mercado, produzindo ele próprio os insumos que considera convenientes.

Assim, ao falarmos em firmas e indústrias, estamos apontando precisamente para a articulação entre as instâncias centrais da hierarquia da primeira e da anarquia do mercado. Cada célula da matriz de insumo-produto mesoeconômica pode

---

[9] Convém lembrarmos a dificuldade na agregação de quantidades físicas ("não devemos somar laranjas com bananas"), tratada com os índices agregativos de quantidades na seção final do Capítulo 11A (Índices/CD). Na Seção 2.5 do Capítulo 2 (Contextualizando), fazemos uma breve digressão sobre a natureza do problema das equações dimensionais.

[10] Intensamente baseada nos trabalhos de Karen R. Polenske (1989, 1991, 1997) e Xiannun Lin e Karen R. Polenske (1998), esta seção também incorpora ideias e conceitos de Robert O'Connor e Edmund D. W. Henry (1982), Giandemetrio Marangoni e Giulio Fezzi (2002), que nos desvelou o programa de pesquisa sino-americano, e Giovanni Fraquelli (1973).

[11] Não cabe discutir que tipo de agente toma decisões dentro da empresa, se o proprietário ou o gerente. No caso da resposta apontar para o gerente, fala-se em "divórcio entre propriedade e controle". Para nós, o que interessa é que esse alguém que decide poderá usar melhores ou piores sistemas informacionais para subsidiar a escolha mais adequada.

ser estilizada como o ponto de interseção das curvas de oferta e de procura por um insumo específico, as quais resultam do funcionamento de um mercado de insumos. Os ganhos do comércio resultam da atividade do mercado, ao passo que os ganhos da produtividade originam-se na organização dos produtores, ou seja, no bloco B_{11} da matriz de contabilidade social que nos acompanha desde a Tabela 3.5 do Capítulo 3 (Dimensões). Se a mercadoria foi levada ao mercado por L$ 100 e se sabemos que ela foi produzida por L$ 80, esta diferença entre receita e custo de L$ 20 pode ser objeto de um processo de barganha entre o vendedor e o comprador. Ao mesmo tempo, externalidades positivas emanadas da comunalidade de interesses entre empresas que ocupam a mesma base regional – mas que não mantêm relacionamentos intermediados pelos mercados de bens e serviços ou de fatores – podem contribuir para a elevação desses L$ 20. Assim, buscando economizar em custos de transações, os produtores organizam empresas, ou seja, decidem produzir (*make*) e não comprar (*buy*), como resposta à famosa questão "*make-or-buy*" (produzir ou comprar). Se os custos de transação mostram-se reduzidos, a empresa opta por realizar suas compras usando o mecanismo de mercado. Por fim, além de produzir ou comprar, a empresa pode "*associate*", isto é, associar-se a outras, por perceber que muitas de suas decisões são interdependentes das de outras empresas que compartilham da mesma base regional. Neste caso, formal (convênios, etc.) ou informalmente, são constituídos arranjos produtivos locais, ou redes de empresas.

Uma vez decidido que a empresa vai produzir (e não comprar), ela abdica do uso do mercado e passa a usar o sistema de organização hierárquica. Com isso, ela precisa criar "instituições" que lhe garantam um bom relacionamento com fornecedores e clientes, um bom sistema de comunicações, pesquisa e desenvolvimento, finanças, recursos humanos, contabilidade, auditoria e informações, embalagens, expedição, transporte, apoio ao cliente, e assim por diante. Usando informações físicas e monetárias, quantitativas e qualitativas, a fim de controlar as operações internas e incorporando o meio externo ao delineamento de sua estratégia[12] de ação, vale dizer, seu planejamento estratégico, a empresa montará um sistema que lhe permite avaliar o desempenho passado, condicionar o do presente e desenhar o do futuro. Assim, para esta concepção, o meio ambiente muda, o que pode levar a uma mudança na estratégia da empresa. Ingressamos, com isso, no familiar círculo interativo que é resolvido a partir de considerações do conceito de equilíbrio de Nash[13]. Se uma empresa muda, as outras se adaptam, a fim de darem a melhor resposta à mudança da primeira. Ao fazê-lo, as primeiras também devem voltar a adaptar-se, de sorte a darem a melhor resposta às outras. Ainda que suas ações sejam percebidas apenas por poucas das demais, estas últimas também terão suas ações afetadas por outras e assim por diante.

---

[12] Entendemos por estratégia a deliberação sobre as ações a serem adotadas pela empresa, a fim de adaptar-se com sucesso às mudanças que ocorrem em seu ambiente de negócios. A decisão estratégica difere do gerenciamento operacional pela extensão do horizonte de planejamento considerado.

[13] Diz-se que dois agentes (empresas, indivíduos, pássaros) encontram-se numa situação de equilíbrio de Nash quando as ações de uma delas não perturbam as da outra, sendo a recíproca verdadeira. Nas palavras convencionais, diz-se que cada uma delas está dando a melhor resposta às ações da outra. Se cada uma delas está satisfeita com esta situação e percebe que a outra está dando a melhor resposta para sua ação, então nenhuma terá interesse em mudar de estratégia. Naturalmente, manter a estratégia não significa ater-se, por exemplo, à produção de 1.000.000 toneladas de leite, ou manter o preço da tonelada de aço em um valor dado.

No nível microeconômico, poderemos elaborar modelos de entrada e saída para descrever os processos produtivos de uma empresa, de um conjunto de empresas ou mesmo de apenas uma unidade local de produção. Neste caso, interessa-nos privilegiar tanto a estrutura de entrada de insumos e saídas de produtos e os processos pelos quais estes bens e serviços circulam internamente na unidade de negócios, quanto os fluxos financeiros que lhes são concomitantes. Estes modelos podem ser construídos focalizando as relações entre diversos processos produtivos, entre os componentes materiais e financeiros da produção, ou mesmo entre unidades de uma empresa ou entre empresas. Normalmente é possível obter como resultado conjuntos de equações que permitem traçar uma análise estrutural de uma empresa, bem como do ambiente de negócios ao qual esta está sujeita.

A relação criada entre o mercado absorvedor do produto da empresa e a concorrência que lhe é interposta pelos integrantes das diferentes indústrias, caracterizadas pela empresa diversificada, inspirou a chamada análise SWOT[14]. Identificando as forças e fraquezas nas relações internas (*inward looking*) e as oportunidades e ameaças como emanadas do meio externo (*outward looking*), a empresa estará capacitada a mobilizar seus recursos e avaliar o ambiente competitivo em que atua (Box 13.1, transcrito de David Besanko e colaboradores no livro de 2005). Em formato de questionário, o modelo das cinco forças competitivas de Michael Porter é nele explorado, cabendo assinalar que cada pergunta deve identificar se o fenômeno sendo discutido diz respeito à caracterização da situação atual ou da tendência concernente aos futuros rumos da indústria.

Box 13.1 Modelo para análise das cinco formas de montagem de diagnósticos setoriais

1. FATORES QUE AFETAM A RIVALIDADE ENTRE CONCORRENTES

Até que ponto a rivalidade de preços ou a concorrência sem ser de preços (exemplo, propaganda) corrói a rentabilidade de uma empresa deste setor?
Grau de coordenação do fornecedor?
Taxa de crescimento do setor?
Diferenças significativas de custos entre as empresas?
Capacidade excedente?
Estrutura de custos das empresas: sensibilidade dos custos à utilização da capacidade?
Grau de diferenciação de produtos entre fornecedores?
Fidelidade de marca a fornecedores existentes? Elasticidade-preço da demanda dos concorrentes no setor?
Custos dos compradores para trocar de um concorrente para outro?

Os preços e os termos de transações de vendas são observáveis?
As empresas podem ajustar preços rapidamente?
Pedidos grandes e/ou pouco frequentes?
Uso de "práticas facilitadoras" (liderança de preços, divulgação antecipada de mudanças de preços)?
Histórico de preços "cooperativos"?
As barreiras à saída são fortes?

2. FATORES QUE AFETAM A AMEAÇA DE ENTRADAS

Até que ponto a ameaça ou a incidência de entradas trabalham para corroer a rentabilidade de uma empresa deste setor?
Economias de escala significativas?
Importância da reputação ou fidelidade de marca estabelecida em decisões de compra?

(continua)

---

[14] O acrônimo SWOT deriva-se de *strenghts*, *weaknesses*, *opportunities* e *threats* (forças, fraquezas, oportunidades e ameaças), que resultou, em português, no simpático FOFA, ao ter modificada a ordem de entrada das iniciais das quatro letras do original em inglês.

Box 13.1 Continuação

Acesso de entrantes a canais de distribuição?
Acesso de entrantes a matérias-primas?
Acesso de entrantes a tecnologia/*know-how*?
Acesso de entrantes a localizações favoráveis?
Vantagens das dominantes baseadas na experiência?
Externalidades de rede: vantagens do lado da demanda, para as dominantes, no que se refere a grandes bases instaladas?
Proteção do governo às dominantes?
Percepções das entradas sobre a retaliação esperada das dominantes/reputação de "dureza" das dominantes?

3. FATORES QUE AFETAM OU REFLETEM A PRESSÃO DE PRODUTOS SUBSTITUTOS E APOIO DOS COMPLEMENTOS

Até que ponto a concorrência pelos produtos substitutos fora do setor corrói a rentabilidade de uma empresa do setor?
Disponibilidade de produtos próximos?
Características preço-valor de substitutos?
Elasticidade-preço do setor?
Disponibilidade de complementos próximos?
Características preço-valor de complementos?

4. FATORES QUE AFETAM OU REFLETEM O PODER DE FORNECEDORES DE INSUMOS

Até que ponto os fornecedores individuais têm capacidade de negociar altos preços de insumos com as empresas deste setor?
Até que ponto os preços dos insumos desviam-se daqueles que prevaleceriam num mercado de insumos perfeitamente competitivo, no qual os fornecedores de insumos agem como tomadores de preços?
O setor do fornecedor é mais concentrado do que o setor para o qual ele vende?
As empresas do setor compram volumes relativamente pequenos em relação a outros clientes do fornecedor?
O volume de compras da empresa é pequeno em relação às vendas do fornecedor?
Poucos substitutos para os insumos dos fornecedores?

As empresas do setor fazem investimentos específicos de relacionamento para apoiar transações com fornecedores específicos?
Os fornecedores representam ameaças críveis de integração a jusante no mercado de produtos?
Os fornecedores são capazes de discriminar preços entre clientes prospectivos de acordo com a capacidade/vontade de pagar pelo insumo?

5. FATORES QUE AFETAM OU REFLETEM O PODER DOS COMPRADORES

Até que ponto os compradores individuais têm a capacidade de negociar baixos preços de compras com empresas do setor? Até que ponto os preços de compra diferem daqueles que prevaleceriam num mercado com muitos compradores fragmentados no qual os compradores agem como tomadores de preços?
O setor dos compradores é mais concentrado que o setor do qual eles compram?
Os compradores compram em grande escala? O volume de compras de um comprador representa uma grande fração da receita de vendas de um fornecedor?
Os compradores podem encontrar substitutos para os produtos do setor?
As empresas de um setor fazem investimentos específicos de relacionamento para apoiar as transações com compradores específicos?
A elasticidade-preço da demanda por produtos do comprador é alta ou baixa?
Os compradores representam uma verdadeira ameaça de integração a montante?
O produto representa uma fração significativa do custo nos negócios do comprador?
Os preços do mercado são negociados entre compradores e fornecedores em cada transação ou os fornecedores estabelecem um preço do tipo "pegar ou largar" que se aplica a todas as transações?

Fonte: Besanko e colaboradores (2005).

O exame do Box 13.1 permite-nos constatar que o próprio formato interrogativo da listagem aponta a necessidade da montagem de rotinas voltadas à obtenção de informações concernentes aos meios externo e interno que condicionam a atuação da empresa. Ao considerarmos que as extremidades da ação empresarial associam-se à produção (ou, antes dela, à compra de insumos intermediários e primários) e às vendas, precisamos identificar informações sobre a qualidade do desempenho dessas atividades. O cumprimento da tarefa de avaliação, assim, associa-

-se a dois conjuntos de atividades: a contabilidade e as finanças. A primeira, com funções de registro, controle e auditoria, é a instância administrativa que permite a montagem dos bancos de dados voltados a suprir os tomadores de decisão com informações sobre os movimentos de curto prazo (gerenciamento operacional) ou de longo prazo (gerenciamento estratégico), conforme o Box 13.2 (transcrito, com ligeiras adaptações, do famoso artigo de Karen R. Polenske de 1997).

Box 13.2 Relatórios de controle administrativo e gerencial

A. Instrumentos desenvolvidos para organizações simples (primeira década do século XX)			
Tipo de relatório	Natureza dos dados	Utilização	Usuários do relatório
1 Sistema de conversão de custos			
Contas de custos de dupla entrada para o trabalho direto, custos com matérias-primas e custos conjuntos (*overheads*)	Trabalho direto, materiais de uso direto e indireto, custos conjuntos	Monitorar e avaliar a produção de processos dirigidos internamente, monitorar o desempenho dos empregados, criar incentivos para os trabalhadores atingirem as metas de produtividade	Proprietários e administração superior
Razão operacional (nas ferrovias)	Despesas operacionais e receitas	Comparar variações entre a performance das diferentes unidades	Proprietários e administração superior
Margem bruta (no comércio atacadista)	Receita com vendas, custo dos produtos vendidos, despesas de operação dos vendedores	Monitorar o desempenho dos departamentos e comparar cada um deles com a média da empresa	Proprietários e administração superior
Rotação de estoques (distribuição)	Tempo de rotação dos estoques	Monitorar o desempenho dos departamentos e comparar cada um deles com a média da empresa	Proprietários e administração superior
2 Administração científica			
Coeficientes usuais para insumos materiais e de trabalho	Trabalho direto, materiais de uso direto e indireto, custos conjuntos	Calibrar a eficiência das tarefas ou processos, controle de custos, valoração de estoques	Proprietários e administração superior
3 Rateio estratégico do custo dos produtos vendidos			
Todos os custos, inclusive custos conjuntos imputados sobre produtos	Trabalho direto, materiais de uso direto e indireto, custos conjuntos	Avaliar a rentabilidade geral de toda a organização	Proprietários e administração superior
B. Instrumento desenvolvido para organizações de múltiplas atividades (1900-1920)			
Tipo de relatório	Natureza dos dados	Utilização	Usuários do relatório
4 Contabilidade de atividades individualizadas			
Todas as contas das atividades selecionadas	Os mesmos de A	Desempenho efetivo e eficaz nas atividades específicas	Gerentes departamentais
Atividades selecionadas – esquema alternativo	Os mesmos de A	Objetivo geral: harmonizar ações em departamentos com os objetivos gerais da empresa	Administração central

(continua)

Box 13.2 Continuação

5 Retorno sobre o investimento (ROI – *return on investment*)			
Contabilidade dos ativos	Vendas, folha de pagamento, custos de fabricação, custos do estabelecimento e dos equipamentos	Comparar o desempenho de cada departamento com o desempenho de toda a empresa, alocação eficiente do capital entre as diferentes atividades	Administração central
6 Orçamentos			
Caixa, renda e capital, planejamento do fluxo de caixa, previsão de vendas	Vendas previstas, preço dos produtos, custo dos insumos, outras rendas, custos de construção	Coordenar e balancear (ratear) os fluxos internos dos recursos das matérias-primas para os consumidores finais	Administração central
C. Instrumento desenvolvido para as organizações multidivisionais (década de 1920)			
Tipo de relatório	Natureza dos dados	Utilização	Usuários do relatório
7 Sistema contábil de gerenciamento geral das empresas de multiatividades			
	Os mesmos de **B**	Delinear o papel dos mercados de capital e de executivos, especialmente voltados para avaliar e motivar gerentes	Administração central
8 Retorno sobre o investimento			
	Os mesmos de **B**	Delegar aos gerentes de divisão a responsabilidade integral por usar o capital de modo eficiente	Gerentes de divisão

Fonte: Polenske (1997).

A atividade financeira vale-se da informação originária dos registros contábeis, mas, dada sua própria natureza, veste-se de tantos desdobramentos que pode ser pensada como uma unidade organizadora e gerenciadora de informação por si mesma (Box 13.3, transcrito de Karen R. Polenske, 1997). O dinamismo financeiro da empresa associa-se à visão empresarial que tomou corpo ao longo do século XX. A necessidade de avaliar o grau de eficiência com que os recursos da empresa são mobilizados no esmero da produção e na amplitude das vendas dá ao departamento de finanças o papel de principal usuário dos sistemas de informação. Mas, muito mais do que isso, a visão de James Clifton (1977) atribui ao departamento de finanças da empresa o encargo de sondar o mercado, a fim de identificar oportunidades lucrativas para a diversificação. Neste sentido, o autor americano – escudado no estudo da tomada de decisão sobre o sistema de formação do preço da empresa General Motors – associou a direção e o controle da finança empresarial com a gestão de um

Box 13.3 — Relatórios de controle financeiro

1. Folha de balanço			
Tipo de relatório	**Natureza dos dados**	**Utilização**	**Usuários do relatório**
Fornece uma visão instantânea das atividades de investimento e finanças da empresa em datas específicas	Contas de dupla entrada evidenciando: ativos = capital de terceiros + patrimônio líquido. Tipos de contas: a. contas de ativos b. contas de compromissos c. contas do patrimônio líquido	Indica o desempenho operaconal da empresa durante o período. Permite a avaliação da capacidade da gerência de desvincular-se da responsabilidade delegada pelos proprietários	Investidores, credores e agências regulatórias governamentais
2. Informes sobre a geração de valor			
Tipo de relatório	**Natureza dos dados**	**Utilização**	**Usuários do relatório**
Informa os resultados das atividades operacionais da empresa em datas específicas	Contas de dupla entrada evidenciando Receita líquida = receita bruta – despesa a. Contas das receitas: receita com vendas, receita com juros, receita com aluguéis, etc.	Indica o grau de liquidez/viabilidade da empresa. Mostra as fontes e usos das disponibilidades de caixa da empresa. Permite a avaliação da capacidade da gerência de desvincular-se da responsabilidade delegada pelos proprietários	Investidores, credores e agências regulatórias governamentais

Fonte: Polenske (1997).

banco comercial e de investimentos moderno[15]. Esta visão grandiosa do crescimento empresarial baseado no escaneamento de oportunidades lucrativas de aplicação dos recursos é um exemplo da necessidade da integração das perspectivas micro, meso e macroeconômicas para o processo de tomada de decisão.

Com a microeconomia, queremos referir não apenas as condições internas de produção, mas o conjunto de agentes que têm interesses no desempenho da empresa (internamente, os trabalhadores, os acionistas, etc. e, externamente, os fornecedores, os clientes, o governo, etc.). Numa visão ampliada, esses *stakeholders* passam a visualizar a cadeia de valor em que a empresa se insere, o que dá a dimensão mesoeconômica de sua atuação. Por fim, as condicionantes macroeconômicas refletem-se nas tradicionais variáveis de quantidades (PIB e emprego) e de preços (nível geral de preços, câmbio, juros e salários), além das expectativas de todos os agentes com relação ao futuro imediato. Ora, os instrumentos da análise macroeconômica das fi-

---

[15] Na Seção 7.3 do Capítulo 7B (Monetários/CD), discutimos a diferença entre estes dois tipos de bancos.

nanças nacionais e internacionais foram exaustivamente desenvolvidos nos Capítulos 6 (CEIs), 7A (MFF/CD), 7B (Monetários/CD), 7C (Fiscais/CD) e 7D (BOP/CD), e os mesoeconômicos principalmente nos Capítulos 4 (MaCS e MIP), 5 (TRUs) e 7A (MFF/CD). Deste modo, vemos no presente material a possibilidade de integrar essas dimensões da análise econômica ao instrumental microeconômico da teoria da firma.

Assim, o caráter de gerenciamento rotineiro ou estratégico do processo decisório da empresa, convivendo harmonicamente, delimita a fronteira entre o curto e o longo prazo. O Box 13.4 (originário de Paul Kleindorfer; Howard Kunreuther e Paul Schoemaker, 1993) estuda as causas da queda na receita ou da elevação da despesa no Restaurante GangeS. Mesmo que algumas das questões suscitadas fujam ao âmbito do curto prazo e, como tal, do gerenciamento operacional, é nele que devemos centrar a formulação do diagnóstico. Quanto menor o tamanho da empresa, menor será sua capacidade de reagir a prejuízos. Quanto maior for a capacidade da empresa de absorver tecnologias da informação que lhe permitam montar diagnósticos alimentadores do processo decisório, maiores serão suas chances de sobreviver e crescer, ou seja, transitar do curto prazo em que se move às condições de longo prazo em que pode escolher flutuar.

Os instrumentos listados até o presente momento resumem-se a um conjunto de três sistemas, a saber, o planejamento e controle das operações internas, incorporando o meio externo, vale dizer, o planejamento estratégico e, por fim, as infor-

---

Box 13.4 Problemas com um restaurante em virtude da geração de lucros cadentes (ou prejuízo crescente)

Se o objetivo é manter o olho no lucro...

A equação (3.9) do Capítulo 3 (Dimensões), que ajudou-nos a firmar o domínio sobre o conceito de valor adicionado mensurado pela ótica da renda, serve como guia para nos auxiliar a entender problemas observados dentro da empresa. Nossa modelagem sugeriu que os produtores contratam (compram) serviços dos fatores, colocam-nos em harmonia, vendem o produto às instituições e calculam o excedente de exploração, ou seja, a diferença entre a receita total e o custo total. Aceitando que os proprietários desses serviços desejam alugá-los pelo preço máximo e os produtores gostariam de pagar o menos possível, este excedente de exploração (ou lucro) pode indicar o grau de eficiência com que os recursos são usados dentro da empresa. Ora,

$$L = RT - CT,$$
$$RT = P_p \times q$$
$$q = f(P_p, P_S, P_C, Y, G, Z_R)$$
$$CT = g(q, Z_c)$$

onde L é o lucro da empresa, RT é sua receita total, CT é o custo total, P_p é o preço cobrado por unidade do produto vendido (preço próprio), q é a quantidade vendida, P_S é o preço das mercadorias substitutas, P_c é o preço das mercadorias complementares, Y é a renda dos consumidores do produto, G são seus gostos e preferências e Z_R e Z_C são vetores que capturam todas as demais variáveis relevantes, inclusive, no caso de CT, os preços dos insumos primários e intermediários.

Esta formulação suscita a discussão sobre a diferença entre o lucro privado e o lucro social. Naturalmente, sob o ponto de vista privado, uma empresa que gera lucros está no caminho de agradar seus proprietários, o mesmo não podendo ser dito sobre o cidadão em geral. Um lucro acima do custo de oportunidade pode refletir o poder monopolístico por parte da empresa que tem poder de mercado, ditando o preço de seu produto. Ao mesmo tempo, este tipo de lucro certamente implicará um problema de alocação de fundos insuficiente para a empresa/indústria que o exibe.

Além disso, há questões a discutir com relação ao objetivo da empresa privada. Ela propõe-se a maximizar lucros? Vendas? Vendas sujeitas a uma restrição de lucro aceitável pelos acionistas, garantindo o poder dos gerentes? Curto ou longo prazo?

Então manter a atenção focada sobre as causas das variações na lucratividade da empresa é um requisito fundamental para sua sobrevivência e crescimento. O exemplo a seguir, retirado de Kleindorfer; Kunreuther e Schoemaker (1993), é paradigmático, sendo adaptável a outras empresas e setores econômicos.

(continua)

Box 13.4   Continuação

A. QUEDA NAS RECEITAS

A.1 Queda no número de clientes
- preço incorreto
- imagem desagradável das instalações físicas
- mudança na atmosfera do atendimento
- conceito desatualizado para o negócio de restaurante
- promoção de vendas e propaganda
- mudanças nas expectativas dos consumidores
- baixa qualidade dos alimentos servidos
- mudanças na concorrência (poder de monopólio)
- má qualidade dos serviços de atendimento ao cliente
- mudanças nas características demográficas dos consumidores (faixa etária, gênero, "geração saúde")
- ausência de variedade nos pratos oferecidos
- mudança de endereço
- outros (zona urbana de pedintes, assaltos, dificuldades de estacionamento, redução na renda dos consumidores, recessão econômica)

A.2 Queda no valor médio das vendas (contas de alimentação e de bebidas)
- queda no valor dos produtos percebidos pelos consumidores
- formação do preço incorreta
- ritmo de atendimento inadequado
- *merchandising* deficiente
- ausência de motivação nos funcionários
- mudanças no peso de 'jantar fora' no orçamento dos consumidores
- mudanças na combinação da composição da conta entre bebidas e alimentos
- qualidade das refeições inadequada
- mudanças na concorrência
- tamanho do restaurante inadequado
- mudanças nas características demográficas dos consumidores (faixa etária, gênero, 'geração saúde')
- mudanças nos gostos e preferências dos consumidores
- aumento da facilidade na elaboração de refeições caseiras; *junk food*
- outros (zona urbana de pedintes, assaltos, dificuldades de estacionamento, redução na renda dos consumidores, recessão econômica)

B. CUSTOS CRESCENTES

B.1 Custos fixos crescentes
- compras e recebimentos inadequados
- conteúdo do cardápio (muito pequeno ou muito grande)
- previsão de vendas ineficiente
- mudanças no mercado de fornecedores
- elevadas taxas de desperdício e sobras
- número excessivo de trabalhadores vinculados à produção
- alto nível de furto
- supervisão inadequada
- tamanho errado para as porções servidas em cada prato
- armazenamento e expedição
- outros

B.2 Elevação nos custos da mão de obra
- excesso de utilização de horas-extras
- redução na produtividade dos trabalhadores
- clima organizacional deficiente
- regras do governo e dos sindicatos sobre contratações, demissões e condições de trabalho
- distribuição física deficiente da circulação (*layout*) e do equipamento
- seleção e treinamento de pessoal inadequados ou insuficientes
- alta rotatividade entre os trabalhadores
- muitas opções no cardápio
- supervisão inadequada
- estrutura salarial inadequada
- esquema ineficiente para o horário de trabalho dos funcionários
- elevação dos pagamentos extracontratuais (pagamentos laterais, como gorjetas, gratificações)
- outros

B.3 Elevação dos custos conjuntos (*overheads*)
- elevado custo de pagamento das dívidas
- desenho das instalações inadequado
- custos de ocupação elevados (capacidade ociosa elevada)
- estrutura de capital inadequada (próprio e terceiros)
- reduzido volume de vendas
- taxa de crescimento do empreendimento insuficiente
- elevados custos administrativos
- métodos incorretos de gerenciamento dos trabalhadores
- horário de funcionamento inadequado
- instalações e equipamentos desatualizados tecnologicamente ou em *design*
- inflação elevada
- baixo nível de acesso ao crédito
- outros

Fonte: Kleindorfer, Kunreuther e Schoemaker (1993).

mações monetárias e físicas para orientar o desempenho do presente, passado e futuro. Caso aceitemos a perspectiva do crescimento da empresa como representando sua principal motivação, poderemos usar estes relatórios, de sorte a aperfeiçoar técnicas de montagem de cenários, exercícios contrafactuais, análise de sensitividade e programação econômica. Enquanto instrumentos de decisão gerencial, os modelos que usam estas metodologias, conforme observamos na literatura de base da redação do presente capítulo, devem atender a um grande conjunto de demandas por informação (Box 13.5, compilado de enorme bibliografia, particularmente, os trabalhos de Karen R. Polenske de 1989, 1991, 1997, 1998). Nestes modelos, os usos tradicionais da matriz de insumo-produto vão além da quantificação do reflexo de modificações na demanda sobre as compras de insumos e da forma como as mudanças nos preços dos insumos primários afetam os custos gerais. Nos modelos de insumo-produto da firma, o vetor de preços unitário constitui o dual das quantidades monetárias com que se trabalha, superando em boa medida as restrições de preços fixos do modelo. Mas, além disso, há enormes potencialidades de montagem de dados voltados à mesoeconomia. Com as matrizes de insumo-produto da empresa construímos agregados de processos, seções e divisões, chegando a empresas e setores econômicos. Ademais, por exemplo, poderíamos agregar desde os processos produtivos refletindo empresas convivendo em diferentes estágios tecnológicos, diferentes tamanhos, etc.

Box 13.5 — Usos possíveis para as matrizes de insumo-produto e insumo-processo da empresa

Inicialmente, para serem usados como instrumentos de decisão gerencial, os modelos deste tipo devem:
a) retratar a operação produtiva da firma, demonstrando os requisitos de insumos dos processos produtivos desenvolvidos e o seu resultado em termos dos produtos obtidos;
b) prover medidas adequadas para valorar a performance da unidade de negócios considerada;
c) ser completos, no sentido de considerarem a totalidade da informação contábil relevante para os objetivos propostos;
d) fornecer subsídios para a avaliação não somente dos impactos diretos de curto prazo, mas também dos indiretos e da performance da firma a longo prazo e no contexto nacional e regional;
e) enfocar tanto os custos como a qualidade e a flexibilidade dos processos e, por fim,
f) prover informações estruturadas, de forma a subsidiar o planejamento das atividades da unidade de negócios considerada.

Entrevistando executivos chineses de diferentes níveis hierárquicos, Karen R. Polenske (1989, 1991, 1997, 1998) constatou que eles apontaram muitas vantagens no uso da matriz de insumo-produto da empresa, como (ver ainda o Box 13.6):

1. a fusão de diferentes aspectos das contas estatísticas, administrativas e financeiras num sistema único e que pode ser generalizado para abarcar contas físicas e monetárias
2. um método sistemático para o levantamento de dados estatísticos sobre produtos, unidades e plantas produtivas, voltado a construir as bases para a administração dos sistemas administrativos automatizados. Usos imediatos constam de:
   a) rastrear a distribuição da produção
   b) rastrear as compras de insumos e
   c) mostrar como balancear a produção entre cada unidade individual e o conjunto da empresa
3. os gerentes usam a matriz de insumo-produto a fim de gerar um conjunto sistemático de metas e quotas de produção para as unidades produtivas e a empresa em seu conjunto. Eles também incorporam a conta no modelo de insumo-produto da empresa (especialmente no caso de um modelo dinâmico), pois este é muito útil para o planejamento de longo prazo. As técnicas utilizadas para a geração de metas e quotas são:
   a) coeficientes de insumos diretos (nossos conhecidos a_{ij})
   b) coeficientes de insumos totais (diretos e indiretos)

(continua)

> **Box 13.5** Continuação
>
> c) modelos de programação linear
> d) análise de sensitividade
> 4. os gerentes também expandem a conta para o uso em um modelo de insumo-produto de otimização, de sorte a fazerem o uso mais eficiente possível dos recursos escassos, a fim de maximizar os lucros da empresa. Os dados básicos de entrada para a montagem do modelo são fornecidos pelos dirigentes de programação da empresa, incluindo:
>   a) um conjunto de metas e
>   b) medidas voltadas a verificar se as metas estão sendo atingidas
>
> 5. a conta oferece um vínculo entre as contas de insumo-produto (e modelos) para um setor industrial, área geográfica, toda uma nação, ou mesmo integrando a economia nacional com a de outros países. Um conjunto de contas regional-nacional-global da empresa pode elevar a compreensão das condicionantes econômicas e de oportunidades tanto no nível micro quanto no macro.
>
> Fonte: Polenske (1989, 1991, 1997); Lin e Polenske (1998); Bingquan (1991); Renjia, Nansen e Haiying (1991); Recheng (1991).

No trabalho que, por assim dizer, oficializou a pesquisa da matriz de insumo-produto da empresa, Karen R. Polenske (1989, 1991, 1997, 1998) rastreou esta tradição de pesquisa à China no ano de 1965. Na bibliografia da área, também há referências a trabalhos italianos de 1962 e, em nível mundial, amiudando-se em revistas voltadas à contabilidade comercial, desde meados dessa década. Na China, menos de um quarto de século após o início, uma grande siderúrgica usava amplamente a matriz de insumo-produto para lidar com mais de 1.000 produtos distribuídos por 40 plantas (estabelecimentos) industriais. Em 1992, a China, já em seu incontestável período de milagre econômico, contemplava mais de 600 empresas usando a matriz de insumo-produto da empresa em seu processo de planejamento de curto e longo prazos.

A listagem do Box 13.5 incentiva-nos agora a aplicar a metodologia de insumo-produto desenvolvida nos capítulos anteriores para que suas tabelas e equações (e seus infindáveis desdobramentos) possam servir ao processo decisório no nível empresarial. No Box 13.6, também retirado do artigo de Karen R. Polenske (1997), vemos uma compilação dos diferentes instrumentos de controle gerencial desenvolvidos com base no modelo de insumo-produto.

Nas próximas seções, vamos utilizar este conjunto de definições de matrizes para construir exemplos práticos do potencial analítico da matriz de insumo-produto da empresa. Com isso, nos aproximamos da montagem de bancos de dados empresariais voltados a instruir seu processo decisório.

13.3 PRIMEIRAS EXTENSÕES DO MODELO DE INSUMO-PRODUTO PARA A EMPRESA

13.3.1 A tabela de recursos e usos e a planilha do resultado operacional

Já desenvolvemos conteúdos no presente capítulo que deixaram claras algumas dualidades importantes existentes na modelagem multissetorial de Leontief. Destacamos o modelo de insumo-produto ou insumo-processo, seu caráter aberto ou fechado e a unidade de mensuração de suas variáveis em quantidades físicas ou monetárias. Ao mesmo tempo, deixamos clara as relações entre planta e processo produtivo, entre planta e estabelecimento e entre produtos e processos. Agora vamos retomar o cha-

Box 13.6 — As contas de insumo-produto chinesas

Contas usadas a partir de 1964

I. Tabelas de insumo-produto com quantidades físicas

Tipo de relatório	Natureza dos dados	Utilização	Usuários do relatório
Fornece os fluxos de insumos e de produtos para toda a empresa mensurados em quantidades físicas.	Características tecnológicas (físicas) de todos os produtos. Especificamente, coeficientes de insumos (diretos e indiretos) para produtos das unidades de produção individuais. (A tabela de quantidades físicas é classificada usando processos e produtos). Características da demanda para todos os produtos. Especificamente, a demanda pelo produto de cada unidade produtiva por outras unidades e por usuários externos.	Mostra variações tecnológicas entre as unidades produtivas. Auxiliam a gerência a fazer planos de produção, organizar os suprimentos de matéria-prima e determinar quantidades de transporte.	Adminisração central e gerentes das unidades produtivas.

Contas usadas a partir de 1980

II. Tabelas de insumo-produto com quantidades monetárias

Tipo de relatório	Natureza dos dados	Utilização	Usuários do relatório
Fornece os fluxos de insumos e de produtos para toda a empresa em quantidades monetárias.	Os dados são similares aos usados nas tabelas calculadas em termos físicos (preços × quantidades). (Os valores da tabela também são classificados usando produtos e processos).	Permite a contabilidade de custos interna e a comparação de custos entre as unidades produtivas. Disponibiliza o cálculo do lucro: a) lucro das transações internas; b) lucro das vendas externas. Inclui itens calculados, como depreciação, juros e tributos. Facilita o planejamento e as previsões de longo prazo ao ser usado para desenvolver balanços abrangentes e projeções de eficiência econômica.	Adminisração central e gerentes das unidades produtivas.

III. Tabelas de insumo-produto de otimização

Tipo de relatório	Natureza dos dados	Utilização	Usuários do relatório
Oferece as combinações ótimas de insumos e de produtos para toda a empresa. Em geral, é um relatório estático, mas pode ser transformado em dinâmico.	Dados referentes a características tecnológicas e da produção final são combinados em um sistema de equações. Restrições à produção, como trabalho e matérias-primas, e restrições financeiras e outras, são impostas sobre o sistema de insumo-produto.	A solução de otimização do modelo permite: i. maximização da receita para produtos selecionados que geram os maiores lucros; ii. minimização de custos em virtude da combinação de insumos que gera os menores custos.	Adminisração central e gerentes das unidades produtivas.

(continua)

> **Box 13.6** Continuação

IV. Tabelas de insumo-produto com quantidades físicas e monetárias			
Tipo de relatório	Natureza dos dados	Utilização	Usuários do relatório
	Dados das tabelas físicas e monetárias são combinados (quantidades físicas, valores e preços detalhados).	Unifica as contas gerenciais, financeiras e de insumo-produto; apresenta a vantagem de fornecer tabelas em quantidades físicas e monetárias.	Administração central e gerentes das unidades produtivas.

Fonte: Polenske (1997).

mado problema da classificação, tratado originalmente na Seção 4.8 do Capítulo 4 (MaCS e MIP). Nele vimos o aparecimento da dualidade atividade × produto, cabendo destacar a nova dualidade dada pela relação planta × região.

Ainda que as aplicações do modelo de insumo-produto realizadas nos capítulos anteriores tenha gerado tabelas do tipo setor × setor, a maior proximidade com o processamento dos dados originários dos estabelecimentos empresariais levou à formulação e ao equacionamento do citado problema da classificação. Nada mais natural, portanto, que o capítulo destinado a estudar as aplicações da modelagem multissetorial à empresa inicie destacando esta abordagem. Agregando e adaptando algumas cifras da Tabela 4.3 do Capítulo 4B (MIP/CD) para nossos propósitos atuais, convertemos suas informações a fim de descrever a produção e absorção de insumos e produtos pela Editora GangeS, conforme a Tabela 13.1. Esta desenvolve uma ampla gama de atividades para produzir inúmeros produtos. Todavia, com vistas a oferecer um instrumento de decisão eficaz a seus gerentes, há diferentes níveis de agregação na informação disponível, cabendo-nos analisar a versão de quatro atividades e sete produtos. Em outras palavras, os rateios das cifras pertinentes entre diferentes atividades e produtos levou-nos a destacar apenas as funções básicas de uma empresa, nomeadamente, a produção (e administração geral), as vendas e as finanças. A transição entre os demonstrativos contábeis que registram entradas e saídas de recursos e a forma final que assumem os dados aqui resumidos resulta de um estudo criterioso dos processos de produção. Tal estudo é feito por meio do diálogo entre os gerentes encarregados de tarefas nas áreas da contabilidade, engenharia, administração, economia e tantas outras quanto o bom-senso indicar.

A metodologia exposta na Seção 4.8 do Capítulo 4 (MaCS e MIP) permite-nos transitar dessa tabela a outra no formato produto × produto ou atividade × atividade. Também neste caso, é o tipo de uso gerencial que determina a escolha dos supostos a serem adotados para reger a passagem das matrizes retangulares às quadradas. Ainda que muitas aplicações se valham das tabelas montadas no formato setor × setor, a política de preços assenta-se em bases mais firmes quando tratada com planilhas do tipo produto × produto. Esta razão nos leva a adotá-las na presente seção, a fim de evidenciar os contrastes entre as quantidades monetárias do sistema de preços do modelo de insumo-produto da empresa. Gerando preços de Leontief, poderemos comparar os resultados que alcançaremos com um exercício

Tabela 13.1 Produção e absorção de mercadorias da Editora GangeS Ltda do ano I (Iaeres)

Contas	Produtos							Atividades				Demanda final	DEMANDA TOTAL
	1	2	3	4	5	6	7	Vendas e distribuição	Administração geral	Finanças	Produção		
1. Literatura geral								20.873	10.726	21.306	45.545	**38.300**	136.750
2. Literatura educação								0	9.140	5.350	0	**49.560**	64.050
3. Literatura agropecuária								564	2.776	12.463	30.637	**89.910**	136.350
4. Folhetos								3.575	6.116	23.935	16.145	**13.710**	63.480
5. Cadernos e afins								1.097	0	12.972	10.641	**43.160**	67.870
6. Material de embalagem								0	4.326	23.474	0	**13.700**	41.500
7. Outros impressos								4.081	1.666	7.501	35.092	**101.660**	150.000
Vendas e distribuição	24.640	21.520	29.450	10.760	12.760	0	0						99.130
Administração geral	72.190	0	16.450	41.640	0	0	0						130.280
Finanças	39.510	41.310	9.680	9.420	22.380	0	0						122.300
Produção	410	1.220	80.770	1.660	32.730	41.500	150.000						308.290
Insumos primários								68.940	95.530	15.300	170.230		
OFERTA TOTAL	136.750	64.050	136.350	63.480	67.870	41.500	150.000	99.130	130.280	122.300	308.290	660.000	

simples com os modelos de preços absolutos que veremos nas duas subdivisões finais da Seção 13.4. Nestas circunstâncias, construímos a matriz de coeficientes técnicos $\mathbf{A} = \mathbf{B} \times \mathbf{D}$. Com esta e o vetor da oferta total da Tabela 13.1, podemos gerar outro vetor de cifras de insumos primários associados a produtos, substituindo as cifras originais em que estes associam-se a atividades.

Neste caso, o bloco atividade $\times$ produto da Tabela 13.1 permite-nos gerar a seguinte matriz **D**:

$$\mathbf{D} = \begin{bmatrix} 0{,}1802 & 0{,}3360 & 0{,}2160 & 0{,}1695 & 0{,}1880 & 0{,}0000 & 0{,}0000 \\ 0{,}5279 & 0{,}0000 & 0{,}1206 & 0{,}6560 & 0{,}0000 & 0{,}0000 & 0{,}0000 \\ 0{,}2889 & 0{,}6450 & 0{,}0710 & 0{,}1484 & 0{,}3297 & 0{,}0000 & 0{,}0000 \\ 0{,}0030 & 0{,}0190 & 0{,}5924 & 0{,}0261 & 0{,}4822 & 1{,}0000 & 1{,}0000 \end{bmatrix}$$

Do bloco produto $\times$ atividade, retiramos a matriz **B**:

$$\mathbf{B} = \begin{bmatrix} 0{,}2106 & 0{,}0823 & 0{,}1742 & 0{,}1477 \\ 0{,}0000 & 0{,}0702 & 0{,}0437 & 0{,}0000 \\ 0{,}0057 & 0{,}0213 & 0{,}1019 & 0{,}0994 \\ 0{,}0361 & 0{,}0469 & 0{,}1957 & 0{,}0524 \\ 0{,}0111 & 0{,}0000 & 0{,}1061 & 0{,}0345 \\ 0{,}0000 & 0{,}0332 & 0{,}1919 & 0{,}0000 \\ 0{,}0412 & 0{,}0128 & 0{,}0613 & 0{,}1138 \end{bmatrix}$$

Multiplicando **B** por **D**, chegamos a

$$\mathbf{B} \times \mathbf{D} = \begin{bmatrix} 0{,}1322 & 0{,}1859 & 0{,}1553 & 0{,}1194 & 0{,}1683 & 0{,}1477 & 0{,}1477 \\ 0{,}0497 & 0{,}0282 & 0{,}0116 & 0{,}0525 & 0{,}0144 & 0{,}0000 & 0{,}0000 \\ 0{,}0420 & 0{,}0695 & 0{,}0699 & 0{,}0327 & 0{,}0826 & 0{,}0994 & 0{,}0994 \\ 0{,}0880 & 0{,}1393 & 0{,}0584 & 0{,}0673 & 0{,}0966 & 0{,}0524 & 0{,}0524 \\ 0{,}0327 & 0{,}0728 & 0{,}0304 & 0{,}0185 & 0{,}0537 & 0{,}0345 & 0{,}0345 \\ 0{,}0730 & 0{,}1238 & 0{,}0176 & 0{,}0503 & 0{,}0633 & 0{,}0000 & 0{,}0000 \\ 0{,}0322 & 0{,}0556 & 0{,}0822 & 0{,}0274 & 0{,}0829 & 0{,}1138 & 0{,}1138 \end{bmatrix}$$

que é nossa tradicional matriz de coeficientes técnicos. Uma vez que estamos interessados na utilização dos dados dela emanados para a tomada de decisão na empresa, devemos fazer três comentários importantes neste contexto. O primeiro diz respeito à verificação (ou não) das condições de Hawkins-Simon, discutidas na Seção 4.5 do Capítulo 4B (MIP/CD). Ou seja, se a empresa precisa de maior quantidade de insumos para produzir dado volume de produto, ela simplesmente é inviável num ambiente concorrencial. Uma empresa viável economicamente vai gerar uma matriz **A** de coeficientes técnicos de produção que atendam a essas condições. Em segundo lugar, já teremos tomado precauções ao selecionarmos produtos e divisões da empresa para evitar o registro de produtos conjuntos. Por fim, diferentemente do resto deste capítulo (inclusive a Seção 13.3.2), aqui nossa atenção está voltada para o modelo aberto de Leontief. Ou seja, a modelagem agora adotada considera que o vetor da demanda final é exógeno ao corpo das equações que descrevem a relação entre insumos e produtos.

Nosso próximo passo consiste em obtermos uma matriz de insumo-produto do tipo produto × produto em quantidades monetárias, partindo das informações já conhecidas. Como recém anunciamos, ao dispormos da matriz **A** = **B** × **D** e do vetor da oferta total, operamos $[a_{ij}] \times [x^D]$.

A segunda multiplicação desta expressão toma o seguinte formato:

$$\begin{bmatrix} 0{,}1322 & 0{,}1859 & 0{,}1553 & 0{,}1194 & 0{,}1683 & 0{,}1477 & 0{,}1477 \\ 0{,}0497 & 0{,}0282 & 0{,}0116 & 0{,}0525 & 0{,}0144 & 0{,}0000 & 0{,}0000 \\ 0{,}0420 & 0{,}0695 & 0{,}0699 & 0{,}0327 & 0{,}0826 & 0{,}0994 & 0{,}0994 \\ 0{,}0880 & 0{,}1393 & 0{,}0584 & 0{,}0673 & 0{,}0966 & 0{,}0524 & 0{,}0524 \\ 0{,}0327 & 0{,}0728 & 0{,}0304 & 0{,}0185 & 0{,}0537 & 0{,}0345 & 0{,}0345 \\ 0{,}0730 & 0{,}1238 & 0{,}0176 & 0{,}0503 & 0{,}0633 & 0{,}0000 & 0{,}0000 \\ 0{,}0322 & 0{,}0556 & 0{,}0822 & 0{,}0274 & 0{,}0829 & 0{,}1138 & 0{,}1138 \end{bmatrix} \times$$

$$\begin{bmatrix} 136{.}750 & 0 & 0 & 0 & 0 & 0 & 0 \\ 0 & 64{.}050 & 0 & 0 & 0 & 0 & 0 \\ 0 & 0 & 136{.}350 & 0 & 0 & 0 & 0 \\ 0 & 0 & 0 & 63{.}480 & 0 & 0 & 0 \\ 0 & 0 & 0 & 0 & 67{.}870 & 0 & 0 \\ 0 & 0 & 0 & 0 & 0 & 41{.}500 & 0 \\ 0 & 0 & 0 & 0 & 0 & 0 & 150{.}000 \end{bmatrix}$$

Seu resultado é a tabela de transações, articulada como produto × produto. Com isso, dispomos dos dois primeiros blocos (quadrantes) da matriz de insumo-produto da empresa, e podemos construir a linha concernente aos insumos primários:

```
[136.750  64.050  136.350  63.480  67.870  41.500  150.000] −
[ 61.511  43.243   57.997  23.369  38.124  18.585   67.174] =
[ 75.239  20.807   78.353  40.111  29.746  22.915   82.826]
```

Ou seja, da mesma forma que a tabela de transações, o vetor dos insumos primários compõe-se de cifras que não existiam previamente. De fato, sua construção emerge da aplicação da modelagem e de supostos considerados adequados para oferecer a visão da contabilidade da empresa em um formato que permite estudos sobre a formação do preço.

Estas informações permitiram-nos gerar a Tabela 13.2, exibida a seguir, ao acrescentarmos à informação anteriormente utilizada outros dados sobre o balanço de resultados da empresa, especialmente no que tange aos desdobramentos que fizemos nas cifras da demanda final e dos insumos primários[16]. Como vemos, estamos

---

[16] É importante deixarmos claro que estas informações adicionais resultam de outros procedimentos não mais associados à solução do problema da classificação. Na prática, o que ocorre é que, trabalhando com informações originais da empresa, criaremos matrizes de rateios das cifras da demanda final, de acordo com a especificação apresentada na Tabela 13.2 tanto para os insumos primários quanto para a demanda final.

CAPÍTULO 13 MATRIZES EMPRESARIAIS DE INSUMO-PRODUTO E DE INSUMO-PROCESSO 583

Tabela 13.2 Matriz de insumo-produto do tipo produto × produto da Editora GangeS, no ano I (L$)

Contas	Produtos							Vendas de insumos	Atividades			Total da demanda final	DEMANDA TOTAL
	1	2	3	4	5	6	7		Despesas c/ escritório central	Royalties pagos a terceiros	Vendas diretas		
Insumos intermediários													
1. Literatura geral	18.075	11.908	21.174	7.580	11.421	6.131	22.160	98.450	18.815	18.186	1.299	38.300	136.750
2. Literatura educação	6.793	1.807	1.578	3.333	979	0	0	14.490	28.515	0	21.045	49.560	64.050
3. Literatura agropecuária	5.745	4.453	9.531	2.073	5.606	4.124	14.907	46.440	84.124	3.435	2.351	89.910	136.350
4. Folhetos	12.031	8.925	7.959	4.273	6.554	2.173	7.855	49.771	9.670	3.264	776	13.710	63.480
5. Cadernos e afins	4.478	4.662	4.141	1.176	3.645	1.432	5.177	24.710	36.625	6.535	0	43.160	67.870
6. Material de embalagem	9.981	7.929	2.404	3.191	4.296	0	0	27.800	12.019	0	1.681	13.700	41.500
7. Outros impressos	4.407	3.558	11.210	1.742	5.624	4.724	17.074	48.340	78.422	21.990	1.248	101.660	150.000
Compras de insumos	61.511	43.243	57.997	23.369	38.124	18.585	67.174	310.001	268.189	53.410	28.401	350.000	660.000,0
Insumos intermediário													
Despesas externas	40.440	14.871	42.092	23.177	15.072	15.915	42.527	194.094					
Salários e ordenados	28.360	1.008	33.497	12.756	14.149	2.128	37.944	129.843					
Depreciação	2.144	402	4.409	1.607	1.779	867	4.197	15.705					
Juros pagos	−2.347	0	−4.624	−1.252	−1.691	0	−4.660	−14.574					
Tributos	2.347	2.103	1.384	1.777	203	1.861	1.309	11.584					
Lucro líquido	3.395	2.423	1.594	2.047	234	2.144	1.509	13.347					
Valor adicionado	34.799	5.937	36.261	16.935	14.674	7.001	40.300	155.905					
Insumos primários	75.239	20.807	78.353	40.111	29.746	22.915	82.826	349.999					
OFERTA TOTAL	136.750	64.050	136.350	63.480	67.870	41.500	150.000	660.000					

sinalizando em negrito diversos subtotais e vetores críticos para sua construção. Com esta tabela, constatamos, por exemplo, que o produto que mais paga salários (nos insumos primários) é a confecção de "outros impressos", ao passo que a maior despesa com o escritório central (na demanda final) também se origina da produção desta mercadoria. Neste caso, cabe assinalar que a Editora GangeS é gerida por um escritório central que absorve uma fração dos custos de produção e finanças, por meio de rateios, e a maior parte das despesas distribuídas apenas indiretamente.

Dispondo desta matriz, é possível fazer várias simulações, cabendo-nos destacar agora o que aconteceria com os preços das sete mercadorias no caso de alguma mudança substantiva na estrutura da empresa. Por exemplo, podemos quantificar o que ocorreria se os outros impressos produzidos para autoconsumo e para vendas a terceiros tivessem seus processos produtivos modificados com a adoção de maior mecanização. Supondo que esta mudança provocasse uma queda nos gastos salariais em 20%, teríamos nosso modelo de preços operado como $P = (I - A^T)^{-1} \times v$, onde P é o vetor (coluna) de preços, A^T é a transposta da matriz de coeficientes técnicos determinada anteriormente como $B \times D$ e v é o vetor de coeficientes de insumos primários por unidade de oferta total. Ora, retiramos da Tabela 13.2 dados para construir nosso vetor v original do ano I como

$$v_I = [0{,}5502 \quad 0{,}3249 \quad 0{,}5746 \quad 0{,}6319 \quad 0{,}4383 \quad 0{,}5522 \quad 0{,}5522]^T$$

e

$$v_C = [0{,}5502 \quad 0{,}3249 \quad 0{,}5746 \quad 0{,}6319 \quad 0{,}4383 \quad 0{,}5522 \quad 0{,}4417]^T,$$

gerando

$$p_C = [0{,}9907 \quad 0{,}9851 \quad 0{,}9855 \quad 0{,}9924 \quad 0{,}9836 \quad 0{,}9815 \quad 0{,}8711]^T.$$

Esta última expressão substitui o vetor de preços unitário da situação do ano I, tomada como padrão. Como vemos, a redução de 20% nos salários da sétima mercadoria implica uma queda de quase 13% em seus preços, também ocasionando diferentes modificações de preços de menos de 2% nos preços das demais.

13.3.2 O modelo fechado de insumo-produto da empresa[17]

Ao iniciarmos o estudo do modelo de insumo-produto de Leontief na Seção 4.3 do Capítulo 4 (MaCS e MIP), até o presente momento, sua formulação assumiu o formato de um modelo aberto. Assim, preocupados que estávamos em entender a modelagem dominante na literatura da área, delegamos para o presente capítulo o início do estudo de seu simétrico, o chamado modelo fechado. No jargão da *input-output economics*, a construção de um modelo fechado significa que todas as variáveis contempladas por ele são declaradas endógenas. Em outras palavras, todos os insumos que participam do sistema são primários, inclusive, por exemplo, o trabalho e as importações. Além disso, a equação que descreve a demanda final que emana de fora do sistema não se distingue das componentes intermediárias. Isso não o impede de "exportar", pois poderíamos substituir a palavra "exporta-

---

[17] Novamente, registramos nosso débito para com Robert O'Connor e Edmund D. W. Henry (1982), Giandemetrio Marangoni e Giulio Fezzi (2002), que contribuíram decisivamente para nossa compreensão das diferentes possibilidades de modelarmos a matriz de insumo-produto da empresa.

ção" por "outros usos finais", ou seja, o modelo não nega que haja resto do mundo, mas apenas que nada do que lá ocorre interfere em seu funcionamento. Cada agente do sistema relaciona-se apenas com outros agentes do próprio sistema, não havendo transações nem fornecedores de insumos ou agentes que absorvem a demanda final situados em outros sistemas.

Nesta perspectiva, o modelo fechado contrasta com nossos já tradicionais estudos do modelo aberto por apresentar um vetor de demanda final que independe do nível de produção. Isto é, o nível da despesa final é determinado por fatores exógenos ao modelo, por exemplo, a política do gasto público, o nível da oferta monetária, ou o grau de desenvolvimento do país. Devemos reter em mente que tal tratamento, em vez de representar uma limitação, resultou da evolução natural da modelagem concebida pelo próprio Wassili Leontief, manifesta na abordagem original de 1936 e nas transformações implementadas a partir dos anos 1940 (Leontief, 1936, 1951). Sob o ponto de vista analítico, esta peculiaridade do modelo rendeu-nos a possibilidade de isolarmos a influência das variações dos coeficientes técnicos ou da demanda final sobre a variação na produção, de acordo com uma equação do Capítulo 4 (MaCS e MIP) aqui reproduzida para conveniência do leitor como equação (13.2).

Iniciamos, como tradicionalmente, com a equação de um ano qualquer

$$\mathbf{x} = \mathbf{A} \times \mathbf{x} + \mathbf{f} \tag{13.1}$$

onde $\mathbf{x}$ é o vetor da oferta total, $\mathbf{A}$ é a matriz de coeficientes técnicos e $\mathbf{f}$ é o vetor da demanda final (exógena). Sua equação reduzida é $\mathbf{x} = (\mathbf{I} - \mathbf{A})^{-1} \times \mathbf{f} = \mathbf{B} \times \mathbf{f}$.

Calculando a diferença entre a oferta total de dois períodos $(\mathbf{x}_I)$ e $(\mathbf{x}_{II})$, temos:

$$\Delta\mathbf{x} = \Delta\mathbf{B} \times \mathbf{f}_m + \mathbf{B}_m \times \Delta\mathbf{f} \tag{13.2}$$

onde o operador Δ assinala a diferença entre os dois períodos, $\mathbf{f}_m$ representa o vetor cujo elemento característico é a média aritmética simples entre a demanda final dos dois períodos, e $\mathbf{B}_m$ indica um similar elemento da matriz inversa de Leontief.

Com isso, fomos capazes de decompor a variação na produção entre dois períodos como uma média aritmética ponderada entre as variações nos coeficientes técnicos (dadas por $\Delta\mathbf{B}$) e na demanda final (dada por $\Delta\mathbf{f}$). Rememoramos que o vetor $\mathbf{A} \times \mathbf{x}$ foi construído ao calcularmos os coeficientes técnicos a_{ij} – dos requisitos de insumos diretos de produção fornecidos pelo setor i ao setor j, a fim de que estes possam gerar uma unidade de sua produção. Incorporando o bloco B_{33} de nossa matriz de contabilidade social da Tabela 4.4 do Capítulo 4 (MaCS e MIP) ao modelo fechado, obtemos um novo conjunto de coeficientes $a*_{ij}$, com $i, j = 1, 2, 3, ..., n-1, n, n+1, n+2, ..., n+k$ que correspondem ao desdobramento das diferentes instituições arroladas como destinatárias da produção final e fornecedoras de insumos primários chamados de não fatores. Com isso, definimos a matriz $\mathbf{A}^*$ como $\mathbf{A}^* = [a*_{ij}]$ e reescrevemos a equação análoga a (13.1) como $\mathbf{x} = \mathbf{A}^* \times \mathbf{x}$, um sistema de equações linearmente homogêneas. Como tal, ele sempre apresentará a solução trivial (isto é, um vetor nulo). Todavia, caso façamos a construção de nossa tabela de transações de modo adequado, teremos $\mathbf{A}^*$ como não singular[18].

---

[18] Esta matriz é chamada por David Gale (1989) de matriz de transações (*exchange matrix*). Devemos ressaltar que a resolução do modelo ocorre com sua inversão, ao contrário da solução do modelo aberto, que requer a inversão de $(\mathbf{I} - \mathbf{A})$.

Vemos na Tabela 13.3 a primeira matriz pertinente à economia fechada com que nos defrontamos neste livro. Buscamos retratar a situação de uma empresa agroindustrial que cria gado leiteiro e de corte, vendendo leite *in natura* a outras empresas domésticas (inclusive 150.000 litros para a Laticínios Lizarb S/A, que estudaremos com mais detalhes na próxima seção), gado em pé e carne frigorificada. Além disso, a Agropecuária GangeS[19] compra e vende insumos aos demais participantes do sistema.

Da forma como a matriz de insumo-produto desta empresa foi construída, estamos aptos a gerar a nova matriz **A***, cabendo-nos observar que – diferentemente da Tabela 13.1 – aqui a diagonal principal da tabela de transações tem elementos nulos, exceto para o caso das relações que a empresa enceta com o exterior. No caso, a cifra de L$ 32.845 mostra o saldo favorável aos fornecedores de insumos (nacionais e estrangeiros) relativamente às exportações da empresa[20]. A matriz **A*** da Agropecuária GangeS é dada por

$$\mathbf{A}^* = \begin{bmatrix} 0,0000 & 0,3267 & 0,0000 & 0,0000 & 0,0000 & 0,0000 & 0,5763 & 0,1115 & 0,0006 & 0,0000 & 0,2035 \\ 0,0001 & 0,0000 & 0,0000 & 0,0000 & 0,0000 & 0,0000 & 0,0000 & 0,5298 & 0,0013 & 0,0000 & 0,1677 \\ 0,0000 & 0,0000 & 0,0000 & 0,0000 & 0,0000 & 0,7950 & 0,0000 & 0,0000 & 0,0000 & 0,0000 & 0,0000 \\ 0,0683 & 0,1061 & 0,0006 & 0,0000 & 0,0003 & 0,0002 & 0,0001 & 0,0001 & 0,0005 & 0,0000 & 0,0001 \\ 0,0332 & 0,0624 & 0,0000 & 0,0000 & 0,0000 & 0,0002 & 0,0000 & 0,0001 & 0,0005 & 0,0000 & 0,0001 \\ 0,0577 & 0,1025 & 0,0006 & 0,0002 & 0,0003 & 0,0000 & 0,0001 & 0,0001 & 0,0005 & 0,0000 & 0,0001 \\ 0,4670 & 0,0000 & 0,0000 & 0,0000 & 0,0000 & 0,0000 & 0,0000 & 0,0517 & 0,0046 & 0,4378 & 0,0011 \\ 0,0000 & 0,0002 & 0,0000 & 0,0000 & 0,0000 & 0,0000 & 0,0000 & 0,0000 & 0,4237 & 0,0450 & 0,6237 \\ 0,0035 & 0,0059 & 0,0194 & 0,0063 & 0,0104 & 0,1132 & 0,0027 & 0,0033 & 0,0000 & 0,3799 & 0,0037 \\ 0,0767 & 0,0821 & 0,2030 & 0,2059 & 0,2049 & 0,0190 & 0,0872 & 0,0629 & 0,1178 & 0,1325 & 0,0000 \\ 0,2935 & 0,3142 & 0,7764 & 0,7876 & 0,7840 & 0,0725 & 0,3337 & 0,2405 & 0,4505 & 0,0048 & 0,0000 \end{bmatrix}$$

Nas seções seguintes, veremos diversas aplicações para o cálculo de sua inversa. Por ora, vamos concluir a exposição do modelo aberto da matriz de insumo-produto da empresa registrando que o processo de sua construção permite explorar o conceito de valor adicionado mesoeconômico, aplicando-o à empresa individual. Com isso, podemos montar o demonstrativo de resultados e criar indicadores tradicionais da saúde econômica e financeira da empresa. Por exemplo, vemos na Tabela 13.3 que os trabalhadores participam com 48,5% (isto é, $\frac{399.809}{823.669}$) do valor adicionado, o lucro líquido representa 29,8% (ou seja, $\frac{244.712}{823.669}$) desta cifra e a chamada margem bruta responde por 7,0% (ou $\frac{244.712}{3.481.061}$) do faturamento da empresa. Não dispondo aqui do total do capital da Agropecuária GangeS, não podemos calcular sua taxa de lucro, variável fundamental para a avaliação do desempenho. Todavia a obtenção de tal cifra não é problemática no mundo real, havendo duas fontes que não deveriam ser muito diversas. A primeira consiste no registro oficial do capital, obtido via departamento de contabilidade, e a segunda resulta da aplicação do método dos estoques perpétuos, conforme a metodologia estudada no Capítulo 7E (Capital/CD).

---

[19] Sua matriz de insumo-produto, *mutatis mutandis*, é baseada na exibida por Robert O'Connor e David D. W. Henry (1982).

[20] Este arranjo da informação primária nos permitiu montar a tabela de transações no formato de uma matriz quadrada.

Tabela 13.3 Matriz de insumo-produto fechada da Agropecuária GangeS (Iaeres)

Contas	Leite in natura	Gado em pé	Forrageiras	Silagem	Pastagem	Moagem	Resfriamento	Abate de gado	Outros intermediários	Exportações	Demanda interna	Uso dos recursos
Leite in natura	0	144.593	0	0	0	0	248.640	64.062	69	0	167.609	624.974
Gado em pé	62	0	0	0	0	0	0	304.275	156	0	138.147	442.641
Forrageiras	0	0	0	0	0	64.979	0	0	0	0	0	64.979
Silagem	42.673	46.951	41	0	17	14	38	61	59	0	99	89.953
Pastagem	20.771	27.615	0	0	0	14	0	61	59	0	98	48.617
Moagem	36.064	45.375	41	18	16	0	0	61	59	0	99	81.733
Resfriamento	291.843	0	0	0	0	0	0	29.672	532	108.508	891	431.446
Abate de gado	0	77	0	0	0	0	0	0	49.394	11.154	513.697	574.322
Outros intermediários	2.166	2.623	1.259	564	506	9.250	1.147	1.868	0	94.157	3.030	116.571
Fornecedores externos	47.052	36.350	13.188	18.521	9.963	1.549	37.638	36.113	13.728	32.845	0	247.847
Valor adicionado (produto)	183.441	139.057	50.450	70.850	38.114	5.926	143.983	138.150	52.515	1.183	0	823.669
Fontes dos recursos	624.974	442.641	64.979	89.953	48.617	81.733	431.446	574.322	116.571	247.847	823.669	3.481.061
Demonstrativo de resultados												
Salários e ordenados	83.353	51.402	11.855	40.400	19.667	5.283	79.165	71.285	27.098	10.292		399.809
Aluguéis	21.834	39.441	33.315									94.640
Depreciação	11.039	6.788	1.566	5.335	2.597	698	10.454	9.414	3.578	1.359		52.797
Juros pagos	16.161	9.965	2.298	7.832	3.813	1.024	15.347	13.819	5.253	1.995		77.507
Impostos indiretos líquidos de subsídios			−5.841	−7.444		−4.312	−9.437			−18.762		−45.796
Lucro líquido	51.024	31.462	7.256	24.727	12.038	3.234	48.455	43.632	16.586	6.299		244.712
Valor adicionado (produto)	183.441	139.057	50.450	70.850	38.114	5.926	143.983	138.150	52.515	1.183	0	823.669

13.4 O MODELO FECHADO DE INSUMO-PROCESSO DA EMPRESA

Do modelo experimental ao modelo teórico

Examinada, na seção anterior, a modelagem fechada da matriz de insumo-produto, agora faremos uma nova e importante extensão de nossos conhecimentos originalmente voltados à mesoeconomia, de sorte a estudarmos a realidade empresarial. Ou seja, o modelo de insumo-processo, ainda que derivando-se dos estudos originários da matriz de insumo-produto mesoeconômica, trata da relação entre fontes (linhas) e usos (colunas) de recursos distribuídos por um quadro que não enfatiza, como vimos na Seção 4.8 do Capítulo 4 (MaCS e MIP), atividades $\times$ produtos, ou suas combinações. Sua formulação permite, na verdade, que escolhamos o nível de detalhamento mínimo para a coleta dos dados, podendo estes referirem-se a processos, seções, estabelecimentos, divisões, etc. Outro contraste com relação às matrizes de insumo-produto, nas quais cada célula representa um mercado (setor de fornecimento do recurso e setor que o absorve), a matriz de insumo-processo mostra o fluxo dos produtos ao longo dos diferentes processos que culminam por gerar o produto final.

De acordo com este modelo, a atividade produtiva de uma unidade de negócios é vista como um sistema integrado no qual certos fatores de produção são combinados, tendo-se em vista a geração de um produto final específico. Vamos ilustrar esta estrutura básica por meio do exemplo numérico apresentado na Tabela 13.4. Construído sobre a informação contábil da empresa Laticínios Lizarb, cujo organograma consideramos desde a Figura 5.1 do Capítulo 5 (TRUs), este exemplo é completo e suficientemente simples. Suas cifras estão apresentadas em quantidades monetárias, mas também poderiam, naturalmente, ser mostradas em quantidades físicas, como faremos, *mutatis mutandis*, na última seção do capítulo.

Esta matriz mostra quatro blocos de relações internas à empresa, associados com a produção dos produtos finais leite pasteurizado e leite condensado, que vamos designar pelas matrizes **Z**, **M**, **W** e **V**. O primeiro – **Z** – mostra a circulação do leite *in natura*, do leite pasteurizado e do leite condensado pelos processos de ordenha/resfriamento, pasteurização e condensação. Marcamos em negrito a diagonal principal, de sorte a dar destaque ao produto principal correspondente a cada processo. Vemos que o leite *in natura* é totalmente subsumido no processo de pasteurização. Diferentemente dos procedimentos anteriores, este modelo de matriz de insumo-processo registra valores negativos, com significado óbvio, pois simetriza a convenção usual sobre fontes e usos de recursos. No segundo bloco – **M** –, temos os insumos adquiridos no mercado, onde despontam os L$ 150.000 em leite *in natura* adquiridos à Agropecuária GangeS, como registramos nos comentários no entorno da Tabela 13.3. Aqui, ainda mais claramente do que no primeiro bloco, o sinal negativo dos valores registrados indica simetrização dos lançamentos de fontes e usos dos recursos[21].

---

[21] A inovação de lançar insumos com sinal negativo foi feita por Richard Stone, nas páginas 39-40 do artigo de 1961.

No terceiro quadrante da Tabela 13.4, nomeadamente, o bloco **W**, vemos uma matriz nula que corresponde aos valores dos lançamentos de subprodutos e resíduos. No caso, valores monetários nulos não significam a ausência do fenômeno quantitativo, como veremos na Tabela 13.11. Ou seja, quantidades significativas multiplicadas por preços nulos geram valores monetários nulos. Por fim, o quarto quadrante registra os valores monetários dos insumos primários – **V** – destacando-se aqui apenas o capital e o trabalho. Seus sinais negativos também apontam a inversão entre os registros das fontes e usos dos recursos.

Valendo para todos os blocos, cabe registrarmos que a simetria padrão das matrizes de insumo-processo, nomeadamente, a identidade entre os totais das linhas com as respectivas colunas, não é necessária aqui. O caso da primeira linha já é emblemático, pois os L$ 100.000 que ingressam na fábrica são subsumidos e, como tal, não carreiam receita à empresa. Por contraste, o processo que o transforma em leite pasteurizado usa, por exemplo, óleo diesel e trabalho, que oneram os custos da empresa em montantes discerníveis.

Tabela 13.4 Modelo aberto da matriz de insumo-produto da Laticínios Lizarb, ano II (laeres)

Contas		Usos dos recursos nos j processos			
		Processo j (j = 1, 2, 3)			
		Ordenha e resfriamento	Pasteurização	Condensação	
	Produtos principais				Produto final
	Leite *in natura*	100.000	−100.000	0	0
	Leite pasteurizado	0	240.000	−90.000	150.000
	Leite condensado	0	0	180.000	180.000
	Insumos adquiridos no mercado i	Processo j (j = 1, 2, 3)			
		Resfriamento	Pasteurização	Condensação	Soma
Fontes dos recursos	Leite *in natura*	−112.500	0	−37.500	−150.000
	Ração para animais	−50.000	0	0	−50.000
	Óleo diesel	−1.500	−10.500	−3.000	−15.000
	Subprodutos e resíduos i	Processo j (j = 1, 2, 3)			
		Resfriamento	Pasteurização	Condensação	Soma
	Resíduos de filtragem	0	0	0	0
	Água residual	0	0	0	0
	Leite descartado	0	0	0	0
	Insumos primários i	Processo j (j = 1, 2, 3)			
		Resfriamento	Pasteurização	Condensação	Soma
	Capital	−45.000	−5.000	−10.000	−60.000
	Trabalho	−10.000	−4.000	−6.000	−20.000
	Totalização	−119.000	120.500	33.500	

Conforme notamos, cada linha da Tabela 13.4 apresenta as entradas e saídas de produtos na empresa Laticínios Lizarb. Associando-lhe relações aritméticas e utilizando uma notação mais formal, podemos então escrever as relações mantidas entre as linhas de cada bloco de matrizes. No caso de adaptarmos uma matriz **Z** aos três produtos e três processos de nossa empresa, temos a equação:

$$\begin{cases} Z_{11} + Z_{12} + Z_{13} + Z_{14} = y_1 \\ Z_{21} + Z_{22} + Z_{23} + Z_{24} = y_2 \\ Z_{31} + Z_{32} + Z_{33} + Z_{34} = y_3 \end{cases} \quad (13.3)$$

A matriz **M** da Laticínios Lizarb permite-nos escrever que

$$\begin{cases} M_{11} + M_{12} + M_{13} + M_{14} = x_{M_1} \\ M_{21} + M_{22} + M_{23} + M_{24} = x_{M_2} \\ M_{31} + M_{32} + M_{33} + M_{34} = x_{M_3}. \end{cases}$$

Adicionalmente, **W** pode ser expressa como:

$$\begin{cases} W_{11} + W_{12} + W_{13} + W_{14} = x_{W_1} \\ W_{21} + W_{22} + W_{23} + W_{24} = x_{W_2} \\ W_{31} + W_{32} + W_{33} + W_{34} = x_{W_3}, \end{cases}$$

e **V** assume o formato:

$$\begin{cases} V_{11} + V_{12} + V_{13} + V_{14} = x_{V_1} \\ V_{21} + V_{22} + V_{23} + V_{24} = x_{V_2} \\ V_{31} + V_{32} + V_{33} + V_{34} = x_{V_3}. \end{cases} \quad (13.4)$$

Expressando estes quatro sistemas de equações lineares homogêneas em notação matricial compacta, temos, inicialmente,

$$\mathbf{Z} \times \mathbf{i} = \mathbf{y} \quad (13.5)$$

ou

$$\begin{bmatrix} 100.000 & 2100.000 & 0 \\ 0 & 240.000 & 290.000 \\ 0 & 0 & 180.000 \end{bmatrix} \times \begin{bmatrix} 1 \\ 1 \\ 1 \end{bmatrix} = \begin{bmatrix} 0 \\ 150.000 \\ 180.000 \end{bmatrix}.$$

No segundo sistema, temos:

$$\mathbf{M} \times \mathbf{i} = \mathbf{x}_M, \quad (13.6)$$

ou

$$\begin{bmatrix} -112.500 & 0 & -37500 \\ -50000 & 0 & 0 \\ -1500 & -10500 & -3.000 \end{bmatrix} \times \begin{bmatrix} 1 \\ 1 \\ 1 \end{bmatrix} = \begin{bmatrix} -150000 \\ -50.000 \\ -15.000 \end{bmatrix}.$$

O terceiro sistema é dado por: $\mathbf{W} \times \mathbf{i} = \mathbf{x}_W$, que, no caso, apresenta valores nulos. Por fim, nosso quarto conjunto de equações lineares é:

$$\mathbf{V} \times \mathbf{i} = \mathbf{x}_V, \quad (13.7)$$

ou

$$\begin{bmatrix} -45.000 & -5.000 & -10.000 \\ -10.000 & -4000 & -6.000 \end{bmatrix} \times \begin{bmatrix} 1 \\ 1 \end{bmatrix} = \begin{bmatrix} -60000 \\ -20.000 \end{bmatrix}.$$

Ao efetuarmos as multiplicações indicadas nas equações (13.5) a (13.7), obteremos os vetores **y**, $\mathbf{x}_M$, $\mathbf{x}_W$ e $\mathbf{x}_V$, cujos elementos são as somas dos elementos correspondentes dos blocos de matrizes **Z**, **M**, **W** e **V**.

Ao mesmo tempo, uma vez que as cifras da Tabela 13.4 exprimem-se em quantidades monetárias, vemos que

$$\mathbf{q} = \mathbf{i}^T \times \mathbf{Z} + \mathbf{i}^T \times \mathbf{M} + \mathbf{i}^T \times \mathbf{W} + \mathbf{i}^T \times \mathbf{V} \tag{13.8}$$

Neste caso,

$$\begin{bmatrix} -119.000 & 120.500 & 33.500 \end{bmatrix} = \begin{bmatrix} 1 & 1 & 1 \end{bmatrix} \times \begin{bmatrix} 100.000 & -100.000 & 0 \\ 0 & 240.000 & -90.000 \\ 0 & 0 & 180.000 \end{bmatrix} +$$

$$\begin{bmatrix} 1 & 1 & 1 \end{bmatrix} \times \begin{bmatrix} -112.500 & 0 & -37.500 \\ -50.000 & 0 & 0 \\ -1.500 & -10.500 & -3.000 \end{bmatrix} + \begin{bmatrix} 1 & 1 & 1 \end{bmatrix} \times$$

$$\begin{bmatrix} 100.000 & -100.000 & 0 \\ 0 & 240.000 & -90.000 \\ 0 & 0 & 180.000 \end{bmatrix} + \begin{bmatrix} 1 & 1 \end{bmatrix} \times \begin{bmatrix} -45.000 & -5.000 & -10.000 \\ -10.000 & -4.000 & -6.000 \end{bmatrix}$$

Expandindo esta notação, podemos fazer a representação da Tabela 13.4 em termos genéricos, o que nos leva a obter o Quadro 13.1. De acordo com este modelo, a atividade produtiva de uma unidade de negócios é vista como um sistema integrado no qual certos fatores de produção são combinados, tendo em vista a geração de um produto final específico. Este sistema integrado pode ser descrito por meio de uma matriz que se decompõe em quatro blocos de matrizes e mais blocos de cinco vetores.

Naturalmente, esta representação poderia ser feita para qualquer número de produtos, processos, insumos adquiridos, subprodutos e fatores de produção. Pensando em facilitar a visualização do problema, registramos quatro produtos e processos, três insumos comprados no mercado, três tipos de subprodutos e resíduos e três insumos primários, sem identificar-lhes os nomes, por contraste ao que fizemos para o caso da empresa Laticínios Lizarb na Tabela 13.4. O bloco constituído pela matriz **Z** mostra a produção e o consumo intermediário dos produtos principais da unidade de negócios, ou seja, os produtos Z_{ij} obtidos pelos processos e sua utilização em outros processos da mesma unidade. O aspecto a ser salientado com relação a **Z** é que se trata de uma matriz quadrada ($i = j$), pois estamos associando cada processo à geração de pelo menos um produto final. Os quatro elementos $y_{i=1,2,3,4}$ do vetor

Quadro 13.1 O modelo de insumo-processo da empresa

Contas		Usos dos recursos nos j processos				Produto final
	Produtos principais	Processo j (j = 1, 2, 3, 4, ..., n)				Produto final
	$i = 1, 2, 3, 4, ..., n$	Processo 1	Processo 2	Processo 3	Processo 4 (até n)	Soma
	Produto 1	Z_{11}	Z_{12}	Z_{13}	Z_{14}	y_1
	Produto 2	Z_{21}	Z_{22}	Z_{23}	Z_{24}	y_2
	Produto 3	Z_{31}	Z_{32}	Z_{33}	Z_{34}	y_3
Fontes dos recursos	Produto 4 (até n)	Z_{41}	Z_{42}	Z_{43}	Z_{44}	y_4
	Insumos adquiridos no Mercado	Processo j (j = 1, 2, 3, 4, ..., n)				
	$i = 1, 2, 3, ..., k$	Processo 1	Processo 2	Processo 3	Processo 4 (até n)	Soma
	Insumo 1	M_{11}	M_{12}	M_{13}	M_{14}	x_{M1}
	Insumo 2	M_{21}	M_{22}	M_{23}	M_{24}	x_{M2}
	Insumo 3 (até k)	M_{31}	M_{32}	M_{33}	M_{34}	x_{M3}
	Subprodutos e residues	Processo j (j = 1, 2, 3, 4, ..., n)				
	$i = 1, 2, 3, ..., m$	Processo 1	Processo 2	Processo 3	Processo 4 (até n)	Soma
	Subproduto 1	W_{11}	W_{12}	W_{13}	W_{14}	x_{W1}
	Subproduto 2	W_{21}	W_{22}	W_{23}	W_{24}	x_{W2}
	Subproduto 3 (até m)	W_{31}	W_{32}	W_{33}	W_{34}	x_{W3}
	Insumos primaries	Processo j (j = 1, 2, 3, 4, ..., n)				
	$i = 1, 2, 3, ..., l$	Processo 1	Processo 2	Processo 3	Processo 4 (até n)	Soma
	Insumo 1	V_{11}	V_{12}	V_{13}	V_{14}	x_{V1}
	Insumo 2	V_{21}	V_{22}	V_{23}	V_{24}	x_{V2}
	Insumo 3 (até l)	V_{31}	V_{32}	V_{33}	V_{34}	x_{V3}
	Totalização	Processo j (j = 1, 2, 3, 4, ..., n)				
		Processo 1	Processo 2	Processo 3	Processo 4 (até n)	
		g_1	g_2	g_3	g_4	

y representam, respectivamente, a soma[22] de cada linha de **Z**. Ou seja, os elementos de **y** mostram as quantidades de produtos principais que não foram utilizadas como consumo intermediário da empresa. Em outras palavras, ficando disponíveis para

---

[22] Também vale a pena insistirmos que, por contraste à soma das colunas de **Z**, suas linhas, por serem constituídas do mesmo produto, não esbarram no mesmo problema de dimensionalidade, sendo legitimamente agregáveis pela operação soma.

consumidores externos à organização, como outras empresas ou consumidores finais, eles representam a demanda final de cada tipo de produto.

Os elementos M_{ij} (onde $i \neq j$) da matriz **M** mostram os bens de consumo intermediário absorvidos pelos diferentes processos da empresa, representando os insumos adquiridos de fornecedores externos. A exemplo da relação entre **Z** e **Y**, o vetor $\mathbf{x}_M$ mostra a demanda total de insumos adquiridos pela unidade. No terceiro bloco, **W** exibe os montantes da geração e eliminação de subprodutos e resíduos W_{ij} (onde i j) do processo produtivo e $\mathbf{x}_W$ traz o total destes subprodutos e resíduos. Já **V** é uma matriz de incorporação de insumos primários[23] ao processo produtivo. De maneira mais agregada, estes podem ser discriminados como as quantidades de capital e trabalho utilizadas na obtenção da produção total. No vetor $\mathbf{x}_V$, estas quantidades de insumos primários são totalizadas. Por fim, no vetor **x**, temos a produção total de produtos principais de cada processo desenvolvido. As definições de quais são os insumos principais e de a quais processos estes se vinculam depende de critérios próprios dos administradores da unidade de negócios, afetando os resultados do modelo, ainda que não sua estrutura.

Como vemos no Quadro 13.1, os valores de **x** são precisamente os elementos da diagonal principal do bloco matricial **Z**. Ou seja, as cifras $x_{j=1,2,3,4}$ (nomeadamente, os elementos do vetor **x**) não representam a soma dos elementos da coluna j, que são tão heterogêneos quanto um litro de óleo diesel e um quilograma de leite condensado. Repetindo o conteúdo da Tabela 13.6, por exemplo, a leitura da coluna do processo de geração de leite condensado informa que: "para produzir 500.000 quilos de leite condensado (visto tanto na interseção da terceira linha com a terceira coluna da matriz **Z** quanto na coluna correspondente da linha inferior da tabela, como resultado final do processo), foram necessáros 200.000 litros de leite pasteurizado, mais 50.000 de leite *in natura*, mais 20 litros de óleo diesel, descartados como resíduos (dejetos), 10.000 litros de água e 70.000 litros de leite (*in natura* e pasteurizado) e aborvidos os insumos primários de 10.000 unidades de capital e três trabalhadores"[24].

---

[23] Diferentemente do modelo de insumo-produto de Leontief, aqui os insumos primários não contemplam as importações, que são registradas no bloco **M** dos insumos adquiridos. Na Seção 2.5 do Capítulo 2 (Contextualizando), discutimos a questão das equações dimensionais, ou seja, os requerimentos que pesam sobre a legitimidade da agregação das variáveis de um modelo.

[24] Cabe esclarecermos que a obtenção destas duas cifras não é trivial. Nossa tabela está mostrando a situação produtiva de uma empresa voltada à geração de múltiplos produtos, no caso, a venda direta aos consumidores de leite pasteurizado e leite condensado. Em linhas gerais, a atribuição do número de pessoas a cada processo produtivo é mais fácil do que a do capital. No caso dos trabalhadores, podemos pensar em fazer rateios com base no número de horas de trabalho despendidas em cada processo produtivo. No caso do capital, precisamos criar algum critério de rateio correspondente. Por exemplo, o resfriamento do leite ocorre por meio da utilização de equipamentos que também servem aos setores de pasteurização e condensação. Critérios similares deverão reger a distribuição de outros custos do capital, por exemplo, os veículos de transporte de trabalhadores ou os computadores do escritório da empresa. Por fim, cabe salientarmos que, embora tenhamos agregado todos os bens de capital em uma única rubrica, poderíamos pensar em subdivisões como as da Seção 7.6 do Capítulo 7 (Bases), nomeadamente, estruturas residenciais, estruturas não residenciais e máquinas e equipamentos. No caso, estruturas residenciais assumiriam o valor nulo, mas as demais componentes poderiam ser desdobradas, por exemplo, em currais, estábulos, equipamentos de ordenha, equipamentos de refrigeração, máquina centrifugadora, etc.

Consideremos o vetor

$$\mathbf{q} = [-119.000 \quad 120.500 \quad 33.500],$$

que chamamos de "Totalização" e cuja soma[25] dos elementos é L$ 35.000, correspondendo ao resultado líquido do empreendimento, como veremos na Tabela 13.6, que exibe a estrutura de receitas e custos da Laticínios Lizarb. Com ele e o sistema linear anterior, constatamos a identidade:

$$A = \begin{bmatrix} 100.000 & -100.000 & 0 \\ 0 & 240.000 & -90.000 \\ 0 & 0 & 180.000 \end{bmatrix} \times \begin{bmatrix} \dfrac{1}{-119.000} \\ \dfrac{1}{120.500} \\ \dfrac{1}{33.500} \end{bmatrix}^D = \begin{bmatrix} -0,8403 & -0,8299 & 0 \\ 0 & 1,9917 & -2,6866 \\ 0 & 0 & 5,3731 \end{bmatrix}$$

Expressando estas operações matriciais, em termos genéricos, iniciamos observando que

$$a_{ij} = \dfrac{Z_{ij}}{q_j}$$

o que nos dá $\mathbf{A} = [a_{ij}]$, onde a_{ij} é o coeficiente de produção do produto principal i obtido com o uso de uma unidade do próprio produto principal j. Também vemos que

$$\mathbf{A} = \mathbf{Z} \times \left[\mathbf{q}^D\right]^{-1}$$

logo, multiplicando pela esquerda por $\mathbf{q}^D$, temos:

$$\mathbf{Z} = \mathbf{A} \times \mathbf{q}^D \quad (13.9)$$

Generalizando estes procedimentos, montamos a Tabela 13.5.

Uma vez conhecidos os coeficientes técnicos de produção, operamos em (13.9), obtendo

$$\mathbf{q}^D = \mathbf{A}^{-1} \times \mathbf{Z} \quad (13.10)$$

Esta equação, multiplicada pela direita pelo vetor soma [1], leva à solução de nosso primeiro modelo linearmente homogêneo:

$$\mathbf{q}^D = \mathbf{A}^{-1} \times \mathbf{y} \quad (13.11)$$

A exemplo da correspondente equação do modelo fechado – no caso, $(\mathbf{I} - \mathbf{A})$ – a solução de (13.11) requer que $\mathbf{A}$ seja uma matriz não singular[26].

---

[25] Ou seja, operamos o produto interno $\mathbf{q} \times \mathbf{i}$.

[26] Como lembramos, matriz singular é a que possui determinante nulo, o que implica a impossibilidade de invertê-la.

Tabela 13.5 Coeficientes técnicos de produção da Laticínios Lizarb

	Contas	Usos dos recursos nos j processos		
		Processo j (j = 1, 2, 3)		
	Produtos principais	Ordenha e resfriamento	Pasteurização	Condensação
	Leite *in natura*	−0,8403	−0,8299	0,0000
	Leite pasteurizado	0,0000	1,9917	−2,6866
	Leite condensado	0,0000	0,0000	5,3731
	Insumos adquiridos no mercado i	Processo j (j = 1, 2, 3)		
		Resfriamento	Pasteurização	Condensação
Fontes dos recursos	Leite *in natura*	0,9454	0,0000	−1,1194
	Ração para animais	0,4202	0,0000	0,0000
	Óleo diesel	0,0126	−0,0871	−0,0896
		Processo j (j = 1, 2, 3)		
	Subprodutos e resíduos i	Resfriamento	Pasteurização	Condensação
	Resíduos de filtragem	0	0	0
	Água residual	0	0	0
	Leite descartado	0	0	0
		Processo j (j = 1, 2, 3)		
	Insumos primários i	Resfriamento	Pasteurização	Condensação
	Capital	0,3782	−0,0415	−0,2985
	Trabalho	0,0840	−0,0332	−0,1791
	Totalização	1,0000	1,0000	1,0000

Reordenamos e aplicamos às cifras da Tabela 13.4, obtendo

$$\begin{bmatrix} -119.000 \\ 120.500 \\ 33.500 \end{bmatrix} = \begin{bmatrix} -1,190000 & -0,495833 & -0,247917 \\ 0,000000 & 0,502083 & 0,251042 \\ 0,000000 & 0,000000 & 0,186111 \end{bmatrix} \times \begin{bmatrix} 0 \\ 150.000 \\ 180.000 \end{bmatrix}$$

Por analogia à equação (13.10), podemos também formular os demais blocos da Tabela 13.4 em termos matriciais. O segundo bloco mostra como recursos os insumos adquiridos e como uso os produtos principais. Definimos **B** como a matriz dos coeficientes técnicos de aquisição de insumos por unidade do produto, e **r** como o vetor do gasto total na aquisição de cada tipo de insumo: $\mathbf{B} = \mathbf{M} \times (\mathbf{q}^D)^{-1}$ e

$$\mathbf{x}_M = \mathbf{B} \times \mathbf{q}^D \tag{13.12}$$

Usando a equação (13.11), temos

$$\mathbf{x}_M = \mathbf{B} \times \mathbf{A}^{-1} \times \mathbf{y}$$

ou

$$\begin{bmatrix} -150.000 \\ -50.000 \\ -15.000 \end{bmatrix} = \begin{bmatrix} 0,945378 & 0,000000 & -1,119403 \\ 0,420168 & 0,000000 & 0,000000 \\ 0,012605 & -0,087137 & -0,089552 \end{bmatrix} \times$$

$$\begin{bmatrix} -1,190000 & -0,495833 & -0,247917 \\ 0,000000 & 0,502083 & 0,251042 \\ 0,000000 & 0,000000 & 0,186111 \end{bmatrix} \times \begin{bmatrix} 0 \\ 150.000 \\ 180.000 \end{bmatrix}$$

De modo análogo a (13.12), podemos escrever $x_W = C \times q$ e $x_W = C \times A^{-1} \times y$, o que, em nosso exemplo, é um vetor nulo, pois não criamos preços para os subprodutos e resíduos. Com relação aos insumos primários, também temos $x_V = D \times q$, ou $x_V = D \times A^{-1} \times y$, ou, em termos numéricos:

$$\begin{bmatrix} -60.000 \\ -20.000 \end{bmatrix} = \begin{bmatrix} 0,378151 & -0,041494 & -0,298507 \\ 0,084034 & -0,033195 & -0,179104 \end{bmatrix} \times$$

$$\begin{bmatrix} -1,190000 & -0,495833 & -0,247917 \\ 0,000000 & 0,502083 & 0,251042 \\ 0 & 0 & 0,186111 \end{bmatrix} \times \begin{bmatrix} 0 \\ 150.000 \\ 180.000 \end{bmatrix}$$

Como vemos, ao resolvermos o modelo desta forma, podemos obter os elementos do vetor **r** mesmo sem conhecermos o total da produção de cada processo, que é um dado importante para o planejamento da empresa.

Análise estrutural da matriz de insumo-processo

Ao incluirmos no modelo descrito pelas equações anteriores as informações sobre o custo dos insumos e o preço dos produtos, podemos analisar a estrutura de custo e rendimento de uma empresa. Neste caso, mesmo que a modelagem seja feita em quantidades físicas (como veremos na Seção 13.6), podemos simplesmente convertê-las em quantidades monetárias. Assim, criamos relações de custo, de rendimento e financeiras. Nossa informação básica está na Tabela 13.6.

Com base tanto nas informações da Tabela 13.6, quanto na associação destes valores monetários para o modelo básico que vimos na Tabela 13.4, contamos com poderosos instrumentos destinados a subsidiar a análise estrutural da vida econômica da empresa. Podemos, por exemplo, traçar fluxos financeiros, gastos e rendimentos, e, com isso, avaliar a estrutura de custos e lucros de cada unidade de negócios. Ademais, é possível estudar o mercado de atuação da empresa, analisando custos e lucratividade associados a cada um dos produtos e segmentos de mercado, bem como examinar o impacto de mudanças externas sobre as estruturas de custos, como é o caso das alterações de preço dos insumos, da incorporação de inovação tecnológica ou de variações de salários. O modelo pode ainda ser utilizado em conjunto com técnicas de programação para otimizar rotinas sujeitas a restrições.

Tabela 13.6 Estrutura de custo e receitas da empresa Laticínios Lizarb (laeres)

Produtos principais	Unidade de medida	Quantidade : q_Z	Preço : p_Z	Receita
Leite *in natura*	litros	0	0,10	0
Leite pasteurizado	litros	500.000	0,30	150.000
Leite condensado	quilogramas	500.000	0,36	180.000
Insumos adquiridos	**Unidade de medida**	**Quantidade : q_M**	**Preço : p_M**	**Custo**
Leite *in natura*	litros	−200.000	0,75	−150.000
Ração para animais	quilogramas	−50.000	1	−50.000
Óleo diesel	litros	−0,1	150	−15.000
Resíduos	**Unidade de medida**	**Quantidade : q_W**	**Preço : p_W**	**Custo**
Resíduos de filtragem	litros	30.000	0	0
Água residual	litros	75.000	0	0
Leite descartado	litros	85.000	0	0
Insumos primários	**Unidade de medida**	**Quantidade : q_V**	**Preço : p_V**	**Custo**
Capital	L$ milhares	−60.000	1	−60.000
Trabalho	pessoas por mês	−10	2.000	−20.000
Demais resultados dos processos de produção				
Valor da produção (receita total)				330.000
Despesa com bens de consumo intermediário				−215.000
Valor adicionado (PIB)				115.000
Composição do valor adicionado (PIB)				
Remuneração dos empregados				20.000
Remuneração dos proprietários do capital				60.000
Rendimento líquido do empreendimento				35.000
Composição do lucro líquido				
Receita total				330.000
Custo total				−295.000
Rendimento líquido do empreendimento				35.000

De maneira mais imediata, o demonstrativo de resultado do segundo bloco da Tabela 13.6 oferece dois ganhos qualitativos essenciais. Primeiramente, passamos a contar com a demonstração da receita auferida a partir da venda dos produtos finais. Em segundo lugar, podemos apurar o custo unitário de cada item do consumo intermediário e da remuneração dos insumos primários. No nosso exemplo, levamos em conta os salários e lucros atribuídos diretamente aos processos considerados.[27] Nestas circunstâncias, expressamos matematicamente o custo total por meio da seguinte equação matricial:

$$CT = \mathbf{p}_M \times \mathbf{q}_M + \mathbf{p}_V \times \mathbf{q}_V \tag{13.13}$$

---

[27] Excluímos, assim, os insumos primários absorvidos no processamento de subprodutos e resíduos, bem como os rateios dos custos administrativos em geral.

onde CT é o escalar que informa o montante do custo total da empresa, $\boldsymbol{p}_M$ e $\boldsymbol{p}_V$ são, respectivamente, os vetores de preços dos insumos adquiridos no mercado e dos insumos primários da empresa considerada, sendo $\boldsymbol{q}_M$ e $\boldsymbol{q}_V$ as quantidades de insumos adquiridos no mercado.

Usando as cifras das Tabelas 13.6 e 13.4 em milhões de laeres (L$), temos o escalar CT (custo total) resultando da soma de dois produtos internos vetoriais:

$$\begin{bmatrix} 0{,}75 & 1 & 150 \end{bmatrix} \times \begin{bmatrix} -200.000 \\ -50.000 \\ -100 \end{bmatrix} + \begin{bmatrix} 1 & 2.000 \end{bmatrix} \times \begin{bmatrix} -60.000 \\ -10 \end{bmatrix}$$

ou

$$0{,}75 \times (-200.000) + 1 \times (-50.000) + 150 \times (-100) + 1 \times (-60.000) + 2.000 \times (-10)$$
$$CT = -215.000 - 80.000 = -295.000$$

Assim como consideramos que não há custo adicional para a reciclagem dos resíduos, ignoramos a possibilidade da existência de subprodutos passíveis de serem vendidos[28]. Desta forma, expressamos a receita total (RT) como o escalar

$$RT = \boldsymbol{p}_Y \times \boldsymbol{q}_Y \qquad (13.14)$$

onde $\boldsymbol{p}_Y$ é o vetor de preços do produto final e **y** é o vetor de sua respectiva quantidade produzida. Assim, operamos um novo produto interno

$$\begin{bmatrix} 0{,}1 & 0{,}3 & 0{,}36 \end{bmatrix} \times \begin{bmatrix} 0 \\ 500.000 \\ 500.000 \end{bmatrix},$$

o que confere a receita total de RT = 330.000.

A partir das equações (13.13) e (13.14), podemos expressar o lucro líquido (L) como resultante da seguinte subtração de escalares:

$$L = TR - TC = 330.000 - 295.000 = 35.000 \qquad (13.15)$$

Devemos notar que o Quadro 5.1 do Capítulo 5 (TRUs) exibe um valor adicionado de L$ 55.000, que justamente representa estes L$ 35.000 acrescidos dos L$ 20.000 do pagamento dos fatores trabalho e capital já assinalados no demonstrativo de resultados da Tabela 13.6. Podemos ainda identificar os L$ 30.000 da remuneração do capital com o pagamento do desgaste dos tratores lá registrado.

Reunindo as equações (13.13) e (13.14), podemos expressar (13.15) da seguinte forma:

$$L = \boldsymbol{p}_Y \times \boldsymbol{y} + (\boldsymbol{p}_M \times \boldsymbol{q}_M + \boldsymbol{p}_V \times \boldsymbol{q}_V)$$

---

[28] No Capítulo 6 (CEIs), vimos o caso oposto, quando o produto da venda de subprodutos foi classificado como recurso, e o tratamento de resíduos foi considerado mais um tipo de uso.

Ao lidarmos com blocos de matrizes, o caso geral de definição de lucro permite-nos escrever:

$$L = \begin{bmatrix} \mathbf{p}_Y & | & \mathbf{p}_M & | & \mathbf{p}_V \end{bmatrix} \times \begin{bmatrix} \mathbf{q}_Y \\ \hdashline \mathbf{q}_M \\ \hdashline \mathbf{q}_V \end{bmatrix} \qquad (13.16)$$

Em especial, a forma de (13.14) é interessante, pois permite-nos substituir o bloco de vetores das quantidades por suas expressões (13.8), (13.9) e (13.10), gerando:

$$L = \begin{bmatrix} \mathbf{p}_Y & | & \mathbf{p}_M & | & \mathbf{p}_V \end{bmatrix} \times \begin{bmatrix} \mathbf{Ax} \\ \hdashline \mathbf{Bx} \\ \hdashline \mathbf{Dx} \end{bmatrix} \qquad (13.17)$$

Ora, a segunda parcela de (13.17) pode ser operada como:

$$\begin{bmatrix} 0{,}100 & 0{,}300 & 0{,}360 & 0{,}75 & 1 & 150 & 1 & 2000 \end{bmatrix} \times$$

$$\begin{bmatrix} 1 & -1{,}25 & 0 \\ 0 & 1 & -0{,}6 \\ 0 & 0 & 1 \\ -0{,}15 & 0 & -0{,}1 \\ -0{,}05 & 0 & 0 \\ -0{,}00001 & -0{,}0000875 & -0{,}00004 \\ -0{,}045 & -0{,}00625 & -0{,}02 \\ -0{,}000005 & -0{,}0000025 & -0{,}000006 \end{bmatrix} \times \begin{bmatrix} 1.000.000 \\ 800000 \\ 500000 \\ 1.000.000 \\ 800000 \end{bmatrix}$$

Com ela, fica fácil ver, por exemplo, o que acontece com o lucro, se o preço do leite condensado se eleva para L$ 0,4 por quilo, ou 11,1%. Neste caso, o lucro líquido (isto é, descontados os L$ 60.000 dos juros incidentes sobre o capital usado) vai crescer dos atuais L$ 35.000 para L$ 55.000, ou 57,1%. Usando conhecimentos da microeconomia tradicional, calculamos a razão entre esses dois percentuais, chegando a 5,1, que é o coeficiente de elasticidade do lucro com relação ao preço do leite condensado. Como sugestão de implementação de política econômica no nível da firma, este seria um indício para estudar os reflexos de um grande aumento na produção. Pelo lado da demanda, devemos pensar se a elevação tão substancial da quantidade de leite condensado poderá implicar em redução (não confirmando o aumento de 11,1% no preço) da receita. Pelo lado da oferta, devemos pensar se os três processos envolvidos na produção deste produto poderiam, com as atuais instalações, absorver um aumento tão elevado na quantidade processada.

Administração ambiental

Por meio da quantificação dos resíduos e subprodutos gerados no processo de produção apresentados na matriz **W** e no vetor $\mathbf{x}_W$ do modelo de insumo-processo da empresa, podemos suprir em boa parte as necessidades do administrador sobre a performance ambiental de sua empresa. Consideremos a situação em que a autoridade ambiental regional relacionada na Tabela 9.3 do Capítulo 9 (Ambiental) estivesse autorizada a cobrar os seguintes preços pelos três resíduos produzidos pela empresa Laticínios Lizarb: $\mathbf{p}_W = [-0{,}020 \quad -0{,}011 \quad -0{,}042]$, onde $\mathbf{p}_W$ é o vetor dos custos referentes ao descarte de subprodutos e resíduos (dejetos). Obviamente, não existem preços negativos, mas o sinal "-" das cifras do vetor $\mathbf{p}_W$ devem ser entendidos alegoricamente como manifestando o desagrado da sociedade, expresso por meio de sua Agência Ambiental Regional, com as atividades poluidoras.

De acordo com a lógica que tem presidido a montagem das equações de nosso modelo, o custo total (escalar) da produção dos resíduos dados é obtido como: $C_W = \mathbf{p}_W \times \mathbf{q}_W$. O vetor $\mathbf{x}_W$ das quantidades de resíduos informadas na Tabela 13.11 assume o valor de $\mathbf{q}_W = [30.000 \quad 75.000 \quad 85.000]^T$. Com estes dois vetores, o custo total é dado por

$$C_W = \begin{bmatrix} 0{,}020 & 0{,}011 & 0{,}042 \end{bmatrix} \times \begin{bmatrix} 30.000 \\ 75.000 \\ 85.000 \end{bmatrix} = 4.995.$$

Com a equação (13.18), que vamos escrever a seguir, podemos avaliar a contribuição dos custos ambientais para a redução do lucro da unidade de negócios que produz os resíduos. Considerados poluentes, eles tornam-se passíveis de penalização, afetando o lucro líquido por meio de:

$$L = \mathbf{p}_Y \times \mathbf{q}_Y + (\mathbf{p}_M \times \mathbf{q}_M + \mathbf{p}_V \times \mathbf{q}_V + \mathbf{p}_W \times \mathbf{q}_W) \tag{13.18}$$

ou, usando as cifras previamente obtidas para os produtos internos entre os vetores $\mathbf{p}_Y$ e $\mathbf{q}_Y$, $\mathbf{p}_M$ e $\mathbf{q}_M$, $\mathbf{p}_V$ e $\mathbf{q}_V$, e $\mathbf{p}_W$ e $\mathbf{q}_W$: $L = 330.000 - 215.000 - 80.000 - 4.995 = 30.005$, ou 14,3% (ou seja, $\frac{4.995}{35.000}$). Como vemos, a redução do lucro líquido da empresa devido aos resíduos de seu processo produtivo é um parâmetro que pode ser utilizado pelos administradores para avaliação de estratégias de redução do impacto ambiental. Além disso, ele pode ser usado para avaliação da potência das políticas governamentais de regulação ambiental, pois a unidade de negócios optaria ou pelo pagamento deste imposto ambiental ou pela adoção de tecnologias voltadas à redução de resíduos.

Todavia, caso a instituição de um preço para os diferentes resíduos gerados pela Laticínios Lizarb reduza a quantidade das emissões poluentes, o lucro da empresa poderá até ser aumentado, dependendo da habilidade dos econometristas da Agência Ambiental Regional de calcular o preço adequado. A modelagem que estamos utilizando permite-nos lançar alguma luz sobre este problema. Ora, como vimos, a quantidade de subprodutos ou resíduos gerados é obtida por meio da seguinte expressão

$$\mathbf{x}_W = \mathbf{C} \times \mathbf{x} = \mathbf{C} \times \mathbf{A}^{-1} \times \mathbf{y}.$$

Com isso, substituindo esta expressão em (13.16), temos

$$L = p_Y \times y + (p_M \times x_M + p_V \times x_V + p_W \times C \times A^{-1} \times y) \quad (13.19)$$

que mostra que x_w pode ser diminuído pela redução da quantidade produzida (**y**), pela redução da intensidade de resíduos em relação à produção (**C**) ou por alterações tecnológicas introduzidas nos processos produtivos (**A**). Dado que o modelo utilizado também mostra as relações entre diversos tipos de subprodutos e resíduos, pode-se considerar os resíduos diretos e indiretos de cada processo, facilitando a determinação de políticas de controle por parte da unidade de negócios. Por exemplo, se o governo decidisse duplicar o preço da água residual, tratando-a como "emissão de substâncias indesejadas", teríamos a situação descrita na Tabela 13.7.

A alternativa, por exemplo, é considerarmos que 20.000 litros de resíduo de filtragem, 5.000 litros de água residual e 85.000 litros de leite descartados são transformados em 2.000 quilogramas de ração animal. E assim por diante, como constatamos ao manipular de diferentes formas as componentes da equação (13.19).

Tabela 13.7 Aplicação de medidas simples de política ambiental e suas consequências

Produtos principais Matriz A^{-1}	Unidade de medida	Quantidade	Preço	Receita (L$)
Leite *in natura*	Litros	0	0,03	0
Leite pasteurizado	Litros	500.000	0,30	150.000
Leite condensado	quilogramas	500.000	0,36	180.000
Insumos adquiridos Matriz $B \times A^{-1}$	Unidade de medida	Quantidade	Preço	Custo
Leite *in natura*	Litros	−200.000	0,75	−150.000
Ração para animais	quilogramas	−41.500	1	−41.500
Óleo diesel	Litros	−0,1	150	−15.000
Resíduos Matriz $C \times A^{-1}$	Unidade de medida	Quantidade	Preço	Custo
Resíduos de filtragem	Litros	30.000	−0,020	−600
Água residual	Litros	75.000	−0,011	−825
Leite descartado	Litros	85.000	−0,042	−3.570
Insumos primários Matriz $D \times A^{-1}$	Unidade de medida	Quantidade	Preço	Custo
Capital	L$ 1.000 (laeres)	−60.000	1	−60.000
Trabalho	pessoas por mês	−10	2.000	−20.000
Composição do lucro líquido				
Receita total				330.000
Custo total				−291.495
Rendimento líquido do empreendimento				38.505

13.5 INSUMO-PROCESSO DE PRODUTO ÚNICO

Lizarb Embarcações

A Seção 13.4 confrontou-nos pela primeira vez neste livro com a matriz de insumo-processo, mensurada em quantidades monetárias, ao examinarmos o caso da empresa Laticínios Lizarb. Nesta seção, seguimos transitando da modelagem original a aparatos mais orientados à compreensão da realidade empresarial em suas diferentes dimensões. Assim, já transitamos do modelo fechado ao aberto, do esquema de insumo-produto ao de insumo-processo, e prometemos para a próxima seção abandonarmos a mensuração das cifras da matriz em quantidades monetárias e passarmos à modelagem baseada em quantidades físicas. Ainda assim, uma comunalidade entre elas não recebeu grande destaque em nossa exposição. Trata-se do fato de que, em todas, invariavelmente, tratamos como recurso um elenco de insumos que iniciou com sete na Tabela 13.1, aumentou para 10 na Tabela 13.3 e regrediu para apenas três na Tabela 13.4.

Forma-se assim o grande contraste da presente seção com as anteriores e os demais capítulos. Com efeito, aqui vamos estudar mais precipuamente os diversos processos desenvolvidos por uma empresa, o que inclui processos intermediários necessários à obtenção do produto final. Deste modo, em comum com o modelo da Editora GangeS, veremos uma nova aplicação do modelo fechado de Leontief a determinadas atividades da empresa, ao passo que, em comum com o modelo da próxima seção, temos o escrutínio dos processos de produção. Em outras palavras, falaremos de uma sucessão de procedimentos aplicados sobre as matérias-primas próprias ou adquiridas externamente, focalizando processos produtivos que refletem a importância técnica e econômica dos insumos utilizados. Originalmente escrito para a aplicação à indústria de fabricação de máquinas, este modelo parece apropriado aos casos de atividades em que o processo de fabricação é bastante demorado e cujos produtos são formados pelo acoplamento de diversas partes com elevado valor monetário. Nestes casos, é conveniente contarmos com informações sobre os produtos em elaboração, bem como sobre os produtos intermediários utilizados. Acrescentemos ainda que normalmente este tipo de empresa não mantém produtos acabados em estoque, ou seja, locomotivas, aviões, represas são, em geral, produzidos por encomenda.

Vamos iniciar com a apresentação de um exemplo numérico para visualizar as relações existentes entre as matrizes que compõem o modelo aberto de insumo-produto da Lizarb Embarcações, construtora de navios de grande porte. Diferentemente das matrizes mesoeconômicas estudadas anteriormente, a Tabela 13.8 descreve a montagem de um único navio. Ainda assim, ao dizermos que nosso modelo se ajusta razoavelmente à produção de processos produtivos que se alongam no tempo para chegarem à geração do produto final, não estamos negando que, com adaptações pertinentes, ele poderia ser usado para descrever a matriz de insumo-processo do conjunto de, digamos, 1.000 hospedagens de um hotel durante um único dia ou semana, escolas com seus grupos de 1.000 alunos, etc.

O primeiro aspecto a ser notado em relação à Tabela 13.8 é que, contrastando com a que estudaremos na próxima seção, os valores são expressos em termos monetários (milhares de laeres). Com isso, automaticamente, estamos falando em quantidades monetárias e, consequentemente, os preços passíveis de serem determinados correspondem ao sistema de Leontief, como os que emergiram da Tabela

Tabela 13.8 Modelo de insumo-processo fechado com quantidades monetárias da empresa Lizarb Embarcações (mil laeres)

Contas		Produtos em processamento			Moldes e ferramentas		Tempo de processamento				Uso do recurso total
		Lâminas de aço	Casco	Partes internas	Moldes	Ferramentas	Moldagem	Corte	Solda	Acabamento	
Produtos em processamento	Lâminas de aço	125.300	62.100	41.200							228.600
	Casco		73.200	10.100							83.300
	Partes internas			103.000							103.000
Moldes e ferramentas	Moldes	25.000		38.960			15.000			2.000	80.960
	Ferramentas	27.000	58.600					5.000	10.000		100.600
Tempo de processamento	Moldagem	12.000		1.200	2.000						15.200
	Corte	5.000	15.000		1.000	5.100					26.100
	Solda		10.000	6.000		2.200					18.200
	Acabamento		2.000	10.000	2.000						14.000
Matérias primas	Aço	78.300	6.000	35.800		9.500					129.600
	Ferro e derivados	26.000	32.100	30.300		3.200					91.600
	Outros	47.200	36.500	235	5.500						89.435
Fontes de energia	Carvão	120	390	220	50	120	30.000			1.000	31.900
	Óleo diesel	260	460	0	20		20.000				20.740
	Eletricidade	300	960	3.500	60	150		20.000	15.000	10.000	49.970
Tempo de trabalho	Operários	3.500	4.000	5.600	5.000	7.000	25.000	12.000	7.000	18.000	87.100
	Engenheiros	250	700	1.000	2.500	6.000	5.400	6.000	1.000	9.000	31.850
FONTES DOS RECURSOS		350.230	302.010	287.115	18.130	33.270	95.400	43.000	33.000	40.000	1.202.155

13.2. Em outras palavras, nossos preços são os elementos do vetor unitário utilizado não para descrever os verdadeiros preços absolutos atinentes à situação atual, mas para estudar as consequências de mudanças nos itens de custos sobre eles.

Expressar as transações da Tabela 13.8 em preços ou quantidades é uma mera questão de opção que esconde as razões associadas ao uso das matrizes construídas com um ou outro formato. Poderíamos expressar o modelo da Seção 13.6 em termos monetários, como aqui, mas optamos por fazê-lo em termos de quantidades físicas de produtos (toneladas, quilogramas, litros, horas, etc.). Com isso, supomos que nosso interesse, naquele ambiente, reside precisamente nas relações físicas existentes entre insumos e processos que os absorvem. Uma segunda característica a ressaltar é que a matriz de insumo-produto da Tabela 13.8 é mais apropriada para que visualizemos relações em unidades de negócios cujo montante de produtos em processamento seja expressivo. Em outras palavras, este modelo pode ser aplicado a uma empresa semelhante à Laticínios Lizarb. No entanto, caso o fizéssemos, provavelmente os valores constantes no bloco das relações intradepartamentais seriam reduzidos, e os resultados do modelo provavelmente seriam de difícil aplicação como auxiliares para a tomada de decisões gerenciais sobre tempos, movimentos, uso de energia, etc.

O fato de considerarmos como produtos intermediários tanto os materiais em processo de elaboração quanto os moldes e o tempo de processamento utilizados[29] facilitará a exposição do modelo a ser agora estudado. Nela vamos considerar os valores monetários dos gastos intermediários realizados em um processo produtivo de longa duração. Assim, teremos – como sempre – nas linhas o lançamento das origens dos recursos e, nas colunas, seu uso, ou absorção.

Ao analisar as informações da Tabela 13.8, vamos centrar a atenção sobre a cifra de L$ 95,4 milhões. Trata-se, como vemos, do total de usos do recurso tempo de processamento na atividade de moldagem. Ao longo da correspondente coluna, constatamos que os gastos mais significativos dizem respeito à aquisição de energia, principalmente a que foi gerada a partir do carvão, com 31,45% (ou $\frac{30.000}{95.400}$). Outro item significativo é a mão de obra não especializada (operários), que representa 26,21% $\frac{25.000}{95.400}$ do custo deste processo. Podemos, ademais, fazer comparações entre os processos, quando constatamos, por exemplo, que o acabamento tem um custo relativamente mais elevado em mão de obra especializada, visto que o pagamento de engenheiros corresponde a 22,50% ($\frac{9.000}{40.000}$) de seu custo. Esta cifra é considerada alta, quando comparada aos 3,03% $\frac{1.000}{30.000}$ do processo de solda, e mesmo aos 13,95% $\frac{16.000}{43.000}$ do processo de corte.

Modelagem das Matrizes Z, M, E e T

Mais do que em qualquer outro momento deste livro, o problema da produção da Lizarb Embarcações beneficia-se da formulação em termos de blocos de matrizes. As-

---

[29] Naturalmente, moldes e tempos de trabalho não são produtos, mas ingredientes dos processos de produção. Todavia considerá-los como tal não infringe as regras da modelagem do mundo da realidade imaginada. Na indústria de fabricação de máquinas do complexo metal-mecânico, os processos de produção destinados a dar forma e dimensões adequados (e, às vezes, até cor e sabor) aos produtos gerados.

sim, no Quadro 13.2 vemos a representação simbólica da matriz de insumo-produto da empresa já definida nas equações (13.3) a (13.4) e no Quadro 13.1. Distinguimos quatro conjuntos de relações diferenciados, cada um deles contendo, pelo menos, três blocos de matrizes (quatro deles sendo constituídos por matrizes nulas):

a) as relações entre produtos intermediários descritas em uma matriz quadrada **Q**, dividida em nove blocos matriciais numerados de Q_{11} a Q_{33}; cada linha deste bloco reúne três matrizes (quadradas ou retangulares), direcionadas, respectivamente, a capturar as relações entre fontes e usos dos recursos representados pelos produtos em processamento, moldes e ferramentas e tempos de processamento,

b) uma matriz de relações de consumo de matérias-primas, composta por três blocos, designados por M_1 a M_3; suas dimensões também estão dadas no corpo do quadro,

c) uma matriz de relações de consumo de energia também com três blocos: E_1 a E_3, cujas dimensões estão indicadas no Quadro 13.2, e

d) uma matriz de relações de absorção de tempo de trabalho, com os blocos T_1 a T_3, de dimensões salientadas no bloco pertinente do Quadro 13.2.

Não é difícil intuirmos que, diferentemente das matrizes de insumo-produto, o Quadro 13.2 expressa uma relação em que não há simetria entre as fontes e os usos dos recursos. Em outras palavras, o vetor y_1 difere de x_1, y_2 difere de x_2 e y_3 também é diferente de x_3. Esta intuição é mais facilmente comprovável no caso das matrizes denominadas em quantidades físicas, pois a soma ao longo das colunas talvez nada signifique. Em notação matricial por blocos, temos:

$$Q = \begin{bmatrix} Q_{11} & 0 & 0 \\ Q_{21} & Q_{22} & Q_{23} \\ Q_{31} & Q_{32} & 0 \end{bmatrix} \times \begin{bmatrix} 1 \\ 1 \\ 1 \end{bmatrix} = \begin{bmatrix} y_1 \\ y_2 \\ y_3 \end{bmatrix} \qquad (13.20)$$

onde [1] é constituído pelos três blocos do vetor soma (coluna) compatível com as dimensões de Q_{ij}, que estão apresentadas no corpo do Quadro 13.2. De modo análogo a **Q**, os blocos de matrizes **M**, **E** e **T** permitem-nos escrever:

$$M = \begin{bmatrix} M_1 & M_2 & M_3 \end{bmatrix} \times \begin{bmatrix} 1 \end{bmatrix} = x_M,$$

$$E = \begin{bmatrix} E_1 & E_2 & E_3 \end{bmatrix} \times \begin{bmatrix} 1 \end{bmatrix} = x_E$$

e

$$T = \begin{bmatrix} T_1 & T_2 & T_3 \end{bmatrix} \times \begin{bmatrix} 1 \end{bmatrix} = x_T.$$

Contrastando com a matriz de insumo-produto dos capítulos anteriores e com a matriz de insumo-processo estudada nas Seções 13.3 e 13.4, no Quadro 13.2, não temos vetores de produção do produto final, pois estamos tratando de um navio, uma aeronave, uma ponte, barragem, etc.

Da forma como foram colocados, os valores da Tabela 13.8 correspondem ao bloco Q_{11} e indicam que a empresa apresenta três produtos relevantes em processamento: lâminas de aço, cascos e partes internas de navio. A primeira linha indica que

Quadro 13.2 Modelo de insumo-produto da empresa

		Usos dos Recursos			
		Produtos em processamento	Moldes e ferramentas	Tempo de processamento	
		Lâminas Casco Partes	Ferra- Moldes mentas	Molda- Acaba- gem Corte Solda mento	
Fontes dos recursos	Produtos em processamento Lâminas de aço Casco Partes Internas	Q_{11} $(n_1 \times n_1)$	$Q_{12} = 0$ $(n_1 \times n_2)$	$Q_{13} = 0$ $(n_1 \times n_3)$	y_1 $(n_1 \times 1)$
	Moldes e ferramentas	Produtos em processamento Lâminas Casco Partes	Moldes e ferramentas Lâminas Casco	Tempo de processamento Partes Lâminas Casco	
	Moldes Ferramentas	Q_{21} $(n_2 \times n_1)$	Q_{22} $(n_2 \times n_2)$	Q_{23} $(n_2 \times n_3)$	y_2 $(n_2 \times 1)$
	Tempo de processamento	Produtos em processamento Lâminas Casco Partes	Moldes e ferramentas Lâminas Casco	Tempo de processamento Partes Lâminas Casco Partes	
	Moldagem Corte Solda Acabamento	Q_{31} $(n_1 \times n_3)$	Q_{32} $(n_2 \times n_3)$	$Q_{33} = 0$ $(n_3 \times n_3)$	y_3 $(n_3 \times 1)$
	Matérias-Primas	Produtos em processamento Lâminas Casco Partes	Moldes e ferramentas Lâminas Casco	Tempo de processamento Partes Lâminas Casco	
	Aço Ferro e derivados	M_1 $(m \times n_1)$	M_2 $(m \times n_2)$	$M_3 = 0$ $(m \times n_3)$	x_M $(m \times 1)$
	Energia	Produtos em processamento Lâminas Casco Partes	Moldes e ferramentas Lâminas Casco	Tempo de processamento Partes Lâminas Casco Partes	
	Carvão Diesel Elétrica	E_1 $(e \times n_1)$	E_2 $(e \times n_2)$	E_3 $(e \times n_3)$	x_E $(e \times 1)$
	Tempo de trabalho humano	Produtos em processamento Lâminas Casco Partes	Moldes e ferramentas Lâminas Casco	Tempo de processamento Partes Lâminas Casco Partes	
	Operários Engenheiros etc. etc. etc.	T_1 $(t \times n_1)$	T_2 $(t \times n_2)$	T_3 $(t \times n_3)$	x_T $(t \times 1)$
	Totalização	Produtos em processamento Lâminas Casco Partes	Moldes e ferramentas Lâminas Casco	Tempo de processamento Partes Lâminas Casco Partes	
		q_1 $(1 \times n_1)$	q_2 $(1 \times n_2)$	q_3 $(1 \times n_3)$	

há um total de L$ 228,6 milhões em lâminas de aço em processamento: L$ 125,3 em lâminas propriamente ditas, L$ 62,1 incorporados em cascos de navio em processamento, e L$ 41,2 em partes internas do navio em processamento. Do ponto de vista das colunas, vemos que as lâminas de aço não incorporam outros produtos em processamento considerados, ao passo que o produto "partes internas", além dos L$ 41,2 milhões em lâminas de aço que já referimos, também utiliza outros L$ 10,1 milhões em "casco" e L$ 103,0 milhões em partes internas propriamente ditas. Como dissemos, as matrizes Q_{12} e Q_{13} são nulas.

Seguindo o exame ao longo das colunas e analisando os valores da matriz Q_{21}, vemos que as lâminas de aço consomem ainda outros L$ 25,0 milhões em moldes e L$ 27,0 milhões em ferramentas. A primeira linha da matriz Q_{21}, por exemplo, diz que o produto "casco" não consome moldes, e que as "partes internas" os consomem no montante de L$ 38,96 milhões. Em que pese não haver uma necessidade lógica para tal, estamos considerando, na matriz Q_{22}, que não há autoconsumo de moldes e ferramentas, tampouco havendo consumo de moldes por ferramentas ou vice-versa, de forma que a consideramos nula. Chegando em Q_{23} podemos ver que a empresa desenvolve quatro processos (moldagem, corte, solda, acabamento), sendo que no processo de moldagem são consumidos L$ 15 milhões em moldes, e nos processos de corte e soldagem são consumidos, respectivamente, L$ 5 e L$ 10 mil em ferramentas, além de L$ 2 milhões de moldes no processo de acabamento.

Para compor os produtos em processamento também foi utilizado tempo de processamento em cada um dos processos arrolados na tabela. Este consumo de tempo de processamento pelos produtos em processamento é mostrado na matriz Q_{31}. Vemos, por exemplo, que naquela quantidade do produto "casco" foi necessário um total de L$ 27.000 gasto em tempo de processamento, dividido entre o processo de corte (L$ 15.000), solda (L$ 10.000) e acabamento (L$ 2.000). Em termos de recursos e usos, podemos dizer que os L$ 27.000 totais são usos relacionados ao produto em causa. Considerando, por outro lado, as linhas da matriz Q_{31} nos mostram o total do tempo de cada processamento despendido na confecção dos produtos em elaboração. Por exemplo, em todos os produtos em processamento, foram utilizados L$ 13.200 em termos do processo de moldagem (12.000 + 1.200), ao qual temos nos referido como tempo de processamento. A mesma interpretação pode ser feita em relação ao que consta na matriz Q_{32}. Por fim, temos uma matriz nula em Q_{33}, pois partimos do pressuposto que não haja consumo de tempo de processamento. Ou seja, consideramos que a execução de um processo requer a realização de algum dos outros, embora a proposição simétrica não esteja excluída *a priori* para todos os casos.

Uma vez que tenhamos explicado e exemplificado a interpretação dos lançamentos feitos no modelo, resta-nos apenas dizer que a lógica é a mesma para as demais matrizes. Na matriz de relações de consumo de matérias-primas, composta de M_1, M_2 e M_3, temos o consumo das matérias-primas relacionadas (avaliadas pelo seu valor monetário) pelos produtos em processamento, pelos moldes e ferramentas e pelo tempo de processamento, respectivamente. Neste conjunto, salientamos apenas que a matriz M_3 é nula, pois consideramos no modelo que o tempo de processamento não consome matéria-prima, sendo toda ela incorporada aos produtos, na forma de moldes e ferramentas. Quanto à matriz de relações de consumo de energia (blocos E_1, E_2 e E_3), salientamos os valores relativamente baixos constantes em E_1 e E_2. Tal se deve ao fato de lançarmos nestas matrizes apenas o preço das fontes da energia consumida em procedimentos manuais, posto que a energia consumida em máquinas e equipamentos é lançada em E_3. Na matriz de relações de consumo de tempo de trabalho (T_1, T_2 e T_3), seguimos a interpretação semelhante.

Modelagem dos Blocos Q, M, E e T

Prosseguindo no exame do conteúdo das matrizes da Tabela 13.8 e do Quadro 13.2, passamos a examinar a primeira integrante da matriz de **relações de consumo de produtos intermediários**, nomeadamente,

$$Q_{11} = [q_{11,ij}],$$

de dimensão $n_1 \times n_1$. O elemento característico desta matriz quadrada informa as relações de consumo entre produtos em processamento (ou seja, o processo de fabricação de produtos). Ele aponta a ordem em que são processados, as relações técnicas e, caso estejamos trabalhando com valores monetários, o acréscimo no valor da produção após cada etapa do processo. Ao definirmos os coeficientes técnicos de produção do bloco Q_{11} como

$$A_{11} = Q_{11} \times ([q_1]^D)^{-1},$$

vemos que os paralelismos são evidentes para as demais relações, exceto para o caso dos blocos de matrizes nulas, como é o caso de Q_{12} e Q_{13}. Neste caso, é claro que as ferramentas e moldes e o tempo de processamento não consomem produtos em processamento. Ou seja, nada há a lançar como uso de recurso em suas colunas.

Salientando o paralelismo citado, Q_{21} é uma matriz do consumo de moldes e ferramentas. Estes são produzidos pela empresa e consumidos durante o processo produtivo ou, de acordo com a terminologia utilizada, pelos produtos em processamento. Podemos escrever esta matriz como

$$q_{21} = [q_{21,ij}],$$

cujas dimensões são $n_2 \times n_1$. Ela registra apenas o consumo ocorrido durante o processamento manual. Por contraste a ele, o consumo realizado no restante do processamento será lançado em Q_{23}. Deste modo, o consumo da ferramenta ou molde i no processamento manual do produto j é denotado como $q_{21,ij}$.

Em Q_{22}, visualizamos as relações de consumo e transformação de moldes e ferramentas entre si, permitindo-nos escrever

$$Q_{22} = [q_{22,ij}],$$

com dimensões $n_2 \times n_2$. No caso da Tabela 13.8, como já advertimos, consideramos em seu lugar a matriz nula.

O bloco Q_{23} demonstra o tempo de utilização dos diferentes moldes e ferramentas consumidos ou instalados em equipamentos. Com dimensões de $n_2 \times n_3$, ela é expressa por

$$Q_{23} = [q_{23,ij}].$$

A matriz deste bloco é de importância maiúscula, pois permite a determinação do coeficiente de participação dos moldes e ferramentas no tempo total de processamento. Por ora, basta entendermos que seu elemento característico $q_{23',ij}$ representa o consumo do molde ou ferramenta i pelo tempo de processamento j.

Com $\mathbf{Q}_{31}$ (com $i = 1, 2, 3, ... n_2$; $j = 1, 2, 3, ..., n_3$) estamos demonstrando o consumo de tempo de acordo com os produtos em processamento, conforme

$$\mathbf{Q}_{31} = [q_{31',ij}].$$

Esta é outra componente importante do custo destes produtos. Sendo $q_{31',ij}$ seu elemento característico, ele informa o consumo do tempo de processamento i pelo produto j. Ademais, $\mathbf{Q}_{32}$ apresenta o consumo de tempo de processamento pelos moldes e ferramentas:

$$\mathbf{Q}_{32} = [q_{32',ij}].$$

Como percebemos no Quadro 13.2, $i = 1, 2, 3, ... n_2$ e $j = 1, 2, 3, ..., n_3$. A informação de $\mathbf{Q}_{32}$ pode ser usada como base para calcularmos as razões entre o consumo de energia, trabalho e ferramentas e moldes (nos denominadores) por ferramentas e moldes. Por fim, vamos adotar como princípio que não há autoconsumo de tempo de processamento. A partir disso, diremos que $\mathbf{Q}_{33}$ é uma matriz nula.

Passando para a **matriz de relações de consumo de matérias-primas**, temos dois blocos significativos, pois $\mathbf{M}_3$ é nulo, na medida em que não há consumo de materiais por tempo de processamento. Em $\mathbf{M}_1$, o consumo de matérias-primas pelos produtos em processamento, o que descreve o processo e a quantidade (ou valor) dos produtos alterados durante o tempo em que estão sendo trabalhados. De dimensões $m \times n_1$, este bloco é definido como

$$\mathbf{M}_1 = [m_{1',ij}],$$

onde $m_{1',ij}$ é o consumo da matéria-prima i pelo produto j. O próximo bloco matricial retirado do Quadro 13.2 é a submatriz $\mathbf{M}_2$, que descreve o consumo de matérias-primas pelos moldes e ferramentas. De modo análogo à anterior, dada sua dimensão de $m \times n_2$, podemos escrevê-la como:

$$\mathbf{M}_2 = [m_{2',ij}].$$

O bloco das três **matrizes de relações de consumo de energia** exibe a submatriz $\mathbf{E}_1$, que pode ser escrita como:

$$\mathbf{E}_1 = [e_{1',ij}],$$

De dimensões $e \times n_1$, este bloco mostra o consumo de energia pelos produtos em processamento. Por definição, diremos que ela se refere somente à energia consumida em processamento manual, sendo, portanto, uma pequena parte do consumo total de energia pela empresa. Em continuação, em $\mathbf{E}_2$, temos o consumo de energia em processos manuais realizados para obtenção de ferramentas ou moldes. Com dimensões de $e \times n_2$, esta matriz pode ser descrita por seu elemento característico como sendo:

$$\mathbf{E}_2 = [e_{2',ij}].$$

Em E_3, lançaremos a maior parte da energia consumida, que é a energia absorvida de acordo com o tempo de processamento em cada tipo de processo não manual desenvolvido. Como vimos anteriormente, toda energia despendida em processos manuais já foi lançada nos blocos E_1 e E_2. Exibindo a dimensão de $e \times n_3$, sua expressão é

$$E_3 = [e_{3,ij}].$$

O derradeiro bloco de matrizes vislumbrado no Quadro 13.2 diz respeito ao conjunto das três **matrizes de relações de consumo de tempo de trabalho humano**. Assumindo a dimensão de $t \times n_1$, ela é destinada ao lançamento do consumo de tempo de trabalho pelos produtos em processamento. Podemos expressá-la como:

$$T_1 = [t_{1,ij}]. \tag{13.21}$$

Em

$$T_2 = [t_{2,ij}],$$

denotaremos a absorção do tempo de trabalho humano pelo processo de moldes e ferramentas, dando-lhe a dimensão de $t \times n_1$. No último bloco de matrizes, nomeadamente, a matriz T_3, vemos o cruzamento dos registros do tempo como fonte dos serviços da mão de obra (operários, engenheiros, etc.) com a distribuição pelos produtos em processamento (produção, finanças e vendas, por exemplo). Com dimensão de $t \times n_3$, sua expressão é

$$T_3 = [t_{3,ij}].$$

Para finalizar, precisamos dizer uma palavra sobre os vetores que compõem a última linha do Quadro 13.2. A equação (13.18) apresentou os vetores q_1, q_2 e q_3, que resultaram, respectivamente, das somas das linhas das matrizes Q_{ij}, o que gera o total das colunas. Já assinalamos que os vetores y_1^T, y_2^T e y_3^T não são iguais a q_1, q_2 e q_3, pois os usos dos diferentes processos não coincidem necessariamente com os fundos financeiros disponíveis, uma vez que a empresa é uma unidade hierárquica, podendo exibir permanentes desequilíbrios entre uns e outros. O que desejamos deixar claro é que estamos considerando estas cifras como tendo valores monetários, uma vez que a conversão das quantidades físicas foi feita para quantidades monetárias. Todavia, mesmo que estivéssemos falando em quantidades físicas, como o faremos na Seção 13.6, usar as componentes de Q_j (ou seja, os elementos dos vetores q_1, q_2 e q_3) como denominador dos coeficientes técnicos de produção dos diferentes recursos da correspondente coluna seria perfeitamente legítimo.

Coeficientes diretos e indiretos

Explicitado o significado dos lançamentos efetuados no exemplo da Tabela 13.8 e no Quadro 13.2, de forma semelhante ao que fizemos com o modelo da Seção 13.4, podemos analisar os dados da Lizarb Embarcações, a partir da construção de matrizes de coeficientes de insumo-produto diretos, indiretos e totais que se mostrem interessantes para os resultados que desejamos evidenciar. Passaremos agora a demonstrar a construção de alguns coeficientes que refletem o grau de consumo direto de ferramentas e moldes, energia e tempo de trabalho em cada processo desenvolvido. Vamos chamá-los de "coeficientes de consumo direto de tempo de processamento", salientando que nada impede que calculemos coeficientes relativos a outras partes da Tabela 13.8 e do Quadro 13.2. Como vimos, os usos relacionados ao tempo de processamento são relativos a moldes e ferramentas, energia e tempo de trabalho humano, retratados nos blocos matriciais Q_{23}, E_3 e T_3, respectivamente. As demais submatrizes da coluna, nomeadamente, Q_{13}, Q_{33} e M_3 são nulas devido aos motivos já anteriormente explicados.

Expandindo a equação (13.20), considerando o caso dos produtos e processos da Tabela 13.8 e do Quadro 13.2, podemos modelar as matrizes Q_{ij}, M_j, E_j e T_j. Pré-multiplicando os correspondentes vetores de totalização, vamos operar os seguintes blocos de matrizes, e chegar à matriz de coeficientes técnicos diretos de produção dada por B_{ij}:

$$\begin{bmatrix} Q_{11} & 0 & 0 \\ Q_{21} & Q_{22} & Q_{23} \\ Q_{31} & Q_{32} & 0 \\ M_3 & M_2 & 0 \\ E_3 & E_2 & E_3 \\ T_1 & T_2 & T_3 \end{bmatrix} \times \begin{bmatrix} ([Q_4]^D)^{-1} \\ ([Q_5]^D)^{-1} \\ ([Q_6]^D)^{-1} \end{bmatrix} = \begin{bmatrix} B_{11} & 0 & 0 \\ B_{21} & B_{22} & B_{23} \\ B_{31} & B_{32} & 0 \\ B_{41} & B_{43} & 0 \\ B_{51} & B_{52} & B_{53} \\ B_{54} & B_{55} & B_{56} \end{bmatrix}. \quad (13.22)$$

A Tabela 13.9 apresenta a correspondência empírica de B_{11}, a partir dos dados da Tabela 13.8. Constatamos, por exemplo, na totalização das cifras da primeira linha, que as lâminas de aço respondem por 19,02% do total dos recursos utilizados para a fabricação de um navio. No início da linha, vemos que elas representam 35,78% do total do custo de sua própria produção. Os demais 64,32% observados no restante da coluna são distribuídos como moldes (7,14%), aço (22,36), mão de obra de operários (1,00%), etc. Exemplificando adicionalmente, podemos obter os 20,25% recém-mencionados por meio da seguinte operação realizada entre os blocos Q_{11} e q_1:

$$B_{11} = Q_{11} \times ([q_1]^D)^{-1},$$

o que resulta em:

$$\begin{bmatrix} 125.300 & 62.100 & 41.200 \\ 0 & 73.200 & 10.100 \\ 0 & 0 & 103.000 \end{bmatrix} \times \begin{bmatrix} \frac{1}{350.230} & 0 & 0 \\ 0 & \frac{1}{302.010} & 0 \\ 0 & 0 & \frac{1}{287.115} \end{bmatrix} = \begin{bmatrix} 0,3578 & 0,2056 & 0,1435 \\ 0 & 0,2424 & 0,0352 \\ 0 & 0 & 0,3587 \end{bmatrix}$$

Trabalhando sobre (13.21), iniciamos multiplicando-a pela direita por $[q_1]^D$ e vemos que $B_{11} \times [q_1]^D = Q_{11} \times ([q_1]^D)^{-1} \times [q_1]^D$.

Tabela 13.9 Totalização dos usos referentes ao tempo de processamento e coeficientes diretos de moldes e ferramentas, energia e tempo de trabalho humano correspondentes, de um navio produzido pela empresa Lizarb Embarcações

Contas	Produtos em processamento			Moldes e ferramentas		Tempo de processamento				USO do recurso TOTAL
	Lâminas de aço	Casco	Partes internas	Moldes	Ferramentas	Moldagem	Corte	Solda	Acabamento	
Lâminas de aço	0,3578	0,2056	0,1435	0,0000	0,0000	0,0000	0,0000	0,0000	0,0000	0,1902
Casco	0,0000	0,2424	0,0352	0,0000	0,0000	0,0000	0,0000	0,0000	0,0000	0,0693
Partes internas	0,0000	0,0000	0,3587	0,0000	0,0000	0,0000	0,0000	0,0000	0,0000	0,0857
Moldes	0,0714	0,0000	0,1357	0,0000	0,0000	0,1572	0,0000	0,0000	0,0500	0,0673
Ferramentas	0,0771	0,1940	0,0000	0,0000	0,0000	0,0000	0,1163	0,3030	0,0000	0,0837
Moldagem	0,0343	0,0000	0,0042	0,1103	0,0000	0,0000	0,0000	0,0000	0,0000	0,0126
Corte	0,0143	0,0497	0,0000	0,0552	0,1533	0,0000	0,0000	0,0000	0,0000	0,0217
Solda	0,0000	0,0331	0,0209	0,0000	0,0661	0,0000	0,0000	0,0000	0,0000	0,0151
Acabamento	0,0000	0,0066	0,0348	0,1103	0,0000	0,0000	0,0000	0,0000	0,0000	0,0116
Aço	0,2236	0,0199	0,1247	0,0000	0,2855	0,0000	0,0000	0,0000	0,0000	0,1078
Ferro e derivados	0,0742	0,1063	0,1055	0,0000	0,0962	0,0000	0,0000	0,0000	0,0000	0,0762
Outros	0,1348	0,1209	0,0008	0,3034	0,0000	0,0000	0,0000	0,0000	0,0000	0,0744
Carvão	0,0003	0,0013	0,0008	0,0028	0,0036	0,3145	0,0000	0,0000	0,0250	0,0265
Óleo diesel	0,0007	0,0015	0,0000	0,0011	0,0000	0,2096	0,0000	0,0000	0,0000	0,0173
Eletricidade	0,0009	0,0032	0,0122	0,0033	0,0045	0,0000	0,4651	0,4545	0,2500	0,0416
Operários	0,0100	0,0132	0,0195	0,2758	0,2104	0,2621	0,2791	0,2121	0,4500	0,0725
Engenheiros	0,0007	0,0023	0,0035	0,1379	0,1803	0,0566	0,1395	0,0303	0,2250	0,0265
Fontes dos recursos	1,0000	1,0000	1,0000	1,0000	1,0000	1,0000	1,0000	1,0000	1,0000	1,0000

Segue-se que $B_{11} \times [q_1]^D = Q_{11}$, $[q_1]^D = (B_{11})^{-1} \times Q_{11}$ e $[q_1]^D \times i = (B_{11})^{-1} \times (Q_{11} \times i)$ e finalmente

$$(B_{11})^{-1} \times (Q_{11} \times i) = q_1.$$

Voltando a operar com as cifras da Tabela 13.8, e invertendo o bloco B_{11}, temos:

$$\begin{bmatrix} 2{,}795132 & -2{,}371280 & -0{,}885529 \\ 0{,}000000 & 4{,}125820 & -0{,}404571 \\ 0{,}000000 & 0{,}000000 & 2{,}787524 \end{bmatrix} \times \begin{bmatrix} 228{.}600 \\ 83{.}300 \\ 103{.}000 \end{bmatrix} = \begin{bmatrix} 350{.}230 \\ 302{.}010 \\ 287{.}115 \end{bmatrix}$$

Generalizando este resultado para os demais blocos da matriz da Tabela 13.8 e do Quadro 13.2, podemos simular as consequências diretas e indiretas da modificação de qualquer de seus elementos, como vamos detalhar no que segue. Trata-se de uma questão empírica sabermos se a matriz completa B_{ij} (com $i = j$) tem uma inversa[30], como assinalamos desde a Subseção 13.3.2. Claramente, alguns blocos não a têm, como é o caso daqueles de vetores **0** e dos blocos retangulares. Em nosso caso, a matriz completa com todos os blocos (dimensão 9 × 9) derivada da Tabela 13.8 tampouco tem inversa.

Todavia, no caso da empresa representada na Tabela 13.8, o determinante da matriz constituída pelos blocos Q_{ij} é nulo. Lembrando que o determinante é um número que indica o grau de dependência linear entre as equações de um sistema e que o determinante da matriz identidade é unitário, podemos "consertar" o grau de dependência linear fazendo o determinante de nossa matriz aproximar-se da identidade. Para tanto, substituímos os elementos nulos da diagonal principal da matriz originária da Tabela 13.8 por valores unitários[31]. Em nosso caso, encontramos um determinante no valor de $1{,}5 \times 10^{-14}$, muito pequeno! Ainda assim, este artifício numérico oferece uma importante recompensa, familiar àqueles que enfrentam o problema da multicolinearidade na estimação de parâmetros dos modelos econométricos. Aqui, como lá, entendemos que nossa modelagem permanece útil para o caso da realização de estimativas.

Como exemplo, consideremos o caso da redução dos gastos na montagem das "partes internas" em 10%. Tomamos como referência a equação (13.22), que resultará na Tabela 13.10. Nela vemos a matriz **A***, sua inversa, os dados originais e os resultados do experimento. Já na matriz inversa, vemos resultados aprioristicamente insatisfatórios, especialmente nos blocos B_{31} e B_{33}. Por isso, as simulações expressas na última linha devem ser analisadas cautelosamente e receber o reforço de outras simulações, antes que suas cifras sejam aplicadas no mundo da empresa.

13.6 INSUMO-PROCESSO COM QUANTIDADES FÍSICAS

A volta da laticínios Lizarb

Continuando a longa tradição de estudos do modelo de insumo-produto na China, a economista americana Karen R. Polenske (1989, 1991, 1997, 1998) associou-se a economistas locais, ampliando uma das mais criativas aplicações do modelo de insumo-processo para a grande empresa. Descrevendo o mundo corporativo, sua principal aplicação salienta um sistema físico de absorção de diferentes mercadorias, na forma de insumos intermediários e primários, em contraste com o modelo de Leontief[32]. A matriz básica do modelo exibe tanto as quantidades de insumos utilizados quanto as de produtos, subprodutos e resíduos gerados em diferentes processos de produção. Ao lidar com quantidades físicas, estamos abandonando o sistema de

---

[30] Esta é uma diferença interessante entre as matrizes da empresa e as mesoeconômicas. Lá sempre invertemos (**I** − **A**), o que favorece a existência de inversa, mesmo em casos de dependência linear entre uma ou mais linhas de **A**.

[31] Em nosso exemplo, não alteramos o total das linhas modificadas que, depois da mudança, estariam elevadas em uma unidade.

[32] Convém lembrarmos que o sistema de quantidades do modelo de Leontief é resolvido na suposição de que os preços das mercadorias são unitários, o que implica que essas quantidades são o que vimos chamando de quantidades monetárias. No próprio modelo de insumo-processo, a partir da equação (13.13), veremos a inserção de preços dos insumos e produtos que podem assumir valores diferentes da unidade.

Tabela 13.10 Matriz A, sua inversa e exercício contrafactual

Matriz A*							
0,357765	0,205622	0,143497	0,000000	0,000000	0,000000	0,000000	0,000000
0,000000	0,242376	0,035178	0,000000	0,000000	0,000000	0,000000	0,000000
0,000000	0,000000	0,358741	0,000000	0,000000	0,000000	0,000000	0,000000
0,071382	0,000000	0,135695	0,000000	0,000000	0,000000	0,157233	0,000000
0,077092	0,194033	0,000000	0,000000	0,000000	0,000000	0,116279	0,303030
0,034263	0,000000	0,004180	0,110314	0,000000	0,000000	0,000000	0,000000
0,014276	0,049667	0,000000	0,055157	0,153291	0,000000	0,000000	0,000000
0,000000	0,033111	0,020898	0,000000	0,066126	0,000000	0,000030	0,000000
0,000000	0,006622	0,034829	0,110314	0,000000	0,000000	0,000000	0,000025

Matriz $(A^*)^{-1}$							
2,7951	−2,3713	−0,8855	0,0000	0,0000	0,0000	0,0000	0,0000
0,0000	4,1258	−0,4046	0,0000	0,0000	0,0000	0,0000	0,0000
0,0000	0,0000	2,7875	0,0000	0,0000	0,0000	0,0000	0,0000
−0,8682	0,7365	0,1694	0,0000	9,0650	0,0000	0,0000	0,0000
0,0521	−1,3810	0,1526	0,0000	−3,2618	6,5235	0,0000	0,0000
−1.219,4653	1.382,0874	1.436,6126	6,3600	12.720,0000	0,0000	0,0000	−12.720,0000
294,2206	3.890,0868	4.726,6705	0,0000	−18.549,0196	37.098,0392	−86.000,0000	0,0000
−113,6097	−1.494,7463	−1.813,2381	0,0000	7.117,6471	−14.235,2941	33.000,0000	0,0000
3.830,8061	−4.342,8013	−4.523,9506	0,0000	−40.000,0000	0,0000	0,0000	40.000,0000

Usos dos recursos original							
228.600	83.300	103.000	80.960	15.200	26.100	18.201	14.001
Usos dos recursos após a redução							
228.600	83.300	92.700	80.960	15.200	26.100	18.201	14.001
Fontes dos recursos original							
350.230	302.010	287.115	18.130	33.270	43.000	33.000	40.000
Fontes dos recursos após a redução							
359.351	306.177	258.404	17.617	35.422	−12.972.103	−27.466.955	10.584.153	41.197.655

preços de Leontief e passando a lidar com preços absolutos, o que nos dará resultados complementares à modelagem básica feita na Subseção 13.3.1. Na Tabela 13.11, retomamos o estudo da empresa Laticínios Lizarb, cuja matriz de insumo-processo foi exposta inicialmente na Tabela 13.4. Usando as informações sobre preços absolutos fornecidas pela Tabela 13.6, podemos construir a Tabela 13.11.

Deste modo, por contraste a nossas tradicionais matrizes de insumo-produto, com a Tabela 13.1 passamos a discriminar os processos produtivos desenvolvidos pela empresa num modelo denominado em quantidades físicas. A exemplo da Tabela 13.4, cada uma de suas linhas tem os números positivos indicando a produção de um produto final, de um subproduto ou de um resíduo, sendo que seus números negativos indicam o consumo de produtos ou insumos (adquiridos ou primários). Desta forma, vemos, por exemplo, na primeira linha da matriz de produção e consumo intermediário de produtos principais da empresa (matriz **Z** do Quadro 13.1), a indicação de que foram produzidos 1.000.000 de litros de leite semiprocessado oriundos do processo de ordenha e recepção desenvolvido na empresa, o que deixa um saldo nulo na coluna correspondente ao resultado final desta linha.

Tabela 13.11 Modelo básico de insumo-processo da empresa Laticínios Lizarb (unidades físicas)

		Usos dos recursos nos j processos			Produto final
		Processo j (j = 1, 2, 3)			
	Produtos principais	Ordenha e recepção	Pasteurização	Condensação	Soma
	Leite *in natura*	**1.000.000**	−1.000.000	0	0
	Leite pasteurizado	0	**800.000**	−300.000	500.000
	Leite condensado	0	0	**500.000**	500.000
		Processo j (j = 1, 2, 3)			
	Insumos adquiridos no mercado i	Ordenha e recepção	Pasteurização	Condensação	Soma
Fontes dos recursos	Leite *in natura*	−150.000	0	−50.000	−200.000
	Ração para animais	−50.000	0	0	−50.000
	Óleo diesel	−10	−70	−20	−100
		Processo j (j = 1, 2, 3)			
	Subprodutos e resíduos i	Ordenha e recepção	Pasteurização	Condensação	Soma
	Resíduos de filtragem	30.000	0	0	30.000
	Água residual	25.000	40.000	10.000	75.000
	Leite descartado	0	15.000	70.000	85.000
		Processo j (j = 1, 2, 3)			
	Insumos primários i	Ordenha e recepção	Pasteurização	Condensação	Soma
	Capital	−45.000	−5.000	−10.000	−60.000
	Trabalho	−5	−2	−3	−10
	Resultado final do processo	1.000.000	800.000	500.000	

A segunda linha da matriz **Z** indica a produção de 800.000 litros de leite pasteurizado, dos quais 300.000 foram consumidos na produção de leite condensado, resultando em 500.000 litros a serem vendidos para consumidores externos à firma. Estendendo o exemplo, salientamos que a terceira linha da matriz **M** de insumos adquiridos informa que, para uma absorção total de 100 litros de óleo diesel, 10 foram consumidos no processo de ordenha, mais 70 no processo de pasteurização e outros 20 no processo de condensação de leite.

É de fundamental importância assinalarmos que, a exemplo da matriz correspondente (Tabela 13.4), existe uma assimetria notável com relação à matriz de contabilidade social e à matriz de insumo-produto estudadas nos capítulos anteriores. Como insistimos, nelas, as cotações das transações eram feitas em quantidades monetárias, mas aqui não somos impedidos de fazer algumas agregações. Vemos as somas das linhas agregadas, pois elas descrevem produtos transitando (e se transformando) ao longo de diferentes processos produtivos, mas mantendo as características físicas da unidade de medida original. Por exemplo, o óleo diesel queimado na geração de 1.000.000 de litros de leite *in natura*, na pasteurização de 800.000 litros e na condensação de 500.000 litros alcançou a cifra[33] de 100 litros (ou seja, a soma de 70, 20 e 10). Também devemos salientar que as cifras da última linha da Tabela 13.11 não mostram o total da correspondente coluna, mas a quantidade física produzida do produto principal de cada processo.

Coeficientes de produção diretos e indiretos

Lidando com as informações disponíveis na Tabela 13.11, podemos obter uma matriz de coeficientes diretos de entradas e saídas dos processos produtivos a partir da divisão de cada elemento de suas colunas pelo resultado final de cada processo produtivo (ou seja, os elementos do vetor **x**). Vamos exibir os cálculos pertinentes na Tabela 13.11, descrevê-los e passar em seguida a sua formalização. As equações dimensionais atestam que não estamos tratando de números puros, mas de coeficientes técnicos.

Assim, por exemplo, obtemos um coeficiente de $-0,15$ a partir da participação que os 150.000 litros de leite *in natura* adquiridos têm nos 1.000.000 litros resultantes do processo de ordenha realizado na própria empresa. Observamos que cada coeficiente da tabela demonstra a participação dos insumos ou produto final no resultado de cada um dos processos produtivos desenvolvidos. Desta forma, nas colunas da Tabela 13.12, observamos a estrutura de entradas de insumos e saídas de produtos de cada processo. Caso aceitemos que a tecnologia de produção utilizada na empresa é adequadamente descrita por meio de uma função de produção de Leontief, como a da equação (4.8) do Capítulo 4 (MaCS e MIP), podemos interpretar esses coeficientes como uma forma de medi-la. Assim, por exemplo, na terceira coluna da tabela, vemos que cada tonelada de leite condensado produzida foi composta por 60% de leite pasteurizado. A cifra de $-0,00004$ informa que, para obtermos um litro de leite condensado, precisamos incorporar a seu processo de produção o volume de quatro centésimos de milésimos de óleo diesel. De modo análogo, é necessário incorporar seis milésimos do trabalho de uma pessoa.

---

[33] Como vimos, o sinal negativo assinala que este foi um insumo e não um produto.

Tabela 13.12 Matriz de coeficientes diretos de entradas e saídas da empresa Laticínios Lizarb

Contas		Usos dos recursos nos j processos		
		Processo j (j = 1, 2, 3)		
	Produtos principais	Ordenha e recepção	Pasteurização	Condensação
	Leite *in natura*	**1,000000**	−1,250000	0,000000
	Leite pasteurizado	0,000000	**1,000000**	−0,600000
	Leite condensado	0,000000	0,000000	**1,000000**
		Processo j (j = 1, 2, 3)		
	Insumos adquiridos no mercado i	Ordenha e recepção	Pasteurização	Condensação
	Leite *in natura*	−0,150000	0,000000	−0,100000
Fontes dos recursos	Ração para animais	−0,050000	0,000000	0,000000
	Óleo diesel	−0,000010	−0,000088	−0,000040
		Processo j (j = 1, 2, 3)		
	Subprodutos e resíduos i	Ordenha e recepção	Pasteurização	Condensação
	Resíduos de filtragem	0,030000	0,000000	0,000000
	Água residual	0,025000	0,050000	0,020000
	Leite descartado	0,000000	0,018750	0,140000
		Processo j (j = 1, 2, 3)		
	Insumos primários i	Ordenha e recepção	Pasteurização	Condensação
	Capital	−0,045000	−0,006250	−0,020000
	Trabalho	−0,000005	−0,000003	−0,000006
	Resultado final do processo	1,000000	1,000000	1,000000

Usando a notação apresentada no Quadro 13.1, diremos que os coeficientes diretos de entradas e saídas dos processos produtivos dos quais resultam os produtos principais são obtidos como

$$a_{ij} = \frac{Z_{ij}}{X_j},$$

onde a_{ij} é o coeficiente de produção do produto principal i obtido com o uso de uma unidade do próprio produto principal j. Com ele, montamos a matriz

$$\mathbf{A}^* = [a^*_{ij}].$$

Em seguida, definimos

$$b_{ij} = \frac{M_{ij}}{X_j},$$

como o coeficiente de insumos adquiridos por unidade de produto principal j. Uma vez que M_{ij} assume exclusivamente valores negativos, os elementos b_{ij} também serão negativos. O conjunto dos coeficientes b_{ij} permite-nos criar a matriz $\mathbf{B} = [b_{ij}]$.

Ademais,

$$c_{ij} = \frac{W_{ij}}{X_j}, \quad (13.23)$$

informa o montante de resíduos gerados por unidade de produto principal j. Fazendo c_{ij} de elemento característico de uma matriz, podemos escrevê-la como $\mathbf{C} = [c_{ij}]$.

Por fim, a equação (13.7) informa-nos a quantidade requerida de insumo primário i a fim de produzirmos uma unidade de produto principal j:

$$d_{ij} = \frac{V_{ij}}{X_j}.$$

Com isso, escrevemos nossa derradeira matriz de coeficientes técnicos como $\mathbf{D} = [d_{ij}]$.

Naturalmente, **A**, **B**, **C** e **D** são matrizes resultantes do enquadramento dos coeficientes recém-definidos, como associamos com os elementos da Tabela 13.11. Inspirados nelas e nas equações (13.5) a (13.7), também podemos expressar as relações entre estes coeficientes de forma matricial. Dividindo, neste e nos demais casos, os valores dos vetores por 1.000, temos:

$$\mathbf{A^*} \times \mathbf{q} = \mathbf{q}_Y \qquad (13.24)$$

Com as cifras das Tabelas 13.1 e 13.2, expressamos o seguinte produto matricial:

$$\begin{bmatrix} 1{,}000 & -1{,}250 & 0{,}000 \\ 0{,}000 & 1{,}000 & -0{,}600 \\ 0{,}000 & 0{,}000 & 1{,}000 \end{bmatrix} \times \begin{bmatrix} 1.000.000 \\ 800.000 \\ 500.000 \end{bmatrix} = \begin{bmatrix} 0 \\ 500.000 \\ 500.000 \end{bmatrix}$$

De modo análogo, podemos escrever $\mathbf{B} \times \mathbf{q} = \mathbf{q}_M$ e

$$\begin{bmatrix} -0{,}150 & 0{,}00000 & -0{,}10 \\ -0{,}050 & 0{,}00000 & 0{,}00 \\ 0{,}000 & -0{,}00009 & 0{,}00 \end{bmatrix} \times \begin{bmatrix} 1.000.000 \\ 800.000 \\ 500.000 \end{bmatrix} = \begin{bmatrix} -200.000 \\ -50.000 \\ -100 \end{bmatrix}.$$

Ademais, como **C** é

$$\mathbf{C} \times \mathbf{q}_Y = \mathbf{q}_{W'} \qquad (13.25)$$

segue-se que

$$\begin{bmatrix} 0{,}030 & 0{,}00000 & 0{,}00 \\ 0{,}025 & 0{,}05000 & 0{,}02 \\ 0{,}000 & 0{,}01875 & 0{,}14 \end{bmatrix} \times \begin{bmatrix} 1.000.000 \\ 800.000 \\ 500.000 \end{bmatrix} = \begin{bmatrix} 30.000 \\ 75.000 \\ 85.000 \end{bmatrix}.$$

Por fim, escrevendo **D** como:

$$\mathbf{D} \times \mathbf{q}_Y = \mathbf{q}_{V'} \qquad (13.26)$$

temos:

$$\begin{bmatrix} -0{,}04500000 & -0{,}06250000 & -0{,}05750000 \\ -0{,}00000500 & -0{,}00000875 & -0{,}00001125 \end{bmatrix} \times \begin{bmatrix} 1.000.000 \\ 800.000 \\ 500.000 \end{bmatrix} = \begin{bmatrix} -60.000 \\ -10 \end{bmatrix}.$$

Coeficientes de produção diretos e indiretos

Sob o ponto de vista matemático, as relações matriciais descritas pelas equações (13.24) a (13.26) são linearmente homogêneas, conforme os conceitos desenvolvidos na Seção 11.3 do Capítulo 11A (Índices/CD). Esta peculiaridade da modelagem da matriz de insumo-processo da firma seguindo os contornos do modelo de insumo-processo terá poderosas consequências no que agora passamos a examinar.

A partir destas relações matriciais, podemos calcular coeficientes totais de entradas e saídas de cada processo, os quais se distinguem dos anteriores por considerarem os insumos e os produtos diretos e indiretos em um mesmo coeficiente. Tomemos como exemplo a produção dos 500.000 quilogramas de leite condensado, conforme a descrição feita na Tabela 13.11. Iniciamos observando que, na célula da interseção da linha do leite *in natura* adquirido como insumo e a coluna do processo de condensação, consta a utilização de 50.000 litros, ou 10% do total destinado ao consumo final. Ou seja, 50.000 litros de leite *in natura* originários de outras empresas foram consumidos diretamente no processo produtivo da Laticínios Lizarb. Além deste volume, vemos o registro de mais 300.000 litros de leite pasteurizado. Uma vez que – como constatamos nos dois lançamentos iniciais da coluna do processo de pasteurização – 1.000.000 litros em natura são necessários para a geração de 800.000 litros de leite pasteurizado, segue-se que estes 300.000 litros devidamente pasteurizados originaram-se de $\dfrac{1.000.000\ell}{800.000\ell} \times 300.000\ell = 375.000\ell$ de leite *in natura*.

Ou seja, além dos 50.000 litros adquiridos no mercado, mais 375.000 litros de leite *in natura* foram consumidos indiretamente, posto que foram necessários para fabricar os 300.000 litros de leite pasteurizado utilizados.

Em resumo, para cada 500.000 quilogramas de leite condensado fabricados são utilizados 425.000 litros de leite *in natura*. Este resultado torna evidente a utilidade dos coeficientes que vamos obter diretamente a partir dos dados da Tabela 13.11. Lá, observamos que os 0,75 de requisitos diretos e indiretos em termos de leite *in natura* destinados à geração de uma unidade de leite condensado são obtidos por meio da seguinte operação: $\dfrac{300.000\ell}{500.000\ell} \times \dfrac{1.000.000\ell}{800.000\ell} = 0,6 \times 1,25 = 0,75$. Ou seja, para a produção total de 500.000 litros de leite condensado, são necessários 50.000 + 375.000 = 425.000 litros de leite *in natura* a serem consumidos direta e indiretamene. Como o leite *in natura* adquirido no mercado representa 10% e, o leite de ordenha própria, outros 75%, chegamos ao coeficiente total de 0,85 do leite *in natura* na produção de uma unidade de leite condensado.

O mesmo procedimento pode ser feito ao considerarmos apenas o leite *in natura* adquirido fora da empresa. Desta forma, vemos que a participação do leite pasteurizado no leite condensado é de 0,6, ao passo que no pasteurizado a participação do leite *in natura* é de 1,25; no leite *in natura*, 0,15 é adquirido fora da empresa. Assim 0,6 × 1,25 × 0,15 = 0,11 é a participação indireta do leite *in natura* no leite condensado. Adicionando a participação direta de 0,1 (da matriz **B**), obtemos uma participação total (direta e indireta) de 0,21.

O maior elogio da utilidade dos coeficientes que vamos obter após aplicarmos a modelagem a estas relações resulta precisamente do espaço que despendemos para descrever estes dois processos. Elaborando uma generalização a partir das equações (13.8) a (13.10), podemos obter estes valores de forma imediata, verificando o total de insumos diretos e indiretos utilizados na produção de uma unidade de produto final.

Ainda que tenhamos tratado nossas equações (13.1) a (13.10) como igualdades – como costumamos fazer na vida prática – é claro que estávamos tratando de simples identidades contábeis, pois nelas não vemos incógnitas. Isto é, todas as variáveis constantes destas equações nos eram conhecidas. Todavia, a exemplo da transição que fizemos na construção do modelo de insumo-produto no Capítulo 4 (MaCS e MIP), também é possível agregar supostos comportamentais sobre as inter-relações das variáveis que nelas constam. Em nosso caso, ao usarmos as funções de produção de Leontiefe, e, postulando a constância de seus coeficientes técnicos, podemos estimar os requisitos de insumos necessários para a geração de determinadas quantidades do produto final. Por exemplo, quais serão os impactos em diferentes segmentos da Laticínios Lizarb se a demanda por leite condensado duplicar?

Fazendo $(A^*)^{-1} = M$, a resposta encontra-se na solução da equação matricial (13.24), que é dada por

$$q_y = (A^*)^{-1} \times q_j$$

Utilizando os números da Tabela 13.2, temos

$$\begin{bmatrix} 1,00 & 1,25 & 0,75 \\ 0,00 & 1,00 & 0,60 \\ 0,00 & 0,00 & 1,00 \end{bmatrix} \times \begin{bmatrix} 0 \\ 500.000 \\ 500.000 \end{bmatrix} = \begin{bmatrix} 1.000.000 \\ 800.000 \\ 500.000 \end{bmatrix}$$

Seguindo o mesmo raciocínio, a equação (13.12) permite-nos escrever

$$q_M = B \times q_y = B \times M \times q_y$$

que associa os requisitos diretos e indiretos para a produção dos três produtos com suas correspondentes necessidades de insumos intermediários. Nossos números levam a

$$\begin{bmatrix} 1,00 & 1,25 & 0,75 \\ 0,00 & 1,00 & 0,60 \\ 0,00 & 0,00 & 1,00 \end{bmatrix} \times \begin{bmatrix} 0 \\ 500.000 \\ 500.000 \end{bmatrix} =$$

$$\begin{bmatrix} -0,15000 & 0,00000 & 0,10000 \\ -0,05000 & 0,00000 & 0,00000 \\ -0,00001 & -0,00009 & -0,00004 \end{bmatrix} \times \begin{bmatrix} 1,00 & 0,75 \\ 0,00 & 0,60 \\ 0,00 & 1,00 \end{bmatrix} \times \begin{bmatrix} 0 \\ 500.000 \\ 500.000 \end{bmatrix} = \begin{bmatrix} 0 \\ 500.000 \\ 500.000 \end{bmatrix}$$

Prosseguindo, a equação (13.25) é resolvida como

$$x_W = C \times q_y = C \times M \times q_y \text{ ou}$$

$$\begin{bmatrix} 0,03000 & 0,00000 & 0,00000 \\ 0,02500 & 0,05000 & 0,02000 \\ 0,00000 & 0,01875 & 0,14000 \end{bmatrix} \times \begin{bmatrix} 0 \\ 500.000 \\ 500.000 \end{bmatrix} = \begin{bmatrix} 0,03000 & 0,00000 & 0,00000 \\ 0,02500 & 0,05000 & 0,02000 \\ 0,00000 & 0,01875 & 0,14000 \end{bmatrix} \times$$

$$\begin{bmatrix} 1,00 & 1,25 & 0,75 \\ 0,00 & 1,00 & 0,60 \\ 0,00 & 0,00 & 1,00 \end{bmatrix} \times \begin{bmatrix} 0 \\ 500.000 \\ 500.000 \end{bmatrix} = \begin{bmatrix} 30.000 \\ 75.000 \\ 85.000 \end{bmatrix}$$

Por fim, a solução é:

$$x_V = D \times q_y = D \times A^{-1} \times q_{y'}$$

gerando as seguintes operações matriciais:

$$\begin{bmatrix} -0,04500000 & -0,06250000 & -0,05750000 \\ -0,00000500 & -0,00000875 & -0,00001125 \end{bmatrix} \times \begin{bmatrix} 0 \\ 500.000 \\ 500.000 \end{bmatrix} =$$

$$\begin{bmatrix} -0,04500000 & -0,06250000 & -0,05750000 \\ -0,00000500 & -0,00000875 & -0,00001125 \end{bmatrix} \times \begin{bmatrix} 1,00 & 1,25 & 0,75 \\ 0,00 & 1,00 & 0,60 \\ 0,00 & 0,00 & 1,00 \end{bmatrix} \times$$

$$\begin{bmatrix} 0 \\ 500.000 \\ 500.000 \end{bmatrix} = \begin{bmatrix} -60.000 \\ -10 \end{bmatrix}$$

Estas quatro equações simplesmente representam, por meio da notação matricial, as multiplicações efetuadas em nosso exemplo textual. Agora, $(A^*)^{-1}$ é uma matriz que mostra a participação de cada produto principal no produto final. Uma vez que ela resolve os sistemas lineares homogêneos das equações (13.24) a (13.26), esta matriz equivale a uma inversa de Leontief em nossos modelos de insumo-produto tradicionais. Em outras palavras, ela rastreia os requisitos diretos e indiretos necessários para a produção destinada à demanda final. Com isso, por exemplo, $B \times (A^*)^{-1}$ mostra o total de insumos adquiridos por meio do mecanismo de mercado requeridos diretamente e indiretamente por unidade de produto final. Ademais, $C \times (A^*)^{-1}$ informa o total de subprodutos e resíduos gerados diretamente e indiretamente por unidade de produto final. Finalmente, $D \times (A^*)^{-1}$ informa o total de insumos primários requeridos para darem conta da produção corrente. Vejamos os resultados para a empresa Laticínios Lizarb, conforme estão apresentados na Tabela 13.13.

Tabela 13.13 Matriz de coeficientes diretos e indiretos de insumo-processo da empresa Laticínios Lizarb

Contas		Usos dos recursos nos j processos		
		Processo j (j = 1, 2, 3)		
	Produtos principais	Ordenha e recepção	Pasteurização	Condensação
	Leite *in natura*	**1,000000**	1,250000	0,750000
	Leite pasteurizado	0,000000	**1,000000**	0,600000
	Leite condensado	0,000000	0,000000	**1,000000**
		Processo j (j = 1, 2, 3)		
	Insumos adquiridos no mercado i	Ordenha e recepção	Pasteurização	Condensação
Fontes dos recursos	Leite *in natura*	−0,150000	−0,187500	−0,212500
	Ração para animais	−0,050000	−0,062500	−0,037500
	Óleo diesel	−0,000010	−0,000100	−0,000100
		Processo j (j = 1, 2, 3)		
	Subprodutos e resíduos i	Ordenha e recepção	Pasteurização	Condensação
	Resíduos de filtragem	0,030000	0,037500	0,022500
	Água residual	0,025000	0,081250	0,068750
	Leite descartado	0,000000	0,018750	0,151250
		Processo j (j = 1, 2, 3)		
	Insumos primários i	Ordenha e recepção	Pasteurização	Condensação
	Capital	−0,045000	−0,062500	−0,057500
	Trabalho	−0,000005	−0,000009	−0,000011
	Resultado final do processo	1,000000	1,000000	1,000000

Nesta tabela temos uma descrição matemática do processo produtivo, na qual vislumbramos importantes informações econômicas e de produção da empresa. Por exemplo, qual é o nível e o tipo de compras que ela efetua para produzir, em que medida são relacionados os diferentes processos produtivos desenvolvidos, qual é a participação dos insumos primários na produção, e assim por diante. Além disso, podem ser desenvolvidos diversos usos alternativos para um modelo deste tipo, como a análise do fluxo de materiais entre diferentes unidades de produção, os requerimentos de insumos para cada linha de produção (processo produtivo), os materiais e outros insumos indiretos usados ou perdidos no processo tecnológico.

Análise do processo produtivo

O modelo de insumo-processo da empresa também é adequado para descrever quantitativamente a tecnologia usada pela firma, o que se reflete nas características do processo de produção. Por exemplo, podemos usar o modelo para demonstrar os fluxos de energia e demais insumos necessários a cada processo produtivo. Ademais, é possível estimarmos a demanda de materiais, energia, trabalho, capital e matérias-primas, com vistas a alcançar determinados objetivos em termos de quantidade produzida. Além disso, o modelo também pode ser usado para a avaliação de tecnologias a serem aplicadas, bem como o seu impacto em termos de alterações na eficiência dos processos quanto ao uso de insumos, por exemplo, energia. Por fim, podemos usá-lo para identificar pontos congestionados nos processos e coordenar expansões da capacidade produtiva nos diferentes setores da empresa. A partir dos coeficientes técnicos gerados nas Tabelas 13.11 e 13.12, podemos derivar um fluxo de materiais em cada processo, conforme demonstramos na Figura 13.2.

Como percebemos, os insumos de cada um dos processos estão discriminados na Figura 13.2, de acordo com os requerimentos para a produção de 1 milhão de litros de leite *in natura*, 1 milhão de litros de leite pasteurizado e 1 tonelada de leite condensado. Vejamos, por exemplo, que, para obter o leite *in natura*, são necessários 150.000 litros de leite *in natura* (adquiridos de outros estabelecimentos), 50.000 quilogramas de ração para os animais da própria empresa e mais 10 litros de óleo diesel. Por outro lado, demonstramos também os resíduos e subprodutos de cada processo. Por exemplo, para 1 milhão de litros de leite *in natura* obtidos do processo de ordenha, a empresa gera 30.000 litros de algo chamado "resíduo de filtragem", e mais 25.000 litros de água residual.

Por seu turno, cada processo mostrado na Figura 13.2 pode ser combinado para demonstrar a totalidade da operação desenvolvida para que seja obtido cada um dos produtos. Isso pode ser feito, em um modelo de entradas e saídas como o presente, ao considerarmos o produto (saída) de um dado processo como insumo (entrada) em outro processo, relacionando os processos desenvolvidos. Por exemplo, com base nos coeficientes mostrados na Tabela 13.12, verificamos que para a produção de uma tonelada de leite condensado são necessários 600 litros de leite pasteurizado e outros 750 litros de leite *in natura*; a partir disso, conseguimos elaborar as relações entre os três processos conforme a Figura 13.3.

A Figura 13.3 mostra que, para a produção de uma tonelada de leite condensado, são necessários 750 litros de leite *in natura*. Estes 750 litros serão usados para obtermos 600 litros de leite pasteurizado, e somente este entrará no processo de condensação para a obtenção do leite condensado. O leite condensado será levado ao mercado de bens e serviços, o que nos faz pensar no valor que ele adicionou ao

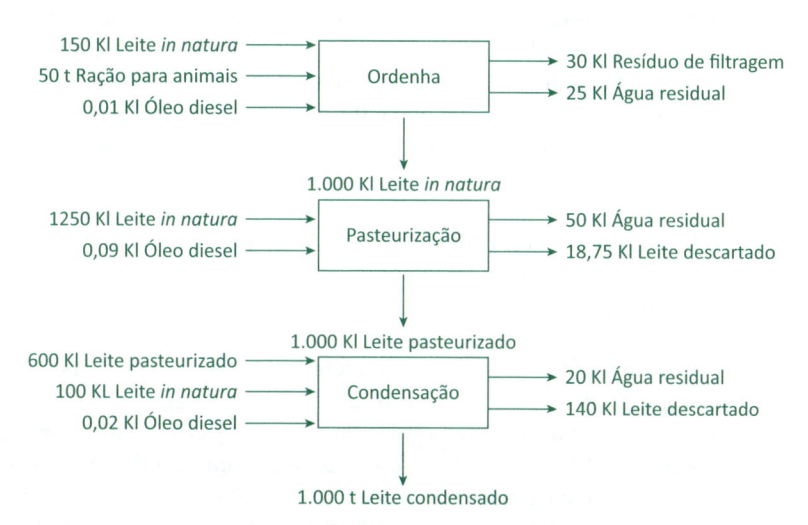

Figura 13.2 Fluxo de insumos, subprodutos e resíduos relacionados a cada produto principal da empresa.

```
112,5 l Leite in natura  ──►
37,5 kg Ração para animais ──►  Ordenha  ──► 22,5 l Resíduo de filtragem
7,5 l Óleo diesel ──►                      ──► 18,75 l Água residual
                                    │
                                    ▼
                          750 l Leite in natura

750 l Leite in natura ──►
9 l Óleo diesel ──►       Pasteurização  ──► 30 l Água residual
                                         ──► 11,25 l Leite descartado
                                    │
                                    ▼
                          600 l Leite pasteurizado

600 l Leite pasteurizado ──►
100 lo Leite in natura ──►  Condensação  ──► 20 l Água residual
2 Kl Óleo diesel ──►                      ──► 140 l Leite descartado
                                    │
                                    ▼
                          1.000 Kg Leite condensado
```

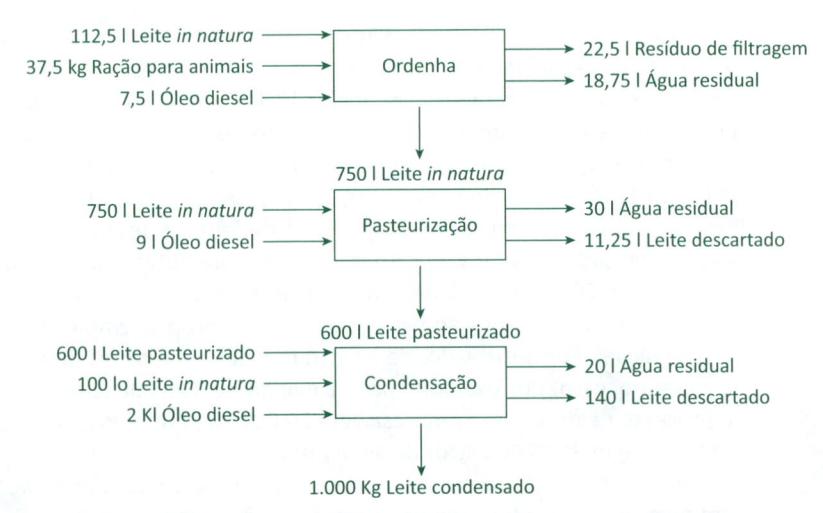

Figura 13.3 Estrutura de entrada e saída de materiais na produção de 1 tonelada de leite condensado.

sistema: o produto gerado pelos produtores, a renda apropriada pelos locatários dos fatores e a despesa absorvida pelas instituições. Ao encerrarmos a Quinta Parte deste livro, nos remetemos aos três capítulos da Primeira Parte, quando vinculamos as ações individuais com o processo decisório coletivo que leva à geração, apropriação e absorção de bens e serviços voltados ao atendimento das necessidades humanas.

RESUMO

A matriz de insumo-produto consagrou-se como um dos principais instrumentos do planejamento governamental em todos os países do mundo. Mesmo aqueles incapazes de montar sua base empírica de forma sistemática têm recebido diferentes estimativas das relações intersetoriais da economia. Além disso, a recente discussão sobre arranjos produtivos locais e redes de empresas mostrou a utilidade do aparato de Leontief para lidar com os problemas de coordenação entre os agentes neles envolvidos. De sua parte, o elo que faltava ingressou na literatura ocidental a partir do contato com a experiência chinesa, que há muito utiliza a matriz de insumo-produto para o planejamento empresarial.

No presente capítulo, primeiramente estudamos como o modelo de Leontief pode ser visto como o centro em torno do qual é montado um sistema de informações destinado ao planejamento operacional (de curto prazo) e estratégico (de longo prazo). Depois, exploramos diferentes dualidades que nos levaram a percorrer todo o território da modelagem multissetorial voltada ao cotidiano empresarial. A primeira dualidade diz respeito à diferença entre o modelo aberto e o modelo fechado, e procedemos à utilização de ambos. Em seguida, tratamos da dualidade existente entre as matrizes retangulares de produção e de absorção e a utilidade que este tipo de abordagem oferece para o manuseio da informação da empresa. Além destas, confrontamo-nos com modelos quadrados (atividade por atividade ou produto por produto) em que a diagonal principal não é preenchida, ou seja, modelos que estudam apenas as transações líquidas verificadas dentro da empresa.

Adicionalmente, expandimos o mundo da modelagem de insumo-produto para a descrição de situações chamadas de insumo-processo, pois dão destaque à entrada de insumos para o processamento em diferentes etapas do processo de fabricação das mercadorias. Também confrontamos os modelos tradicionais de inúmeros insumos e produtos com um modelo voltado a descrever o uso de diversos insumos utilizados na produção de um único produto, como uma aeronave ou uma estrada de ferro. Finalmente, tratamos da dualidade entre quantidades monetárias e quantidades físicas, o que nos permitiu resolver, de forma singela, o problema da agregação de quantidades de mercadorias diferentes, por exemplo, um litro de suco de laranja e uma tonelada de cana-de-açúcar.

SEXTA PARTE

EPÍLOGO

14

Quid Mensurare Incipit...

Duilio de Avila Bêrni e Vladimir Lautert

Se a Introdução deste livro começou falando na Grécia Clássica, uma vez que trilhamos, ao longo dos 14 capítulos impressos e 12 complementações no CD, um território mais extenso do que o Império Romano, então nada soará mais natural do que concluirmos com um epílogo intitulado em latim: *quid mensurare incipit errare incipit*. Da Grécia, vimos que o homem é a medida de todas as coisas. Baixinhos ou galalaus? Avaros ou pródigos? Felizmente, este tipo de dificuldade já foi contornado com o conceito de média, uma medida de tendência central voltada a resumir toda a distribuição dos valores de determinada variável: lobos, cordeiros, alfinetes e anjos. Ao mesmo tempo, tomar um avarento por um dadivoso, levando a avaliação a distanciar-se da média, nos lembra do latim: *errare humanum est*. Por isso, talvez, é que – sendo humanos – ao começarmos a medir, começaremos a errar.

Mas nem todas as nossas dificuldades resolvem-se simplesmente com o apelo ao conceito de média. Em muitos casos, nosso interesse reside precisamente no valor total da distribuição e não apenas de sua tendência central. Faláramos antes em número médio de ovelhas por cão ou por lobo, mas, naturalmente, o que mais interessa no processo de criação de ovinos é o total do rebanho. E nosso interesse na própria ovinocultura é mais centrado na deliberação com que nos dedicamos a produzir bens e serviços, a fim de atendermos a nossas próprias necessidades materiais e mesmo espirituais. Ainda assim, pensarmos em bem-estar espiritual leva-nos para fora do escopo da ciência econômica, mais voltada ao estudo das condições de geração, apropriação e absorção do valor adicionado que associamos à produção de bens e serviços que propiciam o bem-estar material. Deste modo, ao aprofundarmos a tentativa de mensurar o nível de bem estar material alcançado por determinada comunidade, precisamos fazer a associação entre fins (usos) e meios (fontes), na busca de traços de racionalidade da ação humana voltada a produzir bens e serviços. Desde o Capítulo 1 (Divisão), ressaltamos duas categorizações essenciais para dar conta das dimensões produtiva, alocativa e distributiva contidas na ação societária devotada à geração, apropriação e absorção do valor que a sociedade adiciona ao envolver-se na produção de bens e serviços.

Primeiramente, falamos na tríade mercado-estado-comunidade, deixando clara nossa visão da evolução do bando à comunidade, da complementaridade desta com a criação de direitos de propriedade e sua garantia pelo que hoje entendemos por Estado. Seguimos sinalizando a importância que, como tal, este assume para viabilizar o aparecimento e a expansão da troca, da divisão do trabalho e, ao final, das economias monetárias. Também mencionamos que a forma como o poder é distribuído entre os integrantes dessa tríade favorece em maior ou menor grau a geração de excedente econômico. Se uma comunidade fraca se deixa equilibrar por um Estado forte, veremos o comprometimento da eficiência distributiva. Uma comunidade forte e espiritualizada poderá comprometer o desenvolvimento das forças produtivas, a divisão do trabalho e, como tal, o desenvolvimento do mercado. Um mercado forte pode desequilibrar a ação do Estado fraco, enviesando o uso do poder político, em possível prejuízo da comunidade, para não falar no prejuízo direto, por exemplo, com a cobrança de preços monopolísticos pelos produtos que vemos transacionados.

De acordo com a segunda categorização, afirmamos que a vida social tem muitas instâncias organizativas, como é o caso da econômica, da artística, da jurídica, e por aí vai. Centrarmo-nos na econômica não significa negar as demais, mas apenas destacar a esfera cujo estudo nos faz economistas. Neste caso, reunimos as organizações econômicas em três classes: produtores, fatores e instituições. Ao fazê-lo, admitimos que nossos problemas com a mensuração já começaram com a definição de termos, pois o que chamamos de **organização** é designado em parte da literatura como **instituição**. Somos da turma que fala em instituição precisamente como o polo da ação econômica que envolve as famílias, o governo e as empresas que absorvem parte da produção e a relançam no processo produtivo na forma de investimento, a fim de produzir mais ou melhor no futuro. Da mesma forma, ao inserirmos o termo **fatores** na tríade, o usamos como abreviação para "locatários dos serviços dos fatores", por entendermos que seus proprietários são precisamente as instituições, o que destaca uma relação entre a origem (a partir dos fatores) e o uso (pelas instituições) dos recursos disponíveis na sociedade a cada instante de tempo. Locatários tomam algo em aluguel e pagam por isso, mas esta formulação aumenta a ambiguidade. Com efeito, também afirmamos que os (locatários dos serviços dos) fatores realugam serviços dos fatores de trabalho e capital aos **produtores** que, naturalmente, lhes dão – aos serviços dos fatores – encaminhamento produtivo. Frases complicadas: é esse o preço que precisamos pagar para evitar a ambiguidade. Com a finalidade de simples registro, relembramos que falta um ponto para determinarmos inequivocamente o plano sobre o qual o fluxo circular da renda é desenhado. Trata-se da relação encetada entre produtores e instituições, respectivamente origem e destinatárias da produção de bens e serviços, que será detalhada adiante.

Essencialmente, o que procuramos fazer ao longo do livro, e esta que é a intenção precípua da contabilidade social, foi criar instrumentos de medida que permitam avaliações objetivas e rigorosas do grau de eficiência com que os recursos sociais são utilizados nas atividades simultâneas da geração, apropriação e absorção do valor adicionado que decorre dos processos de produção desses bens e serviços. A fim de inserirmos estas atividades numa moldura coerente, ainda que arbitrária, decidimos colocar no centro da preocupação com a mensuração do esforço produtivo da ação societária o modelo completo do fluxo circular da renda. Aqui também vemos um termo equívoco para designar "o resultado do esforço produtivo da ação societária". Mas nem lá fizemos todas as qualificações que esta decisão implica. A verdade é que

Os antigos falaram em fluxo circular para descrever a oscilação do valor adicionado entre produtores (empresas) e instituições (famílias), como um pêndulo. E mais verdade ainda é que essa visão pendular oculta precisamente o funcionamento do mercado de arranjos institucionais (inclusive monetários), que também poderíamos chamar de mercado político. E não é exagero dizer que, por essas e outras, a visão pendular ajudou a elidir a lição que recebemos dos economistas clássicos sobre o objeto e método da economia política: a busca de leis que regulam a distribuição do excedente econômico.

Individualizando-o e também inserindo no fluxo as relações entre, de um lado, produtores (vendendo insumos) e outros produtores (comprando-os) e, de outro lado, entre instituições (cedentes de recursos) e outras (absorvedoras de recursos), montamos os cinco blocos da matriz de contabilidade social. Nela, os blocos do produto, da renda e da despesa fazem a renda (ou melhor, o valor adicionado) circular em torno de sua tripla identidade. Ao mesmo tempo, os blocos das relações intersetoriais e interinstitucionais, assentes no mesmo plano, não chegam a engordar o fluxo, pois representam exclusivamente transações intermediárias e transferências de renda. Ainda assim, estas transações não são neutras para o sistema, pois haverá uma relação entre produção de insumos ou pagamento de pensões e a geração de emprego e, com ele, de mais renda, etc. Além disso, quanto maior o volume dessas transações entre produtores ou entre instituições, maior será a massa de dinheiro em circulação, permitindo o escoamento a um volume de transações muito maior do que o que observaríamos, caso apenas o valor adicionado circulasse. No Capítulo 4 (MaCS e MIP), demos conta desta "gordura", ao criarmos o conceito de "variáveis resolvidas", em particular, a demanda final que rastreia insumos e produtos setoriais mensurados em quantidades monetárias.

Por falar em dinheiro, devemos reconhecer que também fomos arbitrários ao considerar que todo esse esforço é passível de medição por meio de valores monetários. Mais ainda, decidimos agrupar as categorizações mercado-estado-comunidade e produtores-fatores-instituições no fluxo circular da renda, chamando exclusivamente de **mercado** o ambiente de sua interação. O jargão da área levou-nos, assim, a usar o termo mercado tanto no sentido desse ambiente de interação quanto no sentido de organização econômica. Por isso, ao falarmos em mecanismo de preços, precisamos ser cautelosos, a fim de não excluirmos de nosso pensamento – pois a realidade as contempla com importância maiúscula – as transações com bens públicos ou aquelas levadas a cabo no interior da empresa quando ela decide produzir insumos (na forma de bens ou serviços) e não adquiri-los no mercado. Deste modo, quando falamos, no ambiente do fluxo, em mercado de bens, não excluímos a produção doméstica que, obviamente, é efetivada por meio do uso de recursos que são mobilizados no mercado de fatores, ainda que despidos de contrapartidas pecuniárias. Da mesma forma, dizemos que o mercado de arranjos institucionais (inclusive monetários) vê as instituições defrontarem-se com os (locatários dos serviços dos) fatores, por meio de um fluxo real (os arranjos propriamente ditos) e outro monetário (a chamada distribuição secundária da renda). Ao fazê-lo, estamos apenas evocando que as trocas geram a divisão do trabalho que expandiu as trocas que expandiram a divisão do trabalho e que ambas encontram-se na origem das economias monetárias que favoreceram a ampliação das trocas, da divisão do trabalho e das economias monetárias. Se nos conformarmos em encaixar transações de bens públicos no mercado de bens ou o trabalho doméstico no de fatores, não causará sobressalto inserirmos a relação não quantificada monetariamente (mas existente!) entre o sacerdote e os caçadores da economia primitiva no mercado de arranjos institucionais (inclusive monetários).

Entretanto, em vez de nutrirmos um sentimento de pesar por termos apelado a tantas estilizações, metáforas e subterfúgios, o que sentimos – no momento desta avaliação final – é um incontido júbilo, ao olharmos o caminho percorrido nos 14 capítulos impressos e nos 12 do CD anexo. Conseguimos definir valor adicionado, sinalizar para sua avaliação por meio de três óticas de cálculo (produto, renda e despesa), articulá-las como polos geradores do fluxo circular da renda (geração, apropriação e absorção), convertê-lo em transações encetadas entre produtores, fatores e instituições, transações estas realizadas nos mercados de bens e serviços (inclusive transações intersetoriais), de serviços dos fatores (inclusive o trabalho doméstico e o voluntário) e de arranjos institucionais (inclusive transações interinstitucionais). Em outras palavras, conseguimos fazer a Primeira Parte do livro culminar com a montagem da matriz de contabilidade social. Encaixando sobre ela o Bonsai Econômico, avançamos da descrição à explicação de um incontável número de nichos da dimensão econômica da ação societária.

Incontável número? Mais metáforas, pois na realidade nossa preocupação central sempre foi mensurar o esforço produtivo da ação societária. Para fazê-lo, vencemos a escala nominal de medida e saltitamos da ordinal à racional. Com ela, imitamos engenheiros e curandeiros, mas nossa principal régua de cálculo teve como unidade de medida o conceito de quantidades monetárias. Se isto diz algo sobre a busca de uma medida invariável de valor – a quimera dos economistas clássicos –, esperamos que tenha sido para deixar claro que tanto o objeto da mensuração quanto a seleção da régua embalam o perene programa de pesquisa da contabilidade social.

Na Segunda Parte, concentramos os conteúdos fundamentais da contabilidade social. Ela começou com a retomada da matriz de contabilidade social que concluiu a Primeira Parte, mostrou que a matriz de insumo-produto, ainda que tenha nascido antes, faz parte da primeira, omitindo apenas um bloco de relacionamento entre instituições e fatores e outro de relacionamento interno às instituições. Com estas duas matrizes, firmamos nossa maneira de ver a contabilidade social como um exercício aplicado de mesoeconomia dos setores, fatores e instituições, o que nos permitiu fazer uma transição suave rumo às tabelas de recursos e usos constituintes da primeira parte do sistema de contas nacionais. A segunda parte deste sistema emerge naturalmente do detalhamento do Bonsai Econômico que vimos reaparecer nas contas da tabela de transações, passando a dar destaque às contas econômicas integradas, o que classificamos como a mesoeconomia das instituições. Para concluir a Segunda Parte, usamos o aparato das fontes e usos de recursos dispostos em forma de matriz, detalhando as contas de investimento já registradas nas contas econômicas integradas, montando nossos quadros de fontes e usos de fundos.

A Terceira Parte reforça o traço inovador do livro, ao expandir o escopo da contabilidade social a fim de apreciar as dimensões sociodemográficas e ambientais que, ao lado da dimensão econômica, balizam o campo de desenvolvimento da vida humana. Certamente, ao fazê-lo, lançamo-nos definitivamente na prática da nova contabilidade social. Ao lado do conhecimento tradicional do balanço de pagamentos nela desenvolvido, inserimos os capítulos concernentes à mensuração do estoque de capital, da utilização da capacidade instalada e da distribuição da renda. Além deles, cobrimos o arco que vincula o aparato do sistema de contas nacionais e da matriz de fontes e usos de fundos com o próprio balanço de pagamentos e os agregados monetários e fiscais voltados a oferecer a base empírica da análise financeira macroeconômica. Ao expandirmos o significado da expressão nova contabilidade social, é fundamental assinalarmos que, quando inserimos a seção sobre a mensuração da atividade tecnológica nesta parte do livro, simplesmente antecipamos a realização de planos de futuras atualizações do *Handbook*. Com efeito, ele promete para o futuro a sistematização deste tipo de conteúdo, bem como de outros – que infelizmente tivemos de deixar de lado – concernentes a contas integradas de educação e saúde, ou seja, de formação de capital humano.

A Quarta Parte também exibiu conteúdos cujo caráter é eminentemente conceitual e operacional. Fizemos grandes digressões sobre os fundamentos da construção dos números índices, listando uma também expressiva variedade de aplicações dos conceitos de média e de função de agregação. Invertendo a frase, chegamos aos números índices estruturando-os com base nos mais variados critérios de formação de média e em funções econômicas de menor ou maior *pedigree*. Mas esta visão foi levada a seu extremo hoje discernível. Estamos argumentando, em diversas instâncias do livro, não apenas que os índices binários do Capítulo 11 (Comparações) e do 11A (Índices/CD) originam-se da abordagem que rastreia a fórmula geral das médias a uma função potência, e que a fórmula geral das médias alimenta as fórmulas dos índices binários (de preços ou quantidades). A isto ascrescentamos que esta via de mão dupla também ocorre com a fórmula das médias e os índices de desigualdade e pobreza do Capítulo 10 (Distribuição e seu complemento do CD). Por isso, falamos na incorporação de uma formulação geral das medidas de dispersão como sendo a cúpula que abriga as duas manifestações citadas. Na primeira, buscamos medir a desigualdade na distribuição da renda de diversos indivíduos e, na segunda, nossa intenção foi medir a evolução conjunta (crescimento) de preços (ou quantidades) de diversas mercadorias. Em seguida, mostramos duas aplicações usuais do programa de pesquisa sobre números índices, nomeadamente, as comparações intertemporais e inter-regionais (internacionais) entre os agregados econômicos.

Mas há dois detalhes finais de relevância maiúscula para justificar o consórcio do livro com a nova contabilidade social e, especialmente, com os conceitos mesoeconômicos da análise setorial que vicejou na Quinta Parte. Primeiramente, inserimos um capítulo em que desdobramos regionalmente a matriz de contabilidade social. Em segundo lugar, no Capítulo 13 (MIPE), tratamos de vincular todo o aparato meso e macroeconômico dominante no livro com a primeira frase do Capítulo 1 (Divisão): o indivíduo humano. Esta vinculação ocorreu com a exposição da matriz empresarial de insumo-produto.

Entre a Primeira e Quarta Partes, assim, vimos a preocupação com a mensuração do esforço produtivo da ação societária conceituar valor adicionado, estabilizar-se na matriz de contabilidade social, e evoluir pela enorme variedade de registros setoriais, fatoriais e institucionais. Feito isso, na Quinta Parte retomamos a matriz de contabilidade social, a fim de descrever o fenômeno produtivo sob o ponto de vista regional e concluir com a volta aos fundamentos microeconômicos da ação da empresa individual por meio da descrição de processos de unidades de produção específicas, com a matriz de insumo-produto da empresa. Naquele capítulo, deixamos claro que essa matriz também pode exibir relações entre unidades físicas, ou qualquer unidade de conta adequada, o que amplia seu escopo tanto para a produção de bens públicos quanto para a produção familiar. Por exemplo, acreditamos que esta moldura de organizar dados permite à dona-de-casa pensar na composição químico-física da massa que vai ao forno por determinado tempo e será transformada em canapés a serem servidos durante a festinha de noivado entre seu filho do meio e a leitora circunspecta. Da mesma forma, a quantificação da oferta de um bem (serviço) público, como o ar puro, pode valer-se da combinação deste capítulo com o que faz a contabilidade do meio ambiente, gerando agradáveis frescores no núbil ágape.

Núbil, ágape? Acepipes, apriscos e homoteticidade? Temos a certeza de que ajudamos o leitor disciplinado a percorrer um caminho às vezes divertido e outras tantas espinhoso. Em particular, esperamos que a leitora diligente, antes e depois do prândio (mas não durante...), use o dicionário de economia. Termos que lá não se encontram devem ser localizados no dicionário comum. Se tampouco lá estiverem, pense em neologismo, para não falar nas outras milhares de línguas vivas e seus correspondentes dicionários. Estabelecer, num relance, a diferença entre o termo técnico e a palavra esdrúxula é a maior conquista do intelecto do neófito moderno.

Não fomos capazes de aparar todos os tachões da estrada do saber da área, mas temos a ambição de haver criado centenas de recursos expositivos destinados a amenizá-los. Mais do que nós, temos a certeza de que o leitor arguto há de montar a chave que o ajudará a desvendar este mundo fascinante, o mundo da métrica das realizações materiais da sociedade humana. Hoje temos disponível um estoque de conhecimentos acumulados em 300 ou 400 anos de pesquisa sobre a avaliação do bem-estar material, ainda que os próprios estudos pioneiros nem sempre colocassem a questão com tanta clareza. Nesse programa de pesquisa científica, a agenda foi-se modificando, à medida que determinadas respostas avançavam um consenso tão sólido que passavam a ser consideradas como bases irremovíveis. Muitos desses esforços, assim, foram despendidos pelos profissionais das gerações passadas.

Por exemplo, ainda que nem sempre a existência de estatísticas autorize a avaliação adequada, dispomos do conceito que nos credencia a evitar a *dupla contagem* na mensuração dos resultados do esforço produtivo, nela inserir *itens transacionados fora do âmbito do mercado*, como o *autoconsumo do produtor rural*, o *escambo*, o *comércio de bens de segunda mão*, a *atividade chamada de informal* – inclusive a ilegal –, a *mudança na qualidade dos produtos*, a *distorção nos preços* e na *distribuição da renda* devido ao exercício do *poder de monopólio* ou à *inflação*, a degradação ambiental resultante do uso de tecnologias inóspitas para a apropriação, e a produção de bens públicos.

Mas também resta-nos a esperança de que ainda há muito a ser conquistado. Em outras palavras, há incontáveis oportunidades de emprego – assalariados, dirigentes empresariais, assessores e consultores – na área. Seu desafio é montar e gerenciar os bancos de dados empresariais, governamentais ou familiares voltados a auxiliar o tomador de decisão a percorrer estradas que resultem no uso mais eficiente dos recursos de propriedade privada ou coletiva: escovas de dentes, bilhetes aéreos, lavouras de soja, florestas tropicais, mares territoriais e ares globalizados. Por exemplo, quando reportamos a incapacidade do conceito de valor adicionado de capturar adequadamente fenômenos que hoje batizamos como felicidade nacional bruta, desenvolvimento humano ou desenvolvimento sustentável, não lhe estamos decretando o fracasso. De modo análogo, sabermos mais sobre a realização do trabalho em equipe dentro da fábrica pode, como num passe de mágica, elevar salários e lucros, ser benévolo ao engrandecimento da saúde física e mental dos trabalhadores e potencializar a conservação do meio ambiente. Basta, por meio do estudo e meditação sistemáticos, acionarmos os neurônios e suas sinapses adequadas! Para não nos alongarmos, naturalmente, estamos deixando claro que há vários fenômenos relacionados requerendo definição e mensuração, o que exige certa modéstia liminar.

Daí decorre o que a sabedoria prática dos romanos consagrou: *quid mensurare incipit errare incipit*, ou seja, começa-se a medir, começa-se a errar. Este aviso de alerta chegou até nossos tempos com etiqueta de validade ilimitada, quando sabemos muito mais sobre o funcionamento da realidade realmente real, inclusive dispondo de melhores diagnósticos daquilo que não conhecemos sobre ela. Mede-se bem ou mede-se mal: começou a medir, começou a errar, tanto ao medir bem como ao medir mal. Ou seja, não há como evitar o problema do *erro de medida*, constatação que nos conduz a uma espécie de desalento: acabamos de abalar nossa confiança até agora sobre números que auxiliem a avaliação do grau de eficiência com que a sociedade usa seus recursos. Devemos, para livrar-nos deste tipo de mal-estar, buscar uma saída pela tangente. Precisamos construir um par de metáforas para evadir-nos destas preocupações. A primeira é que a medição de fenômenos sociais desperta mais paixões do que processos similares a que submetemos distâncias subatômicas ou o peso de um metro cúbico de rochas lunares. A segunda metáfora servirá para desculpar-nos da elogiável e extraordinária modéstia (!) com que estamos conduzindo esta autocrítica. Discutir as métricas com que tentamos aquilatar a magnitude de um objeto (a distância entre o preço de um acre de terra e o de uma nave espacial) é uma forma eficientíssima de olharmos-lhe todos os ângulos concebíveis e, como tal, encurtar a distância entre pecepção e entendimento.

Não podemos esquecer que a contabilidade social incumbe-se de medir variáveis postadas em modelos meso e macroeconômicos. Eba!, encontramos uma saída: em vez de reclamarmos das métricas econômicas, podemos pulverizar os queixumes para a modelagem em todas as áreas, inclusive os moldes de confecção de vestuário... Epa!, estamos indo muito longe, precisamos de uma forte chamada ao bom-senso. Ora, disse Henri Theil (1971): "Modelos? Use-os, mas nunca acredite neles!". Ou seja, permitamos aos modelos ajudarem-nos a replicar nosso bom-senso, mas nunca substituí-lo. Como epílogo, depois de tudo o que foi dito e feito, cremos ter ajudado o leitor aplicado a aguçar um sem número de intuições sobre as mais diversas áreas de espraiamento da ciência econômica, contribuindo para seu credenciamento ao exercício, em nível mais robusto e rebuscado, de seu bom-senso. Por isso somos enfáticos: o modelo contradiz a teoria? Fique com a teoria. A teoria contradiz seu bom-senso? Fique com o último, pois, afinal, dos últimos de cada geração é que nascerão os primeiros da seguinte.

Leituras Recomendadas

ALBERTON, V.; BÊRNI, D. de A. A divisão setorial do trabalho e a produtividade do complexo metal-mecânico brasileiro. *Revista de Economia Contemporânea*, v. 13, p. 81-112, 2009.

ALLEN, R. G. D. *Index numbers in theory and practice*. London: Macmillan, 1975.

ARAÚJO, M. S. *Matriz de fluxos de fundos*: uma proposta de leitura dos fluxos financeiros. 1998. Tese (Doutorado em Economia) – Instituto de Economia, Universidade Federal do Rio de Janeiro, Rio de Janeiro, 1998. No prelo.

ARMSTRONG, P.; GLYN, A.; HARRISON, J. In defense of value: a reply to Ian Steedman. *Capital & Class*, v. 2, n. 2, p. 1-31, 1978.

ATKINSON, A. B. On the measurement of economic inequality. *Journal of Economic Theory*, v. 2, n. 3, p. 244-263, 1970.

AUGUSZTINOVICS, M. Methods of international and intertemporal comparison of structure. In: CARTER, A.; BRÓDY, A. (Ed.). *Contributions to input-output analysis*. Amsterdam: North Holland, 1970. p. 249-269.

BACHA, E. L. O rei da Belíndia: uma fábula para tecnocratas. In: BACHA, E. L. *Os mitos de uma década*. Rio de Janeiro: Paz e Terra, 1976. p. 57-61.

BACHARACH, M. Estimating nonnegative matrices from marginal data. *International Economic Review*, v. 6, n. 3, p. 294-310, 1995.

BAER, W.; FONSECA, M. A. R.; GUILHOTO, J. J. M. Structural changes in Brazil's industrial economy, 1960-80. *World Development*, v. 15, n. 2, p. 275-286, 1987.

BARBOSA, F. H. *Microeconomia*: teoria, modelos econométricos e aplicações à realidade brasileira. Rio de Janeiro: IPEA/INPES, 1985.

BARNETT, W. A. Economic monetary aggregates: an application of index number and aggregation theory. *Journal of Econometrics*, v. 14, n. 1, p. 11-48, 1980.

BARROS, A. de A.; FURST, P.; RAMOS, R. L. O. Construção das tabelas de insumo-produto nos modelos de tecnologia de setor. In: ENCONTRO BRASILEIRO DE ECONOMETRIA, 5., 1983, Belém. *Anais*... São Paulo: [s.n.], 1983. p. 77-100.

BARROS, C. P. *Sebenta de economia pública*. Lisboa: Universidade de Lisboa, 2003.

BARROS, R. P. de; CARVALHO, M. de; FRANCO, S. *O índice de desenvolvimento da família (IDF)*. Rio de Janeiro: IPEA, 2003. (Texto para discussão, n. 986).

BÊRNI, D. de A. Análise contrafactual da distribuição da renda no Brasil. *Revista de Economia Política*, v. 15, n. 3, p. 66-83, 1995.

BÊRNI, D. de A. *As três dimensões do trabalho social e as três óticas de cálculo do valor adicionado*. Porto Alegre: PUCRS, 2001. (Textos didáticos, 2).

BÊRNI, D. de A. As três dimensões do trabalho social e as três óticas de cálculo do valor adicionado. *Revista de Economia Política*, v. 23, n. 3, p. 63-77, 2003.

BÊRNI, D. de A. As três dimensões do trabalho social e o modelo de insumo-produto. *Textos de Economia*, v. 6, n. 1, p. 7-48, 1996.

BÊRNI, D. de A. *Estimativa de um índice trimestral da renda da região Sul*: desempenho da economia da região Sul 1979. Porto Alegre: SUDESUL, 1980.

BÊRNI, D. de A. Índices de preços industriais regionais: propostas e estudos. In: ENCONTRO BRASILEIRO DE ECONOMETRIA, 3., 1981, Brasília. *Trabalho*... São Paulo: Sociedade Brasileira de Econometria, 1981. p. 237-253.

BÊRNI, D. de A. *Matriz de insumo-produto*: exposição teórica e desdobramentos empíricos. Porto Alegre: PUCRS, 2000. (Texto Didático, 2).

BÊRNI, D. de A. O caráter estrutural da produção social: dualidade, produtividade e setorialização. In: ENCONTRO NACIONAL DE ECONOMIA POLÍTICA, 2., 1997, São Paulo. *Anais*... São Paulo: Sociedade Brasileira de Economia Política, 1997. p. 149-170. v. 2.

BÊRNI, D. de A. *Quem é SAM? É MaCS, a matriz de contabilidade social*. Porto Alegre: PUCRS, 2001. (Textos didáticos, 7).

BÊRNI, D. de A. Sobre a agregação de variáveis econômicas e de índices de Laspeyres e Paasche. *Ensaios FEE*, v. 7, n. 1, p. 145-178, 1986.

BÊRNI, D. de A. Sobre o uso de deflatores no cálculo de participações de partes em todos. *Ensaios FEE*, v. 5, n. 2, p. 147-161, 1984.

BESANKO, D. et al. *A economia da estratégia*. 3. ed. Porto Alegre: Bookman, 2005.

BETTS, J. R. Two exact, non-arbitrary and general methods of decomposing temporal change. *Economics Letters*, v. 30, n. 2, p. 151-156, 1989.

BINGQUAN, L. Application of the input-output technique in Chinese enterprises. In: POLENSKE, K. R.; XIKANG, C. (Ed.). *Chinese economic planning and input-output analysis*. Honk Kong: Oxford University, 1991. p. 257-272.

BLOEM, A. M.; DIPPELSMAN, R. J.; MAEHLE, N. O. *Quarterly national accounts manual*: concepts, data sources, and compilation. Washington: International Monetary Fund, c2001. Disponível em: <http://www.imf.org/external/pubs/ft/qna/2000/textbook/ index.htm>. Acesso em: 12 jan. 2009.

BONELLI, R.; CUNHA, P. V. da. Crescimento econômico, padrão de consumo e distribuição de renda no Brasil: uma abordagem multisetorial para o período 1970/5. *Pesquisa e Planejamento Econômico*, v. 11, n. 3, p. 703-756, 1981.

BOWLES, S. *Microeconomics*: behavior, institutions, and evolution. Princeton: PUP, 2004.

BRAGA, L. M.; BÊRNI, D. de A. Redes de empresas: contextos e conceitos. *Análise*, v. 14, p. 71-86, 2003.

BRÓDY, A. *Proportions, prices, and planning*. Amsterdam: North Holland, 1970.

BRÓDY, A. Thre types of price-systems. *Economics of Planning*, v. 5, n. 3, p. 58-66, 1965.

BRONFENBRENNER, M. Lições de metodologia económica para lectores de pretensões intelectuales medias. In: KRUPP, S. R. (Ed.). *La estructura de la ciência económica*. Madrid: Aguilar, 1973.

BROWN, A. A.; LICARI, J. A. Price formation models and economic efficiency. In: ABOUCHAR, A. (Ed.). *The socialist price mechanism*. Durham: Duke University, 1977. p. 184-230.

BULMER-THOMAS, V. *Input-output analysis*: sources, methods, and applications for developing countries. London: John Wiley, 1982.

CALHAU, H. G. *Estatística econômica*. Porto Alegre: UFRGS, 1970.

CARTER, A. P. Changes in the structure of the American economy, 1947 to 1958 and 1962. *Review of Economics and Statistics*, v. 49, p. 209-224, 1967.

CARTER, A. P. Introduction. In: BRÓDY, A.; CARTER, A. (Ed.). *Input-output techniques*. Amsterdam: North-Holland, 1972. p. 1-5.

CARTER, A. P. *Structural change in the American economy*. Cambridge: Harvard University, 1970.

CARTER, A. P.; BRÓDY, A. (Ed.). *International Conference on Input-Output Techniques*, 4., 1968, Geneva. Amsterdam: North-Holland, 1970. (Contributions to input-output analysis, 1).

CARTER, A. P.; BRÓDY, A. (Ed.). *International Conference on Input-Output Techniques*, 4., 1968, Geneva. Amsterdam: North-Holland, 1970. (Applications of input-output analysis, 2).

CASIMIRO FILHO, F.; GUILHOTO, J. J. M. Matriz de insumo-produto para a economia turística brasileira: construção e análise das relações intersetoriais. *Análise Econômica*, v. 21, n. 40, p. 227-263, 2003.

CAVES, D. W.; CHRISTENSEN, L. R.; DIEWERT, E. W. The economic theory of index numbers and the measurement of input, output, and productivity. *Econometrica*, v. 50, n. 6, p. 1393-1414, 1982.

CHENERY, H.; WATANABE, T. International comparisons of the structure of production. *Econometrica*, v. 26, n. 4, p. 487-507, 1958.

CIRNE-LIMA, C. R. *Dialética para principiantes*. São Leopoldo: Unisinos, 2002.

CLARK, C. *National income and outlay*. London: Macmillan, 1938.

CLIFTON, J. *A concorrência e a evolução do modo capitalista de produção*. Porto Alegre: [s.n.]: 2002. Mimeografado. Publicado originalmente em *Cambridge Journal of Economics*, v. 1, p. 137-151, 1977.

CLIFTON, J. A. Competition and the evolution of the capitalist mode of production. *Cambridge Journal of Economics*, v. 1, n. 2, p. 137-151, 1977.

COBB, C. W.; DOUGLAS, P. H. A theory of production. *American Economic Review*, v. 18, n. 1, p. 139-165, 1928.

CORTÁZAR, J. O jogo da amarelinha. 11. ed. Rio de Janeiro: Civilização Brasileira, 2007.

COUTINHO, M. Distribuição de renda e padrões de consumo: alguns autores em torno da tradição cepalina. *Ensaios FEE*, v. 1, n. 1, p. 139-152, 1980.

COWELL, F. A. *Measuring inequality*. 3rd ed. [S.l.: s.n], 2000.

CRESSY, R. C. Commodity and industry technology: symbols and assumptions. *Manchester School of Economic and Social Studies*, v. 44, n. 2, p. 112-131, 1976.

CURRY, B.; GEORGE, K. D. Industrial concentration: a survey. *Journal of Industrial Economics*, v. 31, n. 3, p. 203- 255, 1983.

DALTON, H. The measurement of the inequality of incomes. *Economic Journal*, v. 30, n. 119, p. 348-361, 1920.

DE CARLO, S. *Meio ambiente: sua integração nos sistemas de informações estatísticas*. Rio de Janeiro: IBGE, 1999. (Textos para discussão)

DE CARLO, S. *Sistema integrado de contas econômico- ambientais – SICEA*: síntese e reflexões. Rio de Janeiro: IBGE, 2000. (Textos para discussão, n. 1).

DE LUCA, M. M. M. *Demonstração do valor adicionado*: do cálculo da riqueza criada pela empresa ao valor do PIB. São Paulo: Atlas, 1998.

DENIS, C.; MC MORROW, K.; ROEGER, W. *Production function approach to calculating potential growth and output gaps*: estimates for the EU member states and the US. Brussels: European Commission, 2002. (Economic Papers, 176).

DENTON, F. T. Adjustment of monthly or quarterly series to annual totals: an approach based on quadratic minimization. *Journal of the American Statistical Association*, v. 66, n. 333, p. 99-102, 1971.

DERKSEN, J. Comparabilidade internacional das estatísticas da renda nacional. *Revista Brasileira de Economia*, v. 4, n. 2, p. 33-58, 1950.

DIEWERT, W. E. Exact and superlative index numbers. *Journal of Econometrics*, v. 4, p. 114-145, 1976. Publicado também em: DIEWERT, E.; NAKAMURA, A. O. (Ed.). *Essays in Index NumberTheory*. Oxford: Elsevier Science, 1993. p. 223-252, v. 1.

DIEWERT, W. E. Index numbers. In: NEWMAN. P. (Ed.). *The new Palgrave dictionary of economics and the law*. London: Macmillan Reference, 1998. Verbete.

DIEWERT, W. E. Price and volume measures in the System of National Accounts. *NBER*, n. 5103, 1995. Disponível em: <http://www.nber.org/papers/w5103.pdf>. Acesso em: 28 out. 2010.

DIEWERT, W. E. Superlative index numbers and consistency in aggregation. *Econometrica*, v. 46, n. 4, p. 883-900, 1978. Publicado também em: DIEWERT, W. E.; NAKAMURA, A. O. (Ed.). *Essays in index numbers theory*. Oxford: Elsevier Science, 1993. p. 253-277.

DIEWERT, W. E. *The consumer price index manual*: theory and practice. Geneva: ILO, 2003.

DIEWERT, W. E. *The early history of price index research*. Cambridge: NBER, 1988. (NBER Working Paper, 2713).

DIVISIA, F. L'indice monétaire et la théorie de la monnaie. *Revue d'Economie Politique*, v. 39, p. 980-1008, 1926.

EATWELL, J. (Ed.). *The new Palgrave*: a dictionary of economics. London: Macmillan, 1987.

EDEY, H. C.; PEACOCK, A. T. *Renda nacional e contabilidade social*. Rio de Janeiro: Jorge Zahar, 1967.

EKERLUND JR., R. B.; HÉBERT, R. *A history of economic theory and method*. New York: McGraw-Hill, 1990.

ENDO, S. K. *Números índices*. São Paulo: Atual, 1986.

ESPÍNDOLA, C. G. *Números índices*. Florianópolis: Fundação Instituto Técnico de Economia e Planejamento, 1976. 18 p. Mimeografado.

FAISSOL, S. *O espaço, território e desenvolvimento brasileiro*. Rio de Janeiro: IBGE, 1994.

FEIJÓ, C. A.; RAMOS, R. L. O. (Org.). *Contabilidade social*: o novo sistema de contas nacionais do Brasil. Rio de Janeiro: Campus, 2001.

FEIJÓ, C. A.; RAMOS, R. L. O. (Org.). *Contabilidade social*: a nova referência das contas nacionais do Brasil. 3. ed. Rio de Janeiro: Campus, 2008.

FIGUEIREDO, F. *Introdução à contabilidade nacional*. 10. ed. Rio de Janeiro: Forense, 1983.

FISHER, I. *The making of index numbers*: a study of their varieties, tests and reliability. Boston: Houghton Mifflin, 1922.

FISHER, I. *The making of index numbers*: a study of their varieties, tests and reliability. 3rd ed. Boston: Houghton Mifflin, 1927.

FOCHEZATTO, A. et al. Indicadores de boa governança na gestão pública dos estados brasileiros. *Revista Análise*, v. 14, n. 1, p. 41-69, 2003.

FOCHEZATTO, A.; CARVALHO, V. R. Como fazer descrição e análise quantitativa de dados. In: BÊRNI, D. de A. (Org.). *Técnicas de pesquisa em economia*: transformando curiosidade em conhecimento. São Paulo: Saraiva, 2002. p.212-233.

FOCHEZATTO, A.; CURZEL, R. *Método de obtenção da matriz de contabilidade social regional*: Rio Grande do Sul – 1995. Brasília: IPEA, 2002. (Texto para discussão, 902).

FONDO MONETARIO INTERNACIONAL. *Manual de estadísticas de finanzas públicas*. Washington: FMI, 2001. Disponível em: <http://www.imf.org/external/ pubs/ft/gfs/manual/esl/pdf/all.pdf>. Acesso em: 12 mar. 2007.

FONSECA, M. A. R. da; GUILHOTO, J. J. M. Uma análise dos efeitos econômicos de estratégias setoriais. *Revista Brasileira de Economia*, v. 41, n. 1, p. 81-98, 1987.

FOSTER, J. E.; GREER, J.; THORBECKE, E. A class of decomposable poverty measures. *Econometrica*, v. 52, n. 3, p. 761-766, 1984.

FRAQUELLI, G. La matrice applicata alle previsioni aziendali. *L'Impresa*, v. 15, p. 273-277, 1973.

FRIEDMAN, M. The interpolation of time series by related series. *Journal of the American Statistical Association*, v. 57, n. 196, p. 729-757, 1962.

FRIEDMAN, M. The role of monetary policy. *American Economic Review*, v. 58, p. 1-17, 1968.

FRISCH, R. A complete scheme for computing all direct and cross demand elasticities in a model with many sectors. *Econometrica*, v. 27, n. 1, p. 177-196, 1959.

FRISCH, R. O problema dos números-índices. *Revista Brasileira de Estatística*, v. 11, n. 42, p. 187-214, 1950. Originalmente publicado em: FRISH, R. The problem of index numbers. *Econometrica*, v. 4, p. 1-38, 1936.

FUNDAÇÃO GETÚLIO VARGAS. Instituto Brasileiro de Economia. *Contas nacionais do Brasil*: conceitos e metodologia. Rio de Janeiro: FGV, 1972.

GALE, D. *The theory of linear economic models*. Chicago: Univesrity of Chicago Press, 1989.

GIACOMONI, J. *Orçamento público*. São Paulo: Atlas, 1985.

GIANETTI, E. *Felicidade*: diálogos sobe o bem-estar na civilização. São Paulo: Companhia das Letras, 2002.

GIGANTES, T. The representation of technology in input-output system. In: CARTER, A. P.; BRODY, A. (Ed.). *Contributions to input-output analysis*. Amsterdam: North-Holland, 1970. p. 270-290. v. 1.

GIGANTES, T. et al. *A new approach to the structural analysis of a national economy and corresponding data strategies*. New York: [s.n.], 1973. Mimeografado.

GLYN, A. *Egalitarianism in a global economy*. Boston: Boston Review, c2006. Disponível em: <http://bostonreview.net/BR22.6/Glyn.html>. Acesso em: 2 fev. 2008.

GRIJÓ, E. *A matriz de contabilidade social e a estrutura da economia brasileira*. 2005. Dissertação (Mestrado) – Pontifícia Universidade Católica do Rio Grande do Sul, Porto Alegre, 2005.

GRIJÓ, E.; BÊRNI, D. de A. Metodologia completa para a estimativa de matrizes de insumo-produto. *Teoria e Evidência Econômica*, v. 14, p. 9-42, 2006.

GUILHOTO, J. J. M.; SESSO FILHO, U. A. Estimação da matriz insumo-produto a partir de dados preliminares das Contas Nacionais. *Economia Aplicada*, v. 9, n. 1, p. 1-23, 2005.

GUJARATI, D. *Basic econometrics*. 3rd ed. New York: McGraw Hill, 1995. p. 151.

HADDAD, E. A. et al. Macroeconomia dos estados e matriz interestadual de insumo-produto. *Economia Aplicada*, v. 6, n. 4, p. 875-895, 2002.

HADDAD, P. R. *Contabilidade social e economia regional*: análise de insumo-produto. Rio de Janeiro: Jorge Zahar, 1976.

HAGUENAUER, L. et al. *Os complexos industriais na economia brasileira*. Rio de Janeiro: UFRJ, 1984. (Texto para discussão, 62).

HARVEY, D. *A justiça social e a cidade*. São Paulo: Hucitec, 1980.

HEWINGS, G. J. D. et al. Key sectors and structural change in the Brazilian economy: a comparison of alternative approaches and their policy implications. *Journal of Policy Modeling*, v. 11, n. 1, p. 67-90, 1989.

HICKS, J. R. *Uma introdução à economia*. Rio de Janeiro: Jorge Zahar, 1972.

HILL, P. *Inflation accounting*: a manual of national accounting under conditions of high inflation. Paris: OECD, 1996.

HOFFMANN, R. *Distribuição de renda*: medidas de desigualdade e pobreza. São Paulo: EDUSP, 1998.

INSTITUTO BRASILEIRO DE GEOGRAFIA E ESTATÍSTICA. *Brasil*: sistema de contas nacionais consolidadas. Rio de Janeiro: IBGE, 1989. (Textos para discussão, 17).

INSTITUTO BRASILEIRO DE GEOGRAFIA E ESTATÍSTICA. *Contas nacionais do Brasil*: 1947- 1970. Rio de Janeiro: IBGE, 1987.

INSTITUTO BRASILEIRO DE GEOGRAFIA E ESTATÍSTICA. *Contas nacionais*: contas consolidadas para a nação Brasil: 1980-1989. Rio de Janeiro: IBGE, 1991.

INSTITUTO BRASILEIRO DE GEOGRAFIA E ESTATÍSTICA. *Contas nacionais*: revisão e atualização para 1988. Rio de janeiro: IBGE, 1989.

INSTITUTO BRASILEIRO DE GEOGRAFIA E ESTATÍSTICA. Departamento de Contas Nacionais. *Sistema de contas nacionais do Brasil*: 1998-2000. Rio de Janeiro: IBGE, 2002. (Contas Nacionais, 7).

INSTITUTO BRASILEIRO DE GEOGRAFIA E ESTATÍSTICA. *Estatísticas históricas do Brasil*. Rio de Janeiro: IBGE, 1986.

INSTITUTO BRASILEIRO DE GEOGRAFIA E ESTATÍSTICA. *Matriz de insumo-produto do Brasil*: 1980. Rio de Janeiro: IBGE, 1989. (Textos para discussão, 14).

INSTITUTO BRASILEIRO DE GEOGRAFIA E ESTATÍSTICA. *Matriz de relações interindustriais*. Rio de Janeiro: IBGE, 1976.

INSTITUTO BRASILEIRO DE GEOGRAFIA E ESTATÍSTICA. *Matriz de relações interindustriais*: versão preliminar, Brasil, 1970. Rio de Janeiro: IBGE, 1976.

INSTITUTO BRASILEIRO DE GEOGRAFIA E ESTATÍSTICA. *Matriz de relações intersetoriais*: Brasil 1970. Rio de Janeiro: IBGE, 1979.

INSTITUTO BRASILEIRO DE GEOGRAFIA E ESTATÍSTICA. *Matriz de relações intersetoriais*: Brasil 1970. 2. ed. Rio de Janeiro: IBGE, 1979.

INSTITUTO BRASILEIRO DE GEOGRAFIA E ESTATÍSTICA. *Matriz de relações intersetoriais*: Brasil 1975. Rio de Janeiro: IBGE, 1987.

INSTITUTO BRASILEIRO DE GEOGRAFIA E ESTATÍSTICA. *Matriz de relações intersetoriais*: Brasil 1975. 2. ed. Rio de Janeiro: IBGE, 1987.

INSTITUTO BRASILEIRO DE GEOGRAFIA E ESTATÍSTICA. *Matriz regional na experiência francesa de planejamento*: algumas notas preliminares. Rio de Janeiro, 1977. Mimeografado.

INSTITUTO BRASILEIRO DE GEOGRAFIA E ESTATÍSTICA. *Novo sistema de contas nacionais do Brasil*: metodologia e resultados provisórios, ano base 1980. Rio de Janeiro: IBGE, 1988. 2 v. (Textos para discussão, 10).

INSTITUTO BRASILEIRO DE GEOGRAFIA E ESTATÍSTICA. *Pesquisa de orçamentos familiares*: metodologia para obtenção das informações em campo. Rio de Janeiro: IBGE, 1988.

INTERNATIONAL MONETARY FUND. *Balance of payments manual*. 5th ed. Washington: IMF, 1993.

JANNUZZI, P. de M. *Indicadores sociais no Brasil*: conceitos, fontes de dados e aplicações. 3. ed. Campinas: Alínea; PUC, 2004.

JANNUZZI, P. de M. *Indicadores sociais no Brasil*: conceitos, fontes de dados e aplicações para formulação e avaliação de políticas públicas; elaboração de estudos socioeconômicos. 2. ed. Campinas: Alínea, 2003.

KAMINSKY, G.; LIZONDO, S.; REINHERT, C. M. *Leading indicators of currency crises*. Washington, DC: The World Bank, 1997. (Policy Research Working Paper Series, 1852).

KARMEL, P. H.; POLASEK, M. *Estatística geral e aplicada para economistas*. São Paulo: Atlas, 1972.

KATONA, G. *Psychological economics*. New York: Elsevier, 1976.

KEYNES, J. M. *A teoria geral do emprego, do juro e da moeda*. São Paulo: Nova Cultural, 1996.

KING, B. B. What is a SAM? In: PYATT, G.; ROUND, J. (Ed.). *Social accounting matrices*: a basis for planning. Washington: World Bank, 1985. p. 17-50.

KLEIN, L. Some potential linkages of input-output analysis with flow-of-funds. *Economic Systems Research*, v. 15, n. 3, p. 269-277, 2003.

KLEINDORFER, P. R.; KUNREUTHER, H. C.; SCHOEMAKER, P. J. H. *Decision sciences*; an integrative perspective. Cambridge-USA: Cambridge University, 1993.

KOHLI, U. A gross national product function and the derived demand for imports and supply of exports. *Canadian Journal of Economics*, v. 11, n. 2, p. 167-182, 1978.

KOHLI, U. GDP Growth accounting: a national income function approach. *Review of Income and Wealth*, v. 49, n.1, p. 23-34, 2003.

KOHLI, U. Growth accounting in the open economy: parametric and nonparametric estimates. *Journal of Economic and Social Measurement*, v. 16, p. 125-136, 1990.

KONÜS, A. A. The problem of the cost of living. *Econometrica*, v. 7, p. 10-29, 1939.

KOOPMANS, T. C. Measurement without theory. *Review of Economic Statistics*, v. 29, n. 3, p. 161-172, 1947.

KUHN, C. V. et al. Eficiência relativa na alocação de recursos públicos entre os estados brasileiros, 1998-2002. *Estudos do CEPE*, n. 24, p. 7-51, 2006.

LAYARD, R. *Happiness*: lessons from a new science. Harmondsworth: Penguin, 2005.

LEITE JR, A. D.; SANTOS, G. A. Estimativa de renda nacional do Brasil 1947/49. *Revista Brasileira de Economia*, v. 5, n. 3, p. 7-203, 1951.

LEONTIEF, W. W. *A economia do insumo-produto*. São Paulo: Abril Cultural, 1983.

LEONTIEF, W. W. *Input-output economics*. 2nd ed. New York: Oxford University, 1986.

LEONTIEF, W. W. Quantitative input and output relations in the economic system of the United States. *Review of Economics and Statistics*, v 18, n. 3, p. 105-125, 1936.

LEONTIEF, W. W. *The structure of American economy, 1919-1939*: an empirical application of equilibrium analysis. New York: Oxford University, 1951.

LIN, X.; POLENSKE, K. R. Input-output modeling of production processes for business management. *Structural change and economic dynamics*, v. 9, p. 205-226, 1998.

LLOYD, P. J. The origins of the Von Thunen-Mill-Pareto-Wicksell-Cobb-Douglas Function. Melbourne: University of Melbourne, 1998. (Working Papers Series, 660).

LOCATELLI, R. L. *Industrialização, crescimento e emprego*: uma avaliação da experiência brasileira. Rio de Janeiro: IPEA, 1985.

MAIA NETO, A. A. Investigação econômica e modelos matemáticos. In: BÊRNI, D. de A. (Org.). *Técnicas de pesquisa em economia*: transformando curiosidade em conhecimento. São Paulo: Saraiva, 2002.

MALMQÜIST, S. Index numbers and indifference curves. *Trabajos de Estadística*, v. 4, n. 1, p. 209-242, 1953.

MALTHUS, T. R.; RICARDO, D. *Princípios de economia política; Ensaio sobre a população; Notas aos princípios de economia política de Malthus*. São Paulo: Abril Cultural, 1983. (Os economistas).

MARANGONI, G.; FEZZI, G. Input-output for management control: the case of GlaxoSmithKline. *Economic systems research*, v. 14, n. 3, p. 245-256, 2002.

MARQUETTI, A. A. Estimativa do estoque de riqueza tangível no Brasil, 1950-1998. *Nova Economia*, v. 10, n. 2, p. 11-37, 2000.

MARTONE, C. Estimação de índices trimestrais de renda para o Brasil: uma nova técnica. *Estudos Econômicos*, v. 4, n. 2, p. 97-105, 1974.

MASLOW, A. A theory of human motivation. *Psychological Review*, v. 50, p. 370-396, 1943.

MASLOW, A. *Motivation and personality*. 2nd ed. New York: Harper and Row, 1970.

MASLOW, A. *Motivation and personality*. New York: Harper & Row, 1954.

MEDEIROS, C.; SERRANO, F. Inserção externa, exportações e crescimento no Brasil. In: FIORI, J.; MEDEIROS, C. (Org.). *Polarização mundial e crescimento*. Petrópolis: Vozes, 2001.

MEDEIROS, M. *Uma introdução às representações gráficas da desigualdade de renda*. Brasília: IPEA, 2006. (Texto para discussão, 1202).

MILGROM, P.; ROBERTS, J. *Economics, organization, and management*. Englewood Cliffs: Prentice Hall, 1992.

MILLER, R. E.; BLAIR, E. P. D. *Input-Output Analysis*: foundations and extensions. Englewood Cliffs: Prentice-Hall, 1985.

MILLER, R. E.; POLENSKE, K. R.; ROSE, A. Z. (Ed.). *Frontiers of input-output analysis*. New York: Oxford University Press, 1989.

MISHRA, S. K. *A brief history of production functions*. Shillong: North-Eastern Hill University, 2007. Disponível em: <http://mpra.ub.uni-muenchen.de/5254/1/MPRA_ paper_5254.pdf. de/5254>. Acesso em: 06 jun. 2008.

MIYAZAWA, K. *Input-output analysis and the structure of income distribution*. Berlin: SpringerVerlag, 1976. (Lecture notes in economics and mathematical systems).

MIYAZAWA, K.; MAXGI, S. Interindustry analysis and the structure of income distribution. *Metroeconomica*, v. 15, n. 23, p. 89-103, 1963.

MIZOSHITA, M.; TSUJIMURA, K. *Quantitative evaluation of foreign exchange intervention and sterilization in Japan*: a flow-of-funds approach. [S.l.: s.n.], 2003. (International Trade and Finance Association Conference Papers). Disponível em: <http://econpapers.repec.org/paper/bepitfapp/1003.htm>. Acesso em: 12 jun. 2007.

MOMIGLIANO, F.; SINISCALCO, D. Note in teme di tertiarizzazione e deindustrializazione. *Moneta e Credito*, v. 35, n. 138, p. 143-181, 1982.

MONTEIRO, J. V. *Como funciona o governo*: escolhas públicas na democracia representativa. Rio de Janeiro: FGV, 2007.

MONTEIRO, J. V. *Fundamentos da política pública*. Rio de Janeiro: IPEA, 1982.

MONTORO FILHO, A. F. *Contabilidade social*: uma introdução à macroeconomia. São Paulo: Atlas, 1992.

MONTOYA, M. A.; GUILHOTO, J. J. M. O perfil das estruturas de transações internacionais e os setores-chave na economia do Mercosul: uma abordagem de insumo-produto. *Revista Brasileira de Economia*, v. 54, n. 4, p. 563-599, 1988.

MORANDI, L.; REIS, E. Estoque de capital fixo no Brasil. In: ENCONTRO NACIONAL DE ECONOMIA, 32., 2004, João Pessoa. *Anais*... João Pessoa: ANPEC, 2004.

MOTTA, R. S. da (Coord.). *Contabilidade ambiental*: teoria, metodologia e estudos de caso. Rio de Janeiro: IPEA, 1995.

MOULTON, B. R. Basic components of the CPI: estimation of price changes. *Monthly Labor Review*, v. 116, n. 12, p. 13-24, 1993.

MUINHOS, M. K.; ALVES, S. A. L. *Medium-size macroeconomic model for the Brazilian economy*. Brasília: Banco Central do Brasil, 2003. (Texto para Discussão, 64).

NACIONES UNIDAS. *Um sistema de cuentas nacionales y correspondientes quadros estadísticos*. Nueva York: ONU, 1952. (Estúdios de Métodos, Serie F2).

NEVES, R. B. A utilização da capacidade produtiva na indústria brasileira 1955/75. *Pesquisa e Planejamento Econômico*, v. 8, n. 2, p. 299-330, 1978.

NEVES, R. B. *Os ciclos na indústria de transformação*: um estudo de utilização da capacidade, Brasil 1955/1975. Rio de Janeiro: BNDES, 1978.

NEWMAN. P. (Ed.). *The new Palgrave dictionary of economics and the law*. London: Macmillan Reference, 1998.

NG, Y. K. *Mesoeconomics*: a micro-macro analysis. New York: St. Martin's, 1986.

NOORBAKHSH, F. A modified human development index. *World Development*, v. 26, n. 3, p. 517-528, 1998.

NORDHAUS, W. D. World dynamics: measurement without data. *Economic Journal*, v. 83, n. 332, p. 1156-1183, 1973.

NOZICK, R. *Anarchy, state and utopia*. New York: Basic Books, 1969.

NUNES, E. P. *Sistema de contas nacionais*: a gênese das contas nacionais modernas e a evolução das contas nacionais no Brasil. 1998. Tese (Doutorado em economia) – Instituto de Economia, Universidade Estadual de Campinas, Campinas, 1998.

O'CONNOR, R.; HENRY, E. D. W. Análise input-output e suas aplicações. Lisboa: Edição 70, 1982.

OKUN, A. M. Potential GNP: it is measurement and significance. In: BUSINESS AND ECONOMIC STATISTICS SECTION. *Proceedings...* Washington: American Statistical Association, 1962. p. 98-104.

ORGANISATION FOR ECONOMIC CO-OPERATION AND DEVELOPMENT. *TBP manual*: proposed standard method of compiling and interpreting technology balance of payments data. Paris: OCDE, 1990.

ORGANISATION FOR ECONOMIC CO-OPERATION AND DEVELOPMENT. *Frascati manual*: the measurement of scientific and technological actives: proposed standard practice for surveys on research and experimental development. 6. ed. Paris: OCDE, 2002.

ORGANISATION FOR ECONOMIC CO-OPERATION AND DEVELOPMENT. *Oslo manual*: guidelines for collecting and interpreting innovations data. 3rd ed. Paris: OCDE, 2005.

PASINETTI, L. *Lectures in the theory of production*. New York: Columbia, 1977.

PAULANI, L. M.; BRAGA, M. B. *A nova contabilidade social*. São Paulo: Saraiva, 2000.

PAULANI, L. M.; BRAGA, M. B. *A nova contabilidade social*: uma introdução à macroeconomia. 2. ed. São Paulo: Saraiva, 2006.

PAVITT, K. Innovation process. In: FAGERBERG, J.; MOWERY, D.; NELSON, R. (Org.). *The Oxford handbook of innovation*. Oxford: Oxford University, 2006. p. 86-114.

PEGORETTI, G. Different dimensions in analysis of technological change. In: ANTONELLI, G.; DE LISO, N. *Economics of structural and technological change*. Nova York: Routledge, 1997.

PEN, J. *Income distribution*. 2nd ed. Harmondsworth: Penguin, 1974.

PEN, J. *Income distribution*: facts, theories, policies. New York: Praeger, 1971.

PEREIRA, E. A. *Complexos industriais*: discussão metodológica e aplicação a economia brasileira (1970-1975). Rio de Janeiro: UFRJ, 1985.

PEROBELLI, F. S.; HADDAD, E. A. Padrões de comércio interestadual no Brasil: 1985 e 1997. *Revista de Economia Contemporânea*, v. 10, n. 1, p. 61-88. 2006.

PETTY, W.; HUME, D.; QUESNAY, F. *Obras econômicas; escritos sobre economia; quadro econômico dos fisiocratas*. São Paulo: Abril Cultural, 1983. (Os economistas).

PHELPS, E. S. Inflation and optimal unemployment over time. *Economica*, v. 34, p. 254-281, 1967.

PHILLIPS, A. W. The relation between unemployment and the rate of change of money wage rates in the United Kingdom, 1861-1957. *Economica*, v. 25, n. 100, p. 283-299, 1958.

PIANTA, M. Innovation and employment. In: FAGERBERG, J.; MOWERY, D.; NELSON, R. (Org.). *The Oxford handbook of innovation*. Oxford: Oxford University, 2006. p. 568-598.

PIGOU, A. C.; KNIBBS, G. H. *Wealth and welfare*. London: Macmillan, 1912.

PINTO, A. Concentración del progreso técnico y de sus fructos en el desarrollo de America Latina. *Trimestre Econômico*, v. 32, n. 1, p. 3-69, 1965.

PINTO, A. El modelo de desarrollo reciente de la America Latina. *El Trimestre Econômico*, v. 39, n. 150, 1972.

PINTO, A. Heterogeneidade estrutural e modelo de desenvolvimento recente. In: SERRA, J. (Coord.). *América Latina*: ensaios de interpretação econômica. Rio de Janeiro: Paz e Terra, 1976. p. 44-82.

PINTO, A. Naturaleza e implicaciones de la 'heterogeneidad estructural' de la America Latina. *Trimestre Económico*, v. 37, n. 1, p. 83-100, 1970.

PINTO, A. Notas sobre la distribuicion del ingresso y la estrategia de la redistribuición. *Trimestre Económico*, v. 29, n. 115, p. 410-424, 1962.

POLENSKE, K. R. Chinese input-output research from a Western perspective. In: POLENSKE, K. R.; XIKANG, C. (Org.). *Chinese economic planning and inputoutput analysis*. Hong Kong: Oxford University, 1991. p. 1-22.

POLENSKE, K. R. Linked system of enterprise, regional, national input-output accounts for policy analysis. In: CHATTERJI, M. (Ed.). *Regional science*: perspectives for the future. London: Macmillan, 1997.

POLENSKE, K. R. System input-output accounts for corporate planning. In: FRANZ, A.; RAINER, N. (Ed.). *Compilation of input-output data*. Vienna: Orac, 1989. p. 375-388.

POLENSKE, K. R.; SKOLKA, J. Advances in input-output analysis. In: INTERNATIONAL CONFERENCE ON INPUT-OUTPUT TECHNIQUES, 6., 1974, Viena. *Proceedings...* Cambridge: Ballinger, 1976.

POLENSKE, K. R.; XIKANG, C. (Ed.). *Chinese economic planning and input-output analysis*. Honk Kong: Oxford University, 1991.

PORSSE, A. A. et al. *Matriz de insumo-produto do Rio Grande do Sul - 1988*. Porto Alegre: FEE, 2002. (Documentos FEE, 49).

PORSSE, A. A. et al. *Matriz de insumo-produto do Rio Grande do Sul - 2003*. Porto Alegre: FEE, 2007.

PREBISH, R. O desenvolvimento econômico da América Latina e seus principais problemas. *Revista Brasileira de Economia*, v. 3, n. 3, p. 47-111, 1949.

PRESSMAN, S.; SUMMERFIELD, G. The economic contributions of Amartya Sen. *Review of Political Economy*, v. 12, n. 1, p. 89-113, 2000.

PYATT, G. The TVA approach to model formulation. *Journal of Policy Modelling*, v. 10, n. 3, p. 327-352, 1988.

PYATT, G.; ROE, A. Income distribution and input-output: some preliminary analysis. In: PYATT, G.; ROE, A. *Social accounting for development planning with special reference to Sri Lanka*. London: Cambridge University, 1977. p. 67-83.

PYATT, G.; ROUND, J. Accounting and fixed price multipliers in a social accounting matrix framework. *Economic Journal*, v. 89, n. 4, p. 850-873, 1985. Publicado também em: PYATT, G.; ROUND, J. (Ed.). *Social accounting matrices*: a basis for planning. Washington: World Bank, 1985. p. 186-206.

QUESNAY, F. *Tableau économique*. Tokyo: Université Nihon, 1980. Publicado originalmente em 1758.

RAFFINOT, M.; VENET, B. *La balance de paiements*. Paris: La Découverte, 2003.

RAWLS, J. *Uma teoria da justiça*. Brasília: Universidade de Brasília, 1981. (Pensamento político, 50).

RAY, D. *Development economics*. Princeton: PUP, 1998.

RECHENG, T. An enterprise input-output table with two factors. In: POLENSKE, K. R.; XIKANG, C. (Ed.). *Chinese economic planning and input-output analysis*. Hong Kong: Oxford University, 1991. p. 296-317.

REINSDORF, M. B.; MOULTON, B. R. The construction of basic components of const-ofliving indexes. In: BRESNAHAN, T.; GORDON, R. *The economics of new goods*. Chicago: University of Chicago, 1996. (Studies in Income and Wealth, 58).

RENJIA, Z.; NANSEN, G.; HAIYING, W. Application of the input-output method to Anshan Iron and Steel Corporation. In: POLENSKE, K. R.; XIKANG, C. (Ed.). *Chinese economic planning and input-output analysis*. Honk Kong: Oxford University, 1991. p. 273-295.

RICARDO, D. *Princípios de economia política e tributação*. Lisboa: Calouste Gulbekian, 1978. Publicado originalmente em 1824.

RICARDO, D. *Princípios de economia política e tributação*. São Paulo: Abril Cultural, 1974. (Os pensadores, v. 28).

RIJCKEGHEN, W. An intersectoral consistency model for economic planning in Brazil. In: ELLIS, H. S. (Ed.). *The economy of Brazil*. Berkeley: University of California, 1969. p. 376-401.

RIJCKEGHEM, W. *Relações interindustriais no Brasil*. Rio de Janeiro: IPEA, 1967. (Cadernos IPEA, 2).

ROBBINS, L. *An essay on the nature and significance of economic science*. 2nd ed. London: Macmillan, 1935.

ROBINSON, J.; EATWELL, J. *An introduction to modern economics*. London: McGraw-Hill, 1973.

ROCHA, S. *Pobreza no Brasil*: afinal de que se trata? Rio de Janeiro: FGV, 2003.

ROLIM, C. et al. Construção de indicadores de pobreza: aplicação do índice de pobreza humana municipal no estado de Sergipe. *Revista Econômica do Nordeste*, v. 37, n. 4, p. 512-529, 2006.

ROSE, A.; MIERNYK, W. Input-output analysis: the first fifty years. *Economic Systems Research*, v. 1, n. 2, p. 229-271, 1989.

ROSSI, J. W. Agregação monetária com o índice de Divisia: aplicação ao caso brasileiro. *Pesquisa e Planejamento Econômico*, v. 23, n. 2, p. 251-268, 1993.

ROSSIGNOLO, G. M. L´industria automobilistica nell´economia italiana nell´analisi inputoutput. *L'Impresa*, v. 13, n. 2, p. 140-145, 1971.

ROWTHORN, B. *Capitalismo, conflito e inflação*. Rio de Janeiro: Jorge Zahar, 1987.

SABÓIA, J. L. M. A mensuração da concentração industrial. In: ENCONTRO BRASILEIRO DE ECONOMETRIA, 2., 1980, Nova Friburgo. *Anais...* Brasília: Sociedade Brasileira de Econometria, 1980. p. 541-559.

SALM, C. L.; FOGAÇA, A. Modernização industrial e a questão dos recursos humanos. *Economia e Sociedade*, v. 1, 1992.

SAMUELSON, P. A. Prices of factors and good in general equilibrium. *Review of Economic Studies*, v. 21, n. 1, p. 1-20, 1953.

SANSON, J. R. An alternative model for studying the incidence of indirect taxes. *Journal of Public Economics*, v. 25, p. 245-254, 1984.

SANSON, J. R. Ethics, politics, and nonsatiation in consumption: a synthesis. *Revista ANPEC*, v. 8, p. 1-20, 2007.

SANSON, J. R. Renda real e índice de preços. *Textos de Economia*, v. 5, n. 1, p. 43-54, 1994.

SANTOS, G. de A. Renda social do Nordeste. *Revista Brasileira de Economia*, v. 10, n. 2, p. 51-156, 1956.

SAUERBECK, A. Index numbers of prices. *Economic Journal*, v. 5, p. 161-174, 1895.

SCARPETTA, S. et al. *The role of policy and Institutions for productivity and firm dynamics: evidence from the micro and industry data*. [S.l.: s.n]: 2002. (OECD Economics Department Working Paper, no. 329). Disponível em: <http://papers.ssrn.com/sol3/papers.cfm?abstract_id=308680>. Acesso em: 07 out. 2010.

SCHUMPETER, J. A. *História da análise econômica*. Rio de Janeiro: USAID, 1964. 3 v.

SEN, A. K. *Desenvolvimento como liberdade*. São Paulo: Companhia das Letras, 2000.

SEN, A. K. *Desigualdade reexaminada*. Rio de Janeiro: Record, 2001.

SEN, A. K. Human capital and human capability. *World Development*, v. 25, n. 12, p. 1959-1961, 1997.

SEN, A. K. *Resources, values, and development*. Oxford: Basil Blackwell, 1984.

SEN, A. K. *The idea of justice*. Cambridge: Harvard University, 2009.

SEN, A. K.; FOSTER, J. E. *On economic inequality*. Oxford: Clarendon, 1996.

SERRA, J. Ciclos e mudanças estruturais na economia brasileira do após-guerra. *Revista de Economia Política*, v. 2, n. 6, p. 5-45, 1982.

SHAIK, A. *National income accounts and Marxian categories*. New York: [s.n.], 1978.

SHORROCKS, A. F.; FOSTER, J. E. Transfer sensitive inequality measures. *Review of Economic Studies*, v. 54, p. 485-497, 1987.

SIEGEL, S. Mensuração. In: SIEGEL, S. *Estatística não-paramétrica para as ciências do comportamento*. Rio de Janeiro: McGraw-Hill, 1975. p.23-34.

SILVA FILHO, T. N. T. *Estimando o produto potencial brasileiro: uma abordagem da função de produção*. Brasília: Banco Central do Brasil, 2001. (Texto para Discussão, 17).

SILVA, E. A. A relação salário-lucro no Brasil: análise de insumo-produto, 1970- 1975. *Revista Brasileira de Economia*, v. 42, n. 1, p. 3-12, 1988.

SILVA, E. A. da. Preços e distribuição de renda no Brasil: uma análise de insumo-produto. *Pesquisa e Planejamento Econômico*, v. 18, n. 2, p. 361-378, 1988.

SILVEIRA, A. H. P. Uma variante do método bi-proporcional para a estimativa de relações intersetoriais na ausência de dados sobre produção intermediária. In: ENCONTRO NACIONAL DE ECONOMIA, 21., 1993, Belo Horizonte. *Anais*... Belo Horizonte: ANPEC, 1993. p. 40-50, v. 1.

SILVESTRE, W. C. Aplicação do modelo insumo-produto em empresa divisionalizada considerando o fluxo físico dos custos diretos. In: *Congresso del Instituto Internacional de Costos*, 7., 2001, León.

SIRAGELDIN, I. A. H. *Non market components of national income*. Ann Harbor: University of Michigan, 1969.

SMITH, A. *Investigação sobre a natureza e as causas da riqueza das nações*. São Paulo: Abril Cultural, 1974. (Os pensadores, v. 28).

SMITH, K. Measuring innovation. In: FAGERBERG, J.; MOWERY, D.; NELSON, R. (Ed.). *The Oxford handbook of innovation*. Oxford: Oxford University, 2006. p. 148-177.

SOLOW, R. F. A contribution to the theory of economic growth. *Quarterly Journal of Economics*, v. 70, p. 65-94, 1956.

SOUZA JR, J. R. C.; JAYME JR, F. G. Constrangimentos ao crescimento no Brasil: um modelo de hiatos (1970-2000). *Revista de Economia Contemporânea*, v. 8, n. 1, p. 33-65, 2004.

SOUZA, J. de. Dualidade e concentração. In: ENCONTRO DA ASSOCIAÇÃO NACIONAL DE CENTROS DE PÓS-GRADUAÇÃO EM ECONOMIA, 2., 1974, Belo Horizonte. *Trabalhos*... Belo Horizonte: UFMG, 1974.

SOUZA, J. de. *Estatística econômica e social*. Rio de Janeiro: Campus, 1977.

SOUZA, J. de; PEÑALOZA, R. A. de S. *Teoria dual das medidas de concentração*. Brasília: Universidade de Brasília, 2005. Disponível em: <www.ufrgs.br/ppge/ pcientifica/2005_04.pdf>. Acesso em: 21 jun. 2008.

SRAFFA, P. (Ed.). *The works and correspondence of David Ricardo*. Indianapolis: Liberty Fund, 2004. 11 v.

STONE, R. An integrated system of demographic, manpower and social statistics and its links with the system of National Economic Accounts. *Sankhayã*: The Indian Journal of Statistics, v. 33, p. 1-184, 1971.

STONE, R. Foreword. In: PYATT, G.; ROE, A. *Social accounting for development planning with special reference to Sri Lanka*. London: Cambridge University, 1977. p. xvi-xxxi.

STONE, R. Input-output analysis and economic planning: a Survey. *Revista de Econometria*, v. 4, n. 1, p. 65-109, 1984.

STONE, R. *Input-Output and national accounts*. Paris: OECD, 1961.

STONE, R. Noble memorial lecture 1984: the accounts of society. *Journal of Applied Econometrics*, v. 1, n. 1, p. 5-28, 1986.

STONE, R. The accounts of society. *American Economic Review*, v. 87, n. 6, p. 17-29, 1997.

STONE, R. The disaggregation of the household sector in the national accounts. In: PYATT, G.; ROUND, J. (Ed.). *Social accounting matrices*: a basis for planning. Washington: World Bank, 1985. p. 145-185.

STONE, R. Where are we now? a short account of the development of input-output studies and their present trends. In: SOHN, I. (Ed.). *Readings in input-output analysis*: theory and applications. New York: Oxford University, 1986.

STONE, R.; CHAMPERNOWNE, D. G.; MEADE, J. E. The precision of national income estimates. *Review of Economic Studies*. v. 9, n. 2, p. 111-125, 1942.

STONE, R.; STONE, G. *Sistemas de contabilidade social*. Rio de Janeiro: Jorge Zahar, 1964.

STONE, R.; STONE, G. Uma matriz de contabilidade social. In: STONE, R.; STONE, G. *Contabilidade Social*. Rio de Janeiro: Jorge Zahar, 1962. p. 127-131.

STREETEN, P. Human development: means and ends. *Human Development*, v. 84, n. 2, p. 232-237, 1994.

TALAMINI, E.; PEDROZO, E. Á. Matriz de insumo-produto (MIP) e alguns indicadores para gestão e planejamento de propriedades rurais: uma aplicação prática. *Teoria e Evidência Econômica*, v. 12, n. 23, p. 25-43, 2004.

TALAMINI, E.; PEDROZO, E. Á. Matriz do tipo insumo-produto (MIP) de uma propriedade rural derivada do estudo de *filière*. *Teoria e Evidência Econômica*, v. 12, n. 22, p. 77-103, 2004.

TAVARES, M. da C. *Acumulação de capital e industrialização no Brasil*. 1975. Tese de livre-docência– Faculdade de Economia e Administração, Universidade Federal do Rio de Janeiro, Rio de Janeiro, 1975.

TAYLOR, L.; BACHA, E. L. The unequalizing spiral: a first growth model for Belindia. *Quarterly Journal of Economics*, v. 90, n. 2, p. 197-218, 1976.

THE ECONOMIST. London: The Economist Group, 1843- .

THEIL, H. A new index formula. *Review of Economics and Statistics*, v. 55, p. 498-502, 1973.

THEIL, H. *Economics and information theory*. Amsterdam: North-Holland, 1967.

THEIL, H. Linear aggregation in input-output analysis. *Econometrica*, v. 25, n. 1, p. 111-122, 1957.

THEIL, H. *Linear aggregation of economic relations*. Amsterdam: North-Holland, 1955.

THEIL, H. *Principles of econometrics*. New York: Wiley, 1971.

TOBIN, J. Money and finance in the macroeconomic process. *Journal of Money, Credit and Banking*, v. 14, n. 2, p. 171-204, 1982.

TOLEDO NETO, C. de C.; FIORE, E. G. Uma série histórica do PIB trimestral. *História e Economia*: revista interdisciplinar, v. 2, n. 1, p. 87-105, 2006. Disponível em: <http://www.bbs.edu.br/apresentacaoprofessor/05-Celso.pdf>. Acesso em: 28 out. 2010.

TÖRNQVIST, L. The Bank of Finland's consumption price index. *Bank of Finland Monthly Bulletin*, v. 10, p. 1-8, 1936.

TSUJIMURA, K.; MIZOSHITA, M. Asset-liability-matrix analysis derived from the flow-of-funds accounts: the Bank of Japan's quantitative monetary policy examined. *Economic Systems Research*, v. 15, n. 1, p. 51-67, 2003.

TSUJIMURA, K.; MIZOSHITA, M. *Compilation and application of asset-liability matrices*: a flow-of-funds analysis of the Japanese economy 1954-1999. [S.l: s.n.], 2004. Disponível em: <http://sanken.keio.ac.jp/publication/KEO-dp/93/ fulltext.pdf>. Acesso em: 30 set. 2010.

TSURU, S. Keynes "versus" Marx: a metodologia dos agregados. In: HOROWITZ, D. (Ed.). *A economia moderna e o marxismo*. Rio de Janeiro: Jorge Zahar, 1972.

UNITED NATIONS. *A system of national accounts and supporting tables*. New York: UN, 1953. (Studies in methods, Series F, n. 2).

UNITED NATIONS. *A system of national accounts*. New York: UN, 1968. (Studies in methods, Series F, n. 2)

UNITED NATIONS. *Guidelines on principles of a system of price and quantity statistics*. New York: UN, 1977. (Statistical papers, Series M, n. 59). Disponível em: <http://unstats.un.org/unsd/publication/SeriesM/SeriesM_59E.pdf>. Acesso em 3 dez. 2010.

UNITED NATIONS. *Handbook of input-output table compilation and analysis*. New York: UN, 1999. (Studies in methods, Series F, n. 74).

UNITED NATIONS. *Integrated environmental and economic accounting*: interim version. New York: UNSD, 1993. (Studies in methods, Series F, n. 61).

UNITED NATIONS. *Measurement of national accounts and supporting tables*. Geneva: UN, 1947. (Studies and reports on statistical methods, n. 7).

UNITED NATIONS. *Measuring human development*: a primer. Disponível em: <http://hdr.undp.org/en/media/Primer_complete.pdf>. Acesso em: 24 jun. 2008.

UNITED NATIONS. *System of national accounts; 1993*. New York: UN, 1993.

UNITED NATIONS. United Nations Statistics Division. *About the system of national accounts 1993*. New York: UN, 2004. Disponível em: <http://unstats.un.org/unsd/ sna1993/introduction.asp>. Acesso em: 23 jul. 2006.

UNITED NATIONS. United Nations Statistics Division. *System of national accounts, 1993*. New York: UNSD, 1993. 2 v.

VARTIA, I. *Relative changes and index numbers*. Helsinski: Research Institute of the Finnish Economy, 1976.

VERSPAGEN, B. Innovation and economic growth. In: FAGERBERG, J.; MOWERY, D.; NELSON, R. *The Oxford handbook of innovation*. Oxford: Oxford University, 2006. p. 487-513.

WARD, M. *The measurement of capital*. Paris: OECD, 1976.

WILKINSON, R.; PICKETT, K. *The spirit level*: why more equal societies almost always do better. London: Penguin, 2009.

ZHANG, R.; GAO, N.; WU, H. Application of the input-output method to Anshan Iron & Steel Corporation. In: POLENSKE, K. R.; XIKANG, C. *Chinese economic planning and input-output analysis*. Hong Kong: Oxford University Press, 1991. p. 273-295.

ZOCKUN, M. H. Uma medida do tamanho da economia informal no Brasil. *Revista Economia Aplicada*, v. 3, n. 1, 1999.

Índice

A

Absorção do valor adicionado, 45, 289, 299, 301, 385, 386, 473, 495, 629, 630
Ação (estrutura), 45-49
Ação (sistema econômico), 45-49
Ação do governo, 280-283
Acumulação de capital, 239, 242, 254, 259, 272, 295, 310
Acumulação de estoques, 102
Agente econômico, 40, 42, 178, 275, 360,
Agregação, 20, 53, 64, 68, 69, 71, 97, 102, 124, 147, 166, 179, 180, 182, 184, 192, 194, 219, 221, 232, 233, 238, 242, 243, 253, 268, 270, 276, 286, 296, 326, 356, 358, 388, 395, 405, 406, 434, 441, 443, 460, 462, 464, 471-473, 477-479, 481, 482, 486, 492, 495, 497, 504, 511, 512, 544, 545, 549, 562, 563, 566, 567, 579, 593, 625, 633
Agregado, 20, 22, 24, 28, 29, 45, 46, 69-72, 75, 84, 97, 102, 109-111, 113, 114, 117, 121-263, 268, 275, 277, 279, 280, 282, 292, 303, 308, 312, 317, 350, 357, 361, 364, 370, 380, 390, 443, 450, 454-540, 543-546, 548, 552, 555, 561, 562, 576, 593, 633
Agregado econômico, 109-117
Agregado fiscal, 279-290
Agregado monetário, 275-279
Agricultura, 45, 47, 100, 111, 117, 165, 166, 183, 283, 346-348, 353, 355, 358, 450, 464
Agropecuária, 100, 107, 131, 132, 146, 147, 154, 155, 157, 161-164, 166-172, 182, 185, 187, 188, 190, 191, 199-204, 206, 207, 209, 210, 213-215, 217-219, 221, 222, 224-229, 287, 293, 298, 338, 347, 348, 354, 370, 371, 373, 374, 378, 381, 557-559, 580, 583, 586-588
Ajuste via preços, 56
Ajuste via quantidades, 56
Álgebra das decomposições *Ver* Decomposição
Álgebra das matrizes, 22, 128, 272, 311
Allen, R. G. D., 454
Alocação de recursos, 42, 56-58, 279, 455
Aluguel (ou rendas), 53, 96, 101, 120, 138, 176, 199, 209, 217, 218, 237, 249, 281, 291, 369, 386, 391, 503, 630
Análise, 64-66, 68, 71, 76, 84
Análise de componentes principais, 406
Análise de interdependência regional, 554-558
Análise estrutural-diferencial, 307, 548
Análise financeira macroeconômica, 24, 276, 310, 311, 633
Aninhamento (de funções, funções aninhadas), 53, 54, 365-368, 545
Ano base, 297, 476, 481, 483-485, 489, 500, 501, 504-507, 520, 521
Ano corrente, 53, 109, 140, 176, 238, 242, 248, 476, 478, 484, 485, 489, 505
Aparato institucional, 41, 48, 51, 120, 129
Aplicação de fundo financeiro, 270-272
Apropriação da natureza, 38, 39, 90, 91, 118
Apropriação do valor adicionado, 106, 116, 391
Arrow, Kenneth, 115
Atividade(s) econômica(s), 33-39, 40, 41, 45-47, 49, 50, 53, 56, 57, 84, 110, 114, 135, 161, 179-182, 184, 187, 216, 217, 221, 223, 230, 232, 238, 255, 257, 263, 276, 280, 287, 288, 300, 302, 311, 314, 316, 336, 350, 353, 354, 356, 360, 362, 364, 373, 376, 381, 389, 512-514, 546, 552, 556, 558, 563
Atividade(s) econômica(s), classificação da(s), *Ver* Classificação Internacional Uniforme de todas as Atividades Econômicas

Ativo intangível, 212
Ativo produzido, 255, 257-258
Ativo real, 255, 283
Atkinson, A., 434-438, 453
Autoconsumo, 59, 90, 95, 245, 584, 607, 609, 634
Avaliação da eficiência, 72-77
Avaliação do bem-estar social, 385-453
Aversão à desigualdade, 398, 399, 415, 431, 432, 434-438
Axiomatização, 65, 468

B

Balanço de pagamento, 24, 27, 29, 70, 75, 125, 205, 233, 261, 268, 272, 291-295, 303, 310, 312, 380, 515, 525, 544, 632, 633
Banco Central, 108, 194, 238, 276-278, 294, 311, 513, 514, 548
Barbosa, Fernando de Hollanda, 454
Base de dados (macroeconomia), 267-313
Bem (e serviço), 24
Bem de capital, 506
Bem de consumo intermediário *Ver* Insumo intermediário
Bem de demérito, 43, 55
Bem de mérito, 55, 60
Bem durável, 492
Bem e serviço, 21, 26, 27, 34-38, 40-43, 45-54, 59-60, 67-70, 74, 76, 88-91, 93, 95, 97, 103, 104, 108-114, 117, 118, 123, 125, 129, 130, 135, 145, 158, 180, 182-186, 188-194, 196, 198-200, 206-207, 209, 219, 221, 223, 226, 229, 236-241, 243-249, 253, 255, 261, 267, 269-270, 274-275, 277-281, 291-293, 295, 301, 303, 312, 321, 322, 332, 350, 351, 353-360, 361-363, 369, 372, 385-387, 391, 397, 444, 446, 449, 456, 469, 478, 504, 519, 520-525, 543, 546, 552, 555, 568, 569, 623, 624, 629, 630, 632
Bem livre, 42, 50, 59, 355
Bem público, 21, 41, 43, 50, 52, 54, 57, 59, 60, 76, 95, 176, 309, 311, 550, 631, 634, 309, 311
Bem-estar, 35, 39, 55, 57, 63, 65, 69, 74, 76, 77, 87, 135, 136, 268, 290, 291, 303, 315, 316, 321, 323, 352, 362, 385-453, 462, 471, 474, 476-478, 484, 512, 514, 518, 629, 634
Betts, Julian, 376
Boa governança, 287-290
BOP (balanço de pagamento), 27, 149, 203, 233, 245, 267, 291-293, 454, 455, 514, 523, 530, 540, 574
Bronfenbrenner, Martin, 76

C

Cálculo, 96-109
Cálculo do valor adicionado, 88-120, 361-364
Câmbio, 54, 70, 100, 147, 149, 180, 193, 238, 263, 275, 276, 292-294, 312, 321, 454, 504, 520, 521, 523, 530-534, 536-540, 573
Capacidade de carga (ou carregamento) do planeta Terra, 349
Capacidade instalada, 65, 75, 268, 262, 289, 290, 294-296, 298, 300, 304, 307, 313, 338, 339, 343, 633, 637
Capacidade ociosa, 22, 46, 54, 296, 300, 302, 575
Capacidade produtiva, 38, 75, 134, 136, 263, 295, 297, 300, 304, 345, 360, 623
Capital humano, 295, 314, 633
Capital social, 295, 314
Capitalismo, 35-38
Capitalista, 35, 36, 45-47, 49, 72, 76, 78, 115, 116, 125, 130, 133, 134, 146, 254, 346, 347, 391, 392, 460
Carga tributária, 289
Ciclo econômico, 446
Cidadão, 35, 37, 63, 76, 77, 279, 283, 288, 290, 312, 409, 530, 550, 574
Ciência econômica, 20, 21, 23, 27, 28, 31-120, 123, 124, 268, 512, 561, 566, 578, 629, 635, 638
Ciência empírica, 63, 64, 66
Ciências humanas, 63
Ciências naturais, 63, 65
Ciências sociais, 63, 64, 67, 68
CIF, 199, 203-205, 226, 244-246, 362
Classificação (problema), 165-175
Classificação Internacional Uniforme de todas as Atividades Econômicas, 175, 180, 182
Cobb-Douglas, 99, 301, 365, 373, 522
Coeficiente de aversão à desigualdade, 431, 434, 435, 437, 438
Coeficiente de Gini, 290
Coeficiente técnico ambiental, 364-368
Como produzir (segunda questão fundamental da economia), 38, 59
Comparação internacional (agregado econômico), 75, 233, 292, 317, 420, 450, 454-40, 515, 519, 520, 530, 533, 538, 540
Complexo industrial, 175
Componente principal, 406
Comunidade, 21, 28, 34, 39, 41, 47, 48, 53, 63, 76, 84, 119, 269, 276, 279, 288, 295, 311, 314, 401, 402, 440, 443, 449, 535, 567, 629-361,
Condição de equilíbrio, 23, 70, 80, 139, 275

Consistência na agregação, 472, 481, 482
Consumo compulsório, 43
Consumo das famílias, 97, 105, 114, 125, 135, 159, 161, 166, 191, 195, 204, 206, 208, 227-229, 243, 244, 247, 255, 301, 348, 362, 363, 370, 387, 483, 512, 516, 546, 551
Consumo de capital, 192, 197, 199, 213-218, 249, 250, 252, 254-256, 280-282, 284, 285, 297-299
Consumo do governo, 103, 114, 135, 159, 161, 191, 195, 206, 208, 227-229, 243, 247, 249, 348, 362, 363, 370, 516, 547, 549, 551, 560
Consumo, exclusão do, 41, 43, 309
Consumo final, 96, 103, 111, 135, 161, 162, 165, 173, 193, 195, 207-209, 212, 229, 242, 244, 246, 247, 251-253, 263, 281, 285, 303, 357, 619
Consumo intermediário, 69, 96, 103, 105, 106, 108, 110, 111, 114, 116, 126-129, 133, 134, 143, 173-175, 178, 179, 181, 182, 184-189, 191, 193-197, 199, 200, 202, 204, 206-210, 212-214, 216, 218-223, 227-231, 241, 243-247, 249, 250, 255, 280-282, 306, 350-352, 354, 360-362, 481, 496-499, 502, 504, 508-511, 546, 551, 555, 563, 564, 591-593, 597, 615
Consumo, rivalidade no, 41, 43, 309
Conta 0 das CEIs, 243-248
Conta I das CEIs, 248-253
Conta II das CEIs, 254-258
Conta III das CEIs, 258-260
Conta IV das CEIs, 260-263
Conta corrente, 248-253
Conta da sociedade, 265-382
Conta de acumulação, 254-258
Conta de bens e serviços, 243-248
Conta de capital, 239-241, 254-256, 259-260, 262, 270
Conta de operação corrente, 260-263
Conta de patrimônio, 258-260
Conta de recursos e usos, 292-295
Conta econômica integrada, 231-263
Conta econômica integral, 219-223
Conta em T, 21, 112, 113, 234, 245, 253, 272, 293, 310, 312, 360
Conta preparatória, 243-248
Conta regional, 541-625
Contabilidade comercial, 112, 113, 184, 232, 242, 247, 292, 297, 577
Contabilidade do crescimento, 308, 309
Contabilidade nacional, 163, 195, 295, 381, 562
Contabilidade social ambiental, 350-382
Contabilidade social regional, 233, 317, 452, 543-562

Contabilidade social, 31-120, 279-290
Contas satélite, 181, 352, 357
Crescimento (índice), 383-540
Crescimento do PIB, 302, 309, 321, 398, 449, 499, 510
Crescimento do PIB *Ver Também* PIB
Crescimento dos preços, 421, 434, 479, 480, 490, 512
Crescimento econômico, 43, 68, 73, 97, 263, 278, 295, 303, 304, 306, 308, 310, 314, 315, 332, 339, 351, 373, 376, 400, 449, 528, 529
Cross section (corte transversal), 68, 76, 100, 104, 456, 513, 514
Curva de concentração, 414
Curva de demanda *Ver* Curva de procura
Curva de desigualdade, 410-438
Curva de Kuznets, 387, 389, 390, 397, 400
Curva de Lorenz, 343, 344, 405, 410-418, 428, 453
Curva de oferta, 52, 304, 308, 565
Curva de paridade de juros, 523
Curva de procura, 52, 54, 512
Custo de oportunidade, 245, 353, 359, 456, 492, 502, 574
Custo de transação, 41
Custo unitário, 44, 597

D

Dado de corte transversal (*cross section*), 68, 76, 100, 104, 456, 513, 514
Dado de painel, 104
Dado de série temporal (*time series*), 68, 102, 104, 455, 456, 490, 494, 501, 514, 518
Dalton-Pigou (princípio), 395, 410
Decomposição, 24, 188, 198, 272, 302, 307, 308, 311, 353, 373, 375, 381, 426, 433, 437, 441, 459, 460, 496, 497, 533, 545, 555, 556, 558, 559, 561, 562
Deflacionamento, 481, 497, 502-511
Deflator, 25, 487, 496, 498, 499, 502, 504, 505, 509-511, 531, 532, 537
Demografia, 265-382
Depreciação, 85, 154, 216, 217, 249, 254, 280, 296, 298, 299, 357, 359, 362, 382, 578, 583, 587
Desdobramento institucional do agregado econômico, 121-263
Desdobramento setorial do agregado econômico, 121-263
Desempenho (performance), 21, 22, 36, 58, 73, 76, 78, 136, 248, 268, 286, 290, 312, 314, 315, 387, 396, 449, 519, 531, 540, 544, 568, 570-573, 576, 586, 600

Desempenho do setor externo, 519-524
Desemprego, 22, 67, 73, 296, 300, 345, 380, 389, 445-448, 512, 513, 518, 539, 565
Desemprego tecnológico, 345
Desenvolvimento cultural, 442, 452
Desenvolvimento econômico, 26, 51, 125, 275, 278, 290, 296, 312, 314-316, 321, 330, 333, 351, 387-394, 442, 447, 449, 452, 514
Desenvolvimento social, 125, 442, 449, 452
Desenvolvimento sustentável, 76, 351, 358, 361, 365, 394, 398, 635
Desigualdade, 24, 29, 65, 73, 74, 77, 78, 130, 135, 251, 323, 344, 348, 349, 381, 387-438, 441, 445, 449, 452, 453, 455, 471, 476, 477, 495, 633
Desintegração (conta de operação corrente), 260-263
Desintegração (conta de patrimônio), 258-260
Desocupação (mercado de trabalho), 336-346
Despesa do governo *Ver* Gasto do governo
Despesa *Ver* Tripla identidade
Desvalorização, 534
Desvio padrão, 389, 403, 404, 406, 408, 435, 452, 464
Diewert, Irwin, 454, 468, 472, 473, 499, 522, 549
Dimensão ambiental, 355, 394
Dimensão do trabalho social, 88-120, 144-158
Dimensão econômica, 310, 321, 441, 632
Dimensão sócio-demográfica, 73, 380, 632
Dinheiro, 39, 41-44, 46-49, 51, 53, 54, 65, 70, 78, 84, 86, 88-90, 92-94, 98, 102, 110, 112, 117, 118, 130, 138, 158, 235, 269, 270, 272, 274-276, 278, 291, 360, 386, 405, 407, 443, 457, 469, 484, 536, 538, 631
Direito de propriedade, 37
Dispersão, 24, 29, 65, 320, 349, 383-540, 633
Distribuição, 383-540
Distribuição da renda pessoal, 385-453
Distribuição funcional, 133, 348, 387, 392
Distribuição pessoal, 381, 387, 391, 398
Distribuição setorial, 99, 102
Divisa (do mercado de câmbio), 294
Divisão e especialização do trabalho, 33-61, 112, 630, 631
Divisia, François, 477, 478, 479, 484, 491, 492
Dualidade, 20, 33, 88, 139, 151, 198, 268, 339, 426-433
Dualidade de um índice, 426-433
Dupla contagem, 95, 98, 103, 110, 205, 634
Duplo deflacionamento, 481, 497, 504, 508-511

E

Economês, 75
Econometria, 26, 301, 495
Economia aberta, 45, 525
Economia complexa, 97, 110
Economia de escala, 569
Economia de granja, 37
Economia de mercado, 57
Economia do conhecimento, 303-305
Economia fechada, 45, 84, 103, 355, 512, 586
Economia monetária, 50, 60, 82, 84, 118, 158, 274, 524
Economia nacional, 183, 184, 193, 212, 233, 235, 239, 241, 242, 244, 245, 250, 252, 253, 256-258, 260-263, 281, 289, 291, 354, 372, 455, 552, 577
Economia normativa, 66
Economia política, 47, 58, 68, 87, 115, 380, 391, 631
Economia positiva, 66
Economia primitiva, 632
Economia regional *Ver* Contabilidade social regional
Economia simples, 93, 276, 391
Efeito escala, 376, 380-382
Efeito tecnológico, 302, 375-376, 381, 497
Eficiência, 21, 54, 58, 72-78, 86-87, 93, 96, 127, 155, 287-288, 296, 300, 302-303, 306-308, 310-311, 313-314, 316, 341, 349, 352, 361, 380-381, 385, 387, 431, 437, 447, 450, 489, 497, 510, 512, 523, 540, 571-572, 574, 578, 622, 630, 635
Eficiência alocativa, 72
Eficiência distributiva, 72, 73, 630
Eficiência no uso dos recursos, 73, 127, 303, 311, 352, 361
Eficiência produtiva, 72
Eficiência-X *Ver* Teoria da ineficiência-X
Elasticidade, 86, 99, 104, 309, 365-367, 399, 522, 569, 570, 599
Elasticidade de substituição, 365, 366, 399
Emprego, 26, 45, 67, 69, 71, 72, 74, 93, 145, 147, 155-159, 161, 163, 165, 166, 176, 202, 268, 280, 288, 289, 295, 303, 306-308, 324, 336, 338, 339, 342-345, 347, 348, 352, 355, 392, 394, 396, 399, 430, 446, 495, 511-513, 516, 517, 522, 537, 538, 548, 549, 562, 573, 631, 634
Empresa (firma), 21, 23, 24, 41, 44-46, 54, 58, 70-74, 76, 101, 141, 149, 167, 172, 180-188, 194, 212, 218, 220, 235, 237, 255, 270, 283, 303, 304, 306, 309, 314, 336, 361, 409, 410, 464, 479, 504,

506, 513, 515, 529, 562-574, 576-579, 581, 582, 584, 586, 588-593, 596-599, 600, 602-610, 612, 613, 615-617, 619, 621-624, 631, 633, 634
Encadeamento, 494-502
Entropia, 433
Equação contábil, 96
Equação de comportamento, 268
Equação de definição, 98, 99, 143, 278, 519
Equação de Leibnitz, 19, 39, 317
Equação identidade, 82, 102
Equação igualdade, 82
Equação reduzida do modelo (equação reduzida do sistema de quantidades), 23, 147, 153, 159, 160, 348, 585
Equidade, 77, 78
Equilíbrio geral, 23, 115, 125, 155, 157, 174, 364, 535
Equilíbrio geral computável (aplicado), 115, 157, 364, 535
Equilíbrio geral walrasiano, 52
Equilíbrio planejado (*ex ante*), 142
Equilíbrio realizado (*ex post*), 142
Escala de medida, 93, 325, 395
Escala intervalar, 67
Escala nominal, 66, 632
Escala ordinal, 66, 67, 405-407
Escala racional (cardinal), 67, 406, 407
Escambo, 39, 44, 51, 112, 235, 274, 634
Estacionalidade *Ver* Sazonalidade
Estado, 34, 36, 41, 47, 57, 58, 269, 276, 280, 287, 289, 311
Estrutura de incentivos, 36, 56
Estrutura econômica, 35, 120, 314, 315, 347, 544, 562
Exato, 471, 472
Excedente econômico, 59, 68, 118, 566, 630, 631
Excedente operacional bruto, 105, 111, 153, 155, 192, 197, 213, 218, 240, 242, 248, 252, 253, 281, 284, 292, 391, 551
Exclusão (não-exclusão) *Ver* Exclusão no consumo
Exclusão no consumo, 41, 43, 309
Expectativa de vida ao nascer, 316, 317, 327-330, 333, 442, 443, 450,
Exportação, 97, 159, 164, 166, 173, 191, 193, 195, 203, 208, 212, 217, 244, 246, 261, 281, 385, 525, 531, 547, 560
Externalidade, 279, 351, 354, 355, 357, 360, 372, 438, 503, 568, 570
Extrapolação, 502-508, 510, 511, 514

F

Falha de mercado, 41, 354
Felicidade nacional bruta, 75, 386, 405-407, 453, 512, 514
Fisher, índice de, 468, 487-491, 493, 494, 511
Fisher, Irving, 434, 455, 467, 468, 487-491, 493, 494, 496
Fisiocracia, 46, 49, 125
Fluxo circular da renda (modelo completo do), 21, 22, 28, 47, 52, 59, 101, 109-111, 113-116, 123, 124, 126, 175, 178, 179, 236, 238, 263, 267, 268, 275, 280, 350, 360, 361, 368, 391, 469, 630-632
FOB, 199, 203-205, 207, 226, 244, 294, 362
Forma de apresentação dos agregados econômicos, 109-117
Forma do valor, 91-93
Formação do capital nacional, 295-302
Fórmula geral das médias, 29, 388, 393, 419, 470, 633
Formulação geral dos índices de dispersão, 29
Friedman, Milton, 501, 502
Função aninhada, 366,
Função de agregação, 633
Função de gasto, 474
Função de utilidade indireta, 472
Função demanda, 85
Função do sistema de preço, 56
Função matemática, 65, 80, 81, 117, 365, 393, 435
Função potência, 99, 633

G

Gasto do governo, 135, 97, 103, 139, 286, 288, 290, 312, 547, 553, 559, 560
Geração do valor adicionado, 116, 289
Gini, 290, 312, 389, 408, 413, 417-420, 427, 428, 431, 435-437, 439, 440, 453
Gini, Corrado *Ver* Índice de Gini, Índice de desigualdade de Gini
Governança socioeconômica, 36, 37, 46, 48, 53, 67, 114, 158, 287-290, 312
Grau de utilização da capacidade, 75, 295-302, 313, 341, 343, 514

H

Handbook, 20, 22, 26, 112, 115, 179, 181, 185-187, 189, 192, 197, 199, 201, 206, 208, 218, 220, 223, 231, 244, 270, 283, 297, 300, 352, 357, 391, 478, 496, 511, 514, 633
Harvey, David, 74, 349

Hawkins-Simon, condições de, 581
Herfindhal, Orris, 408, 409
Hicks, John, 77, 245
Hirshman-Herfindhal-Theil, 409
Hobbes, Thomas, 57
Hofmann, Rodolfo, 417, 427
Hume, David, 57, 66

I

Identidade contábil, 23, 139, 244, 254, 280, 520
Identidade fundamental da contabilidade social, 106, 117, 135, 137, 139, 141, 147, 151, 163
Identidade tripla Ver Tripla identidade
Impacto da atividade econômica, 373-381
Importação competitiva, 132, 207, 372
Importação de bens e serviços, 190, 244-246, 281, 181
Importação não-competitiva, 372
Imposto competitivo, 301, 372
Imposto direto, 195, 289, 363, 370, 386, 547, 550, 560
Imposto indireto, 101, 103, 111, 117, 130, 132, 134-135 147, 186, 197, 201, 207, 214, 217, 223, 228, 245, 253, 289, 301, 311, 362, 370, 372, 391, 516-517, 519, 547, 550-551, 560, 587
Imposto indireto líquido de subsídio, 111, 117, 130, 132, 134, 135, 207, 217, 228, 253, 289, 301, 370, 391, 517, 519
Imputação, 95, 199, 237, 352
Indicador de atividade, 511-519
Indicador de bem-estar, 383-540
Indicador de conjuntura, 511-515
Indicador de educação, 333-336
Indicador de infraestrutura urbana, 333-336
Indicador de liquidez externa, 527-529
Indicador de saúde, 333-336
Indicador de solvência externa, 525-527
Indicador de vulnerabilidade externa, 525-529
Indicador demográfico, 316-332
Indicador do mercado de trabalho, 336-346
Indicador monetário, 272-279
Indicador multidimensional, 387, 453
Indicador sociodemográfico, 314-349
Indicador-insumo, 316
Indicador-processo, 316
Índice agregativo elementar (não ponderado), 460-471
Índice agregativo elementar (simples), 460-471
Índice bilateral, 469, 479-487, 497, 522
Índice bilateral (Laspeyres), 479-487

Índice bilateral (Paasche), 479-487
Índice binário, 24, 29, 455, 470-479, 538, 633
Índice composto, 438-452
Índice de concentração Ver Índice de desigualdade
Índice da confiança do consumidor, 445
Índice de Atkinson, 410-438, 453
Índice de base fixa Ver Índice de base móvel
Índice de base móvel ou em cadeia, 499, 500, 511
Índice de Dalton, 410-438, 434-438, 453
Índice de desigualdade (concentração), 29, 135, 344, 387-389, 393, 394, 407-410, 413, 419-421, 423, 426, 427, 429, 431, 435, 436, 439-441, 445, 455, 471, 633
Índice de desigualdade de Gini, 413
Índice de dispersão, 24, 29, 65, 320, 349, 383-540, 633
Índice de Fischer, 468, 487-494, 511
Índice de Gini, 312, 389, 417-420, 527-428, 431, 435-437, 439, 440, 453
Índice de Hirshman-Herfindhal-Theil, 409
Índice de Laspeyres, 479-491, 493, 494, 496, 497, 504, 511, 538
Índice de Paasche, 472, 484-488
Índice de preços, 258, 393, 421, 464, 467, 470, 473, 475-489, 491-493, 495-497, 499, 504, 505, 507, 508, 510, 511, 513, 520, 521, 538, 540
Índice de quantidades (quantum), 470, 478, 482, 484, 486-490, 493, 496, 499, 500, 505, 507, 511, 522, 540
Índice de Theil, 410-438, 453, 635
Índice de Theil-L, 410-438, 446, 453
Índice de Theil-T, 410-438, 446, 453
Índice de Törnqvist, 487-494
Índice de valor, 469, 470, 478, 486-488, 496, 499, 501, 505-511, 514, 549
Índice de volume, 478
Índice do custo de vida verdadeiro, 474, 487
Índice dual, 422, 423, 429, 430, 432
Índice econômico Ver Índice teórico
Índice multidimensional, 438-452
Índice sintético, 438-452
Índice teórico (verdadeiro, econômico), 471-479, 484, 490-491
Índice verdadeiro Ver Também Índice teórico
Índice verdadeiro, 471-479
Ineficiência-X Ver Teoria da ineficiência-X
Inflacionamento, 502-508, 510, 511
Inovação tecnológica (macroeconomia), 305-310

Inovação tecnológica (mesoeconomia), 305-310
Inovação tecnológica (microeconomia), 305-310
Instituição/instituições, 37, 43, 47, 48, 58, 97,
101, 107, 108, 110, 117, 119, 236, 630
Insumo, 96, 102, 108, 110, 116, 119, 132, 133,
135, 136, 139, 142, 143, 151, 153, 154, 160,
165, 166, 169, 170, 173, 174, 176, 177, 187, 188,
202, 300, 303, 304, 306, 308, 313, 350, 353, 354,
364-367, 370, 372, 462, 471, 479, 487, 510, 522,
547, 556, 560, 631
Insumo intermediário, 96, 108, 117, 125, 132-134,
138, 140, 144, 160, 162-165, 167, 172, 176,
300-302, 482, 497, 510, 512, 552, 562, 566, 570,
583, 613, 620
Insumo primário, 127, 133, 134, 137-139, 141,
142, 144, 147, 149-152, 162-164, 168, 169, 172,
176, 177, 192, 227-229, 234, 245, 300-302, 372,
392, 464, 482, 551, 618
Insumo-processo, 23, 141, 563-625
Insumo-processo com quantidade física,
613-624
Insumo-processo de empresa (modelo fechado),
588-601
Insumo-processo de produto único, 602-613
Insumo-produto, 23, 28, 75, 110, 115, 118,
123-177, 178-180, 188, 192, 206, 207, 213, 223,
226-229, 238, 246, 272, 291, 301, 302, 311, 350,
355, 373, 375, 380, 391, 464, 481, 497, 518, 544,
545, 548, 554, 555, 558, 559, 561-625, 632-634
Insumo-produto da empresa (modelo fechado),
584-587
Intermediário financeiro, 192, 193, 269, 272
Interpolação, 455, 494, 497, 501, 502
Interpolação de índices, 494-502

J

Juros, 53, 70, 149, 193, 194, 218, 241, 269, 275,
277, 278, 287, 292, 392, 445, 456-458, 492, 523,
526, 529, 540, 547, 560, 573, 578, 583, 587, 599
Justiça, 41-43, 48, 57, 63, 65, 73-74, 312, 380,
386

K

Kaldor, Nicholas, 77
Keynes, John Maynard, 84, 85, 115, 207, 244, 345,
499, 512
King, Gregory, 49, 115
Könus, A. A., 473, 474, 477
Kuznets, Simon, 387, 389, 390, 397, 400, 407, 408,
411, 429

L

Laspeyres, Etiènne, 421, 455, 464, 467, 468, 472,
476, 478-491, 493, 494, 496, 497, 504, 511, 538
Lei da oferta e da procura, 49-53, 64, 80, 530
Leontief, Wassili, 24, 88, 115, 124-126, 136, 138,
140-142, 153, 159-161, 163, 165, 175, 301, 302,
348, 355, 364, 365, 464, 473, 505, 524, 555, 565,
577, 579, 581, 584, 585, 593, 602, 604, 613, 615,
616, 621, 624
Locatário dos fatores, 36-38, 40, 45, 47-49, 53, 74,
91, 97-98, 103, 108, 112-114, 116, 119, 129, 130,
133, 135, 155, 157, 213, 217, 236, 281, 347, 348,
365, 385, 550, 559, 624
Lorenz, Konrad, 343, 344, 405, 410-412, 414-415,
417, 418, 420, 428, 453
Lucro, 19, 45, 51-53, 57, 65, 67, 72, 73, 84-86,
98, 101, 105, 111, 147, 154-155, 160, 195, 267,
269, 276, 292, 295, 304, 306, 390-392, 398, 408,
459-461, 472, 496, 513, 525, 526, 547, 558, 560,
567, 574, 577, 578, 583, 586, 587, 596-601, 635
Lucro extraordinário, 73

M

Macroeconomia, 28, 29, 53, 60, 67-73, 84, 87,
123, 159, 179, 232, 242, 267-313
Margem de comércio, 190, 191, 194, 196-198,
210, 211, 228
Margem de transporte, 190, 191, 194, 196, 198,
210, 211, 225, 228
Market share, 167
Marx, Karl, 35, 85, 88-90, 92, 115, 125-156
Maslow, Abraham, 34, 386
Matriz de absorção, 166, 170, 173-175, 223, 224,
227
Matriz de contabilidade social, 20, 24, 26, 28, 71,
75, 102, 106, 107, 111, 113-118, 120, 123-177,
346-349, 558-561
Matriz de contabilidade social (moldura de
dados), 126-136
Matriz de contabilidade social ambiental, 368-373
Matriz de fontes, 268-272
Matriz de fontes e usos de fundos, 178, 263, 268,
270, 272, 310, 567, 633
Matriz de insumo-produto, 110, 115, 118,
123-180, 192, 206, 207, 213, 223-229, 238, 246,
247, 301, 350, 373, 375, 464, 481, 497, 518,
544, 545, 548, 555, 562, 563, 565-567, 576, 577,
582-584, 586-589, 604, 605, 616, 624, 632, 634
Matriz de produção, 166, 168, 173, 174, 177, 227,
615

Matriz empresarial de insumo-processo, 563-625
Matriz empresarial de insumo-produto, 563-625
Matriz inversa de Leontief (da MIP), 153, 161, 163, 302, 348, 555, 585, 621
Matriz inversa generalizada, 375, 559
Matriz ou tabela de produção (ou make ou de oferta), 166, 168, 169, 173, 174, 177, 178, 189, 206, 223, 227, 615
Matriz retangular, 137, 150, 160, 166, 170, 175, 189, 586, 591, 605, 608
Meade, James, 115
Mecanismo de mercado, 54-56, 59, 95, 158, 308, 352, 354-455, 565, 568, 621
Mecanismo de preços, 39, 50, 55, 60, 76, 95, 176, 631
Média, 27, 29, 69, 149, 156, 165, 171, 172, 258, 286, 307, 315, 318, 319, 321, 327-329, 334, 335, 366, 388-390, 393, 394, 397, 399, 401, 403, 404, 406, 408, 409, 411, 413, 419-422, 424, 426, 427, 430, 432- 437, 439, 442, 443, 446, 447, 450-453, 455, 460, 462, 464-470, 472, 478, 481-483, 485-493, 496, 501, 502, 505, 518, 522, 523, 535, 549, 552, 562, 571, 585, 629, 633
Medida convencional da desigualdade, 394-410
Medida de dispersão, desigualdade (peso si) e crescimento (peso wi) *Ver* Índices de desigualdade, Números índices, Média, Desvio padrão, Variância
Meio ambiente, 68, 74-75, 115, 265-382, 544, 568, 634-635
Mensuração, 56, 66, 67, 75, 78, 81, 84, 87-91, 93, 96, 101, 105, 106, 108, 109, 114, 116, 117, 119, 123, 125, 144-157, 295-302, 373-381
Mensuração da atividade tecnológica, 302, 303
Mensuração do grau de utilização da capacidade, 295-302
Mensuração do produto potencial, 299-302
Mercado, 21, 34, 35, 39-45, 46, 48, 336-346
Mercado de arranjos institucionais (inclusive monetários), 21, 26, 46-48, 52-54, 67, 70, 71, 111, 112, 114, 124, 129, 158, 180, 267, 274, 275, 295, 310, 312, 361, 363, 469, 496, 567, 631, 632
Mercado de bens e serviços, 21, 34, 36, 37, 40-43, 45, 47-50, 52-54, 59, 67-70, 74, 76, 88-91, 95, 110, 111, 114, 129, 130, 180, 182, 192, 196, 198-200, 206, 229, 237, 267, 275, 291, 293, 301, 332, 361, 363, 369, 391, 469, 520, 546, 552, 568, 623, 632
Mercado de fatores de produção, 48, 49, 70, 116, 133, 564
Mercado de serviços dos fatores de produção, 21, 27, 46-49, 52, 53, 59, 69, 70, 76, 96, 91, 101, 106, 108, 110, 111, 113, 114, 116, 119, 129, 130, 133, 134, 138, 141, 144, 180, 267, 291, 292, 361, 362, 369, 372, 386, 391, 392, 469, 496, 503, 564, 574, 630-632
Mesoeconomia, 21, 26, 60, 67-72, 84, 115, 124, 149, 158, 268, 306, 312, 313, 565, 575, 588, 632
Método Delphi, 518
Método RAS, 223, 229, 518, 519
Métrica, 387, 395, 634
Métrica da desigualdade, 387-394
Microeconomia, 67-72, 397, 503, 504, 573, 599
Migração, 315, 316, 318, 319, 328, 339
Modelo de equilíbrio geral computável (aplicado), 364
Modelo de insumo-produto, 577-587
Modelo de insumo-produto dinâmico, 576
Modelo de Leontief, 348, 464, 505, 567-577, 613, 624
Modelo empírico, 80, 81, 99, 101, 104, 436, 522
Modelo experimental, 81, 588, 599
Modelo teórico, 80, 81, 99, 156, 522, 588-599
Moeda (dinheiro), 27, 39, 43, 70, 100, 102, 147, 180, 203, 256, 257, 269, 270, 272, 274-279, 292-295, 301, 311, 321, 454, 455, 492, 502, 504-507, 519, 520, 522-525, 528, 530, 531, 533, 535-537, 539, 540
Moeda local, 525-529
Mudança de base, 494-502
Mudança de base de um índice, 494-502
Mudança tecnológica, 304, 308, 313
Mundo da realidade imaginária, 62
Mundo da teoria, 62-67
Mundo das idéias, 62
Mutatis mutandis, 169, 368, 391, 508, 586, 588

N

Nível geral de preços, 22, 54, 60, 69, 71, 152, 176, 180, 258, 292, 467, 502, 504-507, 517, 518, 573
Nova contabilidade social, 21, 28, 30, 75, 267, 268, 276, 303, 311-313, 380, 452, 632, 633
Nozick, Robert, 74
Número aleatório, 296-299
Número índice, 454-539

O

O que-quanto produzir (primeira questão fundamental da economia), 38
Ocupação, 75, 84, 163, 299, 323, 336-347, 432, 544, 575

Ocupação (mercado de trabalho), 336-346
Organização e mercado, 39-45
Organização econômica (produtores, fatores, instituições), 37, 40, 56, 58, 84, 132, 323, 236, 238, 267, 269, 312, 369, 630
Ótica de cálculo do valor adicionado, 64, 88-120, 136, 137, 139, 151, 175, 249, 353, 361, 363, 516, 517, 550-552, 561, 562

P

Paasche, Hermann, 455, 467, 468, 472, 476, 478, 479, 484-491, 493, 494, 496, 497, 504, 511
Panel data, 104
Para quem produzir (terceira questão fundamental da economia), 38
Parâmetro, 23, 66, 81, 100, 101, 141, 142, 151, 303, 328, 337, 366, 420, 473, 522, 523, 613
Parâmetro e variável, 23, 66
Pareto, Vilfredo, 77, 115, 408, 415, 430
Paridade do poder de compra, 29, 147, 442, 452, 455, 506, 524, 530-540
Partida dobrada (recurso), 184-188
Partida dobrada (uso), 21, 112-113, 166, 184-188, 234, 244, 280
Pasinetti, L., 126
Pavitt, K., 303
PEA, 216, 300, 314, 337-342, 344, 345, 349
Petty, William, 47, 49, 115
PIA, 332, 337, 338, 340, 341, 344, 345, 349
PIB, 99-101, 108, 137, 143, 144, 147, 153, 157, 165-166, 176, 191, 193, 195-198, 240-242, 248, 249, 251, 253, 260, 268, 280, 281, 288-290, 301, 302, 309, 314, 321, 352, 356, 381, 389, 391, 398, 413, 428, 441, 442, 444, 449, 450, 458, 460, 487, 495-500, 502, 504-506, 508, 510, 511, 513, 514, 516-519, 522-524, 527, 533, 535, 536, 549, 553, 560, 573, 597
Pigou, A. C., 395, 410, 473
Planilha do resultado operacional, 577-584
PNB, 450
Pobreza, 115, 387, 391, 399, 400, 438-441, 443, 445-449, 451-453, 633
Poder aquisitivo, 455, 502, 505, 507, 538
Poder de compra, 29, 51, 147, 255, 442, 452, 455, 506, 521, 524, 530-540
Polenske, K., 563, 564, 567, 571-573, 576, 577, 579, 613
Poluição, 63, 73, 279, 321, 352, 355, 357, 360, 361, 364, 365, 367, 376

Popper, Karl, 60, 61, 87
População (matriz de contabilidade social), 346-349
População residente, 317, 324-327, 333-335, 407
Poupança, 56, 70, 103, 116, 134, 135, 144, 240-242, 248, 251-256, 260, 263, 267-272, 275-278, 281, 285, 310, 332, 362, 363, 370, 371, 373, 374, 453, 473, 547, 554, 557, 560
Prebish, Raúl, 520
Preço, 383-540
Preço absoluto, 151, 579, 604, 615
Preço constante, 100, 297, 468, 487, 496, 498-501, 504, 510, 511, 514, 517, 531, 539
Preço de consumidor, 185-188, 190-203, 206-210, 213, 219, 220, 244, 247, 249, 251, 281
Preço de mercado e custo de fatores (terminologia desatualizada), 186, 173, 196, 220,
Preço de produtor, 186, 187, 192, 194, 196, 207, 214, 220, 223
Preço relativo, 43, 44, 92, 258, 462, 475, 478
Preço *Ver Também* Mercado de bens e serviços
Princípio da transferência, 395
Princípio de Dalton, 415
Problema da agregação, 20, 482, 567, 625
Problema da classificação, 132, 134, 136, 149, 165, 170-172, 175, 177, 179, 180, 188, 200, 203, 226, 228, 235, 311, 355, 566, 577, 579, 582
Processo (estrutura), 45-49
Processo (sistema econômico), 45-49
Processo decisório da empresa, 567-577
Processo orçamentário do governo, 283-287
Produção (como produzir), 38, 59
Produção de bens e serviços, 353-360
Produção familiar, 34, 36, 69, 93, 99, 634
Produção local, 541-625
Produtividade do trabalho, 44, 72, 157, 165, 306, 307, 385, 392, 394, 396, 549
Produtividade total dos fatores, 302, 308, 473, 491, 522, 524
Produto conjunto, 182, 581
Produto interno bruto, 99-101, 108, 111, 127, 134, 137, 143, 144, 147, 153, 157, 165, 166, 171, 176, 191, 193, 195-198, 215-218, 240-242, 248, 249, 250-252, 253, 260, 268, 280, 281, 288-290, 301, 302, 309, 314, 321, 352, 356, 357, 381, 389, 391, 398, 413, 428, 441, 442, 444, 449, 450, 458, 460, 487, 495-500, 502, 504-506, 508, 510, 511, 513, 514, 516-519, 522-524, 527, 533, 535, 536, 549, 553, 560, 573, 597
Produto potencial, 296, 299-302, 312, 506
Produto *Ver* Tripla identidade

Q

Quantidade monetária, 93, 95, 129, 138, 156, 275, 301, 375, 464, 481
Quatro formas de apresentação dos agregados econômicos, 109-117
Quesnay, François, 46, 88, 115, 117
Questões fundamentais da economia (três), 38

R

Rawls, John, 73, 74
Ray, D., 322
Razonete, 21, 112, 113, 234, 245, 253, 272, 293, 310, 312, 360
Realidade realmente real, 33, 52, 62, 64, 66, 78-80, 86, 89, 101, 124, 302, 386, 391, 475, 480, 537, 635
Receita do governo, 144, 547, 560
Receita fiscal, 287
Recurso ambiental, 353-360
Recurso natural, 50, 53, 295, 298, 323, 351-363, 365, 366, 369-372, 374, 375, 381, 382, 445
Região/Território, 76, 78, 84, 104, 130, 135, 140, 201, 216, 233, 237, 279, 288-290, 312, 314-318, 320, 321, 323, 324, 333, 339, 345, 349, 356, 367-369, 388, 389, 396, 400, 415, 422, 426, 441, 443, 445, 447, 448, 458, 495, 515, 543-546, 548-550, 552, 554, 555, 558, 562, 579, 624, 629
Regularidade (ação humana), 62-67
Relação interindustrial, 26, 48, 75, 102, 116, 127, 128, 130, 134, 137, 178, 355, 360, 369, 481
Relação interinstitucional, 26, 27, 48, 116, 127, 130, 136, 137, 372
Remuneração dos empregados, 101, 102, 105, 111, 114, 117, 130, 135, 191, 197, 213, 217, 241, 251-253, 261, 268, 281, 284, 362, 517, 597
Renda *Ver* Tripla identidade
Reserva internacional, 294, 527-529
Retropolação, 502-508, 510-511, 514
Ricardo, David, 47, 68, 115, 391, 392, 530
Rivalidade no consumo, 41, 43, 309
Robbins, Lionel, 66, 68
ROW resto do mundo, 27, 291, 516, 551

S

Salário, 63, 86, 101, 156, 157, 195, 336, 345, 346, 391, 392, 398, 432, 451, 469, 503
Samuelson, Paul, 99, 473
Sazonalidade, 68
Schumpeter, J. A., 51
Scitowski, Tibor, 77
Seleção adversa, 55
Sen, Amartya, 427, 438-441, 445, 453
Serviço (e bem) *Ver* Mercado de bens e serviços
Serviço industrial de utilidade pública, 215
Serviços dos fatores *Ver* Mercado de bens e serviços
Setor institucional, 22, 119, 184, 219, 221, 230-236, 238, 241, 242, 248, 249, 251, 253, 263, 269, 270, 272, 280, 281, 303, 305, 310, 311, 314, 346, 357, 567
Setor produtivo, 48, 103, 115-117, 125, 133-135, 138, 141, 144, 153, 162, 175, 234, 245, 251, 254, 270, 292, 353, 372, 376, 388, 396
Sistema das quantidades, 144-148
Sistema de conta nacional, 178-230, 231-263
Sistema de contabilidade social regional, 545-554
Sistema de contas nacionais trimestrais, 511-519
Sistema de preços, 42, 43, 50, 51, 53-58, 60, 90, 117, 118, 145, 149-151, 153, 154, 158, 171, 462, 504, 579, 613
Sistema do emprego, 155-158
Sistema dos preços, 148-155
Smith, Adam, 55-58, 88, 126, 160, 162
Sociedade justa, 43, 74, 288, 349
Stone, 24, 73, 115, 125, 588
Stone, Richard, 24, 73, 115, 125, 588
Subeconomia, 158-165
Subocupação (mercado de trabalho), 336-346
Subsídio, 103, 111, 117, 130, 132, 134, 135, 138, 141, 147, 173, 182, 185, 186, 192, 194-197, 199, 200, 202, 207, 213-215, 217, 220, 223, 225, 246, 250, 252, 253, 281, 283, 284, 289, 301, 311, 312, 351, 354, 360, 362, 364, 370, 391, 517, 519, 587

T

Tabela de fontes dos recursos, 198-205
Tabela de recursos e usos, 178-230, 577-584
Tabela de usos dos recursos, 206-219
Tabela ou matriz de produção (ou *make* ou de oferta), 166, 168, 169, 173, 174, 177, 178, 189, 206, 223, 227, 615
Tamanho do governo, 287-290
Taxa de câmbio, 100, 147, 263, 292-294, 312, 321, 454, 520, 521, 523, 530-534, 537-540
Taxa de desemprego, 296, 300, 345, 447, 512, 565
Taxa de desemprego não aceleradora da inflação – NAIRU, 296, 300
Taxa de juros, 53, 194, 269, 275, 277, 292, 392, 445, 456-458, 492, 523, 526, 529, 540,

Taxa de lucros, 86, 154, 155, 295, 391, 459-461, 496, 525, 586
Taxa marginal de substituição, 398
Taxa marginal de substituição técnica, 365
Teorema fundamental da contabilidade social *Ver* Identidade fundamental da contabilidade social
Teoria da ineficiência-X, 58
Teoria da informação, 24, 433, 435
Teoria do valor, 156, 176
Teoria do valor trabalho, 156
Teoria marxista, 35
Terra, 19, 35, 45, 57, 87, 94, 101, 120, 176, 177, 184, 216, 303, 306, 321, 353, 355, 356, 365-368, 530, 564, 635
Território *Ver* Região
Theil, 413, 420, 421, 427, 435, 438, 453, 635
Theil, H.: 409, 413, 421, 423, 427, 431, 433, 434, 453, 635
Theil-*L*, 413, 420, 421, 423-426, 428-434, 446
Theil-*T*, 413, 420-434, 446, 453
Time series, 68, 102, 104, 455, 456, 490, 494, 501, 514, 518
Törnqvist, 393, 434, 455, 467, 468, 478, 489-494, 496, 497, 506, 511, 532, 538
Trabalhador autônomo *Ver* Trabalhador por conta própria
Trabalhador não remunerado, 348
Trabalhador por conta própria 134, 192, 215, 217-219, 236, 336, 337, 341, 348
Trabalho social, 33-61
Transferência corrente, 239, 241, 251-253, 261, 287
Transferência de capital, 255, 256, 259-262, 287
Transição demográfica, 316, 317, 327, 330-332, 337

Três dimensões do trabalho social, 88-120, 126, 136, 137, 148-158, 175, 176, 504
Três óticas de cálculo do valor adicionado *Ver Também* Tripla identidade
Três óticas de cálculo do valor adicionado, 64, 88-120, 136, 137, 175, 249, 353, 361, 363, 516, 517, 550-552, 561, 562
Três sistemas de mensuração do valor *Ver* Valor, Valor de troca, Valor de uso
Tripla identidade, 40, 64, 106, 163, 550, 552, 631

U

Unidade institucional, 181, 221, 233, 235, 238, 243, 248, 263
Uso de fundos, 268-272
Uso dos recursos, 72-77
Utilização da capacidade, 75, 268, 295-302, 313, 341, 343, 514, 569, 633

V

Valor, 88-91
Valor adicionado, 93-109
Valor de troca, 88-93
Valor de uso, 88-91
Variação de estoques, 173, 192, 208, 212, 243, 247, 255, 256, 354, 361, 512
Variância, 392-394, 403, 404, 421
Variância dos logaritmos, 404
Variável resolvida, 158-165

W

Walras, Léon, 52, 88, 115, 125